국제법

김영원

International Law

박영사

pacta sunt servanda / rebus sic stantibus

'*pacta sunt servanda*(약속은 지켜져야 한다)'의 원칙은 모든 합의의 당사국들이 자신의 의무를 성실하게 이행함으로써 약속을 지킬 것을 요구한다. 그러나 합의 이행과정에서 예기치 않은 근본적인 사정의 변경(fundamental change of circumstances)이 발생할 수 있다. 이로 인해 합의이행이 불가능하거나 무의미해질 수 있으며 나아가 대등한 당사자간의 이익의 균형을 깨트릴 수도 있다. 그러한 상황에서 '*pacta sunt servanda*'의 원칙'을 엄격하게 적용하면 정의에 반하게 되고 불공정이 발생할 수 있다. 이러한 문제점을 해결하기 위해 '*rebus sic stantibus*(사정변경의 원칙)'가 등장하였다. 여기서 '*rebus sic stantibus*'는 합의의 전제가 되는 사정이 근본적으로 변경된 경우에는 합의의 이행을 정지 또는 종료하는 것이 허용된다는 의미이며 따라서 이 원칙은 '*pacta sunt servanda*'의 중요한 예외가 된다.

force majeure

'*force majeure*(불가항력)'는 당사국간의 합의나 일반국제법상의 의무의 이행을 실질적으로 불가능하게 만드는 상황 발생시 그러한 불가피한 상황에서 발생하는 국제법상의 의무위반에 대하여 위법성이 조각되는 것을 말한다. 이와 같이 '*force majeure*'도 그러한 불가항력적 상황에서는 약속을 지키지 않는다는 점에서 '*pacta sunt servanda*'에 대한 중요한 예외가 된다.

Jus cogens

'*pacta sunt servanda*'의 또 다른 예외로 '*jus cogens*(강행규범)'가 있다. '*jus cogens*'는 당사자간 합의로 이탈이 허용될 수 없는 객관적으로 수락된 절대규범(peremptory norm)이다. 따라서 합의의 내용이 '*jus cogens*'와 충돌하는 경우에는 무효로 되어 이행하지 않는다는 점에서 '*pacta sunt servanda*'의 예외로 볼 수 있다.

서문

대학 재학시절 국제법 강의시간이었다. 교수님께서 '*pacta sunt servanda*'를 설명하시면서 대학 졸업 후 국제법을 모두 잊어버려도 이 라틴어 법언만은 기억하게 될 것이라고 말씀하셨다. 그때 잠시 한눈을 팔고 있었던 나에게 교수님께서 주의를 주시면서 수업 후 연구실로 오라고 말씀하셨다. 대화과정에서 당시 내가 최연소로 대학에 입학하였다는 사실을 아시게 된 교수님께서는 나에게 각별한 애정과 관심을 보여주셨다. 그렇게 시작된 교수님과의 인연은 나를 외교부로 이끌었고 외교부에서도 국제법을 다루는 부서에서 상당기간 근무할 수 있는 동기부여가 되었다.

나의 국제법과의 인연은 내가 국제법의 수도로 알려진 헤이그에 대사로 발령 받으면서 정점에 이르렀다. 사실 국제법을 공부하는 사람이라면 누구나 한번쯤은 국제법의 아버지로 칭송받는 그로티우스(Hugo Grotius)의 고향인 네덜란드를 방문하고 싶어 한다. 그런데 나는 그곳에서 만 3년을 지낼 수 있었으니 국제법을 공부하는 나로서는 정말 큰 행운이 아니었나 생각된다. 나는 그곳에서 국제사법재판소와 국제형사재판소 재판관들을 만나면서 국제법을 우리의 국익이라는 보다 큰 틀에서 생각해 볼 수 있는 기회를 가질 수 있었다.

이후 나의 국제법과의 인연은 대학 강의로 연결되었다. 한국외국어대학교에서 외교를 전문분야로 하는 LD(Language & Diplomacy) 학부를 새로 만들면서 국제법 분야의 초빙교수로 새로운 출발을 하게 되었다. 이를 계기로 국제법 강의를 하면서 학생들을 위한 교재로 국제법 교과서를 만들어야겠다는 생각을 가지게 되었다. 그러던 중 우연한 기회에 외교관 시험을 앞둔 수험생들을 위한 특강을 부탁받았다. 2차 시험을 목전에 둔 수험생들이니 준비가 잘 되었을 것으로 생각하였다. 그런데 막상 모의시험 문제를 내 보니 수험생들이 준비는 많이 한 것 같은데 대체로 전체적인 이해도가 부족하다는 느낌을 받았다. 개별 면담과정을 통해 이에 대한 문제점을 알 수 있었다. 학생들은 방대한 양의 교과서로 국제법을 공부하면서 각 주제에 대한 공부는 열심히 하였지만 전체적으로 주제들이 어떻게 입체적으로 연결되는지, 무엇이 핵심이고 중요한지에 대한 이해가 부족하다는 점을 느끼게 되었다. 외교관 시험을 목전에 둔 학생들에게서 이러한 문제점을 느낀다는 것은 분명 학생들의 공부 방법에 문제가 있다고 생각할 수밖에 없었다. 사실 양적으로 방대한 국제법 교과서를 보면 처음 공부를 시작하는 학생들은 상당한 압박감을 느낄 수밖에 없을 것이다. 그럴수록 공부하는 요령이 필요하다고 본다. 이러한 이유로 국제법을 공부하는 학생들이 처음 시작하는 단계에서부터 편하게 국제법을 이해할 수 있도록 도움이 될 수 있는 교재를 만들어야겠다는 다짐을 하게 되었으며 그 결실이 이 책이다.

처음 집필을 시작했을 때는 6개월이면 충분히 만들 수 있지 않을까 생각했다. 그러나 막상 시작하고 보니 그렇게 생각처럼 쉬운 작업이 아니었다. 왜 그동안 국내의 많은 국제법 학자들이 자신의 교재를 만들지 않으실까 의문을 가진 적이 있었는데 막상 시작하고 보니 그 이유를 알 수 있을 것 같았다. 우선 엄청난 시간이 소요된다는 점이다. 그리고 이후 계속해서 보완·발전시켜야 하는데 그것 또한 만만치 않은 작업이라는 점이다. 그러한 생각을 하니 자신이 없었다. 그러나 코로나 19로 인한 삶의 방식의 변화는 시간이라는 생각지도 않은 기회를 가져다주었다. 그런데 집필을 시작하면서 또 다른 고민이 생겨났다. 단순히 '어떻게 하면 학생들이 쉽게 국제법을 이해할 수 있을까'만 생각하였는데 책의 성격을 어떻게 규정하느냐는 또 다른 문제였다. 필수과목으로 국제법을 공부하여야 하는 외교관 시험 준비생들을 위한 논술형 시험 대비를 목적으로 할 것인지 또는 객관식 시험에도 함께 대비할 수 있도록 할 것인지 아니면 대학원에서 국제법을 전공하는 학생들도 볼 수 있는 보다 높은 수준의 책으로 할 것인지에 대한 방향 설정 문제였다. 많은 고민 끝에 이 책은 필자가 몸담고 있는 학교의 학생들을 위한 국제법교재가 되어야 할 것이라는 생각을 하게 되었다. 다시 말해서 외교관 시험을 준비하는 학생들을 위한 국제법 기본서를 만드는 것을 목표로 하게 되었다. 따라서 이 책은 국제법 논술 시험을 준비하는 학생들을 위한 수험서로서의 성격이 크다고 보면 될 것이다.

본격적으로 집필을 시작하면서 부터는 학생들을 위해 이해하기 쉬운 교재를 만들겠다는 초심에 충실하게 문장 하나하나에 신경을 썼다. 그러나 아무리 쉽게 써도 어려운 주제이고 더욱이 처음 공부를 시작하는 학생들이라면 쉽게 써도 어려울 수밖에 없다는 점을 깨닫게 되었다. 결국 처음에는 잘 모르지만 처음부터 끝까지 여러 번 반복하여 공부하다 보면 이해가 될 수 있도록 도움이 될 수 있는 책을 구상하게 되었다. 다시 말해서 제 1강을 읽으며 이해가 안 되는 부분도 끝까지 읽고 나면 책 전체가 입체적으로 연결되어 다시 처음으로 돌아와 읽으면 쉽게 이해가 되는 방식으로 책을 저술하는 것이 중요하다고 생각하고 그러한 문제의식을 가지고 작업에 몰두할 수 있었다.

그렇다면 어떻게 이 책을 효율적으로 사용할 수 있을까. 어떻게 공부하여야 실제 논술 시험에서 고득점을 얻을 수 있을까. 이 책을 공부하는 방법은 다음과 같다.

첫째, 이 책은 기존의 교과서와는 편제를 달리하였다. 즉, 국제법의 핵심이며 출발점인 유엔과 무력사용문제를 제일 먼저 다루고, 이어서 국제법 이론을 정리한 후 이론이 적용되는 국제법의 주제별 분야를 기술하는 순서로 기획하였다. 따라서 이 순서대로 공부하면 국제법을 이해하는 데 많은 도움이 될 것으로 기대된다.

둘째, 이 책은 국제법을 논리적으로 이해하여 논술시험에 대비할 수 있도록 큰 틀에서 작성되었다. 다시 말해서 각 장의 핵심 내용이 서로 입체적으로 연결될 수 있도록 함으로써 국제법 전반에 대한 이해를 도모하고 동시에 답안 작성시 좀 더 큰 시각에서 문제를 바라볼 수 있도록 배려하였다. 이를 위해 세부적으로 이해되어야 할 사항들은 가능한 한 주석으로 처리하였다. 따라서 이해의 편의를 위해 주석을 참조는 하지만 반드시 기억할 것을 권하지는 않는다. 주석을 통해 이해가 되었으면 그것으로 충분하다. 주석에는 가급적 원문을 추가하여 정확한 이해를 도울 수 있도록 배려하였다. 또한 중요한 사항에 대하여는 반복 설명함으로써 이해의 편의를 도모하였다.

셋째, 학교 강의과정에서 학생들로부터 받은 다양한 질문과 시험 답안지 평가과정에서 얻은 경험을 바탕으로 학생들이 공통으로 느끼는 문제점을 해소하기 위해 노력하였다. 이를 위해 중요한 부분에 대하여는 이를 다시 요약하여 각 강의의 말미에 첨부하였다. 특히 학생들이 수업시간에 한 질문 중 대학원 수준의 내용에 해당하는 사항들에 대하여도 간단히 설명하였으므로 여러분들은 한 번 읽고 '그러한 것이 있다'는 정도로 기억하면 좋을 것 같다.

넷째, 이 책은 실제 시험답안 작성시 포함되어야 할 중요한 사례와 판례는 가능한 한 본문에서 설명하였다. 따라서 특정 주제와 관련하여 본문에 포함된 여러 사례와 판례들 중 한두 개 정도는 반드시 기억해 두는 것이 좋다고 생각한다.

다섯째, 이 책은 그간의 외교관 시험 기출문제를 각 장의 말미에 첨부하였으므로 문제를 통해 무엇이 중요하고 어떻게 공부하여야 할지를 생각해 보기 바란다. 이를 위해 답안지 작성 방식을 일부 예시적으로 포함하였다. 그러나 여기서 강조하고 싶은 것은 문제가 아무리 복잡하고 어려워 보여도 결국은 이 책에서 여러분들이 공부하는 국제법의 기본원리를 잘 정리하는 것이 모범답안이라는 점이다. 참고로 여기서 제시한 답안작성은 점수배점과 무관하게 공부의 연장으로 보고 상세히 작성하였으므로 실제 답안작성시에는 물론 이와 다를 수 있을 것이다.

여섯째, 이 책에는 필자가 그동안 기고한 국제법 관련 기고문을 포함시켰다. 이 기고문을 통해 국제법이 실무세계에서 어떻게 응용되는지를 알 수 있다. 따라서 기고문을 통해 관련 주제를 보다 폭넓게 이해할 수 있게 되기를 기대한다. 기고문의 원문은 한국외교협회 홈페이지(외교광장)에서 찾을 수 있다.

책이 거의 완성된 후 다른 동료 교수에게 일독하고 평가하여 줄 것을 요청하였다. 그러나 동료 교수는 이 책이 학생들이 이해하기에 쉽지 않을 것 같다는 솔직한 평가를 하면서 좀 더 쉽게 쓸 것을 권유하였다. 이러한 의견을 반영하여 지적된 여러 부분에 대한 수정을 거쳐 비로소 이 책은 완성되었다. 비록 부족하지만 이 책이 국제법을 공부하는 수험생들에게 작은 도움이나마 될 수 있기를 진심으로 바란다.

끝으로 이 책이 출판될 수 있도록 많은 관심과 격려를 아끼지 않으신 한국외국어대학교 LD학부의 이상환 교수님을 비롯한 동료 교수님들, 특히 원고를 끝까지 읽고 조언해 주신 임한택 교수님께 감사드린다. 또한 한국해양정책포럼의 김민경 박사님과 이 책 발간의 마지막 단계에서 귀한 의견을 주신 신언 전 대사님, 그리고 LD 학부 졸업생 및 재학생 여러분들에게도 감사의 마음을 전한다. 특히 김 박사는 앞으로 저를 도와 이 책의 개정 작업을 이끌어 주실 예정이다. 무엇보다도 이 책이 출판될 수 있도록 지켜봐 주며 포기하지 않도록 격려해 준 나의 사랑하는 가족들에게도 이 기회를 빌려 그동안 전하지 못한 감사의 뜻을 표한다. 또한 이 책의 출판을 흔쾌히 수락해 주신 박영사 관계자 여러분들에게도 감사드린다.

2022년 8월

저자 김영원

차례

I 국제법의 의의와 발전

제1강 국제법의 의의

제2강 국제법의 발전과 중요성

II 유엔과 무력사용

제3강 유엔

제4강 무력사용에 대한 규제

제6강 조약법

제7강 국제법과 국내법의 관계

제8강 국제법의 주체

제9강 승인

제10강 국가승계

제11강 국가의 관할권

제12강 주권면제(국가면제)

제13강 국가책임

제14강 외교적 보호권

IV 국제법 이론의 분야별 적용

제15강 외교 · 영사 관계법

第16강 국가영역의 취득과 상실

第17강 국제해양법

제18강 유엔해양법협약상 분쟁해결제도

제19강 국제 항공법 및 우주법

제20강 국제기구법

제21강 국제환경법

제22강 국제인권법

제23강 난민에 대한 국제법적 보호

제24강 외국인의 지위

제25강 범죄인인도 제도

제26강 국제형사법

제27강 국제테러리즘

제28강 국제인도법

제29강 국제분쟁의 평화적 해결

I

국제법의 의의와 발전

제 1 강
국제법의 의의

제1절 국제법에 대한 이해

1. 국제법의 목적

국제법은 국제관계를 정돈되고 질서 있는 상태로 유지하기 위한 체계를 만드는 데 목적이 있다.[1)] 국제관계의 핵심은 국제정의의 실현이다. 국제연맹과 함께 창설되어 1922년 출범한 상설국제사법재판소(Permanent Court of International

---

1) 초기 국제법 학자들은 로마제국의 국내법인 '만민법(*jus gentium*)'이 로마인과 이민족간 또는 이민족간의 관계를 규율하는 법이므로 로마 시민간의 관계를 규율하는 '시민법(*jus civile*)'과 달리 국가간의 관계를 규율하는 법과 유사하다고 보았다. 따라서 '*jus gentium*'을 그대로 국제법이라고 불렀다. 그러나 개인간의 관계를 규율하는 '*jus gentium*'은 국가간의 관계를 규율하는 명칭으로서는 부적당하다는 주장이 제기됨에 따라 '*jus inter gentes*(law between the peoples)'라는 명칭이 나타나게 되었다. 이 용어에서 국제법에 대한 초기 영어명칭인 'law of nations(불어로 droit des gens)'가 나왔으며 이것이 국제법 용어의 시원이다. 그러나 오늘날 정착된 용어로서의 '국제법(international law)'은 1780년 영국 철학자 벤담(Jeremy Bentham)의 저서인 '도덕과 법의 원칙 입문(Introduction to the Principles of Morals and Legislation)'에 의해 처음 소개되었다. 이후 'international law'는 'law of nations'를 대체하여 사용되었고 오늘날 우리가 사용하는 국제법으로 정착되었다.

Justice: PCIJ)나 1945년 유엔과 함께 창설되어 1946년 출범한 국제사법재판소(International Court of Justice: ICJ)의 궁극적인 목표도 국제관계에서의 정의의 실현이다. 국제법은 국제정의의 실현을 통해 질서있는 국제사회를 유지, 발전시켜 나가는 데 기여하고 있다.

그렇다면 국제정의의 실현을 위해 국제법은 어떠한 역할을 하고 있는가. 무엇보다도 국제법은 국가간 분쟁의 평화적 해결을 통해 국제평화와 안전의 유지에 기여하며, 국제범죄에 대한 효과적인 대응, 인권의 국제적 보호, 전 지구적 차원의 환경보호와 이를 달성하기 위한 국제협력 등을 위한 제도적 장치를 발전시켜 오고 있다.

국제법은 인류에 대한 희망이다. 오늘날 복잡다기한 현실에서 국제사회를 위협하는 악으로부터 인류를 해방시키기 위한 '인류에 대한 희망의 약속(a Promise of Hope to Humanity)'이다. 따라서 우리의 역할은 국제법의 효과성(effectiveness)을 제고하기 위한 국제사회의 노력에 적극 참여하는 것이다.

2. 국제법의 정의, 구별되는 개념

'사회있는 곳에 법이 있다(*ubi societas ibi jus*)'라는 격언처럼 국내사회에 국내법이 존재하듯이 국제사회에는 국제법이 존재한다. 다시 말해서 국제사회도 법을 필요로 하며 그 법이 국제법이다. 그렇다면 국제법은 어떻게 정의되는가. 국제법은 국제사회의 법으로서 국제법 주체간의 관계(주로 국가간의 관계)를 규율하는 법이다. 보다 구체적으로는 국제법 주체 상호간의 권리의무 관계를 규율하는 구속력있는 규범이라고 할 수 있다.

따라서 국제법이라는 용어는 통상적으로 국제공법(public international law)을 의미한다. 이와 관련 국제법과 구분되는 개념을 살펴보면 다음과 같다.

첫째, 국제법은 국내법의 일부인 '국제사법(private international law)'이나 일국가가 다른 국가와의 관계를 규율하기 위해 제정하는 국내법인 '대외관계법(foreign relations law)'과 구분된다.[2] 또한 국제법 대신 초국경법(transnational law)

의 용어가 사용되기도 하나 이는 국경을 넘는 모든 행위나 사건을 규율하는 포괄적인 법규범을 의미(국제법, 국제거래법 등을 모두 포함하는 개념임)한다는 점에서 국제법과는 구분되어야 할 것이다. 한편 국제법은 국제사회 전체를 한 국가처럼 규율할 수 있는 세계법도 아니며, 유럽연합처럼 초국가법(supranational law)도 아니다. 유럽연합의 법은 회원국과 회원국의 국민에게 함께 적용될 수 있다는 점에서 국제법과 구분된다.

둘째, 국가를 일방 당사자로 하고 외국법인(다국적 기업)을 타방당사자로 하는 양허계약(concession contract)은 국가간에 체결되는 조약과 유사한 위치에 있지만 조약은 아니다. 그럼에도 불구하고 이러한 종류의 계약들은 국제관계에 미치는 영향이 크고, 정부가 직접 교섭하는 경우가 많으며, 이들 계약들을 별도로 규율하기 위한 목적의 많은 국제조약이 성립되어 있다는 점에서 통상적인 상계약과는 다르다. 더욱이 계약의 일방당사자가 국가라는 점에서 준국제법(quasi-international law) 또는 준조약(quasi-treaty)이라고도 한다.

셋째, 아직 구속력 있는 규범으로 발전하지는 못하였지만 국제사회가 존중하고 준수하려고 노력하는 국제관행(international usage, practice), 국제도덕(international morality)이나 국제예양(international comity)도 국제법과는 구분되어야 할 것이다.[3)]

---

2) 국내법은 영어로 municipal law, national law, domestic law 또는 internal law라고 한다. 국제사법은 소송당사자 일방이 외국인이거나 또는 계약이나 불법행위의 상대방이 외국인인 경우 등 섭외적 사건에서 준거법(어느 국가의 법을 적용할 것인가)을 결정하는 국내법이다. 영미권에서는 국제사법을 '법의 충돌(conflict of laws)'이라고 부르며 그 밖의 대부분의 국가에서는 '국제사법(private international law)'이라고 부른다. 영미권 국가들은 국제사법이 국내법인데 '국제'라는 표현을 사용하는 것에 거부감을 가진다. 대외관계법은 일 국가가 다른 나라, 다른 나라 국민 또는 국제기구와의 관계를 규율하기 위해 제정한 국내법이다. 예컨대, 대외관계와 관련이 있는 사안(헌법에 규정된 대통령의 권한의 하나인 대사 임명 등)을 규정하는 국내법이 이에 해당된다.

3) 국제관행은 국제사회에서 일정한 사항에 대한 일정한 습속이 널리 행해지는 것을 말하며 아직까지는 법적확신(제 5강 '국제법의 법원'의 제 1절 3. '국제관습법' 참조)에 도달하지 못하여 관습법이라고 할 수 없는 단계를 말한다. 국제도덕은 선악이나 양심에 기초한 도덕률이 국제사회의 질서에 적용되는 것을 말한다. 그로티우스(Hugo Grotius)의 자연법 사상도 이러한 국제도덕에 기초한다. 한편 국제예양과 국제도덕을 구분하기는 쉽지 않으나 일반적으로 도덕이 심적인 내면의 것을 말하는 것에 반해 예양은 도덕을 바탕으로 하여 외부로 표출되는 형식, 절차나 풍습 등을 말한다.

제2절 국제법의 법적 성격

1. 국제법은 존재하는가

우리는 국제법이 과연 법으로서 존재하는가의 문제에 직면하게 된다. 이에 대한 해답은 다음과 같다. 먼저 국제사회의 많은 국가들이 법으로서 구속력을 가지는 국제법이 존재한다는 사실을 인정하고 있다. 1978년 우간다가 탄자니아를 침공하고 1990년 이라크가 쿠웨이트를 침공하였을 당시 많은 국가들은 이러한 침략행위가 국제도덕이나 국제예양의 위반이 아닌 '국제법 위반'이라고 비난하였다. 여기서 국제법 위반이란 바로 국제법의 존재를 인정하는 것이다. 또한 보스니아와 르완다에서의 전쟁범죄행위에 대해 유엔 안보리가 이들 국가들에 대해 유엔헌장 제 7장에 따라 취한 제재조치(sanctions)도 국제법에 따른 조치로 국제사회가 국제법의 존재를 인정하고 있음을 보여주는 예다.

같은 맥락에서 일국이 다른 국가의 공격을 받았을 경우 자위를 위해 무력을 사용하는 경우 이를 국제법에 근거한 자위권의 행사로 정당화시켜 주는 것도 우리가 국제법의 존재를 인정하고 있기 때문이다. 여기서 재미있는 현상은 미국과 이스라엘이 과거 정치적 목적을 위해 이라크와 레바논을 각각 침공하였을 당시 국제사회는 이를 국제법 위반으로 비난하였으나 이들 국가들은 자신들의 행위를 국제법상 허용되는 자위권으로 정당화하기 위해 노력하였다. 이 같은 사실은 국제법의 존재를 구시하는 데 따른 부담으로 볼 수 있을 것이다.

끝으로 국제법의 존재는 국가들의 실행에서도 잘 나타나고 있다. 이러한 사실은 오늘날 각국의 외교부, 법원, 국제기구 등에서 국제법이 법으로 적용되고 있고, 또한 국제법의 중요한 규범들이 국가들에 의해 대체로 일관성 있게 잘 준수되고 있다는 점에서도 확인할 수 있다. 특히 국제분쟁의 경우 많은 국가들이 국제법에 근거하여 분쟁을 평화적으로 해결하기 위해 노력하고 있다는 사실도 국제법의 존재를 확인할 수 있는 주요 근거가 된다.

2. 국제법은 과연 법인가

국제법의 법적 성격은 국내법과의 차이에서 발견된다.[4] 국내법이 통일된 입법, 행정 및 사법기관에 의해 제정, 집행, 적용되는 것과는 달리 국제법은 개별 독립국가간의 합의에 의해 정립되므로 자신이 동의하지 않은 국제법에 구속되지 않는다. 더욱이 자신이 동의하여 성립된 국제법임에도 불구하고 이를 위반하는 경우가 많으며 위반시에도 이를 효과적으로 제재할 수 있는 수단이 결여되어 있다는 점에서 국내법과 차이가 있다.

이와 같이 법으로서의 실효성과 강제력이라는 관점에서 보아 '국제법이 진정한 법인가'에 회의를 보이는 학자들도 있다.[5] 그러나 이러한 주장은 다음의 이유로 정당화되기 어려우며 오늘날 국제법의 법적 성격을 부인하는 학자들은 거의 없다.[6]

가. 실효성이 의문시되는 국제법도 법인가

주권국가들은 국가이익에 따라 행동하기 때문에 자국의 판단에 따라 필요한 경우에는 국제법의 준수에 소극적이라는 지적이 있다.[7] 이와 같이 국제법은 실효성이 결여되어 있기 때문에 국제법이 과연 법이냐는 주장이 있다. 그러나 실효

---

4) 국제법은 국가간 합의에 기초하나 국내법은 국가의 통일된 입법기관에 의해 제정된다. 따라서 국제법은 국가간 수평적 관계를 규율(horizontal regulation)하는 법이며, 국내법은 국가의 공권력에 기초한 국가와 국민간의 수직적 법질서(vertical legal order)이다.

5) 법실증주의자인 오스틴(J. Austin)은 법을 우월한 주권자의 명령이라고 보고 이를 결여한 국제법을 실정국제도덕(positive international morality)으로 설명하였다. 다시 말해서 국제법은 권위(authority)와 제재(sanction)가 없다는 점에서 국가간의 의견이나 정서(opinion or sentiment)로 구성된 실정국제도덕으로 보았다. 그 밖에 홉스(Hobbes), 푸펜도르프(Pufendorf), 벤담도 국제법이 진정한 법이 아니라고 보았다.

6) 그로티우스는 인간 이성의 합리성을 기초로 하는 자연법에서 국제법의 타당근거를 발견하고 있으며, 켈젠(H. Kelsen)은 *pacta sunt servanda*라는 근본규범에서 타당근거를 찾는다. 그 밖에 국제법도 법이라고 주장하는 학자로는 홀(Hall), 로렌스(Lawrence), 코벳(Cobbett) 등이 있다.

7) 국제법의 원로이신 정일영 박사는 저서 '한국외교와 국제법'에서 '국제법은 특히 약소국에는 무기'라며 "국제재판도 내가 유리할 때는 국제사법재판소에 상대를 끌고 가고, 불리할 때는 피하는 것이 국익을 위해 매우 중요하다"고 하였는바, 이러한 인식을 잘 반영하고 있다.

성의 측면에서 볼 때 국내법이라고 하여 반드시 완전한 것은 아니다. 예컨대, 독재국가의 경우 법의 집행이 권력자의 의지에 따라 자의적인 경우가 많으며, 또한 사회현상의 변화에 따라서는 국내법의 규정이 사문화되기도 한다.[8] 그러나 국내법의 실효성이 문제된다고 하여 국내법을 법이 아니라고 하지는 않는다.

사실 국제법이 잘 지켜지지 않는다고 하는 주장의 배경에는 다음과 같은 평가가 있다. 즉, 무력충돌 등 국제평화와 안전과 관련된 high politics[9]의 경우 관련국들이 자국의 안보를 위해 국제법에 의한 제한을 원하지 않기 때문에 국제법이 잘 준수되지 않는 경우가 왕왕 있다. 그러나 많은 국가들이 국제법을 위반하여 국제법이 국제평화와 안전의 유지에 효과적이지 못하다는 이유로 국제법의 법적 성격을 부인하는 것은 법이 국가의 정책과 행동까지 규율하고 통제하는 것은 아니라는 점(law cannot dictate the politics and behavior of states)을 간과하고 있기 때문이다. 다시 말해서 국제법의 실패는 법의 오류가 아니라 법 운영자의 오류에 기인하는 것이다.

이에 반하여 국가간 협력이 요구되는 경제, 통상, 사회, 문화, 환경 등 low politics[10]의 경우 국제법은 대체로 평온하게 잘 준수되고 있음을 알 수 있다. 특히 국제법은 보건, 위생, 우정, 항공, 해운 등 국제협력이 필요한 분야에서 잘 지켜지고 있다. 그러나 이러한 사실은 쉽게 간과되고 있다. 일례로 국가간 관계를 규율하는 대표적인 협약으로 외교관의 특권과 면제에 관한 사항들을 규정한 '외교관계에 관한 비엔나협약'이 있다. 이 협약은 국가간 상호주의 원칙에 기반을 둔 협약으로 모든 국가들이 잘 준수해 오고 있다. 1979년 테헤란에서 발생한 이란 회교 과격분자들의 미 대사관 강제점거와 대사관원 인질 사건은 아주 예외적인 경우로 국제사회가 이를 강력 비난하였다는 점은 주목되어야 할 것이다.

결론적으로 국제법은 선진국들의 국내법보다는 실효성이 약하나 국가체제의 정비가 미흡하고 국가공권력이 자의적으로 행사되는 후진국, 특히 독재국가

8) 우리나라의 경우 헌법불일치 판정 이전에도 이미 낙태죄는 명목상의 범죄에 불과하였다.
9) 'high politics'는 국가의 존립에 관련되는 사안, 예컨대, 국가안보와 관련한 이슈 등을 말한다.
10) 'low politics'는 국가의 존립과 관련되는 사안을 배제한 국가의 경제, 사회, 복지 등 협력과 관련된 이슈 등을 말한다.

의 국내법보다는 실효성이 크다고 평가할 수 있다. 다시 말해 국제법의 실효성도 국제사회의 중추를 이루는 대다수 국가에서의 국내법의 실효성에 버금간다고 볼 수 있다.[11)]

나. 강제력(강제성 있는 집행력)이 보장되지 않는 국제법도 법인가

법의 가장 중요한 본질적인 요소가 강제력이라고 할 경우 국제법은 과연 국가들에 대해 강제력을 가지고 원활히 집행되고 있는가. 국제법의 강제력(enforceability)을 부인하는 입장에서는 국제법이 과연 진정한 의미에서의 법인가에 대해 회의적인 태도를 취하고 있다.

국제법의 강제력 문제는 법이란 반드시 강제력을 가져야 하며 국제법은 강제력을 가지고 있는가의 문제로 귀결된다. 일국 내에서 국내법을 위반한 개인에 대해 국가는 국내법에 근거하여 처벌할 수 있다. 그러나 국제사회에서는 국제법을 위반한 국가에 대해 구속력 있는 제재조치를 가함으로써 그 규범성을 확보할 수 있는 강제력의 행사가 현실적으로 제한된다. 특히 국내사회에서는 중앙정부의 공권력에 의한 제재가 가능하나 국제사회에서는 그러한 중앙권력에 의한 제재를 기대할 수 없다는 점에서 국제법의 법적 성격에 대한 의문이 제기된다.

그렇다면 강제력이 결여된 국제법은 법이 아닌가. 먼저 국내법의 경우를 예로 들어보자. 국내법이 법인 이유는 강제력 때문이 아니라 법의 지배의 대상이 되는 국민들이 그것을 '권위 있고(authoritative), 구속력 있는(binding) 것으로 수락'하고 있기 때문이다.[12)] 강제력은 국민들이 법을 준수하여야 할 이유는 될 수 있어도 그것 때문에 법이 되는 것은 아니다. 이에 비추어 볼 때 국제법도 마찬가지로 이해될 수 있다. 즉, 국제법도 국가들에 의해 권위 있는 것으로 수락되고 인정되는 방식으로 제정되므로 존재하게 된다. 따라서 국제법의 강제력 문제는 법의 준수를

---

11) 국제법이 실효성을 가진다는 결론에 비추어 볼 때 '국제법은 국제정치가 필요로 하는 범위 내에서만 원용되는 도구에 불과'하다는 주장 또는 '국제법은 국제정치의 시녀'라는 주장은 반드시 정확한 표현이 아니다.

12) 법의 힘은 법규범이 구속력을 가진다는 국제사회의 수락에서 나오지 강제성 있는 집행력에서 나오는 것이 아니다 (law derives its strength from acceptance by society that its rules are binding, not from its enforceability), H.L.A. Hart, 'The Concept of Law', Oxford, 1961.

확보하는 문제에 관한 것이지 법의 성립과 존재 자체와는 무관하다.

앞에서 예로 들은 두 개의 타국영토 침공 사건에서 국제사회가 공식적인 제재조치를 취하지는 못하였다. 실제로 효과적인 제재가 가능하지도 않았다. 그러나 당시 이라크의 쿠웨이트 침공에 대한 유엔의 개입은 국제평화와 안전의 유지와 회복이라는 법의 준수를 확보하는 데 목적이 있었지 강제력 있는 법집행, 즉 제재나 처벌이 주된 목적은 아니었다.

결론적으로 국가들이 국제법을 준수할 법적 의무를 부담한다는 사실이 중요한 것이지 실제로 강제력있는 집행을 확보하기 위해 경찰력을 보유하여야 한다든가 또는 강제관할권을 가지는 법원이 존재하여야 한다는 사실은 국제법이 법인가를 결정하는 본질의 문제가 아니다.

참고로 켈젠은 법의 세계와 자연의 세계를 구별하여 자연의 세계는 'sein(존재)', 법의 세계는 'sollen(당위)'으로 설명하면서[13] 자연의 세계는 '있는 그대로의 세계'이지만 법의 세계는 '있어야 할 세계'라고 하였다. 따라서 법의 세계에서는 당위적 강제가 지배하는 것이지만 그렇다고 당위적 강제에 기초한 제재가 위반자에게 반드시 따르는 것은 아니라고 하였다. 이러한 점에 비추어 강제가 분산적이고 불완전하게 행사된다고 하여 국제법의 법적 성격을 부인하는 것은 논리의 비약이다.[14]

다. 국제법도 법이다

우리는 국제법이 법으로서의 실효성이나 강제력이라는 측면에서 국내법보다 낮은 수준임을 확인하였다.[15] 그러나 우리는 국제법이 국제사회의 정의실현에 이바지하고 있으며 정글의 법칙이 지배하는 국제사회를 규칙이 지배하는 사회로 발전시키는데 기여하였다는 점을 부인할 수 없다.

또한 오늘날 많은 국가들이 국제법을 법으로 수용하고[16] 국내법원에서 적용

13) 독일어 원어 발음으로 'sein'은 '자인', 'sollen'은 '졸렌'이다.
14) 유엔헌장 제 7장에 의한 강제조치는 분명 국제법이 법으로서 요구하는 강제력에 해당될 수 있을 것이다. 결국 국제사회의 발전에 따라 국제법의 강제력은 보다 구체화되고 발전될 것으로 예상된다.
15) 이러한 이유로 국제법을 약한 법(weak law)이라고도 한다.
16) 전 세계 거의 모든 국가들이 자국의 헌법에서 국제법을 법으로 수락하고 국제법에 따

하고 있으며, 동시에 다른 국가와의 관계에서도 국제법과 관련된 문제를 ICJ 등 국제재판소를 통해 해결하려고 하는 국가실행 등에 비추어 볼 때 국제법이 비록 불완전하지만 국제법의 법적 성격을 부인하는 입장은 지극히 소수에 불과하다.

또한 국제법 위반국에 대한 제재가 미흡하다고 하지만 국제법 위반국에 대한 국제사회의 비난, 보복, 상호주의에 의한 경제적 또는 외교적 대응조치나 국제사회의 부정적 여론 등은 어떠한 제재보다도 효과적이다. 따라서 국제법의 경우 위반이 많고 제재수단이 미약하다는 것은 정도의 문제에 불과하다. 오히려 국제법은 각국의 합의(조약)와 관행(사실상 국제관습법을 의미)을 중심으로 성립되기 때문에 잘 준수되고 있다. 이와 관련 1995년 설립된 세계무역기구(WTO)의 분쟁해결절차는 실질적인 이행수단을 확보하였다는 점에서 국제법의 실효성과 강제력 제고에 기여하고 있다.

3. 국제법의 구속력의 근원은 무엇인가

지금까지 우리는 국제법의 법적 성격이 부인되지 않으며 국제법도 법임을 확인하였다. 국제법이 법이라고 할 경우 앞에서 설명한 바와 같이 비록 실효성이나 강제력에 한계가 있음에도 불구하고 법으로서 구속력을 가지는 것은 당연하다. 그렇다면 국제법의 구속력은 어디에서 나오는 것일까.

이 문제는 구속력의 근원이 자연의 섭리나 인간의 이성에 있는가 또는 국가의 의사나 합의에 있는가 또는 국제사회의 공동의사에 있는가 등 가장 근원적인 내용에 해당된다. 이에 대한 설명은 자연법주의에 따른 자연법설(natural law theory)과 법실증주의에 따른 실정법설(positive law theory)로 나누어 볼 수 있다. 양자의 차이는 쉽게 다음과 같이 요약하여 설명된다. 즉, 자연법은 인간으로서의 우리에게 고유하게 내재되어 있는(inherent in us as human beings) 법이며, 실정법은 우리가 존재하는 공동체로서의 사회와의 연계속에서 우리가 만들어 낸

라 행동하고 있다. 우리 헌법 제 6조 1항도 국제법이 국내법과 동일한 효력을 가진다고 규정하고 있다.

(created by us in the context of society) 법이다.[17)]

이에 기초하여 국제법의 구속력을 설명하면 다음과 같다. 먼저 자연법주의는 17세기와 18세기 근대 국제법의 초기 과정에서 네덜란드의 그로티우스 등을 비롯한 많은 국제법학자들의 주장에서 비롯된다. 이들은 국제법의 구속력을 이성적 존재인 인간의 심성에 바탕을 둔 이상적인 법으로서의 자연법에 두고 있다. 인간이 이러한 자연법에 따르는 것이 당연한 것처럼 인간으로 구성된 국가도 자연법에 따라야 하며 결론적으로 국제법도 자연법의 일부를 구성한다는 논리이다.

반면 법실증주의(positivism)는 후술하는 바와 같이 18세기 이후 네덜란드의 빈커르슈크(Bynkershoeak)를 중심으로 주장되었으며 오늘날까지 그 주장이 유지되고 있다. 이 학설은 국제법도 국내법과 마찬가지로 국가의사(state will)에서 연유한다고 보고 추상적인 자연법칙보다는 구체적인 실정법으로서의 조약과 관습법을 중시하고 있다. 여기서 조약의 경우는 국가간의 명시적 동의에 의해 성립한다는 점에서 법실증주의의 학설로 설명이 가능하다. 그러나 국제관습법의 경우는 명시적인 국가의 동의를 전제로 하는 것이 아니라는 점에서 설명이 어려워진다. 이 점에 대해 법실증주의 학자들은 이를 묵시적 동의(implied agreement)로 설명하고 있다. 그러나 이 주장에 의할 경우 국제관습법도 결국은 개개의 국가의사, 즉 동의에 의해서만 정립된다고 보아야 하는데 이러한 해석은 오늘날의 국제사회를 정확히 반영하고 있다고 보기 어렵다.[18)]

결론적으로 자연법주의는 주권국가의 개별의사가 평가받지 못한다는 점에서 한계가 있는 반면 법실증주의는 국가간 합의에 기초한 조약과 관습법만을 국

---

17) 이를 부연하면 자연법 이론은 도덕이나 윤리에 근거하기 때문에 본질적으로 옳은 것이라는 전제다. 반면 실정법은 인간이 만든 법(man-made law)으로 자연법적 가치를 반드시 반영하지 않을 수도 있다. 여기서 법실증주의는 국제법의 구속력을 국가의 동의에 기초한다고 보기 때문에 의사주의(voluntarism)라고 하며, 반면 자연법주의는 법을 인간이성의 보편적 합의로 보기 때문에 보편주의(universalism)라고 한다.

18) 이와 같은 일률적인 해석은 성립되기 어렵다. 예컨대, 입법조약(law-making treaty)의 경우 조약당사국이 아닌 국가까지도 구속하는 조항을 포함하는 조약(유엔헌장 제 2조 6항)이 있다. 또한 오늘날 국제법 원칙의 하나로 받아들여지고 있는 강행규범(*jus cogens*)도 모든 국가가 지켜야 하는 법이라는 점에서 국제법을 국가간 합의로 설명하는 데는 한계가 있다.

제법으로 평가하고 있다는 점에서 한계가 있다. 따라서 양자간 한계를 극복하기 위한 노력이 필요하다. 이러한 이유로 국제법은 자연법과 실정법을 모두 조화롭게 수용하는 토대 위에서 발전방향을 모색해 나가야 할 것이다. 그리고 이를 위한 노력은 특히 법을 적용하는 국제재판소의 역할이 될 것이다.

그럼에도 불구하고 과거 세계 대전의 참화를 경험한 인류로서는 이성적인 인간의 심성에 기초한 자연법사상에서 국제법의 구속력의 근원을 찾는 것이 더 바람직하다고 본다.

제 2 강
국제법의 발전과 중요성

제1절 국제법의 전개과정

국제법은 어떻게 발전되어 왔는가. 무엇보다도 국제법은 서구의 전통과 가치관에 뿌리를 두고 발전하기 시작하였다. 국제법은 초기 발전단계에서는 단지 독립된 주권국가간의 전쟁과 평화와 관련된 문제와 외교관계 등을 규율하였다. 대항해 시대에는 영토의 취득과 관련된 사항과 교역의 확대를 목적으로 공해의 자유를 요구하는 내용 등의 국제법 규범이 지배적이었다.

그러나 이후 국제사회가 다양성을 가지고 변화, 발전함에 따라 국제법은 자국영토의 이용이나 자국민에 대한 대우 등 전통적으로 국내관할권에 속하는 사안에 대하여도 규율할 수 있게 되었다. 개인의 인권에 대한 국제적 보호와 환경보호를 위한 국가간 협력이 국제법의 영역으로 포함되게 된 것이 대표적인 예이며 이러한 변화는 궁극적으로 국가주권의 제한이라는 새로운 현상으로 이해되어야 할 것이다. 특히 오늘날 국제평화와 안전의 유지를 위한 국제사회의 노력의 일환으로 새롭게 논의되고 있는 보호책임(Responsibility to Protect: R2P) 문제(제 4강 '무력사용에 대한 규제'의 제 6절 '무력사용의 또 다른 사례' 참조)는 국제법이 국가의 주권을 제한하는 방향으로 발전될 것임을 시사한다. 그만큼 국제법은 시대 상황에 맞추어 필요에 의해 발전되어 왔으며 앞으로도 국제법의 영역은 국가간 교류의 확대 및 국제법이 관여하여야 할 사항의 증대로 계속 변화하면서 발전되어 나갈 것이다.

지금까지의 국제법의 발전 단계는 다음과 같이 요약하여 설명될 수 있다.

1. 근대 국제법의 태동

초기 국제법의 창시자로 알려지는 빗토리아(Vitoria), 슈아레즈(Suarez), 겐틸리(Gentili)는 유럽사회에서 자연법에 기초한 국제법의 토대를 형성하는 데 기여하였다. 이 시기의 국제법은 기독교 신학의 영향을 받아 자연법적 사고가 중심을 이루었다. 빗토리아는 신대륙 원주민도 자연법에 기초하여 대우되어야 한다고 주장하였으며,[1] 슈아레즈도 이성적 존재로서의 인간이 지켜야 할 공동선의 실현을 위해 국제법의 기초를 자연법에서 발견하는 역할을 하였다. 겐틸리는 전쟁법과 조약에 관한 포괄적인 내용의 '전쟁법에 관한 세권의 책(*De jure belli libri tres*)'을 저술하였다.[2] 이들 자연법론자들은 법의 근거를 인간의 선택이 아닌 순수이성에서 찾았다.

그러나 진정한 의미에서의 국제법의 발전은 '국제법의 아버지'로 불리우는 그로티우스에 의해서 이루어졌다.[3] 동인은 자연법론자로서 1609년 '자유해론(*Mare Liberum*)'[4]과 1625년 30년 전쟁의 참화에 대한 경험을 토대로 한 '전쟁과

---

1) 빗토리아는 "인디안을 포함한 모든 사람들이 근본적인 자연법의 지배를 받는다(governed by a basic 'natural law')"고 주장하였다. Anthony Anghie, 'The Evolution of International Law: Colonial and Postcolonial Realities', Third World Quarterly Vol. 27, No. 5, 2006, p. 742.

2) 겐틸리는 국제법을 신학이나 윤리학으로부터 분리한 최초의 학자로서 조약, 관습 등을 중시한 법실증주의적 경향을 띠고 있었지만 역시 국제법의 근저에 있어서는 자연법의 타당성을 인정하고 있었다.

3) 그로티우스 이론의 대부분은 빗토리아, 슈아레즈와 겐틸리의 자연법에 기초한 국제법 원칙에 바탕을 두고 있다.

4) 그로티우스는 이에 앞서 1604년 '포획법론(*De Jure Praedae*, On the Law of Prize and Booty)'을 저술하였고 여기서 연안해에 대한 영토주권에 반대하는 '해양의 자유(free access

평화의 법(*De Jure Belli ac Pacis*, On the Law of War and Peace)'을 저작하였으며, 이후 침략, 자위 및 해방의 개념에 대한 근대적 접근을 통해 국제법의 기초를 확립하는 데 기여하였다.[5)]

2. 근대국제법의 발전

30년 전쟁으로 교황과 황제가 지배하는 신성로마제국이 무너지고 봉건시대가 막을 내렸다. 전쟁을 종료시키기 위해 체결된 '웨스트팔리아 조약(The Peace of Westphalia)'[6)]은 영토주권과 통치권이 부여된 중앙집권 형태의 국민국가(nation states)를 성립시키는 데 기여하였다.[7)] 이렇게 병렬적으로 성립된 여러 국민국가들간의 관계를 규율하기 위한 목적으로 국제법이 발전하기 시작하였다. 대체로 30년 전쟁이 끝난 시점인 1648년을 근대 국제법의 시작으로 보고 있다. 이 과정에서 국제법은 주권,[8)] 관할권, 교역 및 항행과 관련한 많은 새로운 규범의 필요

---

to the ocean for all nations)'를 주장하였다. 그로티우스가 해양의 자유를 주장한 배경은 바다는 인간이 정착할 수 없어 소유의 대상이 될 수 없고 또한 바다는 인간의 노동과 상관없이 자원의 재생산이 가능하다는 인식에 기초하였다. 여기서 출발한 '해양의 자유' 개념은 이후 동인의 명저 '자유해론(*Mare Liberum*)'에서 다시 구현되었다. 류병운, '국제법', 형설출판사, 2019, p. 55.

5) '전쟁과 평화의 법'의 관련 부분은 위의 주(류병운, pp. 54-55)를 참조한다. 관련 부분 원문은 다음과 같다: "그로티우스는 전쟁을 정당한 전쟁과 부당한 전쟁으로 구분한다. 일단 그로티우스는 통치자에 대하여 전쟁을 수행할 절대적 권리를 부정한다. 다른 사람에게 적법하게 속한 것을 무력으로 탈취하는 것은 이성(자연법)에 의하여 금지된다. 전쟁의 합법성이 인정되는 경우의 정당한 전쟁은 방어전쟁, 법적인 청구권을 집행하기 위한 전쟁, 불법을 시정하기 위한 전쟁 등이다. 불법을 시정하는 것은 자연법의 원칙이다. 국가들 사이에는 공통된 초국가권력이 없기 때문에 각 국가들은 양심적으로 자연법이라고 믿는 것을 반드시 준수하여야 하는데 이는 잘못을 저지른 자를 응징하는 경우에도 마찬가지이다. 전쟁이 정당한 이성에 따라 합법적인 권력에 의해 수행될 경우 이는 법과 정의의 집행이며 이러한 전쟁의 궁극적인 목표는 평화이다."

6) 독일어 발음으로는 '베스트팔렌 조약'이라고 한다.

7) 1648년 웨스트팔리아 조약에 의해 성립된 'Westphalian sovereignty(자국영토에 대한 배타적인 지배권한 행사)'는 국민국가 형성의 이론적 기초가 되었다.

8) 당시 이미 주권은 대내적으로 최고의 권력을, 대외적으로는 독립과 국가간 평등을 의미하였다.

성을 제기하였다.

그러나 18세기 이후 산업혁명과 시민혁명 등의 과정을 거치면서 과학적 사고방식이 발달하게 되었으며 국제법에서도 자연법적 사고보다는 과학적, 실증적 사고에 따른 법실증주의가 더욱 주목받게 되었다. 앞에서 설명하였듯이 법실증주의적 국제법관은 네덜란드의 빈커르슈크에 의해 전개, 발전되었다. 이어서 스위스인 바텔(Vattel)은 자연법주의와 법실증주의의 중도적 입장에서 주권개념(독립과 주권평등)을 전개하였으며, 나아가 실정국제법의 유효성과 정당성의 근거로 국가의 동의를 강조하였다.[9)]

한편 유럽 중심의 국제법은 이후 유럽의 활동영역이 확대되면서 전 세계로 확산되었고 국제법의 대상과 범위도 다양하게 발전하였다.[10)]

3. 국제기구의 출현과 국제법의 심화 · 발전

1815년 비엔나 회의(Congress of Vienna)는 국제입법(다자조약)의 효시이다. 이 회의에서 유럽 내 하천에서의 항행의 자유에 대한 합의가 이루어졌다. 이어서 1856년의 파리회의에서는 해적의 철폐, 1865년 파리 국제전신회의에서는 전신, 1874년 스위스 베른회의에서는 우편에 관한 협약이 채택되었다.

이후 1899년과 1907년 헤이그 평화회의를 거치면서 본격적으로 태동하기 시작한 국제기구의 출현은 국제법이 한 차원 높게 발전할 수 있는 계기가 되었다.[11)] 특히 1919년 제 1차 대전을 계기로 탄생한 국제연맹은 최초의 보편적 성

---

9) 바텔은 1758년 저서 'The Law of Nations'에서 주권국가의 행위를 규율하는 규범의 이중성(a duality of norms governing the conduct of sovereign States), 즉 자연법 규범과 실정국제법 규범을 인정하였다. 참고로 18세기 법실증주의 학자들은 자연법의 영향에서 완전히 벗어나지 못하였으며 이 점에서 19세기의 법실증주의와 구분된다.

10) 이 과정에서 국제법은 무엇보다도 유럽국가들에게 영토취득의 원리 등 제국주의의 기초를 제공하였다. 예컨대, 법실증주의적 사고에 입각하여 선점과 승인 등 국가의 실행과 관습을 국제법 원칙으로 수용하였다.

11) 국제적 교류의 증대에 따라 이를 뒷받침하기 위하여 많은 국제조약이 체결되었고 동시에 국제사회의 공동이익 실현을 위한 목적으로 국제기구가 설립되었다. 또한 국제분쟁의 평화적 해결을 위한 제도로 국제중재재판이 발달하였다.

격의 상설 국제기구로서 지금까지와는 비교가 되지 않을 정도로 많은 입법 활동을 하였으며 다루는 주제도 상당히 광범위하였다. 통신, 노예, 마약, 노동, 무역, 여성, 아동, 외설물 출판, 분쟁의 평화적 해결 등 다양한 분야를 망라하였다.12) 이 과정에서 조약의 용어도 매우 다양하게 사용되었다.13)

한편 국제연맹을 대신하여 새로이 출현한 유엔은 국제법 발전의 본격적인 토대를 마련해 주었다.14) 유엔은 국가주권의 제한, 무력사용의 금지와 이를 위한 안전보장이사회의 통제, 인권의 국제적 보호 등 유엔헌장의 이념과 가치를 실현하기 위해 노력하였다. 특히 유엔 국제법위원회(International Law Commission: ILC)를 통한 '국제법의 점진적 발전과 법전화'를 위한 노력은 국제법의 발전을 촉진시키는 계기가 되었다.15) 이에 따라 다양한 분야에서의 조약, 무엇보다도 입법적(law-making) 성격의 다자조약들이 다수 채택되었다. 동시에 국제관습법의 법전화가 이루어졌으며 대표적인 예로는 1961년 '외교관계에 관한 비엔나협약', 1963년 '영사관계에 관한 비엔나협약'과 1969년 '조약법에 관한 비엔나협약' 등을 들 수 있다.16)

---

12) 예컨대, 국제연맹과 함께 탄생한 국제노동기구(ILO)는 국제적 차원에서 근로조건과 사회복지향상을 위해 수립된 최초의 국제기구이다.

13) 최소한 16개의 다른 용어들(act, agreement, arrangement, convention, covenant, declaration, final act, general act, pact, plan, protocol, regulation, rule, scheme, statute, treaty)이 사용되었다.

14) 유엔 탄생 이후 국제법의 발전은 두 개의 중요한 변화에 의해 이루어졌다 그중 하나는 국제사회 구성원의 확대로 서구중심의 국제사회에 새로운 국가들이 참여하게 되었다는 점이고 다른 하나는 유엔전문기구 등을 포함한 다양한 형태의 전문적 성격의 국제기구들의 확대를 들 수 있다.

15) 유엔헌장은 제 13조 1항에서 '국제법의 점진적 발전과 법전화'를 규정하고 1947년 국제법위원회(International Law Commission: ILC)를 설치하였다. 국제법의 점진적 발전(progressive development)은 아직 미발달의 관습법 또는 규범을 성문화하는 작업을 말하며, 법전화(codification)는 이미 성립되어 있는 관습법을 성문화하는 작업을 말한다.

16) 과거 국제도덕(international morality)과 국제예양(international comity)의 일부가 성문국제법(조약)으로 발전하는 경향도 나타났다. 예컨대, 외교관의 개인용품에 대한 관세면제는 국제예양에서 비롯된 것이지만 외교관계에 관한 비엔나협약의 성문화 작업과정에 포함되어 협약에 의해 규율되고 있다.

4. 냉전과 국제법 발전의 전환기

유엔의 출범과 함께 등장한 냉전은 국제사회에서 유엔이라는 이상과 냉전이라는 현실간의 갈등구조를 가져왔다. 이로 인해 인류이상의 실현을 위한 유엔의 역할은 초기부터 제대로 기능하지 못하였다. 무엇보다도 냉전기간 중 대표적 현상인 자유진영과 공산진영간의 대립은 국제법의 통일적 발전을 저해하였다.

더욱이 1960년대에 접어들면서 냉전의 격화와 함께 세력권을 형성하게 된 제 3세계 국가군들은 과거 국제사회의 중심세력이었던 서구권의 영향력에 도전하기 시작하였다. 이들은 새로운 국제질서의 수립을 주장하였으며 이 과정에서 무엇보다도 민족자결을 국제법 원칙의 하나로 발전시킬 수 있었다. 이러한 배경하에 유엔 총회는 1970년 '유엔헌장에 따른 국가간 우호관계 및 협력에 관한 국제법 원칙 선언(Declaration on Principles of International Law concerning Friendly Relations and Cooperation among States in accordance with the Charter of the United Nations)'과 1974년 '신 국제경제질서 선언(New International Economic Order: NIEO)'을 채택하였다. 이후 유엔해양법협약의 채택을 통해 구체화된 인류공동유산으로서의 심해저 개념의 출현도 이러한 변화의 과정의 일환이다.

5. 탈냉전과 국제법의 새로운 발전

탈냉전과 함께 국가간 협력이 확대되면서 국제법도 새로운 차원에서 획기적인 발전을 이루게 되었다. 특히 국제법 관련 주제의 다양화와 확대 등 국제법 영역의 확대와 비국가 행위자의 출현으로 국제법의 본질적인 변화가 시작되었다. 나아가 급속한 세계화에 따른 국제사회의 통합(integration)현상은 국제법 질서의 형성과 발전에 대한 새로운 도전이 되었다. 이를 나누어 설명하면 다음과 같다.

먼저 국제법의 객체, 즉 대상 영역의 확대이다. 전통적으로 국제법의 관심 주제였던 국제평화와 안전, 무력사용, 조약, 해양, 외교 및 영사관계는 물론 국제기구, 경제, 통상, 항공, 우주, 환경, 인권, 나아가 빈곤과 질병, 국제개발협력,

국제범죄 등을 규율하기 위한 국제법 규범의 마련이 필요해졌다. 특히 국제인권법과 국제형사법의 발전은 인류이성의 획기적인 성과로 볼 수 있다. 나아가 인간의 삶의 질을 높이고 미래세대의 삶까지 아우르는 국제환경법의 발전도 의미있는 성과의 하나로 볼 수 있다.

다음으로 국제법 주체의 확대이다. 국제기구, 다국적기업, 개인 및 단체(소수 민족 및 원주긴 포함) 등 국가이외의 새로운 행위자(비국가 행위자)의 출현이다. 이중 국제기구와 개인은 국제법 주체로 발전하였으나 나머지 실체의 경우는 아직 국제법 주체로 인정받지 못하고 있다. 그러나 이들의 영향력은 점증하고 있다. 이에 따라 국가와 국가간의 관계를 규율하는 전통적 개념의 국제법은 국제법 주체간의 관계를 규율하는 법으로 수정되었다.

제2절 국제법의 중요성

1. 국제법의 중요성에 대한 국제사회의 인식 확산

2005년 우엔 총회를 통해 개최된 '세계정상회의(The 2005 World Summit)'에서 세계정상들은 '유엔헌장의 원칙과 목적 및 국제법에 대한 약속'을 재확인하였다. 세계정상들은 유엔헌장의 원칙과 목적 및 국제법이 더욱 평화롭고 번영되고 정의로운 세계를 위한 불가결의 기초라고 보고 이에 대한 경의(respect)를 강화하여야 한다는 결의를 재천명하였다.[17] 동시에 이를 구체화하기 위해, 첫째, 법의 지배와 국제법에 기초한 국제질서에 대한 약속 및 유엔헌장과 국제법의 목적

17) 세계정상회의 결과물(World Summit Outcome) 제 2항(values and principles), UNGA Res. 60/1(2005. 9. 16).

과 원칙에 대한 약속, 둘째, 개인의 보호와 관련된 국제조약(인권조약 등을 의미)에 대한 미가입국들의 가입촉구, 셋째, 법의 지배를 증진하기 위한 유엔 차원의 역할강화, 넷째, ICJ의 강제관할권 수락 등 분쟁해결을 위한 역할강화 등을 강조하였다.[18]

2. 국제법의 미래

국제법은 지난 50여 년간 커다란 발전을 이룩하였다. 지속적인 변화를 경험하면서 국제법은 다양한 주제를 다루어 오고 있다. 전통적 주제인 전쟁과 평화에서 벗어나 인권에서부터 환경과 교역에 이르기까지 국제협력을 위한 광범위한 연성 주제를 개발하고 국제법의 영역으로 가져왔다. 그럼에도 불구하고 국제법의 적용과정에서 국제법과 국내법 상호간의 영역이 사실상 명확히 구분됨으로써 국제법은 국내법이나 국내정책의 우선순위에 대하여 영향력을 행사할 수 없었다.

그러나 앞으로 국제법과 국내법의 영역은 쉽게 구분될 수 없을 것으로 보인다. 예컨대, 난민의 유입이나 무기의 확산 또는 환경파괴 등의 경우 국내의 미흡한 조치가 국제사회의 공동선 실현에 악영향을 미칠 수 있다는 점에서 개별국가에 의한 국제적 기준의 충족은 필수적 요구사항이 될 것이다. 이러한 점에서 국제법은 국제적 기준을 마련하는 동시에 국내적 조치를 지원하고 가능하게 하는 역할을 하여야 할 것이다. 이를 위해서는 무엇보다도 국제법에 대한 인식이 바뀌어야 할 것이다. 즉, 국제법을 부담스러운 것이 아닌 적극적인 동반자로 보아야 할 것이다. 이러한 인식은 Anne-Marie Slaughter 교수의 지적대로 '국제법의 미래는 국내적이다(The future of international law is domestic)'로 요약 될 수 있다.

동시에 국제법에 대한 과거의 논쟁이 국제법은 구속력이 없고 불이행에 대한 제재가 없다는 점에서 '국제법은 법인가'의 문제에 집중되었다면 앞으로는 국제법도 구속력이 확인되고 불이행에 대하여는 반드시 제재가 수반됨으로써 '국

18) 세계정상회의 결과물 제 134항(rule of law).

제법도 법이다'라는 인식이 확산되도록 하여야 할 것이다. 이를 위해 국제분쟁의 평화적 해결 수단으로서 ICJ를 비롯한 국제재판소의 관할권도 확대되어야 할 것이다. 이와 관련 국제재판소에서도 과거와는 다른 특징적인 경향이 새로이 나타나고 있다는 사실은 매우 고무적이다. 예컨대, 2018년 코스타리카와 니카라과간 환경관련 분쟁에서 ICJ는 환경피해에 대한 책임을 인정하면서 구체적인 액수의 배상금 지불을 명령하였다.[19] 이는 국제재판소가 보다 적극적으로 구체성 있는 구제조치를 결정하였다는 점에서 시사하는 바가 크다.

이러한 상황적 변화 속에서 앞으로 수십 년간 국제법은 한편에서는 전통적인 주권의 개념과 다른 한편에서는 환경이나 인권 또는 보호책임과 같은 국제사회의 공통이익과 관련된 문제간의 지속적인 긴장관계 속에서 발전하게 될 것이다. 분명 이 과정에서 국제법은 전통적인 웨스트팔리아 모델에서 벗어나 과거와는 다른 국제법이 될 것이다. 그렇다고 하여 주권개념에 기초한 전통적인 국제법의 양상이 급격하게 변화하지는 않을 것이며 국제법과 국내법의 관계도 그렇게 급격한 변화를 가져오지는 않을 것으로 생각된다. 미래의 국제법도 결국은 개인의 측면보다는 국가를 중심으로 하는 전통적인 국제법의 양상을 지속할 것으로 보인다. 그러나 국가중심의 국제법 질서 속에서도 국제법이 전체로서의 인류의 평화와 안전 및 개인의 권리와 자유의 증진이라는 궁극적 목표를 위해 꾸준히 노력해 오고 있다는 점은 평가되어야 할 것이다.

한편 후술(제 5강 '국제법의 법원' 참조)하는 강행규범(국가간 합의로 이탈이 허용되지 않는 규범)과 대세적 의무(다른 국가에 대한 상대적 의무가 아닌 국제사회 전체에 대한 의무) 개념의 등장과 동 개념의 지속적인 확대는 국가간 합의를 전제로 하는 전통 국제법에 대한 새로운 발전적 시도의 한 예로 볼 수 있을 것이다.

---

19) 이 사건에서 ICJ가 판단한 보상액은 코스타리카가 요구한 액수에 크게 못미치지만 중요한 것은 ICJ가 국경을 넘는 환경피해에 대한 보상액의 산정방식과 수준을 최초로 결정하였다는 점이다. 'Activities carried out by Nicaragua in the Border Area (Costa Rica v. Nicaragua), Compensation owed by the Republic of Nicaragua to the Republic of Costa Rica', ICJ Gen. List No. 150, 2018, ESCR-Net.

3. 우리나라 외교와 국제법

최근 한국이 처한 외교현실은 냉철하고 치밀한 국제법적 판단을 요구한다. 우리 앞에 산적한 외교적 과제들을 국익의 관점에서 대처해 나가기 위해서는 무엇보다도 국제법에 대한 정확한 지식과 경험이 필요하다. 특히 우리나라의 경우 외교의 중심이 안보와 경제·통상에 집중되어 있지만 그 밖의 다른 개별 외교사안에 대하여도 국제법적 지식에 기반한 정확한 판단을 통해 국익을 극대화하는 지혜가 필요하다. 과거 1952년 우리정부가 평화선(Peace Line)을 선포한 것은 당시 국제법의 발전방향을 잘 이해하고 취하여진 과감한 조치였다. 1953년 미국과의 한미상호방위조약도 유엔헌장의 집단적 자위권을 염두에 둔 선제적 조치였다. 또한 1974년 체결된 한일 대륙붕 공동개발협정은 1969년 ICJ의 북해 대륙붕 사건에 대한 판결을 우리의 국익으로 승화시킨 성공사례의 하나이다. 그만큼 국제법은 우리 국익의 실현과 외교지평의 확대를 위한 중요한 도구임을 부인할 수 없다.

한편 오늘날 국제법이 다루어야 할 대상과 영역은 더욱 확대되고 있다. 앞에서도 설명하였듯이 국제법은 지속적으로 관심 분야를 확대해 오고 있다. 이에 따라 이들 주제를 규율하기 위한 목적의 다자조약들도 꾸준히 채택되어 오고 있다. 따라서 앞으로의 국제사회는 유엔 등 국제기구를 비롯하여 지역차원의 국가간 협력체 등을 통한 다자외교가 중심이 될 것이다. 이러한 점을 염두에 두고 우리는 유엔 등 국제기구의 활동에 주도적으로 참여하는 것이 필요하며 역내국가간 협력에도 보다 관심을 기울여야 할 것이다. 동시에 이와 관련된 조약의 교섭 및 채택과정에도 적극 참여함으로써 국익실현을 위한 발판을 마련해 나가는 것이 무엇보다도 중요하다.

또한 우리는 앞으로 증가할 것으로 예상되는 국제분쟁에 대비하여 국제법에 대한 교육과 연구를 확대하여야 할 것이다. 분쟁을 평화적으로 해결하는 것은 국제사회를 구성하는 국가들의 의무이다. 그 중심에 국제법이 있다. 따라서 국제사법재판소, WTO 등의 판례에 대한 연구 및 각 국제법 분야에 대한 이론 및 실증적 연구를 통해 현안에 대한 국제법적 대응능력을 제고해 나가야 할 것이다. 국제법에 근거한 외교는 이상주의 외교가 아니다. 강대국의 힘을 통한 현실주의에 맞설 수 있는 '논리를 통한 현실주의 외교'이기 때문이다.

지금까지의 우리 외교가 국제법에 더욱 바탕을 두었더라면, 그리고 우리 법원의 국제법에 대한 인식이 지금보다 좀 더 성숙했더라면, 한일간 갈등을 가져온 과거사 문제 등도 보다 슬기롭게 해결할 수 있지 않았을까 생각해 본다. 그만큼 국제법은 국익과 동의어이다.

II

유엔과 무력사용

제 3 강
유엔

제1절 개관

1. 유엔의 성립

제 1차 대전 종결 후인 1919년 베르사이유 평화회의의 결과로 성립된 국제연맹(League of Nations)은 역사상 최초로 탄생한 보편적 성격의 국제기구다. 국제평화와 협력의 달성이라는 대이상을 실현하기 위한 정치적 기구로 탄생하였으나[1] 기구 자체의 결함과 운영상의 한계로 제 2차 대전이라는 새로운 비극을 막는 데 실패하였다. 반면 이러한 경험을 바탕으로 제 2차 대전 종전과 함께 탄생한 유엔은 많은 시행착오에도 불구하고 지금까지 국제평화와 안전의 유지 및 이를 위한 토대로서의 국제협력을 성공적으로 수행해 오고 있다.

유엔(United Nations)이라는 명칭은 프랭클린 루즈벨트 미국 대통령이 고안하

---

1) 국제연맹규약은 군비축소, 국제평화와 안전, 전쟁방지, 영토보전 및 정치적 독립존중, 특히 국교단절의 우려가 있는 분쟁발생시 중재, 사법적 해결 또는 이사회 심사에 회부하여야 하고 이에 관한 판결이나 보고서가 나온 후 3개월이 경과하기 전까지는 전쟁에 호소하지 않을 의무와 비자치지역 주민들에 대한 자립유도를 위한 위임통치제도 등을 핵심내용으로 규정하고 있다.

였으며 제 2차 대전 중 26개국 대표가 모여 추축국에 대항하여 계속 싸울 것을 서약하였던 1942년 1월 1일 연합국 선언에서 처음으로 사용되었다. 한편 유엔 창설에 관한 구상은 1943년 10월 미국, 영국, 소련 3개국 대표가 참석한 모스크바 회담과 동년 12월 테헤란 회담에서 시작되었다. 이후 1944년 8월부터 10월까지 미국 워싱턴에서 열린 덤버튼 오크스 회의에서 미국과 영국, 소련, 프랑스, 중국 5개국 대표에 의해 유엔 창설이 본격적으로 논의되었다. 이어서 1945년 4월부터 6월간 샌프란시스코에서 개최된 '국제기구에 관한 연합국 회의(United Nations Conference on International Organization 또는 The San Francisco Conference)'에 참석한 50개국 대표들은 덤버튼 오크스 회의에서 합의된 초안을 기초로 유엔헌장을 작성하였으며 1945년 6월 26일 ICJ 규정(Statute of the International Court of Justice)과 함께 유엔헌장(Charter of the United Nations)에 서명하였다. 한편 회의에 참석하지 않았던 폴란드는 추후 서명함으로써 51번째 서명국이 되었다. 이들을 원회원국(original members)이라고 한다.

유엔은 미국, 영국, 프랑스, 중국, 소련과 여타 서명국 과반수가 유엔헌장을 비준한 1945년 10월 24일 공식 출범하였다.

2. 설립 목적(헌장 제 1조)

가. 국제평화와 안전의 유지-헌장 제 1조 1항

평화에 대한 위협의 방지, 제거 그리고 침략행위 또는 기타 평화의 파괴를 진압하기 위한 유효한 집단적 조치를 취하고 평화의 파괴로 이를 우려가 있는 국제적 분쟁이나 사태의 조정·해결을 평화적 수단에 의하여 또한 정의와 국제법의 원칙에 따라 실현한다.[2)]

---

2) 헌장 제 1조 1항: "To maintain international peace and security, and to that end: to take effective collective measures for the prevention and removal of threats to the peace, and for the suppression of acts of aggression or other breaches of the peace, and to bring about by peaceful means, and in conformity with the principles of justice and international law, adjustment or settlement of international disputes or

나. 국가간 우호관계의 발전-헌장 제 1조 2항

사람들의 평등권 및 자결의 원칙의 존중에 기초하여 국가간의 우호관계를 발전시키며, 세계평화를 강화하기 위한 기타 적절한 조치를 취한다.

다. 국제적 협력의 달성-헌장 제 1조 3항

경제적·사회적·문화적 또는 인도적 성격의 국제문제를 해결하고 또한 인종·성별·언어 또는 종교에 따른 차별없이 모든 사람의 인권 및 기본적 자유에 대한 존중을 촉진하고 장려함에 있어 국제적 협력을 달성한다.

라. 각국 활동의 조화를 위한 중심 역할-헌장 제 1조 4항

유엔은 이러한 공동의 목적을 달성함에 있어서 각국의 활동을 조화시키는 중심이 된다.[3]

3. 유엔의 목적 달성을 위한 회원국의 행동원칙(헌장 제 2조)

가. 국가의 주권평등-제 1항
나. 헌장의무 성실이행-제 2항
다. 국제분쟁의 평화적 해결-제 3항
라. 영토보전, 정치적 독립, 헌장과 양립하지 않는 무력사용 금지-제 4항
마. 회원국 원조제공의무-제 5항
바. 비회원국 행동확보-제 6항
사. 국내문제불간섭-제 7항

이들 행동원칙에 대하여는 해당되는 장에서 상세 설명한다.

---

situations which might lead to a breach of the peace”

3) 헌장 제 1조 4항: “To be a center for harmonizing the actions of nations in the attainment of these common ends”

4. 회원국이 되기 위한 조건(헌장 제 4조)

가. 가입 절차와 조건

유엔가입을 희망하는 신청국에 대한 가입의 승인은 안전보장이사회(안보리)의 권고에 따라 총회의 결정에 의한다(제 4조 2항). 안보리의 가입권고가 있어야만 총회가 가입을 결정할 수 있다. ICJ는 1950년 '유엔가입에 관한 총회의 권능 사건(Competence of the General Assembly for the Admission of a State to the UN)'에 대한 권고적 의견에서 총회의 결의만으로 가입을 결정하게 되는 경우 이는 헌장이 안보리에 부여한 권한을 박탈하는 것으로 유엔헌장 제 4조 2항(안보리의 권고에 따라 총회가 결정)의 위반이라고 보았다. 즉, 헌장 제 4조 2항은 안보리의 권고와 총회의 결정 두 요건을 함께 요구하고 있으며 안보리의 권고는 총회의 결정에 선행하는 조건으로 보았다.[4)]

가입신청국의 가입자격과 관련하여 헌장은 제 4조 1항에서 "헌장에 규정된 의무를 수락하고, 이러한 의무를 이행할 능력과 의사가 있다고 기구가 판단하는 평화애호국은 회원국 자격을 가진다"고 규정하고 있다.[5)] 이 조항에 대한 해석과 관련하여 ICJ는 1948년 '유엔가입조건 사건(Condition of Admission)'에 대한 권고적 의견에서 헌장 제 4조 1항에 규정된 5개의 요건, 즉 (a) 국가일 것(state), (b) 평화애호적일 것(peace-loving), (c) 유엔헌장의 의무를 수락할 것(accepting the obligations), (d) 의무이행 능력이 있을 것(be able to carry out these obligations)과 (e) 의무를 이행할 의사가 있을 것(be willing to do so)이 가입 요건의 전부이므로 가입 신청국에 대한 표결시 각 회원국은 이상의 요건을 갖추었는지 여부만을 고려하여야 할 뿐 이외의 사항을 추가로 요구하거나 다른 가입희망국의 가입 등 새로운 조건을 추가하여서는 안 된다고 판단하였다.

---

4) 이 사건은 '총회가 안보리의 권고 없이 유엔가입 신청국에 대한 가입 여부를 결정할 수 있는가'에 대하여 총회가 ICJ에 권고적 의견을 요청한 사건이다. ICJ Reports 1950, Advisory Opinion, p. 4, pp. 7-9.

5) 헌장 제 4조 1항: "Membership in the United Nations is open to all other peace-loving states which accept the obligations contained in the present Charter and, in the judgment of the Organization, are able and willing to carry out these obligations"

다시 말해서 상기 요건은 예시적이 아닌 '망라적인 것으로(exhaustive)' 가입 신청국에 대한 새로운 조건의 부과는 허용되지 않는다고 판단하였다.[6] 특히 평화애호국 요건은 평화를 존중하여야 한다는 희망사항의 반영일 뿐 어떤 특정 국가에 대한 구체적인 심사를 통해 유엔가입을 배제하기 위한 엄격한 요건으로 규정된 것은 아니라고 보았다. 이와 관련 북한이 유엔에 가입하였다는 사실은 이러한 점을 우리에게 확인시켜주고 있다. 즉, 북한이 유엔에 가입하였다고 하여 반드시 평화애호국이라는 의미는 아니며 또한 북한이 평화애호국이므로 유엔에 가입할 수 있었다고 해석될 수도 없다.

한편 절차적 문제로 가입 권고에 관한 안보리의 표결은 상임이사국의 거부권 행사의 대상이 된다. 총회의 경우에도 가입 승인에 관한 사안은 중요문제(important questions)에 해당되어 출석하여 투표하는 회원국의 2/3 이상의 찬성을 요한다(제18조 2항).[7]

나. 특수한 사례에 대한 검토

첫째, (일괄타결방식에 의한 가입) 유엔가입조건 사건에 대한 ICJ의 권고적 의견 이후에도 냉전에 따른 동서 진영간 대립으로 가입문제는 해결되지 않았다. 그러던 중 1955년 소위 일괄타결방식(package deal)으로 16개국이 신규 가입하게 되었다. 이는 당시 안보리 심사 과정에서 동서 양진영간 타협안으로 상대측이 지지하는 국가들의 가입을 서로 교차 지지함으로써 가능하였다.[8]

---

6) 유엔가입조건 사건은 제 2차 대전 중 독일의 편에서 싸웠던 국가들(알바니아, 아일랜드, 몽골, 포르투갈, 요르단)의 유엔가입과 관련하여 제기된 헌장의 해석에 대한 ICJ의 권고적 의견이다. ICJ는 '헌장 제 4조의 가입조건(Conditions of Admission of a State to Membership in the United Nations, Article 4 of the Charter)'에 대한 권고적 의견에서 다음과 같이 설명하였다: "제 4조 1항을 문언 그대로 해석하면 이러한 조건들은 망라적인 것으로 단순한 지침이나 예시가 아님을 알 수 있다. 가입에 대하여 헌장의 규정과 무관한 다른 조건들이 요구된다면 동 조항은 의미를 잃게 될 것이다. 따라서 제 4조 1항의 조건들은 필요조건이며 동시에 충분조건이다.", ICJ Reports 1948, Advisory Opinion, p. 57, p. 62.

7) 헌장 제 18조 2항에 규정된 중요문제로는 국제평화와 안전의 유지에 관한 권고, 안보리 비상임이사국 선출, 신회원국 가입승인, 제명, 권리 및 특권의 정지 등이 있다. 중국의 대표권 변경과 관련 서방 측은 동 사안이 헌장 제 18조 2항의 중요문제로서 총회의 2/3 이상 다수결을 요한다고 주장하였으나 1971년 중요문제 지정안이 부결되면서 중국의 대표권 변경안이 쉽게 통과될 수 있었다.

둘째, (영세중립국) 영세중립국은 무력을 사용하지 않으며 전쟁에 참여하지 않을 국제법상의 의무를 부담한다. 그러나 유엔헌장 채택을 위한 샌프란시스코 회의 당시에는 개별회원국의 반대에도 불구하고 안보리가 무력사용이 수반되는 강제력 있는 결의를 채택할 수 있다는 점(집단안전보장제도를 의미함)에서 영세중립국으로서의 의무가 유엔회원국의 지위와 충돌할 우려가 있다고 판단하였다. 이에 따라 스위스는 유엔에 가입하지 않았다. 그러나 개별국가가 제 43조의 협정('유엔'과 '자발적으로 유엔에 병력을 제공하려는 개별회원국'간의 병력 제공을 위한 특별협정)을 체결하지 않으면 군사적 강제조치에 참여하여야 할 법적의무가 없다는 해석과 그간 유엔의 실행을 통하여 동 제 43조가 사문화되었다는 판단하에 2002년 유엔에 가입하였다. 반면 오스트리아는 1955년 영세중립국을 선언하면서 이와 같은 해석을 통해 유엔에 바로 가입하였다.

셋째, (중국의 대표권) 또 다른 사례로 중국의 경우에는 중국 내 존재하는 두 개의 정부에 대하여 1971년 유엔 총회가 중국을 대표하는 정부는 북경정부라는 결의안을 통과시켰고 이에 따라 유엔에서의 회원국 지위도 기존 대만정부에서 북경정부로 이전되었다. 이는 대만이라는 국가의 축출이 아니라 중국을 대표하는 정부가 대만정부가 아니라 북경정부(중화인민공화국)라는 점을 확인한 데 불과하다.

다. 옵서버 제도

일반적으로 국제기구의 구성원에는 국제기구 설립조약이 규정하는 권리와 의무의 향유주체인 정회원국(full members), 권리와 의무의 일부만을 향유하는 준회원국(associate members)과 옵서버(observers)가 있다.

준회원국이나 옵서버는 투표권이나 이사회 피선거권 등의 권리를 가지지 못한다. 그러나 준회원국은 과거 일반적으로 비자치령에 부여되는 자격과 유사한 것으로 일부 제한된 권리를 제외하고는 정회원국과 비슷한 권리와 의무를 갖는다. 반면 옵서버의 경우는 상당히 제한된 권한만이 주어진다. 옵서버는 자신과 직접 관련된 문제의 토의에 한해 참석하여 토의 과정을 지켜보고 국제기구가

8) 안보리 결의 제 109호(1955. 12. 14), 당시 가입을 희망하였던 한국과 베트남은 분단국 상태여서 안보리의 권고결의에서 제외되었다.

정한 절차에 따라 의견을 진술하는 데 그친다. 유엔헌장은 옵서버의 지위에 대하여 규정하고 있지 않다. 옵서버 지위 부여문제는 총회와 사무총장의 실행을 통해 발전해 온 제도이다.[9]

유엔에서 독립국가가 옵서버의 지위를 가진 경우로는 과거 유엔에 가입하기 전 스위스, 한국 등의 경우가 대표적인 예이다. 또한 유엔이 국가 이외의 실체(entity)에 대하여 옵서버의 지위를 부여한 경우로는 아프리카연합(AU)과 아랍국가연맹(LAS)이 승인한 민족해방단체(NAM)로서의 팔레스타인해방기구(PLO)가 있다. 오늘날에는 교황청(Holy See)과 팔레스타인국(State of Palestine, 1988년 선언)만이 유엔의 '영구 옵서버(permanent observer)' 지위를 가지고 있다.

5. 자격정지 및 제명(헌장 제 5~6조)

가. 회원국으로서의 권리와 특권의 정지

안보리가 취하는 '방지조치 또는 강제조치(preventive or enforcement action)'의 대상국에 대하여는 안보리의 권고에 따라 총회가 회원국으로서의 권리와 특권을 정지시킬 수 있으며, 일정한 요건 충족시에는 안보리에 의해 다시 권리와 특권이 회복될 수 있다(제 5조). 여기서 안보리의 권고는 실질문제에 해당되므로 상임이사국 전부를 포함하는 9개국의 찬성이 필요하며(제 27조 3항), 총회의 경우에도 가입의 경우와 마찬가지로 중요문제에 해당되어 출석하여 투표하는 국가들의 2/3의 다수결[10]을 요한다.

또한 유엔분담금을 2년분 이상 지불하지 않은 회원국은 총회에서 투표권을 갖지 못한다(제 19조). 총회에서의 투표권 정지가 자동적인 것인지 또는 총회의 의결을 거쳐야 하는 것인지에 대해서는 아직 선례가 없어 해석상 입장 차이가

---

9) 유엔 비회원국이 유엔의 상주옵서버 지위를 신청하기 위해서는 관행상 하나 또는 그 이상의 유엔전문기구(Specialized Agencies)의 회원국이어야 한다. 이 관행은 1946년 유엔 사무총장이 스위스의 상주옵서버 지위를 수락하면서부터 형성된 관행이다.

10) 2/3 다수결은 압도적 다수결(overwhelming majority 또는 super majority)이라고 하며 단순과반수인 절대다수결(absolute majority 또는 simple majority)과 구분된다.

예상된다.[11] 그러나 분담금 미납이 회원국의 불가피한 사정에 의한 경우에는 예외가 허용될 수 있다. 참고로 과거 미국은 유엔의 방만한 운영과 일부 개도국들의 수적 우세를 통한 영향력 행사에 반발하여 유엔분담금을 미납한 사례가 왕왕 있었으며 이로 인해 1990년대에 걸쳐 투표권 상실 위기에 놓였던 적이 있다.

나. 제명과 탈퇴

회원국이 헌장에 규정된 원칙을 지속적으로 위반하는 경우(persistently violates the principles) 안보리의 권고에 따라 총회가 제명할 수 있다(제 6조). 그러나 아직까지 이 규정이 실제로 적용된 예는 없다. 또한 헌장에는 탈퇴에 관한 규정이 없으며 실제로 유엔을 탈퇴한 국가도 없다.

제명의 경우에도 안보리의 권고는 실질문제에 해당되므로 상임이사국 전부를 포함하는 9개국의 찬성이 필요하며, 총회의 경우도 중요문제에 해당되어 출석하여 투표하는 국가의 2/3의 다수결을 요한다.

참고로 1965년 인도네시아가 말레이시아(당시 인도네시아는 말레이시아 일부 영토에 대한 영유권을 주장)의 안보리 비상임이사국 당선을 이유로 탈퇴를 통보하였다가 다음 해 복귀의사를 전달한 적이 있다. 이와 관련 유엔은 인도네시아의 탈퇴기간 동안의 총회 불참을 탈퇴가 아닌 유엔에 대한 협력의 일시적 정지로 받아들였다.[12] 따라서 아직까지 공식적인 탈퇴국가는 없다.

현실적인 측면에서 보아도 제명 또는 탈퇴를 방치하기보다는 위에서 설명한 바와 같이 제 5조에 따른 권리와 특권의 정지 또는 제 19조에 따른 투표권의 정지 등이 보다 효과적인 대응책이라고 본다. 참고로 제명은 아니지만 과거 유엔이 남아프리카 공화국에서의 인종차별을 이유로 남아프리카 대표단의 유엔 총회 참석을 위한 신임장을 거부함으로써 제명과 유사한 효과를 가져왔던 사례도 있다.

---

11) 참고로 1964년 소련이 콩고의 평화유지활동 분담금을 2년 이상 납부하지 않자 미국은 소련의 투표권이 자동적으로 정지된다고 주장하였다. 그러나 소련의 강경한 반대로 흐지부지된 사례가 있다.

12) 인도네시아의 탈퇴가 단순한 협력정지였다면 인도네시아는 유엔 복귀 후 자신의 분담금 미납분을 납부하는 것이 정상일 것이다. 그러나 인도네시아는 동 기간 중 유엔회원국으로서의 혜택을 향유하지 못하였다는 이유로 자신의 미납금 중 10퍼센트만을 납부하는 것으로 타협되었다.

제2절 유엔의 조직과 기능

유엔은 국제기구로서 국제법인격을 가진 실체이며 국제관계에서 국제법 주체로서 법률행위를 할 수 있다(제 20강 '국제기구법' 참조).

1. 유엔의 기관

유엔의 기관은 주요기관(principal organs)과 보조기관(subsidiary organs)으로 나누어진다.

주요기관은 헌장에 의해 주요기관으로 설정된 총회(General Assembly), 안전보장이사회(Security Council), 경제사회이사회(Economic and Social Council), 신탁통치이사회(Trusteeship Counicil), 국제사법재판소(International Court of Justice) 및 사무국(Secretariat)의 여섯 기관이다.

보조기관은 헌장 제 7조 2항(일반적 보조기관 설치근거), 제 22조(총회의 권한에 따른 보조기관 설치), 제 29조(안보리의 권한에 따른 보조기관 설치)[13] 및 제 68조(경제사회이사회의 보조기관 설치)에 의해 설치될 수 있다.

가. 총회

1) 산하 주요 위원회

가) 제 1위원회: 군축 및 국제안보 문제(disarmament and international security)

나) 제 2위원회: 경제 및 금융 문제(economic and financial)

다) 제 3위원회: 사회적, 인도적 및 문화적 문제(social, humanitarian and cultural)

라) 제 4위원회: 특별정치 및 탈식민 문제(special political and decolonization)[14]

---

13) 예컨대, 안보리의 보조기관으로는 구유고 국제형사재판소나 르완다 국제형사재판소, 그 밖에 수시로 구성되는 유엔평화유지군 등을 들 수 있다.

마) 제 5위원회: 행정 및 예산 문제(administrative and budgetary)

바) 제 6위원회: 법률 문제(legal)

2) 임무와 권한(제 10-17조)

총회는 유엔의 중추 심의기관이다. 총회는 모든 회원국으로 구성되며, 각 회원국은 1개의 투표권을 가진다. 국제평화와 안전, 신규 회원국 가입, 예산 문제 등은 중요문제에 해당되어 출석하여 투표하는 회원국의 3분의 2의 찬성으로 하며, 여타 문제에 대해서는 단순 과반수로 한다.

총회의 주요 임무와 권한은 다음과 같다.

첫째, 국제평화와 안전의 유지, 국제정치, 경제, 사회, 문화, 교육 및 보건 분야에 있어서의 국제협력의 촉진, 신탁통치 등 헌장의 범위 내에 있는 모든 문제 또는 사항에 관하여 토의 또는 권고할 수 있다(제 10조). 특히 총회는 자신에게 회부된 국제평화와 안전의 유지에 관한 어떠한 문제에 대하여도 토의할 수 있다(제 11조 2항 전단). 그러나 안전보장이사회가 분쟁이나 사태에 관하여 임무를 수행하고 있는 동안에는 권고가 불가능하며(제 12조 1항), 그러한 문제로서 조치를 필요로 하는 것은 토의 전 또는 후에 총회에 의해 안보리에 회부되어야 한다(제 11조 2항 후단). 또한 군비축소와 군비통제를 포함하여 국제평화와 안전의 유지를 위한 협력사안에 대하여 심의와 권고를 하고(제 11조 1항) 국가간의 우호관계를 해칠 수 있는 모든 사태에 대하여 평화적 조정(peaceful adjustment)을 위한 조치를 권고한다(제 14조). 이에 대한 상세는 제 4강('무력사용에 대한 규제'의 제 4절 '국제평화와 안전을 위한 유엔 총회의 역할')을 참조한다.

둘째, 유엔의 예산을 심의하고 승인하며, 회원국 가입, 안보리 비상임이사국 선출, 국제사법재판소 재판관 선출 등에 관여한다.

셋째, 국제법의 발전 및 국제관습법의 성문화를 장려하고 인권 및 기본적 자유를 실현하기 위하여 연구를 발의하거나 권고한다(제 13조).

한편 총회는 기본적으로 내부문제에 대하여는 구속력 있는 결정을 할 수 있

---

14) 과거에는 6개 위원회 이외에 특별정치위원회가 별도로 있었으나, 1993년 8월 17일 총회결의 제 47/233호에 의해 특별정치 위원회와 제 4위원회가 통합되었다.

지만, 그 밖의 총회의 결의들은 대체로 법적 구속력이 없는 권고적 효력만을 가진다. 그러나 이들 권고들은 국제여론에 주는 영향이 지대하며 이후 국제관습법을 반영하는 내용으로 발전하여 국제사회에서 수락되기도 한다. 이에 대해서는 제 5강('국제법의 법원'의 제 2절 '국제기구의 결의')을 참조한다.

나. 안전보장이사회(안보리)

1) 구성

안보리는 유엔헌장에 따라 국제평화와 안전의 유지에 관한 일차적 책임(primary responsibility)을 지며, 유엔 회원국에 대해 구속력을 갖는 결정을 할 수 있는 유일한 기관이다. 유엔의 가장 큰 목적이 국제평화와 안전의 유지라는 점에서 안보리는 결국 유엔의 핵심적 기관이다. 안보리는 미국, 영국, 프랑스, 중국, 러시아의 5개 상임이사국과 총회에 의해 선출되는 2년 임기의 10개 비상임이사국으로 구성된다. 안보리 상임이사국은 거부권을 포함하는 1개의 투표권을 가지며 비상임이사국은 거부권 없는 1개의 투표권만 가진다.

2) 표결

안보리에서의 표결관련 절차문제에 대한 결정은 9개 이사국의 찬성에 의해 이루어지나, 그 외의 모든 사항(실질문제)에 대한 결정은 5개 상임이사국의 동의투표를 포함한 9개 이사국의 찬성(concurring votes of the permanent members)에 의해 결정된다. 상임이사국의 동의투표가 반드시 요구된다는 점에서 이를 거부권(veto)이라고 한다.

특정 이슈가 절차문제인지 실질문제인지를 결정하는 문제도 안보리는 실질적 결정(substantive decision)에 관한 사항, 즉 실질문제로 보고 있으며 따라서 표결시 상임이사국들은 거부권을 행사할 수 있다. 여기서 상임이사국들은 사실상 어떠한 사안을 절차문제로 보려는 시도에 대하여도 거부권을 행사할 수 있다는 해석이 가능해지는데 이는 결과적으로 이중거부권(double-veto)의 행사에 해당된다는 비판도 있다. 그러나 이러한 이중거부권의 행사는 헌장의 개정을 사실상 및 법률상으로 불가능하게 한다. 이에 비추어 볼 때 유엔개혁의 핵심인 안보리 상임이사국 제도의 개편도 거부권이라는 기득권의 포기를 원하지 않는 상임이사국들의 반대로 현실적으로 실현 가능성은 거의 없다.

한편 비상임이사국 10개국 중 최소 7개국이 집단으로 반대표를 행사하는 경우에는 5개 상임사국이 모두 찬성하는 경우에도 9개국의 찬성을 확보하지 못해 (15-7=8) 결의는 채택되지 않는다. 이를 '집단적 거부권(collective veto)'이라고 한다. 2007년 당시 비동맹(NAM) 7개국이 동시에 안보리 비상임이사국으로 선임된 사례가 있으며 이는 '집단적 거부권'이 불가능한 것이 아니라는 점을 시사한다.

3) 결석 및 기권과 거부권

거부권의 행사와 관련하여서는 다음의 해석이 성립되어 있다. 헌장 제 27조 3항은 비절차사항인 실질문제에 대한 표결시 '상임이사국의 동의투표를 포함한 9개 이사국의 찬성투표(an affirmative vote of nine members including the concurring votes of the permanent members)'라고 규정하여 일응 모든 상임이사국들의 동의를 필요로 하는 것으로 해석된다.

그러나 실질문제에 대한 표결시 상임이사국의 기권이나 결석은 거부권의 행사로 간주하지 않는다는 관례가 이미 형성되어 있어서 이에 대해서는 논쟁의 여지가 없다. 이러한 해석은 기권의 경우 유엔 초기부터 일관되게 인정되어 왔으며[15] 결석에 대해서도 한국전 중 소련이 만들어 낸 관례이다.

불참이 거부권의 행사로 간주되지 않는 이유는 다음과 같다. (a) 먼저 헌장 제 28조 1항의 해석에서 찾을 수 있다. 동 조항은 안보리 이사국이 유엔의 소재지에 항시 대표를 둔다고 규정하고 있으며 이는 사실상 반드시 참석(대리 참석도 가능)할 것을 요구하는 것으로 해석된다. 이에 따라 판단하면 한국전 관련 안보리

---

15) 1965년 남로데시아 사태에 관한 안보리 결의 제 202호(Question concerning the Situation in Southern Rhodesia)가 중국을 제외한 상임이사국 4개국의 기권에도 불구하고 채택된 바 있다. 이후 ICJ는 1971년 '나미비아 사건(Namibia): Legal Consequence for States of the Continued Presence of South Africa in Namibia notwithstanding Security Council Resolution 276, 1970'에서도 기권을 거부권의 행사로 보지 않았다. 즉, ICJ는 "그간의 안보리 의장이나 이사국들, 특히 상임이사국들의 태도는 일관되고 통일된 것으로 상임이사국의 자발적인 기권이 결의채택에 방해가 되는 것으로 해석되지 않는다"고 판단하였다. ICJ Reports 1971, Advisory Opinion, p. 16, para. 22.

토의시 소련의 의도적 불참은 오히려 헌장 제 28조 1항 위반으로도 볼 수 있다. (b) 나아가 거부권을 적극적으로 행사할 수 있음에도 불구하고 행사하지 않았다는 것은 적극적으로 반대할 의사가 없었다는 것으로 해석될 수 있다. 즉, 고의적 기권 행위로 보아야 할 것이다. 따라서 헌장 제 27조 3항의 '찬성(concurring)'의 의미는 '반대하지 않는(not objecting)'으로 해석된다.

4) 안보리 결의의 효력

안보리의 핵심은 헌장 제 6장(분쟁의 평화적 해결)과 제 7장(평화에 대한 위협, 파괴 및 침략행위에 대한 조치)에 있다. 헌장 제 24조는 안보리가 회원국을 대신하여 국제평화와 안전의 유지를 위하여 행동한다고 규정하고 있다. 또한 제 25조는 "회원국들은 안보리의 결정을 수락하고 이에 따라 행동할 것에(accept and carry out the decisions) 동의한다"고 규정하고 있어서 안보리의 결정은 회원국들을 구속하는 것으로 해석된다.

여기서 헌장 제 6장에 따른 조치가 권고적 성격임을 분명히 하고 있다는 점에서 헌장 제 25조의 대상이 되는 안보리의 결정은 제 7장의 강제조치를 위한 결정만을 의미한다는 주장이 있다. 그러나 1971년 '나미비아 사건(Namibia)'에 대한 권고적 의견에서 ICJ는 제 25조가 헌장 제 7장하의 강제조치에 대해서만 적용되는 것은 아니며 헌장에 따라 채택된 안보리의 모든 결정에 적용된다고 보았다. 그 근거로 제 25조가 안보리의 일반적 기능과 권한을 규정한 제 24조의 바로 뒤에 위치하고 있다는 점을 지적하고 있다.[16] 만일 제 25조가 제 7장의 강제조치에 관한 안보리의 결정만을 대상으로 한다면 제 7장에서의 안보리의 결정에 대한 회원국의 의무를 별도로 규정하고 있는 제 48조와 제 49조의 규정과 중복될 수 있기 때문이다.[17]

---

16) 관련 부분 원문은 다음과 같다: "Article 25 is not confined to decisions in regard to enforcement action but applies to the decisions of the Security Council adopted in accordance with the Charter. Moreover, that article is placed not in Chapter 7, but immediately after Article 24 in that part of the Charter which deals with the functions and powers of the Security Council", ICJ Reports 1971, Advisory Opinion, p. 16, para. 113.

17) 제 48조 1항: "국제평화와 안전의 유지를 위한 안전보장이사회의 결정을 이행하는 데 필요한 조치는 안전보장이사회가 정하는 바에 따라 국제연합회원국의 전부 또는 일부

결론적으로 제 25조의 적용대상이 되는 안보리의 결정은 동 결정에 사용된 용어와 결정에 이르는 전반적인 과정 등을 고려하여 구체적인 경우에 개별적으로 판단되어야 할 것으로 본다. 다시 말해서 헌장에 따라 안보리가 결정하는 모든 결의가 제 25조에 따라 구속력이 있다고 하더라도 제 6장(분쟁의 평화적 해결)에 포함된 조항들, 예컨대, 제 33조(분쟁해결방식의 나열), 제 36조(분쟁해결을 위한 적절한 조정절차 또는 조정방법의 권고)와 제 38조(분쟁해결 방식 등의 권고)와 제 7장(강제조치)의 제 39조(전반부 문언)에 따른 안보리의 결정들은 절차적 성격에 관한 것으로 당연히 권고적 성격으로 보아야 할 것이다. 참고로 제 39조 전반은 '안전보장이사회는 평화에 대한 위협, 평화의 파괴 또는 침략행위의 존재를 결정하고, 국제평화와 안전을 유지하거나 이를 회복하기 위하여 권고하거나 ...'라고 규정하고 있으므로 이에 따라 안보리가 행하는 권고는 당연히 구속력이 없다고 보아야 할 것이다.

5) 안보리의 주요 기능

안보리는 신규회원국 가입, 사무총장 임명 권고, 국제사법재판소 재판관의 선출에도 관여한다.

그러나 안보리의 중요한 기능은 무엇보다도 국제평화와 안전의 유지를 위한 일차적 책임이다. 안보리는 국제평화와 안전의 유지를 위한 사전 단계로서 제 6장에 따라 국제적 마찰을 야기할 수 있는 분쟁 또는 사태에 관한 조사, 분쟁의 조정방법이나 해결조건을 권고한다. 그러나 제 6장에 의한 분쟁의 평화적 해결이 어려울 경우 궁극적으로는 제 7장에 따라 평화에 대한 위협, 평화의 파괴 또는 침략행위의 존재 여부를 결정하고, 국제 평화와 안전의 유지 및 회복을 위하여 권고 또는 강제조치를 결정한다(제 39조). 안보리는 제 7장에 따른 강제조치로서 특히 회원국에 대해 경제제재 조치(제 41조)를 포함한 군사적 강제조치(제 42조)의 실시를 요청할 수 있다. 군사적 강제조치의 실행을 위해 모든 회원국은 제 43조에 따라 안보리와 특별협정을 체결하여 병력지원과 시설 등을 안보리에 제공하도록 되어

에 의하여 취하여진다", 제 49조: "국제연합회원국은 안전보장이사회가 결정한 조치를 이행함에 있어 상호원조를 제공하는 데에 참여한다"

있으나 아직까지 이에 따른 협정이 체결된 사례는 없다.

한편 안보리 관련 중요한 절차적 사항은 다음과 같다. 먼저 (a) 안보리 비이사국들은 자국의 이해관계가 특별히 영향을 받는다고 안보리가 인정하는 경우 투표권 없이 안보리 토의에 참가할 수 있으며(제 31조), (b) 안보리 비이사국 또는 유엔 비회원국들도 자신이 안보리가 심의 중인 분쟁의 당사자인 경우 투표권 없이 안보리의 토의에 참가할 수 있다(제 32조). (c) 또한 상임이사국을 포함하여 모든 안보리 이사국은 헌장 제 6장에 규정된 분쟁의 평화적 해결의 대상인 분쟁이 자신을 포함하는 경우 기권하여야 한다(제 27조 3항 단서). (d) 그러나 제 7장에 따른 강제조치의 결정을 위한 표결시에는 상임이사국의 거부권이 그대로 인정된다.

국제평화와 안전의 유지를 위한 안보리의 역할에 대하여는 제 4강('무력사용에 대한 규제'의 제 3절 '국제평화와 안전의 유지를 위한 유엔의 역할')과 제 29강('국제분쟁의 평화적 해결'의 제 2절 2. '국제기구에 의한 해결')을 참조한다.

안보리의 국제평화와 안전의 유지를 위한 국제규범 정립노력[18]
▶ 핵무기 등 대량살상무기의 확산 방지노력 강화 ▶ 반테러리즘의 강화 ▶ 평화유지활동의 체계화 ▶ 국제형사정의의 실현 ▶ 보호책임 개념의 도입

6) 국제평화와 안전을 위한 총회와 안보리의 관계

총회와 안보리의 권한중복 문제는 (a) 어떠한 사안이 어느 기관에 속하는가의 문제와 (b) 안보리가 소기의 기능을 다하지 못하는 경우 이를 대신하기 위한 총회의 역할 문제로 나누어 볼 수 있을 것이다.

국제평화와 안전의 유지에 관한 안보리의 역할과 총회와 안보리의 권한 관계 등에 대하여도 제 4강('무력사용에 대한 규제'의 제 4절 '국제평화와 안전의 유지를

18) 박흥순, '국제규범정립과 유엔의 평화기구 역할', 외교, 한국외교협회, 제 139호, 2021. 10.

위한 유엔 총회의 역할')을 참조한다.

다. 경제사회이사회

경제사회이사회는 경제, 사회 분야에 있어서 소위 '유엔가족(UN Family)'을 구성하는 유엔전문기구 및 여타 기구간의 업무조정을 담당하는 유엔의 주요 기관이다. 범세계적 차원의 경제 및 사회현안에 대한 토의의 중심무대로서 정책적 권고사항을 유엔회원국 및 유엔체제에 제공한다.

특히 인권 및 기본적 자유에 대한 존중과 준수를 촉진하고 관련 전문기구와 유엔과의 제휴관계를 설정하기 위한 협정을 체결할 수 있다(제 57, 63조). 또한 비정부간기구(NGO)와의 협력을 위한 약정도 체결한다(제 71조).

경제사회이사회는 54개국으로 구성되며 이사국의 임기는 3년으로 매년 18개국씩 개선된다.

유엔의 인권보호 및 인도적 지원 역할

1948년 유엔 총회는 세계인권선언(Universal Declaration of Human Rights: UDHR)을 채택하였다. 이어 1966년 채택된 '시민적 및 정치적 권리에 관한 국제규약(International Covenant on Civil and Political Rights: B 규약)'과 '경제적, 사회적 및 문화적 권리에 관한 국제규약(International Covenant on Economic, Social and Cultural Rights: A 규약)'을 통해 세계인권 선언에 구현된 권리를 구속력 있는 국가간 약속으로 발전시키며 이의 이행을 모니터링하기 위한 장치를 마련하였다. 동시에 난민, 여성, 아동, 고문방지 등 인권의 세부 분야별 협약이 제정됨으로써 유엔은 명실 공히 인권보호를 위한 중심기관으로 자리잡을 수 있게 되었다. 또한 다양한 성격의 결의안 채택을 통해 종교, 소수민족 등 보호를 위한 노력도 강화되었다.

나아가 1993년 유엔인권고등판무관(High Commissioner for Human Rights)의 설치를 통해[19] 인권 증진을 위한 유엔의 의지를 확인하였다. 이와 관련 유고, 르완다 및 시에라레온 등의 내전에서 자행된 인권유린 행위를 처벌하기 위한 임시 국제형사재판소의 설치는 인권보호 및 신장을 위한 유엔의 노력의 정수라고 할 수 있다.

한편 유엔의 인도적 지원활동은 오늘날 그 의미가 더욱 커지고 있다. 대표적인 예로 1950년 유엔 총회에 의해 설치된 유엔난민고등판무관(UN High Commissioner for

Refugees: UNHCR)을 통한 난민구제와 세계식량계획(World Food Program: WFP)의 식량지원 활동 등을 들 수 있다. 유엔의 대북 인도적지원사업도 WFP 활동의 예에 속한다.

이에 대해서는 제 22강(국제인권법), 제 23강(난민에 대한 국제적 보호)과 제 26강(국제형사법)을 참조한다.

라. 신탁통치이사회

신탁통치 이사회는 유엔의 주요기관의 하나로서 신탁통치 제도하에 있는 신탁통치지역 행정을 감독한다. 신탁통치 제도의 주요목적은 유엔 출범 당시 11개 신탁통치지역 주민의 복지를 증진시키고 자치 또는 독립으로의 점진적 발전을 도모하는데 있었다. 그러나 신탁통치이사회는 안보리가 1994년 미국의 신탁통치지역이었던 팔라우(Palau)에 대한 신탁통치를 종식시키는 결의 제 956호를 채택하면서 1994년 11월부터 활동이 종료되었다.

이를 계기로 2005년 코피 아난 유엔사무총장은 신탁통치이사회의 폐지를 제안한 바 있다. 이에 앞서 1996년 신탁통치이사회의 장래에 관한 '글로벌 거버넌스 위원회(Commission on Global Governance)'는 '우리들의 지구촌 이웃(Our Global Neighborhood)' 보고서를 통해 신탁통치이사회에 대하여 해양, 대기, 외기권, 남극 등 인류공동의 지구환경에 대한 권한을 부여하기 위해 헌장 제 12장(국제신탁통치제도) 및 제 13장(신탁통치이사회)의 개정을 권고한 바 있다. 이는 지금까지의 신탁통치 개념을 지구환경에 대한 인류공동의 신탁통치개념으로 발전시킨다는 의미이다.[20]

19) 정부의 번역 예에 따라 UN High Commissioner for Refugees는 유엔난민고등판무관으로, UN High Commissioner for Human Rights는 유엔인권고등판무관으로 사용한다.
20) 박재영, '유엔과 국제기구', 법문사, 2012, p. 246.

마. 국제사법재판소(ICJ)

헤이그에 소재한 ICJ는 유엔의 주요 사법기관이다. ICJ 규정(Statute)은 유엔 헌장의 불가분의 일부를 구성한다. ICJ는 규정 당사국에 개방되어 있으며, 유엔 회원국은 자동적으로 ICJ 규정의 당사국('ICJ 규정'이라는 '조약'의 당사국을 의미)이 된다. 유엔회원국이 아닌 국가도 안보리의 권고에 따른 총회의 결정으로 ICJ 규정의 당사국이 될 수 있다. ICJ 규정의 당사국은 재판소에 제소할 수 있으며, 비당사국이라도 안보리가 정한 조건에 따라 재판소에 제소할 수 있다.

안보리는 법적 분쟁에 대해서는 ICJ를 통한 해결을 권고할 수 있다(제 36조 3항). 총회와 안보리는 어떠한 법률문제에 대해서도 ICJ에 권고적 의견(advisory opinion)을 요청할 수 있으며, 또한 총회에 의해 그러한 권한이 부여될 수 있는 여타 유엔의 다른 기관 및 전문기구도 각자의 활동범위 내에서 발생하는 법적문제에 대해 권고적 의견을 요청할 수 있다. 이와 관련 총회는 유엔과 유엔기관들이 ICJ를 보다 많이 이용하여야 할 필요성에 관한 결의를 채택한바 있다.[21]

이에 대해서는 제 29강(국제분쟁의 평화적 해결)에서 다시 설명한다.

바. 사무국

사무국은 유엔본부 또는 현지에서 근무하는 국제공무원으로 구성되며 유엔의 일상 업무를 처리한다. 사무국 최고 책임자는 사무총장(Secretary-General)으로 안보리의 권고에 의해 총회가 선출하며 임기는 5년으로 연임 가능하다.

유엔사무총장 선출규정 및 관례에 따르면 사무총장은 안보리의 추천을 거쳐 총회가 승인한다. 안보리의 추천은 비공개 회의에서 결정되며(상임이사국의 반대없이 최소 9개 이사국의 찬성 필요), 총회 승인은 비밀투표로 결정하게 되어 있으나 실제로는 투표 없이 박수로(by acclamation) 안보리 추천을 인준하는 것이 관례화되어 있다. 지역순환원칙에 대한 규정은 없으나 제 3대 우탄트 사무총장 이후에는 지역별로 교대 수임해 오고 있다.

유엔 사무국의 임무는 평화유지활동에서부터 국제분쟁의 중재에 이르기까

---

21) UNGA Res. 171(II), 'Need for Greater Use by the United Nations and its Organs of the International Court of Justice', 1947. 11. 14.

지 유엔이 다루고 있는 주제만큼이나 다양하다. 사무총장의 역할은 무엇보다도 헌장 내 유일한 조항인 제 99조에 근거한다. 제 99조는 "사무총장은 국제평화와 안전의 유지를 위협한다고 자신이 인정하는 어떠한 사항에 대하여도 안보리의 주의를 환기할 수 있다"고 규정하고 있으며 통상 이를 넓게 해석하여 분쟁에 직접 개입하여 해결책을 모색하거나 조정방안을 권고하는 등 중요한 정치적 역할을 수행해오고 있다.[22)]

한편 사무국 직원은 국제공무원으로서 사무총장과 함께 유엔에 대해서만 책임을 지며 외부기관이나 회원국 정부로부터는 어떠한 지시도 받지 않는다. 유엔헌장 제 100조에 따라 유엔회원국은 사무총장과 사무국 직원들이 가지는 책임의 국제적 성격을 존중해야 하며 이들이 임무를 수행하는 데 있어 부적절한 방법으로 영향력을 행사해서는 안 된다.

2. 유엔전문기구

유엔전문기구(UN specialized agencies)는 유엔의 기관이 아니다. 유엔전문기구의 회원국은 유엔회원국과 일치하지 않으며 기구의 예산이나 재정문제 등은 유엔과 완전히 별개로 운영되고 있다. 그러나 이들 전문기구는 유엔과 협력협정(Relationship Agreements)을 맺고 있으며 유엔가족(UN family)으로 간주된다.

유엔전문기구는 유엔과 유사한 업무처리방식을 가지고 있으며 특히 국가승인 등과 관련한 중요한 정치적 성격의 이슈에 대하여는 유엔의 정책을 따르는 경향이 있다.

한편 유엔환경계획(UNEP)이나 유엔아동기금(UNICEF)[23)] 등은 유엔전문기구

---

22) 사무총장의 확대된 역할은 원래 헌장이 의도한 바는 아니다. 그러나 초대 사무총장인 Trygve Lie의 지도력에 힘입어 이러한 관행이 만들어지게 되었다. 제 4강(무력사용에 대한 규제)에서 설명하는 '평화를 위한 단결결의'도 초대 사무총장의 정치적 결단에 의한 성과이다.

23) 원래 이름은 유엔국제아동긴급기금(United Nations International Children's Emergency Fund)이었으며 1953년 현재 이름(United Nations Children's Fund)으로 바뀌었다. 그러나 예전 이름의 약자인 유니세프(UNICEF)로 널리 알려져 있으며 현재도 그대로 쓰이고 있다.

가 아니며 단지 유엔 총회에 의해 설치된 기구로 전문기구와 달리 별개의 법인격을 가지지 못한다. 1957년에 설립된 국제원자력기구(IAEA)도 회원국의 규모나 유엔 안보리와의 연계성 등 중요성에도 불구하고 유엔전문기구가 아니다.[24] 또한 세계무역기구(WTO)와 국제형사재판소(ICC)도 유엔 산하 전문기구가 아니다.

3. 유엔의 특권과 면제

국제법인격을 가진 국제기구로서의 유엔은 목적 달성에 필요한 특권과 면제를 회원국 영역 내에서 향유하며(제 105조 1항) 또한 유엔회원국의 대표들과 유엔 소속 직원들도 유엔과 관련된 임무수행에 필요한 특권과 면제를 향유한다(동 조 2항).

이 조항에 근거하여 유엔은 1946년 '유엔의 특권과 면제에 관한 협약(Convention on the Privileges and Immunities of the United Nations)'을 채택하였으며, 1947년 유엔본부가 소재한 미국과 별도의 '본부협정(또는 소재지 협정, Agreement between the United Nations and the United States of America regarding the Headquarters of the United Nations)'을 체결하여 유엔본부지역에 대한 불가침 등 특권과 면제의 구체적 사항들을 규정하였다. 또한 동년 '전문기구의 특권과 면제에 관한 협약(Convention on the Privileges and Immunities of the Specialized Agencies)'을 채택하여 전문기구에 대한 특권과 면제의 구체적 사항들도 규정하였다.

유엔의 법인격과 특권면제에 대하여는 제 20강(국제기구법)을 참조한다.

---

24) 유엔 전문기구 현황은 다음과 같다. 유엔식량농업기구(FAO), 세계보건기구(WHO), 유엔교육과학문화기구(UNESCO), 국제노동기구(ILO), 국제민간항공기구(ICAO), 국제해사기구(IMO), 만국우편연합(UPU), 국제전기통신연합(ITU), 세계기상기구(WMO), 세계지적재산기구(WIPO), 유엔공업개발기구(UNIDO), 국제농업개발기금(IFAD), 국제통화기금(IMF), 국제부흥개발은행(IBRD), 국제금융공사(IFC), 국제개발협회(IDA), 세계관광기구(UNWTO) 등 총 17개 기구이다.

제3절 유엔의 개혁

1. 개혁에 대한 요구와 방향

유엔개혁의 필요성에 대한 국제사회의 요구는 끊임없이 제기되어 왔다. 냉전기간에도 개혁에 대한 논의가 없었던 것은 아니지만 양 진영간 이념적 대립으로 개혁은 현실적으로 불가능하였다. 다만 1965년에 안보리의 비상임이사국 수와 경제사회이사회의 이사국 수를 6개국에서 10개국, 18개국에서 27개국으로 각각 증설한 것과 1973년 다시 경제사회이사회 이사국 수를 27개국에서 54개국으로 증설한 것이 개혁의 전부였다.

그러나 냉전의 종식으로 이념대립이 사라지면서 그간 내재되어 있던 개혁에 대한 요구가 다시 부상하기 시작하였다. 여기서 개혁을 요구하는 변화의 힘은 무엇인가. 대체로 수적 우위로 총회를 지배하게 된 개도국의 강화된 발언권, 패전국이었던 일본과 독일의 국력신장과 영향력 증대 및 한국을 위시한 중견국가들의 약진이다. 또 다른 변화의 힘은 유엔의 효율성 제고에 대한 국제사회의 지속적인 요구이다. 다시 말해서 제한된 자원의 배분과 집행의 최적화에 대한 요구이다.

그렇다면 개혁의 핵심은 무엇인가. 개혁의 원칙은 민주성, 대표성, 책임성 및 효율성의 제고이다. 이를 부연하면 (a) 안보리 진출이 사실상 거부되는 많은 회원국들의 대표성이 확보되고 새로운 국력의 변화를 반영하는 방향으로의 안보리의 개편과, (b) 안보리의 국제평화와 안전에 대한 헌장규정상 역할의 실효성 확보방안, (c) 총회 및 경제사회이사회의 권한강화가 핵심이 될 것이며,[25] (d) 또한 효율성 제고를 위한 방안의 하나로 유엔사무국을 중심으로 한 행정개혁도 향후 논의의 중심이 될 것이다. 이 중 특히 중요하고 핵심이 되는 개혁은 물론 안보리 개혁이며 그 중심에는 역시 거부권문제가 자리잡고 있다.

25) 박재영, pp. 369-370.

2. 총회의 개혁

총회의 개혁과 관련하여 2005년 유엔 총회를 강화하기 위한 임시실무그룹이 구성되었고 동 그룹은 2006년 유엔 총회의 활성화를 위한 보고서를 제출하였다. 동 보고서에 의하면 총회의 권한강화를 위한 방안으로 다음이 제시되었다.

첫째, 국제평화와 안전에 관한 문제에 있어서 안보리가 일차적인 책임을 지는 것은 인정하나 배타적인 것은 아니다.

둘째, 안보리가 총회에 제출하는 연례보고서가 좀 더 실질적이고 분석적일 수 있도록 질이 개선되어야 한다.

셋째, 총회, 안보리와 경제사회이사회간 협력, 조정 및 보완을 위한 기관간 정기적인 회합이 필요하다.

그 밖에도 총회 의장의 역할과 직책을 강화하기 위한 방안 등이 포함되어 있다.

3. 안보리 개혁

가. 개혁의 필요성과 성과

유엔은 창설 이후 많은 시간의 경과와 함께 다양한 성격의 시행착오를 경험하였다. 대표적인 예가 안보리 상임이사국의 거부권 제도로 인한 유엔의 기능마비였다. 거부권 제도는 냉전 당시의 정치상황과 맞물려 국제평화와 안전의 유지라는 유엔의 일차적 목표의 달성을 어렵게 하였다. 냉전의 종식 후에도 거부권제도는 여전히 문제점으로 남아 있다. 예컨대, 북한 핵문제를 해결하기 위한 안보리 결의시 중국의 거부권 행사와 이스라엘 관련 결의시 미국의 거부권 행사는 안보리의 한계라고 할 수 있다.

결국 유엔의 문제점과 이를 해결하기 위한 유엔의 개혁문제는 안보리의 개혁문제이며 안보리 개혁의 핵심은 다시 안보리 상임이사국의 거부권제도에 대한 개혁으로 귀결된다. 그러나 현실적으로 안보리의 개혁은 헌장의 개정과 관련된 문제로 상임이사국의 반대로 실현되기 어렵다. 이러한 상황 속에서 유엔은 헌장의 해석 등을 통해 안보리 상임이사국의 거부권 제도를 극복하기 위한 다양한 개혁적 성과를 가져왔다. 이를 간단히 정리하면 다음과 같다.

첫째, 안보리 표결시 상임이사국의 결석이나 기권은 거부권의 행사로 보지 않는다.

둘째, '평화를 위한 단결결의'를 통해 총회가 안보리의 고유권한 사항인 국제평화와 안전의 유지와 관련된 분야에까지 사실상 깊이 관여할 수 있게 되었다.

셋째, 총회는 안보리의 거부권 행사시 동일한 주제에 대한 토의를 위해 비상특별회기가 열리지 않는 경우 총회의장이 거부권 행사 시점부터 10일 이내에 회의를 소집하여 거부권이 행사된 상황에 대하여 토의하도록 하였다(비상특별회기에 대하여는 제 4강 '무력사용에 대한 규제'의 제 4절 4. '평화를 위한 단결결의' 참조). 이 제도는 2022년 러시아의 우크라이나 침공사태에 대한 안보리의 무기력(러시아의 거부권 행사)에 대응하여 총회 결의로 채택되었다. 이후 북한의 ICBM 실험에 대한 안보리의 대북제재 결의안(2022. 5. 26)이 중국과 러시아의 거부권행사로 부결되자 곧이어 총회가 개최되었고 중국과 러시아는 총회에 출석하여 결의안 반대 사유로 추가제재가 북한의 인도주의 상황을 악화시킨다는 점과 한반도 긴장고조 등을 설명하였다.

넷째, 사무총장의 정치적 역할이 강화되었다.

다섯째, 헌장 제 6장과 제 7장의 중간단계 조치로 해석되는 소위 헌장 제 6.5장의 유엔평화유지활동이라는 새로운 업무 영역이 개발되었다.

그럼에도 불구하고 이러한 성과가 근본적인 해결방안이 될 수는 없을 것이다. 따라서 안보리 상임이사국의 거부권 제도에 대한 근본적 개혁을 위한 논의는 앞으로도 계속될 것이다. 그러나 거부권 제도의 폐지 또는 개선이 현실적으로 어려운 상황임을 감안할 때 우리는 이를 대신할 수 있는 방법론으로 다음의 가능성을 중심으로 논의를 진행해 나갈 수도 있을 것이다. 즉, (a) 상임이사국의 강제적 기권범위 확대,[26] (b) 총회에 의한 거부권의 사실상 무력화 방안, (c) 상

26) '안보리의 주요 기능'에서 설명하였듯이 상임이사국이 분쟁당사국인 경우의 의무적 기권은 헌장 제 6장(분쟁의 평화적 해결)에 관한 결정에만 해당되며 제 7장(평화에 대한 위협, 평화의 파괴 및 침략행위에 관한 조치)의 강제조치에 관한 결정에는 해당되지 않으므로 유엔의 개혁과 관련 이에 대한 재검토가 요구된다.

임이사국의 확대, (d) 절차문제와 실질문제에 대한 이중거부권에 대한 검토 등 다양한 대안을 중심으로 하여 논의가 진행될 수 있을 것으로 보인다.

결국 무엇보다도 중요한 것은 안보리가 헌장상 주어진 국제평화와 안전에 대한 소기의 역할을 다할 수 있도록 실효성을 확보하기 위한 구체적인 방안에 대한 개혁이 빨리 실현되어야 한다는 점이다.

나. 안보리 상임이사국 개편 논의

거부권제도에 대한 개혁의 중요성에도 불구하고 지금까지 진행되어 온 안보리에 대한 개혁논의는 상임이사국의 개편에 대한 논의가 중심이었다. 상임이사국의 개편은 이해관계를 같이하는 국가들 사이의 그룹을 통해 전개되어 왔다. 그러나 상임이사국그룹, 비동맹그룹, 일본·독일·브라질·인도와 같은 상임이사국 진출희망그룹(aspirant group-G4)과 한국을 비롯한 중견국가 그룹(middle power group)의 이해관계가 대립되어 의미 있는 진전이 없는 상태이다. 무엇보다도 안보리 이사국 개편에 대한 논의는 특정 국가의 상임이사국 진출에 대한 특정 국가의 완강한 반대와 현 5개 상임이사국간 복잡한 이해관계로 인해 지난 20여년에 걸쳐 진행된 개편논의에도 불구하고 가시적 성과 없이 여전히 진행 중이다. 이를 나누어 설명한다.

첫째, 중국은 일본과 인도의 상임 이사국 진출에 반대하고 있으며 특히 일본에 대해서는 직접적으로 반대의사를 표명하고 있다. 또한 중국은 아프리카와 남미 대륙 국가의 이사국 진출에도 반대한다.

둘째, 영국과 프랑스는 당연히 유럽 영향력을 강화하기 위해 독일의 진출을 희망하고 있으며 동시에 일본과 인도의 진출에 대하여도 거부하지 않는다는 입장이다. 반면 이탈리아와 네덜란드는 독일이 프랑스 및 영국과 함께 안보리 상임이사국의 지위를 부여받는 데 대해 반대하며 개별국가인 독일 대신 EU를 공동으로 대표하는 EU차원의 상임이사국의 진출을 지지하고 있다. 러시아는 자국의 이익에 도움이 되는 어떠한 변화도 지지한다는 입장을 상황에 따라 표명하고 있다.

셋째, 국제사회에서 가장 큰 영향력을 발휘하고 있는 미국의 경우 일본과 인도의 상임이사국 진출은 중국의 영향력을 약화시킬 수 있다는 점에서 찬성하지만, 독일이 진출하는 것은 유럽의 영향력을 강화시키는 것으로 보고 거북하게 생각하고 있다.

넷째, 인도에 대한 파키스탄의 반대와 브라질에 대한 아르헨티나의 반대 등도 극복하여야 할 과제이다.

다섯째, 아래 설명하는 UfC 그룹인 한국, 멕시코, 캐나다 등 중견 국가들은 안보리의 영구 상임이사국 증설보다는 준 상임이사국 체제를 지지하고 있다.

끝으로 막강한 수의 아프리카연합(AU) 53개국은 아프리카 대륙에만 상임이사국이 없으므로 아프리카 지역 2개국에 거부권을 가진 상임이사국의 지위를 부여하여 줄 것을 강력하게 요구해 오고 있다는 점도 간과되어서는 안 될 것이다.

다. 안보리 개혁과 한국

한국을 포함한 중견국가그룹은 1998년 '합의를 위한 단결(Uniting for Consensus: UfC)'을 구성하여 G4 국가들의 안보리 진출에 반대해 오고 있다. 12개국으로 구성되어 있으며 커피를 마시며 협의하는 느슨한 비공식모임이라는 의미에서 일명 '커피 클럽(Coffee Club)'이라고도 한다.

UfC 국가들은 안보리 개혁과 관련하여 상임이사국의 증설에 반대하며 연임 가능한 2년 임기의 선출직 비상임이사국을 현재의 10개국에서 20개국으로 증설하여 총 이사국 수를 25개국으로 하는 안을 지지하고 있다. 이들 비상임이사국은 선출된다는 점에서 민주성과 대표성을 가지게 되며 연임이 가능한 관계로 다시 선출되기 위해서는 국가들마다 국제사회에 대한 기여를 경쟁적으로 할 수 있다는 면에서 효율성을 가질 수 있다는 장점이 있다.

이와 관련 우리정부는 2019년 5월 서울에서 개최된 '유엔 안보리 개혁 논의를 위한 Retreat(Retreat on UN Security Council Reform)' 회의에서 안보리 개혁과 관련한 우리의 기존 입장을 재확인하였다. 즉, 안보리의 개혁은 (a) 안보리의 투명성, 효과성, 민주성, 책임성, 대표성이 제고될 수 있는 방향으로 추진되어야 하며, (b) 회원국간 광범위한 합의에 기초하여 개혁이 진행될 수 있도록 노력해 나가야 한다는 입장이다. 이를 위해 한국 정부는 UfC 그룹의 일원으로서 안보리 개혁 논의에 건설적으로 지속 참여해 나갈 계획임을 분명히 해 오고 있다.

☞ **기출문제 예시**

문) 유엔 안전보장이사회 제도의 문제점 및 개선방안에 대하여 논하시오.

제 4 강
무력사용에 대한 규제

국제법은 무력사용을 어떻게 규제하는가의 문제를 중심으로 발전되어 왔다고 하여도 과언이 아니다. 그로티우스 이래로 국가간 전면적인 무력충돌(전쟁)[1]을 어떻게 규제할 것인가가 국제법의 주요 과제였음에도 불구하고 실제로 의미 있는 규제가 시작된 것은 20세기에 들어서부터다.

무력사용과 관련된 국제법 규범의 발전은 유엔의 성립 이전과 이후로 나누어 검토해 볼 수 있다.

제1절 무력사용에 대한 국제법적 규제의 변천 (유엔성립 이전)

1. 정전론

과거 전쟁은 분쟁의 강제적 해결수단으로 이용되어 왔다. 이러한 배경하에 중세시대를 거치면서 기독교적 가치관에 근거한 정전론(just war theory)이 등장

1) 전쟁(war)은 일반적으로 일정기간 계속하여 행해지는 국가간 무력을 수반한 분쟁(armed conflict)을 의미한다. 단순히 국가간 견해 차이를 말하는 분쟁(dispute)과 구분된다.

하였다. 정전론에 의하면 정당한 자국의 권리가 침해된 국가는 전쟁에 호소할 정당한 권리를 가진다.[2] 예컨대, 유책국이 보상을 거부하는 경우 피해국이 행하는 복수, 사회적 질서유지 또는 유책국에 대한 응징 등을 위한 무력사용은 허용된다. 따라서 피해국은 '정당한 전쟁(just war, *bellum justum*)'을 수행할 수 있는 '개전권(*jus ad bellum*)'을 가지게 된다.[3]

정전론은 다시 근세에 이르러 겐틸리와 그로티우스에 의해 수용되었다. 이들은 자연법에 근거하여 개전권을 평가하였다. 특히 그로티우스는 1625년 '전쟁과 평화의 법'에서 예컨대, 자위(방어), 권리침해에 대한 구제(자국 소유물의 탈환)나 불법행위에 대한 제재(처벌) 등을 정당한 개전 사유로 보았다.

그러나 정전론은 무엇이 정당한 전쟁인가를 판단하는 명확한 기준이나 권위 있는 기관이 없는 국제사회에서 전쟁의 정당성을 개별국가가 스스로 판단한다는 모순에 직면하게 된다. 결국 중세 기독교적 가치관에 기반한 정전론은 종교전쟁의 발발과 이후 세속적인 주권국가간 질서가 수립되면서 더 이상 지지를 받기가 어렵게 되었다.

---

2) 역사적으로 아우구스티누스(St. Augustine)는 정전론의 기초를 제공하였다. 즉, 전쟁은 피해에 대한 보복으로 당연한 신의 명령이라고 하였다. 이후 13세기경 토마스 아퀴나스(Thomas Acquinas)는 이를 바탕으로 오늘날 우리들이 사용하는 정전론의 기준을 마련하였다.

3) *Jus ad bellum*은 국가가 전쟁에 호소할 수 있는 조건(the conditions under which States may resort to war) 또는 일반적인 무력의 사용(the use of armed force in general)을 말한다. *jus ad bellum* 행사의 전제조건은 다음과 같다. (a) 정당한 권한(just authority): 정의를 구분할 수 있는 정당한 권한을 가진 정부에 의한 무력사용이어야 함. 따라서 독재자의 결정에 따른 무력사용 또는 잘못된 군사조치는 개전권의 위반임. (b) 정당한 명분(just cause): 일방적 주장이 아닌 객관적으로 입증될 수 있는 정당한 사유가 있어야 함. (c) 정당한 의도(just intention): 요구되는 범위 내에서 전쟁의 목적과 정도를 제한하는 것이어야 함. (d) 최후의 수단(last resort): 모든 가능한 조치의 시도후 마지막의 유일한 수단이어야 함. Jon Dorbolo, 'Just War Theory', Oregon State University, 2021, oregonstate.edu›just_war_theory, 참고로 이러한 기준은 '국제법상 허용되는 무력사용'을 판단하는 기준으로 그대로 원용될 수 있다.

2. 무차별전쟁론

정전론에 대한 비판이 제기되면서 국제사회는 전쟁원인의 정당성을 판단하기 위한 노력에서 벗어나 새로운 접근을 시도하게 되었다. 특히 19세기에 접어들면서 전쟁에 호소하는 것 자체는 국가의 권리내지 자유이므로 국제법의 역할은 교전법규(*jus in bello*)를 마련하는 데 있어야 한다는 주장이 제기되었다.[4] 다시 말해서 모든 국가는 자국의 중대한 이익이 침해당하는 경우 전쟁에 호소할 권리가 있다는 전제하에 기왕에 전쟁을 수행하더라도 가능한 한 전쟁의 참화를 최소화할 수 있도록 전쟁개시 절차, 전투행위의 수단과 방법에 관한 규칙, 즉 교전법규를 정립하는 문제에 보다 관심을 가지게 되었다. 여기서 교전법규는 오늘날의 국제인도법을 의미한다.

한편 무차별전쟁론의 시각에서 볼 때 전쟁은 불법화되지 않았으므로 개전권(*jus ad bellum*)은 문제되지 않으며 따라서 전쟁은 언제라도 발생할 수 있다. 이러한 이유로 당시 국제법은 전시에 적용되는 전시 국제법(전쟁법)과 평시에 적용되는 평시 국제법(일반국제법)으로 나누어진다. 전쟁법은 다시 교전국 상호간의 관계를 규율하는 교전법규와 교전국과 제 3국간의 관계를 규율하는 중립법규로 나누어진다.

---

4) 무력충돌시 교전 당사국의 행위를 규율하는 *jus in bello*는 IHL(International Humanitarian Law; 국제인도법)과 동의어이며 무력충돌 과정에서의 고통을 최소화하고 희생자를 보호하는 것을 목적으로 한다. *jus in bello*의 핵심가치는 차별(discrimination)과 비례(proportionality)이다. 다시 말해서 전투 중 정당하고 공정한 행위를 위한 규칙을 확립하기 위해 전자는 적법한 공격목표를 확인하는 것이고 후자는 어느 정도의 공격이 도덕적으로 적절하고 허용되는가를 판단하는 것이다. 따라서 *jus in bello*는 교전 상대방 누구에게도 적용되며 전쟁의 원인이나 정당성은 고려요소가 아니다. 이러한 이유로 *jus in bello*는 *jus ad bellum*과 무관하게 별개로 존재하며, *jus ad bellum*에 해당하지 않는 부당한 무력사용으로 인한 무력충돌시에도 *jus in bello*는 반드시 적용되어야 할 것이다. 이에 대해서는 제 28강 (국제인도법) 참조.

3. 일반적이고 포괄적인 무력사용규제 시도

19세기 말 이후 국제사회는 무차별전쟁론에서 벗어나 비록 완벽하지는 않지만 무력사용 자체를 규제하기 위한 노력을 시작하였다. 대표적인 예로 1907년 헤이그 평화회의(Hague Peace Conference)에서 채택된 '계약상 채무의 회수를 위한 병력사용의 제한에 관한 협약(Second Hague Convention of 1907 concerning Respecting the Limitation of Employment of Force for Recovery of Contract Debt)'이 있다. 이 협약은 중남미 국가들을 상대로 채권의 회수를 목적으로 유럽 국가들이 군사력을 사용하는 것을 금지하고 이에 대신하여 분쟁발생시에는 중재재판의 이용을 의무화하는 내용을 담고 있다.[5] 이는 무력사용을 규제하기 위한 국제사회의 작은 노력의 출발점이 되었다. 즉, 채무국이 분쟁을 중재에 회부하는 데 반대하지 않고 중재판정의 이행을 거부하지 않는 한 채무회수를 위한 무력사용은 금지된다고 규정하였다.

그러나 이 같은 무력사용 규제를 위한 노력에도 불구하고 발생한 제 1차 대전의 참화는 전쟁에 대한 국제사회의 태도와 인식을 혁명적으로 바꾸는 계기가 되었다. 제 1차 대전의 전후처리를 위해 체결된 베르사이유 조약에 의해 성립된 국제연맹은 비록 전쟁에의 호소를 완전히 금지하지는 않았지만 전쟁을 규제하기 위한 노력을 본격적으로 시도하였다. 이를 위해 먼저 전쟁에까지 이를 수 있는 분쟁발생시 중재 또는 사법적 해결 등 평화적인 방식으로 해결할 것을 약속하고 어느 경우에도 중재 또는 사법적 판결후 3개월이 경과하지 않으면 전쟁에 호소하지 않을 것을 약속하였다. 다시 말해서 개전권의 행사에 앞서 분쟁의 평화적 해결을 추구할 의무를 부여함으로써 전쟁 그 자체를 규제하기보다는 전쟁개시까

5) 이 협약은 1902년 아르헨티나의 외교장관인 드라고가 주장한 '드라고 주의(Drago Doctrine)'와 이를 협약으로 발전시킨 미국 대표 Porter의 이름을 따서 1907년 드라고-포터 협약(Drago-Porter Convention)이라고 한다. 이 협약은 유럽세력에 의한 함포외교(gun-boat diplomacy)에 대항하여 이루어졌다. 한편 이에 앞서 아르헨티나의 국제법학자인 Calvo는 외국과의 투자계약시 외국인 투자자에 대하여 투자분쟁 발생시 본국의 외교적 보호권과 본국의 (무력)개입을 금지하고 현지 사법기관이 관할권을 가진다는 내용의 칼보조항 또는 칼보주의(Calvo Clause/Doctrine)를 선언하였다. 칼보조항은 동인의 저서 'International Law of Europe and America in Theory and Practice (1868)'에서 유래한다.

지 시간적 유예(냉각기간)를 두는 절차적 규제가 주된 목적이었다. 일종의 전쟁 모라토리움(moratorium)이라고 할 수 있다.

그러나 국제연맹 체제는 제도 자체의 미비점, 즉 전쟁에 이르지 않는 무력행사(후술하는 '무력복구'를 의미함)에 대한 연맹 차원의 대응에 있어서의 한계와 연맹규약 위반국에 대한 실효성 있는 제재수단의 결여 등으로 인해 예컨대, 1931년 일본의 만주국 침공 등에 효과적으로 대응하지 못하는 한계를 노정하였다. 그럼에도 불구하고 국제연맹은 전쟁을 일으킨 국가는 모든 회원국에 대하여 전쟁행위를 한 것으로 간주하여 집단적 제재를 가할 것을 목표로 함으로써 불완전하지만 국제공동체에 의한 집단안전보장제도의 실현을 시도하였다는 점에서 의의가 있다.

한편 국제사회는 국제연맹의 제도를 보다 발전시켜 완전한 전쟁금지를 목적으로 하는 새로운 방안을 찾기 위해 노력하였고 그 결과가 1928년 '부전조약(Kellogg-Briand Pact 또는 Pact of Paris)'의 체결이다.[6] 부전조약은 '국제관계에서 국가정책의 이행수단으로서의 전쟁을 포기하고 국가간 분쟁을 평화적인 수단에 의하여 해결할 것을 약속'한 조약으로 국제연맹의 제도를 보다 발전시킨 것으로 평가된다. 나아가 부전조약과 함께 1928년 제네바에서 채택된 '국제분쟁의 평화적 해결을 위한 일반의정서(General Act for the Pacific Settlement of International Disputes)'는 국가간 분쟁을 조정, 중재재판 또는 PCIJ에 부탁하여 평화적으로 해결할 것을 규정하였다. 그러나 부전조약도 전쟁선언 없이 개시되는 '사실상의 전쟁'이 조약위반인지 여부에 대한 해석상 차이와 조약이행을 확보하기 위한 장치의 결여로 성공하지 못하였다.[7]

결론적으로 제 2차 대전 이전의 상황에서 국제법(국제관습법과 조약)은 무력사용을 일반적으로 금지하지 못하였으며, 자위권 인정, 무력복구, 인도적 개입의 허용 등으로 무력사용을 규제하기 위한 레짐의 형성은 사실상 불완전한 상태였다.

---

6) 정식명칭은 '국가정책 수단으로서의 전쟁의 포기에 관한 조약(Treaty providing for the Renunciation of War as an Instrument of National Policy)'이다.

7) 1931년 만주사변(1932년 만주국 수립)이나 1937년 중일전쟁과 같은 사태는 실제로는 전쟁이었지만 개전선언을 수반하지 않았기 때문에 부전조약의 위반이 아니라는 항변이 가능할 수 있었다.

제2절 유엔체제하에서의 무력사용규제

1. 일반적인 무력사용의 금지

가. 개관

전쟁의 포기를 선언한 부전조약의 정신은 이후 유엔헌장에서 더욱 실효성 있는 제도로 구현되었다. 제 1차 대전에 이어 또다시 제 2차 대전의 참화를 경험한 국제사회는 유엔헌장 전문에서 우리의 다음 세대를 전쟁의 참화로부터 구하고 관용의 정신과 선린우호관계를 통해 협력하여 평화롭게 사는 것을 목표로 한다고 선언하였다. 이를 위해 공동의 이익을 위하여 요구되는 아주 예외적인 경우를 제외하고는 무력을 사용하지 않아야 한다는 점도 분명히 하였다.

또한 국제평화와 안전의 유지가 가장 중요한 목표의 하나임을 확인하면서 제 1조 1항을 통해 이러한 목표를 실현하기 위한 방안을 제시하였다. 동시에 제 2조 4항을 통해 일반적인 무력사용금지원칙을 천명하면서 이를 위반하여 평화의 위협, 파괴 또는 침략행위가 발생하게 되는 경우에는 제 7장의 집단안전보장제도를 통해 유엔(안보리) 차원에서 공동으로 대응하는 방식을 도입하였다. 그러면서도 제 2조 4항의 위반 중 특히 중요한 형태의 무력공격이 발생한 경우에는 제 51조를 통해 피해국으로 하여금 안보리가 제 7장에 의한 조치를 취할 때까지 자위권을 행사할 수 있도록 허용(제 51조도 제 7장에 포함)하였다. 즉, 제 2조 4항의 무력사용금지원칙에 대한 유일한 예외로 국가의 고유한 권리로서의 개별적 및 집단적 자위권의 존재를 확인하였다.

결론적으로 유엔헌장체제하에서는 무력의 위협 또는 사용이 일반적으로 금지되지만 제 51조에 의한 자위권의 행사로 인한 무력사용과 국제평화와 안전의 유지를 위해 유엔 차원에서 강제조치의 일환으로 행사되는 무력사용은 예외적으로 허용된다.

유엔헌장 제 7장과 자위권

- ▶ 제 7장의 구조를 보면 무력사용금지에 대한 예외로서의 자위권은 집단안전보장 조치가 발동하기 전까지 잠정적으로 행사되는 보완적 수단이다. 그러나 자위권은 국제관습법상의 국가의 고유한 권리로 제 7장과 무관하게 행사될 수도 있다는 점에서 양자를 제 7장의 틀 속에서 원칙과 예외의 관계로 이해하는 것이 반드시 타당하다고는 볼 수 없다.
- ▶ 그러나 집단안전보장제도도 결국은 개별국가들의 무분별한 자위권행사 남용을 제도적으로 규제함으로서 유엔이 추구하는 제 2조 4항의 일반적 무력사용금지원칙을 실현하는 데 목적이 있다는 점이 간과되어서는 안 될 것이다.
- ▶ 따라서 자위권은 국가의 고유한 권리이지만 유엔헌장 체제하에서 유엔의 통제를 받을 수 있는 권리로 발전하였다고 볼 수 있다.

이와 같이 유엔헌장은 합법적인(legal) 무력사용과 불법적인(illegal) 무력사용을 구분하여 한편으로는 무력사용을 불법이라고 보고 금지하면서도 다른 한편으로는 예외적인 경우에 한하여 무력사용을 허용하는 이원화된 구조를 선택하였다. 이러한 구분은 과거 정전론 시대의 개전권에 바탕을 둔 정당한(just war) 전쟁과 부당한(unjust war) 전쟁의 개념을 오늘날의 국제법에서 새로이 조명하였다고 볼 수 있다.

나. 유엔헌장 제 2조 4항과 무력사용의 일반적 금지

유엔의 가장 중요한 목표인 국제평화와 안전의 유지를 위해 헌장 제 2조 4항은 모든 국가가 다른 국가의 '영토보전(territorial integrity)'이나 '정치적 독립(political independence)'에 대하여 또는 '유엔의 목적과 양립하지 않는 방식(in any other manner inconsistent with the Purposes of the United Nations)'에 의한 무력의 위협이나 사용(threat or use of force)을 삼가야 한다고 규정하고 있다.[8] '영토보전'이나 '정치적 독립'은 대체로 개념에 대한 정의가 분명할 수 있으나 '유엔의 목적과

8) 제 2조 4항 원문은 다음과 같다: "All members shall refrain in their international relations from the threat or use of force against the territorial integrity or political independence of any state, or in any other manner inconsistent with the purposes of the UN"

양립하지 않는 방식'에 대하여는 통일적인 정의가 쉽지 않다. 그러나 이에 대한 설명은 결국 유엔헌장 제 1조에 규정된 '유엔의 목적'에서 찾을 수 있다. 즉, 제 1조 1항(국제평화와 안전의 유지), 제 2항(국가간 우호관계의 발전), 제 3항(인권 및 기본적 자유에 대한 존중을 촉진하고 장려하기 위한 목적의 국제적 협력) 등을 저해하는 무력의 위협 또는 사용을 의미한다고 볼 수 있다.

여기서 우리는 제 2조 4항이 유엔헌장의 핵심적 조항이며 유엔회원국에게 있어 가장 중요한 의무사항임을 알 수 있다. 즉, 무력사용이 요구되는 상황을 미연에 방지하기 위한 목적으로 제 2조 3항을 통해 분쟁을 평화적으로 해결할 의무를 규정하였으며, 이로써 제 2조 4항은 더욱 강력한 의미를 부여받고 있다. 이러한 무력사용금지원칙은 유엔헌장에 따른 조약상의 원칙이면서 동시에 국제관습법상의 원칙으로도 수락되고 있다. 이 점은 1986년 니카라과와 미국간 '니카라과에서 및 니카라과에 대한 군사적 및 준군사적 활동 사건(Military and Paramilitary Activities in and against Nicaragua, '니카라과 사건')'을 통해 ICJ에 의해서도 확인되었다. ICJ는 이 사건에서 미국이 니카라과에 대하여 부담하는 니카라과의 영토보전과 국내문제불간섭에 대한 의무는 다자조약(유엔헌장)에 근거하는 의무와는 별개로 동일한 내용의 국제관습법상의 의무에도 근거한다고 보았다.[9] 또한 이에 앞서 1970년 '국가간 우호관계 및 협력에 관한 국제법 원칙 선언' 등을 통해서도 이들 의무는 확립된 국제법(국제관습법)상의 원칙으로 확인되었다. 이 선언 제 1항은 무력의 위협 또는 사용이 국제법(국제관습법을 의미)과 유엔헌장에 대한 위반을 구성하며 분쟁해결수단으로 절대로 원용되어서는 안 된다고 선언하고 있다.[10] 이와

9) 관련 부분 원문은 다음과 같다: "It will therefore be clear that customary international law continues to exist and to apply, separately from international treaty law, even where the two categories of law have an identical content", ICJ Reports 1986, p. 14, para. 179. 이 사건의 요지는 다음과 같다. 1979년 니카라과에 산디니스타 좌익정권이 들어서서 인접국인 엘살바도르 내 반정부 게릴라 활동을 지원하는 등 반미정책을 추진하게 됨에 따라 미국 레이건 대통령은 니카라과 내 우익 반군조직인 콘트라 반군을 군사적으로 지원(군사고문단 파견, 훈련, 무기, 자금지원 등)하고 니카라과 영해와 항구시설 등에 기뢰를 설치하는 등 산디니스타 정권의 전복을 기도하였다. 이에 대응하여 니카라과는 ICJ에 미국을 제소하며 미국의 여사한 행위가 니카라과의 국내문제에 대한 불법적 간섭이고 동시에 유엔헌장 제 2조 4항 및 국제관습법을 위반한 무력공격을 구성한다고 주장하며 배상을 요구하였다.

같이 제 2조 4항의 무력사용금지원칙은 보편적으로 적용되며 위반이 허용되지 않는 규칙(후술하는 '강행규범'에 해당)이다.

한편 오늘날 냉전 종식이후 등장한 내전, 테러와의 전쟁 등 새로운 개념의 무력사용문제는 국제법의 또 다른 과제로 국제사회의 단합된 협력과 대응을 요구하고 있다.

다. 제 2조 4항의 해석과 적용범위

그렇다면 제 2조 4항이 금지하는 무력의 위협 또는 사용은 무엇을 의미하는가. 먼저 제 2조 4항은 무력의 위협 또는 사용에 대하여 규정하고 있을 뿐 전쟁에 대하여는 언급하고 있지 않다. 여기서 헌장이 '전쟁'이라는 용어 대신 '무력에 의한 위협 또는 무력의 사용'이라고 표현한 배경은 자명하다. 이는 개전선언을 수반하지 않는 사실상의 전쟁이나 그 전 단계의 군사활동도 포함하는 모든 형태의 무력에 의한 위협 또는 사용을 금지함으로써 과거 국제연맹규약이나 부전조약의 한계를 극복하고 새로운 차원에서 일반적인 무력사용금지원칙을 확립하려는 헌장 기초자들의 의도로 볼 수 있다. 이와 같이 헌장은 무력의 규모, 사용방식이나 지속기간 등과 무관하게 원칙적으로 어떠한 종류의 무력에 의한 위협과 사용도 금지하는 것을 목적으로 하고 있다. 이에 비추어 볼 때, 타국의 동의하에 타국에서 군사활동을 하는 경우 이는 원칙적으로 허용되나 그러한 동의의 범위를 넘어 군사활동을 하는 경우에는 헌장 제 2조 4항의 위반이 될 것이다. 실례로 2005년 콩고와 우간다간 '콩고영토에서의 무력활동 사건(Armed Activities on the Territory of the Congo)'에서 ICJ는 동의의 범위를 벗어나는 군사활동의 경우 헌장 제 2조 4항의 중대한 위반(grave violations)에 해당된다고 보았다.[11]

---

10) 특히 이 선언이 '침략전쟁은 평화에 반하는 죄를 구성하며 이에 대해서는 국제법상 책임이 수반된다'고 선언하였다는 사실은 이후 1974년 유엔 총회 결의 제 3314호에 따른 '침략의 정의(Definition of Aggression)'와 함께 국제형사재판소의 설립에도 많은 영향을 미쳤다. 이 선언은 또한 무력사용을 수반하는 복구(reprisal)와 인민의 자결, 자유와 독립의 권리를 박탈하기 위한 목적의 무력사용을 삼가야 할 의무도 함께 규정하였다.

11) 이 사건은 1997년 콩고 반군지도자가 우간다의 지원으로 정권을 장악한 후 콩고 내 우간다 세력을 축출하려고 하자 우간다 군이 콩고 내의 새로운 반군세력을 지원하면서

물론 이에 대한 해석상 반론도 제기된다. 무엇보다도 제 2조 4항은 특히 금지되는 무력의 위협 또는 사용의 대상으로 영토보전과 정치적 독립을 명시하고 있다는 점에서 이를 협의로 해석하여 영토보전과 정치적 독립과 무관한 경우에는 무력의 위협 또는 사용이 허용되어야 한다는 주장이다. 그러나 이러한 해석은 수락하기 어렵다. 제 2조 4항이 영토보전과 정치적 독립을 강조한 이유는 이 두 요소가 주권국가간 관계에서의 핵심가치로 그간의 대부분의 국가간 무력분쟁의 중요한 원인이 되어 왔기 때문이다. 이는 결코 영토보전과 정치적 독립을 침해하지 않는 다른 목적의 무력의 위협 또는 사용은 허용될 수 있다는 의미가 아니다. 이는 동 조항의 후단에서 '유엔의 목적과 양립하지 않는 어떠한 기타 방식으로도 무력의 위협이나 사용을 삼간다'고 규정하고 있다는 점에서도 확인된다.

결론적으로 제 2조 4항의 해석상 어떠한 목적이나 동인에 의한 무력의 위협 또는 사용도 아래 설명할 제 51조의 자위권에 의해 정당화되지 않는 한 완전히 금지되는 것으로 보아야 할 것이다.

1970년 '유엔헌장에 따른 국가간 우호관계 및 협력에 관한 국제법 원칙 선언'에 구현된 유엔헌장 제 2조 4항의 의미

- ▶ 침략전쟁은 평화에 반하는 죄를 구성
- ▶ 현 국경선의 변경 또는 국제분쟁의 해결을 위한 무력의 위협 또는 사용의 금지
- ▶ 무력복구를 하지 않을 의무
- ▶ 인민의 자결권과 독립을 박탈하기 위한 목적의 무력사용금지
- ▶ 타국의 내전 또는 테러활동을 조직, 선동 및 지원하지 않을 의무와 타국 영토 침입을 위한 무장단체의 형성을 지원하지 않을 의무 등

동시에 콩고를 침략한 사건이다. 이에 대해 ICJ는 우간다의 콩고영토에 대한 대규모 침공 및 장기간 점령행위는 유엔헌장 제 2조 4항의 위반으로 정당한 자위권의 행사로 볼 수 없다고 판단하였다. 이와 관련 우간다는 자신의 콩고영토 내 주둔이 콩고의 동의에 근거한다고 주장하였으며 이에 대해서도 ICJ는 군사활동에 대한 동의는 구체적이며 엄격하게 해석되어야 한다는 입장을 보였다.

2. 무력사용금지원칙의 예외로서의 자위권

유엔헌장 제 51조는 무력사용금지원칙의 예외로서 자위권(self-defence)을 국가의 기본적 권리로 보장하고 있다. 따라서 국가는 무력공격을 받는 경우 이에 대한 대응으로 자위권을 행사할 수 있다.[12] 이러한 자위권은 유엔헌장 이전에 국제관습법상으로도 확인된 국가의 고유한 권리(inherent right)이다. 자위권은 전통적 개념인 국가의 '생존권(right to existence)' 또는 '자기보존권(right to self-preservation)'에서 유래하며 자연법적인 권리에 해당된다. 제 51조는 자위권으로 개별적 자위권과 집단적 자위권을 규정하고 있다.

이하 자위권을 유엔헌장 이전의 국제관습법상의 자위권과 유엔헌장 채택이후의 조약(유엔헌장)상의 자위권으로 나누어 설명한다.

가. 국가의 기본적 권리로서의 자위권

국가가 통일성과 정체성을 보존하며 국제사회에서 살아남기 위해서는 국가의 생존권이 확보되어야 한다. 따라서 국가의 생존권은 국가가 가지는 기본적 권리의 핵심이며 전제조건이다. 이러한 생존권은 결국 자위권의 개념과 불가분의 관계에 있다.

여기서 자위권이란 국가가 외부의 무력공격으로부터 자신을 지키기 위하여 행사되는 또 다른 형태의 무력사용을 의미한다. 특히 무력사용이 일반적으로 금지된 오늘날 자위권은 국제법이 명시적으로 허용하는 무력사용금지원칙에 대한 유일한 예외라는 점에서 그 의의가 크다. 그러나 자위권은 예외라는 점에서 오히려 남용의 우려가 크며 따라서 국제사회는 '예외는 엄격히 해석되어야 한다'는 원칙에 따라 이를 규제하기 위한 노력도 병행해 오고 있다.

12) 일부 국내학자는 이를 정당방위로 부르기도 한다.

나. 국제법상 자위권 개념의 발전

1) 유엔헌장 체제 이전의 자위권

자위권은 유엔헌장 이전에도 국제관습법으로 허용되어 왔으며 유엔헌장에서 명시적으로 자위권이 허용되기 전에는 당연히 국제관습법상의 자위권의 개념이 지배적이었다. 그러나 제 1차 대전 이전에는 무차별전쟁론에 따라 모든 국가가 자신의 판단에 따라 무력을 사용할 수 있었기 때문에 상대국의 공격에 대응한 자신의 무력사용을 정당화하기 위해 자위권을 원용할 필요를 느끼지 못하였다.

국제관습법상의 자위권의 개념은 1837년 영국과 미국간 '캐롤라인호 사건(Caroline Case)'[13]에서 확인된 Webster 공식에서 유래한다. 동 사건에서 미국의 국무장관 Webster는 (a) 자위의 필요가 급박하고(instant), (b) 공격이 압도적이어서(overwhelming), (c) 다른 수단을 선택할 여지가 없고 숙고할 여유도 없는 경우에(leaving no choice of means and no moment for deliberation) 비로소 자위권의 발동이 정당화된다고 보았다. 이를 필요성(necessity)의 요건이라고 한다. 따라서 이러한 필요성의 요건이 충족되는 상황에서는 자위권을 행사할 수 있다.

그러나 이 경우에도 자위권의 행사는 (a) 어디까지나 합리적이고 과잉적이지 않아야 하며(nothing unreasonable or excessive), (b) 그 필요성에 의해 한정되고 반드시 그 필요성의 범위 내에 국한되어야 한다(... must be limited by that necessity, and kept clearly within it)고 보았다. 이는 다시 말해서 자위권 행사에 투입된 무력이 당면한 무력공격에 비례하는가를 판단하는 것으로 이를 비례성(proportionality)의 요건이라고 한다.

결론적으로 국제관습법상 자위권의 행사는 Webster 공식에 따라 상기 필요성과 비례성의 두 가지 요건을 충족시키는 경우에만 정당한 무력행사로 국제법상 허용될 수 있다. Webster 공식은 이후 정당한 자위권의 행사, 나아가 합법적인 무력사용의 기준으로 원용되어 오고 있다.

---

13) 캐나다 반군을 지원하던 미국 국적 선박 캐롤라인호가 미국 항구에 정박해 있는 동안 영국군이 야음을 틈타 동 선박에 방화하고 이를 나이아가라 폭포로 추락시킨 사건이다. 이 사건 처리과정에서 영국은 (a) 동 선박이 해적선이고, (b) 미국법이 국경에서 적용될 수 없으며, (c) 또한 선박의 파괴행위는 자위권 행사의 일환이었다고 주장하였다. 여기서의 쟁점은 '자위권'의 국제법적 정당성에 대한 판단이다.

2) 유엔헌장 체제하에서의 자위권

가) 헌장 제 51조와 자위권의 개념

유엔헌장은 전쟁을 위법화하고 무력사용을 일반적으로 금지하면서도 예외적으로 자위권을 명시적으로 허용하고 있다. 자위권은 자연법적인 권리로 모든 국가에게 주어진 고유의 권리이지만 이를 헌장에 규정함으로써 조약상의 권리로 발전시켰다. 자위권을 성문화하여 규정한 유엔헌장 제 51조는 (a) 유엔회원국에 대하여 무력공격이 발생한 경우(if an armed attack occurs), (b) 회원국은 개별적 또는 집단적 자위의 고유한 권리(inherent right of individual or collective self-defence)를 행사할 수 있다고 하면서도, (c) 회원국은 자위권 행사를 위해 취한 조치를 즉시 안전보장이사회에 보고하여야 하며, (d) 회원국의 자위권 행사는 안보리가 국제평화와 안전의 유지를 위해 필요한 조치를 취할 때까지만 허용되는 것으로 한계를 정하고 있다.

그러나 동 조항은 다음의 문제점을 가지고 있다. 먼저 제 51조의 무력공격(armed attack)은 무엇을 의미하는가. 제 2조 4항의 무력사용(use of force)과는 어떻게 다른가. 다음으로 제 51조의 '무력공격이 발생한 경우'의 의미는 국제관습법상의 자위권 행사요건으로서의 '급박하고 압도적인 공격의 위험'을 포함하는 개념인가. 즉, 제 51조는 국제관습법상의 예방적 자위권(anticipatory self-defense)을 포함하는 개념인가의 문제를 제기한다.

그러나 여기서 우리가 유념하여야 할 것은 자위권의 개념은 지금까지 발전되어 왔고 앞으로도 새로운 위협에 대처하기 위하여 계속 발전해 나갈 것이라는 점이다. 이 점은 국가실행이나 학설에 의해서도 확인된다.

나) 헌장 제 51조의 해석

(1) 무력공격의 개념

헌장은 무력공격이 발생한 경우에 한하여 자위권의 행사를 허용하고 있으면서도 무력공격의 개념을 정의하지 않았기 때문에 무엇이 무력공격인가를 둘러싸고 해석상 쟁점이 제기된다.

결국 이에 대한 해석은 국제관습법에 맡겨져 있으며 지금까지의 해석상 가장 전형적인 무력공격의 형태는 한 국가의 정규군이 타국의 영역을 침범, 공격하는 행위이다. 보다 구체적으로는 전술한 1974년 '침략의 정의' 결의에 비추어 타국의 주권, 영토보전 또는 정치적 독립을 침해하는 무력사용을 의미하는 침략의 경우가 이에 해당된다.[14] 예컨대, 자국영토의 일부가 불법점령당한 경우야말로 제 51조의 자위권 행사가 정당화될 수 있는 무력공격의 대표적인 예가 될 것이다.[15] 나아가 비정규군이나 무장단체 등의 무력행사도 정규군의 공격에 상응하는 정도의 규모이거나 실질적인 관여정도에 따라서는 무력공격에 해당될 수 있다.[16] 이와 관련 ICJ는 1986년 '니카라과 사건'에서 국경을 넘는 정규군의 무력활동 뿐만 아니라 실제 무력공격에 해당하는 정도의 중대성(gravity)을 가지는 무력활동을 할 수 있도록 타국이 무장집단, 용병 또는 비정규군을 직접 보내거나 또는 대신 자국을 위하여 보내게 하는 경우도 무력공격으로 보고 있다. 그러나 단순한 무기공급 등을 통한 반군의 지원은 무력의 위협 또는 사용에 해당하거나 니카라과의 국내외 문제에 대한 간섭에 해당될 수 있을지는 몰라도 무력공격(armed attack)에 해당한다고는 보지 않았다.[17] 더욱이 단순히 (콘트라) 반군에

---

14) 유엔 총회의 '침략의 정의' 결의에 따른 침략(aggression)은 타국의 주권, 영토보전 또는 정치적 독립을 해하거나 기타 유엔헌장에 위배되는 방법으로 무력을 행사하는 것을 의미한다. 이와 관련 유엔헌장에 위배하여 어떤 국가가 먼저 무력을 행사하는 것은 침략행위의 '일견 명백한 증거(*prima facie* evidence)'가 될 수 있다.

15) 1990년 이라크의 쿠웨이트 침공시 안보리 결의 제 661호는 전문(preamble)에 자위권의 행사를 명시적으로 포함하였다.

16) 학자에 따라서는 헌장 제 51조가 무력공격의 규모, 즉 무력공격에 포함된 무력의 질과 양에 대한 기준, 무력공격의 목적 등에 대해 침묵하고 있는 점을 문제점으로 지적한다. 국가의 무력사용에는 직접적인 것도 있고 간접적인 것도 있다. 예컨대, 어떤 국가가 직접 정규군을 동원하여 타국을 침공하는 경우가 전자에 속하고 타국 내의 반도단체 또는 자국 내에 있는 타국의 반도단체에게 군사적 지원을 제공하여 그 타국을 침공케 하는 경우는 후자에 속한다. 그런데 문제는 이러한 간접침략을 바로 무력공격으로 볼 수 있는가이다. 바꾸어 말해서 어느 국가의 정부를 전복시키거나 또는 영토의 일부를 분리독립시키기 위한 목적의 내란이 발생한 경우 그 내란이 어느 외국의 물질적 원조에 의해서 수행되는 것이 증명된다면 그 외국의 행위는 국제법에 위반하는 행위로서 소위 간접침략(indirect aggression)에 해당되는데 이것이 헌장 제 51조의 무력공격에 해당되는지의 여부가 관심의 대상이 된다. 결국 여기서 중요한 판단기준은 무장단체, 비정규군 또는 용병 등에 의한 무력활동이 정규군에 의한 실제의 무력공격에 상응하느냐에 달려 있으며 상응한다고 판단되는 경우에는 무력공격으로 볼 수 있을 것이다.

대하여 자금을 지원한 행위는 국내문제에 대한 간섭에 해당될 수는 있지만 무력공격이나 무력사용(use of force)에는 해당되지 않는다고 보았다.[18)]

(2) 헌장 제 2조 4항과 제 51조의 차이

헌장 제 2조 4항은 무력의 위협이나 사용을 금지하고 있다. 반면 제 51조는 무력공격에 대한 자위권의 행사를 규정하고 있다. 그렇다면 여기서 무력공격과 무력사용은 어떻게 구별될 수 있을까. ICJ는 1986년 '니카라과 사건'에서 제 51조의 무력공격을 '가장 중대한 형태의 무력사용(the most grave forms of the use of force)'이라고 정의함으로써 제 2조 4항에 규정된 무력사용과 구분하였다.[19)] ICJ는 또한 2003년 이란과 미국간 '이란 내 석유 생산시설 사건(Oil Platforms)'에서도 1986년 '니카라과 사건'을 원용하여 무력공격과 무력공격에 미치지 못하는 '덜 중요한 형태의 무력사용(other less grave forms)'을 다시 구분함으로써 이러한 입장을 재확인하였다.[20)] 이와 같이 제 2조 4항의 무력사용은 제 51조의 무력공격보다는 당연히 넓은 개념이다. 따라서 헌장이 자위권 행사의 요건으로 무력공격을 명시하고 있는 한 이에 미치지 못하는 무력사용에 대하여는 자위권의 행사가 정당화 될 수 없다.

그렇다면 무력공격에 미치지 못하는 무력사용에 대하여 피해국은 어떻게

---

17) 관련 부분 원문은 다음과 같다: "... Such assistance may be regarded as a threat or use of force, or amount to intervention in the internal or external affairs of other States", ICJ reports 1986, p. 14, paras. 195, 230.

18) 관련 부분 원문은 다음과 같다: "... In particular, the Court considers that the mere supply of funds to the Contras, while undoubtedly an act of intervention in the internal affairs of Nicaragua, ... does not in itself amount to a use of force", ICJ Reports 1986, p. 14, para. 228.

19) 관련 부분 원문은 다음과 같다: "... it will be necessary to distinguish the most grave forms of the use of force(those constituting an armed attack) from other less grave forms", ICJ Reports 1986, p. 14, para. 191.

20) ICJ Reports 2003, p. 161, para. 51. 참고로 이 사건은 1980~1988년간 이란-이라크 전쟁 중 이란이 호르무즈 해협을 운항중인 쿠웨이트의 유조선을 비롯한 미국 및 우방국의 선박을 공격하고 이란이 설치한 기뢰에 미 군함이 충돌한 데 대한 대응으로 미국이 이란의 해상 석유생산시설을 수차례 공격하여 발생한 양국간 무력충돌 사건이다. 이 사건에서 미국은 자신의 무력행사를 자위권으로 정당화하였으나 이란은 미국의 무력행사가 1955년 양국간 '우호, 경제 및 영사관계 조약'에 규정된 항행의 자유와 무력사용금지원칙을 위반한 것이라고 보고 ICJ에 미국을 제소하였다.

대응하여야 하는가. 자위권을 행사하지 못하는 피해국은 유엔 안보리의 대응만 기다리며 아무런 조치도 취할 수 없는가. 사실 무력에 의한 위협의 경우에는 아직 시간적 여유가 있다는 점에서 안보리에 의한 대응을 기다려 볼 수 있으나 무력사용의 경우에는 아무리 소규모라 할지라도 이에 대해 상응하는 무력으로 대응하지 못한다는 것은 이해하기 어렵다. 결국 이에 대해서는 국제사회가 앞으로 계속 검토해 나가야 할 과제이다.

한편 지금까지 설명한 내용을 다시 정리하면 다음과 같은 결론에 도달하게 된다.

첫째, 제 2조 4항에 규정된 무력사용(use of force)의 무력(force)도 분명 무력을 의미하는 개념이다. 따라서 단순한 정치적, 경제적 압력은 이에 포함되지 않는다. 왜냐하면 일정한 범위 내에서의 정치적 또는 경제적 압력은 국가가 사용하는 외교력에 해당하기 때문이다. 예를 들어서 타국의 정책 변경을 강요하기 위해 경제적 압력을 행사하는 경우 유엔헌장의 목적과 정신에 반하는 것으로 해석하는 데는 이견이 없지만 그러한 경제적 압력이 제 2조 4항의 위반이라고 볼 수는 없을 것이다.

둘째, 자위권으로 정당화될 수 있는 제 51조의 무력공격은 제 2조 4항의 무력사용 중 예외적으로 '가장 중대한 형태의 무력사용'이다. 따라서 단순한 무기공급 등을 통한 반군에의 지원 자체만으로는 무력공격에 해당한다고 보기 어렵다.

셋째, 제 2조 4항의 무력사용금지는 국가간에 적용되는 원칙으로 일국 내에서의 무력사용에는 적용되지 않는다. 따라서 일국 내에서 발생하는 반란을 진압하기 위한 무력사용은 제 2조 4항이 금지하는 무력사용에 해당되지 않는다.

참고로 오늘날에는 사이버 공격도 유엔헌장 제 2조 4항이 금지하는 무력에 해당될 수 있다는 주장이 있다. 사이버 공격이 타국의 안보체계에 대한 심각한 위협이 되는 경우에 대하여는 제 2조 4항의 해석과 관련하여 앞으로 계속 논의가 필요할 것이다.

(3) '무력공격이 발생한 경우'의 의미

자위권의 행사는 무력공격을 받은 즉시 또는 직후에 행사되어야지 무력공격이 완료된 후에는 행사할 수 없다. 이와 관련 2010년 발생한 천안함 피격의 경우 공격을 받은 당시에는 북한의 명백한 불법적 무력공격이 있었으므로 이에 대응하여 자위권을 행사하는 것이 당연히 허용되었다. 그러나 북한의 실질적 공격행위가 종료한 시점 이후에는 '필요성'이나 '긴급성'이 요구된다고 할 수 없으므로, 아무리 '정당화될 수 있는 지연(justifiable delay)'의 논리가 적용된다고 하더라도 합동조사단의 발표시점 이후 상당기간 경과 후 자위권을 행사하는 것은 정당화될 수 없다고 보아야 할 것이다.[21]

(4) '무력공격이 발생한 경우'의 의미와 예방적 자위권 허용 여부

국제관습법하에서 무력공격의 위험이 급박한 상황에서는 자위권이 허용되었다. 그러나 유엔헌장 제 51조가 '무력공격이 발생한 경우'로 자위권의 행사범위를 제한하는 듯한 표현을 사용함으로써 전통적으로 인정되던 보다 넓은 개념의 자위권 행사가 유엔헌장하에서는 허용되지 않는가에 대한 해석상 문제가 제기되었다. 이는 다시 말해서 국제법상 예방적 자위권이 허용될 수 있는가의 문제로 귀결된다.

사실 이 문제는 자위권의 행사범위에 대한 시각 차이에서 출발한다. 예방적 자위권에 대한 접근방식으로는 제한적 입장과 광의적 입장이 대립된다.

(가) 제한적 입장

제한적 입장에서는 자위권의 행사를 규정한 제 51조의 문언을 엄격히 해석하여 무력공격이 있는 경우에 한하여 제한적으로 자위권이 행사될 수 있다고 보고 있다. 이 주장에 의하면 아직 무력공격이 현실화되지 않은 상태에서 발동되는 예방적 자위권은 허용되지 않는다. 이 주장의 근거는 다음과 같다.

- 무력사용을 금지하려는 헌장 기초자들은 무력사용금지원칙의 예외인 자위권의 행사가 남용될 가능성에 대해 우려하였다. 이러한 당시의 상황인식을 고려할 때 예외에 대한 엄격한 해석은 필요하다. 더욱이 자위권을 남용할 수 있는 국가는 강대국이라는 점에서 예방적 자위권은 국

21) 이병오, 국제법 평론, 2010, 32권

제사회의 관행으로 성립되었다고 보기 어렵고 나아가 이를 지지하는 어떠한 형태의 국제적 합의도 성립된 바 없다는 점이 주목되어야 할 것이다.

- ICJ도 자위권을 엄격히 해석하는 입장이다. 2005년 콩고와 우간다간 '콩고영토에서의 무력활동 사건'에서 ICJ는 자위권의 행사를 헌장 제 51조의 엄격한 적용에 한정하였다. 따라서 헌장의 범위를 넘어 스스로 인식한 안보이익(perceived security interests)을 보호하기 위한 무력사용은 자위권으로 정당화되지 않으므로 안보리에의 회부 등 다른 방법을 찾아야 한다고 판단하였다.[22]

이러한 이유로 제한적 입장에서는 '필요성, 비례성, 즉각성'의 필수조건을 충족하지 못하는 예방적 자위권의 행사는 무차별한 침략에 불과하다고 보고 있다.[23]

(나) 광의적 입장

광의적 입장은 제한적 입장과는 달리 헌장 제 51조가 국제관습법상의 예방적 자위권을 허용하는 것으로 해석되어야 한다고 주장한다. 이 입장은 국제관습법이 자위권을 국가의 고유한 자연권적 권리(natural right)로 인정하고 있으며 무력공격이 발성한 경우로 자위권의 행사를 제한하는 제 51조보다 상위개념이라고 보고 있다. 또한 헌장 제 51조가 자위권을 국가의 고유한 권리(inherent right)

---

22) ICJ는 이 사건에서 헌장 제 51조는 헌장에 규정된 매우 제한된 범위 내에서만 자위권으로서의 무력사용을 정당화시켜 주고 있으므로 이 범위(실제의 무력공격을 의미)를 넘어(beyond these parameters) '스스로가 인식한 안보이익'의 보호를 위해 무력을 사용하는 것은 허용되지 않는다고 보았다. 대신 이러한 경우에는 안보리에의 회부 등을 포함하여 국가들이 사용할 수 있는 다른 방법을 찾아야 한다고 강조하였다. ICJ Reports 2005, p. 168, para. 148.

23) 관련 부분 원문은 다음과 같다: "Without the sine qua non of necessity, proportionality and immediacy, anticipatory self-defence becomes nothing more than a slippery slope of naked aggression," Leo Van den hole, 'Anticipatory Self-Defence under International Law', American University International Law Review, Vol. 19, Issue 1, 2003, p. 106. 참고로 여기서 'slippery slope'란 일단 시작하면 걷잡을 수 없이 파멸로 치닫게 되는 것을 의미한다.

라고 규정하고 있는 점도 지적하고 있다. 따라서 이 해석에 의할 경우 테러에 대한 대응이나 대량살상무기의 존재 자체도 상황에 따라서는 자위권의 행사를 정당화할 수 있다고 볼 수 있다. 이 주장의 근거는 다음과 같다.

- 앞에서 설명한 '캐롤라인호 사건'에서의 Webster 공식에 의하면 자위권은 비록 현실적인 무력공격이 없더라도 자위의 필요가 급박하고, 공격이 압도적이어서, 다른 수단을 선택할 여지가 없고 숙고할 여유도 없는 경우에는 행사될 수 있으며 이 원칙은 이미 국제관습법화 되어있다는 데 의견이 일치한다.
- 나아가 ICJ도 1986년 '니카라과 사건'에서 헌장 제 51조가 규정하지 않은 사항에 대하여는 여전히 국제관습법에 의해 규율되어야 한다고 판단하였다.[24)]
- 또한 오늘날 무기체계의 발전과 공격방식의 변화, 핵무기 등 대량살상무기의 출현과 '단추 누르기 전쟁(push-button warfare)' 등의 안보상황에 비추어 볼 때 현실적인 무력공격을 자위권의 발동요건으로 엄격하게 한정하는 경우 자위권의 존재 자체를 무의미하게 할 우려가 있다.[25)] 사실 제 51조의 성안 당시와 오늘날의 안보현실은 다르다는 점이 고려되어야 할 것이다.

---

24) ICJ는 '니카라과 사건'에서 자위권이 유엔헌장상의 권리일 뿐만 아니라 국제관습법하에서의 고유한 권리(natural or inherent right of self-defence)로 존재한다고 분명하게 판단하였다. 즉, 양자는 병렬적으로 함께 존재한다고 보았다. ICJ Reports 1986, p. 14, para. 176.

25) 이와 관련한 김찬규 교수의 다음 설명은 주목할 만하다. "... 대량살상무기와 첨단 전자무기의 출현으로 사정은 근본적으로 달라졌다. 예컨대, 선수의 일격이 사활적 의미를 가지는 핵폭탄의 경우 현실적 투하를 자위권 발동의 요건으로 본다면 자위권은 무의미해질 것이다. 왜냐하면 지상의 모든 것을 폐허로 만드는 핵폭발 후의 자위권 행사란 있을 수 없기 때문이다. 따라서 핵무기가 사용되는 상황에서는 무력공격에 대한 판정기준이 달라지지 않을 수 없게 되고, 또한 여기에 예방적 자위를 생각해야 할 여지가 생기게 되는 것이다." 김찬규, '선제타격 가능한가', 2013. 2. 18, 국민일보.

예방적 자위권에 대한 미국의 태도
▶ 미국은 1946년 핵무기가 사용되는 무력공격의 경우에는 무력공격의 의미를 핵무기의 실지투하에 선행하는 일정한 범위의 이전 단계도 포함하는 것으로 보았다. ▶ 미국은 2003년 이라크에 대한 무력공격 감행시 이라크가 핵무기 등 대량살상무기를 가지고 있다고 보고 이를 예방적 자위권으로 정당화한 바 있다. ▶ 또한 1962년 쿠바의 미사일 위기시에도 미국은 자신의 대응(봉쇄조치 등)을 예방적 자위권의 행사로 정당화하려고 하였다.

(다) 예방적 자위권 허용여부에 대한 평가

헌장 제 51조에 규정된 무력공격은 객관적 검증이 가능한 사실의 문제이다. 그러나 급박한 무력공격의 발생가능성은 판단의 문제이다. 다시 말해서 급박한 무력공격의 가능성에 대한 판단은 그러한 가능성을 느끼고 있다고 주장하는 국가의 자의적인 판단에 따를 수도 있다. 이는 헌장 제 2조 4항의 일반적 무력사용금지원칙을 무의미하게 할 수도 있다는 점에서 신중한 해석이 요구된다. 따라서 제 51조는 제 2조 4항의 예외인 만큼 엄격하게 해석되어야 할 것이므로 무력공격이 없는 경우 자위권의 행사는 당연히 허용되지 않는다.

그럼에도 불구하고 예방적 자위권의 행사를 무조건 부인할 수만은 없을 것이다. 무엇보다도 '분명히 발생할 것이 예상되는(about to happen 또는 is expected anytime)' 경우에도 실제 무력공격이 발생할 때까지 기다려야 한다는 것은 너무 엄격한 문언적 해석으로 무력사용을 제한하여 남용을 방지한다는 취지는 이해하지만 자위권이 헌장에 포함된 이유, 즉 자위권의 근본적인 성립배경이나 취지에는 부합되지 않을 것이다. 이렇게 볼 때 예방적 자위권의 필요성은 분명 인정된다.

그러나 이를 공개적으로 정당화시키는 것은 또 다른 문제점과 우려를 초래할 수도 있다. 예방적 자위권의 허용은 자칫 국제평화와 안전의 유지를 전통적 국가간 체제로 회귀시키는 위험성을 내포하게 될 것이며 이는 국제사회를 하나의 조직화된 법공동체로 발전시켜 나가려고 하는 국제법의 당위적 목적에도 반할 것이다. 유엔과 국제재판소도 이러한 인식에 기초하여 매우 조심스러운 입장이다.

사실 예방적 자위권의 국제법상 허용여부는 예방적 자위권이 필요할 수 있다는 변화된 현실과 무력사용을 금지하려는 유엔의 이상간의 양립 문제로 귀착된다. 결국 예방적 자위권에 대한 검토는 유엔헌장이라는 '있는 법(*lex lata*)'에서 출발하여 예방적 자위권의 규범화라는 '있어야 할 법(*lex ferenda*)'으로 발전해 나가는 것을 의미한다. 따라서 예방적 자위권 문제 검토와 동시에 유엔헌장의 목적달성을 위한 유엔의 기능강화 방안을 강구하는 것이 무엇보다도 중요하다.

(5) 안전보장이사회에 의한 통제

헌장 제 51조 후반은 '회원국은 자위권의 행사를 위해 취한 조치를 즉시 안보리에 보고하여야 한다'고 규정하고 있다. 이는 자위권 행사에 대한 안보리의 통제를 의미하는 것으로 개별국가의 자위권행사가 국제법상 요건을 충족하였는가를 객관적인 입장에서 판단하는 것이다. 이에 대한 판단은 대체로 전술한 필요성과 비례성 원칙의 충족 여부가 될 것이다. 자위권의 행사를 안보리에 보고하였는지 여부는 해당국이 자위권을 정당하게 행사하였는지를 판단하는 유용한 기준의 하나가 될 수 있다.

한편 제 51조에 규정된 '자위권의 행사는 안보리가 국제평화와 안전의 유지에 필요한 조치를 취할 때까지'의 의미는 자위권의 행사가 어디까지나 임시적이며 보조적인 조치(유엔헌장 제 7장에 따른 집단안전보장제도의 발동 전까지만 허용)임을 의미한다. 여기서 안보리가 취하는 조치는 더 이상 자위권의 행사가 필요하지 않을 정도로 효과적(effective)이고 구체적이어야 할 것이다. 단순한 비난결의안의 통과를 필요한 조치를 취한 것으로 볼 수는 없을 것이다. 그렇지 않을 경우 자위권의 행사가 계속될 수 있다고 본다.[26)]

(6) 해외 자국민 또는 국가기관에 대한 공격과 자위권 행사

제 51조를 엄격히 해석할 경우 자국영토 밖의 자국민에 대한 무력공격이나 해외주재 자국 대사관에 대한 무력공격 등은 자위권의 행사를 정당화할 수 있는 '국가에 대한 무력공격'에 해당되지 않는다. 예로서 1998년 케냐와 탄자니아 소

---

26) 1982년 포크랜드 전쟁 당시 안보리는 결의 제 502호로 적대행위의 즉각적인 종식, 아르헨티나 군대의 철수 및 외교적 해결을 요구하였다. 이에 대해 영국은 안보리의 구체적인 조치가 없으므로 헌장 제 51조에 의한 자위권을 계속 행사하는 것이라고 주장하였다.

재 미국대사관에 대한 폭탄테러에 대응하여 미국은 빈 라덴 소재지인 아프가니스탄과 수단 내 빈 라덴 기지를 공격하면서 이를 자위권 행사라고 주장한 바 있다. 또한 자국민에 대한 무력 공격에 대응한 예로는 1986년 서베를린 디스코텍에서의 미군병사들에 대한 폭탄테러가 리비아의 배후지원에 의한 것으로 보고 미국은 자위권에 근거하여 리비아에 대한 폭격을 감행한 사례가 있다. 그러나 이러한 미국의 주장들에 대해 유엔 총회는 국제법 위반이라고 비난하였다.

반면 1974년 침략의 정의 제 3조(d)에 규정된 바와 같이 일국의 병력에 의한 타국의 육해공군 또는 함대 및 항공대(marine and air fleets)에 대한 공격은 무력공격에 해당될 수 있으며 따라서 자위권의 행사가 가능하다고 본다.[27)]

다) 집단적 자위권

개별적 자위권(individual self-defence)은 개별국가가 외부로부터 무력공격을 받았을 경우 스스로가 생존을 위해 무력으로 대응하는 것을 말한다. 그러나 유엔헌장은 개별적 자위권과 함께 국가의 고유한 권리로서 집단적 자위권(collective self-defence)의 개념을 추가하여 어느 한 국가가 제 3국으로부터 무력공격을 받았을 경우 다른 나라가 이를 자국에 대한 무력공격과 동일한 것으로 간주하여 피해국과 함께 무력으로 대응할 수 있는 권리를 인정하고 있다. 집단적 자위권을 규정한 NATO 조약 제 5조가 원용된 비교적 최근의 예로는 2001년 9·11 테러에의 대응을 들 수 있다.

집단적 자위권의 행사를 위해서는 (a) 피해국이 먼저 무력공격을 받았음을 확인하고, (b) 이어서 상호방위조약(예컨대, 한미상호방위조약) 또는 지역적 동맹조약(NATO 조약) 등 사전 합의가 있는 국가에 요청하거나 그러한 동맹조약이 체결되어 있지 않은 경우에는 피해국에 의한 별도의 명시적 요청이 있어야 한다.[28)]

---

27) 2003년 '이란 내 석유생산시설사건'에서 ICJ는 Caribbean호가 미국기를 게양하고 있지 않았기 때문에 동 선박에 대한 공격은 미국에 대한 공격과 동일시 될 수 없다고 보았다. 관련 부분 원문은 다음과 같다: "... Texaco Caribbean, whatever its ownership, was not flying a United States flag, so that an attack on the vessel is not in itself to be equated with an attack on that State", ICJ Reports 2003, p. 161, para. 64.

28) ICJ는 1986년 '니카라과 사건'에서 집단적 자위권은 자국이 무력공격의 희생이 되었다고 주장하는 국가가 이를 선언(declare)하고 원조를 요청(request)하는 경우에 성립된

또한 집단적 자위권도 자위권이라는 점에서 정당한 집단적 자위권행사를 위해서는 앞에서 설명한 자위권행사의 요건을 충족시켜야 할 것이다.

한편 집단적 자위권은 유엔의 집단안전보장제도에 대한 불신에서 출발하였다. 당초 유엔은 제 51조에 개별적 자위권만 규정하려 하였지만 거부권제도에 의해 집단안전보장제도가 순기능하지 못할 것을 우려한 상임이사국 이외의 국가들의 강력한 요청에 의해 삽입되었다는 점은 시사하는 바가 크다. 이에 대해서는 제 3절('국제평화와 안전의 유지를 위한 유엔의 역할'의 4. '유엔의 집단안전보장제도와 집단적 자위권')을 참조한다.

3) 유엔헌장 제 51조에 대한 평가

상기를 종합할 때 오늘날의 법 상황에서 자위권은 아래의 엄격한 기준에 따라 국제관습법상의 자위권과 헌장 제 51조의 자위권이 함께 검토되어 적용되어야 할 것이다.

먼저 자위권의 발동은 필요성(necessity)의 요건을 충족시키는 경우에 한한다. 즉, 무력공격이 발생한 경우와 객관화될 수 있는 급박한 무력공격에 대한 대응(in response to an imminent attack)이어야 한다. 급박한 무력공격에 대한 대응의 경우에는 (a) 무력공격의 목적이 피해국의 생존권에 대한 도전으로, (b) 무력공격에 대한 대응의 방법과 시간적인 측면에서 다른 대안 선택의 여지가 없고, (c) 무력공격으로 인해 자위권의 행사 없이는 회복할 수 없는 침해를 당할 것이 예상되어야 한다.[29]

다음으로 자위권 발동시 행사되는 무력은 비례성의 요건을 충족하여야 한다. 즉, 자국에 대한 무력공격에 대응하여 합리적인 범위 내에서 비례성(reasonable and

---

다고 보았다. ICJ Reports 1986, p. 14, para. 199. 이와 관련 미국은 1990년 걸프전시 쿠웨이트와 사우디아라비아가 미국 등 우방국에 지원을 요청하였다는 사실이 집단적 자위권의 행사를 정당화 시켜준다고 보았다.

29) 이 해석은 급박한 무력공격의 위협에 직면하여 단순히 무력공격이 없다는 사실보다는 예상되는 위협의 심각성을 판단기준으로 하여야 한다는 입장이다. 따라서 여기서의 쟁점은 위협이 객관적으로 가시화되었느냐의 여부가 될 것이다. 결국 이에 대한 판단은 구체적인 경우에 개별적으로 이루어져야 할 것이다. 그러나 어느 경우에도 이러한 해석이 예방적 자위권을 폭넓게 인정하는 것으로 해석되어서는 안 될 것이다.

proportionate)을 가져야 한다. 따라서 자위권의 행사가 비례성을 벗어나 보복적 성격을 띠게 되는 경우에는 무력복구로 불법적인 무력사용에 해당될 수 있다.[30] 비례성은 어디까지나 공격받기 이전의 상태의 회복(restoration of the status quo ante)이 판단기준이 되어야 할 것이다.[31]

끝으로 이러한 자위권의 행사는 안보리가 국제평화와 안전을 위해 필요한 조치(효과적인 조치)를 취할 때까지만 허용된다.

한편 자위권의 행사에 대한 국제사회의 태도, 특히 ICJ의 태도도 매우 소극적이다. 2005년 '콩고영토에서의 무력활동 사건'에서 ICJ는 자위권을 원용하기 위해서는 제 51조 요건의 충족여부가 객관적 기준에 의해 입증되어야 할 것이라고 판단하였다. 또한 1996년 '핵무기의 위협 또는 사용의 합법성(Legality of the Threat or Use of Nuclear Weapons)에 관한 권고적 의견'에서도 '니카라과 사건'을 인용하면서 자위권의 행사를 위한 필요성과 비례성이라는 두 가지 요건의 충족은 국제관습법상 확립된 원칙으로 헌장 제 51조의 자위권에도 적용된다고 판단하였다.[32] 더 나아가 ICJ는 '환경에 대한 존중(respect for the environment)'도 필요성과 비례성에 따른 자위권의 행사인지를 평가하기 위한 하나의 고려 요소라고 보았다.

결론적으로 정당한 자위권의 행사인지에 대한 판단은 상기 요건의 충족 여부에 대한 객관적 판단에 달려있다. 즉, 자위권을 행사하려는 국가는 무엇보다도 자신이 무력공격의 희생자 또는 희생자가 될 수 있다는 객관적 가능성을 증

---

30) 2003년 '이란 내 석유생산시설사건'에서 ICJ는 무력공격에 대한 대응이 합법적인가의 판단은 자위권으로 취하여진 조치가 필요성과 비례성을 충족하는가에 달려 있다고 보았다. 미국은 석유시설이 정당한 목표물이라고 주장하였으나 ICJ는 석유시설은 군사시설이 아니므로 자위권 행사의 대상이 될 수 없으며 따라서 미국의 대응은 필요성과 비례성의 요건을 충족하지 못한다고 보았다.

31) 1993년 레바논 헤즈볼라의 북부 이스라엘에 대한 간헐적인 공격에 대하여 이스라엘이 일주일간 남부 레바논을 폭격한 것은 분명 비례성을 벗어난 것으로 보아야 할 것이다.

32) 관련 부분 원문은 다음과 같다: "... The submission of the exercise of the right of self-defence to the conditions of necessity and proportionality is a rule of customary international law. ... only measures which are proportional to the armed attack and necessary to respond to it, a rule well-established in customary international law ... This dual condition applies equally to Article 51 of the Charter ...", ICJ Reports 1996, p. 226, para. 41.

명하여야 할 것이다. 이러한 점에서 미국의 1989년 파나마 침공은 위장된 자위권의 행사로 볼 수 있을 것이다.[33]

4) 자위권 관련 추가 검토사항

가) 선제적 자위

예방적 자위가 무력공격이 임박한 경우에 대한 대응인 데 반해 여기서 한 걸음 더 나아가 일부 학자들은 미래의 위협을 제거하기 위한 사전 대응으로서의 무력행사를 선제적 자위(preemptive self-defence)로 정당화하기도 한다.[34]

그러나 예방적 자위에 대한 평가가 아직도 진행 중인 오늘날 예방적 자위권을 초과하는 개념인 선제적 자위가 국제법적으로 정당화된다고 볼 수는 없다. 대표적인 예로 1981년 이스라엘의 이라크 Osirak 원자로 폭격은 아직 구체화되지 않은 위협에 대한 선제공격으로 여기서 설명하는 선제적 자위에 해당될 수도 있으나(이스라엘은 예방적 자위권의 행사로 정당화) 국제사회는 이를 불법적인 무력사용이라고 비난하였다.[35]

---

33) 예컨대, 부쉬 대통령은 파나마 지도자 노리에가가 파나마와 미국간 전쟁상태를 선언하고 미국민의 생명을 위협한 것과 관련하여 급박한 위험에 처한 미국민들의 생명을 보호하기 위한 무력사용은 유엔헌장 제 51조에 의해 정당화 된다고 주장하였다. 그러나 미국의 자위권 주장은 헌장 제 2조 4항의 위반으로 국제사회에서 정당성이 부인되었다. 특히 유엔 총회는 미국의 파나마 침공을 '악명 높은 국제법 위반(flagrant violation of international law)'이라고 비난하면서 미군의 조속 철수를 요구하였다.

34) University of Virginia의 Ashley Deeks 교수는 예방적 자위권을 anticipatory, preemptive, preventive의 3가지 개념으로 구분하여 사용하고 있다. 동인의 분석을 요약하면 anticipatory self-defense는 Webster 공식이 적용될 정도의 급박한 상황을 대상으로 하고, preemptive self-defense는 당장은 아니지만 확실한 위협으로 발전할 가능성이 큰 경우(... tangible actions as almost certainly developing into an armed attack against it)를 대상으로 하며, preventive self-defense는 확실한 근거가 없는 미래의 위협(future threat, without having precise information about where or when the attack might occur)을 대상으로 하는 것으로 구분된다. 그러나 실제 운용과정에서는 이를 구분할 실익이 크지 않다는 점에서 국내 학자들과의 용어의 통일을 위해 예방적 자위권과 선제적 자위권으로 나누어 선제적 자위(preemptive self-defense)는 preventive self-defense(용어의 혼동을 피하기 위해 우리말로 번역하지 않음)를 함께 포함하는 개념으로 사용한다.

35) 앞에서 설명한 캐롤라인호 사건에서의 Webster 공식을 적용하는 경우 먼 미래의 아직 구체화되지 않은 위협에 대한 대응, 즉 선제적 자위권은 허용되지 않는다고 보는 것이 타당하다. 특히 이스라엘은 Osirak 원자로 공격시 "... At some point Iraq would have nuclear

결론적으로 선제적 자위에 근거한 선제공격은 상황과 무관하게 너무 일찍 행사될 수 있다는 점에서 또 하나의 새로운 무력공격으로 해석될 수 있을 것이다. 따라서 동 개념의 도입을 위해서는 신중한 판단이 요구된다.

나) 테러리즘과 자위권 행사(비국가 행위자에 의한 무력공격)

국제법상 자위권은 국제법 주체인 국가의 허용되지 않는 무력공격(armed attack)에 대응하기 위해 개발된 제도이다. 그러나 오늘날 비국가 행위자(non-state actors), 특히 테러리스트들에 의한 무력공격에 대하여도 자위권으로 대응할 수 있느냐의 문제가 제기된다.

실례로 미국은 2001년 9·11 테러공격에 대하여 자위권의 행사를 통해 대응하였다. 사태발생 직후 안보리는 결의 제 1368호(Threats to International Peace and Security caused by Terrorist Acts)를 통해 테러행위를 국제평화와 안전에 대한 위협으로 간주하고 테러행위로 야기된 국제평화와 안전에 대한 위협에 모든 수단을 통해 대처할 것을 결의하면서 유엔헌장에 따른 고유의 개별적 및 집단적 자위권을 확인하였다.[36] 이어 채택된 후속결의 제 1373호도 자위권의 존재를 재확인하면서 테러방지를 위해 국가들이 이행하여야 할 의무를 포괄적으로 규정하였다. 이후 미국은 안보리의 명시적인 무력사용 허가를 받지 못하였지만 자위권을 근거로 아프가니스탄 공격을 감행하였으며 NATO도 집단적 자위권(NATO 조약 제 5조)에 근거하여 미국의 아프가니스탄 공격에 참여하였다.

이와 관련 안보리 결의가 9·11 테러공격을 미국에 대한 무력공격으로 명시하지 않은 점(상기 결의안들은 '미국에서 테러공격이 발생하였다'고 표현)과 테러단체라는 비국가행위자를 무력공격의 주체로 볼 수 없다는 점에서 자위권 행사의 정당성을 부인하는 주장이 있다.[37] ICJ도 지금까지는 이러한 입장을 가지고 있는 것

weapons capability that it would then likely use against Israel ..."로 입장을 밝혔다. 여기서 사용된 표현은 이스라엘의 공격이 아직은 구체화되지 않은 미래의 위협에 대한 대응임을 분명히 하고 있다. 이는 선제적 자위권 행사의 대표적인 예가 될 수 있다.

36) 관련 부분 원문은 다음과 같다: "... Recognizing the inherent right of individual or collective self-defence in accordance with the Charter ... combat by all means threats to international peace and security caused by terrorists acts ..."

37) 설혹 자위권이 성립된다고 하더라도 무력공격이 종료한 후 상당한 기간이 경과한 후에

으로 보인다. 그러나 오늘날 외부로부터의 무력공격에 직면하여 공격의 주체가 국제법 주체인 국가가 아니라 비국가 행위자라는 이유로 국제법의 적용을 받지 않고 따라서 피해국이 이에 대해 자위권으로 대응하지 못한다면 이는 법의 발전적 방향과도 일치하지 않으며 법 해석원칙에도 부합하지 않는다고 볼 수 있다. 이에 대한 국제법 학자들의 평가도 대체로 비국가 행위자(테러단체)에 의한 무력공격에 대하여 자위권의 행사를 지지하는 입장이다. 이들 학자들은 주장의 근거로 다음을 제시하고 있다.

- 비국가 행위자를 무력공격의 주체로 인정하지 않는 것은 2001년 9·11 이후의 국가실행과 일치하지 않는다는 점[38)]
- 유엔헌장 제 51조는 국가로부터 유래하는 무력공격만을 자위권 행사의 대상으로 규정하고 있지 않은 점[39)]

발동되어 즉각적으로 행사되지 않았다는 점(필요성 요건 위반)과 이후의 정권교체를 포함하는 과잉대응(비례성 원칙의 위반) 등은 미국의 자위권 행사를 비판하는 또 다른 근거로 제시될 수 있을 것이다.

38) ICJ는 2004년 '이스라엘의 팔레스타인 분리장벽 건설 사건(Legal Consequences of the Construction of a Wall in the Occupied Palestinian Territory)'에 대한 권고적 의견에서 헌장 제 51조의 자위권을 타국에 의한 무력공격에 대응하는 것으로 보고(in the case of armed attack by one State against another State) 이스라엘에 대한 공격이 외국에 의한 것이 아니므로(이스라엘 내부의 팔레스타인에 의한 공격이므로), 즉 공격에 대한 책임이 외국에 있다고 보지 않았기 때문에 이스라엘의 자위권 행사 주장을 받아들이지 않았다. 이는 무력공격의 주체를 엄격히 국가로 한정하여 해석한 것으로 볼 수 있다. 그러나 이 사건에서 Koojmans 재판관은 개별의견(separate opinion)을 통해 '지난 50년간의 일관된 법 해석은 비국가 행위자의 무력공격이 헌장 제 51조의 무력공격에 포함되지 않는다는 입장이었으나 지금은 9·11 테러 이후 등장한 새로운 요소(new element)가 고려되어야 한다는 입장을 보였다. ICJ Reports 2004, Advisory Opinion, p. 136, para. 139와 Separate Opinion, para. 35. 참고로 이 사건은 이스라엘이 점령지인 팔레스타인 지역에 이스라엘로의 출입을 막기 위한 목적으로 분리장벽을 건설한 것과 관련 동 장벽건설이 국제법상 허용되는가의 여부에 대하여 유엔 총회가 ICJ에 권고적 의견을 요청한 사안이다. 이에 대해 ICJ는 장벽건설이 팔레스타인의 자결권을 침해한 국제법 위반이므로 이스라엘은 이 장벽을 해체할 의무가 있으며 국제사회는 장벽건설에서 유래하는 불법적 상황을 인정하지 않을 의무가 있다고 판단하였다.

39) 헌장 제 51조는 유엔회원국에 대하여 무력공격이 발생한 경우 자위권을 행사할 수 있다고 규정하고 있을 뿐 무력공격의 주체가 반드시 국가라고 명시하고 있지 않으므로(물론 당시 헌장 기초자들의 의도는 당연히 국가를 염두에 둔 것으로 보는 것이 타당하지만) 이를 근거로 테러단체인 비국가 행위자도 무력공격의 주체가 될 수 있다는 주

• 9·11 테러와 관련한 안보리 결의가 비국가 행위자의 무력공격에 대응하여 자위권의 존재를 확인한 점 등

결국 이 문제는 앞으로 비국가 행위자에 의한 무력사용의 정도나 테러조직의 규모 등을 종합하여 보다 적극적인 관점에서 국제평화와 안전의 유지라는 헌장의 목적을 달성할 수 있는 방향에서 검토되어야 할 것이다.

여기서 9·11 테러와 관련하여 또 하나 제기되는 문제는 테러단체 수용국에 대하여 자위권 행사가 가능한가, 즉, 미국이 테러단체 수용국인 아프가니스탄에 대하여 무력으로 대응할 수 있는가에 대한 판단이다. 이에 대해 테러단체를 수용하고 있는 국가가 자국 내 테러단체의 타국에 대한 무력공격을 방지할 의사와 능력이 없는 경우(unable or unwilling)에는 해당국가에 대하여 자위권행사가 가능하다는 주장도 있다.[40] 반면 국가가 직접 주도·관여하는 국가테러리즘(state terrorism)이나 국가지원 테러리즘(state-sponsored terrorism)의 경우와 같이 국가가 직·간접적으로 관여된 테러단체에 의한 무력공격 발생시에는 당연히 해당 국가를 상대로 하는 개별적 또는 집단적 자위권의 행사가 정당화될 수 있을 것이다.[41]

관련 글: 국제법상 자위권의 현주소[42]

<침격전술론> 침격전술론(pin-pricks tactic) 또는 누적적 효과론(accumulation of events theory)이 있다. 이것은 바늘로 한 번 찌르면 따끔할 뿐이지만 천 번이고 만 번이고 계속해서 찔러대면 코끼리도 죽일 수 있다는 데서 출발해, 개개로 보면

장이 있다. 그러나 여기서 테러단체가 문제가 되는 이유는 헌장 제 51조의 문언이 아니라 이들이 과연 국제법의 규율을 받는(예컨대, 국제인도법의 적용 등) 국제법의 주체(교전당사자)인가의 근본적인 문제에서 출발하기 때문이다.

40) Irène Couzigou, 'The Right to Self-Defence Against Non-State Actors—Criteria of the Unwilling or Unable Test' 참조.

41) 국가테러리즘에 대하여는 자위권의 성립 여부와 무관하게 안보리가 헌장 제 7장에 따른 강제조치의 발동을 통해 대응할 수도 있다. 1992년 '로커비 사건(Lockerbie)' 관련 리비아가 미국과 영국이 요청한 테러범 인도를 거부한 데 대해 당시 안보리는 리비아의 행위를 국제평화와 안전에 대한 위협으로 규정짓고 각종 금수조치 등 제 7장에 따른 강제조치를 결의한 바 있다.

하찮은 무력사용에 불과한 것일지도 그것이 누적되면 무력공격과 동일한 효력을 낳는다는 설명이다.

이 같은 전술은 민족해방전쟁 과정에서 자유전사들에 의해, 그리고 근래에는 테러단체에 의해 이용되고 있다. 정상 국가에겐 강력하고 훈련된 정규군이 있고, 세금 징수에 의한 막대한 예산이 있으며 또한 막강한 정보조직이 있지만, 자유전사나 테러단체에겐 가진 것이 없다. 따라서 양자간의 관계는 비대칭적일 수밖에 없고 여기서 개발된 것이 치고 달아나는 전술(hit-and-run tactics)이다.

지금까지 이 같은 전술에 제일 많이 시달려 온 나라가 이스라엘이다. 팔레스타인 해방기구 등 반 이스라엘 운동단체들의 침격전술에 시달려 온 이스라엘이 계속되는 침격전술을 한데 모아 하나의 무력공격으로 간주, 정규군에 의한 반격에 나서는 과정 가운데서 생겨난 것이 이 이론이다. 이 이론은 국제판례 등을 통해 정식으로 인정된 바는 없지만 판례에서 간접적으로, 또는 재판관 등의 개별의견이나 반대의견 등을 통해 언급된 바는 허다하다.

1986년 '니카라과 사건'에서 이웃 나라 온두라스 및 코스타리카에 대한 니카라과의 계속된 월경침입이 무력공격에 해당되는가 하는 문제가 쟁점으로 등장한 일이 있다. 이에 대해 재판소는 판결에서 이들 침입 및 그 동기에 대한 정보가 빈약해 "그러한 것들이 개별적으로 또는 집합적으로 법적 목적을 위해 하나의 무력공격으로 볼 수 있는가 어떤가를 결정하기 어렵다"고 했다. 여기서 사용된 '개별적으로 또는 집합적으로(singly or collectively)'라는 표현은 전자가 개개의 침입행위를 말하는 것임에 대해 후자는 계속적으로 일어난 침입행위 전체를 하나로 본 경우이다.

2005년 12월 19일 국제사법재판소에서는 '콩고영토에서의 무력활동 사건'에 대한 판결이 있었다. 콩고민주공화국과 우간다간의 분쟁사건이었던 이 사건에서 우간다는 자위권의 행사로서 행한 행동이었다고 주장했지만 콩고군에 의한 무력공격이 있었음을 입증하지 못한 부분이 있었다. 이에 대해 재판소는 계속된 일련의 공격에 직접적으로나 간접적으로 콩고 정부가 개입하고 있다는 만족할 만한 증거가 없으며 콩고에 의해, 또는 콩고를 위해 파견된 무장부대나 비정규병들에 의한 소행도 아니었다면서 '비록 통탄할 이 일련의 공격이 성질상 누적적인 것으로 볼 수 있을지라도 그것은 여전히 콩고에 책임을 귀속시킬 수 있는 것은 아니었다'고 했다. 여기서 '비록 통탄할 이 일련의 공격이 성질상 누적적인 것으로 볼 수 있을지라도(even if this series of deplorable attacks could be regarded as cumulative in character)'라는 표현은 주목을 요한다. 그것은 개개의 무력사용은 무력공격으로 인정될 수 없을지라도 계속된 무력사용을 누적적으로 보면 무력공격이 될 수도 있음을 시사하는 것이다.

누적적 효과론이 공인되면 어떤 결과가 나타날 것인가? 그렇게 되면 예방적 자위(anticipatory self-defence) 또는 선제적 타격(preemptive strike)이라는 비난이 줄어들 것이다. 종전에는 단발의 무력공격만을 상정해 이것이 일어난 후이면 자위권의 행사라고 볼 수 있지만 이것이 일어나기 전, 다시 말해 무력공격을 예상해 자위권을 행사한다면 그것은 예방적 자위 또는 선제적 타격이라고 규탄의 대상이 될 수 있었다. 하지만 누적적 효과론을 적용하면 결과는 달라진다. 왜냐하면 누적적 효과론이란 단발의 무력공격이 아닌, '일련의 무력사용(a series of the use of force)'을 염두에 두는 것이기에 선제적이란 말이 적용되지 않을 것이기 때문이다.

<현대적 무기체계하에서의 무력공격 발생 시기> 현대적 무기체계는 무력공격의 발생 시기를 평가하는 데도 많은 변화를 가져오게 했다. 1988년, 이라크 상공의 '비행금지 구역(no-fly zone)'을 초계하던 미국 전투기들은 지상의 이라크군 미사일 발사대가 조준완료 상태에 들어가자 이미 무력공격이 시작된 것으로 간주해 반격을 가했다. 이것은 현대적 레이더 유도 미사일에 내재하는 성능에서 오는 결과이며 미 공군의 고전법규에도 반영되어 있고 이라크 및 그 밖의 국가들로부터의 항의에 봉착한 일도 없었다. 오늘날 공중에서 적대적인 군용기들이 조우했을 때 일방이 로켓발사를 위한 조준을 완료하면 타방은 이를 무력공격이 시작된 것으로 간주해 반격을 가할 수 있게 되어 있다.

<전산망에 대한 공격> 끝으로 전산망(computer network)에 대한 공격의 경우를 생각해 보지 않을 수 없다. 오늘날 대부분의 사회 기간시설이 전산망에 의해 움직이고 거의 모든 첨단 산업이 전산망의 관리하에 있음은 주지의 사실이다. 이런 상황에서 전산망에 대한 공격이 도시의 기능을 마비시키거나 대량 사망을 야기하는 경우에는 이것 역시 무력공격으로 간주해 자위권을 발동할 수 있는 여지가 있다고 본다. 전산당에 대한 공격은 적극적인 파괴를 통해서도 할 수 있고 소극적인 사보타주를 통해 할 수도 있을 것이다.

42) 2009. 6. 9 자 '대한변협' 게재 김찬규 교수의 관련 글에서 발췌.

제3절 국제평화와 안전의 유지를 위한 유엔(안보리)의 역할

유엔헌장 제 7장 제 42조에 의한 군사적 강제조치는 제 2조 4항에 규정된 일반적 무력사용금지원칙에 대한 예외이다.

1. 유엔의 집단안전보장제도(collective security system)

유엔은 자위권의 남용을 방지하기 위하여 안보리가 필요한 조치를 취할 때까지만 자위권을 행사할 수 있도록 제한하면서 자위권에 대신하여 안보리 차원의 대응책을 강구하였다. 이것이 바로 유엔의 집단안전보장제도이다. 집단안전보장제도는 유엔회원국 상호간에 전쟁을 포함하여 무력행사를 하지 않을 것을 사전에 합의하고 이를 위반한 국가에 대하여는 다른 회원국 모두가 집단으로 제재를 가함으로써(one for all and all for one) 상호안전보장을 실현하는 방식을 말한다.[43)]

이와 관련 유엔헌장 제 1조 1항은 국제평화와 안전의 유지를 위해 '평화에 대한 위협의 방지, 제거 및 침략행위 또는 기타 평화 파괴행위를 진압하기 위한 유효한 집단적 조치(effective collective measures)를 취한다'고 규정하면서, 이를 위해 (a) 헌장 제 2조 4항에서 무력사용금지원칙을 확인하고, (b) 제 7장에서는 제 2조 4항을 위반하여 평화에 대한 위협, 파괴 또는 침략행위를 한 국가에 대하여 다른 당사국들이 공동으로 위반국을 제재, 진압하도록 제도화하고 있다.

---

43) '하나에 대한 위협은 곧 전체에 대한 위협'이라는 '집단안보(Collective Security)'의 구상은 한 국가가 다른 국가를 침략하는 것은 그 자체만으로 국제사회의 평화를 해치는 행위와 다름없다고 보는 데서 출발한다. 과거 NATO나 Warsaw 군사동맹이 외부의 적을 명확히 하고 집단적 자위를 구상하고 있었던 것과는 달리 유엔의 집단안전보장제도는 가상의 적국을 규정하지 않음으로써 보다 폭넓게 회원국의 안전을 보장할 수 있다는 장점이 있다.

2. 안보리의 중심적 역할

안보리는 국제평화와 안전의 유지를 위한 일차적 책임을 부담하며 회원국을 대신하여 국제평화와 안전의 유지를 위해 신속하고 효과적인 조치를 취한다(제 24조 1항).[44] 유엔의 집단안전보장제도는 국제평화와 안전에 대한 일차적인 책임을 지는 안보리에 의해 수행된다. 일차적인 책임의 출발점으로 안보리는 분쟁의 계속이 국제평화와 안전에 위해를 주는 경우 사전에 제 6장에 규정된 바에 따라 분쟁의 평화적 해결을 위해 필요한 역할을 수행한다.[45] 그럼에도 불구하고 분쟁이 평화적으로 해결되지 않고 '평화에 대한 위협, 평화의 파괴 또는 침략행위'가 발생하는 경우 안보리는 헌장 제 7장에 규정된 강제조치를 취할 수 있다. 여기서 말하는 강제조치가 집단안전보장제도의 핵심이다.

그러나 집단안전보장제도가 순기능을 발휘하기 위해서는 국제평화와 안전에 대한 주된 책임을 지는 안보리의 결정을 회원국들이 수락하고 이행하여야 할 것이다. 이를 설명하면 다음과 같다.

첫째, 회원국을 대신하여 활동하는 안보리의 결정은 전 회원국을 구속한다(제 25조).

둘째, 안보리의 강제조치에 대하여는 비회원국도 사실상 준수할 의무가 있다(제 2조 6항).[46]

셋째, 제 43조에 따라 회원국들은 안보리에 병력을 제공하기 위한 협정을

44) 제 24조 1항 원문은 다음과 같다: "유엔의 신속하고 효과적인 조치를 확보하기 위하여, 회원국은 국제평화와 안전의 유지를 위한 일차적 책임(primary responsibility)을 안전보장이사회에 부여하며, 또한 안전보장이사회가 그 책임하에 임무를 이행함에 있어 회원국을 대신하여 활동하는 것에 동의한다."

45) 예컨대, 중동평화와 관련한 유엔 안보리 결의 제 242호는 분쟁의 평화적 해결을 규정한 가장 의미있는 결의이다. 이 결의를 통해 아랍과 이스라엘간 평화적 공존의 토대가 만들어질 수 있었다.

46) ILC가 작성한 1949년 국가의 권리와 의무에 관한 선언 초안(Draft Declaration on Rights and Duties of States) 제 10조는 '유엔의 방지조치 또는 제재조치에 역행하지 않을 것'을 '모든 국가의 의무'라고 규정하고 있다. 우리나라도 과거 유엔 비회원국 당시에 안보리 제재결의를 충실히 이행하였다. 예컨대, 1977년 남아프리카 공화국에 대한 무기 및 전략물자 금수 결의에 대한 지지의사를 유엔에 통보한 바 있다. 그러나 유엔 비회원국이 사실상 전무한 오늘날 이 조항은 더 이상 의미가 없다.

체결할 것이 요구된다.

넷째, 이 같은 안보리의 결정은 회원국의 다른 조약상 의무에 우선하며(제 103조) 이 점은 ICJ에 의해서도 확인된 바 있다.

그러나 제 43조에 따른 병력제공을 위한 협정이 체결되지 않아 한계를 보였으며 이로 인해 안보리는 개별국가에 대한 무력사용 허용 등 다양한 대안의 발견을 통해 문제점을 극복해 오고 있다.

3. 안보리의 강제조치 발동

가. 사태에 대한 결정

안보리는 사태(situation)가 '평화에 대한 위협, 평화의 파괴 또는 침략행위(threat to the peace, breach of the peace, or act of aggression)'에 해당하는지를 결정(determine)하고 이에 근거하여 국제평화와 안전의 유지나 회복에 필요한 조치를 당사국들에게 권고하거나 필요한 조치를 결정(decide)할 수 있다(제 39조).

여기서 평화에 대한 위협, 파괴나 침략행위에 대한 정의가 명확히 구분되지는 않으나 개괄적으로 이를 검토하면 다음과 같다.

첫째, '평화에 대한 위협'은 타국을 무력으로 위협하는 행위로 반드시 국가간 적대행위를 수반하지 않아도 해당될 수 있다. 북한의 핵무기 등 대량살상무기(WMD)의 개발, 일국 내 인종탄압 등 비인도적 사태의 발생 등을 포함한다.[47)]

둘째, '평화의 파괴'는 평화에 대한 위협과는 달리 통상적으로 타국에 대한 군사적 적대행위를 수반하는 무력충돌을 의미한다.[48)]

---

47) '평화에 대한 위협'은 가장 광범위하게 사용되는 개념이다. 1991년 이라크의 쿠르드 족 탄압(안보리 결의 제 688호)이나 1994년 르완다 국제형사재판소 설치(안보리 결의 제 955호) 등도 평화에 대한 위협에 대응한 조치이다. 예컨대, 안보리 결의 제 688호의 표현은 다음과 같다: "Condemns the repression of the Iraqi civilian population in many parts of Iraq, including most recently in Kurdish-populated areas, the consequences of which threaten international peace and security in the region". 더욱이 앞에서 설명한 바와 같이 안보리는 1992년 '로커비 사건' 관련 리비아의 사건용의자 인도거부에 대하여도 평화에 대한 위협으로 보고 결의 제 748호를 채택한 바 있다.

셋째, '침략행위'는 앞에서 설명한 1974년 침략의 정의가 기준이 될 수 있을 것이다. 즉, 타국의 주권, 영토보전 또는 정치적 독립을 침해하거나 또는 헌장과 양립하지 않는 기타의 방법에 의한 무력의 행사를 의미한다.[49] 이와 같이 침략은 무력에 의한 타국영토의 점령이나 타국영토에 대한 폭격 등 직접침략이 중심이 되지만 용병을 통한 개입이나 반도단체에 대한 지원 등을 통한 간접침략도 성립될 수 있다. 한편 헌장 제 51조에 규정된 무력공격의 존재는 상황에 따라 평화의 파괴 또는 침략행위, 또는 두 가지 모두에 해당될 수 있을 것이다.[50] 즉, 유엔헌장에 위배되는 무력의 선제적 사용은 평화의 파괴행위이지만 1974년 침략의 정의에 해당하는 경우에는 침략행위의 '일견 명백한 증거(*prima facie* evidence)'를 구성하게 될 것이다.

넷째, 비군사적 분야인 경제, 사회 및 인도적 분야에서의 불안정이 국제평화와 안전에 대한 위협을 구성하는 경우도 있다.[51] 예컨대, 전염병이나 자연환경 피해 등으로 인한 사회적 불안정도 이에 해당될 수 있을 것이다.

그러나 지금까지 안보리는 제 39조를 해석함에 있어서 사실에 대한 검토보다는 정치적 고려를 통해 판단한 예가 적지 않았으며 이에 비추어 객관적으로 사태를 평가하기 위한 기준이 마련되어야 할 것으로 본다.

---

48) '평화의 파괴'의 예로는 1950년 북한의 남침에 대한 안보리 결의 제 82호, 1982년 아르헨티나의 포크랜드(영국령) 침공에 대한 안보리 결의 제 502호 및 1990년 이라크의 쿠웨이트 침공에 대한 안보리 결의 제 660호(... there exists a breach of international peace and security as regards the Iraqi invasion of Kuwait)를 들 수 있다.

49) 예컨대, 1985년 안보리 결의 제 573호는 이스라엘의 튀니지 소재 PLO 본부에 대한 공격을 튀니지의 주권 및 영토보전에 대한 침략행위(the act of aggression which the latter committed against the sovereignty and territorial integrity of Tunisia)로 보았다. 또한 1977년 안보리 결의 제 411호도 로데시아의 모잠비크에 대한 침략행위를 비난하였다.

50) 평화의 파괴에 해당하는 북한의 남침 및 이라크의 쿠웨이트 침공 등은 동시에 침략행위에도 해당되었다.

51) 이 개념은 1992년 안보리 의장의 공한(UN Doc. S/23500, 1992)에서 확인된다. 이와 관련 2014년 '아프리카에서의 평화와 안전(Peace and Security in Africa)'에 관한 안보리 결의 제 2177호는 전문에서 '아프리카에서의 Ebola 전염병 창궐이 국제평화와 안전에 대한 위협(... Determining that the unprecedented extent of the Ebola outbreak in Africa constitutes a threat to international peace and security)'이라고 판단하였다.

나. 잠정조치

안보리는 평화에 대한 위협 등 사태의 발생이 확인되는 경우 사태 악화를 방지하기 위하여 제 39조에 규정된 제 1단계의 권고나 조치(예컨대, 전투행위의 즉각적 중지 요청 등)를 결정하여야 하며 이에 앞서 필요하거나 바람직하다고 인정되는 잠정조치(provisional measures)에 따르도록 분쟁당사국들에게 요청할 수 있다(제 40조).[52]

잠정조치를 규정한 헌장 제 40조는 분쟁당사자에게 '요청한다'는 표현으로 'call upon'을 사용하고 있다. 여기서 'call upon'은 '권고(recommend)'가 아니라 '명령(order)'으로 보아야 할 것이다. 이러한 예로 1948년 안보리는 헌장 제 40조에 따라 이스라엘과 아랍국가간 전투행위를 중단할 것을 명령(order)하는 결의 제 54호를 통과시켰으며 동 결의는 법적 의무를 창출하는 의무적인(mandatory) 것으로 분명하게 인식되었다.[53] 이는 안보리 결의가 구속력을 가진다는 점에서 당연한 해석이다.

다. 강제조치

1) 비군사적 강제조치(경제제재)(제 41조)

안보리는 필요하다고 판단하는 경우 경제관계의 단절, 교역중단(trade embargo), 금융거래의 중단, 자산동결, 항공기운항 제한 또는 외교관계의 단절 등 병력의 사용을 수반하지 않는 조치를 취할 수 있다.[54] 그러나 오늘날 경제

52) 제 40조: "사태의 악화를 방지하기 위하여 안전보장이사회는 제 39조에 규정된 권고를 하거나 조치를 결정하기 전에 필요하거나 바람직하다고 인정되는 잠정조치에 따르도록 관계당사자에게 요청할 수 있다. 이러한 잠정조치는 관계당사자의 권리, 청구권 또는 지위를 해하지 아니한다. 안전보장이사회는 그러한 잠정조치의 불이행을 적절히 고려한다."

53) 동 결의의 관련 부분은 다음과 같다: "... 1. Determines that the situation in Palestine constitutes a threat to the peace within the meaning of Article 39 ... 2. Orders the Governments and authorities concerned, pursuant to Article 40 of the Charter, to desist from further military action ..."

54) 1965년 남로데시아에 대한 경제제재를 위한 안보리 결의 제 216호, 1991년 유고 내전 당시 무기금수에 관한 안보리 결의 제 713호, 2006년 핵, 미사일 실험을 한 북한에 대한 관련물자의 금수조치에 관한 안보리 결의 제 1695호, 1992년 '로커비 사건'과 관련 리비아에 대한 경제제재를 위한 안보리 결의 제 748호 등이 이에 해당된다. 특히 2017

제재를 포함하는 전면적 제재가 대상국의 일반 국민들에 대하여 무차별하게 인도주의적 피해를 초래한다는 지적이 지난 20~30여 년에 걸쳐 새로운 이슈의 하나로 부각되어 왔으며 이에 대한 국제사회의 적극적인 대응책 마련도 요구되어 왔다.[55)]

이에 따라 안보리는 제재결의시 동 제재가 주민이 아닌 정부를 대상으로 하고 있음을 분명히 함으로써 제재의 순수성과 인도적 고려를 강조해 오고 있다. 이러한 맥락에서 안보리의 제재효과를 극대화하고 특히 무고한 민간인들에 대한 피해를 줄일 목적으로 최근에는 특정집단이나 개인을 표적으로 하는 표적제재(targeted sanctions 또는 smart sanctions)의 개념도 등장하였다. 사실 오늘날 안보리 제재위원회는 정부인사, 반군 등 제재 대상자 리스트를 작성하고 이들에 대하여 자산동결 또는 국외여행 금지등 제재 조치를 개별적으로 부과하는 방식을 적절히 구사해 오고 있다. 과거 탈레반 및 알카에다 조직원과 관련단체들에 대한 제재를 골자로 하는 1999년 안보리 결의 제 1267호와 2006년 결의 제 1735호가 이러한 예에 해당된다.[56)]

나아가 대규모 인권침해에 책임있는 사람들을 처벌하기 위한 임시국제형사재판소의 설치도 동 제 41조의 제재에 포함된다.

2) 군사적 강제조치(제 42조)

안보리는 제 41조에 근거한 경제제재 등 비군사적조치가 충분하지 않다고

년 북한에 의한 일련의 대륙간탄도미사일 실험 및 핵실험을 계기로 채택된 다수의 안보리 결의는 매우 강력한 제재에 해당된다.

55) 지난 20~30여 년에 걸쳐 유엔 경제제재는 국제사회의 커다란 비난에 직면하여 왔다. 1990년 유엔 안보리의 대 이라크 제재는 제재가 가지는 긍정적 효과와 함께 윤리적 및 법적 부작용을 함께 제기하였다. 경제제재가 이라크 주민들에게 가져다 준 인도적 문제는 국제사회의 관심을 끌기에 충분하였다. 예컨대, UNICEF 보고서는 제재 당시 과거로 거슬러 10년 전에 비해 5세 이하 어린이의 사망률이 2배 이상으로 증가하였다고 보고한 바 있다.

56) 1999년 안보리 결의 제 1267호는 테러활동관련 혐의가 있는 개인에 대한 표적제재를 규정하고 있다. 동 결의는 제재가 아프칸 국민이 아닌 탈레반을 대상으로 한 것이며 인도적 문제에 대한 역효과를 가능한 한 방지하기 위한 목적의 검토를 포함하고 있다. 나아가 2006년 결의 제 1735호는 알카에다, 빈 라덴, 탈레반과 그 외의 관련된 개인 등에 대한 자금동결 등을 규정하고 있다.

판단하는 경우 국제평화와 안전의 유지 또는 회복을 위해 제 42조에 근거하여 군사력에 의한 조치(육·해·공군에 의한 시위나 봉쇄 또는 기타 작전 등 무력사용을 통한 조치 등)를 취할 수 있다. 물론 안보리는 비군사적 조치가 충분하지 않을 것으로 예상되는 경우 이를 거치지 않고 직접 군사적 강제조치를 결정할 수도 있다.

안보리가 제 42조에 의한 군사적 강제조치를 취하기 위해서는 제 43조에 따라 회원국과 필요한 병력제공 등을 위한 특별협정(special agreement)을 체결하는 것이 요구된다. 그러나 유엔설립 직후 제공되어야 할 병력의 규모에 관한 미소간 충돌로 지금까지 단 한 건의 협정도 체결되지 않았다.[57] 이로 인해 동 제 43조는 사실상 사문화 되었으며 이에 따라 제 42조에 따른 군사적 강제조치도 본래의 의미를 상실하게 되었다.

결과적으로 유엔은 군사적 강제조치가 필요한 경우에도 이를 이행할 방법이 부재하였다. 이러한 상황에서 군사적 강제조치가 필요한 상황이 발생하게 되는 경우 유엔은 새로운 대안을 찾기 시작하였다. 한국전은 이 같은 상황하에서 헌장 제 7장에 근거한 조치가 대체로 성공적으로 이루어진 예로 볼 수 있다. 즉, 제 43조에 따른 유엔차원의 병력이 확보되지 않아 제 42조에 의한 군사적 강제조치를 취하지는 못하였지만 안보리는 결의를 통해 회원국들이 한국 정부에 대하여 병력을 제공할 것을 권고하였다. 이에 따라 회원국들이 자발적으로 병력을 제공하였으며 이를 통솔할 유엔군 통합사령부가 구성되었다는 점에서 제 42조에 의한 조치의 실현으로 볼 수 있다. 결과적으로 유엔군으로 명명되어 군사적 원조를 제공할 수는 있었지만 물론 헌장이 의도한 엄밀한 의미에서의 유엔군과는 다르다.

반면 1990년 이라크의 쿠웨이트 침공시 안보리는 헌장 제 7장에 의한 강제조치임을 분명히 하면서 국제평화와 안전을 위해 개별회원국들의 무력사용을 허용하였고(... authorize member States to use all necessary means ...) 이에 따라 병력이 제공되었음에도 불구하고 유엔군이 아닌 다국적군으로 명명되었다.[58] 이 사

---

57) 당초 안보리는 제 43조의 특별협정 체결을 통해 유사시 자체의 병력(안보리 요청시 회원국이 제공하기로 사전 약속한 병력을 의미)을 사용하는 방안을 가지고 있었다. 그러나 제 43조의 사문화로 제 47조에 따라 회원국들이 파견한 군대로 구성된 유엔군을 지휘하고 안보리에 조언하기 위한 목적으로 설치예정이었던 '군사참모위원회(Military Staff Committee)'도 성립될 수 없었다.

58) 다국적군은 핵심 이해당사국 주도로 창설을 결정하되 안보리 결의로 승인받는 것이 관

건은 이후 유엔 차원에서 국제평화와 안전을 위해 필요한 군사력 사용을 위한 하나의 방향제시가 되었다. 즉, 안보리는 제 7장을 원용하면서 특정 개별조항, 예컨대, 제 41조 또는 제 42조를 구체화하지 않고 제 7장 자체를 근거로 직접 원용하는 경우가 많이 있다.[59)]

한국전쟁과 유엔의 집단안전보장[60)]

한국 전쟁 당시 유엔의 집단안보를 위한 우리의 외교는 다음과 같다.

1. 1950. 6. 25 북한의 남침공격에 대해 미국 정부는 이 사태를 유엔헌장에 규정된 평화의 파괴 및 침략행위로 간주하고, 유엔 안전보장이사회를 긴급소집, 안보리는 '적대행위의 즉각 중지와 북한군의 38선 이북으로의 즉시 철수'를 요구하는 결의 82호를 채택하였다.

2. 안보리는 6. 29 '유엔 회원국들이 대한민국에 대한 무력 침공을 격퇴하고 이 지역의 국제평화와 안전을 회복하는데 필요한 원조를 제공할 것'을 권고하는 결의 83호를 채택하고, 또한 7. 7 결의 84호를 채택하여 (a) 회원국들이 제공하는 병력 및 기타의 지원을 미국이 주도하는 통합 사령관(유엔군 통합사령부)하에 두도록 권고하고, (b) 미국이 통합 사령관을 임명할 것을 요청하면서, (c) 통합사령부에 참전 각국의 국기와 함께 유엔기 사용 권한을 부여하였다.

3. 소련이 7. 27 그동안 보이콧해 오던 안보리에 복귀, 8. 1부터 윤번제 안보리 의장직을 맡게 되었고, 이때부터 소련의 거부권 행사로 안보리는 한국사태와 관련된 어떠한 조치도 취할 수 없게 되자 유엔 총회는 미국이 제출한 '평화를 위한 단결 결의(Uniting for Peace Resolution)'를 11. 3 채택(총회결의 377(V)호), 안보리가 국제 평화와 안전의 유지라는 헌장상 1차적 책임을 다하지 못할 경우, 유엔 총회에서 필요한 조치를 결의할 수 있도록 하였다.

4. 유엔 총회는 10.7 한국에 독립된 통일민주정부수립과 한국 내 구호와 재건의 책임을 수행하기 위해 7개국으로 구성된 유엔한국통일부흥위원단(UN Commission for

---

례이다. 즉, 안보리는 국제평화와 안전을 위해 핵심 이해당사국 주도로 창설되는 다국적군에 대하여 무력사용 등 필요한 모든 수단을 사용할 것을 허가하고 있다. 이라크의 쿠웨이트 침공시에는 미국의 주도로 자발적으로 참여한 국가들을 중심으로 다국적군이 결성되었다. 이들 병력은 유엔군으로서의 지위를 가지지 않았으며 단순히 다국적군으로 명명되었다.

59) 안보리는 제 42조에 의한 조치가 아닌 제 7장 자체를 원용하는 결의를 통해 강제조치를 구현(사실상 효과는 거의 동일)해 오고 있다.

the Unification and Rehabilitation of Korea: UNCURK)의 설치를 결의하고, 12. 1 한국 부흥계획을 추진하기 위해 유엔한국재건단(UN Korean Reconstruction Agency: UNKRA)을 설치하였다.

5. 유엔 총회는 또한 1951. 2. 1 한국전에 개입한 중공군의 유엔군에 대한 적대행위 중지와 한국에서의 철수를 촉구하는 총회결의를 채택하였다.

6. 1953. 7. 27 판문점에서 휴전협정이 조인된 후, 유엔 총회는 8. 28 결의를 통하여 (a) 한국과 참전국의 영웅적 병사들에게 경의를, 전사한 병사들에게 조의를 표하는 동시에 (b) 유엔 요청에 따라 무력침공을 격퇴하기 위하여 처음으로 취한 집단적 조치가 성공한 데 대하여 만족을 표명하였다.

4. 유엔의 집단안전보장제도와 집단적 자위권

헌장 제 7장에 의한 집단안전보장과 집단적 자위권은 일정 부분 중복되는 개념이다. 집단적 자위권은 앞에서 개별적 자위권과 함께 설명하였듯이 일차적으로 급박한 상황에서 사실상 원상회복(status quo ante)을 목적으로 행해지는 여러 국가들에 의한 무력행사이며 안보리가 필요한 조치를 취할 때까지만 예외적으로 허용된다. 반면 집단안전보장제도는 피해국 권리의 완벽한 회복도 중요하지만 핵심은 국제평화와 안전의 유지라는 큰 틀에서 행해지는 유엔차원의 조치라는 점에서 일응 차이가 있다.

이라크의 쿠웨이트 침공 당시 국제사회의 대응을 통해 양자의 관계를 살펴본다.

먼저 서방 국가들은 이라크의 쿠웨이트에 대한 무력공격의 존재를 확인하였고 주권국가인 쿠웨이트의 요청에 따라 쿠웨이트에 대해 군사적 지원을 제공하였다. 이는 분명한 집단적 자위권의 행사이다. 다음으로 집단적 자위권은 안보리에 보고되었고, 안보리가 국제평화와 안전의 회복을 위해 필요한 조치, 즉 제 7장에 근거한 집단안전보장조치를 취할 때까지만 허용되었으며 이에 따라 다

60) 외교부 자료－유엔.

국적군이 구성되었다.

사실 오늘날 상임이사국들의 거부권 행사로 안보리의 기능이 완벽하지 않은 상황에서 분명 집단적 자위권은 안보리의 집단안전보장체제를 효과적으로 보완하는 역할을 하는 것으로 평가된다.

5. 유엔의 집단안전보장제도에 대한 평가

유엔의 집단안전보장제도는 당초 국가간 무력사용의 방지 및 진압을 목적으로 탄생하였다. 그렇다면 유엔의 집단안전보장제도는 성공적인 제도라고 볼 수 있는가. 동 제도의 의도는 분명하였지만 강대국, 특히 상임이사국에 의존하는 제도 운영의 특성상 상임이사국간 이해의 충돌로 당초의 의도는 실현되지 않고 대신 개별국가에 의한 자위권의 남용만 가져온 것은 아닌지 생각하게 된다. 사실 유엔의 집단안전보장제도가 완벽한 것이라면 개별국가가 자위권에 근거하여 무력을 행사할 여지는 거의 없을 것이다. 그러나 지금까지 국제사회의 자위권 행사 사례를 보면 자위권을 행사하는 국가는 집단안전보장제도의 존재를 무의미하게 할 정도로 자위권을 남용하여 왔음을 부인할 수 없다.

그러나 이에 대해서는 다른 평가도 가능하다. 비록 냉전 당시 안보리 상임이사국간 의견 불일치로 안보리 결정과정이 마비된 사례는 많이 있었지만 냉전 종식 후에는 강대국간 거부권 행사의 감소로 집단안전보장제도가 어느 정도 정착되고 활성화될 수 있었다는 평가다. 또한 유엔 안보리는 헌장 제 43조의 사문화에도 불구하고 제 7장에 근거한 조치를 효율적으로 활용함으로써 집단안전보장제도의 의미를 잘 실현하여 왔다는 평가다. 더욱이 오늘날 집단안전보장제도는 비국제적 무력분쟁에까지 확대 적용되고 있으며 그 결과 안보리의 재량도 확대되는 경향이다.

결론적으로 유엔의 집단안전보장제도가 의도한 만큼의 성과를 거두지는 못하였지만 제한된 여건 속에서 동 제도의 의의를 살릴 수 있도록 최선의 역할을 수행하여왔다고 볼 수 있을 것이다.[61]

관련 글: 주한미군과 한반도 유사시 미국의 자동개입

지금까지 국내 일각에서 한·미상호방위조약은 북대서양조약기구(NATO 조약)와는 달리 미국의 자동개입이 제한되어 있으므로 이를 NATO 조약 수준으로 격상하기 위한 노력이 필요하다는 주장이 제기되어 온 바 있다.

1953년 10월 1일 정식 서명되고 1954년 11월 18일 발효된 '대한민국과 미합중국간의 상호방위조약(Mutual Defense Treaty between the Republic of Korea and the United States of America)'은 한국전을 빠른 시일 내 마무리하고 미군을 본국으로 철수시키려는 미국 정부에 맞서 이승만 대통령이 모든 외교적 노력을 다해 힘겹게 받아낸 중요한 업적이다. 이 대통령은 휴전 후 유엔군이 철수하면 남한은 짧은 시간 내에 북한의 재침공으로 적화될 것이라고 판단하고 사실상 휴전과 상호방위조약을 맞교환하는 데 성공하였다고 할 수 있다.

한·미상호방위조약의 핵심 조항은 제 3조이다. 제 3조는 "각 당사국은 타 당사국의 행정 지배하에 있는 영토와 각 당사국이 타 당사국의 행정 지배하에 합법적으로 들어갔다고 인정하는 금후의 영토에 있어서 타 당사국에 대한 태평양 지역에 있어서의 무력공격을 자국의 평화와 안전을 위태롭게 하는 것이라 인정하고 공통한 위험에 대처하기 위하여 각자의 헌법상의 수속에 따라 행동할 것을 선언한다"고 규정하고 있다.

이와 관련 그간 우리 국내 학계 및 정치권에서는 동 조항에 따르면 한반도 유사시 미군의 개입은 미 의회의 승인을 전제로 한 조건부 약속이므로 이를 NATO 조약의 자동개입 수준으로 격상, 개정하여야 한다는 주장이 꾸준히 제기되어 왔던 것이다. 개정을 주장하는 입장에서는 한·미상호방위조약 제 3조의 '각자의 헌법상의 수속에 따라 행동한다(act … in accordance with its constitutional processes)'를 문언적으로 해석할 경우 한반도에서 북한의 무력공격(armed attack)이 발생하는 경우 미국이 개입하기 위해서는 미국의 헌법적 절차를 거쳐야 하기 때문에 미 측이 즉각적인 조치를 취하는 데 어려움이 있다고 보고 있다. 반면 NATO 조약 제 5조는 "… (생략) … 적의 무력공격 발생시 조약당사국들은 유엔헌장 제 51조에 규정된 개별적 또는 집단적 자위권을 행사함에 있어서 개별적으로 또는 타 당사국들과

61) "안보리는 국제법의 집행자로서의 기능 수행을 위해 창조되지 않았고 침략에 대한 집단안보의 보장을 위해 만들어지지도 않았다. 오히려 과거 19세기 유럽의 Concert of Europe처럼 국제관계에서 강대국들간의 평화유지에 목적이 있다"는 주장도 있다. Mohamed S. Helal, 'The Myth of U.N. Collective Security', Emory International Law Review, Vol. 32, 2018.

의 협조를 통해 즉각적으로 필요한 조치를 취함으로써 공격받은 국가를 지원한다(… will assist the Party or Parties so attacked by taking forthwith, individually and in concert with the other Parties, such action as it deems necessary …)"라고 규정하고 있으므로 여기서 '즉각적(forthwith)'이라는 표현이 자동개입을 의미한다는 점에서 일응 차이가 있다고 보고 있는 것이다.

그러나 현실적으로 양 조약의 운영과정에서 커다란 차이를 발견할 수는 없다. 왜냐하면 실제 북한의 무력공격이 있을 경우 주한미군 측은 한국군과 함께 유엔헌장 제 51조에 규정된 자위권의 행사를 통해 북한의 무력공격을 격퇴하기 위해 즉각 대응할 수 있는 것이다. 여기서 헌장 제 51조의 자위권은 국가의 고유한 권리이다. 따라서 미군이 한반도에 주둔하고 있는 상황에서 북한의 무력공격이 자행되는 경우 한·미 양국은 헌장 제 51조에 규정된 집단적 자위권을 즉각적으로 행사할 수 있으며 한·미 양국의 집단적 자위권 행사는 안전보장이사회가 국제평화와 안전을 유지하기 위하여 필요한 조치를 취할 때까지 계속될 수 있다. NATO 조약 제 5조도 전술한 바와 같이 전반부에서는 개별적 또는 집단적 자위권의 즉각적인 행사를 규정하면서도 후반부에서는 "이렇게 취해진 무력사용 등 조치결과를 안보리에 보고하고 안보리가 필요한 조치를 취하는 순간 자위권의 행사는 종료된다"고 규정함으로써 자위권의 행사로서의 즉각적인 무력대응에 대한 안보리의 통제를 규정하고 있다. 결과적으로 실제 무력공격 발생시 한·미상호방위조약의 경우 비록 헌법적 수속이라는 단서가 붙어 있음에도 불구하고 조약 이전의 국가의 고유한 권리로 유엔헌장 제 51조에 의해 재확인된 개별적 또는 집단적 자위권을 통해 즉각 대응할 수 있다는 점에서 자위권을 구체적으로 언급한 NATO 조약과 별다른 차이가 없다.

또 다른 관점에서 비록 조약에 '자동개입'을 보장하는 명시적인 표현이 없다는 사실이 미 측의 자동개입에 장애가 되지는 않는다. 미 대통령은 1973년 제정된 전쟁수권법(War Powers Act)에 의거 미국 영토나 미군에 대한 공격으로 인해 발생한 국가 긴급사태시 의회의 승인 없이 60일의 범위 내에서 미군을 투입, 전쟁을 수행할 수 있으며 필요시 30일(철수 기간 포함)을 더 연장할 수 있다. 따라서 한반도 유사시, 예컨대, 북한의 무력공격시 주한미군이 공격을 당하는 경우 미 대통령은 의회의 동의없이 즉각적인 개입을 정당화 할 수 있다. 물론 이후의 상황 전개와 이에 따른 미 의회의 통제는 별개의 문제로 이 점은 NATO 조약 제 5조에 따른 미군의 개입에도 그대로 적용된다. NATO 조약에 대해서도 미 의회가 제정한 전쟁수권법에 의한 제한은 마찬가지로 적용되기 때문이다.

제4절 국제평화와 안전의 유지를 위한 유엔 총회의 역할

1. 총회의 역할

국제평화와 안전의 유지와 관련하여 또 다른 주요 쟁점의 하나로 '국제평화와 안전에 관한 총회의 역할'과 '총회와 안보리의 권한관계'에 대하여 검토한다. 먼저 유엔헌장 제 24조는 안보리가 국제평화와 안전의 유지에 관한 일차적인 책임을 갖는 기관임을 명시하고 있다. 그러나 헌장은 안보리만을 국제평화와 안전의 유지에 책임이 있는 유일한 기관으로 예정하지 않고 총회에 대해서도 국제평화와 안전의 유지와 관련된 일정한 역할을 규정하고 있다.

특히 헌장은 총회에 대하여 비록 구속력은 없지만 국제평화와 안전과 관련하여 폭넓은 사항에 대하여 권고할 수 있는 직접적 권한을 부여하고 있다. 제 3강(유엔)에서 설명한 총회의 권한을 좀 더 부연하면 다음과 같다.

첫째, 제 10조에서 총회는 헌장의 범위 내에 있는 모든 문제 또는 헌장에 규정된 어떠한 기관의 권한 및 임무에 관한 어떠한 문제에 대하여도 토의하고 그 결과를 회원국 또는 안보리에 권고할 수 있다고 규정함으로써 총회의 광범위한 역할을 인정하고 있다.

둘째, 제 11조에서는 구체적으로 국제평화와 안전의 유지에 관한 모든 문제에 대하여 토의 및 권고를 할 수 있는 광범위한 권한을 총회에 부여하였다. 먼저 제 1항에 따라 총회는 국제평화와 안전의 유지를 위한 협력의 일반원칙(군비축소 및 군비규제를 규율하는 원칙을 포함)을 심의하고 이를 회원국이나 안보리에 권고할 수 있다. 제 2항 전단에서는 구체적으로 총회가 자신에게 회부된 국제평화와 안전의 유지에 관한 어떠한 문제도 토의하고 권고할 수 있다고 규정하고 있다.[62] 또한 제 3항에 따라 국제평화와 안전을 위태롭게 할 우려가 있는 사태에 대하여 안보리의 주의를 환기할 수 있다.

셋째, 제 14조에서는 국가간 우호관계 등을 해칠 우려가 있는 모든 사태, 유엔의 목적과 원칙을 위반하여 발생하는 사태 등의 평화적 조정(peaceful adjustment)을 위한 조치의 권고도 규정하고 있다.

2. 안보리에 의한 제한

이와 같이 헌장은 총회에 대하여 국제평화와 안전의 유지와 관련하여 일정한 역할을 부여하면서도 다음과 같은 제한을 부과함으로써 국제평화와 안전의 유지에 관한 한 안보리가 총회에 우선한다는 점을 분명히 하고 있다. 총회의 역할에 대한 안보리의 제한은 헌장 제 11조 2항 후단과 제 12조 1항에 규정되어 있다.

먼저 제 12조 1항은 '안보리가 어떠한 분쟁 또는 사태와 관련하여 임무를 수행하고 있는(is exercising the functions) 동안에는 안보리가 요청하지 아니하는 한 총회는 어떠한 권고도 할 수 없다'고 규정하고 있다. 이에 대해 ICJ는 '이스라엘의 팔레스타인 분리장벽 건설 사건'에 관한 권고적 의견에서 제 12조 1항의 '... is exercising the functions ...'의 의미는 '... is exercising the functions at this moment ...'로 해석되어야 한다고 보았다. 즉, 제 12조 1항에 규정된 '안보리가 임무를 수행하고 있는 동안'은 유엔 초기의 해석인 '안보리의 의제로 놓여 있는 경우에는(while the matter remained on the Council's agenda)'이 아닌 '안보리가 지금 다루고 있어야 한다'는 의미의 보다 제한적인 개념으로 진화되었다고 보았다.[63] 참고로 당초 '안보리가 임무를 수행하고 있는 동안에는 안보리의 요

62) 제 11조 2항 전단: "총회는 국제연합회원국이나 안전보장이사회 또는 제 35조 2항에 따라 국제연합회원국이 아닌 국가에 의하여 총회에 회부된 국제평화와 안전의 유지에 관한 어떠한 문제도 토의할 수 있으며, 제 12조에 규정된 경우를 제외하고는 그러한 문제와 관련하여 하나 또는 그 이상의 관계국이나 안전보장이사회 또는 이 양자에 대하여 권고할 수 있다."

63) 관련 부분 원문은 다음과 같다: "However, this interpretation of Article 12 has evolved subsequently. ... The Legal Counsel of the United Nations confirmed that the Assembly interpreted the words 'is exercising the functions' in Article 12 of the Charter as meaning 'is exercising the functions at this moment'", ICJ Reports 2004, p. 136, para. 27.

청이 없는 한 총회는 어떠한 권고도 하지 아니하여야 한다'는 조항을 삽입한 배경은 총회가 국제 평화와 안전에 대하여 일차적인 책임을 지고 있는 안보리와 모순되는 내용의 결의 채택을 방지하는 데 목적이 있었다.[64)]

다음으로 제 11조 2항 후단은 '총회가 다루는 사안중 조치(action)를 필요로 하는 것은 토의 전 또는 후에 총회에 의해 안보리에 회부되어야 한다'고 규정하고 있다. 이에 대한 해석은 (1956년 수에즈 운하사태 및 1960년 콩고사태에 대한 유엔평화유지군의 활동경비에 관한 총회의 역할을 다룬) 1962년 '유엔의 일정 경비에 관한 사건'에서 ICJ의 권고적 의견을 통해 확인되었다. ICJ는 이 사건에서 제 11조 2항 후단에 따라 총회가 토의 전 또는 후에 안보리에 회부하여야 하는 조치는 헌장 제 7장의 구속력 있는 강제조치(enforcement action)를 의미한다고 하면서 유엔평화유지활동은 안보리의 권한에만 속하는 제 7장에 따른 강제조치가 아니므로 안보리에 회부되지 않아도 헌장 위반이 아니라고(... the last sentence of Article 11, paragraph 2, has no application where the necessary action is not enforcement action) 보았다. 따라서 총회도 일정한 행동을 필요로 하는 조치(권고적 성격의 조치)를 제시할 수 있으므로 총회는 평화유지활동에 필요한 경비를 유엔의 경비로 회원국에 부과할 수 있다는 입장을 보였다.

---

64) 그러나 실제로 안보리와 총회의 충돌이 흔한 현상은 아니다. 당초 총회와 안보리는 같은 이슈들을 병렬적으로 다루어 왔지만 실제로는 안보리가 앞에서 설명한 high politics의 주제인 국제평화와 안전과 관련된 사안을 보다 중점적으로 다루고 있는 데 반해 총회는 low politics의 주제인 인도적, 사회적 및 경제적 관점에서 폭넓은 주제를 다룸으로써 조화를 이루어 왔다. 더욱이 실제 운영과정에서도 안보리는 자신이 특정 사안에 대하여 거부권 등을 이유로 결정에 도달하지 못하는 경우 관행적으로 동 사안을 의제에서 배제하여 총회가 자유로이 다룰 수 있도록 해 오고 있다.

1962년 '유엔의 일정 경비에 관한 사건(Certain Expenses of the United Nations, Article 17, paragraph 2, of the Charter)'에 대한 ICJ의 권고적 의견(요지)[65]

1. 사건 개요

▶ 총회는 유엔평화유지활동 경비가 유엔헌장 제 17조 2항(기구의 경비는 총회에서 배정한 바에 따라 회원국이 부담한다)에 규정된 유엔의 경비로 회원국이 분담하는 것으로 보았으나 소련과 프랑스는 헌장위반임을 이유로 경비부담을 거부하였다. 이에 대응하여 총회는 유엔평화유지활동 자체가 헌장에 부합하는지, 총회가 평화유지활동에 관한 조치를 회원국에 권고할 수 있는지, 평화유지활동경비가 헌장 제 17조 2항의 유엔경비에 해당되는지에 대해 ICJ에 권고적 의견을 요청하였다.

2. 권고적 의견의 함의

▶ 국제기구가 자신의 목적 달성에 필요하다고 판단되는 조치를 취할 경우 (묵시적 권한이론에 따라) 그러한 행위는 기구의 권한 밖의 행위로 보지 않는다.
- 묵시적 권한이론이란 헌장에 명시적 조항은 없으나 국제기구의 임무수행을 위해 필요한 범위 내에서 묵시적으로 부여되는 권한을 의미함(제 20강 '국제기구법'의 제 2절 2. '국제기구의 권한' 참조).

▶ 유엔헌장 제 11조 2항의 "단, 조치를 필요로 하는 것은(any such question on which action is necessary) 토의의 전 또는 후에 총회에 의하여 안보리에 회부되어야 한다"에서 조치란 헌장 제 7장하의 구속력있는 강제조치(enforcement action)만을 의미하므로 비구속적 권고조치는 총회가 독자적으로 취할 수 있다. 즉, 유엔평화유지활동은 강제조치가 아니므로 이 문제가 안보리에 회부되지 않더라도 헌장위반이 아니며, 따라서 평화유지 활동경비는 유엔의 경비로서 총회는 이를 회원국에 부과할 수 있다.

▶ 유엔헌장상 국제평화와 안전의 유지에 관한 안보리의 책임은 배타적(exclusive)이 아닌 일차적인(primary) 책임에 불과하며 총회도 국제평화와 안전에 관여하고 필요한 조치를 권고할 수 있다.

---

65) ICJ Reports 1962, Advisory Opinion, p. 151, pp. 162-163, 165.

3. 평가

국제사회는 유엔 창설 이후 그간의 경험을 통해 국제평화와 안전에 대한 총회의 역할을 긍정적으로 평가해 오고 있으며 헌장 제 11조와 제 12조하에서 양 기관간 권한의 배분과 병렬적 역할이 무리 없이 이루어져 오고 있는 것으로 보고 있다. 실제로 위에서 인용된 평화유지군의 경우에서 보듯이 총회는 국제평화와 안전에 관한 광범위한 사안에 대하여 단순한 토의(discussion and deliberation) 이상의 적극적인 역할을 수행해 오고 있다.

이와 관련 ICJ도 지속적으로 총회와 안보리가 국제평화와 안전에 관한 문제에 대하여 일정한 범위 내에서는 병렬적인 역할을 수행할 수 있음을 인정해 오고 있다. 즉, ICJ는 안보리가 국제평화와 안전에 관한 1차적인 책임을 지지만 동 권한이 결코 배타적이지 않으며 총회도 국제평화와 안전에 관하여 일정한 조건하에서 필요한 조치의 권고 등 2차적인 책임(residual responsibility)을 진다고 보았다. 다시 말해서 헌장 제 24조에 규정된 '안보리가 국제평화와 안전에 대한 일차적 책임을 부담 한다'는 규정이 총회가 부차적 또는 잔여 책임을 행사하는 것을 결코 배제하는 것은 아니라는 점이다. 이 점은 이어서 설명하는 '평화를 위한 단결결의'와 '유엔평화유지활동'에서의 총회의 역할에서도 확인된다.

4. 평화를 위한 단결결의

과거 냉전기간 동안 안보리 상임이사국의 거부권으로 인해 안보리의 집단안전보장 기능은 사실상 매우 제한적인 효과밖에 거두지 못하였다. 그러나 상임이사국의 거부권 행사로 안보리가 헌장 제 7장에 의한 강제조치 발동 등 국제평화와 안전의 유지에 필요한 기능을 발휘하지 못하는 경우에는 총회의 역할이 필요해진다. 여기서 총회의 여사한 역할은 안보리를 대신하는(substitute) 것이 아니라 보완(supplement)하는 데 목적이 있다.

이 중 대표적인 예로 우리는 한국전 당시인 1950년 11월 3일 총회가 채택한 '평화를 위한 단결결의(Uniting for Peace Resolution)'[66]를 들 수 있다. 이 결의는 소련의 안보리 복귀 후 계속된 거부권 행사로 더 이상의 결의 채택이 어려워짐에 따라 미국 주도하에 추진된 대안의 하나였다. 동구권 국가들의 반대에도 불구하고 채택된 이 결의는 안보리의 기능 마비시 총회가 즉각적으로 사안을 검토하여 회원국들에게 무력의 사용을 포함하는 집단적 조치를 권고하는 것을 내용으로 하고 있다. 이는 총회도 국제평화와 안전의 유지와 관련하여 일정한 역할을 수행할 수 있기 때문에 가능한 것이다. 결의가 비록 구속력은 없지만 이 결의의 권고에 따라 제공된 병력이 사용하는 무력은 허용된다.

이후 총회는 평화를 위한 단결결의에 따라 안보리의 기능 마비시 회기중이 아니더라도 비상특별회기(Emergency Special Session)를 소집하여[67] 안보리를 대신하는 중요한 결의들을 다수 통과시킨바 있다. 현재까지 총 11개의 비상특별회기가 소집되었다. 앞에서 설명한 1956년 수에즈 사태시 영국과 프랑스의 거부권으로 안보리의 기능이 마비되었을 때 총회가 소집한 비상특별회기가 처음 열렸고 여기서 채택된 총회의 결의에 기초하여 유엔평화유지활동인 제 1차 유엔긴급군(United Nations Emergency Forces I: UNEF I)의 파견이 가능하였다. 또한 1982년 이스라엘의 시리아령 골란고원 점령시에도 미국의 거부권으로 마비된 안보리를 대신하여 총회는 비상특별회기를 통해 회원국들에 대하여 이스라엘에 대한 경제제재를 권고하는 내용의 결의를 통과시켰다. 나아가 2003년 12월 총회는 비상특별회기를 통해 '이스라엘의 팔레스타인 분리장벽 건설 사건'에 대한 권고적 의견을 ICJ에 긴급 요청한 바 있다. 가장 최근의 예로는 러시아의 우크라이나 침공에 대응하여 2022년 2월 소집된 비상특별회기가 있다.

평화를 위한 단결결의는 유엔헌장상의 집단안전보장제도를 보완하기 위해 고안된 유엔헌장의 진화(evolution)를 의미한다.[68] 참고로 유엔사무총장은 1998

66) 유엔 총회 결의 제 377 (V) 'Uniting for Peace', A(1950. 11. 3)로 1950년 당시 미 국무장관의 이름을 따서 '애치슨 플랜(Acheson Plan)'이라고도 한다.

67) 총회가 회기 중이 아닌 경우에는 안보리 9개국 이상의 이사국 또는 유엔회원국 과반수의 요청시 24시간 이내에 총회의 비상특별회기가 소집된다.

68) '평화를 위한 단결결의'가 헌장 제 11조 2항에 규정된 조치(action)에 대한 안보리의 독점적 지위와 양립가능한지에 대한 지적이 있다. 그러나 앞에서 설명한 바와 같이 제 11조 2항에서 말하는 조치는 안보리의 고유권한에 해당하는 제 7장에 근거한 강제조치를

년 '총회의 활성화를 위한 사무총장의 견해'라는 보고서에서 안보리의 거부권으로 인한 기능마비를 총회가 '평화를 위한 단결 결의'를 통해 극복하는 방안을 권고한 바 있다.[69] 이는 총회가 국제평화와 안전과 관련하여 안보리를 보완하는 역할을 수행하여야할 필요성을 강조하였다는 점에서 의미가 있다.

국제평화와 안전을 위한 총회와 안보리의 역할(요약)
▶ 안보리는 국제평화와 안전에 관한 일차적 책임을 진다(제 24조 1항). ▶ 안보리의 결정은 구속력을 가진다(제 25조). ▶ ICJ는 안보리 결의의 구속력이 제 7장의 강제조치에는 물론 다른 일반적인 결의에도 적용된다고 보았다. ▶ 안보리의 강제조치에 대하여는 비회원국도 준수 의무가 있다(제 2조 6항). ▶ 총회는 자신에게 회부된 국제평화와 안전의 유지에 관한 어떠한 문제도 토의할 수 있으나(제 11조 2항 전단) 안보리가 분쟁 또는 사태를 다루고 있는 동안에는 안보리가 요청하지 않는 한 어떠한 권고도 하여서는 안 되며(제 12조 1항), 또한 조치를 필요로 하는 것은 토의 전 또는 후에 안보리에 회부되어야 한다(제 11조 2항 후단). 여기서의 조치는 헌장 제 7장의 구속력있는 강제조치(enforcement action)를 의미한다. ▶ 결론적으로 중요한 것은 유엔헌장상 국제평화와 안전의 유지에 관한 안보리의 책임은 배타적이 아닌 1차적인 책임에 불과하며 총회도 국제평화와 안전에 관여하고 필요한 조치를 권고할 수 있다는 점이다(ICJ의 '유엔의 일정 경비에 관한 사건'에 대한 권고적 의견).

말하므로 총회의 권고권한과 충돌하지 않는다.

69) A/52/856, 1998. 4. 17. 'Revitalization of the Work of the General Assembly', Report of the Secretary-General

제5절 유엔평화유지활동

1. 목적

안보리의 강제조치가 평화를 강제하기 위한 것인 데 반해 유엔평화유지활동(Peace-Keeping Operation: PKO)은 사태를 현 단계에서 동결시킴으로써 더 이상의 사태악화를 방지하고 동시에 지속적인 평화를 위한 여건을 조성하는 것을 목적으로 한다. 정전감시, 무장해제, 분쟁재발방지, 치안유지, 전후복구 등을 위한 활동이 중심이 된다.[70)]

전형적인 평화유지활동은 휴전감시활동으로 이는 군사감시단(military observer group)과 평화유지군(peace-keeping forces)으로 나누어진다. 1947년 유엔발칸특별위원회(United Nations Special Committee on the Balkans: UNSCOB)가 발칸반도의 휴전상황을 감시하기 위해 임명한 군사감시단이 군사감시단 성격의 PKO의 최초 사례이며, 1956년 중동사태시의 UNEF I이 평화유지군 성격의 PKO의 효시다.

70) 'An Agenda for Peace(평화를 확보하기 위한 유엔의 역할 강조)'에 의하면 '평화유지와 구분되는 개념을 다음과 같이 설명하고 있다. (a) 예방외교(preventive diplomacy): 국가간 분쟁의 방지, 기존 분쟁의 확대방지를 위한 조치로 사실조사(fact-finding), 거중조정(good office) 호의적 행위(good will mission) 등, (b) 평화수립(peace making): 유엔헌장 제 6장에 따른 분쟁의 평화적 해결방식을 통해 적대 상대방을 합의에 이르게 하는 노력, (c) 평화유지(peace keeping): 분쟁지역에 유엔평화유지군의 배치 등을 통한 분쟁의 예방 및 평화실현을 위한 노력, (d) 평화건설(peace building): 분쟁으로 악화되는 것을 방지하기 위해 평화를 공고히 하기 위한 구조적 장치의 지원, (e) 평화강제(peace enforcement): 관련국의 동의가 필요 없는 헌장 제 7장에 따른 강제조치, A/47/277-S/24111, 17 June 1992, An Agenda for Peace, Preventive diplomacy, peace making and peace keeping 참조.

2. 배경 및 근거

유엔은 개별국가의 무력사용금지와 집단안전보장제도를 기본 축으로 하여 성립하였다. 집단안전보장제도를 실현하기 위해 제 6장에 '국제평화와 안전을 위태롭게 할 우려가 있는 분쟁'에 대한 평화적 해결 방법을 규정하고 평화적인 방법에 의한 분쟁해결이 어려울 경우에 대비하여 제 7장에 외교, 경제적 수단 등의 비군사적 강제조치와 군사적 강제조치를 함께 규정하였다. 다시 말해서 제 6장에 의한 안보리의 노력에도 불구하고 사태가 평화적으로 해결되지 않아서 안보리가 평화에 대한 위협, 파괴 또는 침략행위가 존재한다고 판단하는 경우 안보리는 제 7장에 의한 강제조치를 발동할 수 있다.

그러나 안보리가 상임이사국의 거부권으로 인해 제 7장에 의한 조치를 취하지 못하는 경우 또는 안보리가 제 7장에 의한 조치를 취하는 것이 적절하지 않은 경우 유엔차원에서 이에 대한 대응책의 하나로 고안된 또 다른 제도의 하나가 유엔평화유지활동이다. ICJ도 이러한 유엔평화유지활동의 국제법적 정당성을 인정하고 있다.

그렇다면 평화유지활동의 법적 근거는 무엇인가. 헌장에 명문 조항은 없으나 학자들은 헌장 제 6장과 제 7장과의 중간에 해당한다고 보고 헌장 제 6·5장(Chapter Six and a Half)이라고 부르기도 한다.[71] 여기서 제 6·5장이라는 표현은 평화유지활동이 안보리의 소관사항임을 의미하는 것이다. 참고로 다른 각도에서 평화유지활동의 근거를 헌장 제 40조에서 찾는 주장도 있다. 이 주장은 헌장 제 40조가 사태의 악화를 방지하기 위해 '안보리가 필요하거나 바람직하다고 인정하는 잠정조치에 따르도록 관계국에 요청할 수 있다'고 규정하고 있다는 점에서 그 근거를 찾는다.

한편 총회도 헌장 규정상 일정한 범위 내에서 평화유지활동을 수행할 수 있다. 그 근거로 총회는 국제평화와 안전의 유지에 관한 어떠한 문제도 토의, 권고할 수 있으므로 국제평화와 안전의 유지 및 회복을 위한 일차적 책임기관인 안보리의 권한을 침해하지 않는 한 총회가 평화유지활동에 관여할 수 있다고 보는

---

71) PKO의 유엔헌장상의 근거가 제 6.5장이라고 처음 명명한 사람은 함마슐트 제 2대 유엔사무총장이다. 이 표현은 오늘날에도 많은 학자들에 의해 지지되고 있다.

것이다. 앞에서 설명하였듯이 헌장은 안보리에 국제평화와 안전에 대한 주된 책임을 부여하였을 뿐 배타적인 책임을 부여한 것은 아니기 때문이다. 이와 같이 유엔평화유지활동은 안보리는 물론 총회에 의해서도 설치되고 운용되어 오고 있다.[72] 예컨대, 전술한 UNEF I은 총회의 결정으로 설치되었다. 이에 대해 안보리의 고유권한을 침해하였다는 주장이 제기되기도 하였으나 ICJ가 권고적 의견에서 총회에 의한 평화유지군의 합법성을 인정하였다는 점에 대해서는 이미 설명한바 있다. 즉, 평화유지군은 강제조치를 취하는 것이 아니라 분쟁당사자의 동의를 얻어 활동하는 것이기 때문에 헌장 제 7장의 강제조치가 아니다. 그러나 1960년 이후의 평화유지활동은 안보리에 의해 주도되어 오고 있다. 왜냐하면 평화유지활동도 헌장 제 7장의 강제조치의 틀 속에서 행해질 수 있으며 실제로 그러한 경우가 많기 때문이다.[73]

그 밖에 평화유지활동은 헌장의 명시적 근거조항의 결여에도 불구하고 국제평화와 안전의 유지라는 유엔의 목적 달성에 필요한 묵시적 권한의 행사를 통해서도 정당성을 확보할 수 있다고 본다.

유엔평화유지활동의 근거가 될 수 있는 헌장 규정

▶ 안보리 관련

- 제 29조: 임무 수행에 필요한 보조기관 설치 권한
- 제 34조: 분쟁 또는 사태가 국제평화와 안전의 유지를 위태롭게 할 우려가 있는지 결정하기 위한 조사권한
- 제 36조, 37조 및 38조: 분쟁의 평화적 해결을 위한 적절한 절차나 방식의 권고 권한
- 제 39조: 국제평화와 안전의 유지 또는 회복을 위한 권고 또는 결정 권한

72) 총회의 보조기관 설치권한(헌장 제 22조)과 안보리의 보조기관 설치권한(헌장 제 29조)도 평화유지활동 근거의 하나로 원용되고 있다.

73) 예컨대, 제 2차 소말리아 평화유지활동인 UNOSOM II(United Nations Operation in Somalia)의 성립 근거가 되는 1993년 안보리결의 제 814호는 유엔헌장 제 7장을 근거로(... Acting under Chapter VII of the Charter of the United Nations) 명시하고 있다. 이는 평화유지활동에 대하여 헌장상의 근거를 마련해 주었다는 점에서 의의가 있다.

- 제 40조: 제 39조에 규정된 권고나 조치의 결정 전 필요할 경우 잠정조치 요청 권한

▶ 총회 관련

- 제 10조 및 11조: 국제평화와 안전에 관한 권고를 포함하여 헌장의 범위 내의 사안에 대한 토의 및 권고 권한
- 제 14조: 국가간 우호관계 등을 해칠 우려가 있는 모든 사태, 유엔의 목적과 원칙을 위반하여 발생하는 사태 등의 평화적 조정(peaceful adjustment)을 위한 조치의 권고 권한
- 제 22조: 임무 수행에 필요한 보조기관 설치 권한 등

3. 운영원칙

오늘날 유엔평화유지활동은 주로 안보리 결의에 따라 회원국이 제공하는 병력에 의해 운용되며 유엔의 깃발을 사용한다. 이들 병력으로 구성된 유엔평화유지군은 헌장 제 29조에 의거 안보리가 자신의 임무수행에 필요하다고 인정하여 설치하는 보조기관(subsidiary organ)에 해당된다.

따라서 유엔평화유지군은 유엔소속(국제기구 소속) 직원으로서의 특권과 면제를 향유할 수 있고 나아가 이들의 불법행위에 대하여는 원칙적으로 유엔이 책임을 부담한다. 그러나 유엔평화유지활동에 대하여 파견국이 일정한 지휘, 통솔권을 행사하는 경우 이에 따른 행위에 대한 책임은 파견국이 직접 부담한다. 유엔평화유지군에 대하여는 국제기구의 권한과 책임 등에 관한 규정들이 적용된다. 평화유지군의 책임에 대하여는 제 20강(국제기구법)에서 다시 설명한다.

한편 전통적으로 확립된 유엔평화유지활동의 운용원칙(bedrock principles of peace keeping)은 다음과 같다. 즉, (a) 공평과 중립을 유지하고, (b) 국내문제불간섭의무를 준수하며, (c) 접수국의 동의하에서만 활동이 허용되고, (d) 또한 자위 이외 목적의 무기사용은 제한된다. 단, 무기사용의 경우에도 국제인도법의 적용을 받아야 한다. 국제인도법의 적용을 통해 조약(교전법규)에 의한 제한(국제인도법상의 의무로 교전상대방에 대한 보호를 의미)과 보호(국제인도법상의 권리로 교전

상대방으로부터의 보호를 의미)를 함께 향유할 수 있게 된다. 그 밖의 운용원칙으로는 (a) 이해관계국 및 5대 상임이사국의 군대는 제외되며, (b) PKO에 참여한 국가의 정부정책이나 이권추구 수단이 되어서는 안 되며, (c) 유엔의 결의를 통해서 수립되어야 하고, (d) 안보리 권한을 위임받은 유엔사무총장의 명령과 지휘하에 움직여야 하며, (e) 비용은 유엔경비로 충당된다.

그러나 오늘날 평화유지활동은 주로 안보리 주도하에 헌장 제 7장에 따라 이루어지고 있다는 점에서 이러한 전통적인 활동원칙(예컨대, 관련국의 동의 등)이 반드시 그대로 적용된다고는 볼 수 없다.

4. 현재와 미래

유엔평화유지활동은 과거 냉전기간 중에는 분쟁해결 자체보다 국가간 분쟁시의 휴전감시 등 평화유지와 분쟁예방을 위한 제한된 범위 내에서 제한된 역할을 수행하여왔다. 그러나 냉전종식 이후 역할이 크게 확대되었다. 분쟁예방과 평화유지에서 더 나아가 국가와 사회질서의 재건 등으로 그 역할이 확대되었다. 다시 말해서 평화유지활동은 그간의 국제사회의 변화에 발맞추어 평화유지(peace making)와 평화건설(peace building) 등 새롭고 다양한 역할을 수행해 오고 있다. 더 나아가 1992년에 설치된 유엔 캄보디아 잠정통치기구(UNTAC)는 캄보디아 각 파벌간의 정전과 무장해제라는 전통적인 임무는 물론 총선준비, 난민귀환지원, 사회기반 복구지원 등 새로운 기능을 수행해 오고 있으며 이는 변화된 유엔평화유지활동의 첫 사례로 평가되고 있다. 또 다른 예로는 1999년 동티모르의 국가수립 과정을 지원하기위한 목적의 UNTAET를 들 수 있다. 이러한 변화된 평화유지활동을 제 2세대 또는 다기능형 평화유지활동이라고 한다.

우리나라도 제 2차 소말리아 평화유지활동(UNISOM II)에 참가한 이래 현재 레바논, 남수단, 서부 사하라 등 지역에서의 평화유지활동에 참여하고 있으며 이를 위해 2010년 '유엔평화유지활동 참여에 관한 법률'을 제정하여 유엔의 파병 요청에 즉각 대응할 수 있도록 하였다.

유엔평화유지군과 유엔승인 다국적군의 차이점

	UN PKO	다국적군 (Multi-national Forces)
설치 근거	안보리 결의로 결정	핵심이해당사국 주도로 창설 결정하되 안보리 결의로 승인받는 것이 관례
임무	적대행위가 종료된 지역에서 정전 감시, 평화협정이행 감시, 전후 복구 등 임무 수행 – 접수국의 동의 필요 – 적대행위의 위험성이 있는 경우에도 다국적군 창설을 주도하려는 국가가 없을 경우 예외적으로 유엔 평화유지군을 파견 하는 경우가 있음 (robust peace keeping). – 평화유지군은 유엔과 접수국간 주둔군지위협정(SOFA)의 체결을 통해 임무수행에 필요한 특권과 면제를 향유하게 됨.	침략행위 발생 또는 평화가 교란된 지역에서 평화회복임무 수행(peace enforcement) – 접수국 동의 불요 – 평화가 회복된 지역이라도 뜻 있는 국가들이 평화유지활동을 위해 다국적군을 파병하는 경우도 빈번
무력사용 범위	자위목적으로만 무력사용	침략격퇴, 무력진압 등을 위한 적극적 무력 사용 가능
유엔통제장치	유엔사무총장이 사령관을 임명하며, 안보리의 지침을 받아 작전 지휘권 행사	– 병력 공여국들이 자체 통제 체계수립 – 안보리는 임무범위 및 기한 재검토 기능을 통해 형식적 통제
경비부담 주체	유엔회원국들이 분담(유엔경비)	병력 파견국 자담

제6절 무력사용의 또 다른 사례

1. 복구

국제법상 복구(reprisal)란 선행하는 상대국의 위법행위에 대한 자력구제(self-help)의 한 방식으로 위법행위로 인한 피해에 대해 그에 상응하는 정도의 위법행위를 통해 불이익을 가하는 조치를 말한다. 다시 말해서 가해국이 위법행위를 인정하지 않거나 배상 등에 응하지 않는 경우 피해국이 (가해국에 대하여 행위의 중지나 구제를 요구하기 위해) 가해국에 대해 부담하고 있는 국제의무를 일시적으로 불이행하는 것을 말한다.[74] 복구는 국제법위원회가 작성한 2001년 국가책임규정초안(제 13강 '국가책임' 참조)이 규정하고 있는 위법성조각사유의 하나인 대응조치(countermeasure)를 의미한다. 즉, 복구 자체는 위법한 행위이지만 상대방의 위법한 행위에 대한 대응이라는 점에서 위법성이 조각되는 것이다.

복구의 국제법적 성격에 대한 이해를 돕기 위해 다음과 같은 관점에서 나누어 설명한다.

첫째, 복구 또는 대응조치에는 비례성의 원칙이 적용되어야 하며 따라서 과도한 대응은 또 다른 국제법 위반 행위를 구성할 수 있다. 특히 복구수단으로서의 무력사용은 당연히 허용되지 않는다. 유엔의 집단안전보장제도가 완벽하게 기능하지 못하는 오늘날 자위권의 행사를 정당화할 수 있는 정도의 무력공격에 미치지 못하는 상대방의 도발에 효과적으로 대응하기 위해서는 무력사용을 통한 복구가 유용한 수단의 하나가 될 수 있을 것이다. 그러나 어느 경우에도 제 51조의 자위권에 해당되지 않는 한 무력복구(armed reprisal)는 허용되지 않는다. 즉, 국제법상 복구는 허용되지만 무력복구는 허용되지 않는다.[75] 이러한 이유로 실제로는

---

74) 복구의 수단으로는 상대국 선박의 억류, 보이콧, 조약의 이행정지, 가해국의 자산동결 등이 있다.

75) 참고로 1928년 'Naulilaa 사건'에서 중재재판소는 합법적인 무력복구에 대한 기준을 설명한 바 있다. 이에 따르면 (a) 국제법 위반에 해당하는 사전 행위가 있어야 하며, (b)

무력복구이지만 이를 제 51조에 근거한 자위권으로 정당화하려는 시도가 많이 있다. 대표적인 예로 1986년 미국은 서 베를린에서 발생한 미군들에 대한 리비아의 테러공격에 대응하여 리비아를 폭격하였다. 이는 명백한 무력복구였으나 미국은 이를 (리비아 테러시설에 대한 선제공격이라고 하면서) 자위권으로 정당화하였다.

둘째, 국제법상 무력사용이 금지되어 있다고 하여 무력충돌상황이 전혀 발생하지 않는 것은 아니다. 이 경우 무력충돌과정에서의 전시복구가 허용될 수 있는지 문제가 제기된다. 전시복구란 원래 국제인도법에 의해 금지되는 행위일지라도 상대국의 국제인도법 위반행위를 중지시키기 위해 상응하는 국제인도법 위반으로 대응하는 것을 말하며 정당한 복구로서 그 위법성이 조각될 수 있다는 주장이 있다. 예컨대, 적국이 금지된 무기인 화학무기를 사용하는 경우 이를 중지시키기 위해 동일하게 화학무기를 사용하는 경우 복구의 개념이 적용되어 허용된다는 주장이다. 그러나 불법무기의 사용은 복구에 의해서도 정당화되어서는 안 될 것이라는 점에서 신중한 검토가 요구된다(이에 대해서는 제 13강 '국가책임'의 제 4절 '국가책임의 추궁' 참조).

셋째, 자력구제의 또 다른 방식으로 보복(retorsion)이 있다. 그러나 보복은 타국의 위법한 행위 또는 적법하지만 비우호적인 행위에 대응하는 행위로서 비록 대응방식이 비우호적이기는 하지만 행위 자체는 적법한 행위를 말한다는 점에서 복구 또는 대응조치와 구별된다. 그러한 예로 상대국의 국제의무 위반시 복구를 통해 또 다른 국제의무 위반을 야기하기보다는 비우호적이지만 합법적인 수단인 보복을 통해 예컨대, 양국간 교류협력관계의 중단 등 압력을 통해 상대방의 의무위반에 대응할 수도 있을 것이다.[76)]

복구행위 전에 불법행위의 결과를 회복하기 위한 평화적인 조치(배상 등)가 시도되었어야 하며, (c) 복구가 비례성을 가져야 한다고 보았다. 그러나 이 기준은 오늘날 무력복구가 허용되지 않으므로 더 이상 의미가 없다. 참고로 이 사건의 개요는 1914년 남서아프리카 주둔 독일군이 방문한 중립국 앙골라에서 양측간 오해(통역과정에서의 실수)로 독일인 3명이 사망한데 대해 이에 대한 복구로 독일군이 앙골라에 있는 포르투갈 요새를 공격하여 군인들을 사살한 사건이다. 중재재판소는 독일이 포르투갈 요새를 공격한 것은 상기 요건을 충족시키지 못한다고 판단하였다. 참고로 이 사건 당시에는 무력사용의 일반적 금지가 확립되기 이전이어서 무력복구 요건의 충족 여부가 논의될 수 있었다. Arbitral Award, concerning the Responsibility of Germany arising from Damage caused in the Portuguese Colonies in the South of Africa, II RIAA, p. 1026.

2. 인도적 개입

가. 개념

인도적 개입, 즉 '일방적 성격의 인도적 개입(unilateral humanitarian intervention)'이란 한 국가 내에서 정치, 종교, 인종 기타의 사유로 그 주민의 일부 또는 전부가 박해를 받는 등 인도에 반하는 극단적인 상황(extreme human distress)이 발생하는 경우 당해국이 이를 수습할 의사나 능력이 없다고 판단되면 타국이 당해국의 동의나 유엔의 허가없이 이러한 비인도적 행위 또는 사태를 종식시키기 위해 무력을 사용하여 개입하는 것을 말한다.

과거 1992년 안보리 결의 제 794호에 따라 소말리아에 대하여 인도적 목적의 개입을 허용한 사례가 있으나 이는 안보리의 허가를 받았다는 점에서 여기서 검토하는 일방적 성격의 인도적 개입 또는 간섭과는 다르다.

나. 역사적 발전

인도적 개입의 현대적 개념은 역사적으로 그로티우스에 의해 처음 제기되었고 이후 19세기 말 마르텐스(제 28강 '국제인도법' 참조)에 의해 발전되었다. 초기의 개입은 기독교적 가치관에 의해 기독교인들이 박해나 대량학살의 위험에 처하였을 경우 문명국의 이름으로 개입이 정당화되었다. 이후 인본주의에 근거한 새로운 개입의 논리가 이론적으로 개발되기 시작하였다. 그러나 19세기에 와서는 자국의 정치, 경제적 이익의 실현을 위해 보다 적극적으로 인도적 개입을 원용하는 국가실행이 형성되었다.[77] 이러한 위장된 인도적 개입은 이후 냉전시기에도 계속되었으며 제 3세계 국가들의 반대에 직면하였다. 예컨대, ICJ는 1986년 '니카라과 사

76) 참고로 미국의 제 1차 Hickenlooper Amendment는 대표적인 보복의 예로 인용된다. 동 수정안은 미국인 재산을 보상없이 수용한 국가에 대하여 미국의 대외원조를 대통령이 정지시킬 수 있도록 하는 내용이다. 이 절차는 1963년 최초로 세일론(현 스리랑카)에 적용된바 있으나 이후 1973년 미국대외원조법(American Foreign Assistance Act)에 의해 폐기되었다.

77) 대표적인 예로 19세기 중반 유럽세력들의 오토만 제국에 대한 개입을 들 수 있다. 또한 유럽국가들은 1866년 Crete, 1875년 보스니아 및 1877년 마케도니아에서의 폭동 등을 이유로 개입한 바 있다.

건'에서 미국이 니카라과에 대한 무력사용을 정당화하기 위해 원용한 '인권의 보전(preservation of human rights)'이라는 명분을 받아들이지 않았다.[78]

다. 국제법상 허용 여부

인도적 개입은 유엔헌장 제 7장에 의한 안보리의 승인이 없다는 점에서 국제법상 허용여부에 대한 평가가 나누어진다. 안보리의 승인 없이 행해지는 무력사용을 수반한 인도적 개입이 국제법상 허용될 수 있는지 여부는 무력사용금지의 원칙, 주권평등의 원칙 및 국내문제불간섭(non-intervention)의 원칙과 인권존중의 원칙 등이 맞물려 해석상 논란이 되고 있다.

1) 정당성을 인정하는 입장

기본적 인권의 존중은 유엔이 표방하고 지키려는 중요한 가치다. 따라서 일국 내에서 인권의 존중이 이루어지지 않고 비인도적 사태가 발생하였음에도 그 국가가 이를 수습할 의사나 능력이 없는 경우 이를 방치하여 사태를 악화시키는 것은 바람직하지 않다. 더욱이 사태를 방치하는 경우 이는 결국 국제평화와 안전의 유지에도 부정적인 영향을 미칠 수 있는 문제로 발전할 우려가 있다. 나아가 오늘날 인권은 더 이상 국내문제가 아닌 국제법의 영역에 편입되어 있다.

이러한 해석에 의할 경우 인도적 개입은 대상국의 정치적 독립이나 영토보전을 침해할 의사가 없는 무력의 사용으로 유엔의 목적과도 양립할 수 있다는 점에서 유엔헌장 제 2조 4항이 금지하는 무력사용에 해당되지 않으며 국제관습법상으로도 허용된다고 볼 수 있다. 참고로 유엔헌장 제 1조 3항도 인도적 문제의 해결과 인권존중의 실현을 위한 국제협력을 규정하고 있다.[79]

그러나 정당성을 인정하는 입장에서도 인도적 개입은 다음의 엄격한 요건을

---

78) 관련 부분 원문은 다음과 같다: "... The Court concludes that the argument derived from the preservation of human rights in Nicaragua cannot afford a legal justification for the conduct of the United States ...", ICJ Reports 1986, p. 14, para. 268.

79) 정당성을 인정하는 학자들은 유엔헌장 제 1조 3항(경제적 · 사회적 · 문화적 또는 인도적 성격의 국제문제를 해결하고 또한 인종 · 성별 · 언어 또는 종교에 따른 차별 없이 모든 사람의 인권 및 기본적 자유에 대한 존중을 촉진하고 장려함에 있어 국제적 협력을 달성한다)에서 근거를 찾기도 한다.

충족시키는 한어서만 예외적으로 허용될 수 있다고 보고 있다. 이와 관련 수단의 다푸르 사태는 대체로 이러한 요건들을 충족시킬 수 있을 것으로 평가된다.

첫째, 즉각적인 구호를 요하는 극단적인 인도적 상황이 압도적(compelling)이고 급박하며(urgent), 이로 인해 인도적 성격의 고통(distress)이 있어야 한다.

둘째, 사태를 야기한 당해국은 사태를 수습할 의사나 능력이 없다.

셋째, 다른 대안이 없다. 안보리도 (거부권 등의 이유로) 개입을 허가하는 결정을 취할 능력이 없다.

넷째, 취하는 조치는 필요한 범위(시기와 규모) 내에 국한된다.

2) 정당성을 부인하는 입장

과거 전통 국제법하에서는 개입의 순수성이 확인될 수 있는 경우 정당성이 인정될 수도 있었다. 그러나 유엔헌장을 통해 무력사용금지원칙이 국제법의 일반원칙으로 존중되고 있는 현대 국제법체계하에서 무력사용을 전제로 하는 인도적 개입은 허용되어서는 안된다.

특히 이 입장에서는 유엔헌장 제 2조 4항과 1970년 '국가간 우호관계 및 협력에 관한 국제법 원칙 선언'의 문언에 비추어 개입을 위한 무력사용에는 엄격한 해석이 요구된다는 점을 강조하고 있다. 1965년 유엔 총회 결의 2131호로 채택된 '국내문제에 대한 간섭 불허와 독립 및 주권의 보호에 관한 선언(제 8강 '국제법의 주체'의 제 1절 3. '국가의 권리와 의무' 참조)'도 타국의 국내 및 대외문제에 대한 직, 간접적 간섭을 불허하고 있다.[80] 예컨대, 타국의 내전에의 개입이나 정치체제의 변화를 위한 지원활동은 금지된다. 따라서 이 선언에 의할 경우 아무리 목적이 순수하고 고귀하더라도 무력사용을 통한 인도적 개입은 허용되지 않는다. 더욱이 인도적 개입이 타국 영토에 대한 침공이나 폭격 등을 구성하는 경우에는 1974년 침략의 정의에 규정된 침략에 해당하는 것으로 보고 있다.

현실적인 측면에서도 인도적 개입은 명분과는 달리 강대국의 정치적 이해와 결부되어 약소국에 대한 불법적 간섭의 성격을 가질 수 있고 또한 남용의 우

80) 결의의 원 제목은 'Declaration on the Inadmissibility of Intervention in the Domestic Affairs of States and the Protection of Their Independence and Sovereignty'이다.

려가 있다는 점이 고려되어야 한다고 보고 있다.

3) 사례 검토

- 1999년 세르비아의 코소보에 대한 무차별 공격에 대하여 NATO의 개입을 허가하는 안보리 결의가 러시아와 중국의 반대로 채택되기 어려워지자 NATO군은 코소보에서의 민간인에 대한 공격을 방지하기 위한 목적으로 공습을 감행하였다. 인도적 개입의 차원에서 행하여진 NATO의 군사행동을 비난하는 안보리 결의안은 부결되었다.[81)]
- 1990년 서아프리카 경제공동체(ECOWAS)는 법과 질서가 무너진 라이베리아에서의 참혹한 상황에 개입하기 위한 목적으로 군대를 배치하였다. 물론 안보리의 허가는 없었으나 수개월 후 안보리는 동 조치를 긍정적으로 평가하였다.
- 1965년 미국의 도미니카 침공이나 1983년 그레나다 침공 등은 인도적 개입을 명분으로 내세웠지만 개입의 순수성이 의심된다는 이유로 국제사회의 지지를 받지 못하였다.[82)]
- 1971년 동파키스탄에서 방글라데시의 독립 선언 후 인도의 방글라데시에 대한 군사적 지원은 대체로 방글라데시의 민족자결의 이름으로 용인될 수 있었다.[83)]

라. 평가

국제사회는 인권보호보다는 약소국의 정치적 독립에 더 가치를 두고 있어서 인도적 개입에 부정적 입장이며 또한 인도적 개입의 남용 가능성에 대하여도 우려하는 입장이다. ICJ도 인도적 개입이 강대국에 의해 정치적 목적으로 오용

---

81) 그러나 132개국으로 구성된 비동맹권 국가들은 인도적 개입과 유엔의 다른 활동들간 차이는 분명히 유지되어야 한다고 하면서 인도적 개입의 권리(the so-called right of humanitarian intervention)는 유엔헌장이나 일반국제법 원칙상 근거가 없다고 주장하였다. Havana, 10~14 April 2000, Declaration of the South Summit, para. 54.

82) 미국은 이들 개입의 명분으로 지역기구(OAS)의 요청을 근거로 제시하였으나 유엔에서 지지를 받지 못하였다.

83) 개입의 정당성에 대한 다양한 평가가 있지만 대체로 국제사회는 이를 승인하는 입장이었다.

될 가능성에 우려를 표한바 있다.[84] 즉, ICJ는 1986년 '니카라과 사건'에서 무력의 사용(무력을 통한 개입을 의미함)은 인권존중을 감시하거나 확보하기 위한 적절한 방법이 아니라고 보았다.

결론적으로 무력을 통한 인도적 개입은 유엔헌장 제 2조 4항에 위배되는 '합법이 아닌(not legal)' 무력사용이라고 해석하는 것이 합당하다. 그러나 국제법적으로 합법이 아니라는 것이 인도적 개입에 대한 논의 자체를 부인하는 것은 아니라는 점에서 앞으로도 계속 논쟁의 대상이 될 것으로 보인다.[85]

3. 민주적 개입

인도적 개입과 유사한 개념으로 독재정권에 대응하여 이를 타도하고 민주정부를 수립하기 위한 목적의 '민주적 개입(democratic intervention)'에 대한 논의가 있으나 인도적 개입과 같은 맥락에서 소극적으로 평가되어야 할 것이다.

민주적 개입을 지지하는 입장에서는 평화, 경제, 인권 등의 측면에서 독재정권에 대한 민주정부의 우위를 강조하고 이를 실현하기 위한 방법론으로서의 민주적 개입을 지지한다. 반면 이에 반대하는 입장에서는 무엇보다도 유엔헌장상 명확한 근거가 없다는 점과 무력사용금지원칙의 위반, 주권침해 및 국가의 독자적인 문화적 가치의 침해를 근거로 제시하고 있다.

참고로 민주적 개입의 예로는 9·11 테러 이후 국제사회의 이라크 및 아프카니스탄 개입의 경우 등을 들 수 있을 것이다.

---

84) ICJ는 1949년 '코르푸 해협 사건(Corfu Channel Case)'에서 '간섭은 강대국의 전유물로 국제정의의 관리를 왜곡할 수 있다(... it would be reserved for the most powerful States, and might easily lead to perverting the administration of international justice itself)'고 판단하였다. ICJ Reports 1949, p. 4, p. 35.

85) 여기서 'not legal'이 반드시 'illegal'을 의미하는 것은 아니다.

4. 해외 자국민 구출을 위한 개입

인도적 개입이 타국에서의 비인도적 사태 발생시 인도적 차원에서 개입하는 것인데 반해 자국민 구출은 해외에서 급박한 위험에 처하거나 또는 억류되어 있는 자국민을 구출하는 행위를 말한다.

국가는 국민과 국민의 재산을 보호할 일차적인 의무가 있다는 점에서 국가가 자국민을 구출하기 위해 필요한 범위 내에서 불가피하게 무력을 사용하여 개입하게 되는 경우 이를 비난만 할 수는 없을 것이다. 실제로 1976년 이스라엘이 엔테베 작전을 통해 팔레스타인 테러단체에 의해 피랍된 자국민을 구출한 행위에 대해 국제사회가 이를 비난하지 않았다는 점은 자국민 구출을 위한 무력개입에 대해 국제사회가 정당성을 부여할 수 있는 가능성을 배제하지 않은 것으로 볼 수 있다.[86)]

여기서 만일 우리가 정당성을 인정한다면 그 근거는 다음과 같다. 즉, (a) 자국민 구출을 위한 불가피한 성격의 무력사용은 헌장 제 2조 4항의 무력사용금지의 대상이 되는 정치적 독립이나 영토보전에 대한 침해가 목적이 아니라는 점, (b) 국내문제불간섭의무를 위반하는 것이 아니라는 점, (c) 엄격한 요건을 적용하여, 예컨대, 외교적 노력의 소진 등을 전제로 최후의 수단으로 필요성을 충족시키는 범위 내에서 제한적으로 무력을 사용하도록 하여 남용의 가능성을 최소화 할 수 있다는 점이다.

그러나 무력사용을 금지하려는 국제법의 발전추세에 비추어 볼 때 자국민 구출이 목적이라고 하더라도 무력을 사용하는 것이 과연 설득력이 있는가의 문제제기는 계속될 것으로 보인다. 다시 말해서 국제사회가 비난하지 않았다는 것이 어느 경우에도 자국민 구출을 위한 무력사용은 합법적이라는 의미로 해석되어서는 안 될 것이다. 그러나 자국민이 급박한 생명의 위험에 빠져 있음에도 불

86) 유엔은 자국민 구출을 위한 무력사용을 허용하지는 않았으나 그렇다고 명시적으로 비난하지도 않았다. 그 밖에 미국의 1983년 그레나다, 1985년 도미니카 공화국, 1989년 파나마 침공도 위험에 처한 미국인의 생명을 구하는 문제가 쟁점이었다. 특히 도미니카 공화국 침공의 경우 처음에는 자국민의 보호를 명분으로 하였으나 이후에는 공산주의 위협의 확산에 대한 대응이 주목적이었다.

구하고 불투명한 안보리의 조치에만 의존하며 국가가 자국민 보호의무를 다하지 않는다는 것도 사실 납득하기 어렵다.

이러한 이유로 자국민 구출행위는 헌장 제 51조의 자위권의 행사로 정당화 될 수 있다고 주장하는 학자도 있다. 미국도 1980년 미 대사관 직원 인질 사건에서 인질 구출을 위한 미국의 군사행동을 국가의 고유한 권리로서의 자위권의 행사로 정당화한바 있다.[87)]

그러나 본 강 제 2절('유엔체제하에서의 무력사용규제'의 2. '무력사용금지원칙의 예외로서의 자위권' 중 '해외 자국민 또는 기관에 대한 공격과 자위권 행사')에서 설명한 바와 같이 해외의 자국민에 대한 공격을 국가에 대한 무력공격으로 보기는 어렵다. 결론적으로 오늘날 영토국의 동의 없이 행해지는 타국에서의 군사활동(자국민 구출행위 포함)은 어느 경우에도 유엔헌장 제 2조 4항의 위반이며 유엔총회 결의 제 3314호(침략의 정의) 제 3조(a)의 위반(타국 영토에 대한 무력공격 또는 침공)으로 '침략행위(act of aggression)'에 해당될 수 있을 것이다.

5. 보호책임

가. 개념의 출현

오늘날 인도적 개입이 필요한 상황은 언제든지 발생할 수 있다. 특히 냉전 종식후 내전 등으로 인한 일국 내 비인도적 사태의 빈발은 인도적 개입의 필요성을 더욱 절감하게 하였다. 그럼에도 불구하고 국가주권의 존중, 국내문제불간섭의무 또는 무력사용금지원칙 등의 벽에 부딪쳐 이를 방관하는 경우 인권존중이라는 유엔의 목표 및 이상은 실현되기 어려울 것이며 궁극적으로는 국제평화와 안전의 유지에도 부정적인 영향을 미칠 가능성을 배제할 수 없다.

이와 관련 Kofi Annan 유엔사무총장은 1999년 르완다 대학살과 코소보 사태

87) 이 사건에서 ICJ는 비록 미국의 군사작전의 합법성 문제를 다루지는 않았지만 재판소에 사건이 계루되어 있는 동안 행해진 미국의 인질구출작전은 국제관계에서 사법절차에 대한 존중을 의도적으로 무시한 것으로 보아야 할 것이라고 판단하였다. ICJ Reports 1980, 판결문 paras. 32, 93-94.

에 대한 국제사회의 인도적 개입 실패 등에 대한 반성에서 중대한 국제범죄로부터 민간인을 보호(인권침해 방지 및 인도적 구호활동 지원 등)하여야 할 국제사회의 책임의 필요성을 강조한 바 있다. 이러한 배경하에 유엔차원에서 새로운 대응책을 강구하기 시작하였고 유엔사무총장의 제안에 따라 2001년 '개입과 국가주권에 관한 국제위원회(International Commission on Intervention and State Sovereignty)'가 구성되어 인도주의적 재난에 처해 있는 국민들을 어떻게 보호해야 할 것인가에 초점을 맞춘 보호책임(Responsibility to Protect: R2P)의 개념을 공식 보고서로 발표하였다.

여기서 보호책임이란 만일 국가가 주권국가로서의 책임을 다하지 못하면(국가가 자국 내 인권침해 사태로부터 주민을 보호할 의사나 능력이 없거나 국가가 그러한 사태에 직접 책임이 있는 경우) 국제사회가 그들을 보호할 책임이 있으며 이를 위하여 외부의 개입이 허용되어야 한다는 개념이다. 즉, 보호책임은 집단살해나 심각한 형태의 인권침해에 직면하여 국제사회가 아무런 행동도 하지 않은 과거의 실패를 방지하는 것을 목적으로 한다.

이어 2005년 개최된 '유엔 세계정상회의 결의(World Summit Outcome)'에서 동 개념이 정식 채택되었고,[88] 2011년 리비아 사태시 최초로 원용되었다.[89]

나. 운영

2005년 세계정상회의 결의에 근거한 보호책임의 운영관련 사항은 다음과 같다.

(a) (대상) 보호책임은 집단살해, 전쟁범죄, 반인도적 범죄, 인종청소 등 4

88) 동 회의에서 채택된 결의문은 인도적 개입을 '주민들을 집단살해, 전쟁범죄, 인종청소 및 인도에 반하는 죄로부터 보호할 책임(responsibility to protect populations from genocide, war crimes, ethnic cleansing and crimes against humanity)'으로 표현하였으며, 개별국가가 일차적 책임을 지지만 이러한 책임을 다하지 못하는 경우 유엔 차원에서 최종적으로 안보리를 통해 국제공동체가 대신 책임을 부담하여야 할 것이라고 규정하였다. A/Res/60/1, 2005 World Summit Outcome, paras. 138-139.

89) 안보리는 2011년 헌장 제 7장에 근거하여 결의 제 1973호를 채택하였다. 이 결의 제 4항은 리비아 내에서 행해지고 있는 민간인에 대한 광범위하고 체계적인 공격이 인도에 반하는 죄에 해당됨을 고려하여 유엔헌장 제 7장에 따라 회원국들이 리비아에서 공격위협에 처한 민간인들과 민간인 거주 지역을 보호하기 위하여 필요한 모든 조치(all necessary means)를 취할 권한을 회원국들에게 부여하였다.

가지 범죄에 적용된다.

(b) (개별국가의 책임) 개별국가는 4개 범죄로부터 주민을 보호하여야 할 우선적 책임을 진다.

(c) (사전예방의 중요성과 이를 위한 개별국가의 역량 강화지원) 국제공동체는 개별국가가 이러한 책임을 이행할 수 있도록 장려하고 지원한다.

(d) (평화적 수단을 통한 국제사회의 개입) 개별국가가 상기 책임을 다하지 못하는 경우에도 개입에 앞서 외교적, 인도적, 또는 평화적 수단을 먼저 사용하여야 한다.

(e) (집단적 강제조치) 상기 평화적인 수단이 소진되었다고 판단되는 경우에는 헌장 제 7장에 의한 안보리의 승인아래 집단적 조치가 가능하다.

(f) (일방적 개입의 불허) 어느 경우에도 다른 나라에 의한 일방적 개입(인도적 개입)은 허용되지 않는다.

R2P(요약)
▶ R2P는 아래 3개의 지주(pillars)로 요약하여 설명될 수 있다. – 제 1 지주(Pillar One): 개별국가들은 자국 주민들을 집단살해, 전쟁범죄, 인종청소 및 인도에 반하는 죄 등 4개의 잔혹한 범죄로부터 보호할 책임이 있다. – 제 2 지주(Pillar Two): 국제사회는 개별국가들이 이러한 책임을 이행할 수 있도록 장려하고 지원할 책임이 있다. – 제 3 지주(Pillar Three): 개별국가가 명백하게 이러한 의무를 다하지 못하는 경우 국제사회는 적시에 결정적인 방식으로 유엔헌장에 따라 적절한 집단적인 조치를 취할 준비가 되어 있어야 한다.

다. 문제점

보호책임 제도에 대하여는 무엇보다도 실제 안보리 승인과정에서 발생할 수 있는 거부권으로 인한 제약 가능성,[90] 강대국에 의한 정치적 목적으로의 이

90) 리비아 관련 결의문 채택시 안보리 상임이사국 중 중국과 러시아는 기권하였다. 그러나 기권은 거부권의 행사로 보지 않는다는 확립된 해석원칙에 따라 10개국의 찬성으로 통과되었다.

용 가능성, 보호책임 개념의 불명확성 등이 제약요인으로 지적될 수 있을 것이다. 이러한 이유로 반대론자들은 보호책임을 인도주의적 개입의 또 다른 이름에 불과할 뿐이라고 비난하고 있다. 따라서 보호책임을 확립된 국제법 개념으로 평가하는 것은 아직까지는 시기상조다.[91] 결국 국가주권 및 국내문제불간섭의무의 존중과 국가에 의해 보호받지 못하는 개인의 인권의 실현이라는 상충하는 이익을 어떻게 조화시켜 나가느냐가 앞으로의 과제라고 볼 수 있다.

그럼에도 불구하고 보호책임의 개념은 국제사회가 국제공동체로 끊임없이 발전하는 과정에서 인도적 개입의 한계를 극복하기 위해 출현된 개념이라는 점에서 적극적인 평가가 필요할 것이다.[92] 특히 북한 내 인권유린을 방관할 수 없는 우리로서는 북한에 대한 보호책임의 적용 가능성에 대하여도 적극적으로 국제사회와 협의해 나가야 할 것이다.[93]

라. 인도적 개입과의 주요 차이점

당장의 강제적인 군사개입에 초점이 맞추어져 있는 인도적 개입과는 달리 보호책임은 가능한 한 사태의 초기단계에 개입하여 예방조치를 수행한다는 점에서 단계별 접근방식이다.

나아가 인도적 개입은 개입국(특히 강대국)의 주관적인 판단에 좌우될 우려가 있으나 보호책임은 국제공동체 전체의 관심사항으로 유엔에 의한 적절한 통제가 가능하다.

---

91) 적어도 아직은 보호책임의 법적 성격이 '연성법(soft law)' 또는 '생성 중인 규범(emerging norm)'에 머물러 있다고 보아야 할 것이다.

92) 지금까지 보호책임 개념이 중앙아프리카, 코트디브와르 사태 등 80여 개의 유엔 안보리 결의와 50여 개의 인권이사회 및 13개 총회 결의에서 원용되었다는 사실은 앞으로 동 개념이 확대 적용될 수 있음을 시사한다는 점에서 의의가 있다.

93) 2017년 유엔 총회 결의 A/Res./72/188(북한의 인권상황)은 북한정권이 인도에 반하는 죄로부터 주민을 보호할 책임이 있다고 하였다. 따라서 북한 정권이 이러한 책임을 다하지 못하는 경우 국제사회의 보호책임 발동이 정당화될 수 있을 것으로 판단된다.

6. 타국 내전에의 개입

일국 내에서 벌어지고 있는 내전은 국내문제이다. 다른 나라가 이에 개입하는 것은 국내문제불간섭의무의 위반에 해당된다. 1970년 '국가간 우호관계 및 협력에 관한 국제법 원칙 선언'도 이 점을 확인하고 있다. 따라서 일국 내에서 내전에 참여 중인 반군의 행위는 국내법상의 문제로 국제법 위반이 아니지만 외국이 반군을 지원하는 행위는 국제법 위반에 해당된다. 앞에서 설명한 바와 같이 ICJ도 1986년 '니카라과 사건'에서 이 점을 확인한 바 있다. 즉, ICJ는 미국이 니카라과 정부에 대항하여 투쟁하는 반군을 지원하고 이를 위해 무장단체나 비정규군을 조직하거나 이를 고무한 행위는 국내문제불간섭의무의 위반일 뿐만 아니라 무력사용금지원칙의 위반에도 해당된다고 보았다.

한편 다른 차원에서 1945년 이래 많은 국가들은 외부로부터의 전복위협에 처한 합법정부에 대한 지원행위를 정당화하여 오고 있다. 물론 어느 경우에도 합법정부의 요청이 객관적으로 확인되어야 할 것이다.[94] 따라서 합법정부에 대한 지원이 정당하다면 역으로 반란단체에 대한 지원은 국제법 위반에 해당된다고 보아야 할 것이다. 그러나 합법정부에 대한 지원이 부당한 간섭에 해당하는 경우가 많다는 점에서 이에 대한 국가들의 실행은 아직 불명확하다.

94) 소련은 1979년 서방의 전복위협으로부터 아프가니스탄을 방어하기 위한 목적으로 아프가니스탄 합법정부의 요청으로 군사개입 하였다고 주장하였으나 이는 사실상 국내문제에 대한 불법적인 간섭이었다.

제7절 평가

1. 국제법상 허용되는 무력사용에 대한 평가

유엔헌장 제 2조 4항의 무력사용금지원칙에 대하여도 일정한 경우 예외가 허용된다. 지금까지 설명한 바를 요약하면 다음과 같다.

첫째, 헌장 제 51조하에서의 개별적 및 집단적 자위권의 행사를 위한 무력사용은 당연히 허용된다. 또한 헌장 제 8장에 근거하여 지역적 협정 또는 지역적 기구가 안보리의 허가를 얻어 행사하는 강제조치의 경우 무력사용이 허용된다.

둘째, 안보리가 (제 43조의 사문화 및 제 42조 원용의 어려움으로 제 42조를 명시하지 않고) 제 7장하에서의 결의(앞에서 인용한 안보리 결의 제 678호 등)를 통해 허가한 무력사용은 허용된다.

셋째, 1950년 한국전 당시 유엔 총회가 채택한 평화를 위한 단결결의(Uniting for Peace)에 근거하여 총회의 권고(recommendation)에 따라 행사하는 무력사용은 허용된다.

넷째, 유엔의 허가하에 사용되는 보호책임에 수반되는 무력사용도 허용된다.

다섯째, 일국 소재 무장집단이 타국 영토에 침입하는 경우 타국이 무장집단을 응징하기 위해 필요시 국경을 넘어 추적하기 위해 무력을 사용하는 것이 허용되는가의 문제가 있다. 이 문제는 확대된 자위권 행사의 문제로 보아야 할 것이다.

여섯째, 자결권의 실현을 위해 투쟁하는 민족해방단체(NLM)도 후술하는 바와 같이 자결, 자유 및 독립을 추구할 권리와 이를 위해 투쟁하고(struggle) 지원(support)을 받을 권리가 있다는 점에서 제한된 범위 내에서는 무력사용이 허용되는 것으로 보는 견해도 있다.[95)]

95) 1974년 유엔 총회가 채택한 '침략의 정의 (Definition of Aggression)' 제 7조는 식민지배 또는 외세의 지배하에서 자결권을 행사하기 위한 목적의 무력사용은 허용되는 것으로 해석될 수 있다는 주장도 있다. 동 제 7조의 관련 부분은 다음과 같다: "Nothing in this Definition ... could in any way prejudice the right to self-determination, freedom

끝으로 헌장 제 2조 4항이 다른 국가의 영토보전이나 정치적 독립에 대하여 또는 유엔의 목적과 양립하지 않는 방식으로의 무력의 위협이나 사용을 금지하고 있다는 점에서 일부 학자들은 기술적으로 이들 금지된 목적만 피할 수 있다면 좀 더 신성한 목적을 위한 무력의 위협 또는 사용은 허용될 수 있다고 주장하고 있다. 예컨대, 앞에서 검토한 인도적 개입이나 자국민 구출과 관련된 무력사용에 대하여 이와 같은 문언적 해석을 통해 제한적으로 정당성이 부여될 수 있다고 주장하고 있다. 그러나 다수의 입장은 제 2조 4항의 입법취지가 가능한 한 무력사용을 제한하려는 의도였다는 점을 근거로 이러한 해석을 지지하고 있지 않다.

결국 헌장 제 51조에 따른 국가의 기본적 권리로서의 자위권의 행사가 유일한 합법적 무력사용의 예이며 무력사용과 관련하여 가장 중요한 조항이다.

한편 무력사용금지원칙은 국가간의 관계에서 적용되는 것이므로 일 국내에서 교전단체 등과의 관계에서 국내적 질서와 안전을 유지하기 위한 목적으로 합법정부가 무력을 사용하는 경우에는 (국제인권법과 국제인도법을 준수하는 한에서) 허용된다고 보아야 할 것이다.

2. 유엔의 국제평화와 안전의 유지를 위한 역할 평가

무력사용문제는 우리에게 너무 많은 이해가 걸려 있는 주제이다. 특히 다수의 생명이 걸려 있는 문제라는 점에서 이를 규제하기 위한 국제사회의 고민도 깊다. 이러한 이유로 모든 국가의 법률고문들은 자국의 무력사용이 국제법상 허용되는가(자국의 무력사용이 국제인도법을 위반하는 것은 아닌지에 대한 검토도 병행)에 대한 연구를 가장 중요한 과제의 하나로 생각해 오고 있다. 1986년 영국기지를 이용한 미국 군용기의 리비아 공습과 2003년 영국의 이라크에 대한 무력개입을 둘러싸고 영국 외교부 법률고문이 정부와의 입장차이를 극복하지 못하고 사직한

---

and independence of peoples forcibly deprived of that right ... particularly peoples under colonial and racist regimes or other forms of alien domination: nor the right of these peoples to struggle to that end and to seek and receive support, ..."

사건은 이러한 사실을 증명하는 좋은 예이다.

그러나 국제법은 국가들이 협력하여 평화롭게 공존할 수 있도록 하는 방향으로 발전되어 왔다. 예컨대, 어느 한 국가가 안보리의 명시적 승인(authorization)을 받지 못하거나 다른 국제법상의 근거 없이 또는 다른 국가들이 공통적으로 이의를 제기하고 자신도 정당한 무력사용이라는 분명한 확신이 없는 가운데 무력을 행사한다면 이는 분명 국제사회의 비난의 대상이 될 것이다. 다시 말해서 ICJ에 의해 최종적으로 합법적이라는 판단이 서지 않을 것으로 예상되는 무력사용은 반드시 자제되어야 할 것이다. 동시에 합법적인 무력사용(*jus ad bellum*)의 경우에도 국제인도법인 교전법규(*jus in bello*)는 준수되어야 할 것이다.

결론적으로 국제평화와 안전의 유지를 위한 지금까지의 유엔의 활동을 평가하면 만족스러운 결과는 아니지만 과거 다른 어느 체제보다도 훌륭한 기능을 수행해 오고 있다는 점을 부인할 수 없다. 비록 유엔의 집단안전보장 기능에 대한 아쉬운 평가가 남지만 그 밖에 평화를 위한 단결결의, 평화유지활동, 나아가 보호책임 개념의 출현 및 후술하는 국제테러리즘에 대한 국제사회의 단합된 대응노력이나 국제형사재판소의 설립을 통해 침략범죄에 책임 있는 국가지도자 개인에 대한 처벌을 실현한 것은 국제사회가 무력사용에 대하여 진지하게 고민하고 있다는 증거이며 동시에 희망이라고 본다. 이와 관련 유엔 안보리가 2020년 지속가능한 평화를 구축함에 있어 청소년들의 역할증진을 위한 방안을 촉구하는 내용의 '국제평화와 안전의 유지(Maintenance of International Peace and Security)'에 관한 결의(제 2535호)를 채택하였다는 사실은 안보리 역할의 점진적 발전으로 평가될 수 있을 것이다.[96)]

96) 동 결의를 통해 안보리는 국제평화와 안전과 관련된 평화협정의 협상 및 이행을 포함하는 평화구축뿐만 아니라, 분쟁의 예방과 해결과정에서 청소년의 대표성을 높일 수 있는 방안을 강구할 것을 촉구하며, 청소년들의 완전하고 효과적이며 의미 있는 참여를 보장할 것을 요청하였다. 안보리는 시민적 및 정치적 공간을 보호하고 혐오 발언과 폭력 선동을 규탄하는 것을 포함하여, 평화와 안전을 위해 일하는 청소년들을 위하여 안전한 환경을 조성할 국가의 의무도 확인하였다.

3. *jus ad bellum*과 *jus in bello*의 현대적 의미

유엔 창설 이후에는 무력사용 또는 전쟁이 불법화되었으며 따라서 원칙적으로 *jus ad bellum*은 물론 *jus in bello*나 중립법규도 더 이상 의미를 가지지 못한다. 그러나 무력사용이 금지된 오늘날에도 예외적으로 무력사용이 허용될 수 있다. 즉, 일반적인 무력사용의 금지(제 2조 4항) 속에서도 예외적으로 '자위권(제 51조)과 유엔 안보리가 승인한 무력사용(제 7장에 의한 안보리의 강제조치 등)'이 허용되며 이는 *jus ad bellum*의 정당한 행사에 해당된다.[97] 또한 정당한 무력사용 외에도 오늘날 국제법을 위반한 크고 작은 무력분쟁은 지속적으로 발생하고 있다.

이처럼 합법적이든 불법적이든 무력충돌상황이 발생하는 경우 적어도 *jus in bello*의 준수는 국제인도법의 관점에서 필요하다. 예를 들어 부당한 침략전쟁의 경우에도 전쟁의 정당성에 대한 평가는 차치하더라도 전쟁의 피해를 최소화하기 위한 인도적 고려에서 *jus in bello*는 준수되어야 할 것이다. 또한 이러한 불법적인 무력사용에 대응하여 유엔이 제 7장에 따른 조치로 무력을 행사하는 경우에도 정당하다는 명분 때문에 *jus in bello*를 무시할 수는 없을 것이다.

한편 오늘날 핵무기 등 대량살상무기의 개발 및 확산과 9·11 테러의 발생은 국가들로 하여금 무력사용문제를 보다 적극적인 관점에서 판단하는 계기를 마련하였다. 이를 계기로 일부 국제법학자들과 정책결정자들은 과거 정전론의 입장을 수용하면서 정당한 목적의 무력사용은 허용되어야 한다는 입장을 지속적으로 밝힌바 있다. 그러나 무력사용이 일반적으로 금지된 유엔헌장 체제하에서 정전론에 근거하여 무력사용의 정당성을 각국의 판단에 맡기는 것은 국제법의 발전과정에 역행하는 것이라는 점에서 어느 경우에도 설득력을 가지기 어려울 것이다.

---

97) 무력사용의 금지에 대한 예외로 허용되는 자위권과 제 7장하의 강제조치를 'core ingredients of *jus ad bellum*'이라고 한다.

무력사용에 대한 규제 요약

1. 무력사용금지원칙의 발전

▶ 전쟁과 평화의 법으로서의 국제법은 무력사용에 대한 규제를 중심으로 발전되어 옴.

▶ 정전론과 무차별 전쟁론을 거쳐 일반적이고 포괄적인 무력사용규제 시도

- 19세기 말 이후 비록 완벽하지는 않지만 무력사용 자체를 규제하기 위한 노력 시도
- 1907년 헤이그 평화회의(Hague Peace Conference)에서 채택된 '계약상 채무의 회수를 위한 병력사용의 제한에 관한 협약
- 국제연맹과 집단안전보장 개념의 출현
- 1928년 부전조약 및 국제분쟁의 평화적 해결을 위한 일반의정서 등을 통해 전쟁에까지 이를 수 있는 분쟁발생시 중재 또는 사법적 해결 등 평화적인 방식으로 해결할 것을 약속

▶ 유엔헌장은 무력사용의 일반적 금지를 성문화

- 유엔헌장 제 1조 1항은 '국제평화와 안전을 유지하고 이를 위하여 평화에 대한 위협의 방지, 제거 그리고 침략행위 또는 기타 평화의 파괴를 진압'하는 것을 목적으로 규정
- 유엔헌장 제 2조 4항은 '다른 국가의 영토보전이나 정치적 독립에 대하여 또는 유엔의 목적과 양립하지 아니하는 어떠한 기타 방식으로도 무력(force)의 위협이나 무력행사를 삼가한다'고 규정

▶ 무력의 위협 또는 사용을 일반적으로 금지하고 있는 헌장 제 2조 4항의 내용은 이후 다양한 국제문서와 국제재판에서 지지되고 헌장상의 의무를 넘어 보편적 적용이 요구되는 국제관습법으로 발전

- 제 2조 4항의 '무력의 위협이나 사용(threat or use of force)'에서 말하는 무력(force)은 정치적·경제적 영향력이나 힘을 의미하는 것이 아니라 무력을 의미함. 여기서의 무력(force)은 자위권의 발동이 정당화되는 헌장 제 51조의 무력공격(armed attack)보다 폭넓은 개념임.

2. 유엔헌장상 무력사용금지원칙의 예외(허용되는 무력사용)

▶ 헌장 제 51조와 자위권

- 헌장은 제 2조 4항에서 무력사용을 일반적으로 금지하면서도 무력공격 발생시 헌장 제 51조에 따라 국가의 고유한 권리인 자위권의 행사를 허용

- 자위권의 행사는 국제법의 발전 과정에 비추어 볼 때 또한 제 2조 4항의 해석상 제한적으로 해석하는 것이 바람직함. 헌장 제 51조도 자위권의 행사는 안보리가 제 7장에 의한 집단안전보장조치를 취할 때까지만 허용된다고 규정
- 예방적 자위권의 허용 여부에 대한 판단

▶ 그 밖에 헌장 규정 및 헌장 해석 등을 통해 허용되는 무력사용
- 제 7장에 근거한 안보리의 강제조치
- 총회의 국제평화와 안전에 관한 부차적 책임(평화를 위한 단결 결의 등)
- 유엔평화유지활동
- 제 8장에 의해 허용되는 무력사용 등

3. 헌장 해석 및 국제사회의 관행상 헌장 제 2조 4항의 위반에 해당되지 않는 무력사용의 예로 주장되는 경우

▶ 헌장 제 2조 4항이 금지하고 있는 무력사용의 범위와 관련 일부 학자들은 동 조항을 문언적으로 해석, 다른 국가의 영토보전이나 정치적 독립을 저해하지 않거나 헌장의 목적과 양립될 수 있는 경우의 무력사용은 국제관습법상 지금도 허용될 수도 있다고 보고 있음.

▶ 여기서 허용될 수 있다고 주장되는 무력사용의 예는 다음과 같음.
- <자국민 구출> 해외에 억류되어 급박한 위험에 처한 자국민을 구출하기 위한 무력사용은 허용되어야 한다는 입장임. 과거 이스라엘 특공대에 의한 자국민 구출시 국제사회가 이를 크게 비난하지 않았다는 점도 이러한 주장을 설득력 있게 하고 있음. 왜냐하면 자국민 보호는 국가의 의무라는 점, 자국민 구출을 위한 무력사용은 국내문제불간섭의무와도 상충되지 않는다는 점, 나아가 목적의 순수성, 다시 말해서 무력사용이 결코 상대국의 영토보전이나 정치적 독립을 저해하기 위한 것이 아니라는 점에서 제 2조 4항의 예외가 될 수 있다고 보고 있음. 그러나 아직까지 도덕적으로는 비난하기 어려우나 국제법적으로 당연히 허용된다고 할 수는 없을 것임.
- <인도적 개입> 현재 논란의 대상이 되고 있는 것은 인도적 개입(humanitarian intervention)의 허용 문제임. 인도적 개입이란 한 국가 내에서 발생하고 있는 심각한 수준의 비인도적 사태에 대해 해당국가가 이를 해결할 의사나 능력이 결여된 경우 타국이 그러한 사태(situation)를 종식시키기 위하여 무력을 사용하여 개입하는 것으로 이러한 목적의 무력사용은 제 2조 4항에서 말하는 영토

보전 또는 정치적 독립 등과 무관하고 오히려 유엔의 이상을 실현시킬 수도 있다는 점에서 허용되어야 한다고 보고 있음. 더욱이 해당 국가가 사태를 해결하지 못하는 경우 이는 국제평화와 안전을 위협하는 사태로까지 발전할 수 있다는 점에서 이를 방치하는 것이 과연 올바른 것인가에 대한 근본적인 물음에서 출발하고 있음. 그러나 이에 대한 국제재판소 등 국제사회의 평가는 아직은 부정적임. 참고로 인도적 개입문제는 국내문제불간섭의무와 직접 관련된다는 점에서도 문제가 될 수 있음.

- ＜보호책임＞ 한편 일국의 인도적 사태가 결국은 국제평화와 안전에 대한 위협이 될 수 있다는 점에서 유엔은 제한된 범위 내에서 절차적 정당성을 확보할 수 있는 경우에 한하여 개입을 정당화할 수 있도록 하기 위한 목적으로 보호책임(Responsibility to Protect: R2P)의 개념을 발전시켜 왔음. 물론 오늘날 국제사회에서 보호책임의 개념에 대한 공감대가 형성되어 가고 있는 것은 사실이나 이에 대한 국가간 이해, 입장 차이 등으로 아직 새로운 국제규범으로 정립되었다고 볼 수는 없을 것으로 평가됨.
- ＜국제테러＞ 유엔의 집단안전보장 체제가 국제테러 등 새로운 형태의 무력의 위협 또는 사용에 효과적으로 대처하지 못하고 있는 상황에서 이에 대처하기 위한 불가피한 무력사용은 허용되어야 한다는 주장이 있으나 국제사회의 이에 대한 평가는 일치되지 않음.
- ＜민족해방운동＞ 민족자결의 원칙에 따른 민족해방운동(NLM)의 무력사용 등에 대한 검토가 요구됨.

4. 평가

▶ 유엔헌장은 제 2조 4항에서 무력사용에 대한 일반적 금지를 규정하면서도 이에 대한 예외로 제 51조에서 자위권의 행사를 통한 무력사용을 허용하고 있음. 또한 헌장의 범위 내에서 행사되는 일정한 무력사용도 허용하고 있음. 그러나 그 밖의 예외적인 무력사용의 허용 여부에 대한 국제사회의 입장은 명확하지 않음.

▶ 따라서 무력사용의 일반적 금지에 대한 예외는 매우 제한적으로 해석되어야 할 것이며 특히 인도적 개입에 대해서는 이를 소극적으로 해석하는 것이 국제법에 충실한 해석이 될 수 있다고 봄.

☞ **기출문제 예시**

문 1) 유엔헌장상 무력사용금지원칙의 성립과정과 동 원칙에 대한 예외에 대하여 설명하시오.

문 2) A국의 X정권은 B국에 대하여 비우호적인 정책기조를 가지고 있었으며 대다수 국민과 국제사회로부터 독재정권이라는 비난을 받고 있었다. A국 내에 결성된 반란단체 Y는 독재정권의 타도와 민주정부 수립을 명분으로 무장투쟁을 통한 X정권의 전복을 선언하였다. 이 상황에서 B국은 A국을 반인권독재국가로 비난하면서 반란단체 Y를 우회적으로 지원할 목적으로 A국과의 외교관계를 단절하고 그동안 지속되었던 경제원조를 중단하였다. 또한 B국은 A국의 반란단체 Y에게 대규모의 무기와 군수품을 제공하는 한편 재정적 지원도 병행하였다. 이에 맞서 A국은 자국 내 반란단체 Y에 대한 B국의 군사적 지원을 이유로 유전지대를 폭격하고 B국의 항구에 기뢰를 설치하였다. (단, A국과 B국은 유엔회원국이다.)

1) B국의 행위가 국내문제불간섭원칙의 위반에 해당하는지 논하시오.
2) B국의 행위가 무력사용금지원칙의 위반에 해당하는지 논하시오.
3) A국의 행위가 자위권의 적법한 행사라고 할 수 있는지 논하시오.

문 3) A국에서는 X부족이 30여 년 동안 부정선거와 무력을 통하여 권력을 독점하고 다른 부족들을 억압하며 통치하고 있다. 최근에 A국 국민들은 공정한 선거와 민주주의를 요구하는 시위를 벌였는데 정부는 이 시위를 무력으로 진압하면서 수천 명의 민간인을 고문, 살해하였다. 이에 A국에 인접한 B국은 군대를 파견하여 A국의 인권침해 사태를 종식시키기로 결정하였다. 한편 유엔 안전보장이사회는 A국 정부가 자행한 인권유린을 이유로 유엔헌장에 따라 A국에 대한 강제조치를 취하는 방안을 논의하고 있다.

1) B국이 군대를 파견하여 A국의 인권침해 사태를 종식시키는 것은 국제법상 허용되는가?
2) 유엔 안전보장이사회가 A국에 대한 강제조치를 취할 수 있는 요건과 강제조치의 유형에 대하여 설명하시오.

문 4) 정치적으로 불안정한 상태인 A국에서는 정부군과 반란군 사이에 군사적 충돌이 격화되고 있다. 반란군은 A국 수도에 소재하는 종합병원에서 B국 국적의 민간인 30여 명을 포함한 다수의 외국인들을 인질로 억류하고 있다. B국은 헬리콥터와 특수부대를 동원하여 병원 내 자국민과 외국인들을 구출하려고 한다. B국의 군사적 구출작전의 국제법적 정당성에 대해 논하시오. (단, A국과 B국은 유엔 회원국이다.)

문 5) A국이 WMD(대량살상무기)를 개발하자 유엔 안전보장이사회는 'A국에 대하여 WMD 개발 중지와 관련 국제기구의 무기사찰을 받을 것을 요구함과 동시에 만일 A국이 이를 무시할 경우 중대한 결과에 직면할 것임을 경고'하는 '결의 2008'을 채택하였다. 그러나 A국이 계속 WMD를 개발하자 A국과 인접한 B국은 WMD 개발시설을 파괴하기 위하여 A국을 침공하였다. B국의 A국 침공이 '결의 2008' 또는 자위권(self-defense)에 의해 정당화 될 수 있는지 여부를 유엔헌장상의 관련 규정에 따라 검토하시오.

문 4)에 대한 답안작성 요령[98)]

1. 문제의 핵심

▶ 이 문제는 인질 구출을 위해 B국이 국제법상 어떠한 조치를 취해야 하는가가 아니라 B국이 독자적으로 무력사용을 통해 자국 인질을 구출하려는 행위의 국제법적 정당성에 관한 문제임.

▶ 내란과 관련한 문제(교전단체의 승인), 자국민 보호를 위한 외교적 보호권 문제 등은 고려사항이 아님.

2. 검토방향

▶ 무력사용에 대한 일반적 금지(유엔헌장 제 2조 4항)와 이에 대한 유일한 예외인 자위권(제 51조)에 대한 분석이 중심이 되지만 동시에 오늘날 무력사용금지에 대한 국제사회의 보다 전향적인 논의에 비추어 자국민 구출을 위한 무력사용의 허용 가능성에 대하여 검토함.

3. 답안작성

가. 무력사용에 대한 일반적 금지와 예외

▶ 유엔헌장 제 2조 4항과 1970년 '국가간 우호관계 및 협력에 관한 국제법원칙 선언' 등을 통해 국제법(국제관습법)상의 원칙으로 확립

– 이 원칙은 보편적으로 적용되며 위반이 허용되지 않는 규칙으로 강행규범에 해당

▶ 무력사용금지에 대한 유일한 예외로 자위권 허용

나. B국의 자국민 구출을 위한 무력사용의 국제법상 허용여부

1) 자위권 해당 여부

▶ A국 내 반군의 행위를 중앙정부의 행위와 동일시할 수 없을 것임. 인질구출의 일차적 책임은 중앙정부에 있으며 B국은 중앙정부의 판단을 존중하여야 할 것이나 중앙정부가 인질구출을 위한 노력을 수행할 의사나 능력이 없는 경우 B국의 직접대응이 필요할 수 있음.

▶ 그러나 자국민 구출을 위한 무력사용을 정당화하는 국제법은 없음. 이를 허용하는 국제사회의 일반적 관행과 법적확신이 확립되어 있지 않다는 점에서 국제관습법도 형성되어있지 않음.

– 성문조약인 유엔헌장이 허용하는 무력사용의 유일한 예외인 제 51조는 자국민 구출을 위한 무력사용을 자위권의 정당한 행사로 보지 않음. B국의 인질구출과 관련 어느 경우에도 해외 자국민에 대한 공격을 자국에 대한 무력공격으로 볼 수 없음. 1986년 서베르린 디스코텍 사건에 대한 대응으로 리비아를 공격하면서 미국은 자국민 보호를 자위권의 정당한 발동요건으로 주장하였으나 국제사회는 부정적 입장이었음. 이란 인질사건에서도 미국은 자국민 구출을 위한 특공대의 군사행동을 자위권으로 정당화하였음. 이에 대해 ICJ가 미국의 인질구출을 위한 무력행사의 합법성을 판단하지는 않았으나 재판소에 사건이 계류되어 있는 동안 행해진 미국의 행위는 국제관계에서 사법절차에 대한 존중을 의도적으로 무시한 것으로 보았다는 점은 시사하는 바가 큼.

2) B국이 원용할 수 있는 자위권 이외의 허용되는 무력사용

▶ 자위권 외에도 헌장 규정 및 헌장 해석 등을 통해 허용되는 무력사용의 예로는 제 7장에 근거한 안보리의 강제조치, 평화를 위한 단결 결의, 유엔평화유지활동 또는 제 8장의 지역기구에 의한 무력사용 등이 있음. 그러나 이 범주 내에서 자

국민 구출을 위한 무력사용의 정당성을 확인하기는 어려움.

▶ B국의 인질구출은 무력을 수반하는 무력복구이므로 국제법상 위법상 조각사유로서의 대응조치로 정당화될 수도 없음.

▶ 그러나 오늘날 국제사회는 인도적 개입과 함께 자국민 구출을 위한 무력사용의 정당성 문제에 대한 논의를 계속해 오고 있으며 이에 비추어 B국의 무력사용의 정당성을 평가해 볼 수 있을 것임.

– 자국민 구출을 위한 무력사용이 허용될 수 있다는 주장과 허용되어서는 안 된다는 주장의 근거를 간단히 설명(본 강 제 6절의 '무력사용의 또 다른 사례' 4. '해외 자국민 구출을 위한 개입' 참조)

– 관련 사례로는 이스라엘의 엔테베 작전, 미국의 그레나다, 파나마 및 도미니카 공화국에의 개입 등을 들 수 있으나 이중 미국의 군사개입은 자국민 구출 목적의 순수성이 의심되는 경우가 많음. 예컨대, 미국은 도미니카 개입시 자국민 보호를 명분으로 하였으나 이후 공산주의 확산방지를 목적으로 함.

다. 결어 및 평가

▶ 인질구출문제는 국가의 중요한 핵심 가치의 하나인 자국민 보호의무와 관련된다는 점에서 인질구출을 위한 무력사용의 허용여부에 대한 국제사회의 평가는 매우 조심스러움. 이와 관련 개별국가의 태도는 이를 허용하지는 않으나 그렇다고 명시적으로 비난하지도 않으며 유엔을 비롯한 국제사회의 태도도 이와 유사함.

▶ 결국 쟁점은 이를 허용하는 입장과 반대하는 입장간의 간극, 특히 남용의 우려와 국가의 자국민보호 의무라는 충돌되는 이익의 조화문제로 이를 위한 제도적 장치의 마련이 요구됨.

▶ 그럼에도 불구하고 무력사용을 일반적으로 금지하기 위한 국제사회의 노력은 결코 과소평가 되어서는 안 될 것임.

▶ 참고로 인질구출을 위한 무력사용이 명시적으로 허용되지 않는 오늘날의 국제법하에서 영토국의 동의 없는 군사작전은 경우에 따라서는 헌장 제 2조 4항 및 유엔총회 결의 제 3314호(침략의 정의) 제 3조(a)의 침략행위에 해당될 수 있다는 주장에도 주목하여야 할 것임.

98) 여기서 예시된 답안 작성요령은 실제 시험시 문제 배점에 따라 포함되어야 할 내용과 양이 조절되어야 할 것이다.

III

국제법 이론

제 5 강
국제법의 법원

제1절 법원의 개념

1. 국제사법재판소규정과 법원

모든 법체계에는 법규범(norms) 또는 법률(laws)을 제정(law-creating)하거나 유효한 것으로 확인(law-identifying)하는 일정한 기준이 있다. 여기서 법이 제정되는 절차 또는 방식과 법을 확인할 수 있는 자료 내지 증거가 법의 연원, 즉 법원(sources of laws)이다.

국제법의 경우에도 비록 국내법과 달리 완전하지는 않지만 일반적으로 승인되고 수락된 법 제정 방식이 있고 또한 법규범의 내용을 확인하는 다양한 자료가 있다. 이를 국제법의 법원(sources of international law)이라고 한다.[1] 그러나 국제

---

1) 국제법의 법원은 국제법의 본질적인 기초가 되는 국제법규의 성립형식, 즉 형식적 법원(formal source)과 인식자료, 즉 실질적 법원(material source)으로 구분하기도 한다. 먼저 국제법의 성립형식, 즉 형식적 법원은 법실증주의에 따라 국가간 합의에 의해 만들어지는 조약과 국제관습법을 의미한다. 반면 국제법의 인식자료, 즉 실질적 법원이란 법적 의무의 본질과 내용을 의미하며, 실질적으로 권리나 의무에 관한 규칙을 찾아볼 수 있는 법의 근거지를 말한다. 이를 요약하면 형식적 법원의 기능은 법을 만드는 것이고 실질적

사회에는 국제법을 제정할 수 있는 세계정부나 의회가 없으며 따라서 국제법이 어떠한 형식으로 성립되어 있는지를 확인하기가 매우 어렵다. 이러한 사정을 감안하여 국제법학자들은 국제법의 법원에 관한 논의의 출발점을 유엔의 주요사법기관인 국제사법재판소(ICJ)의 설치와 운영을 규정한 '국제사법재판소규정(ICJ 규정)' 제 38조 1항에서 찾고 있다. 이 점에 대해서는 학자들간 이견이 없다.[2)]

물론 이 조항이 국제법의 법원을 염두에 두고 만들어진 조항은 아니지만 국제법에 따라 재판하는 것을 임무로 하는 ICJ가 재판의 준칙(재판소가 적용하는 법의 기준과 그것의 원천)으로 삼고 있어서 국제법의 법원을 설명하는 데 있어 중요한 역할을 하고 있다.

ICJ 규정 제 38조 1항은 재판의 준칙을 다음과 같이 규정하고 있다.

(a) 분쟁국에 의하여 명백히 인정된 규칙을 확립하고 있는 일반적인 또는 특별한 국제협약(international conventions, general or particular, establishing rules expressly recognized by the contracting states)[3)]
(b) 법으로 수락된 일반관행의 증거로서의 국제관습(international custom, as evidence of a general practice accepted as law)
(c) 문명국에 의하여 인정된 법의 일반원칙(the general principles of law recognized by civilized nations)
(d) 법칙 결정의 보조수단으로서의 사법판결(judicial decisions) 및 제국의 가장 우수한 국제법 학자의 학설(teachings)
(e) 또한 분쟁 당사자가 합의하는 경우에는 형평과 선(*ex aequo et bono*)에 의한 재판이 가능하다.

법원은 법이 되는 의무의 내용을 확인하는 것이며(Formal sources constitute what the law is and material sources identify where the law is to be found), 법원은 이 양자를 모두 포함하는 개념이다. 예컨대, 국가의 실행은 실질적 법원이며, 실행이 발전한 국제관습법은 형식적 법원이다. 형식적 법원과 실질적 법원에 대하여는 정인섭, '신국제법 강의', 박영사, 2021, pp. 35-36; 김정건, '국제법', 박영사, pp. 3-10; Martin Dixon, 'Textbook on International Law', Oxford University Press, 2007, pp. 23-25 참조.

2) 전 세계 거의 모든 국가들이 ICJ 규정의 당사국이라는 점에서 동 제 38조 1항을 통해 국제법의 법원을 설명하는 데 있어 국가간 이견은 발견되지 않는다.

3) 국제협약은 조약의 다른 표현이다.

여기서 (a)~(c)는 진정한 의미의 법원으로 직접적으로 법규범을 창설하지만 (d)는 법원의 보조적 수단으로서 법규범이 창설되는 과정의 증거가 되거나 과정 자체를 설명한다고 볼 수 있다. 다시 말해서 ICJ 규정 제 38조 1항에 규정된 국제법의 법원은 (i) 주요 법원(primary source)인 조약, 국제관습과 법의 일반원칙, (ii) 보조적 법원(subsidiary source)인 판례와 학설 및 (iii) 대체법원(alternative source)인 형평과 선으로 나누어 볼 수 있다. 주요 법원으로서의 조약은 국제법 주체간의 명시적 의사의 합치이며 국제관습법은 묵시적 의사의 합치를 말한다. 제 38조 1항 (a)에서 조약을 설명하기 위해 사용된 표현인 '당사국에 의해 인정된(recognized)'과 (b)에서 국제관습법을 설명하기 위해 사용된 표현인 '법으로 수락된(accepted)'은 국가의 동의를 설명하는 다른 표현에 불과하다. 참고로 여기서 주목하여야 할 것은 제 38조 1항이 국제법의 모든 법원을 망라한 것이 아니며 또한 법원간 우선순위를 규율하고 있는 것도 아니라는 점이다.

이하 ICJ 규정 제 38조 1항에 대하여 설명한다.

2. 조약

ICJ 규정이 열거하고 있는 국제법의 첫 번째 법원으로서의 조약(국제협약)은 '국제법의 규율하에 일정한 법률효과를 발생시키기 위하여 국제법 주체들간에 체결되는 국제적 합의'로 정의할 수 있다.

이러한 조약은 당사자가 둘 또는 그 이상인가에 따라 입법조약(law-making treaty)과 계약조약(contractual treaty)으로 구분될 수 있다. 입법조약은 다자조약(multilateral treaty)으로 국제사회의 보편적인 규칙을 제정하는 것을 주목적으로 하며, 계약조약은 양자조약(bilateral treaty)으로 2개국 간의 권리·의무 관계를 규율하는 것을 목적으로 하는 경우가 많다.[4)]

---

4) 국제법의 법원으로서의 조약은 통상 대부분의 국가들에 대하여 보편적으로 적용될 수 있는 입법적 성격의 다자조약을 의미하며, 소수에게 제한된 분야에 한하여 적용되는 계약적 성격의 양자조약은 법원이 될 수 없다는 주장도 있다.

특히 입법적 성격의 다자조약은 (a) 1982년 유엔해양법협약 등과 같이 관습법을 법전화하는 역할, (b) 1967년 우주조약 등과 같이 새로운 국제법규를 창설하는 역할, (c) 유엔헌장의 무력사용금지원칙 등과 같이 당시의 관습법과 배치되는 새로운 국제법규를 창설하는 역할[5] 등과 같은 중요성을 가진다. 유엔헌장은 대표적인 입법조약이다.

조약의 체결, 효력 등 조약과 관련한 전반적인 사항에 대하여는 제 6강(조약법)에서 1969년 '조약법에 관한 비엔나협약'을 중심으로 설명한다.

3. 국제관습법

과거 국제사회의 보편적인 규칙은 국제법의 일차적 법원인 국제관습법(international customary law)에 의존하였다. 그러나 국제관습법의 형성과 존재 확인의 어려움으로 오늘날 새로운 분야에 관한 국제법은 거의 모두 조약의 형태로 출현하고 있으며 국제재판에서도 국제관습법의 형태로 새로운 국제법 규범이 주장된 예는 드물다. ILC도 유엔창설 이후 유엔헌장 제 13조에 따른 국제법의 법전화 작업을 통해 '외교관계에 관한 비엔나협약', '영사관계에 관한 비엔나협약'과 '조약법에 관한 비엔나협약' 등 그간 국제관습법으로 존재하던 규범을 조약으로 성문화하였다.

이와 같이 새로운 국제규범의 형성에 있어서 국제관습법의 역할이 축소되었다고 하여도 국제관습법은 국가들의 자발적 참여와 실행의 결과라는 점과 적용의 보편성, 적용범위의 확대와 시대적 흐름에의 적응성 등 많은 장점으로 인해 앞으로도 그 중요성은 계속 평가될 것으로 보인다. 실제로 국가와 새로운 국제법 주체로서의 국제기구 등과의 관계를 규율하는 규칙의 대부분은 아직도 국제관습법으로부터 나오고 있다.

여기서 조약과 국제관습법의 차이를 살펴보면 조약은 국가들이 '명시적으로

---

5) 앞에서 설명한 바와 같이 유엔헌장 이전에는 무력사용이 국제법상 일반적으로 완전하게 금지되지는 않았다.

동의한 것이 무엇인가'를 기초로 하는 데 반해 국제관습법은 '국가들이 실제로 무엇을 하며 또한 믿고 있는가(What States actually do and believe)'를 문제로 삼는다는 점에서 차이가 있다.[6)]

가. 국제관습법의 성립요건

ICJ 규정이 열거하고 있는 국제법의 두 번째 연원으로서의 국제관습은 단순한 습관(habit), 관례(usuage), 예양(comity)이나 관행(practice)과는 달리 '법으로 수락된 일반적 관행'을 의미한다. 다시 말해서 국제법의 연원이 되는 국제관습이 성립되기 위해서는 객관적·실체적 요소로서의 국가들의 일반적 관행(general practice)과 국가들이 이러한 관행을 법적 구속력이 있는 것으로 보고(binding upon them as law) 이를 준수하는 것이 의무적이라고 (법으로 수락된 것이라고, 즉, 법이라고) 생각하는 심리적 또는 주관적 요소로서의 법적확신(*opinio juris*)이 요구된다.

1) 일반적 관행(객관적 요소)

일반적 관행(general practice)은 국가실행(state practice)이 일관성(consistency)을 가지게 되고, 일관성을 가진 국가실행이 일반성(generality)을 가지고 상당 기간 지속되는 경우에 성립한다.

이를 나누어 설명하면 다음과 같다.

가) 국가들의 실행

먼저 국가들의 실행이 있어야 한다. 국가의 실행은 국가기관에 의해 주도되는 것이 일반적이다. 국가의 실행이란 기본적으로 국가의 표출된 행동(action)을 의미한다는 점에서 국가가 무엇을 행하는가(what States do)가 중요하지 국가가 무엇을 말하는가(what States say)는 중요하지 않다는 주장이 있다. 그러나 국가실행에는 국가가 행하는 것과 말하는 것이 모두 고려되어야 한다.[7)] 국가실행은 부작

---

6) 김대순, '국제법론', 삼영사, 2018, p. 43.

7) ICJ는 1951년 영국과 노르웨이간 '어업 사건(Fisheries Case)'과 1973년 영국과 아이슬란드간 '어업관할권 사건(Fisheries Jurisdiction Case)'에서 국가실행을 판단하면서 국가의 법집행(enforcement)을 반드시 고려하지는 않았다. 참고로 이들 사건의 개요는 다음과

위도 포함한다. 즉, 국가실행을 판단함에 있어서는 국가가 무엇을 하는가와 함께 무엇을 하지 않는가(omission)도 검토되어야 한다. 따라서 일국가가 타국의 행위에 대하여 수동적이거나 무반응하는 것도 묵인이라는 국가실행에 해당될 수 있다.

그렇다면 국가실행은 어떻게 확인할 수 있는가. 이는 국가들의 말과 실제 행동을 어떻게 확인하느냐의 문제이다. 국가들의 실행은 결국 많은 국가들의 기관에 의해 일반적이고 반복적으로 행해지는 행위로서 조약문서의 수락, 정책성명, 외교서한, 구체적인 사태 또는 분쟁과 관련하여 발표하는 성명이나 국제회의(유엔 총회 등)에서의 공식입장, 국제재판소에서의 주장 및 국내법령 또는 국내재판소의 판결 등 다양한 방식으로 확인될 수 있다.[8)]

나) 실행의 일관성

국가의 실행은 일관성(consistency)을 가져야 한다. 일관성을 가진다는 의미는 실행이 일시적 행위가 아니라 일정한 반복성(repetition)과 계속성(continuity)을 가지고 '지속적이며 통일된(constant and uniform)' 것을 의미한다. 1950년 콜롬비아와 페루간 '비호권 사건(The Asylum)'에서 ICJ도 일반적 관행의 성립을 방해하는 것은 국가관행에 대한 일관성(consistency)의 결여이며 따라서 일반적 관행의 성립을 위해서는 '지속적이며 통일된 관례'가 요구된다고 하였다.[9)] 반면 영국과

같다. 전자는 노르웨이 해안의 특성을 고려하여 영해기선으로 직선기선을 사용할 수 있는가가 쟁점이 된 사건이다. 후자는 아이슬란드가 1961년 영국과 12해리 어업수역에 합의하고 이후 일방적으로 50해리로 확대하여 발생한 사건이다.

8) 유엔기구의 관행수록집이나 각국의 국제법 관련 실행을 모은 자료집(예컨대, UK Materials on International Law) 등도 포함될 수 있다.

9) 관련 부분 원문은 다음과 같다: "The facts brought to the knowledge of the Court disclose so much uncertainty and contradiction, so much fluctuation and discrepancy ... there has been so much inconsistency in the rapid succession of conventions on asylum, ... that it is not possible to discern ... any constant and uniform usage, accepted as law ...", 참고로 이 사건은 1948년 페루에서 군사 쿠데타를 주도한 Haya de la Torre 정치지도자가 페루에 소재한 콜롬비아 대사관에 피신하여 비호를 요청한 사건이다. 이 사건에서 콜롬비아는 외교공관의 비호권이 남미제국의 관습이라고 주장하며 동인에 대한 안도권을 요구하였다. 그러나 이에 대해 ICJ는 이 지역 국가들의 관행이나 특히 당사국인 페루의 지속적인 반대 등에 비추어 비호권은 일반국제법상의 관습규범은 물론 지역관습규범으로도 성립될 수 없다고 보았다. 이에 대해서는 후술하는 '지역관습법'을 참조한다. ICJ Reports 1950, p. 266, p. 277

노르웨이간 '어업 사건'에서는 노르웨이의 관행에서 보여지는 적은 정도의 일관성 결여는 문제되지 않는다고 보았다.[10] 즉, 이 요건은 완벽한 일관성을 의미하는 것이 아니라 실질적인(substantial) 정도의 일관성이 확인되면 충분하다고 볼 수 있다. 그러나 보편적 규범을 형성하기 위한 국가실행이라는 점에서 일관성의 정도에 대한 평가는 객관적으로 판단되어야 할 것이다.

국가실행의 일관성은 적극적인 의무로서의 '작위(action)'만이 아니라 소극적인 의무로서의 '부작위(omission)'도 당연히 포함한다.

다) 실행의 일반성

일관성을 가진 국가들의 실행이 지역적이 아닌 보편적 성격의 관습법규범으로 발전하기 위해서는 실행의 일반성(generality)이 요구된다. 여기서 일반성을 갖는다는 것은 국가의 실행이 상당한 수의 국가들(significant number of states)의 공통되고 폭넓은 지지를 받음으로써 모순되는 일부국가의 실행이 예외가 될 정도의 일반성을 가지는 것을 의미한다. 모든 국가의 동일한 실행을 반드시 요구하는 것은 아니다. 또한 국가들의 실행은 지역적이거나 일부 국가간에 한정되어서는 안 되며 적용범위가 일반적이어야 한다.

그렇다면 국가실행의 일반성은 어떻게 확인하는가. 이는 대상이 되는 주제의 성격에 따라 다를 수 있다. 무엇보다도 그 분야에서 특별한 이해관계를 가지는 국가, 특히 중요한 역할을 수행하는 국가들을 포함하는 광범위한 범위의 국가들의 참여를 통한 공통된 실행이 요구된다고 보아야 할 것이다. 이에 대해서는 후술하는 1969년 '북해 대륙붕 사건(North Sea Continental Shelf)'에 대한 ICJ의 판결을 참조한다.

라) 실행의 지속성(관습법 성립에 요구되는 기간)

그렇다면 이렇게 일관성과 일반성을 가진 국가실행이 어느 정도 계속되어

---

10) 관련 부분 원문은 다음과 같다: "The Court considers that too much importance need not be attached to the few uncertainties or contradictions, real or apparent, which the United Kingdom Government claims to have discovered in Norwegian practice", ICJ Reports 1951, p. 116, p. 138.

야 일반적 관행으로 성립될 수 있는가. ICJ는 기간(duration)에 대하여 분명한 기준을 제시하지 않고 있다. 그러나 충분한 정도의 관행의 성립에 요구되는 시간의 경과는 필요하다고 본다. 이와 관련 ICJ는 '북해 대륙붕사건'에서 일반적 관행의 형성에 필요한 기간은 사안별로 다를 수 있지만 짧은 기간의 경과(passage of only a short period of time)가 반드시 국제관습법의 형성에 장애가 되지는 않는다고 보았다. ICJ의 이러한 태도는 후술하는 속성국제관습법의 성립 가능성과 관련하여 시사하는 바가 크다.

마) 일반적 관행의 성립

상기의 과정을 거쳐 일반적 관행이 성립되게 된다. 예컨대, 여러 나라에 의해 정치범 불인도라는 국가의 실행이 일관성을 가지게 되고(일관성), 공통적으로 폭 넓게 행해지고(일반성), 일시적이 아니라 상당기간 지속되면(지속성), 정치범 불인도라는 일반적인 관행이 성립될 수 있다.

2) 법적확신(심리적 요소)

이렇게 형성된 국제사회의 일반적 관행이 바로 국제관습법이 되는 것은 아니다. 지금까지는 일반적 관행의 성립을 검토하면서 국가가 무엇을 하는가에 초점이 맞추어져 있었다. 그러나 지금부터는 국가가 왜 그것을 하여야 하는가를 검토하게 된다. 여기서 국가가 왜 그렇게 행동하느냐가 법적확신의 문제이다. 즉, 법적확신이란 국가가 그렇게 행동하는 것이 국제법상 요구된다는 확신을 말한다. 왜냐하면 국가의 행동이 모두 '반드시 지켜져야 한다'는 의무감에서 비롯된 법적확신(*opinio juris*)에 의해 행해지는 것이 아니기 때문이다. 다시 말해서 일반적 관행 그 자체가 국제관습법이 될 수 있는 '법으로 수락된 일반적 관행'은 아니다. 따라서 일반적 관행이 국제관습법이 되기 위해서는 국가가 그러한 관행이 예양이나 의전적인 관례가 아니라 국제법상 필요하고 요구된다는 신념, 즉 법적확신을 가지고 행동하는 것이 필요하다. 단순한 빈도나 습관적인 반복은 관행일 뿐 법적확신은 아니다. 이러한 점에서 법적확신의 확인은 단순한 관행과 국제관습법을 구분하는 매우 중요한 요소이다.[11]

법적확신의 중요성을 핵무기 사용의 합법성문제와 관련하여 검토하면 보다 이해가 쉽다. 1945년 이래 핵무기는 사용되지 않았다. 그렇다면 핵무기 사용은 더 이상 허용되지 않는다는 국제관습법이 형성되었다고 볼 수 있는가. 그렇지 않다. 설혹 핵무기 불사용에 대한 일반적 관행이 성립되었다고 가정하더라도 이에 근거하여 핵무기의 사용이 국제관습법상 불법이라고 볼 수는 없을 것이다. 왜냐하면 국가들의 실행에 핵무기의 사용이 위법하다는(핵무기 사용금지는 법적의무에 해당된다는) 법적확신이 결여되어 있기 때문이다. ICJ도 이러한 입장을 지지하고 있다. 즉, ICJ는 1996년 '핵무기의 위협 또는 사용의 합법성에 관한 권고적 의견'에서 지난 50년간 핵무기 불사용이 법적확신을 구성하는가에 대한 국제사회의 입장이 심각하게 대립되고 있다는 점, 즉 핵무기 사용의 위법성에 관한 일부 유엔 총회의 결의가 상당수 국가들의 반대와 기권 속에서 통과되었다는 사실은 핵무기 사용의 위법성에 관한 깊은 우려에도 불구하고 법적확신이 성립되지 않았음을 의미한다고 보았다.[12] 또한 1927년 프랑스와 터키간 '로터스호 사건(Lotus)'에서 PCIJ는 그간 선박 충돌사건에서 기국이 아닌 피해국이 관할권을 행사하지 않은 것은 당사국들이 자발적으로 자제한 것에 불과하며 법적 의무감에서 자제한 것이 아니라는 점에서 국제관습법상의 의무로 인정될 수 없다고 보았다.[13] 이

---

11) 법적확신은 '법으로 성립될 수 있기 전에 이미 법이라고 믿는 것(States must believe that something is already law before it can become law)'을 의미한다. 따라서 아무리 관행이 반복되어도 의전절차 등과 같이 법적확신이 없는 것이 분명한 경우에는 어디까지나 국제예양으로 취급된다. 예를 들어서 국빈 방문시 예포의 발사가 이에 해당된다. 따라서 국제예양을 위반하는 경우 정치적 부담은 있을지 몰라도 법적 책임은 없다.

12) ICJ는 또한 '핵무기를 통한 억지의 관행에 대한 의존'으로 법적확신의 생성이 방해받고 있다고 보았다. 관련 부분 원문은 다음과 같다: "... The emergence, as *lex lata*(현재법), of a customary rule specifically prohibiting the use of nuclear weapons as such is hampered by the continuing tensions between the nascent *opinio juris* on the one hand, and the still strong adherence to the practice of deterrence on the other." 결론적으로 ICJ는 핵무기의 위협 또는 사용을 포괄적이고 전면적으로 금지하거나 허용하는 국제관습법이나 조약이 없다고 판시하였다. ICJ Reports 1996, Advisory Opinion, p. 226, paras. 67, 70-73.

13) 그러나 이러한 해석이 잘못되었다는 점에 대해서는 제 11강('국가의 관할권'의 제 2절 가. '속지주의')을 참조한다. 이 사건은 1926년 지중해 공해상에서 발생한 선박충돌사건에 대한 형사재판관할권의 귀속에 관한 분쟁이다. 1927년 '로터스호 사건', PCIJ Series A, No. 10, 1927, p. 28.

와 같이 국가간 법적확신의 성립여부에 대한 대립이 있다면 법적확신은 성립되지 않은 것으로 볼 수 있다. 법적확신의 확인을 통한 국제관습법의 성립은 이를 주장하는 측이 입증하여야 한다. 상기 '로터스호 사건'에서 원고인 프랑스는 이를 입증하지 못하였다.

그렇다면 법적확신의 존재를 확인하기 위한 판단기준은 무엇인가. 실제로 법적확신이라는 국가의 심리를 확인하는 작업이 용이한 것은 아니다. 이와 관련 오늘날 유엔 총회의 결의가 채택되는 과정은 법적확신을 확인하기 위한 증거로 많이 활용되고 있다. 예컨대, 1986년 '니카라과 사건'에서 ICJ는 무력사용금지에 관한 법적확신은 유엔 총회의 결의(여기서는 '국가간 우호협력관계선언')의 채택과 적용과정에서 나타난 당사국들의 태도 등에서 추론할 수 있다고 보았다. 즉, ICJ는 유엔 총회의 결의문에 대한 국가들의 동의는 단순히 헌장에 따른 기존의 조약상 의무의 반복이나 천명이 아니라 결의에 의해 선언된 규칙의 효력에 대한 수락으로 보아야 한다고 판단하였다.[14] 1960년 '식민지 국가 및 인민에 대한 독립부여 선언'은 반대 없이(9개국 기권) 채택되었으며 이후 여사한 결의가 뒤따랐다. 이를 통해 자결권은 정치적·도덕적 원칙에서 법적 권리와 의무로 발전(법적확신의 성립을 의미)되었고 이어서 국제관습법으로 성립되었다고 볼 수 있다. 이와 같이 국제기구의 결의는 새로운 규칙의 성립에 필요한 법적확신의 점진적 진화를 의미한다.

다음으로 국제인도법이나 국제인권규약과 같이 보편적 성격의 다자조약들도 법적확신을 확인하기 위한 증거자료가 될 수 있다. 또한 국가실행, 즉 조약, 외교공한, 국내법원의 판결, 정책성명, 국내입법, 국제회의에서의 국가의 행위 등 국가의 공개적 입장표명도 중요한 법적확신의 증거자료가 될 수 있다.[15] 끝으로 법적

14) 관련 부분 원문은 다음과 같다: "The effect of consent to the text of such resolutions cannot be understood as merely that of a 'reiteration or elucidation' of the treaty commitment undertaken in the Charter. On the contrary, it may be understood as an acceptance of the validity of the rule or set of rules declared by the resolution by themselves", ICJ Reports 1986, p. 14, para. 188.

15) 여기서 심리적 요소로서의 법적확신을 확인하는 것도 결국은 국가의 표출된 행위에서 확인될 수 있다는 점에서 국가들의 일반적 관행의 증거와 사실상 동일하다고 볼 수 있다. 즉, 동일한 국가의 행위가 일반적 관행의 증거이며 동시에 관행을 법으로 만들어

확신은 반드시 개별국가의 의사나 국가간 합의를 뜻하는 것이 아니고 국제사회의 공동규범에 대한 보편적 신념을 의미하는 자연법적 개념에서 추론할 수도 있다. 다시 말해서 이성에 기초하여 지켜져야 한다는 신념이라고 생각할 수 있다.

3) 국제재판소의 태도(ICJ 판례)

가) 1969년 '북해 대륙붕 사건(North Sea Continental Shelf Case)'

이 사건은 독일이 네덜란드와 덴마크를 상대로 제소한 대륙붕경계획정과 관련된 사건으로 1958년 제네바대륙붕협약 제 6조의 등거리선 원칙이 국제관습법으로서 비당사국인 독일에도 적용되는가가 쟁점이었다.[16] ICJ는 이 사건에서 국제관습법이 성립되기 위해서는 앞에서 검토한 일반적 관행과 법적확신의 두 가지 요건이 모두 충족되어야 한다는 점을 확인하였다.

이를 위해 ICJ는 먼저 각국의 실행을 검토하고 그 실행이 해당국의 법적확신에서 비롯되었는가를 검토하였으나 아직 일반적 관행 자체가 형성되지 않았으므로 덴마크와 네덜란드가 주장한 등거리선 원칙이 국제관습법으로 성립되지 않았다고 판단하였다. 여기서 일반적 관행의 존재를 확인함에 있어 판단의 핵심은 앞에서 설명하였듯이 짧은 기간 동안 특정한 관행이 준수되어 왔다는 사실이 국제관습법 형성에 장애가 되는 것은 아니지만 특히 이러한 관행에 자국의 이익이 결려 있다고 생각하는 대표성 있는 국가들의 관행이 과연 광범위하고 일치하는가에 있었다.[17]

주는 법적확신의 증거가 될 수 있는 것이다. Dixon, p. 36.

16) 이 사건의 개요는 다음과 같다. 1966년 덴마크와 네덜란드는 1958년 제네바대륙붕협약 제 6조 1항의 등거리선을 기준으로 대륙붕 경계를 획정하고 독일 근해 해역에 이르는 수역에 대하여도 등거리선을 적용할 수 있다고 주장하였다. 독일은 등거리선 원칙 적용시 자국의 해안선의 특성상 불리하다고 보고 이에 반대하였으며 네덜란드와 덴마크는 등거리선 원칙이 국제관습법의 일부이므로 제네바대륙붕협약의 비당사국인 독일에도 적용될 수 있다고 주장하였다. 참고로 이 사건에서 ICJ는 대륙붕이 '육지영토의 자연연장(natural prolongation of land territory)'이므로 대륙붕에 대한 연안국의 권리는 고유의 권리(inherent right)로 특별한 권리주장(별도의 선언)이 필요 없다고 보았다. 이에 대해서는 제 17강('국제해양법'의 제 2절 '연안국 해양관할권 구조' 나. '대륙붕 제도') 참조.

17) ICJ는 1958년 제네바대륙붕협약 제 6조가 국제관습법적 성격을 가지기 위해서는 (a) 동 조항이 규범창설적인 성격(norm-creating character)을 가져야 하고, (b) 단순히 광범위한 국가들의 참여만으로는 충분하지 않고 자국의 이익이 특별히 영향을 받는 국가(여기서는 독일)를 비롯한 많은 대표성 있는 국가들의 참여(a very widespread and

결론적으로 ICJ는 국제관습법의 성립을 위해서는 일반적 관행과 법적확신이라는 두 개의 요건이 요구된다는 점을 확인하면서 1958년 제네바대륙붕협약 제 6조에 규정된 기준(중간선 또는 등거리선 원칙)은 '있는 법(*lex lata*)' 또는 생성중인 국제관습법 규칙(emerging rule of customary international law)이 아니며 '앞으로 있어야 할 법(*lex ferenda*)'에 불과하다고 판단하였다.[18]

나) 1986년 '니카라과 사건(Military and Paramilitary Activities in and against Nicaragua Case)'

1986년 '니카라과 사건'에서도 ICJ는 국제관습법의 성립요건으로 일반적 관행과 법적확신의 두 가지 요소를 모두 요구하였다. ICJ는 먼저 법적확신을 확인후 국가들의 관행을 확인함으로서 법적확신만을 통한 국제관습법의 성립 가능성을 부인하였다. 즉, 이 사건에서 ICJ는 무력불사용과 국내문제불간섭원칙에 대한 법적확신은 존재하지만 법적확신만으로는 불충분하며 일반적 관행(국가들이 실제로 이를 준수하고 지키는 것을 의미)의 존재에 의해 확인되어야 한다고 보았다.[19] 다시 말해서 ICJ는 국가간 합의를 통해 어떠한 규범을 구속력 있는 것으로 만들 수는 있지만 국제관습법의 세계에서는 그러한 구속력 있는(법적확신이 있는) 규범이라도 국제관습법으로 발전하기 위해서는 국가관행의 뒷받침이 필요하다고 보았다.

---

representative participation in the convention)가 필수적이며, (c) 이들 국가들(국익에 영향을 받는 국가들)의 관행이 법원칙에 대한 일반적인 승인을 나타낼 정도로 광범위하고 통일되어야(extensive and uniform) 한다고 보았다. 그러나 단기간이라는 사실이 국제관습법의 새로운 규칙의 형성에 반드시 장애가 되지는 않는다고 보았다(일반적 관행의 요건에 대해 설명). 또한 어떠한 조약상의 규정에 대하여도 이에 동의하지 않는 제 3국을 구속할 수 없다는 점도 지적하였다. 그러면서 국가들의 그러한 관행이 법적의무(법적확신)에 따른 것이어야 한다고 보았다(법적 확신의 요건에 대해 설명). 결론적으로 ICJ는 제 6조의 등거리선 원칙은 국제관습법으로 성립되지 않았다고 보았다. ICJ Reports 1969, p. 3, paras. 71-74, 77.

18) ICJ는 제 6조의 등거리선 기준은 국제법위원회가 제안할 때부터 많이 주저하며 단지 실험적 차원에서 포함된 것이라고 판단하였다. ICJ Reports 1969, p. 3, para. 62.

19) 관련 부분 원문은 다음과 같다: "... their recognition of certain rules is not sufficient for the Court to consider these as being part of customary international law... the existence of the rule in the *opinio juris* of States is confirmed by practice...", ICJ Reports 1986, p. 14, para. 184.

4) 결론

일부 법실증주의자들은 '국가주권의 원칙'과 '국가는 자신이 동의하는 범위 내에서만 구속된다'는 점을 강조하면서 표출된 행동(overt action)인 관행보다는 주관적 요소인 법적확신에 보다 중요성을 부여하고 있다.

그러나 ICJ 판례 및 ILC와 다수설은 국제관습법의 성립을 위한 요건으로 ICJ 규정 제 38조 1항에 명시된 '법으로 수락된 일반적 관행(general practice accepted as law)'의 문언에 충실하게 일반적 관행과 법으로 수락된, 즉 법적확신의 양자를 모두 요구하고 있다. 다만 ICJ가 '북해 대륙붕 사건'에서 자신의 중요한 이익이 영향을 받는 국가들을 포함하여 국가들의 실행이 광범위하고 통일성을 가지는 경우에는 단기간일지라도 국제관습법이 성립될 수 있는 가능성을 열어 두었다는 점은 주목되어야 할 것이다.

이러한 점에서 일반적 관행은 관습법으로 가는 중간단계이며 법적확신이 확인되지 않는 한 단순히 반복된 행동에 불과(이 경우 국제예양이나 관례와의 구분이 어려워질 수도 있음)하게 된다. 따라서 장기간 많은 국가들에 의해 법적으로 구속력 있는, 즉 법으로(being law) 간주되어 온(법적확신이 부여된) 일반적 관행만이 국제관습법으로 정의될 수 있다.

그렇다면 어떠한 규범이 일반적 관행과 법적확신의 요건을 갖춘 국제관습법으로 성립되었는지를 어떻게 확인할 수 있는가. 예컨대, 국제재판소의 판결, 특히 반복적 내용의 판결이나 보편적으로 적용되는 다자조약, 또는 국제기구에서 압도적 지지(사실상 만장일치에 해당되는 경우)로 채택된 결의 등이 국제관습법의 성립을 확인하는 방식의 하나가 될 수 있을 것이다. 대표적인 예로 1948년 유엔 총회가 채택한 '세계인권선언'은 일반적 관행과 법적확신에 의해 국제관습법화되었다고 볼 수 있다.[20)]

---

20) 다수의 국제법학자들은 세계인권선언이 국제관습법상의 효력을 가지고 있다고 보고 있다. 그러나 일부 학자들은 세계인권선언중 제 2조(인종차별), 제 3조(생명권), 제 4조(노예제 금지), 제 5조(고문) 등을 구분하여 이들 조항에 대하여만 국제관습법적 효력을 인정하고 있다.

국제관습법과 인권보호

인권의 국제적 보호를 위한 국제인권법규범은 세계인권선언과 같은 선언 또는 결의와 1966년 '시민적 · 정치적 권리에 관한 국제규약(B 규약)' 등과 같은 조약으로 구성되어 있다. 여기서 중요한 것은 결의나 선언은 구속력이 없는 권고적 성격이며, 반면 조약은 구속력이 있지만 당사국에게만 적용된다는 한계가 있다.

그러나 인권관련 규범들은 보편적으로 적용되는 것이 절대적으로 필요하다. 이와 관련 조약법에 관한 비엔나협약 제 38조는 조약에 규정된 규칙이 국제관습법상의 규칙인 경우 제 3국을 구속할 수 있음을 명시하고 있다. 따라서 인권조약의 보편적 적용을 위해서는 인권조약의 국제관습법적 성격을 확인하는 것이 중요하다. 이를 위해서는 인권조약에 규정된 관련 법규범들이 일반적 관행과 법적확신의 두 가지 요건을 충족하여 국제사회에서 비당사국에 대하여도 보편적으로 적용될 수 있는가에 대한 검토가 요구된다.

먼저 일반적 관행의 성립에 관한 검토이다. 실제로 많은 국가들에서 인권탄압이 자행되는 현실에서 인권존중이라는 일반적 관행이 성립되지 않았다고 보아야 하는가. 다시 말해서 인권존중 원칙에 대한 일반적 관행의 불성립은 국제관습법의 성립을 방해하게 되는가의 문제다. 그러나 국제재판소와 다수설은 일부 국가들에 의한 인권탄압은 예외일 뿐 결코 일반적 관행의 불성립의 근거가 될 수 없다고 보고 있다.

또 다른 문제로 법적확신에 대한 검토이다. 국가들이 인권법규범을 준수하는 것이 과연 반드시 준수하여야 한다는 법적확신에 근거한 것인지는 불투명하다. 그러나 이들 국가들이 인권의 보편성에 비추어 인권관련 결의나 조약을 법규범으로 인정하는 것이 바람직하다고 보고 있다는 점은 충분히 확인될 수 있다. 특히 인권 관련 조약의 경우 비당사국은 조약을 이행할 의무가 없지만 비당사국이라 하더라도 보편적 가치를 구현한 인권조약상의 의무를 쉽게 무시할 수는 없을 것이다. 이러한 이유로 우리는 인권관련 다양한 국제기구의 결의나 조약 등에서 국제사회의 법적확신을 확인할 수 있다.

이와 같이 법적확신이 확인된다면 우리는 일반적 관행이 비록 완전하게 성립되지 않더라도 보편적 가치의 실현을 지향하는 인권조약에 대하여는 국제관습법의 성립을 인정할 수 있을 것이다.

나. 속성국제관습법

국제관습법의 성립에 있어 요구되는 일반적 관행의 중요성을 부인하고 법적확신에만 의존하여 성립되는 관습법을 속성국제관습법(instant customary international law)이라고 한다. 속성국제관습법을 지지하는 학자들은 법적확신이 성립(관습법의 규칙이라고 주장되는 것에 반대되는 증거가 없는 경우)될 수 있다면 극히 소수의 국가들만의 관행이거나 단기간 계속된 것일지라도 관습법의 성립에 충분하다고 보고 있다.

그러나 이 주장은 관행을 단순한 법적확신의 인지수단으로 본다는 점에서 관습법의 일면성만을 보는 오류를 범하고 있다. 따라서 만장일치로 채택된 유엔총회의 결의나 선언 등을 근거로 법적확신에만 의존하여 국제관습법의 성립을 지지하는 입장은 아직 지지를 받지 못하고 있다.[21] 1986년 '니카라과 사건'에서도 ICJ는 법적확신의 확인에도 불구하고 '법적확신의 존재가 국가관행에 의해 확인되어야 한다(국가관행이 요구된다)는 점'을 확인함으로써 법적확신만에 의한 속성관습법의 성립을 부인하였다는 점에 대해서는 앞에서 설명한 바 있다.

그러나 오늘날의 경향은 조금 다르다. 일정한 원칙에 대한 국제사회의 폭넓은 지지와 합의(법적확신을 의미)가 먼저 성립한 후에 이러한 합의를 실현하는 국제사회의 실행이 뒤따르게 되는 것이 더욱 보편적인 추세이다. 예컨대, 유엔 총회의 결의를 통해 사실상 법적확신이 확인되는 우주법의 경우에는 광범위하고 반복적인(widespread and repeated) 국가실행이 반드시 요구된다고 보기 어려울 것이다. 또한 인권 및 인도적 문제 또는 국제환경보호 등 자연법적 가치관과 관련된 사안의 경우, 특히 무력행사의 금지나 인류양심 등 인류 보편적 가치와 관련된 국제법상의 원칙 등에 대해서는 법적확신이 분명하다는 점에서 관행의 증거는 상대적으로 덜 요구된다고 보는 것이 타당하다. 마찬가지로 국가들이 어떠한 행위를 금지하거나 허용하는 내용의 권위있는 법원칙이나 규칙을 가지는 것이 바람직하다고 믿는 경우에도 관행의 증거는 덜 요구될 수 있을 것으로 본다. 이러한 점에 비추어 앞으로의 국제법의 발전과정에서 속성관습법의 성립 가능성

21) 유엔 총회에서 만장일치 지지를 받은 결의안이 속성관습법으로 받아들여질 수 있는가의 문제와 관련 결의안의 표결에 임하는 국가들이 과연 그 결의안이 구속력을 가지며 따라서 이를 의무로서 수락하여야한다고 생각하였다면 결과는 달랐을 것이다.

을 부인할 수는 없다고 본다.[22)]

국제기구의 결의와 속성국제관습법의 성립

오늘날의 국제법 체계하에서는 만장일치 또는 압도적 다수의 찬성을 통한 결의가 법적확신의 증거로 인정될 수 있기 때문에 관습법 성립의 다른 요건인 일반적 관행의 요건이 덜 요구될 수 있다는 주장은 의미가 있다. 왜냐하면 총회의 결의에 의한 국제관습법의 창설은 비록 즉각적이진 않을지라도 이전에 비하여 더욱 짧은 시간 안에 이루어질 수 있다는 점에서 속성 관습법의 성립 가능성을 배제하지 않는다. 그러나 어느 경우에도 단일한 총회의 결의가 일반적 관행과 법적확신이라는 국제관습법 형성의 요소를 동시에 만족시키며 즉각적으로 국제관습법을 창설할 수 있다고 보기는 어려울 것이다. 즉, 총회의 결의가 법규형성에 이바지할 수 있는 법의 내용에 영향을 줄 수는 있지만 그 자체로 법규를 창조할 수는 없을 것이다.

다. 지속적 반대국가론

일단 성립된 국제관습법의 효력은 일방적으로 배제될 수 없다. 신생독립국조차도 이미 존재하는 국제관습법의 효력을 부인할 수는 없다. 그럼에도 불구하고 국제관습법의 초기 형성과정에서부터 지속적으로 반대의사를 표명하는 경우 최소한 그 국가에 대하여는 국제관습법의 적용이 배제될 수 있다고 보는 이론이 있다. 이는 국제법이란 국가간 합의에 기초한다는 의사주의(법실증주의를 의미)에 기반을 둔 것으로 이를 '지속적 반대국가 이론(persistent objector theory)'이라고 한다. 물론 여기서의 지속적인 반대는 문언 그대로 지속적이고 일관성을 가진 반대여야 할 것이다.

ICJ도 지속적인 반대국가 이론을 받아들이고 있다. 실제로 ICJ는 1951년 영국과 노르웨이간 '어업 사건'에서 관습법의 초기형성과정에서부터 지속적으로 반대하는 경우 해당 국가는 국제관습법에 구속되지 않는다고 보았다.[23)] 동 사건

22) 또 다른 관점에서 법적확신을 확인하는 과정은 쉽지 않을 것이며 따라서 일반적 관행에서 법적확신을 찾아야 한다고 보고 국제관습법의 성립요건으로 일반적 관행만 있으면 국제관습법이 성립될 수 있다는 주장도 있다. 그러나 이 주장 또한 국제재판소에 의해 지지 받지 못하고 있다.

23) 이 사건에서 영국은 만의 입구를 연결하는 거리가 10해리를 초과할 수 없다는 원칙이

에서 ICJ는 상당수 국가들의 실행에 통일성이 인정되더라도 복수의 규칙을 인정하여야할 중대한 이유가 있는 경우 그 실행은 일반적 관행으로 인정하지 않을 수 있다고 보았다.[24)]

그러나 이러한 지속적 반대국가 이론은 반대하고 있는 해당 규범이 강행규범(본 강의 제 1절 6. '조약과 국제관습법간 효력관계' 참조)으로 성립되어 있는 경우에는 당연히 적용되지 않는다. 또한 강행규범은 아니더라도 국제사회 전체가 공동의 이익을 위해 수락한 법원칙의 적용을 자국에 대하여 배제하기 위해 지속적 반대국가 이론을 주장하는 것도 인정되기 어려울 것이다. 예컨대, 국제환경보호와 관련된 제반 원칙이 국제관습법으로 발전하는 과정에서 자국에 대한 적용을 지속적으로 반대하는 경우에는 혜택은 공유하면서도 의무는 수락하지 않는 태도로 허용될 수 없을 것이다.

참고로 지속적 반대국가 이론은 앞에서 설명한 1950년 '비호권 사건'에서도 확인된바 있다. 이 사건에서 ICJ는 페루의 지속적인 반대를 확인하였다. 즉, ICJ는 페루가 1939년 '비호와 정치적 난민에 관한 몬테비데오 협약(Treaty on Asylum and Political Refuge)'에 대한 비준을 거부한 태도를 근거의 하나로 판단하였다.[25)]

국제관습법으로 확립되었다고 주장하였으나 ICJ는 영국이 그러한 관습법의 존재를 입증하지 못하였으며 나아가 설혹 국제관습법의 존재를 입증하였다고 하더라도 그러한 원칙의 적용에 지속적으로 반대하여 온 노르웨이에 대하여는(as she has always opposed any attempt to apply it to the Norwegian coast) 적용될 수 없다고 보았다. 이를 역으로 해석하면 법규칙이 이미 확립된 다음에 이에 반대하는 경우에는 지속적 반대국가가 될 수 없을 것이다. ICJ Reports 1951, p. 116, p. 131.

24) 참고로 핵무기의 위협 또는 사용을 금지하는 국제관습법의 형성에 반대하는 핵보유국들이 지속적 반대의 개념을 원용함으로써 이의 형성을 방해할 수 있으며 나아가 설혹 성립되더라도 자신에 대한 적용을 부인할 수 있다는 주장도 같은 맥락에서 이해될 수 있을 것이다. Alexander Orakhelashvili, 'Akerhurst's Modern Introduction to International Law', 8th edition, Routledge, 2019, p. 38.

25) 관련 부분 원문은 다음과 같다: "... But even if it could be supposed that such a custom existed between certain Latin-American States only, it could not be invoked against Peru which, far from having by its attitude adhered to it, has, on the contrary, repudiated it by refraining from ratifying the Montevideo Conventions of 1933 and 1939, which were the first to include a rule concerning the qualification of the offence in matters of diplomatic asylum", ICJ Reports 1950, p. 266, pp. 277-278.

라. 지역관습법

국제관습법은 항상 전 지구적 차원의 일반적 관행에 기초하여 성립되는 것은 아니다. 1950년 '비호권 사건'에서 ICJ는 지역관습법의 성립을 주장하는 콜롬비아의 주장을 받아들이지 않았지만 지역관습법의 성립 가능성을 부인하지는 않았다. 앞에서 설명하였듯이 이 사건에서 ICJ는 일관성의 결여(inconsistency)를 지역관습법의 성립을 부인하는 주요 근거로 보았을 뿐 지역관습법의 성립 가능성을 부인한 것은 아니다.

이와 같이 지역관습법의 성립가능성은 인정되지만 성립을 위해서는 일반 국제관습법보다 더욱 엄격한 요건의 적용이 요구된다. 즉, 이를 원용하려는 국가들에 의해 분명하게 존재가 입증되어야 할 것이다.[26] 왜냐하면 지역관습법은 일반 국제관습규범에 대한 특별규범에 해당되기 때문이다. 따라서 이러한 기준을 위의 비호권 사건에 적용하면 콜롬비아는 지역적 관행과 법적확신에 대한 충분한 증거를 제시함으로써 지역관습법규의 성립을 입증하여야하며 동시에 페루가 동 관행과 법적확신의 성립에 명시적으로 참여하였다는 점을 입증하여야 하지만 콜롬비아는 그러하지 못하였다.[27]

한편 ICJ는 1960년 포르투갈과 인도간 '인도령 통행사건(Case concerning Right of Passage over Indian Territory)'에서 2개국간 관습법의 성립 가능성도 인정한바 있다.[28] 또한 최근의 예로 2009년 코스타리카와 니카라과간 '항행 및 이와

---

26) 상세는 정인섭, p. 56, 김대순, pp. 58－59 참조

27) 앞의 주 9에서 설명한 '비호권 사건'에서 ICJ는 "관습법을 주장하는 당사국은 그러한 관습이 타 당사국에 대하여 구속력을 가지는 방식으로 확립되었음을 입증하여야 한다. 즉, 하나의 관행이 반복, 계속되어 일반성을 가져도 비호부여국(콜롬비아)이 권리로서 그 관행을 적용하고 영토국(페루)이 이를 의무로서 준수하지 않는 한, 다시 말해서 국제법상의 권리의무로서 인식하지 않는 한, 관습법이 성립되지 않는다"고 보았다. 관련 부분 원문은 다음과 같다: "The Party which relies on a custom of this kind must prove that this custom is established in such a manner that it has become binding on the other party. This usage is the expression of a right appertaining to the State granting asylum and a duty incumbent on the territorial state", ICJ Reports 1950, p. 266, p. 276.

28) 이 사건에서 ICJ는 포르투갈이 주장하는 통행권(인도령 내 포르투갈의 고립영토간의 자유로운 통행의 보장)이 관습법규의 형태로 오랜 기간 지속되어 왔음을 인정하면서 그러한 2개국간의 특별관행은 다른 어떤 일반적인 규칙에 우선해야 하다고 보았다. 즉,

관련한 권리에 관한 분쟁(Dispute regarding Navigational and related Rights)'에서도 2개국간 관습법규칙의 성립문제가 제기된바 있다.[29]

조약과 국제관습법의 관계

조약과 국제관습법은 상호 보완적인 기능도 수행한다.[30] 조약과 국제관습법이 같거나 유사한 법적 의무를 규율하는 경우 조약당사국은 조약과 관습법에 의해 구속되며 조약 비당사국은 관습법에 의해서만 구속을 받게 된다. 그러나 조약이 국제관습법을 법전화한 경우에는 비당사국도 조약 내용에 구속되며, 반대로 기존의 조약이 (국제관습법의 성립요건을 충족하여) 국제관습법화하는 경우에도 동 조약의 내용은 일반국제법상의 원칙으로 발전하게 되므로 당연히 비당사국을 구속한다. 물론 이 경우 국제관습법과 조약은 함께 존재하게 된다. 예컨대, 국제관습법을 조약으로 법전화한 대표적 사례인 '외교관계에 관한 비엔나협약'의 대부분의 조항들은 국제관습법의 증거가 되며 따라서 비 당사국에게도 적용된다.[31] 이와 같이 국제관습법은 조약 해석의 기준이 될 수 있으며, 동시에 조약도 국제관습법의 증거가 될 수 있다.[32]

ICJ는 오랜 기간 동안 계속된 관행은 비록 영토의 주권이 변경되었더라도 인정되어야 한다고 보고 오랜 기간 동안 지속적, 관례적으로 그러한 관행이 양국간의 관계를 규율하였다면 양국간의 지역관습법으로도 성립될 수 있다고 보았다. 참고로 이 사건은 인도 영토 내에 있던 포르투갈의 고립 영토들 중 일부를 인도의 민족주의 단체들이 점령한 후 과거 100년 동안 고립 영토간 허용되어온 포르투갈의 자유통행을 인도가 중지시켜 발생한 사건이다.

29) 이 사건에서 ICJ는 코스타리카 주민들이 San Juan강 강둑(bank)에서 생계목적의 어업활동을 한 데 대해 니카라과는 이를 관습법상의 권리로 존중하여야 한다고 판단하였다. 그러나 강위의 선박에서의 어업활동은 관행이 단지 제한적이고 최근의 증거밖에 없다는 이유로(There is only limited and recent evidence of such a practice) 받아들이지 않았다. ICJ Reports 2009, p. 213, para. 143.

30) 조약과 관습이 상호 충돌하는 경우에 대하여는 다음 6.의 '조약과 국제관습법간 효력관계'를 참조한다.

31) "Most of the provisions of the Convention can be used as evidence of customary law even against States which are not parties to the Convention", Orakhelashvili, p. 243.

32) 양자조약의 경우 조약과 국제관습법간의 상호관계는 다자조약의 경우와 다르다. 예컨대, 대부분의 양국간 투자보장협정(BIT: Bilateral Investment Treaty)에 공통적으로 등장하는 외국인 투자자에 대한 '정당하고 공평한 대우(fair and equitable treatment)' 개념은 당연히 외국인 투자자 보호의 기준에 관한 관습법규범의 출현을 의미한다는 주장

3. 문명국에 의해 인정된 법의 일반원칙[33)]

19세기 법실증주의자들은 국제법이 국가의 의사나 동의 없이 성립될 수 있다는 생각을 배척하였다. 그 이유는 국가간 합의에 의해 뒷받침되지 않는 법원칙에 국가들이 복종하도록 하는 것이 과연 타당한가의 논쟁에서 출발하였기 때문이다.

그러나 PCIJ 재판소규정은 법의 일반원칙을 재판소의 준칙으로 수용하였으며 PCIJ를 승계한 ICJ 규정 제 38조 1항 (c)호도 재판의 준칙으로 법의 일반원칙을 포함하고 있다. 따라서 우리는 법의 일반원칙을 국제법의 법원의 하나로 볼 수 있을 것이다. 그러나 여기서 법의 일반원칙이 무엇을 의미하는지, 과연 법의 일반원칙을 조약 및 국제관습법과 구별되는 독자적인 제 3의 법원으로 볼 수 있는지에 대하여는 여전히 해석이 갈라진다.

법의 일반원칙의 시원에 대하여 일부 학자들은 법의 일반원칙을 국제법 체계의 근저를 이루는 자연법에서 유래한다고 보고 있으며 다른 학자들은 국내 실정법체계에서 유래하여 국제법의 영역으로 확대 발전된 개념으로 보고 있다. 또한 양자를 함께 고려하여야 한다는 주장도 있다.

그러나 통설은 법의 일반원칙을 여러 법체계에 속하는 국가들의 국내법에 공통된 원칙으로 보고 있다. 예컨대, 많은 국가들이 그들의 국내 사법체계에서 신의성실(good faith)을 고려하고 있다는 사실은 신의성실의 원칙이 국제법의 기준으로 고려될 수 있다는 뜻으로 해석된다. 여기서 법의 일반원칙의 국제법적 법원성을 인정한다고 하여 국내법의 원칙이 그대로 적용되는 것은 아니다. 국제적 맥락에 적합한 경우에 한하여 국제법상의 공백을 메우기 위하여 사용될 수 있을 뿐이다.

이 있다. 그러나 단순히 유사하거나 동일한 내용이 다수의 양자조약에 존재한다는 사실에서 관습법규범의 존재를 확인하지는 못한다.

33) 오늘날에는 모든 국가들이 문명국으로 간주된다. 따라서 서구 중심의 국제법을 염두에 두고 마련된 이 표현은 더 이상 의미가 없다. 이는 ICJ 규정 제 9조가 재판관 선출과 관련 '주요 문명형태 및 주요 법체계'라는 표현을 사용한 것과도 모순된다. 즉, 여기서 주요 문명형태란 모든 국가는 문명국이며 다만 이중 특히 주요한 문명형태를 의미한다고 보아야 하기 때문이다.

그렇다면 법의 일반원칙의 법원성은 왜 제기되는가. ICJ 규정 제 38조 1항 (C)호의 의미는 적용법규의 부재 등으로 인한 재판불능(*non liquet*)을 방지하기 위하여 '여러 법체계에서 공통으로 인정되는 법의 일반원칙'을 기준으로 하여 판결할 수 있다는 뜻이다.[34] 한때 법의 흠결(lacuna)을 이유로 재판을 거부할 수 있다는 주장도 있었으나 학자들은 국제법이 완벽하지 않은 현실에서 재판소가 자신의 책임을 방기하는 것은 옳지 않다고 보고 이러한 주장을 배척하였다.[35]

이러한 점에서 법의 일반원칙은 매우 중요한 국제법의 법원이다. 법의 일반원칙의 예로는 과거 국제재판과정에서 인정된 것으로 의무위반에 대한 배상,[36] 신의성실,[37] 권리남용금지, 기판력, 금반언(*estoppel*),[38] 후법 우선의 원칙 등이 있다. 참고로 1962년 태국과 캄보디아간 '프레아 비헤아 사원 사건(Temple of Preah Vihear)'에서 ICJ는 금반언의 원칙을 법의 일반원칙의 한 예로 든 바 있다.[39] 그밖에 공무원은 자신에게 주어지는 비난에 대하여 통보를 받고 이에 대응할 수 있도록 하는 국내법상의 원칙을 국제기구가 자신의 직원들과의 분쟁에 적용해 오고 있는 것도 같은 맥락에서 이해될 수 있을 것이다.

---

34) 여러 법체계를 대표하는 ICJ 재판관들의 의견일치로 추출될 수 있는 법원칙이 실질적으로 제 38조 1항 (c)에 규정된 '여러 법체계에 공통적으로 인정되는 법의 일반원칙'이라고 할 수 있을 것이다.

35) 참고로 1965년 '국가와 다른 국가 국민간의 투자분쟁해결에 관한 협약(Convention on the Settlement of Investment Disputes between States and Nationals of other States: ICSID 협약 또는 국제투자분쟁해결협약)' 제 42조 2항은 '법의 부재와 모호성(silence or obscurity)'을 이유로 한 재판불능(*non liquet*)을 금지하고 있다.

36) 1927년 독일과 폴란드간 '호르죠 공장사건(Case concerning the Factory at Chorzow)'에서 PCIJ는 조약의무 위반시 배상의무가 발생하는 것은 국제법의 기본원칙이며, 이 원칙은 너무도 당연하여 합의문에 포함시킬 필요가 없다고 하였다. PCIJ Reports Ser. A No. 17, p. 27, 1928.

37) 신의성실(good faith)은 그 자체가 의무의 연원(source of obligation)이 아니며 기존의 국제법상의 규칙의 준수를 요구하는 부차적인 원칙(background principle)이다.

38) '*estoppel*'이란 '이미 표명한 자신의 언행에 모순되는 행위를 할 수 없다는 원칙', 다시 말해서 '선행행위와 모순되는 행위의 금지'를 의미한다. 이 원칙도 '신의성실의 원칙'에서 유래한다.

39) "It is a principle of international law that a State is held to be bound to the expectations it arouses by its own behaviour and on which other States can, according to the principle of *bona fide*, rely (so-called "*estoppel*)", Sven Mißling, 'A Legal View of the Case of the Temple Preah'.

그러나 오늘날에는 법의 일반원칙의 내용들이 이미 많은 조약과 국제관습법에 흡수되어 국제법의 발전을 촉진하고 있어서 법의 일반원칙이 재판의 준칙으로 강조되는 경우는 과거보다 그렇게 많지 않다.

한편 법의 일반원칙이 국제법의 일반원칙(예컨대, 무력사용금지원칙 또는 국내문제불간섭원칙 등)을 포함한다는 주장도 있으나 국제법의 일반원칙은 사실상 국제관습법의 발전 및 성립과정과 동일하다는 점에서 국제법의 일반원칙은 국제관습법의 일부로 보는 것이 타당할 것이다.

결론적으로 법의 일반원칙은 국가간 합의를 통해 국제법의 법원의 하나로 받아들여졌으며 기본적으로 동의, 평등, 정의, 신의, 상호성 등 국제법적 가치에 근거하여 국제재판소가 확인하여 적용할 수 있는 각국 국내법에 공통된 원칙을 의미한다고 볼 수 있다.

4. 판결과 학설

ICJ 규정 제 38조 1항 (d)호는 법칙 결정의 보조수단으로서 사법판결 및 국제법 학자의 학설을 규정하고 있다. 그러나 이 규정은 다음의 두 가지 제한을 받는다. 첫째는 판결과 국제법 학자의 학설을 '법칙 결정의 보조수단(subsidiary means)'으로 규정하고 있다는 점이며, 둘째는 판결의 경우 ICJ 규정 제 59조의 제한에 따라야 한다는 점이다.

먼저 법칙 결정의 보조수단이라는 의미는 판결이나 학설은 그 자체가 법규범을 창설하지 못하기 때문에 법원이 아니며 단지 법의 존재여부를 확인하는 과정에서 이용될 수 있는 자료라는 뜻이다. 따라서 판결이나 학설이 국제법상의 원칙을 어느 정도 효과적으로 입증하느냐에 따라 그러한 학설이나 판결이 간접적으로 국제법의 법원에 준하는 역할을 할 수도 있고 또한 그렇지 않을 수도 있다는 의미이다.

다음으로 ICJ 규정 제 59조는 "재판소의 결정은 당사국간 및 그 특정사건외에는 구속력이 없다"고 하여 선례구속의 원칙(doctrine of *stare decisis*)을 부인하고 있다. 이는 다시 말해서 판결의 법원성을 부인하는 것으로 보아야 할 것이다. 그러나 ICJ는 1998년 카메룬과 나이지리아간 '육상 및 해상경계 사건(Land and Maritime Boundary)'의 선결적 항변에서 '인도령 통행사건'의 선례가 적용될 수 없다고 하면서도 '이전 사건의 추론과 결론을 따르지 않아야 할 명분이 있는가(there is cause not to follow the reasoning and conclusions of earlier Cases)'라고 반문하였다.[40] 이와 같이 국제재판소의 판결이 전혀 무의미한 것은 아니다. 권위 있는 국제재판소의 판결은 새로운 국제법 규칙의 발전을 가져올 수 있으며 이후의 유사한 사건에서도 원용된다. 실제로 법원은 판결의 일관성(judicial consistency)을 위해 필수적으로 기존의 판결에 따르게 되며 경우에 따라서는 당해 사건과 기존의 사건과의 차이를 지적하기도 한다. 그러한 예로 다음을 들 수 있다. 이들 예는 ICJ의 판결이 이후의 여사한 사안에 그대로 적용된 경우이다.

- 1948년 '유엔가입조건'에 대한 권고적 의견에서 유엔가입에 관한 헌장 제 4조 1항은 망라적인 것으로 그 외의 조건을 추가할 수 없다고 판단하였고 이에 따라 1955년 미소간의 타협으로 15개 신규회원국에 대한 일괄가입이 허용되었다.
- 1949년 '유엔직원이 직무수행 중 입은 손해에 대한 배상 사건(Reparation for Injuries Suffered in the Service of the United Nations)'에서의 권고적 의견을 통해 국제기구의 법인격이 인정되는 계기가 마련되었다.
- 1951년 영국과 노르웨이간 '어업 사건(Fisheries)'에서 영해기선 측정을 위한 기준으로서의 직선기선제도가 발달하게 되었다.
- 대세적 의무의 개념이 등장하게 된 1970년 벨기에와 스페인간 '바르셀로나 전력회사 사건(Barcelona Traction Co.)'[41]과 ICJ 판결은 아니지만 선점과 시효의 요건(제 16강 '국가영역의 취득과 상실'의 제 1절 '실효적 지배' 참조)을 잘 정리한 1928년 네덜란드와 미국간 '팔마스 섬 중재사건(Isaland of Palmas)'[42]도 같은 맥락에서 이해될 수 있을 것이다.
- 그 밖에 총회도 국제평화와 안전과 관련된 사안에 관여하고 필요한 조

40) ICJ Reports 1998, Preliminary Objections, Judgment, p. 275, para. 28.
41) 이 사건의 개요는 제 14강 '외교적보호권' 주 16 참조.
42) 이 사건의 개요는 제 16강 '국가영역의 취득과 상실' 주 7 참조.

치를 권고할 수 있다고 판단한 1962년 '유엔의 일정 경비에 관한 사건'에 대한 권고적 의견(제 4강 '무력사용에 대한 규제'의 제 4절에서 설명한 유엔헌장 제 11조 2항의 '조치'의 해석)도 이러한 경우에 해당된다.

한편 국내법원의 통일되고 일관된 판결에서 유래하는 규칙도 때로는 국제법의 발전에 기여하여 왔으며 그 예로는 범죄인인도, 국가승인 및 주권면제(외교면제 포함) 등을 들 수 있다. 이들 원칙들은 오늘날 보편적으로 적용되고 있으며 다만 국가별 실행에서 다소 차이가 있을 뿐이다.

또한 국제법 학자(publicist)들의 의미 있는 주장도 국제관습법의 존재를 입증해 줄 수 있으며 국제법의 발전방향과 함께 국제법 해석의 기준을 제시할 수 있다는 점에서 중요하다. 과거 겐틸리, 그로티우스, 빈커르슈크와 바텔의 학설은 16~18세기에 이르는 동안 국제법의 범위, 내용과 형식을 결정하는 데 크게 기여하였다. 특히 국제해양법 전문가인 Gidel은 학자로서 접속수역의 개념 도입 등에 지대한 공헌을 하였으며 그 영향은 아직도 유지되고 있다.

그러나 오늘날 학설은 크게 중요성을 가지지 못한다. ICJ도 일반적으로 과거 중재재판에서 학설이 인용된 것과는 달리 학설의 인용에 매우 조심스러운 입장이다. 더욱이 학설의 대부분이 유럽 학자 등 선진국 학자들을 중심으로 하고 있다는 점에서 그 중요성이 감소되고 있다.

결론적으로 판결과 학설은 그 자체로 법원성은 없으나 국제관습이나 법의 일반원칙의 증거로서 특정한 국제법 규칙의 존재를 입증할 수도 있다는 점에서 법칙 발견의 중요한 보조수단이 되는 것이다.

끝으로 국제재판소의 파편화 현상으로 자칫 충돌하는 판결이 나타날 가능성도 배제할 수 없다. 물론 후술하는 유엔해양법재판소가 해양경계획정시 ICJ의 입장을 존중하고 방향을 같이하는 판결을 해 오고 있음은 매우 고무적이다. 그러나 재판소의 우열이 없는 상태에서 그러한 가능성을 배제할 수 없다는 점에서 동 가능성은 상존한다.

5. 형평과 선

ICJ 규정 제 38조 2항은 당사국간 합의시 '형평과 선(*ex aequo et bono*)'에 의한 재판도 성립될 수 있다고 규정하고 있다. 즉, 분쟁 당사국들이 합의하는 경우 '형평과 선'이 특정 사건에 있어서 재판의 준칙, 즉 법원이 될 수도 있다는 의미이다. 그러나 '형평과 선'은 분명 법이 아니라는 점에서 조약이나 국제관습법처럼 일반적인 국제법의 법원이 될 수는 없다. 더욱이 '형평과 선'의 적용을 위해서는 반드시 양 당사자의 동의가 필요하다는 점에 비추어 보더라도 '형평과 선'은 독자적인 법원이 될 수 없을 것이다.

여기서 재판소가 '형평과 선'에 따라 결정하는 것과 국제법의 일반원칙으로서의 '형평'을 적용하는 것과는 구분되어야 한다. 먼저 전자는 당사국들의 동의를 전제로 하는 것으로 이 경우에는 조약이나 국제관습법 등의 엄격한 적용으로부터 벗어나 우선적으로 형평을 적용하여 구속력있는 결정을 할 수 있는 것을 말한다. 반면 후자는 재판소가 재판과정에서 형평스러운 해결을 위해 국제법의 일반원칙으로서의 형평을 적용하는 것을 말한다. 따라서 전자의 경우 적용되는 형평은 개념상 '법안의 형평'은 물론 '법 밖의 형평'과 '법에 반하는 형평'도 포함하는 적극적인 개념으로 예컨대, 기존의 법을 초월하는 타협안도 수락될 수 있을 것이다.[43] 반면 후자의 경우에 적용되는 형평은 당연히 '법안의 형평'만을 의미한다.

한편 '형평과 선'에 의한 재판은 조약 등 순수한 법적 기준에 의해 재판하는 것 보다 더욱 효율적일 수 있으며 실제로 조약이나 국제관습법 못지않게 분쟁의 해결에 많은 기여를 할 수 있다는 점에서 그 의미가 적지 않다. 그러나 ICJ가 제 38조 2항의 '형평과 선'에 근거하여 재판한 사례는 발견되지 않는다. 과거 1930년대에 중남미 지역에서의 경계분쟁 등이 중재재판에서 형평과 선에 의해 해결된 사례는 있다.

---

43) 형평에는 다음의 세 형식이 있다. (a) 법 밖의 형평(equity *praeter legem*: outside of the law)은 법을 보충하는 목적으로 사용되며 따라서 불법은 아니다. (b) 법에 반하는 형평(equity *contra legem*, against the law)은 법을 초월하여 법 대신 형평을 적용하는 것을 말하며 따라서 불법이다. (c) 법에 따른 형평(equity *infra legem*, within the law)은 법의 목적에 부합하는 해석을 의미하며 따라서 정당성을 인정받을 수 있다.

반면 국제협약이 일반국제법 원칙으로서의 형평의 개념을 강조한 예는 많이 있다. 예컨대, 우엔해양법협약 제 59조(배타적 경제수역에서의 권리와 관할권의 귀속에 관한 마찰 해결의 기초), 제 74조(대향국간 또는 인접국간의 배타적 경제수역의 경계획정) 및 제 83조(대향국간 또는 인접국간의 대륙붕의 경계획정)에서는 형평의 개념이 규정되었고, 1997년 '국제수로의 비항행적 사용을 위한 법에 관한 협약' 제 5조도 형평의 개념을 강조하였다. 또한 국제재판에서 국제법 원칙으로서의 형평이 적용된 예로는 1968년 인도와 파키스탄간 국경분쟁에 관한 'Rann of Kutch 중재사건'을 들 수 있다.[44] 그 밖에도 국제재판소는 해양경계관련 분쟁에서 특히 형평을 판단의 기준으로 많이 원용해 오고 있다.[45]

그러나 여기서 우리가 생각해 보아야 할 점은 아무리 '형평과 선'에 의한 재판이라고 하여도 재판소가 재판 준칙을 적용함에 있어 무제한의 재량권을 가질 수는 없다. 다시 말해서 분쟁 당사자가 합의하는 형평과 선이 정당성을 가지기 위해서는 '법안의 형평'의 적용이 바람직하다. 즉, 기존 국제법의 범위 내에서 정의를 추구하는 형평을 의미한다고 보아야 할 것이며 이 점에서 결국 당사국이

---

44) 이 사건에서 중재재판부는 분쟁 당사국인 인도와 파키스탄이 재판부에 '형평과 선'에 의한 판단권한을 부여하지 않았지만 양측이 형평 자체는 국제법의 일부(equity forms part of International Law)라는 데 동의하였으므로 형평의 원칙에 따라 재판할 수는 있다고 보았다. 'The Indo-Pakistan Western Boundary, Rann of Kutch, between India and Pakistan', Reports of International Arbitration Awards, 1968. 그 밖에 1986년 부르키나 파소와 말리간 '국경분쟁사건(Frontier Dispute)'에서도 ICJ는 당사국들이 '형평과 선'에 따라 재판할 수 있는 권한을 위임한 바 없기 때문에 '형평과 선'에 따라 재판할 수 없으므로 적용 가능한 국제법으로부터 나오는 법안의 형평만을 고려할 수 있다고 하였다. ICJ Reports 1986, Judgment, p. 554, para. 28.

45) 참고로 ICJ는 '북해 대륙붕 사건'에서 해결방안으로 형평의 원칙(equitable principle)을 설명한 바 있으며(... delimitation is to be effected by agreement in accordance with equitable principles ...) 이를 근거로 일부 학자들은 국제재판소가 형평을 근거로 판단한 것으로 주장하기도 한다. ICJ Reports 1969, p. 3, para. 101. ICJ는 또한 1984년 캐나다와 미국간 '메인만에서의 해양경계 사건'에서도 형평한 결과를 실현하기 위해서는 형평(equity)에서 유래하는 형평한 기준이 적용되어야 한다(... equivalent solution should involve the application of equitable criteria, namely criteria derived from equity ...)고 보았다. ICJ Reports 1984, p. 246, paras. 89, 130. 그 밖에 2002년 카메룬과 나이지리아간 '육상 및 해양경계 사건(본안판결)'에서 ICJ는 형평은 경계획정의 방법이 아니며 경계획정을 실현하는 과정에서 유념하여야할 목표라고 판단하였다. ICJ Reports 2002, p. 303, para. 294.

합의하여 적용하는 '형평과 선'은 국제법 원칙으로서의 '형평'과 사실상 같아진다고 볼 수 있다.

6. 조약과 국제관습법간 효력관계

국제법의 법원을 설명하는 ICJ 규정 제 38조 1항에 적시된 법원의 순서는 반드시 법원간의 상하관계(hierarchy)를 의미하지는 않는다. 국제법상 조약과 국제관습법은 상호 연계·발전되어 왔음에도 불구하고 서로 별개로 성립되어 존재하므로 상호 대등한 관계에 있으며 동등한 효력을 가진다고 볼 수 있다. 따라서 제 38조 1항은 ICJ가 구체적인 분쟁에 대한 판단을 위해 법을 적용하는 순서를 의미할 뿐이다.[46)]

그렇다면 양자가 충돌하는 경우의 적용순서는 어떻게 되는가. 조약 상호간, 국제관습법 상호간 또는 조약과 국제관습법 상호간에는 서로가 대등하므로 법 적용의 우선순위는 결국 '특별법(*lex specialis*) 우선의 원칙' 또는 '후법(*lex posterior*) 우선의 원칙'의 적용을 받는다고 보아야 할 것이다.

가. 후법 우선의 원칙

조약 상호간의 효력관계에 관하여 충돌이 있는 경우에는 신 조약, 즉 후법이 우선한다. 이를 '후법 우선의 원칙(principle of *lex posterior derogat legi priori*)'이라고 한다. 물론 이 원칙은 조약 상호간의 효력관계를 규율하는 데 목적이 있지만 관습법규를 포함하는 모든 국제법규 상호간의 효력관계에 대하여도 적용되는 일반원칙이다.

따라서 조약 상호간에는 당연히 후 조약이 우선한다. 예컨대, 유엔해양법협약 제 311조는 동 협약(후 조약)이 1958년 4개 제네바해양법협약(구 조약)에 우선한다고 규정하고 있으며 이는 후법 우선의 원칙을 분명히 확인한 것으로 볼 수 있다.

---

46) 법의 일반원칙은 이론상 조약 및 국제관습법과 동등한 효력을 가지지만 적용순서에 있어서는 이들에 이어 제 3의 위치에 존재하게 된다.

또한 기존의 국제관습법과 상이한 내용의 조약이 체결되는 경우에도 조약은 후법 또는 (경우에 따라서는) 특별법으로서 국제관습법에 우선하게 될 것이다.

반면 조약보다 이후 형성된 국제관습법이 기존의 조약에 우선하여 이를 대체할 수 있는가의 문제에 대하여는 실제로 판단하기가 쉽지 않다. 그러나 다음의 경우를 생각해 볼 수 있을 것이다. 일례로 1982년 유엔해양법협약의 내용은 협약 채택전에 이미 국제관습법으로 성립되어 있었다. 따라서 유엔해양법협약이 수용하고 있는 대륙붕에 관한 육지영토의 자연연장 개념은 1982년 협약 제정이전에 이미 국제관습법상의 원칙으로 1958년 제네바대륙붕협약을 대체하여 우선 적용되어 왔다고 볼 수 있다.

나. 특별법 우선의 원칙

조약 상호간에 충돌이 있을 경우에 적용되는 또 다른 원칙으로 '특별법 우선의 원칙(principle of *lex specialis derogat legi generali*)'이 있다. 따라서 특별조약과 일반조약 사이의 효력관계가 문제가 되는 경우에는 특별법 우선의 원칙이 적용된다. 예컨대, 유엔해양법협약의 기국주의(공해자유의 원칙에 따라 공해상에서는 어떠한 나라도 어로행위를 하는 타국의 선박을 단속할 수 없음)에 대하여 관계국간의 어업협정에 의하여 어로행위를 하는 상대국 선박들을 공동으로 규제할 수 있다. 이는 조약인 어업협정이 특별법으로서 유엔해양법협약에 우선하는 경우에 해당된다. '1970년 항공기 불법납치 억제에 관한 헤이그 협약(1970년 헤이그 협약)'도 범죄인인도조약상 정치범 불인도 원칙에 대한 특별법으로 볼 수 있다. 즉, 동 협약에 따라 항공기 납치범은 범죄의 정치적 성격에도 불구하고 정치범으로 보지 않기 때문이다.

또한 이 원칙은 조약과 관습법규를 포함하여 모든 국제법규 상호간의 효력관계에도 적용될 수 있다. 따라서 국제관습법규 사이에서도 특별법 우선의 원칙이 적용될 수 있다. 예컨대, 외교공관의 비호권은 인정되지 않는다는 것이 국제관습법상의 원칙이다. 그러나 외교공관의 비호권을 인정하는 지역관습법이 성립되는 경우 이러한 지역관습법은 (비호권을 인정하지 않는) 일반관습법에 대하여 특별법의 관계에 있게 된다. 나아가 조약과 국제관습법이 충돌하는 경우 국제관습법이 특별법적 성격으로 조약에 우선하는 경우가 있다. 예컨대, 안보리의 실질 문제 토의에 있어 상임이사국의 기권이나 결석은 거부권으로 해석되지 않는다는 관습법이 특별법의 성격으로 헌장(조약을 의미)에 우선하여 새로이 성립되었다고 할 수 있다.

그러나 조약간, 조약과 국제관습법간 또는 국제관습법 상호간 충돌이 발생하는 경우 특별법 우선의 원칙을 일률적으로 적용하는 데는 어려움이 있다. 따라서 구체적인 사정과 조건에 따라 개별적으로 판단되어야 할 것이다. 더욱이 특별조약이라고 하여 단순히 일반조약을 대체하여 항상 우선적으로 적용된다기보다는 일반조약의 취지를 실현하고 확대함으로써 양자를 조화시키는 데 기여하는 방향으로 판단되어야 할 것이다.

다. 예외적 적용

위에서 검토한 바와 같이 국내법과 달리 국제법에서는 법원간에 상하관계가 성립되지 않으므로 충돌시 후법 또는 특별법 우선의 원칙이 적용될 뿐이다. 그러나 국제법에서도 후법 또는 특별법 우선의 원칙을 배제하고 어느 경우에나 항상 우선하는 상위법의 개념이 존재한다.

1) 조약 규정에 의한 상위법 개념의 도입

유엔헌장 제 103조는 "유엔 회원국의 이 헌장상의 의무와 다른 국제협정에 의한 의무가 서로 저촉하는 경우 이 헌장에 의한 의무가 우선한다"고 규정하고 있다. 이는 유엔회원국에 관한 한 유엔헌장상의 의무가 다른 국제협정상의 의무에 우선한다는 뜻으로 유엔헌장상의 의무에 대해서는 후법 또는 특별법 우선의 원칙이 적용될 여지가 없다는 의미로 해석된다.

ICJ는 1992년 발생한 로커비 사건 관련 리비아와 미국간 '로커비 사건(Lockerbie)에서 발생하는 1971년 몬트리올 협약의 해석 및 적용문제(Questions of Interpretation and Application of the 1971 Montreal Convention arising from the Aerial Incident at Lockerbie)'에서도 이 점을 확인한 바 있다. 이 사건 판결에서 리비아는 미국과 영국이 주장하는 범죄용의자 인도요구가 1971년 몬트리올 협약위반(리비아는 몬트리올 협약 제 5조에 따라 범인 소재지국인 자국이 인도하지 않고 재판관할권을 행사할 수 있다고 주장)이므로 인도를 요구하는 안보리 결의도 국제법 위반이라고 주장하였다. 그러나 ICJ는 유엔헌장 제 103조를 원용하여 유엔헌장상의 의무가 일반 조약상의 의무에 우선한다고 판단하였다. 즉, ICJ는 리비아와 미·영 모두 유엔헌장 제 25조에 따라 안보리 결정을 수락하고 이행할 의무가 있다고 하면서 동시에 헌장 제 103조에 따라 (안보리 결정을 이행하여야 할) 당사국의 의무는 몬트리올 협약을 포함하여 다른 모든 국제협약상의 의무에 우선한다(... prevail over their obligations under any other international agreement)고 보았다.

2) 강행규범의 우선적 적용

가) 강행규범의 정의

일반국제법규는 강행규범(*jus cogens*)과 임의규범(*jus dispositivum*)으로 나누어진다. 국제법상 국가는 일방적으로 국제관습법상 및 조약상의 권리를 포기할 수 있으며 또한 합의에 의한 의무의 이탈이 허용된다. 이와 같이 개별국가간의 합의에 의해 내용을 변경하거나 효력을 배제할 수 있는 국제법 규범을 임의규범이라고 한다. 그러나 이에 대한 예외가 국제법상 강행규범이다. 강행규범은 당사자의 의사나 합의를 초월하여 당사자가 이탈할 수 없는 절대규범을 말한다. 즉, 개인의 의사나 합의라는 주관적인 판단이 강행규범이라는 객관적으로 수락된 법질서에 우선할 수 없다고 보면 이해가 쉬울 것이다. 따라서 강행규범은 당사자들이 특정 규범에 대하여 '이탈이 허용된다고(derogable)' 임의로 합의할 수 없는 것을 의미한다.

그렇다면 국제사회가 강행규범의 개념을 적용하고 이를 발전시켜 온 배경은 무엇인가. 국제사회가 진정한 국제공동체로 발전하기 위해서는 개별국가의 주권을 초월하여 국제공동체가 전체로서 보호하여야 할 근본적인 가치(fundamental value)의 수립이 요구되기 때문이다. 따라서 이를 부인하거나 위협하는 국가간 합의를 허용하여서는 안 된다는 국제사회의 공감대가 확산되면서 강행규범의 개념이 발전하게 되었다.[47]

47) 오늘날 강행규범의 개념을 부인하는 견해는 소수이다. 과거 강행규범을 부인하는 입장

이하 강행규범에 대하여 조약법에 관한 비엔나 협약(이하 '조약법 협약')을 중심으로 설명한다.

먼저 조약법 협약 제 53조는 강행규범(일반국제법상의 절대규범: a peremptory or absolute norm of general international law)에 대하여 다음과 같이 규정하고 있다. 즉, (a) 조약은 체결 당시 국제법의 절대규범(강행규범)과 충돌하는 경우 무효이고, (b) 이러한 절대규범은 그 이탈이 허용되지 않으며(non-derogability), (c) 또한 후에 생겨나는 '동일한 성질의 일반국제법상의 절대규범'에 의하여만 변경될 수 있으며, (d) 국제사회 전체(정치적·이념적 차이를 넘어 압도적인 다수를 의미)에 의해 수락되고 승인된 규범(a norm accepted and recognized by the international community of States as a whole)이라고 규정하고 있다.

이를 다시 해석하면 다음과 같다.

첫째, 강행규범은 국제사회 전체에 의해 수락되고 승인된 규범이다. 따라서 강행규범의 성립을 위해서는 다양한 문화적 및 이념적 차이를 넘어 압도적 다수의 국가들의 수락과 승인이 요구된다. 강행규범은 이들 압도적 다수의 국가들이 참가하는 국제회의, 유엔 총회나 다자조약의 조약문에 나타난 입장을 통해 확인될 수 있다.

둘째, 이러한 강행규범은 당사자간 별도의 합의에 의해 배제, 수정할 수 있는 임의규범과는 달리 당사자간 합의에 의한 적용배제가 허용되지 않는다는 점에서 양자적 해결이 허용되지 않는다. 다시 말해서 강행규범의 성립에 지속적으로 반대한 국가를 포함하여 모든 국가에 대해 예외 없이 적용된다.

셋째, 강행규범상의 의무를 위반한 국가의 행위에 대하여는 어느 경우에도 위법성이 조각될 수 없다. 이는 다시 말해서 강행규범은 반드시 준수되어야 한다는 의미이다(2001년 국가책임규정초안 제 26조 참조).

넷째, 강행규범위반 조약은 처음부터 무효이다(조약법 협약 제 53조). 조약의 일부가 강행규범에 저촉되어도 조약 전체가 무효로 된다(동 제 44조 5항, 상세는

에서는 강행규범에 대한 국제사회의 합의가 부재하고 강행규범으로 주장되는 특정 규칙도 범세계적으로 수락된 것은 없다고 주장하였다. 그러나 이에 대한 반론으로 강행규범의 개념을 인정하는 입장에서는 각국의 독자적이고 일방적인 주장을 자제시키기 위해서도 강행규범의 개념이 필요하다고 보고 있다.

제 6강 '조약법'의 제 4절 '조약의 무효, 종료와 이행정지' 중 '조약의 가분성' 참조). 또한 강행규범이 새로이 생겨나는 경우 그 법규(새로운 강행규범)에 저촉하는 어떠한 현행규범도 무효로 된다(동 제 64조).

다섯째, 강행규범 위반조약은 무효이므로 이행하지 않는다는 점에서 *pacta sunt servanda*의 예외가 될 수 있다.

한편 강행규범의 위반은 위반에 의해 직접 영향을 받는 국가들은 물론 국제사회의 모든 구성원, 즉 국제공동체 전체에 대한 의무(후술하는 '대세적 의무')의 위반이 될 수 있다. 따라서 국가들은 강행규범의 심각한 위반(대세적 의무의 위반)의 결과를 승인하여서는 안 되며 동시에 위반에 의해 발생한 사태가 계속되도록 지원하여서도 안 된다(국가책임규정초안 제 41조).

이러한 이유로 강행규범에 대하여는 후법 우선이나 특별법 우선의 원칙이 적용될 수 없고 강행규범 그 자체가 항상 우선한다고 보는 것이 올바른 해석이다. 그러나 다르게 해석하면 새로운 강행규범이 관습법의 형태로 출현하게 되는 경우에는 이에 위배되는 기존의 조약이 무효가 되어 종료된다는 점에서 이는 후법으로서의 새로운 관습법이 조약에 우선하는 것으로 해석할 수도 있을 것이다.

나) 강행규범의 내용

국제법상 강행규범이 무엇을 의미하는지에 대한 해석은 일치하지 않으며 강행규범을 규정한 협약 제 53조도 이에 대하여 명시적인 설명이 없다. 심지어 프랑스는 제 53조의 모호성을 이유로 조약법 협약에 가입하지 않았다.

그러나 우선 생각해 볼 때 강행규범은 국내법질서에서의 공공질서나 공공정책과 유사한 개념으로 볼 수 있을 것이다. 또 다른 시각에서는 자연법적 사고에서 강행규범의 근본개념을 찾을 수 있을 것이다. 이와 관련 ILC가 작성한 1969년 조약법 협약 주석서는 강행규범에 위반되는 조약으로 유엔헌장에 반하는 무력사용 합의, 국제범죄 수행 합의와 노예무역, 해적 및 집단살해에 대한 합의 등을 예로 들고 있다. 그러나 ILC는 2019년 제 71차 회기에서 강행규범의 예시(non-exhaustive list)로 (a) 침략 금지, (b) 집단살해 금지, (c) 인도에 반하는 죄의 금지, (d) 국제인도법의 근본규칙, (e) 인종차별 및 아파르트헤이트 금지, (f)

노예 금지, (g) 고문금지와 (h) 자결권을 확인하였다.[48] 이는 강행규범 개념의 진화를 의미한다고 볼 수 있다.

다) 국제재판소의 태도

ICJ를 비롯한 국제재판소는 강행규범의 개념을 인정해 오고 있다. 특히 고문이나 집단살해 범죄가 강행규범 위반임을 지적한 판결이 많다.

- ICTY는 2000년 'Kupreški 사건'에서 전쟁범죄, 집단살해와 인도에 반하는 죄를 금지하는 국제인도법의 대부분의 규정들은 강행규범에 해당된다고 보았다.[49] 또한 1998년 'Delalić 사건'에서는 강행규범에 해당하는 인권침해의 경우로 고문을 들었다.[50]
- ICJ는 2012년 벨기에와 세네갈간 '기소 또는 인도하여야 할 의무에 관한 사건(Questions relating to the Obligation to Prosecute or Extradite)'에서 고문금지가 국제관습법의 일부이며 광범위한 국제실행과 국가들의 법적확신에 근거하는 강행규범이라고 인정하였다.[51] 동시에 고문금지는 1948년 세계인권선언, 1949년 제네바 협약, 1966년 국제인권규약에서도 확인되고 있으며 많은 나라가 이를 국내입법에 반영하고 있다는 점도 지적하였다.
- ICJ는 2006년 콩고와 르완다간 '콩고영토에서의 무력활동 사건(Armed Activities on the Territory of the Congo)'에서도 집단살해 금지가 강행규범에 해당된다고 판단하였다.[52]

그밖에 1996년 '핵무기의 위협 또는 사용의 합법성에 관한 권고적 의견'에서 Weeramantry 재판관은 반대의견에서 핵무기의 위협 또는 사용은 국제법(국제인도법)의 근본원칙을 위반하는 것으로 어느 경우에도 불법이라고 주장하였다.[53] 이러한 견해는 비록 소수였지만 강행규범의 존재를 인정한 것으로 시사하

48) International Law Commission, Seventy-first Session, A/CN.4/L.936, 2019.
49) ICTY Judgment, 2000, Case No. IT-95-16-T.
50) ICTY Judgment, 1998, Case No. IT-96-21-T.
51) ICJ Reports 2012, p. 422, para. 99, 이 사건의 개요는 제 11강(국가의 관할권) 주 21 참조.
52) ICJ Reports 2006, p. 6, para. 56.

는 바가 크다. 유럽인권재판소도 적극적으로 고문과 집단살해를 강행규범 위반으로 선언해 오고 있다.[54]

라) 강행규범과 ICJ의 강제관할권

조약법 협약 제 66조는 강행규범과 관련한 분쟁은 ICJ의 강제관할권의 대상이 된다고 규정하고 있다. 즉, 분쟁발생시 유엔헌장에 규정된 분쟁의 평화적 해결방식을 통해 해결하도록 노력하고 해결이 되지 않을 경우 중재재판에 부탁하기로 합의하여야 하지만 중재합의가 이루어지지 않을 경우에는 일방당사국의 요청으로 ICJ에 부탁할 수 있도록 되어 있다.

그러나 2006년 콩고와 르완다간 '콩고영토에서의 무력활동 사건'에서 ICJ는 제 66조 (a)의 '부탁할 수 있다(may submit)'는 표현이 ICJ가 동 분쟁에 대해 반드시 관할권을 행사할 수 있다는 의미는 아니라고 보았다. 왜냐하면 ICJ 규정은 당사국의 동의를 관할권 행사의 근거로 하기 때문에(jurisdiction is always based on the consent of the parties) 국제법상의 강행규범이나 대세적 의무가 쟁점인 분쟁에 대하여도 당사국들의 명시적 동의없이 ICJ가 당연히 관할권을 행사하는 것은 허용되지 않는다고 보았다. 즉, 강행규범이나 대세적 의무라는 사실과 관할권에 대한 동의는 별개의 개념(two different things)이라고 할 수 있다.[55]

53) 동인은 핵무기의 위협 또는 사용이 모든 상황에서 예외 없이 현행 국제법에 의해 절대적으로 금지된다(... the use or threat of use of nuclear weapons is absolutely prohibited by existing law in all circumstances and without reservation)는 의견을 제시하였다. ICJ Reports 1996, Advisory Opinion, Dissenting Opinion of Weeramantry

54) 유럽인권재판소는 2001년 'Al-Adsani v. UK 사건'과 2007년 'Jorgic v. Germany 사건'에서 고문과 집단살해를 강행규범 위반으로 보았다. 이에 비추어 볼 때 제 12강(주권면제)에서 설명하는 바와 같이 국가에 의해 자행된 심각한 수준의 강행규범위반 행위에 대하여 국가의 행위임을 이유로 주권면제를 허용해 온 지금까지의 국제재판소의 태도는 앞으로 국제법의 발전방향에 따라 지속적인 검토가 요구된다.

55) ICJ Reports 2006, p. 6, para. 64.

강행규범 관련 조약 규정
▶ 조약법 협약 제 53조(강행규범과 충돌하는 조약), 제 64조(새로운 강행규범의 출현), 제 66조(강행규범과 ICJ의 관할권), 제 71조(강행규범과 충돌하는 조약의 무효와 그 결과) ▶ 2001년 ILC 국가책임규정초안 제 26조(강행규범 위반행위에 대한 위법성 조각불허), 제 40조(강행규범상 의무의 중대한 위반에 대한 국제책임), 제 41조(강행규범상 의무의 중대한 위반과 그로 인한 특별한 결과)

제2절 법원 관련 추가 검토사항

1. 일방적 행위

가. 의의

일방적 행위(unilateral act)라 함은 국제법상 한 국가의 단독적 의사표시가 타국의 수락여부와 관계없이 이들 국가간에 일정한 국제법적 효과를 발생시키는 경우를 말한다.[56] 국가의 일방적 행위는 약속이나 선언, 행위 등 다양한 형태로 나타날 수 있다.[57] 이러한 일방적 행위(일방적 약속)는 신의성실의 원칙에 의해 지켜져야 한다.

56) 일방적 선언의 내용은 상대방에게 알려져야 하지만 상대방이 일방적 선언의 내용을 수락하는가의 여부, 즉 어떠한 반응이나 대응의 여부는 구속력 발생에 영향을 미치지 않는다.
57) 승인, 권리의 포기(waiver), 자신의 권리 또는 청구를 확인하기 위한 항의 및 통고도 일방적 행위에 속한다.

그러나 국가의 일방적 행위가 모두 법적 효과를 수반하는 것은 아니다. 그렇다면 어떠한 행위가 법적효과를 가져오는 일방적 행위에 해당하는가. 무엇보다도 조약에 일방적 행위의 대상이 구체화되어 있고 그 행위에 수반된 국제법상의 효과가 이미 정해져 있는 경우 이러한 일방적 행위에 대하여 해당 조약 등에 규정된 법적 효과가 나타나는 것은 너무도 당연하다.[58)]

따라서 여기서 검토하는 일방적 행위의 구속력 문제는 조약의 규정과는 무관하게 국가가 일방적으로 행하는 선언 등이 대상이 될 것이다. 이와 관련 1933년 노르웨이와 덴마크간 '동부 그린랜드 사건(Legal Status of Eastern Greenland)'에서 PCIJ는 노르웨이 외교장관의 일방적 선언에 구속력을 부여하였다.[59)] 물론 이 경우는 분명한 상대방을 향한 일방적 선언이었다. 그렇다면 이와는 달리 구체적인 대상이 특정되지 않은 일방적 행위에 대해서도 국제법적 효력이 발생할 수 있는가. 일례로 1974년 호주(뉴질랜드 참가)와 프랑스간 '핵실험 사건(Nuclear Test)'에서 ICJ는 모든 일방적 선언이 구속력을 가지는 것은 아니라고 하면서도 동 사건에서의 프랑스의 일방적 핵실험 중단선언은 구속력을 가진다고 보았다. 그 근거로 책임 있는 당국인 국가원수와 국방장관 등 각료가 전 세계를 상대로(*erga omnes*) 공개적(publicly)으로 발표한 구체적인 약속이라는 점을 들었다.[60)]

---

58) 예컨대, 배타적 경제수역의 선포, 조약에 대한 유보, ICJ의 강제관할권 수락 선언 등은 이미 존재하고 있는 조약상의 권리의 행사이므로 진정한 의미의 일방적 행위와는 구별되어야 할 것이다. 이와 관련 1986년 '니카라과 사건'에서 ICJ는 미국의 강제관할권 수락을 일방적 선언으로 보고 일방적 선언은 조약과 마찬가지로 신의성실의 원칙의 적용을 받는다고 판시하였다.

59) 이 사건은 노르웨이가 동부 그린랜드의 일부를 점령하고 영유권을 주장한데 대해 과거 노르웨이 외교장관이 노르웨이는 그린랜드 전체에 대한 덴마크의 영토주권을 다툴 의사가 없다고 한 발언이 문제가 된 사건이다. 이 사건에서 덴마크는 '노르웨이가 다가오는 1919년 4월 회의에서 덴마크의 그린랜드 전체에 대한 주권 주장에 반대하지 않는다면 덴마크도 노르웨이가 주장하는 Spitsbergen에 대하여 아무런 이의를 제기하지 않을 것'이라고 하였다. 수일 후 노르웨이 외무장관은 이러한 내용을 확인하는 일방적 선언(Ihlen Declaration)을 발표하였다. 그러나 노르웨이가 계속 동부 그린랜드를 점령하고 약속을 지키지 않음으로써 동 건은 PCIJ에 부탁되었으며 재판소는 노르웨이 외교장관의 일방적 선언을 무조건적이고 결정적인 약속이라고 판단함으로써 노르웨이의 일방적 선언에 대하여 구속력을 인정하였다. PCIJ Report 1933, Ser. A/B No. 53.

60) 이 사건에서 ICJ는 프랑스의 일방적 선언이 (처음에는 호주를 상대로 전달된 메시지였지만) 공개적으로 전 세계를 상대로 한 선언이라는 점에서 국제공동체 전체에 대한 대

즉, 상대방이 특정되지 않은 국제공동체 전체를 대상으로 하는 일방적 선언의 경우에도 선언국은 신의성실의 원칙에 따라(based on good faith) 국제공동체 전체에 대하여 자신의 선언과 반대되는 행동을 취하지 않을 법적 의무가 발생한다고 보았다. ICJ는 조약의 경우 *pacta sunt servanda* 원칙이 신의성실의 원칙(good faith)에 근거하는 것과 마찬가지로 일방적 선언에 대하여도 타국이 이를 신뢰하고 이에 따른 의무이행을 요구하는 경우 해당 국가는 신의성실의 원칙에 의거 이를 이행하여야 한다고 보았다.[61]

반면 이와는 성격이 다른 사례가 있다. 1986년 부르키나 파소와 말리간 '국경분쟁 사건(Frontier Dispute)'에서[62] ICJ는 말리 대통령이 1975년 프랑스 언론과의 인터뷰에서 밝힌 일방적 발언은 호의와 성실의 원칙에 따라 위원회의 권고를 고려하겠다는 말리정부의 단순한 입장표명이라는 주장을 받아들였다. 특히 ICJ는 말리 대통령의 발언은 양국간 교섭이나 대화과정에서 발표된 것이 아니라 단순히 언론 인터뷰에서 밝혔다는 점에서 구속력을 인정하지 않았다. 즉, 양자적 성격을 가지는 사안에서는 상호주의에 근거한 공식적인 합의를 통해 구속력을 인정하는 것이 통상적인 방식(... by the normal method: a formal agreement on the basis of reciprocity)이라고 보고 그러한 합의가 없었다는 점에서 말리 대통령의 인터뷰 발언을 법적 함의가 있는 일방적 행위로 간주하지 않았다.[63]

이와 같이 구체적인 대상이 특정되지 않은 일방적 행위에 대한 구속력 부여 문제는 원칙의 문제로서보다는 제반 상황을 고려하여 구체적인 경우에 개별적으로 판단되고 있다고 볼 수 있다.

나. 일방적 행위에 대한 ILC의 판단기준

상기를 반영하여 ILC는 2006년 유엔 총회에 제출한 '법적 의무를 창출할 수 있는 국가의 일방적 선언(일방적 행위)에 적용되는 지침'에서 다음과 같이 설명하

세적 의무가 발생하는 것으로 보았다. ICJ Reports 1974, p. 253, paras. 49-50.

61) 위의 주, para. 46.

62) 이 사건은 부르키나 파소와 말리간 분쟁해결을 위해 말리 대통령이 언론 인터뷰를 통해 OAU의 결정을 준수할 것이라고 밝힌 것과 관련 부르키나 파소가 이러한 말리 대통령의 일방적 언급에 대해 법적 구속력이 부여되어야 한다고 주장한 사건이다.

63) ICJ Reports 1986, p. 554, paras. 38-40.

였다.[64]

첫째, 일방적 선언이 권한있는 자에 의해 공개적이며 명백하고 구체적인 용어로(in clear and specific terms) 발표되고 이를 준수할 의지가 표명되는 경우에만 법적 구속력이 인정될 수 있다.

둘째, 모든 국가의 국가원수, 정부수반, 외교장관은 그 직책상(by virtue of their functions) 당연히 법적 구속력있는 일방적 선언을 할 수 있다.

셋째, 선언의 법적 효과를 판단하기 위해서는 선언의 내용, 선언이 만들어진 관련 상황(factual circumstances)과 이에 대한 반응(reaction) 등을 함께 고려하여야 할 것이다.

넷째, 선언은 서면이나 구두로도 발표될 수 있으며 국제공동체 전체를 대상으로(international community as a whole) 할 수 있고 제한된 국가나 실체(국제기구 등)를 대상으로 할 수도 있다.

다섯째, 선언된 의무의 범위에 관하여 의문이 있는 경우에는 제한적으로 해석되어야 할 것이다.

다. 일방적 행위의 취소가능성

일방적 행위를 한 국가는 자의적으로(arbitrarily) 이를 취소할 수는 없다. 그러나 정당한 사유가 있는 경우 그것이 자의적이 아닌 경우 선언을 취소함으로써 의무로부터 면제될 수도 있다. 다만 그러한 선언에 대해 다른 국가가 이를 신뢰하여 후속행위를 수행한 경우 상황에 따라서는 금반언의 원칙에 따라 선언국가는 적어도 이 국가와의 관계에서는 취소에도 불구하고 최소한 계속 구속된다고 보아야 할 것이다.

라. 일방적 행위의 불이행과 국가책임

2001년 국가책임규정초안 제 12조에 따르면 국가의 행위에 의해 법적 의무

---

64) 'Guiding Principles applicable to Unilateral Declarations of States capable of creating Legal Obligations', Yearbook of the International Law Commission, 2006, Vol. II, Part Two.

가 창출되는 경우 국제의무의 연원이나 성격이 무엇인가와는 관련 없이 이를 위반할 경우에는 국가책임을 부담하게 된다(제 13강 '국가책임'의 제 2절 '국가책임의 성립' 참조).

여기서 국가의 행위에는 국가의 일방적 행위도 포함된다. 따라서 다른 국제법상의 의무 위반시와 마찬가지로 국가가 자신의 일방행위로 부담하게 된 의무를 다하지 않는 경우 상대국은 위반행위의 중지 또는 원상회복 등을 요구할 수 있고 이를 이행하지 않을 경우 대응조치(countermeasures)를 취할 수도 있다.

2. 국제기구(유엔 총회)의 결의

국제기구의 결의에는 기구의 내부운영에 관한 결의, 기존의 국제법 원칙 등을 선언 혹은 재확인하는 결의, 헌장의 내용을 보다 구체화하는 결의와 새로운 국제법규범을 창설하는 결의 등이 있다. 이 중 특히 국제법의 법원과 관련하여 중요성을 가지는 것은 규범창설적 성격의 결의이다.

가. 결의의 구속력과 법원성

국제법의 법원을 설명하기 위해 원용되는 ICJ 규정 제 38조 1항은 국제기구의 결의나 선언이 국제법의 법원으로서 어떠한 위치를 차지하는지에 대하여 아무런 명시적 언급이 없다. 여기서 유엔과 같은 보편적 성격의 국제기구가 채택하는 결의의 법원성 문제가 제기된다. 이하 유엔 총회의 결의를 중심으로 설명한다.

무엇보다도 유엔헌장의 해석상 총회의 결의는 권고적 성격으로 당연히 구속력이 부여되지는 않는다. 유엔 총회의 결의는 회원국들의 압도적 지지 또는 나아가 전원일치로 채택되어도 구속력이 없으며 권고적 성격만을 갖는다고 보는 것이 헌장에 충실한 해석이다. 따라서 국제기구의 결의를 독자적인 국제법의 법원으로 볼 수는 없다.

이와 같이 총회의 결의는 구속력이 없고 국제법의 법원이 될 수는 없지만 경우에 따라서는 규범적 가치(normative value)를 가질 수 있다. 즉, 총회의 결의는 규칙의 존재나 (국제관습법 성립요건으로서의) 법적확신의 확인을 위한 중요한 증거를 제공한다.[65] 따라서 이들 결의는 이후 유사한 결의의 반복된 채택 또는 국가실행(특히 찬성표를 던진 국가들의 실행)의 확대 등을 통해 국제관습법의 형성에 기여하게 될 것이고 나아가 조약으로 발전할 수도 있게 된다. 여기서 중요한 것은 유엔 총회의 결의가 구속력을 갖지는 않지만 국가들의 행동에 어떠한 형태로든 실질적인 영향력을 행사하고 있다는 점이다.

그렇다면 국제사회의 근본가치를 규정하기 위한 규범적 성격의 총회의 결의가 압도적 다수 또는 만장일치로 채택된 경우, 즉 회원국들의 공통된 의사가 반영된 결의를 단순히 총회의 결의이므로 권고적 효력만 가진다고 보는 것이 과연 타당한가. 이에 대해 국제사회의 압도적 다수의 국가들이 유엔 총회의 결의를 통하여 일정한 기준에 합의하였다면 이 결의는 국가들의 자발적인 준수의무를 부여하고 있다는 점에서 ICJ 규정 제 38조 1항과는 별도로 새로운 국제법의 법원이 될 수 있다는 주장이 있다. 그러나 총회의 결의가 법규형성에 이바지할 수 있는 법의 내용에 영향을 줄 수는 있지만 그 자체로 법규를 창설할 수는 없을 것이라는 점에서 부정적으로 평가되어야 할 것이다.

반면 유엔 총회의 결의나 선언이 기존의 유효한 법원칙을 확인하는 내용으로 그러한 결의가 이후 반복적으로 만장일치 또는 압도적인 다수에 의해 채택되는 경우에는 당연히 국제법의 법원성이 인정되어야 할 것이다. 세계인권선언은 총회의 결의가 반복되는 과정을 거쳐 국제관습법으로 발전한 대표적인 예에 속한다. 또 다른 예로 (국제관습법 성립요건 중 법적확신에서 설명한 바와 같이) 1960년 유엔 총회가 채택한 '식민지 국가 및 인민에 대한 독립부여 선언'에서 확인된 인민의 자결권도 이후 반복된 총회의 결의와 국가실행을 통해 국제법상의 원칙으로 확립되었다. 이와 같이 국제기구의 결의는 국제관습법의 성립요건으로서의

---

65) 총회의 결의가 과연 그러한지 확인하기 위해서는 결의의 내용과 채택 당시의 상황을 살펴보는 것이 필요하다. 또한 규범적 특성에 대하여 법적확신이 존재하는지 알아보거나 또는 일련의 결의들에 의해 새로운 규칙의 수립에 필요한 법적확신이 점진적으로 형성되고 있는지 확인하는 것이 필요할 것이다. 이 경우 반대표를 행사한 국가들이 특히 많은 경우에는 그만큼 관습법으로서의 증거가치는 희석될 수밖에 없을 것이다. '핵무기의 위협 또는 사용의 합법성에 관한 ICJ의 권고적 의견', ICJ Reports 1996, p. 226, paras. 70-71.

법적확신의 확인 등 국제관습법의 발전에 있어 매우 중요한 역할을 수행해 오고 있다.

한편 유엔 안보리의 결의는 헌장 제 25조에 따라 구속력을 가진다. 안보리 결의는 유엔헌장이라는 조약(국제법)에 의해 별도로 구속력이 부여된 것이므로 유엔 총회 또는 그 밖의 국제기구의 결의와는 구별되어야 할 것이다. 또한 국제기구의 결의가 단순한 내부운영에 관한 결의(예산 등)일 경우에도 당연히 구속력이 있다. 유엔전문기구의 전문기술성을 가진 결의, 예컨대 ICAO, WHO의 결의 등도 대체로 회원국에 대해 구속력을 가진다. 이는 동 결의가 국제협력을 위한 것으로 이행하는 것이 자국의 이익에 도움이 된다는 판단에 기인하기 때문이다.

나. 국제재판소의 태도

아래 예시된 사례를 통해 국제재판소의 국제기구 결의에 대한 태도를 검토한다.

- ICJ는 1986년 '니카라과 사건'에서 '국가간 우호관계 및 협력에 관한 국제법 원칙 선언'이 국제관습법을 반영한 것으로 보았다.
- ICJ는 1996년 '핵무기의 위협 또는 사용의 합법성에 관한 권고적 의견'에서 유엔 총회 결의의 구속력을 부인하면서도 향후 국제관습법의 성립요건으로서의 법적확신의 증거자료가 될 수 있는 가능성을 부인하지 않았다.
- 1977년 미국 텍사코 석유회사와 리비아 정부간 '텍사코 석유회사 사건(Texaco Overseas Petroleum et al. v. Libyan Arab Republic)'[66]에서 단독 중재재판관은 1962년 채택된 유엔 총회결의 제 1803호(천연자원에 대한 영구주권 선언, 'Permanent Sovereignty over Natural Resources')와 1974년 결의 제 3281호(국가의 경제적 권리·의무에 관한 헌장, 'Charter of Economic Rights and Duties of States')의 법적 효력에 대하여 검토하였다. 동 재판관은 결의 제 1803호는 투자진출국과 투자유치국, 즉 제 3세계 국가들은 물론 미국 등 여러 서구국가들을 포함하여 많은 국가들이 찬성하였다는 점에

66) 이 사건은 1955년과 1968년간 미국 국적의 두 개의 석유회사(Texaco와 California Asiatic Oil)에 대한 리비아의 국유화 조치와 이에 따른 보상과 관련된 중재사건이다.

서 현존하는 국제관습법을 반영하는 것으로 보고 구속력을 인정하였다. 반면 후자의 결의는 찬성 118국이라는 압도적 다수로 채택되었지만 많은 선진국들이 반대하였다는 이유로 구속력을 부인하였다.[67] 한편 1973년 '천연자원에 대한 영구주권 선언'(유엔 총회 결의 제 3171호로 앞의 결의 제 1803호와 같은 제목임)도 같은 근거로 구속력을 인정받지 못하였다.

이와 같이 국제기구의 결의에 대한 ICJ의 태도는 결의의 성립과정과 내용을 종합적으로 검토하여 개별적으로 판단해 오고 있다.

세계인권선언은 국제관습법의 일부로 구속력이 있다는 주장의 근거
▶ 세계인권선언은 무엇보다도 도덕적 권위를 가진 선언으로(a manifesto with primarily moral authority) 법적 구속력 있는 법률문서는 아니었지만 시간이 경과하면서 중요한 법적 지위를 부여받게 되었음. – 유엔은 유엔헌장의 인권관련 조항을 해석하고 이행하는 데 있어 인권선언을 원용해 오고 있으며, 특히 유엔 총회는 인권선언에 묘사되어 있는 권리들이 '국제법의 기본원칙'을 구성한다고 보고 있음. – 1968년 인권에 관한 '테헤란 선언'은 인권선언이 구속력이 있다고 보았음. – 70여 개 이상의 국가들이 인권선언을 헌법이나 법률에 반영하여 적용하고 있음. – 많은 국제 및 국내 법원들이 인권선언을 국제관습법의 일부라고 판시한 바 있음. ▶ 참고로 우리나라 고등법원은 1992년 '파면 등 처분취소청구소송 사건'에서 세계인권선언이 우리 헌법 제 6조에 규정된 '일반적으로 승인된 국제법규'가 아니므로 국내법으로 규정되지 않는 한 권고적 효력밖에 없다고 판단하였음. 그러나 이는 세계인권선언이 국제관습법으로 발전하였다는 사실을 간과한 판단임.

67) 양 결의의 주요 차이점은 결의 제 1803호는 국제법에 따른 보상을 규정함으로써 서방국가들의 보편적인 지지를 받을 수 있었다는 점이고, 결의 제 3281호는 보상에 대한 판단을 국유화국이 할 수 있도록 규정함으로써 서방국가들의 지지를 받지 못하였다는 점이다. 관련 상세는 김정건, pp. 49-51; 정인섭 pp. 78-79; Julien Cantegreil, 'The Audacity of the Texaco/Calasiatic Award: René-Jean Dupuy and the Internationalization of Foreign Investment Law', European Journal of International Law, Vol. 22, Issue 2, May 2011, pp. 441-458 참조.

3. 연성법

가. 정의

연성법(soft law)은 전통적 의미의 '경성법(hard law)', 즉 조약으로서의 성격을 아직 갖추지는 못하였지만 각국의 실제행동에 영향을 미치는 '법적 구속력 없는 행동원칙이나 권고(recommendation), 가이드라인(guidelines), 행위규범(code of conduct), 기준(standard)' 등을 의미한다. 이를 부연하면 연성법이란 '아직은 조약이 아니지만 공동의 선을 실현하는 데 필요하고 따라서 일반적이고 보편적인 적용이 요구되는 규범으로의 발전을 목적으로 하는 국제문서(... are not treaties, but have as their purpose the promotion of norms which are believed to be good and therefore should have general or universal application)'라고 정의할 수 있다.

나. 성립 배경과 의의

연성법이라는 개념은 1970년대 전반 국제사회의 각 분야에서 국제기구 및 국제회의를 통한 결의와 선언이 대거 채택되고 이들 결의와 선언들이 국제법에 중요한 영향을 미치게 되면서 본격적으로 주목을 받기 시작하였다.

특히 연성법은 주제에 대한 중요성에 공감하고 시대적 상황이 요구하고 있으나 아직 국가들이 구체적인 내용에 합의하지 못하고 따라서 구속력 있는 조약으로 성안하기 어려운 경우에 이용되어 오고 있다. 이처럼 연성법 문서들은 오늘날 경제, 인권, 환경 분야와 같이 새로운 국제법 규범의 창설이 시급히 요구되는 분야에서 국가들의 폭넓은 참여를 유도하는데 일정한 역할을 담당한다. 연성법은 향후 당사국에게 구체적인 의무를 부과하는 조약으로 발전하거나 국제관습법으로 발전할 수 있다.

다. 연성법의 법적 성격과 예시

연성법의 법적 성격에 관하여는 다양한 견해가 존재하지만 연성법은 대체로 '완전한 법(law)'도 아니며 그렇다고 단순한 도덕이나 국제예양과도 구분된다. 연성법은 '법(law)과 비법(non-law)사이의 중간적 성격(grey area)을 갖는 규범

(norms)'이라는 견해가 공유되고 있다. 이 같은 맥락에서 보면 연성법은 완전하지는 않지만 일정한 구속력을 가지므로 '법은 법이되 그 구속력의 정도가 약한 것'으로 정의될 수 있다. 따라서 단순한 권고와도 구분된다. 또한 연성법은 추후 보편적인 적용이 요구되는 규범으로의 발전을 목적으로 하는 합의라는 점에서 *lex ferenda*로 설명하기도 한다.

연성법의 대표적인 예로 우리는 1992년 '리우선언(The Rio Declaration on Environment and Development)'을 들 수 있다. 특히 리우 환경 및 개발 회의당시 채택된 '모든 형태의 산림의 관리, 보존 및 지속적 개발에 관한 전 지구적 합의를 위한 원칙에 대한 법적 구속력이 없는 권위 있는 선언(Non-legally binding Authoritative Statement)'은 명칭이 시사하는 바와 같이 대표적인 연성법의 예이다.[68)]

또한 비구속적 합의 또는 신사협정의 대표적인 예로 많이 인용되는 1975년 헬싱키 최종의정서(Helsinki Final Act)에서도 연성법적 성격을 발견할 수 있다. 나아가 단지 추상적인 의무를 규정하고 있는 조약(기후변화협약, 오존층 보호에 관한 비엔나협약 등)도 형식은 조약이지만 실제로는 연성법에 해당되며 골격협약(framework conventions)이라고 한다. 이들 골격협약은 이후 구속력 있는 후속 의정서 등에 의해 보완되어진다. 즉, 기후변화협약은 교토의정서와 파리협정에 의해, 그리고 오존층 보호에 관한 비엔나협약은 몬트리올 의정서에 의해 보완되어졌다(이에 대해서는 제 21강 '국제환경법' 참조).

라. 국제기구의 결의와 연성법

국제기구의 결의, 특히 유엔 총회의 결의는 연성법과의 관계에서 의미가 크다. 유엔 총회의 결의가 권고적 효력을 가진다는 점에 대해서는 이론의 여지가 없다. 그러나 다수결 또는 만장일치로 채택되는 경우 동 결의는 앞에서 설명하였듯이 단순한 권고적 효력 이상의 의미를 가지고 국가들의 행동에 영향을 미칠 수 있게 된다.

---

68) 정식명칭은 'Non-legally binding Authoritative Statement of Principles for a Global Consensus on the Management, Conservation and sustainable Development of all Types of Forests'이다.

따라서 이렇게 채택된 총회의 결의는 당장은 법적 구속력이 있는 문서는 아니지만 국제사회에 상당한 영향력을 가지고 앞으로의 법 발전방향을 제시할 수 있다는 점에서 연성법과 유사한 성격을 가진다고 볼 수 있다.

마. 평가

조약이나 국제관습법 형태의 법원은 국제사회의 변화에 즉각적, 능동적으로 대응하는데 시간이 걸린다. 반면 연성법은 상황변화에의 신속한 대응을 위한 일종의 잠정적 조치로서의 의미가 크다. 또한 구속력 있는 조약의 이행에 부담을 느끼는 국가들의 참여 유도를 위해서 또는 내용에 대한 과학적 증명이 없어 아직은 국제사회의 공감대 형성이 어려운 경우에도 조약보다는 연성법적 대처가 효율적이다.

이와 같이 연성법은 유연성, 즉응성 등 효용성과 현실적 필요성에 의해 중요성이 인정되고 있다. 이러한 이유로 연성법은 특히 환경 분야에서의 국가간 합의에 많이 활용되고 있다. 예컨대, 오늘날 급속하게 변화하고 있는 북극해의 환경변화에 효과적으로 대처할 수 있다는 장점, 즉 아직 협력의 관행이 일천하고 규범체계가 형성 중인 북극지역의 경우 협력의 기초수단으로 연성법은 매우 유용하다. 그러나 연성법체계를 계속 유지하는 것은 규범체계의 안정성을 저해한다는 점에서 이후의 새로운 실행을 통해 점차 완전한 구속력을 가진 조약에 근거한 국제법적 규범체계로 발전시켜 나가는 노력이 필요하다. 실제로 북극이사회가 채택한 연성법적 규범들이 현재 성문화 작업을 거쳐 구속력 있는 조약으로 발전하고 있음은 매우 고무적인 현상이다.

결론적으로 연성법은 아직은 법이 아니지만 향후 법으로 발전하게 될 미래의 법으로 이해할 수 있다.

4. 대세적 의무와 권리

가. 개념

대세적 의무(obligations *erga omnes*)란 개별국가가 국제공동체 전체의 근본적 이익을 보호하기 위해 공동체 전체(모든 국가)에 대하여 부담하는 의무를 말한다. 대세적 의무의 개념은 1970년 ICJ의 '바르셀로나 전력회사 사건'에 대한 부수적 의견(*obiter dictum*)에서 처음 등장하였다.[69] 이 사건에서 ICJ는 대세적 의무를 '한 국가의 국제공동체 전체에 대한 의무(the obligations of a state towards the international community as a whole)로서 모든 국가들이 특히 (관련된 권리의 중요성에 비추어) 그 의무의 이행에 법적 이익(legal interest)을 갖는 것'이라고 보았다.[70] ICJ는 이에 해당되는 의무로 모든 국가의 관심이 되는 인간의 기본적 권리와 관련된 노예, 인종차별, 침략, 집단살해의 금지 등을 예로 들었다. ICJ는 이후 고문금지, 민족자결권의 존중[71] 및 국제인도법상의 규칙 준수들도 대세적 성격(*erga omnes* character)을 가지는 의무로 보았다.[72]

이에 따라 개별 국가는 그러한 대세적 의무(아래 설명하는 바와 같이 사실상 강행규범을 위반하지 않을 의무)를 위반하지 않아야 하며, 동시에 타국에 의해 이러한 대세적 의무가 위반되는 경우 위반행위의 결과를 승인하거나 지원하지 않아야

---

69) '부수적 의견'이란 재판관의 부가적인 의견으로 판결이유가 아닌 부분을 말한다. 이 사건에서 ICJ는 국가가 개별 국가에 대해 부담하는 양자적 성격의 의무와 국제공동체 전체에 대해 부담하는 대세적 성격의 의무를 구분하였다.

70) 관련 부분 원문은 다음과 같다: "In view of the importance of the rights involved, all States can be held to have a legal interest in their protection; they are obligations *erga omnes*", ICJ Reports 1970, p. 3, paras. 33-34.

71) ICJ는 1995년 포르투갈과 호주간 '동 티모르 사건(East Timor)'에서 인민의 자결권이 유엔헌장에 의해서도 승인된 현대 국제법상의 근본원칙의 하나로 대세적 성격을 가진다고 보았다. 관련 부분 원문은 다음과 같다: "... the right of peoples to self-determination, as it evolved from the Charter and from United Nations practice, has an *erga omnes* character, is irreproachable", ICJ Reports 1995, p. 90, para. 29. 사건 판결에 대하여는 제 29강(국제분쟁의 평화적 해결)의 주 53 참조.

72) 2004년 '이스라엘의 팔레스타인 분리장벽 건설 사건'에 대한 권고적 의견에서 ICJ는 국제인도법상의 규칙들은 관련 조약의 당사국 여부와 무관하게 대세적 성격의 의무를 포함하고 있어서 위반될 수 없는 국제관습법상의 원칙(intransgressible principles of international customary law)이라고 보았다. ICJ Reports 2004, p. 136, para. 157.

하고 위법상태를 종료시키기 위해 노력하여야 한다. 또한 자신이 피해국일 경우는 물론 그렇지 않은 경우에도 국제공동체의 일원으로 위반국에 대하여 책임을 추궁할 수 있게 된다.

대세적 의무의 개념은 이후 ICJ를 비롯한 국제재판에서 많이 인용되면서 국제사회에서 하나의 새로운 개념으로 정착되었다.[73] ILC도 '바르셀로나 전력회사 사건'에서 나타난 대세적 의무의 개념을 그대로 수용하고 있으며 이에 따라 ILC가 작성한 2001년 국가책임규정 초안('국가책임의 추궁방식'에 관하여 규정한 제 42조와 제 48조 참조)도 동 개념을 수용하였다.

나. 대세적 의무와 강행규범의 상관관계

대세적 의무는 무엇보다도 강행규범과 밀접한 관련을 가지고 있다. 대세적 의무는 강행규범에서 연유한다. 강행규범과 대세적 의무는 관련되는 이슈들이 중복된다는 점에서(예컨대, 무력사용, 침략, 고문 등) 같은 차원에서 다루어지지만 성격상 양자는 구분된다.

첫째, 강행규범을 위반하는 행위는 국제 공동체의 본질적 이익에 손해를 주는 중대한 행위로 모두 대세적 의무의 위반을 가져오지만 모든 대세적 의무가 반드시 강행규범의 성격을 가지는 것은 아니다.[74]

---

73) (위의 주 71과 72 참조) ICJ는 '이스라엘의 팔레스타인 분리장벽 건설 사건'에서 바르셀로나 전력회사 사건과 동 티모르 사건을 인용하며 이스라엘이 위반한 대세적 의무는 팔레스타인 인민의 자결권을 존중하지 않은 것과 국제인도법상의 의무를 이행하지 않은 것이라고 판단하였다. 이에 따라 ICJ는 모든 국가들은 이스라엘의 행위의 결과를 승인하거나 지원하지 않아야 할 의무가 있으며 이러한 위법상태를 종료시키기 위해 노력하여야 할 것이라는 의견을 제시하였다. 즉, ICJ는 이스라엘의 장벽건설을 대세적 의무 위반으로 판단하였다. ICJ Reports 2004, Advisory Opinion, p. 136, paras. 155, 159. 또한 ICTY도 Furundžija 사건과 Kupreškić 사건 등에서 강행규범과 함께 대세적 의무의 개념을 인정하였다. Furundžija 사건의 관련 부분 원문은 다음과 같다: "Furthermore, the prohibition of torture imposes upon States obligations *erga omnes*, that is, obligations owed towards all the other members of the international community, each of which then has a correlative right", ICTY Case No: IT-95-17/1-T, Judgment of 10 December, 1998, para. 151.

74) 오늘날 지구환경보호를 위한 다자조약들은 지구환경보호를 위한 국가의 의무를 다른 국가에 대한 상대적 의무가 아닌 국제사회 전체에 대한 보편적 의무, 즉 대세적 의무로 규정하고 있다. 여기에서도 알 수 있듯이 모든 대세적 의무가 강행규범에서 나오는 것

둘째, 양자의 관계를 규범적 측면에서 검토해 보면 강행규범은 용어 그대로 규범이며 다른 국제법 원칙보다 상위규범이다. 따라서 동 규범에 위배되는 조약(예컨대, 침략행위의 합의 등)은 조약체결자유의 원칙에도 불구하고 무효이다. 반면 대세적 의무는 규범이 아니므로 다른 규범에 대한 우월적 의미는 없다. 다만, 강행규범을 위반하는 실제행위가 있을 경우 이의 위반행위(침략행위의 실행 등)는 다른 모든 국가들에 대한 대세적 의무를 위반하는 것이 된다. 따라서 국제사회는 대세적 의무가 이행되어지는 것에 법적 이익을 가지므로 나타난 결과에 대하여 이를 승인하거나 지원하지 않아야 하며 이러한 위법상태를 종료시키기 위해 노력하여야 한다. 동시에 국제사회가 전체로서(as a whole) 또는 (자신의 직접적인 이익침해가 없어도) 개별적으로 대응(책임추궁 등)할 수 있다는 것을 의미한다. 일종의 절차적 개념이다.

끝으로 대세적 의무 이론은 강행규범과 마찬가지로 자연법적 가치에 근거한 것으로 국가간 합의에 기초하는 전통적 개념의 국제법에 대한 새로운 변화이며 발전으로 볼 수 있다. 이러한 점에서 향후 국제법 규범체계의 변화, 나아가 전통적인 국가책임제도에도 변화를 가져올 것으로 전망된다.

다. 대세적 의무와 위반국에 대한 책임의 추궁

제 13강(국가책임)의 제 4절(국가책임의 추궁)을 참조한다. 대세적 의무와 민중소송의 관계에 대하여도 이 부분을 참조한다.

라. 대세적 권리(rights *erga omnes*)

대세적 권리는 개별국가가 다른 모든 국가에 대해 주장할 수 있으며 다른 모든 국가들은 이를 권리로서 존중해 주어야한다. 요약하면 대세적 권리는 개별국가가 다른 모든 국가에 대해 권리로서 주장할 수 있다는 의미이다. 예컨대, 공해의 자유는 각 국가가 다른 모든 국가에 대하여 주장할 수 있는 대세적 성격의 권리이다. 또한 인민의 자결권도 앞에서 설명한 바와 같이 국가들은 이를 존중하고 침해하지 않을 대세적 의무를 부담하지만 동시에 이를 주장하는 국가가 다른 나라

은 아니다.

들에 대하여 국제법상의 권리로 요구할 수 있는 대세적 권리의 성격도 가진다.

한편 조약의 경우에도 대세적으로 유효한 체제를 창설하는 경우가 있다. 예로서 특정지역을 중립화 또는 비무장화하는 경우로 북극의 스발바르 지역이나 외기권이 이에 해당된다. 또한 수에즈 운하와 같은 국제수로에서의 항행의 자유도 대세적 권리의 예로 볼 수 있을 것이다.

☞ **기출문제 예시**

문) 아래의 질문 (가)와 (나)는 ICJ의 두 판결문에서 발췌한 것이다. 국제관습법의 형성에 관한 두 판결의 입장을 비교하고 (나)를 참조하여 현대에 있어서의 국제관습법 형성의 특징을 지적하시오.

(가) Although the passage of only a short period of time is not necessarily, or of itself, a bar to the formation of a new rule of customary international law on the basis of what was originally a purely conventional rule, an indispensable requirement would be that within the period in question, short though it might be, State practice, including that of States whose interests are specially affected, should have been both extensive and virtually uniform in the sense of the provision invoked; and should moreover have occurred in such a way as to show a general recognition that a rule of law or legal obligation is involved. (ICJ: North Continental Shelf)

(나) Bound as it is by Article 38 of its Statute to apply, inter alia, international custom "as evidence of a general practice accepted as law", the Court may not disregard the essential role played by general practice. Where two States agree to incorporate a particular rule in a treaty, their agreement suffices to make that rule a legal one, binding upon them; but in the field of customary international law, the shared view of the Parties as to the content of what they regard as the rule is not enough. The Court must satisfy itself that the existence of the rule in the *opinio juris* of States is confirmed by practice. (ICJ: Military and Paramilitary Activities in and against Nicaragua, Merits)

☞ 기타문제 예시

문 1) 북극권 국가들간 협력은 노르딕 이사회(Nordic Council), 노르딕 각료이사회(Nordic Council of Ministers), 북극이사회(Arctic Council) 등과 같은 느슨한 형태의 협력체를 통한 협력이 중심을 이루고 있다. 특히 북극권 국가들간 협력의 중요한 무대인 북극이사회의 경우 기본적으로는 복잡한 조약체결절차를 생략한 형태로 국내적 비준이 필요없는 각료선언 등 연성법 형태의 문서를 채택하고 있다. 국제법상 구속력의 관점에서 본 연성법의 법적 성격에 대해서 설명하고 이에 기초하여 북극을 규율하는 국제법 규범체계가 왜 연성법 중심으로 이루어졌는지를 간단히 설명하시오.

문 2) 유엔 총회의 결의로서 채택된 세계인권선언(Universal Declaration of Human Rights)의 국제법 법원성을 설명하시오.

문 1)에 대한 답안 작성 요령

1. 문제의 제기

▶ 연성법은 구속력 있는 법이 아니라는 점에서 연성법의 법적 성격과 효력문제에 대한 검토가 요구됨.

▶ 제시문에 적시된 바와 같이 오늘날 기후변화로 인한 새로운 현상에 효과적으로 대처하기 위한 목적으로 북극권 국가들간 협력이 절실히 요구되고 있으며 이러한 협력을 위한 규범체계가 연성법 중심이라는 것은 북극을 규율하기 위한 규범체계가 아직 발전 단계에 놓여 있다는 것을 의미함.

▶ 이하 연성법의 법적 성격과 이를 근거로 북극을 규율하는 규범체계가 왜 연성법 중심으로 되어 있는지에 대해 설명함.

2. 연성법의 법적성격

▶ 전통 국제법의 관점에서 연성법은 법이 아님. 그러나 많은 국제법 학자들은 연성법이 법은 아니라 하더라도 단순한 정치적 합의도 아니라고 보고 있음. 대신 연성법을 국제법의 '형성과정 또는 응고과정 중에 있는 일정 규범'으로 정의함으로써 법적 효력에 대한 평가를 유보하고 있음.

▶ 국제사회는 특히 환경 문제와 같이 국가간 합의의 부재로 시작단계에서부터 완전한 구속력을 부여하기가 어려운 분야에서 연성법의 장점을 잘 활용해 오고 있음. 예컨대, 기후변화협약의 경우 법적 구속력 면에서 비록 연성법의 성격으로 출발하였지만 당사국들은 이후의 후속의정서를 염두에 두고 협약의 이행에 대한 분명한 부담을 느끼고 있었다고 보는 것이 타당함. 따라서 문서의 명칭이 권고(recommendation), 가이드라인(guidelines), 행위규범(code of conduct), 기준(standard) 등으로 되어 있다고 하여 이러한 표현이 바로 연성법을 의미한다기보다는 동 문서가 무엇을 의도하여 채택되었고 어떻게 이행되기를 기대하고 있는가의 현실적인 관점에서 목적론적인 해석을 통해 평가되어야 할 것임.

▶ 결론적으로 연성법의 법적 효력이 조약처럼 완전하지는 않지만 전혀 없다고 볼 수도 없을 것이며 이러한 해석이 연성법의 법적 성격을 설명하는 데 적절하다고 봄.

3. 연성법 제도의 필요성과 연성법의 활용

▶ 조약이나 국제관습법 형태의 법원은 국제사회의 변화에 즉각적, 능동적으로 대응하는데 시간이 걸림. 연성법은 상황변화에의 신속한 대응을 위한 일종의 잠정적 대응방안으로서의 의미가 큼.

▶ 또한 구속력 있는 조약의 이행에 부담을 느끼는 국가들의 참여 유도, 규율대상의 내용에 대하여 과학적 증명을 통한 국제사회의 공감대 형성이 어려운 경우에도 조약보다는 연성법적 대처가 효율적임.

▶ 연성법은 특히 환경분야에서의 국가간 합의에 많이 활용되고 있음.

4. 국제기구 결의와 연성법

▶ 국제기구 결의, 특히 유엔 총회의 결의는 연성법과의 관계에서 의미가 큼. 유엔 총회의 결의는 법적 구속력 있는 문서는 아니지만 국제사회에 상당한 영향력을 가지고 앞으로의 법 발전방향을 제시할 수 있다는 점에서 연성법과 유사한 성격을 가진다고 할 수 있음.

5. 북극을 규율하는 국제법규범체계로서의 연성법의 역할

▶ 오늘날 기후변화로 인한 북극해의 해빙은 북극권 국가들은 물론 전지구적 차원에서 관심의 대상이 되고 있음.

▶ 북극해의 변화현상은 우리에게 기회이며 동시에 도전이 되고 있음. 이러한 기회

와 도전의 문제를 해결하기 위한 북극권 국가들간 협력의 필요성이 더욱 증대되고 있음. 그러나 관련 국가들간 이해의 충돌로 구속력있는 성문 조약의 체결이 어려움. 결국 완전한 법적 의무라는 구속감에서 벗어나면서도 참여와 협력을 유도할 수 있는 연성법 제도가 북극 관련 국제법규범체계의 중심을 이루게 됨. 즉, 연성법 제도는 유연성을 확보할 수 있다는 점에서 급속하게 변화하고 있는 북극해의 환경변화에 효과적으로 대처할 수 있다는 장점이 있고 특히 협력의 관행이 오래되지 않거나 제반 원칙들이 빠르게 변화할 수 있는 북극해지역의 경우 협력의 기초수단으로 유용함.

6. 결어

▶ 연성법은 유연성, 즉응성 등 효용성과 현실적 필요성에 의해 중요성이 인정되고 있음.

▶ 연성법은 아직은 법이 아니지만 앞으로 법으로 발전하게 될 미래의 법(*lex ferenda*)으로 이해할 수 있음.

▶ 특히 급속하게 변화하고 있는 북극해의 환경변화에 효과적으로 대처할 수 있다는 장점, 아직 협력의 관행이 일천하고 규범체계가 형성중인 북극지역의 경우 협력의 기초수단으로 유용함. 실제로 북극권국가들의 경우 동 연성법을 지키는 것이 자국의 이익에 부합한다고 보고 있음.

▶ 그러나 연성법체계를 계속 유지하는 것은 규범체계의 안정성을 저해한다는 점에서 이후의 새로운 실행을 통해 점차 완전한 구속력을 가진 성문조약의 국제법적 규범체계로 발전시켜 나가는 노력이 필요함.

제 6 강
조약법

제1절 조약의 정의

1. 조약법 협약과 조약의 정의

우리는 앞에서 국제사법재판소규정 제 38조 1항에 규정된 재판의 준칙을 국제법의 법원으로 설명하였다. 동 제 38조 1항에 처음 등장하는 '국제협약(international convention)'이 바로 조약이다. 이와 같이 조약은 국제법의 제일 중요한 법원이다. 특히 오늘날 조약은 국제사회의 변화와 발전에 따라 그 중요성이 점증하고 있으며 유엔헌장 제 13조에 규정된 국제법의 점진적 발전과 법전화에 의해 국제관습법을 대신하는 중요한 법원으로 자리를 차지하고 있다.

그렇다면 조약은 어떻게 정의되는가. 조약의 체결과 효력 등 조약에 관한 절차 및 실질적인 사항을 포괄적으로 규율하기 위해 1969년에 채택된 '조약법에 관한 비엔나협약(Vienna Convention on the Law of Treaties: 조약법 협약)'에 의해 조약의 정의는 분명해졌다.[1)]

---

1) 1969년에 채택된 '조약법에 관한 비엔나협약'의 대부분의 조항들은 관습법규를 성문화하였다는 점에서 실제로 협약을 보편적으로 적용하는 데 문제가 없으며 국제재판소도 이

조약법 협약은 제 2조에서 '조약이란 둘 또는 그 이상의 문서에 구현되는가와 상관없이 또한 특정한 명칭에 상관없이 서면형식으로 국가간에 체결되며 또한 국제법에 의해 규율되는 국제적 합의(Treaty means an international agreement concluded between states in written form and governed by international law, whether embodied in a single instrument or in two or more related instruments and whatever its particular designation)'라고 규정하고 있다. 따라서 협약이 규정하는 조약은 제5강(국제법의 법원)에서 설명한 일반적인 조약의 정의, 즉 '국제법의 규율을 받는 국제법 주체간의 합의'를 '국제법의 규율을 받는 국가간의 서면형식으로 된 합의'로 제한하였다고 볼 수 있다.

협약 제 2조에 규정된 조약의 정의를 분설하면 다음과 같다.

첫째, '국가간에 체결되는'은 국가와 국가간에 체결되는 합의만을 협약이 규율하는 조약으로 간주한다는 의미이다. 따라서 국가와 다국적 기업간의 양허계약(concession)은 계약의 준거법으로 국제법의 원칙이 부분적으로 적용되더라도 협약이 규율하는 조약에 해당되지 않는다.[2] 또한 후술하는 '국가와 국제기구 또는 국제기구 상호간에 체결되는 합의'도 국제법 주체간의 합의에는 포함되나 여기서 말하는 국가간에 체결되는 합의에는 해당되지 않는다.

둘째, '특정의 명칭에 상관없이'는 합의의 명칭으로 조약(treaty), 협약(convention), 협정(agreement) 또는 양해각서(memorandum of understanding) 등 다양한 명칭이 사용될 수 있다는 의미다. 물론 개개 용어의 사용 예는 다르나 그것이 조약여부에 영향을 미치지는 않는다. ICJ도 1962년 '남서아프리카 사건(South West Africa)'에서 용어의 사용은 합의의 성격을 판단하는 데 있어 결정적인 요소는 아니라고 보았다.[3]

점을 인정하고 있다. 협약의 비당사국인 미국도 협약의 대부분의 조항들이 국제관습법화되었다고 보고 적용에 반대하지 않는 입장이다.

2) 1952년 영국과 이란간 'Anglo-Iranian Oil. Co 사건'에서 ICJ는 이란과 동 석유회사간의 양허계약의 당사자는 한 국가(이란)와 외국기업(영국 석유회사)이며 영국 정부는 당사자가 아니므로 동 양허계약은 조약이 아니라고 보았다. 영국은 양허계약 체결과정에서 영국정부가 관여한 사실을 근거로 양허계약의 이중성(a double character) 즉 영국정부와 이란정부간의 당사자 관계(조약 관계)도 주장하였으나 ICJ는 이를 부인하였다. ICJ Reports 1952, p. 93, p. 112.

3) 이 사건은 ICJ가 1962년 라이베리아와 남아프리카간 및 에티오피아와 남아프리카간 '남

셋째, '서면형식으로'는 오늘날 팩스, 이메일 등을 포함하는 폭 넓은 개념이다. 따라서 구두조약은 협약이 규율하는 조약의 범위에 포함되지 않는다. 그러나 구두조약의 효력이 부인되는 것은 물론 아니다.[4)]

넷째, '국제법의 규율을 받는다(governed by international law)'는 표현은 두 가지 의미를 가진다. 이 점이 조약의 성립요건 중 가장 중요하다. 첫 번째 의미는 합의를 규율하는 법이 국내법이 아닌 국제법이라는 의미이다. 예컨대, 우리나라가 미국 주재 우리 대사관의 부지구입을 위하여 미국 국내법에 따라 부지의 소유권자인 미국 주정부와 계약을 체결한다면 이러한 계약은 (정부간의 합의이지만) 조약에 해당하지 않는다. 왜냐하면 양측의 합의는 국제법에 의하여 규율되는 것이 아니라 미 국내법에 의해 규율되는 단순한 사법상의 계약에 불과하기 때문이다. 두 번째 의미는 국제법상의 권리와 의무를 창출(일정한 법률효과를 수반)할 수 있다는 의미이다. 여기서 국제법상의 권리와 의무를 창출한다는 것은 합의가 구속력을 가진다는 의미이다. 그렇다면 합의가 국제법상의 권리와 의무를 창출하며 구속력을 가질 수 있는지는 어떻게 확인할 수 있는가. 이는 합의를 체결하는 당사자의 의도에서 확인될 수 있으며 이러한 당사자의 의도는 합의에 사용된 용어나 체결시의 상황 등을 통해 확인될 수 있다. 따라서 일반적으로 구속력 있는 합의를 의도하지 않으려는 것으로 볼 수 있는 공동선언이나 공동성명 등은 단순히 정치적·도덕적 차원의 합의문서라는 점에서 조약이 아니다(이에 대해서는 아래 설명하는 '비구속적 합의' 참조).

서 아프리카 사건(South West Africa)'에서 남아프리카의 위임통치의 효력에 대해 판단한 권고적 의견이다. 관련 부분 원문은 다음과 같다: "Terminology is not a determinant factor as to the character of an international agreement or undertaking" ICJ Reports 1962, preliminary objections, p. 319, p. 331. 또한 과거 조약법 협약이 발효되기 전에도 이미 PCIJ는 1931년 오스트리아와 독일간 '관세동맹 사건(Customs Regime between Germany and Austria)'에서 중요한 것은 용어가 아니라 구속력 여부라고 하면서 선언(Declaration)과 같은 문서도 조약이 될 수 있다고 보았다. PCIJ Series A/B No. 41, 1931, p. 47.

4) 1991년 핀란드와 덴마크간 'Passage through the Great Belt 사건'과 관련 양국 총리는 문서작성 없이 구두합의로 동 소송을 취하하기로 하였고 ICJ는 양국간 소송중단 합의에 따라 소송을 사건 리스트에서 삭제하였다. 'The Oral Agreement between Finland and Denmark on the Passage through the Great Belt Dispute', The Finish Yearbook of International Law, Vol. III, 1996, p. 610.

다섯째, '둘 또는 그 이상의 문서에 구현되는가에 상관없이'는 조약문을 구성하는 문서의 수는 조약여부에 영향을 미치지 않는다는 의미다. 예컨대, 국가간에 교환하는 교환공문(Exchange of Notes)은 복수의 문서로 구성되어 있다.

여섯째, '국제적 합의'란 조약의 다른 표현으로 복수의 당사자를 전제로 하는 것으로 일방적 선언과 구분된다. 다시 말해서 일방적 선언은 구속력이 인정되는 경우에도, 즉 지키려는 의도가 분명히 표출되는 경우에도, 국제적 합의가 아니라는 점에서 조약법 협약이 규정하는 조약은 아니다.

결론적으로 조약여부의 판단기준은 특히, (a) 조약을 체결하려는 당사자들의 분명한 의도(intention), (b) 내용의 중요성, (c) 의무가 국제법에 근거하여 구속적인 방식으로 규정되었는지 아니면 단순히 비구속적(권고적 성격)으로 규정되었는지, 즉 구체적이고 명확한 권리·의무 관계의 성립 여부(specificity)가 될 것이며, (d) 나아가 사법절차에 의한 강제적 분쟁해결규정과 발효를 위한 국내절차규정 등의 포함여부나 유엔에의 등록 여부 등도 양자를 구분하는 중요한 판단기준이 될 수 있을 것이다.

조약의 유형과 명칭

▶ 조약(Treaty): 가장 격식을 따지는 정식의 문서로서 주로 당사국간의 정치적, 외교적 기본관계나 지위에 관한 포괄적인 합의를 기록하는 데 사용됨. 이 형태의 조약으로는 평화, 동맹, 중립, 우호, 방위, 영토조약 등이 있으며 대개 국회의 비준동의를 요함. 체결주체는 주로 국가임. 한·미간 상호방위조약(Mutual Defense Treaty, 1953), 한·일간 기본관계에 관한 조약(Treaty on Basic Relations, 1965) 등이 있음.

▶ 헌장(Charter, Constitution), 규정(Statute) 또는 규약(Covenant): 주로 국제기구를 구성하거나 특정제도를 규율하는 국제적 합의에 사용됨. 유엔헌장(UN Charter, 1945), 국제원자력기구 규정(Statute of the IAEA, 1956), 국제연맹규약(Covenant of the League of Nations, 1919) 등이 있음.

▶ 협정(Agreement): 주로 양자조약에서 정치적인 요소가 포함되지 않은 전문적, 기술적인 주제를 다루는 사안에 대한 합의에 많이 사용됨(체결주체는 주로 정부임). 그 예로는 투자보장협정(Investment Protection Agreement), 무역협정(Trade Agreement), 문화협정(Cultural Agreement) 등이 있음.

▶ 협약(Convention): 다자조약의 경우 특정분야 또는 기술적인 사항에 관한 입법적 성격의 합의에 많이 사용되며 예컨대, '조약법 협약'의 경우와 같이 특정분야를 정의하고 상술하는 데 사용됨. 외교관계에 관한 비엔나협약과 영사관계에 관한 비엔나협약 등이 있음.
▶ 의정서(Protocol): 의정서라는 명칭은 기본적인 문서에 대한 개정이나 보충적인 성격을 띠는 조약에 주로 사용되나, 최근에는 전문적인 성격의 다자조약에도 많이 사용됨. 오존층 파괴물질에 관한 몬트리올 의정서(Montreal Protocol on Substances that Deplete the Ozone Layer, 1987) 등이 있음.
▶ 그 밖에 양해각서(Memorandum of Understanding), 약정(Arrangement), 합의의사록(Agreed Minutes), 잠정약정(Provisional Agreement, Modus Vivendi) 등의 각종 용어가 사용되고 있는 바, 동 형태 또는 용어의 사용은 국제관행상의 차이에 불과함.
▶ 참고로 국가 또는 정부간에 체결되는 조약 또는 협정이 아닌 정부기관간에 체결되는 기관간 약정(Agency-to-Agency Arrangement)도 있음.

이와 같이 조약법 협약은 제 2조에 정의된 범주에 해당하는 조약만을 협약의 규율대상으로 하고 있다. 그러나 제 3조에서는 '국가와 다른 국제법 주체간' 또는 '다른 국제법 주체 상호간'에 체결되는 국제적 합의와 '서면형식에 의하지 않는' 국제적 합의(구두합의)의 효력을 부인하지 않는다. 다시 말해서 제 3조는 국가 이외의 다른 국제법 주체가 참여하는 합의나 구두합의에 대해서는 조약법 협약이 적용되지 않는다는 것이지 합의의 효력을 부인한다는 의미는 아니다.

한편 오늘날 국가 이외의 국제법 주체로서 국제기구와 국가 또는 다른 국제기구간의 조약 체결과 관련된 사항을 규율하기 위하여 1986년 조약법 협약과 유사한 내용의 '국가와 국제기구 또는 국제기구 상호간의 조약법에 관한 비엔나 협약(Vienna Convention on the Law of Treaties between States and International Organizations)'이 채택되었으나 아직 발효되지 않았다.

결론적으로 조약법 협약에 따른 조약의 정의가 요구되는 상황이 아니고 단순히 조약을 일반적으로 정의하여야 하는 경우에는 '국제법의 규율하에 일정한 법률효과를 발생시키기 위하여 체결하는 국제법 주체들간의 합의' 또는 '국제법의 규율을 받는 국제법 주체들간의 합의'로 설명하면 충분하다.

2. 조약과 구별되는 개념으로서의 비구속적 합의

가. 비구속적 합의의 성격

구속력있는 조약이 되기 위한 가장 중요한 요소는 (구속력을 부여하려는) 당사국의 의도이다. 조약과는 달리 정치적 성격의 합의는 법적 구속력을 의도하지 않았고 따라서 법적 구속력이 없으므로 위반시에도 국가책임이 발생하지 않는다. 그러나 정치적 합의의 경우도 국가가 정치적, 도의적으로 상호 합의를 준수하는 것이 당사국 모두의 이익에 부합한다는 전제에서 준수할 것이 요구되는 문서이다. 이러한 합의를 국제법 용어로 비구속적 합의(non-binding agreement)라고 한다. 예컨대, 1975년 헬싱키 최종의정서, 1991년 남북기본합의서와 1994년 미북 제네바합의(Agreed Framework)는 정치적 선언으로 비구속적 합의에 해당된다. 특히 미북간 '제네바합의'는 제목, 형식, 용어, 조약에 많이 사용되는 의무의 표현인 'shall' 대신 'will'을 사용하는 등 양측이 조약으로서의 성격을 부인하기 위한 의도적인 노력이 있었다는 점에서 구속력있는 조약으로 볼 수 없다.

한편 비구속적 합의를 대표하여 사용되는 명칭으로 신사협정(gentlemen's agreement)이 있다. 신사협정은 비구속적 합의와 동의어이지만 일반적으로 우리가 특별히 신사협정이라는 명칭을 사용할 경우에는 합의 사항에 대한 준수의지가 높다는 점을 강조하기 위한 경우가 많이 있다.[5] 즉, 국가적 자존심, 도덕적 의무감과 만일 이를 존중하지 않을 경우 미래의 양국관계가 어려워질 수 있다는

---

5) 상호간 약속이 법적으로 구속력있는 합의를 창출하지 않을 수 있다(Mutual promises yield no legally enforceable agreement). 이러한 비구속적 합의는 '신사협정'으로도 불리운다. 신사협정의 전통적 유형으로는 과거 1904년 에드워드 그레이(Edward Grey) 영국 외교장관과 폴 깡봉(Paul Cambon) 주영 프랑스대사 사이의 각서교환(Exchange of Notes, '교환공문'이라고도 함)을 들 수 있다. 소위 영불협상(Entente Cordiale)을 성립시켰던 이 각서의 교환으로 독일에 대항하는 영·불 양국간 결속의 기초가 확립되었다. 또한 제 2차 대전 이후 루즈벨트 미국 대통령과 처칠 영국 수상간에 체결된 새로운 국제질서의 기본원칙을 정한 1941년 대서양헌장도 신사협정의 좋은 예가 될 수 있다.

우려로 당사국들이 신사협정을 가볍게 생각하지는 않는다.

이와 관련 앞에서 설명한 연성법이나 국제기구의 결의도 국가들간의 합의이지만 구속력이 없다는 점에서는 비구속적합의와 같은 맥락에서 이해될 수 있을 것이다. 또한 국가에 따라서는 양해각서를 구속력 없는 합의로 평가하는 경우도 있다.[6] 그러나 일반적으로 권리·의무 관계가 분명한 경우 양해각서는 구속력있는 조약으로 보는 것이 타당하다.

나. 비구속적 합의와 조약의 구분

비구속적 합의는 대체로 일정한 공동목표의 확인이나 원칙의 선언을 내용으로 하는 공동합의문이나 성명 등의 형태로 나타난다. 그러나 모든 공동합의문이나 공동성명의 법적 성격이 반드시 동일한 것은 아니며 합의의 형식, 구체적 문언 등 표현이나 체결 당시의 상황 등을 개별적으로 판단하여 구속력 여부, 즉 조약인지 또는 단순한 정치적 합의(비구속적 합의)인지 여부를 결정하여야 할 것이다. 따라서 앞에서(제 1절 1. '조약법 협약과 조약의 정의' 참조) 설명한 바와 같이 권리·의무관계의 구체성, 당사자의 의도와 내용의 중요성 등에 비추어 구체적인 경우에 개별적으로 판단되어야 할 것이다. 동시에 조약으로서의 형식(분쟁해결조항 또는 발효조항의 포함 여부 등)의 사용 여부가 보충적인 판단의 기준이 될 수 있다.

이와 관련한 사례를 검토하면 다음과 같다.

- 1994년 카타르와 바레인간 '해양경계 및 영토문제 사건'(Maritime

6) 양해각서(Memorandum of Understanding: MOU)는 원래 정상회담이나 외무장관회담 등을 통해 양국간 합의사항을 기록하기 위해 등장한 합의문 형태이나 오늘날 조약의 한 형태로 널리 이용되고 있다. 그러나 양해각서의 법적 효력, 즉 구속력에 대한 평가는 나라별로 다르다. 영미법 계통 국가 중 영국과 호주는 양해각서의 법적 효력을 부인하고 양해각서를 양국간 정치적, 도덕적 협력의사를 담은 정치적 선언문(political commitment) 또는 신사협정(gentlemen's agreement)으로 보고 있다. 반대로 미국의 경우에는 양해각서가 의회의 통제를 받지 않을 뿐 조약과 동일한 효력을 갖는 것으로 인정받고 있다. 따라서 양해각서의 경우 명칭보다는 당사국의 조약체결 관행, 당사국의 의사, 양해각서 문안 내용 등을 종합하여 법적 효력관계를 판단하여야 한다. 그 결과 만일 양해각서가 정치적, 도덕적 선언문에 불과하다면 조약과 같은 법적 효력을 인정할 수 없으므로 당사국이 법적으로 구속되지 않겠지만, 양해각서가 조약과 동일한 법적 효력을 갖는다면 당사국은 이에 법적으로 구속된다고 보아야 할 것이다. 외교부, 외교정책, 경제협정, http://www.mofa.go.kr/www/brd/m_4059/list.do

Delimitation and Territorial Questions)의 선결적 항변에서 바레인 외교장관은 자신이 구속력있는 협정에 서명할 권한이 없으며 합의문서(분쟁해결에 관한 교환공문)도 단순한 회의기록에 불과하다고 주장하였다.[7] 그러나 ICJ는 합의의사록에 서명할 때 양측 외교장관의 의도를 반드시 판단할 필요는 없으며 동 합의의사록은 양당사국이 합의한 사항을 열거하고 있다는 점에서 '국제법상의 권리와 의무를 창출하는(... constituted international agreements creating rights and obligations for the Parties)' 조약에 해당된다고 판시한바 있다. 즉, ICJ는 내용이 형식에 우선되어야 한다고 보고 동 문서는 국가에 대한 권리와 의무를 규율하는 내용을 포함하고 있다는 점에서 조약이라고 보았다.[8]

- 1978년 그리스와 터키간 '에게해 대륙붕 사건(Aegean Sea Continental Shelf)'에서는 ICJ를 통해 분쟁을 해결하기로 한 1975년 터키와 그리스 총리간의 '브뤼셀 공동성명(Brussels Communiqué)'이 법적 구속력 있는 합의인지 여부가 쟁점이었다. 이에 대해 ICJ는 국제법상 '공동성명(Joint Communiqué)'이 조약에 해당될 수 있기 위해서는 형식보다는 공동성명에 구현된 행위 또는 거래의 성격(nature of the act or transaction), 사용된 용어(actual terms)와 공동성명이 작성된 특정한 상황(particular circumstances)을 고려해야 한다고 판단했다. 이러한 기준에 따라 검토한 결과 ICJ는 브뤼셀 공동성명이 국제법상 조약에 해당되지 않는다고 보았다.[9]

남북기본합의서의 법적 성격 평가

남북기본합의서의 법적 성격과 관련 1992년 12월 채택 당시를 전후하여 법적 구속력 여부(조약성 인정 여부)를 둘러싸고 학계에서 논쟁이 제기되었다. 이후 대법원과 헌법재판소는 남북기본합의서의 법적 성격을 다음과 같이 판단하였다. 즉, 남북

7) 이 사건은 해양경계 및 영토문제에 관한 분쟁해결의 절차에 관하여 바레인과 카타르 외교장관간 합의내용(특히 ICJ의 관할권 성립 여부)이 구속력을 가지는가에 관한 사건이다.
8) ICJ Reports 1994, Questions of jurisdiction and/or admissibility, p. 112, paras. 23-27.
9) ICJ Reports 1978, p. 3. paras. 96, 107.

한 관계는 "나라와 나라사이의 관계가 아닌 통일을 지향하는 과정에서 잠정적으로 형성되는 특수한 관계임을 전제로, 조국의 평화적 통일을 이룩해야 할 공동의 정치적 책무를 지는 남북한 당국이 채택한 합의문서로서 법적 구속력이 있는 것은 아니어서 이를 국가간의 조약 또는 이에 준하는 것으로 볼 수 없고, 따라서 국내법과 동일한 효력이 인정되는 것도 아니어서 일종의 공동성명 또는 신사협정에 준하는 성격을 가짐에 불과하다"고 판단하였다.

그러나 이에 대해 일부 학자는 남북기본합의서가 서명 후 일정기간 경과 후 발효하였고, 전문을 가지고 있으며, 남북 화해, 남북 불가침, 남북 교류협력 등 남북한이 향후 실천하여야 할 사항을 법적 권리와 의무의 형태로 규정하고 있을 뿐만 아니라 '헬싱키 최종의정서'와 같이 비구속적 문서라는 명시적 규정도 없다는 점에서 조약으로 보아야 한다는 주장도 있다.[10]

제2절 조약체결

1. 조약체결권자

모든 국가는 조약체결능력을 가진다(제 6조). 그러나 국가를 대표하여 누가 조약을 체결할 권한을 가지는가의 문제는 각국의 국내법이 결정할 문제이다. 대체로 국가원수 또는 행정수반에게 조약체결권한이 부여되어 있다. 조약체결권자는 조약체결권한을 위임할 수 있으며 이 경우 조약체결권한을 위임받아 실제로 조약을 체결하려는 자는 조약체결과 관련된 행위를 할 수 있는 권한을 표시하는

10) 류병운, p. 85.

문서인 전권위임장(full power)을 필요로 한다.

이와 관련 조약법 협약은 "국가원수, 정부수반 또는 외교장관은 그 직무의 성격상 전권위임장을 제출하지 않더라도 당연히 국가를 대표하는 것으로 간주되며,[11] 공관장은 파견국과 접수국간 조약문 채택시 전권위임장 없이도 국가를 대표하는 것으로 간주된다"고 규정하고 있다(제 7조 2항).

이하 원용되는 조문은 별도의 설명이 없는 한 조약법 협약의 관련 조항을 의미한다.

2. 조약체결절차

가. 조약문의 채택

전권위임장이 부여된 정부대표에 의한 교섭을 통해 일차적으로 조약문의 채택(adoption)이 이루어진다. 조약문의 채택은 조약의 내용과 형식을 공식적으로 확정하는 행위로 2개 국가간에 체결되는 양자조약과 여러 국가간에 체결되는 다자조약의 경우 차이가 있다. 양자조약은 양 당사국간 교섭을 통해 문안을 채택하게 되지만 다자조약의 경우는 통상 국제회의를 통해 문안이 교섭되고 채택된다(제 9조).[12]

나. 조약문의 인증(authentication)

채택된 문안에 대하여는 정본인증을 통해 조약문을 최종적으로 확정한다. 인증의 방식으로는 일반적으로 조약문 또는 조약문을 포함한 최종의정서(다자조

11) 카타르와 바레인간 '해양경계 및 영토문제 사건'에서 ICJ가 바레인 외교장관의 서명에 대하여 효력을 부여한 배경에는 조약법 협약 제 7조 2항도 반영되었다고 보아야 한다. (앞의 주 7과 8 참조) 또한 전술한 1933년 덴마크와 노르웨이간 '동부 그린랜드 사건'에서 PCIJ가 노르웨이 외교장관의 발언에 구속력을 부여한 것도 같은 맥락에서 이해될 수 있을 것이다(제 5강 '국제법의 법원'의 주 59 참조).

12) 예컨대, 조약법 협약 제 9조 2항은 참가국들이 달리 정하지 않는 한 다자조약의 문안 채택 방식으로 2/3 다수결을 규정하고 있다. 그러나 오늘날에는 합의(consensus)에 의한 조약문안 채택방식이 선호되고 있다.

약의 경우)에 대한 서명(signature), 가서명(initialling) 또는 조건부 서명(signature ad referendum)이 있다(제 10조).

가서명(initialling)은 양자조약에서 조약문에 대한 최종적 확인을 유보하면서 조약내용을 우선 확정하는 것을 말한다. 조건부 서명(signature ad referendum)은 다자조약의 가서명에 해당된다.[13)]

다. 발효를 위한 기속적 동의의 표시방법

문안이 확정되면 교섭당사국들은 조약의 구속을 받겠다는 기속적 동의의 의사표시를 하게 된다. 정부 대표에 의한 정식서명(signature)과 국가원수에 의한 비준(ratification)이 일반적인 방식이다.

모든 조약은 대체로 조약에 대한 기속적 동의의 표시방식(발효방식)을 조약문에 포함시키고 있다. 이를 나누어 설명하면 다음과 같다.

1) 서명만으로 발효하는 조약

가서명된 조약문은 최종적으로 (조약체결에 관한 국내절차 완료 후) 국가대표에 의한 정식서명을 통해 발효된다. 오늘날에는 많은 기술적 성격의 양자조약이 서명만으로 발효(약식조약을 의미)한다.

2) 비준을 요하는 조약

반면 발효를 위해서는 비준이 요구되는 경우가 있다. 여기서 비준(ratification)은 조약체결권한(서명권한)을 위임받은 자국 대표의 행위를 국가원수가 최종적으로 확인하는 행위이다. 다시 말해서 조약의 서명국이 조약의 내용을 최종적으로

---

13) 통상적으로 다자조약은 조건부 서명후 별도의 서명절차를 가진다. 이를 다른 표현으로 '서명을 위하여 개방된다'고 한다. 예컨대, 1971년 9월 23일 몬트리올에서 채택된 '민간항공의 안전에 대한 불법적 행위의 억제를 위한 협약'을 보충하는 '국제민간항공에 사용되는 공항에서의 불법적 폭력행위의 억제를 위한 의정서' 제 4조는 "이 의정서는 1988년 2월 9일부터 24일까지 몬트리올에서 개최된 항공법에 관한 국제회의에 참가한 국가들에 대하여 1988년 2월 24일 몬트리올에서 서명을 위하여 개방된다. 1988년 3월 1일부터 이 의정서는 제 6조에 따라 본 의정서가 발효할 때까지 런던, 모스크바, 워싱턴 및 몬트리올에서 서명을 위하여 개방된다"고 규정하고 있다.

공식 확인하고 이에 구속받겠다는 의사를 상대국에 통고하는 행위이다. 따라서 비준을 필요로 하는 양자조약의 경우(정식조약을 의미) 서명 후 비준서 교환 등 별도의 절차를 거쳐 발효하게 된다.

이와 관련 우리나라의 경우 헌법 제 60조 1항은 국회의 동의를 필요로 하는 조약에 대하여 규정하고 있다.[14] 헌법 제 60조 1항에 해당되어 국회의 동의를 필요로 하는 조약으로서 비준서 교환을 요건으로 하는 조약(양자조약)은 국회의 동의를 포함하여 조약체결에 관한 국내절차를 마친 후 별도의 국가원수 명의의 비준서를 작성하여 상대국과 교환함으로써 발효하게 된다.[15]

다자조약의 경우에도 국회의 동의를 요하는 조약은 국회의 동의를 득한 후 비준서를 수탁기관(유엔 등)에 기탁함으로써 기속적 동의의 의사표시를 한다. 또한 다자조약의 경우에는 비준과 유사한 방식으로 수락(acceptance), 승인(approval) 또는 가입(accession)의 방식에 의해서도 기속적 동의의 의사표시가 이루어질 수 있다.[16] 이들 방식은 다자조약의 발효 전 또는 후에 교섭과정에 참여하지 않은 국가가 조약의 당사국이 될 수 있도록 허용하기 위한 절차로 서명과 비준을 결합한 형태로 이해될 수 있다. 참고로 다자조약의 발효는 통상 일정한 수의 비준서가 기탁된 이후 발효하는 경우가 많다.

---

14) 제 60조 1항: “국회는 상호원조 또는 안전보장에 관한 조약, 중요한 국제조직에 관한 조약, 우호통상항해조약, 주권의 제약에 관한 조약, 강화조약, 국가나 국민에게 중대한 재정적 부담을 지우는 조약 또는 입법사항에 관한 조약의 체결·비준에 대한 동의권을 가진다.”

15) 특히 조약발효요건으로 비준서 교환을 필요로 하는 양자조약이라도 우리 헌법상 국회의 동의가 불요하다면 국회의 동의 없이 조약체결에 관한 국내절차를 마친 후 국가원수가 비준서를 작성하여 상대국과 교환함으로써 발효하게 된다.

16) 조약법 협약 제 14조 2항은 “조약에 대한 국가의 기속적 동의는 비준에 적용되는 것과 유사한 조건으로 수락 또는 승인에 의하여 표시된다”고 규정하고 있다. 즉, 다자조약의 당사국이 되기 위한 방식으로 비준대신 수락과 승인의 방식을 제시하면서 비준과 수락 및 승인과의 유사성을 설명하고 있다. 다만 수락과 승인은 비준을 위해 요구되는 국내절차(국회 동의 등)를 우회하는 방식으로 이용될 수 있다는 점에서 차이가 있다.

17) ‘Contracting Party’ means a State or Regional Economic Integration Organization which has consented to be bound by this Treaty and for which the Treaty is in force.

조약체결절차(요약)

▶ 조약체결절차란 조약체결능력을 가진 국가의 대표들이 전권위임장을 교환하고 (국가원수, 정부수반, 외교장관 등 소위 'Big Three'는 예외), 하자없는 의사표시로 조약문안을 교섭, 채택 및 정본 인증을 한 후, 이어서 서명, 비준 등 발효 요건을 충족시킴으로써 조약이 발효되는 과정으로 요약될 수 있다.

▶ 이렇게 조약이 체결되면 (우리나라의 경우) 정부는 이를 관보에 게재하여 공포한다. 공포를 통해 조약은 국내적으로도 효력을 발생하게 된다.

조약당사자 용어의 구분

▶ 조약법 협약 제 2조 1항은 교섭국(negotiating State), 체약국(contracting State)과 당사국(party)을 구분하고 있다.

- 교섭국은 조약문의 작성 및 채택에 참여한 국가를 말하며, 체약국은 조약의 발효여부와 상관없이 조약에 대한 기속적 동의를 표시한 국가를 말한다. 당사국은 조약에 대한 기속적 동의를 표시하였고 조약도 그 국가에 대하여 발효한 경우를 말한다.

▶ 그러나 실무적으로는 체약국과 당사국 양자를 포괄하는 개념으로 '체약당사국(contracting party)'이라는 표현도 많이 사용된다.[17)]

약식조약과 고시류 조약

▶ 서명만으로 발효하는 조약은 서명이 국가의 조약에 대한 기속적 동의표시의 최종행위이기 때문에 국회의 비준을 거친 조약(정식조약)과 구분하여 약식조약(treaty in simplified form)이라고 한다. 서명만으로 발효하는 조약을 약식조약이라고 하는 이유는 미국의 행정협정과 비교하여 국회의 동의를 받지 않았다는 점을 근거로 하고 있다.

▶ 한편 조약에는 복잡한 국내절차를 취하는 것이 적당하지 않은 경우 관계부처와의 협의를 거쳐 외교부장관이 재량으로 체결하고 이를 관보에 게시하여 발효시키는 '고시류 조약'이 있다. '고시류 조약'이란 조약의 시행 등을 위하여 보충적으로 체결되는 시행약정(implementing arrangement) 또는 모 조약의 일부 내용을 수정하기 위한 각서교환(exchange of notes) 등의 경우를 말한다. 고시류 조약은 당연히 약식조약이다.

라. 조약의 등록

유엔헌장 제 102조는 회원국간에 체결되는 조약은 가능한 한 유엔사무국에 등록할 것을 요구하며 등록되지 않은 조약의 당사국은 유엔기관에 대해 그 조약을 원용할 수 없다고 규정하고 있다.

조약의 등록은 국제연맹 이래 비밀외교 청산 목적으로 도입된 제도로 등록 여부는 오로지 유엔에 대한 대항요건이다. 따라서 등록하지 않은 조약도 당연히 효력을 가진다.

제3절 조약의 적용과 효력

1. 성실이행 의무

"약속은 준수되어야 한다"는 국제법 원칙에 따라 국제적 합의인 조약은 당사국을 구속하고 당사국은 당해 조약을 성실히(in good faith) 이행하여야 한다. 조약법 협약도 전문에서 조약체결의 기본원칙으로 '자유의사에 따른 동의, 신의성실, 약속은 준수되어야 한다(principle of free consent and of good faith and the *pacta sunt servanda* rule)'의 원칙을 고려한다는 점을 명시하고 있다.[18] 따라서 당사국은 국내법을 이유로 조약의 준수를 거부할 수 없으며(제 27조) 정당한 사유 없이 조약의무를 불이행하는 경우 국가책임이 발생하게 된다.

이러한 원칙하에 조약법 협약 제 18조는 다음과 같이 규정하고 있다.

18) 여기서 '신의성실'은 각국이 조약, 국제관습법 또는 자신이 행한 일방행위에 의한 약속을 성실하게 이행하여야 할 의무(*pacta sunt servanda)*를 말한다. Anthony Aoust, 'Handbook of International Law', pp. 82-83.

첫째, 조약의 당사국이 되겠다는 의사표시를 아직 분명하게 하지 않은 국가(비준을 필요로 하는 조약의 경우 서명만 하고 비준을 하지 않은 국가)는 조약의 발효 여부와 무관하게 당사국이 되지 않겠다는 의사를 명백히 표시할 때까지(비준하지 않겠다는 의사를 분명하게 표시할 때까지)는 '조약의 대상(object) 및 목적(purpose)'을 해하는 행위를 삼가야 한다(동 조 a항).

둘째, 조약 체결의사를 분명히 한 국가(비준을 필요로 하는 조약에서 비준을 마친 국가)는 조약의 발효 전이라도 조약의 대상 및 목적을 해하는 행위를 삼가야 한다(동 조 b항). 단, 조약의 발효가 부당하게 지연되지 않을 것을 조건으로 한다. 즉, 부당하게 조약의 발효가 지연되는 경우 지연에 책임 없는 국가로 하여금 동 의무에서 사실상 벗어날 수 있도록 가능성을 열어두고 있다.

이를 다시 요약하면 이 조항은 특히 서명국의 경우에는 비준 전까지(조약의 발효여부와 무관), 비준국의 경우는 발효 전까지(조약이 발효되면 당연히 당사국으로서 조약이행 의무가 발생하므로) 조약의 대상 및 목적을 해하는 행위를 하지 않음로써 조약의 온전성(integrity)을 훼손하지 않아야 한다는 의미이다. 더욱이 서명국의 경우에는 아직 당사국이 되려는 의사가 분명하지 않다는 점에서 제 18조는 매우 중요한 의미를 가진다. 따라서 서명국이 조약의 발효여부와 무관하게 비준할 의사가 없음을 분명히 하는 경우에는 제 18조상의 의무가 종료하게 된다.[19)]

그렇다면 제 18조에서 말하는 '조약의 대상 및 목적을 해하는 행위를 삼가야 한다'는 의미는 무엇인가. 이는 단순히 조약과 양립하지 않는 행위를 하여서는 안 된다는 것이지 발효된 조약의 당사국처럼 조약규정상의 개별 의무를 전반적으로 준수하여야 한다는 의미는 아니다. 다시 말해서 고의로 조약의 이행을 어렵게 하거나 불가능하게 할 수 있는 행위를 하지 않아야 한다는 의미이다. 이를 판

---

19) 미국의 부쉬 대통령은 2002년 국제형사재판소규정 서명국으로서의 의무에서 벗어나기 위해 서명을 철회(unsign)함으로써 '당사국이 되지 않겠다는 의사(its intention not to become a party)'를 분명히 한 바 있다. 서명을 철회하는 서한에서 미국은 'United States has no legal obligations arising from its signature on December 31, 2000'라는 입장을 밝혔다. 미국이 서명을 무효화한 이유는 조약법 협약 제 18조에 따라 서명국도 조약의 당사국이 되지 않겠다는 의사를 명백히 하기 전까지는(비준하기 전까지는) 조약의 대상과 목적을 해하는 행위를 하지 않을 의무가 있기 때문에 동 의무를 부담하지 않기 위하여 취한 조치이다.

단하는 기준은 조약의 종료사유(본 강 제 4절 '조약의 무효, 종료와 이행정지' 참조)에 해당하는 조약법 협약 제 61조(후발적 이행불능) 또는 제 62조(사정변경의 원칙)에 대한 책임을 야기할 수 있는 행위를 하지 않을 의무를 의미한다고 볼 수 있다.

조약의 대상 및 목적
▶ 조약의 '대상 및 목적'이란 조약의 존재이유 또는 근본취지를 의미한다. 여기서 목적은 당사국들이 달성하고자 하는 목적 또는 결과이며 대상은 그러한 목적을 달성하기 위한 수단이다. 예컨대, 국제하천에 댐을 건설하여 생산된 전력을 하안국과 나누어 사용하기로 한 조약의 경우 댐 건설은 대상이며 전력배분은 목적이다.[20] ▶ 한편 이러한 대상 및 목적은 조약법 협약 제 18조(조약 발효 전 그 조약의 대상 및 목적을 저해하지 않을 의무), 제 19조 c호(조약의 대상 및 목적과 양립하는 경우의 유보허용), 제 31조 1항(조약은 조약문의 문맥과 조약의 대상 및 목적으로 보아, 그 조약의 문면에 부여되는 통상적 의미에 따라 성실하게 해석되어야 한다)에서도 사용되고 있다. 그만큼 동 표현은 조약법 협약의 핵심가치로서 조약법과 관련한 다양한 사안에 대하여 중요한 판단기준을 제공하고 있다.

2. 조약의 적용 범위

가. 시간적 적용(조약불소급 원칙의 적용)

조약은 원칙적으로 조약에 규정된 발효요건이 충족되는 시점부터 적용된다. 따라서 별도의 합의가 없는 한 '조약 불소급(non-retroactivity)의 원칙'에 따라 조약 발효 이전에 발생한 행위나 사실(any act or fact) 또는 이미 종료된 사태에 관하여는 당사국을 구속하지 않는다(제 28조).

또한 경우에 따라서는 조약의 발효이전에 조약의 전부 또는 일부가 잠정적용(provisional application) 될 수도 있다.[21]

20) 임한택, pp. 37-38.
21) GATT는 당초 GATT 잠정적용에 관한 의정서에 따라 국제무역기구(ITO) 설립협정이 발효될 때까지만 잠정적으로 적용 예정이었으나 ITO 설립협정이 무산되자 이후 1995

나. 지역적 적용범위

조약은 별도의 의사가 조약으로부터 나타나지 않는 한 당사국의 전체 영역에 대하여 적용된다(제 29조). 조약의 성격에 따라서는 공해상 항공기나 선박, 해외 자국민 등이 적용대상으로 될 수 있다. 또한 조약규정에 따라서는 주권적 권리가 행사되는 배타적 경제수역과 대륙붕에 대하여 조약이 명시적으로 적용을 규정하는 경우도 있다. 이와 관련 과거에는 조약이 당연히 비식민지역(non-colonial) 영토에만 자동 적용된다는 내용의 식민지 조항(colonial clause)을 포함하는 경우도 있었다.

다. 동일한 사안에 관한 연속적 조약의 효력

구 조약의 모든 당사국이 동일한 사안에 대하여 새로이 체결된 신 조약의 당사국인 경우 구 조약은 종료 또는 이행정지된 것으로 간주된다(제 59조). 그러나 구 조약이 종료 또는 이행정지되지 않아 신·구 조약이 연속적 조약(successive treaty)으로 같이 존재하게 되는 경우, 후법 우선의 원칙에 따라 신조약이 우선 적용되며 아직 종료되지 않은 구 조약의 규정은 신 조약의 규정과 양립하는 범위 내에서만 적용될 수 있다(제 30조 3항).

반면 신조약의 당사국이 구 조약의 모든 당사국을 포함하지 않는 경우, 즉 신·구 양 조약의 당사국이 일치하지 않는 경우, 신·구 양 조약 모두의 당사국간에는 당연히 후법 우선의 원칙에 따라 신조약이 적용되며,[22] 어느 한 조약만의 당사국간에는 양국이 다 같이 당사국인 조약만이 적용된다(제 30조 4항).

한편 유엔헌장 제 103조에 따라 유엔헌장상의 의무와 다른 조약상의 의무가 충돌하는 경우에는 어느 경우에도 헌장상의 의무가 우선하므로 유엔헌장과의 관계에서는 상기 원칙들이 적용될 여지가 없다.

년 WTO 설립시까지 무기한 적용되었다. 그 밖에도 잠정적용의 예로는 한국과 EU간 FTA를 들 수 있다.

22) 그러나 이 경우에도 구조약이 종료 또는 이행정지되지 않는다면 구조약의 규정은 신조약의 규정과 양립하는 범위 내에서만 적용된다.

3. 조약의 제 3자적 효력

조약에 있어 제 3자라 함은 조약당사국이 아닌 국가를 말한다. "약속(조약)은 제 3자를 이롭게도 해롭게도 하지 않는다(*pacta tertiis nec nocent nec prosunt*)"라는 법언이 말해 주듯이 조약은 당사국만을 구속하고 제 3국을 구속하지 않으므로 조약이 제 3국에 대해 구속력을 가지기 위해서는 원칙적으로 제 3국의 동의가 필요하다(제 34조).

이 원칙은 주권을 가지고 대외적으로 독립한 국가는 자신의 분명한 동의가 없는 한 자신이 당사국이 아닌 조약의 구속을 받지 않는다는 국제관습법상의 원칙으로 '조약 상대성의 원칙(principle of relativity of treaties)'이라고도 한다.

가. 의무의 부과

먼저 제 3국에 의무를 부과하기 위해서는 두 개의 요건이 충족되어야 한다. 즉, (a) 조약당사국들이 조약규정을 통해 제 3국에 대하여 의무를 설정하고 (b) 제 3국이 서면으로 의무를 명백히 수락하여야 한다(제 35조). 물론 의무를 수락하였다고 하여 제 3국이 당사국이 되는 것은 아니다.

조약의 비당사국인 제 3국에 대하여 의무를 부과하는 오래된 조약의 예로 우리는 1815년 '스위스 중립화에 관한 조약(Treaty of Paris)'을 들 수 있다. 또한 유엔헌장 제 2조 6항도 국제평화와 안전에 필요한 범위 내에서 비회원국, 즉 제 3국에 대한 의무를 규정하고 있다. 참고로 이 조항은 유엔헌장 제 35조 2항에 의해 제 3국에게 권리(유엔 비회원국에게 부여되는 안보리 또는 총회에의 주의환기 권리)가 부여되는 것에 대한 반대급부적 성격을 가진다.

나. 권리의 부여

마찬가지로 당사국들이 그렇게 의도하고 제 3국이 동의하는 경우에는 제 3국에 대하여 권리도 부여할 수 있다. 그러나 권리부여시에는 제 3국의 명시적인 반대가 없으면 동의가 추정된다고 본다(제 36조).

조약에 의해 제 3국에 대하여 권리를 부여하는 예로는 수에즈 운하에 대한 자유통항을 보장하는 조항을 포함하고 있는 1888년 콘스탄티노플 협약(Convention of Constantinople)과 파나마 운하에 대한 자유통항을 인정한 1901년 헤이폰스포트 조약(Hay-Pauncefote Treaty) 등 특별한 영토 관련 체제(particular territorial regime)를 수립하는 조약들을 들 수 있다.

한편 우리나라와 관련한 예로 자주 인용되는 사례가 있다. 우리나라는 1951년 샌프란시스코 대일평화조약의 당사국은 아니지만 동 조약의 관련조항에 의해 협약상의 이익을 향유할 권리를 부여받았다.[23)]

다. 제 3국에 부여된 의무와 권리의 취소

제 3국에 부여된 의무의 경우 (조약의 당사국과 제 3국이 달리 합의하지 않았다면) 조약의 당사국과 제 3국의 동의를 얻는 경우에만 그 의무는 취소 또는 변경될 수 있다(제 37조 1항).

또한 제 3국에 대한 권리의 경우에도 (제 3국의 동의 없이 취소 또는 변경되어서는 안 되는 경우) 그 권리는 당사국에 의하여 취소 또는 변경될 수 없다(동 조 제 2항).

라. 조약의 규정이 국제관습법의 내용을 성문화한 경우

조약의 규정이 국제관습법의 내용을 성문화한 경우 동 규정이 제 3국에 대하여도 효력을 가지게 될 것임은 자명하다(제 38조). 물론 이 경우는 조약의 제 3자적 효력의 문제라기보다는 이미 존재하는 국제관습법이 적용되는 것으로 보아야 할 것이다.

그러한 경우의 예로는 1899년과 1907년 헤이그에서 채택된 육전 관련 규칙 등 일련의 조약과 유엔헌장 제 2조에 규정된 무력사용금지 원칙과 분쟁의 평화적 해결 원칙 등이 이에 해당된다.[24)]

---

23) 동 조약 제 21조: "... 한국은 제 2조, 제 4조, 제 9조 및 제 12조의 이익을 받을 권리를 가진다."

24) 국제관습법을 법전화한 조약 중에도 국제법의 점진적 발전(새로운 사항을 입법하는 것을 의미)에 해당하는 내용이 포함된 경우 그러한 부분은 당연히 제 3국에 대하여 효력을 가지지 못한다. 유엔해양법협약은 기존의 국제관습법을 성문화하였지만 그중에서도 심해저 관련 조항들은 새로이 포함된 부분이다.

4. 조약의 유보(제 19~23조)

가. 유보의 정의

조약법 협약 제 2조는 '조약의 유보(reservation)란 국가가 조약의 일부 규정 또는 특정 조항의 법적 효과를 자국에 대하여 적용하는 것을 배제(exclude)하거나 변경(modify)하기 위한 목적의 일방적 성명(unilateral statement)'이라고 정의하고 있다.[25)]

동 제 2조에 규정된 유보를 나누어 설명하면 다음과 같다.

(a) 유보는 특정 조항에 대하여 할 수 있다.

(b) 유보는 자국에 대하여 특정 조항의 법적 효과를 배제하거나 변경하는 것을 목적으로 한다. 다시 말해서 유보는 다자조약 체제 내에서 유보국을 타 당사국과의 관계에서 특별한 지위에 위치할 수 있도록 특별법(*lex specialis*)을 수립하는 것으로 볼 수 있다.

(c) 유보는 일방적 선언이다.

(d) 유보는 조약의 서명, 비준, 수락, 승인 또는 가입시 어느 경우에도 가능하다.

(e) 유보에는 특정 조항의 유보, 해석의 유보, 적용지역의 유보 등 조약의 실행과 관련한 다양한 방식의 유보가 가능하다.[26)] 이 중 조약의 지역적 적용범위를 제한하는 목적의 적용지역의 유보와 특정 조항의 해석을 특정한 의미로 해석할 것을 내용으로 하는 해석의 유보는 진정한 의미의 유보라고 할 수 없다. 이러한 유보는 오히려 후술하는 해석적 선언에 해당된다고 보는 것이 타당하다. 따라서 진정한 의미의 유보라 함은 특

---

25) 조약법 협약 제 2조 1항 (d)의 원문은 다음과 같다: "'reservation' means a unilateral statement, however phrased or named, made by a State, when signing, ratifying, accepting, approving or acceding to a treaty, whereby it purports to exclude or to modify the legal effect of certain provisions of the treaty in their application to that State."

26) 또 다른 유보의 형식으로 이행방법의 유보가 있다. 과거 일본은 1971년 Food Aid Convention에 규정된 밀 지원 대신 쌀 또는 농기구를 대신 지원하는 방식을 선택한바 있다. 최원엽 · 정대진, pp. 77-78

정 조항의 적용을 배제하기 위한 목적의 유보를 의미한다고 보면 될 것이다.

유보는 국가별 법제도, 문화, 언어, 종교 또는 국가의 정책 등 다양한 차이로 조약 자체에는 동의하나 일부 조항에 대하여는 반대하는 국가의 가입을 유도하기 위한 제도적 장점을 가지고 있다. 그러나 유보가 남용될 경우 당사국마다 조약상의 의무가 달라질 수 있고 궁극적으로는 조약 본래의 목적 달성이 어려울 수도 있다는 점에서 유보에 대해서는 신중한 접근이 필요하다. 특히 조약의 일체성과 보편적인 적용을 필요로 하는 인권조약의 경우 유보는 자칫 조약 본래의 목적 달성을 어렵게 할 수도 있을 것이다.

한편 양자조약에 대한 유보선언은 조약의 개정요청에 해당된다.[27] 따라서 유보라 함은 다자조약에서의 유보를 의미한다고 볼 수 있다.

나. 유보 개념의 발전

과거에는 유보를 위해서 모든 당사국(실제로는 서명국도 포함)들의 수락을 필요로 하였다.[28] 다시 말해서 다자조약의 당사국 모두가 수락하지 않는 한 유보는 허용될 수 없었다. 그러나 이후 국제사회의 확대와 법 발전 방향은 모든 당사국들의 수락을 필요로 하는 과거의 전통적 방식의 한계를 확인하였다. 이러한 변화의 과정 속에서 1948년 채택된 '집단살해방지협약의 유보(Reservation to the Convention on the Prevention and Punishment of the Crime of Genocide)'에 대한 1951년 ICJ의 권고적 의견은 유보에 대한 그간의 인식에 커다란 전환점을 가져왔다.[29] ICJ의 권고적 의견은 다음과 같다.

---

27) 1977년 미국-파나마간 '파나마 운하조약'의 경우 미국은 비준시 유보(reservation)를 첨부하였고, 파나마가 이에 대항하는 유보(counter-reservation)를 한 예가 있다. 정치적인 이유로 행해진 이들 유보와 반유보는 진정한 의미의 유보가 아니다. United States Senate Modifications(Incorporated Into the June 1978 Instruments of Ratification).

28) 국제연맹 성립 이전에는 유보를 위해서는 모든 당사국들의 동의를 필요로 하였으며 이를 'unanimity rule'이라고 한다.

29) '집단살해방지협약'에는 유보조항이 없다. 그러나 구소련 등 사회주의권 국가들이 동 협약에 참여하면서 협약 제 9조의 분쟁해결조항(ICJ의 강제관할권)에 대하여 유보를 하였

- 유보의 내용이 '조약의 대상 및 목적(object and purpose)'과 양립 가능하다면 일부 국가의 반대가 있어도 유보 첨부국은 조약의 당사국이 될 수 있으며 이 경우 유보를 수락한 국가와의 관계에서는 유보조항을 제외한 나머지 조약 내용들이 적용된다.
- 유보가 조약의 대상 및 목적과 양립하지 않는다고 판단하는 당사국은 유보국을 조약의 당사국으로 간주하지 않을 수 있다.

ICJ는 판단과정에서 전통적 방식이 바람직하다는 점을 인정하였다. 그러나 집단살해라는 극악한 범죄의 방지 및 처벌을 목적으로 하는 집단살해방지협약은 개별 국가의 의무만을 규정한 순수한 인도적 목적의 조약으로서 당사국간에 상호주의적 의무를 부과하는 것을 목적으로 하는 일반 조약들과 달라서 유보에 관한 전통적인 방식이 그대로 적용될 수는 없다(인권조약의 특수성에 대하여는 다음 설명하는 '인권조약과 유보' 참조)고 보았다. 또한 이러한 인권 관련 조약들은 가능한 한 많은 국가들의 참여를 통해 조약의 보편성을 확보하는 것이 중요하다고 보았다. 이 같은 판단은 당시 인권보호에 대한 국제사회의 요구를 반영한 결과로 볼 수 있다.[30] 결론적으로 ICJ의 권고적 의견에서의 판단은 만장일치의 동의로만 유보가 허용되던 과거와는 분명 다른 새로운 시도였다.

이와 같이 유보를 보다 적극적으로 허용하려는 ICJ의 권고적 의견에 대하여 유보의 폭넓은 허용이 조약의 통일성을 저해한다는 지적이 제기되기도 하였으나 이후 국제사회의 실행은 ICJ의 입장을 대체로 지지하고 수용하는 방향으로 발전하였고 이는 조약법 협약에서 그대로 구현되었다.

참고로 ICJ가 개발한 '조약의 대상 및 목적'은 유보의 판단기준으로서는 물

고 이에 대해 일부 국가들은 유보국이 협약당사국이 되는 것에 반대하였다. 이를 계기로 유엔 총회가 ICJ에 유보의 법적 성격에 대하여 권고적 의견을 요청하였으며 이에 대해 ICJ는 유보가 조약의 대상 및 목적과 양립할 수 있는 경우에는 유보를 허용할 수 있다는 '양립성'을 판단기준으로 제시하였다.

30) ICJ는 집단살해방지협약의 '대상 및 목적'에 비추어 볼 때 협약을 채택한 총회나 협약 채택을 지지한 국가들의 의도는 동 협약에 가능한 많은 국가들이 참여하는 데 있었다고 보았다. 관련 부분 원문은 다음과 같다: "The object and purpose of the Genocide Convention imply that it was the intention of the General Assembly and of the States which adopted it that as many States as possible should participate ...", ICJ Reports 1951, Advisory Opinion, p. 15, p. 24.

론, 이후 조약의 해석(제 31조 1항)과 조약 발효 전 당사국에 대한 행동기준(제 18조)을 제시하고 있다는 점에 대해서는 앞에서 설명한바 있다.

다. 조약법 협약과 유보

조약법 협약은 유보의 유효성(validity)에 대하여 유보의 허용가능성(permissibility)과 이에 대한 당사국의 태도(opposability)를 기준으로 판단하고 있다.

1) 기본방향(폭 넓은 유보의 허용)

조약법 협약은 상기 ICJ의 권고적 의견을 반영하여 양립성 기준을 원칙으로 하여 제 19조에서 아래의 경우만을 제외하고 모든 유보를 폭넓게 허용하였다. 여기서 제 19조는 유보의 '허용가능성(permissibility)'을 말한다.

첫째, 조약에 의해 유보가 금지된 경우이다. 예컨대, 유엔해양법협약 제 309조(유보와 예외)는 협약의 다른 조항이 명시적으로 허용하지 않는 한 유보가 허용되지 않는다고 규정함으로써 유보를 제한하고 있다.[31] 국제형사재판소규정 제 120조(유보)도 유보를 허용하고 있지 않다. 특히 오늘날 다수의 인권관련 조약들은 유보를 제한하는 조항을 포함하는 경우가 많다. 나아가 조약의 유보를 제한하는 명시적인 규정이 없어도 강행규범을 성문화한 조약은 당연히 유보가 허용되지 않는다.

둘째, 특정의 유보만이 허용될 수 있음을 조약이 규정한 경우이다. 예컨대, 분쟁을 ICJ에 부탁할 것을 규정하는 분쟁해결조항에 대하여 조약이 유보를 허용하는 경우가 이에 해당된다. 또 다른 예로 1951년 난민의 지위에 관한 협약(난민협약)은 제 42조에서 일정조항을 제외한 나머지 조항에 대하여는 유보가 허용된다고 명시하고 있다.[32]

---

31) 유엔해양법협약 제 309조: "(유보와 예외) 이 협약의 다른 조항에 의하여 명시적으로 허용되지 아니하는 한 이 협약에 대한 유보나 예외는 허용되지 아니한다." 또 다른 예로 1952년 세계저작권협약(Universal Copyright Convention) 제 20조도 유보를 완전히 금지하고 있다.

32) 난민협약 제 42조(유보) 1항: "어떠한 국가도 서명, 비준 또는 가입시에 이 협약 제 1조, 제 3조, 제 4조, 제 16조 1항, 제 33조, 제 36조부터 제 46조를 제외한 조항에 대하여 유보를 할 수 있다."

셋째, 유보가 조약의 대상 및 목적과 양립하지 않는 경우이다. 이는 양립성 판단(compatibility test)[33]을 요하는 유보의 핵심적인 사안으로 가장 어려운 문제이다. 여기서 양립성 기준은 무엇을 의미하는가. 결국 조약의 핵심적 가치, 즉 조약의 본질과 조약의 채택이유를 침해하느냐의 여부가 그 기준이 될 것이다. 이와 관련 조약이 자체적으로 양립가능성의 판단기준을 제공하는 경우도 있다. 예컨대, 인종차별철폐협약은 당사국의 2/3 이상이 반대하는 유보는 양립가능하지 않은 것으로 보고 있다.

2) 유보의 성립과 효과

가) 당사국의 태도와 유보의 성립

일단 유보가 제 19조에 의하여 허용된다고 할 경우 실제로 유보가 성립하기 위해서는 제 20조에 규정된 아래 기준에 부합되어야 할 것이다.

(a) 조약에서 명시적으로 허용된 유보는 다른 체약국의 수락이 필요 없으며 첨부국의 일방적 선언만으로 성립한다(제 20조 1항).

(b) 한정된 교섭국의 수와 조약의 대상 및 목적에 비추어 그 조약 전체를 모든 당사국에 대하여 적용하는 것이 필수적인 경우 유보의 첨부는 모든 당사국의 동의를 필요로 한다(동 조 2항). 남극조약과 같이 당사국의 수가 제한되고 조약의 일체성이 요구되는 조약의 경우가 이에 해당된다.

(c) 조약이 국제기구 설립문서인 경우 유보를 위해서는 기구의 권한 있는 기관에 의한 수락을 필요로 한다(동 조 3항).

(d) 그 밖의 경우 유보가 성립되기 위해서는 적어도 하나의 다른 체약국이 그 유보를 수락한 경우에 유효하다. 이를 부연하면 다른 모든 당사국들이 반대하는 경우에는 유보가 성립될 수 없다는 뜻으로 최소 1개국 이상이라도 유보를 수락하여야 비로소 유보가 유효하게 성립된다는 뜻이다(동 조 4항 c).

---

33) 이를 'object and purpose test'라고도 한다.

여기서 명문의 규정이 있는 (a), (b), (c)의 세 경우를 제외한다면 결국 유보의 성립여부는 (d)의 경우에서 보듯이 다른 당사국들의 태도에 달려 있다. 그렇다면 일 당사국의 유보에 대한 다른 당사국들의 태도는 어떠한 형태로 나타날 수 있는가. 당사국들은 이를 수락할 수도 있고 반대할 수도 있을 것이다.[34] 이와 관련 조약법 협약은 유보에 대한 타 당사국들의 태도, 즉 유보를 수락하거나 이에 대해 이의를 제기하는 방식(opposability)에 대하여 다음과 같이 규정하고 있다(동 조 4항 a, b).

- 유보를 수락하고 유보국이 조약당사국이 되는 것을 인정하는 경우, 즉 양자간에 조약관계의 성립을 인정하는 경우와
- 유보에 반대하는 경우로 이 경우에는 다시 (i) 유보에 반대하면서도 양자간에 조약관계의 성립을 인정하는 경우와 (ii) 유보에 반대하며 유보국이 조약당사국이 되는 것에도 반대하는 경우, 즉 조약관계의 성립을 부인하는 경우로 나누어진다.[35]

나) 성립된 유보의 법적 효과

상기 (d)에 의해 유보가 성립하는 경우 유보의 효과는 위에서 설명한 유보 수락국 또는 유보 반대국의 태도에 따라 다음과 같이 다르게 나타나게 될 것이다(제 21조).

- 먼저 유보국이 특정 조항에 대하여 적용을 배제하는 유보를 하고 다른 당사국이 이를 수락하면 이들 국가들(유보 첨부국과 유보 수락국) 사이에서는 유보조항을 제외한 나머지 조약 내용이 적용된다(제 21조 1항).
- 반면 다른 당사국이 유보 첨부국의 특정 조항 유보에 반대는 하나 양국간 조약관계 자체의 성립을 부인하지 않는다면 양국간에도 결국 유보조항을 제외한 나머지 조약 내용이 적용된다(동 조 3항).

---

34) 조약법 협약 제 20조 5항은 첨부된 유보에 대하여 다른 조약당사국이 명시적 동의를 부여하는 경우는 물론이고 12개월 이내에 반대의사를 표명하지 않는 경우에도 유보는 수락된 것으로 간주된다고 규정함으로써 적극적으로 유보를 지지하는 듯한 인상을 주고 있다.

35) 유보에 반대하며 조약관계의 성립도 부인하기 위해서는 그러한 의사를 명시적으로 표시하여야 한다.

- 그러나 유보에 반대하며 조약관계의 성립도 부인하는 경우에는 당연히 서로를 당사국으로 보지 않기 때문에 유보조항의 적용문제도 발생하지 않는다.

이와 같이 다른 당사국들의 유보에 대한 수락과 반대는 동일한 효과를 가진다. 그 이유는 유보국과 유보 수락국 사이에서는 당연히 유보조항이 적용되지 않을 것이며 반대로 유보국과 유보 반대국 사이에서도 조약관계 자체의 성립을 부인하지 않는다면 결국 유보조항이 적용되지 않기 때문에 나타나는 현상이다.[36] 이는 다시 말해서 유보의 효과가 상호적이라는 뜻이다. 즉, 유보 수락국 또는 (조약관계를 유지하는 경우의) 유보 반대국들도 유보국과의 관계에서는 유보국의 유보를 원용할 수 있다. 그 이유는 유보국에게만 유보의 이익을 부여하는 것은 조약당사국간 불평등을 초래할 수 있기 때문이다.

한편 유보국을 제외한 다른 당사국들간에는 유보 없는 조약이 당연히 그대로 적용된다(제 21조 2항).

다) 조약의 대상 및 목적과 양립될 수 없는 유보

유보가 허용되는 경우 유보를 첨부하는 것은 전혀 문제가 될 수 없다. 그러나 제 19조에 의해 허용될 수 없는 유보, 즉 조약의 대상 및 목적과 양립될 수 없는 유보를 하는 경우, 이러한 유보의 효과에 대한 국제사회의 태도는 다음과 같이 나누어진다.[37]

첫째, 허용되지 않는 유보의 첨부국을 조약의 당사국으로 간주하지 않는다는 견해가 있다. 그러나 이 견해는 허용되지 않는 유보 첨부국을 조약당사국에서 배제함으로써 조약의 보편성 확보, 특히 조약의 보편성이 요구되는 인권조약의 경우, 조약의 취지와 오히려 배치되는 결과를 가져올 수도 있다. 실제로 허용될 수 없는 유보의 첨부와 관련하여 집단살해방지협약 제 9조(분쟁해결을 위한 ICJ

36) 예를 들어서 A국이 B국의 유보를 수락하는 경우 당연히 B국이 유보한 조항만이 적용되지 않을 것이다. 반대로 A국이 B국의 유보에 반대는 하지만 조약관계의 성립을 허용하는 경우에도 B국이 유보한 조항만이 적용되지 않을 것이다. Dixon, p. 69.

37) 정인섭, pp. 311-312. 2011년 ILC의 조약유보에 관한 실행지침(Guide to Practice on Reservations to Treaties) 및 유럽인권재판소의 견해, B 규약하의 HRC의 일반논평 제 24호 등 기타 관련 자료를 참조한다.

회부 조항)에 대한 미국의 유보가 있다.[38] 이 유보는 가장 많은 논쟁과 비판을 가져왔으며 많은 국가들은 미국의 유보가 협약의 대상 및 목적과 양립하지 않으므로 미국을 당사국으로 간주하지 않는다고 주장한 예가 있다.[39]

둘째, 유보 첨부국은 허용되지 않는 유보의 부분을 제외하고 나머지 조약의 적용만을 받는다고 보는 견해이다. 이 견해는 결과적으로 허용되지 않는 유보를 받아들이는 결과가 되어 허용되지 않는 유보를 구분하려는 제도의 의미를 희석시키게 된다. 이와 관련 1970년 '국제도로운송에 종사하는 차량 승무원의 업무에 관한 유럽협정'과 같이 허용되지 않는 유보에 대하여도 유보 후 6개월 내에 아무런 반대가 없으면 유보가 허용되는 것으로 간주하는 경우도 있다.[40]

셋째, 유보 첨부국은 유보한 부분을 포함하여 조약 전체의 구속을 받는다는 입장으로, 다시 말해서 유보를 하지 않은 것으로(유보의 혜택을 받지 않는 것으로) 간주하는 입장이다. 이 견해는 자신이 동의하지 않은 내용에도 구속되어야 한다는 의미로 당사자의 동의를 전제로 하는 조약의 기본원칙과 상충되기 때문에 수락될 수 없다는 비판이 있다. 그러나 이 입장은 유럽인권재판소와 '시민적 및 정치적 권리에 관한 국제규약(B 규약)'에 의해 설치된 '규약위원회(Human Rights Committee: HRC)'[41]의 견해를 반영하는 것이다. 이와 같이 허용되지 않는

38) 미국은 협약 제 9조와 관련하여 미국이 분쟁의 당사자인 경우 동 분쟁이 ICJ에 부탁되기 전에 미국의 구체적인 동의(the specific consent)가 필요하며, 또한 미국이 해석하는 바에 따라(as interpreted by the United States) 협약이 미국 헌법이 금지하는 사항을 규정하거나 또는 행동할 것을 요구하여서는 안 된다는 내용의 유보를 첨부하였다. UN Treaty Collection, Chapter IV, Human Rights.

39) 네덜란드는 미국의 유보가 조약의 대상 및 목적과 양립하지 않는다고 보고 미국을 당사국으로 간주하지 않는다(Accordingly, ... the Netherlands does not consider the United States of America a party to the Convention)는 입장을 표하였다. 이에 앞서 이미 네덜란드는 과거 사회주의권 국가들의 동 조항 유보에 대하여 이들 유보국들을 조약당사국으로 간주하지 않는다는 입장을 밝힌바 있다. 앞의 주 29 참조.

40) 협정의 정식명은 'European Agreement concerning the Work of Crews of Vehicles Engaged in International Road Transport'이다. 동 협정 제 21조 2항은 다음과 같다: "The reservation shall be deemed to be accepted if none of the said States has, within six months after such communication, expressed its opposition to acceptance of the reservation."

41) 인권이사회, 인권위원회 등 다양하게 번역되어 사용되고 있어 혼동의 우려가 있기 때문에 우리말로는 '규약위원회(Human Rights Committee)'로 하되 특별한 사정이 없는 한

유보를 첨부하는 경우 유보를 하지 않은 것으로 간주하는 태도는 특히 인권조약의 유보와 관련하여 의미가 있다(다음 항의 '인권조약의 유보' 참조).

결국 상기한 검토에 비추어 볼 때 현실적으로 수용 가능한 해석은 세 번째 입장이 될 수밖에 없다. 당사자의 의사도 중요하지만 허용되지 않는 유보, 즉 당초부터 무효(null and void ab initio)인 유보는 수락될 수 없으므로 유보 첨부국에 대하여 일단 유보 없이 조약의 당사국이 되는 것으로 간주하고 다만 이후 어느 때라도 이에 명시적으로 반대하는 경우에는 조약당사국의 지위를 포기할 수 있다고 보는 것이다. 이러한 해석은 조약의 유보에 관한 실행지침에서도 확인된다.

조약 유보에 관한 실행지침 4.5.3(무효인 유보를 행하는 유보국의 지위)
▶ 무효인 유보를 행하는 유보국의 지위는 유보의 혜택 없이 조약의 구속을 받을 것인지 또는 유보의 혜택 없이는 조약의 구속을 받지 않을 것인지에 대한 유보국의 태도에 달려 있다. – 무효인 유보를 행하는 유보국이 달리 반대의 의사를 표하지 않는 한 유보의 혜택없는 당사국으로 간주되며 언제든지 유보의 혜택 없이는 조약의 구속을 받지 않겠다는 의사를 표명할 수 있다. 그러나 조약이행 감시기구(a treaty monitoring body)가 유보가 무효라는 입장을 표하고 유보국이 유보의 혜택 없이는 조약의 구속을 받을 의사가 없는 경우에는 유보국은 조약이행감시기구의 입장 표시 후 12개월 이내에 그러한 의사를 표하여야 한다. ▶ 결국 수락할 수 없는 유보의 경우 유보국은 유보를 철회하거나, 유보가 허용 가능하도록 수정하거나, 아니면 조약당사국으로서의 지위를 포기하여야 할 것이다.

3) 인권조약과 유보

가) 인권조약의 특수성

위에서 설명하였듯이 허용되지 않는 유보의 첨부 문제는 특히 유보가 많은 인권조약과 관련하여 문제가 제기되어 왔다. 인권조약은 다른 일반적 성격의 조

HRC로 통일하여 사용한다.

약과는 달리 조약의 일체성이 유지되는 것이 동 조약의 수혜자인 국민들에게 바람직하다. 다시 말해서 인권조약의 당사국들이 유보를 하게 되는 경우 결국 어느 특정 조항의 혜택이 유보국 국민들에게는 돌아가지 않는다는 의미가 되므로 유보를 제한하는 것이 필요하다.

인권조약에 대한 유보를 달리 취급하여야 하는 이유는 다음과 같다. 무엇보다도 (a) 인권조약은 국가들간의 관계를 규율하는 일반조약들과는 달리 개인의 국가에 대한 권리를 보장하기 위한 것이라는 점에서 근본적인 차이가 있으며, (b) 인권조약상의 권리는 조약 안에서 상호 밀접히 연계되어 있어서 유보를 하는 경우 조약의 목적달성을 어렵게 할 수 있으며, (c) 인권조약의 유보에 대하여는 타 조약의 경우와는 달리 상호주의에 의한 대응이 어렵다는 점을 들 수 있다.[42]

이러한 인권조약의 특수성을 고려하여 일부 학자들은 조약법 협약의 유보 관련 조항들(제 19~21조)이 인권조약에 대하여는 적용되어서는 안 될 것이라고 주장하기도 한다.[43] 특히 앞에서 설명한 바와 같이 B 규약 산하 HRC는 1994년 일반논평(General Comment) 제 24호에서 수락할 수 없는 유보를 첨부한 경우 유보없는 가입으로 간주되어야 한다고 보았다. 즉, 유보의 혜택 없이 조약이 그대로 적용되어야 할 것이라고 판단하였다.[44]

그럼에도 불구하고 인권조약은 문화의 상대성, 국가마다 처한 현실의 차이로 인해 다른 조약에 비해 유보가 상대적으로 많은 조약에 속한다.[45] 그렇다면 인권조약의 유보는 어떻게 나타나는가. 대표적으로 두 가지 경우가 있다. 하나는 미국의 경우로 '헌법적 유보(constitutional reservation)'이다. 즉, 미국은 어떠한 인권조약도 미국헌법이 허용하지 않는 국내입법 등의 조치를 요구하여서는 안 된다는 내용의 일반적 유보를 해 오고 있다. 다른 하나는 '종교적 유보(religious

42) 인권조약의 일 당사국이 일정 조항을 유보하여 동 조항(예컨대, 표현의 자유를 규정한 조항)상의 혜택이 동 당사국의 국민들에게 부인되는 경우 타 당사국들도 유보의 상호주의를 적용하여 유보된 조항의 적용을 자국 국민들에게 부인하는 것은 허용될 수 없을 것이다.

43) 이에 대해 ILC는 인권조약에 대하여 유보가 가지는 문제점도 일반조약의 유보의 경우와 마찬가지라고 보고 조약법 협약의 유보관련 조항들을 인권조약의 유보에 대하여는 수정하여야 한다는 주장을 받아들이지 않았다.

44) HRC 일반논평 제 24호, para. 18.

45) 다수의 이슬람 국가들은 인권조약의 규정들, 특히 결혼이나 이혼 등의 경우 이슬람법의 관점에서 해석하여 줄 것을 요구하고 있다.

reservation)'이다. 이슬람 국가들에서 행해지는 유보로 인권조약을 국내법에 종속시키려는 시도이다.

이러한 점에서 인권조약에 대한 유보는 보다 현실적인 접근이 필요하다. 즉, 인권이라는 보편적 가치를 실현하기 위해서는 많은 당사국들의 참여를 통한 인권조약의 보편성(universality) 확보가 필요하지만 동시에 국가마다 상이한 가치관과 이해의 차이를 극복할 수 있는 조약 자체의 '통일성(uniformity) 확보'도 필요하다. 조약의 보편성 확보의 입장에서는 조약의 대상 및 목적과 양립하지 않는 경우를 제외하고는 유보가 폭넓게 허용되어야 할 것이지만, 통일성 확보의 입장에서는 유보를 최소화하는 것이 요구된다.

결국 여기서 양자를 조화시킬 수 있는 방법론으로는 앞에서 설명한 양립가능성(조약의 대상 및 목적과의 양립 여부:compatibility test)이 판단의 기준이 될 것이므로 개별 인권조약의 성립배경 및 목적 등을 판단하여 결정하여야 할 것이다. 그렇다면 인권조약의 유보를 위한 양립성은 누가 판단하는가. 이에 대한 해석은 일치하지 않는다. 예컨대, HRC는 양립가능성에 대한 판단은 자신의 권능에 속하며 개별당사국이 판단하기에는 부적절하다고 보았다. 이에 대해 ILC는 유보국을 포함하여 폭 넓게 판단권한을 인정하고 있는 것으로 보인다.[46)]

이와 같이 인권조약의 유보 문제는 현실적으로 쉽지 않은 과제이다. 이러한 점을 감안하여 ILC는 인권조약에 대해서는 유보를 제한하는 규정이 인권조약 내에 포함되거나 조약의 대상 및 목적이 의미하는 바가 무엇인지 조약에서 명백히 규정되어야 할 것이라고 제언한 바 있다. 그러나 어느 경우에도 인권조약의 특수성에 비추어 유보를 최소화하고 동시에 조약의 보편성을 확보할 수 있는 방향

46) HRC는 일반논평 제 24호에서 HRC가 자신의 기능수행을 위해서 필요하다고 판단되는 경우 유보의 지위와 효과에 대하여 견해를 취할 수 있다고 보았다. 이에 대해 ILC는 HRC의 입장에 반대하며 조약의 당사국 또는 국제기구, 분쟁해결기구(국제재판소 등)와 조약이행감시기구(HRC 등) 모두가 자신의 권한 내에서 유보의 허용가능성을 판단할 수 있다고 설명하였다. 특히 ILC는 인권조약에 의해 설치되는 HRC는 조약이행감시기구로서 유보에 대하여 단지 의견을 제시하고 권고할 권한만 있을 뿐이라고 평가하였다. ILC 조약유보에 관한 실행지침 3.2(Assessment of the permissibility of reservations) 참조. 그러나 유보국이 스스로 자신의 유보의 효과를 판단할 수 있다고 보는 ILC의 태도는 잘못되었다는 지적이 있다.

으로의 노력이 전제가 되어야 할 것이다.

끝으로 인권조약의 유보와 관련하여서는 1988년 '벨리로스 사건(Belilos v. Switzerland)'에 대한 유럽인권재판소의 판결이 있다. 이 사건은 스위스 로잔느에서 거리 시위에 참가하여 경찰법규를 위반하였다는 이유로 벌금형을 선고받은 Belilos가 동 조치가 상기 유럽인권협약 제 6조(독립적이고 공정한 재판을 받을 권리)의 위반이라고 주장한 사건이다. 동인의 주장에 대해 스위스는 협약 비준시 첨부한 제 6조에 대한 자국의 해석선언이 유보에 해당하므로 동 조항상의 의무가 적용될 수 없다고 주장하였다. 이에 대해 유럽인권재판소는 스위스의 해석선언이 스위스 정부를 제 6조의 의무로부터 면제하기 위한 목적의 유보에 해당된다고 보면서도 동 유보는 허용될 수 없는 유보이므로 무효라고 판단하였다(해석선언이 위장된 형태의 유보로 사용되는 경우에 대하여는 다음 항에서 설명함).[47] 따라서 스위스는 유보없이 유럽인권협약에 가입한 것으로 보아야 하며 제 6조도 적용받아야 한다고 판단(유보 없는 당사국으로서의 지위를 인정)하였다.

나) 인권의 잠정적용정지와 유보의 차이

유보는 국가 비상사태에 직면하여 국가가 일정기간 동안 조약규정에 따라 일방적으로 조약의 적용을 배제할 수 있는 '잠정적용정지(derogation)' 선언과는 구분되어야 한다. 왜냐하면 유보의 법적 근거는 조약법 협약인 반면 인권의 잠정적용정지의 근거는 B 규약 제 4조이기 때문이다. B 규약 제 4조 1항은 국민의 생존을 위협하는 공공의 비상사태의 경우에 있어서 그러한 비상사태의 존재가 공식적으로 선포되어 있을 때에는 규약당사국은 당해 사태의 긴급성에 의하여 엄격히 요구되는 한도 내에서 규약상의 의무를 위반하는 조치(규약상의 인권조항의 부적용)를 취할 수 있다고 규정하고 있다.

한편 '잠정적용정지가 허용되지 않는(non-derogable) 권리', 즉 B 규약 제 6

---

47) 유럽인권협약 제 64조는 일반적 성격의 유보는 허용하지 않고 협약의 내용이 자국의 국내법과 일치하지 않는 범위 내에서만 관련조항을 유보할 수 있다고 규정하고 있다. 따라서 스위스의 해석선언은 조약법 협약상의 유보에 해당되지만 동 제 64조를 위반하였기 때문에 허용될 수 없는 유보가 된다. Belilos v. Switzerland, European Court of Human Rights, Judgment of 29 April 1988.

조(생명권), 제 7조(고문금지)등 인권의 핵심적 권리를 규정한 조항의 경우 이들 조항들에 대한 유보는 조약의 대상 및 목적과 양립하지 않으므로 당연히 허용되지 않는다. 이에 대해서는 제 21강(국제 인권법)에서 다시 설명한다.

4) 유보 및 유보에 대한 이의의 철회

유보는 언제든 철회가 가능하며 철회를 위해서 유보를 수락한 국가의 동의가 필요하지 않다(제 22조 1항).[48] 그 이유는 유보의 철회가 조약관계를 원래의 정상적인 상태로 되돌리는 것이기 때문이다. 따라서 유보에 대한 이의 또는 반대도 언제든지 철회할 수 있다(제 22조 2항).

그렇다면 왜 제 22조에 유보 및 유보에 대한 이의의 철회는 있고 수락에 대한 철회는 없는가. 이에 대해 조약유보에 관한 실행지침은 일단 유보를 수락하면 이는 철회되거나 수정될 수 없다고 설명하고 있다.[49]

5) 해석선언과 위장된 유보

가) 해석선언의 의의

조약의 유보와 구분되어야 할 중요한 개념의 하나로 해석선언(interpretative declaration)이 있다. 해석선언은 조약(일반적으로 조약의 특정조항)이 관련 당사국에게 수락 가능하도록 조약의 의미나 범위를 구체화하거나 명확히 하기 위한 목적으로 행해지는 당사국의 일방적 선언이다. 해석선언은 유보만큼 폭 넓게 활용되는 제도이지만 조약규정의 수정 또는 적용배제를 통해 조약상의 의무의 범위를 제한하기 위한 목적의 유보와는 다르다.

해석선언은 조약의 조항이 자국의 국내법과 일치되도록 하기 위한 목적으로 많이 활용된다. 다시 말해서 조약의무의 이행을 위해 조약과 국내법의 해석상의 차이를 극복하기 위한 목적(예컨대, 조약에 규정된 공무원의 범위 등에 관한 자국 국내법의 해석 등)으로도 행해진다.

---

48) 우리나라는 1992년 12월 3일 가입한 ‘난민의 지위에 관한 협약’ 중 상호주의 면제조항(제 7조)에 대한 유보 철회 선언을 2009년 9월 8일 유엔사무총장에게 통고하였다.

49) The acceptance of a reservation cannot be withdrawn or amended, ILC 조약유보에 관한 실행지침 2.8.13(Final Nature of Acceptance of a Reservation).

해석선언은 선언자의 의사표시로서 구속력이 없다. 그러나 해석선언은 선언국이 그간 공개적으로 일관되게 주장하여 왔으나 다른 국가들이 반대하지 않았던 조약해석에 대한 자국의 기본적 입장을 해당 조약이나 조약의 특정 조항에 적용하려는 시도인 경우가 많다. 이 경우 이러한 해석선언은 묵시적으로 수락된 것으로 주장될 수도 있다. 그러나 이러한 침묵이 묵인으로 반드시 해석되어야 한다고는 볼 수 없을 것이다.

한편 해석선언에 대하여 타 당사국들이 반응하는 경우는 드물다. 이 점에서 유보와 다시 구별된다. 즉, 유보의 경우 구속력이 있다는 점에서 국가들은 자신의 침묵이 묵시적 수락으로 해석되지 않도록 유보에 반대하는 경우에는 명시적으로 의사표시를 하는 것이 요구되기 때문이다. 참고로 시리아는 조약법 협약에 가입하면서 협약 제 52조(국가에 대한 강박, coercion of a State by the threat or use of force)의 force에 경제적, 정치적 강제도 포함된다고 선언하였으나 공식적으로 거부된 바 있다.

끝으로 해석선언은 조약상 금지되지 않는 한 첨부나 철회가 대체로 자유로우며 양자조약에도 첨부될 수 있다. 또한 해석선언도 조약의 해석이라는 점에서 조약법 협약 제 31조에 규정된 조약해석의 원칙을 존중하여야 할 것이다.

나) 위장된 유보로서의 해석선언

해석선언이 특별한 의미를 가지는 경우가 있다. 해석선언이 금지된 유보를 우회하기 위한 방식으로, 다시 말해서 위장된 유보(disguised reservation)로 활용되는 경우이다. 원칙적으로 해석선언은 조약의 법률적 효력을 배제하기 위한 것이 아님에도 불구하고 해석선언이 조약상의 권리와 의무를 제한하기 위한 내용을 포함하는 경우 이는 명칭에 불구하고 법적으로는 유보로 보아야 할 것이다.

참고가 될 사례들을 설명하면 다음과 같다.

- 유엔해양법협약 제 310조(선언과 성명)는 국가가 선언이나 성명을 행하는 것을 허용하면서도 동 선언이나 성명이 협약규정의 법적 효과를 배제하거나 변경시키려는 의도(유보를 의미)로 행해져서는 안 된다는 점을 명기하고 있다.

- 미국은 화학무기금지협약(Chemical Weapons Convention: CWC)을 비준하면서 '검증 및 이행 부속서'의 목적상 사찰팀이 미국에서 채집한 샘플을 분석목적으로 미국영토 밖으로 가져나가서는 안 된다고 선언하였다. 그러나 동 부속서에는 그러한 제한이 포함되어 있지 않으며 따라서 미국의 선언은 단순한 해석선언을 넘어 유보에 해당된다고 보아야 할 것이다.
- 1977년 영국과 프랑스간 '대륙붕 경계획정 사건(Continental Shelf)'에 대한 중재판정에서 영국은 프랑스의 유보를 해석선언이라고 보았으나 재판소는 성명의 객관적인 조건이 단순한 해석 이상이라고 보고 유보로 판단하였다.
- 또한 1998년 벨리로스 사건에서 유럽인권재판소는 스위스의 해석선언이 협약상 허용될 수 없는 일반적 성격의 유보(reservation of general character)에 해당한다고 보았으며 이에 대해서는 앞에서 설명하였다.

결국 해석선언과 위장된 유보의 판단은 선언의 내용과 관련 조건 등을 중심으로 객관적으로 판단되어야 할 것이다.

한편 해석선언과 유사한 개념으로 당사국이 조약의 내용과는 무관하게 자국의 정책과 관련한 (정치적) 선언 등을 하는 경우가 있으나 이는 당연히 유보가 아니며 엄밀한 의미에서의 해석선언과도 구분되어야 할 것이다. 우리나라의 경우에도 다자조약에 대하여 해석선언을 첨부한 사례가 있다. 대표적인 예로 '포로의 대우에 관한 1949년 8월 12일자 제네바 협약(제 3협약)' 제 118조에 대한 해석선언이 이에 해당된다.[50]

---

50) 우리나라는 포로대우에 관한 제네바 협약에 대한 가입서 기탁시 "적극적 적대행위 종료후 포로는 지체없이 석방되고 송환하여야 한다"는 조항에 대하여 "... 포로를 억류하고 있는 국가가 공개적으로 자유로이 발표된 포로의 의사에 반하여 그 포로를 강제 송환할 의무를 지는 것으로 해석되지 아니한다"는 해석선언을 첨부하였다. 또한 1966년 전시희생자보호에 관한 1949년 협약에 가입하며 "대한민국 정부는 대한민국의 유일합법정부이며 이 협약에의 가입이 대한민국이 이제까지 승인하지 아니한 본 협약의 당사국을 승인하는 것으로 해석되지 아니한다"는 정치적 목적의 선언을 첨부한 바 있다.

유보의 핵심내용(요약)

▶ 유보의 허용: a. 조약이 유보를 금지한 경우, b. 조약이 특정 조항의 유보만을 허용하는 경우 동 특정 조항 이외의 조항을 유보하는 경우, c. 조약의 대상 및 목적과 양립하지 않는 유보는 불허됨.

▶ 유보의 성립과 효과: 적어도 하나의 다른 체약국이 유보를 수락한 경우에만 유보가 성립될 수 있음. 유보에 대한 다른 당사국들의 태도는 a. 유보를 수락하고 조약관계의 성립을 인정하는 경우, b. 유보에 반대하나 조약관계의 성립을 인정하는 경우와 c. 유보에 반대하며 조약관계의 성립도 부인하는 경우로 나타날 수 있음. 어느 경우이든 조약관계의 성립을 인정하는 한(a와 b의 경우) 유보조항만이 적용되지 않는다는 점에서 유보의 수락과 반대는 차이가 없음.

▶ 유보의 상호성: 유보는 일방적 선언이지만 상호적이며 따라서 유보의 상대국들도 유보국과의 관계에서는 유보국의 유보를 원용할 수 있음.

▶ 허용되지 않는 유보의 첨부: 유보 없이 조약당사국이 되는 것으로 보는 것이 조약의 대상 및 목적에 비추어 합리적임. 허용되지 않는 유보의 첨부문제는 특히 유보가 많은 인권조약과 관련하여 문제가 제기되어 왔음.

▶ 유보의 철회: 유보 및 유보에 대한 이의는 언제든지 철회할 수 있음.

▶ 위장된 유보: 해석선언이 조약상의 권리와 의무를 제한하기 위한 내용을 포함하는 경우 이는 명칭에 불구하고 법적으로는 유보로 보아야 할 것임.

5. 조약의 해석(제 31~33조)

가. 일반원칙

법은 해석이다. 국내재판소에서 법관의 중요한 임무는 법을 해석하는 것이다. 국제재판소의 경우도 마찬가지다. 조약의 해석은 추상적이거나 애매하게 타협된 불완전한 조약규정의 의미와 범위를 확인하기 위해 필요하다. 그렇다면 조약의 해석을 둘러싼 조약당사국간 입장 차이는 어떻게 극복될 수 있는가. 무엇보다도 조약당사국간 조약해석의 차이는 분쟁에 해당된다. 따라서 개별조약에 규정된 분쟁해결절차에 따라 국제재판소 등을 통한 해결방안이 모색될 수 있다. 이때 국제재판소는 조약법 협약의 해석기준에 따라 조약을 해석하여 조약문안의 의미를 판단하게 될 것이다.

여기서 조약의 해석문제가 제기된다. 그렇다면 조약은 어떻게 해석하는가. 해석을 위한 원칙과 기준은 무엇인가. 판례 또는 학설에 의해 주장되는 조약해석의 원칙으로는 문언주의(textual/literal approach), 의사주의(the intentions of the parties/subjective approach)와 목적주의(the object and purpose/teleological approach)가 있다.

첫째, 문언주의는 문언을 자연스럽게 통상의 의미(natural and ordinary meaning)로 해석하여야 한다는 입장이다.[51]

둘째, 의사주의는 교섭기록 또는 회의록 등을 통해 조약당사국들이 어떠한 의도로 조약을 체결하였는지를 검토하는 것이다.[52]

셋째, 목적주의는 조약에 나타난 기본 목적과 문맥에 합치하는 방향으로 조약을 합목적적으로 해석하는 것이다.[53]

이에 추가하여 조약은 합리성(reasonableness)과 일관성(consistency)이 확보되는 방향으로 해석되어야 할 것이다. 또한 효과성의 원칙(principle of effectiveness)도 적용되어야 할 것이다.[54] 그러나 이들 원칙은 어느 한 원칙만이 특별한 의미

51) 모든 문언이 항상 명백하고 객관적인 것은 아니므로 문언의 모호성이 쉽게 극복될 수 없다는 점이 한계다. 따라서 문맥은 좁게 해석되어야 하며 당사국간 합의된 요소만이 고려되어야 할 것이다. 일방적 선언이 포함되어서는 안 될 것이다. 이를 위해 사용 언어들의 의미의 차이를 정확히 하는 것도 매우 중요하다.

52) 당사국들이 자신에게 유리한 교섭기록을 제시하는 경우 당사국들의 정확한 의사를 판단하기가 쉽지 않을 것이라는 점에서 한계가 있다. 따라서 의미가 모호하거나 또는 명백하게 모순되고 불합리한 경우에 한하여 교섭기록 등이 원용되어야 할 것이다. 더욱이 조약이 채택된 후 가입하는 국가의 경우 해석상 불리한 위치에 놓일 수 있다는 점도 고려되어야 할 것이다.

53) 목적주의는 조약이 추구하는 가치, 조약이 실현시키려는 궁극적인 목표라고 할 수 있다. 그러나 조약목적의 달성을 위해 요구되는 합리적인 범위를 벗어나 대상 및 목적을 너무 자의적으로 해석하는 경우 새로운 입법과 같은 효과를 가져올 수도 있다는 점에서 신중한 해석이 요구된다.

54) 효과성의 원칙은 일반적으로 목적론적 해석과 관련되며 조약의 목적달성이 가능하도록 해석하는 것을 말한다. 예컨대, 인권조약의 경우 인권을 효과적으로 보호할 수 있는 방식으로 해석되어야 할 것이다. 1999년 스페인과 캐나다간 '어업관할권 사건(Fisheries Jurisdiction)'에서 ICJ는 효과성의 원칙이 조약법에서 중요한 역할을 하지만 추구하는 목적과 양립하는 방식으로 해석되어야 한다고 보았다. ICJ Reports 1998, p. 432, para. 52. 이에 앞서 ICJ는 1950년 '불가리아, 헝가리 및 루마니아와의 평화협정에 대한 권고적 의견'에서 효과성의 무한한 확대를 의미하는 'maximum effectiveness' 개념을 허용

를 부여받는 것이 아니라는 점에서 함께 조화롭게 적용하는 것이 필요하다.

물론 조약의 해석이 단순히 당사국간 해석상의 상위에 따른 분쟁의 예방 또는 해결에만 의미가 있는 것은 아니다. 이러한 해석기능을 통해 해석이 축적되고 축적된 해석은 국제관습법의 형성에 기여할 수도 있으며 나아가 향후 국제법의 점진적 발전에도 기여할 수 있다는 점에서 해석의 중요성이 있다. 예컨대, 앞에서 설명한 '유엔직원이 직무수행 중 입은 손해에 대한 배상 사건'에서 ICJ는 유엔헌장 자체에 배상청구권한은 없으나 유엔의 원활한 임무수행(직원의 기능 보호)을 위해서는 그러한 권한(기능적 보호권의 행사를 위한 배상청구권한)이 필요하다고 판단함으로써 목적론적 해석에 의미를 부여한 바 있다. 이 해석은 이후 국제기구의 묵시적 권한이론을 설명하는 중요한 판단기준을 제공하였다.

나. 조약법 협약의 해석원칙

1) 기본방향

조약법 협약의 채택과정에서는 조약해석을 위한 근본적인 접근방법으로 의사주의와 문언주의가 특히 대두되었다. 문언주의의 입장에서는 조약문 자체를 해석의 기본자료로 중시하면서 준비문서는 보충적 해석수단으로 보았다. 반면 의사주의 입장에서는 조약당사자의 의사를 밝히기 위해 조약채택과정의 준비문서와 조약문에 대하여 동일한 중요성을 부여하였다.

결과적으로 조약법 협약은 조약 문언이 당사자의 의도를 권위 있게 나타내고 있다고 보고 조약의 해석은 조약 문언의 의미를 확실히 하는 데서 출발하여야 한다는 문언주의를 중심으로 하였다. 조약해석의 기본원칙을 규정한 제 31조 1항도 "조약은 조약문의 문맥(in their context)과 조약의 대상 및 목적으로 보아 그 조약의 용어에 부여되는 통상적 의미(ordinary meaning)[55]에 따라 성실하게(in good faith) 해석되어야 한다"고 규정하고 있다. 그러나 동시에 제 32조에서는 조약의 교섭기록 및 체결시의 사정을 보충적 수단으로 고려할 것을 규정함으

하지 않았다.

55) ICJ는 '통상적 의미'란 원칙적으로 체결 당시의 통상적인 의미를 말하나 경우에 따라서는 이후의 국가실행의 발전에 따른 변화를 고려에 포함시킬 수도 있다고 보았다.

로써 위에서 설명한 세 가지 조약해석원칙이 모두 잘 반영될 수 있도록 균형을 유지하고 있음을 알 수 있다.

ICJ는 조약법 협약에 규정된 해석원칙이 국제관습법을 반영하고 있다고 보았다.[56)]

2) 조약해석원칙

조약법 협약이 규정하고 있는 조약해석 원칙을 나누어 설명하면 다음과 같다.

가) 신의성실의 원칙

무엇보다도 조약은 '신의성실의 원칙(in good faith)'에 따라 해석되어야 한다.(제 31조 1항) 조약의 문언이 아무리 분명하더라도 적용하면 명백히 부조리하거나 불합리한(manifestly absurd or unreasonable) 결과를 초래하게 될 경우에는 다른 합리적인 해석을 찾아야 할 것이다.[57)]

나) '조약의 문맥과 대상 및 목적'에 따른 문언의 통상적 의미 확인(문언주의와 목적주의)

조약은 '조약의 문맥과 조약의 대상 및 목적'에 비추어 '조약의 문언에 부여되는 통상적 의미'에 따라 성실하게 해석되어야 한다.(제 31조 1항) 통상적 의미가 중요한 이유는 특별히 다른 해석이 없는 한 문언의 통상적 의미는 당사자들의 의도를 가장 잘 반영할 수 있기 때문이다. 이를 부연하면 다음과 같다.

첫째, 문언의 통상적 의미를 찾는데 있어서는 '조약의 문맥'과 '조약의 대상 및 목적'을 함께 고려하여야 하지만 '대상 및 목적'은 앞의 유보에서 본 바와 같

56) ICJ는 1994년 리비아와 챠드간 '영토분쟁 사건(Territorial Dispute)'에서 조약법 협약 제 31조와 제 32조에 구현된 해석원칙이 국제관습법을 반영하고 있다고 보았다.

57) 1991년 소련은 Union of Soviet Socialist Republics에서 Russian Federation으로 국명이 변경되었지만 유엔은 유엔헌장 제 23조 1항의 개정없이 Union of Soviet Socialist Republics라는 구 명칭을 그대로 사용하고 있다. 그러나 해석상 당연히 Russian Federation을 의미한다는 사실에 이의를 제기할 수는 없을 것이다. 또한 외교관계에 관한 비엔나협약은 외교공관에 대한 도청에 대하여 규정하고 있지 않지만 도청은 당연히 협약의 정신(spirit)에 위반된다고 보는 것이 타당한 해석이다.

이 개념이 불분명하다는 점에서 문맥이 보다 중요한 역할을 할 수밖에 없다. 그러나 어느 경우에도 조약의 대상 및 목적과 양립하지 않는 해석은 유보의 경우에서처럼 허용될 수 없을 것이다(제 31조 1항).

둘째, 그렇다면 문맥이란 무엇을 의미하는가. 여기서 문맥이란 조약의 해석을 위해 조약명, 전문과 부속서, 해당 조약의 체결과 관련하여 당사국간의 합의[58]와 당사국에 의해 수락된 관련문서 등[59]을 모두 고려하는 것을 의미한다. 예컨대, 조약이 항공기를 언급하는 경우 반드시 모든 항공기를 의미하는 것은 아니므로 이를 구분하기 위해서는 전문이나 부속서를 포함하여 모든 관련 문언을 함께 검토하여 판단하여야 할 것이다(제 31조 2항).

셋째, 문맥과 함께 후속합의(subsequent agreement)[60] 및 후속관행(subsequent practice)[61]과 당사국간에 적용되는 관련 국제법규칙(relevant rules of international law)[62]을 함께 고려하여야 한다(제 31조 3항).

넷째, 또한 당사국들이 특정 용어에 특별한 의미를 부여하기로 의도하였음이 확인되는 경우에는 그러한 의미가 부여되어야 한다(제 31조 4항).

그 밖에 조약의 해석과 관련하여 불가피한 상황에서 조약의무를 이행하는

---

58) 예컨대, '환경변경협약(Environmental Modification Convention: ENMOD)'은 1976년 교섭 당시 조약의 해석 및 적용과 관련하여 많은 양해사항(Understanding)을 가지고 있었다.

59) 당사국에 의해 수락된 관련문서로는 예컨대, EU 설립조약과 관련하여 당사국들이 사전에 합의한 문서(explanatory notes 등) 등을 들 수 있다.

60) 유엔해양법재판소의 첫 재판관 선거는 시기적으로 너무 빠르다고 보고 당사국 회의에서 합의를 통해 연기를 결정하였다.

61) 안보리 표결시 불참이나 기권은 유엔헌장 제 27조 3항의 거부권의 행사로 보지 않는다는 후속관행이 성립되었다. 또 다른 예로 2014년 호주와 일본간 '남극에서의 포경사건(Whaling in the Antarctic)'에서 ICJ는 국제포경위원회(IWC)의 많은 결의들에 대해 일본의 반대가 있었다는 점에서 일본에 대하여는 동 결의들이 국제포경규제협약(ICRW) 제 8조의 해석에 관한 후속합의나 조약의 해석에 관한 후속관행을 나타내는 것으로 볼 수 없다고 판단하였다. ICJ Reports 2014, p. 226, para. 83. 또한 Tadić 사건에서 ICTY는 유엔의 가장 중요한 대표기관으로서의 총회의 후속관행은 헌장 제 7장하에서의 안보리의 권한에 대한 헌장 규정의 범위를 확인하는 데 관련이 있다고 보았다.

62) 조약체결 당시의 국제법(inter-temporal rule)과 현재의 법(contemporary international law)이 함께 고려되어야 한다. 예컨대, 1960년대에 발생한 대륙붕 관련 사항을 검토할 경우에도 1958년 제네바대륙붕협약만이 아니라 1982년 유엔해양법협약도 함께 검토하는 것이 필요할 수 있다고 본다.

것보다 조약의 대상 및 목적에 비추어 다른 대안을 강구하는 것이 보다 합리적인 결과를 가져올 수 있다고 판단되는 경우에는 다른 대안을 강구하는 것이 묵시적으로 허용되며 이 경우 조약의무 위반으로 보기 어렵다.[63]

다) 해석을 위한 보충적 수단(의사주의)

상기 원칙에 따른 해석의 의미를 확인하기 위해서 필요한 경우 또는 상기 원칙에 따라 해석하는 경우 조약의 의미가 모호하고 애매해지거나 또는 명백히 불투명하거나 불합리한 결과를 초래하는 경우에는 '조약의 교섭기록 및 체결시의 사정' 등을 해석의 보충적 수단으로 함께 고려하여야 한다(제 32조).[64] 여기서의 보충적 수단은 의사주의를 의미한다.

라) 평가

조약법 협약은 제 31조에서 조약해석의 원칙중 문언주의(문맥)와 목적주의(대상 및 목적)를 함께 규정하고 제 32조에서는 보충적으로 의사주의(조약체결시의 사정과 배경, 국가간 입장 등)를 규정함으로써 조약 해석의 기본원칙을 모두 종합적으로 잘 반영하고 있다. 다시 말해서 당사자의 의도를 무시하고 문언만 중시하는 것이나, 반대로 문언은 무시하고 당사자의 의도만 중시하는 것이나, 나아가 당사자의 의도를 고려하지 않고 단지 조약을 효율적으로 운영하기 위해 목적과

---

63) 예컨대, 영국과 아르헨티나간 포크랜드 전쟁의 종료 무렵 육상 수용을 위한 텐트를 적재한 선박이 침몰되어 육상 수용시설이 부족한 상태에서 영국은 국제적십자위원회(ICRC)와 협의후 아르헨티나 포로(약 1만 명)들을 상선과 군함 내에 수용하였다. 이와 관련 제네바 협약 3(포로의 대우에 관한 협약) 제 22조는 포로를 선박에 수용할 수 없도록 규정하고 있다. 그러나 포로를 육상에 수용하는 경우 더욱 열악한 조건에 놓이게 된다는 점을 감안하여 그러한 결정을 하였다. 이를 제네바 협약 위반으로 볼 수는 없을 것이다. 이 사건에서 해석의 핵심은 조약의 대상과 목적이며 제네바 협약의 대상과 목적은 포로의 복지이다. Aust, p. 89. 또한 후술하는 바와 같이 1949년 '유엔직원이 직무수행 중 입은 손해에 대한 배상 사건'에서 ICJ가 확인한 유엔의 기능적 보호권과 1962년 '유엔의 일정 경비에 관한 사건'에서의 유엔평화유지활동에 대한 총회의 역할 인정 등도 조약의 대상 및 목적에 비추어 내려진 합리적인 해석이라고 볼 수 있다.

64) '로커비 사건'에서 영국은 유엔헌장이 ICJ에 대하여 안보리 결정에 대한 사법심사의 권한을 부여하는 것으로 의도되지 않았다고 주장하였고 이 주장은 헌장의 교섭기록에 의해 지지되었다.

대상만을 강조하는 것은 모두 한계가 있다고 보아야 할 것이다.

그러나 이중에서도 가장 중요한 해석의 기준은 객관적으로 표출된 조약문언의 통상적 의미라고 보아야 하며 '조약법 협약의 해석원칙'도 조약문언의 통상적 의미를 찾기 위한 방법론이라고 할 수 있다.

3) 인권조약의 해석

인권조약의 특수성에 비추어 인권조약의 해석에는 특별한 고려가 요구된다. 이에 대해서는 후술하는 제 22강('국제인권법'의 제 2절 4. '인권의 특수성')을 참조한다.

조약법 협약이 규정하고 있는 조약 해석의 원칙(요약)
▶ <해석의 일반원칙> 1차적으로 조약법 협약 제 31조에 따라 객관적으로 표출된 조약문의 문언(terms of the treaty)을 통상적 의미에 따라 성실하게 해석한다. 이를 위해 조약문의 문맥과 조약의 대상 및 목적이 검토되어야 한다. 여기서 문맥은 조약의 전문, 부속서와 함께 조약체결에 관한 당사국간 합의, 관련 문서를 의미한다. 또한 문맥과 함께 조약의 해석에 관한 당사국간 추후의 합의 또는 관행 등을 종합적으로 검토하여 판단하게 될 것이다.
▶ <해석의 보충적 수단> 2차적으로 제 31조의 해석상 의미가 모호하거나 불합리한 결과를 가져올 우려가 있는 경우 제 32조에 따라 조약의 교섭기록이나 체결시의 사정 등을 해석의 보충수단으로 고려하여야 할 것이다. 여기서 중요한 것은 제 32조는 어디까지나 보충적 수단으로서 반드시 고려되어야 하는 것은 아니라는 점이다.
▶ 이와 같이 조약법 협약은 문언주의, 목적주의와 의사주의를 조약 해석의 기본원칙으로 함께 반영하고 있으나 이중에서도 가장 중요한 해석의 기준은 조약문언의 통상적 의미이다.

4) 조약의 해석기관

조약해석의 일차적 권한은 조약당사국에게 있다. 그러나 조약해석에 있어서 일방당사국의 해석은 타방을 구속할 수 없다. 따라서 조약해석을 둘러싼 분쟁 발생시에 대비하여 조약규정에 분쟁해결조항을 포함하고 있는 경우가 많이 있다. 이 경우 동 분쟁해결절차에 따라 조약의 해석이 이루어질 것이다.

이와 관련 조약의 해석을 유권적으로 책임지는 기관으로는 국제사법재판소를 비롯한 다양한 형태의 국제재판소가 있다. 그러나 이들 재판소의 강제관할권 부재로 해석기능은 부탁받은 사건에 한정된다는 점에서 제한적이다.

한편 국제기구 설립헌장의 해석은 당해 국제기구의 관련 기관이 될 것이다.

제4절 조약의 무효, 종료와 이행정지

1. 조약의 무효

조약도 결국은 국내법상의 계약에 해당하는 개념이다. 계약이 당사자간 자유의사의 합치에 의해 성립되듯이 조약도 당사국간 자유로운 의사의 합치에 의해 성립된다. 따라서 착오나 강박 등 자유로운 의사에 대한 왜곡이 발생하는 경우 조약의 효력이 문제되는 것은 당연하다. 이 경우 일정한 조건하에서 조약의 무효를 주장할 수 있게 된다.[65]

이와 관련 조약법 협약은 당사국이 자신이 한 동의의 효력을 부인할 수 있는, 즉 당사국에 의한 무효의 주장이 있어야만 무효로 인정되는 상대적 무효사유와 처음부터 조약 자체의 효력을 부인하는 절대적 무효사유를 규정하고 있다.[66]

---

65) 물론 국내법상 조약체결권한의 명백한 위반이나 대표권의 결여 등과 같은 절차적 사유도 무효원인이 될 수 있지만 이는 예외적인 경우이다.

66) 상대적 무효사유는 무효를 주장하는 국가가 무효를 주장할 때까지는 유효하다. 즉, 당장 무효(void)가 되는 것이 아니라 무효로 할 수 있는(voidable) 것을 말한다. 반면 절대적 무효사유는 처음부터 무효이므로 당사국이 행한 기속적 동의의 의사표시도 당연히 법적효과가 없다.

가. 상대적 무효사유

먼저 상대적 무효사유(조약법 협약 제 46~50조)를 살펴보면 다음과 같다. 이들 무효원인들은 조약을 자동으로 무효화하는 것이 아니라 조약의 계속으로 인해 영향 받을 수 있는 당사국에게 조약을 무효화 할 수 있는(취소할 수 있는) 권리를 주는 것이라서 상대적 무효사유라고 한다. 따라서 상대적 무효사유의 경우 사후 동의 또는 묵인 등을 통해 조약을 무효화하지 않고 조약의무의 계속 이행을 추구할 수도 있다.

1) 국내법상 조약체결권한의 명백한 위반

조약체결권에 관한 국내법규정을 위반하여 표명된 동의에 기초하여 체결된 조약으로서 국내법위반이 객관적으로 명백하고(objectively evident) 또한 근본적으로 중요한 국내법 규정을 위반하였을 경우가 아니면, 자국의 동의가 그러한 국내법규정에 위반되어 표시되었다는 사실을 원용하여 조약의 무효를 주장할 수 없다(제 46조 1항).[67] 여기서 국내법 규정의 위반은 통상의 관행에 따라 성실하게 행동하는 어느 국가에 대해서도 위반이 객관적으로 명백한 경우만을 의미한다(동 조 2항).

이와 같이 조약법 협약은 국내법 위반이 명백하면서 동시에 근본적으로 중

---

67) 2002년 카메룬과 나이지리아간 '육상 및 해양경계 사건'에서 합의사항인 Maroua Declaration과 관련 나이지리아는 쟁점이 되는 선언이 의회의 비준이 결여된 문서로 무효라고 주장하였다. 그러나 ICJ는 조약법 협약 제 7조 2항(국가원수는 전권위임장을 제시하지 않아도 자국을 대표하는 것으로 간주된다)을 근거로 국가원수가 서명한 합의의 효력을 인정(비준 없이 서명만으로 발효하는 조약으로 해석함)하였다. 나아가 ICJ는 조약체결에 관한 규정은 근본적으로 중요한 국내법 규정이지만 국내절차에 관한 모든 사항들을 다른 국가들이 알고 있어야 할 필요는 없다고 보았다. 관련 부분 원문은 다음과 같다: "Court notes that there is no general legal obligation for States to keep themselves informed of legislative and constitutional developments in other States which are or may become important for the international relations of these States", ICJ Reports 2002, p. 303, para. 266. 또 다른 예로 2017년 소말리아와 케냐간 '인도양에서의 해양경계사건(Maritime Delimitation in the Indian Ocean)'에서 ICJ는 양국간 MOU가 소말리아 의회에서 거부되었지만 소말리아 총리는 동 MOU의 효력을 다투지 않고, 그러한 문제점을 케냐 측에 직접 통보한 사실도 없으며 사실상 행동으로 이를 묵인하였다는 점을 근거로 서명후 발효되는 유효한 조약이라고 판단하였다. ICJ Reports 2017, Preliminary objections, p. 3, paras. 49-50.

요한 국내법 규정의 위반에 대하여는 예외적으로 취소할 수 있는 돌파구를 마련해 주고 있다. 물론 이 경우 조약을 취소할 수 있다고 하여도 이로 인한 국가책임의 발생문제는 별도이다. 이 조항은 본질적으로 법을 제정하는 입법부와 이를 집행하는 행정부의 권한관계와 관련하여 발생할 수 있는 국내적 사정을 염두에 두고 포함된 조항이다.

참고로 여기서 조약의 무효사유로 규정된 제 46조는 유효한 조약상의 의무를 이행하는 과정에서 항상 적용되는 제 27조(어느 당사국도 조약의 불이행에 대한 정당화 방법으로 그 국내법 규정을 원용하여서는 안된다)와는 구분되어야 한다.

2) 대표권의 제한

국가의 동의를 표명하는 교섭대표의 권한이 제한되어 있음에도 불구하고 교섭대표가 자신에게 주어진 권한에 대한 특정 제한을 일탈하여(ultra vires) 조약을 체결한 경우에는 무효사유에 해당한다. 그러나 그러한 제한이 있다는 사실을 타 당사국에게 사전 통보하지 않는 한 무효사유로 원용될 수 없다(제 47조).

대표권의 제한과 조약의 무효

- ▶ 조약법 협약 제 47조에 따라 사전에 상대국에게 그러한 제한(대표권의 제한)을 통보한 경우에 한하여 조약의 무효를 주장할 수 있음.
- ▶ 대체로 서명만으로 발효하는 약식조약의 경우에는 서명시까지 그러한 제한이 통보되었을 경우에 한하여 서명자의 행위가 잘못되었다는 것을 이유로 서명을 통해 표시된 기속적 동의를 무효로 주장할 수 있음. 그러나 비준을 요하는 정식조약의 경우에는 비준과정에서 자국대표가 권한을 초과하여 서명한 사실이 발견되면 비준을 거부하면 되므로 문제가 되지 않음.
- ▶ 따라서 서명만으로 발효하는 조약에 대하여, (a) 교섭대표가 서명시에 권한을 초과하여 서명하였고, (b) 그 서명이 사전에 통보된 권한을 초과한 경우에 한하여, 본국은 이를 이유로 서명으로 확정된 기속적 동의를 무효화할 수 있음.

3) 착오

조약에 대한 국가의 동의의 본질적 기초를 이루는 사실이나 사태(facts or situations)에 관한 착오(error)가 있었을 경우에도 조약의 무효를 주장할 수 있다(제 48조). 여기서 착오는 객관적 사실에 대한 착오를 의미하며 법률에 대한 착오(법 적용 또는 법 해석의 착오)는 포함되지 않는다.

또한 착오가 조약 무효원인으로 원용되기 위해서는 착오가 (a) 조약 체결 당시에 존재한 사실이나 사태에 관한 것이어야 하고, (b) 그 조약에 대한 국가의 기속적 동의의 본질적 기초를 구성하는 것이어야 하며, (c) 자신이 착오에 책임이 있거나 착오를 감지할 수 있는 사정하에 있는 경우가 아니어야 한다.

그러나 실제로 착오가 조약의 무효원인으로 국제재판소에 의해 받아들여진 경우는 아주 드물다. 착오가 조약 무효원인으로 원용된 사례로는 1962년 캄보디아와 태국간 '프레아 비헤아 사원 사건'이 있다. 이 사건에서 태국은 착오를 주장하였으나 ICJ는 착오를 주장하는 당사자가 (a) 스스로의 행위에 의하여 착오의 발생에 기여하였거나, (b) 또는 착오를 피할 수 있었거나, (c) 또는 착오의 발생 가능성에 대하여 사전 인지할 수 있었다고 볼 수 있는 경우에는 착오의 항변은 (동의를 무효로 하는 요소로) 인정되지 않는다고 보았다.[68]

4) 기만

상대방의 기만적 행위(fraudulent conduct)에 의해 조약을 체결하게 된 경우에도(induced to conclude a treaty) 조약의 무효를 주장할 수 있다(제 49조). 여기서 기만은 조약당사국간의 상호신뢰를 파괴하는 고의적인 행위를 의미한다.

---

68) 이 사건의 개요는 다음과 같다. 1904년 프랑스는 자신의 보호령이었던 캄보디아와 태국간 국경을 획정하기 위한 조약을 체결하면서 관련 지도(태국의 요청으로 프랑스가 작성)를 첨부하였고 동 지도는 태국에 의해 그대로 수락되었다. 그러나 지도에는 프레아 비헤아 사원이 캄보디아의 영토로 표시되어 있었으며 이후 태국이 지도의 효력을 부인하면서 양국간 분쟁이 발생하게 되었다. Temple of Preah Vihear Case, ICJ Reports 1962, p. 6, p. 26.

5) 대표의 부패(매수)

자국 대표의 부패(corruption)에 의해 조약이 체결된 경우로 이들 사유에 해당되면 당사국은 조약을 무효화하기 위해 동 사유를 원용할 수 있다(제 50조). 여기서 부패의 기준을 확립하기는 쉽지 않을 것이다. 따라서 단순한 호의를 받는 경우 등은 이에 해당되지 않는다. 왜냐하면 상대방의 단순한 호의에 의해 대표가 매수되었다고 볼 수는 없기 때문이다.[69)]

나. 절대적 무효사유

반면 절대적 무효사유(조약법 협약 제 51~53조)의 경우는 강박(coercion)에 의해 조약이 체결된 경우로 이는 다시 국가대표에 대한 강박(제 51조)과 국가에 대한 강박(제 52조)으로 구분된다. 이들 무효사유는 조약 자체를 당연히 무효화시킨다는 점에서 당연 무효사유라고도 한다. 절대적 무효사유의 경우 어느 당사국도 무효를 주장할 수 있으며 영향을 받는 당사국의 사후 동의 또는 묵인에 의해서도 조약의 계속이행은 허용되지 않는다. 다시 말해서 상대적 무효사유에 해당하는 경우에는 사후 추인 등을 통해 하자가 치유될 수 있으나 강박에 의해 체결된 조약은 절대적 무효사유에 해당하므로 추후 자유로운 의사표시로 이를 수락하는 경우에도 이미 당연 무효이다. 따라서 동 조약에 대한 추후의 수락은 새로운 조약의 체결로 보아야 할 것이다.

1) 국가대표에 대한 강박

조약은 당사국간 하자 없는 의사표시와 이렇게 표시된 의사의 합치로 성립되므로 일방에 대한 강박(coercion)을 통하여 체결된 조약은 당연히 무효가 된다. 특히 국가대표에게 물리적 압박 또는 개인적 비리의 폭로 등 정신적 위협 등을 가하여 성립된 조약은 무효이다.

국제사회도 국가대표에 대한 강박을 통해 체결된 조약이 무효라는 점에 대

---

69) ILC는 조약의 성안과정에서 대표자에게 표현한 작은 예의나 성의(a small courtesy or favour)가 조약무효의 원인이 될 수 있다고는 보지 않았다. ILC Yearbook II, 1966, p. 245(제 47조 Commentary 4항).

해서는 오래전부터 일치된 입장을 보여 왔다. 1905년 을사조약은 국가대표에 대한 강박에 의해 체결된 조약의 예가 된다.[70)]

1965년 한일기본관계조약과 한일병합조약의 효력

- ▶ 1965년 체결된 한일간 기본관계조약(Treaty on Basic Relations between Korea and Japan)은 1910년 8월 22일 및 그 이전 양국간 체결된 모든 조약과 협정은 '이미 무효(already null and void)'라고 규정하고 있다.
- ▶ 그러나 '이미 무효'의 해석을 둘러싸고 한일간 차이가 있다. 우리는 이들 조약들이 강박에 의해 체결되었으므로 체결 당시로 소급하여 무효라는 입장이다. 반면 일본은 당시에는 유효한 조약이었으나 기본관계조약 체결 이전에 이미(1945년 패망 이후를 의미) 무효가 되었다고 주장하고 있다.

2) 국가에 대한 강박

국가 자체에 대한 강박으로 체결된 조약을 무효로 하는 것은 무력의 위협 또는 사용이 불법화된 현행 국제법하에서 확립된 제도로 그 역사가 길지 않다. 사실 전쟁이 국가정책수단으로 그 합법성이 인정되던 과거에는 국가 자체에 대한 무력의 위협 또는 사용에 의해 체결된 조약의 유효성이 부인되지 않았다.

그러나 1919년 국제연맹규약과 1928년 부전조약을 거쳐 오늘날 무력사용이 불법화된 유엔헌장 체제에서는 국가에 대한 강박으로 체결된 조약이 무효임은 당연하다. 다시 말해서 유엔헌장 제 2조 4항에 위반되는(국제법에 반하는) 무력(force)의 위협 또는 사용을 통해 체결된 조약은 무효이다. 조약법 협약 제 52조도 유엔헌장에 구현된 국제법의 제 원칙을 위반하여 무력(force)의 위협 또는 사용에 의하여 조약이 체결된 경우에 그 조약은 무효라고 규정하고 있다.[71)] 왜냐하면 이렇게 체결된 조약은 불평등 조약(unequal treaty 또는 leonine treaty)으로 일국

70) 1935년 조약법에 관한 Harvard 초안 논의시 을사보호조약을 국가대표에 대한 강박으로 체결된 조약의 예로 들었다. 그밖에 1939년 독일이 체코 외교장관을 위협하여 보헤미아와 모라비아를 독일의 보호령으로 한 조약도 국가대표에 대한 강박에 해당한다.

71) ICJ는 1973년 영국과 아이슬란드간 '어업관할권 사건'에서 무력의 위협 또는 사용을 통해 체결된 조약이 현대 국제법하에서 무효임은 의심의 여지가 거의 없다고 판단하였다. ICJ reports 1973, p. 3, para. 24.

의 주권과 외교권에 대한 독립을 제한하는 조약에 해당되기 때문이다.[72]

한편 여기서의 무력에는 정치적, 경제적 압력은 포함되지 않는다. 조약법 협약 채택을 위한 교섭과정에서 정치적, 경제적 압력도 국가에 대한 강박으로 취급되어야 한다는 공산권과 제 3세계 국가들의 주장이 있었다. 그러나 앞에서도 설명한 바와 같이 적절한 형태의 정치적, 경제적 압력 등은 국력을 반영하는 것으로 정당한 교섭수단으로 수락되어야 할 것이다. 더욱이 대등한 입장에서 자유롭게 교섭하여 체결된 조약을 사후에 일방적으로 무효라고 주장할 수 있는 구실을 만들어 줄 수도 있다는 점에서 받아들여질 수 없다.

3) 강행규범 위반

조약법 협약은 조약이 체결 당시의 일반국제법상의 강행규범(jus cogens)에 위반하는 경우 무효라고 규정하고 있다(제 53조). 또한 여기서 강행규범의 구체적인 예는 불명확하나 앞에서(제 5강 '국제법의 법원' 참조) 설명하였듯이 유엔헌장에 위반되는 무력사용 합의, 국제법상 범죄수행 합의, 노예무역, 해적, 집단살해, 고문 등에 대한 합의 등을 들 수 있다.

2. 조약의 종료와 이행정지

조약의 종료란 조약의 운영이 종료되고 조약 자체의 존재가 소멸하는 것이다. 예를 들어 조약의 목적이 달성되었을 경우 조약은 더 이상 존재의의가 없을 것이다. 조약법 협약은 조약이 종료되는 경우를 다음과 같이 제시하고 있다. (a) 조약 자체의 규정 또는 당사국간의 합의에 의한 종료(양자조약의 경우) 또는 탈퇴(다자조약의 경우 탈퇴하는 당사국에 대하여는 조약이 종료됨을 의미)(제 54조), (b) 기존 조약을 대체하는 새로운 조약의 체결(제 59조), (c) 조약당사국의 중대한 의무위반(제 60조), (d) 조약의 후발적 이행불능(제 61조 1항), (e) 사정의 근본적 변경(제

72) 상대국의 국내관할권에 속하는 사항에 대한 간섭 또는 거대한 재정적 부담을 강요하는 조약 등도 불평등 조약에 해당될 수 있다.

62조)과 (f) 새로운 강행규범의 성립(제 64조) 등이 이에 해당된다.

이 중 조약 자체의 규정 또는 당사국간의 합의에 의한 종료 또는 탈퇴, 기존 조약을 대체하는 새로운 조약의 체결, 그 밖에 조약 목적의 달성 등 당연한 조약 종료 사유의 경우를 제외하고 나머지 사유에 대하여만 설명한다. 참고로 양자조약은 당사국의 소멸로 인해서도 종료될 수 있다.

한편 조약의 종료와는 별개로 조약의 이행정지가 있다. 여기서 이행정지란 조약 자체는 종료하지 않고 당사국의 조약이행의무가 정지되는 경우를 말한다. 조약의 이행정지는 (a) 조약 규정 또는 당사국의 동의에 의한 경우(제 57조)와 (b) 다자조약의 경우 일부 당사국간의 합의에 의한 경우(제 58조)가 있다. 그 밖에 위에서 설명한 조약의 종료사유 중 새로운 조약의 체결, 조약당사국의 중대한 의무위반, 조약의 후발적 이행불능 및 사정의 근본적 변경의 경우에도 상황에 따라서는 조약이 종료하지 않고 일시적으로 이행정지가 될 수 있다.

가. 조약당사국의 중대한 의무위반

양자조약에서 일 당사국에 의한 조약상 의무의 중대한 위반(material breach)은 타 당사국에 의한 조약의 종료 또는 조약의 전부 또는 일부에 대한 이행정지의 근거로 원용될 수 있다(제 60조 1항). 반면 다자조약의 경우에는 일 당사국에 의한 중대한 의무의 위반이 다른 모든 당사국들의 이익에 반드시 영향을 미치는 것은 아니라는 점에서 다른 문제가 제기될 수 있다.

이를 고려하여 조약법 협약은 다자조약의 어느 당사국에 의한 중대한 의무의 위반에 대하여 타 당사국들이 취할 조치에 대하여 별도로 규정하고 있다(동조 2항).

(a) 다자조약의 어느 일 당사국에 의한 중대한 의무위반시 타 당사국은 전원일치의 합의에 의하여 위반국과의 관계에서만 또는 모든 당사국과의 관계에서 조약의 전부 또는 일부를 이행정지 또는 종료시킬 수 있다.
(b) 그러나 (전원합의가 없어서 다자조약의 종료가 허용되지 않는 경우에도) 특별히 영향을 받는 (피해) 당사국은 위반국과의 관계에서 개별적으로 조

약의 정지를 주장할 수 있다.

(c) 또한 어느 일 당사국의 중대한 위반이 그 조약상의 의무 이행에 관한 모든 당사국의 입장을 근본적으로 변경시킬 수 있는 성질인 경우(군축 조약 위반 등의 경우 조약 체계 전체에 영향을 미칠 수 있을 것임) 다른 당사국들도 조약의 정지를 주장할 수 있다.

이와 같이 (a)의 경우에는 위반국 이외의 타당사국들이 공동으로 대응하는 것이기 때문에 합의에 의해 조약을 종료시킬 수 있지만 나머지 (b)와 (c)의 경우에는 단지 이행정지만이 가능하다는 차이점이 발견된다.

그렇다면 중대한 의무의 위반 여부는 어떻게 판단하는가. 여기서 중대한 의무의 위반이란 조약 자체에 규정된 의무의 위반을 말하며(it is only a material breach of the treaty itself) 다른 조약이나 일반국제법 규범상의 의무의 위반은 해당되지 않는다.[73] 조약법 협약은 중대한 의무의 위반을 (a) 조약상 의무의 부인(repudiation of the treaty), 또는 (b) 조약의 대상 및 목적의 달성에 필수적인 조항의 위반(violation of a provision essential to the accomplishment of the object or purpose of the treaty)으로 규정하고 있다(제 60조 3항).

먼저 '조약상 의무의 부인'의 예로는 남아공의 나미비아 위임통치의 계속을 '조약의무의 지속적인 위반'으로 판단한 ICJ의 권고적 의견을 들 수 있다.[74] 다

73) 1997년 헝가리와 슬로바키아간 '가브치코보-나기마로스 사건(Gabcikovo-Nagymaros)'에서 ICJ는 직접적인 조약의무 위반이 아닌 다른 조약이나 일반국제법 규범의 위반의 경우 대응조치 등 다른 조치를 취하는 것을 정당화할 수는 있지만 조약 종료사유로 원용될 수는 없다고 보았다. 또한 조약 종료사유의 원용도 실제 조약의무 위반의 발생 이후에만 가능하다고 보았다. 참고로 이 사건은 1977년 헝가리와 구체코슬로바키아가 다뉴브 강에 다목적 댐을 건설하기 위하여 체결한 조약의 이행과 관련한 사건이다. 문제는 추진과정에서 헝가리가 댐 건설로 인한 환경피해와 재정적 어려움 등을 이유로 자국 내 댐 건설을 중단하면서 발생하였다. ICJ Reports 1997, p. 7, paras. 106-108. 이 사건에 대한 함의는 이 책 말미의 'ICJ 주요 사건의 함의 7' 참조.

74) ICJ는 1971년 '나미비아 사건(Namibia)'에 대한 권고적 의견에서 위임통치의 계속은 위임통치의 대상 및 목적을 파괴하는 고의적이고 지속적인 의무위반에 해당된다고 보고 제 60조 3항의 중대한 위반의 예로 들었다. 또한 위임통치의 합의(Mandate)는 조약에 해당되므로 종료가 가능하다고 판단하였다. ICJ Reports 1971, Advisory Opinion, p. 16, para. 94. 참고로 이 사건은 국제연맹이 남아프리카 공화국에 대하여 부여한 나미비아에 대한 위임통치가 이후 유엔에 의해 종료되었으나 남아프리카 공화국이 이를 무시한 데 대해 안보리가 남아프리카의 나미비아 지배가 무효라고 결의하고 총회가 남

음 '조약의 대상 및 목적의 달성에 필수적인 조항의 위반'의 예로는 화학무기금지협약의 당사국은 협약에 규정된 자국영토에 대한 사찰에 협력하여야 하는데 만일 이를 방해하는 경우에는 사찰이 협약의 성과를 확인하는 본질적인 수단이라는 점에서 조약의 목적 달성에 필수적인 조항의 위반에 해당될 것이다. 즉, 필수적인 조항의 위반이란 조항 자체의 위반이 아니라 조항이 의도한 내용의 중대한 위반(serious violation)으로 보아야 할 것이다. 또 다른 예로 조약법 협약에 언급은 없지만 조약의무의 '근본적인 위반(fundamental breach)'이 있다. 조약의무의 근본적인 위반은 조약의 근본(root)에 관한 사항으로 예컨대, 과거 1983년 소련군이 대한항공 007기를 격추시킨 사건과 관련 당시 소련과 항공기의 운항에 관한 협정을 체결하고 있던 많은 국가들은 소련의 행위가 모든 항공기 운항협정의 근본을 침해하였다고 보고 협정의 이행을 중단한 사례가 있다.

따라서 사소한 위반은 조약의 종료사유로 원용될 수 없으며 이를 주장하는 경우 오히려 신의성실의 원칙에 반하는 효과를 가져 올 수도 있을 것이다.[75]

한편 중대한 의무위반으로 인한 조약의 종료 또는 이행정지라 하더라도 이 원칙은 특히 인도주의적 성격의 조약에 포함된 인신의 보호에 관한 규정에는 적용되지 않는다(동 조 제 5항).[76] 이는 절대적 가치로서의 인권의 중요성을 강조하기 위한 것으로 해석된다. 일례로 일 당사국이 고문방지협약을 위반하여 자국민에 대하여 고문을 시행하였다고 하여 타 당사국들이 조약을 종료하는 것은 오히려 고문을 더욱 확대시키는 모순을 초래하게 될 것이다.

참고로 조약의무 위반에 따라 피해국이 배상을 요구하는 문제는 조약의 종료와 별개로 주장될 수 있다.

아프리카의 계속된 나미비아 지배의 법적 성격에 대한 ICJ의 권고적 의견을 문의한 사건이다.

75) 만일 5000톤의 쌀을 공급하기로 하고 4999톤만을 공급하였을 경우 위반 자체는 필수적인 조항의 위반이지만 이러한 사소한 위반에 대하여 조약의 종료 또는 이행정지를 요구하는 것은 신의성실의 원칙에 반한다고 볼 수 있을 것이다. 그러나 반드시 5000톤이 공급되어야만 조약의 목적을 달성할 수 있는 경우라면 조약의무의 중대한 위반에 해당될 수도 있을 것이다.

76) 제 60조 5항: "상기 1항 내지 3항은 인도적 성질의 조약에 포함된 인신의 보호에 관한 규정 특히 그러한 조약에 의하여 보호를 받는 자에 대한 여하한 형태의 복구를 금지하는 규정에 적용되지 아니한다."

나. 후발적 이행불능

후발적 이행불능(supervening impossibility of performance)은 조약의 이행에 불가결한 목적물이 영구적으로 소멸되거나 파괴됨으로써 결과적으로 조약의 이행이 불가능하게 되는 경우로 조약의 종료 또는 탈퇴사유가 될 수 있다(제 61조 1항).[77] 특히 강이나 섬이 대상물인 경우 기후변화에 따라 강이 마르거나 섬이 가라앉는 경우가 발생할 가능성이 높아지고 있다는 점에서 대상물의 소멸에 따른 의무불이행이 전혀 불가능한 상황은 아니라고 본다.

그러나 후발적 이행불능의 경우 해석상 어려움이 제기될 수 있다는 점에서 엄격한 해석이 요구된다. 예컨대, 관개의 대상인 강의 수량이 줄어든 경우 어느 정도의 수위가 이에 해당하는지를 판단하는 문제는 쉽지 않을 것이다.

이와 관련 전술한 '가브치코보-나기마로스 사건'에서 ICJ는 후발적 이행불능 사유에 재정적 어려움(financial difficulties)은 포함되지 않는다고 보았다.[78]

한편 자국의 의무위반으로 이행불능 상황이 초래된 경우에도 조약의 종료, 탈퇴 또는 이행을 정지시키기 위한 사유로 원용될 수 없다(동 조 2항).

다. 사정변경의 원칙

사정변경의 원칙(*rebus sic stantibus*)은 국제법상 조약체결의 전제가 되는 사정이 근본적으로 변화(fundamental change of circumstances)하여 조약의 계속 이행을 요구하는 것이 오히려 불합리한 경우 그로 인해 불이익을 입게 되는 당사국으로 하여금 그러한 사정의 변화를 조약 종료의 근거로 원용할 수 있도록 하는 제도이다. 이러한 사정의 변경은 양자조약의 경우에는 조약의 종료사유가 되지

---

77) 제 61조(후발적 이행불능): "1. 조약의 이행불능이 그 조약의 시행에 불가결한 대상의 영구적 소멸 또는 파괴로 인한 경우에, 당사국은 그 조약을 종료시키거나 또는 탈퇴하기 위한 사유로서 그 이행불능을 원용할 수 있다. 그 이행불능이 일시적인 경우에는 조약의 이행정지를 위한 사유로서만 원용될 수 있다."

78) 이 사건에서 ICJ는 경제적 어려움으로 사업을 이행할 수 없는 경우 조약상 의무 불이행의 위법성을 배제할 수는 있지만 이를 조약 종료의 정당한 사유로 볼 수는 없다고 판단하였다. 이 판결에서 ICJ는 당초 조약법 협약 채택과정에서 재정적 어려움에 의한 지불불능을 후발적 이행불능 사유에 포함시키는 문제에 대한 검토가 있었으나 받아들여지지 않았다는 점도 지적하였다. ICJ Reports 1997, p. 7, para. 102.

만 다자조약에서는 (타 당사국들이 있으므로 조약이 종료되지는 않으며 따라서 사정변경의 원칙을 주장하는 당사국의 경우) 탈퇴사유가 된다.

사정변경의 원칙은 원래 국내법에서 인정되는 제도가 국제법의 영역으로 확대 적용된 것으로 국제법상의 대원칙인 *pacta sunt servanda*의 중요한 예외에 해당된다. 또한 조약법 협약에 규정된 조약 종료사유로서의 사정변경의 원칙은 현행 국제관습법을 법전화하였다고 볼 수 있다.

그렇다면 어느 정도의 중대한 사정의 변경이 조약종료의 사유에 해당하는가. 이와 관련 조약법 협약 제 62조는 사정변경을 극히 예외적인 경우에 한하여 인정하는 입장을 취하고 있다. 동 조항에 의하면 사정변경의 원칙이 원용될 수 있기 위해서는 다음 다섯 가지의 요건이 충족되어야 할 것이다.

첫째, 사정변경이 근본적(a fundamental character)이어야 한다. 그렇다고 하여 조약의 이행과정에서의 사정이 조약 체결시와 항상 동일하여야 한다는 의미는 아니다.

둘째, 사정변경은 조약 체결 당시에 예견할 수 없었던(the change must have been unforseen) 것이어야 한다. 따라서 당사국이 조약 체결 당시에 예측할 수 있었더라면 조약을 체결하지 않았을 정도의 사정의 변화를 의미한다.

셋째, 사정 변경은 당사국의 조약에 대한 기속적 동의의 본질적 기초를 구성하는(an essential basis of the consent to be bound by the treaty) 것이어야 한다.

넷째, 사정변경의 효과는 이를 주장하는 당사국이 이행하여야 할 의무의 범위에 급격한 변화를 초래하는(the effect of change must be to transform radically the extent of the obligations of the party invoking the change as a ground for termination) 것이어야 한다.

다섯째, 사정변경으로 종료될 수 있는 사항은 조약의 규정상 앞으로 이행되어야 할(still to be performed under the treaty) 당사국의 의무에 한하며 이미 이행된 사항에는 적용되지 않는다. 즉, 소급효가 인정되지 않는다.

이와 같이 사정변경의 원칙이 조약관계에 미치는 영향을 고려하여 국제재판소도 조약법 협약 규정에 충실하게 이 원칙을 아주 예외적인 경우에 한하여 적용하여 오고 있다. 따라서 사정변경의 원칙은 분쟁 당사자들에 의해 많이 주장되어 왔지만 실제로 국제재판에서 적용된 예는 찾기 어렵다.

- ICJ도 전술한 '가브치코보-나기마로스 사건'에서 헝가리가 주장한 중요한 정치적 변화, 경제적 활력의 감소, 국제환경법의 새로운 규범의 발전 등은 조약상 의무의 범위를 급격히 변화시킬 정도의 근본적인 사정변경의 조건을 충족시키지 못한다고 보았다.[79] 더욱이 환경지식이나 환경법의 새로운 발전이 전혀 예상할 수 없었던 것으로 볼 수는 없다고 판단하였다.[80]
- 이에 앞서 ICJ는 1973년 영국과 아이슬란드간 '어업관할권 사건'에서도 아이슬란드가 주장하는 어업기술의 변화에 대하여 사정의 근본적인 변경이 아니라고 보고 사정변경의 원칙에 의한 해양관할권 확대주장을 배척하였다.

한편 협약 제 62조 2항은 법적안정성의 유지가 특히 요구되는 국경선의 획정 등에 관한 조약의 경우 동 원칙이 적용되지 않으며 또한 사정의 변경이 그 사실을 원용하는 국가의 의무위반으로 일어난 경우에도 이 원칙을 원용할 수 없다고 규정하고 있다.[81]

결론적으로 사정변경의 원칙은 사정변경에 따른 불가피한 변화를 인정하여야 할 필요성과 법적 안정성의 조화를 실현시키기 위한 노력의 일환으로 보아야 할 것이다.[82]

---

79) 관련 부분 원문은 다음과 같다: "The Court does not consider that new developments in the state of environmental knowledge and of environmental law can be said to have been completely unforeseen ... The changed circumstances advanced by Hungary are, in the Court's view, not of such a nature, either individually or collectively, that their effect would radically transform the extent of the obligations still to be performed...", ICJ Reports 1997, p. 7, para. 104.

80) 위의 주, 사실 환경적 요소를 사정변경의 원칙으로 허용하는 경우 이는 환경보호에 전혀 도움이 되지 않을 것이며 오히려 환경문제를 야기한 상대방의 입지만 강화시켜줄 우려가 있다는 지적도 있다.

81) 제 62조 2항: "사정의 근본적 변경은, 다음의 경우에는, 조약을 종료시키거나 또는 탈퇴하는 사유로서 원용될 수 없다. (a) 그 조약이 경계선을 획정하는 경우, 또는 (b) 근본적 변경이 이를 원용하는 당사국에 의한 조약상의 의무나 또는 그 조약의 다른 당사국에 대하여 지고 있는 기타의 국제적 의무의 위반의 결과인 경우."

82) 한일간 일본군위안부 피해자 문제에 사정변경의 원칙이 적용될 수 있는가. 위안부 피해

라. 새로운 강행규범의 출현

앞에서는 조약이 조약체결 당시의 강행규범에 위반하는 경우 그 조약은 무효라고 설명하였다(제 53조). 그러나 이와는 달리 비록 유효하게 성립된 조약이라도 이후에 새로운 강행규범이 생겨나고 이에 위배되는 경우에는 그때부터 그 조약은 무효가 되어 종료하게 된다(제 64조).

마. 적대행위의 발발과 조약의 효력

조약당사국간 적대행위의 발발이 조약의 효력에 미치는 법적 효과는 아직 불분명하다. 조약법 협약 제 73조도 국가간의 적대행위가 조약에 미치는 효과에 대하여 아무런 예단도(prejudge) 하지 않는다고 규정하고 있다. 다시 말해서 적대행위가 아무리 심각하고 장기화되는 경우에도 반드시 조약의 적용을 종료 또는 정지시키는 법적 효과를 가진다는 추정이 성립하지 않음을 의미한다. 결국 조약의 성격과 적대행위의 정도나 성격을 기준으로 판단하여야 할 것이다.

이와 관련 적대행위가 조약의 효력에 미치는 법적 효과는 외교관계의 단절에서 유추하여 판단할 수 있다. 조약법 협약 제 63조는 외교 또는 영사관계의 단절시에도 양국간의 조약이 외교 또는 영사관계에 불가결한 경우가 아닌 한 영향을 받지 않는다고 규정하고 있다. 즉, 적대행위 기간 동안에도 조약의 운영이 사실상 불가능한 경우를 제외하고는 계속 적용될 수 있다고 본다. 예컨대,

- 항공협정과 같은 종류의 일종의 상업적 성격의 조약의 경우 적용이 정지될 수 있다.
- 국경(육상 및 해양 경계 등 포함)을 획정하는 조약 등의 경우에는 계속 효력을 가진다.
- 교전 당사국에 적용되는 1949년 제네바 협약 등도 계속 효력을 가지며 당연히 적용된다.
- 인권조약의 경우에도 원칙적으로 무력분쟁을 규율하는 법과 충돌하지

자 문제는 1965년 한일청구권협정의 대상에 포함되지 않았으므로 사정변경의 원칙을 적용하여 일본에 대하여 별도의 책임을 추궁할 수 있다는 의견이 정부 일각에서 제시된바 있다. 그러나 이러한 해석은 사정변경의 원칙에 대한 해석상 오류(사정변경의 원칙은 이미 이행이 완료한 조약에는 적용되지 않음)에 기인한다.

않는 한 적용된다.[83)] 예컨대, 고문방지협약 제 2조 2항은 평시와 전시 어느 경우에도 모두 적용된다고 규정하고 있다.

- 그 밖에 입법적 성격의 다자조약이나 환경관련 조약 등도 그대로 적용되어야 할 것이다.[84)]

한편 국제법상 금지된 무력사용을 먼저 행한 국가가 적대행위를 이유로 조약의무 불이행을 정당화하는 것은 당연히 허용되지 않는다.

3. 조약의 무효, 종료와 이행정지의 효과

가. 조약의 무효의 효과

조약의 무효를 주장하는 국가는 무효를 선언하기 전에 타 당사국에 대하여 그러한 주장을 통고하여 이의를 제기할 기회를 주어야 하며 타 당사국이 이의를 제기하는 경우에는 분쟁이 되므로 유엔헌장 제 33조에 따라 분쟁의 평화적 해결 방안을 강구하여야 할 것이다(제 65조).

이러한 과정을 거쳐 조약이 무효가 되는 경우 조약은 법적 효력(legal force)을 가지지 않는다(제 69조 1항). 따라서 각 당사국은 무효가 되는 행위가 없었더라면 존재하였을 상태를 가능한 한 확립하도록 다른 당사국에 대하여 요구할 수 있다(동 조 2항 a). 다만 무효가 원용되기 전에 성실히 이행된 행위는 조약의 무효를 이유로 불법화 되지는 않는다(동 항 b). 그러나 기만, 부패, 또는 강박의 책임이 있는 국가가 이 조항을 원용하는 것은 허용되지 않는다(동 조 3항).

한편 다자조약의 경우에도 무효를 주장하는 국가와 타 당사국들간에는 상기 원칙이 적용된다(동 조 4항).

---

83) 국제인권법상 사람의 생명을 박탈하는 것은 허용되지 않는다. 그러나 전시 군인의 생명권을 박탈하는 것은 무력분쟁에 적용되는 특별법으로서의 국제인도법에 의해 규율된다.

84) 2011년 ILC가 마련한 '무력분쟁이 조약에 미치는 효과 초안(Draft Articles on the Effects of Armed Conflicts on Treaties)'은 무력분쟁시에도 계속 적용되어야 할 조약을 예시하고 있다. 양국간 우호협력에 관한 조약 등 정치적 성격을 갖는 조약 이외의 조약들, 예컨대, 국제인도법, 국경선 획정, 인권, 환경, 외교, 영사관련 조약 등은 계속 적용된다고 보았다.

나. 조약의 종료의 효과

조약의 종료의 효과에 대하여 조약법 협약은 다음과 같이 규정하고 있다. 즉, 조약이 달리 규정하거나 당사국들이 달리 합의하지 않는 한 조약의 종료는 당사국에 대하여 추후 그 조약을 이행할 의무를 해제하고, 조약 종료전에 조약의 이행을 통하여 발생한 당사국간의 권리와 의무 또는 법적 상태에 대하여는 영향을 미치지 않는다(제 70조 1항). 다시 말해서 소급효를 갖지 않는다.

다. 조약이 강행규범과 충돌하는 경우의 효과(제 71조)

(앞에서 설명한 것을 다시 반복하면) 제 53조(강행규범과 충돌하는 조약)에 규정된 바와 같이 조약이 체결 당시 강행규범과 충돌하는 경우 동 조약은 무효이므로 강행규범에 위반하는 조약에 따라 행해진 행위의 결과를 가능한 한 제거하고 당사국간의 상호관계를 강행규범에 일치하도록 하여야 한다(제 71조 1항).

반면 제 64조(새로운 강행규범의 출현)에 규정된 바와 같이 조약이 체결된 이후 새로이 출현하는 강행규범과 충돌하여 무효로 되어 종료하는 경우에는 당사국에 대하여 추후 그 조약을 이행할 의무를 해제한다(제 71조 2항 a). 따라서 조약의 종료전에 그 조약의 이행을 통하여 형성된 당사국간의 권리와 의무 또는 법적 상태에는 영향을 주지 않지만 그러한 권리와 의무 또는 법적 상태의 유지는 새로운 강행규범과 충돌하지 않는 범위 내에서만 계속 효력을 유지한다(동 조 2항 b).

라. 조약의 무효 또는 종료와 조약의 가분성

조약의 무효 또는 종료와 관련하여 또 다른 쟁점은 조약규정의 가분성(separability) 여부이다. 다시 말해서 조약규정의 일부만 분리하여 조약의 폐기, 탈퇴 또는 이행정지를 할 수 있느냐의 문제와 조약의 무효, 종료, 탈퇴 또는 이행정지의 사유를 조약규정의 일부에 대하여만 적용할 수 있느냐의 문제다. 이와 관련 조약법 협약은 조약관계의 법적 안정성을 위해 원칙적으로 조약은 그 자체 하나의 완전하고 통일된 문서로 보아야 한다는 전제하에 조약의 분리를 허용하지 않으면서도 예외적으로 사유가 특정 조항에만 관련되는 경우에는 해당 조항에 대해서만 조약의 가분성이 인정될 수 있다고 규정하고 있다.[85] 다만 조약의 절대적 무효사유인 국가대표에 대한 강박, 국가에 대한 강박 및 강행규범과 충돌하는 조약은 어느 경우에도 조약규정의 분리가 허용되지 않는다(동 조 5항).

마. 조약의 이행정지의 효과

조약법 협약 제 72조는 조약의 이행이 정지되어 있는 동안에는 당사국에 대하여 조약을 이행할 의무를 해제시켜준다고 규정하고 있다. 그러나 조약의 이행정지는 어디까지나 일시적인 현상으로 정지사유가 사라지면 다시 이행되어야 한다. 그리고 이행정지는 정지기간 중 당사국의 조약 이행의무가 잠정 면제되는 것에 불과하며 그간의 조약 이행 결과에는 영향을 미치지 않는다.

4. 조약의 탈퇴 및 폐기

조약문에 탈퇴(withdrawal)나 폐기(denunciation)에 관한 조항이 있는 경우 조약의 탈퇴와 폐기는 조약 규정에 따른다. 그러나 조약법 협약은 탈퇴나 폐기에 관한 규정을 포함하고 있지 않은 조약의 경우에도 다음의 경우에는 폐기나 탈퇴를 허용하고 있다(제 56조 1항).[86]

- 당사국이 탈퇴 또는 폐기의 가능성을 인정하였음이 확인되는 경우,

---

85) 제 44조(조약규정의 가분성): 1. 조약의 폐기, 탈퇴 또는 이행정지를 할 수 있는 권리는 조약이 달리 규정하거나 당사국이 달리 합의하는 경우를 제외하고는 조약 전체를 대상으로만 행해질 수 있다. 2. 조약의 무효, 종료, 탈퇴 또는 이행정지의 사유도 원칙적으로 조약 전체에 대해서만 원용될 수 있다. 따라서 조약이 무효가 되면 절대적 무효인지 또는 상대적 무효인지의 여부와 상관없이 조약 전체가 무효가 된다. 3. 그러나 조약의 무효, 종료, 탈퇴 또는 이행정지의 사유가 예외적으로 특정 조항에만 관련되는 경우, 그 조항이 조약의 나머지 부분과 분리하여 적용될 수 있고, 그 조항이 다른 당사국 전체의 기속적 동의에 필수적이지 아니하며, 또한 그 조항을 제외한 나머지 부분을 계속 이행하는 것이 부당하지 않은 경우에는 특정조항에 대해서만 조약의 가분성이 인정될 수 있다.

86) 조약의 폐기는 대체로 양자조약에서 사용되는 방식이며 조약의 탈퇴는 다자조약에서 일 당사국이 조약 규정에 따라 조약상의 의무를 종료시키는 방식이다. 따라서 다자조약의 경우 당사국의 탈퇴로 조약이 종료되지는 않으며 해당 당사국에 대해서만 조약관계가 종료된다.

- 탈퇴 또는 폐기의 가능성이 묵인되는 경우, 예컨대, 동맹조약이나 통상조약 등과 같이 당사국의 그러한 권리가 묵시적으로 인정되어 있다고 볼 수 있는 경우가 이에 해당된다.

이와 관련 1997년 B 규약의 HRC 일반논평(General Comment) 제 26호(의무의 계속)는 B 규약이 종료와 탈퇴 또는 폐기에 관한 구체적인 규정을 포함하고 있지 않지만 당사국들이 탈퇴나 폐기의 가능성을 인정하는 경우나 또는 탈퇴나 폐기의 권리가 묵시적으로 인정되는 경우가 아닌 한 탈퇴나 폐기의 대상이 되지 않는다고 보았다.[87] 이는 인권조약의 보편성과 인권조약이 국가가 아닌 개인의 기본적 권리보호를 실현하기 위한 목적에서 제정되었다는 점에서 탈퇴가 손쉽게 허용되어서는 안 될 것이라는 해석에 근거하고 있다.

한편 영토할양이나 국경선 획정과 관련된 조약들은 사정변경의 원칙이 적용되지 않는 것과 마찬가지로 일방적인 탈퇴나 폐기도 허용되지 않는다고 보는 것이 타당하다. 왜냐하면 이러한 조약의 탈퇴나 폐기는 법적 안정성을 크게 저해하기 때문이다. 참고로 이들 조약은 제 10강(국가승계)에서 설명하는 바와 같이 국가승계시에도 승계국이 반드시 그대로 승계하여야 하는 조약에 속한다.

여기서 우리는 조약의 탈퇴 또는 폐기와 관련 다음의 문제점에 대하여 생각해 볼 수 있을 것이다.

- 유엔헌장은 탈퇴가 가능한 조약인가. 유엔헌장 기초 과정에서 탈퇴에 관한 규정을 두지 않기로 하였다. 그러나 예외적인 경우 탈퇴가 불가피하다고 판단하는 국가의 경우에는 탈퇴가 허용되어야 한다는 입장이었다.
- 1997년 북한의 B 규약 탈퇴선언 이후 HRC는 위에서 설명한 일반논평 제 26호(의무의 계속)를 통해 동 규약이 탈퇴가 불가능한 조약이라고 선언한 바 있다.[88]
- 1993년 북한은 핵확산금지조약(NPT)으로부터의 탈퇴를 선언하였다. NPT 조약은 당사국의 최고이익(supreme interest)을 위협하는 비상사태

---

87) CCPR/C/21/Rev.1/Add.8/Rev.1, General Comment 26, 1997. 12. 8.

88) 이에 대한 상세는 Evatt, Elizabeth, 'Democratic People's Republic of Korea and the ICCPR: Denunciation as an Exercise of the Right of Self-Defence', AUJlHRights(Australian Journal of International Human Rights) 8, 1999 참조.

(extraordinary events)의 경우 예외적으로 탈퇴를 허용하고 있다. 그러나 북한의 탈퇴가 과연 이 요건을 충족시키느냐의 문제가 제기되었다. 왜냐하면 이 조약은 아주 예외적인 경우에 한하여 엄격한 요건을 적용하여 탈퇴를 허용하려는 의도로 제정되었기 때문이다.

☞ **기출문제 예시**

문 1) 다음 제시문을 읽고 물음에 답하시오.

(가) A국과 B국은 2012년 정상회담에서 경제협력에 관한 공동선언문에 합의, 서경하였다. 이 선언문은 제 2조 내지 제 14조에서 구체적인 경제협력사항, 제 15조에서 분쟁발생시 중재회부, 제 16조에서 개정 및 폐기를 규정하였다. A국에서는 이 선언문이 입법부의 동의를 얻은 후 조약번호 부여 없이 공동선언문 순서가 부여되어 관보의 '기타' 항목에 게재되었다.

(나) 2015년 B국에서 정변이 발생하였다. 새 정부는 위 선언문이 국제법상 조약이 아니며 설령 조약이라 하더라도 첫째, 합의 당시 서명한 혁명평의회의 장이 국가원수의 지위에 있지 않았기 때문에 조약을 체결할 권한이 없고, 둘째, B국 국내법상 모든 구속력 있는 합의가 평의회에서 의결되어야 하지단 위 선언문은 절차를 거치지 않았으므로 B국이 선언문에 구속받지 않는다고 주장한다. (A국과 B국은 조약법에 관한 비엔나협약의 당사국임)

1) 위 선언문이 국제법상의 조약인지 여부를 판단하시오.

2) 의 비엔나협약에 입각하여 (나)의 B국 주장이 타당한지를 논하시오.

문 2) 그란데 강은 A국과 B국을 흐르는 국제하천이다. A국과 B국은 이 강으로부터 수자원 등의 이익을 공유하고자 A국에 X수문을, B국에 Y수문을 각각 건설하는 조약을 체결하였다. 이 조약에 따라 공동사업이 진행되던 중 B국은 Y수문의 설치가 자국의 환경을 파괴한다는 국내여론이 거세지자 생태적 필요성(ecological necessity)을 원용하여 Y수문 건설사업을 일방적으로 중단하였다.

1) B국이 자국의 조약의무 불이행을 이 조약의 종료사유로 원용할 수 있는 사유를 일반국제법상의 논리에 기초하여 설명하시오.

2) A국은 B국의 조약의무 불이행을 이 조약의 종료사유로 원용할 수 있는가.

3) 만일 A국이 이 조약을 종료시키고자 할 경우 취해야 할 절차를 설명하고 이

와 관련하여 B국으로부터 이의가 제기되는 경우 분쟁해결절차를 설명하시오.

문 3) 조약법에 관한 비엔나협약(1969년)상 유보를 논하고 유보제도에 대한 비판에 관하여 설명하시오.

문 4) A국은 C국의 오랜 식민지배로부터 1995년에 독립하였다. C국은 1985년에 인접한 B국과 조약(1985년 조약)을 체결하면서, C국과 B국 사이의 국경분쟁이 있었던 X지역에 대한 B국의 주권을 인정하였다. A국은 독립 후 1985년 조약의 당사국이 아니라는 이유로 X지역에 대한 영유권을 주장하였다. 군사력이 우세한 A국은 무력행사를 통해서라도 X지역을 되찾기로 결정하였다. A국은 2010년 1월 국경에 대규모 병력을 집결시키는 한편, B국의 주요 항구를 모두 봉쇄하여 해상 교통로를 차단하였다. 이어 X지역이 A국 영토임을 인정하는 조문을 포함하여 A국과 B국 사이의 다양한 관계를 규율하는 새로운 조약의 체결을 강요하였다. A국의 군사적 시위에 굴복한 B국은 2010년 3월 A국이 요구하는 내용 그대로 조약(2010년 조약)을 체결하였다. A국은 1995년에 "1969년 조약법에 관한 비엔나 협약(1969년 조약법 협약)"에 가입하였고, B국은 1969년 조약법 협약의 원당사국이다.

1) B국과 C국이 체결한 1985년 조약에 구속받지 않는다는 A국의 주장을 평가하시오.
2) B국은 2010년 조약 중 X지역에 관한 규정의 무효를 주장하고 나머지 조항을 유지하기 원한다. 이러한 B국의 입장을 국제법적으로 평가하시오.

문 5) 다음 제시문을 읽고 조약법에 관한 비엔나협약에 근거하여 물음에 답하시오.
A, B, C국은 보편적 인권의 보호 및 보장을 보다 확대·강화하기 위하여 지역적 인권조약을 체결하였다. 동 인권조약 체결 당시 이에 참여하지 않았던 D국은 조약이 발효한 후 가입의사를 표명하였다. 2018년 5월 25일 D국은 가입의정서를 기탁하면서, 자국의 정치적 상황을 반영하여 동 조약 제 13조에 규정된 표현의 자유가 제한적으로 해석될 수 있다는 해석선언을 하였다. 이러한 해석선언에 대하여 2019년 8월 24일 현재 A국은 아무런 의사를 표현하지 않았고, B국은 D국이 가입의정서를 기탁한 직후 이의를 제기하였다.

한편 C국은 표현의 자유와 관련한 제 13조에 대한 해석선언에 이의를 제기하면서 D국과는 당사국 관계를 설정하지 않겠다는 입장을 밝혔다.

- A, B, C, D국은 조약법에 관한 비엔나협약당사국이다.
- 해당 지역적 인권조약에는 유보와 관련한 규정이 없다.

1) D국이 행한 해석선언의 법적 의미를 설명하고, 이러한 해석선언의 허용 가능성에 대하여 논하시오.
2) A, B, C, D국의 조약 관계에 대하여 설명하시오.

문 6) 다음 제시문을 읽고 물음에 답하시오.

A국은 주민을 강제동원하는 일당 지배 사회이다. B국은 A국과 함께 C국 항구로 연결되는 철로를 양국에 공동으로 건설하는 것을 내용으로 하는 X조약을 체결하였다. 이 조약에는 철도부설을 위해 A국이 노동력을, B국이 기술과 재원을 제공하기로 하였다. 또한, 노동력에 대한 급여지급은 예정되어 있지 않으며, 인력을 동원하는 방식과 절차는 전적으로 A국에 일임되었다. C국은 X조약에 따른 철로를 C국으로 연결하고 항구 이용을 보장하는 Y조약을 A국 및 B국과 체결하였다. 철로 부설에는 A국 교도소에 복역 중인 재소자와 직업학교에 재학 중인 청소년이 무보수로 강제동원 되었다. 이 사실이 언론에 폭로되어 양국 정부가 국제적으로 비판을 받게 되었다. 그 후 A국은 다당제로 전환되고, 새 정부가 들어섰다.

1) A국 신정부가 X조약상의 노동력 제공 의무에서 벗어날 수 있는지 여부와 근거를 제시하시오.
2) B국이 X조약 하에서 노동력 제공 관련 조항을 제외한 나머지 부분에 대하여 적법성을 주장할 수 있는지 검토하시오.
3) C국이 철로 연결을 거부하는 경우 국가책임이 발생하는지 여부와 근거를 제시하시오.

문제 1)에 대한 답안작성 요령

▶ 문제의 핵심

- 조약의 정의 검토
- 구체적인 경제협력사항, 분쟁해결조항 등 규정
- 공동선언문은 일반적으로 구속력 없는 합의라는 선입견

- A국과 B국이 모두 공동선언문이 구속력 없는 합의라는데 의견이 일치한다면 문제가 성립하지 않음. 따라서 전제는 A국은 공동선언문이 구속력이 있다고 주장하고 있고, 반면 B국은 처음에는 구속력이 있다고 보았으나(문제상으로 반드시 분명하지는 않지만) 체결 후 3년이 경과한 2015년 혁명정부가 동 선언문의 구속력을 부인하는 것으로 보는 것이 문제를 바라보는 출발점이 되어야 할 것임.

문항 1

1. 서(문제의 제기)

▶ 정상간 공동선언문의 법적 성격, 구속력 있는 조약인지에 대한 판단

▶ 조약법에 관한 비엔나 협약을 중심으로 검토

2. 공동선언문의 법적 성격

가. 조약법에 관한 비엔나협약

▶ 협약 제 2조(조약의 정의)

- 합의문서의 수, 명칭에 관계없이 서면형식으로 국가간에 체결되며 국제법에 의해 규율되는 국제적 합의

▶ 이 기준에 따라 국가간 합의가 구속력있는 조약인지를 검토

- 합의가 조약인지의 여부를 판단하는 데 있어서 문서의 수, 명칭은 관계없으므로 협약 제 2조 중 중요한 판단기준은 결국 공동선언문이 국제법의 규율을 받는 합의인가에 달려 있음.
- 여기서 '국제법의 규율을 받는다(governed by international law)'는 의미는 공동선언문을 규율하는 법이 국제법이어야 한다는 의미(국내법의 규율을 받는 계약이 아님)와 구속력을 가진다는 의미(국제법상의 권리와 의무를 창출한다는 뜻)임.
- 그렇다면 공동선언문이 구속력을 가지고 국제법상의 권리와 의무를 창출할 수 있는지는 어떻게 확인하는가.
- 무엇보다도 당사자의 의도가 국제법상의 권리와 의무를 창출하려는 의도였으면 조약이고 그렇지 않으면 정치적 선언에 불과하게 됨. 그러나 당사자의 의도가 항상 명확한 것은 아니므로 합의의 형식, 구체적 문언 등 표현이나 체결 당시의 상황 등을 개별적으로 판단되어야 함.
- 이를 요약하면 국가간 합의가 조약이 되기 위해서는 (a) 조약을 체결하려는 당

사자들의 분명한 의도, (b) 의무가 국제법에 근거하여 구속적인 방식으로 규정되었는지 아니면 단순히 비구속적(권고적 성격)으로 규정되었는지, 즉 구체적이고 명확한 권리·의무 관계의 성립 여부가 될 것이며, (c) 동시에 조약으로서의 형식(분쟁해결조항 또는 발효조항의 포함 여부 등)의 사용여부가 보충적인 판단의 기준이 될 수 있을 것임.

나. 공동선언문이 조약인지 여부 검토

▶ 국제법 주체인 국가간 합의임.

- 1952년 '영국과 이란간 Anglo-Iranian Oil. Co' 사건에서 ICJ는 이란과 동 석유회사간의 양허계약의 당사자는 한 국가(이란)와 외국기업(영국 석유회사)이며 영국 정부는 당사자가 아니므로 동 양허계약은 조약이 아니라고 보았음.

▶ 당사자간 의도의 확인

- 당사자들의 의사가 항상 분명한 것은 아니므로 구체적인 경우에 개별적으로 판단되어야 할 것임.
- A국과 B국간 공동선언문은 단순한 양해사항들의 열거가 아닌 구체적인 경제협력사항(권리·의무관계의 설정)을 규정하고 있다는 점에서 구속력 있는 문서로 의도하였음을 추정할 수 있음.
- 1994년 카타르와 바레인간 '해양경계 및 영토문제 사건'에서 ICJ는 합의의사록이 양 당사국간 합의사항을 열거하고 있다는 점에서 국제법상의 권리와 의무를 창출하는 조약에 해당된다고 판시한 바 있음. 즉, ICJ는 내용이 형식에 우선되어야 한다고 보고 동 문서는 국가에 대한 권리와 의무를 규율하는 내용을 포함하고 있다는 점에서 조약이라고 보았음.
- 또 다른 사례로 1978년 '에게해 대륙붕 사건'에서 ICJ는 국제법상 '공동성명'이 조약에 해당될 수 있기 위해서는 형식보다는 공동성명에 구현된 행위 또는 거래의 성질(nature of the act or transaction), 사용된 용어(actual terms)와 공동성명이 작성된 특정한 상황(particular circumstances)을 고려해야 한다고 판시한 바 있음.
- 참고로 1998년 한일어업협정 합의의사록은 어업질서유지를 위한 양국간 협력의향서의 성격을 가지며 구체적인 권리·의무관계의 설정을 의도하지 않은 것으로 보아 구속력있는 조약으로서의 지위가 부인됨.

▶ 합의문의 형식

  - 공동선언문은 분쟁해결방식으로 중재를 규정하였으며 개정 및 폐기 조항을 포함하고 있다는 점에서도 조약으로 의도하였음이 추정될 수 있을 것임. 이와 관련 미북간 제네바 기본합의서가 의도적으로 조약의 형식을 회피하였다는 사실은 이를 입증하는 것임.

▶ 양국 정상간 합의
  - 합의문에 대한 이행의지가 확인될 수 있을 것임.
  - 위에서 인용한 카타르와 바레인간 '해양경계 및 영토문제 사건'에서 ICJ가 바레인 외교장관의 서명에 대하여 효력을 부여하였고 1933년 덴마크와 노르웨이간 동부 그린랜드 사건에서 PCIJ가 노르웨이 외교장관의 발언에 구속력을 부여한 것도 같은 맥락에서 이해될 수 있을 것임.

3. 결어

▶ 일반적으로 공동선언문은 정치적 성격의 의사표시로 구속력있는 조약으로 보지 않음.
▶ 그러나 조약법 협약이 규정하였듯이 합의문의 명칭은 조약 여부를 결정하는 기준이 될 수 없으며 조약인지 여부는 형식보다는 공동성명에 구현된 행위 또는 거래의 성질, 사용된 용어와 공동성명이 작성된 당시의 상황 등이 종합적으로 고려되어야 할 것임. 이 중에서도 사용된 문언이 객관적으로 표출된 양 당사국의 의도를 가장 잘 확인할 수 있다는 점에서 중요함.
▶ 이에 비추어 검토해 볼 때 문제의 공동선언문은 조약으로 볼 수 있음.

문항 2

1. 서

▶ 상기 해석에 따라 공동선언문은 일응 구속력이 있는 합의(조약)로 볼 수 있음.
▶ 그러나 B국은 조약체결에 관한 국내절차 위반을 이유로 공동선언문의 구속력을 부인하고 있음. 이에 대한 국제법적 정당성을 검토함. 더욱이 서명 후 3년이 지난 시점에서 혁명정부가 새롭게 구속력을 부인하는 문제는 다른 각도에서 검토의 여지가 있다고 봄.

2. B국 주장에 대한 국제법적 검토

가. 혁명평의회장의 지위와 조약체결권한

▶ 2012년 서명 당시 B국의 혁명평의회장이 비록 국가원수의 지위에 있지 않았다고 하더라도 당시 국가대표의 지위에서 서명한 것은 분명함. 이에 대한 A국의 신뢰가 바탕이 되지 않았다면 정상회담간 공동선언이 성립되지 않았을 것임.

▶ 조약법 협약 제 7조는 특히 조약체결을 위해 국가를 대표하는 것으로 간주되는 자(국가원수나 외교장관 등)의 조약체결권한을 인정하며 전권위임장도 요구하지 않음. 또한 제 8조는 권한 없는 자가 행한 조약체결행위에 대하여는 추후 그 국가가 확인하지 않는 한 효력이 없다고 규정하고 있음. 그러나 당시 B국은 혁명평의회장을 국가원수로 인정하고 있었고 A국도 이를 신뢰하여 공동선언문에 대한 서명이 가능하였음. B국이 합의 당시나 이후 혁명평의회장의 지위에 대하여 A국에 문제제기를 한 바가 없음. 따라서 서명의 효력을 부인할 수 없음.

▶ 더욱이 B국이 3년이 지난 시점에서 새롭게 공동선언문의 구속력을 부인하는 것이라면 이는 국제법상 '금반언의 원칙(*estoppel*)'에도 반하는 것임. B국의 행위를 신뢰하여 형성된 법률관계에 대하여 오히려 B국은 국제법상 책임을 부담하여야 할 것임.

나. 조약체결에 관한 국내절차 위반과 조약의 효력

▶ 또한 B국은 국내법상 모든 구속력 있는 합의(조약)는 평의회의 의결을 거쳐야 하는데 거치지 않았으므로 무효라고 주장하고 있음.

- 국제사회의 관행은 국제법 우위의 입장(국제법질서 속에서 국내법은 사실에 불과)에서 국내법상의 제약과는 무관하게 조약의 효력을 인정하여 왔음. 그러나 조약법 협약을 채택하면서 동 제 46조에서 다음의 예외를 규정하였음.
- 즉, 조약체결권에 관한 국내법 규정의 위반이 명백하고 근본적으로 중요한 국내법 규칙에 관련되지 않는 한 국가는 조약을 무효화하기 위한 사유로 자국의 동의가 그 국내법 규정에 위반하여 표시되었다고 주장할 수 없다고 규정하였음.
- 그러면서도 예외를 엄격히 해석하여 '국내법 규정의 위반이 명백하다'는 의미는 관행상 어느 국가에 대하여도 위반이 객관적으로 분명한 경우로 제한하였음.
- 이와 같이 조약법 협약은 국내법 위반이 명백하면서 근본적으로 중요한 국내법 규정의 위반에 대하여는 예외적으로 취소할 수 있는 돌파구를 마련해주고 있음. 이 조항은 본질적으로 법을 제정하는 입법부와 이를 집행하는 행정부의 권한 관계와 관련하여 발생할 수 있는 국내적 사정을 염두에 두고 포함된 조항임.

▶ 그렇다면 B국의 주장은 협약 제 46조의 조약무효사유에 의해 정당화될 수 있는

가. B국의 주장은 조약법 협약 제 46조에 규정한 명백하고 중요한 국내법규칙에 관련된다고 보기 어려움. 왜냐하면 B국의 국내절차에 대하여 A국이 이를 사전에 알고 있어야 할 필요가 없으며 알고 있다고 간주할 수 없기 때문임.

– 이 점은 국제재판소의 태도에서도 확인됨. 2002년 카메룬과 나이지리아간 '육상 및 해양경계 사건'에서 쟁점이 되는 합의사항이 의회의 비준이 결여된 문서로 무효라고 주장하였으나 ICJ는 조약법 협약 제 7조 2항을 근거로 국가원수가 서명한 합의의 효력을 인정하였음. 그 근거로 ICJ는 조약체결에 관한 규정은 근본적으로 중요한 국내법 규정이지만 국내절차에 관한 모든 사항들을 다른 국가들이 알고 있어야 할 필요는 없다고 보았음.

3. 결어

▶ B국의 혁명평의회장은 조약법 협약 제 7조에 의해 국가대표의 자격으로 공동선언문에 서명한 것으로 보아야 하며 또한 공동선언문이 평의회의 의결을 거치지 않았다는 주장도 협약 제 46조의 예외사유에 해당되지 않으므로 B국은 동 공동선언문의 구속력을 부인할 수 없을 것임. 더욱이 B국이 3년이 지난 시점에서 새롭게 공동선언문의 구속력을 부인하는 것이라면 이는 국제법상 '금반언의 원칙'에도 반하는 것이며 신의성실의 원칙에 따른 조약이행의무(*pacta sunt servanda* 의 원칙)를 위반하는 것임.

▶ 또한 B국의 새 정부도 정부의 연속성은 가능한 한 영향 받지 않고 유지되어야 한다는 원칙(과거 코스타리카의 Tinoco 정권의 경우에서 확인)에 따라 전임정부의 국제법상의 의무를 이행하여야 할 것임.

제 7 강
국제법과 국내법의 관계

제1절 개관

주권평등이 국가간 관계의 지배적 가치였고 국제법이 단지 국가와 국가간의(between sovereign states) 관계만을 다루었던 시대에는 국제법이 국내법의 영역인 개별국가 내(within the sovereign state)에서 이루어지는 사인간의 관계나 사인과 국가와의 관계에 개입할 여지가 없었다. 따라서 국제법과 국내법의 규율영역은 분명히 구분됨으로써 양자가 충돌할 여지도 거의 없었다. 그러나 오늘날 국제사회가 복잡다기화되고 국가간 상호의존성이 증대함에 따라 국제법이 직접 사인의 권리·의무와 관련된 사항을 규율하는 현상이 증가하게 되었다. 이러한 현상은 특히 인권, 환경 또는 국제투자 분야 등에서 많이 발생한다.

이와 같이 국제법과 국내법은 오늘날 많은 영역에서 교차되어 나타나게 된다. 국내법원에 기소된 자가 자신의 범죄는 국제법 위반의 보다 큰 범죄를 방지하기 위한 목적에서 행하여졌다고 주장함으로써 국내법 위반을 정당화하려는 경우가 있을 수 있다.[1] 또는 동일한 사안이 국내법원과 국제재판소에 동시에 제기

1) R v. Jones 사건, 관련 부분 원문은 다음과 같다: "Each defendant sought to raise by way of defence of their otherwise criminal actions, the fact that they were attempting

되는 경우를 생각해 볼 수 있을 것이다. 예컨대, 영사접견권이 허용되지 않은 외국인 피의자의 권리와 관련된 사안(제 15강 '외교 · 영사 관계법'의 제 3절 '영사의 자국민 보호의무' 참조)들이 외국인 피의자의 본국에 의해 국제재판소에 제기되거나[2] 피의자 개인에 의해 소재지국의 국내법원에 제기되는 경우를[3] 생각해 볼 수 있다. 이 경우 서로의 판결 결과가 다를 수도 있을 것이다. 이처럼 국제법과 국내법의 관계는 상호 밀접히 관련되어 있으며 이로 인한 국제법과 국내법의 충돌 가능성도 배제할 수 없다.[4]

한편 국제법과 국내법이 동일한 사안에 대해 서로 다른 규범의 준수를 요구하는 경우에도 국제법과 국내법의 충돌현상이 발생할 수 있다. 이러한 충돌현상은 어느 국가가 국제법상 요구되는 내용을 아직 국내법으로 제정하지 않아 발생하기도 하고(소극적 충돌현상의 발생), 반면 어느 국가의 국내법이 국제법과 상충하는 내용을 제정하여 발생하기도 한다(적극적 충돌현상의 발생).[5] 그렇다면 왜 이러한 현상이 발생하는가. 삼권분립하에서 조약은 행정부가 체결하고 협약의 이행에 필요한 국내법은 의회가 제정하여야 하는데 의회가 국내법의 제정을 미루어 국내법 미비로 협약이 이행되지 않는 경우 전자의 경우에서와 같은 충돌현상이 발생하게 될 것이다. 물론 후자의 경우처럼 국가가 (자국이익의 극대화를 위해) 적극적으로 국제법과 상충되는 내용의 국내법을 제정하여 발생하는 충돌현상은 사실상 생각하기 쉽지 않다. 그렇다고 하여 현실적으로 충돌이 발생하고 있음을 부인하기도 어렵다.

이와 같은 상황이 발생하는 경우 국내법원은 어느 법을 적용하여야 하는가.

---

to prevent the commission by the government of the crime of waging an aggressive war in Iraq, and that their acts were accordingly justified in law." 본 강의 주 27 참조.

2) 2001년 독일과 미국간 LaGrand 형제 사건(LaGrand), 이 책 말미의 'ICJ 주요 사건의 함의 4' 참조.

3) Breard v. Greene 사건, 본 강의 주 31 참조.

4) 제 2강(국제법의 발전과 중요성)에서 설명한 Anne-Marie Slaughter 교수의 "국제법의 미래는 국내적이다"는 말도 같은 맥락에서 이해될 수 있을 것이다.

5) 전자의 예로는 1970년 '항공기 불법납치 억제에 관한 협약'에 가입하고도 동 협약의 이행을 위한 국내법을 제정하지 않음으로써 협약을 성실하게 이행하지 못하게 되는 경우를 생각해 볼 수 있다. 반면 후자의 예로는 국제법상의 근거없이 공해상의 단순범죄에 대하여 일국의 국내법이 정선과 수색을 규정하고 관헌이 공해상에서 이를 집행하는 경우를 생각해 볼 수 있다.

구체적인 상황을 가정하여 법원의 태도를 생각해 볼 수 있을 것이다. 예컨대, 어느 국가가 '시민적, 정치적 권리에 관한 국제규약(B 규약)'에 가입하였다. 그러나 그 국가가 규약의 이행에 필요한 국내법을 제정하지 않아 B 규약상의 특정 조항에 규정된 개인의 권리가 그 국가의 국민들에게는 적용되지 않는다. 이러한 상황에서 어느 개인이 동 국내법을 위반하여 법정에 서게 되었다. 동인은 법정에서 B 규약의 특정 조항을 적용하여 줄 것과 동시에 조약과 충돌하는 국내법이 무효임을 확인하여 줄 것을 요청할 수 있을 것이다. 그러나 이 경우 재판관은 국제법을 반영한 국내법의 제정을 기다릴 필요가 없으며 현재 있는 그대로의 국내법을 적용하여 판단할 수밖에 없을 것이다. 물론 이로 인한 국제의무위반은 불가피하게 될 것이다.

이와 같이 국제법과 국내법은 오늘날 상호 교차하여 나타나기도 하고 또는 충돌하기도 한다. 이러한 점을 염두에 두고 본 강에서는 국제법과 국내법의 관계에 있어 다음의 두 가지를 검토한다. 먼저 이론적 문제로서 서로 다른 제도로서의 국제법과 국내법이 어떻게 작용하는가를 검토한다. 이를 위해 국제법과 국내법의 관계를 바라보는 국제법 학자들의 전통적 시각, 즉 일원론(monism)과 이원론(dualism)에 대하여 검토한다. 일원론은 양자가 하나의 동일한 법체계를 구성한다고 보고 있으며 이는 다시 국제법과 국내법의 어느 편이 보다 우위에 있다고 보는가에 따라 국내법 우위론과 국제법 우위론으로 나누어진다. 반면 이원론은 양자가 서로 독립된 별개의 법체계에 속한다고 보는 입장이다. 이어서 우리의 실질적인 관심의 대상이 되는 문제로서 국제법과 국내법간 충돌이 발생하는 경우 이를 어떻게 해결하는가의 문제를 국내법에 대한 국제법의 태도와 국제법에 대한 국내법의 태도(각국의 실행)로 구분하여 검토한다.

제2절 국제법과 국내법의 관계에 대한 이론적 검토

1. 이론

가. 국내법 우위의 일원론

국내법 우위의 일원론은 국제법과 국내법이 하나의 통합된 보편적인 규범체계(unified normative system/one single legal order) 속에 있으며 그 속에서는 국내법이 국제법보다 상위에 있다는 입장이다. 이 학설에 의하면 조약(국제법)은 국내법인 헌법규정에 따라 체결되고 헌법은 국가의 최고법이므로 국제법은 국내법보다 하위에 놓이게 된다. 그러나 이러한 논리의 귀결점은 결국 국제법이란 국내법의 일부인 국가의 대외공법(external public law)에 불과하며 국제법의 성립근거는 국내법에 있다는 주장이 된다.[6)]

사실 이 이론은 19세기 국가주권 절대의 원리를 반영한 것으로 독일통일과정에서 필요한 이론적 근거를 제공하였다. 그러나 이 주장의 배경이 되는 헤겔의 사상은 국가를 이념과 현실의 완전한 합치, 최고이며 최종의 것으로 보는 국가절대주의에 빠지게 되고 그 결과 국제법 질서까지도 부정하게 된다.

이러한 이유로 이 학설은 다음의 문제점이 한계로 지적되고 있다. (a) 먼저 국내법 우위의 일원론은 국내법과 다른 국제법의 존재이유를 설명하지 못한다. (b) 또한 국내법 아래에 국제법이 위치하는 경우 각국의 국내법의 차이에 따라 국제법이 좌우되어 일관된 내용의 국제법의 존재를 어렵게 한다. (c) 더 나아가 국내법을 이유로 국제의무위반을 정당화할 수 없다는 국제법상의 대원칙과도 모순되며 이는 인류가 추구하는 국제평화와 안전의 실현에도 부합되지 않는다. 결

---

6) 독일의 공법학자인 옐리네크가 주장한 자기제한설(theory of self-limitation)도 국내법 우위론의 변형이다. 이 설에 의하면 국가가 국제법에 의하여 구속받는 것은 국가의사가 그 구속에 동의하였기 때문이며 이는 국가가 대외공법을 통해 스스로 자기에게 제한을 부과한 것으로 보고 있다.

론적으로 이 설은 국제법 부인론과 같아 더 이상 의미를 찾기 어렵다.

나. 이원론

이원론의 입장에서는 국제법과 국내법이 서로 별개의 법질서로 존재하게 되며 따라서 국제법이 국내적으로 적용되기 위해서는 국내법화의 과정을 거쳐야(through legislative process) 한다고 보고 있다.

이원론은 국내법 우위의 일원론에 대한 대항 논리로 등장하였으며 아래 설명하는 국제법 우위의 일원론에 앞서 19세기 말 독일 법학자이며 철학자인 트리펠(Triepel)로부터 연유한다. 트리펠은 국제법을 개별 주권국가들의 공동의사(common will)의 표출로 보고 국제법과 국내법을 전혀 별개의 법체계로 인식하였다.

이 이론에 의하면 국제법과 국내법은 각자 서로 다른 주제를 다루고 서로 다른 차원에서 기능하며 각자의 영역에서는 각자가 항상 우선적으로 적용된다. 즉, 성립기반, 규율대상 및 적용형태에 있어 근본적인 차이가 있다는 점에서 양자는 별개의 법체계로 인식된다. 이를 설명하면 다음과 같다.

첫째, 국제법은 평등한 국가의사의 합치에 기초하고 국내법은 국가의 국가권력이라는 단독의사에 기초하여 성립된다.

둘째, 국제법은 평등한 주권국가간의 관계를 규율대상으로 하는 것임에 반해 국내법은 주권국가 내에서 개인 상호간 또는 개인과 국가간의 관계(국가 공권력을 중심으로 한 관계)를 규율대상으로 하므로 양자간에는 겹치는 부분이 없다. 국내법이 국제법의 일부가 될 수 없듯이 국제법도 그 자체로서(per se) 국내법의 일부가 될 수 없다.

그러나 이원론에 대하여는 오늘날 다음과 같은 문제점이 한계로 지적되고 있다. (a) 양자가 별개의 법체계임에도 불구하고 조약과 국제법이 국내법으로의 변형없이 직접 적용되는 현상을 설명하지 못하고 있으며, (b) 특히 국제기구와 개인에 대한 국제법 주체성이 인정됨으로써 국가간의 관계를 규율하는 전통 국제법의 개념이 변화하였고, 개인에 대한 국제법의 직접 적용사례의 증가 등으로 국제법과 국내법간 충돌이 발생할 수 있는 여지가 더욱 커졌으며, (c) 또한 양자가 별개임에도 불구하고 국제법 위반의 국내법 적용시 국가책임이 발생하게 된

다는 점에 대하여도 설명하기 어렵다는 단점이 있다.[7)]

다. 국제법 우위의 일원론

국제법 우위의 일원론은 제 1차 대전 이후의 변화된 국제법 질서(개인의 국제법상 지위에 대한 인식의 발달 등 국제공동체 개념의 확대)를 반영하여 국가중심으로 발전된 이론인 이원론을 재평가하는 과정에서 출현한 이론이다.

국제법 우위의 일원론도 국내법 우위의 일원론과 마찬가지로 양자를 하나의 법률체계로 보는 입장에는 차이가 없지만 국제법이 국내법보다 우위이며 국내법의 근거가 국제법에 있다고 보는 점에서 차이가 있다.

이와 관련 국제법 우위의 일원론의 중심에 있는 켈젠(Kelsen)은 순수법학의 입장에서 법의 통일적 인식을 확보하기 위해서 국제법과 국내법을 통일적으로 분석하는 수단으로 위계론(hierarchical doctrine)을 적용하였다. 다시 말해서, 국제법과 국내법은 같은 주제를 다루며 같은 법체계속에 있으므로 양자간에는 당연히 상하관계(위계)가 필요하다고 보면서 국내법은 국제법에 의해 성립된 국가에 의해 제정되었다는 점에서 국제법을 상위법 질서(higher legal order)로 보고 있다. 따라서 국내 사법기관이나 입법기관은 국내법상의 권리와 의무가 국제법에 부합될 수 있도록 노력하여야 하며 특히 사법기관은 국제법에 효과성을 부여하여야 한다. 다시 말해서 각국은 국내법을 이유로 국제법상의 의무를 위반할 수 없으며 국제법은 국내법 규정과 무관하게 유효하다. 그러나 국제법은 국내법 체계의 존재를 정당화할 뿐 국내법의 내용, 한계나 유효성을 사전 결정하는 것은 물론 아니다.[8)]

이와 함께 자연법적 입장에서 일원론을 주장한 라우터팍트(Lauterphacht)는 개인의 인권보호에 대한 보장자(guarantor)로서 국제법은 국내법보다 우위라고 보고 있다.

---

7) 이원론의 입장에서는 국제법과 국내법이 별개의 법체계이므로 국제관습법도 당연히 국내법으로의 변형을 거쳐야 하지만 국제관습법은 조약과 달라서 별도의 변형의 과정을 거치는 것이 현실적으로 어렵고 따라서 직접 수용되는 경우가 많다.

8) 국제법이 국내법의 존재를 정당화한다는 뜻은 국제법의 근본규범이 국내법의 타당근거가 된다는 의미다. 그러나 이러한 주장은 비논리적이며 오늘날의 국제사회의 현실에도 부합되지 않는다.

그러나 위계론에 근거한 국제법 우위론도 다음과 같은 문제점이 한계로 지적된다. (a) 먼저 국내법을 국제법으로부터 위임된 질서에 불과하다고 보고 국제법으로부터 위임된 권한 내에서만 국가가 행동할 수 있다고 보는 것은 오늘날의 현실과 관행에 맞지 않으며, (b) 국제법 위반의 국내법이 자동 무효가 되지는 않는다는 점도 설명이 어려워진다. 이러한 이유로 우리는 국제법 우위론이 이상론에 치우친 비현실적이라는 비판에도 주목하여야 할 것이다.

2. 평가

국내법이나 국제법 모두 사회의 공동선을 위한 것으로 양자를 통일적으로 인식하기 위해서는 일원론적으로 파악할 필요가 있다. 그러나 국내법 우위의 일원론은 오늘날 더 이상 지지를 받지 못하고 있다. 또한 이원론도 국제법의 발전이라는 변화된 현상을 제대로 설명하는 데 어려움이 있다. 사실 국제법과 국내법이 완전히 분리된 별개의 법체계라는 인식은 현실에 부합되지 않는다. 이러한 이유로 국제법과 국내법의 관계를 획일적으로 설명할 수 있는 이론은 부재하다. 따라서 국제법과 국내법의 관계는 양자가 상호 현실 세계속에서 서로를 어떻게 인식하고 있는가, 즉 조약의 국내적 적용을 위한 수용과 변형의 문제를 포함한 각국의 실행을 통해 확인될 수 있을 것이다.

이와 관련 국제재판소는 물론 국내재판소도 *pacta sunt servanda*와 신의성실의 원칙에 따른 국제법의 준수의무와 국내법을 이유로 국제법상의 의무 불이행을 정당화할 수 없다는 점을 염두에 두고 국제법과 국내법의 관계를 평가해 오고 있다는 점은 주목되어야 할 것이다. 더욱이 오늘날 국제법과 국내법의 충돌현상은 실제 크지 않으며 오히려 국제적 이슈(trans-boundary issues)를 다루는 데 있어 양자가 상호 보완적인 역할을 수행하고 있다는 점은 보다 긍정적으로 평가되어야 할 것이다. 결국 문제의 본질은 어떠한 국제법질서가 인권, 경제발전과 세계평화 등을 보다 증진시키는 데 기여할 수 있느냐의 관점에서 검토되어야 할 것이다. 이러한 점에서 볼 때 국제법 우위의 일원론이 바람직하며 우리가 일원론을 이야기할 때는 국제법 우위의 일원론을 의미한다고 보는 것이 타당하다.

참고로 이들 학설의 한계를 극복하기 위하여 제 3의 이론으로 신이원론(등위이론)이 있다. 이 이론은 국제법과 국내법을 대등한 관계에 두고 상호간에 발생할 수 있는 의무의 충돌현상은 상호조정을 통해 해결하여야 한다는 입장이다.[9]

제3절 국제법과 국내법의 효력관계

1. 국제법이 보는 국내법(국제재판소에서의 국내법의 역할)

국제법 질서 속에서의 국내법에 대한 평가는 다음과 같다. 먼저 국제법의 영역에서는 국제법이 국내법에 우선한다. 국제법과 국내법이 충돌하는 경우 국제재판소는 국내재판소와 달리 국제법 우위의 원칙에 입각하여 판단하므로 국제법만이 재판의 준칙으로 원용될 수 있다. 결과적으로 국내법은 규범이 아닌 비법(non-law) 또는 단순한 사실(mere facts)로서만 인정될 뿐이다. 따라서 국제재판

9) 이 이론은 현실을 반영하여 이원론을 변형한 것으로 Fitzmaurice 와 Rousseau 등에 의해 주장되었다. 이 이론은 국제법과 국내법은 별개의 법체계이기 때문에 어느 한편이 더 우세한 효력을 가지는가의 문제는 제기되지 않는다. 따라서 각자의 영역에서는 각자의 법이 최고이며 양자는 별개의 법체계 속에서 서로 관련이 없다. 즉, 국내법 질서하에서는 국내법이 우선하여 적용되고 국제법 질서하에서는 국제법이 우선하여 적용된다. 이와 같이 국내법과 국제법 질서를 나누어 판단한다는 점에서 이원론과 유사하다. 그러나 실제에 있어서는 국내법과 국제법이 동일 사안을 동시에 규정하게 되는 경우가 있다는 사실을 인정하고 있다는 점에서 양자를 별개로 인식하고 있는 전통적인 이원론과 구분하여 신이원론이라고 한다. 이 이론은 양자가 우위를 따지기보다는 동등한 입장에서 서로를 조정하여 충돌문제를 해결할 수 있다고 보고 있다. 박덕영 옮김, '국제사회와 법', 2013, p. 14; 이한기, 박영사, 2007, pp. 127-128; 최원엽 · 정대진 공저, '국제법의 이해', 책마루, 2013, p. 38; Dr. Walid Abdulrahim, 'Public International Law', 2016 참조.

소의 입장에서는 국내법을 해석할 필요가 없으며 다만 국제의무 위반이 있는지 여부를 판단할 뿐이다. ICJ나 PCIJ 등 국제재판소도 국내법을 분쟁당사국이 증거로 제출하는 경우 이를 단순한 사실로 간주하였을 뿐 직권으로(ex officio) 수용하지는 않았다.[10)]

또한 국제법의 영역에서는 (국제법이 우위이므로) 국가가 국내법을 이유로 국제법상 의무의 불이행을 정당화할 수 없다. 국제의무 불이행에 대하여는 국제법상 책임을 지게 된다. 조약법 협약 제 27조(국내법을 이유로 한 조약의무 불이행 불허)와 제 46조(조약체결권에 관한 국내법 규정을 이유로 조약의 무효 주장 불허) 및 2001년 국가책임규정초안 제 3조(국가행위의 국제위법성은 국제법에 따라 결정)도 이 점을 확인하였고 이에 앞서 1949년 ILC가 작성한 '국가의 권리와 의무에 관한 선언 초안' 제 13조도 이미 이를 확인한 바 있다.[11)] 국제재판소도 여러 차례 이 원칙을 확인해 오고 있다.

- PCIJ는 1932년 프랑스와 스위스간 '상부 사보이 등에서의 자유지대 사건(Free Zone)'에서 PCIJ는 프랑스가 국제의무 불이행을 정당화하기 위해 국내법 규정을 원용할 수 없다고 판단하였다.
- ICJ는 1988년 '유엔본부협정 사건(UN Headquarters Agreement)'에서 국제법이 국내법에 우선한다는 것은 국제법의 근본원칙(fundamental principle)이라고 판단하였다.[12)]

---

10) 1926년 독일과 폴란드간 '상부 실레지아에서의 독일의 이익 사건(Certain German Interests in Polish Upper Silesia)'에서 PCIJ는 국제법과 국제재판소의 관점에서 볼 때 국내법은 국가의 의지를 표현하고 국가의 행위를 구성하는 단순한 사실이라고 보았다. 1926 PCIJ, Series A No.7.

11) '조약법 협약' 제 27조는 "어느 당사국도 조약의 불이행에 대한 정당화의 방법으로 그 국내법규정을 원용해서는 아니 된다"고 규정하고 있다. '국가책임규정 초안' 제 3조도 "국가행위의 국제위법성의 결정에는 국제법이 적용된다. 그러한 결정은 그 행위의 국내법상 적법성에 의하여 영향 받지 않는다"고 규정하고 있으며, '국가의 권리 · 의무에 관한 선언' 제 13조도 "모든 국가는 조약과 기타의 국제법에서 유래하는 의무를 성실히 이행하여야 하며 헌법이나 기타 국내법규를 의무불이행의 구실로 이용할 수 없다"고 규정하고 있다.

12) 미국은 1987년 테러방지법의 제정을 통해 1974년 유엔 총회 결의로 유엔 옵서버 지위를 획득한 PLO가 뉴욕에 설치한 PLO 대표부 사무실을 폐쇄하려고 하였다. 이에 대해 유엔사무총장은 미국의 테러방지법이 유엔과 미국간의 본부협정에 위배된다고 보고 이에 대한 ICJ의 권고적 의견을 요청하였다. ICJ는 미국과 유엔간 분쟁이 존재하므로 본

- ICJ는 2002년 카메룬과 나이지리아간 '육상 및 해양경계 사건'에서도 자국의 국내절차 위반을 이유로 국제의무 불이행을 정당화할 수 없다는 원칙을 확인하였다.
- ICJ는 2001년 독일과 미국간 'LaGrand 형제 사건'에서 미국이 자국의 국내법인 절차불이행규칙(Procedural Default Rule)[13]을 이유로 국제법인 영사관계에 관한 비엔나협약의 위반을 정당화할 수 없다고 보았고,[14] 2004년 멕시코와 미국간 'Avena 사건(Avena and Other Mexican Nationals)'에서도 영사관계에 관한 비엔나 협약에 규정된 권리는 미 헌법상의 적법절차 권리와는 별도로 미국이 준수하여야 한다고 판단하였다.[15]
- 2012년 개정된 북한 헌법은 전문에 북한을 핵보유국으로 규정하고 있다. 그러나 국내법 규정을 이유로 북한의 핵보유가 정당화된다고 볼 수는 없을 것이다.[16]

그렇다면 국제법 질서 속에서 단순한 사실에 불과한 국내법은 아무런 의미를 가지지 못하는가. 비록 국제법에 따라 재판하는 국제재판소의 입장에서 볼 때 국내법은 재판의 준칙이 될 수는 없지만 국제재판소가 국제법의 영역에서 국내법이 전혀 불필요하다거나 관련이 없다고 보지는 않는다. 현실적으로 국제법이 국내법을 완전히 도외시할 수도 없다. 국내법은 국제법의 법원인 법의 일반원칙이나 국제관습법의 증거로 사용되어 왔으며, 국제법도 일정 사항에 대해서는 국내법의 영역에 속한다고 보고 국내법의 판단에 맡기는 경우가 있다.[17] 특

부협정 제 21조에 따라 미국이 중재재판에 응할 의무가 있다고 결정한 바 있다. 즉, ICJ는 권고적 의견을 통해 국제법(미국과 유엔간 본부협정)이 국내법(미국테러방지법)보다 우선한다는 점을 확인하고 있다.

13) 이 규칙은 유죄 확정된 피고인이 하급심에서 제기하지 않은 새로운 주장을 상급심에서 제기할 수 없다는 내용의 형사소송규정이다.

14) ICJ는 영사관계협약상의 의무위반을 이유로 미국이 판결을 재검토하는 것이 요구된다고 판단하였다. ICJ Reports 2001, p. 466. para. 125.

15) ICJ Reports 2004, p. 12, paras. 111-112.

16) 2012년 개정된 북한 헌법 전문은 북한이 핵보유국임을 규정하였다. 류병운, p. 43. 그러나 북한이 NPT 조약을 탈퇴한 이상 북한의 핵보유가 엄밀한 의미에서 국제법 위반인가에 대하여는 다른 의견이 있을 수 있다.

17) ICJ는 1970년 벨기에와 스페인간 '바르셀로나 전력회사 사건'에서 회사의 개념, 국내법의 해석, 국제의무 이행 방식 등은 국내법에 따라야하므로 국내법을 도외시 할 수는 없

히 개인이나 법인의 국적 등이 예가 될 수 있다. 국제재판소도 이러한 관점에서 국내법을 바라보고 있다. 예컨대, 외교적 보호권의 행사가 쟁점이 되는 경우 국제재판소는 피해를 입은 사람이 해당국가의 국민인지 여부에 대하여 그 국가의 국적법 규정 등에 따라 결정해 오고 있다.

또한 국제재판소는 쟁점이 되는 특정 사안이 국제법상의 의무위반인지 여부를 판단하기 위해서 필요한 경우에는 쟁점과 관련된 국내법을 검토한다. 이러한 이유로 많은 국제조약들이 특정 국내법의 관점에서 해석되거나 또는 조약 내에 직접 국내법을 언급하는 규정을 포함하는 경우가 있다.

결론적으로 국제법 질서 속에서 개별국가는 국제법 준수의무가 있으며 의무이행 방식은 개별국가가 선택한다.[18] 물론 조약이 각국의 국제법상의 의무이행 방법에 대하여 규정하고 있는 경우도 있다. 예컨대, 1948년 집단살해방지협약 제 5조는 형벌 부과를 위한 국내법 제정 의무를 당사국에게 부과하고 있다. 그러나 중요한 것은 어느 경우에도 국내법을 이유로 국제의무의 위반을 정당화할 수는 없으며 위반에 대하여는 국제법상의 책임을 부담하여야 한다는 점이다.

다고 보았다. ICJ Reports 1970, p. 3, paras. 38, 50. 또한 ICJ는 2010년 기니와 콩고간 '콩고로부터 불법 추방된 기니 기업인 Diallo에 관한 사건(Diallo 사건)'에서도 국내법의 해석은 국내법원에 의하며, 더욱이 국내 최고법원이 판단한 경우 이를 국제법원이 대체할 수는 없다고 판단하였다. 관련 부분 원문은 다음과 같다: "The Court recalls that it is for each State, in the first instance, to interpret its own domestic law. The Court does not, in principle, have the power to substitute its own interpretation for that of the national authorities, especially when that interpretation is given by the highest national courts", ICJ Reports 2010, p. 639, para. 70.

18) LaGrand 사건에서 ICJ는 "국제법상의 의무는 다양한 방식에 의해 이행될 수 있으며 그 선택은 당해 국가에 달려 있다"고 보았다. ICJ Reports 2001, p. 466, para. 125.

2. 국내법이 보는 국제법(개별국가의 실행)

가. 개관

국내법 질서 속에서의 국제법의 위치는 국제관습법이나 조약이 각국의 국내법상 어떠한 지위를 가지고 있는가의 문제로서 이는 다시 개별국가가 자국의 주권과 국제법질서의 어느 편을 강조하는가 또는 어떻게 조화시키는가의 문제로 귀결된다. 따라서 이러한 현상을 이해하기 위해서는 각국의 헌법질서를 개별적으로 판단하는 것이 필요하다. 왜냐하면 국가마다 국제법을 대하는 태도는 자국의 헌법질서에 따라 달라지며 결과적으로 국가마다 상이한 형태로 나타나게 되기 때문이다. 이러한 이유로 국내법이 국제법을 대하는 태도(각국의 국제법에 대한 태도)는 국제법의 국내법에 대한 태도와 비교할 때 일률적으로 설명하는 데 어려움이 있다.

사실 국가는 국제법에 따라 행동하여야 하는 일반적인 의무가 있다. 이를 위해 국가는 국제법상의 의무를 성실하게(in good faith) 이행할 수 있도록 자국법을 국제법과 일치하도록 하여야 한다. 다시 말해서 국가는 국제법을 국내적으로 이행할 수 있도록 하기 위한 조치를 필요로 한다. 예컨대, 안보리 결의의 이행을 위해 회원국들은 필요한 국내적 조치를 취하여야 할 것이다. 그러나 국제법은 그 방법에 대하여는 국가들에 일임하고 있어서 국가간 상이한 법제도에 비추어 통일된 방식을 찾기가 어렵다.

이와 관련 통상 국제법이 국내적으로 수용(doctrine of incorporation)되어 직접 적용되기도 하고, 국제법이 국내법으로 변형(doctrine of transformation)되어 적용되기도 한다. 여기서 수용이란 국제법이 일응 하나의 법질서 속에서 그대로 적용이 가능한 경우를 말하며, 변형이란 별개의 법인 국제법의 국내적 적용을 위해 필요한 입법 등 조치를 취하여야 하는 경우를 말한다. 참고로 학자들에 따라서는 수용원칙이 적용되는 국가를 일원론적 국가로, 변형원칙이 적용되는 국가를 이원론적 국가로 나누어 설명하기도 한다. 그러나 일원론과 이원론이 반드시 명확하게 구분되는 것은 아니므로 이를 일률적으로 구분하는 것이 정확한 접근법은 아니다.[19]

---

19) 이론상 일원론적 국가라 함은 국제법과 국내법이 하나의 법질서라는 전제하에 국제법

이와 관련 다양한 국가들의 태도를 종합해보면 대부분의 국가들은 국제관습법의 경우 국내법으로 직접 수용하고 있으며 국내법과 국제관습법이 충돌하는 경우에는 국내법이 우선한다고 보고 있다. 반면 조약에 대하여는 많은 국가들이 변형의 과정을 통해 적용해 오고 있으며 국내법과 동일한 효력을 가지는 것으로 헌법 등에 규정하고 있다.

결론적으로 각국이 국제법을 어떻게 국내법으로 받아들여 이행하고 있는가, 즉, 국제법의 국내적 지위나 효력은 문제가 아니다. 중요한 것은 국가가 어떠한 방식으로든 국제법을 성실하게 이행하여야 한다는 점이다.[20)]

이하 국제법은 국내적으로 어떠한 방식을 통해 적용되는지, 그렇게 적용되는 국제법은 국내법 질서 속에서 어떠한 지위나 효력(국내법과 동등하거나 또는 하위의 효력)을 가지는지, 나아가 동등한 효력을 가지는 경우 발생하게 될 국제법과 국내법의 충돌은 어떻게 해결하는지의 문제 등에 대하여 미국과 영국의 사례 등을 통해 검토하고 끝으로 우리나라의 경우에 대하여 설명한다.

나. 국제법에 대한 주요국(미국과 영국)의 태도

1) 국제관습법의 국내적 적용과 효력

국제관습법의 국내적 효력문제는 헌법에 미리 규정되어 있거나 또는 국내법원의 판결을 통해 점진적으로 확립되어지는 경우가 일반적이다.

영미를 비롯한 대부분의 국가들은 국제관습법을 국내법으로 수용하여 국내법과 동일한 효력을 부여하고 있다. 국제관습법을 국내법으로 변형하지 않고 수용하는 이유는 입법부가 모든 국제법의 규범과 원칙을 수시로 검토하고 입법화하는

을 그대로 국내법으로 수용하여 적용할 수 있는 국가를 말하며, 이원론적 국가라 함은 국제법과 국내법이 별개의 법질서를 구성하고 있으므로 국제법을 국내적으로 적용하기 위해서는 국내법으로의 변형이 요구되는 국가를 말한다.

20) 국제법의 국내적 효력관계에 있어서 국제법에 저촉되는 국내법이 그대로 적용되는 경우가 흔히 일어나는 것은 아니지만 전무하지는 않다. 이 경우 당연히 국제법 위반에 대한 대외적인 책임을 부담하여야 할 것이다. 이러한 이유로 국가마다 국제법 위반으로 인한 국가책임의 발생가능성을 최소화하기 위하여 가능한 법적 또는 정책적 대응방안을 마련하고 있다. 국가의 국제의무 이행방식은 기본적으로 헌법 규정, 국내법, 국내재판소의 태도와 행정부의 구체적인 실행을 함께 고려하여 결정된다.

것이 현실적으로나 절차적으로 비현실적이라는 전제에서 출발한다. 그러나 이는 어디까지나 원칙의 문제일 뿐이며 아래 영국의 사례에서 볼 수 있듯이 모든 국제관습법규가 반드시 수용되어 직접 적용될 수 있는 것은 아니다.

가) 미국

미국은 국제관습법이 자동적으로 미국법의 일부를 구성하며 연방제정법은 국제관습법에 우선한다고 보고 있다. 이 점은 1900년 미연방대법원이 판결한 고전적 사례인 '파케트 하나바(Paquette Habana) 사건'에서 확인할 수 있으며 이후 일관된 입장을 취해 오고 있다. 동 사건에서 미 대법원은 "국제법(여기서는 국제관습법을 의미)은 미국법의 일부로서(International law is part of our law) 관할권을 가진 법원에 의해 확인되고 관리되어야 하며(... must be ascertained and administered by the courts of justices of appropriate jurisdiction), 이러한 사실은 많은 국가실행에 의해 지지되고 있다"고 보았다. 이 판결을 통해 미 대법원은 국제관습법이 당연히 미국법의 일부이므로 미국법원은 이를 직접 적용하여 판결할 수 있으며 동시에 연방제정법은 국제관습법에 우선한다고 보았다.[21] 또한 미 항소법원도 1988년 '니카라과 거주 미국시민 위원회와 레건 대통령 사건(Committee of United States Citizens living in Nicaragua v. Reagan)'에서 미 의회의 제정법(국내법)이 국제관습법에 우선한다는 점을 확인하였다.[22] 이와 같이 미국에서 국제관습법의 효력은 미 의회의 제정법보다는 하위이다.

---

21) 이 사건은 1900년 미국과 스페인간에 발생한 사건으로 법적 쟁점은 비무장 연안어선이 전시전리품으로 간주될 수 있는가의 여부와 그렇지 않을 경우 본 사건에서의 피해자는 본 선박과 화물의 피해에 대하여 보상을 받을 수 있는가에 대한 판단이었다. 이 사건에서 미 해군은 미국-스페인 전쟁 중 스페인 민간선박을 나포하여 적화를 몰수하였고 선박의 주인은 국제법(국제관습법)상 비록 적국 선박이라도 민간어선은 전시몰수의 대상이 아니라고 주장하였다. 이에 대해 대법원은 국제관습법이 성립되기 위해서는 국가행위의 일반성이 요구된다는 점을 확인하면서 이 사건의 경우 국제관습법이 성립되었다고 보고 원고 측 주장을 받아들였다.

22) 이 사건에서 미 항소법원은 '의회의 제정법은 국제관습법을 위반하였다는 이유로 도전받지 않는다(No enactment of Congress can be challenged on the ground that it violates customary international law)', 즉 제정법의 우위를 인정하였다. Gerhard von Glahn, James Larry Taulbee, 'Law Among Nations: An Introduction to Public International Law', 2016, p. 127.

그러나 미국법원은 전통적으로 의회의 제정법을 국제관습법에 저촉되지 않는 방향으로 해석해 오고 있다.[23)]

나) 영국

영국에서도 오래전부터 국제관습법은 보통법(common law)의 일부를 구성하며 바로 국내법으로서의 효력을 갖는다.[24)] 그러나 영국에서 국제관습법은 의회 제정법과 충돌하지 않는 한에서만 그대로 수용되어 영국법의 일부가 될 수 있다. 다시 말해서 영국에서도 의회 제정법(Acts of Parliament)이 보통법에 우선하므로 보통법과 동일한 효력을 가지는 국제관습법은 의회 제정법보다 하위 개념이다.[25)] 나아가 영국법원의 선결례(judicial precedent)도 보통법에 우선하므로 국제관습법에 우선한다.[26)] 그러나 영국법원도 국제관습법과 충돌하지 않는 방향으로 의회 제정법을 해석해 오는 경향이다.

한편 사안에 따라서는 국제관습법이라 하여도 제정법의 도움이 없이 그대로 적용하기 어려운 경우도 있다. 예컨대, '국제관습법의 영국법으로의 수용에 대한

---

23) 미국 대법원의 판결에 따른 오래된 전통으로 미 의회의 제정법은 국제법과 충돌하지 않는 방식으로 해석되어야 한다는 Charming Betsy 원칙이 있다. 'Murray v. The Charming Betsey', 6 U.S. 64, 1804.

24) 이 원칙은 Blackstone's Commentaries on the Law of England에서도 다음과 같이 확인된다. 즉, 국제법(여기서는 국제관습법을 말함)은 보통법에 의해 완전한 내용으로 채택되어(별도의 조치없이) 영국법의 일부가 된다(The law of nations is here adopted in its full extent by the common law, and is held to be a part of the law of the land). 이와 관련한 고전적 사례인 1764년 'Triquet v. Bath' 사건에서 영국 법원은 국제관습법이 영국법의 일부라고 보고 영국주재 바바리아 공사의 시종이 국제관습법상 외교사절의 면제권을 향유한다고 판시하였다.

25) 1906년 'Mortensen v. Peters 사건'에서 영국 법원은 '국제법에 반하는 국내법에 구속되지 않아야 한다'는 주장에 대하여 "우리에게 의회의 상원과 하원에서 적법하게 통과되고, 왕의 재가를 얻은 법은 최고법이며, 우리는 의무적으로 이 법에 대하여 효력을 부여하여야만 한다"고 하면서 보통법으로서의 국제관습법에 대한 영국 제정법의 우위를 확인하였다. 이 사건의 개요는 다음과 같다. 영국은 스코트랜드의 Moray만에 대하여 트롤어업을 금지하였는데 이를 위반하여 어로활동을 하다 소추된 노르웨이의 어선에 대하여 영국법원은 의회의 제정법에 근거하여 유죄를 선고하였다. 참고로 영국이 금지한 수역은 당시 공해에 해당하였으며 따라서 영국법은 국제법 위반으로 볼 수 있다.

26) 1975년 'Thai-Europe Tapioca Service Ltd. v. Government of Pakistan 사건'에서 국제관습법과 구속력 있는 선결례간 충돌시에는 선결례가 우선한다고 보았다.

제한'이 쟁점이 되었던 2006년 '존스 사건(R v. Jones, Milling & Pritchard)'의 판결에서 국제관습법상의 범죄로서의 침략범죄는 영국법원에서 자동적으로 처벌 가능한 범죄가 아니며 처벌을 위해서는 의회의 입법을 필요로 한다고 보았다.[27]

2) 조약의 국내적 적용과 효력

가) 미국

미국에서는 조약의 국내적 이행과 관련 전통적으로 이용되어 오고 있는 방식이 있다. 즉, 의회의 입법없이 법원이 직접 적용할 수 있는 자기집행적 조약(self-executing treaty)과 국내적 입법과정을 거쳐야 적용이 가능한 비자기집행적 조약(non-self-executing treaty)을 구분하여 자기집행적 조약에 대하여는 조약의 직접 적용이 가능하다고 보고 있다.[28] 이와 관련된 사례로 1952년 미 캘리포니아 대법원은 'Sei Fujii 사건(Sei Fujii v. State of California)'에서 유엔헌장 제 55조의 자기집행성을 부인하였다. 그 판단의 근거는 제 55조(경제적 및 사회적 권리)가 유엔회원국에 대한 즉각적인 권리·의무를 상세히 규정한 것이 아니라 이후 필요한 조치가 합의되고 취해질 것을 약속한데 불과하다고 보았기 때문이다.[29]

한편 조약의 국내적 효력과 관련 미국은 연방헌법에 조약을 국가의 최고법(supreme law of the land)으로 규정하고 있어서 조약은 연방헌법보다는 하위이나 연방법률과는 동일한 효력을 가지는 것으로 해석된다.[30] 따라서 조약이 연방법

---

27) R v. Jones, Milling & Pritchard, House of Lords, 2006, UKHL 16, 29 March 2006.

28) 조약의 자기집행성 문제는 1829년 미 연방대법원의 'Foster v. Neilson' 사건을 통해 확립되기 시작하였다. 이 사건에서 연방 대법원은 조약이 자기집행적이 아닌 경우에는 입법부가 비준하여 효력이 확인될 때까지는 구속력이 없다고 판단하였다.

29) 이 사건은 캘리포니아에서 토지를 구입한 Sei Fujii가 캘리포니아 주법인 외국인 토지법(외국인의 부동산 소유금지)으로 인해 토지를 몰수 당한 후 동 법이 유엔헌장 및 미 수정헌법 제 14조(평등조항)를 위반하였다고 주장한 사건으로 이에 대해 캘리포니아 대법원은 유엔헌장의 자기집행성을 부인하면서 대신 동 법이 수정헌법상 평등조항을 위반하였다는 주장은 받아들였다. 38 Cal.2d 718, April 17, 1952.

30) 미 연방헌법 제 6조 2항은 "이 헌법에 의하여 제정되는 합중국의 법률 및 합중국의 권한에 의하여 체결된 또는 장차 체결될 모든 조약은 국가의 최고법이다"라고 규정하고 있다. 또한 제 2조 2항 2단에서는 '출석한 상원의원의 2/3가 찬성할 것을 조건으로 상원의 조언과 동의를 얻어(by and with the advice and consent of the Senate ...)' 조약을 체결한다고 규정하고 있다.

률과 충돌하는 경우 후법 우선 또는 특별법 우선의 원칙이 적용되어 효력관계가 결정된다. 바로 앞에서 설명한 1988년 '유엔본부협정 사건'에서 미 지방법원은 후법으로서의 테러방지법(Anti-terrorism and effective Death Penalty Act)을 적용하였다. 또한 미 연방대법원은 1998년 Breard 사건에서도 명백히 반대되지 않는 한(absent a clear and express statement to the contrary) 후법 우선의 원칙에 따라 국내제정법이 우선한다고 판단하였다.[31)]

나아가 미국에서 발전한 제도로 행정협정(executive agreement)이 있다. 행정협정은 조약이 상원의 '조언과 동의'를 얻어 체결되는 것과는 달리 행정부가 단독으로 체결하는 대외적 합의를 의미한다. 행정협정은 의회의 수권에 따른 행정협정(의회수권 행정협정, congressional executive agreement), 대통령이 자신에게 위임된 권한 내에서 체결하는 행정협정(대통령 행정협정, sole executive agreement)과 조약에 의해 부여된 권한에 따라 조약의 이행에 필요한 세부 사항을 규정하기 위한 행정협정(조약이행 행정협정, executive agreement pursuant to treaty)으로 나누어진다. 물론 행정협정도 절차적 편의의 문제일 뿐 외국과의 합의라는 점에서 대외적 효력면에서는 구속력 있는 조약과 동일하다. 그러나 미 국내법상의 지위와 효력에 대해서는 해석이 일치하지 않는다. 다만 의회수권 행정협정이나 조약이행을 위한 행정협정의 경우에는 법률상의 근거가 명확하다는 점에서 조약과 마찬가지로 연방법률과 동일한 효력을 가진다고 볼 수 있을 것이다.

---

31) 1998년 'Breard v. Greene: Republic of Paraguay v. Gilmore' 사건의 개요는 다음과 같다. 파라과이인 Breard는 1993년 1급 살인 혐의로 미국 버지니아주에서 사형판결을 받았으나 동인은 체포 당시 영사관계에 관한 비엔나협약에 따른 본국 영사와의 접견권이 부인되었다고 주장하며 연방 법원에 인신보호영장을 청구하였다. 그러나 연방 법원은 절차불이행규칙(procedural default rule)에 따라 동인이 하급심에서 주장하지 않았던 협약상의 권리를 상급심에서 주장할 수 없으므로 인신보호영장청구는 실기되었다고 판단하였다. 이에 1998년 파라과이 정부는 ICJ에 영사관계에 관한 비엔나협약 제 36조(파견국 국민과의 통신 및 접촉)위반을 이유로 미국을 제소하였고 ICJ는 미국이 동인에 대한 사형집행을 중단하라는 잠정조치를 명령하였다. ICJ Reports 1998, Order of 9 April, 1998, p. 248, para. 41 참조. 동시에 Breard는 미 연방대법원에 인신보호영장문제를 다시 제소하였으며 이에 대해 연방대법원은 법정지국의 절차불이행규칙을 규정한 테러방지법(Anti-terrorism and Effective Death Penalty Act)이 후법 우선의 원칙에 따라 조약(영사관계에 관한 비엔나협약)보다 우선한다고 판단하였다. 523 U.S. 371, 1998.

자기집행적 조약과 비자기집행적 조약의 차이

조약의 국내적 적용과 관련 일반적으로 조약의 내용이 구체적인 경우 별도의 입법조치 등 절차를 거치지 않고 국내적으로 직접 적용하는 것이 가능하다. 반면 그렇지 않을 경우 조약의 적용을 위해서는 조약의 내용을 구체화하는 입법조치 등이 필요하다.

여기서 조약을 국내적으로 적용하기 위해 별도의 입법조치가 필요하지 않은 조약을 '자기집행적 조약'이라고 하며 반대로 별도의 입법조치 등을 필요로 하는 조약을 '비자기집행적 조약'이라고 한다. 조약이 자기집행적 조약인지의 여부는 조약당사국의 의사에 따라 결정되거나 조약이 다루는 내용과 성격에 따라 구분된다.

이와 관련 오래전부터 자기집행적 조약과 비자기집행적 조약을 구분해 온 전통을 가지고 있는 미국은 양자를 구분하는 기준으로 미국이 자기집행적 조약으로 의도하였다는 점을 분명히 하는 경우가 있다. 또한 조약이 다루는 내용이 의회의 입법사항에 해당하는 예산의 지출이나 형벌의 부과 등과 관련된 조약인 경우 당연히 비자기집행적조약으로 보고 있다. 이를 부연하면 예컨대, 1984년 '유엔고문방지협약'은 미국 내에서 형의 집행을 위해서는 별도의 의회 입법이 있어야 시행될 수 있다는 점에서 비자기집행적 조약으로 분류되고 있다.

한편 자기집행적 조약은 일원론에 따른 수용원칙을, 비자기집행적 조약은 이원론에 따른 변형원칙을 채택하고 있는 국가에 해당되는 것으로 볼 수도 있으나 동일한 조약 내에서도 자기집행적 조항과 비자기집행적 조항이 함께 공존하는 현실에 비추어 이를 엄격히 구분하기는 쉽지 않다. 다만 비자기집행적조약의 체결시에는 발효와 동시에 국내적 이행을 위한 입법조치가 사전에 완료되어야 할 것이다. 그렇지 않을 경우에는 최소한 조약의 해석을 통해서라도 국제의무 위반 상황이 발생하지 않도록 하여야 할 것이다.

조약의 자기집행성문제는 특히 인권조약과 관련하여 제기될 수 있다. 이에 대해서는 제 22강('국제인권법'의 제 2절 '인권조약의 자기집행성')을 참조한다.

나) 영국

영국의 경우 조약의 국내적 적용은 국제관습법과 달리 원칙적으로 의회의 제정법을 통해서만 집행될 수 있다. 그렇지 않으면 행정부가 의회의 독점적 입법권을 침해하게 되기 때문이다. 이러한 태도에는 특히 행정부가 입법부의 관여 없이 외국과의 조약을 통해 시민의 권리를 박탈하여서는 안 된다는 전제가 바탕이 되었다.

따라서 영국에서 의회의 제정법과 조약이 충돌한다면 당연히 제정법이 우월한 효력을 가지게 된다. 이와 같이 조약의 영국 내 이행을 위해서는 의회의 제정법이 필수적이라는 근본적인 전제는 여러 경우에서도 분명히 확인되었다. 1990년 'ITC(International Tin Council) 사건'에서 영국법원은 영국의 국내법으로 편입되지 않은 ITC 설립조약은 영국 내에서 그 자체로 적용될 수 없다고 보았다.[32] 그러나 이와는 달리 1991년 '아랍통화기금(AMF) 사건'에서는 국제기구인 AMF가 영국이 승인한 국가(아랍 에미리트)의 국내법에 의해 법인격을 인정받고 있다면 영국에서도 국제예양상 그대로 법인격을 인정받을 수 있다고 판단함으로써 ITC 사건에서의 문제점(국내법으로 편입되지 않은 조약의 국내적 효력 부인)을 극복하였다.[33]

그러나 이러한 원칙에도 불구하고 실제 운용과정에서는 큰 어려움이 없다. 예컨대, 영국의 행정부는 국내법(의회 제정법)과 충돌하는 조약을 국내법으로의 변형없이 재량에 의해 적용하기도 하며, 법원도 영국 의회가 국제법 위반 의사가 없는 것으로 추정하여 아직 국내법으로 변형되지 않은 조약에 효력을 부여하

---

32) 이 사건의 정식명칭은 'JH Rayner(Mincing Lane) Ltd v. Department of Trade and Industry 사건'이다. 관련 부분 원문은 다음과 같다: "Treaty rights and obligations conferred or imposed by agreement or by international law cannot be enforced by the courts of the United Kingdom unless incorporated into law by statute", 참고로 이 사건은 부채를 변제하지 못한 ITC의 채권자들이 ITC 조약을 근거로 기구의 소재지 국인 영국을 상대로 소송을 제기하려고 하였으나 ITC 설립조약이 영국 국내법으로 편입되지 않았다는 이유로 영국 법원이 이를 받아들이지 않은 사건이다.

33) 관련 부분 원문은 다음과 같다: "... by comity the courts of the United Kingdom recognize a corporate body created by the law of a foreign state recognized by the Crown...", 1990 2 AC 418, House of Lords, House of Lords Judgment of 21 Feb. 91: Arab Monetary Funds v. Hashim and Others, No. 3.

는 판결을 내리기도 한다.[34)]

참고로 영국의 경우에도 미국의 행정협정에 해당하는 합의의 경우에는 의회의 입법이 반드시 요구되지는 않는다.

다. 서유럽 국가들의 일반적 태도

독일 헌법은 의회가 조약의 국내적 적용을 위해 국내법을 제정하는 경우에 한하여 조약이 국내적 효력(국내법과 동일한 효력)을 가질 수 있다고 규정하고 있다. 반면 국제관습법은 연방법의 불가분의 일부로 국내법에 우선하여 직접 연방 영토에 거주하는 주민들의 권리와 의무를 창출할 수 있다고 규정하고 있다.

프랑스 헌법은 적법하게 비준되고 승인된 국제조약은 다른 당사국에 의한 동일한 적용을 조건으로 공포와 동시에 의회의 제정법에 우선한다고 규정하고 있다.

일반적으로 대부분의 서유럽 국가들의 경우 헌법 조항의 유무에 상관없이 실제 실행에 있어서 국제관습법을 국내법의 일부로 받아들이고 있다. 조약의 경우에도 일반적으로 자기집행적 조약 또는 비자기집행적 조약의 구분 없이 충돌하는 국내법 규정에 우선한다고 보고 있다. 무엇보다도 인권의 경우에는 일반적으로 승인된 국제법상의 원칙과 규범에 따라 보장된다는 점을 인정하고 있다. 국내법원도 '국제법 친화적' 자세로 해석을 통해 국제법상의 의무와 국내법상의 의무가 충돌하지 않도록 조화시켜 나가고 있다. 특히 네덜란드 등 일부 국가의 경우 조약에 대하여 일정한 조건하에 헌법보다도 우위의 효력을 인정하고 있다.

---

34) 예컨대, 외교관에게 관세를 면제하여야 하는 조약상 의무를 이행하여야 하는데 관련 국내법의 제정이 없는 경우 행정부는 자체적 판단으로 외교관에 대하여 관세를 면제하여 줌으로써 국제의무 위반 책임을 면할 수 있도록 노력한다. 이 경우는 당연히 의회가 국내법을 제정할 것으로 예상되지만 시간적인 여유가 없는 경우에 행정부가 자체 판단하여 국제의무 위반을 면하는 방안이다. A. Orakhelashvili, p. 62. 또한 영국 법원도 여사한 사건이 법원에 제기되는 경우 그러한 특권이 묵시적으로 부여된 것이라고 보아 국제법과의 충돌을 피하기도 한다. 이한기, p. 136. 그 밖에도 국제법과 국내법의 충돌을 방지하기 위한 다양한 방법론이 원용되고 있다. 이에 대해서는 본 강 끝 부분 마. '국제법과 국내법의 충돌방지 노력' 참조.

라. 우리나라의 경우

1) 헌법규정과 국제법의 국내적 효력

우리 헌법 제 6조 1항은 “헌법에 의하여 체결 공포된 조약과 일반적으로 승인된 국제법규는 국내법과 동일한 효력을 가진다”고 규정하고 있다. 여기서 ‘국내법과 동일한 효력’을 어떻게 해석하느냐를 둘러싸고 학설이 나누어진다. 다시 말해서 국내법은 무엇을 의미하며 국내법과 동일한 효력을 가진다는 의미는 무엇인가의 문제이다.

이와 관련 우리 헌법 부칙 제 5조는 “이 헌법 시행 당시의 조약은 이 헌법에 위배되지 않는 한 그 효력을 유지한다”고 규정하여 무엇보다도 헌법의 조약에 대한 우위를 인정하고 있다. 따라서 조약도 위헌법률심사의 대상이 된다고 보는 것이 타당하다. 이 점은 우리 헌법재판소도 확인한 바 있다.[35] 물론 조약에 대해서 위헌심사를 하더라도 그 효과는 국내법 관계에만 미치고 국제법 관계에는 영향을 미치지 않는다. 그 결과 국내에서는 위헌이기 때문에 적용이 되지 않지만 국제의무에는 영향을 미치지 않기 때문에 불이행시 국가책임이 발생할 수 있다고 보아야 할 것이다.

한편 조약의 효력은 헌법 제 6조의 문언 그대로 법률과 동일하다고 보는 것이 타당하다. 문제는 우리 조약 중 국회의 동의를 받는 조약과 국회의 동의 없이 행정부가 단독으로 체결하는 조약을 구분하여 전자는 법률과 동일하고 후자는 하위의 시행령에 해당한다고 보는 입장에 대한 평가다. 정확하게 말해서 국회동의 여부와 무관하게 모든 조약은 국내법과 동일한 효력을 가진다고 보아야 할 것이며 정부 입장도 이와 같다.[36] 다시 말해서 우리 헌법의 해석상 국회동의 여

---

35) 우리 헌법재판소는 헌법재판소법 제 68조 2항의 심사대상의 ‘법률’에는 조약이 포함되며, 특히 자기집행적 조약의 경우 국내에서 바로 적용되어 법으로서의 효력을 가진다는 점에서 위헌법률심사의 대상으로 보고 있다. 이에 반해 헌법 제 107조가 위헌심사대상을 법률, 명령, 규칙, 처분에 한정함으로써 조약을 위헌심사대상에서 제외하고 있고 또한 조약은 국가간의 약속으로서 국내법과는 달리 고도의 정치성을 가지는 일종의 통치행위적 성질을 가진다는 점에서 위헌심사가 불가능하다고 보는 입장도 있다.

36) 1965년 2월 1일 주한 미국대사관은 대한민국 외무부에 대하여 1963년 ‘신문·통신 등의 등록에 관한 법률’ 제 5조 및 제 7조가 1957년 제정된 ‘대한민국과 미합중국간의 우호·통상 및 항해조약’ 제 7조 및 제 8조에 저촉됨을 지적하면서 상기 법률의 개정과 그에

부를 불문하고 모든 조약은 헌법보다는 하위이지만 국내 법률과는 동등한 효력을 가진다. 국제관습법의 효력에 대하여도 조약의 효력에서 보듯 법률과 동일하다는 주장과 헌법보다는 하위이나 법률보다는 상위라는 주장 등 다양한 입장이 개진되고 있으나 통설은 법률과 동일하다는 입장이다.

참고로 학자들 중에는 세계주의와 평화주의를 지향하는 우리 헌법정신에 비추어 입법적 성격의 다자조약이나 강행규범의 경우에는 국내법에 우선하는 효력을 가지고 적용되어야 한다고 보는 경우도 있다.

2) 국제법의 국내적 적용방식

조약과 국제관습법이 국내법과 동일한 효력을 가진다면 국제법은 국내법으로의 변형없이 직접 적용될 수 있는가. 다시 말해서 조약은 그대로 국내법으로의 수용이 가능한 것인가.

영국이 국제법과 국내법의 관계에서 조약의 국내적 적용을 위해 변형(국내법의 제정)을 요구하는 이원론의 입장을 취하고 있는 것과는 달리 우리나라는 국제법과 국내법을 동일한 법체계에 속하는 것으로 보는 일원론의 입장에서[37] 원칙적으로 조약과 국제관습법이 국내법으로의 변형 없이 그대로 수용되어 적용될 수 있다는 데 학설이 일치한다. 무엇보다도 국제관습법의 경우 우리 법원은 수용을 통해 국제관습법의 내용을 그대로 받아들여 적용해 오고 있다. 대표적인 예로 우리 대법원은 국제관습법의 직접 적용을 통해 특히 제한적 주권면제이론

따른 적절한 행정조치를 요청하여 왔다. 이에 대해 당시 외무부는 상기 조약이 그 당시 우리 헌법 제 5조 1항(1988년 개정헌법 제 6조 1항: 조약과 국내법의 동일한 효력)에 의해 국내법과 동일한 효력을 가진다고 해석하였고, 법제처는 '한미 우호·통상·항해조약'은 그 인적 규율 대상이 양 당사국 국민에 국한되어 있으나 '신문·통신 등의 등록에 관한 법률' 제 5조 및 제 7조는 모든 외국인을 일반적으로 규율하고 있으므로 전자는 후자에 대한 특별법의 관계에 있다고 답변하였다. '알기 쉬운 조약업무', 외교부, 2006, p. 19.

37) 참고로 우리의 일원론은 국제법 우위의 일원론이라고 할 수 있다. 그 이유는 우리 헌법 전문의 '국제주의 및 평화주의'와 헌법 제 6조가 어느 경우에도 '국내법의 조약에 대한 우위'를 지지하는 것으로 볼 수 없다는 점에서 확인된다. 또한 우리 국내 법률에는 "조약에 달리 규정되어 있는 경우 조약의 내용이 우선한다"는 조항이 포함되는 경우가 많다. 예컨대, 범죄인인도조약과 범죄인인도법의 관계(제 25강 '범죄인인도 제도' 참조)에서도 조약규정의 국내법에 대한 우위(범죄인인도조약의 범죄인인도법에 대한 우위)를 찾을 수 있다.

(제 12강 '주권면제' 참조)을 받아들이고 있다. 그러나 조약의 경우 개별 조약에 따라서는 국내입법을 예정하는 경우가 많다. 예컨대, 1970년 항공기 불법납치 억제에 관한 협약 등의 경우 비자기집행적 조약으로 국내입법이 필요하다는 점에서 변형이론도 예외적으로 적용되어야 하는 상황이 발생하게 된다. 따라서 제한된 범위 내에서 이원론이 적용될 수밖에 없으므로 완전한 의미의 일원론은 아니다.[38)]

3) 국회의 동의와 조약의 효력에 대한 평가

제 6강('조약법'의 제 2절 '조약체결')에서 설명한 바와 같이 국회의 (비준) 동의 없이 행정부가 단독으로 체결하는 조약(대체로 서명만으로 발효하는 약식조약을 의미)은 법률보다 하위의 시행령에 해당한다고 보는 입장에 대하여 검토한다. 그러나 이러한 해석은 현상을 제대로 반영하지 못하며 정부의 관행에도 맞지 않는다. 이를 보다 구체적으로 살펴보면 다음과 같다.

먼저 국회의 동의는 입법사항에 관한 조약만을 대상으로 하지는 않는다. 예컨대, 헌법 제 60조 1항에 규정된 국회의 동의를 요하는 조약에는 상호원조 또는 안전보장에 관한 조약이나 중요한 국제조직에 관한 조약도 있다. 이들 조약은 특히 중요하기 때문에 헌법이 국회의 동의를 받도록 규정한 것이다. 그렇다면 이들 조약은 중요하고 그래서 헌법규정에 따라 국회의 동의를 받았기 때문에 법률과 동일한 효력을 가지게 되고 그렇지 않은 조약들은 중요하지 않기 때문에 국회의 동의를 받지 않아서 법률보다 하위의 효력을 가진다는 해석은 논리적 모순이다.

결국 국회의 동의와 조약의 효력이 문제가 되는 경우는 헌법 제 60조 1항에 규정된 국회의 동의를 요하는 조약 중 특히 '입법사항에 관한 조약'이다. 그

38) 국제인권규약 위반을 이유로 국가를 상대로 제기된 '손해배상소송사건(손종규 사건)'에서 우리 대법원은 '시민적 및 정치적 권리에 관한 국제규약(B 규약)' 제 2조 3항은 국제규약에서 인정되는 권리 또는 자유를 침해당한 개인이 효과적인 구제조치를 받을 수 있는 법적 제도 등을 확보할 것을 당사국 상호간의 국제법상 의무로 규정하고 있는 것이고, 국가를 상대로 한 손해배상 등 구제조치는 별도의 국가배상법 등 국내법에 근거하여 청구할 수 있는 것일 뿐, 인권규약(국제법)을 근거로(인권규약이 직접 수용되어) 구제조치를 청구할 수 있는 특별한 권리가 창설된 것은 아니라고 해석하였다. 대법원 1999. 3. 26. 선고 96다55877 판결.

러나 입법사항에 관한 조약의 경우에도 정부의 관행은 (a) 사전에 조약의 이행에 필요한 입법을 완료하고 조약을 체결하는 경우에는 국회의 동의를 받지 않으며, (b) 또한 조약에 국내법과 충돌하는 조항이 있을 경우에는 동 조항을 유보하고 조약을 체결함으로써 국회의 동의를 받지 않는다. (c) 나아가 조약 체결과 동시에 조약 이행이 가능하도록 국내법을 정비하는 방식 등을 통해 조약과 국내법간 충돌을 회피해 오고 있다. 이에 비추어 볼 때 입법사항에 관한 조약의 경우 국회의 동의를 받지 않았다는 이유로 조약이 법률보다 하위의 효력을 가진다고 단정한다면 이는 지나친 형식논리에 따른 해석이 될 것이다.

이상에서 볼 수 있듯이 국회의 동의 여부를 기준으로 조약의 국내법적 효력을 평가하는 것은 조약을 국내법과 동일한 효력을 가지는 조약과 그렇지 않은 조약으로 이원화하는 오류를 범할 수 있다는 점에서도 문제가 있다.

결론적으로 우리 헌법상 조약은 국회동의 여부와 무관하게 국내법과 동일한 효력을 가지며, 국제관습법(일반적으로 승인된 국제법규)도 존재가 확인되는 경우에는 자동적으로(공포절차 없이) 우리 국내법과 동일한 효력을 가진다고 보는 것이 타당하다.

마. 국제법과 국내법의 충돌방지 노력

국제법의 국내적 적용과 효력에 대하여는 국가마다 제도상 차이가 있으나 실제 운영과정에서 국제법과 국내법이 충돌하는 상황은 드문 현상이다. 무엇보다도 국제관습법은 국가들의 관행으로부터 창출되기 때문에 사실상 충돌이 발생할 가능성이 크지 않으며 조약의 경우도 규정된 절차에 의해 체결되므로 충돌될 가능성이 크지 않다.

그럼에도 불구하고 앞에서 설명한 바 있듯이 국제법의 국내적 이행과정에서 비록 예외적이기는 하지만 불가피하게 국제법과 국내법이 상호 충돌하거나 조화되지 않는 상황이 발생할 수도 있다. 이에 대처하기 위한 국가들의 실행에서는 다음과 같은 공통사항이 발견되며 이러한 조치를 통해 만일의 충돌현상을 최소화하고 있다. 먼저 (a) 후법 우선 또는 특별법 우선의 원칙의 적용을 통해 양법간 충돌을 피하는 방식과 (b) 법해석 원칙의 적용을 통해 국내법이 국제법에 저촉되지 않는 방향으로 해석하는 방식이 있으며, (c) 국제법과 국내법과의 관계가 문제될 경우, 사법부가 특별한 이유가 없는 한 대외문제를 관장하는 행정부(외교부)의 의견을 존중하여 처리하는 방식도 있다.[39] 예컨대, 사법부는 국가승인, 동맹, 해외파병 또는 무력사용 등의 경우 '사법적 판단 부적격 원칙(principle of non-justiciability)'의 적용 등을 통해 국제법과 국내법의 충돌을 방지하기 위해 노력해 오고 있다.[40] 결과적으로 많은 국가들이 조약의 국내적 해석과 적용을 외교문제로 보고 법원의 심사에서 제외하여 오고 있으며 이를 사법자제(judicial self-restraint)라고도 한다.

주요 쟁점(요약)

▶ 오늘날 국제법과 국내법의 충돌현상 발생

▶ 학설로는 일원론(국내법 우위의 일원론, 국제법 우위의 일원론)과 이원론이 대립
- 어떠한 국제법질서가 인권, 경제발전과 세계평화 등을 보다 증진시키는 데 기여할 수 있느냐의 관점에서 볼 때 국제법 우위의 일원론이 바람직하며 우리가 일원론을 이야기할 때는 국제법 우위의 일원론을 의미

▶ 국제법 질서속에서의 국내법
- 국내법은 사실에 불과, 국제법의 국내법에 대한 우위

▶ 국내법 질서속에서의 국제법
- 국제법 성실이행 의무
- 국제법 이행을 위해 필요한 국내적 조치, 즉 국제법의 국내적 적용(수용과 변형), 이와 관련 미국에서 발전한 자기집행적 조약과 비자기집행적 조약 참조

▶ 우리나라
- 조약과 국제관습법은 국내법과 동일한 효력(헌법 제 6조 1항)
- 국회동의 여부와 무관하게 모든 조약은 국내법과 동일한 효력

---

39) 국내법원은 전통적으로 국제법과 관련한 외교문제 등에 있어서 행정부와 다른 목소리를 냄으로써 행정부를 대외적으로 곤란하게 하지 않으려고 의도적으로 노력하고 있다. 이의 일환으로 법원은 행정부, 특히 외교부의 의견을 청취하여 참조하고 있다.

40) '사법적 판단 부적격'이란 분쟁의 대상이 되는 사안이 국가간 문제(inter-State matters)이기 때문에 법원이 판단할 수 있는 사법적 또는 객관적 판단의 기준을 결여하고 있다고 보아 법원이 관할권 행사를 자제하는 것(사법자제)을 말한다. 이에 해당되는 사안으로는 외교정책 또는 국가안보는 물론 타국의 주권 또는 독립과 관련된 문제 등이 포함된다.

제 8 강
국제법의 주체

제1절 개관

국내법에서는 개인이나 법인이 당사자 능력을 가진다. 국내법이 이들에게 법인격(legal personality)을 부여하고 있기 때문이다. 다시 말해서 개인과 법인은 국내법상 법률행위를 할 수 있는 법인격체이다. 국제법에서도 국제법상의 권리와 의무를 향유하면서 국제사회에서 일정한 법률행위를 할 수 있도록 법인격이 부여된 국제법인격체(international legal person)가 있다. 이를 국제법의 주체(subject of international law)라고 한다.

20세기 초까지는 주권자로서의 국가만이 국제법 주체로서 국제소송에서 당사자 능력을 가지고, 타국과 조약을 체결할 수 있으며, 또한 타국의 영역 내에서 특권과 면제를 향유할 수 있었다. 국가는 국제법하에서 행동할 수 있는 완벽한 권한을 가진 유일한 법인격체였다.

그러나 이후 국가 이외의 관여자(stakeholder)의 증가로 국제법 주체가 확대되었다. 대표적인 경우로 국제기구를 들 수 있으며 나아가 개인도 비록 수동적 지위이기는 하지만 국제법 주체로서의 지위가 부여된다. 또한 교전단체(Belligerents), 민족해방운동(National Liberation Movements), 소수민족(Minorities) 또는 원주민(Indigenous

Peoples) 등에 대하여도 제한된 범위 내에서 국제법 주체로서의 지위가 부여될 수 있다. 반면 비정부간기구(NGO)나 (다국적)기업의 경우 그 규모나 중요성에도 불구하고 아직 국제법 주체로서의 지위가 인정되지 않는다.

1. 국가의 성립

국제법은 주로 국가의 권리·의무와 관련이 있다. 국제법은 국제법 주체중 가장 본원적이며 주된(primary) 주체로서의 국가들이 지켜야 할 행위규범을 제정한다. 국제법 주체로서의 국가들은 주권평등의 원칙에 따라 동일한 수준의 국제법인격을 향유한다.

그렇다면 국제법 주체로서의 국가는 어떠한 요건을 갖추어야 성립하는가. 일반국제법상 국가의 성립요건으로는 국민, 영토, 정부와 주권 또는 독립을 들 수 있다.[1] 이와 관련 1933년 '국가의 권리와 의무에 관한 몬테비데오협약(The Montevideo Convention on the Rights and Duties of States: 몬테비데오 협약)'은 제 1조에서 국가의 성립요건으로 항구적 인구(permanent population), 일정한 영토(defined territory), 정부, 타국과의 관계수립능력(capacity to enter into relations with other states)을 들고 있다. 이 기준은 그간 국가성립을 판단하는 주된 고려요소로 보편적으로 인정되어 왔다. 따라서 이 기준에 의할 경우 국가가 성립하기 위해서는 상기 요건을 모두 충족하여야 한다. 결론적으로 국제법상 국가란 상기 요건을 갖춘 실체로서 타 실체의 권한에 예속되지 않고 스스로의 조직화된 공적 권한을 통해 기능을 행사하는 실체를 의미한다.

이하 국가의 성립요건을 나누어 설명한다.

가. 인구(국민)와 영토(기본요건)

인구와 영토는 국가성립의 출발점으로서 안정적인 집단(community)을 의미

1) 옐리네크는 국가의 기본적인 구성요소로서 영토, 국민, 국가권력(정부)의 3요소를 제시하였다.

한다. 국제법은 인구와 영토의 규모에 대하여 침묵한다. 그러나 자결권의 입장에서 볼 때는 수락 가능한 규모의 인구가 요구되며 안정적인 집단이 거주할 수 있는 일정한 영토가 필요하다. 여기서 인구는 국가에 충성하는 개인으로 구성되는 항구적인 인구로 국가의 성립요건으로서의 국민을 의미한다.[2)]

일정한 영토란 국가가 주권, 즉 배타적이고 실효적인 관할권(영토주권)을 행사할 수 있는 범위를 말한다. 이렇게 볼 때 팔레스타인 해방기구가 1988년 선언한 팔레스타인국(State of Palestine)은 자신이 배타적으로 관할권을 행사할 수 있는 영토가 전무하다는 점에서 유효한 국가로 간주될 수 없을 것이다. 리히텐슈타인이나 모나코처럼 영토의 크기는 문제되지 않는다. 영토에는 보호령이나 속령은 포함되지 않는다. 또한 영토의 가변성에 비추어 국경선이 반드시 확정되어 있어야 하는 것은 아니다.[3)] 결국 여기서 중요한 것은 국경선의 불확정이 아니라 일정한 영토 내에서의 안정적 집단의 존재 여부이다.

그러나 특정 목적을 위해 체결되는 조약에서 규정하는 영토의 개념은 국가의 성립요건으로서의 영토의 개념과 구분된다. 예컨대, 1944년 국제민간항공협약(시카고 협약, Chicago Convention)은 당사국의 영토는 주권, 종주권, 보호 또는 위임통치하의 영토(land areas ... under the sovereignty, suzerainty, protection or mandate ...)를 포함한다고 규정하고 있다. 또한 양자간 투자보장협정(예컨대, 중국과 영국간 투자보장협정 등)은 대륙붕과 배타적 경제수역을 협정의 적용범위에 포함시키기도 한다.

나. 정부(실효적 정부)

또 다른 요건으로 국가가 성립되기 위해서는 외부의 지원없이 자국영역 및 국민에 대해 실효적인 관할권을 행사하는 독립된 정부를 필요로 한다.[4)] 제 2차

---

2) 반드시 항구적인 거주를 의미하는 것은 아니다.

3) 알바니아는 국경선이 분쟁상태에 있었지만 국제연맹에 가입하였다. 또한 이스라엘은 유엔에 가입할 당시 국경선이 주변국과의 갈등으로 확정되지 않은 상태였으며 아직까지도 미확정 상태이다. 그러나 이스라엘의 국가성이 국제사회에서 부인되지는 않는다.

4) 여기서 말하는 정부의 정의는 다음과 같다: "A government: effective control of the territory, coercive, centralized legal order, coherent, stable and effective political organization."

대전 당시 노르웨이 망명정부와 같이 국민들이 계속하여 충성을 바치는 경우에도 정부로 인정된다.

그러나 예외적으로 정부가 자국영토의 상당부분에 대하여 완전한 통치권을 행사할 수 없는 상태임에도 불구하고 국가승인(제 9강 '승인' 참조)을 위한 전제조건으로 실효적 정부의 요건을 요구하지 않은 경우도 있다. 이와 관련된 사례로 다음을 생각해 볼 수 있다.

- 콩고민주공화국은 1960년대에 벨기에로부터 독립할 당시 실효적인 정부를 가지지 못하였지만 국가로서의 성립이 부인되지 않았다.
- 1970년대의 기니 비소도 자국영토에 대한 실효적인 통제가 이루어지지 않았지만 국가의 성립이 인정되었다.
- 남아프리카의 지배하에 있을 당시의 나미비아도 점령하의 국가로 인정받았다.[5)]
- 또한 구유고연방의 해체와 함께 신생국으로 등장한 크로아티아와 보스니아는 내전으로 중앙정부의 통치력이 확인되지 않은 상태임에도 유엔에 가입하였으며(유엔가입 자격은 국가에 한함) 당시 유럽공동체 국가들에 의해 승인되었다.

여기서 정부의 정체성, 예컨대, 민주적인 정부냐의 여부는 국민이 선택하는 문제로 정부의 실효성과는 무관하다. 1986년 '니카라과 사건'에서도 ICJ는 모든 국가는 자신의 정치적, 경제적 및 사회적 체제를 선택하고 이행할 근본적인 권리(a fundamental right)를 가진다고 판단하였다.[6)]

한편 국가가 일단 성립한 이후에는 내전 등으로 실효적 정부가 일시적으로 기능하지 못하는 경우에도 국가로서의 지위가 소멸되지는 않는다. 실패국가(failed state)로 우리에게 잘 알려진 소말리아는 오랜 기간 동안 실효적 정부를

---

5) 이러한 판단에 기초하여 ICJ는 '1971년 나미비아 사건(Namibia)'에 대한 권고적 의견에서 총회의 반복된 결의에 따라 남아프리카의 나미비아에 대한 위임통치가 종료되었다고 판단하였다.

6) 관련 부분 원문은 다음과 같다: "A State's domestic policy falls within its exclusive jurisdiction, provided of course that it does not violate any obligation of international law. Every State possesses a fundamental right to choose and implement its own political, economic and social systems", ICJ Reports 1986, p. 14, para. 258.

가지지 못하였지만 국가로서의 존재가 인정되었고 영토가 무주지(*terra nullius*)로 간주되지도 않았다. 또한 오랜 기간에 걸쳐 레바논이 사실상 분할되어 있었지만(무정부 상태) 그러한 사실이 국가로서의 존속성을 저해하지 않았다.

다. 대외관계를 수립할 수 있는 능력(대외적 주권 또는 독립성)

주권 또는 독립의 대내적 측면은 국가가 자국영토 내에서 외부의 간섭을 배제하고 배타적으로 관할권을 행사할 수 있는 능력을 말한다. 반면 주권 또는 독립의 대외적 측면은 국가가 대외관계를 독자적으로 수립할 수 있는 능력을 말한다. 따라서 국가가 주권을 가진 독립국가인가에 대한 판단은 국가가 타국과 대등한 입장에서 독자적으로 대외관계를 수립하고 유지할 능력이 있는가의 문제이다. 다시 말해서 국가의 독립이란 형식적인 독립과 함께 일정한 수준의 실질적 의미의 독립이 동시에 요구되는 개념이라고 보아야 할 것이다. 예컨대, 남아프리카공화국이 인종차별 목적으로 남아프리카 영토에 수립한 흑인국가(Bantustan)들의 경우 남아프리카의 지속적인 관여 등으로 인해 OAU와 유엔에 의해 독립국으로 승인을 받지 못하였다. 같은 맥락에서 일본의 괴뢰국가에 불과하였던 만주국이 독립국가로서의 지위를 인정받지 못하였다는 사실도 이러한 기준에 비추어 볼 때 당연한 귀결이다.

라. 기타 요건

학자에 따라서는 '민족자결원칙'과 '타국의 승인'을 국가성립의 중요한 요건으로 보고 있다.[7] 그러나 승인과 관련하여 통설인 선언적 효과설에 의할 경우

---

7) '코소보의 일방적 독립선언의 국제법상 허용가능성(Accordance with International Law of the Unilateral Declaration of Kosovo, 코소보 사건)'에 대한 ICJ의 권고적 의견에서 Trindade 재판관은 개별의견(separate opinion)으로 '국가의 성립에 관한 전통적 요건은 영토중심이었으나 오늘날에는 국제법상 인민의 권리와 인권 탄압에 대한 저항이라는 거시적인 인간중심의 이념에 입각한 대외적인 자결권 행사로 초점이 옮겨 가고 있다'고 보았다. ICJ Reports 2010, p. 403, p. 523(separate opinion of Judge Trindade, para. 170). 참고로 이 사건은 구유고 붕괴후 자치가 허용된 코소보가 주민투표를 거쳐 2008년 2월 독립을 선언한 것과 관련하여 동 년 유엔 총회가 기존 국가 내 일부 지역의 일방적 독립선언이 국제법에 합치하는지, 즉 일방적 독립선언이 기존 국가의 영토적 일체성을 침해하는지의 여부에 대하여 권고적 의견을 ICJ에 요청한 사건이다. 이에 대해 ICJ는

새로운 실체가 국가의 성립요건을 갖추면 별도의 승인 없이 그 자체 이미 국가로서 성립하며 국제법 주체로서 법률행위를 할 수 있으므로 이 점에서 타국의 승인은 큰 의미가 없다(제 9강 '승인'의 제 2절 '국가승인제도에 관한 학설' 참조).

2. 특수한 형태의 국가

가. 피보호국

보호국이 외부의 침략이나 압제로부터 피보호국(protected state)을 보호하기로 약속하고 보호국이 피보호국의 외교권을 대신 행사하는 경우 보호국과 피보호국간에 '보호관계'가 성립된다. 이러한 보호관계는 조약을 통하여 이루어진다. 피보호국이 되어도 일단 독립된 실체로서의 국제법 주체성을 유지하고 국가로서의 권리능력도 그대로 가지고 있다. 다만 대외관계에 있어 법률행위를 할 수 있는 능력이 제한될 뿐이다. 피보호국을 대신한 보호국의 외교활동을 제 3국이 반드시 승인할 의무는 없다.

이와 관련 1905년 을사보호조약은 대표적인 보호조약의 예이나 이는 강박에 의한 조약(제 6강 '조약법'에서 설명한 조약의 절대적 무효사유에 해당)에 해당되는 것으로 보호국과 피보호국의 관계와는 다른 차원에서 이해되어야 할 것이다.

합법적인 조약에 의한 보호국의 예로는 프랑스와 모나코, 이태리와 산마리노 등의 관계를 들 수 있다.

나. 국가연합과 연방국가

국가연합(Confederation of States)은 조약을 통하여 매우 제한된 범위 내에서

독립선언을 금지하는 국제법 규칙은 없으며 또한 헌장 제 2조 4항에 의한 영토보전의 원칙도 국가간의 관계에만 적용된다고 보고(... international law contained no prohibition of declarations of independence ... the scope of the principle of territorial integrity is confined to the sphere of relations between States) 코소보의 일방적 독립선언이 국제법(any applicable rule of international law)위반이 아니라고 판단하였다. ICJ Reports 2010, p. 403, paras. 79-80, 122.

국가기능(특히 외교기능)을 공동으로 행사하기 위한 목적으로 성립된 국가간의 결합을 의미한다. 국가연합은 그 자체가 국가는 아니므로 소속국은 계속 독립국으로 남아 있으며 개별국가의 국적도 유지된다. 대표적인 예로서는 1991년 소련연방 해체이후 성립된 CIS(Commonwealth of Independent States) 국가연합을 들 수 있다.

반면 다수의 국가가 대등한 관계에서 통합하여 형성된 연방국가(Federation)의 경우 연방을 구성하는 주(다수의 국가가 '주'의 지위를 가지게 됨)는 국가가 아니며 연방만이 통일국가를 대표하여 대외관계를 처리한다. 왜냐하면 연방국가의 경우 대외업무는 전적으로 연방정부의 관할에 속하기 때문이다. 물론 연방도 경우에 따라서는 조약을 체결할 수 있으나 이는 헌법에 규정한 범위 내에서 행해지는 것으로 국제법의 입장에서 보면 연방국가의 기관이 행한 행위로 간주된다. 따라서 연방국가를 구성하는 각 개의 주는 원칙적으로 국제법인격이 없다. 이와 관련 미 헌법은 연방을 구성하는 주가 대외적 의무를 부담하는 조약을 체결할 수 없다는 점을 명시하고 있다.[8]

참고로 과거 소련연방의 일원인 우크라이나와 백러시아는 유엔에 가입하고 법인격도 부여되었으나 이는 정치적 타협에 따른 예외에 불과하다.

다. 영세중립국

영세중립국(permanent neutrality)이란 조약 또는 국내법에 의해 자위의 경우를 제외하고는 영구히 무력사용을 하지 않으며, 동맹조약과 같이 간접적으로 전쟁에 개입할 우려가 있는 국제의무를 부담하는 조약의 당사자가 되지 않을 것을 조건으로 관련 국가들에 의해 독립과 영토보전 및 중립적 지위를 영구히 보장받는 국가를 말한다. 전술한 스위스와 오스트리아가 대표적인 예다.[9]

---

8) 미 헌법 Section 1(10): "No State shall enter into any Treaty, Alliance, or Confederation."

9) 스위스가 1815년 비엔나 회의를 통해 영세중립국의 지위가 국제적으로 보장된 것과는 달리 오스트리아는 1955년 제 2차 대전후 점령국인 미, 소, 영, 프랑스 4개국과의 '오스트리아 국가조약(Austria State Treaty)' 체결 후 점령군대가 철수하고 이어 오스트리아 의회가 영세중립을 선언하는 헌법을 채택함으로써 성립되었다는 점에서 차이가 있다.

라. 교황청

교황청의 주권하에 있는 이탈리아 반도의 영토였던 교황령(Papal States)은 1870년 이탈리아 군의 점령으로 바티칸 주변지역만 남게 되었다. 이후 이탈리아는 1929년 교황청(Holy See)과의 Lateran 조약을 통해 바티칸시국(Vatican City State)을 교황청의 주권하에 있는 독립국으로 승인하였다. 이에 따라 교황청은 교황을 사실상의 국가원수로 하며 종교적 기능을 중심으로 국제관계를 유지하고 있으며 각국과 외교관계를 맺고 상주 외교사절을 파견, 접수하며 조약을 체결하는 등 대외관계 수립능력을 가지고 있다.

교황청은 엄밀한 의미에서의 국가는 아니나 국제사회에서 국제법인격을 가진 실체로서의 지위를 부여받고 있다. 교황청은 유엔회원국이 아니며 영구 옵서버의 지위를 부여받고 있다.

교황청의 국제법 주체성은 국제사회의 실행을 통해 수락되고 있다.

마. 분단국으로서의 한반도

1) 국제법상의 특수성

과거에는 여러 개의 분단국이 존재하였다. 독일, 예멘 등 분단의 형태도 다양하였고 결과적으로 이후 이루어진 통일의 과정과 방법도 서로 상이하였다. 그러한 점에서 국제법적으로 분단국의 지위를 검토하는 것은 충분히 의미가 있었다.

그러나 오늘날 지구상 유일한 분단국은 한반도로서 더 이상 국제법적 측면에서 분단국으로서의 지위를 검토하는 것은 큰 의미가 없다. 이러한 관점에서 한반도 문제는 분단국으로서의 국제법상 지위문제가 아니라 현행 국제법 질서 속에서의 남북한 관계가 쟁점이 될 것이다.

그렇다면 남북한 관계에 대한 분석의 출발점은 무엇인가. 남북한 양측이 1991년 합의한 '남북기본합의서(남북사이의 화해와 불가침 및 교류, 협력에 관한 합의서)'가 중심이 될 것이다. 동 합의서는 남북관계가 나라와 나라사이의 관계가 아닌 통일을 지향하는 과정에서 잠정적으로 형성되는 특수관계로 보고 있다. 따라서 남북한 상호간에는 국가승인을 하지 않으며 공식외교관계도 수립하지 않는다. 또한 상대방을 외국으로 보지 않으며 양자간의 경계를 국경선으로 보지 않는다.

그러나 대외적인 측면에서 볼 때 남북한은 대등한 주권국가로서 제 3국은 양측을 별개의 독립된 주권국가로 보고 국제법에 따라 승인하고 외교관계의 수립 등 통상의 국가와 국가간의 관계를 유지하고 있다. 또한 남북한은 유엔에 동시 가입하여 각자의 의석을 차지하고 있다. 따라서 국제무대에서의 남북한 관계에 대하여는 당연히 국제법이 적용된다.

한편 남북기본합의서는 국가간의 관계를 규율하는 문서가 아니라는 점에서 조약법 협약이 규정한 조약이 아니다. 헌법재판소도 동 합의서를 특수관계를 전제로 한 남북한 당국간의 합의로 보고 남북당국이 성의있는 이행을 상호 약속하는 일종의 공동성명 또는 신사협정이라고 보았다. 그러나 여기서 조약이 아니므로 구속력이 없다는 판단은 정확하지 않다. 약속은 지켜져야 하며 남북한 당국의 약속도 약속이라는 점에서 정당한 사정이 없는 한 신의성실의 원칙에 따라 준수되어야 할 것이다.

2) 우리 헌법상 북한의 지위

남한은 1948년 유엔 총회 결의 제 195(III)에 따라 한반도에서 유일합법정부로 인정받았다.[10] 한편 우리 헌법은 제 3조에서 북한을 포함하는 한반도 전체를 우리 영토로 규정하고 있으며, 제 4조에서는 평화통일의 의지를 확인하고 있다. 이들 두 개 조항의 통합적 의미는 헌법 제 3조를 통해 대한민국은 북한의 영토를 회복하여야 할 책무를 부여받고 있으며 제 4조를 통해 통일의 책무를 실현하기 위한 의지와 방향을 제시하고 있다. 즉, 평화통일을 실현함으로써 우리의 영토를 회복하여야할 책무가 부여되었다고 볼 수 있다.

---

10) 동 결의에서 (a) 임시위원단이 감시와 협의를 할 수 있었고, (b) 한국국민의 절대다수가 거주하고 있는 한국지역에 대한 유효한 지배권과 관할권을 가진 합법정부(대한민국 정부)가 수립되었으며, (c) 동 정부는 동 지역 선거인들의 자유의지의 정당한 표현이고 임시위원단에 의하여 감시된 선거에 기초를 두었으므로, (d) 대한민국 정부는 한국 내의 그러한 유일한 합법정부(the only such government in Korea)라고 선언하였다. 관련 부분 원문은 다음과 같다: "... declares that there has been established a lawful government(the Gov. of ROK) having effective control and jurisdiction over that part of Korea where ... and that this is the only such government in Korea", UN UNGA Res. 195(III), The Problem of the Independence of Korea.

한편 북한의 지위에 대하여 우리 대법원과 헌법재판소는 (남북한 유엔 동시가입 및 남북기본합의서 체결 등 그간의 상황변화에도 불구하고) 헌법 제 4조에 구현된 평화통일 의지와 헌법 제 3조(영토조항)의 규범력을 인정하여 북한의 이중적 지위, 즉 북한은 조국의 평화적 통일을 위한 대화와 협력의 동반자이면서 동시에 반국가단체라는 특수성(상호 모순되는 이중적 성격)을 인정하고 있다.[11]

국제법적 검토가 요구되는 북한문제 현안

- ▶ ＜안보 관련 이슈＞ 정전협정의 당사자, 유엔사의 지위, 북한의 핵무기 및 미사일 개발, 유엔 안보리의 대북제재, 천안암 폭침 및 연평도 포격의 정전협정 위반 여부, NPT 조약 탈퇴, 주한미군과 한미상호방위조약, 평화협정 체결문제 등
- ▶ ＜인권 관련 이슈＞ 북한 내 인권탄압과 북한지도자의 국제형사재판소 제소 가능성, 인권규약 준수문제(북한은 1997년 인권규약 탈퇴를 통보한 바 있으나 수용되지 않음), 탈북자(난민) 문제와 국군포로송환문제 등
- ▶ ＜해양 관련 이슈＞ 북한의 동해와 서해에서의 군사경계수역 선포(1977), 북한의 동해안 직선기선의 부당성, 동조선만, 서조선만 및 강화만에 대한 역사적 만 주장, 서해 5도와 북방한계선(NLL) 등
- ▶ 통일 이후의 국가승계(조약, 국경 등)문제, 특히, 우리의 영토 관련 북한의 중국과의 국경조약(1962) 및 러시아와의 국경협정(1985) 등

11) 북한은 평화적 통일을 위한 동반자인 반면 남·북한 관계의 변화에도 불구하고 여전히 적화통일노선을 고수하며 자유민주주의 체제를 전복하고자 획책하는 반국가단체로서의 성격도 아울러 가지고 있고, 그 때문에 반국가단체 등을 규율하는 국가보안법의 규범력도 계속 유효하다는 것이 대법원의 확립된 견해이다. 대법원 2010. 7. 23. 선고 2010도1189. 한편 헌법재판소도 "현 단계에 있어서의 북한은 조국의 평화적 통일을 위한 대화와 협력의 동반자임과 동시에 대남적화노선을 고수하면서 우리 자유민주체제의 전복을 획책하고 있는 반국가단체라는 성격도 함께 갖고 있음이 엄연한 현실인 점에 비추어, 헌법 제 4조가 천명하는 자유민주적 기본질서에 입각한 평화적 통일정책을 수립하고 이를 추진하는 한편 국가의 안전을 위태롭게 하는 반국가활동을 규제하기 위한 법적 장치로서, 전자를 위하여는 남북교류협력에 관한 법률 등을 시행함으로써 이에 대처하고, 후자를 위하여는 국가보안법을 시행함으로써 이에 대처하고 있는 것이다"라고 판시함으로써 북한의 이중적 지위를 인정하고 있다. 헌법재판소 1993. 7. 29. 선고 92헌바48 결정 등.

남북한 평화협정 체결문제

- ▶ 한반도에서 전쟁은 사실상 종료되었음. 정전협정은 단순한 전투의 잠정적 중단이 아니라 전쟁의 종결을 의도하고 있음. 더욱이 유엔헌장 제 2조 4항에 따라 무력사용이 금지되므로 전투행위의 재개는 당연히 허용되지 않음. 그러나 아직도 한반도는 법적으로는 전쟁상태(technically still at war)이므로 전쟁상태를 법적으로 종료시키기 위한 평화협정의 체결이 요구된다는 주장이 지배적임.
- ▶ 이와 관련 남북 양측은 2018년 판문점 선언에서 정전협정을 평화협정으로 전환시키고 이를 통해 한반도에서의 항구적인 평화체제 구축을 위하여 노력해 나가기로 합의하였음. 이에 앞서 남북기본합의서 제 5조도 정전상태를 평화상태로 전환시키기 위하여 노력한다고 규정하여 평화협정의 체결을 예정하고 있음.
- ▶ 참고로 종전선언은 평화협정을 체결하기 위한 과정에서의 형식에 불과함.

관련 글

1. 정전협정 '백지화'는 무효다12)

지난 5일(2013. 3월) 북한은 조선인민군 최고사령부 대변인 성명을 통해 "전쟁연습이 본격적인 단계로 넘어가는 3월 11일부터 정전협정의 효력을 전면 백지화하고 조선인민군 판문점 대표단의 활동도 전면 중지할 것"이라며 "판문점 조·미 군부전화도 차단하겠다"고 언명했다. 여기서 전쟁연습은 연례적 한·미연합군사훈련인 키리졸브와 독수리연습을 지칭하는 것이다.

지난 8일에는 북한 조국평화통일위원회가 "조선정전협정이 완전히 무효화되는 11일 그 시각부터 북남 사이의 불가침에 관한 합의들도 전면 무효화될 것"이라며 "판문점 연락통로의 폐쇄 및 북남 간의 직통전화도 즉시 단절될 것"이라고 했다. 8일자 총련 기관지 '조선신보'는 "휴전상태가 백지화되면 언제든지 전쟁을 재개해도 국제법적으로 아무 하자가 없다"고 보도함으로써 북한의 속셈이 국제법적 굴레에서 벗어나 행동자유를 얻으려는 데 있음을 내비쳤다.

정전협정을 백지화하면 전쟁상태로 되돌아가 언제든지 전쟁에 호소할 수 있다는 해석이 가능한가. 19세기 국제법은 그러했지만 지금은 그렇지 않다. 1907년 제 2차 헤이그 평화회의 때 채택된 육전규칙은 군사정전을 '전투의 잠정적 중단'이라 규정하고 기간을 정하지 않았을 때는 언제든지 전투 재개가 가능하다고 규정했다(제

36조). 그 당시에는 전쟁이 금지되지 않았기 때문에 그럴 수 있었다.

하지만 지금은 다르다. 유엔헌장하에서는 전쟁은 물론이고 전쟁에 이르지 않는 무력행사, 무력의 위협, 나아가 유엔의 목적과 상치되는 일체의 행동이 금지되고 있다(제 2조 4항). 유엔헌장하에서는 정전협정이 백지화되었다고 해서 전쟁상태로 되돌아갈 수는 없다. 더구나 한국정전협정은 '최종적인 평화적 해결이 달성될 때까지 한국에서의 적대행위와 일체의 무력행동의 완전한 정지를 보장하는 정전을 확립할 목적'으로 체결된 것이다(전문). 이것은 한국정전협정의 경우 '전투의 잠정적 중단'이 아니라 전쟁의 종결임을 의미하는 것이다. 현 국제법하에서는 정전협정이 백지화된다고 해서 전쟁상태로 되돌아갈 수 있는 일이 아니며 한국정전협정하에서는 더욱 그렇다.

한국정전협정은 1953년 7월 27일 체결된 이래 핵심적 규정은 모두 효력을 상실하고 군사분계선(MDL)에 관한 규정만 살아 있다. 북한 주장대로 정전협정이 백지화될 수 있다면 남북 간의 경계선은 어떻게 될 것인가. 국제법상 경계선은 국경선, 해양경계선, 군사분계선 할 것 없이 한번 설정되면 그 근거가 된 국제조약의 운명에 관계없이 당해 지역에 부착되어 정착하는 것으로 간주된다. 이를 경계선의 속지성이라 한다. MDL도 속지성을 지니기 때문에 그것을 창설한 한국정전협정의 운명과 관계없이 존속한다고 보는 것이 국제법적 해석이다. MDL은 정전협정에 의해 창설된 것이지만 그 속지성으로 해서 협정의 운명과는 관계없이 계속 유효하며 관계 당사자간의 별도의 합의에 의해서만 변경될 수 있다(제 10강 '국가승계' 참조).

지금 남북간 최대 현안 중 하나가 서해 북방한계선(NLL)이다. 한반도에는 MDL이 있어 경계가 분명하지만 서해 5도와 북한 사이에는 그것이 없어서 정전체제의 유지가 어렵게 되었다. 해상 MDL이 설정되지 못한 것은 북한과 유엔군 측 사이에 있었던 중대한 이해관계의 대립 때문이었다. 협정 발효 직후 유엔군 측은 정전체제의 실효성을 위해 서해 5도와 북한 사이의 대략적인 중간선을 따라 선을 긋게 되는데 이것이 오늘날의 NLL이다.

NLL은 유엔군 측이 일방적으로 설정한 것이지만 목적이 정당하고 방법이 합리적이었다. 그리고 휴전 성립 이후 북한이 NLL의 무효를 주장하기까지 20년간에 걸친 북한의 묵인이 있었다. 그것은 정전체제의 일환으로 굳어졌으며 그것에 대한 도전은 정전체제에 대한 도전으로 간주되는 것이다. 북한의 주장대로 정전협정이 백지화될 수 있다고 하더라도 NLL은 MDL과 같이 존속하게 된다는 게 국제법적 판단이다.

2. 서해 북방한계선(Northern Limit Line: NLL)

(전략) 북한이 서해상의 NLL을 문제삼는 이유는 NLL이 남·북한간 법적 경계선이 아니라는 이유이다. 한국전을 중단시킨 정전협정 체결 당시 육상에서는 군사분계선(Military Demarcation Line: MDL)이 설정되었으나 해상에서는 3해리를 주장하는 유엔군 측과 12해리를 주장하는 공산군 측간 연안수역의 범위에 관한 입장차이로 구체적인 경계를 명시하지 못하였다. 다만 황해도와 경기도의 도계선 북쪽과 서쪽에 있는 모든 도서 중에서 백령도, 대청도, 소청도, 연평도, 우도 등 서해 5도는 유엔군사령관의 관할하에 남겨 두고 기타 모든 도서는 북한 관할하에 둔다고 하였다.

이를 부연하면 정전협정상 육지의 경계는 정전시점의 양측 점령지를 기준으로 이루어져 어려움이 없었으나 이를 바다에도 그대로 적용하면 해공군력이 우세하였던 유엔군 측이 동해와 서해에서 북한을 포위하는 형상이 되는바, 원활한 협정교섭을 위하여 한국전 발발 당시 우리 측에 소속되었던 서해 5도를 계속 우리 측 관할로 하고, 이를 기준으로 북쪽의 도서들은 북측에 넘겨주었던 것이다.

그러나 정전협정 서명직후인 1953년 8월 30일 마크 클라크(M. Clark) 유엔군 사령관은 해상 군사분계선이 합의되지 않은 상태에서 남북간 우발적 충돌의 가능성을 줄이고 나아가 해공군력이 우세한 유엔군 측 함정 및 항공기의 대북 접근을 막기 위한 '군사활동의 북방한계'를 설정할 필요성을 인식하게 되었다. 이에 따라 동해상에는 육상 군사분계선을 직선으로 연장한 선을, 서해상에서는 38선 이남의 우리 측 서해 5도와 북한의 황해도 사이의 해상에 대략의 중간선을 그어 NLL을 일방적으로 설정하게 되었다. 따라서 NLL은 유엔군 및 우리 군이 NLL 이북으로 더 이상 진군하지 않는다는 우리 측의 일방적인 약속의 선이라고 할 수 있다.

사실 NLL은 정전협정에 불만을 가진 한국 정부의 독자적인 대북 군사활동을 통제하기 위한 의도가 더 컸다는 관측이 있다. 그러한 이유에서든 아니든 당시 유엔군 측은 동 NLL 설정 사실을 해군작전규칙의 일환으로 우리 측 해군에만 통보하고 북한 측에는 공식 통보하지 않았다. 이 점이 바로 북한 측이 NLL의 정당성을 문제시 하는 근거가 되고 있다. 그러나 정전 당시 해공군력이 열세였던 북한의 사정을 고려할 때 NLL은 오히려 북한 측을 배려한 측면이 있다는 점을 부인할 수 없을 것이다.

NLL 설정 이후 우리 측은 NLL 이남 해역을 군사력에 의해 실질적으로 관리하여 왔으며 이러한 과정을 거쳐 NLL은 사실상의 남북간 해상경계선으로 응고되었으며 북한도 이를 해상경계선으로 인정하고 존중하여 왔다.

그러나 1970년대 초반 이후 북한은 기회 있을 때마다 치밀하게 준비된 도발을 통해 NLL의 무력화를 시도하였으며 특히 1973년 가을 북한 경비정과 어선들이 수차례 조직적으로 NLL을 월선한 사건은 NLL 무력화 기도의 시작이라고 할 수 있다. (중략) 이에 대해 우리 측은 일관되게 "NLL은 지난 40여 년간 쌍방이 인정하고 지켜 온 실질적인 해상경계선으로서 협상의 대상이 아니며, 새로운 해상 불가침경계선은 1991년 남북기본합의서에 따라 남북간 군사공동위에서 협의되어야 하며, 그때까지는 현재의 NLL이 준수되어야 한다"는 입장을 분명히 해 오고 있다.

여기서 북한의 무력화 주장에도 불구하고 NLL이 왜 남북간 해상경계선으로 존중되어야 하는가를 앞에서 설명한 바를 종합하여 검토해 보면 다음과 같다.

첫째, NLL 이남은 정전 이래 지금까지 우리 측에 의해 실효적인 지배와 관할권이 행사되어 온 해역이며 북한의 사실상 묵인으로 국제법상 응고되었다. 특히 1973년 북한이 NLL의 정당성을 제기하기 전은 물론 이후에도 북한은 동 NLL을 존중하였다. 예컨대, 1959년 11월 발간 북한 조선중앙년감에 NLL을 군사분계선으로 표시하였고 1984년 9월 북한 수해구호물자 수송 시 NLL 선상에서 상봉과 호송이 이루어졌으며 나아가 1998년 1월 우리의 비행정보구역(KADIZ)을 MDL과 NLL 기준으로 조정시 ICAO가 북한의 동의를 확인한 바 있다.

둘째, NLL은 정전협정의 정신에 입각하여 상호 불가침을 통한 무력충돌방지를 위해 설정된 것으로 정전협정상의 불분명한 해상경계선을 구체적으로 명확하게 함으로써 정전체제의 일부로 기능되어 왔으며 남북간 군사적 긴장을 막는 역할을 효과적으로 수행하여 왔다는 점을 부인할 수 없다.

셋째, NLL은 우리 측이 관할하는 서해 5도와 북한 지역간의 대략적인 중간선을 기준으로 하여 형평을 염두에 두고 설정되었다는 점도 고려되어야 할 것이다.

넷째, 정전협정은 정전시점에서 상대방의 군사통제하에 있던 해면과 상공을 존중하기로 규정하고 있으며 따라서 경기도와 황해도의 도계가 남북간 해양경계선이 되어야 한다는 북한 측 주장은 정전협정 당시 유엔군 측이 동 해역을 지배하고 있었다는 점에서도 설득력이 없다.

다섯째, 남·북한은 1991년 서명된 남북기본합의서 제 11조에서 남과 북의 불가침경계선과 구역을 1953년 정전협정에 규정된 군사분계선과 지금까지 쌍방이 관할하여 온 구역으로 규정하고 불가침부속합의서 제 10조를 통해 해상에서의 불가침경계선은 앞으로 계속 협의해 나간다고 합의함으로써 북한도 남북간 합의를 통한

새로운 경계선이 확정될 때까지는 사실상 NLL이 실질적인 해상 경계선임을 인정하였다.

3. 국가의 권리와 의무

가. 개관

국제법 주체로서의 국가는 국제법상 국가에 부여되는 기본적인 권리와 의무를 가진다. 물론 조약 등을 통해 별도의 특별한 권리와 의무가 성립되는 경우가 있을 수 있으며 또한 일부 특수한 형태의 국가의 경우 대외관계 수립 능력의 제한 등이 따르는 경우가 있다. 그러나 여기서는 국제법 주체로서의 국가에 대하여 공통적으로 주어지는 국제법상의 기본적인 권리와 의무에 대하여 설명한다.

국가의 기본적 권리와 의무는 자연법적인 개념에서 출발하여 20세기 들어서 실정국제법상의 개념으로 발전하였다. 이러한 노력의 실례로 전술한 1933년 몬테비데오협약이 있으며 여기서 나온 원칙들은 이후 1949년 유엔 국제법위원회가 마련한 '국가의 권리와 의무에 관한 선언 초안'과 1970년 '국가간 우호관계 및 협력에 관한 국제법 원칙 선언'에 의해 재확인되었다. 이들 문서들은 유엔헌장과 함께 국가의 기본적 권리와 의무에 대한 해석상의 기준을 제공해 준다. 그 밖에 국가책임규정초안도 국가의 기본적 권리와 의무를 해석하는 데 많은 참고가 된다.[13)]

한편 이들 문서에 의할 경우 국가의 기본적 권리와 의무는 국가의 존립기반인 주권과 독립권에 기초하며, 여기서 파생되어 구체적인 내용으로 세분화되어진다. 예컨대, 국가의 권리와 의무에 관한 선언 초안은 국가의 권리로 주권, 독립권, 평등권, 자위권을 규정하고 있으며, 의무로는 국내문제불간섭, 인권존중, 분쟁의 평화적 해결, 무력사용 및 위협 금지, 조약상 의무의 성실한 이행, 국제

12) 김찬규, 국민일보, 시론 2013년 3월 18일.
13) 이와 같이 국가의 기본적 권리와 의무를 정립하기 위한 국제사회의 노력이 전개되어 왔음에도 불구하고 아직까지 구체적인 내용이 실정법적으로 확립되지 못한 상태다.

협력의 의무 등을 포함한다.

참고로 켈젠은 일반국제법상의 제 규범은 국가에 대한 의무에서 출발하며 국가에 대하여 의무를 부여한다는 의미는 역으로 타국의 권리를 인정한다는 의미라고 보고 의무의 권리에 대한 우위를 인정하였다.

이하 국가의 기본적 권리와 의무를 권리와 의무로 나누어 설명한다.

나. 국가의 권리

1) 주권

모든 국가는 주권을 향유한다.[14] 주권은 국가의 가장 기본적인 권리로 국가가 향유하는 정당한 권리의 출발점이며 대내적으로 최고·절대의 통치권, 대외적으로는 독립권 및 국가간 평등권을 포함하는 포괄적 성격의 권리이다. 이를 국가주권의 원칙(principle of State sovereignty)이라고 한다.[15] 이하 주권의 개념을 다시 나누어 설명한다.

가) 통치권

통치권이란 주권의 대내적 개념으로 국가가 자국영토 내에서 최고의 권위를 가진다는 의미이다. 여기서 주권은 영토주권(통치권)의 개념이다.[16] 따라서 국가는 대내적으로 다른 나라의 간섭없이 자신의 영토 내에서 국내문제에 대하여 배타적인 권한을 행사할 수 있게 되며 다른 나라는 상대적으로 타국의 국내

14) 16세기 주권의 최고·절대성(보뎅, 그로티우스, 바텔)에서 18세기 루소(Rousseau)의 인민주권론, 이어서 19세기 헤겔의 국가주권론으로 발전하였다. 특히 헤겔의 주권 개념은 국가주권의 최고절대성을 강조하여 국제법을 경시하는 태도로 나타났다. 그러나 제 1차 세계대전을 겪으면서 국가주권도 당연히 국제법의 제약을 받는 일반국제법상의 권리로 발전되었다.

15) 이 원칙은 모든 국가는 자국영토에 대하여 배타적인 주권을 가지며, 따라서 모든 국가는 평등하며, 다른 나라의 국내문제에 관여하여서는 안 된다는 국제법상의 기본원칙으로 '웨스트팔리아 주권(Westphalian sovereignty)'이라고도 한다. 이 원칙은 이후 주권국가간의 관계를 형성하는 국제체제의 기초가 되었으며 유엔헌장에 의해 구현되었다.

16) 영토주권은 후술하는 국가의 관할권중 속지적 관할권, 즉 국가가 자국영역 내의 모든 인, 물과 상황에 대하여 행사할 수 있는 절대적이고 배타적인 지배권한을 말한다. 보다 구체적으로는 법을 제정하여 집행하고 적용하는 입법, 행정 및 사법관할권을 의미한다.

문제에 대한 불간섭의무를 부담하게 된다. 즉, 국가는 상호존중과 자제의 원칙에 따라 타국이 자신의 국가영역에서 행한 정당한 국가행위에 대하여는 판단하지 않아야 한다. 이를 주권의 '대내적 절대성'이라고 한다.

나) 독립권

독립권은 주권의 대외적 개념이다. 국가는 국제법인격을 가지고 다른 나라의 간섭 없이 외교관계수립이나 조약체결 등 대외관계를 독자적으로 수립할 수 있는 능력을 가진다. 여기서의 주권을 '독립권(대외적 독립성)'이라고 한다. 국가가 대외적으로 독립권을 향유한다는 의미는 논리적으로 자결권을 가진다는 뜻으로 귀결된다. 자결권은 모든 국민이 정부 제도를 포함한 자신의 정치체제를 외부의 간섭 없이 스스로 선택할 권리를 함축하고 있다.

다) 평등권

국가가 독립권을 가진다는 의미는 주권을 가진 국가들이 동등한 자격으로 동등한 국제법상의 권리와 의무 및 법인격을 가진다는 의미에서 국제법상의 평등권으로도 볼 수 있다.[17] 평등권은 이미 1933년 몬테비데오 협약 제 4조에 규정된바 있으며,[18] 유엔헌장 제 2조 1항도 국가간 주권평등(sovereign equality)을 규정하고 있다. 또한 1974년의 유엔 총회 결의 제 3201호로 채택된 '신 국제경제질서선언(NIEO)'과 같은 해 총회결의 제 3281호로 채택된 '국가의 경제적 권리와 의무에 관한 헌장'도 주권평등을 재확인하였다.[19] 특히 전술한 1970년 국가

---

17) 평등에는 법앞의 평등(형식적 평등, 강대국의 횡포견제 등), 법안의 평등(실질적 평등, 불평등 조약의 불법성, 신 국제경제질서 등), 법정립 과정에서의 평등(자기를 구속하는 국제법규 정립과정에의 평등한 참가, 발언, 투표권 등)을 의미한다. IMF의 출자비율에 따른 가중투표, 안보리 상임이사국의 거부권, 환경법 분야에서의 '공동의 차별적인 책임' 등은 국가의 동의에 기초한 것으로 국제법상 주권평등에 위배된다고 보지 않는다.

18) 동 협약 제 4조: "모든 국가는 법적으로 평등하고 동일한 권리를 향유하며 또한 그 행사에 있어 평등한 능력을 가진다. 각국의 권리는 그 행사를 확보하기 위하여 국가가 보유하는 힘에 의존하는 것이 아니라 국가가 국제법상의 법인격자로서 존재한다는 단순한 사실에 의해 부여되는 것이다."

19) NIEO선언에서 주권평등, 민족자결, 영토보전, 국내문제불간섭, 국제공동체의 추진, 천연자원에 대한 영구주권 등 정치적 목적은 기존 경제질서의 개혁에 의해서만 달성될

간 우호관계 및 협력에 관한 국제법 원칙 선언은 국가간 주권평등의 원칙을 선언하면서 주권평등을 다음과 같이 상세히 정의하고 있다.

(a) 국가들은 법적으로 평등하다.
(b) 국가들은 완전한 주권의 고유한 권리를 향유한다.
(c) 국가들은 다른 국가의 법인격을 존중한다.
(d) 국가의 영토보전과 정치적 독립은 불가침이다.
(e) 국가들은 자신의 정치적, 경제적, 사회적 및 문화적 체제를 자유로이 선택하고 발전시킬 권리를 가진다.
(f) 국가들은 국제의무를 성실하게 수행하고 다른 국가들과 평화롭게 살아갈 의무가 있다.

한편 주권의 평등성에서 '대등한 자는 대등한 자를 판단하지 못한다'는 원칙이 나오며 주권면제이론도 이 원칙에 근거한다고 볼 수 있다.

라) 주권의 성격

결론적으로 주권은 통치권, 독립권, 평등권 및 국가의 제반 기본적 권리를 내포하는 포괄적이면서도 핵심적인 개념이다.[20] 이러한 국가의 기본적 권리의 핵심인 주권을 침해하는 경우 국제법 위반으로 국제법상의 책임을 지게 되는 것은 자명한 이치다.

한편 우리가 주권의 대내적 절대성과 대외적 독립성을 생각할 때는 과거 다수의 강력한 국민국가가 병렬적으로 생성되던 시기의 주권을 생각하게 된다. 당시의 주권 개념은 자신이 분명하게 동의한 범위 내에서만 조약이나 국제기구의 결정에 따른 제한에 구속되는 것이었다. 그러나 오늘날의 주권은 매우 제한적이다. 주권의 제한은 국제사회의 공동이익을 위한 불가피한 현상이다. 더 이상 주권행사는 절대적이지 않다.[21] 유엔헌장도 과거 국가주권의 이름으로 전쟁이 발

수 있다는 점이 강조되었다.

20) 그 밖에도 주권은 국가원수, 외교사절, 국가나 국기 등에 대한 존중 등 자국의 명예와 권위를 누리는 존엄권(right of dignity)을 포함한다. 임한택, p. 77.

생하였다는 점에서 주권의 성격에 대하여 의문을 제기하며 주권에 대한 제약을 확인하고 있다. 예컨대, 유엔회원국(사실상 모든 국가들)은 유엔헌장상의 의무를 이행하여야 하는데 의무의 이행은 필연적으로 자신의 주권에 대한 제한을 가져올 수밖에 없다. 그렇다고 하여 우리는 이러한 현상을 주권 또는 독립권에 대한 침해로 보지는 않는다. 오히려 이러한 제한도 궁극적으로는 국가 자신의 동의에 의한 주권의 행사로 볼 수 있다.

결론적으로 독립국가간 주권의 존중은 국제관계에서 필수적인 요소이지만 조약 등에 의한 제한이 가능한 상대적 개념으로 볼 수 있다.

마) 주권과 유사한 개념

오늘날 조약상 표현으로 많이 등장하는 주권과 유사한 용어들은 주권과 어떻게 다른가. 주권과 유사하면서도 구별되는 개념으로 1982년 유엔해양법협약은 배타적 경제수역과 대륙붕에서의 일정한 사항에 대하여 연안국의 주권적 권리(sovereign right)를 인정하고 있다. 주권이 배타적이고 포괄적인 성격인 데 반해 주권적 권리는 조약이 허용한 범위 내에서 특정한 사항에 대하여 사실상 주권과 유사한 권리를 행사할 수 있다는 의미로 이해되어야 할 것이다.

그 밖에 국가권력의 현실적 행사를 의미하는 관할권(jurisdiction) 및 관리권(control)의 개념도 자주 이용된다. 예컨대, 1952년 '인접해양에 대한 주권선언'은 본문에서 주권대신 관할권과 관리권을 사용하였으며, 유엔해양법협약도 배타적 경제수역에서의 인공섬, 시설 및 구조물의 설치와 이용에 대한 관할권을 규정하고 있다.

2) 자위권

자위권(Right of Self-defense)은 국제법상 국가의 가장 중요한 의무인 '무력사

---

21) 1923년 'Wimbledon호 사건'에서 PCIJ는 주권의 존재와 조약을 통한 주권의 제약, 즉 국가의 의무의 양립성을 확인하였다. 참고로 이 사건은 소련·폴란드 전쟁시 독일이 중립국의 전시금제품 운송금지를 이유로 자국 내의 Kiel운하를 폐쇄한데 대해 영국, 프랑스 등이 독일을 PCIJ에 제소한 사건이다. 이 사건에서는 독일의 국내법상의 중립규정과 베르사이유 조약에 명시된 Kiel운하 개방의무와의 상충성이 쟁점이었으며 이에 대해 PCIJ는 국내법에 대한 국제법의 우위를 확인하였다.

용금지'와 깊이 연계되어 있다. 제 4강(무력사용에 대한 규제)에서 설명한 바와 같이 헌장 제 2조 4항은 무력사용의 일반적 금지를 규정하고 이에 대한 예외로서 제 51조에서 자위권을 허용하고 있다.

무력사용의 일반적 금지와 이에 대한 예외로서의 자위권(복습)
▶ 무력사용 규제를 위한 국제사회의 노력 – 정전론에서 무차별전쟁론을 거쳐 전쟁불법화 추구(1928년 부전조약, 유엔헌장의 일반적 무력사용금지) ▶ 자위권의 개념 – 1837년의 캐롤라인호 사건(Caroline Case)과 국제관습법상의 자위권 – 유엔헌장 체제하에서의 자위권(헌장 제 51조) · 개별적 자위권과 함께 집단적 자위권 인정, 자위권 발동요건 규정, 안보리의 통제, 유엔헌장 체제하에서도 국제관습법상의 자위권의 행사요건인 필요성과 비례성의 충족이 자위권 행사의 중요한 판단기준 · 헌장 제 51조의 무력공격(armed attack)과 제 2조 4항의 무력사용(use of force)의 차이, 무력공격의 개념변화와 예방적 자위권의 허용여부 등

다. 국가의 의무

1) 국내문제불간섭의무

가) 국내문제불간섭

모든 국가는 자국영역과 영역 내에 있는 모든 사람, 재산 및 상황에 대하여 국제법에 위반되지 않는 한 배타적으로 관할권을 행사할 수 있다. 이와 동시에 모든 국가는 주권의 당연한 귀결로 다른 나라의 국내관할사항에 대하여 관여 내지는 간섭하는 것이 허용되지 않는다. 여기서 어떤 국가도 타국의 국내문제(domestic, internal affairs)에 부당하게 간섭할 수 없다는 국내문제불간섭(non-intervention)의무가 나온다. 국내문제불간섭의무는 유엔헌장 제 2조 1항의 국가간 주권평등의 원칙에 근거한다. 다시 말해서 국내문제불간섭의무는 국가간 주권평등 또는 독립권의 또 다른 표현이다.

한편 유엔 총회 차원에서도 이와 관련된 결의가 다수 채택되었다. 이러한 일련의 결의들은 특히 제 3세계권 국가들의 입장이 반영된 것으로 사실상 강대국의 개입을 방지하는 것을 목적으로 하고 있다는 점이 특징이다. 대체로 모든 형태의 간섭, 즉 무력의 위협 또는 사용은 물론 이를 수반하지 않는 강압성을 가지는 일체의 간섭을 금지하고 있다.[22]

나) 국내문제의 정의

그렇다면 무엇이 국내문제인가. 국내문제는 일국이 배타적으로 관할권을 행사할 수 있는 것으로 국제법이 인정하고 있는 사항을 의미한다. 예컨대, 중재재판이나 사법적 해결의 대상이 되는 조약의 해석, 국제의무의 위반으로 되는 사실의 존재 및 위반에 대한 배상의 범위 및 성질에 관한 분쟁 등은 분명히 국내문제가 아니다.[23] 반면 국내문제는 정부형태와 같은 헌법상 문제, 국적의 취득, 종교, 이민, 관세나 형사절차 등을 말한다.

그러나 무엇이 국내문제인지에 대한 판단은 상대적인 개념이며 동시에 매우 주관적이어서 그렇게 간단한 문제는 아니다. 이를 설명하면 다음과 같다.

첫째, 국내문제에 해당하는 사항들도 오늘날 국가간 조약의 대상이 되는 경우에는 더 이상 국내문제가 아니다. 이와 관련 1923년 '튀니지와 모로코에서의 프랑스국적 칙령사건(Nationality Decrees in Tunis and Morocco)'에 대한 PCIJ의 권고적 의견이 있다. 여기서 PCIJ는 무엇이 국내문제에 해당되는지는 국제법의 발전에 따른 상대적 문제이며(an essentially relative question), 국적과 같이 종래 국내문제로 간주되어 오던 사항도 타국과의 조약에 근거한 의무가 관련된 경우에는 동 의무에 의하여 제한되므로 더 이상 국내문제가 아니라는 입장을 제시

22) 관련 결의로는 제 4강('무력사용에 대한 규제'의 제 6절 2. '인도적 개입')에서 설명한 1965년 '국내문제에 대한 간섭 불허와 독립 및 주권의 보호에 관한 선언'과 그 밖에 1981년 유엔 총회 결의 36/103로 채택된 '국내문제 간섭과 개입의 불허에 관한 선언(Declaration on the Inadmissibility of Intervention and Interference in the Internal Affairs of States)' 등이 있다.

23) ICJ 규정 제 36조 2항(선택조항)에 규정된 강제관할권의 수락대상이 되는 국제분쟁, 즉 국제법률분쟁의 경우가 이에 해당된다(제 29강 '국제분쟁의 평화적 해결'의 제 3절 '국제사법재판소' 다. '관할권' 참조).

한바 있다.[24)]

둘째, 더욱이 오늘날에는 국제사회의 복잡다기화로 국내문제의 범위가 점점 축소되는 경향이다. 국내에서 발생한 사건이라도 국제평화와 안전을 위협하거나 파괴하는 문제를 비롯하여 환경과 인권 문제 등은 국제적 관심사가 되어 국내문제로 취급되지 않는 경우가 대부분이다. 과거 로데시아 및 남아프리카에서의 인종차별에 대한 안보리의 경제제재조치 등에서도 확인되었듯이 인권은 당시에도 이미 국내문제가 아니며 국제적 관심사에 속하였다. 그밖에 피지배 민족에 대한 심각한 자결권의 부인과 국제법상의 의무위반과 관련한 사항 등도 당연히 국내문제에 해당되지 않을 것이다.

다) 간섭의 의미

간섭(intervention)이란 일 국가가 정당한 국제법상의 근거 없이 자신의 의사를 다른 국가에 강제하는 것을 의미한다. 보다 구체적으로는 한 국가가 다른 나라에서 특정한 목적을 달성하기 위하여 또는 다른 나라로 하여금 특정한 행동을 하도록 하기 위하여 일방적으로 강제하는 것을 말한다. 이 경우 피간섭국은 자신의 문제에 대한 결정권을 상실하게 된다. 참고로 1986년 '니카라과 사건'에서 ICJ는 금지되는 간섭이란 개별국가가 국가주권의 원칙에 의해 자유로이 결정하는 것이 허용되는 사항에 관한 것으로 정치, 경제, 사회 및 문화체제나 외교정책의 수립 등에 대한 간섭이 이에 해당된다고 보았다. 더욱이 '이러한 선택에 대한 간섭이 강제적일 경우 이는 위법하다'고 판단하였다.[25)]

---

24) 관련 부분 원문은 다음과 같다: "... in a matter which, like that of nationality, is not regulated by international law, the right of a State to use its discretion is nevertheless restricted by obligations which it may have undertaken towards other States.", PCIJ Reports 1923, Series B No. 4, p. 6, Advisory Opinion. 참고로 이 사건의 요지는 다음과 같다. 1921년 프랑스가 자신의 보호국인 튀니지와 모로코 주민에게 프랑스 국적을 부여하는 내용의 국적법을 공포하고 이를 영국민(해당 지역 거주 몰타인을 의미)에게도 적용할 수 있게 됨에 따라 영국이 국제연맹이사회에 본 건을 회부하였고 프랑스는 국적문제가 국제연맹규약 제 15조 8항이 규정하고 있는 전적으로 '국내 관할권'에 속하는 문제이므로 연맹이사회가 다룰 수 없다고 주장하였다. 이에 따라 연맹 이사회는 동 사안에 대한 권고적 의견을 PCIJ에 요청하였다.

25) "... Intervention is wrongful when it uses methods of coercion in regard to such

이와 같이 간섭은 불법적인 외교조치(diplomatic demarche)로서 어떠한 국가의 의사에 정면으로 위배하여 그 국가의 정치적 독립을 침해하는 정도의 강도가 있는 것을 의미한다. 특히 무력에 의한 간섭은 무력사용금지원칙과 국내문제불간섭원칙을 동시에 위반하게 된다. 따라서 강제성이 결여된 타국에 대한 단순한 권고(recommendation), 제의(diplomatic suggestion) 또는 항의(protest)는 간섭이 아니다. 반면 어떠한 요구사항에 대해 이것이 수락되지 않을 경우 무력사용의 위협이나 경제적 제재조치를 암시하는 것은 분명한 간섭으로 해석될 수 있다.

그러나 간섭과 불간섭의 차이가 분명한 것이 아니라는 점에서 일률적인 판단은 어렵다. 다만 유엔의 목적과 원칙에 비추어 (진정한 의미에서) 국제적 관심사를 이유로 하는 정당한 간섭이 될 수 있는지, 즉, 간섭 의도의 순수성에 대한 객관적 평가가 중요한 판단기준이 될 수 있을 것이다. 예컨대, 제 4강('무력사용에 대한 규제'의 제 6절)에서 설명한 '인도적 개입'이나 해외 자국민의 안전을 위한 조치가 국제법적 정당성(국내문제불간섭원칙의 예외가 될 수 있는지에 대한 평가)을 가지는가에 대한 판단이 이에 해당될 수 있을 것이다. 또 다른 관점에서 미국의 '2019년 홍콩 인권 및 민주주의 법(Hong Kong Human Rights and Democracy Act of 2019)'이 과연 중국의 주장대로 국내문제불간섭의무의 위반인지의 여부에 대하여도 생각해 볼 여지가 있다.[26]

한편 외국의 침략을 받고 자위권을 행사하는 국가에 대하여 제 3국이 피침국의 합법적인 요청에 따라 지원하는 경우(집단적 자위권의 행사 등)나 중대한 불법적 간섭을 배제하기 위한 조치 또는 중대한 국제법규 위반국에 대한 대응조치 등에 대해서도 정당성이 확인되는 경우 당연히 국내문제불간섭의무의 위반으로 보지 않는다.

---

choices ...", ICJ Reports 1986, p. 14, para. 205.

26) 중국의 언론 매체인 CGTN은 'U.S. long-arm jurisdiction, a blatant violation of international law' 제하 기사에서 미 의회가 민주주의와 자유를 명분으로 '2019년 홍콩 인권 및 민주주의법'을 제정해 홍콩문제에 대한 개입과 중국 국내문제에 대한 뻔뻔한 간섭을 시도하고 있으며 이러한 미국의 태도는 국제관계에 적용되는 근본규범과 국제법을 심각하게 위반한다고 비난하였다.

라) 유엔과 국내문제불간섭의무

당초 국내문제불간섭의무는 주권을 가진 국가들 상호간의 간섭을 금지하는 것이었다. 그러나 국제연맹 설립 이후에는 국제기구 자신도 회원국의 국내문제에는 간섭하지 않아야 할 의무를 가지게 되었으며 이는 유엔의 경우에도 마찬가지다.

이와 관련 국제연맹 규약 제 15조 8항은 "분쟁이 ... 국제법상 오로지 분쟁당사국의 국내관할권에 속하는(solely within the domestic jurisdiction of that party) 사항이라고 이사회가 판단하는 경우, 이사회는 ... 분쟁해결에 대하여 어떠한 권고(recommendation)도 하지 않는다"고 규정하여 국내문제에 대한 불간섭을 분명히 하고 있다.[27] 그러나 무엇이 국내문제인지에 대해서는 아무런 언급이 없다. 따라서 '오로지(solely)'가 무엇을 의미하는지도 불분명하다.

또한 유엔헌장 제 2조 7항도 본질적으로(essentially) 국내문제에 대하여는 유엔도 간섭할 수 없다고 규정함으로써 유엔도 국제연맹과 마찬가지로 회원국의 국내문제에 대한 불간섭의무를 규정하였다.

그렇다면 국제연맹 규약상의 'solely'와 유엔헌장상의 'essentially'의 차이는 무엇인가. 국제연맹규약은 '분쟁이 국제법상(by international law) 오로지(solely) 국내관할권에 속하는 사항에서 발생하는 경우' 연맹은 아무런 권고를 하지 않는다고 규정하였다. 따라서 연맹이 간섭할 수 없는 국내문제는 분쟁과 관련된 매우 제한된 범위에 불과하였다. 반면 유엔헌장은 '본질적으로(essentially) 국내문제'란 표현만 사용하여 연맹규약과는 달리 분쟁과 무관한 모든 사항에 대하여도 '본질적으로 국내문제에 해당되지만 않는다면' 간섭할 수 있는 것으로 해석된다. 이러한 해석은 유엔헌장 제 2조 7항의 삽입배경을 살펴보면 쉽게 이해될 수 있다. 이 조항은 유엔의 간섭으로부터 회원국의 국내관할 사항(주권을 의미)을 존중하고 보호해 주는 동시에 국제공동체의 발전에 따라 과거 국내관할권에 속하던 사항들도 유엔헌장의 원칙과 목적에 따라 국제적으로 규율되어야 할 필요성을 반영하여 포함되었다. 1945년 유엔헌장 초안 작성시 제 2조 7항의 '국내문제'에 대한 검토과정에서 헌장기초위원회도 "헌장의 적용을 방해하거나 평화를 위협하

---

27) 이 조항은 국제연맹 출현 당시 국제사회가 조직화됨에 따라 국가들이 자신의 주권 및 독립과 관련된 핵심적인 이익을 보호하기 위한 목적에서 포함시키게 되었다.

는 상황을 야기할 정도로 근본적인 자유와 권리가 심각하게 영향을 받게 되는 경우에는 더 이상 개별국가의 관심사항이 아니다"고 판단한바 있다. 예컨대, 어느 일국의 정부형태나 성격은 본질적으로 국내문제이지만 동 정부가 취하는 정책이 국제평화와 안전에 대한 중대한 위협을 구성하게 되는 경우에는 국제적 관심사가 되어 국내문제불간섭원칙이 적용되지 않고 유엔의 개입이 가능해 질 수 있다는 논리적 해석이 가능하다.[28] 또한 이러한 해석은 이후의 유엔을 비롯한 국제기구들의 실행에서도 확인된다. 유엔창설 이후 지금까지 유엔과 국제사회의 실행은 국제기구가 개입할 수 있는 국내문제의 범위를 확대하는 방향으로 발전하여 왔다. 실제로 오늘날 특정 국가의 인권침해 문제가 유엔에서 국내문제라는 이유로 배제된 적이 없다는 사실은 이러한 변화를 잘 보여주고 있다.[29]

결론적으로 연맹규약상의 'solely'와 유엔헌장상의 'essentially'의 구분은 더 이상 의미가 없다. 중요한 것은 본질적인 의미에서의 국내문제로 유엔의 간섭이 배제될 수 있는 사항들은 오늘날 매우 제한적이며 이것이 오늘날의 국제법의 발전방향에도 부합하는 해석이라는 점이다.

그렇다면 국내문제 여부는 누가 판단하는가. 국제연맹 규약은 이사회가 판단하는 것으로 규정하고 있다. 그러나 유엔헌장에는 명시적 표현이 없어 자칫 분쟁당사자가 스스로 판단할 수 있다는 주장도 성립될 수 있으나 유엔의 설립목적에 비추어 볼 때 유엔(유엔의 관련기관)에 있다고 보는 것이 타당하다.[30]

한편 유엔헌장 제 2조 7항은 단서에서 "단, 제 7장의 강제조치의 적용을 방해하는 것은 아니다"고 규정함으로써 국내문제라는 이유로 유엔의 강제조치를

---

28) 성재호, '국제기구와 국제법', 한울, 2003, pp. 171-172 참조.

29) 유엔에서 국내문제불간섭의무와 관련하여 가장 민감하고 쟁점이 되는 것은 인권문제다. 유엔의 목표의 하나로 인권 및 기본적 자유에 대한 존중이 규정되어 있으며 따라서 그 범위 내에서 인권은 국내문제라고 할 수 없다. 그 밖에 유엔이 논의하고 채택해 온 자결권이나 식민지 독립 등에 관한 결의도 (유엔이 간섭하여서는 안 되는) 국내문제의 범위가 축소되는 과정의 일환이었다고 보아야 할 것이다.

30) 유엔헌장 제 2조 7항은 국제연맹과는 달리 국내문제에 대한 판단권한이 누구에게 있는지가 명확하지 않아 각 사안별로 권한을 가지는 주요 기관이 국내문제 여부를 판단하게 된다. 그러나 과거 국제법의 규율을 회피하기 위하여 자의적으로 국내문제의 개념을 확대하여 주장한 예가 많았음에 비추어 국내문제에 대한 판단은 구체적인 경우에 개별적으로 객관적 기준에 따라 판단되어야 할 것이다.

회피할 수 없음을 분명히 하고 있다. 그러나 여기서 강제조치를 취해야 할 정도의 문제는 위에서 설명한 바와 같이 이미 국제적 관심사로서 일국에서 야기되는 문제가 인종 차별이나 인권 탄압 등 평화에 대한 위협 또는 파괴와 직결되는 경우를 말하므로 이에 대해 유엔이 제 7장의 강제조치를 통하여 간섭할 수 있음은 당연하다.

참고로 유엔헌장 제 2조 7항은 유엔 차원에서 개별국가의 국내문제에 간섭하여서는 안 된다는 의미일 뿐이며 국가간의 국내문제에 대한 상호 불간섭의무는 당연히 헌장 제 2조 1항의 주권평등의 원칙에 근거한다.

2) 기타 유엔헌장상 국가의 기본적 의무

유엔헌장과 ILC가 작성한 1949년 '국가의 권리·의무에 관한 선언 초안'을 중심으로 국가의 기본적 의무를 살펴보면 국내문제불간섭의무 외에도 신의성실, 무력의 위협 또는 사용금지, 분쟁의 평화적 해결, 민족자결존중, 인권존중과 국제협력에 관한 의무 등을 들 수 있다.

이들 의무들은 사실상 유엔헌장의 기본원칙과 대동소이하다. 이들 의무들은 국가들이 대등한 주권국가로서의 권리를 향유하면서 동시에 국제협력을 통해 유엔의 이상을 실현시키기 위해서는 당연히 지켜져야 할 자연법적 가치들을 실정법으로 발전시킨 것이다.

제2절 국가 이외의 국제법 주체: 비국가 행위자(Non-state actors)의 국제법 주체성

1. 국제기구

국제기구는 둘 또는 그 이상의 국가들간의 조약에 의해 특정한 목적을 위해 설립된 국가들간의 연합(association)이다. 국제기구는 국제법 주체로서 헌장에 규정된 범위 내에서 독자적인 법인격을 가지고 국제법상의 권리와 의무를 향유할 수 있다. 따라서 국제기구는 국가간 합의(국제기구 설립조약을 의미)에 의하여 부여된 범위 내에서 권리와 의무를 향유하는 것이 원칙이지만 국제기구의 목적달성에 필요한 기능을 수행하기 위해서는 일정한 범위 내에서 묵시적인 권한(implied powers)의 행사도 가능하다.

국제기구가 국제법 주체로서 법인격을 가진다는 사실은 의미하는 바가 크다. 예컨대, 만일 국제기구인 유엔에게 법인격이 부여되지 않는다면 유엔은 다른 회원국이나 국제기구들과의 조약체결, 유엔회원국들 영토 내에서의 계약체결 등 사법적 활동이나 소 제기 등을 할 수 없을 것이다.

이에 대한 상세는 제 20강(국제기구법)에서 설명한다.

2. 개인

가. 개인의 국제법 주체성 인정 근거

자연법에 기초한 국제법의 발달과정에서 개인에 대한 고려는 항상 중요한 과제의 하나였다. 그러나 특히 19세기에 들어서면서 발달한 법실증주의 이론은 개인보다는 국가중심의 사고로 전환되었으며 국제법 주체로서의 국가의 중심적 역할이 강조되었다. 따라서 개인은 과거 국제법의 적용대상 또는 국제법의 객체로서 국가를 매개로 한 외교적 보호권의 대상에 불과하였고 PCIJ도 개인의 국제법 주체성을 부인하였다.[31)]

그러나 20세기에 들어서면서 국제법은 다시 개인에 대하여 관심을 가지게 되었으며 개인에 대한 보호와 책임문제를 국제법적 차원에서 다루기 시작하였다. 즉, 개인의 국제법상의 지위문제(국제법 주체성을 의미)는 개인의 인권에 대한 국제적 보호와 관련하여 발달되어 왔다.

이를 역사적 흐름과 관련하여 나누어 설명한다.

첫째, (국제기구) 국제연맹과 함께 탄생한 국제노동기구(ILO)에는 노동자 단체와 사용자 단체가 정부 대표와 함께 참여하게 되었다. 특히 ILO협약(국제법)은 노동자 단체와 사용자 단체가 국가에 대하여 협약준수를 요구할 수 있는 권리를 직접 규정하고 있다.

둘째, (개인의 제소허용) 1922년 '상부실레지아 협약(Upper Silesia Convention)'에 의해 창설된 재판소는 개인이 국가를 상대로 제기한 사건을 다룰 권한이 있다고 판단하였다.[32)]

셋째, (국제인도법) 1907년 헤이그 평화회의는 전쟁포로 또는 부상병자에 대한 국제법적 보호를 논의하였고, 1949년 4개 제네바 협약과 1977년 채택된 2개의 추가의정서는 이를 위반하는 개인에 대한 책임문제를 직접 규정하고 있다.

넷째, (개인에 대한 형사책임) 1945년 뉘른베르크 헌장은 제 2차 대전 중에 발생

---

31) 1924년 그리스와 영국간 '마브로마티스 팔레스타인 양허계약 사건(Mavromatis Palestine Concession)'에서 PCIJ는 분쟁이 비록 개인과 국가사이에서 출발하였어도 일단 당해 개인의 국적국이 외교적 보호권을 행사하는 순간 분쟁은 국제법의 영역으로 들어가게 된다고 판단하였다. PCIJ Ser. A. No.2, 1924. 참고로 이 사건은 그리스인 마브로마티스가 팔레스타인의 전 통치국이었던 오토만 제국과 체결한 계약상의 권리를 팔레스타인의 위임통치국인 영국이 인정하여줄 것을 요청하였으나 거절 당한 후 그리스가 영국을 상대로 PCIJ에 제기한 소송이다. 또한 폴란드와 단치히 자유시 사이에 체결된 철도직원협정의 효력에 관한 사건을 다룬 1928년 '단치히 철도사건(Jurisdiction of the Courts of Danzig: Danzig Railway Case)'에 대한 권고적 의견에서도 PCIJ는 확립된 국제법 원칙에 의하면 조약이 개인에게 직접적인 권리와 의무를 창설할 수 없다고 판단함으로써 국가만이 국제법 주체라는 전통적 입장을 재확인하였다. PCIJ Ser. B, No. 15, 1928.

32) 그밖에도 1919년 베르사이유 조약은 연합국 국민들이 혼합중재재판소(Mixed Arbitral Tribunal)에 직접 보상을 위해 자신의 이름으로 독일을 상대로 소송을 제기할 수 있도록 규정하였다.

한 전쟁범죄, 평화에 반하는 죄 및 인도에 반하는 죄를 이유로 개인에 대하여 직접 형사책임을 물었으며 이는 개인의 국제법 주체성에 대한 획기적인 변화였다.[33] 이를 계기로 국제사회는 개인에 대하여 국제인도법의 중대한 위반 등 국제범죄를 범하지 않을 의무와 함께 이를 위반하는 경우 개인에 대하여도 직접 책임을 추궁할 수 있다는 국제법 원칙이 확립되었다.

다섯째, (인권협약의 채택) 1948년 유엔 총회 결의로 채택된 '집단살해방지협약' 제 4조도 집단살해를 범한 개인은 헌법상 책임있는 통치자나 공무원 또는 사인을 불문하고 처벌한다고 규정함으로써 범죄에 책임 있는 개인에 대하여 국제법에 근거한 직접처벌 가능성을 시사하였다.[34]

여섯째, (국제형사재판소의 설립) 1993년 유엔 안보리 결의에 의해 설립된 임시 재판소로서의 '구유고 국제형사재판소' 및 1994년 설립된 '르완다 국제형사재판소'와 이들 임시 재판소에 이어 1998년 '국제형사재판소 설립을 위한 로마규정'에 의해 설립된 국제형사재판소는 상설재판소로 집단살해, 인도에 반하는 죄, 전쟁범죄 및 침략범죄에 책임있는 개인을 직접 처벌할 수 있게 되었다.[35]

일곱째, (국제인권법의 발전과 개인의 청원권) 유엔헌장 제 1조 3호(모든 사람의 인권 및 기본적 자유에 대한 존중)에 따라 유엔 총회에서 채택된 세계인권선언 등 인권 관련 국제법 규범의 등장은 국제인권법의 획기적인 발전을 가져왔다. 이를 계기로 국가는 국제인권협약상의 인권을 국제법상의 개인의 권리로 보장할 조약상의 의무를 부담하게 되었다. 특히 1966년 '시민적 및 정치적 권리에 관한 국제규약(B 규약)'과 동 추가의정서는 인권 관련 개인의 청원권을 인정하는 제도를 도입하였고 이후 많은 분야별 인권관련 협약들도 개인의 청원권을 인정하는 제

---

33) 1945년 뉘른베르크 국제군사재판소는 '국제법은 국가는 물론 개인에 대하여도 의무와 책임을 부과할 수 있다(International law imposes duties and liabilities upon individuals as well as upon states)'고 판단하였다.

34) 동 협약 제 4조 원문은 다음과 같다: "Persons committing genocide shall be punished, whether they are constitutionally responsible rulers, public officials or private individuals."

35) 과거 개인은 국제범죄를 범하지 않을 의무를 부담하며 범하였을 경우에는 처벌을 받지만 처벌은 개별국가의 법정에서 실현될 수밖에 없었다. 그러나 이들 임시재판소 및 상설 국제형사재판소는 개인을 직접 처벌할 수 있는 국제법상의 근거를 가질 수 있게 되었다. 이에 대해서는 제 26강(국제형사법)을 참조한다.

도를 도입하였다.[36] 한편 이에 추가하여 일부 인권협약의 경우는 개인이 직접 인권재판소에 제소할 수 있는 권리를 부여하였으며 대표적인 예가 유럽인권재판소다.[37] 이에 대해서는 제 22강(국제인권법)을 참조한다.

여덟째, (영사접견권) 개인의 국제법 주체성은 영사관계에 관한 비엔나협약에 의해서도 확인할 수 있다. 동 협약 제 36조 1항 b호는 타국에 소재하는 영사 파견국의 영사관할구역 내에서 파견국의 국민(자국민)이 체포, 구금 또는 구속되는 경우 해당인이 이러한 사실을 파견국의 영사기관에 통보하여 줄 것을 요청하면 접수국 당국은 지체없이 통보하여야 한다고 규정하면서, 하단에서 이를 해당인 '개인의 권리(his rights)'라고 규정하였다. 이는 국제법인 영사관계에 관한 비엔나협약이 개인의 여사한 권리를 국제법으로 직접 보장하였다는 의미로 해석될 수 있다. 이 점은 제 15강(외교·영사 관계법)의 'LaGrand 형제 사건'에 대한 ICJ의 판결에서도 확인된다.

이상에서 볼 수 있듯이 개인은 다시 국제법의 주요 고려대상으로 등장하였다. 특히 개인은 인권보호 및 형사책임과 관련하여 국제법상 일정한 권리와 의무를 가지는 국제법 주체로서의 지위를 제한적인 범위 내에서 부여받게 되었다.[38] 즉, 국제법은 일정한 범위 내에서는 국가와 개인간의 관계에 적용될 수 있으며 개인과 개인간의 관계라도 그것이 국제적 함의(matters of international concern)를 가지는 경우에는 일정부분 적용될 수 있게 되었다.[39]

---

36) 국제인권협약상 개인에게 부여되는 청원권은 국적국이 동의하는 한(국적국이 동 의무를 수락하는 한)에서만 가능하다는 점에서 한계가 있다(제 22강 '국제인권법'의 제 2절 '국제인권조약의 인권보장 메커니즘' 참조).

37) 원칙적으로 개인은 국제재판소에서 당사자적격을 가지지 못한다. 그러나 유럽연합(EU)의 경우 개인은 유럽인권재판소에 직접 청원할 수 있으며 유럽사법재판소에의 제소권도 인정된다.

38) 개인이 국제재판소에 의해 직접 기소될 수 있다는 사실이 바로 개인이 국제법인격을 향유하는 것을 의미하는 것으로 볼 수 없다는 주장도 있다. 이 주장에 따르면 국가는 자신들이 행사하여야 할 국제범죄에 대한 보편적 관할권의 행사의무를 국제형사재판소가 대신 수행하도록 동의한 것에 불과하기 때문이다.

39) 이러한 사고는 이미 오래전에 시작되었다. 관련 부분 원문은 다음과 같다: "International Law is applicable to relations of States with individuals and to certain interrelations of individuals themselves where such relations involve matters of international concern", Philip C. Jessup, 'The Subjects of a Modern Law of Nations', Michigan Law Review,

이와 같이 개인이 국제법 주체성을 가진다는 의미는 개인이 국제법상의 권리와 의무를 창출하는 법률행위를 할 수 있다는 뜻이며 이를 국제법상의 권리와 의무로 나누어 보면 예컨대, 의무는 개인이 국제인도법 위반 등 국제범죄를 범하지 않을 의무와 이를 위반한 개인에 대한 국제재판소의 형사처벌을 의미하며, 권리는 국제인권규약에 의한 개인의 청원권과 영사관계협약상의 권리 등으로 요약될 수 있을 것이다.

기타 개인의 국제법 주체성과 관련하여 고려되어야 할 사안으로는 소수민족과 원주민 문제가 있다. 그러나 이들 집단의 경우 개별 구성원들은 개인의 인권보호 차원에서 국제조약이 규정한 일정한 수준의 대우와 보호를 향유할 수는 있지만,[40] 그 밖에 그룹 전체에 대한 국제법인격 부여 문제에 대해서는 일치된 해석이 없다.

끝으로 개인의 국제법 주체성은 제한된 범위 내에서 국제법상의 권리와 의무의 수동적 주체가 될 뿐이며 능동적 주체로서 국제법 정립과정에의 참여는 불허된다는 점에서 본원적 국제법 주체로서의 국가와 구분된다.

나. 국제법 주체로서의 개인의 형사책임과 국가책임의 관계

국가의 국가책임은 주로 국가(국가기관 등)에 의하여 행해진 국제법 위반행위(국제의무의 위반)가 객관적으로 발생하였는가를 기준으로 판단하지만 개인의 국제형사책임은 행위자의 주관적 의도가 국제범죄 성립을 위한 중요한 판단 기준이다.

국가책임 문제는 피해의 전보를 목적으로 하나 개인의 형사책임제도는 개인에 대한 형사처벌을 목적으로 한다(제 13강 '국가책임'과 제 26강 '국제형사법' 참조).

다. 평가

ICJ는 '유엔직원이 직무수행 중 입은 손해에 대한 배상 사건'에서 법질서에 따라 법 주체의 성격은 일정하지 않으며 반드시 동일한 정도의 권리를 보유하지도 않는다고 보았다. 다시 말해서 개인의 국제법 주체성이 국제기구 또는 나아가 국가와 같은 수준의 것이어야 할 이유는 없다.

Vol. 45, No. 4, Feb. 1947, pp. 383-408.

40) 예컨대, 시민적 및 정치적 권리에 관한 국제규약(B 규약) 제 27조는 종교적, 인종적 및 언어적 소수민족이 자신의 문화, 언어와 종교를 향유할 권리를 가진다고 규정하고 있다.

개인의 국제법 주체성은 국가는 물론 국제기구에 비해서 아직 초보적인 단계이며 매우 제한적이지만 앞으로 지속적으로 확대 발전될 것으로 예상된다. 특히 개인의 국제법 주체성은 개인의 인권보호를 위한 국제인권법의 발전과 함께 더욱 확대될 것으로 전망된다.[41] 이와 함께 다국적 기업 등에 대한 국제법 주체성 부여문제 등도 함께 적극 검토될 수 있을 것으로 예상된다.

3. 기타 비국가적 실체

가. 다국적 기업의 국제법 주체성

오늘날 국가간 교류가 빈번해지면서 국제사회에서는 국가와 타국의 기업(다국적 기업)간에 다양한 종류의 계약(양허계약)이 체결되고 있다. 일방 당사자인 기업과 타방 당사자인 국가간의 계약은 분쟁발생시 단순한 상거래 차원을 넘어 복잡한 법률문제를 야기할 수 있다. 특히 다국적 기업의 활동규모나 영향력에 비추어 다국적 기업에 대한 국제법의 직접적 규율이 필요하다는 주장도 꾸준히 제기되어 왔다.

여기서 다국적 기업에 대한 국제법 주체성 문제의 발전과정을 살펴보면 다음과 같다.

먼저 1952년 영국과 이란간 '영국-이란 석유회사 사건(Anglo-Iranian Oil Co.)'에서 ICJ는 이란과 동 석유회사간 양허계약의 당사자는 일 국가(이란)와 외국기업(영국 석유회사)이며 영국 정부는 당사자가 아니므로 동 양허계약은 조약이 아니라고 보았다(제 6강 '조약법'의 제 1절 1. '조약법 협약과 조약의 정의' 참조). 다시 말해서 ICJ는 한 기업과 외국 정부가 체결한 양허계약의 국제적 성격을 부인하였고 결과적으로 기업의 국제법 주체성도 부인하였다. 이에 앞서 PCIJ도 1929년 프랑스와 세르비아간 '세르비아 공채사건(Payment of Various Serbian Loans Issued in France)'에서 같은 입장을 취한 바 있다. 이 사건에서 PCIJ는 채무를 부담하는

41) 특히 인권기구에 대한 개인의 청원권은 인권조약의 핵심조항이다. 개인의 청원권은 인간을 국가로부터 해방시키기 위해 마련된 법적 장치로 개인의 국제법 주체성을 확인할 수 있는 가장 중요한 제도이다.

국가와 외국 사인(채권자)간의 관계는 전적으로 국내법의 관여사항(within the domain of municipal law)이라고 판단하였다.[42]

반면 1965년 국제투자분쟁해결협약은 기업과 외국정부간에 체결되는 양허계약의 국제적 성격을 인정하고 여기서 발생하는 분쟁에 관하여는 기업이 투자상대국인 국가를 상대로 직접 조정 또는 중재를 제기할 수 있는 권리를 인정하였다. 이외에도 이란-미국 청구재판소(Iran-US Claims Tribunal) 또는 FTA 협정(Free Trade Agreement) 등에서도 유사한 예를 찾을 수 있다.[43] 한편 1977년 Texaco 석유회사(기업)와 리비아(국가)간 사건에 대한 국제중재재판에 대하여 일부 학자들은 기업이 국가를 상대로 하는 소송(중재재판)에서 당사자 능력, 즉 국제법 주체성을 인정받았다고 평가한바 있다(이 사건에 대하여는 제 5강 '국제법의 법원'의 제 2절 2. '국제기구의 결의' 참조). 이와 같이 제한된 범위 내에서 기업의 국제법 주체성을 인정하는 적극적인 입장도 꾸준히 제기되고 있다.

그러나 다국적 기업과 같은 비국가 행위자(Non-state actor)의 경우 현실적으로 국제사회의 중요한 관여자(stakeholder)로서 막대한 영향력을 행사하고 있음에도 불구하고 국제법 주체성이 공식적으로는 인정되지 않는다. 따라서 다국적 기업의 경우 계약상의 의무위반은 성립될 수 있어도 국제법상의 책임은 성립되지 않는다.

나. 비정부간기구

먼저 비정부간 국제기구(Non-governmental Organization: NGOs)는 국가 또는 정부의 개입 없이 특정목적의 수행을 위해 2개국 이상에 지부를 둔 개인 혹은 단체로 이루어진 사적 국제조직이다. NGO는 국내법에 근거하여 설립되며 조약에 의해 설립되지 않는다는 점에서 정부간 기구와 구분된다.

42) 이 사건의 관련 부분 원문은 다음과 같다: "It therefore is exclusively concerned with relations between the borrowing State and private persons, that is to say, relations which are, in themselves, within the domain of municipal law", PCIJ Judgment No. 14, 12 July 1929, para. 38.

43) 1988년 캐나다-미국간 FTA 협정은 개인(기업)이 국가를 상대로 구속력 있는 결정을 내릴 수 있는 패널에 접근할 수 있도록 규정하고 있다.

유엔헌장 제 71조는 유엔 경제사회이사회가 그 권한 내에 있는 사항과 관련이 있는 NGO와의 협의를 위하여 적절한 약정(arrangement)을 체결할 권한을 부여하고 있다. 그러나 NGO가 경제사회이사회와 약정을 체결하는 것은 유엔의 목적 달성을 우한 노력의 일환일 뿐 NGO를 국제법인격을 가진 국제법 주체로 인정한다는 의미는 아니다. 더욱이 NGO의 법적 지위와 권한은 NGO가 설립되는 국가의 국내법에 의해 결정되며 국내법의 규율을 받는다는 점도 국제법 주체성을 부인하는 근거가 될 수 있다.

그럼에도 불구하고 오늘날 대표적 NGO인 국제적십자위원회(International Committee of the Red Cross: ICRC)는 국제법인격을 가지고 국제인도법 분야에서 일정한 역할을 수행할 수 있는 권한을 부여받았다. 특히 ICRC는 1933년 스위스 정부와의 '본부협정'을 통해 스위스 내에서 법률행위를 할 수 있는 법인격을 인정받고 ICRC 건물에 대한 불가침권 등 특권과 면제도 부여받음으로써 정부간 국제기구와 유사한 지위를 향유하고 있다.

다. 교전단체, 민족해방운동(NLM)

교전단체(Belligerents)와 민족해방운동(NLM)도 승인을 통해 일정범위 내에서 국제법 주체성을 가진다.

이에 대해서는 제 9강(승인)에서 설명한다.

국제법 주체의 확대 및 발전에 대한 평가

- ▶ 국제법의 발전과 국제법 주체의 확대에도 불구하고 국가는 가장 중요한 본원적 주체로서의 지위를 가진다.
- ▶ 국제기구, 개인, 교전단체와 NLM은 제한된 범위 내에서 국제법 주체성을 가진다.
- ▶ 개인의 국제법 주체성은 제한된 범위 내에서 국제법상의 권리와 의무의 수동적 주체가 될 뿐이며 능동적 주체로서 국제법 정립과정에의 참여는 불허된다는 점에서 본원적 국제법 주체로서의 국가와 구분된다.
- ▶ 향후 다국적 기업, NGO 등에 대한 국제법 주체성 허용 여부가 국제법의 발전과정에서 진지하게 논의될 수 있을 것으로 보인다.

제 9 강
승인

제1절 국가승인

1. 개관

국제사회는 항시 변화하고 있으며 국제사회를 구성하고 있는 국가들도 변화하고 있다. 다양한 방식(분리, 합병, 신생독립 등)에 의해 한 국가가 소멸하거나 두 개 이상의 국가들이 합쳐지고 또는 새로운 국가가 탄생하기도 한다. 또한 국가 내에서도 혁명 또는 비합법적 방식에 의해 새로운 정부가 수립되기도 한다.

이 경우 기존의 국가들에게는 새로운 문제가 제기된다. 제기되는 문제들 중 가장 중요한 것은 새로운 국가에 대한 기존국가들의 승인문제이다. 즉, 기존국가들은 새로운 국가를 승인할지 여부를 결정하여야 한다. 이에 따라 신국가가 기존국가들로부터 승인을 받게 되면 그때부터 국제법상의 권리와 의무의 주체가 되며 대등한 주권국가간의 관계가 성립된다.

승인에는 신국가의 성립시 행해지는 국가승인 외에도 신정부의 성립시 행해지는 정부승인의 문제가 있다. 그러나 국가와 정부는 서로 불가분적 요소라는 점, 정부승인에 관한 원칙과 실행도 국가승인의 경우와 유사하다는 점과 정부승인의 경우에도 승인국의 정치적 고려가 작용하는 현상은 국가승인과 마찬가지라는 점에서 양자를 단일문제로 취급하는 경향이다.[1)] 그럼에도 불구하고 국가승인은 국제관계에서 당사자적격을 부여하는 문제이며 정부승인은 통치의 실효성을 인정하는 문제라는 점에서 많은 국제법학자들은 양자를 나누어 설명하고 있다.

또한 승인에는 국가승인과 정부승인 외에도 특수한 경우로 교전단체의 승인과 민족해방운동에 대한 승인 등이 있다.

이하 승인에 관한 학설, 방법 및 효과 등을 국가승인을 중심으로 설명하고 이어 정부승인 및 기타 실체에 대한 승인에 대하여 설명한다.

2. 국가승인의 의의

국제법상 국가승인이란 기존의 국가가 새로이 성립된 국가에 대하여 주권국가로서의 본질적 요건(essential elements of sovereign statehood)을 갖추고 있다는 것을 인정하는 개별국가의 (일방적) 행위이다.[2)] 다시 말해서 신국가가 국제법인격을 획득하였음을 인정하는 것을 말한다. 이러한 승인을 통해 신국가의 활동과 지위가 승인국과의 관계에서 성립된다. 따라서 승인은 신국가의 국제관계 형성의 첫 출발점이다.

또한 승인은 국제법상 일정한 법적 효과를 수반하고 있다는 점에서 중요성을 가진다. 특히 승인국이 일단 승인을 하면 피승인국의 국가로서의 제반 자격을 다시 부인할 수 없는 금반언(*estoppel*)의 법적 효과를 가져 온다. 동시에 국가와 국가간에 적용되는 주권면제 원칙의 적용(제 12강 '주권면제' 참조) 등 법적 효과도 수반된다.

한편 승인은 국제법상 일정한 요건(전술한 국가성립의 요건)이 충족되는 경우 당연히 부여되어야 하지만 실제로는 승인을 부여하는 국가의 국가이익에 따른

1) 이러한 이유로 많은 국제법 교과서들이 국가승인 설명시 정부승인도 함께 설명하여 혼동이 초래되는 경우가 있으나 같은 맥락에서 이해하면 된다.
2) 여기서 본질적 요건이란 국가성립을 위한 요건인 국민, 영토, 정부와 대외관계 수립능력을 말한다.

정치적 고려가 법적 판단보다 더 크게 작용된다는 점에서 승인을 부여하는 국가의 재량행위에 해당한다. 이와 같이 정치적 고려가 개입된다는 점에서 승인문제는 (국제)법과 (국제)정치가 함께 작용하는 국제법의 가장 어려운 주제에 속한다.

결론적으로 국가승인이란 승인국(승인하는 국가)의 입장에서 피승인국(승인받는 국가)이 국가의 성립요건을 충족시켰다고 판단하는 경우 국제사회의 새로운 구성원으로 인정하고 국가간 관계를 가지겠다는 의사의 표명으로 볼 수 있다.

3. 국가승인 제도에 관한 학설

국가승인의 국제법적 성격, 기능 및 승인의 법적 효과를 둘러싸고 다음의 두 학설이 대립된다. 하나는 창설적 효과설(constitutive theory)이며 다른 하나는 선언적 효과설(declaratory theory)이다.

가. 창설적 효과설

창설적 효과설은 유럽중심의 국제질서 속에서 신생국들은 기존국가들의 승인을 받아야 국제사회의 일원이 될 수 있었던 역사적 배경에서 유래한다. 창설적 효과설은 안찔로티와 켈젠 등에 의해 주장되었다. 이 학설에 의하면 승인은 피승인국에 대한 자격부여 행위로 새로 성립한 국가는 기존국가들로부터 승인을 받아야 비로소 국제법인격을 가진 국제법 주체로서의 국가가 될 수 있다. 즉, 새로 성립한 국가는 기존 국가의 동의에 의해서만 국가로서의 출범이 가능하므로 신생국의 입장에서 볼 때 승인은 국가성립의 중요한 요건이다. 승인국(기존 국가)의 입장에서도 자신이 승인을 부여하였을 경우에만 피승인국(신국가)에 대해 국제법상의 의무를 부담하므로 승인은 승인국과 피승인국간의 법적 관계를 창설하는 효과가 있다. 따라서 이 학설에 의하면 승인 이전의 국가의 성립은 사실에 불과하다.

이러한 이유로 창설적 효과설은 승인국의 재량이 정치적 이해에 의해 좌우될 수 있다는 문제점이 지적되고 있다.[3] 더욱이 이미 국가로 성립하여 실효성을 갖춘 정부가 활동 중인데 승인을 받지 못하여 법인격이 없다는 것은 신생국에 대한 법률관계를 한편에서는 승인한 국가들과의 관계와 다른 한편에서는 승인하지 않은 국가들과의 관계로 양분하는 결과를 가져온다는 점에서 바람직하지 않다.

나. 선언적 효과설

반면 선언적 효과설에 의하면 승인은 아무런 법적 효과를 가지지 못한다. 왜냐하면 새로운 국가는 타국의 승인 여부와 무관하게 이미 그 자체 법적으로 존재하는 것이며 승인은 이러한 사실(pure fact)을 확인하는 행위에 불과하기 때문이다. 다시 말해서 새로운 국가의 성립은 객관적 사실의 문제이고 승인은 이러한 사실의 확인행위에 불과하다고 보는 것이다. 이와 같이 선언적 효과설은 어떠한 실체가 국가로서의 성립요건을 객관적으로 충족시키는 경우 그 실체는 모든 국제법상의 권리와 의무를 향유하는 국가로 이미 성립되었으므로 다른 국가들은 있는 그대로의 국가로 대우하면 충분하다고 보고 있다.

이 이론에 따르는 경우 분단국가나 이스라엘의 경우에서 볼 수 있듯이 일부 국가가 공식적이고 명시적으로 이들 국가들에 대하여 국가승인을 하지 않는다고 해서 국가가 존재하지 않는 것이 아니며 다만 그 국가와 승인하지 않은 국가간에 공식관계가 수립되기 곤란하다는 것을 의미할 뿐이다.

다. 평가

과거 19세기 후반까지는 유럽중심의 국제사회에서 신생국은 국제사회의 승인을 받아야 했다는 점에서 창설적 효과설이 우세하였다.[4] 더욱이 국가의 법인격 여부를 평가하고 이를 확인하여 줄 수 있는 권위있는 기관이나 제도가 결여된 국제사회에서는 결국 개별국가가 이러한 기능을 대신 수행하여 줄 수 있다는

---

3) 1973년 서방국가들은 동독을 국가승인하면서 정치적 이유로 창설적 효과설을 적용하였다.

4) PCIJ는 1934년 프랑스와 그리스간 '등대사건(The Lighthouse)'과 1952년 프랑스와 미국간 '모로코에서의 미국인의 권리사건(Rights of Nationals of the United States of America in Morocco)'에서 창설적 효과설을 지지하였다.

점에서 창설적 효과설은 중요성을 가질 수 있었다. 그러나 창설적 효과설에 의하면 신국가가 실효성을 갖추고 있더라도 승인받지 못하면 법인격이 인정되지 않으므로 신국가는 자신을 승인해준 국가와의 관계에서만 법인격이 인정된다는 모순된 상황에 부딪치게 된다. 더욱이 창설적 효과설의 입장에서는 앞에서 설명한 국가의 성립요건에 별도로 타국가의 승인이라는 새로운 요소가 요건으로 추가되어야 한다는 문제점도 제기된다.

한편 제 2차 대전 이후 많은 식민지 국가들의 독립 등 변화된 국제환경은 승인에 대한 인식을 바꾸는 계기가 되었다. 이러한 변화된 상황인식에 따라 승인은 단순히 선언적일 뿐이며 승인으로 국가가 창설되는 것은 아니라는 선언적 효과설이 더욱 설득력을 가지게 되었다. 선언적 효과설은 국제협약과 국제재판소에 의해서도 지지되고 있다. 1933년 몬테비데오 협약 제 3조는 "국가의 정치적 존재는 다른 국가들의 승인과 무관하며, 승인 이전에도 그 국가는 자신의 온전성과 독립을 지킬 권리를 가진다"고 규정하고 있다.[5] ICJ도 1996년 보스니아와 유고연방간 '집단살해방지협약의 적용에 관한 사건'에서 단순히 영토를 실효적으로 지배하지 못한다는 사실이 유엔의 입장에서 볼 때 법적 실체로서의 지위가 부인되는 것은 아니라고 하면서 (국가는 이미 성립되어 있다는 점에서) 선언적 효과설을 지지하였다. 이에 앞서 1992년 구유고슬라비아에 대한 승계국의 독립과 법적 지위를 논의하기 위해 구성된 '구유고평화회의 중재위원회(Badinter Arbitration Committee)'도 다른 나라에 의한 승인의 효과는 순수하게 선언적(purely declaratory)이라고 보았다. 그밖에 다수 국가의 국내법원들도 승인 이전에는 국가가 존재하지 않는다는 입장을 부인하고 선언적 효과설을 지지하고 있다. 사실 민족자결에 의해 독립한 국가가 창설적 효과설에 따라 과거의 식민종주국으로부터 다시 승인을 받아야 국가로 성립된다는 논리는 분명 모순이다. 따라서 선언적 효과설에 의해 당연히 국가로서의 지위가 부여되어야 할 것이며 다른 국

5) 관련 부분 원문은 다음과 같다: "The political existence of the state is independent of recognition by the other states, ... Even before recognition the state has the right to defend its integrity and independence ...", 1948년 보고타에서 채택된 미주기구헌장도 새로운 국가의 존재는 다른 나라의 승인에 의해 영향 받지 않으며 승인 이전에도 이미 자신의 온전성과 독립을 수호할 권리를 가진다고 하였다.

가들의 승인은 형식에 불과하다고 보아야 한다.

더욱이 창설적 효과설에 의할 경우 신생국이 국가로서의 요건을 충족하지 못하는 경우에도 기존 국가들은 정치적 이유로 상조의 승인을 할 수 있는데 이 경우 승인의 국제법적 정당성이 문제가 될 수 있다. 이러한 문제점을 해소하기 위해서도 승인국의 재량은 최소화되어야 할 것이다. 과거 냉전기간 중 진영논리에 의해 정치적 이유로 국가승인을 받지 못했던 남북한이나 동서독의 경우에 비추어 보더라도 향후 여사한 경우에는 선언적 효과설에 의해 국가로서의 존재를 인정하고 승인의무를 부과하는 것이 필요하다고 본다.

결론적으로 승인의 요건이 갖추어졌을 경우 그러한 사실 상태를 그대로 인정하는 선언적 효과설이 타당하다고 본다. 그러나 후술하는 바와 같이 국가가 국제법을 위반하여 성립된 경우에는 승인이 중요한 역할을 할 수 있으며 이 점에서 아직도 창설적 효과설은 의미를 가진다.

한편 이와 같은 문제점에도 불구하고 국가들의 실행에 비추어 볼 때 창설적 효과설과 선언적 효과설간 큰 차이는 발견되지 않는다. 예컨대, 창설적 효과설을 주장하는 학자들 중에서도 승인국의 자의성을 배제하기 위한 목적으로 새로 성립한 국가가 국제법상의 일정한 요건을 갖춘 경우 타국은 승인의무가 있다는 주장이 제기되고 있으며 이러한 주장은 선언적 효과설에 가깝다. 반면 선언적 효과설의 경우에도 실제 승인과정에서는 정치적 동인에 의한 재량과 자의성이 반드시 배제된다고는 할 수 없다는 점에서 창설적 효과설의 성격을 완전히 배제할 수는 없다.

결국 양 학설의 조화가 중요하며 국가들의 실행도 양자의 조화를 이루는 방향으로 발전해 오고 있다.

창설적 효과설과 선언적 효과설의 차이
▶ 창설적 효과설은 먼저 기존국가의 승인이 있어야 국가가 성립된다는 이론이지만 선언적 효과설은 먼저 국가가 성립하고 이렇게 성립된 국가를 승인한다는 점에서 양자는 정확히 반대의 과정을 가진다.

> ▶ 그러나 승인은 창설적 효과설과 선언적 효과설의 양 측면을 동시에 가지고 있다고 본다. 즉, 국가로서의 요건의 충족없이 선언적 효과설이 성립될 수 없으며, 또한 요건이 충족되었다는 사실은 결국 기존 국가들이 판단하여야 하는 것이므로 이 점에서는 창설적 효과설이 설득력을 가진다. 이를 요약하면 선언적 효과설은 국가의 성립요건의 충족이라는 사실에 대한 판단이며, 창설적 효과설은 이 같은 사실의 존재를 수락한다는 형식의 문제이다.
>
> ▶ 이러한 배경하에 창설적 효과설은 승인행위를 법률행위로 보는 반면 선언적 효과설은 정치적 행위로 보고 있다. 그러나 승인으로 법적 효과가 발생한다는 점에서 법률행위로 보는 것이 타당하다.

4. 승인의 방식

가. 법률상 승인과 사실상 승인

1) 차이점

국제사회의 관행은 승인을 법률상 승인(recognition *de jure*)과 사실상 승인(recognition *de facto*)으로 구분해 오고 있다. 승인요건을 갖춘 국가에 대해 확정적으로 부여하는 승인방식을 법률상 승인이라고 하며 반면 법률상 승인의 요건을 갖추지 못한 경우 또는 정치적 이유로 법률상 승인 이전에 과도기적으로 행하는 승인방식을 사실상 승인이라고 한다. 사실상 승인은 국가 또는 정부의 '사실상의 존재(factual existence 또는 factual reality)', 즉 국가 또는 정부가 사실상 존재한다는 사실에 대한 승인이며 법률상 승인은 국가 또는 정부가 법률적으로 존재한다는(lawfully exist) 사실에 대한 승인이다. 이와 관련한 사례로는 1945~1949년간 네덜란드에 대항하여 독립운동을 전개한 인도네시아에 대하여 일부국가들이 사실상의 승인을 부여한 경우가 있다.

이를 부연하면 법률상 승인이란 승인국의 입장에서 피승인국이 국제법상 국가의 요건을 갖추었으며 안정성과 영속성을 가지고 국가로서 존재할 것이라는 전제에서 피승인국과의 공식관계를 형성하려는 적극적인 의지를 표명하는 것이다. 반면 피승인국이 잠정적 또는 일시적으로만 국가로서의 요건을 충족시킨다고 보는 경우에는 일단 사실상 승인후 추후 법률상 승인을 부여하는 것이 바람직하다는 현실적 평가 때문에 사실상 승인도 의미가 있다. 여기서 안정성과 영속성의 결여에는 외세에 대한 의존도 포함된다. 결국 사실상 승인은 국가의 성립요건을 갖춘 국가가 사실상 존재하지만 아직은 불법, 불안정 또는 비영속성을 가진 국가라는 승인국의 평가, 즉, '영속성에 대한 의구심(some doubts as to the long-term viability)'을 암시하는 것이다. 그러나 국가실행상 승인은 승인국의 정치적 고려나 국익이 밀접하게 관련되어 있다는 점에서 법률상 승인과 사실상 승인의 문제는 승인국의 의도의 문제이며 명확한 법률상의 기준에 따른 판단 문제는 아니다.

한편 여기서 우리가 혼동하여서는 안 되는 중요한 점이 있다. 위에서 설명한 바와 같이 법률상 승인과 사실상 승인은 승인을 부여하는 국가의 승인행위 자체가 법률행위인지 사실행위인지의 문제가 아니다. 승인의 대상인 국가가 법률상의 국가로 인정받게 되는 것인지 아니면 사실상 존재하는 국가에 불과한 것인지를 결정하는 행위이다. 따라서 사실상 승인도 그 자체로는 적법한 (법률)행위이므로 승인의 요건을 객관적으로 갖추지 못한 신생국에 대한 (불법적 성격의) 상조의 승인(후술함)과는 구분되어야 한다.

끝으로 승인이 명시적인 선언에 의하여 행해질 경우에는 승인국이 사실상의 승인을 부여한다는 의사표시가 없는 한 승인은 당연히 법률상 승인을 의미한다. 반면 승인이 명시적이지 않은 경우에는 승인국의 의도에 대한 불확실성이 문제점으로 지적될 수 있다. 이와 관련 사실상의 승인은 특히 정부승인의 경우에 많이 발생한다. 왜냐하면 국가승인의 경우에는 일부 예외를 제외하고는 거의 대부분이 법률상 승인으로 이루어지기 때문이다.

참고로 선언적 효과설의 입장에서는 승인의 대상인 국가가 이미 객관적으로 성립되어 있다는 점에서 법률상 승인과 사실상 승인은 특별한 차이가 없다.

2) 승인의 철회

사실상 승인은 이후 요건을 충족하게 되고 영속성과 안정성을 확보하게 되는 경우 당연히 법률상 승인으로 이어지는 것이 일반적이다. 그러나 그렇지 못한 경우에는 승인국의 판단에 따라 철회될 수도 있다고 보는 것이 논리적인 귀결이다. 다시 말해서 사실상 승인을 받은 국가가 실효적인 지배를 상실하고 따라서 승인의 명분이 사라지게 되는 경우 승인은 철회될 수 있다.

그렇다면 법률상 승인도 철회될 수 있는가. 사실상 승인이 상황변화에 따라서는 언제든 철회될 수 있는 가능성을 전제로 하는 개념인 데 반해 공고한 지위를 부여받은 것으로 볼 수 있는 법률상 승인에 대해서는 철회될 수 없다고 보는 것이 타당하다. 요컨대 법률상 승인은 분명한 승인의사의 표명으로 원칙적으로 철회가 불가능하다. 전술한 1933년 몬테비데오 협약 제 6조도 "승인(법률상 승인을 의미)은 무조건적이며 철회될 수 없다(unconditional and irrevocable)"고 규정하고 있다. 그러나 아주 드문 예로서 승인된 국가가 붕괴하는 경우 승인국은 새로이 성립하게 되는 국가와의 관계에서 승인의 문제를 다시 검토하여야 할 것이다.

한편 선언적 효과설에 의하는 경우 피승인국이 이미 국가로서 객관적으로 성립되어 있다는 점에서 승인의 철회는 별다른 국제법적 의미가 없다.

3) 외교관계의 단절과 승인의 철회

그렇다면 외교관계의 단절은 승인의 철회에 해당하는가. 승인의 철회는 외교관계의 단절을 가져오지만 반대로 외교관계의 단절이 반드시 승인의 철회를 의미하지는 않는다. 과거 1983년 아웅산 사건시 버마 정부는 북한 정부에 대해 외교적 지위의 승인을 철회한다고 발표하였다. 그러나 동 조치는 앞에서 설명한 바와 같이 승인과는 무관한 단순한 외교관계의 단절에 해당된다고 보는 것이 타당하다.

독일 통일로 인한 동독의 소멸도 동독에 대한 승인의 철회가 아니라 국가승계의 문제이다. 대만의 경우도 대만에 대한 국가승인의 철회가 아니라 하나의 중국 원칙에 따라 중국에 대한 대표권이 중화인민공화국정부에 있다는 점을 확인한 것에 불과하다.[6]

---

6) 1979년 미국 정부는 중화인민공화국을 중국의 유일합법정부(sole legal government of China)로 승인하고 대만과의 외교관계를 단절한다고 발표하였다.

사실상 승인과 법률상 승인의 차이(요약)
▶ 사실상 승인은 일단 국가의 성립요건을 갖추었을 경우 부여된다. 반면 법률상 승인은 영속성을 가지고 충분한 통치력을 발휘함으로써 국가 성립의 필수적 요건을 완전히 충족하는 경우 부여된다. ▶ 사실상 승인은 법률상 승인을 위한 사전 단계에 해당된다. 그러나 법률상 승인은 사실상의 승인을 거치지 않고서도 부여될 수 있다. ▶ 사실상 승인은 조건부일 수 있지만 법률상 승인은 최종적이며 무조건적이다. ▶ 사실상 승인은 철회할 수 있으나 법률상 승인은 철회할 수 없다. ▶ 사실상 승인을 받은 국가는 승인국과의 관계에서 제한된 법률행위능력을 가지나 법률상 승인을 받은 국가는 절대적인 권리와 의무 능력을 향유한다. ▶ 사실상 승인을 받은 국가는 승인국 내에서 필요시 제한된 범위 내에서 주권면제를 향유할 수 있을 뿐이나 법률상 승인을 받은 국가는 완전한 주권면제를 향유한다.

나. 조건부 승인

승인국은 피승인국에 대하여 일정한 조건의 성취를 승인의 조건으로 요구하는 경우가 있다. 이를 조건부 승인(conditional recognition)이라고 한다. 이는 승인이 가지는 정치적 성격으로 인한 불가피한 측면으로 이해될 수 있다. 예컨대, 인종적, 민족적 그룹에 대한 권리의 존중, 종교의 자유의 허용, 법의 지배, 민주주의와 인권에 대한 존중 등이 승인의 전제로 요구되는 경우이다.

과거 1878년 '베를린회의(Berlin Congress)'에서 강대국들은 새로이 탄생한 국가들에 대하여 종교적 평등을 조건으로 요구한 예가 있다. 또한 1990년대 소련과 유고의 해체 당시 유럽 국가들은 '동유럽과 구소련에서의 신생국 승인에 관한 지침'을 통해 신생국 승인을 위한 공동의 가이드라인을 채택하였으며 이에 따라 피승인국에 대한 승인기준으로 민주주의와 법치 및 인권을 요구한 바 있다.

그러나 승인으로 이루어진 피승인국의 지위가 철회될 수 없듯이 여사한 조건의 불이행이 승인의 철회나 승인의 무효로 연결되지는 않는다. 더욱이 오늘날 지배적 학설인 선언적 효과설의 입장에서 볼 때 조건 불이행을 이유로 이미 성립한 국가의 승인을 무효 또는 철회할 수 없을 것임은 당연하다. 따라서 승인국은 피승인국이 인권존중의 의무라는 부과된 조건을 성실히 지키지 않을 경우 이를 이유로 승인을 철회하기보다는 국제법 위반을 이유로 외교관계의 단절 등 제재를 가할 수 있을 것이다.

한편 몬테비데오 협약도 승인이 무조건적이어야 한다고 규정하고 있으며 이점에 대해서는 앞에서 설명한 바 있다.

다. 상조의 승인

국가의 성립요건을 갖추지 못하였는데도 승인을 부여하는 행위를 상조의 승인(premature recognition)이라고 한다. 상조의 승인은 정치적 이유로 통상 타국의 내란 등에 부당하게 간섭하게 된다는 점에서 내란중인 국가에 대한 국내문제 불간섭의무 위반 여부가 쟁점이 된다.

상조의 승인의 예는 많이 있다. 미국의 1903년 파나마 승인, 유럽의 1990년대 유고 내전시 슬로베니아, 크로아티아, 보스니아에 대한 승인 등이 있다. 탈식민지 독립화 과정에서 식민종주국의 군사적 통제가 계속되고 있음에도 자결권을 행사하는 단체의 영토를 신국가로 (상조)승인한 예도 많이 있다. 대표적인 예로 알제리와 기니 비소를 들 수 있다. 특히 정치적 고려가 많이 작용한 예로는 나이지리아로부터의 비아프라 독립을 들 수 있다. 1960~1970년간 대부분의 국가들은 비아프라의 분리·독립을 승인하지 않았으나 일부 국가들은 전세가 비아프라에 불리하게 작용하고 있음에도 불구하고 독립을 승인한 바 있다.

결론적으로 엄밀한 의미에서 상조의 승인은 타국에 대한 간섭이며 해당국에 대한 사실상의 독립지원의 성격이 커서 법적으로보다는 정치적 고려에 의해 영향을 받게 된다는 특징이 있다. 이러한 이유로 대부분의 국가들은 전통적으로 상조의 승인에 대해 매우 신중한 태도를 견지해 오고 있다. 그렇다면 국제사회의 코소보 승인은 상조의 승인인가. 그 밖에 팔레스타인에 대한 승인도 상조의 승인인가. 국가마다 정치적 이해에 따른 해석상의 차이가 있다.

한편 다른 관점에서 일국의 행정부가 행한 승인이 상조의 승인인지 여부에 대하여 해당국의 국내법원이 관여하여 심사할 수 있는가의 문제에 대해서도 생각해 볼 수 있다. 그러나 일반적으로 승인은 행정부의 단독행위로 비록 상조의 승인이라 하더라도 대외관계에 있어서의 '한 목소리 원칙(principle of one voice)'에 비추어 법원이 이를 판단하여 다른 목소리를 내는 것은 바람직하지 않을 것이다.[7)]

라. 명시적 승인과 묵시적 승인

승인은 어떠한 방식으로 행하여지는가. 승인의 형식에는 승인을 부여하는 국가가 승인의사를 어떠한 방식으로 표시하고 전달하는가에 따라 명시적 승인과 묵시적 승인으로 나누어진다. 몬테비데오 협약 제 7조도 이 점을 확인하고 있다.[8)]

1) 명시적 승인

명시적 승인(express recognition)은 국가원수나 외교장관 등에 의한 선언, 서신, 축하전문 발송, 특사를 통한 구두전달 등에 의해 승인의 의사를 명시적으로 표시하는 행위이다.

2) 묵시적 승인

묵시적 승인(implied/tacit recognition)은 승인할 것을 전제로 하는 일정한 국가행위로서 명백히 국가만을 상대로 할 수 있는 행위를 통하여 승인의 의사(intention)가 추정되도록 하는 행위이다. 예로서 외교관계의 수립, 영사인가장의 부여, 우호통상항해조약 또는 안보조약 등 중요한 조약의 체결 등이 이에 해당된다.[9)] 요약하면 정상적인 국가와의 관계에서만 할 수 있는 행위를 상대국에 제의하거나 요구하는 경우가 이에 해당될 것이다. 이 중 외교관계의 수립은 명백

---

7) 영국 정부는 2011년 리비아의 가다피 정부가 완전히 무너지기 전에 리비아 과도정부(National Transitional Council: NTC)를 상조 승인한 바 있다. 그러나 영국 아랍상업은행과 리비아 과도정부간 '영국 내 리비아 대사관의 구좌의 관리에 관한 사건'을 통해 영국 법원이 영국정부의 승인문제에 개입한 사례가 있다. British Arab Commercial Bank Plc v. The NTC of the State of Libya, 2011 EWHC(England and Wales High Court) 2274.

8) Article 7: "The recognition of a state may be express or tacit. The latter results from any act which implies the intention of recognizing the new state."

9) 참고로 영국은 과거 중공 승인 후에도 대만에 상당기간 동안 영사를 주재시키고 있었는데 이는 대만에 대한 영사의 파견이 아닌 중국의 일부인 대만에 영사를 주재시킨 것으로 해석되었다.

한 묵시적 승인의 대표적인 예가 될 것이다. 이러한 점에서 통상대표부 설치허가나 무역대표단의 파견, 다자조약에의 공동참여 등은 묵시적 승인의 예로 해석되지 않는다. 그밖에 범죄인인도나 납치된 승객의 인도 등도 당연히 묵시적 승인에 해당되지 않는다.10)

이와 관련 묵시적 승인으로 오해받지 않도록 의도적으로 국가가 행동하는 경우도 있다. 예컨대, 영국이 과거 동독을 승인하지 않는다는 점을 분명히 하기 위해 묵시적 승인으로 간주되지 않도록 동독 여권의 부인, 다자조약 가입에의 반대와 외교공한의 접수 거부 등 적극적으로 대응한 경우가 있다. 또한 일정한 외교적 행위가 묵시적 승인을 의미하지 않는다는 점을 분명히 하는 경우도 있다.11)

한편 종래에는 국가원수나 외무장관의 공식방문이 묵시적 승인으로 추정될 수 있다고 보았으나 닉슨대통령의 중공방문 후 국가원수의 공식방문이라도 반드시 묵시적 승인으로 해석되는 것은 아니라는 새로운 해석의 가능성이 제기되었다.

결국 묵시적 승인인지의 여부는 제반 관련 상황을 종합적으로 고려하여 신중하게 판단되어야 할 것이며 국가실행도 묵시적 승인을 제한적으로 해석하고 있는 것으로 평가된다.

마. 국제기구(또는 다자조약)에의 가입과 집단적 승인

승인행위는 개별국가의 판단에 따른 일방행위이기 때문에 국제기구나 다자조약에의 동시가입은 기존 회원국들의 집단적 승인(collective recognition)으로 해석되지 않는다.12) 심지어 보편적 국제기구인 유엔가입조차도 회원국들에 의한

10) 1983년 중국민항기 296편이 납치되어 우리나라에 불시착하였고 이를 해결하기 위해 당시 국교가 없던 대한민국과 중국 정부간에 첫 번째 공식 외교접촉이 성사되었다. 그러나 이를 상호간의 묵시적 승인으로 보지는 않았다.

11) 1954년 한국문제와 인도차이나 사태를 논의하기 위한 제네바 회담시 미, 영, 불, 소는 이 회담의 개최나 초청이 어떠한 경우에도 이들 국가에 대한 외교적 승인을 의미하지 않는다는 입장을 표명한 바 있다. 또한 아랍 국가들의 경우 이스라엘을 염두에 두고 다른 국가를 포함하는 특정한 행위가 결코 승인으로 이해되어서는 안 된다는 내용의 명시적인 선언을 하는 경우가 많이 있다.

12) 승인은 국가실행에서 볼 수 있듯이 법보다는 자국의 이익에 기초한 정치적 재량의 문제로 인식되는 경향이 크며 이러한 이유로 승인은 법적 결과를 가져오는 개별국가의

집단적 승인으로 해석되지 않는다. 왜냐하면 유엔은 회원국과는 별개의 법인격을 가진 국제법 주체이기 때문이다. 따라서 신국가가 국제기구에 가입신청을 하는 경우 이에 대해 찬성표를 던져도 회원국들에 의한 묵시적 승인이 되지 않는다. 이러한 해석에 따라 우리 헌법재판소도 '남북한 유엔 동시가입은 상호간 묵시적 승인에 해당하는가'에 대해 그렇지 않다고 판단하였다. 그러나 여기서 특기할 사항은 유엔의 회원국은 국가에 한한다는 점이다. 따라서 유엔에의 가입은 최소한 국가로서의 지위(statehood)는 일단 확인된다는 점에서 의미(승인을 부여받을 수 있는 자격을 갖추었다는 의미)가 있다.

한편 유엔 총회는 1948년 결의 제 195(III)로 한국 정부를 한반도에서의 유일한 합법정부로 승인하고 한국 정부와 한국민에 대한 지원을 요청하였지만 여사한 유엔의 승인조차도 국제법상 승인이라는 법률적 의미는 없고 단순한 정치적 함의가 있을 뿐이다.

5. 승인의 효과

여러 번 강조한 바와 같이 모든 승인에는 정치적 고려가 많이 작용하고 있다. 그럼에도 불구하고 기본적으로 승인은 법률행위이며 따라서 국제적 및 국내적 차원에서 법률효과를 가진다. 이를 나누어 설명하면 다음과 같다.

가. 국제법적 효과

승인(당연히 법률상의 승인을 의미)의 국제법적 효과 중 일반적인 사항은 다음과 같다.

첫째, 승인의 효과는 피승인국이 사실상 성립하였던 시기까지 소급한다. 전술한 바와 같이 법률상 승인은 철회할 수 없다고 보는 것이 통설이다.

정치행위로 보고 있다. 따라서 승인은 개별국가의 재량에 따른 단독행위이며, 아직까지 집단적 승인을 정당화하는 국제법 원칙은 확립되지 않았다.

둘째, 국가의 승인이 승인국과 피승인국간 외교관계의 수립을 반드시 의미하지는 않으며(외교관계의 수립은 별도의 합의를 요한다) 외교관계의 단절이 승인의 철회를 의미하지도 않는다.

셋째, 승인은 사실상의 상황을 법적으로 인정하는 행위로 피승인국은 국가에 부여되는 국제법상의 권리를 향유하고 의무를 부담하게 된다.

한편 미승인(non-recognition)된 국가라 하더라도 국제법상의 권리와 의무가 완전히 부인되지는 않으며 또한 부인되어서도 안 될 것이다. 특히 선언적 효과설에 따를 경우 승인 여부와 무관하게 미승인된 국가도 국가로서의 요건을 충족하는 경우 국가로서 존재하며 따라서 국제법의 주체로서 국제법상의 권리와 의무를 행사할 수 있다. 이러한 해석이 정당화될 수 있는 이유는 미승인된 국가라 하여도 자국의 정치적 독립과 영토보전의 권리를 가져야 하며 동시에 미승인된 국가에 대하여도 일반국제법상의 원칙들, 예컨대, 무력사용금지의 원칙 등이 적용되는 것이 국제평화와 안전에 기여할 수 있다고 보기 때문이다.

이렇게 볼 때 미승인된 국가의 국제법상의 권리·의무도 승인받은 국가(피승인국)의 국제법상의 권리·의무와 사실상 동일하다. 즉, 미승인된 국가라도 국제법의 영역에서는 별다른 영향을 받지 않는다고 볼 수 있다. 이와 관련 미승인된 국가가 외교적 보호권을 행사할 수 있느냐의 문제에 대해서도 선언적 효과설에 비추어 적극적으로 해석하는 것이 필요하다고 본다.

나. 국내법적 효과

반면 승인의 국내법적 효과는 국제법적 효과와는 달라서 국가마다 피승인국 또는 미승인된 국가를 대하는 태도에 차이가 있다.

첫째, 피승인국은 승인국의 국내법정에서 주권국가로서 주권면제와 특권을 향유하며, 또한 국가행위이론의 적용(피승인국의 국내법상 행위에 대해 승인국 법원이 이의 적법성을 다투지 않음. 제 12강 '주권면제'의 제 4절 '특수한 상황과 주권면제' 참조)을 받을 수도 있다.

둘째, 피승인국은 승인국 내에서 소송당사자능력을 가진다.

셋째, 피승인국은 승인국 영토 내에 소재하는 (자신의 선행국) 재산 등에 대한 청구권을 주장할 수 있다. 이는 국가승계의 문제에 해당된다.

넷째, 피승인국은 승인국의 국제법 위반으로 피해를 입은 자국민에 대하여 외교적 보호권을 행사할 수 있다.

다섯째, 피승인국 법령의 효력이 승인국 내에서 인정(예컨대, 국제사법상 준거법으로 적용)된다.

결국 피승인국은 승인국의 국내법원에서 소송 등을 수행할 수 있는 법인격을 가질 수 있다는 점에서 승인의 국내법적 효과에 대하여는 창설적 효과설이 타당하다. 그렇다면 미승인된 국가는 타국 법정에서 소송제기능력이 부인되는가. 이 경우에도 상황별로 필요하다고 판단되는 경우 법인격을 인정하는 사례가 많이 발견되고 있다.[13] ICJ도 미승인된 국가의 법률행위의 효력을 인정하는 경향이다.

6. 불승인 원칙

1932년 미 국무장관 스팀슨(Stimson)은 일본이 만주국을 불법 수립한 것에 대하여 침략행위의 결과로 성립(국제연맹규약과 부전조약에 위배하여 불법적으로 성립)된 국가에 대한 불승인을 주장하였다. 이 주장은 당시에는 국제법상의 원칙으로 수락된 것이 아닌 단순한 미국 정부의 외교정책에 불과하였다. 그러나 오늘날에는 국제법의 일반원칙이나 국제관습법 또는 강행규범을 위반하여 성립된 국가는 당연히 승인되어서는 안 된다는 하나의 원칙으로 발전하였다.

참고로 유엔헌장, 1949년 국가의 권리와 의무에 관한 선언 초안, 1970년 국

---

13) 영국의 1991년 외국기업법(Foreign Corporations Act)은 미승인된 국가의 기업이라도 미승인된 국가의 법률이 확립된 사법제도(settled court system)를 통해 적용되는 경우 그 영토를 승인된 국가인 것처럼 보고(as if that territory were a recognized State) 법인격을 인정하였다. 미국 법원도 원칙적으로는 미승인된 국가나 정부에 대하여 제소권을 인정하지 않으나 상황에 따라 인정한 예도 있다. 예컨대, 이란국영석유회사 사건에서 미 법원은 '승인의 부재가 해당 정부가 미국법정에서 소를 제기하는 것을 금지하지 않는다'고 판시한 바 있으며 필요시 주권면제를 허용한 사례도 있다. 또한 2001년 'Emin v. Yeldag 사건'에서도 영국법원은 영국이 승인하지 않은 북사이프러스터키 공화국에서 행한 이혼의 효력을 인정하였다.

가간 우호관계 및 협력에 관한 국제법 원칙 선언 및 이어서 채택된 관련 안보리 결의들은 무력의 위협 또는 사용에 의한 영토취득의 경우 합법적인 것으로 승인되어서는 안 된다는 점을 분명하게 선언하고 있다. 동시에 강행규범을 위반하여 성립한 국가에 대하여는 다른 국가들이 승인하지 말 것을 요구하였다. 이는 국제법의 기본원칙에 반하는 국가성립을 인정하지 않으려는 유엔의 입장을 반영한 것이다.

7. 민족자결원칙과 승인문제

제 8강('국제법의 주체'의 제 1절 1. 라. '기타 요건' 참조)에서 국가의 성립요건으로 민족자결을 포함시키는 견해도 있다고 설명한 바 있다. 이 입장에 따르면 국가로 승인받기 위해서는 국제법상 민족자결원칙(principle of self-determination)에 의해 성립되어야 할 것이 추가로 요구된다. 다시 말해서 신생국가의 경우 민족자결원칙과의 합치 여부가 국가성립의 중요한 판단기준이 될 수 있다. 여기서 자결권이란 인민들(peoples)이 자유롭게 정치적 지위를 결정하고 경제적, 사회적 및 문화적 발전을 추구할 수 있는 권리를 의미한다.[14)]

---

14) 유엔의 중요한 목적 중의 하나는 유엔헌장 제 1조 2항에 규정된 바와 같이 인민들의 평등권 및 민족자결원칙의 존중에 기초하여 국가간의 우호관계를 발전시키는 것이다. 헌장 제 55조도 인민들의 평등권 및 민족자결권에 대한 존중을 규정하고 있다. 동시에 헌장 제 73조는 식민지 등 비자치지역(non-self-governing territory) 주민들의 이익이 매우 중요하다(paramount)고 보고 해당 지역 주민들에 대하여 궁극적인 자치를 발달(develop)시켜 나갈 것을 규정하고 있다. 그러나 이후의 상황은 보다 구체적인 사항을 요구하는 방식으로 변화하였다. 예로서 1960년 유엔 총회 결의 제 1514(XV)호에 따른 '식민지 국가 및 인민에 대한 독립부여선언' 제 2항은 모든 인민들은 자결권을 가지며 따라서 자신의 정치적 지위를 자유로이 결정할 수 있다고 규정하였고 제 5항에서는 즉각적으로 주민의 의사에 따라 모든 권력을 이양할 것을 규정하였다. 1966년 '시민적 및 정치적 권리에 관한 국제규약(B 규약)'과 '경제적, 사회적 및 문화적 권리에 관한 국제규약(A 규약)'들도 각각 제 1조 1항에서 모든 사람들은 자결권을 가진다고 규정하고 있다. 또한 1970년 국가간 우호관계 및 협력에 관한 국제법 원칙 선언도 모든 인민에 대하여 외부의 간섭없이 자신의 정치적 지위를 자유롭게 결정할 권리를 인정하였다. 물론 이러한 선언이 모든 해외 비자치영토들은 반드시 독립되어야 한다는 의미는 아니

민족자결원칙은 국제법상 대세적 의무를 가져오는 강행규범에 해당하며, 특히 민족자결을 주장하는 국가는 대세적 권리(right *erga omnes*)로서의 자결권을 가진다. ICJ도 민족자결의 원칙을 '현대 국제법의 본질적인 원칙의 하나'로 인정하고 있다.[15] 따라서 민족자결원칙에 따라 분리·독립하려는 소수민족이 분리·독립을 기정사실화하였고 또한 국제사회의 보편적인 지지를 받을 수 있는 경우에는 승인이 부여되어야 할 것이다. 반면 민족자결원칙에 근거하여 성립되지 않은 국가의 경우에는 승인이 부여되어서는 안 될 것이다. 이러한 주장은 유엔 등 국제사회의 지지를 받고 있다.[16] 예컨대, 민족자결원칙 또는 인종차별금지원칙에 위반하여 성립된 남로데시아의 경우 유엔 총회는 모든 국가가 이를 승인하거나 지원하지 않을 것을 요구하는 결의(condemn and ... call upon all states not to recognize...) 제 216호를 채택하였다.

한편 민족자결과 무관한 언어적, 종교적 소수 집단의 분리 독립은 일반적으로 허용되지 않는다고 보는 것이 국제사회의 태도다.[17]

다. 한편 자결권은 주민들이 스스로 선택하여 독립하지 않을 것을 결정하는 것도 포함하는 개념이다. 따라서 독립을 희망하지 않는 주민들은 그대로 현 상태를 유지할 수도 있다. 이러한 예로 Gibraltar의 경우를 들 수 있다. 동 지역 주민들은 1967년 주민투표에서 압도적인 표차로 영국의 해외영토로 그대로 남기를 희망하였고 1968년 유엔 총회 결의 제 2429(XXIII)호는 Gibraltar의 식민상태의 종료를 결의하였다.

15) 제 5강(국제법의 법원)의 주 71에서 설명하였듯이 ICJ는 포르투갈과 호주간 '동 티모르 사건(East Timor)'에서 민족자결권이 대세적 성격(*erga omnes* character)을 가지며 유엔과 ICJ가 인정하는 국제법의 기본원칙의 하나라고 보았다.

16) 참고로 민족자결원칙에 의한 신국가의 독립은 경우에 따라서는 유엔헌장 제 2조 4항이 규정한 기존 국가(식민종주국)의 영토보전(territorial integrity)과 국경선 현상유지(uti possidetis) 원칙(제 16강 '국가영역의 취득과 상실' 참조)과 상충될 수도 있다. 그럼에도 불구하고 이들 원칙들이 분리·독립을 희망하는 소수민족의 독립에 장애물이 되어서는 안 될 것이며 동시에 타국가들의 승인에 대한 장애가 되어서도 안 될 것이다.

17) 일국 내 소수 인종이나 집단에 대하여 문화적, 언어적 권리의 자유로운 행사와 자치의회의 구성이 허용되는 경우에는 의도적인 분리독립은 허용되지 않는다고 보고 있다. 캐나다 대법원도 퀘벡의 분리 제의에 대한 권고적 의견에서 모국이 자국 내에서 내적자결권(internal self-determination)을 존중하는 한 분리문제는 더 이상 논의가 필요 없다고 보았다. 이러한 해석은 스코틀랜드의 경우에도 해당된다. 영국정부가 스코틀랜드의 분리독립 문제에 대해 주민투표를 허용한다면 일방적인 독립선언은 국제법상 허용되지 않는다고 보고 있다.

승인과 관련 민족자결의 원칙이 적용된 사례 예시(복습)

▶ 1965년 남로데시아가 백인지배의 국가를 수립하기 위하여 일방적으로 독립을 선언한데 대하여 영국 추밀원은 로데시아 정권은 불법이며 동 정권이 사실상 통치권을 행사하고는 있지만 동 정권하에서 성립한 법은 불법이라고 판단한 사례가 있다. 다시 말해서 상기 국가의 요건을 충족하더라도 민족자결의 원칙을 위반하여 인종차별정책을 통해 성립되었기 때문에 국가로 인정되지 않으며 따라서 그 나라의 법체계가 유효하게 시행되어도 국제적으로는 적법성을 추정받지 못한다는 의미다.[18] 결국 남로데시아는 국가로 성립될 수는 있어도 국민의 뜻에 따르지 않았기 때문에 국제사회에서 주권국가로 승인받지 못하였다. 이에 따라 1965년 유엔 총회는 모든 국가가 남로데시아를 승인하거나 지원하지 않을 것을 요구하는 결의 제 216호를 채택하였다.

▶ 북사이프러스터키 공화국도 터키군의 불법적인 침공에 의해 성립되었고 터키에 의해서만 승인되었을 뿐이므로 안보리는 동 국가의 성립은 법적으로 무효(legally invalid)라고 선언하였고 유럽인권재판소도 법적으로는 존재하지 않는(legally inexistent) 실체로 간주하였다.

▶ 1976년 이후 남아프리카 공화국이 인종차별 목적으로 수립한 흑인국가(Bantustan)에 대하여 유엔 총회는 인종차별은 자결권의 위반이고 이들 흑인국가는 불법으로 성립되었으므로 다른 국가들이 이를 승인하지 말 것을 촉구하였으며 실제로 어느 국가도 이를 승인하지 않았다.

▶ 한편 민족자결권에 근거하여 정당성이 부여된 예로는 1973년 포르투칼령 기니 비소의 민족해방단체에 의한 독립선언이 있다. 또 다른 예로 2008년 코소보의 일방적 독립선언에 대해 국제사회는 민족적 및 종교적 이유로 인한 자결권을 인정하고 독립선언을 지지하였다. 또 다른 사례로 방글라데시의 독립을 들 수 있다.

---

18) 켈젠은 순수법학 이론에 입각, 국가가 성립하면 일반적으로 그 국가의 법체계의 적법성이 추정되며 국가는 스스로의 자기목적을 가지게 되나 로데시아는 처음부터 국가로 성립되지 않으므로 그 법체계는 적법성을 추정 받을 수 없다는 결론이 나온다고 보았다.

제2절 정부승인과 기타 실체에 대한 승인

승인의 유형으로는 승인의 대상에 따라 대체로 국가승인과 정부승인이 중심이 되지만 그밖에 민족해방단체의 승인문제도 제기된다.

국가승인에 대하여는 앞에서 설명하였으므로 여기서는 나머지 부분에 대하여 설명한다.

1. 정부승인

국가는 그대로 존재하지만 정부는 변화한다. 따라서 일단 국가에 대한 승인이 부여되면 승인은 철회될 수 없으나 정부에 대한 승인은 합법적으로 철회될 수 있다.

국가승인은 국제관계에 있어 국가로서의 자격을 부여하는 문제로 승인국은 승인에 앞서 피승인국에 대하여 국가의 성립요건 충족 여부를 판단한다. 반면 정부승인은 통치의 실효성(effectiveness)을 기준으로 판단한다는 점에서 근본적인 차이가 있다. 즉, 정부승인은 어떤 국가의 신정부가 그 국가를 정식으로 대표할 자격을 갖고 있음을 명시적으로 선언하거나 또는 묵시적으로 인정하는 일방적 행위이다. 승인국은 정부승인을 통해 신정부를 해당국가의 정통정부로 인정하게 되고 피승인 정부는 승인국과의 관계에서 국가의 대표기관으로서의 지위를 인정받게 된다.

그러나 정부의 변경은 그것이 합법적 절차에 의해 이루어지는 경우 신정부가 실효적인 통치권을 행사하는 한 국제법상의 승인문제는 발생하지 않는다. 이 경우 승인행위는 형식의 문제이다. 반면 혁명 등 비합법적 수단에 의한 정부변경의 경우 타국은 해당 정부가 그 국가의 정식의 대표기관인지 여부를 판단하여야 하며 이 과정에서 정부승인문제가 제기된다.

그렇다면 판단기준은 무엇인가. 이에 대하여 확립된 원칙은 부재하며 국가

실행도 일관되지 않는다. 그러나 중요한 것은 일단 정부가 효과적으로 국가를 통치하고 이러한 통치행위가 저항 받지 않고 계속된다면 승인은 부여될 수 있다.[19] 여기서 이를 자세히 살펴보면 다음의 기준을 발견할 수 있게 된다. 즉, 정부승인의 기준은 다음과 같다.

- 당해 신정부가 먼저 민의(popular will)를 반영하고 있는지(성립과정의 적법성),
- 주민과 영역에 대하여 실효적인(effective) 통치권을 안정적으로 행사하고 있는지(실효적 지배권의 확립),
- 외세의 간섭없이 대외적으로 그 국가를 대표할 의사와 능력이 있는지(독립성 여부)가 될 것이다. 특히 신정부의 성립 이전부터 그 국가가 가지고 있는 국제법상의 권리와 의무를 계속하여 이행할 수 있어야 할 것이다.

한편 오늘날에는 에스트라다 주의(Estrada Doctrine)에 따라 정부승인에 대한 공식적인 입장표명 대신 양국간 외교관계의 존속을 통한 묵시적 승인이 일반적이다.[20] 영국과 미국의 경우도 신정부 수립시(합법적 또는 비합법적 성립의 경우 포함) 승인 자체에 대한 고려보다는 향후 신정부와 어떠한 관계를 수립해 나갈 것인가에 대하여만 관심을 가진다.[21]

---

19) 1923년 'Tinoco 중재사건'에서 중재재판관은 선언적 효과설에 근거하여 정부의 존속 여부는 타국의 승인이 아닌 정부의 실질적인 지배권, 통상적인 기능수행 여부 등에 의해 결정된다고 판단하였다. 1917년 코스타리카에서 쿠데타로 집권한 Tinoco 정부가 영국 회사들에게 양허권을 부여하였으나 Tinoco가 실각된 후 신정부는 이를 무효라고 주장한데 대해 중재재판관은 정부의 계속성을 인정하면서 Tinoco 정부 당시 체결된 양허계약의 효력은 후임정부에도 구속력을 가진다고 판단하였다. 즉, Tinoco 정부가 헌법에 반하여 성립되었고 영국을 포함한 다수의 국가들이 이를 승인하지 않았다는 주장은 받아들여지지 않았다. 다시 말해서 Tinoco 정부는 사실상 성립되었으므로 승인받지 않았다는 사실이 정부의 국제법적 지위에 영향을 미치지 않는다고 보았다.

20) 혁명이 발생하기 전 체결된 전 정부와의 무역협정에 따라 혁명정부와 교역을 계속한다고 하여 그것이 불법적으로 성립된 정부에 대한 묵시적 승인으로 간주되지는 않지만 만일 혁명정부와 새로운 무역협정을 체결한다면 이는 혁명정부에 대한 묵시적 승인으로 볼 수 있다는 해석도 있다. 영국법원은 소련정부가 행한 국유화법의 효력을 다룬 1920년 Luther v. Sagor 사건에서 영국정부가 소련정부를 사실상 승인하고 무역협정을 체결한 점을 인정하면서 국가행위이론을 적용하여 소련정부의 국유화 조치의 합법성 여부에 대하여 판단하지 않았다. Luther v Sagor (UK) 1921, Law Help BD.

21) 1977년 미 국무부 블리틴(the Department of State Bulletin)에 의하면 미국 정부의 관

참고로 정부가 비합법적 수단에 의해 변경되는 경우에도 국가의 동질성은 당연히 유지되고 있으므로 국가승인문제는 제기되지 않는다. 또한 신생국가의 출범의 경우에는 국가승인과 정부승인이 동시에 병행되어 발생하게 될 것이다.

끝으로 국가승인에 적용되는 원칙, 방식이나 효과 등은 대체로 많은 부분 정부승인에도 그대로 적용될 수 있다는 점에서 별도의 설명을 필요로 하지 않는다.

에스트라다 주의와 토바르 주의

▶ 1930년 멕시코 외교장관 에스트라다(Estrada)는 정부의 변경은 국내문제이므로 신정부의 자격을 심사하고 불승인하는 것은 그 국가의 계속성을 외면하는 것이기 때문에 승인은 간섭이며 주권침해라고 주장(에스트라다 주의)하였다. 더욱이 동 장관은 승인은 승인의 대상이 된 정부의 입장에서는 이를 모욕적인 행위로 보기 때문에 멕시코 정부는 승인에 관하여 아무런 선언도 하지 않는다고 하였다.(신정부의 실효성을 중시)

▶ 에스트라다 주의에 대한 대응 개념으로 토바르(Tobar) 주의(1907년 에쿠아도르 외교장관이 표방)는 정통성의 원칙(doctrine of legitimacy)에 근거하여 비합헌적인 방식으로 성립된 정부는 승인되어서는 안 된다는 원칙이다.(신정부의 합법성을 중시)

▶ 한편 오늘날에는 에스트라다 주의에 따라 정부승인에 대한 자국의 명시적 입장을 자제하는 것이 국제사회의 일반적 태도이다.

행은 정부의 변경시 승인을 하는 대신 신정부와 외교관계를 가질 것인가의 문제에만 관심을 가지는 것이라고 하였다. J. A. Boyd, 'Digest of United States Practice of International Law', 1977, p. 19. 영국의 관행도 Estrada 주의를 채택하고 있으며 1980년 Carrington 외교장관에 의해 적절히 설명된 바와 같이 신정부에 대해 더 이상 승인을 부여하지 않고 '향후 (불법적으로 성립된) 신정부와 가지게 될 관계의 성격을 결정(to decide the nature of our dealings with régimes which come to power unconstitutionally)'하는 방식을 택하고 있다. 그러나 이후 영국은 앞에서 인용한 2011년 영국아랍상업은행(British Arab Commercial Bank) 사건에서 확인된 바와 같이 리비아 내전시 반군 정부(NTC 과도정부)를 리비아의 유일한 합법정부로 명시적으로 승인하였는바, 이는 기존의 Carrington 방식에서 벗어난 것으로 볼 수 있을 것이다.

국가승인과 정부승인의 차이

▶ 국가승인은 승인국의 입장에서 볼 때 피승인국이 국가의 성립요건(statehood requirements)을 갖추었음을 인정하고 피승인국을 국제사회의 성원으로 대우하겠다는 의지의 표현이다.

▶ 정부승인은 신정부가 대외관계에서 해당 국가를 대표할 수 있음을 인정하는 것이다.

▶ 신생국가에 대한 승인은 통상 국가승인과 정부승인의 이중적 성격을 지닌다. 그러나 신생국가의 특정 정부가 신국가를 대표하는 정부임을 수락하지 않고 국가승인만을 행할 수도 있다.

사실상의 정부승인 사례

▶ 영국은 1921년 소련정부를 사실상 승인하고 1924년 법률상 승인하였다.

▶ 1936~1939년간 스페인 내전시 영국은 중앙정부에 대하여는 법률상 승인을, 프랑코 정부에 대하여는 사실상의 승인을 하였으나 이후 프랑코 정부가 점차 국가에 대한 지배권을 확립하게 됨에 따라 법률상 승인으로 변경하였다.

▶ 1944년 영국 외교장관은 1940년 소련의 발틱 3국 강제 병합을 이유로 이들 3국 정부에 대한 법률상 승인을 거부하였으며 미국도 스팀슨 독트린(불승인 주의)을 적용하였다.

▶ 1948년 한국 정부에 대한 승인, 이스라엘 국가에 대한 승인도 사실상 승인으로 이후 법률상 승인이 부여되었다.

▶ 1988~1991년간 대부분의 국가들은 레바논 내 두 개의 정파에 대하여 사실상의 승인을 부여하였다. 그러나 이후 Aoun 장군의 반군정부가 무너지고 Salim Al Huss 정부가 지배권을 확립하면서 동 정부에 대하여 법률상 승인이 부여되었다.

2. 교전단체의 승인

국제법상 반란단체(Insurgents)와 교전단체(Belligerent)의 차이는 아주 미미하다. 양자는 발전단계에서 나타나는 차이를 의미한다. 먼저 반란단체는 일국 내 일부 단체가 확립된 정부에 대하여 폭동이나 반란을 일으킨 경우를 의미한다.

이들 반란단체가 일정한 영역과 이를 통치할 기관을 가지고 국제인도법을 준수하며 합법적인 적대행위를 하는 경우 교전단체로 발전할 수 있는 자격을 갖추게 된다.22)

교전단체가 되기 위해서는 승인문제가 제기된다.23) 반란단체를 교전단체로 승인하기 위해서는 반란이 일반적으로 국가와 국가간의 무력충돌 수준에 해당할 정도의 규모로 발전하여야 한다. 또한 무력충돌의 효과가 그 국가의 국경을 넘어 다른 국가에까지 영향을 미쳐야 한다. 따라서 교전단체로 승인되기 전의 반란단체의 행위는 국내문제에 불과하며 실효적인 정부가 이를 진압하고 국내법에 따라 처벌할 수 있다. 이 점은 테러리즘이 국내에 한정되는 경우 국내법의 관할사항인 것과 유사하다.

한편 교전단체의 승인을 통해 반란군은 국제법에 따라 일정한 권리와 의무를 행사할 수 있는 법인격을 갖춘 국제법의 주체로까지 발전할 수 있다. 나아가 필요한 범위 내에서는 다른 국가나 국제기구들과 유효한 협정을 체결할 수도 있다.

그렇다면 교전단체의 승인은 누가 어떻게 할 수 있는가. 여기에는 중앙정부에 의한 승인과 제 3국에 의한 승인의 두 종류가 있다.

첫째, 제 3국에 의한 승인의 경우 제 3국은 반란군이 점령한 지역 내 자국의 이익 및 자국민 보호 등을 위해 반란단체를 국제법인격을 가진 교전단체로 승인하고 직접교섭 등 양자관계를 수립, 시행할 수 있게 된다.24) 제 3국이 일국내의 반란단체를 교전단체로 승인한다는 의미는 중앙정부와 반란단체 사이의 무력충돌상태의 존재를 제 3국이 공식적으로 인정한다는 뜻이다. 이렇게 교전단체를 승인한 제 3국은 전시중립의 지위에 놓이며 반란지역에서의 행위에 대해 중앙정부에 책임을 물을 수 없다.

---

22) 반란단체와의 내전은 국내관할권의 적용대상이 되는 국내문제의 범주에 포함된다. 그러나 일단 반도들에게 교전단체의 지위를 부여하게 되면 국제법의 주체가 되어 자신들의 행위에 책임을 지게 된다. 이러한 이유로 일정한 조건이 충족되면 교전단체의 지위를 부여하는 것은 국제법상의 의무라는 주장도 있다. Gupta, Rashi, 'Recognition of Insurgent and Belligerent Organizations in International Law', 2014, SSRN.

23) 교전단체의 승인에는 창설적 효과설이 적용된다고 보는 것이 이론상 타당하다.

24) 1979년 니카라과 내전시 중미국가들이 산디니스타 민족해방전선을 교전단체로 승인한 예가 있다.

둘째, 중앙정부가 반란단체에 대하여 교전단체로서의 지위를 부여하는 경우가 있다. 이 경우 교전단체는 반란지역에서의 자신의 행위에 대하여 직접 국제법상의 책임을 지게 되며 중앙정부의 책임은 면제된다.

한편 교전단체는 교전상황 등의 변화에 따라서는 이후 적절한 절차를 거쳐 사실상의 정부로도 인정될 수 있을 것이다.

3. 민족해방운동(NLM)의 승인

가. NLM의 국제법 주체성

자결권을 향유하는 민족은 (a) 식민지배하의 민족, (b) 외세점령하의 민족, (c) 인종차별체제하의 민족에 국한된다. 이들 민족의 투쟁을 국제적으로 대표하는 단체가 민족해방운동(National Liberation Movements: NLM)이다.

NLM이 국제법적 지위를 부여받게 되는 이유는 그들이 식민지배, 외세점령, 인종차별로부터 벗어나기 위해 투쟁한다는 정치적, 이데올로기적 목표가 있기 때문이다. 다시 말해서 민족자결이라는 이데오로기적 법원칙에 근거하여 제한된 범위 내에서 국제법 주체로서의 지위를 향유하게 된다. 이러한 특수성으로 인해 NLM의 경우 성립요건으로 일정 영토에 대한 실효적 지배가 반드시 요구되지는 않는다. 이 점에서 전술한 바와 같이 일정 영토에 대한 실효적 지배를 요구하는 교전단체와 구분된다.

여기서 NLM이 민족의 대표기구로서 국제법 주체성을 향유하기 위해서는 국제기구 또는 국가들의 승인(recognition)이 필요하다. 이와 관련 유엔과 지역기구의 지원을 받는 반식민지 투쟁의 경우 이들 기구의 회원국들이 특정 NLM에 대하여 승인을 부여한 경우가 있다. 예컨대, 아프리카 단결기구(OAU)와 아랍연맹(Arab League)의 회원국들은 앙골라, 모잠비크, 팔레스타인 등에 대하여 NLM의 지위를 승인하였다. 유엔 총회도 1974년 이들에 대해 국제법인격을 부여하고 동시에 옵서버로서의 지위를 부여함으로써 NLM의 국제법상의 지위를 발전시키는데 기여하였다. 이러한 발전과정을 통해 많은 NLM들은 궁극적으로 독립국가로서의 지위(statehood)를 획득할 수 있었다.

한편 NLM은 제한된 범위 내에서 국제법 주체성을 가지므로 국가와 국제기구와 필요한 범위 내에서 조약 체결권한도 가진다.

나. NLM과 무력사용(테러리즘과의 관계)

NLM은 테러리스트인가 아니면 민족자결의 실현을 위해 투쟁하는 숭고한 자유의 투사들인가. 과거 제 3세계에서는 NLM의 구성원을 자유의 투사로 보고 이들의 무력행사가 정당하다고 보았던 반면 서방진영은 국제법상 허용되지 않는 테러리스트의 행위로 보았다. 다시 말해서 허용된다는 제 3세계 국가들의 주장과 무력이 아닌 평화적 수단에 의한 독립투쟁만을 허용한다는 서방세력간의 입장차이가 있다. 이에 대한 국제사회의 태도를 검토한다.

1) 국제사회의 태도

NLM의 무력사용과 관련한 유엔 총회의 결의는 다음과 같다.

첫째, 1960년 '식민지 국가 및 인민에 대한 독립부여 선언' 제 4항은 피지배민족의 완전한 독립을 위해 이들에 대한 모든 형태의 무력이나 압제적 조치를 중단하여야 한다고 규정하고 있다.[25]

둘째, 1965년 '식민지 국가 및 인민에 대한 독립부여 선언의 이행' 제 10항은 식민지배하의 인민들의 투쟁의 정당성을 인정하며 모든 국가들이 식민지 영토 내에서의 NLM의 투쟁에 대하여 물질적 및 도덕적 지원을 제공할 것을 권유한다고 규정하고 있다.[26]

셋째, 1970년 '국가간 우호관계 및 협력에 관한 국제법 원칙 선언'은 자결권의 행사를 위해 무력 투쟁하는 민족은 유엔헌장의 목적과 원칙에 따라 외부로부터의 지원을 구하고 받을 권리가 있다고 규정하였다.[27]

---

25) 유엔 총회 결의 제 1514(XV)호, 'Declaration on the Granting of Independence to Colonial Countries and Peoples' 제 4항.

26) 유엔 총회 결의 제 2105(XX)호, 'Implementation of the Declaration on the Granting of Independence to Colonial Countries and Peoples' 제 10항.

27) 관련 부분 원문은 다음과 같다: "Every State has the duty to refrain from any forcible action which deprives peoples ... of their right to self-determination and freedom

넷째, 1974년 유엔 총회의 '침략의 정의' 제 7조도 이 결의의 어느 것도 유엔헌장이나 1970년 '국가간 우호관계 및 협력에 관한 국제법 원칙 선언'에서 유래하는 자결, 자유 및 독립을 추구할 권리와 투쟁단체들이 이를 위해 투쟁하고(struggle) 지원(support)을 받을 권리를 저해하지 않는다고 규정하고 있다. 이 규정의 해석(무력사용의 허용 여부)을 둘러싸고 제 3세계 진영과 서방권 국가들간 해석상 차이가 존재한다.

2) 무력사용허용 여부

그렇다면 NLM은 국제법상 압제세력에 대해 무력을 사용할 수 있는가. 무력사용에 반대하는 입장은 한 예로서 NLM의 무력사용과 관련하여 가장 중요한 문서인 상기 '국가간 우호관계 및 협력에 관한 국제법 원칙 선언'이 명시적으로 무력사용이나 무력저항(armed resistance)을 규정하고 있지 않다는 점을 들고 있다.

반면 허용된다는 입장에 의하면 NLM의 투쟁은 1949년 제네바 협약에 대한 1977년 제 1추가의정서에 의해 국제적 무력충돌로 규정되어 국제인도법의 적용대상으로 격상되었다는 점을 근거로 제시하고 있다(제 28강 '국제인도법'의 제 2절 '국제인도법의 법원' 중 '1977년 추가의정서' 참조). 이는 다시 말해서 NLM이 일정한 요건(예컨대, 적절한 사령관의 지휘하에 있어야 함)을 갖추고 국제인도법을 준수하면서 투쟁하는 경우에는 테러리스트가 아니라는 의미이다. 즉, NLM은 정당한 국제법 주체로서 '교전자'의 대우를 받을 수 있다고 보는 것이다.

3) 평가

압제정부가 NLM의 자결권 행사를 방해하기 위해 무력을 사용하는 것은 당연히 허용되지 않는다. 그럼에도 불구하고 자결권을 행사하려는 NLM에 대하여 압제정부가 무력으로 진압하려고 하는 경우 이에 대응한 NLM의 무력투쟁이 허용되지 않는다는 것은 모순이다. 여기서 중요한 대전제는 일반적인 내전이 영토국의

---

and independence. In their actions against, and resistance to, such forcible action in pursuit of the exercise of their right to self-determination, such peoples are entitled to seek and to receive support in accordance with the purposes and principles of the Charter."

국내문제인 것과는 달리 자결권의 침해는 심각한 국제법 위반이라는 점이다.

그렇다면 반대로 NLM은 자결권 실현을 위해 먼저 무력을 사용할 수 있는가. 이에 대해서는 위에서 설명한 바와 같이 그렇다는 주장과 무력이 아닌 평화적 수단에 의한 독립투쟁만이 허용된다는 입장의 차이가 있다.

또한 다른 국가들이 NLM을 지원하기 위해 무력을 사용하는 것이 허용되는가의 문제도 있다. 이에 대해서는 1999년 인도네시아가 동티모르의 독립을 방해하기 위한 목적으로 무력사용을 준비하였을 때 안보리는 동티모르인들의 권리를 보호하기 위해 다른 국가들이 필요한 모든 조치를 취할 것을 허가한 경우에서 볼 수 있듯이 권한있는 기관의 허가를 득한 경우에 한하여 허용된다고 보는 것이 타당할 것이다.

결론적으로 유엔창설 이후 국가의 관행은 자결권 행사를 위한 무력사용을 국제적 무력분쟁으로 보고 무력분쟁시에는 국제인도법을 준수할 것을 요구하는 방향으로 발전하여 왔다. 따라서 NLM의 무력사용이 순수한 목적의 자결권 행사에 한하여 필요 최소한의 범위 내에서 이루어지는 경우 이를 불법적인 것으로 볼 수만은 없을 것이다. 더욱이 압제정부가 무력을 사용하여 탄압하고 자결권의 행사를 방해하는 경우에는 더욱 그러하다고 본다. 그러나 이러한 해석이 NLM의 무력사용을 허용하여야 한다는 적극적 의미는 물론 아니다.

한편 다른 각도에서 NLM의 무력사용이 국제인도법을 준수하지 않고 불특정 다수의 공포심을 이용하는 (국제)테러리즘의 성격을 띠게 될 경우 그러한 무력사용은 어떻게 평가되어야 할 것인가. NLM이 국제인도법을 무시하고, 예컨대, 자살특공대 등으로 대중의 공포를 이용하여 투쟁하는 경우에는 정당화될 수 없는 테러리즘 범죄로 보아야 할 것이다. 자결이 비록 신성한 목표라 하더라도 어느 경우에도 테러리즘은 범죄적 수단이므로 허용될 수 없다. 국제테러리즘에 대하여는 제 27강(국제테러리즘)을 참조한다.

☞ **기출문제 예시**

문 1) A국은 강박에 의한 조약을 통하여 B국에 병합된 후 제 3국에 망명정부를 세우고 국내외에서 민족해방투쟁을 수행하였다. A국 망명정부는 외교적 방식을 통한 독립운동과 함께 군사적 수단을 통한 저항을 주요전략으로 채택하고 치열한 무력투쟁을 전개하기 시작하였다. 그러던 중 B국 정부의 주요 인사들이 A국 병합을 기념하기 위하여 모인다는 정보를 입수한 A국 망명정부는 애국심이 투철한 행동대원을 기념식장에 파견하여 현장에서 수상, 국방장관을 비롯한 B국 정부의 주요 인사들을 고성능 폭탄으로 살상하였다, 사건 직후 B국은 해당 폭탄공격을 중대한 테러리즘으로 규정하고 이 사건을 유엔 안전보장이사회에 회부하였으며 A국 망명정부를 승인한 국가에게 망명정부 승인을 취소할 것을 압박하였다. 그러나 A국 망명정부는 당해 폭탄공격이 민족자결원칙에 입각한 국제법상의 정당하고 합법적인 행위로서 유엔은 A국 망명정부의 민족해방투쟁을 지원하여야 한다고 주장하였다.

1) 위 사례에서 A국 망명정부의 대표가 민족해방운동의 정당성을 주장할 수 있는 가장 근본적인 법적 근거를 제시하시오.

2) A국 망명정부는 자신들의 민족해방투쟁이 민족자결원칙에 입각한 합법적인 행위라고 주장하였다. 2차 대전 이후의 국제법에서 민족자결원칙은 강행규범으로 인정되는가. 찬반양론을 비교하고 자신의 입장을 피력하시오.

3) A국 망명정부가 B국 정부의 요인들에게 가한 폭탄공격이 국제법상 테러리즘이 아닌 민족해방투쟁의 범주에 속하기 위해서는 어떠한 요건을 충족하여야 하는지를 목적, 대상, 방식, 결과라는 4가지 측면에서 서술하시오.

4) 국가테러리즘이라는 관점에서 국제법상 테러리즘에 대한 일반적 정의를 비판할 수 있는가.

문 2) A국 중앙정부 X와 반란단체 Y 사이의 내전 중에 B국의 국민인 '갑'은 X 에게 붙잡혀 장기간 구금되고 고문을 당하였다. 그 후 Y는 X를 붕괴시키고 집권하였다.

1) X의 행위에 대하여 Y는 A국 정부로서 책임을 지는가?

2) B국이 '갑'의 권리구제를 위하여 A국에 대하여 행사할 수 있는 권리의 근거와 요건은?

제 10 강
국가승계

제1절 개관

일 국가의 국가명, 헌법 또는 정부는 헌법적 절차에 따라 또는 비헌법적 방식에 의해 변경될 수 있다. 이 경우 국가의 법적 동질성과 법인격은 그대로 유지되며 국가의 조약상 의무도 그대로 이행되어야 한다. 그러나 일국의 영토의 일부가 분리되어 새로운 국가로 성립하는 경우에는 사정이 달라진다. 기존 국가인 선행국(predecessor State)의 권리와 의무 중 어느 정도의 범위까지가 승계국(successor State)에 이전되는가, 즉 '국가승계(state succession)'의 문제가 제기된다.

여기서 국가승계란 한 국가의 일정 영역에 대한 주권이 다른 국가에 승계되는 것을 말한다. 보다 구체적으로는 일국이 타국과 합병하거나 또는 영토의 일부의 이전, 타국에 의한 병합 또는 복수의 국가로의 분열 등으로 일정한 영역에 대한 주권이 일국에서 타국으로 변경되는 경우 그 영역에 대한 일국(선행국)의 조약, 국가문서, 채무, 국가재산 등이 타국(승계국)에 이전(승계)되는 것을 의미한다.

이 중 특히 조약의 승계문제가 국가승계의 중심을 이루며 따라서 본 강에서도 조약승계를 중심으로 설명한다. 먼저 조약승계와 관련하여서는 1978년 채택되고 1996년 발효된 '조약의 승계에 관한 비엔나협약(Convention on Succession of

States in respect of Treaties: 조약승계협약)'이 있다. 이 협약은 국가승계를 '일정 영역에 대한 국제관계상의 책임이 한 국가에서 다른 국가로 대체되는 것(the replacement of one state by another in the responsibility for the international relations of territory)'으로 정의하고 있다.

이하 국가승계유형별 조약승계 방식을 조약승계협약을 중심으로 설명한다. 여기서 인용되는 조항은 별도의 설명이 없는 한 조약승계협약의 관련 조항을 말한다.

제2절 국가승계 유형별 조약승계 원칙과 적용

1. 원칙

1978년 조약승계협약은 승계상황의 발생시 선행국이 타국과 체결한 조약의 효력을 어떻게 처리하는가에 관한 원칙을 규정하고 있다. 이 중 중요한 기준은 '계속론(the continuity theory)과 단절론(the clean slate theory) 이론'의 적용으로 조약승계협약은 양자의 조화를 통해 문제를 해결해 나가고 있다.

계속론은 원칙적으로 국가영토의 일부가 분리되어도 기존국가가 지속되는 경우에 해당되며 단절론은 선행국의 주권소멸과 승계국의 새로운 주권획득의 경우를 말한다.

2. 적용

1978년 조약승계협약에 따르면 국가승계가 발생할 수 있는 유형은 다음과 같다.

(a) 국가영역의 일부의 승계(succession in respect of part of territory)
(b) 둘 또는 그 이상의 국가들이 결합하여 하나의 단일국가(uniting of States)를 구성하는 경우(합병: merger)
(c) 일국가가 다른 국가로 흡수, 편입되는 경우(병합: absorption)
(d) 일 국가의 분리 또는 완전한 해체의 경우(complete dissolution of a State)
(e) 일 국가의 영역의 일부가 분리하여 별도의 국가를 형성하는 국가 분리후에도 선행국이 계속 존재하는 경우(separation)
(f) 신생독립국(newly independent State)

이들 유형별 조약의 승계방식에 대하여 설명한다.

가. 국가영역의 일부 승계-제 15조

일국의 영토의 일부가 타국으로 할양(cession)되는 경우에는 '조약 경계이동의 원칙(moving treaty-frontier rule)'이 적용된다. 이 원칙에 의하면 할양되는 영토(선행국)에서 적용되던 조약은 그 지역에서 효력을 상실하고 대신 승계국의 기존의 조약들이 동 지역에 확장 적용된다. 홍콩과 마카오의 중국으로의 주권이양에 대하여도 이 원칙이 적용(홍콩과 마카오에 대한 중국법의 적용)되었다. 다만, 새로운 조약의 적용이 그 조약의 대상 및 목적과 양립할 수 없는 경우 등에는 적용하지 않는다.

나. 둘 또는 그 이상의 국가들이 결합하여 하나의 단일국가를 구성하는 경우(합병: merger)-제 31조[1)]

통합 이전의 선행국의 조약들은 승계국에 승계되어 각각 기존의 적용지역

1) 제 31조는 '국가통합'이라는 제목으로 일국가가 타국에 흡수되는 병합과 대등한 관계에서 통합하는 합병의 경우를 함께 규율하고 있다. 그러나 엄격한 의미에서 제 31조는 병합에 대하여 적용하기에는 무리가 있다. 이러한 이유로 본서는 합병과 병합을 나누어 설명한다.

에서 그대로 적용된다. 단, 별도의 합의가 있거나 승계국에 대해 조약을 적용하는 것이 바람직하지 않은 경우에는 적용하지 않는다(제 31조 1항). 예컨대, 예멘의 경우처럼 두 개의 국가가 대등한 자격으로 합쳐져 하나의 새로운 국가를 형성하는 경우 통합 이전의 조약은 각기 기존의 적용지역에서 계속 적용된다. 이는 계속성의 원칙이 적용된 결과다. 그러나 이 원칙의 적용은 국가통합의 취지를 무색하게 한다는 비판이 제기된다.

다. 일 국가가 다른 국가로 흡수, 편입되는 경우(병합: absorption)-제 31조

일 국가가 자발적으로 타국가로 편입되는 경우 편입되는 국가는 소멸하고 편입하는 국가가 편입되는 국가의 영토를 흡수하게 된다. 이 경우 피승계국(편입되는 국가)의 조약은 달리 합의하지 않는 한 당연히 소멸되며 대신 승계국(편입하는 국가)의 조약들이 흡수되는 영토에 적용된다. 병합은 앞에서 설명한 '국가영역의 일부의 승계'를 원용하여 영토의 일부가 아닌 전부가 승계되고 이에 대해 '조약 경계이동의 원칙'이 적용되는 것으로 이해하여도 좋다.

관련된 사례로 1990년 독일통일 당시 서독이 체결한 조약은 구동독 지역에도 효력을 미치게 된 반면 구동독이 당사국이었던 조약의 대부분은 조약상대국들과의 협의를 통해 유지, 수정, 폐기가 결정되었다. 그러나 국경 및 영토 이용에 관한 조약은 존속되었다(다음 3. '특별한 고려가 요구되는 조약의 승계문제' 참조).

라. 일 국가의 완전한 해체의 경우(해체: complete dissolution of a State)-제 34조

구유고연방의 해체에서 볼 수 있듯이 선행국의 소멸로 기존국가가 완전히 해체되어 하나 또는 그 이상의 국가를 형성하는 경우 계속성의 원칙이 적용되어 선행국 조약은 각 승계국(개별 신생국) 모두에 적용된다. 따라서 선행국 영토 전체에 적용되던 조약은 각 승계국들에 적용되나 선행국 영토의 일부에 적용되던 조약은 해당 지역을 승계한 국가에만 적용된다. 단, 별도의 합의가 있거나 승계국에 대해 조약을 적용하는 것이 바람직하지 않은 경우에는 적용하지 않는다.

마. 일 국가의 영역의 일부가 분리하여 별도의 국가를 형성하는 국가 분리 후에도 선행국이 계속 존재하는 경우(분리: separation)-제 35조

완전한 해체의 경우와는 달리 선행국 영토에 존재하던 기존의 실체의 하나가 다른 실체의 분리로 인해 비록 영토가 제한되었음에도 불구하고 선행국과 동일한 상태에서 법인격을 유지하는 경우가 이에 해당된다.

이 경우 기존국가의 법인격을 유지하는 국가는 계속성의 원칙이 적용되어 당연히 선행국의 조약을 그대로 승계하게 된다. 대표적인 예로 러시아는 구소연방으로부터 다른 연방들의 분리독립에도 불구하고 구소연방과 동질성을 가지고 그대로 승계국으로 남게 되었다.

그렇다면 이 경우 분리 독립하여 새로이 탄생한 나머지 국가들(예컨대, 우주베키스탄 등)은 선행국의 조약을 승계할 수 있느냐의 문제가 제기된다. 그러나 이에 대한 국제법의 태도는 명확하지 않다. 참고로 우리나라는 구소연방과의 조약은 연방해체 후에도 러시아와의 조약으로 계속 적용하였으나 다른 개별 신생국들과는 새로이 조약을 체결하였다. 반면 미국과 영국은 기본적으로 계속성의 원칙을 적용(앞의 라. '일 국가의 완전한 해체의 경우')하여 적용이 가능한 조약들은 협의를 거쳐 가능한 한 모두 신생국에 그대로 적용하였다.

바. 신생독립국(독립: newly independent State)의 경우

식민지 상태에서 독립을 쟁취하게 된 신생독립국에 대하여는 백지주의원칙(clean slate rule)이 적용되며 따라서 신생독립국은 선행국이 당사국인 조약을 당연히 승계할 의무는 없다(제 16조). 그러나 신생독립국은 스스로의 의사에 따라 선행국이 당사국이었던 다자조약의 당사국으로서의 지위를 승계할 수도 있다.(제 17조 1항). 그 이유는 신생독립국이 선행국의 조약에 반드시 구속될 의무는 없으나 조약에 따라서는 조약관계를 유지하는 것이 신생독립국에게 이익이 되는 경우도 있을 수 있기 때문이다.

단, 조약의 내용이 국제관습법으로 발전한 경우 신생국은 조약 자체를 승계하지 않더라도 국제관습법상의 의무로 당연히 준수하여야 할 것이다(제 5조).

3. 특별한 고려가 요구되는 조약의 승계문제

가. 국경조약 및 국경제도의 승계-제 11조 및 제 12조

'조약에 의하여 확립된 국경(a boundary established by a treaty)' 또는 '조약에 의하여 수립된 국경제도와 관련된 권리와 의무(obligations and rights established by a treaty and relating to the regime of boundary)'는 국가승계에 의하여 영향을 받지 않는다(제 11조).[2] 여기서의 핵심은 추후 국경조약이 계속 존속하느냐의 여부와는 무관하게 동 조약으로 이미 유효하게 성립된 국경제도를 계속 인정하는 것이다. 이와 관련한 예로 ICJ는 1994년 리비아와 챠드간 '영토분쟁 사건'에서 조약상의 국경은 원조약이 이미 종료되었어도 여전히 구속력을 가진다고 판시한 바 있다.[3]

이 원칙은 국경의 안정과 불가침에 대한 국제사회의 보편적인 이해에 부합하는 제도로 국경선의 획정 등에 관한 조약에 대하여는 조약 종료사유로서의 사정변경의 원칙(제 6강 '조약법'의 제 4절 '조약의 무효, 종료와 이행정지' 참조)이 적용되지 않는다고 규정하고 있는 조약법 협약 제 62조 2항에 의해서도 확인된다.

또한 영토적 성격을 지니는 조약 또는 영토에 부착된 것으로 간주되는 조약상의 권리와 의무 등도 국가승계에 의해 영향을 받지 않고 계속 효력이 유지된다(제 12조). 즉, 영역의 이용(항행, 수자원 이용 등)에 관한 권리와 의무를 설정하는 조약도 국가승계의 영향을 받지 않고 그대로 유효하게 존속된다고 보아야 할 것이다. 이와 관련 ICJ도 1997년 '가브치코보-나기마로스 사건'에서 영역이용에 관한 조약상의 권리와 의무(하천 지역에 부착된 조약상의 권리와 의무)가 국가승계에 의해 영향 받지 않고 계속 유효하다고 판단하였다.[4]

---

2) 국경선의 경우 '국경선 신성의 원칙(principle of sanctity of frontiers)'에 의해 별도의 당사국간 합의가 없는 한 국경선은 변경되지 않는다.

3) 관련 부분 원문은 다음과 같다: "A boundary established by treaty thus achieves a permanence ... The treaty can cease to be in force without in any way affecting the continuance of the boundary", ICJ Reports 1994, p. 6, paras. 72-76.

4) 관련 부분 원문은 다음과 같다: "... treaties concerning water rights or navigation on rivers are commonly regarded as candidates for inclusion in the category of territorial treaties", ICJ Reports 1997, p. 7, para. 123.

한편 해양경계에 관한 조약에 대해서도 이 원칙이 적용되는지에 대해서는 학설이 일치하지 않는다. 그러나 대체로 승계에 관한 중재재판소의 결정 등에 비추어 볼 때 해양경계에 관한 조약도 국가승계의 영향을 받지 않고 그대로 적용되는 것으로 보는 것이 타당하다.[5)]

나. 인권 및 인도법 관련 조약의 승계

조약승계에 관한 비엔나협약은 인권조약의 승계문제에 대해 규정하고 있지 않으며 국제관습법상으로도 이에 대한 해석은 불분명하다. 그러나 다양한 인권 관련 조약에 따라 설립된 인권감시기구(예컨대, B 규약 산하 HRC)들의 실행에 의하면 승계국은 어느 경우에도 선행국이 인권 관련분야에서 부담하던 조약상의 의무에 구속된다는 입장이다.[6)]

이러한 주장의 근거는 다음과 같으며 이에 근거하여 국가의 변동에도 불구하고 가능한 한 인권 관련 조약의 자동승계가 이루어지는 것이 필요하다는 주장이 꾸준히 제기되어 왔다.[7)]

- 인권조약의 중요성, 즉 인권조약에 많은 국가들이 가입하여야 된다는 점
- 인권 관련 조약상의 권리들은 국가승계와 상관없이 기존 지역 주민들의 개인적 권리로서 계속 적용되는 것이 인권조약의 목적에 부합한다는 점, 즉 다른 조약들이 국가간 상호적 권리의무 관계를 규율하는 것과는 달리 인권조약은 특히 국가의 자국민에 대한 인권보호 의무를 규율하는 특별한 법질서와 관련된다는 점
- 인권관련 조약들은 유엔헌장의 가치에 부합한다는 점, 다시 말해서 인

---

5) 해양경계획정조약의 경우 국경조약과 별도로 구분하는 국가관행이 성립되어 있다고 보기 어렵다는 점에서 국경선과 동일하게 취급하여야 한다는 주장이 유력하다.

6) 1996년 보스니아와 유고연방간 '집단살해방지협약의 적용에 관한 사건' 등에서 ICJ는 보스니아가 집단살해방지협약의 당사국임은 인정하였지만 당사국의 지위가 인권조약의 자동승계에 의한 것인지에 대하여는 판단하지 않았다. 즉, 인권조약의 자동승계가 하나의 원칙인지에 대하여는 판단하지 않았다.

7) 제 6강(조약법)에서 설명하였듯이 B 규약 산하 HRC는 General Comment 26에서 동 규약과 같은 기본적 인권과 관련되는 조약은 당사국의 해체나 승계에도 불구하고 기존 주민들에게 계속 적용되어야 하며, 일단 당사국이 되면 탈퇴할 수 없다고 해석한바 있다.

권은 강행규범의 성격을 가지며 모든 국가들은 인권을 보호하는 데 있어 법적 이익을 가진다는 점

인권 관련 조약들이 국제관습법상의 규칙을 반영하고 있는 경우에는 당연히 그 부분에 대하여는 승계와 무관하게 계속 적용된다.

한편 여기서 설명한 사항들은 국제인도법 관련 조약의 승계에도 그대로 적용 된다. 따라서 인도법 관련 조약들도 조약승계시 자동승계되는 것으로 볼 수 있을 것이다. 특히 이들 인도법 관련 조약의 규정들은 대부분이 국제관습법화 되었다는 점에서 더욱 그러하다.

인권조약의 특수성에 대하여는 제 6강('조약법'의 제 4절 4. '조약의 탈퇴 및 폐기')과 제 22강('국제인권법'의 제 2절 4. '인권의 특수성')을 참조한다.

다. 국제기구 회원국 자격의 승계

유엔을 포함한 국제기구의 통일된 관행은 대체로 국가분리나 해체의 경우 국제기구 회원국의 지위에 대한 승계가 자동적으로 발생하지는 않는다고 보고 있다. 그러나 1992년 소연방 해체의 경우처럼 한 국가가 해체되어도 하나의 실체가 선행국의 정체성을 가지고 법인격을 유지하는 경우에는 정체성을 유지하는 국가(러시아)가 기존의 국제기구 회원국의 지위를 그대로 유지하게 된다. 반면 러시아 이외의 나머지 국가들은 별도의 국가승인과 유엔가입절차를 밟게 되었다. 또한 유사한 예로 1947년 인도에서의 파키스탄 분리시 선행국의 정체성을 가지는 인도는 유엔회원국의 지위를 그대로 유지하였지만 파키스탄은 신생국으로 새로이 유엔에 가입하였다.

그러나 좀 더 복잡한 사례로 구유고연방을 승계하였다고 주장한 신유고연방(이후 '세르비아-몬테네그로'로 변경)은 구유고연방의 정체성과 법인격을 국제사회로부터 인정받지 못하여 다른 분리·독립된 국가들(예컨대, 보스니아-헤르체고비나 등)과 마찬가지로 유엔 등 국제기구에 새로운 회원국으로 신청하여 가입하였다. 체코슬로바키아의 경우도 분리된 체크와 슬로바크 어느 편도 체코슬로바키아의 승계국임을 주장하지 않아 각각 별도로 유엔에 가입하였다.

한편 국제기구의 일 회원국이 다른 국가로 흡수(absorption, 병합)되거나(독일

의 예) 또는 두 개 이상의 회원국들이 결합(merger, 합병)하여 단일국가(uniting of states)를 형성하는 경우(예멘의 경우 등) 승계국은 하나의 통합된 국가로서 기존의 국제기구 회원국의 지위를 가지게 된다.

4. 평가

1978년 조약승계협약은 다양한 국가실행이나 기존의 국제관습법을 반영하기보다는 국제법의 점진적 발전에 기초하였다는 점에서 보편적인 지지를 받는 기준이 되지 못하고 있다. 이는 협약이 동구권 붕괴 후 새로이 탄생한 국가들의 지지를 받아 1996년에야 비로소 뒤늦게 발효되었다는 점에서도 확인된다. 결국 가장 중요한 기준은 조약별로 승계국과 제 3국간 별도의 합의를 근거로 해결하는 것이다. 특히 양자조약의 승계문제는 더욱 그러하다.

5. 우리나라에 대한 조약승계의 함의

가. 대한민국의 정부수립과 구조약의 승계

우리 정부는 1986년 대한제국이 체결한 조약 중 2개의 헤이그 협약과 전시병원선에 대한 과세면제 관련 협약 등 3건의 다자조약에 대한 승계를 선언하였다.[8)]

나. 통일 이후의 조약승계

한국 주도의 통일(동서독의 경우와 마찬가지로 흡수통일을 의미함) 이후에는 조약경계이동원칙의 적용을 통해 한국이 체결한 조약들이 북한전역에 일반적으로 적용될 수 있을 것이다. 보다 구체적으로는 조약승계협약 제 15조(영토 일부의 승

8) 1899년 '육전의 법 및 관습에 관한 협약', 1864년 8월 22일자 '제네바 협약의 제 원칙을 해전에 적용하기 위한 협약'과 1904년 '전시병원선에 대한 국가이익을 위하여 부과되는 각종의 부과금 및 조세의 지불면제에 관한 협약'이 이에 해당된다.

계) 또는 제 31조(국가통합중 병합)가 적용될 수 있을 것이다.

그러나 국경 및 영토이용에 관한 조약은 당연 승계된다는 점에서 백두산, 간도의 지위는 북한이 중국 및 러시아와 기 체결한 조약에 따라 현재의 상태 그대로 유지된다고 보아야 할 것이다.

제3절 국가재산, 문서, 채무의 승계 및 국적

1983년 채택된 '국가재산, 문서 및 부채 승계협약(Vienna Convention on the Succession of States in respect of State Property, Archives and Debts: 국가재산 등에 관한 승계협약)'은 이들 분야의 승계문제를 해결하는데 필요한 방향제시를 제대로 하지 못하고 있다. 이 협약은 채택후 근 40여년이 되어오지만 아직까지도 발효에 필요한 15개국의 비준을 확보하지 못하였으며 그 가능성은 더욱 희박해 보인다.

이 협약도 조약승계협약과 마찬가지로 국제법의 점진적 발전을 반영하여 성립되었으나 기존의 국제관습법을 포함하지 않았고 많은 국가들에게 수락가능한 조항도 포함하지 않았다는 점에서 처음부터 한계가 있었다. 대표적인 결함은 유형재산의 분배 등 처분을 위한 원칙으로 형평(equity)을 적용함으로써 구체적인 경우에 적용하기에는 너무 모호하다는 지적이 있다. 결국 이 문제도 관련 국가간 양자합의를 통해 구체적인 경우에 개별적으로 판단되어야 할 것이다.

이들 분야의 승계와 관련하여 특징적인 것을 설명하면 다음과 같다.

첫째, (국가재산의 승계) 영역의 일부가 타국의 영역 또는 신생국이 될 경우 이 영역에 소재한 재산은 승계국의 재산이 된다. 국가재산, 특히 부동산은 당연히 승계국에 귀속된다. 이에 대해서는 상기 1983년 국가재산 등에 관한 승계협약이 적용된다.

둘째, (국제위법행위 책임의 승계) 승계국은 일반적으로 피승계국의 국제위법행위에 대한 국제법상의 책임을 부담하지 않는다. 즉, 국제위법행위가 판결에 의해 금전채무로 확정되는 경우 등을 제외하고는 승계국은 국제책임 자체를 승계할 의무가 없다.

셋째, (국적의 승계) 국가승계시 국적의 취득이나 상실에 대한 국제법상의 원칙은 없다. 통상적으로 승계대상지역의 주민은 승계국의 국적을 부여받는 것이 일반적인 관행이다. 국적승계에 대하여는 2000년 유엔 총회의 결의로 채택된 '국가승계에 관한 자연인의 국적'이 있으며 이 결의는 국적에 관한 ILC의 규정초안[9]을 각국이 고려할 것을 권장하고 있다. 국가승계를 통한 국적변경의 경우에는 외교적 보호권 행사의 요건인 국적계속의 원칙이 당연히 적용되지 않는다.

9) ILC는 1999년 '국가승계에 관한 자연인의 국적에 관한 협약 초안(Draft Articles on Nationality of Natural Persons in relation to the Succession)'을 작성하여 유엔 총회에 제출하였다. 그러나 아직 공식적으로 채택되지는 않았다.

제 11 강
국가의 관할권

제1절 개관

1. 관할권의 의의

국제법상 국가의 관할권(state jurisdiction)이란 국가가 영토, 사람, 물건(재산) 또는 상황(사건)을 배타적으로 지배할 수 있는 권한의 총체를 의미한다. 다시 말해서 국가가 법을 제정하고 집행할 수 있는 고유한 능력 또는 권한을 의미한다. 이러한 국가의 권한, 즉 관할권은 주권에서 유래하며 국가주권 행사의 가장 중요한 요소이다.

국제법은 일 국가가 자국의 영역 내에서 독자적으로 관할권을 행사하는 것을 허용하고 있으며 이렇게 행사되는 관할권은 배타적이라는 점에서 배타적 관할권(exclusive jurisdiction)이라고 한다. 그러나 영토국이 자국에 소재하는 모든 사람 또는 물건(재산 등)에 대하여 행사하는 배타적 관할권에도 국제법에 따른 예외가 있다. 예컨대, 자국 내 외교관이나 외교재산 등에 대하여는 국제법에 의해 영토국의 배타적 관할권이 제한된다.

또한 국제법은 외국에 소재하는 사람 또는 물건 등에 대하여도 관할권 행사를 허용하는 경우가 있다. 그러나 일 국가가 자국영역을 넘어 외국에 소재하는 사람과 물건 등에 대하여 역외관할권(extraterritorial jurisdiction)을 행사하는 경우에는 다른 국가의 관할권과 충돌하는 현상이 발생할 수도 있다.[1)] 관할권의 충돌이 발생하는 이유는 관할권 상호간에 위계가 없어서 관련국들은 각기 다른 근거에 의해 관할권을 주장할 수 있기 때문이다.

한편 오늘날 제기되고 있는 중요한 문제의 하나로 일국가의 역외관할권 행사 주장이 외국 소재 개인이나 기업의 경제적 또는 상업적 이익에 부당한 영향을 미치는 경우가 있다. 미국을 중심으로 주장되어 온 '자국법의 역외적용(미국의 독점금지법의 역외적용 등)' 문제가 바로 이에 해당된다. 이에 대해서는 본 강의 제 3절(자국법의 역외적용과 효과이론)에서 다시 설명한다.

이러한 배경하에 국제법은 주권국가인 각국이 자국의 국내법에 근거하여 행사하는 관할권이 충돌되지 않도록 방향과 한계를 제시하기 위해 노력하여왔으며 이를 위한 국제법 원칙이 발전되어 왔다.

2. 관할권의 종류

국가의 관할권에는 법률을 제정하고(prescribe), 제정한 법률을 집행하거나(enforce), 또는 이를 재판을 통하여 적용하는(adjudicate) 모든 권한이 포함된다. 먼저 국가는 자국영토 내에서 구속력 있는 법을 제정할 수 있으며 이를 입법관할권(legislative jurisdiction, prescriptive jurisdiction)이라고 한다. 그러나 때로는 일정한 조건하에 자국영역 이원에도 역외적용될 수 있는 법을 제정할 수 있다. 예컨대, 국제법은 국가가 자국영토 밖에 소재한 사람에 대하여도 국가와 일정한 연계(link)가 있는 경우 세금을 부과할 수 있는 법을 제정하는 것을 허용하고 있다. 물론 국가가 국제법에 어긋나는 내용의 법을 제정하는 경우에는 국제법 위

1) 일 국가가 자국영역을 넘어 외국에 소재하는 사람과 물건 등에 대하여 행사하는 역외관할권(extraterritorial jurisdiction)은 외교관 등에 대한 영토국(접수국)의 관할권으로부터의 면제를 의미하는 외교면제(diplomatic immunity)와 다른 개념이다.

반이 될 수 있을 것이다.

다음으로 입법관할권에 근거하여 제정된 법률을 집행할 수 있는 권한을 집행관할권(executive jurisdiction, enforcement jurisdiction)이라고 한다. 국가는 자국영토 내에서 국제법에 위반되지 않는 한 당연히 자국법을 집행할 수 있다. 그러나 국가는 다른 나라의 영역 내에서 자국법을 집행할 권한은 없으며 다른 나라의 영토주권을 침해하여서도 안 된다. 다시 말해서 타국의 동의 없이 타국의 영토 내에서 자국법을 집행하는 역외집행(extraterritorial enforcement)은 허용되지 않는다.

끝으로 사법관할권(judicial jurisdiction, adjudicative jurisdiction)이란 일국의 법원이 입법관할권에 근거하여 제정된 법률을 재판을 통하여 구체적인 사건에 적용할 수 있는 권한을 의미한다. 사법관할권은 재판관할권이라고도 하며 집행관할권에 포함되어 함께 사용되기도 한다.

참고로 이해의 편의를 위해 관할권의 문제를 형사관할권과 관련하여 설명하면 다음과 같다. 예컨대, 영국에서 살인을 한 사람이 프랑스로 도망하였다고 가정한다. 영국법원은 입법관할권에 근거하여 범인을 재판할 수 있는 근거를 마련할 수 있다. 그러나 범인은 프랑스에 있기 때문에 영국관헌이 프랑스에 들어가서 범인을 체포하여 영국으로 데려올 수 없다. 왜냐하면 집행관할권을 행사할 수 없기 때문이다. 결국 집행관할권의 일종인 재판관할권도 행사할 수 없다. 대신 해결방안은 영국정부가 프랑스 정부에 범죄인의 인도를 요청하고 프랑스가 이에 응하여 인도가 되는 경우에 한하여 비로소 영국의 관할권은 완전하게 행사될 수 있다. 여기서 제기된 집행관할권 행사의 한계를 극복하기 위한 제도의 하나가 범죄인인도 제도(제 25강 '범죄인인도 제도' 참조)이다.

제2절 관할권의 행사

1. 관할권 행사 근거

국제법은 국가의 관할권 행사에 제한을 가하거나 또는 허용되는 범위를 정함으로써 관할권 행사에 대하여 국제법적 정당성을 부여할 수 있다. 특히 국제법은 관할권을 주장하는 국가에 대하여 국제법에 의해 정당화될 수 있는 한 폭넓게 관할권 행사의 재량을 허용하고 있다. 이로 인해 동일한 사안에 대하여 국가간 관할권의 충돌이 발생할 수 있다. 이 경우 관할권 행사를 위한 판단 기준은 무엇보다도 관할권 행사의 대상(subject matter)과 관할권을 주장하는 국가간의 밀접한 관계(close connection)가 관할권을 주장할 수 있는 또 다른 국가의 이익을 압도(override)할 수 있어야 한다는 점이다.

한편 국가의 관할권 행사는 대상의 성격에 따라 민사관할권과 형사관할권으로 나누어진다. 물론 국가의 관할권 행사라는 측면에서 볼 때 민사와 형사의 차이는 없다. 다만 대상과 성격에 의한 차이로 인해 동일한 원칙이 항상 적용되기는 어렵다는 점에서 차이가 있을 뿐이다.

일반적으로 민사관할권의 행사는 국제사법과 밀접한 관련을 가지며 많은 경우 국제사법의 적용을 통해 관할권의 충돌이 해결된다.[2] 실제로 민사관할권을 이유로 국가간 분쟁이 야기된 경우는 많지 않다. 반면 형사관할권의 경우는 사안의 복잡성과 민감성(예컨대, 자국민이 외국에서 처벌받는 문제) 등으로 인해 관

2) 민사문제는 대체로 국제사법의 틀 내에서 관할권이 행사된다. 예컨대, 국적이나 주소지가 중요한 결정요인이 될 수 있다. 특히 영미법계 국가에서는 피고가 일시 체류하는 경우 영장전달이 된다면 이를 관할권 행사의 근거로 보고 있다. 반면 대륙법계 국가에서는 피고의 상거소가 있을 경우 관할권 행사의 근거로 본다. 또한 네덜란드나 스웨덴 등 일부 국가에서는 피고가 재산을 가지고 있는 경우 법원이 관할권을 행사한다. 한편 오늘날에는 민사관할권과 관련한 문제들을 규율하기 위한 목적으로 사법의 통일을 위한 다양한 형태의 국가간 조약이 체결되어 오고 있다.

할권 충돌의 여지가 크다. 이러한 이유로 많은 국가들이 다른 나라의 민사관할권 행사에 대해서는 대체로 이를 용인하는 태도를 보여 왔으며 결과적으로 국가의 관할권 문제도 형사관할권을 중심으로 발전되어 왔다. 국제법은 특히 형사관할권 문제를 다룰 뿐 민사문제는 국내법정에 일임하고 있다고 하여도 과언이 아니다.

그렇다면 형사관할권은 어떠한 근거에 의해 행사되는가. 이에 대해서는 아래 설명하는 바와 같이 속지주의에서부터 보편주의에 이르기까지 다양한 원칙이 복잡하게 적용된다. 물론 이들 원칙들이 형사관할권에만 해당되는 것은 아니며 일정범위 내에서 민사관할권 문제 해결을 위해서도 원용된다. 따라서 아래 설명하는 관할권 행사의 근거도 주로 형사관할권을 중심으로 하지만 속지주의와 속인주의는 당연히 민사관할권에도 원용이 될 수 있다.[3)]

한편 이러한 관할권 행사의 근거(원칙)는 실제 운용과정에서 특정 사안에 대하여 하나의 원칙만이 적용될 수도 있고 또한 경우에 따라서는 여러 종류의 원칙들이 함께 원용될 수도 있을 것이다.

가. 속지주의

속지주의(territorial principle)는 영토에 근거한 관할권으로 영토적 관할권이라고도 하며 국제법이 허용하는 관할권의 가장 중요한 근거에 해당된다. 속지주의는 일 국가가 행위자의 국적과 상관없이 자국의 영토 내에서 발생한 모든 사건에 대하여 일차적인(primary) 관할권을 행사할 수 있다는 의미로 국가의 (영토) 주권개념에서 유래한다. 속지주의 원칙은 자국의 영역(영토, 내수, 영해와 영공) 이원, 예컨대, 공해상의 자국적 선박이나 항공기에도 적용된다.

형사관할권과 관련하여 속지주의는 자국영토에서 발생한 모든 범죄에 적용되지만 이 중 범죄의 결과가 타국에서 발생하는 경우가 있으며 이 경우에도 속지주의가 적용되어 관할권을 행사할 수 있다. 그러나 이를 진정한 의미의 속지주의와 구별하여 주관적 속지주의(subjective territorial principle)라고 한다. 반면 외국

---

3) 여기서 설명하는 관할권 행사의 근거는 원칙적으로 국가가 자국법으로 규정할 수 있는 입법관할권을 의미한다.

에서 발생한 범죄지만 그 효과가 자국에 미치는 경우에도 관할권을 행사할 수 있으며 이를 객관적 속지주의(objective territorial principle)라고 한다.[4] 그러나 이들 경우에는 범죄발생지국(범죄행위 개시국)과 범죄결과발생지국(범죄행위 결과의 최종완성국) 모두 관할권을 행사할 수 있어서 관할권의 경합문제가 일어난다. 따라서 우리가 통상 속지주의를 말할 때는 일국 내에서 범죄의 시작과 결과(효과)가 동시에 발생하는 진정한 의미의 속지주의를 말한다고 보면 된다.

여기서 속지주의가 물론 가장 중요하고 근원적인 관할권의 원칙이지만 속지주의가 반드시 배타적인 것은 아니며 예외도 있다. 예컨대, 자국영역 내에 주재하는 외교관 등에 대한 민·형사 관할권은 속지주의의 예외로 행사가 제한된다.[5]

그 밖에 국가는 다른 국가가 자국영토 내에서 관할권을 행사할 수 있도록 합의할 수도 있다. 형사관할권의 행사는 아니지만 예로서 1991년 '프랑스와 영국간 국경통제에 관한 의정서(France-UK Protocol concerning Frontier Control and Policing)'는 각국의 국경통제법이 상대방의 통제지역 내에서 상대국의 관리에 의해서도 집행될 수 있다고 규정하고 있다.

한편 우리 형법 제 2조도 "본 법을 대한민국 영역 내에서 죄를 범한 내국인과 외국인에게 모두 적용한다"라고 규정하면서 동시에 제 4조에서 "본 법을 대한민국 영역 외에 있는 대한민국의 선박 또는 항공기 내에서 죄를 범한 외국인에게 적용한다"고 하여 속지주의 원칙을 명시하고 있다.[6]

선박과 속지주의
▶ 선박은 자국영토로 의제되어 속지주의가 적용될 수 있다. ▶ 예컨대, 영국선원이 프랑스 선박에서 인접한 독일 선박 내에 있는 누군가에 대하여 총을 발사한 경우 영국선원은 속인주의에 의해 영국법원에서 기소될 수 있으

4) 제 5강(국제법의 법원)의 주 13에서 설명한 '로터스호 사건'이 이에 해당될 수 있다.

5) 속지주의의 예외라는 의미는 외교관에 대하여 속지주의 관할권이 존재하지 않는다는 의미가 아니다. 국제법상 부여된 외교관에 대한 면제를 파견국이 포기하지 않는 한 영토국은 관할권을 행사할 수 없다는 뜻이다(제 15강 '외교·영사관계법' 참조).

6) 우리 형법 제 4조가 '외국인'을 대상으로 특정한 이유는 우리 국민에 대하여는 어느 경우에도 속인주의에 의해 관할권을 행사할 수 있기 때문이다.

며 주관적 속지주의(범죄발생지)에 의해 프랑스 법원에서 기소될 수도 있고 또한 객관적 속지주의(범죄효과 발생지)에 의해 독일 법원에서 기소될 수도 있다.

로터스호 사건과 객관적 속지주의

- ▶ 이 사건은 1926년 프랑스 우편선 로터스호가 선원의 과실로 에게해 공해상에서 터키 화물선과 충돌하여 터키 화물선 내 터키인 8명이 사망한 사건이다.
- ▶ 이 사건에서 PCIJ는 재판관 가부동수에 대한 재판장의 결정투표로 비록 공해상의 터키 선박에 대하여 프랑스 선박이 야기한 사건이지만 터키에서 범죄의 효과(effects)가 발생한 것으로 보고 객관적 속지주의를 적용하여 터키의 관할권을 인정하였다. 결과적으로 프랑스와 터키 모두의 관할권이 인정되었다.
- ▶ 이 사건에서 재판관 다수는 그 근거로 '법이란 주권국가의 자유의지에서 나오며', 주권국가의 행위에 대한 제한(터키의 관할권 행사에 대한 제한)은 특별한 국제법상의 근거가 있어야만 된다는 법실증주의적 사고에 입각하였다.
- ▶ 이후 이 판결의 부당성이 지적되면서 1958년 제네바 공해협약 및 1982년 유엔해양법협약은 가해 선박의 기국의 관할권을 분명히 하였다(제 17강 '국제해양법'의 제 2절 '연안국 해양관할권의 구조' 5. '공해' 참조).
- ▶ 이 사건 판결에서 PCIJ는 후술하는 피해자 국적주의(수동적 속인주의)는 검토하지 않았다.

나. 속인주의

속인주의(nationality principle)는 국가가 해외에서의 자국민의 행위에 대해서도 관할권을 행사할 수 있다는 원칙으로 형사관할권의 경우 특히 외국에서는 범죄를 구성하지 않더라도 자국의 법을 위반한 경우에는 자국에서 처벌할 수 있다는 원칙이다. 이를 능동적(또는 적극적) 속인주의(active nationality principle)라고도 한다. 예컨대, 도박이 금지된 국가의 국민이 도박이 허용된 해외에서 도박후 귀국하면 본국에서 기소될 수 있다. 또한 이 원칙의 적용을 위해서는 개인과 국가를 연결하는 유대로서의 국적이 중요하며[7] 이러한 국적은 장소와는 무관하다는

7) 누가 자국민인가의 문제는 국제법 원칙에 위배되지 않는 한 국내법의 관할사항이다. 한편 오늘날에는 장기 체류가 합법화된 상주 외국인에 대하여도 속인주의를 적용하는 경우가 있다.

논리에서 출발한다. 따라서 속인주의는 국적관할권이라고도 한다.

속인주의는 오늘날 국제사회에서 보편적으로 수락된 원칙으로 자리잡고 있으며 대륙법계 국가의 경우 속인주의적 관할권 행사에 보다 적극적이다. 반면 영미법계 국가들의 경우에는 속지주의를 우선시 하면서 예외적으로 살인이나 반역(treason) 등 주요 범죄의 경우에 한하여 이 원칙을 적용하는 경향이 크다. 예컨대, 영국의 1991년 전쟁범죄법(War Crimes Act)과 1997년 성범죄법(Sex Offenders Act)이 대표적인 예이다.[8)]

참고로 속인주의 관할권을 행사하려고 하여도 범죄를 행한 자국민이 자국에 입국해야 비로소 관할권 행사가 가능할 것이라는 점에서 속인주의의 효과적인 행사를 위해서는 범죄인인도 제도가 특히 중요하다.

우리 형법 제 3조도 “본 법을 대한민국 영역 외에서 죄를 범한 내국인에게 적용한다”고 하여 속인주의를 규정하고 있다. 이는 우리국민이 우리국내에서 범한 범죄에 대하여는 속지주의에 의해 당연히 관할권이 성립되므로 굳이 속인주의를 원용할 필요가 없다는 의미이다.

한편 속인주의는 민사관할권의 경우에도 중요한 함의를 가진다. 예컨대, 한국인이 미국에 거주하며 소득을 가지게 되는 경우 동인은 속인주의에 따라 한국정부에 대한 소득세 납부 의무가 있다. 물론 소득이 발생한 미국도 속지주의에 의해 동인에 대한 소득세 징수가 가능하다. 이러한 경우에 대비하여 소득이 발생하는 국가에서 소득세 징수가 가능하도록 하는 목적의 이중과세방지협정의 체결이 보편화되어 오고 있다.

다. 피해자 국적주의(수동적 속인주의)

피해자 국적주의(피해자 관할권: victim jurisdiction)는 외국인이 자국민을 대상으로 외국에서 범한 범죄에 대하여 국가(피해자의 본국)가 관할권을 행사할 수 있다는 원칙으로 앞에서 설명한 본래의 의미의 속인주의(능동적 또는 적극적 속인주의)와 구분하여 수동적 속인주의(passive nationality principle)라고 한다. 그러나 이 원칙은 앞의 속인주의와는 달리 관할권 행사의 근거로서 취약한 면이 있으며 더

8) 이들 범죄를 범한 자국민에 대하여는 속인주의를 적극 행사한다는 의미이다.

욱이 외국의 속지주의 관할권과 충돌가능성이 커서 제한된 범위 내에서만 허용될 수 있다.

과거 미국과 영국은 이 원칙에 대하여 지속적으로 반대 입장을 견지하여 왔다. 그 이유는 자국민이 다른 나라에서 범죄의 피해자가 되었다는 단순한 사실이 자국(피해자의 본국)의 일반적 이익(형사사법정의의 실현 등)과 반드시 관련된다(또는 우선한다)고는 볼 수 없다는 이유에서였다.[9] 그러나 오늘날에는 범죄발생지국이 속지주의에 의한 관할권을 행사할 의사가 없거나 능력이 없는 경우에는 피해자의 본국이 혐의자에 대하여 피해자 국적주의를 원용하여 관할권을 행사할 수 있어야 한다는 주장이 지지를 받고 있다.[10]

더욱이 국가의 자국민 보호정책의 관점에서 볼 때 이 제도의 중요성을 부인하기는 어렵다. 특히 테러나 국제적으로 비난받는 심각한 범죄의 피해자가 된 자국민의 보호를 위해서도 이 제도의 중요성이 국제사회에서 수락되는 분위기이다. 이와 관련 미국은 테러 등 유사한 성격의 심각한 범죄에 대하여 피해자 국적주의를 적용해 오고 있다. 대표적인 예로 미국은 1986년 해외에서 자국민에 대한 테러가 빈발한 데 대한 대응으로 미 국민을 대상으로 한 해외에서의 테러범죄 혐의자들에 대하여 미국 내 재판을 허용하는 내용의 법(종합 외교안보 및 반테러 법:Omnibus Diplomatic Security and Anti-terrorism Act)을 제정한 바 있다. 관련 사례로 미국은 1988년 'United States v. Fawaz Yunis 사건(Yunis 사건)'에서 피해자 국적주의를 관할권 성립의 한 근거로 원용한 바 있으며,[11] 또한 마약범죄와 자금세탁 등을 이유로 파나마의 사실상 지도자인 노리에가를 체포하는 데 있어서도 이 원칙을 원용한 바 있다.

---

9) 피해자 국적주의(수동적 속인주의)에 대한 반대 이유로 현지법에 대한 존중의 필요성, 더 나아가 외국의 국내문제에 대한 간섭 가능성 등을 들 수 있다.

10) 물론 이 경우에도 범죄혐의자가 (범죄인인도조약에 근거한 인도 등을 통해) 어떠한 형태로든 자국에 소재하게 되는 경우에 한하여 관할권을 행사할 수 있다.

11) 1985년 레바논인 Yunis가 납치한 항공기에 미국인 2명이 탑승하고 있었으며 이에 대해 미국이 동인을 공해상에서 납치 후 미국으로 이송하여 기소한 사건이다. 이러한 절차적 부당성에도 불구하고 미 법원은 관할권의 성립을 인정하였다. 더욱이 이 사건에서 항공기 납치범과 미국과의 관계는 오로지 미 국민이 항공기에 탑승하였다는 사실 뿐인데 이를 근거로 미국이 관할권을 행사(피해자 국적주의의 원용을 의미)한 것은 잘못이라는 미 법조계의 강력한 저항이 있었다.

우리나라도 1996년 '페스카마호(Pescamar) 사건'에서 피해자 국적주의를 원용한 바 있다. 동 사건에서 우리 법원은 공해상의 온두라스 선적의 선박(외국에 해당)에서 발생한 중국인 선원(외국인에 해당)에 의한 한국인 선원(피해자인 우리 국민) 살해행위에 대하여 피해자 국적주의를 적용하여 살인에 책임있는 중국인을 처벌하였다.[12)]

한편 우리 형법은 제 6조에서 원칙적으로 피해자 국적주의를 규정하면서도 행위지의 법률에 의하여 범죄를 구성하지 아니하거나 소추 또는 형의 집행을 면제하는 경우에는 예외로 하고 있다.

라. 보호주의

보호주의(protected interest/protective principle)는 외국에서 발생한 외국인의 행위일지라도 그로 인하여 자국의 안전과 이익을 침해당한 국가는 관할권을 행사할 수 있다는 원칙이다. 즉, 범죄인의 국적이나 범행 장소에 상관없이 관할권 행사가 가능하다.[13)] 그 이유는 범죄인의 국적국이나 범죄발생지국에서는 범죄에 해당되지 않기 때문에 보호법익의 침해가 없어서 처벌의 실익이 없거나 처벌이 불가능한 경우가 있기 때문이다.

이에 대응하여 보호주의는 침해된 국가의 중요한 이익(vital interest)을 보호하는 것을 관할권 행사의 근거로 하고 있다. 비록 남용의 우려가 있다는 점(특히 강대국의 경우)이 문제점으로 지적되기도 하지만 실제로는 내란, 통화위조, 간첩죄 등 국가의 중요이익과 관련된 범죄만을 대상으로 하여 제한적으로 적용하고 있다는 점에서 정당성을 찾을 수 있을 것이다. 관련 사례로는 미국이 해외에서

---

12) '페스카마호 사건'은 1996년 8월 남태평양에서 조업 중이던 참치잡이 원양어선 페스카마 제 15호에서 선상반란이 일어나 한국인 선원 7명을 포함한 11명의 선원이 살해된 사건이다. 피고인들은 전부 중국 국적을 가지고 있었고, 선박은 온두라스 선적이었으며, 피해자들은 한국, 중국, 인도네시아 국적을 가지고 있었다. 따라서 한국 법원에 재판관할권이 있는가의 문제가 제기되었다. 그러나 온두라스와 중국 모두 재판관할권 행사의사를 표시하지 않아 우리 검찰이 피해자 국적주의를 근거로 한국인 피해자에 대한 범죄에 국한하여 기소하였다.

13) 유엔해양법협약 제 33조의 접속수역 개념도 관세, 재정, 보건 및 출입국관리 등에 대한 연안국의 국가이익 보호를 위한 제도로 보호주의에 기초하는 것으로 볼 수 있다.

의 미국대사관 폭파사건 등을 이유로 테러범 Bin Laden 등에 대하여 미국의 반테러법(Anti-Terrorism Act)을 적용하여 기소한 예를 들 수 있다.[14)]

그럼에도 불구하고 국가마다 통일적 기준이 없는 상황에서 자국의 안보이익 등 법익을 너무 확대 해석할 우려가 있다는 점은 보호주의의 한계로 지적되어야 할 것이다.[15)] 결국 보호주의 원칙은 속지주의나 속인주의와 달리 제한된 범위 내에서 관할권 행사의 부차적인 근거로 예외적으로 원용될 수 있을 뿐이다.

한편 우리 형법도 제한된 범위 내에서 보호주의 원칙을 적용하고 있다. 즉, 우리 형법 제 5조는 내란의 죄, 외환의 죄, 국기에 관한 죄, 통화에 관한 죄 등에 대하여 보호주의를 규정하고 있다.

마. 보편주의(보편적 관할권)

1) 보편주의의 적용과 대상 범죄

보편주의 원칙(universality principle)은 속지주의의 근거인 영토, 속인주의의 근거인 국적 또는 보호주의의 근거인 특별한 이익과 관련 없이 세계 어느 곳에서 누구에 의해 행해진 범죄라도 오직 범죄행위의 성격만을 근거로 관할권을 행사하는 것을 말한다. 즉, '법정지와 범죄와의 관련성'을 증명할 필요가 없는 것을 말한다. 통상 보편적 관할권(universal jurisdiction)으로 더 잘 알려져 있다.

제 2차 대전 이전에는 모든 국가에서 범죄로 간주되는 행위와 해적이나 노예무역처럼 국제사회 전체의 이익에 반하는 행위를 제외하고는 보편적 관할권을 행사하는 것은 국제법 위반이었다. 그러나 이후 보편적 관할권은 국제범죄로 간주되는 행위에 대하여 보다 폭 넓게 적용되기에 이르렀다. 무엇보다도 보편적 관할권 개념의 발전은 인권의 국제적 보호라는 국제법의 발전방향과 궤를 같이

14) 이 사건에서 미 법원은 반테러법이 국제법상 보호주의에 의하여 정당화될 수 있다고 보았으며 또한 대사관 폭파는 국제적으로 보호되는 사람들인 외교관에 대한 범죄라는 점에서도 보호주의로 정당화될 수 있다고 보았다. 다만 미 법원도 이 사건에 대하여 해외의 대사관에 대한 공격이 속지주의에 의해 정당화될 수 있다고는 보지 않았다.

15) A국에서 출판된 신문이 B국을 비판하였다고 하여 B국이 A국의 편집인에 대하여 보호주의에 근거한 관할권을 행사하기 위하여 자의적으로 보호법익의 범위를 확대할 수는 없을 것이다.

하고 있다는 점에서 매우 중요한 함의를 가진다. 국가들의 보편적 관할권 관련 실행은 향후 국제형사재판소의 관할대상 범죄의 확대와 정교화에 기여할 것으로 기대된다.

사실 보편적 관할권은 아주 예외적인 개념이다. 전통적인 주권의 개념에 비추어 볼 때 이 개념은 지지받을 수 없을 것이다. 그럼에도 불구하고 이 개념이 지지를 받는 이유는 심각한 해악을 가지는 국제범죄는 모든 국가와 인류의 공동의 이익을 침해하는 '인류공동의 적(common enemies of all mankind/*hostis humani generis*)'으로 불처벌(impunity)을 방지하는 것이 국제사회의 공동선을 달성하는데 긴요하다는 공감대에서 출발한다.[16)]

여기서 국제범죄란 전체로서의 국제사회에 대한 범죄 또는 국제법을 위반하여 행해진 범죄로서 국제법에 따라 처벌이 가능한 범죄를 말한다. 최근에는 전통적 개념의 국제범죄에 추가하여 항공기 납치, 고문 등 인권침해 관련 범죄 등이 국제범죄의 개념에 포함되기도 한다. 특히 국제형사재판소가 관할대상 범죄로 규정한 집단살해죄, 침략범죄, 인도에 반하는 죄 등은 당연히 포함된다.[17)] 유엔해양법협약도 보편적 관할권에 관한 사항을 규정하고 있다. 예컨대, 해적혐의가 있는 선박의 경우 모든 국가의 군함은 이를 나포하여 처벌할 수 있다고 규정하고 있다.

한편 이와 관련한 사례로 1998년 스페인 법원은 영국에 체류중인 '칠레의 전 대통령 피노체트에 대한 범죄인인도 요청 사건(Pinochet Case)' 심리시 고문금지가 국제법상의 강행규범이며 보편적 관할권의 대상임을 재확인하였다.[18)] 또한

---

16) 예컨대, 2차 대전 중 나치 요원으로 유태인 학살에 책임 있는 자에 대한 범죄인인도관련 사건에서 미 법원은 강행규범 위반 범죄는 인류 공동의 적이므로 모든 국가는 동인을 체포하여 기소하는데 동등한 이해(equal interest)를 가진다고 보았다. 즉, 강행규범적 성격의 범죄는 국가의 보편적 관할권 행사를 정당화한다고 보았다. Demjanjuk v. Petrovsky (1985) 603 F. Supp. 1468; 776 F. 2d. 571.

17) 국제사회의 국제테러리즘 방지를 위한 노력에도 불구하고 국제테러리즘은 후술하는 바와 같이 국제형사재판소 관할대상 범죄에 포함되지 않았다.

18) 스페인이 보편적 관할권에 근거하여 칠레 전 대통령 피노체트에 대한 인도를 요청한 것과 관련하여 동인을 인도할 것인가를 결정하는 1999년 영국 법원의 심리과정에서 Millett경은 반대의견을 통해 보편적 관할권의 성립요건으로 범죄가 강행규범 위반이어야 하며, 동시에 국제법질서에 대한 공격으로 간주될 수 있을 정도로 심각하고 대규모

2005년 스페인 헌법재판소는 '과테말라 대학살사건(Guatemala Genocide Case)'에서 스페인의 관할권 성립이 스페인인 희생자만을 대상으로 하는 것은 아니라고 판단(피해자 국적주의가 아닌 보편적 관할권의 행사를 의미)한 바 있다.[19] 그 밖에 보편적 관할권의 행사와 관련된 사건으로 2002년 ICJ가 심리한 콩고와 벨기에간 '체포영장사건(Arrest Warrant of 11 April 2000)'이 있다. 이 사건은 벨기에가 1999년 보편적 관할권을 명문화하여 제정한 '국제인도법의 심각한 위반의 처벌에 관한 법(Act concerning the Punishment of Serious Violations of International Humanitarian Law)'의 적용과 관련된 사건이다.[20] 그 외에도 유사한 사례는 많이 발견된다.[21] 1961년 이스라엘 법원이 나치전범 '아이히만 사건'에서 제시한 관할권 행사근거의 하나도 보편적 관할권이었다.[22] 1985년 Achille Lauro호 납치사건에서 미국은 자국민이 피해

적이어야 한다고 보았다. 그러면서 독립적으로 행해진 개개의 범죄 자체는 비록 국가관리에 의해 행해졌더라도 이 기준을 충족시키지 못한다고 보았다.

19) 스페인의 Constitutional Court Judgment No. 237/2005.

20) 이 사건은 벨기에가 자국법에 규정된 보편적 관할권에 근거하여 콩고 내 종족분쟁에 책임이 있는 콩고 외교장관에 대하여 체포영장을 발부한 데 대해 콩고가 ICJ에 국제법 위반을 이유로 벨기에를 제소한 사건이다. 이 사건에서 ICJ는 현직 외교장관에 대한 체포영장발부는 현직 외교장관이 국제법상 향유하는 형사관할권으로부터의 면제와 불가침권을 침해하였다(... failed to respect the immunity of the incumbent Minister for Foreign Affairs of the Congo and, more particularly, infringed the immunity from criminal jurisdiction and the inviolability then enjoyed by Mr. Yerodia under international law)고 판단하였다. 여기서 외교장관에 대한 면제는 외교관계협약에 명시되어 있지는 않지만 국제관습법상 부여되는 특권과 면제에 근거한다. ICJ Reports 2002, p. 3, para. 75. 참고로 체포영장이 발부된 시점에 동인은 더 이상 외교장관은 아니었지만 이 점이 쟁점이 되지는 않았다.

21) 예컨대, 2012년 벨기에와 세네갈간 '기소 또는 인도하여야 할 의무에 관한 사건'은 벨기에가 세네갈에 소재하는 차드 전 대통령에 대하여 고문방지협약 위반을 이유로 기소하고 세네갈에 범죄인인도를 요청한 사건이다. 이 사건에서 ICJ는 고문방지협약상의 의무는 협약당사국들에 대한 의무(obligations *erga omnes partes*: 조약 당사자간 대세적 의무로 번역)로서 협약당사국들은 공통의 이해에 근거하여 가해자나 피해자의 국적이나 사건발생장소와 무관하게 혐의자를 기소 또는 인도할 의무가 있으며 따라서 인도청구를 할 수 있다고 보았다. 그 밖에 고문과 관련된 보편적 관할권의 또 다른 적용 사례로 2004년 영국이 아프가니스탄에서 영국인을 대상으로 하지 않은 고문행위에 책임있는 아프가니스탄인(Zardad)에 대하여 고문방지협약 당사국의 자격으로 동인을 기소하여 유죄 판결한 사례가 있다.

22) 1961년 이스라엘은 나치전범 아이히만을 아르헨티나로부터 납치하여 법정에 세우며 국제법상의 근거로 보편적 관할권과 함께 유태인 피해를 이유로 보호주의도 적용하였다.

자임을 이유로 전술한 피해자 국적주의와 납치범죄에 대한 보편적 관할권을 근거로 이탈리아에 대하여 범죄인의 인도를 요청하였으나 이탈리아는 이를 거부한 바 있다. 이탈리아는 기국주의(선박의 기국이 이탈리아라는 점)를 주요 근거로 제시하였다.

한편 우리 형법 제 296조의2는 약취, 유인 및 인신매매 관련 범죄에 대한 보편적 관할권을 규정하고 있다. 그러나 그 밖의 국제범죄 등에 대하여도 개별 입법(예컨대, '국제형사재판소 관할범죄의 처벌 등에 관한 법률' 등)을 통해 보편적 관할권의 정신을 구현해 오고 있다.[23)]

이와 같이 국제사회의 보편적 이익의 보호라는 관점에서 정당화되고 있는 보편적 관할권은 그 중요성과 유용성에도 불구하고 실제 적용하는 데 있어서는 많은 장애가 있다는 점에서 현실적인 한계가 있다.[24)]

2) 조약에 의한 보편주의의 적용

국가들은 양자조약을 통하여 상호간 상대국가의 국민에 대하여 관할권을 행사할 수도 있고 또는 자제할 수도 있다. 물론 이 경우에도 국제법적 정당성이 인정되는 경우에 한함은 물론이다.

또한 다자조약을 통해 당사국들에 대하여 관할권 행사의 의무를 부여하는 경우도 있다. 예컨대, 오늘날 고문방지협약을 비롯하여 많은 테러방지 관련 협약들(항공기 불법 납치 억제를 위한 헤이그 협약 등)은 보편적 관할권의 적용을 위한 조항을 포함하는 경우가 많다. 즉, 이들 협약들은 항공기 납치나 테러 범죄 및 인도에 반하는 죄 등 핵심 국제범죄(core international crimes) 등에 대하여 관련

---

23) 예컨대, '선박 및 해상구조물에 대한 위해행위의 처벌 등에 관한 법률'에서는 해적행위에 대하여, 또한 '공중에 대한 협박목적 및 대량살상무기 확산을 위한 자금조달행위의 금지에 관한 법률'에서는 테러자금 등과 관련된 행위에 대하여 보편주의에 입각한 관할권 성립을 규정하고 있다.

24) 예상되는 한계는 (a) 자국의 직접적인 이익과 무관한 사안에 대하여 보편적 관할권을 행사하는 데 대한 국가들의 소극적 태도, (b) 보편적 관할권 행사시에도 범죄발생지가 아니라는 점에서 수사, 증거수집, 기소 등에서의 현실적 어려움, (c) 범죄인 소재지국의 범죄인인도에 대한 비협조 가능성, (d) 현실적인 문제로 벨기에의 보편적 관할권 행사 의도에 대한 다른 나라(특히 미국)의 노골적인 불만 표시 등을 들 수 있다.

범죄혐의자가 소재하는 국가(당사국)는 자신의 이익침해 여부와 관련 없이 동인을 처벌이 가능한 국가로 인도하거나 또는 인도요청이 없는 경우에도 직접 관할권을 행사하여야 한다고 (조약상의 의무로) 규정하고 있다.[25] 이를 조약 규정에 따른 '의무적 관할권(mandatory jurisdiction)' 또는 '준보편적 관할권(quasi-universal jurisdiction)'이라고 한다. '준보편적 관할권'이라는 표현은 이들 조약의 당사국 영역 내에서는 범죄인이 숨을 곳이 없다는 의미이다. 그러나 이러한 조약상의 의무는 협약당사국에 한정된다는 점에서 한계가 있다.

3) 불법행위와 보편적 민사관할권(universal civil jurisdiction)

국제법은 집단살해, 고문, 전쟁범죄 등의 범주에 속하는 극악한 국제범죄에 대하여는 보편주의를 적용하여 어느 국가도 그러한 행위에 책임이 있는 자에 대하여 형사관할권을 행사할 수 있도록 허용하여 왔다. 이와 같이 보편주의는 형사관할권의 경우 이미 확립된 국제법의 원칙으로 자리잡고 있다. 그러나 보편주의 원칙에 근거한 보편적 관할권은 형사문제에만 국한되는 것은 아니다. 국가들은 보편적으로 수락된 국제사회의 이익에 반하는 범죄의 피해자를 위해 이들 범죄에 책임있는 자(집단살해나 고문 등 범죄를 행할 수 있는 위치에 있다는 점에서 국가공무원 등이 대상이 됨)를 상대로 불법행위에 대하여 민사소송을 구제책으로 제공할 수도 있다.

여기서 보편적 민사관할권의 적용문제가 제기된다. 보편적 민사관할권은 불법행위(unlawful conduct)의 발생장소, 범죄인이나 피해자의 국적을 불문하고 행

---

25) '항공기 불법납치 억제에 관한 헤이그 협약', '고문방지협약' 및 '민간항공 안전에 관한 몬트리올 협약' 등 반인도적 범죄의 처벌과 관련된 조약들은 각 당사국들이 이들 범죄에 대하여 관할권을 확립할 것을 요구하고 있으며(예컨대, 고문방지협약 제 4조는 '각 당사국은 모든 고문행위가 자국의 형법상 범죄가 되도록 보장하며...' 등), 동시에 각 협약의 제 8조(공통 제 8조)를 통해 "동 조약상의 범죄는 체약국간의 현행 범죄인인도조약상의 인도대상 범죄에 포함되는 것으로 간주한다"고 규정하고 있다. 물론 모든 유사한 성격의 조약들이 이러한 내용을 반드시 제 8조에 규정하고 있는 것은 아니다. 또한 이와는 다른 성격의 다자조약으로 1999년 채택된 '1954년 전시문화재 보호에 관한 협약 제 2의정서(Second Protocol to the Hague Convention of 1954 for the Protection of Cultural Property in the Event of Armed Conflict 1999)'는 보호대상 문화재에 대한 공격과 군사적 사용, 문화재 약탈 등의 행위에 대하여도 당사국들이 혐의자를 기소하여야 할 의무를 부과하고 있다.

위가 국제적 관심사인 경우, 무엇보다도 고문 등 인권침해로 인한 피해에 대해 모든 국가의 국내법원이 관할권을 행사할 수 있는 것을 말한다. 이와 같이 보편적 민사관할권은 불법행위를 대상으로 한다는 점에서 '보편적 불법행위 관할권(universal tort jurisdiction)'이라고도 한다.

그렇다면 불법행위에 대하여 국제법상 보편적 민사관할권이 허용될 수 있는가. 즉, 불법행위 발생지국의 법정이 아니라 모든 국가의 법정이 타국에서 행해진 불법행위에 대한 피해구제를 위해 보편적 민사관할권을 행사할 수 있느냐가 쟁점이다. 이 문제는 특히 미국의 '외국인 불법행위에 관한 법(Alien Tort Statute: ATS)'과 1980년 이 법을 적용한 '필라티가 사건(Filártiga v. Peña-Irala)'에 대한 연방 항소법원의 판결을 계기로 쟁점화 되었다. 그러나 여기서 특히 중요한 것은 민사소송에서의 보편적 관할권 행사도 전 지구적 차원의 정의의 실현이라는 관점에서 적어도 그 효용성이 적극적으로 판단되어야 할 것이라는 점이다. 예컨대, '유엔고문대응위원회(UN Committee against Torture)'에 의해서도 확인된 바와 같이 고문방지협약 제 14조 1항은 당사국에 대하여 고문행위의 피해자가 (피해발생 장소와 무관하게) 당사국의 법체계 내에서 구제를 받고 공정하고 적절한 배상을 받을 수 있도록 실효적인 권리를 보장할 것을 규정하고 있다. 이에 비추어 볼 때 고문범죄의 경우 행위의 발생장소는 문제가 되지 않는다는 주장은 불법행위에 대한 보편적 민사관할권의 행사와 관련하여 시사하는 바가 크다.

그렇다면 보편적 민사관할권은 인권침해로 인한 불법행위에 대해서만 허용될 수 있는가. 미국의 ATS는 불법행위의 개념을 인권침해를 넘어 환경피해 문제에도 적용하여 왔다. 즉, ATS는 1980년대 까지는 인권침해에 책임 있는 개인에 대한 소송의 근거로 원용되었으나 이후 1990년대 중반에는 인권침해와 환경관련 범죄에 공모한 기업을 상대로 하는 소송의 근거로도 확대 원용되어 왔다. 예컨대, 1995년 Wiwa v. Royal Dutch Petroleum Co. 사건에서 미 법원은 나이지리아 이민자가 본국 정부의 인권침해와 관련된 외국인 회사를 상대로 미국에서 제기한 민사소송에서 기업의 환경오염 책임도 함께 다루었다. 그러나 이후 미국 법원의 태도는 불법행위가 미국과 연계될 수 있는 경우에 한하여 관할권을 행사하는 방향으로 좁혀가는 경향을 보여주고 있다.[26)]

참고로 기후변화로 인해 직접적으로 피해를 보는 해안의 저지대 국가 또는 소규모 도서국가들의 이익을 위해 공해를 유발하는 기업을 대상으로 하는 보편적 민사관할권의 행사가능성을 주장하는 학자도 있음은 앞으로 보편적 민사관할권에 관한 논의가 더욱 확대될 가능성을 보여준다. 그러나 이 같은 주장은 아직 개념적 단계임을 전제로 하고 있다.[27]

미국의 ATS와 필라티가 사건의 함의

미국의 ATS는 민사사건에 대한 보편적관할권의 적용문제를 검토하는 데 있어서 많은 시사점을 준다. 이 법은 국제법(국제관습법 및 미국이 당사국인 조약 등)을 위반하여 미국 영토 밖에서 행해진 불법행위(고문 등 인권침해)를 당한 외국인이 미국 내에서 제기한 민사소송에 대하여 미 연방법원이 보편주의에 근거하여 관할권을 행사할 수 있도록 허용하고 있다.

ATS가 적용된 대표적 소송인 1980년 '필라티가 사건'의 개요는 다음과 같다. 파라과이의 공무원 Pena는 파라과이인 Filartiga의 반정부활동을 이유로 동인의 아들을 고문하여 사망에 이르게 하였다. 이후 미국에 정착한 소년의 가족(고인의 누이)은 미국을 방문한 Pena를 상대로 미국의 ATS에 근거하여 Pena의 고문행위가 국제법을 위반한 불법행위라는 이유로 미국법원에 손해배상을 청구하였다.

이 사건에서 미 항소법원은 고문범죄는 해적이나 노예매매처럼 인류의 적으로 어느 나라도 보편적 관할권을 행사할 수 있으며 피해자나 가해자의 국적이나 발생장소와 상관없이 ATS에 근거하여 (민사)소송제기가 허용된다고 판단하였다.

---

26) 2002년 '아긴다 사건(Aguinda, et al. v. Texaco)'에서 에콰도르 인디언들은 텍사코 석유회사가 부적절한 석유개발 등을 통해 자국의 환경에 심각한 피해를 가져왔다고 주장하며 소송을 제기하였고, 이에 대해 미 법원은 미국이 소제기에 적절한 장소가 아니라고(... not the proper venue for the suit) 판단하였다. 2004년 '소사 사건(Sosa v. Alvarez-Machain)'에서는 위반된 국제법 규범이 '구체적, 보편적, 의무적(specific, universal, and obligatory)'인 경우에 한정된다고 하면서 ATS의 적용을 엄격하게 제한하였다. 나아가 나이지리아에서 자행된 네덜란드 기업의 인권침해와 관련된 2013년 '키오벨 사건(Kiobel v. Royal Dutch Petroleum)'에서도 ATS는 외국에서의 인권침해 관련 소송에 대하여 역외 적용될 수 없으며 미국 영토와 관련되는 소송의 경우에 한하여 예외적으로 적용될 수 있다고 보았다.

27) Christopher Y. Nyinevi, 'Universal Civil Jurisdiction: An Option for Global Justice in Climate Change Litigation', Journal of Politics and Law, Vol. 8, No. 3, 2015.

2. 관할권 행사의 경합

국가가 상기 관할권 행사원칙에 따라 자국영역 이원의 사람과 물건 또는 상황에 대하여 관할권을 행사하는 경우 관할권의 충돌이 발생할 수 있다. 예컨대, 일 국가가 문제의 행위의 전부 또는 대부분이 자국의 영역에서 일어났음을 이유로 속지주의를 주장하는 데 반해 다른 국가가 자국민의 해외에서의 범죄에 대한 처벌을 목적으로 속인주의를 주장할 수도 있을 것이다. 또한 같은 사건에 대하여 제 3국은 외국인이 외국에서 행한 행위이지만 그 행위가 당해국의 안보나 국가의 이익에 반하는 경우로 보고 보호주의를 주장할 수도 있을 것이다. 이 경우 관할권의 충돌은 불가피하다.

그렇다면 관할권의 충돌을 해결하기 위한 방법은 무엇인가. 무엇보다도 속지주의 원칙과 속인주의 원칙이 우선적으로 적용된다고 보며, 속지주의와 속인주의가 충돌하는 경우에는 속지주의가 우선한다고 보고 있다. 유럽인권재판소도 양자의 충돌시 속지주의가 우선한다고 보고 있다. 그러나 보편적 관할권 행사의 경우에는 일차적인 관할권을 가지는 국가(범죄발생지국에 혐의자가 소재하는 경우)가 진정으로 수사 또는 기소를 할 의사가 없거나 능력이 없는 경우에만 신의성실의 원칙에 따라 제 3국에 의한 보편적 관할권 행사가 허용될 수 있다고 본다.

그럼에도 불구하고 상기 방식에 의한 해결이 어려울 경우 분쟁 당사국들은 다음을 고려하여 합의에 의해 합리적으로 해결방안을 모색하여야 할 것이다. 그 기준으로는 (a) 당사국간의 합의에 의한 해결(party choice), (b) 상충되는 이익의 상대적 균형유지(balancing test), (c) 상충되는 이익간의 우월성에 대한 판단(test to evaluate the reasonableness of one jurisdiction), (d) 국제예양(international comity) 등이 고려될 수 있을 것이다.[28)]

28) 김정건, p. 381.

제3절 자국법의 역외적용과 효과이론

앞에서 설명한 관할권 행사의 근거들은 모두 자국영역 밖의 사람과 물건 및 상황에 대하여도 관할권을 행사할 수 있게 한다는 점에서 정도의 차이는 있지만 어느 정도 역외적 효과(extraterritorial effect)를 가지고 있다. 그러나 이와는 성격이 다른 진정한 의미에서의 역외적 효과를 가지는 또 다른 제도로 효과이론(effects principle)에 근거한 관할권 행사가 있다.

효과이론은 과거 반세기에 걸쳐 미국에서 발전한 '자국법의 역외적용(extraterritorial jurisdiction)'의 이론적 근거가 된다. 효과이론은 외국에서 행한 행위(현지에서는 합법행위)가 미국(일반적으로 미국경제)에 '실질적이고 유해한(substantial and harmful)' 효과를 미치는 경우 그 행위에 책임 있는 외국인에 대하여 관련 미국법(대표적인 예로 반독점법)을 적용하여 제재를 가하는 것이다. 효과이론의 시원은 1945년 미 연방항소법원이 'Alcoa 사건(US v. Aluminum Co. of America)'에서 해외에서의 외국 기업간 카르텔이 '미국 국내에 영향을 미치는 경우에는(... conduct outside its borders that has consequences within its borders ...)' 미국의 반독점금지법이 적용된다고 판단한 데서 연유한다. 이후 미국법의 역외적용 문제는 지속적으로 갈등의 과정을 거치면서도 유지되어 오고 있다.[29)]

---

29) 미 연방대법원은 1993년 'Hartford Fire Insurance v. California 사건'에서 효과이론을 설명하면서 미국에 실질적 효과를 가져오는 것을 의도하거나 실제로 가져오는 외국의 행위에 대하여 미국의 반독점법(Sherman Act)을 적용하는 것은 이미 확립된(well-established) 원칙 또는 관행이라고 보았다. 그러면서도 미국의 반독점법의 원용을 위해서는 외국의 행위의 효과가 '직접적, 실질적이며 합리적으로 예견 가능하여야(direct, substantial and reasonably foreseeable)' 한다고 보았다. 반독점법 이외의 미국법의 역외적용과 관련한 사례로 미국은 1982년 폴란드에서의 계엄령 선포 후 미국 기업의 외국 소재 자회사들이 시베리아 파이프라인 건설용 자재를 수출하는 것을 금지한 바 있다. 원래 미국은 미국의 해외 자회사들이 미국회사이므로 미국법에 복종하여야 한다고 판단하였다. 그러나 동 자회사들이 현지법인으로 전환되어 더 이상 미국과 무관한 외국회사가 되었음에도 불구하고 미국법을 적용하여 현지 영토국의 법률과 충돌할 여지가 발생한 바 있다. 다른 한편 미국은 1996년 Helms-Button Act(Cuban Liberty and

여기서 효과이론이 문제가 되는 또 다른 이유는 미국이 효과이론 적용시 단순히 입법관할권에 근거하여 관할권 행사근거만 법으로 규정하고 있는 것이 아니라 실제로 법을 타국영역에서 집행(예컨대, 증거수집 등)한다는 점에서도 심각성을 가진다.

한편 유럽연합을 포함한 많은 서구국가들은 미국법의 역외적용을 정당화하는 효과이론에 커다란 저항감을 가져왔다.[30] 그러나 오늘날 유럽연합 등 많은 국가들도 유사한 제도를 적용해 오고 있다. 대표적인 예로 유럽사법재판소(European Court of Justice: ECJ)도 미국과 유사한 효과이론에 근거하여 해외에서의 반경쟁합의에 대하여 유럽연합의 경쟁법(competition law)을 적용한 예가 있다. 또한 우리나라의 경우 '독점규제 및 공정거래에 관한 법률'도 그 근거로 사실상 효과이론을 적용하고 있다.[31]

끝으로 효과이론은 (a) 피해국 법익의 보호라는 보호주의에 근거하는 것으로 볼 수 있고, (b) 또한 외국에서의 행위의 효과가 자국에 대하여 발생한다는 점에서 객관적 속지주의로 보기도 한다. 그러나 어느 경우든 외국에서의 정당한 행위를 문제 삼는다는 점에서 국제법적 정당성에 대하여는 아직도 논란의 여지가 있다.[32]

이러한 이유로 미국은 오늘날 효과이론을 통한 미국법의 역외적용시 '균형

Democratic Solidarity Act)에 따라 쿠바가 몰수한 미국인 재산을 밀거래한 제 3국 소속 회사를 상대로 미국 법정에 소송을 제기한 사례도 있다. 이 법은 1996년 플로리다 소재 Cuban-American Organization이 가진 2대의 경비행기를 쿠바 공군기가 격추시킨데 대한 대응으로 마련된 법이다. 또한 D'Amato Act(Iran and Libya Sanctions Act)에 따라 이란과 리비아의 석유개발에 참여한 외국기업에 대하여도 제재를 가한 바 있다. 동 법들은 모두 미국법의 역외적용의 근거로 효과이론을 제시하고 있다.

30) 영국의 1980년 '거래이익 보호법(UK Protection of Trading Interests Act)'은 외국법의 역외적용 판결로 피해를 입은 영국국민 또는 거주자가 영국법원에 구제를 청구할 수 있도록 하였다.

31) '독점규제 및 공정거래에 관한 법률'은 2004년 제 2조의2(국외행위에 대한 적용)를 신설하여 국외에서 이루어진 행위라도 국내시장에 영향을 미치는 경우에는 동 법을 적용하도록 규정하고 있다.

32) 미국법의 역외적용의 근거가 되는 효과이론에 대하여는 국제법적 정당성에 대한 다툼이 있으나 보호주의와 객관적 속지주의는 국제법상 근거가 있다는 점에서 같은 역외적용이지만 차이가 있다.

테스트(balancing test)'를 통해 외국법 및 정책과의 충돌 여부나 외국에서의 당해 행위의 금지여부 또는 미 상업에 대한 유해 의도나 외교관계에의 영향 등을 고려하고 있다. 그러나 다행스럽게도 여사한 분쟁은 이제 WTO 중재재판에 회부되게 되어 이로 인한 분쟁 가능성은 매우 드물게 되었다.

보호주의, 피해자 국적주의(수동적 속인주의), 객관적 속지주의, 효과이론의 구분

▶ 보호주의와 피해자 국적주의는 외국인의 외국에서의 범죄로 인한 피해에 대한 구제라는 점에서는 공통점이 있으나 양자는 보호법익이 다르다. 전자의 보호법익은 국가이익(자국의 안보이익 또는 중대한 경제이익 등)이며 후자의 보호법익은 개인(자국민)의 권리와 이익이다.

▶ 보호주의는 객관적 속지주의나 효과이론과 달라서 피해국가의 영토 내에서 범죄의 결과(효과)가 발생할 것을 요구하지 않는다.

▶ 객관적 속지주의와 효과이론은 범죄의 결과(효과)가 외국(관할권을 원용하는 국가)에서 발생한다는 점에서 같은 맥락에서 이해될 수 있다.

☞ **기출문제 예시**

문) A국 국민인 '갑'은 평소 B국 정부의 인권침해에 대하여 공개적으로 자주 비판을 하였다. 그런데 어느날 '갑'은 국내여행 중 B국 정부가 파견한 비밀경찰에 납치당하여 B국으로 끌려가 심한 고문을 받았다. 그 후 '갑'은 석방되어 A국으로 귀국하였다. 몇 년 후 '갑'은 자신을 고문한 B국의 비밀경찰관 '을'이 A국에 거주하는 것을 알고 A국 수사기관에 '을'을 고소하였고 '을'은 위 고문행위와 관련하여 A국 법원에 기소되었다. '을'은 관련 재판과정에서 A국 법원은 자신을 재판할 관할권이 존재하지 않는다고 항변하였다. 국가가 국제법상 관할권을 행사할 수 있는 근거에 관한 이론과 A국이 위 사건에 대하여 형사관할권을 행사할 수 있는 국제법적 근거를 각각 설명하시오.

제 12 강
주권면제(국가면제)

제1절 개관

1. 주권면제의 의의

앞에서 우리는 국가가 관할권을 행사할 수 있는 국제법적 근거에 대하여 검토하였다. 반면 본 강에서는 일 국가(법원)가 타국에 대해 (재판)관할권을 행사할 수 없는 국제법적 근거가 되는 주권면제(sovereign immunity) 또는 국가면제(state immunity)에 대하여 검토한다.

주권면제는 어떻게 정의할 수 있는가. 주권면제란 어느 국가의 법정도 타국에 대해 관할권을 행사할 수 없으며 또한 공적목적에 사용되는 다른 나라의 국가재산에 대하여 어떠한 판정(award)이나 판결(judgment)의 집행도 허용되어서는 안 된다는 원칙이다. 이를 역으로 설명하면 주권면제란 일 국가가 다른 나라(법정지국, forum state) 법원의 관할권으로부터 면제를 주장할 수 있는 근거가 되는 국제법상의 주요원칙이다. 이와 같이 주권면제는 두 가지 측면에서 원용되고 있다. 하나는 국가에 대한 소송(재판)으로부터의 면제(immunity from adjudication)이고 다른 하나는 국가재산에 대한 강제집행으로부터의 면제(immunity from enforcement and execution)이다.

한편 주권면제는 주로 사인이 외국을 상대로 자국에서 제기하는 민사소송에서의 국가(피고가 되는 외국)에 부여되는 특별한 지위로 볼 수 있다. 이러한 주권면제 제도로 인하여 국가는 자신이 다른 나라의 법정에 스스로 제소하거나 응소하지 않는 한 다른 나라의 법원의 관할권에 복종하도록 강제되지 않으며 또한 자신의 재산에 대한 강제집행도 거부할 수 있게 된다. 따라서 주권면제제도를 엄격히 적용할 경우 외국과 관련된 계약 상대방인 사인이 계약상의 권리실현을 위해 해당 외국 정부를 상대로 소송을 제기하는 것은 현실적으로 불가능하게 된다. 설혹 주권면제의 배제를 통해 소송이 성립되고 동 소송에서 승소하는 경우에도 외국재산(국가재산, 외교적 또는 군사적 목적의 재산 등)에 대한 강제조치는 별도의 명시적 동의가 없는 한 집행될 수 없다는 점에서 주권면제는 사실상 외국의 관할권으로부터의 완전한 보호막이 되고 있다.

여기서 주권면제의 법적성격을 살펴보면 다음과 같다.

첫째, 주권면제는 주권평등의 원칙에서 나온다.

둘째, 주권면제는 개별국가들이 외국에 대하여 당연히 지켜야 할 법적 의무로서 확립된 국제관습법상의 원칙이다.[1)]

셋째, 주권면제는 원칙적으로 주권국가의 공적기능을 보호하는 데 목적이 있다.

넷째, 주권면제는 국가가 타국의 관할권으로부터 면제를 향유한다는 의미일 뿐 타국의 법 적용 자체의 면제를 의미하는 것이 아니다. 재판관할권으로부터 면제가 되기 때문에 법정에 서지 않을 수 있다는 점에서 마치 법 자체가 국가에 대하여는 적용되지 않고 책임도 지지 않는 것과 같은 현상이 발생하는 것이다.

---

1) 유엔 국제법위원회(ILC)는 주권면제제도가 광범위한 국가실행에 근거를 둔 국제관습법상의 일반규칙으로 채택되었다고 판단하였다. Yearbook of the International Law Commission, 1980, Vol. II (2), p. 147, para. 26. 따라서 국가는 국제법, 국제예양 또는 자국법에 근거하여 타국에 대하여 주권면제를 부여하고 있으며 이는 국제법상의 의무에 해당된다. 한편 후술하는 2012년 독일과 이탈리아간 '국가의 관할권 면제사건(Jurisdictional Immunities of the State, Ferrini 사건이라고도 함)'에서도 ICJ는 권리로서의 주권면제의 성격을 '상대 국가가 주권면제를 존중하여야 할 의무를 수반하는 권리(there is a right to immunity under international law, together with a corresponding obligation on the part of other States to respect and give effect to that immunity)'로 보았다. ICJ Reports 2012, p. 99, para. 56.

따라서 국가가 면제를 포기하는 경우 또는 국제법상 면제가 허용되지 않는 경우(후술하는 제한적 주권면제에 해당되는 경우 등)에는 당연히 법적 책임을 지게 된다.

다섯째, 주권면제가 허용되는 경우에도 국제법상 위법행위에 대한 국가책임은 별도로 성립될 수 있다.

여섯째, 주권면제는 국내법원의 관할권과 관련된 것으로 국제재판소에서의 관할권 성립문제와 무관하다.

일곱째, 주권면제는 국가를 상대로 한 민사소송절차로부터의 면제가 대부분이지만 국가원수 등에 대한 형사소송절차로부터의 면제도 규율대상이다. 다만 유엔주권면제협약은 전자만을 규율대상으로 하고 있다.[2)]

끝으로 용어상의 구분이다. 주권면제는 과거 외국의 군주, 즉 주권자에 대한 면제라는 의미에서 출발하였다. 그러나 동시에 주권평등의 원칙에 따라 주권을 가진 국가에 대한 면제라는 의미에서 국가면제라고도 한다.[3)] 또한 주권국가는 타국의 재판관할권으로부터 면제된다는 의미에서 '관할권 면제(jurisdictional immunities, immunity from jurisdiction)'라고도 한다. 따라서 동 표현들은 문맥과 상황에 따라 적절히 혼용되어지고 있다.

한편 주권면제는 후술하는 외교면제(제 15강 외교 · 영사 관계법 참조)[4)] 또는 국가행위이론(doctrine of act of state)과 사법적 판단 부적격(non-justiciability)과도 구분되어야 할 것이다.

---

2) 유엔주권면제협약 제 1조도 '본 협약은 국가 및 그 재산의 타국법정으로부터의 관할권 면제에 적용한다'고 규정하고 있다. 또한 유엔총회 결의(GA Res./59/38) 제 2항도 주권면제는 외국(국가)을 상대로 한 민사소송이 주 대상이며 유엔주권면제협약도 형사소송절차에는 적용되지 않는다(does not cover criminal proceedings)는 점을 확인하고 있다.

3) 국가면제(State immunity)와 주권면제(Sovereign immunity)의 의미는 반드시 동일한 것이 아니다. 주권면제가 당초 군주 혹은 국가원수가 타국 영역 내에서 완전한 관할권 면제를 향유하는 것을 강조하는 것임에 반하여, 국가면제는 면제의 대상이 국가 자체(국가기관과 관리를 포함)라는 점에서 차이가 있다. 그러나 실질적으로 국가면제도 국가주권에 근거하므로 현재 대다수 학자와 정부실행은 양자를 같은 의미로 보고 있다. 양희철, '국가면제의 예외로서 국가의 비상무적 불법행위에 관한 연구: 미국의 사례를 중심으로', 경희법학 제 47권 제 4호, 2012.

4) 주권면제의 개념에는 주권면제의 특별법(*lex specialis*)에 해당되는 것으로 볼 수 있는 외교면제(diplomatic immunity)도 포함된다. 이에 대해서는 제 15강(외교 · 영사 관계법)을 참조한다.

2. 발전과정

가. 국제관습법에서 조약으로의 발전

역사적으로 국가원수(주권자: sovereign)는 국가 자체로 간주되어 왔다. 따라서 국가와 국가원수는 국제관습법상 그들이 활동하는 모든 분야에서의 행위에 대하여 타국의 관할권으로부터 주권면제를 향유하여 왔다.

그렇다면 주권면제가 국제법상의 원칙으로 발전하게 된 배경, 다시 말해서 주권면제는 왜 필요하며 허용되어야 하는가. 주권면제원칙은 국가의 독립과 주권평등의 원칙에 근거한다. 즉, "모든 국가는 평등하고 따라서 한 국가가 다른 국가에 대하여 지배권/관할권을 가지지 못한다(*par in parem non habet imperum/jurisdictionem*)"는 법언에서 유래한다.[5] 보다 쉽게 설명하면 국가는 원칙적으로 자국의 국내법을 기준으로 자국과 동등한 지위에 있는 타국의 행위를 판단할 권한이 없으며, 나아가 타국과 타국 대표자의 공적기능을 보호하기 위해서도 주권면제는 필요하다고 보았다. 이러한 배경하에 국가나 국가대표에 대한 면제는 더 이상 예양의 문제가 아닌 국제법상의 의무로 발전하였다.

한편 주권면제원칙은 19세기 이래 국내법원의 판결을 중심으로 국제관습법으로 발전하여 왔다. 제 13강에서 다루는 '국가책임' 문제가 거의 전적으로 국제재판소에 의해 발전되어 온 개념인 데 반해 '주권면제'는 국내법원의 판결을 통해 나타나게 된 결과물이라는 점이다. 국제관습법상의 주권면제원칙은 다시 1972년 '국가면제에 관한 유럽협약(European Convention on State Immunity) 및 동 추가의정서(Additional Protocol)'의 채택과 이후 ILC의 성문화 작업을 통해 2004년 채택된 '국가와 국가재산에 대한 관할권면제에 관한 유엔협약(UN Convention on Jurisdictional Immunities of States and their Property: 유엔주권면제협약)'을 통해 보다 내용이 정교화 되었다. 그러나 유감스럽게도 이들 협약들은 발효에 필요한 수의 국가들이 비준하지 않아 아직 발효되지 않은 상태다.[6] 그럼에도 불구하고 이 협

---

5) 이 원칙에 따를 경우 국가의 면제는 주권평등에서 나오지 주권의 무제한적 절대성(절대주권)에서 나오는 것이 아니다. 또한 주권면제의 법리는 상호주의에 바탕을 두고 있다.

6) 이 협약의 발효에는 30개국의 비준이 필요하나, 2021년 12월 현재 비준국은 22개국에 불과하다.

약은 국제관습법을 성문화한 조약이라는 점에서 주권면제를 설명하는 데 있어 중요한 시사점을 가지고 있다.

한편 오늘날 주권면제의 원칙은 많은 국가들에 의해 국내법의 일부로 받아들여지고 있다. 특히 영미법계 국가들의 경우 주권면제에 관한 국내법을 제정하여 시행해 오고 있다. 예컨대, 미국의 1976년 주권면제법(Foreign Sovereign Immunities Act: FISA)과 영국의 1978년 국가면제법(State Immunities Act)이 대표적인 예이다.

이하 원용되는 조문은 별도의 설명이 없으면 유엔주권면제협약의 관련조항을 의미한다.

나. 주권면제이론의 발전

주권면제이론은 전통적 개념인 절대적 주권면제에서 제한적 주권면제의 개념으로 진화되어 왔다. 이를 나누어 설명한다.

1) 절대적 주권면제론

주권면제는 절대적 면제원칙, 즉 절대적 주권면제(absolute sovereign immunity)에서 출발하였으며 전통적으로 이 원칙이 사실상 보편적으로 적용되어 왔다. 이 원칙은 분쟁의 성격이나 내용과는 무관하게 국가는 오로지 국가라는 이유로 외국 법정에서 절대적으로 면제를 향유하게 된다. 여기서 국가란 국가의 공적기능을 행사하는 모든 국가기관을 포함하며, 국가의 주권행사란 이들 국가기관에 의한 주권적 기능의 행사를 의미한다.

이와 관련 주권면제의 발전과정에서 제일 먼저 등장하는 대표적인 사례는 1812년 미 연방대법원의 '스쿠너 익스체인지호 사건(Schooner Exchange v. McFaddon & others)'이다. 이 사건은 미국인 소유의 상선이 나폴레옹의 봉쇄선 침범을 이유로 프랑스에 나포된 후 프랑스 해군에 편입되어 프랑스 해군선의 자격으로 다시 미국항에 입항하였고 이에 대해 원 소유주가 선박의 반환을 요구한 사건이다. 이 사건에서 미 연방대법원은 프랑스 해군의 익스체인지 호에 대한 해군편입은 불법행위로 국가책임과 관련되는 문제이지만 선박 자체는 이와는 별개로 이미 국가대표성을 가지는 국가소속의 군함이므로 미국의 관할권 면제의 대상이 된다고 보았다.7) 이 사건을 통해 군함 등 외국(국가기관)은 어느 경우에도 타국의 관할권으로부터 면제된다는 점(전통적 성격의 절대적 주권면제)이 확인되었다.

그렇다면 절대적 주권면제에 의할 경우 외국과 관련된 분쟁의 상대방인 개인은 자신의 권리를 어떻게 구제받아야 하는가. 이 경우 개인은 자국에서 거래 상대방인 외국을 상대로 소송을 제기할 수는 없다. 따라서 상대국가의 법정에서 그 국가를 상대로 소송을 제기하거나 그 밖의 다른 구제방안(일정 요건 충족시 국가의 외교적 보호권 행사 등)을 생각해 볼 수 있을 것이다.

한편 오늘날 절대적 주권면제를 지지하는 국가는 많지 않다. 그러나 아직도 국가중심의 경제체제를 운영하고 있는 중국 등의 경우에는 절대적 면제원칙이 지배적이다.

2) 제한적 주권면제론

절대적 주권면제론은 불가피하게 외국정부와 거래하는 개인 및 회사들에게 많은 불이익을 줄 수밖에 없었다. 예컨대, A국에서는 상업적 활동에 대하여 제한적 주권면제를 적용하는 데 반해 B국에서는 상업적 활동에 대하여도 절대적 주권면제를 허용한다고 할 경우 양국 국민들의 상대국에서의 활동에는 커다란 차이가 있게 될 것이다.

이러한 절대적 면제이론의 한계가 노정되기 시작하면서 19세기 말부터는 제한적 주권면제론(restrictive sovereign immunity)에 입각한 판결들이 나타나기 시작하였다. 주권면제를 처음 성문화한 국제조약인 1926년 '국가선박의 면제에 관한 통일규칙을 위한 브뤼셀 협약(Brussels Convention for the Unification of Certain

7) 미 대법원은 "일 국가의 영토 내에서 그 국가(영토국)의 관할권은 배타적이고 절대적이며 외국인이 그 영토국의 법에 따르는 것은 당연하다. 그러나 자국 항에 입항한 외국군함에 대하여 관할권을 행사한 전례는 없다"고 하면서 "우호국인 미국의 항구에 입항한 프랑스 군함에 대하여는 영토국인 미국의 관할권으로부터 면제된다는 동의를 이미 부여한 것으로 보아야 한다(considered as exempted by the consent of that power from its jurisdiction)"고 판단하였다. 나아가 마샬 대법원장은 동 선박에 대한 재판관할권을 부인하면서 외국주권자의 잘못은 사법적 수단이 아닌 외교적 수단에 의해 해결되는 것이 더욱 적절하다고 보았다. 11 U.S. 116, March 2, 1812.

Rules Relating to the Immunity of State-owned Vessel)'도 상업용 국가선박을 일반상선으로 분류하여 제한적 주권면제의 개념을 인정하였다.

더욱이 이후의 국제관계의 변화, 즉 국가간 교류의 증대, 사경제 분야에 대한 국가의 관여증대와 공산국가의 출현은 외국의 상업적 활동에 대한 절대적 주권면제 부여가 문제가 있음을 다시 지적하는 계기가 되었다. 예컨대, 과거 소련의 국가기관인 통상대표부는 소련의 모든 대외무역을 독점하면서 국가기관임을 이유로 거래 상대방(사인)의 모국법정에서의 제소를 절대적 주권면제로 방해할 수 있었다.

결국 이에 대한 반성에서 출발한 제한적 주권면제 이론은 국가를 정치권력이며 동시에 사(법)인으로서의 이중적 성격을 지닌 존재로 보고 사(법)인으로서의 비권력적·상업적 행위에 대해서는 면제를 인정하지 않는 관행을 꾸준히 발전시켜 나갔다. 그 결과 개별사안에서의 국가의 실질적 기능을 중심으로 상업적 활동에 대하여는 주권면제의 적용을 제한하는 제한적 주권면제가 오늘날 보편적 원리로 자리 잡게 되었으며 유엔주권면제협약도 제한적 주권면제를 인정하는 기초위에서 성안되었다. 즉, 국가의 행위를 주권적 행위(sovereign acts/*acta jure imperii*)와 상업적 행위(non-sovereign acts/*acta jure gestionis*)[8]로 구분하여 상업적 행위에 대하여는 주권면제를 제한하는 것이다. 여기서 유엔주권면제협약이 표방하는 핵심내용은 다음의 두 가지이며 주권면제에 대한 중요한 원칙을 잘 설명하고 있다.

- 먼저 유엔주권면제협약은 제 5조(국가면제)에서 "국가는 이 협약의 규정에 따르는 조건으로 자국 및 자국의 재산에 대한 다른 나라의 법원의 관할권으로부터 면제를 향유한다"고 규정함으로써 절대적 주권면제를 원칙으로 표방하고 있다.
- 그러나 제 10조(상업적 거래)에서는 상업적 거래(commercial transaction)와 관련된 분쟁이 타국법정의 관할권에 속하는 경우에는 관할권 면제를 주장할 수 없다고 규정하고 있다.

이와 같이 유엔주권면제협약도 앞에서 설명한 주권면제의 발전방향을 반영

8) 여기서 *acta jure gestionis*를 상업적 행위로 해석하는 경우가 많이 있는데 이는 반드시 정확한 해석은 아니다. *acta jure gestionis*의 사전적 의미는 'state activity in non-sovereign capacity'이다. 그러나 제한적 주권면제의 핵심이 상업적 행위라는 점에서 사실상의 동의어로 사용되고 있다.

하여 상업적 행위에 대한 제한적 주권면제를 규정함으로써 절대적 주권면제에 대한 수정을 규정하고 있다. 이러한 바탕위에서 제한적 주권면제론은 이후 국제법의 발전과 함께 미국과 영국을 포함하여 국제사회의 관행으로 서서히 자리 잡기 시작하였으며 오늘날 우리나라를 포함한 대다수의 국가들은 제한적 주권면제론을 지지하고 있다.

참고로 제한적 주권면제는 국가의 상업적 행위 등에 대하여만 적용되며, 국가원수 등에 대하여는 어느 경우에도 절대적 면제(인적 면제)가 항상 부여된다. 이 점에 대해서는 제 3절('주권면제의 적용과 배제', 2. '국가대표에 대한 면제')에서 다시 설명한다.

제2절 주권적 행위와 상업적 행위의 구분

1. 구분기준

그렇다면 우리는 어떠한 경우에 제한적 주권면제가 적용될 수 있는지에 대하여 검토하여야 할 것이다. 다시 말해서 주권면제의 적용이 제한되는 비권력적·상업적 행위를 구분하는 기준은 무엇인가에 대한 판단이다.

이를 판단하기 위해서는 국가의 행위의 목적(purpose of the act)을 기준으로 하여야 한다는 주장이 유력하다. 우리는 이를 '주관적 평가(subjective test)'라고 한다. 따라서 행위의 목적이 주권적 행위를 수행하기 위한 것이라면 면제가 부여되어야 한다는 입장이다. 그러나 국가의 모든 행위는 공적 목적의 주권적 행위라고도 할 수 있다는 점에서 적용상 한계가 있다. 여기서 행위의 상업성 여부는 그 행위의 목적이 아니라 행위의 성격(nature of the act)에 따라 결정되어야 한다는 주장이 힘을 얻게 된다. 우리는 이를 객관적 평가(objective test)라고 한다.

사실 국가의 공적 활동을 판단하는 데 있어서 전통적 성격의 국가기능(classical State function)의 수행에 대하여는 의문의 여지가 없다. 예컨대, 전투시의 군인의 행위가 이에 해당될 것이다.[9] 또 다른 예로 재산의 수용, 범죄인 처벌, 핵실험 등 성격상 국가만이 할 수 있는 행위들도 당연히 타국의 국내법정에 의한 관할권 행사대상으로는 부적절한 주권적 행위에 해당될 것이다. 이에 반해 국가의 행위가 공적목적이면서도 상업적 성격을 가지는 경우에는 좀 더 사정이 복잡해진다. 예컨대, 국가가 정부조달 품목으로 다양한 종류의 소모품을 구입한다고 가정하자. 주관적 평가에 따를 경우 이 행위는 국가의 행위이나 객관적 평가에 따를 경우 상업적 행위에 해당된다. 그러나 본질적으로 성격이 상업적 행위라고 해도 국가만이 체결할 수 있는 계약의 경우까지 상업적 성격이라는 이유만으로 행위의 목적 등은 도외시하고 국가의 행위로 보지 않는 것은 무리가 있다.

따라서 판단기준은 행위의 목적과 성격을 함께 고려하여 구체적인 경우에 개별적으로 판단되어야 할 것이다. 그렇지만 성격에 더 비중이 주어져야 할 것이다. 즉, 거래의 성격을 고려하여 국가의 행위가 공권력의 행사인지 아니면 어떠한 사인도 할 수 있는 방식으로 행해진 사인 자격의 행위인지를 구분하는 것이다.[10] 예컨대, 국가가 어떠한 목적으로든 단순히 밀을 구입하는 행위 그 자체는 국내법원의 관할권의 대상이 되는 상업적 행위에 속한다. 국내법원이 이에 대하여 관할권을 행사하지 않을 경우 밀을 거래한 민간인 행위자는 아무런 이유 없이 차별적인 불이익을 당하는 결과를 초래할 수 있게 된다. 왜냐하면 사법상

---

9) 1989년 'Argentine Republic v. Amerada Hess Shipping Corp. 사건'에서 미 대법원은 포크랜드 전쟁 당시 아르헨티나 공군에 의해 공해상에서 폭파된 유조선의 소유자가 아르헨티나 정부를 상대로 제기한 소송에서 아르헨티나 정부에 대해 주권면제를 허용하면서 전쟁은 전통적 성격의 국가행위라고 판단하였다. 109 S. Ct. 683, 1989.

10) 1963년 'Empire of Iran 사건'에서 독일 헌법재판소도 문제가 되는 것은 사인과 같은 방식으로 행하여졌는가 아니면 국가의 주권행사로 행하여졌는가, 즉 행위의 성격이 중요하지 행위를 구성하는 행위의 목적이나 정책이 아니라고 보았다. 관련 부분 원문은 다음과 같다: "What mattered was the nature of the transaction rather than its underlying motive and policy, whether the State acted in the exercise of its sovereign authority or acted in a private capacity in the same way that any private person could act", Empire of Iran, 1963, 45 ILR 57, p. 80.

의 영역에서 이루어지는 거래의 경우 국가와 사인을 구분할 실익은 없다고 보아야 하기 때문이다. 물론 그 기준은 매우 엄격하여야 할 것이다.

이와 관련 오스트리아와 미국간 '외국정부소유 자동차와의 충돌사건(Collision with Foreign Government-owned Motor Car)'에 대한 오스트리아 최고재판소의 태도는 국가의 행위의 '성격'을 이해하는 데 도움이 된다. 이 사건에서 재판소는 운전행위 자체는 행위의 성격상 어느 경우에도 비권력적 활동으로 공적인 목적의 운전행위도 이에 포함된다고 보았다. 따라서 재판소는 외국이 운영하는 자동차 또는 철도에 의한 사고시 해당 국가는 사고 발생지국(외국)에서 소송 당사자(피고)가 될 수 있다고 보았다.

2. 유엔주권면제협약과 상업적 거래

이러한 상황의 변화를 반영하여 유엔주권면제협약은 제 2조 1항 c에서 제한적 면제의 대상이 되는 상업적 거래(commercial transaction)의 의미를 다음과 같이 규정하였다.

(a) 상품의 매매 또는 용역의 공급
(b) 차관 또는 거래에 관한 보증 등 재정적 성격의 거래를 위한 계약
(c) 상업, 산업, 무역 또는 전문적 성격의 계약 및 거래 등

동시에 동 조 제 2항에서 상업적 거래인지 여부를 판단하기 위한 기준으로 일차적으로는 행위의 성격을 중심으로 하되 행위의 목적도 보충적 기준으로 함께 고려할 것을 규정하고 있다.[11)]

---

11) 협약 제 2조 2항은 (a) 계약 또는 거래의 당사자들이 그렇게 합의하거나, (b) 법정지국의 관행상 그 계약 또는 거래의 목적이 상업적 성격을 결정하는데 관련이 있는 경우에는 목적도 함께 고려하여야 한다고 규정하고 있다. 이와 관련 유엔주권면제협약 작성 당시 다수의 선진국들은 거래의 성질을 중요한 판단기준으로 보았으나 개도국들은 국가중심의 경제정책을 위해 거래의 목적도 중요시하였다. 이러한 개도국들의 태도가 협약 제 2조 2항에 반영되었고 선진국들은 이 조항에 반대하며 협약에의 참여를 주저하

3. 미국과 영국의 예

제한적 주권면제를 수용하고 있는 미국의 1976년 '외국주권면제법'은 나름 상업적 활동에 대한 해석의 기준을 제시해 주고 있다. 동 법 제 1603조 (d)는 '상업적 활동'을 통상적인 상업적 활동이나 특정한 상업적 거래나 행위라고 정의하고 '특정한 활동'의 상업성 여부는 당해 행위의 '목적(by reference to its purpose)'보다는 그 행위 또는 특정한 거래나 활동의 '성격(by reference to the nature of the course of conduct)'을 중심으로 결정되어야 한다고 보았다.[12] 이후의 미국 법원의 태도도 동 법에 따라 목적보다는 행위의 성격에 보다 비중을 두는 경향을 보이고 있다. 참고로 미국은 이미 1952년 국무부가 작성한 소위 Tate Letter를 통해 제한적 면제를 채택한 바 있다.[13] 그러나 미국 법원이 제한적 주권면제를 본격적으로 수용하기 시작한 것은 그로부터 10년이 지난 후였다.

반면 영국은 전통적인 절대적 주권면제 개념을 존중하여 1970년대 중반에 이르러서야 비로소 제한적 주권면제를 받아들이기 시작하였다. 이 과정에서 절대적 주권면제에 기초하여 내려진 과거 사례와의 상충 문제가 제기되기도 하였다. 그러나 1977년 '트렌드텍스 회사 사건(Trendtex Trading v. Bank of Nigeria)'에 대한 영국 항소법원에서의 판결을 계기로 제한적 주권면제가 우세한 개념으로 수용되기 시작하였다.[14] 영국의 1978년 국가면제법도 제한적 주권면제를 반영

고 있는 것으로 보인다. ILC Yearbook, 1991, Vol. II Part II, para. 26 참조.

12) 28 U.S. Code § 1603 (d) 'definition: "'commercial activity' means either a regular course of commercial conduct or a particular commercial transaction or act. The commercial character of an activity shall be determined by reference to the nature of the course of conduct or particular transaction or act, rather than by reference to its purpose."

13) 이 서한은 1952년 미국무부 법률고문 대리가 법무장관 대리에게 보낸 서한이다. 이 서한은 후술하는 '국가행위이론'과도 관련이 있다.

14) 이 사건은 1975년 나이지리아 중앙은행이 스위스 회사에 발급한 신용장이 문제가 된 사건으로 나이지리아 정부는 국가기관인 나이지리아 중앙은행에 대하여 주권면제를 주장하였으나 영국법원은 상거래임을 이유로 제한적 주권면제의 원리를 적용하여 판단하였다. 참고로 이 사건 심리과정에서 Denning경은 국가관행의 다양성을 강조하며 국가간 주권면제에 대하여 합의가 이루어지지 않았다고 보았다. Trendtex Trading v. Bank of Nigeria, 1 QB 1977, pp. 552-553.

하고 있다.

이와 같이 제한적 주권면제는 국가간 실행에서 차이를 보여 왔으며 또한 어느 특정한 제한적 주권면제 이론이 국제관습법상의 기준으로 받아들여지지도 않았다.

미국의 외국주권면제법과 약탈문화재[15]
▶ 도난 또는 약탈당한 문화재의 반환을 구하는 민사소송에서 미국은 피고가 국가인 경우에도 외국주권면제법상의 국가면제 예외 사유를 적용하여 적극적으로 재판관할권을 행사하는 경향을 보이고 있다. ▶ 즉, 외국정부가 문화재 또는 예술작품을 국유문화재로 취득하는 과정에 위법성이 있는 경우 이러한 행위에 대하여 외국주권면제법상의 예외 사유의 하나인 §1605 (a)(3) '국제법을 위반한 수용'을 적용하여 판단하고 있다. 주로 나치정권이나 소련공산당 정부에 의하여 압류되거나 몰수된 문화재 또는 예술작품에 대한 반환소송에서 활용되고 있다.[16]

4. 우리나라의 경우

우리나라는 미국이나 영국 등과 달리 주권면제법을 가지고 있지 않다. 그러나 국제관습법으로서의 주권면제를 수용해 오고 있다. 구체적 실행으로 우리 법원은 판결을 통해 주권을 직접적으로 행사하는 권력적인 행위가 아닌 사경제적 또는 상업적 행위 등 비권력적 행위에 대해서는 외국 국가도 법원의 재판관할권으로부터 면제되지 않는다는 입장을 취함으로써 제한적 주권면제를 확인하고 있다.[17]

---

15) 이 부분은 전체를 박선아, '문화재 소송에서 국가면제에 관한 연구-미국 외국주권면제법상 수용예외 조항을 중심으로-'에서 인용하였다. 이화여자대학교 법학논집 제 22권 제 2호 통권 60호, 2017, p. 350.

16) Republic of Austria v. Altmann 사건(나치의 그림 몰수에 대한 반환소송)에서 미 법원은 1976년 외국주권면제법을 소급적용하여 주권면제를 부인하고 §1605 (a)(3) '국제법에 위반한 수용'을 적용하여 판단하였다. 541 US 677 (2004).

17) 우리 대법원은 1998년 주한미군 식당에서 근무하다 해고된 한국인이 미국을 상대로 낸

5. 결론

비권력적, 상업적 행위가 무엇인지는 거래의 성격을 중심으로 판단하되 필요시 목적도 함께 고려하여 구체적인 경우에 개별적으로 판단하여야 할 것이다. 따라서 식량이나 의약품 구입의 경우와 같이 거래의 성격이 상업적 행위일지라도 거래의 목적이 단순한 소비의 개념이 아니고 국민건강 또는 국가의 재난극복을 위한 정책과 관련되는 경우에는 국가만이 할 수 있는 국가의 공적 행위로서의 지위가 부여되어야 할 것이다.[18]

여기서 국가 활동의 공익성을 판단하는 것은 법정지국의 법원이지 피소국 자신이 아님은 물론이다.

해고무효소송에서 제한적 주권면제를 수용하였다. 판결요지는 다음과 같다: "(1) 국제관습법에 의하면 국가의 주권적 행위는 다른 국가의 재판권으로부터 면제되는 것이 원칙이라 할 것이나, 국가의 사법적(私法的) 행위까지 다른 국가의 재판권으로부터 면제된다는 것이 오늘날의 국제법이나 국제관례라고 할 수 없다. (2) 우리나라의 영토 내에서 행하여진 외국의 사법적 행위가 주권적 활동에 속하는 것이거나 이와 밀접한 관련이 있어서 이에 대한 재판권의 행사가 외국의 주권적 활동에 대한 부당한 간섭이 될 우려가 있다는 등의 특별한 사정이 없는 한, 외국의 사법적 행위에 대하여는 당해 국가를 피고로 하여 우리나라의 법원이 재판권을 행사할 수 있다." 대법원은 1998년 이 판결을 통해 1975년 절대적 면제에 기초하여 선고된 종전의 판결을 변경하였다. 참고로 1975년 판결(일본국을 상대로 한 소장각하명령의 적부 사건)에서는 다음과 같이 제한적 주권면제의 개념을 염두에 두지 않고 절대적 주권면제를 판단기준으로 하였다. 판결내용은 다음과 같다: "국가는 국제관례상 외국의 재판권에 복종하지 않게 되어 있으므로 특히 조약에 의하여 예외로 된 경우나 스스로 외교상의 특권을 포기하는 경우를 제외하고는 외국 국가를 피고로 하여 우리나라가 재판권을 행사할 수 없는 것이니 일본국을 상대로 한 소장을 송달할 수 없는 경우에 해당한다고 하여 소장 각하명령을 한 것은 정당하다."

18) 예컨대, 기근에 대한 대책으로 개인이 거래할 수 없는 상당한 규모의 밀을 구입하는 경우는 상업적 거래의 성격보다는 공익적 목적이 강하다고 볼 수 있을 것이다.

제3절 주권면제의 적용과 배제

1. 주권면제의 적용대상

주권면제는 누구에게 적용되는가. 주권면제의 향유주체는 국가이다. 유엔주권면제 협약 제 2조 1항 (b)에 의하면 주권면제의 향유주체로서의 국가는 다음과 같이 설명될 수 있다.

첫째, 국가 및 각종 정부기관, 연방국가의 구성단위 또는 국가의 주권적 권한의 행사를 위임받아 그 자격에서 활동하는 국가의 정치적 하부기관 등은 가장 중요한 주권면제 향유주체이다.[19] 이 정의에 의하면 국가 또는 국가기관이란 중앙정부는 물론 입법부 및 사법부 등 주권적 권한을 행사하는 모든 공적 성격의 기관을 포함하며 군함이나 군용기도 이에 해당된다.[20] 따라서 국가의 기관 또는 실체로서 주권적 권한을 행사할 권한이 부여되고 이에 따라 실제로 권한을 행사하는 경우 주어진 권한의 범위 내에서는 국가기관으로 간주된다. 결국 여기서 중요한 판단기준은 해당기관이 헌법과 법률에 따라 주권적 성격의 공적기능을 수행하는가(in the exercise of sovereign authority)가 될 것이다.[21]

---

19) 영국의 1978년 국가면제법 제 14조 1항은 '국가'를 '국왕 혹은 공식적 지위에 있는 국가원수, 정부 또는 정부의 모든 기관(The term 'State' refers to the sovereign, or other head of state in their public capacity, the government of that state, or any department of the government)'으로 규정하고 있다.

20) 특히 군함의 주권면제와 관련 2012년 '가나의 아르헨티나 선박 압류 사건(The ARA Libertad Case)'에 대한 심리에서 국제해양법재판소는 군함은 '기국의 주권의 표시(an expression of the sovereignty of the State whose flag it flies)'로서 타국의 내수에서도 주권면제를 향유한다고 보았다. ARA Libertad, ITLOS Reports, Provisional Measures, 2012, p. 332, paras. 94-95.

21) 이 기준에 의할 경우 국가소유 은행, 항공기나 선박이 공적기능을 수행하는 경우에는 주권면제 향유주체가 될 수 있다는 해석이 나온다. 그러나 공적기능을 수행하는지의 여부를 명확히 구분하는 것이 쉽지 않으며 따라서 주권면제의 향유주체가 될 수 있는지의 여부도 매우 불투명하다는 점에서 어려움이 있다. 이러한 점에 비추어 볼 때 국가에 의해 설립되어 독립된 법인격을 가지고 있는 공기업(public corporation) 등은 목적 자체

둘째, 그러한 국가기관의 자격으로 활동하는(acting in that capacity) 국가의 대표(representatives)도 주권면제협약상의 국가가 될 수 있다. 여기서 국가의 대표란 국가를 대신하여 국가기능을 수행하는 권한이 부여된 자연인 개인을 말하며 이에는 공적인 지위를 가진 국가원수도 포함된다. 따라서 국가를 대표하는 개인이 행한 공적인 활동과 관련하여 소가 제기되는 경우, 이 소송은 개인이 아닌 국가를 상대로 한 소송이 되며 국가를 대표하는 개인은 주권면제를 주장할 수 있게 된다.

2. 국가대표에 대한 면제

가. 물적면제

물적면제(immunity *ratione materiae*)는 기능적 면제(functional immunity)라고도 하며 일반적 성격의 국가공무원이 공적 기능을 수행하는 과정에서 발생하는 소송으로부터의 면제를 의미한다. 물적면제의 경우 공적행위 자체가 면제부여여부를 결정하는 핵심요소이다. 즉, 물적면제는 아래 설명하는 인적면제가 행위자의 신분을 중심으로 하는 것과는 달리 공무원이 수행하는 행위 자체의 성격을 판단기준으로 하여 면제부여 여부를 결정하게 된다.[22] 따라서 공적행위가 아닌 경우에는 면제가 부여되지 않는다. 대신 공적행위에 대하여 부여된 면제(일반적으로 형사재판관할권으로부터의 면제를 의미함)는 공적신분이 종료된 이후에도 계속된다.

한편 과거에는 전쟁범죄, 평화에 반하는 죄나 반인도적 범죄조차도 국가의 공적행위에 포함되어 면제를 주장할 수 있었으나 오늘날에는 더 이상 방어

는 비상업적(non-commercial)이라 하더라도 주권적 성격의 공적 기능의 수행이 아니라는 점에서 일반적으로 국가기관에 포함되지 않는 것으로 본다. 물론 이에 대한 판단은 국가들마다 상이할 수 있으며 따라서 구체적인 경우에 개별적으로 판단되어야 할 것이다.

22) 그러나 오늘날 제한적 주권면제의 발전으로 그 범위가 더욱 제한되었다. 즉, 공적행위 중 상업적 거래 등과 관련된 공무원의 행위에 대하여는 주권면제의 적용이 배제되는 현상을 말한다.

(defense) 논리로 받아들여지지 않고 있다.

참고로 국가에 대하여는 형사관할권 문제가 제기될 수 없다. 그러나 반인도적 범죄 등을 이유로 제기된 민사소송에서 국제재판소는 국가에 대하여 사실상 거의 완전한 주권면제를 부여하고 있는 실정이다. 이에 대해서는 다음 제 4절(1. '국제법상 강행규범 위반행위와 주권면제')을 참조한다.

나. 인적면제

국가원수도 주권면제의 향유주체이다. 그러나 무엇보다도 국가원수는 공적인 활동에 대한 물적면제는 물론 사적인 활동(개인 범죄 등 포함)에 대하여도 완전한 인적면제를 향유한다. 유엔주권면제협약 제 3조 2항도 "본 협약은 국제법상 국가원수에게 부여되는 인적 특권과 면제(... privilege and immunities accorded under international law to Heads of State *ratione personae*)를 저해하지 않는다"고 규정하고 있다. 이와 같이 국가원수에게는 위에서 설명한 공적 행위 자체에 대해 부여되는 물적면제와는 별도로 행위가 아닌 공적 지위 그 자체에 대하여도 인적면제(personal immunity 또는 immunity *ratione personae*)가 부여된다.

인적면제는 국가원수를 포함하여 국가대표성을 가지는 고위직 관리(내각책임제 국가의 총리 및 외교장관 등)에게 재직기간 동안 그 지위 자체에 대하여 인정되는 권리이다.[23] 이를 달리 표현하면 일반 공무원들의 사적인 활동에 대하여는 인적면제가 부인된다는 의미가 된다.

인적면제는 국가의 실행이나 외교관계에 관한 비엔나협약의 유추적용과 국제관습법 등을 통해 민·형사 및 행정재판 관할권으로부터의 완전한 면제를 의미한다. 특히 형사재판의 경우에는 절대적 면제이며 성격상 제한적 면제가 성립될 수 없다. 따라서 국제범죄를 저지른 경우에도 면제가 허용된다. 그러나 인적

---

23) 파나마의 노리에가 장군은 미국 법정에서 자신이 사실상의 통치자로 국가원수에 부여되는 주권면제가 부여되어야 한다고 주장하였으나 국가원수로서의 면제가 허용되지 않았다. 미 법원은 노리에가가 헌법상 국가원수였던 사실이 없으며 파나마 정부도 동인의 면제를 주장하지 않았다는 점과 노리에가가 사적 이익을 추구하였다는 점을 근거로 제시하였다. 반면 리비아의 지도자 가다피의 경우에는 사실상의 국가원수로서 면제가 인정된 사례가 있다.

면제는 어디까지나 지위 그 자체에 대해 부여되는 면제이므로 재임 중의 공적 행위에 대하여는 영구히 면제되나 임기 종료(인적 면제의 종료) 후에는 사적행위(범죄행위 등)에 대하여는 기소될 수 있다.

결론적으로 국가원수 등에 대한 인적면제는 완전한 절대적 면제로 국가의 공적기능 수행을 위해 다른 나라에 상주하는 외교관에게 외교관의 지위 그 자체에 대하여 부여되는 외교면제와 같은 맥락에서 이해될 수 있다. 즉, 국가를 대표하는 외교사절에게 면제가 부여된다면 외교사절을 임명하는 국가원수에 대해서도 최소한 동일하거나 그 이상의 면제가 부여되는 것이 당연한 논리적 귀결이라고 할 수 있다. 외교관의 면제에 대하여는 외교관계에 관한 비엔나협약에 따라 별도로 규율되므로 제 15강(외교 · 영사 관계법)에서 다시 설명한다.

한편 이 기준에 따라 판단한 사건으로 다음의 경우를 들 수 있다.

- (재직 중에는 절대적 면제) 전술한 콩고와 벨기에간 2002년 '콩고 외교장관에 대한 체포영장 발부 사건'에서 ICJ는 외교장관이 재직중 행하는 일체의 공적, 사적 행위는 1961년 외교관계에 관한 비엔나 협약상 특권과 면제의 대상이므로 타국 법원의 형사관할권으로부터 면제된다고 보았다.[24] 특히 인도에 반하는 죄 등 중대한 범죄를 저지른 자에 대하여도 현직 외교장관으로 재직 중인 경우에는 외교관의 특권과 면제(인적면제)가 적용됨을 재확인하였다.[25]
- (퇴임 후에는 재직 중의 공적인 활동에 대하여만 면제) 1999년 영국 법원은

---

24) (제11강 '국가의 관할권'의 주 20 참조) 이 사건 판결에서 현직 외교장관에 대하여 인적면제가 부여되는 이유는 기능설(원활한 기능수행을 위해 타국의 공권력으로부터의 보호목적)에 따른 것임을 재확인하고 있다. 예컨대, 일국의 외교장관이 타국에서 체포된다면 외교장관으로서의 기능수행은 어려울 것이다. 판결 중 인적면제 관련 부분 원문은 다음과 같다: "The Court accordingly concludes that the 'functions of a Minister for Foreign Affairs' are such that, throughout the duration of his or her office, he or she when abroad enjoys full immunity from criminal jurisdiction and inviolability. That immunity and that inviolability protect the individual concerned against any act of authority of another State which would hinder him or her in the performance of his or her duties." ICJ Reports 2002, p. 3 paras. 51-54.

25) 물론 이에 대해 일부 재판관들은 심각한 국제범죄는 정상적인 국가가능의 수행이 아니라는 이유로 공적인 행위로 보아서는 안 되며 따라서 인적면제도 허용되어서는 안 된다는 개별의견을 제시한 바 있다.

'칠레의 전 대통령 피노체트에 대한 범죄인인도 요청 사건'에서 전직 국가원수는 공적 행위에 대하여만 면제를 향유하며, 고문은 위법행위로 공적 행위가 아니므로 주권면제가 부인된다고 판단하였다.[26]

참고로 오늘날 집단살해 범죄나 인도에 반하는 범죄 등 국제범죄는 어느 경우에도 공적인 행위가 아니라는 점에 대해서는 대체로 해석이 일치한다. 그럼에도 불구하고 인적면제를 향유하는 현직 국가원수 또는 외무장관을 처벌할 수는 없기 때문에 이들을 처벌하기 위해서는 별도의 근거가 필요하다. 그 근거로 다음을 생각해 볼 수 있을 것이다. 예컨대,

· 자국법정에서의 기소,

· 자국이 면제를 포기하는 경우,

· 국제형사재판소에 의해 기소되는 경우와

· 재임 중 행한 행위이지만 공적 행위가 아니므로 퇴임 후 기소되는 경우 등이 방안이 될 수 있다고 본다.

2. 주권면제 적용의 배제

한편 주권면제의 적용이 배제될 수 있는 예외사유로는 다음의 경우가 해당된다.

첫째, 국가가 명시적으로 계약서 등 합의를 통해 타국 법원의 관할권을 인정하는 경우(명시적 포기)(제 7조),

둘째, 국가 자신이 스스로 소송절차를 개시하거나 이미 시작된 소송절차에 참여(소송참가)하는 경우(묵시적 포기)(제 8조),

---

26) 영국 법원은 판결에서 고문 등 행위는 공적 행위가 아니므로 물적면제의 대상이 되지 않으며(물적면제의 대상이 되면 퇴임후에도 절대적 면제를 향유), 또한 현직에서는 인적면제를 향유하는 국가원수였다 하더라도 퇴임후에는 인적면제가 더 이상 부여되지 않으므로 고문행위(사적 행위)에 대하여는 기소와 처벌이 가능하다고 보았다. 동시에 칠레는 고문방지협약의 당사국으로서 타 당사국인 영국 및 스페인과 함께 동 협약상의 의무를 부담하는데 협약은 고문을 국제범죄로 규정하고 있어서 고문은 어느 경우에도 공적 행위가 될 수 없다고 보았다. House of Lords, U.K. 2000, A.C. 147.

셋째, 제한적 주권면제를 이유로 법원이 관할권을 행사하는 경우로 앞에서 설명한 상업적 거래에 대한 소송을 포함하여(제 10조 1항),[27] 고용계약과 관련된 소송(제 11조),[28] 불법행위(tort)로 인한 인적·물적 손해에 대한 금전보상(제 12조),[29] 법정지국 소재 부동산 관련 소송, 상속·증여 등과 관련한 소송(제 13조) 및 지적재산권과 관련한 소송(제 14조) 등에 대하여도 면제를 주장한 수 없다.[30] 또한 국가에 의해 소유 또는 운영되는 선박과 관련된 소송으로 소송원인의 발생 당시 선박이 공무목적 이외의 용도로 사용된 경우에도 관할권 면제를 주장할 수

---

27) 협약 제 10조는 제 1항에서 "국가가 외국의 사인과 상업적 거래에 관여하고 그로 인한 다툼이 타국의 재판소의 관할에 속하게 되는 경우에는 국가라는 이유로 면제를 주장할 수 없다"고 규정하면서도, 제 2항에서 "국가간의 상업적 거래의 경우나 당사자들이 달리 합의한 경우에는 면제가 허용된다"고 규정하고 있다. 따라서 국가간 상업적 거래에 대해서는 당연히 주권면제를 주장할 수 있다.

28) 협약 제 11조: "국가와 개인간의 고용관계에 대하여는 그 국가의 관할권 면제가 허용되지 않으나 예컨대, (a) 피고용인이 특정한 공권력 행사를 위하여 채용된 경우, (b) 피고용인이 외교관등 외교면제를 향유하는 경우, (c) 개인의 해고 또는 고용의 종료로 인한 소송이 국가안보와 관련이 있는 경우, (d) 피고용인이 고용국의 국민으로 법정지국에 상주 주소를 가지고 있지 않은 경우에는 주권면제가 인정된다."

29) 협약 제 12조: "인적 또는 재산상 피해에 대하여 금전적 보상을 주장하는 소송으로 그 요건은 다음과 같다. 즉, (a) 불법행위에 대한 책임이 피소국에 귀속되는 것으로 주장되어야 하며, (b) 불법행위의 전부 또는 일부가 법정지국에서 발생하고, (c) 불법행위자가 행위 당시 법정지국에 소재하였을 경우에 한한다." 따라서 실체가 없는(non-tangible) 경제적 손실이나 명예에 대한 침해에는 해당되지 않는다. 한편 이러한 불법행위에 대한 관할권 면제의 예외는 불법행위가 무력충돌상황에서 발생한 경우에는 적용되지 않는다고 보는 것이 타당하다. 왜냐하면 전쟁 등 무력충돌은 국가의 권력적 작용으로 보아야 할 것이며 피해의 배상문제도 전후 처리과정에서 함께 일괄하여 다루어지는 것이 상례이기 때문이다. 이에 대한 상세는 이어서 검토할 Ferrini 사건을 참조한다.

30) 이에 앞서 1972년 '국가면제에 관한 유럽협약과 동 추가의정서'도 국가가 타국 영토 내에서 사인과 같은 자격에서 활동하는 경우 주권면제가 허용되지 않는다고 보고 그러한 경우를 다음과 같이 예시하고 있다. (a) 고용계약(work contracts), (b) 기업 활동에의 참여(participation in a company or association, industrial, commercial, or financial activities), (c) 법정지국 소재 부동산에 관한 권리(rights over immovable property in the country where the court is situated), (d) 신체 및 재산 침해에 대한 구제(redress for injury to persons or damage to property), 특히 여기서 중요한 것은 일 당사국이 타 당사국의 영역 내에 있는 자국의 기관 등을 통하여 전개하는 경제적 활동과 그와 관련된 소송에 대하여는 개인의 경우와 마찬가지로 면제가 허용되지 않는다는 점이다. 이러한 과정을 거쳐 유엔주권면제 협약도 상업적 활동에 대한 제한적 주권면제를 규정하게 되었다.

없다(제 16조).

끝으로 국가가 계약상대방인 사인과 상업적 거래와 관련된 분쟁을 중재재판에 부탁하기로 합의하는 경우 중재재판 수행과 관련하여 부수적으로 발생할 수 있는 중재 합의나 절차 등과 관련된 소송에 대하여도 타국법정에서 면제를 주장할 수 없다(제 17조).

3. 주권면제와 강제집행의 제한

앞에서 주권면제는 소송(재판)으로부터의 면제와 강제집행으로부터의 면제로 구성된다고 설명하였다. 그런데 이 두 사안은 별개로 취급된다. 타국법원의 관할권에 대한 동의(주권면제의 포기)가 반드시 강제집행에 대한 동의를 포함하지는 않는다(제 20조). 따라서 명시적 동의없이는 공무목적의 용도, 특히 외교적, 군사적 목적의 국가재산 또는 중앙은행의 재산 등에 대하여는 당해국의 강제집행이 허용되지 않는다(제 18, 19, 21조). 반면 (a) 당해국이 명시적으로 동의하는 경우나, (b) 당해국이 소송과 관련하여 사전에 특별히 할당하거나 지정한 재산, 또는 (c) 소송의 대상이 되었던 실체(entity)와 관련된(connected) 재산으로 법정지국에 소재하는 비상업적, 즉 공무목적의 용도 이외의 재산에 대하여는 동의여부와 무관하게 강제집행이 가능하다(제 19조). 참고로 국가재산에 대하여는 판결 전에도 당연히 압류 또는 억류와 같은 강제조치를 취할 수 없다(제 18조).

그러나 오늘날 제한적 주권면제의 법리에 비추어 볼 때 강제집행의 면제범위를 제한하고 축소하는 것이 국제법의 발전방향에 부합된다고 본다.

제4절 특수한 상황과 주권면제

1. 국제법상 강행규범 위반행위와 주권면제

가. 개관

국가의 심각한 국제법 위반행위, 특히 국제법상 강행규범 위반행위에 대하여는 주권면제의 적용이 배제되어야 하는가. '피노체트 사건'에서 설명한 바와 같이 국제범죄에 책임 있는 개인은 전직 국가원수라도 퇴임 후 형사책임을 추궁받을 수 있으며 나아가 재임 중에도 국제형사재판소의 관할범죄에 해당되는 경우에는 국제형사재판소에 의해 기소될 수 있다.

그러나 국제범죄 등 심각한 국제법 위반행위에 근본적으로 책임이 있는 국가 자체를 상대로 한 피해자 개인의 민사소송(국가 자체에 대한 형사소송은 불성립)에는 아직도 주권면제의 법리가 적용되고 있으며 이로 인해 개인에 대한 피해구제가 실현되지 못하고 있다. 더욱이 국제법상 이탈이 허용되지 않는 근본규범인 강행규범을 위반한 경우(예컨대, 인도에 반하는 범죄나 집단살해 등)에도 주권면제의 벽으로 가로막혀 구제가 불가능하다. 다시 말해서 국제인권법이나 인도법을 위반하는 국가의 행위에 대하여는 제한적 주권면제의 원리가 적용되지 않는다. 그렇다면 이 같은 태도가 과연 오늘날 국제법의 발전 방향과 일치하는가. 이에 대한 국제사회의 의문이 제기되고 있다.

먼저 이에 대한 국제재판소의 태도를 살펴보면 다음과 같다.

- 2012년 독일과 이탈리아간 '국가의 관할권 면제사건(Jurisdictional Immunities of the State: Ferrini Case)'에서 ICJ는 국가에 관한 한 절대적 주권면제를 허용하였다.
- 유럽인권재판소도 고문과 관련된 민사소송인 2001년 'Al Adsani 사건'에서 고문이 강행규범 위반임을 인정하면서도 국가(쿠웨이트 정부)에 대하여 주권면제를 허용한 바 있다.[31] 유럽인권재판소의 결정은 주권적

행위와 비주권적 행위의 구분에 대한 논의는 없이 단순히 전술한 '모든 국가는 평등하며 한 국가가 다른 국가에 대하여 관할권을 가지지 못한다'는 원칙만을 강조함으로써 사실상 절대적 주권면제를 원용하였다.

- 영국의 최고법원도 2006년 'Jones v. Saudi Arabia 사건'에서 고문의 성격을 검토하지 않고 단순히 Al Adsani 사건과의 유사성을 지적하였다. 이 사건에서 최고법원은 사우디아라비아가 주장한 국가 및 관련 공무원들에 대한 주권면제를 받아들였으며 유럽인권재판소도 이를 지지하였다. 즉, 고문 등 강행규범과 관련되는 국제범죄라는 사실 자체가 국가가 향유하는 민사관할권으로부터의 면제(주권면제)를 부인하지는 않는다고 보았다.[32)]

그러나 여사한 국제재판소의 태도는 강행규범위반에 대하여는 주권면제의 법리가 배제되어야 한다는 국제사회의 희망과 법 발전 방향과 배치된다. 사실 오늘날 국제인권법의 발전과 적용범위의 확대, 강행규범의 태동, 나아가 국제형사재판소(ICC)의 창설 등 일련의 흐름은 국가주권의 절대성에 대한 제한과 국제법상 개인의 권리실현 등 국제법 질서에 대한 변화를 가져왔다. 더욱이 이러한 변화는 주권면제에 있어서도 제한적 주권면제의 원칙을 보편적인 실행원리로 발전시키는 계기가 되었다. 이에 비추어 볼 때 오늘날 강행규범 위반 등 심각한 국제법 위반행위에 대하여는 주권면제의 법리가 배제되어야 한다는 주장이 더욱 힘을 받고 있다. 따라서 앞으로 주권면제이론과 그 실행은 개인의 인권보호를

---

31) 이 사건은 영국과 쿠웨이트 이중국적자인 Al Adsani가 쿠웨이트 정부에 의해 납치되어 고문을 당한 후 영국에서 쿠웨이트 정부와 관련자를 상대로 제기한 손해배상 사건이다. 영국법원은 쿠웨이트의 주권면제를 인정하였고 이에 대해 동인은 영국법원의 판결을 문제 삼아 이를 다시 유럽인권재판소에 제소하였다. 이에 대해 유럽인권재판소는 점증하는 고문금지의 압도적 중요성에도 불구하고 고문(강행규범 위반을 인정)에 대하여 (쿠웨이트 정부에 대한) 주권면제가 부인되어야 한다는 원칙이 국제법상 수락되어 확립된 바 없다(즉, 주권면제가 인정된다)고 판단하였다. Al Adsani v. U.K., European Court of Human Rights, Judgment, 1 November 2001, para. 66.

32) 이 사건은 2001~2002년간 리야드에서의 폭격에 관여한 혐의로 잘못 오인되어 사우디에서 고문을 당한 영국인(Jones 외 3명)들이 사우디 내무부와 관련자들을 상대로 고문 등을 이유로 영국 법원에 제소한 사건이다. 'ECHR reaffirms State immunity from civil proceedings for acts of torture in Jones v. United Kingdom', Herbert Smith Freehills, 2014.

중요시하는 국제법의 발전방향에 맞추어 재검토 되어야 할 것이다.

나. 2012년 '독일과 이탈리아간 국가의 관할권 면제사건'에 대한 ICJ 판결

이 사건(Ferrini 사건)은 절대적 주권면제가 제한적 주권면제로 발전하는 과정에서 ICJ가 전통적 시각을 통해 주권면제를 다루었다는 점에서 주권면제의 성격을 이해하는데 많은 참고가 된다.

1) 사건 개요

이탈리아인 Ferrini는 제 2차 대전 중 독일군에 의해 독일로 강제이송, 강제노역을 당하였고 이를 이유로 동인은 이탈리아 법원에 독일을 상대로 배상청구소송을 제기하였다. 이탈리아 대법원은 국제범죄에 해당하는 행위에 대해서는 주권면제가 인정되지 않는다고 보고 독일의 배상의무를 판결하였다. 그러나 독일은 이탈리아의 행위가 주권면제에 관한 국제법 위반이라고 보고 ICJ에 이탈리아를 상대로 제소하였다.

2) ICJ의 판단

ICJ는 독일의 주권면제를 부인한 이탈리아의 결정은 국제법 위반이라고 판시하였다. 이탈리아는 국제인도법의 중대한 위반, 즉 강행규범 위반에 대한 예외를 주장하였으나 ICJ는 이를 받아들이지 않았다. 그 근거와 판결 내용은 다음과 같다.

첫째, 주권면제란 성격상 절차에 관한 문제로서 일국의 법원이 타국에 대하여 재판관할권을 행사할 수 있느냐의 여부를 결정하는 것이므로 제소의 원인이 된 행위가 적법한지 또는 위법한지 여부와는 무관하다.

둘째, 실체적 성격의 강행규범과 절차적 성격의 주권면제는 상호 충돌하지 않으며, 국가가 국제인권법이나 국제인도법을 심각하게 위반하여 피소되었다는 이유만으로 주권면제가 박탈되는 그러한 국제관습법은 없다.

셋째, 유엔주권면제협약도 국제법 위반을 이유로 주권면제를 부인하는 여사한 규정을 포함하고 있지 않다.

넷째, 주권면제를 인정한다는 사실이 결코 강행규범 위반행위가 합법적이라거나 그러한 위반 상태가 유지되도록 지원하는 것은 아니므로 강행규범 위반상황을 종식시키기 위해 협력하여야 한다는 국가책임규정초안 제 41조를 위반하는 것도 아니다.

동시에 제 2차 대전 중 독일이 자행한 그리스 내 '대량학살사건(Distomo Case)' 관련 그리스 법원이 내린 판결을 이탈리아 내 독일재산에 대하여 집행하도록 허용한 것에 대해서도 ICJ는 이탈리아가 독일의 주권면제를 존중할 의무를 위반하였다고 판단하였다.[33)]

참고로 2014년 이탈리아 헌법재판소는 ICJ 판결의 이행을 위해 제정한 이탈리아의 국내입법과 후속실행에 대하여 위헌결정을 내리면서 나치독일이 자행한 강제노동에 기인하는 손해를 구제받으려는 자국민 피해자의 재판청구권은 이탈리아 헌법질서상의 근본가치에 해당된다고 판단하였다. 이탈리아 헌법재판소의 이러한 판단은 절차적 성격의 주권면제 때문에 강행규범 위반에 기인하는 손해배상청구권이 희생되어서는 안 된다는 점을 시사한 것으로 보인다.

다. 우리나라에 대한 함의

과거 미국에서 외국정부를 상대로 개인이 제기한 소송이 1976년 '외국주권면제법(Foreign Sovereign Immunity Act)에 규정된 주권면제의 벽에 부딪혀 성립되지 못하였던 사례는 많이 있다. 예컨대, 2003년 일본군 위안부 피해자들은 일본정부를 상대로 미 법원에 소송을 제기하면서 일본군의 행위는 강행규범위반으로 이 경우 주권면제의 묵시적 포기에 해당된다고 주장하였다. 그러나 미 법원은 강행규범의 위반이 주권면제의 포기를 의미하지는 않는다고 보고 이 같은 주장을 받아들이지 않았다. 더욱이 오늘날 미국법원의 일반적인 태도는 미국과 관련이 있거나 미국인이 피해자인 경우로 소송을 제한하는 경향이 있어(아래 '테러와 주권면제' 참조) 외국(국가)을 상대로 한 외국인의 미국 내 소송의 실현가능성은 더욱 어려워질 것으로 보인다.

이러한 배경하에 2021년 1월 8일 우리 법원(1심 재판)은 일본군 위안부 피해

---

33) ICJ, Summary of the Judgment of 3 February 2012, pp. 9-10.

자들이 일본 정부를 상대로 제소한 손해배상청구사건에서 전술한 Ferrini 사건에서의 이탈리아 헌법재판소의 입장(ICJ 판결과 배치되는 내용)을 반영하여 일본 정부의 배상책임을 인정하였다. 만일 이 판결에 대하여 ICJ가 판단할 기회가 있다면 어떠한 결정을 내릴지, 즉 2012년 Ferrini 사건에 대한 판결을 그대로 유지할지에 대한 예측은 쉽지 않아 보인다.

라. 평가(국제법의 발전이라는 측면에서의 판결 평가)

오늘날 국제사회의 보편적 태도는 국가의 주권적 행위 또는 공권력적 행위가 아닌 상업적 활동에 대하여는 주권면제를 제한하는 내용의 제한적 주권면제를 지지하고 있다. 이와 같이 상업적 행위에 대해서는 주권면제를 배제하는 방향으로 주권면제의 법리가 발전하였음에도 불구하고 강행규범 위반행위에 대해서는 주권면제가 계속 적용된다는 것은 국제법의 발전방향과 부합되지 않는다는 주장은 분명 설득력이 있다.

이러한 주장의 근거는 다음과 같다.

첫째, 강행규범이란 개별국가의 의사만으로 이탈이 허용되지 않는 상위규범으로 국제사회는 국가와 인류의 근본가치를 수호하기 위하여 강행규범을 필요로 하고 있다. 이러한 이유로 국제법은 강행규범위반 조약을 무효로 하고, 강행규범 위반으로 이루어진 결과를 국가가 승인하거나 지원하지 않을 의무를 부과하고 있다. 국가책임규정초안도 이와 같은 입장을 지지하고 있다. 이에 비추어 볼 때 국제법상 강행규범을 위반한 국제위법행위 또는 국제범죄를 저지른 행위에 책임이 있는 국가가 주권면제를 근거로 숨을 자리를 만들어 준다는 것은 바람직하지 않다.

둘째, 주권면제를 절대적 주권면제와 제한적 주권면제로 구분하고 그 판단기준을 주권적 행위와 상업적 행위로 나누어 볼 때 강행규범위반의 행위에 대해 주권면제를 인정한다는 것은 강행규범 위반행위를 주권적 행위로 보는 것인데 이는 국제사회의 태도와도 일치하지 않는다. 피노체트 사건에서 영국 법원은 국가지도자의 과거 재직시의 공적 행위에 한해 형사재판관할권이 면제된다고 하면서 피노체트가 행한 국제법 위반행위인 고문은 공적 행위가 될 수 없다고 보았다. 이에 비추어 볼 때 공적 행위가 될 수 없는 행위에 대해 국가라는 이유로 민사책임조차 묻지 못하는 것은 분명 재고의 여지가 있다. 더 나아가 강행규범 위반에 해당하는 범죄에 책임 있는 현직의 국가지도자조차 국제형사재판소가 단죄할 수 있는 현실에 비추어 같은 범죄에 책임 있는 국가를 상대로 한 민사소송이 국가라는 이유로 주권면제의 보호를 받는다는 것은 다분히 모순적이라고 할 수 있을 것이다.

셋째, 주권면제의 절차적인 측면을 강조하여 국가라는 이유로 주권면제를 배제하게 되는 경우 다음의 모순에 직면하게 된다. 즉, 주권면제의 본질이 국가는 타국의 법정에 복종하지 않아야 한다는 절차적 문제라고 한다면 국가의 상업적 활동에 대하여 제한적 주권면제를 적용하여 국가가 타국 법정에서 피고가 되는 것도 마찬가지로 허용되어서는 안 될 것이다.

결국 국가라는 벽에 부딪쳐 개인의 권리보호에 충실하지 못하게 되는 것은 개인의 인권을 보호하기 위한 국제사회의 노력과도 역행된다. 따라서 앞으로 국제인권법의 발달과 함께 강행규범 위반에 대하여 주권면제를 제한하는 문제는 *lex ferenda*의 관점에서 새로이 검토되어야 할 것으로 생각된다. 특히 우리 위안부 피해자들이 미국에서 일본 정부를 상대로 제기한 민사소송에서 일본군의 만행이 강행규범 위반이며 이 경우 주권면제의 묵시적 포기가 있는 것으로 해석하여야 한다고 주장한 사실에 대하여도 귀를 기울일 필요가 있다.

상기에 비추어 볼 때 앞으로 강행규범 위반행위에 대해서는 주권면제를 인정하지 않는 방향으로 나가는 것이 국제법의 점진적 발전이라는 유엔의 목표에도 부합된다는 주장이 더욱 강화될 수 있을 것으로 예상된다.

상기 인용된 사건들의 차이

- ▶ 피노체트 사건은 전직 국가원수(개인)의 재직중 강행규범 위반행위(고문은 공적 행위가 아님)를 대상으로 한 형사사건으로 영국법원은 주권면제를 인정하지 않았음. 퇴임 후에는 재직 중의 활동 중 공적행위에 대하여만 주권면제가 허용됨.
- ▶ Ferrini 사건과 Al Adsani 사건은 강행규범 위반을 이유로 제기된 국가(또는 정

부)를 상대로 한 민사사건으로 이들 두 사건에서 국제재판소는 절대적 주권면제를 인정함. 이 같은 법원의 태도는 아직도 명백한 상업적 활동이 아닌 국가의 행위에 대하여는 국제재판소가 비록 강행규범위반에 해당되는 행위일지라도 적극적으로 주권면제의 적용을 배제하는 데 있어 매우 조심스러운 태도를 취하고 있음을 시사하는 것임.

▶ Arrest Warrant 사건에서 ICJ는 현직의 외교장관은 절대적 인적면제를 향유한다고 보았음.

2. 테러와 주권면제

오늘날 미국 법원은 테러지원국으로부터 피해를 입은 미국인 피해자가 테러지원국을 상대로 제기하는 미국 내 소송을 승인하여 오고 있다. 이는 미국이 테러지원국에 대해서는 국가이지만 주권면제를 허용하지 않는다는 의미이다.

실제로 미국은 앞에서 설명한 1996년 테러방지법, 2004년 '테러지원국가의 행위에 대한 민사책임(Civil Liability for Acts of State-sponsored Terrorism)'[34] 및 2008년 주권면제법의 개정(주권면제에 대한 테러리즘의 예외)을 통해[35] 국가테러리즘으로 인해 개인에게 상해 또는 사망을 야기한 행위에 대하여 청구인이나 피해자가 미국인인 경우 해당 외국을 상대로 하는 미국 내 소송에서 주권면제를 배제하였다. 이와 관련 북한 억류 중 사망한 미국인 웜비어(Warmbier)의 가족들이 미국 법원에서 북한 정부를 상대로 제기한 민사소송에서 법원은 테러국가로서의 북한의 책임을 물은 바 있다. 이는 테러지원국에 대하여는 주권면제를 배제하려는 미국의 적극적인 입장을 잘 보여주고 있다.

---

34) 이 법은 1998년 'Flatow v. Iran 사건'에서 연유하여 제정된 법으로 Flatow 개정 법률(Flatow Amendment)이라고도 한다. 이 사건은 이란 정부가 지원하는 테러공격으로 이스라엘에서 딸을 잃은 아버지가 이란을 상대로 미국법원에 금전배상을 청구한 사건이다. 28 U.S.C. § 1605 (Supp. 2002).

35) 28 U.S.C. 1605 A(Terrorism Exception to the Jurisdictional Immunity of a Foreign State).

3. 외교면제와의 차이

양자의 차이점에 대해서는 제 15강('외교 · 영사 관계법'의 제 2절 6. '외교면제와 주권면제의 차이')를 참조한다.

4. 국가행위이론과의 관계

주권면제론은 외국이 피고가 되는 경우 국가라는 지위로 인해 국내법원의 강제관할권 적용이 배제되는 것으로 절차적 성격의 개념이다. 반면 국가행위이론(Act of State Doctrine)은 분쟁당사자가 국가든 개인이든 상관없이 어느 국가의 법원도 타국 정부가 자국 내에서 행한 행위(대내적 주권행사를 의미)에 대하여는 타당성이나 합법성 여부 등 사법적 판단을 하지 않아야 한다는 주장이다. 즉, 국가행위이론에 의하면 모든 국가의 법원은 타국의 공적 행위의 유효성을 존중할 의무를 가진다는 뜻이다.

주권면제와 국가행위이론은 모두 외국정부의 행위의 위법성을 타국의 법원이 심사할 수 없다는 점에서는 결과적으로 공통점을 가진다. 그러나 이를 좀 더 살펴보면 주권면제는 본안 심리에 앞서 절차적으로 특정한 문제에 대한 관할권 부재를 선언하는 것인 반면 국가행위이론은 일단 본안 심리가 시작된 다음 심리과정에서 적용 여부가 판단된다는 점에서 중요한 차이가 있다.

그럼 구체적으로 국가의 어떠한 행위가 국가행위이론의 적용대상이 되는가. 국가행위이론은 통상 미국인 재산에 대한 외국정부의 국유화 등 조치에 대하여 미국 법원이 이를 판단할 수 있느냐의 문제를 중심으로 발전되어 왔다. 국가행위이론과 관련하여 대표적인 사례로 원용되는 '싸바티노 사건(Banco National de Cuba v. Sabbatino)'에서 볼 수 있듯이 타국이 제정한 법령이나 그 국가가 자신의 영역 내에서 행한 공적 행위, 예컨대, 국유화, 수용조치 등이 이에 해당될 수 있다. 이와 관련 영국은 다수의 판례를 통해 인권침해를 포함하여 심각한 국제법 위반행위에 대하여는 국가행위이론이 적용되지 않는다는 일관된 해석을 유지해 오고 있다.

한편 국가행위이론은 주권존중과 국내문제불간섭이라는 전통 국제법 원칙에 근거하며 미국 등 보통법 국가의 관행에서 유래한다. 그러나 국가행위이론은 국제법상 반드시 요구되는 것이 아니라는 점에서 그 근거를 국제예양에서 찾는 견해가 유력하다.

끝으로 국가행위이론은 전술한 사법적 판단 부적격 문제와도 구분되지만 사법부가 판단을 자제한다는 점에서는 양자가 유사하다고 본다.

국가행위이론의 역사적 발전과정

▶ 국가행위이론은 1808년 미연방 대법원장 마샬에 의해 처음 이 원칙에 대한 언급이 있었으나 실제로 이 원칙은 1897년 'Underhill v. Hernandez 사건'에서 개념화되기 시작하였으며,[36] 이후 1918년 'Oetjen v. Central Leather Co. 사건'에서 미 법원에 의해 수용되었다.[37]

▶ 국가행위이론은 특히 1964년 '싸바티노 사건'을 계기로 보다 주목받게 되었다. 이 사건에서 미 연방대법원은 쿠바 정부가 주권자로서 행한 행위에 대해서는 국가행위이론을 적용하여 주권자인 쿠바 정부의 국유화 행위의 적법성을 판단하지 않아야 하며 판결시에도 외교정책을 담당하는 행정부의 의견을 반드시 고려하여야 할 의무는 없다고 보았다.[38]

▶ 그러나 이후 판결의 문제점이 지적되면서 미국은 1964년 대외원조법을 개정하였다. 이것이 제 2차 Hickenlooper 수정조항(Sabbatino Amendment)이다. 이 조항에 의하면 외국정부의 국제법 위반행위로 인해 야기된 피해 관련 소송(예컨대, 외국정부에 의한 개인자산의 수용에 대한 소송 등)에서 국가행위이론을 적용하여 소송을 거부하여서는 안 되지만 만일 사법부의 개입으로 인해 외교정책이 손상 받을 가능성이 있다고 행정부가 판단하여 국가행위이론을 고려할 것을 요청하는 경우에는 예외적으로 적용할 수 있다고 규정하고 있다. 이는 외국정부의 행위에 대한 평가는 행정부의 몫이라고 보는 사법자제 원칙의 실현이다.

▶ 이에 앞서 미 법원은 1954년 'Bernstein 사건'에서 나치의 재산몰수와 관련된 사안의 경우 국가행위이론을 적용하지 않을 수 있다는 미국무부 법률자문 Tate의 서한을 근거로 국가행위이론을 적용하지 않았으며(Bernstein Exception), 나아가 1976년 'Alfred Dunhill v. Cuba 사건'에서도 상업적 거래의 경우 국가행위이론

의 적용이 제한될 수 있다고 보았다.[39]

▶ 미국에서 국가행위이론은 지속적으로 제한되어 적용되고 있는 경향이다.

☞ **관련 문제 예시**

문 1) 벨기에 정부는 인도에 반하는 죄와 전쟁범죄를 범한 혐의로 콩고의 현직 외교장관에 대한 체포영장을 발부하였다. 벨기에 정부의 조치를 국제법적으로 간단히 평가하시오.

문 2) 중국 국영방송국은 한국의 '물산주식회사'로부터 방송관련 장비를 구입하였으면서도 1년이 경과한 지금까지 대금을 지불하지 않고 있다. 물산주식회사는 중국 국영방송국 한국지사를 상대로 대금지급청구소송을 제기하였으나 중국 방송국 측은 국영방송국이 국가기관임을 이유로 소송에 응하지 않고 있다. 중국 국영방송사의 행위가 국제법상 정당화 될 수 있는지 설명하시오.

---

36) 미국 시민 Underhill은 공사 목적으로 베네주엘라에 갔다가 새로운 혁명지도자 Hernandez에 의해 구금되고 출국이 금지되었다. 귀국 후 불법구금을 이유로 Hernandez를 상대로 제기한 소송에서 미 연방대법원은 자신의 영토 내에서 국가가 행한 행위에 대하여는 관할권이 없다고 판단하였다. 168 U.S. 250, 1897.

37) 이 사건은 멕시코 혁명군에 의해 가죽을 몰수당한 Oetjen이 가죽을 인수받은 미국회사를 상대로 제기한 소송으로 이 사건에서 미 연방대법원은 국가행위이론을 적용하여 판단을 자제하였다(... the courts of one country will not sit in judgment on the acts of the government of another done within its own territory), 246 U.S. 297, March 11, 1918.

38) 이 사건의 개요는 다음과 같다. 미국의 파르(Farr)사는 미국인 소유 쿠바 소재 회사(C.A.V사)와 설탕 구매계약을 체결하였으나 물품 인도전 동 회사(C.A.V사)는 쿠바의 카스트로 정권에 의해 수용되었다. 그럼에도 불구하고 Farr사는 새로운 회사인 쿠바 국영회사로부터 계속 설탕을 인도받아 판매하였다. 이에 원 소유주인 C.A.V사는 설탕판매대금을 동 회사의 법정관리인인 싸바티노에게 인도하라는 내용의 소를 제기하였고 법원은 이를 받아들였다. 그러자 쿠바 정부의 국립은행(Banco National de Cuba)이 뉴욕에서 싸바티노를 상대로 대금반환소송을 제기하였다. 이 사건 하급심에서는 국가행위이론을 인정하면서도 쿠바의 국유화 조치가 국제법을 위반하여 행해진 행위라고 보고 쿠바의 패소를 명한바 있다. 376 U.S. 398, March 23, 1964. 그러나 연방 대법원은 국가행위이론을 적용하여 쿠바 정부의 행위의 적법성에 대하여 판단하지 않았다. 이로 인해 과연 그러한 판단이 옳은지에 대한 비판이 나타나게 되었다.

39) Alfred Dunhill of London, Inc. v. Republic of Cuba, 3 Brook. J. Int'l L. Vol. 3, Issue 1, 1976, p. 78.

제 13 강
국가책임

제1절 개관

1. 국가책임의 성격

PCIJ는 1927년 '호르죠 공장사건(Chorzow Factory)'에서 조약의무 위반이 배상의무를 수반하는 것은 너무도 당연한 국제법 원칙이라고 하였다. 이와 같이 국가가 다른 국가에 대하여 국제위법행위를 하는 경우 책임을 져야하는 것은 국제법상의 기본원칙의 하나이다. 사실 어떠한 법체계를 불문하고 위법행위를 하였을 경우에는 위법행위에 상응하는 책임을 지는 것은 기본 법리이며 국제법에서도 이러한 사정은 같다. 따라서 국가는 국제법상의 의무를 준수하여야 하며 동 의무를 위반하는 경우 국제위법행위가 되어 국가책임(또는 국제책임)이 발생하게 된다. 여기서 국가책임문제의 핵심은 국가기관의 어떠한 행위(국가에 귀속되는 행위)가 국제법 위반인지를 확인하고 이에 대해 가해국과 피해국이 취하여야 할 조치 등을 규율하기 위한 국제법상의 규칙과 절차를 정하는 것이다.

한편 국가책임은 타국의 권리에 대한 직접침해(direct injury)와 외국인에게 피해를 입혀 외국인 본국의 권리를 간접적으로 침해하는 간접침해(indirect injury)

로 인해 발생하게 된다. 이 중 간접침해로 인한 국가책임문제에 대해서는 제 14강(외교적 보호권)에서 설명한다.

2. ILC 국가책임규정초안

가. 성립 배경

국가책임은 국제관습법에서 출발한다. 주권면제가 국내입법과 국내법원의 판결을 통해 발전되어 온 것과는 달리 국가책임문제는 국가실행과 국제재판소의 판결에 의해 발전되어 왔다. 특히 국가책임문제는 외국에 의해 피해를 입은 자국민 보호를 위한 외교적 보호권의 행사와 관련하여 논의가 시작되었다.

1956년 ILC는 국제관습법 형태의 국가책임을 성문화하기 위한 노력을 시작하였고 이후 오랜 기간의 검토과정을 거쳐 2001년 '국제위법행위에 대한 국가책임에 관한 규정 초안(Draft Articles on Responsibility of States for Internationally Wrongful Acts: 국가책임규정초안)'을 채택할 수 있었다. 동 국가책임규정초안은 불가피하게 일부 새로운 내용이 추가되기도 하였으나 본질적으로는 기존의 국제관습법을 법전화한 것으로 평가된다. 이 초안은 아직까지 완성된 협약(또는 조약)으로 발전하지 못하고 있지만[1] 지금까지 많은 국제재판에서 인용되어 오고 있으며 앞으로도 계속하여 이 분야를 규율하는 데 있어서 중요한 역할을 할 것으로 기대된다.

그러나 여기서 주목하여야 할 점이 있다. 국제법상 의무의 내용과 규칙을 정하는 것과 그러한 의무가 위반되었는지를 판단하여 위반되었을 경우 위반상태를 시정하는 것은 별개라는 점이다.[2] 국가책임규정초안도 국가들이 행하여야 하는

---

1) ILC는 국가책임규정초안을 조약으로 채택하지 않고 유엔 총회에 보고하는 방식으로 종결지었다. 따라서 아직까지도 계속 초안으로 불리운다.

2) ILC 국가책임규정초안 주석서 General Commentary (2), Ago 교수의 설명 참조: "It is one thing to define a rule and the content of the obligation it imposes, and another to determine whether that obligation has been violated and what should be the consequences of the violation."

의무의 내용과 규칙을 정하는 기준을 1차 규범(primary rules)으로 보고, 이들 1차 규범을 위반하였을 경우 적용되는 2차 규범(secondary rules)만을 동 초안의 적용 대상으로 하고 있다. 바꾸어 말해서 국가의 국제의무 위반에 대한 판단은 국가 상호간의 권리·의무 관계를 규율하는 1차 규범에 맡기고 이후 1차 규범을 위반한 위법행위가 발생한 경우 위법행위에 책임있는 국가가 이를 시정하기 위해 일반적으로 부담하여야 할 책임의 내용과 기준을 마련하기 위한 목적으로 2차 규범에 해당하는 국가책임규정초안이 성안되었다고 보면 된다.

그렇다면 1차 규범은 무엇을 의미하는가. 여기서 1차 규범은 현재 시행중인 다양한 분야를 규율하는 개별조약, 강행규범이나 국제관습법 등을 의미한다. 예컨대, 무력사용을 금지하는 국제법 원칙은 국가의 행동기준으로서 "무엇을 하여서는 안 된다" 또는 "무엇을 하여야 한다"는 식의 1차 규범이 된다.

한편 ICJ는 구체적인 사건에서 국가책임규정초안을 적극적으로 원용하지는 않았다. 예컨대, 2001년 'LaGrand 형제 사건'과 2004년 'Avena 사건'에서 국제법 위반에 대한 구제책으로 재발방지를 결정하면서도 동 초안을 인용하지는 않았다. 그러나 2007년 보스니아와 세르비아간 '집단살해방지협약의 적용에 관한 사건(Application of the Convention on the Prevention and Punishment of the Crime of Genocide)'에서는 초안 제 8조(국가에 의하여 지시 또는 통제된 행위)를 직접 언급한 바 있다.

참고로 2011년 ILC는 이와는 별도로 '국제기구의 책임에 관한 협약 초안'을 작성하여 이를 유엔 총회에 보고하였다. 동 초안은 '국가책임규정초안'과 유사한 내용이다. 이에 대해서는 제 20강(국제기구법)에서 별도로 설명한다.

이하 원용되는 조문은 별도의 설명이 없으면 국가책임규정초안의 관련 조항을 의미한다.

나. 국가책임규정초안의 특징

국가책임규정초안의 특징은 다음과 같다.

첫째, 국가책임은 기본적으로 민사책임적 성격이며, 국제위법행위에서 국제범죄(후술하는 국제형사재판소의 관할범죄보다는 광의의 개념으로 예컨대, 식민지배, 노예

매매, 인종차별, 집중적인 환경피해 등도 포함)는 제외된다.[3)]

둘째, 국가책임은 일반적으로 양자관계에 적용되나 대세적 의무로서 복수국가 또는 국제공동체 전체에 대한 책임을 유발할 수도 있다. 즉, 자신이 직접 피해국이 아니더라도 대세적 의무위반을 이유로 책임을 추궁할 수 있다.

셋째, 초안의 적용범위는 다음과 같다.

(a) 초안은 '국제위법행위의 요건이나 국가책임의 내용 또는 이행 등이 별도의 국제법의 특별규칙(*lex specialis*)에 의하여 규율되는 경우에는 그 범위 내에서 적용되지 않는다(제 55조).[4)]

(b) 초안에 의해 규율되지 않는 사항들에 대하여는 여전히 국제관습법이 적용된다(제 56조).

(c) 초안은 유엔헌장에 우선하지 않는다(제 59조). 이는 전술한 바와 같이 유엔헌장상의 의무는 모든 다른 조약상의 의무에 우선한다는 헌장 제 103조에 따른 당연한 해석이다.

(d) 초안은 국가의 책임을 규율대상으로 하고 있어서 개인의 책임에 대하여는 침묵하고 있지만 국가를 대신하여 활동하는 개인의 국제법상 책임에 영향을 미치지 않는다고 규정하고 있다(제 58조). 다시 말해서 개인은 국가책임과는 무관하지만 동인의 행위가 국제형사재판소의 관할대상 범죄에 해당하는 경우에는 형사책임을 부담할 수도 있다는 의미이다(제 26강 '국제형사법'의 제 2절 4. '침략범죄' 등 참조).

(e) 끝으로 초안은 국제기구의 행위에 대한 국제기구 또는 국가의 책임에는 영향을 미치지 않는다(제 57조).

---

3) ILC는 당초 국제위법행위에 국제범죄(international crime)를 포함시키는 안을 가지고 있었으나 이후 최종 초안에서는 국제범죄의 개념을 삭제하고 대신 강행규범상의 의무의 중대한 위반으로부터 발생하는 국제책임에 대하여 특별히 규정하였다.

4) 예컨대, 후술하는 바와 같이 1972년 '우주물체에 의하여 발생한 손해에 대한 국제책임에 관한 협약(책임협약)' 제 4조는 2개국의 우주물체가 충돌하여 제 3국에 손해를 야기한 경우의 책임분담문제 등에 대하여 별도로 규정하고 있다. 따라서 이 경우에는 국가책임규정 초안이 적용되지 않는다. 또한 제 15강(외교 · 영사 관계법)에서 설명하는 외교관계협약과 같은 자기완비적 체제의 경우도 여기서 말하는 특별규칙으로 볼 수 있다.

제2절 국가책임의 성립

1. 국가책임규정초안의 규정

국가책임규정초안은 제 1조에서 “국가의 모든 국제위법행위는 그 국가의 국제책임을 발생시킨다(Every internationally wrongful act of a State entails the international responsibility of that State)”고 규정하고 있다. 여기서 국제책임은 국가책임을 말한다. 그렇다면 국가책임의 성립요건으로서의 ‘국제위법행위’는 어떻게 성립하는가. 초안 제 2조에 의하면, (a) 국가의 특정한 행위(작위 또는 부작위)가 국가에 귀속되고(attributable to the State), (b) 그 행위가 국제의무(관련 국가간에 유효하게 존재하는 국제법상의 의무)위반을 구성하는 경우(constitute a breach of an international obligation of the State) 국가의 국제위법행위는 존재하게 된다. 이를 요약하면 국가에 귀속되는 특정한 행위가 국제의무 위반에 해당하는 경우 국가책임이 성립된다.

한편 국가책임규정초안 제 3조는 국가의 행위의 국제의무 위반 여부는 국제법에 의해 결정되며 그러한 결정은 국내법상의 적법성과는 무관하다고 규정함으로써 국가책임의 성립 여부는 국제법에 의해서만 판단된다는 점을 분명히 하고 있다.

2. 성립요건

가. 국가에 귀속되는 행위의 존재

국가책임의 성립을 위한 첫 번째 요건으로 특정행위를 국제법상 국가에 귀속시킬 수 있어야 한다. 다시 말해서 행위가 국가의 행위로 확인되어야 한다. 이에 대하여 국가책임규정초안의 관련 규정(제 4조~11조)을 중심으로 무엇이 국가의 행위에 해당될 수 있는지를 검토한다.

1) 국가기관의 행위(제 4조)

모든 국가기관의 공적 행위는 그 국가의 행위로 간주되며(the conduct of any State organ shall be considered an act of that State), 국가기관에는 입법부와 사법부를 포함하는 모든 정부기관(국내법에 따라 국가조직을 구성하는 모든 기관)이 해당된다.[5] 지방정부(local government)도 국가기관이므로 지방정부의 행위도 국가의 행위에 해당한다.

한편 국가기관에는 그 국가의 국내법에 따라 그러한 지위를 가진 모든 개인이나 단체(individual or entity)가 포함된다. 사실 국가는 법인격체이지만 실체가 없는 추상적인 개념이다. 결국 국가의 행위라 함은 위에서 설명한 국가기관에 소속되어 국가기관의 지위에서 행하여지는 개인 또는 단체의 행위로서 그 행위의 결과를 국가에 귀속시킬 수 있는 경우를 말한다. 예컨대, 공무원(국가기관)의 직무상 행위(공적 행위)는 국가의 행위(국가에 귀속되는 행위)의 대표적인 예에 해당된다고 할 수 있다.

2) 정부권한을 위임받아 행사하는 개인 또는 단체의 행위(제 5조)

제 4조에 규정된 국가기관에 해당되지는 않지만 그 국가의 법에 의하여 정부권한(공권력)을 행사하는 개인 또는 단체의 행위(conduct of persons or entities exercising elements of governmental authority)가 그 행위의 결과를 국가에 귀속시킬 수 있을 정도로 행위자와 국가간에 특별한 관계가 존재하는 경우에는 국제법상 국가의 행위로 간주된다. 예컨대, 민간기업 등이 국가의 위임을 받아 운영하는 공적기관(보안, 출입국, 검역업무, 교도소 등)이 이에 해당될 수 있을 것이다. 그러나 앞의 '주권면제'에서 설명한 바와 같이 정부의 지원을 받는 기관이라 하더라도 국내법상 분명하게 정부의 기능을 수행하는 것으로 명시되지 않은 국영기업 등은 정부기관으로 보기 어렵다.

---

5) 전술한 1973년 영국과 아이슬란드간 '어업관할권 사건'에서 아이슬란드가 자국의 영해를 확장시킨 행위는 아이슬란드 의회의 일방적 조치였다.

3) 타국의 통제에 맡겨진 기관의 행위(제 6조)

일국에 의해 타국의 통제에 맡겨진 기관의 행위(conduct of organs placed at the disposal of a State by another State)는 그 기관(일국의 기관)이 통제국(통제를 맡은 타국)의 정부권한을 행사하며 행동하는 경우 국제법상 통제국(타국)의 행위로 간주된다.

이에 해당하는 예로는 특수목적(예컨대, 자연재해, 방역 또는 소방 등 목적)을 위해 파견된 국가(파견국)의 관리가 본국과는 무관하게 접수국의 통제하에 움직이는 경우 동 관리의 행위는 접수국(통제하는 국가)에 귀속될 수 있을 것이다.

4) 월권 또는 지시위반(제 7조)

국가기관의 권한을 위임받아 국가기관의 자격에서 행한 행위는 행위자가 자신의 권한을 초과하거나 지시를 위반하는 경우(excess of authority or contravention of instructions, *ultra vires* conduct)에도 국가의 행위로 간주된다. 예컨대, 작전 중인 군인이 명령을 위반하여 범죄를 행한 경우에도 국가기관의 행위로 볼 수 있을 것이다.[6)]

5) 국가기관과 유사한 행위

가) 국가의 지시 또는 통제된 행위(제 8조)

개인 또는 집단이 그들의 행위를 수행함에 있어서 사실상 국가의 지시에 의하거나 또는 감독이나 통제에 따라 행동하는 경우(on the instruction of, or under the direction or control of, that State), 그 개인 또는 집단의 행위는 국제법상 국가의 행위로 간주된다. 다만 이 경우 개인 또는 집단에 대한 그 국가의 지시, 감독

---

6) 이와 관련한 대표적인 예로는 1926년 미국과 멕시코간 'Youmans' Claim 사건'을 들 수 있다. 폭도로부터 미국인을 보호하기 위해 파견된 멕시코 군대가 오히려 미국인에게 총격을 가한 사건이다. 이 사건에서 군대는 분명 장교 지휘하의 조직된 군대의 일원이었다는 점에서 멕시코의 책임이 인정되었다. 또 다른 예로서 두 명의 멕시코 관리가 프랑스인에게 돈을 요구하다 실패하자 살해한 'Caire 사건'과 리비아 정보요원에 의한 '로커비 사건'을 들 수 있다. 특히 로커비 사건에서 정보요원의 행위는 권한 없는 행위였으나 리비아 정부의 책임이 추궁되었다.

또는 통제의 범위를 어느 정도로 객관화할 수 있느냐의 문제가 남는다. 대체로 개인 또는 집단과 국가간의 진정한 연관성(real link), 보다 구체적으로는 단순한 '일반적 통제(general control)'가 아닌 보다 적극적인 개념으로서의 '실효적 통제(effective control)'가 판단기준이 될 수 있다.[7] 그 이유는 '일반적 통제' 또는 '전반적 통제(overall control)'의 개념을 적용할 경우 '국가는 자신의 행위에 대하여만 책임을 진다(State is responsible only for its own conduct)'는 국가책임법상의 근본원칙을 넘어 국가책임의 범위를 확대하는 오류를 범할 수 있다고 보았기 때문이다.[8]

나) 공권력의 부재 또는 흠결시에 수행된 행위(제 9조)

공권력의 부재 등 정부기능 마비시(예컨대, 자연재해 등 국가 긴급사태 등) 개인이 국가를 대신하여 자발적으로 정부권한을 행사하는 경우(conduct carried out in the absence or default of the official authorities) 개인(사인)의 행위도 국가의 행위로 간주된다. 예컨대, 사인이 치안유지 등의 목적으로 활동하는 경우가 이에 해당될 수 있다.

다) 반란단체 등의 행위(제 10조)

신정부를 구성하는 데 성공한 반란단체의 행위(the conduct of an insurrectional movement)는 국가의 계속성이 인정된다는 점에서 소급하여 국제법상 그 국가(정

---

7) ICJ는 1986년 '니카라과 사건'에서 니카라과 반군에 대한 미국의 일반적 통제(general control)가 아닌 실효적 통제(effective control)가 입증되어야 반군의 행위를 미국에 귀속시킬 수 있다고 판단하였다. 단순한 원조, 훈련, 조직화 등으로는 부족하다고 보았다. ICJ Reports 1986, p. 14, para. 115. 이러한 ICJ의 판단은 국가책임규정초안 제 8조에 반영되었다. 또한 전술한 보스니아와 세르비아간 '집단살해방지협약 적용에 관한 사건'에서도 ICJ는 같은 입장을 취하였다. 이 사건에서 재판소는 스레브레니차 대학살의 책임자들이 유고연방의 국가기관인지를 판단함에 있어서 이들의 유고연방에 대한 의존성(complete dependence)을 기준으로 판단하였다. 동시에 실효적 통제의 개념을 재확인(... it has to be proved that they acted in accordance with that State's instructions or under its effective control)하였다. ICJ Reports 2007, p. 43, paras. 393, 400.

8) '집단살해방지협약 적용에 관한 사건', ICJ Reports 2007, p. 43, para. 406. 이러한 ICJ의 태도는 ICTY가 'Tadić 사건'에서 제시한 '전반적 통제(overall control)'의 적용을 부인한 것이다. ICTY Case No. IT-94-1-A, 1999, para. 145.

부만 변경되었을 뿐이며 국가는 그대로임)의 행위로 간주된다(동 조 1항).[9] 따라서 그간의 모든 행위에 대하여 책임을 지게 된다.

다른 한편 기존국가의 영토 내에서 영토의 일부에 대하여 신국가를 창설하는데 성공한 반란단체 등의 행위는 신국가에 귀속된다(동 조 2항).

라) 국가에 의하여 자신의 행위로 승인되고 채택된 행위(제 11조)

국가에 귀속되지 않는 개인 또는 단체의 행위라도 국가가 그 문제된 행위를 자신의 행위로 '승인하고 채택하는 경우(conduct acknowledged and adopted by a State as its own)' 그 범위 내에서 국제법상 그 국가의 행위로 간주된다.[10]

6) 국가와 무관한 사인(private individuals)의 행위

국가의 감독 또는 통제와 무관한 개인의 행위 자체는 곧바로 국가에 귀속되지 않는다. 순수한 개인의 행위는 비록 그 행위가 국가기관의 행위처럼 보이더라도 국가에 귀속되지 않을 수 있다. 그러나 국가가 개인으로 인해 야기될 수 있는 국제의무 위반행위를 방지하기 위해 상당한 주의의무(due diligence)를 하지 않았거나 이후 책임자를 처벌하지 않는 경우 또는 피해구제에 소홀한 경우 그러한 부작위는 국가에 귀속될 수 있으며,[11] 국가는 그러한 상황이 야기된 데 대하여 유책국으로서 책임을 지게 될 것이다.

---

9) 반면 실패한 반란단체의 행위는 이를 방지, 진압하고 외국인을 보호할 의무가 있는 중앙정부에 귀속된다. 그러나 이 경우에도 정부가 진압에 성실하게 임했고 외국인 보호를 위한 적절한 주의의무를 다하였다면 이에 대해서는 면책될 수 있다.

10) 1980년 '이란주재 미국 대사관직원 인질 사건(United States Diplomatic and Consular Staff in Teheran)'에서 ICJ는 이란의 혁명 지도자가 시위대에 대하여 미국대사관의 점거를 계속하라고 승인한 것과 관련 이러한 승인 이후의 시위대를 이란의 국가기관으로 판단하였다. 즉 시위대의 행위를 국가에 귀속되는 것으로 보았다.

11) ICJ는 위의 주 사건에서 이란 정부가 시위대로부터 미국 대사관을 적절히 보호하지 않은 부작위를 국가에 귀속되는 것으로 보았다.

개인의 행위가 국가에 귀속되는 경우(요약)
▶ 국가가 개인으로 하여금 외국인을 공격하도록 격려하는 행위 ▶ 국가가 개인이 특정 행위를 수행하는 것을 방지하고 또한 합리적인 보호조치(reasonable care)를 취하지 않은 경우, 즉 상당한 주의의무를 다하여 외국인을 보호하지 않은 경우, 예컨대, 폭도들의 외국인에 대한 급박한 위해를 방지하기 위해 요구되는 경찰보호를 제공하지 않은 경우, 대사관에 대한 공격을 사전에 인지하고도 필요한 보호조치를 취하지 않은 경우 ▶ 책임있는 개인을 처벌하지 않는 경우 ▶ 개인의 행위로부터 국가가 혜택을 보는 경우, 예컨대, 폭도들이 약탈한 물건을 수령하는 행위 ▶ 개인의 행위를 국가의 행위로 확인하고 추인해 주는 경우 등

타국영토를 점령한 국가의 행위
▶ 1971년 '나미비아 사건(Namibia)'에서 ICJ는 위임통치국인 남아프리카 공화국이 나미비아 영토에서 행한 행위에 대하여 책임을 진다고 판단하였다. ▶ 또한 1990년 이라크의 쿠웨이트 점령에서 볼 수 있듯이 불법적으로 타국 영토를 점령한 국가는 점령지 내 제 3국인의 권리침해나 인권침해가 발생하는 경우 이에 대하여도 불법점령에 대한 책임의 일부로 책임을 져야 할 것이다.

나. 국제의무 위반의 존재(제 12~15조)

국가책임을 발생시키는 국제위법행위의 또 다른 성립요건은 국제의무 위반의 존재(existence of a breach of an international obligation)이다. 여기서 국제의무 위반이란 의무의 기원이나 성격과 무관하게 국가에 요구되는 것(작위 또는 부작위)과 일치하지 않는 행위로 정의할 수 있다(제 12조).[12]

---

12) 조약, 국제관습법, 법의 일반원칙, 국제재판소의 판결, 구속력 있는 국제기구의 결정, 일방행위 등 의무의 기원과 관계없이, 또한 양·다자조약상의 의무, 대세적 의무, 작위 또는 부작위 의무 등 의무의 성격과 관계없이, 국제의무 위반이 존재하면 국가책임이 성립한다. 임한택, p. 500. 이와 관련 1927년 '호르죠 공장사건'에서 PCIJ는 국제의무의 위반은 조약, 국제관습법, 국제법질서에 적용될 수 있는 법의 일반원칙의 위반(작위 또는 부작위 모두 해당)에 의해서 부담하게 될 수 있다고 보았다.

국제의무 위반의 존재를 확인하기 위해서는 (a) 행위발생시 국가가 당해 의무에 구속되어야 하며,[13] (b) 국가의 행위가 당해 국제의무를 위반하여야 한다(제 13조). 이에 대한 판단은 앞에서 설명한 1차 규범, 즉 관련 조약이나 국제관습법의 위반 여부에 따라 판단되어야 할 것이다. 이와 관련 국가의 일방적 행위(unilateral act)가 법적 구속력을 가지는 경우 동 의무의 위반도 국제위법행위에 해당될 수 있을 것이다.[14]

이하 국제의무 위반에 해당되는 경우를 생각해 본다.

먼저 국가의 작위에 의한 국제의무 위반이다. 이에 해당하는 경우로는 예시적으로 (a) 조약상 의무의 위반,[15] (b) 국가재산에 대한 피해,[16] (c) 다른 나라에 대한 무력사용,[17] (d) 다른 나라 영토에서의 불법적인 범인체포 등 법집행,[18] (e) 다른 나라 영공의 부당한 침범,[19] (f) 다른 나라 영해에서의 불법활동,[20] (g) 다른 나라로의 환경오염물질 배출, (h) 다른 나라에 대한 모독 등을 들 수 있다.

반면 국가의 부작위로 인하여 타국의 재산에 손해를 입힌 경우 등은 부작위에 의한 국제의무위반에 해당된다.[21]

---

13) 시제법(inter-temporal rule)에 따라 행위 당시의 법에 구속된다.

14) 제 5강 '국제법의 법원'에서 설명한 '일방적 행위의 구속력' 참조.

15) 예컨대, 1차 규범인 조약이 조약상의 의무로 사전 국내입법을 요구하는 경우에는 국내법을 제정하지 않은 행위 자체가 국제의무 위반이 될 수도 있을 것이다.

16) ICJ는 '코르푸 해협 사건'에서 영국군함이 입은 재산과 생명에 대한 책임을 인정하였다.

17) 유엔헌장에 위배되는 무력사용이 이에 해당된다.

18) 이스라엘이 아르헨티나 영토에서 불법적으로 아이히만을 체포한데 대해 아르헨티나 정부는 안보리에서 이스라엘의 행위가 영토주권침해에 해당되며 국제평화와 안전을 위태롭게 한다고 주장하였다.

19) 1960년 미 정찰기 U-2기의 소련영공 침범사건 등이 이에 해당된다.

20) ICJ는 '코르푸 해협 사건'에서 영국이 알바니아 영해에서 행한 기뢰제거 활동을 알바니아에 대한 주권침해로 보았다.

21) ICJ는 '코르푸 해협 사건'에서 기뢰의 설치 사실을 알바니아가 인지하고 있으면서도 통과선박에 대하여 사전 통보를 하지 않아 영국선박과 인명에 피해를 끼친데 대해 부작위에 의한 국제의무위반을 인정하였다. 또한 1980년 '이란주재 미국대사관 직원 인질사건'에서 확인된 이란 정부의 부작위도 국제의무위반에 해당된다고 보았다. 그밖에 미국과 캐나다간 'Trail Smelter 사건'에서처럼 사인에 의해 초래된 환경피해가 인접 타국에 영향을 미치는 경우에도 국가의 부작위로 인한 책임이 성립될 수 있다. 즉, 국가가 상당한 주의의무를 다하여 자국영토가 타국에 대한 환경오염을 야기할 수 있는 방식으로 사용되지 않도록 하여야할 의무를 위반하였다는 점에서 부작위로 인한 국가책임의 성립이 인정된 경우다(제 21강 '국제환경법'의 제 3절 1. '월경피해방지의 원칙' 참조).

한편 국가책임규정초안은 국제의무 위반의 시간적 연장에 대하여도 규정하고 있다. 예컨대, 외국영토에 대한 불법점령, 대사관 점거 및 인질 등은 사건이 계속되는 전 기간 동안 국제의무 위반이 계속된다(제 14조).[22] 그 밖에 국가책임규정초안은 두 가지 이상의 복합행위(composite act)로 구성되는 국제의무 위반에 대하여도 규정하고 있다(제 15조 1항).

끝으로 국가의 행위가 국내법을 위반하더라도 국제의무에 위반되지 않으면 국제위법행위가 되지 않으며 반대로 국가의 행위가 국내법에 합치되더라도 국제법상의 의무를 위반하는 경우 국제위법행위의 책임을 면할 수 없다.[23] 또한 지방정부도 국가기관이므로 지방정부의 행위가 국제의무 위반에 해당되는 경우 당연히 국가책임이 발생한다.[24]

다. 고의 또는 과실과 손해발생의 유무

1) 고의 또는 과실의 유무

전통 국제법하에서는 국가책임 발생의 주관적 요소로서 국가기관의 고의

22) 국가책임규정초안 제 14조(국제의무 위반의 시간적 연속)는 다음과 같이 규정하고 있다. (a) 지속적 성격을 갖지 않는 국가행위로 인한 국제의무의 위반은, 그 효과가 지속된다 할지라도 그 행위가 수행된 시점에 발생한다. 예컨대, 국가행위로 인한 국제의무의 위반(고문 등)은 그 효과가 지속된다 할지라도(후유증이 남아 있더라도) 그 행위가 수행된 시점에 발생한다. (b) 지속적 성격을 갖는 국가행위로 인한 국제의무의 위반은 그 행위가 지속되고 국제의무와 합치하지 않는 상태로 남아있는 전 기간 동안에 걸쳐 연장된다. (c) 국가에게 일정한 사건을 방지할 것을 요구하는 국제의무의 위반은 그러한 사건이 발생하는 때에 발생하며, 그러한 사건이 계속되어 그 의무와 불합치하는 상태로 남아있는 전 기간 동안에 걸쳐 연장된다.

23) 제 7강('국제법과 국내법의 관계'의 주 11 참조)에서 설명하였듯이 조약법 협약 제 27조와 '국가의 권리 · 의무에 관한 선언 초안' 제 13조는 조약의 불이행에 대한 정당화 방법으로 국내법규정을 원용하여서는 안된다고 규정하고 있으며, 국가책임규정초안 제 3조도 국가행위의 위법성에 대한 결정은 국제법에 의한다고 규정하고 있다. 한편 ICJ는 1989년 미국과 이탈리아간 'ELSI 사건'에서 '국내법하에서의 불법이 반드시 국제법하에서의 불법을 의미하지는 않는다'고 보았다. ICJ Reports 1989, p. 15, para. 124.

24) ICJ는 2001년 독일과 미국간 'LaGrand 형제 사건'에서 미 연방정부는 지방정부가 ICJ의 잠정조치를 이행하도록 하여야 할 국제법상 의무를 진다(United States was asked to take all measures at its disposal to ensure that Walter LaGrand is not executed pending the final decision in these proceedings)고 보았다. ICJ Reports 2001, p. 466, paras. 102, 111, 제 29강('국제분쟁의 평화적 해결'의 제 3절 '잠정조치') 참조

(dolus) 또는 과실(culpa)을 요구하는 주관책임주의(subjective responsibility)가 지배적이었다. 이 이론은 국가책임이 성립하기 위해서는 책임유발국의 고의, 과실 또는 부주의 등의 확인이 먼저 선행되어야 한다는 과실이론(fault theory)에 근거한다.

그러나 국가책임규정 초안은 국가책임의 성립요건으로 '국가에 귀속될 수 있는 국제위법행위의 존재'만을 요건으로 제시함으로써 객관책임주의(objective responsibility)를 택하였다. 이러한 객관책임주의에 따르면 고의 또는 과실의 유무는 국가책임의 성립과는 무관하다.

결국 앞에서 1차 규범으로서의 조약 등에 별도의 규정이 있을 경우에는 그에 따른다고 설명한 바 있듯이, 고의나 과실 등의 주관적 요건들이 국가책임의 성립요건으로 요구되는가의 문제도 1차 규범의 내용에 달려 있으므로 2차 규범인 국가책임규정초안은 이들 고의 또는 과실의 문제를 1차 규범에 맡기고 국가책임의 성립요건에서 제외하고 있는 것이다. 오늘날의 학설도 객관책임주의가 지배적이다.

2) 손해발생 유무와 무과실 배상책임(no fault liability)

전통 국제법상 손해의 발생은 국가책임의 성립을 위한 요건의 하나로 인식되어 왔다. 그러나 앞에서 설명하였듯이 국가책임규정초안(제 2조)에 의하면 구체적인 손해의 발생 여부도 국가책임의 성립요건이 아니며 1차 규범의 내용과 해석에 따르게 된다. 따라서 국제의무를 위반하지 않은(위법하지 않은) 행위로부터 손해가 발생한 경우에는 책임추궁이 불가능할 수도 있다.

그러나 국제법상 위법이라고 할 수 없는 행위로 인해 손해가 발생하고 손해발생의 원인과 결과 사이에 인과관계가 분명하게 성립하는 경우에는 비록 국가책임이 성립되지 않더라도 무과실 배상책임문제가 발생할 수 있다. 예컨대, 국경근처에서의 원자력발전소 운영 등과 같은 위험한 행위로 인해 야기되는 손해에 대한 책임, 즉 이에 대한 금전배상책임(liability)을 의미한다.[25]

---

25) 'state responsibility(국가책임)'는 국제법상의 1차 규범(primary rule)에 대한 위반이 발생하는 경우 비로소 적용되기 시작한다는 점에서 흔히 2차 규범(secondary rule)이라고

여기서 무과실 배상책임제도란 위험이론(risk theory)에 근거한 것으로 '위험한 행위에 대한 결과책임'을 말한다. 다시 말해서 고도의 위험성이 수반되는 국가의 활동으로 인해 발생하는 결과에 대하여 부담하는 제도이다. 이러한 무과실 배상책임제도는 특히 국제환경법과 관련하여 제기되는 문제로서 일례로 ILC는 2006년 '위험한 활동에서 야기되는 초국경적 피해에 대한 손실분배에 관한 원칙 초안'을 채택한 바 있다.[26)]

무과실 배상책임에 대하여는 제 21강('국제환경법'의 제 1절 2. '국제환경법의 특징')을 참조한다.

3. 타국의 위법행위와 관련된 국가책임(제 16~18조)

국가책임은 타국의 국제위법행위에 관여(지원, 지시 또는 강제)함으로써 발생할 수도 있다. 즉, 일국이 타국의 국제위법행위임을 알면서도 다음과 같은 방식으로 관여하는 경우를 말한다.

첫째, 타국의 국제위법행위를 원조 또는 지원하는 행위(aid or assistance)로[27)] 이 경우 위법행위 지원국은 타국(위법행위국)의 국제위법행위 발생에 기여한 범위 내에서 (부차적인) 책임을 진다. 반면 타국은 주된 책임을 진다.

둘째, 타국이 국제위법행위를 하도록 타국을 지시하고 통제한 행위(direction

한다. 이에 반해 'liability'는 국제법 규범을 위반해서 발생하는 책임이 아니며 1차 규범 그 자체의 규정에 따라 위법하지 않은 행위로 인한 손해에 대하여 금전배상책임(liability)을 부담하게 되는 경우를 말한다.

26) 정식명칭은 'Draft Principles on the Allocation of Loss in the Case of Trans-boundary Harm arising out of Hazardous Activities'이다. 이와 관련하여 ILC는 1978년 '국제법상 금지되지 않은 행위로부터 발생하는 유해한 결과에 대한 국제책임(International Liability for injurious Consequences arising out of Acts not prohibited by International Law)'과 2001년 '위험한 활동에서 야기되는 초국경적 손해의 방지에 관한 규정초안(Draft Articles on Prevention of Trans-boundary Harm from Hazardous Activities)' 등 관련 협약을 채택한 바 있다. 특히 후자의 경우 국경을 넘는 환경영향에 초점을 맞추어 위험한 활동에 대한 상당한 주의요구 등 예방에 중점을 두고 있다.

27) 타국의 국제위법행위를 원조 또는 지원하는 행위는 재정지원, 무기지원, 영공제공 등 매우 광범위하다. 예컨대, 자국의 영토를 군사기지로 제공하는 경우를 들 수 있다.

and control)[28]의 경우 위법행위를 지시·통제한 국가는 타국의 위법행위에 대하여 직접 책임을 진다. 실제로 위법행위를 수행한 타국도 자신이 위법행위 지원국의 지시 및 통제에 따라 행동하였다는 사실만으로 위법성이 조각되지는 않는다. 참고로 위에서 설명한 '타국의 국제위법행위를 원조 또는 지원하는 행위'의 경우는 단순히 지원을 제공하는 것이므로 위법행위 자체가 아닌 위법행위의 발생에 기여한 범위 내에서 책임을 지는(only to the extent of the aid or assistance given) 것임에 반해, 여기서의 '타국이 국제위법행위를 하도록 타국을 지시하고 통제한 행위'는 타국의 위법행위를 전적으로 지시하고 통제하였기 때문에 결과적으로 위법행위 자체(for the act itself)에 대해 책임을 지는 것이라는 점에서 차이가 있다.[29]

셋째, 타국을 강제하여 위법행위가 행해진 경우(coercion)로 이 경우에는 강제국이 타국(피강제국)의 국제위법행위에 대하여 국가책임을 부담하여야 할 것이다.[30] 반면 피강제국의 경우 자국에 귀속되는 국제의무 위반행위가 분명 존재하지만 실제로 다른 효과적인 대안이 없어서 강제국의 의사에 따라야만 하는 경우에는 이어서 설명할 위법성 조각사유중 하나인 불가항력(force majeure)에 해당되어 위법성이 조각될 수 있다. 나아가 강제국은 자신이 행한 강제행위와 관련하여 피강제국에 대한 국제법상의 책임(예컨대, 주권침해에 대한 국가책임 등)도 별도로 부담하여야 할 것이다.

4. 위법성 조각사유

가. 국가책임규정초안과 위법성 조각

국제의무 위반에도 불구하고 예외적으로 일정한 상황에서는 위법성이 조각

28) 여기서 지시와 통제의 의미는 통상적인 개념보다 적극적인 행위를 말한다. 따라서 지시는 단순한 제안이나 선동이 아닌 구체적인 실행에 대한 지시를 말하며 단순한 감시나 관여는 이에 해당되지 않는다. 당초 이 조항은 과거 보호국 또는 종주국과 피보호국 또는 속국과의 관계를 예상하여 포함되었다.

29) ILC 국가책임규정초안 주석서 제 17조에 대한 설명(1).

30) 여기서의 강제에는 군사적 강제는 물론 피강제국이 강제로 느낄 수밖에 없을 정도의 정치적 또는 경제적 압력도 포함된다고 볼 수 있다.

되어 국가책임이 성립하지 않는 경우(circumstances precluding wrongfulness)가 있다. 이와 관련 국가책임규정초안은 위법성이 조각될 수 있는 사유로 피해국의 동의, 자위, 대응조치, 불가항력, 조난 및 긴급피난의 여섯 가지 경우를 규정하고 있다. 여기서 유효한 동의, 자위, 대응조치는 다른 국가로부터의 행위에 대처하는 것이며 나머지 경우는 객관적으로 발생한 사태에 대한 대응으로 볼 수 있다.

나. 위법성 조각사유(제 20~25조)

1) 유효한 동의

일국이 타국에 대하여 일정한 행위를 하도록 부여한 '유효한 동의(valid consent)'는 그 행위가 동의의 범위 내에서 이루어지는 한 위법성이 조각된다(제 20조).[31]

그러나 동의가 강행규범에 위배되는 행위를 목적으로 하는 경우라면 그러한 동의는 유효하지 않다. 예컨대, 집단살해 등 목적으로 타국 군대의 자국 주둔을 허용하는 경우 이러한 동의는 유효한 동의가 아니다.

2) 대응조치

타국의 위법행위로 인해 피해를 입은 국가가 위법행위에 책임 있는 국가에 대하여 그 의무이행을 유도하기 위한 목적으로 상응하는 의무불이행으로 대응조치를 취하는 경우 위법성이 조각된다(제 22조). 그러나 무력을 수반한 대응조치(무력복구를 의미)는 물론 허용되지 않는다.

대응조치에 대해서는 본 강 제 4절(국가책임의 추궁)을 참조한다.

3) 자위

국가의 국제법상 기본적 권리로서 유엔헌장에 따라 취해진 정당한 자위권

31) 한 국가의 군대가 타국 영역에 진입하는 행위는 위법이지만 상대국의 동의가 전제되는 경우에는 예외적으로 위법성이 조각된다. 마찬가지로 피해국의 동의를 받은 항공기의 영공통과나 선박의 내수항행 등은 행위 자체는 위법하지만 피해국의 동의가 있으므로 위법성이 조각된다. 여기서의 동의는 물론 하자없는 의사표시로서의 자유의사에 의한 동의여야 할 것이다.

의 행사에 대하여는 위법성이 조각된다(제 21조). 여기서 정당한 자위권의 행사란 유엔헌장 지 51조에 근거한 자위권의 경우에 한한다.

한편 정당한 자위권의 행사라도 그 과정에서 교전법규를 포함 국제인도법을 준수하지 않거나 일탈이 허용되지 않는(non-derogable) 국제인권법상의 기본적 인권의 침해 등을 야기하는 경우에는 역으로 국가책임이 다시 발생할 수 있다.

4) 조난

조난(distress)이란 오로지 급박한 상황에서(in a situation of distress) 국가에 귀속될 수 있는 행위를 수행하는 개인(사실상 국가기관을 의미)이 자신과 자신의 보호하에 맡겨진 사람들의 생명을 지키기 위한 목적으로 다른 합리적인 방법을 확보하지 못하는 경우에(no other reasonable way) 부득이하게 선택하는 행위이며, 이에 대하여는 위법성이 조각된다(제 24조 1항). 조난은 항공기나 선박이 승객의 안전을 위해 타국 영공이나 영해를 허가 없이 침범하여 발생하는 경우가 많으며 이로 인해 국가간 갈등이 발생하기도 한다.[32] 조난과 관련하여서는 1990년 뉴질랜드와 프랑스간 'Rainbow Warrior호 사건'을 생각해 볼 수 있다.[33]

---

32) 이와 관련된 국가간 분쟁의 예로는 1946년 미군용기가 악천후로 유고슬라비아 영공을 침범한 사례가 있다. 미국은 조난을 주장하였으나 유고슬라비아는 미군 수송기가 조난이 아닌 불법진입이며 착륙명령에도 불복하였다고 주장하였다. 그 밖에 1975년 영국 해군 함정이 악천후로 아이슬란드 영해를 침범한 사례 등이 있다. 또 다른 사례로 2001년 미군용기(EP-3)와 중국 전투기가 충돌하여 미군용기가 중국 Hainan 섬에 비상착륙하였을 당시 미국은 중국의 과실로 충돌이 발생하여 조난상황이 야기되었다고 주장한 바 있다. 이 사건들의 경우에서처럼 조난은 다른 나라의 영공 또는 영해를 침범하지 않을 국제법상의 의무와 국가의 보호에 맡겨진 사람들 생명의 보호라는 국가의 본질적 의무가 충돌하는 상황에서 발생하게 된다. 참고로 항공기의 영공침범에 대하여는 제 19강('국제항공법 및 우주법'의 제 1절 2. '영공침범에 대한 국제법 원칙')을 참조한다.

33) 이 사건의 개요는 다음과 같다. 1985년 남태평양에서 프랑스의 핵실험을 방해하려던 환경단체 그린피스 소속 영국선적 Rainbow Warrior호가 뉴질랜드 항에 정박 중 프랑스 정보기관에 의해 폭파되어 침몰하고 네덜란드인 1명이 사망하였다. 이후 이 사건 관련자들은 체포되어 프랑스령 폴리네시아의 한 섬에 격리, 수감되었다. 그러던 중 프랑스 정부는 이들 프랑스 요원 2명을 한 명은 신병치료를 이유로, 또 다른 한명은 부인의 출산과 부친의 임종을 이유로 뉴질랜드의 동의없이 본국으로 송환하였다. 이에 대해 수감된 섬에서는 치료가 어렵다는 이유로 신병치료가 필요하였던 한 명에 대하여는 조난을 인정하였다. 그러나 위급상황이 사라진후 뉴질랜드의 동의를 얻거나 다시 돌려

그러나 조난의 상황이 이를 원용하는 국가의 행위에 기인하는 경우 또는 국가가 취한 행위가 당해 조난과 대등하거나 또는 더 중대한 위험(comparable or greater peril)을 야기시킬 우려가 있는 경우에는 위법성이 조각되지 않는다(동 조 2항). 여기서 'comparable or greater peril'은 사람의 생명을 구한다는 전반적인 목적에 비추어 객관적으로 평가되어야 할 것이다.[34)]

5) 불가항력

대규모의 자연재해와 같이 국가의 통제를 벗어난 '저항할 수 없는 힘 또는 예상하지 못한 사건(irresistible force or an unforseen event)'의 발생에 의한 불가피한 의무불이행에 대하여는 불가항력(force majeure)이 적용되어 위법성이 조각된다(제 23조).[35)] 불가항력을 위법성 조각사유로 원용할 수 있기 위해서는 다음 요건의 충족이 요구된다.

(a) 국가의 통제 밖에 있는 저항할 수 없는 힘 또는 예상하지 못한 사건이 존재하여야 한다.

(b) 그로 인해 문제의 의무를 이행하는 것이 실질적으로 불가능하여야 한다. 불가항력은 국가의 통제 밖에 있는 저항할 수 없는 힘 또는 예측하지 못한 사건의 발생을 조건으로 하므로 단순한 경제적 또는 사회적 위기로 인한 상황변화로 의무이행이 어려워진 경우는 불가항력으로 정당화될 수 없다.

이와 관련하여 전 항에서 조난의 예로 설명한 'Rainbow Warrior 사건'에 대한 중재판정은 불가항력을 이해하는 데 유용하다. 동 사건에서 프랑스는 열악한

보내지 않은 것은 위법하다고 보았다.

34) 예를 들어 폭발물을 운송중인 군용항공기가 타국에 임시 착륙하는 경우 폭발의 위험이 예상되거나 또는 심각하게 손상된 핵잠수함이 인접국 항구로 대피하는 경우 방사능 오염 가능성을 예상할 수도 있다는 점에서 위법성이 조각되지 않을 수 있다.

35) 불가항력의 상황은 악천후, 지진이나 홍수 등 자연재해로 성립될 수 있다. 그 밖에 반란으로 영토의 일부에 대한 통치력을 상실함으로써 야기되는 사태(불가피한 외국인 보호의무 불이행 등)도 해당될 수 있다.

의료상황 등 제반 상황을 불가항력으로 정당화하려고 하였으나 중재재판부는 불가항력은 '절대적이고 실질적인 불가능(absolute and material impossibility)'을 의미하며 단지 의무이행을 어렵게 하거나 부담스럽게(more difficult or burdensome) 하는 것은 불가항력을 구성하지 않는다고 보았다.

한편 불가항력의 상황이 이를 원용하는 국가의 행위에 기인하거나 그 국가가 스스로 그러한 상황이 발생할 수 있는 위험을 부담하고 있었던 경우에는 적용되지 않는다.

6) 긴급피난[36)]

긴급피난(necessity)은 국가의 본질적 이익에 대한 중대하고 급박한 위험이 현실적으로 존재하는 상황에서 국가가 그러한 본질적 이익을 수호하기 위한 유일한 방법으로 선택하는 방식이다. 이로 인해 타국의 권리가 침해되더라도 위법성이 조각된다.

그러나 긴급피난은 국가의 본질적 이익의 수호와 국제의무의 이행문제가 불가피하게 충돌하는 경우 발생하게 되므로 이를 쉽게 허용하는 경우 남용의 가능성이 크다. 따라서 국가책임규정초안은 긴급피난의 적용을 정당화할 수 있는 요건을 아래와 같이 매우 엄격하게 제시하고 있다.(제 25조)

(a) 중대하고 급박한 위험(grave and imminent peril)에 처한 국가가
(b) 국가의 본질적인 이익(essential interest)[37)]을 보호하기 위해 선택한 유일한 방법으로서[38)]
(c) 의무의 상대국 또는 국제사회 전체의 본질적 이익을 중대하게 침해하는 것이 아니어야(... does not seriously impair an essential interest) 한다.

긴급피난과 관련한 사례로 1997년 헝가리와 슬로바키아간 '가브치코보-나

36) 학자에 따라서는 '필요적 상황' 또는 '필요성'이라고 번역하기도 한다.
37) 국가의 본질적 이익의 예로 해외에 억류된 자국민의 안전 등을 들 수 있다.
38) 즉, 다른 합법적인 수단이 존재하는 경우에는 비록 동 수단이 불편하거나 비용이 많이 수반되더라도 긴급피난은 허용되지 않는다.

기마로스 사건'을 들 수 있다. 이 사건에서는 (댐의 공동건설을 위해 체결한 양국간 1977년 협정의 종료사유로) 헝가리가 주장한 사유(환경적으로 중대한 위험발생 가능성)가 긴급피난에 해당하는가가 쟁점의 하나였다. 이에 대해 ICJ는 긴급피난을 국제관습법상의 규칙으로 인정하면서도 당시 ILC가 검토중이던 국가책임규정초안에 규정된 긴급피난의 성립요건을 엄격히 해석하여 헝가리의 주장을 '국가의 본질적인 이익을 보호하기 위해 선택한 유일한 방법'으로 보지 않았다.[39] 즉, ICJ는 헝가리가 댐 건설을 포기할 당시 취한 조치가 중대하고 급박한 위험이 존재하는 상태에서 '유일하게 가능한 대응(only possible response)이었다는 점'을 증명하지 못하는 한 긴급피난은 성립할 수 없다고 보았다. 나아가 국가의 단순한 재정적 또는 경제적 상황은 긴급피난을 정당화시켜주는 상황에 해당되지 않는다고 보았다.[40]

ICJ는 또한 이스라엘의 팔레스타인 분리장벽 건설 사건에서도 이스라엘의 장벽건설은 팔레스타인에 의한 위험으로부터 이스라엘의 본질적인 이익을 수호하기 위한 유일한 수단으로 볼 수 없으므로 긴급피난의 사유에 해당되지 않는다고 보았다. 그러나 1967년 'Torrey Canyon호 사건'은 긴급피난을 원용한 대표적인 사례로 볼 수 있다. 이 사건은 영국 근해에서 좌초한 라이베리아 국적의 유조선으로부터의 원유유출로 인한 환경오염방지를 위해 영국이 고의로 유조선을 폭파한 경우로 이에 대해 (불가피한 상황으로 다른 수단을 선택할 수 없다고 보고) 긴급피난이 인정되었다.

한편 문제가 되는 의무가 긴급피난의 원용가능성을 배제하고 있거나(예컨대, 국제인도법상의 의무의 경우에는 긴급피난의 적용이 배제됨), 또는 해당 국가가 긴급피난의 상황발생에 책임이 있는 경우에는 원용할 수 없다. 또한 긴급피난은 자위나 대응조치와 달리 선행되는 국제위법행위의 존재를 전제로 하지 않는다.

39) 1997년 헝가리와 슬로바키아간 '가브치코보-나기마로스 사건', ICJ Reports 1997, p. 7, paras. 51-52, 54.

40) 참고로 이 사건은 조약의 종료사유로서의 '사정변경의 원칙'과도 관련되는바, 이에 대해서는 제 6강('조약법'의 제 4절 '조약의 무효, 종료와 이행정지', 2. '사정변경의 원칙')을 참조한다. 이 사건에서 ICJ는 헝가리가 주장한 정치적 변화, 경제적 활력 감소 등은 조약상 의무의 범위를 급격히 변화시킬 정도의 사정변경에 해당되지 않는다고 보았다.

불가항력, 긴급피난, 조난의 차이

▶ 불가항력은 의무위반 사실을 알면서도 대응이 불가능한 상황(irresistible force)과 통상적인 기준에서 볼 때 능력 밖으로 사전에 예상하기 어려운 상황에서 의무불이행이 불가피한 경우를 말한다. 즉, 판단이 배제되는(합리적인 판단을 할 수 없는) 상황을 말한다. 예컨대, 악천후에 휩쓸려 비행기가 허가 없이 타국의 영공에 들어간 경우를 말한다.

▶ 반면 긴급피난은 중대하고 급박한 위험으로부터 국가의 본질적인 이익을 보호하기 위해 당사국이 판단하여 선택한 유일한 방법으로 불가피하게 고의적으로 의무를 위반하게 되는 경우를 말한다.

▶ 조난도 급박한 상황에서 불가피하게 고의적으로 의무를 위반(예컨대, 악천후로 다른 나라의 영공을 의도적으로 침범, 이 점에서는 불가항력과 구분됨)하는 경우에 적용된다는 점에서 긴급피난과 유사하다. 그러나 보호하려는 목적과 대상에서 차이가 있다. 즉, 조난은 오로지 자신이나 자신의 보호하에 있는 사람들의 생명을 지키기 위한 목적으로 선택되는 것이지만 긴급피난은 국가 자신의 본질적 이익이라는 보다 큰 가치의 보호를 목적으로 한다는 점에서 차이가 있다.

다. 위법성 조각사유 원용의 결과(제 26~27조)

위법성 조각사유를 원용하는 경우에도 다음 사항은 지켜져야 할 것이다.

첫째, 위법성 조각사유를 원용하는 경우 위법성은 해소될 수 있지만 위법성 조각사유로 인하여 원래의 의무가 무효가 되거나 종료되는 것은 아니다.[41] 따라서 위법성 조각사유가 더 이상 존재하지 않게 되는 경우에는 본래의 의무를 계속 이행하여야 할 것이다.

둘째, 위법성 조각사유에 해당하는 행위라도 이로 인해 야기된 중대한 손실

41) 여기서의 '불가항력'은 조약의 종료원인 중 하나인 후발적 이행불능(조약법 협약 제 61조)을 의미하지 않는다. 즉, 불가항력은 의무이행이 불가능한 상황에서 불가피한 의무불이행에 대해 위법성이 조각되는 것이므로 이러한 상황이 해소되는 경우에는 의무를 계속 이행하여야 한다. 반면 조약종료사유의 하나인 후발적 이행불능은 조약의무이행에 불가결한 대상물의 영구적 소멸 또는 파괴로 인해 더 이상 조약관계를 유지하는 것이 무의미하기 때문에 당사국이 조약을 종료시킬 수 있게 되는 것을 말한다.

(material loss)에 대하여는 보상(compensation)하여야 한다(제 27조).[42] 반면 상대방의 잘못에 대응하여 행해진 자위권이나 대응조치로 인해 손해가 발생한 경우에는 보상의무가 없다.

셋째, 강행규범을 위반하는 행위는 어느 경우에도 위법성 조각사유로 원용될 수 없다(제 26조).

제3절 국가책임의 해제방식(제 28~39조)

1. 일반원칙

(의무 위반에 대한 위법성이 조각되지 않아) 국가책임이 성립하게 되면 의무 위반국(유책국)은 어떠한 조치를 취하여야 하는가. 즉, 국가책임의 내용은 어떠한 것인가. 먼저 국가책임규정초안에 따라 의무 위반국이 취하여야 할 조치는 다음과 같다.

첫째, (위반행위의 중단) 위반행위가 계속되는 경우 위반행위를 중단하여야 하며(제 30조 a),

둘째, (재발방지 등 필요한 조치) 상황이 요구하는 경우 재발방지에 관한 적절한 보장을 제공하여야 하며(동 조 b),

셋째, (의무이행의 계속) 의무 위반국은 국제위법행위에도 불구하고 남은 의무를 계속해서 (의무를 위반하지 않는 방식으로 성실하게) 이행하여야 하지만(제 29

42) 국제법에서는 국내법과 달리 (정당한 행위에 대한) 보상과 (불법행위에 대한) 배상의 구분이 명확하지 않다. 국가책임규정 초안도 제 27조(위법성 조각사유 원용의 결과)와 제 36조(위법행위로 인한 금전배상)에서 모두 동일한 표현인 compensation을 사용하여 특별히 이를 구분하고 있지 않다.

조), 피해국의 입장에서 조약의 중대한 의무위반이라고 판단하는 경우에는 조약의 종료사유로 원용될 수 있을 것이며,

넷째, (배상의무) 피해에 대한 완전한 배상(full reparation)의무를 이행하여야 한다. 즉, 유책국은 물질적, 정신적 손해 모두를 포함하는 손해 전체에 대하여 완전한 배상의무를 부담한다. 여기서 '손해에 대한 완전한 배상('배상'이라 함)'은 국가책임의 핵심으로 국가책임을 해제하기 위해 사용될 수 있는 다양한 방법을 총칭하는 포괄적인 개념이다.

다섯째, (국내법 규정 원용 불허) 의무 위반국은 의무 불이행을 정당화하기 위하여 국내법 규정을 원용할 수 없다(제 32조).

2. '배상'의 방식[43]

국가책임구정초안에 규정된 배상의 방식에는 원상회복, 금전배상, 만족이 있다. 이들은 개별적으로 또는 함께 원용될 수도 있다. 예컨대, 이라크의 쿠웨이트 침략 및 점령은 원상회복, 금전배상, 만족의 세 가지를 모두 요구한다. 즉, 사람과 재산의 반환(원상회복), 인적·물적 피해 및 손해에 대한 배상(금전배상)과 이라크의 불법행위에 대한 사죄(만족)가 함께 요구된다.

배상의 우형과 범위는 일반적으로 1차 규범의 내용과 피해상황이나 정도 등에 따르게 될 것이다.

가. 원상회복

국제위법행위에 책임이 있는 국가는 위법행위가 발생하기 전의 상태로 상황을 회복(re-establishment of the status quo ante)시켜야 할 의무, 즉 원상회복(restitution)의 의무가 있다. 원상회복은 완전한 배상의 첫 번째 방식(restitution is the first of the forms of reparation)이다.[44] 불법나포 선박이나 선원의 반환 또는

43) 국가책임규정초안은 배상을 설명하는 장에서 제목을 '손해의 배상(reparation for injury)'으로 설명하고 있으나 어느 표현을 사용하여도 무방하다.

44) ILC 국가책임규정초안 주석서 제 35조에 대한 설명(1).

점령영토의 반환 등이 원상회복의 한 예가 될 수 있다.[45] 그 밖에 국제법을 위반하여 제정된 법률 등의 무효 또는 취소 등을 요구할 수 있는 사법상의 원상회복(judicial restitution) 조치도 이에 해당된다.[46]

다만 원상회복이 실질적으로(materially) 불가능하거나 원상회복이 금전배상보다 현저히 불균형적인 부담(a burden out of all proportion)을 주는 경우에는 형평과 합리성의 원칙에 입각하여 원상회복이 불허될 수 있다(제 35조). 예컨대, 재산이 소멸되거나 파괴되어 재산가치를 상실하게 된 경우에는 원상회복이 불가능하다. 또한 원상회복이 정치적 독립이나 경제적 안정 등을 저해할 수 있는 경우 또는 강행규범상의 의무위반을 포함하는 경우에도 원상회복이 불허될 수 있다. 그러나 원상회복을 이행하는 데 있어서의 단순한 법적, 실질적 장애는 원상회복 불이행의 사유로 원용될 수 없다.

나. 금전배상

금전배상(compensation)은 손해가 원상회복에 의해 구제되지 않거나 불가능 또는 부적절한 경우에 활용되며 물질적 또는 비물질적 손해에 모두 적용된다(제 36조). 금전배상은 국가책임규정초안 제 31조에 규정된 완전한 배상(full reparation)의 실현을 위한 가장 중요한 방식이다. 즉, 원상회복이 가능한 경우에도 완벽한 원상회복은 불가능하다는 의미에서 금전배상은 원상회복에 부수하여 이루어질 수 있다.[47] 또한 완전한 배상을 위해서는 이자의 지급이 요구되며 국가책임규정초안 제 38조도 이자(interest)에 대하여 규정하고 있다.

금전배상은 실제손해를 대상으로 한다. 국제법에서는 국내법과 달리 징벌적

---

45) 1980년 '이란주재 미국 대사관직원 인질 사건'에 대한 판결에서 ICJ는 인질에 대한 억류중단과 대사관, 재산 및 문서의 반환 등 원상회복을 명한바 있다. ICJ Reports 1980, p. 3, para. 95.

46) ILC 국가책임규정초안 주석서 제 35조에 대한 설명(5).

47) 2004년 '이스라엘의 팔레스타인 분리장벽 건설 사건'에 대한 권고적 의견에서 ICJ는 이스라엘이 팔레스타인 영토에서 분리장벽 건설을 위해 가져간 영토, 과수원, 올리브 나무와 기타 부동산 등 재산을 반환할 의무가 있으며, 만일 원상회복이 불가능한 경우에는 장벽건설로 물질적 손해를 입은 모든 자연인이나 법인에 대하여 국제법에 따른 금전배상의무가 있다고 판단하였다. Advisory Opinion, ICJ Reports 2004, p. 136, para. 153.

성격의 금전배상 개념이 부재하다. 보상액수의 산정은 1차 규범의 내용과 당사국간 합의를 통해 형평하고 수락될 수 있는 결과에 도달하여야 한다. 또한 인권침해나 환경피해와 같은 경우 보상액은 국가의 위법행위와 손해간의 인과관계와 적절한 증거에 기초하여 산정된다.

한편 2012년 기니와 콩고간 'Diallo 사건'에서 볼 수 있듯이 불법 체포·감금 및 추방 등 비물질적 손해인 '심각한 정신적 손해와 명예훼손(significant psychological suffering and loss of reputation)'에 대하여도 보상이 주어진 사례가 있다.[48] 금전배상은 또한 위로금(ex gratia)의 형태를 띠는 경우도 있다. 이는 책임을 인정하지는 않지만 사태의 원만한 해결을 위해 일정 금액을 지불하는 경우를 말한다.[49]

참고로 앞에서 설명하였듯이 고의 또는 과실이나 손해발생의 유무는 국가책임의 성립요건에 포함되지 않으나 배상액 산정시에는 고려될 수 있다.

다. 만족

손해가 원상회복 또는 금전배상에 의해 구제될 수 없는 성격의 피해인 경우 대안으로 위반사실의 인정, 유감표시, 공식사과, 책임자 처벌 등 적절한 방식으로 만족(satisfaction)을 제공할 의무를 부담한다(제 37조 1, 2항). 만족은 피해와의 비례성을 벗어나서는 안 되며 유책국에 대하여 모욕을 주는 방식으로 행해져서도 안 된다(동 조 3항). 우리에게 잘 알려진 사죄(apology)는 만족의 한 방식이다.

만족은 특히 물질적 손해(material damage)가 아닌 도덕적 손해(moral damage)가 발생한 경우에 적절한 대안이다. 예컨대, 국가에 대한 모독, 영토적 존엄성에 대한 침해 또는 외교공관의 불가침권 침해 등 상징적(비물질적 또는 정신적) 성격의 피해에 적용된다. 만족을 추구하는 이유는 문제의 행위가 국제법 위반임을 선언하고 향후 재발을 방지하는 데 목적이 있다.

---

48) ICJ Reports 2012, p. 324, paras. 21-24.

49) 1988년 이란-이라크 전쟁 중 자신을 공격한 것으로 오인한 미 전함 Vincennes호가 이란 민항기를 격추시킴으로써 민간인 290명이 사망하였다. 당시는 이란-이라크 전쟁 중으로 전시상황이라는 점 등 미국에게 책임을 물을 수 없다는 견해도 제시되었다. 이에 대해 미국은 국제법상 책임을 부인하면서도 위로금(ex gratia compensation)을 지불하겠다고 제의하였다. 그러나 이란은 이를 거부하였고 이후 '이란-미국 청구재판소'를 통해 다른 사안들과 함께 처리하였다.

이와 관련 국제재판소는 자신의 판결을 통해 유책국의 책임을 확인하는 것 자체가 만족의 한 방식이라고 보았다. 예컨대, 2008년 지부티와 프랑스간 '형사문제에 있어서의 상호협력 사건(Questions of Mutual Assistance in Criminal Matters)'과 2010년 아르헨티나와 우루과이간 '우루과이강 제지공장 사건(Pulp Mills on the Uruguay)'에서 ICJ는 자신이 의무위반을 확인하는 판결을 내림으로써 그 자체로 만족이 성립된다고 판시하였다.[50] 그 밖에도 책임해제 방식으로 만족을 다룬 사례들은 많이 있다.[51]

참고로 위법행위에 책임 있는 국가가 피해국의 명예에 대한 '만족'을 위해 상징적 금액(예컨대, 1달러)을 지불하는 경우도 있다.

---

50) 이 사건의 개요는 다음과 같다. 우루과이와 아르헨티나는 국경하천인 우루과이강의 최적 이용을 목적으로 1975년 '우루과이강 규정(Statute of the River Uruguay)'을 체결하였다. 그러나 우루과이가 강 인근에 제지공장을 건설하였고 이에 대해 아르헨티나는 우루과이가 사전 통보 없이 공장을 건설하는 행위는 규정상의 절차의무(사전 통고 및 협의)위반이라고 지적하면서 동시에 환경영향평가를 하지 않은 것을 이유로 동 규정에 따라 ICJ에 제소하였다. 이와 관련 ICJ는 우루과이가 절차의무만을 위반하였으므로 이러한 재판소의 위법행위 확인판결 자체가 아르헨티나에 대한 국가책임해제방식의 하나인 '만족'을 구성한다고 보았다. ICJ Reports 2010, p. 14, para. 269.

51) 그 밖에 ICJ는 (a) 1949년 '코르푸 해협 사건'에서 ICJ가 영국의 주권침해를 선언한 그 자체가 적절한 만족의 일종이라고 판단하였고, (b) 2001년 'LaGrand 형제 사건'에서도 ICJ는 미국이 독일에 대하여 행한 사죄만으로는 부족하나 미국이 의무이행을 위해 채택한 특정한 조치의 적용을 약속한 것은 재발방지에 관한 일반적인 보증으로 볼 수 있다고 판단하였으며, (c) 2007년 보스니아와 세르비아간 '집단살해방지협약의 적용에 관한 사건'에서도 ICJ는 집단살해 방지의무 위반에 대한 배상의 형태로 재정적 보상을 고려하지 않고 '세르비아의 잘못을 인정하는 만족이 적절한 방식'이라고 판단하였다.

제4절 국가책임의 추궁(제 42~48조)

1. 책임추궁의 주체

국제의무 위반의 경우 피해국은 의무 위반국(유책국)을 상대로 국가책임을 추궁할 수 있다. ILC의 국가책임규정초안 주석서에 의하면 '국가책임을 추궁한다'는 의미는 상대적으로 공식적인 성격을 가지는 조치(measures of a relatively formal character)를 취하는 것을 말한다. 예컨대, 위반국에 대하여 외교교섭 등의 공식적인 방식을 통해 구체적인 청구를 제기하거나, (교섭 등에 의한 해결이 어려운 경우에는) 국제재판소에서 소송절차를 개시하는 것을 말한다. 단순히 국제의무위반을 비난하며 의무의 준수를 요구하는 것은 책임추궁에 해당되지 않는다.[52]

한편 국제의무의 성격, 내용 및 위반의 상황에 따라 의무 위반국은 개별국가, 수개 국가 또는 국제사회 전체에 대하여 책임을 부담할 수 있다.

가. 피해국에 의한 개별적 책임의 추궁

첫째, 일 국가가 타국에 대하여 개별적으로 부담하고 있는 국제의무(주로 양자조약상의 의무)를 위반한 경우 피해국은 의무 위반국을 상대로 책임을 추궁할 수 있다(제 42조 a항).

둘째, 다자조약이나 일반국제법상의 의무의 경우에도 위반된 의무가 피해국을 포함한 국가들의 집단(a group of States)의 공동이익 보호(protection of a collective

---

52) 관련 부분 원문은 다음과 같다: "... invocation should be understood as taking measures of a relatively formal character, for example, the raising or presentation of a claim against another State or the commencement of proceedings before an international court or tribunal. A State does not invoke the responsibility of another State merely because it criticizes that State for a breach and calls for observance of the obligation, or even reserves its rights or protests", ILC 국가책임규정초안 주석서 제 42조에 대한 설명 (2).

interest)와 관련된 경우 또는 국제사회 전체(international community as a whole)의 이익에 관한 위반일 경우에는 다음의 원칙이 적용된다.[53] 즉, (a) 의무위반으로 특별히 영향을 받는(specially affected) 국가는 직접 피해국으로서 책임을 직접 추궁할 수 있으며(제 42조 b항 i),[54] (b) 의무위반의 성격이 의무의 계속적인 이행과 관련하여 다른 모든 국가의 입장을 근본적으로 변경(radically change)하는 성격의 것인 경우에는 다른 모든 국가들도 각기 직접 피해국으로서 국제책임을 물을 수 있다(동조 b항 ii).[55]

셋째, 동일한 국제위법행위로 인하여 여러 국가가 직접 피해국이 되는 경우 각국은 개별적으로 의무 위반국에 대하여 책임을 추궁할 수 있다(제 46조).

나. 피해국 이외의 국가에 의한 책임추궁

위에서 설명한 바와 같이 국가책임규정초안 제 42조(직접 피해국에 의한 책임추궁)는 가해국 대 피해국의 관계를 기반으로 하는 전통적인 국가책임의 체계를 중심으로 하고 있다. 그러나 초안은 여기서 더 나아가 제 48조(피해국 이외의 국가에 의한 책임의 추궁)에서 직접 피해국이 아닌 제 3국도 의무 위반국에 대하여 책임을 추궁할 수 있다고 규정하고 있다. 즉, 직접 피해국이 아닌 다른 모든 국가도 (a) 위반된 의무가 책임을 추궁하는 국가를 포함한 '국가들의 집단'에 대하여 부담하는 것

---

53) ILC 국가책임규정초안 주석서 제 42조에 대한 설명(11)에 의하면 제 42조 (b)항은 둘 또는 그 이상 또는 국제사회 전체의 집단적 목적(collective purpose)을 달성하기 위한 집단적 의무(collective obligation)의 위반으로 인해 야기되는 피해를 의미한다.

54) ILC 국가책임규정초안 주석서 제 42조에 대한 설명(12)에 의하면 예로서 유엔해양법협약 제 194조를 위반하여 발생한 공해에서의 해양오염으로 자국의 연안이 특별히 영향(어업손실이나 유독물질의 잔존 등)을 받는 국가의 경우 해양환경보호라는 당사국들의 일반적 이익(general interest)과는 별개로 피해국으로서 책임을 추궁할 권리를 가진다. 참고로 이 조항은 조약법 협약 제 60조 2항 (b)와 관련하여 생각해 볼 수 있다. 즉, 동 제 60조 2항 (b)는 조약의무의 중대한 위반시 위반에 의하여 특별히 영향을 받는 당사국은 그 자신과 위반국과의 관계에서 그 조약의 전부 또는 일부를 이행 정지시키기 위한 사유로서 그 위반을 원용할 권리가 부여된다고 규정하고 있다.

55) 모든 국가가 예외없이 각자의 의무를 다하여야만 비로소 목적이 달성될 수 있는데 어느 한 국가가 의무를 위반함으로써 의무의 계속적인 이행과 관련하여 다른 모든 국가의 입장을 근본적으로 변경시키게 되는 경우 다른 모든 국가들은 피해국으로서 국제책임을 추궁할 수 있다. 예컨대, 비핵지대조약 또는 군축조약 등이 이에 해당된다.

으로(obligations *erga omnes partes*: 다자조약의 당사자간 대세적 의무) 그 의무가 그 국가집단의 집단적 이익의 보호를 위해 수립된 경우와[56] (b) 위반된 의무가 국제공동체 전체를 대상으로 하는 경우(obligations *erga omnes*: 대세적 의무)에는 의무 위반국에 대하여 국제책임을 추궁할 수 있다고 규정하고 있다(제 48조 1항).

여기서 제 48조는 제 42조를 보완하여 사실상 같은 조건에서 직접적인 피해가 없는 경우에도 다자조약의 당사국으로서 또는 전체로서의 국제사회의 성원으로서 책임을 추궁할 수 있는 것을 말한다. 다시 말해서 제 48조는 제 42조와는 달리 대세적 의무의 성격을 강조함으로써 피해국이 아닌 국가도 책임추궁을 할 수 있도록 하였다는 점에서 차이를 발견할 수 있다.

그러나 직접 피해국이 아닌 국가가 책임을 추궁할 수 있는 범위에는 한계가 있다.[57] 현실적으로 민중소송(*actio popularis*)제도[58]가 존재하지 않는 상황에서 직접적인 피해가 없는 국가에 대하여 소제기 능력을 인정할 수 있는가의 문제가 제기된다.[59] 결국 이들 국가들은 (직접적인 피해국이 아니므로) 단지 의무 위반국에 대하여 위법행위의 중지와 재발방지의 확보 및 보장을 요구하거나 피해국에 대하여 손해배상의무를 적극 이행하도록 요구할 수 있을 뿐이다(제 48조 2항).[60]

---

56) ILC 국가책임규정초안 주석서 제 48조에 대한 설명(7)에 의하면 '집단적 이익'의 예로 '특정 지역의 환경이나 안전(지역적 비핵지대조약 등) 또는 인권(지역적 인권보호체계)'을 들 수 있다. 한편 '당사자간 대세적 의무'에 대하여는 제 11강(국가의 관할권)의 주 21 참조.

57) 피해국 이외의 국가에 의한 책임추궁은 국제법 규범체계의 혼란 및 그 기능의 왜곡을 가져올 수 있다고 비판하는 견해가 있다. 박병도, '국제법상 대세적 의무에 관한 연구', 일감 법학 제 40호, 2018, p. 121.

58) '민중의 소'란 원고가 소를 제기함에 있어서 자신의 이익이 아닌 공동체의 이익을 근거로 소를 제기하는 것을 말한다.

59) 라이베리아와 에티오피아가 남아프리카 공화국의 나미비아에 대한 인종차별정책을 문제삼아 제기한 1962년 '남서 아프리카 사건(South West Africa)'에서 ICJ는 이들 양국이 자신의 법익침해를 증명하여야 하는데 그렇지 못하였다는 이유로 당자자적격을 인정하지 않았다. 이는 민중의 소의 개념을 인정하지 않은 것으로 볼 수 있다. 그러나 이후 이 판결은 대세적 의무의 개념을 수용한 1970년 '바르셀로나 전력회사 사건'을 통해 부인되었다는 주장이 있으나 '민중의 소'가 허용되는가의 근본적 문제점은 여전히 남아 있다.

60) 제 11강(국가의 관할권)의 주 21에서 설명한 2012년 벨기에와 세네갈간 '기소 또는 인도하여야 할 의무에 관한 사건'은 많은 시사점을 가진다. 동 사건에서 벨기에는 세네갈에 체류중인 하브레 챠드 대통령의 고문행위에 대해 범죄혐의자가 소재하는 국가인 세네갈이 고문방지협약 제 7조에 따라 직접 기소하거나 인도하여야 할 의무(당사국간 대

그렇다면 피해국이 아닌 국가도 의무 위반국에 대하여 아래 설명하는 대응조치를 취할 수 있는가. 국가책임규정초안은 이에 대해 명확한 설명을 하고 있지 않다. 다만 대응조치를 규정한 제 54조에서 위반행위의 중지 또는 피해국에 대한 손해배상 확보를 위해 의무 위반국에 대하여 적법한 조치를 취할 수 있다고 규정하고 있을 뿐이다. 따라서 직접적인 대응조치 대신 예컨대, 경제원조 중단 등 일종의 보복에 해당하는 조치들을 취하는 것은 허용된다고 볼 수 있다.

다. 위반국의 복수성(제 47조)

복수의 유책국이 존재하는 경우 각각의 국가들에 대하여 책임이 추궁될 수 있다. 단, 피해국은 스스로 입은 손해 이상을 요구할 수 없다.

2. 책임추궁 방식으로서의 대응조치(제 49~54조)

피해국은 분쟁의 평화적 해결방식(교섭, 중개, 조정, 중재재판 또는 사법재판 등)을 통해 책임추궁이 원만하게 이루어지도록 노력하여야 한다. 그러나 원만한 해결이 어려운 경우 피해국은 의무 위반국에 대하여 책임이행을 촉구하기 위한 방법으로 위법성 조각사유의 하나인 대응조치(countermeasure)를 취할 수 있다. 이와 관련 국가책임규정초안 제 49조 1항은 대응조치의 목적이 위법행위에 대한 징벌이 아니라 '의무 위반국의 의무이행을 실현하기 위한 것임을(... to induce that State to comply with its obligations)' 분명히 하고 있다.

여기서 대응조치란 간단히 설명하면 국제법이 허용하는 위법행위이다. 대응조치는 일종의 자력구제(self-help)로서 그 자체는 당연히 위법한 행위이다. 그러나

세적 의무)를 이행하지 않았다는 이유로 세네갈을 상대로 ICJ에 제소하였고 이에 대해 ICJ는 직접 피해국이 아닌 벨기에의 당사자적격을 인정하였다. 즉, ICJ는 고문방지협약상의 의무는 협약당사국들에 대한 의무로서 협약당사국들은 공동의 이해에 근거하여 가해자나 피해자의 국적이나 사건발생장소와 무관하게 혐의자를 기소 또는 인도할 의무가 있으며 따라서 인도청구를 할 수 있다고 보았다.

의무 위반국의 의무위반행위에 대응하는 행위이므로 위법성이 조각되는 것이다. 즉, 피해국이 의무 위반국을 상대로 의무이행을 유도하기 위한 목적으로 일시적으로 상응하는 의무불이행으로 대응하는 것을 말한다. 동일한 종류의 의무불이행이나 다른 성격의 의무불이행이 모두 허용될 수 있다. 예컨대, 조약의 이행정지, 피해국 소재 의무 위반국의 재산동결이나 선박억류 등이 이에 해당될 수 있다. 그러나 대응조치는 상대방의 불법행위를 대상으로 하기 때문에 상대방의 행위가 추후 적법한 것으로 판명되는 경우 대응조치는 불법적인 조치가 될 수 있다.

한편 전통 국제법에서는 대응조치에 무력복구도 포함되었으나 유엔헌장을 통해 무력사용이 일반적으로 금지됨에 따라 무력을 사용하는 복구는 허용되지 않는다. 또한 대응조치는 전술한 보복과도 구분된다.[61]

대응조치의 성격과 특징은 다음과 같다.

첫째, 대응조치에 앞서 의무의 이행을 촉구하여야 한다.

둘째, 대응조치는 의무 위반국만을 상대로 한다.

셋째, 대응조치는 (위반국의 국제의무 준수를 유도하기 위한 목적으로) 의무 위반국에 대해 부담하는 국제의무를 당분간 불이행하는 것으로 제한된다.[62] 따라서 대응조치는 처벌의 성격이 아니다.

넷째, 대응조치는 받은 피해에 비례하여야 하지만 반드시 상호적인 것은 아니다. 그러나 과도한 대응조치는 또 다른 국제위법행위를 구성할 수도 있다.

다섯째, 위반행위가 중지되거나 구속력 있는 결정을 내릴 수 있는 권한 있

61) 대응조치에 앞서 보복(retorsion)조치를 취할 수도 있다. 자력구제의 또 다른 방식의 하나인 보복은 타국의 위법한 행위 또는 적법하지만 비우호적인 행위에 대응하는 행위(예컨대, 공관폐쇄, 금융거래 중단, 원조 중단 등 정도가 강한 경우는 물론 비자 발급의 제한, 고위인사의 방문계획 취소 등 정도가 약한 경우 등 포함)로서 비록 대응방식이 비우호적이기는 하지만 행위 자체는 적법한(국제법 위반이 아닌) 행위를 말한다는 점에서 복구 또는 대응조치와 구별된다.

62) 예컨대, 갑국과 을국간에 일일 대형 항공기 한편만 운항하는 것을 골자로 하는 항공협정이 체결되어 있다고 가정한다. 갑국은 대형 항공편을 계속 운항하는 데 반해 을국은 소규모 항공기를 운항하였다. 이에 을국은 갑국이 더 이상 대형 항공기를 운항하는 것을 허용하지 않았고 이에 대응하여 갑국은 을국 항공기가 일주일에 3번만 운항하도록 제한하는 조치를 위하였다. 이 경우 갑국의 조치는 (을국의 의무이행을 확보하기 위한 목적의) 대응조치에 해당된다.

는 재판소 등에 분쟁이 계류 중인 경우에는 대응조치를 취할 수 없다. 만일 대응조치가 시행중인 경우에는 즉각 중지되어야 한다. 예컨대, 피해국의 요청으로 재판소에 의해 잠정조치가 내려지는 경우 대응조치가 행해져서는 안 될 것이다.

여섯째, 자국민의 피해와 관련되는 간접피해의 경우에는 대응조치와 함께 외교적 보호권을 행사할 수도 있다.

그러나 대응조치를 취하는 경우에도 다음의 국제법상의 의무는 준수되어야 한다. 즉, (a) 유엔헌장상 무력의 위협 또는 사용금지 원칙, (b) 기본적 인권의 보호의무, (c) 복구가 허용되지 않는 인도적 성격의 의무와[63] (d) 기타 일반국제법상의 강행규범 준수의무가 이에 해당된다(제 50조 1항). 그 밖에 대응조치를 취하는 국가는 양국간 적용 가능한 분쟁해결절차상의 의무와 외교공관에 대한 불가침 등 국제협약상의 의무도 당연히 존중하여야 한다(동 조 2항).

참고로 일 당사국에 의한 조약의무의 중대한 위반에 대하여 타 당사국이 취하는 대응조치는 조약법 협약 제 60조에 규정된 조약의무의 중대한 위반시 상대국에 의한 조약의 종료 또는 이행정지와는 구분되어야 한다. 왜냐하면 대응조치의 목적은 상대방의 조약의무 이행을 확보하는 데 있으며 조약을 종료시키려는 의도는 아니기 때문이다.

3. 강행규범의 중대한 위반과 국제사회의 공동노력

국가책임규정초안은 모든 국가가 강행규범에 따른 의무의 중대한 위반으로 실제 영향을 받았는가의 여부와 상관없이 강행규범에 따른 의무의 중대한 위반을 적법한 수단으로 종료시키기 위하여 협력할 의무가 있으며 강행규범의 중대한 위반으로 발생한 상황을 적법한 것으로 승인하거나 그러한 상황의 유지를 원조하거나 지원하여서는 안 된다고 규정하고 있다(제 41조). 여기서 중대한 위반

63) 상대방의 국제인도법 위반에 대응하여 행해지는 국제인도법상의 의무위반행위는 복구로 정당화되지 않는다. 예컨대, 제 4강('무력사용에 대한 규제'의 제 6절 1. '복구')에서 설명한 바와 같이 적국이 금지된 무기인 화학무기를 사용하는 경우 이를 중지시키기 위해 동일하게 화학무기를 사용하는 것이 정당화되어서는 안 될 것이다.

(serious breach)이란 의무의 불이행이 심각하고 체계적으로(a gross or systematic failure) 행해지는 경우에 한한다(제 40조 2항).

이와 같이 국가책임규정초안은 강행규범 위반국에 대하여 특별한 책임을 추궁하기보다는 다른 국가들로 하여금 이러한 상황에 대처하기 위하여 공동으로 협력할 것을 요구하고 있다. 다시 말해서 강행규범상의 의무위반은 결과적으로 대세적 의무의 위반을 가져오므로 제 5강('국제법의 법원'의 제 2절 4. '대세적 의무')에서 설명한 바와 같이 다른 국가들은 의무위반으로 발생한 위법한 사태를 합법적인 것으로 승인하거나 그러한 상황이 유지되도록 원조나 지원을 하여서는 안 되는 의무가 발생하게 되는 것이다.

☞ **기출문제 예시**

문 1) A국과 B국은 2007년 A국의 X지역 개발에 관한 Y조약을 체결하였다. Y조약에 따르면 A국은 B국에게 X지역의 희귀 생산물인 희토류를 매년 5만 톤씩 공급하기로 하였고 B국은 A국에게 매년 전력 100만kw를 제공할 뿐만 아니라 X지역 원주민인 알바스족의 거주와 생존에 필요한 식량 50만 톤과 응급 의료용품을 인도적 차원에서 매년 제공하기로 하였다. Y조약은 발효 이후 정상적으로 이행되었다. 그러나 2010년 C국이 A국의 우발적인 국경총격을 구실로 A국의 희토류 매장지를 공중폭격하여 채굴이 불가능할 정도로 파괴하였다. 이후 2011년에 이르러 A국이 B국에게 희토류를 공급하지 않았고 B국은 이에 대응하여 A국에게 전력 외에도 식량 및 응급 의료용품을 제공하지 않았다. 2001년 '국제위법행위에 대한 국가책임규정초안'에 의거하여 다음 물음에 답하시오.

1) A국은 희토류 미 공급에 대한 국가책임을 지는지를 검토하시오.
2) A국의 희토류 미 공급에 대응하여 B국이 전력, 식량 및 응급 의료약품의 제공거부가 허용되는지를 검토하시오.

문 2) 아타카 지역에 위치한 A국과 B국은 국경 문제를 둘러싸고 대립하던 중, A국 국경수비대가 B국 국경수비대를 향해 소총을 발사하자, B국 정부는 이를 자국에 대한 무력공격으로 규정하였다. 이후 B국은 대규모의 군대를 동원하여 A국 영토 내로 100여km 진격한 후 A국 국경지역을 점령하였다. 아타카 지역의 C국은 B국의 군사 조치에 강력히 항의하며 B국 군대가 A국 영토로부터 철수할 것을 요구하였다. B국 정부는 C국의 항의 및 요구에 대해 이는 A국과 B국간의 문제에 대한 부당한 개입이라며 강력히 비난하였다. 다음 물음에 답하시오.

1) B국이 취한 군사 조치가 UN헌장상 정당화될 수 있는지를 검토하시오.
2) B국의 행위에 대한 C국의 조치를 2001년 국제위법행위에 관한 국가책임 규정초안을 토대로 검토하시오.

제 14 강
외교적 보호권

제1절 개관

1. 외교적 보호권의 의의

국제의무위반은 국가가 작위나 부작위로 직접 타국에 대하여 국제법상의 의무를 위반하는 직접적 의무위반[1]과 외국인(자연인 또는 법인)에 대한 의무를 위반함으로써 간접적으로 외국인의 본국(자국민 보호의무가 있음)에 대하여 국제법상의 의무를 위반하게 되는 간접적 의무위반으로 나타난다. 여기서 간접적 의무위반으로 인한 타국의 권리에 대한 침해는 국제법상 외교적 보호권(diplomatic protection)과 관련하여 중요성을 가진다.

2006년 유엔 국제법위원회(ILC)가 채택한 '외교적 보호에 관한 규정 초안(Draft Articles on Diplomatic Protection, '외교적보호규정초안')'은 제 1조에서 '외교적 보호'의 개념을 "일국가가 외교적 조치 또는 평화적인 해결방식을 통해 타국의 국제위법행위로 인해 자국의 국적을 가진 자연인 또는 법인이 입은 손해에 대하

1) 자국 군함이나 자국 외교관에 대한 공격 등의 경우 불법행위가 자국(국가)에 대해 직접 행해졌으므로 피해국이 직접 국제법상 국가책임을 추궁할 수 있다.

여 책임을 추궁하는 것"으로 정의하고,[2] 제 2조에서는 '국가의 권리로서의 외교적 보호권(A State has the right to exercise diplomatic protection)'을 규정하고 있다.

외교적 보호권은 확립된 국제법 원칙으로 국제위법행위로 인하여 자국민이 타국에 의해 신체 또는 재산 등에 대하여 직접 피해를 입은 경우(예컨대, 제 24강 '외국인의 지위'에서 설명한 외국인 재산의 불법 수용조치 등) 피해자의 국적국이 자국민이 입은 손해를 자기가 입은 피해로 간주하여 타국(가해국)의 책임을 추궁하기 위하여 행사하는 국제법상의 권리이다. 여기서 피해가 발생한 장소는 문제되지 않는다. 가해국에 의해 자국민에 대한 피해가 발생하면 충분하다. 단순히 타국의 사인의 행위로 인하여 자국민이 피해를 입은 경우에는 외교적 보호권을 행사할 수 없다. 그러나 앞에서 사인의 행위도 국가에 귀속될 수 있다고 설명하였듯이 국가가 상당한 주의의무를 다하여 사인의 행위로부터 자국 내의 외국인을 보호하지 못하는 경우(사후 적절한 구제책이 부인되는 경우 등도 포함)에는 피해 외국인의 본국이 외교적 보호권을 행사할 수 있게 된다.

전통적으로 외교적 보호권은 국가의 고유한 권리로 인정되어 왔다. 이러한 인식은 1758년 스위스 국제법 학자인 바텔을 거쳐 앞에서 설명한 1924년 마브로마티스 사건(Mavromatis)에 대한 PCIJ의 판결을 통해 계속 유지되어 왔다.[3] 즉, 국가의 권리라는 점에서 국가가 자국민의 위법한 피해에 대한 외교적 보호권의 행사여부를 독자적으로 결정할 수 있다고 보았다. 따라서 국가가 자국민을 보호

---

2) 동 규정 초안 제 1조(정의와 범위)의 원문은 다음과 같다: "For the purposes of the present draft articles, diplomatic protection consists of the invocation by a State, through diplomatic action or other means of peaceful settlement, of the responsibility of another State for an injury caused by an internationally wrongful act of that State to a natural or legal person that is a national of the former State with a view to the implementation of such responsibility."

3) 외교적 보호권의 출발은 Vattel이 자신의 저서 'Law of Nations'에서 'Whoever ill-treats a citizen indirectly injures the State, which must protect that citizen'이라고 언급한데서 그 기원을 찾을 수 있다. 여기서 개인의 법익침해를 해당 개인(자국민)을 보호해야할 책임이 있는 국가 자신의 법익침해로 간주하는 것을 'Vattel의 의제'라고 한다. 또한 'Mavromatis 사건'에서도 국가는 외교적 보호권 행사시 '자신의 권리를 주장하는(a State is asserting, in reality, its own right) 것'이라고 보았다. 1924 PCIJ, Series A, No. 2, p. 12. 이와 같이 과거에는 외교적 보호권이란 국가가 피해자의 권리를 대신하는 것이 아니라 국가가 자신의 피해에 대해 행사하는 것이라는 주장이 지배적이었다.

하여야 할 의무가 있다고 하여 반드시 외교적 보호권을 행사하여야 할 국제법상의 의무는 없으며, 국가는 외교적 보호권의 행사에 있어서 완전한 재량권을 가진다고 보았다.[4] 이러한 이유로 국제재판소는 Calvo 조항의 효력을 부인하고 있으며, 그 결과 오늘날에는 Calvo 조항으로 인해 국가의 외교적 보호권이 포기되지 않는다고 보는 것이 통설이다.[5]

외교적 보호권의 행사는 국가책임의 추궁을 의미하므로 행사방식도 국가책임 추궁의 경우와 같다. 따라서 외교교섭, 나아가 사법적 해결 등 국제분쟁의 평화적 해결방식의 적용과 앞에서 설명한 대응조치 등이 모두 포함될 수 있을 것이다.[6]

한편 '외교적보호규정초안'은 2001년 국가책임규정초안 제 44조(청구의 허용가능성)에 규정된 외교적 보호권 행사요건으로서의 '국적'과 '국내구제완료'의 원칙(본 강 제 2절 '외교적 보호권의 행사원칙' 참조)을 상세히 설명하고 있다.[7] 즉, 외교적보호규정초안은 국가책임규정초안 제 44조를 구체화한 것으로 볼 수 있다.

끝으로 외교적 보호권과 유사한 개념으로 1949년 '유엔직원이 직무수행 중

---

4) ICJ는 외교적 보호권의 행사를 통해 외국에서 피해를 입은 자국민을 대신하여 국가가 일괄타결(lump-sum settlement)을 한 후 국가가 자금을 피해자 개인에게 배분하지 않고 국가경제발전에 사용하였다고 하여도 이는 국내문제에 불과할 뿐이며, 적절한 배상을 국가로부터 받지 못한 개인이 다시 상대국에게 소 제기를 통해 자기 몫의 실현을 요구할 수는 없을 것이라고 판단하였다. 2012년 독일과 이탈리아간 '국가의 관할권 면제에 관한 사건', ICJ Reports 2012, p. 99, para. 102.

5) 사실 Calvo 조항은 양허계약시 계약의 상대방이 본국정부의 외교적 보호권을 원용하지 않을 것을 약속하는 내용으로 외교적 보호권이 국가의 권리라는 점에서 볼 때 Calvo 조항의 정당성에 대하여는 의문의 여지가 있다. 물론 분쟁의 해결을 위해 국내구제수단을 먼저 이용한다는 점에서는 일응 타당성을 인정할 수도 있으나 궁극적으로는 본국의 외교적 보호권을 포기하게 한다는 점에서 정당화될 수 없다.

6) 외교적 보호권의 행사는 다양한 방식에 의해 행사될 수 있다. 과거 서방 강국들은 이를 약소국에 대한 개입의 근거로 활용하였고 심지어는 무력의 사용을 통해 외교적 보호권을 실현하기도 하였다. 그러나 앞에서 설명하였듯이 대응조치의 경우 무력을 수반한 대응조치(무력복구)는 유엔헌장 제 2조 4항에 의해 금지되며 또한 인권을 침해하거나 강행규범을 위반하는 조치도 허용되지 않는다.

7) 국가책임규정초안 제 44 조에 의하면 다음의 경우에는 국가책임이 추궁될 수 없다. (a) 당해 청구가 국적에 관하여 적용되는 원칙에 따라 제기되지 아니한 경우, (b) 당해 청구가 국내구제완료의 원칙이 적용되는 것이고 어떠한 이용가능하고 효과적인 모든 국내적 구제가 완료되지 않은 경우.

입은 손해에 대한 배상 사건'에서 확인된 국제기구의 '기능적 보호권'이 있다. 이에 대해서는 제 20강(국제기구법)을 참고한다.

2. 국제사회의 인식의 변화

오늘날 제한된 범위 내에서 개인의 국제법 주체성이 인정되고 동시에 피해자가 궁극적으로는 개인이라는 인식의 확산을 계기로 새로운 변화가 나타나기 시작하였다. ILC는 개인의 권리의 침해가 국가의 권리의 침해라고 말하는 것은 허구이며 과장이라고 하면서 국가는 자신의 권리만이 아닌 자국민 피해자의 권리도 주장하는 것이라고 보았다.[8] 이에 따라 2006년 외교적보호규정초안은 외교적 보호가 과거처럼 단지 '국가의 권리를 주장하는 것이라는 인식(마브로마티스 사건에서의 PCIJ의 판단)'에서 벗어나 피해자인 국민 개인의 권리도 함께 주장하고 있다는 점을 확인하였다. 즉, 초안 제 19조(recommended practice)는 국가가 '중대한 피해(significant injury)' 발생시 외교적 보호권의 행사가능성을 고려할 것과 배상관련 피해자의 의견을 존중하고 나아가 합리적인 액수를 공제한 후 배상금을 지불할 것 등을 권고함으로써 '국가의 전속적 권리' 개념에서 '개인의 권리'라는 실질적 개념을 인정하였다.[9]

참고로 오늘날 외교적 보호권 제도는 양자간 투자보장 관련 조약(BIT)이나

---

8) 외교적보호규정초안 주석서(ILC Draft Articles on Diplomatic Protection with Commentaries, 2006) 제 1조에 대한 설명(3) 참조.

9) ILC 외교적보호규정초안 주석서 제 19조(recommended practice): A State entitled to exercise diplomatic protection according to the present draft articles, should: (a) give due consideration to the possibility of exercising diplomatic protection, especially when a significant injury has occurred; (b) take into account, wherever feasible, the views of injured persons with regard to resort to diplomatic protection and the reparation to be sought; and (c) transfer to the injured person any compensation obtained for the injury from the responsible State subject to any reasonable deductions. 이 점은 국제재판에서도 확인되고 있다. 예컨대, 유럽인권재판소는 1994년 'Beaumartin v. France 사건'에서 보상에 대한 국가간 합의는 피해자들이 직접 집행할 수 있는 권리를 부여하고 있다고 판단하였다.

외국인투자보호를 위한 다자간 협정의 활성화로 사실상 국제법상의 제도로서의 의미가 많이 희석된 것이 사실이다. 그럼에도 불구하고 국제법 질서 속에서 개인의 제한된 역할을 감안할 때 국가의 권리로서의 외교적 보호권은 아직도 중요한 역할을 담당하고 있다고 볼 수 있다. 이에 대한 상세는 외국인의 대우문제와 관련하여 제 24강(외국인의 지위)을 참조한다.

제2절 외교적 보호권의 행사원칙

피해를 입은 개인의 국적국이 외교적 보호권을 행사하기 위해서는 무엇보다도 피해자 개인이 자국민임이 확인되어야 할 것이다. 국적은 외교적 보호권 행사의 핵심요소이다.

1. 자국민과 국적계속의 원칙

국적계속의 원칙(Principle of Continuous Nationality)은 피해의 발생시(외국에서의 권리와 이익 침해시)부터 국적국이 국제청구를 제기할 때(외교적 보호권의 행사시)까지 자국적을 유지하는 자에 대해서만 국적국의 외교적 보호권 행사가 가능하다는 원칙이다.

ILC도 상기 외교적보호규정초안에서 피해 발생시와 청구 제기시 국적이 동일하였다면 국적계속을 인정하는 입장을 택하고 있다. 단, 피해발생 이후 청구와 관계없는 정당한 사유로 인해 국적이 변경된 경우(국가승계 등)에는 예외적으로 새로운 국적국의 외교적 보호권 행사가 가능하다.

한편 투자보장 관련 조약의 경우 국적계속의 원칙이 보다 강력하게 요구되는 경우가 있다. 이는 조약의 성격상 이해관계가 크기 때문이다.

가. 개인

1) 개인과 국적

국적은 개인과 국가를 연결하는 법적 유대이다. 국적에 의해 개인은 국가의 구성원이 되고 국가는 국가의 구성요소인 국민을 가지게 되어 국가로 성립할 수 있게 된다. 이와 같이 개인과 국가는 국적을 매개로 깊이 연결되어 있다.

그러나 국적을 결정하는 통일적인 국제규범이 결여되어 있어서 결국 국적의 결정은 아직까지 국내관할권에 속하는 사항으로 남아 있다. 이 점은 1930년 '국적법 충돌의 일정 문제에 관한 헤이그 협약(Convention on Certain Questions relating to the Conflict of Nationality Laws)'에 잘 반영되어 있다. 동 협약 제 1조는 "누가 자국 국민인가는 각 국가가 국내법에 의거하여 결정한다"고 규정하고 있으며, 제 2조는 "개인이 특정 국가의 국적을 보유하고 있는가의 문제는 그 국가의 법에 따라 결정된다"고 규정함으로써 국적의 결정이 아직까지 국내관할권에 속하는 사항(국내문제)임을 확인하고 있다. 1997년 '국적에 관한 유럽협약(European Convention on Nationality)'도 같은 맥락에서 국적의 결정을 각국의 국내법에 일임하고 있다.

따라서 각국은 국제법상의 원칙에 위배되지 않는 한 자유로이 국적에 관한 정책과 법을 마련하여 시행할 수 있으며 이렇게 제정된 법을 통해 누구에게 국적을 부여할지 결정할 수 있게 된다. 이에 따라 국가는 자국민에 대해 속인적 관할권을 행사할 수 있으며 나아가 외교적 보호권도 행사할 수 있게 된다.

2) 국적 결정요소로서의 진정한 유대

피해를 입은 자는 자신을 위해 외교적 보호권을 행사할 수 있는 국가의 국적을 가져야 하며 해당 국가의 국민 여부는 그 국가의 국적법에 의해 결정되어야 할 것이다. 이와 관련 ICJ는 1955년 리히텐슈타인과 과테말라간 '노테봄 사건(Nottebohm)'에서 외교적 보호권을 행사하려는 국가와 자국민간의 진정한 관련

(genuine connection) 또는 진정한 유대(genuine link)를 외교적 보호권 행사요건으로서의 국적을 결정하는 데 있어 중요한 고려요소로 강조하였다.[10] ICJ는 이 사건에서 동인과 리히텐슈타인간에는 진정한 유대, 즉 전통, 제도, 공적 활동, 심리적 유대 등 실효적 연관성이 결여되었고, 귀화의 목적도 오로지 전시에 중립국 국민의 지위를 얻기 위한 것이었다는 점을 지적하면서 외교적 보호권의 행사를 허용하지 않았다. 동시에 국적이란 애정, 진정한 연계, 이익, 정서, 상호적 권리와 의무에 기반을 둔 법적 유대라고 설명하였다.[11] 그러나 이 사건에서 ICJ는 외교적 보호권의 행사를 정당화하기 위하여 필요한 요건으로서 진정한 유대를 검토하였지 국적 자체가 유효한지의 여부에 대하여는 검토하지 않았다. 즉, 이 사건에서의 핵심은 노테봄에 대한 리히텐슈타인 국적의 제공여부가 아니라 국적부여로 인해 리히텐슈타인이 외교적 보호권을 행사할 수 있는 지위를 획득하였는가에 있었다.[12]

이와 관련 전술한 1997년 '국적에 관한 유럽협약'은 제 1조에서 국적을 법적 유대(legal bond)로 정의하고 있으나 법적 유대의 정확한 개념도 불투명하다는 점에서 한계가 있다. 법적 유대는 복종과 보호의 상호관계로 정의될 수 없다. 왜냐하면 외국인도 체류하는 국가와의 관계에서 그러한 복종과 보호의 관계는 발생하며 다만 자국민에 비하여 정도의 차이가 있을 뿐이기 때문이다.

한편 이중국적자의 경우에는 이중국적자의 서로 다른 국적국들이 상호간에 외교적 보호권을 행사할 수 있는지 여부와 그렇다고 할 경우 이중국적자를 위해 외교적 보호권을 행사할 수 있는 국적국을 선정하는 기준이 문제가 된다. 원칙적으로 이중국적자 소속국 상호간에는 외교적 보호권을 행사할 수 없으나 실제로는 거주 장소 및 기간, 사회적 활동 등 해당인의 실제생활과 현실을 반영한

10) 이 사건에서 ICJ는 원래 독일인이었던 노테봄이 일시방문을 통하여 진정한 유대가 없던 리히텐슈타인의 국적을 취득한 데 대해 노테봄의 재산을 몰수하였던 과테말라가 리히텐슈타인의 외교적 보호를 승인할 의무는 없다고 판시하였다. ICJ Reports 1955, p. 4, pp. 23-24, 26.

11) 위의 주, 관련 부분 원문은 다음과 같다: "... nationality is a legal bond having as its basis a social fact of attachment, a genuine connection of existence, interests and sentiments, together with the existence of reciprocal rights and duties."

12) ICJ는 리히텐슈타인이 자국법에 근거하여 노테봄에게 국적을 부여할 수는 있지만 외교적 보호권을 행사할 수 있는지의 문제는 국제법이 결정할 사항이라고 보았다.

바탕위에서 결정되어야 할 것이다. 다시 말해서 어느 국적이 보다 실효적이고 지배적인가를 고려하여 판단되어야 할 것이다.[13] ILC 외교적보호규정초안도 이중국적의 경우 우세한(predominant) 국적국이 다른 국적국을 상대로 외교적 보호권을 행사할 수 있다고 보았다(외교적보호규정초안 제 7조).

끝으로 무국적자와 난민의 경우에는 '합법적인 상시 거주지국(lawfully and habitually resident in that state)'이 외교적 보호권을 행사할 수 있다(동 초안 제 8조).

3) 진정한 유대에 대한 평가

당초 이 원칙은 강대국 국적으로의 이전방지가 목적이었다. 그러나 오늘날 진정한 유대가 과연 현실에 부합하는 것인가. 전술한 노테봄 사건에서 확인된 진정한 유대가 과연 오늘날에도 적용될 수 있는가. 이 문제는 국적선택의 자유 등 인권보호의 측면에서 새로운 검토가 필요하다. ILC의 외교적보호규정초안도 외교적 보호권 행사의 요건으로서 국적과 진정한 유대의 필요성을 명시적으로 포함하지 않았다. 비교적 최근의 예로 2004년 'Soufraki 사건'에 대한 중재재판에서도 중재재판부는 외교적 보호권의 전제로 실효적 국적 여부를 다루지 않았다.[14]

---

13) 1955년 이탈리아와 미국간 'Merge Claim 사건'에서 이탈리아-미국 조정위원회는 실효적 국적의 원칙(principle of effective nationality)을 기준으로 제시하면서 이중국적자인 Merge의 경우 실효적 국적이 확인되면 그 국적국이 타국적국에 대해 외교적 보호권을 행사할 수 있다고 판단하였다. 그러나 이 사건에서 Mrs. Merge는 결혼 이후 미국에 살지 않았고, 일본주재 이탈리아 대사관 직원인 남편과 이탈리아 여권을 가지고 일본에서 오랫동안 거주하였다는 점에서 실효적인 국적으로서의 미국적을 받아들이지 않았다. Italian-US Conciliation Commission, Decision No. 55, 1955. 또한 오래전 예로 1912년 이탈리아와 페루간 'Canevaro Claim 사건'에서 PCA는 실효적 국적을 주요 쟁점으로 판단하였다. 이 사건에서 PCA는 이중국적의 원고 3인 중 이탈리아와 페루 이중국적자이나 페루에서 상원의원 등 공직을 수행하고 헤이그주재 페루 총영사를 역임한 Raphael에 대하여는 이탈리아의 국적을 인정할 수 없다고 보고 원고적격을 부인하였다. PCA, Award, May 3, 1912. 한편 이란과 미국간 청구재판소(Iran-US Claims Tribunal)도 실효적이고 지배적인 국적을 판단기준으로 적용하였다. 즉, 이란주재 미국대사관직원 인질 사건으로 억류되었던 이란과 미국 이중국적 외교관이 동 재판소에 배상을 청구할 수 있느냐를 판단함에 있어서 실효적이고(effective) 지배적인(dominant) 국가가 미국이므로 청구가 허용된다고 보았다. Iran-United States Claims Tribunal, Case No. A/18, Citation. No. 32-A/18-FT, 1984-1.

14) Soufraki v. UAE, ICSID Case No. ARB/02/7, 2004, para. 44.

국적의 취득과 상실

▶ 출생에 의한 국적 취득방식에는 혈통주의(*jus sanguinis*)와 출생지주의(*jus soli*)가 있다.

▶ 국적에 관한 국가별 제도의 차이, 즉 혈통주의와 출생지주의의 충돌과 그 밖의 다양한 원인에 의해 국적의 충돌현상이 발생할 수 있다. 예컨대, 적극적 충돌로 인한 이중국적과 소극적 충돌로 인한 무국적 현상이 발생할 수 있다. 특히 오늘날 개인의 해외이주, 결혼, 노동 등 자유로운 이동과 다양한 상황의 변화로 인한 이중국적의 발생 가능성 증대로 이중국적의 인정 필요성에 대한 공감대가 형성되고 있다.

▶ 1948년 세계인권선언은 개인이 국적을 가질 권리, 국적을 불법하게 박탈당하지 않을 권리, 국적을 변경할 수 있는 권리를 규정하고 있다. 국적은 개인의 권리로 자의적이거나 차별적인 국적박탈은 불허된다. 국적을 가질 권리와 이탈할 권리는 인권의 차원에서 검토되어야 하는 문제이다. 또한 무국적자에 대한 문제는 난민보호의 차원에서 함께 검토되어야 할 것이다.

▶ 참고로 영토적 변경으로 인해 주권자가 변경되는 경우에도 해당지역 주민들이 구 국가의 국적을 자동적으로 상실하거나 신국가의 국적을 획득하게 되지도 않는다. 이들 주민 중 그 지역에 그대로 거주하고 있고 새로운 국가가 그들에게 국적 선택을 허용하는 경우 이들은 외국인으로 대우받을 수도 있다.[15]

나. 기업(법인)의 국적

기업에 대한 외교적 보호의 경우 원칙적으로 기업의 국적국(등록지국)이 외교적 보호권을 행사할 수 있다. 이와 관련하여 1970년 '바르셀로나 전력회사 사건'은 많은 시사점을 준다. 이 사건에서 ICJ는 주주가 아닌 기업의 국적국이 외교적 보호권을 행사할 수 있다고 보았다. ICJ는 주주의 88%가 벨기에 인들이었지만 회사의 등록국이며 본사 소재지인 캐나다를 회사의 국적국으로 인정하였다. 즉, 회사는 주주들의 경제적 목적을 달성하기 위한 수단에 불과하지만 본질

15) 2002년 카메룬과 나이지리아간 '육상 및 해양경계 사건'에서 카메룬은 여사한 사례가 발생한 지역에 거주하는 나이지리아인들에 대한 보호를 계속 부여할 것임(continue to afford protection to Nigerians)을 선언한 바 있다. ICJ Reports, 2002, p. 303, para. 317.

적으로는 독립적인 지위를 가진다고 보았다.[16] 이러한 판단은 기업의 국적을 결정하는 데 있어 진정한 유대의 개념을 받아들이지 않은 것으로 해석된다.

그러나 동 판결도 예외적으로 회사가 등록지국에서 소멸된 경우 또는 등록지국에 의해 피해를 본 경우에는 주주의 국적국이 외교적 보호권을 행사할 수 있는 가능성을 배제하지 않았다.[17] 이와 관련 2007년 기니와 콩고간 'Diallo 사건'에서 ICJ는 기업의 국적(등록지국)이 콩고임을 인정하면서도 Diallo 개인의 권리와 기업의 파트너로서의 권리의 보호를 고려하여 Diallo의 국적국인 기니의 외교적 보호권을 지지하였다.[18]

한편 오늘날 조세회피 등의 목적으로 기업의 등록국과 실제 사무소 소재지가 다른 기업들이 많이 있다. 이러한 이유로 국제재판소는 회사의 국적국을 판단함에 있어서 표면상의 국적이 아닌 기업의 실상을 투시하여(look behind the legal veil) 국적을 판단하기도 한다. 즉, 어느 국가가 더욱 밀접하고(close), 실질적이며(substantial), 효과적인(effective) 유대를 가지고 있는가를 기준으로 판단하곤 한다.[19]

---

16) 관련 부분 원문은 다음과 같다: "Yet even if a company is no more than a means for its shareholders to achieve their economic purpose, so long as it is in esse it enjoys an independent existence. Therefore, the interests of the shareholders are both separable and indeed separated from those of the company, so that the possibility of their diverging cannot be denied.", ICJ Reports 1970, p. 3, para. 45. 참고로 이 사건의 개요는 다음과 같다. 1911년 캐나다에 설립된 바르셀로나 전력회사는 캐나다 법에 의해 설립되었고 스페인에 자회사를 두고 있었다. 그 주식의 대부분은 벨기에 국민이 소유하고 있었는데 1936년 스페인 내란으로 인한 외화이전 금지로 이자지급이 불가능해진데 대해 스페인 채권자가 스페인 법원에서 동 회사의 파산선고를 받아냈다. 이에 대해 벨기에는 스페인을 상대로 스페인이 국제법을 위반하여 회사를 파산, 청산함으로써 자국 주주들이 피해를 입었다고 보고 1958년 사건을 ICJ에 제소하였다. 제소 후 문제 해결을 위한 협상이 재개되었으나 협상에 진전이 없자 벨기에는 다시 ICJ에 소송을 제기하였다. ICJ는 판결에서 회사의 파산으로 주주의 권리가 침해된 것이 아니라 주주의 이익이 영향을 받은 것으로 보면서 국제법상으로는 주주의 국적국이 아닌 기업의 국적국이 외교적 보호권의 행사를 위해 소송을 제기할 수 있다고 보았다.

17) ICJ Reports 1970, p. 3, para. 92.

18) 이 사건은 1998년 기니 정부가 콩고에서 사업중인 자국민 Diallo에 대한 콩고정부의 체포, 구금 및 추방 등 중대한 국제법 위반행위를 이유로 동인에 대한 외교적 보호권을 행사하기 위해 콩고를 ICJ에 제소한 사건이다. Judgment on Preliminary Objections, ICJ Reports 2007, p. 582, paras. 95-98.

결론적으로 바르셀로나 전력회사 사건을 통해 확인된 바와 같이 기업을 위한 외교적 보호는 원칙적으로 주주들의 국적국이 아닌 기업의 국적국이 행사하는 것이 원칙이다. 그러나 예외적으로 (a) 회사가 등록지국에서 소멸되거나, (b) 등록지국이 가해자인 경우, (c) 위법행위가 주주의 권리를 직접적으로 침해하는 경우에 한하여 주주의 국적국도 외교적 보호권을 행사할 수 있다고 본다. 이 점은 ILC의 외교적보호규정초안에 의해서도 지지되고 있다.[20]

다. 선박, 항공기의 국적

선박운항과 관련된 피해가 발생한 경우 선원의 국적국 또는 선박의 기국이 외교적 보호권을 행사할 수 있다. 선박의 국적은 유엔해양법협약 제 91조에 의해 선박과 기국간의 진정한 유대가 요구된다. 한편 항공기의 경우에는 등록국이 항공기의 국적국이 된다.

그러나 실제 소송에 있어서는 선박이나 항공기의 경우 실질적 소유자(beneficial owner)의 국적이 고려될 가능성도 배제하지 않는다.

2. 국내구제완료의 원칙

국가에 대한 직접피해에 대해서는 당연히 국가가 직접 가해국에 대하여 책임을 추궁할 수 있다. 그러나 일 국가의 위법행위로 인해 외국인에게 피해가 발생한 경우 피해 외국인의 본국(국적국)이 바로 가해국에 대해 국가책임을 추궁할

---

19) 예컨대, 이란-미국 청구재판소는 이란 또는 미국법에 의해 설립되고 50% 이상의 주식을 미국이나 이란 국민이 보유하고 있는 회사의 청구에 한하여 관할권을 행사할 수 있다고 보았다.

20) 외교적보호규정초안 제 11조는 회사 자체가 입은 손해에 대하여는 주주의 국적국이 외교적 보호권을 행사할 수 없지만 예외적으로 (a) 회사가 손해와 무관한 사유로 등록지국에서 소멸되거나, (b) 손해에 책임있는 국가가 등록지국이고 사업을 위해서는 회사가 그 국가에 등록하는 것이 요구되었던 경우에는 외교적 보호권을 행사할 수 있다고 규정하고 있다. 또한 동 규정초안 제 12조는 위법행위가 주주의 권리를 직접적으로 침해하는 경우에는 당연히 주주의 국적국이 외교적 보호권을 행사할 수 있다고 규정하고 있다.

수는 없다. 피해자는 위법행위가 발생한 국가에서 모든 이용가능한 절차를 통해 우선적으로 구제방안을 찾도록 하고 그럼에도 불구하고 구제되지 않을 경우 국적국이 개입하여 외교적 보호권을 행사할 수 있게 된다.

따라서 국적국의 외교적 보호권 행사의 전제로 피해자가 가해국 내에서 모든 이용 가능한 구제수단을 시도(최종심까지의 사법절차, 헌법소원 등을 포함)하는 것이 필요하며 이를 '국내구제완료의 원칙(principle of exhaustion of local remedies)'이라 한다.[21] 이러한 이유로 국내구제완료는 국제재판소에서 선결적 항변(제 29강 '국제분쟁의 평화적 해결'의 제 3절 2. 마. 1) '선결적 항변' 참조)의 중요한 사유의 하나로 자주 등장하고 있다.

여기서 국내구제완료의 원칙은 국제법상의 논리적 필요성에 의한 것이 아니라 정치적 및 실제적 고려에 의한 것이다. 즉, 규모나 중요성이 작은 사건의 경우 법익침해국의 법정에서 다투는 것이 효과적이지 무분별하게 외교적 보호권의 대상이 되는 것은 바람직하지 않다는 견해의 반영이다.

이 원칙은 국제관습법상의 원칙으로 확립되어 있으며 1959년 스위스와 미국간 '인터한델 사건(Interhandel)'에서도 확인되었다. 이 사건에서 ICJ는 미국의 선결적 항변을 받아들이면서 국내구제완료가 없는 상태에서 피해 외국인의 국적국이 가해국을 상대로 국제소송을 제기하는 경우 소가 성립되지 않는다고 보고 스위스의 제소를 수락하지 않았다.[22] 또한 ICJ는 1987년 미국과 이탈리아간

---

21) 외교적보호규정초안 제 14조 2항에 의하면 '국내구제'란 '피해를 야기한 데 대해 책임이 있는 국가의 사법 또는 행정 법원에서 피해자 개인에게 열려있는 법적 구제책'을 의미한다.

22) 이 사건의 개요는 다음과 같다. 1942년 미국 정부는 적성국교역법에 의거 적국인 독일회사의 지배하에 있었던 스위스 Interhandel사의 자회사인 GAF사의 자산을 몰수하였다. Interhandel사는 미국에 대해 몰수자산을 풀어 줄 것을 요청하였으나 미국이 이를 거부하였으며, 동사는 사건을 미국법원에 제소하였으나 패소하였다. 이후 동 건에 대해 재상소하면서 동시에 ICJ에 사건을 회부하였다. 그 사이 미 연방대법원은 파기환송을 결정하였다. 미국은 이를 근거로 스위스의 미국 내 국내구제절차가 완료되지 않았다고 주장하였다. ICJ는 이 사건에서 외교적 보호권 행사의 전제로 국내구제완료는 확립된 국제법상의 원칙이라고 보고 미국 내에서 재심절차가 진행되고 있으므로 국내구제를 완료하지 않았다고 판단하였다. ICJ Reports 1959, p. 6, pp. 26-27, 그밖에 1956년 그리스와 영국간 'Ambatielos 사건'에서도 중재재판관들은 피해자가 중요한 증인을 부르지 않아 패소하고 다시 항소하였으나 항소가 받아들여지지 않은 데 대해 또 다시 상소

'ELSI 사건'에서도 외교적 보호권 행사의 요건으로서 국내구제완료 문제를 다루었다. ICJ는 이탈리아가 '국내구제절차가 시도되지 않았거나 최소한 아직 완료되지 않았다(... some local remedy that had not been tried ... or at least, not exhausted)'는 점을 증명하지 못하였으므로 더 이상 국내구제절차의 완료는 요구되지 않는다고 보았다.23)

그런데 여기서 중요한 것은 외교적 보호권 행사의 전제조건으로 국내구제완료원칙이 요구되기 위해서는 국내구제수단이 가해국 내에서 이용가능하고(available), 실현가능하며(obtainable), 유효한(effective) 것이어야 한다는 점이다. 이와 관련 전술한 2007년 기니와 콩고간 'Diallo 사건'에서 ICJ는 콩고의 국내법률 체계 속에서 Diallo가 추방조치에 대항하기 위하여 사용할 수 있는 효과적인 구제방안이 있으나 Diallo가 이 절차를 모두 완료하지 않았다는 점을 콩고가 입증하여야 한다고 하면서 콩고의 주장을 배척하였다.24)

한편 국내구제완료의 원칙이 항상 요구되는 것은 아니다. 원칙의 적용이 배제될 수 있는 예외적 상황이 있다. 이에 대해 외교적보호규정초안 제 15조는 다음과 같이 규정하고 있다.

첫째, 피해자가 가해국에서 구제를 받는 것이 현실적으로 제한되거나 불가능한 경우, 즉 효과적인 구제를 제공할 수 있는 구제방안이 결여되어 있는 경우, 예컨대, 국내재판소가 피해를 입은 개인에 대한 구제방안을 제공하지 않는 경우를 들 수 있다.25) 물론 이 예외는 매우 엄격히 적용되어야 할 것이다.

하지 않은 것을 이유로 국내구제를 완료하지 않았다고 판단한 바 있다. Greece v. UK, RIAA XII 83, ILR 23, 1956, p. 306.

23) ICJ Reports 1989, p. 15, para. 59.

24) ICJ는 다음과 같이 판단하였다. 즉, 기니는 Diallo가 국내구제를 완료하였음을 확인하여야 하고, 아니면 국내국제를 완료하지 못할 예외적인 상황이 있었음을 설명하여야 하며, 어느 쪽에도 해당되지 않을 경우에는 Diallo가 국내구제를 완료하지 않았음을 콩고가 증명하여야 한다고 보았다. 관련 부분 원문은 다음과 같다: "Thus, in the present case, Guinea must establish that Mr. Diallo exhausted any available local remedies or, if not, must show that exceptional circumstances justified the fact that he did not do so; it is, on the other hand, for the DRC to prove that there were available and effective remedies in its domestic legal system against the decision to remove Mr. Diallo from the territory and that he did not exhaust them", ICJ Reports 2007, p. 582, para. 44.

둘째, 외교적 보호권의 행사가 정당한 사유 없이(가해국의 책임 있는 사유로 인해) 지연되는 경우,

셋째, 피해자와 가해국간 피해 당시 '자발적 관련성(voluntary link)'이 없는 경우,[26]

넷째, 피해자가 국내구제절차를 추구하는 것이 명백히 배제되어 있는 경우,[27]

다섯째, 가해국이 국내구제완료 요건의 적용을 포기(배제)한 경우다.

그 밖에 조약 등을 통해 사전에 국내구제완료원칙의 적용을 배제하기로 합의한 경우에도[28] 이 요건을 적용하지 않고 바로 외교적 보호권의 행사가 허용된다.

외교적 보호권 관련 추가검토사항

- ▶ 1965년 한일청구권협정 체결을 통해 외교적 보호권을 포기하였을 뿐 피해자 개인의 청구권은 포기되지 않았다는 주장과 청구권협정은 일종의 일괄보상협정(lump sum agreement)으로 동 협정으로 인해 개인의 청구권도 소멸되었다는 주장이 있다. 우리 대법원은 개인의 청구권이 소멸되지 않았음은 물론 국가의 외교적 보호권도 포기되지 않았다는 입장이다.
- ▶ 개인이 자신의 국적국에 대하여 국가의 권리인 외교적 보호권의 행사를 요구할 수 있는가.
- ▶ 정부가 자국민을 위하여 외교적 보호권을 행사하여야 할 의무는 없지만 그렇게 하지 않는 것이 비합리적이고 국민의 권리침해에 해당하는 경우 사법심사의 대상이 될 수 있는가. 물론 이 경우에도 법원이 외교정책에 영향을 미치는 결정을

25) 영국은 1983년 소련에 의한 대한항공 민항기 격추사건 관련 소련 법원이 정부로부터 독립되어 있지 않다는 이유로 바로 외교적 보호권을 행사하였다.

26) ILC의 외교적보호규정초안의 주석서에 의하면 '관련성이 없다'는 의미는 피해자 개인과 가해국간의 자발적인 연계(voluntary link) 또는 영토적 연관성(territorial connection)이 없는 경우를 말한다. 즉, 자발적으로 해당국에 소재 또는 거주하지 않는 경우 또는 재산 등이 소재하지 않는 경우에는 국내구제완료가 요구되지 않는다.

27) 가해국의 의도적인 사법방해 행위(가해국의 피해자에 대한 입국방해 행위 등)가 이에 해당될 수 있다.

28) 1972년 '우주물체에 의하여 발생한 손해에 대한 국제책임에 관한 협약(책임협약)' 제11조 1항은 "이 협약에 의거 발사국에 대한 손해보상 청구의 제시는 청구국 또는 청구국이 대표하고 있는 자연인 및 법인이 이용할 수 있는 사전의 어떠한 국내구제의 완료를 요구하지 않는다"고 규정하고 있다.

하여서는 안 될 것이다.

☞ **기출문제 예시**

문 1) X회사는 A국에 설립되었다. X회사의 주식을 A국민은 38%, B국민은 10%, C국민은 52% 보유하고 있다. 1992년 X회사는 B국에서 60년간 유정을 개발하고 그 기간 동안 미화 30억 불에 해당하는 직접투자를 하기로 하는 양허계약(Concession Agreement)을 B국 정부와 체결하였다. 이에 따라서 X회사는 B국 내에 원유채굴 및 정제를 위한 공장시설을 다수 설치하여 운영하고 있다. 그 과정에서 X회사는 원유채굴을 하면서 주변 삼림을 훼손하고 폐원유를 처리하지 않은 채 강물에 흘려보냄으로써 원주민의 식수원을 오염시켰고 이에 다수의 환경단체들이 공장폐쇄를 요구하였다. 한편 최근 B국에 새로 집권한 정부는 X회사가 야기한 환경피해를 이유로 X회사의 관련 정유시설을 국유화하는 조치를 내렸고 X회사는 B국 내에서 B국 조치의 취소를 구하는 소송을 제기하였지만 B국 내 최고법원에서 패소하였다. X회사의 피해와 관련하여 A국과 C국이 B국을 상대로 외교적 보호를 행사할 수 있는지 여부를 논하시오.

문 2) A국 국적의 국민인 '갑'은 B국에서 B국의 회사법에 따라 X주식회사를 설립하고 주주가 되었다. X주식회사는 주로 C국에서 사업을 하고 있었다. 한편 C국에서는 정부군과 반란군 사이에 내전이 발생하였는데 내전 과정에서 반란군은 점령지 내에 위치한 X주식회사의 재산을 보상 없이 수용하였다. 이후 반란단체는 내전에서 승리하여 신정부 수립에 성공하였다. 위 수용행위와 관련하여 A국 또는 X주식회사가 C국 법원에서 C국 정부를 상대로 손해배상을 구하는 소송을 제기한 바는 없다. 다만, C국의 대법원은 유사한 사건에서 원고의 청구를 기각한 전례가 있다. 반란단체가 X주식회사를 수용한 행위와 관련하여 A국 또는 B국이 각각 C국에 대하여 외교적 보호권을 행사할 수 있는가?

IV

국제법 이론의 분야별 적용

제 15 강
외교 · 영사 관계법

제1절 개관

국가의 대외관계 활동은 국가를 대표할 자격을 갖춘 기관들에 의해 수행된다. 일반적으로 그러한 지위에 있는 국가기관으로는 국가원수(head of state), 정부수반(head of government)과 외교장관을 들 수 있다. 이들이 국가대표기관으로 중요성을 가지는 이유는 조약체결시 권한을 입증하는 전권위임장을 요구받지 않기 때문이다.[1] 또 다른 국가대표기관으로는 외국군대, 군함 및 공선 등이 있다.

그러나 국가의 대외관계 활동의 핵심은 무엇보다도 상주외교사절(diplomatic agents)이나 영사를 통해 이루어진다. 특히 상주외교사절을 통한 외교활동은 사실상 국가의 대외관계 활동의 핵심이며 본 강에서 다루는 주제이다. 여기서 상주외교사절이라 함은 접수국에 상주하기 위해 파견되는 정규외교관을 의미하며 특정한 임무수행을 위해 임시로 파견되는 특별사절(임시사절)과 구분된다.

이와 관련 외교 및 영사관계를 국제법적으로 규율하기 위해 1961년 '외교관계에 관한 비엔나협약(Vienna Convention on Diplomatic Relations: 외교관계협약)'과

---

1) 유엔 안보리 절차규칙 제 13조도 각 이사국의 정부수반 또는 외교장관은 신임장 제출 없이 안보리 회의에 참석할 권한이 있다고 규정하고 있다.

1963년 '영사관계에 관한 비엔나협약(Vienna Convention on Consular Relations: 영사관계협약)'이 채택되었으며,[2] 이들 협약에 따라 상주외교사절(이하 '외교사절')과 영사의 파견, 접수, 직무, 특권과 면제 등에 관한 사항이 규율되고 있다. 그러나 무엇보다도 이들 협약의 핵심은 외교사절과 영사에 대한 특권과 면제의 부여이다. 특히 외교사절의 경우는 접수국 내에서 거의 완벽할 정도의 특권과 면제를 향유하며 영사의 경우에도 비록 제한적이기는 하지만 영사의 기능수행에 필요한 범위 내에서 특권과 면제를 향유한다.

한편 외교 및 영사관계 협약은 국제법의 다른 어느 분야보다도 대체로 잘 지켜지고 있으며 전 세계 거의 모든 국가가 당사국이다.[3] 그 이유는 모든 국가가 외교 및 영사관계의 중요성을 잘 알고 있으며 또한 외교사절 및 영사의 파견 및 접수에 있어 공통의 이익을 가지고 있다는 점에서 상호주의가 그 어느 분야에서 보다도 존중되기 때문이다. 다만 외교 및 영사관계 협약들을 해석하고 적용하는 과정에서 국가간 관행 및 입장의 차이가 노정되고 있다는 점은 극복되어야 할 과제이다.

이들 협약을 중심으로 외교·영사관계를 규율하는 국제법 원칙들에 대하여 검토한다.

---

2) 이들 2개 협약은 유엔헌장 제 13조에 규정된 '국제법의 점진적 발전과 법전화'사업에 따라 지금까지의 국제관습법을 법전화, 즉 성문화한 것이다. 또한 이들 협약의 채택과 동시에 협약의 해석과 적용에 관한 분쟁 해결을 위해 1961년 '외교관계에 관한 비엔나협약 분쟁의 강제적 해결에 관한 선택의정서(Optional Protocol to the Vienna Convention on Diplomatic Relations concerning the Compulsory Settlement of Disputes, 외교관계협약 분쟁해결의정서)'와 1963년 '영사관계에 관한 비엔나협약 분쟁의 강제적 해결에 관한 선택의정서 (Optional Protocol to the Vienna Convention on Consular Relations concerning the Compulsory Settlement of Disputes, 영사관계협약 분쟁해결의정서)'가 채택되었다.

3) 2021년 12월 현재 193개국이 당사국이다. 사실상 거의 모든 유엔회원국들을 포함하고 있다.

제2절 외교관계

1. 외교관계에 관한 비엔나협약의 성립

국가는 다른 국가와의 협력, 우호증진 또는 분쟁해결 등 다양한 목적으로 외교관계를 맺고 외교사절을 교환한다. 외교관계의 개설 또는 외교사절의 교환은 상호 합의에 의하며 상호주의를 원칙으로 한다.

외교사절 제도는 웨스트팔리아 조약 이후 새로운 국가들의 탄생과 함께 발전하기 시작하였다. 나아가 외교사절의 특권과 면제에 관한 규칙은 18세기에 관습의 형태로 출발하였으며 1815년 비엔나 회의를 통해 이들 관습에 대한 공통의 이해가 형성되기 시작함으로써 국제관습법으로서의 모양을 갖추기 시작하였다.[4)]

이후 전술한 바와 같이 ILC에 의해 1961년 외교관계협약이 성문화되었으며 이 협약은 외교사절과 관련된 제반 사항을 폭 넓게 규율하고 있다. 그러나 외교관계협약은 이 협약에 의해 규율되지 않는 사항에 대하여는 여전히 국제관습법에 의해 규율된다고 규정함으로써 국제관습법이 적용될 여지를 남겨두고 있다.

한편 ICJ는 1980년 '이란주재 미국 대사관직원 인질 사건'에 대한 판결에서 외교관계협약을 '자기완비적 체제(self-contained regime)'라고 설명한 바 있다.[5)] 다시 말해서 외교관계협약은 실체법으로서 외교특권과 면제 등에 관한 접수국의 의무를 규정하면서 동시에 파견국(공관)에 의한 권리남용 등 협약 위반시 접수국이 취할 조치에 대해서도 직접 규정하고 있으므로 국제법의 다른 분야로부터 영

---

4) 이 회의에서 '외교관의 석차에 관한 규칙(Regulation on the Precedence of Diplomatic Agents of 19 March 1815)'이 마련되었다.

5) 관련 부분 원문은 다음과 같다: "The rules of diplomatic law, in short, constitute a self-contained regime which, on the one hand, lays down the receiving State's obligations regarding the facilities, privileges and immunities to be accorded to diplomatic missions and, on the other, foresees their possible abuse by members of the mission and specifies the means at the disposal of the receiving State to counter any such abuse", ICJ Reports 1980, p. 3, para. 86.

향을 받지 않는다는 의미에서 자기완비적 체제에 해당된다고 보았다.[6] 이에 대한 상세는 아래 사건을 참조한다.

이란주재 미국 대사관직원 인질 사건(1980년 미국 v. 이란)

1. 사건 개요

▶ 1979년 이란의 회교지도자 호메이니가 주도한 회교혁명으로 팔레비 왕정이 무너지자 테헤란의 회교 과격파 학생들이 중심이 되어 미 대사관을 점거하고 미국으로 망명한 팔레비 국왕의 송환을 요구하면서 대사관 직원을 인질로 삼고 문서를 탈취하였다.

▶ 미국은 이 사건을 ICJ에 제소하면서 동시에 인질의 석방을 위한 잠정조치를 요구하였다.

2. 판결

가. 자기완비적 체제로서의 외교관계협약

▶ 외교관계협약은 자기완비적 체제이므로 동 협약에 따라 이란 정부는 미 대사관 직원들을 인질로 하여서는 안 되며, 대신 협약에 규정된 방식에 따라 기피인물(*persona non grata:* PNG)로 선언하고 추방하거나 아니면 미국과 외교관계의 단절 등 외교관계협약의 범위 내에서 필요한 조치를 취하였어야 한다. 즉, 남용이 개인 차원의 것일 때에는 당해 외교관을 언제든지 그리고 이유를 설명함이 없이 '기피인물'로 선언해 추방하고, 공관 차원의 집단적인 남용으로서 그 정도가 심각한 수준의 것일 때에는 파견국과의 외교관계의 단절을 통해 공관원 전원

---

6) 자기완비적 체제란 1차 규범인 다자조약 내에 위반에 대한 책임을 묻는 구제절차(2차 규범)가 포함되어 있어서 타 당사국이 조약상의 이무를 이행하지 않을 경우 피해를 입은 당사국은 일반국제법하에서 인정된 국가책임 추궁방식(예컨대, 국가책임규정초안에 규정된 대응조치) 대신 조약 자체에 규정된 구제절차에 따라 해결할 수 있는 체제를 말한다. 임한택, p. 515. 그러나 어느 조약이 자기완비적 체제라고 하더라도 모든 면에서 포괄적 의미에서의 자기완비적인 그런 조약은 존재하지 않으며 조약의 자기완비는 특정 조약이 단지 어떤 특정 측면에서 자기완비적(배타적)임을 의미할 따름이다. 이는 다시 말해서 외교관계협약이 자기완비적 체제라고 하여도 모든 면에서 완벽하게 자기완비적일 수는 없으며 따라서 일반국제법에 다소간 의존하게 된다는 것을 의미한다. 김대순, pp. 789-793.

을 추방하는 방법을 선택하여야 한다.

▶ 이에 비추어 볼 때 이란이 협약의 범위 내에서 대응조치를 강구하지 않고 협약 규정을 위반하여 대사관을 점거하고 외교관을 인질로 한 것은 대응조치로 정당화될 수 없다.

나. 외교관계협약 위반 확인 및 책임

▶ 이란 정부가 미국대사관 및 공관원들을 보호하기 위해 필요한 협약상의 조치를 취하지 않은 행위(자국 시위대로부터 주재 외국공관을 보호하지 못한 부작위)는 외교관계협약 및 영사관계협약의 당사국으로서의 의무위반일 뿐만 아니라 국제사회 전체에 대한 일반국제법상의 대세적 의무 위반이다.

▶ 외교공관의 불가침권 등을 포함하여 외교관 신체의 불가침은 절대원칙(absolute principle)이다.

▶ 이란의 의무위반은 국가책임을 구성하며 따라서 국가책임해제의 의무(불법행위의 종료, 배상책임 등)를 진다.

이하 외교사절의 종류, 파견 및 접수, 특권과 면제 등에 대하여 협약을 중심으로 설명한다. 여기서 인용되는 조항은 특별한 설명이 없는 한 외교관계협약의 관련 조항들을 말한다.

2. 외교사절의 교환 및 직무

가. 파견

국가승인(recognition) 이후 외교관계의 수립이 뒤따르는 것이 통례이지만 동시에 행해지는 경우도 많다. 외교관계의 수립이 묵시적 승인이 되는 경우가 이에 해당될 것이다.

한편 외교관계가 수립되었다고 하여 반드시 상주외교공관(대사관)[7]의 설치까지 합의된 것으로 해석되지는 않는다. 외교관계 협약 제 2조는 국가간의 외교

7) 외교공관은 일반적인 명칭이며 통상 대사관(embassy)이라고 한다. 그러나 국가에 따라서는 역사적, 정치적 이유로 대사관 대신 다른 명칭(예컨대, 리비아의 Libyan People's Bureau 등)을 사용하기도 한다.

관계 수립 및 상주 외교공관의 설치는 상호 합의에 의한다고 규정하고 있다. 외교공관의 설치는 별도의 합의를 요하는 절차이기 때문이다. 따라서 절차적으로 외교사절의 파견은 당사국간 합의에 의한 외교관계 수립 및 상주공관 설치 후에야 비로소 이루어지게 된다.

그럼 외교사절을 파견하는 절차는 어떻게 되는가. 먼저 외교사절의 장(공관장)을 파견하기 위하여는 파견하려는 자에 대하여 사전에 접수국의 수락여부를 문의하고 동의를 받아야 한다. 여기서 접수국의 사전 동의를 '아그레망(agrément)'이라고 한다. 접수국은 아그레망을 거절하는 이유를 파견국에 제시할 필요는 없으며 아그레망의 거부가 비우호적 행위로 간주되지 않는다.

접수국(receiving State)으로부터 아그레망을 받은 국가원수는 해당인을 공관장으로 임명하고 신임장(credentials)을 주어 접수국에 파견한다. 신임장은 국가원수가 파견국(sending State)을 대표하는 공관장으로 특정인을 임명한다는 내용의 접수국 국가원수에게 보내는 문서를 말한다.

나. 접수

공관장은 접수국 도착후 신임장 사본을 외교부장관에게 제출하고 이어 정본을 국가원수에게 제출한다. 공관장의 직무개시는 접수국의 관행에 따라 신임장 사본을 제출하였을 때를 기준으로 하거나 또는 정본을 제출하였을 때를 기준으로 한다. 그러나 공관장의 특권과 면제는 공관장이 이미 접수국의 영토에 들어갔을 때부터 인정된다.

참고로 공관장의 임무수행 중 파견국 국가원수의 변경시에는 새로이 신임장을 제출하는 것이 원칙이나 합헌적 방법에 의한 국가원수 교체시에는 그렇지 아니하다.

다. 외교사절의 직급

1) 공관장의 파견과 직급

파견되는 공관장(head of mission)의 종류와 직급은 국가간 합의에 의한다. 여기에는 접수국 국가원수를 상대로 파견되는 대사(ambassador),[8] 접수국 국가원수를 상대로 파견되는 공사(minister)[9]와 접수국 외교장관을 상대로 파견되는 대리대사(chargé d'affaires)[10]가 있다. 대리대사는 대사가 파견되지 않는 경우 실질적인 공관장으로 파견되는 자를 말한다. 반면 공관장 부재시 또는 공관장이 그의 직무를 수행할 수 없을 경우 잠정적으로 공관장으로서의 역할을 수행하는 자는 대사대리(charge d'affaire, a.i)라고 한다.[11]

한편 접수국에서 공관장들간의 서열은 일차적으로는 계급에 의해 결정되지만 동일 계급간에는 직무개시일 순으로 정하며 직무개시일은 접수국 국가원수에게 신임장을 제정한 날을 의미한다.

2) 공관원의 파견과 직급

공관장이 아닌 공관직원에 대하여는 파견국이 자유로이 임명할 수 있다. 공관직원은 외교직원(members of the diplomatic staff), 행정 및 기능직원(members of the administrative and technical staff)과 노무직원(members of the service staff)으로 구성된다. 여기서 공관장과 공관직원을 함께 공관원(members of the mission)이라 하며 공관장과 외교직원을 통칭 외교관(diplomatic agents)이라고 한다(제 1조). 이와 같이 외교관은 외교사절의 다른 표현이다.

---

8) 공식 명칭으로는 특명전권대사(ambassador extraordinary and plenipotentiary)라고 한다.

9) 외교관계협약 제 14조에서의 공사는 외교공관장으로서의 공사를 의미하며 대사가 있는 공관의 외교관 직급(통상적으로 차석 직급)으로서의 공사와 구분된다. 공사는 영어로 envoy와 minister로 표현하고 있으나 본서에서는 현재 통상적으로 사용되는 공사의 영어표현인 minister를 사용한다.

10) chargé d'affaires를 대리공사로 번역하기도 하나 외교부가 사용하는 정확한 번역은 대리대사이다.

11) 여기서 a.i 는 영어의 ad interim을 의미한다.

라. 기피인물 통보 제도

접수국은 언제든 이유를 설명할 필요없이 공관장을 포함한 외교직원에 대하여 '기피인물'로 선언하고 이를 파견국에 통보할 수 있다. 또한 다른 공관직원에 대하여는 '받아들일 수 없는(not acceptable) 인물'로 통고할 수 있다(제 9조). 기피인물로 선언되면 제한된 시간 내에 출국하여야 하며 만약 그렇지 않을 경우 더 이상 공관원으로서의 특권과 면제가 부여되지 않는다.

오늘날 진정한 의미에서의 기피인물제도가 원용되는 사례는 드물다. 그 이유는 예컨대, 중대한 범죄(살인 등) 발생시 파견국은 범죄에 책임 있는 외교관을 자발적으로 소환(withdrawal)하거나 또는 접수국으로부터 면제를 포기(waiver)하도록 요청받게 되며 이에 따라 파견국은 어느 하나를 선택하여 문제를 원만히 해결하기 위해 노력한다. 따라서 기피인물 제도는 오히려 정치적 목적으로 오용되는 경우가 더 많다고 볼 수 있다.[12)]

마. 외교공관의 직무

외교관계 협약은 외교공관의 직무에 대하여 "(a) 파견국을 대표(representation)하고, (b) 파견국과 국민의 이익을 보호(protection)하며, (c) 접수국 정부와 교섭(negotiation)하고, (d) 접수국 사정을 관찰(observation)하여 보고(reporting)하며, (e) 양국간 우호관계의 증진(promotion)을 도모하는 역할을 한다"고 규정하고 있다(제 3조).

한편 외교관계의 수립은 당연히 영사관계의 수립에도 동의한 것으로 해석되며[13)] 외교관이 영사업무를 수행하는 경우에는 영사관계에 관한 비엔나협약이 적용된다. 다만 영사에 대한 특권과 면제의 범위가 외교관에 비해 제한적이라는 점에서 많은 국가들은 영사업무를 수행하는 외교관에 대하여 외교관으로서의 지위도 함께 부여하고 있다.[14)]

---

12) 2018년 영국에서 발생한 전직 러시아 스파이 독살시도 사건을 계기로 러시아와 미국이 자국 주재 상대국 외교관 60명을 서로 맞추방하였다.

13) 외교관계협약 제 3조 2항(본 협약의 어떠한 규정도 외교공관에 의한 영사업무의 수행을 방해하는 것으로 해석되지 아니한다)과 영사관계협약 제 2조 2항(양국간 외교관계의 수립에 부여된 동의는, 달리 의사를 표시하지 아니하는 한, 영사관계의 수립에 대한 동의를 포함한다) 참조.

14) 우리나라 재외공관이 사용하는 대외직명인 'Fist Secretary and Consul'이 일례이다. 참

3. 외교사절의 특권과 면제

가. 이론적 배경

외교관계협약의 핵심주제는 외교특권과 면제(privileges and immunities)라고 하여도 과언이 아니다. 그렇다면 외교사절단에 대한 특권과 면제는 어떠한 근거에서 부여되는가. 외교특권과 면제가 부여되는 근거로는 전통적으로 (a) 치외법권설(extra-territorial theory), (b) 국가대표설(representational theory), (c) 기능설(functional theory)이 있다. 이 중 외교사절단에 대하여는 접수국의 법령과 관할권이 배제된다는 치외법권설은 오늘날 더 이상 지지를 받지 못한다. 외교관계협약 제 41조 1항도 외교관은 접수국의 법령을 준수할 의무가 있다고 규정하고 있으며 이는 치외법권설을 부인하는 것이다.[15) 주권국가를 대표하므로 특권과 면제가 부여되어야 한다는 국가대표설도 크게 지지를 받지 못한다. 따라서 특권과 면제가 부여되는 근거는 국가를 대표하는 외교사절단의 임무의 능률적인 수행을 확보하기 위한 목적이라는 기능설이 오늘날 통설로 지지받고 있다.[16)

이와 관련 외교관계협약 전문도 '이러한 특권과 면제가 ... 외교공관 직무의 효율적 수행(the efficient performance)을 보장하기 위한 것임을 인식하고 ...'라고 규정하고 있어서 기능설을 확인하고 있다. 이와 같이 기능설의 입장에 따를 경우 외교특권과 면제는 외교공관 직무의 효율적 수행을 보장하기 위한 제도로 외교관 개인의 권리가 아니라 파견국가의 권리이므로 파견국은 외교관에 대한 특

고로 과거 우리나라가 유엔회원국이 아니고 옵서버 지위만을 가지고 있을 당시 유엔 옵서버 대표부에 파견된 우리 직원들에 대하여 뉴욕총영사관 직원으로 겸임 발령하여 영사특권을 부여한 사례가 있다.

15) 치외법권설은 더 이상 적용되지 않으며 우리 대법원도 1986년 '미문화원 사건'에서 '공관지역이 설사 치외법권지역이고 그 곳을 미국영토로 본다고 하더라도 ...'함으로써 치외법권설을 부인한 바 있다. 그럼에도 불구하고 이 사건에서 우리 대법원은 외교공관의 특수한 지위를 완전히 부인하기 어려워 속인주의에 근거하여 관할권을 행사하였다. 그러나 기능설에 비추어 볼 때 공관지역은 치외법권지역이 아니며 따라서 속지주의도 당연히 적용할 수 있었다(제 11강 '국가의 관할권'의 제 2절 '관할권의 행사' 참조).

16) 그러나 치외법권설 또는 국가대표설에 대한 인식이 아직도 남아 있다는 사실을 부인할 수는 없을 것이다. 또한 기능설로 외교특권과 면제를 완벽하게 설명할 수도 없을 것이다. 따라서 이들 세 이론이 함께 원용될 때 보다 효과적인 설명이 가능하다고 본다.

권과 면제를 포기할 수 있다는 해석이 가능해진다. 왜냐하면 외교관은 파견국을 대표하여 파견국의 이익을 위해 접수국에서 활동하는 것이므로 외교관에 대한 특권과 면제도 외교관 개인에게 부여된 것이 아니라 그를 파견한 국가에 대해 부여된 것으로 보아야 하기 때문이다.

한편 외교사절단에 부여되는 '특권과 면제'를 각각 구분하여 설명하는 것이 반드시 적절한지에 대해서는 정확한 판단이 쉽지 않다. 그러나 외교관계협약도 특권과 면제를 함께 사용하고 있으며 이를 특별히 구분하고 있지 않다. 또한 실제로 양자를 명확하게 구분하여야 할 특별한 이유도 없다. 따라서 '특권과 면제'를 하나의 개념으로 하여 이를 적용대상인 외교공관과 외교관 개인에 대한 특권과 면제로 나누어 설명한다.[17)]

이러한 특권과 면제 중 무엇보다도 중요한 것은 공관지역의 불가침과 외교관 신체의 불가침(inviolability)으로 절대원칙(absolute principle)이다. 이 점은 앞에서 설명한 '이란주재 미국 대사관직원 인질 사건'에 대한 ICJ 판결에서도 확인된다. 이 사건에서 ICJ는 특히 외교관 개인의 '신체의 안전(불가침)과 기소로부터의 자유(재판관할권으로부터의 면제)'는 외교관의 국가대표성과 기능수행에 있어 본질적이며(essential), 무조건적이며(unqualified) 고유한(inherent) 것이라고 평가하였다.[18)]

참고로 외교특권과 면제는 당초 외교관의 신체의 불가침에서 비롯되어 이후 공관지역에 대한 불가침으로 확대 발전하였다.

---

17) 특권과 면제를 명확히 구분하는 것은 쉽지 않다. 그러나 대체로 특권은 실체법(예컨대, 조세 또는 사회보장 등 관련 법규정)으로부터의 실질적인 면제를 의미하며, 반면 면제는 접수국의 절차법(법절차), 즉 소송절차 등으로부터의 면제를 의미한다. 관련 부분 원문은 다음과 같다: "The distinction between an immunity and a privilege is not easy to define precisely, and the terms are often used interchangeably, but in general, a privilege denotes some substantive exemption from laws and regulations such as those relating to taxation or social security, whereas an immunity does not imply any exception from substantive laws but confers a procedural process of the receiving State", 'Satow's Guide to Diplomatic Practice', Gore-Booth (ed), Harlow, Longman, 1979, p. 120.

18) ICJ Reports 1979, Order, para. 38.

나. 공관지역의 불가침

1) 절대적 불가침의 원칙

소유주 여하를 불문하고 공관지역(the premises of the mission), 즉 공관장의 주거를 포함하여 공관의 목적으로 사용되는 건물과 부속 토지는 불가침이다(제 22조 1항). 이를 부연하면 다음과 같다.

(a) 접수국의 관헌은 공관장의 동의없이는 공관의 목적으로 사용되는 건물과 부속 토지, 즉 공관지역에 들어갈 수 없다.
(b) 공관장의 관저도 공관지역의 일부로 간주된다.
(c) 외교관의 관사도 공관장의 관저와 마찬가지로 절대적 불가침을 향유한다.

여기서 무엇이 공관지역인가에 대하여 다툼이 있을 수 있다.[19] 그러나 이에 대한 판단은 협약의 해석을 통해 구체적인 경우에 개별적으로 이루어져야 할 것이다. 이와 관련 영국은 외교공관 부지로서의 지위를 향유하기 위해서는 사전에 영국정부의 동의를 요한다는 내용의 국내법규정을 가지고 있다.

한편 공관지역의 불가침 원칙에도 불구하고 실제 운용과정에서 발생할 수 있는 긴급사태 발생시 동 원칙을 적용하는 데 있어서는 해석상 대립이 있다. 이에 대해 일부 학설은 긴급하고 불가피한 경우, 예컨대, 화재나 전염병 또는 사람의 생명이 위태로운 경우에는 예외적으로 접수국 관헌의 공관진입이 허용된다고 보고 있다. 그러나 이를 외교관계협약에 비추어 평가하면 이와 반대되는 해석이 성립된다. 즉, 외교관계협약 제 22조 1항은 공관지역이 불가침(the premises of the mission shall be inviolable)임을 선언하면서 예외적으로 '공관장의 동의가 있는 경우에는 진입이 허용된다'고 규정하고 있다. 따라서 이를 엄격히 해석하면 위급한 상황의 경우에도 접수국의 요청에 대한 판단은 어디까지나 공관장에게 있으

19) 오늘날 상업용 건물에 소재하는 대사관의 경우 다른 민간 사무실 등과 공유하는 공간에 대하여는 공관지역으로 보지 않는다. 또한 공관지역과는 별도의 지역에 위치하며 일반인에게 개방되어 있는 문화원이나 교육홍보 시설 등에 대하여는 국가마다 해석이 다르며 통상 접수국과 파견국간의 합의에 의하여 지위가 결정될 수 있다.

므로 불가침의 예외가 허용된다고 볼 수 없다. 물론 이에 대한 반론으로 동 조 2항이 "접수국은 외교사절단의 공관을 보호하기 위해 '적절한 모든 조치를(all appropriate measures)' 취하여야 할 특별한 의무(special duty)를 진다"고 규정하고 있다는 점에서 이를 근거로 긴급사태시의 예외를 추론하기도 한다. 나아가 협약이 전문에서 '... 이 협약에서 규율하고 있지 않은 사항에 대하여는 국제관습법상의 규칙들에 의해 규율될 것임을 확인하며 ...'라고 규정하고 있는데 국제관습법은 위험방지 및 사후수습을 위하여 긴급성(emergency)과 필요성(necessity)의 요건이 충족되는 경우에는 접수국 관헌의 공관 내 진입을 허용하는 것으로 해석될 수 있다고 보고 있다. 그러나 외교관계협약 논의과정에서 여사한 사항에 대한 예외를 허용하자는 제안이 수락되지 않았고 무엇보다도 남용의 방지라는 측면을 감안한다면 협약 규정에 따른 절대적 불가침의 원칙이 준수되어야 할 것이다.

그렇다면 실제 화재발생시 접수국 소방관이 공관 내에 진입할 수 없다면 어떻게 대응하여야 하나. 일부 국제법학자들은 이 경우 접수국이 할 수 있는 최선의 방법은 공관장에게 진입을 허용하여 줄 것을 간청하는 것이라고 설명한 바 있다. 이와 관련 다음의 사례는 시사하는 바가 크다.

1984년 런던주재 리비아 대사관 앞에서 발생한 리비아에 대한 반정부 시위과정에서 대사관 내부로부터의 총격으로 영국경찰 1명이 사망한 사건(St. James's Square 사건)과 관련 영국 정부는 절대적 불가침 원칙하에 공관원 전원의 출국을 요구한 후 이익대표부의 입회하에 대사관을 수색한 사례가 있다.[20] 영국 정부의 여사한 태도는 국제법에 충실하게 이루어진 조치라고 본다. 이 사건에 대한 평가에서 일부 학자들은 (상기 사례의 경우처럼) 외교관이나 또는 테러리스트에 의해 공관이 사람의 생명을 위협하는 장소로 사용되는 경우, 즉 '인간 생명에 대한 현실적이고 즉각적인 위험이 명백한 경우(clearly pose a real and immediate danger to human life)'에는 불가침에 대한 예외가 허용되어야 한다고 주장하였으나 많은 지지를 받지 못하고 있다.

결론적으로 외교관계협약이 규정하고 있는 불가침(inviolability)의 핵심은 (a)

---

20) 이 사건에서 리비아는 추후 책임을 인정하고 배상하였다. 영국 정부에 의한 수사는 계속되었고 공모자 1인에 대하여 실제 처벌이 가능할 정도의 증거수집도 있었으나 일부 증거가 국가안보를 이유로 법원에서 채택되지 않아 결국 사법정의는 실현되지 않았다.

접수국의 간섭으로부터의 자유와 (b) 접수국으로부터 보호받을 권리를 말하며 (c) 예외가 허용되지 않는 절대적 개념(absolute rule)으로 일종의 성역이다(the principle of inviolability is sacrosanct).[21] 이는 외교공관에 대한 불가침권을 영사관에 대한 불가침권과 구분하는 협약의 입법취지에서도 확인된다.

2) 외교공관을 보호할 접수국의 의무(테러 등 외부 공격으로부터의 보호)

접수국은 공관의 보호를 위해 적절한 조치를 취할 특별한 의무가 있다(제 22조 2항).[22] 여기서 우리는 다음과 같은 상황을 생각해 볼 수 있을 것이다. 즉, 외부로부터 테러리스트가 공관에 침입하려 한다는 정보를 입수하고 필요한 모든 보호조치를 강구하였음에도 불구하고 테러리스트가 공관에 침입하여 피해가 발생한 경우다. 이 경우 접수국은 협약위반의 책임을 져야 하는가. 이에 대해서는 협약 제 22조 2항이 접수국은 공관지역을 보호하기 위해 모든 적절한 조치를 취할 특별한 의무를 가진다고 규정하고 있음에 비추어 결과와 무관하게 적절한 조치를 취하였다면 외교관계협약 위반의 책임을 부담하지는 않는다는 주장이 설득력을 가진다.[23]

이와 관련한 사례로 대사관에 침입한 테러리스트들에 대응하기 위해 대사의 사전 동의 없이 접수국 정부가 병력을 대사관 내부로 진입시킨 경우의 정당성에 대한 판단이다. 1996년 페루주재 일본 대사관저에 침입한 테러리스트들을 공격하기 위해 페루병력이 대사의 사전 동의 없이 대사관저에 진입한 사건('페루 대사관 인질 사건')이 있다. 현실적으로 대사의 사전 동의를 득하기가 어려운 상황

---

21) Charles Chatterjee, 'International law and Diplomacy', p. 190.

22) 앞에서 설명한 '이란 주재 미국 대사관직원 인질 사건' 참조. 또한 2005년 '콩고영토에서의 무력활동 사건'에서도 콩고의 우간다 대사관에 대한 공격이 제 22조 2항의 의무를 위반한 것으로 판단하였다. ICJ Reports 2005, p. 168, para. 337. 한편 2019년 10월 대학생진보연합(대진연)이라는 단체 소속의 대학생들이 미국 대사관저에 무단 침입하여 기습 시위를 하고 건물 안으로 강제 진입을 시도한 사건이 있다. 이 사건에서도 우리 정부가 미 대사관저의 보호를 위해 상당한 주의의무를 다해 적절한 조치를 취하였는지가 쟁점이었다.

23) 그러나 실제로는 많은 국가들(특히 영국의 경우)이 접수국으로서 자국의 국제법 위반과 무관하게 피해발생시 일정액을 위로금(*ex gratia*) 형식으로 지불하는 관행이 있다. 결국 이 문제는 국가간 상호주의의 적용 등 다양한 실행을 통해 앞으로 해결되어야 할 과제이다.

이었다. 그러나 이에 대한 국제법적 평가는 우선 (a) 공관의 절대적 불가침에 대한 위반이라는 점(제 22조 1항), (b) 관저 내 인질들의 안전을 위한 일본 대사(일본 정부)의 일차적 책임을 페루 정부가 고려하지 않았다는 점, (c) 페루 정부가 접수국으로서 사전에 테러방지를 위해 최선을 다하였는가의 문제(제 22조 2항)로 요약될 수 있었다.

한편 공관의 보호와 관련 공관주변에서의 시위에 대한 접수국의 대응문제가 있다. 시위대가 할 수 있는 행위와 해서는 안 되는 행위를 구체적으로 규율하는 법 규정을 가지고 있는 국가도 있으며 반면 경찰의 판단에 맞추어 상황별로 대응을 달리하는 국가들도 있다. 그러나 여기서 중요한 것은 (a) 공관의 업무가 방해 받아서는 안 된다는 점, (b) 공관원이 위험에 처해서도 안 된다는 점, (c) 공관원과 방문객의 자유로운 통행이 가능하여야 한다는 점 등이 판단 기준이 되어야 할 것이다.[24] 이와 관련 우리나라는 외교공관으로부터 100미터 이내에서의 집회 및 시위를 금지하고 있다.[25]

3) 외교공관의 비호권 허용 여부

외교공관의 불가침과 관련하여 항상 논의되는 중요한 주제의 하나는 공관(파견국)의 비호권 허용여부이다.

가) 비호(asylum) 제도와 영토적 비호

비호란 일 국가가 외국인을 동인의 국적국의 반대에도 불구하고 자국영토로 들어오도록 허용하는 것을 말한다. 이를 영토적 비호라 하며 일반적으로 비호라함은 영토적 비호를 의미한다. 일반국제법상 (영토적) 비호를 구하는 개인이 영토국에 대하여 비호를 요구할 권리는 허용되지 않는다. 영토국은 비호를 허용

---

24) 이에 따르면 대사관 건너편 도로에서의 시위는 허용될 수 있다.

25) '집회 및 시위에 관한 법률' 제 11조(옥외집회와 시위의 금지 장소) 5호. 그러나 단서조항을 통하여 예외적으로 (a) 해당 외교기관 또는 외교사절의 숙소를 대상으로 하지 아니하는 경우, (b) 대규모 집회 또는 시위로 확산될 우려가 없는 경우와 (c) 외교기관의 업무가 없는 휴일에 개최하는 경우로서 외교기관 또는 외교사절 숙소의 기능이나 안녕을 침해할 우려가 없다고 인정되는 때에는 허용될 수 있다고 규정하고 있다.

할지 여부를 결정할 수 있는 자유재량권을 가진다. 다시 말해서 비호를 요청할 수는 있지만 당연히 영토국이 비호를 부여하여야 하는 것은 아니다.

비호제도는 후술하는 난민협약의 채택 이전 수세기 전부터 발달한 제도이다. 난민협약이 박해의 공포로부터의 도피를 전제로 하는 것과는 달리 비호는 공포와 무관하게 다양한 이유(특히 정치적 이유)로 발생하고 부여되기도 한다. 따라서 난민협약상의 난민의 지위를 구하는 자와 난민과 무관하게 단순히 비호를 구하는 자(asylum-seeker)가 함께 혼용되어 사용되기도 하지만 개념상으로 양자는 구분되어야 할 것이다.[26)]

나) 외교적 비호(외교공관의 비호)

외교적 비호는 접수국(영토국) 내에 소재하는 외국의 외교공관이 접수국 내에서 접수국의 국민, 자국민 또는 제 3국 국민에게 비호를 부여하는 것으로 위에서 설명한 일반적인 비호, 즉 영토적 비호와는 구분된다.[27)]

그렇다면 오늘날 외교공관은 외교적 비호를 부여할 국제법상의 권리가 허용되는가. 외교관계협약은 이에 대해 침묵하고 있다. 그러나 허용되지 않는다고 보는 것이 통설이며 국제관습법상으로도 공관의 비호권은 허용되지 않는다. 그 이유는 다음과 같다.

- 외교공관은 더 이상 치외법권 지역, 즉 접수국 내 외국(파견국)영토(foreign soil)가 아니며 외교공관에 대한 특권과 면제도 기능설에 입각하고 있다는 점에서 공관의 비호부여는 접수국의 영토주권에 대한 침해이다.
- 또한 공관지역은 국제법상 공관의 직무와 양립할 수 없는 방식으로 사용되어서는 안 된다는 협약규정에 비추어서도 허용되지 않는다고 보는 것이 타당하다(제 41조 3항). 따라서 이를 위반하는 경우 공관이 향유하는 불가침권의 남용에 해당되어 국제법 위반이 될 수 있다.

---

26) 여기서의 비호는 망명이라고도 한다. 망명은 난민과 구분되어야 하는데 그 이유는 정치적 망명의 경우 박해와는 무관하기 때문이다. 예컨대, 필리핀의 독재자 마르코스 대통령의 미국망명이나 이란 팔레비 국왕의 미국망명 등을 난민이라고 할 수는 없다.

27) 외교적 비호는 영토적 비호를 제외한 매우 폭넓은 개념이다. 따라서 여기서 말하는 비호는 엄격한 의미에서 '외교공관의 비호'가 정확한 표현이다.

이와 관련 제 5강('국제법의 법원'의 제 1절 라. '지역관습법' 참조)에서 설명한 바 있는 1950년 콜롬비아와 페루간 '비호권 사건'에서 ICJ도 일반국제법상 외교적 비호는 인정되지 않는다고 보았다. ICJ는 외교적 비호를 인정하기 위해서는 명확한 법적 근거가 필요하며(... Such a derogation from territorial sovereignty cannot be recognized unless its legal basis is established in each particular case) 따라서 콜롬비아의 비호는 접수국(영토국)의 배타적 권한에 속하는 사항에 대한 간섭이며(an intervention in matters which are exclusively within the competence of that State) 접수국의 관할권으로부터 범죄혐의자를 배제하는 행위, 즉 국제법 위반이므로 콜롬비아는 비호를 종료시킬 의무가 있으며 안도권(safe conduct)도 요구할 수 없다고 보았다.[28] 그러나 이어서 다루어진 1951년 'Haya de la Torre 사건'에서 ICJ는 비호를 종료시키는 방법에 대하여는 접수국에의 인도만이 유일한 방법이 아니므로 해결 방안은 당사자가 선택할 수 있다고 보았다.[29]

그밖에 공관의 비호와 관련한 많은 사례들 모두 외교공관의 비호권을 부인하고 있다. 그럼에도 불구하고 실제로 비호문제는 왕왕 발생하며 이 경우 파견국(공관)은 심각한 이익의 충돌이라는 현실적 문제에 부딪치게 된다. 여기서 문제가 되는 것은 비호를 구하는 자가 비호를 요구하고 이를 공관이 수용하는가의 판단의 문제가 아니다. 문제가 되는 것은 비호를 구하는 자가 이미 어떠한 방법으로든 공관 내에 들어와 있는 경우이다. 특히 비호를 구하는 자의 생명이 접수국의 자의적 행위로 인해 급박한 위험에 빠져있는 경우에는 더욱 그러하다. 이 경우 공관은 외교적 비호권이 국제법상 불허된다는 점을 알고 있지만 '거부하기 어려운 진정한 인도적 고려(urgent and compelling reasons of humanity)'가 요구되

---

28) ICJ Reports 1950, p. 266, pp. 274-275, 279. 참고로 여기서 '안도권'이란 비호를 구하는 자가 접수국(영토국)의 영토를 안전하게 벗어날 수 있는 것을 말한다. '안도'의 일반적 의미는 'permission to travel through a dangerous area, as in time of war, with protection against arrest or harm'이다.

29) 콜롬비아는 익년 다시 비호를 종료시키기 위한 방법에 대해 ICJ에 문의하였으며, 이에 대해 ICJ는 해결방법은 당사자가 선택하여야 하며 선택은 실행 가능성이나 정치적 편의를 고려(considerations of practicability or of political expediency)하여야 하므로 사법적 해석의 범위를 넘는다고 보고 인도만이 유일한 방법은 아니므로 페루로 반드시 인도할 필요는 없다고 판단하였다. ICJ Reports 1951, p. 71, p. 79. 이 사건에서 페루의 반란 지도자는 5년간 콜롬비아 공관 체류 후 파리로 망명하였다.

는 상황을 어떻게 조화시키는가의 문제에 직면하게 된다. 전술한 법적 의무(legal duty)와 도덕적 의무(moral duty)의 균형점을 찾는 문제이다.[30] 그렇다고 하여 인도적 고려를 이유로 접수국이 일시적으로라도 공관의 비호를 허용하거나 공관장이 비호를 부여하여야 한다는 내용의 조약이나 국제관습법은 존재하지 않는다.

그러나 여기서 또 하나 중요한 것은 어떠한 경우에도 접수국 관헌이 '이미 공관에 들어가 비호를 구하고 있는 자'를 공관 밖으로 강제로 나오도록 하기 위해 공관에 진입하거나 공관에 대하여 무력을 행사하는 것은 정당화될 수 없다는 점이다.[31]

참고로 우리와 관련된 사례로 1997년 황장엽 북한 노동당 비서가 북경주재 한국대사관에 귀순을 요청하였을 당시 중국정부는 공관의 외교적 비호권이 없으며 영토국인 중국이 관할권을 가진다고 하면서도 본인의 의사를 감안, 추후 한국 정부와의 교섭을 거쳐 출국을 허용한바 있다.[32]

---

30) 이는 접수국(영토국)의 '주권'과 파견국(공관)이 부담하여야 하는 '인도적 고려'의 조화 문제로 볼 수 있다. 이와 관련 강행규범의 위반에 해당하는 고문 등 비인도적 대우와 박해를 피해 공관에 피신한 경우에는 인도적 차원에서 일시적으로 피난처(temporary refuge)가 제공되어야 할 것이라는 주장도 설득력을 가진다. Chatterjee, pp. 233-234. 한편 실제 사례로 공관에서 일정 기간(때로는 장기간) 비호 부여 후 교섭을 통해 본인의 의사를 존중하여 출국하게 된 경우는 많이 확인된다. 예컨대, 1956년 헝가리 반체제 인사인 추기경 Mindszentry에 대하여 헝가리 주재 미국대사관이 비호를 부여한 예, 1975년 캄보디아 프놈펜에서 수백 명의 캄보디아인들이 프랑스 대사관에서 비호를 구한 예, 1989년 중국에서 천안문 사태 이후 Fang Lizhi 교수부부에게 미국 대사관이 비호를 부여한 예 등을 들 수 있다.

31) 1989년 미국이 파나마를 침공하자 파나마 실력자 노리에가는 로마교황청 대사관에 은신하였다. 공관 진입을 못한 미군은 결국 집중조명 등 다양한 방식으로 (바티칸을 설득하여) 동인을 대사관 밖으로 나오게 하였다. 이 사건은 미국이 접수국(영토국)은 아니지만 공관의 불가침을 설명하기 위해 인용된다.

32) 이 사건은 우리에게도 많은 국제법적 함의를 가진다. 탈북자들이 중국에서 우리 대사관이나 우방국 대사관을 통해 비호를 요청하는 경우 원칙적으로 대사관은 이들에 대해 비호를 부여할 권리가 없다. 그렇다고 이들을 중국 당국에 인도할 수도 없다. 결국 합의에 의해 원만한 해결이 도모되어야 할 것이다. 이 경우 우리는 박해를 피해 자신이 떠나온 땅을 다시 밟지 않는다는 국제인권법(난민협약)상의 대원칙인 '강제송환금지원칙(principle of non-refoulement)'을 근거로 탈북자들이 북한으로 송환되어서는 안 된다는 점을 주장할 수 있을 것이다.

'위키리크스 발행인 어산지 사건'을 통해 본 외교공관의 비호권

2012년 8월 영국주재 에콰도르 대사관은 외교폭로 사이트 '위키리크스' 설립자인 호주 출신 줄리언 어산지에 대해 망명을 허용하고 외교적 비호를 제공하였다. 그러나 2019년 4월 에콰도르 정부는 동인에 대한 비호를 철회한다고 발표하고 곧이어 대사관 내로 영국 관헌의 진입을 허용함으로써 동인은 결국 체포되었다. 어산지는 2006년 설립한 '위키리크스'를 통해 2010년 이라크, 아프가니스탄 전쟁 관련 미국 기밀문서 수십만 건을 올려 그간 1급 수배대상이었다. 또한 2011년에는 과거 스웨덴에서의 성범죄 혐의로 영국에서 불구속 상태로 조사를 받고 있었다. 그러던 중 영국 대법원에서 스웨덴 송환 결정이 나자 그는 동 결정이 자신을 결국 미국으로 송환해 처벌하기 위한 음모라고 주장하고 런던 주재 에콰도르 대사관으로 피신한 뒤 7년간 망명자 신분으로 체류하였다. (중략)

동 사건은 국제법적으로 많은 쟁점을 내포하고 있다. 당초 에콰도르가 비호를 허용한 것과 관련 특히 1961년 외교관계에 관한 비엔나협약(이하 '협약')상 외교공관의 비호권이 허용되는지, 비호를 허용한 조치가 국제법 위반으로 확인되는 경우 어산지의 신병을 영국에 인도하여야 하는지, 이후 에콰도르가 비호를 철회하고 영국 관헌이 체포하도록 한 행위가 국제법상 허용되는지 등 다양한 쟁점이 제기될 수 있다. (중략)

특히 어산지의 경우 과연 동인의 행위를 정치범의 성격으로 보아야 하는지의 문제가 있다. 더욱이 동인은 성추행(강간)범이라는 일반형사범에도 해당되어 사안의 본질을 복잡하게 하였다. 영국정부는 동인을 일반형사범으로 보고 동인에 대한 안도권을 허용하지 않고 인도를 요구하였다. 미국 또한 동인이 미 정부기관의 비밀문서를 공개한 범죄자로 보고 인도를 요구하고 있어서 비호부여 당시부터 사안의 본질에 대한 평가가 쟁점이 되고 있었다. (중략)

결론적으로 2012년 당시 에콰도르 대사관은 동인을 박해받는 언론의 자유수호가로 높이 평가하면서 동인의 행위를 정치적 행위로 보았다. 그리고 동인이 미국으로 송환되는 경우 가혹한 처벌을 받아야 할 것이라는 인도적 고려를 통해 비호를 부여하였다는 점에서 비호부여의 명분이 성립될 수도 있었다. 그러나 다른 한편 동인의 행위는 일반 형사범에도 해당된다는 점에서 미국 등 국제사회의 비난을 감수하기 어려운 에콰도르 정부가 결국 동인에 대한 비호를 철회하였다고 보아야 할 것이다.

> 에콰도르 정부가 어산지에 대하여 비호를 종료한 행위는 국제법 위반상태를 시정한다는 점에서는 국제법에 충실한 조치라고 할 수 있다. 그러나 범죄의 정치적 성격을 완전히 배제할 수도 없는 상황에서 기왕에 부여된 비호를 철회하였다는 점은 인도적 관행의 관점에서 볼 때 검토의 여지가 있다고 본다.

4) 공관 및 공관재산 등에 대한 법집행 면제

외교관계협약은 공관과 공관 내 비품 및 기타 재산과 공관의 수송수단은 수색, 징발, 차압 또는 강제집행으로부터 면제된다고 규정하고 있다(제 22조 3항). 제 12강(주권면제)에서 설명한 유엔주권면제협약(제 21조)도 특히 공무목적의 용도로 사용되는 외교적 또는 군사적 목적의 재산 등은 강제집행의 대상이 될 수 없다는 점을 규정하고 있다.

이와 관련 '주한 자이르 대사관저 임차료 체불 사건'은 시사하는 바가 크다. 즉, 원고(임대인)가 자이르(국가)를 상대로 한 소송에서 승소하였음에도 불구하고 공관에 대한 강제집행의 불허로(제 22조 3항) 판결이 집행되지 못한 사례이다.[33]

5) 사용을 중지한 공관의 불가침권 허용 여부

불가침권의 대상이 되는 공관은 현재 사용 중인 공관을 의미하며 이는 기능설에 비추어 볼 때 당연한 귀결이다. 따라서 사용을 중지한 공관은 불가침권을 향유

33) 이 사건은 임대인 차씨가 자신의 소유 건물을 주한 자이르 공화국(현 콩고 공화국) 대사관에 임대한 후 임대료가 연체되자 계약해지 후 건물명도 및 연체임대료 청구를 위해 제기한 소송이다. 이에 대해 당시 서울민사지방법원은 자이르 공화국에 대한 재판권 행사가 가능하다고 보고 원고 승소판결을 선고하였고, 원고는 판결문을 받은 후 집행관에게 강제집행을 신청하였으나 공관지역에 대한 강제집행 금지 등 협약규정을 이유로 거부당하였다. 이후 임대인은 국가를 상대로 손실보상을 요구하는 소송을 제기하였고 이에 대해 대법원은 (협약 제 22조 1항에 규정된) 외국 공관이 향유하는 불가침권과 (제 22조 3항에 규정된) 공관지역에 대한 강제집행으로부터의 면제를 근거로 외국대사관을 상대로 한 주택명도 및 연체임차료 지급판결은 강제집행할 수 없다고 판단하였다. 그러면서 이러한 사태는 원고의 자발적인 법률관계 형성의 결과이며 국가공권력 작용의 결과가 아니므로 국가는 이에 대해 손실보상의 의무가 없다고 판단하였다. 대법원 1997. 4. 25. 선고 96다16940 판결.

하지 못한다고 보는 것이 타당하다. 그러나 사용을 중지한 공관에 대한 불가침권의 허용문제는 사용이 중지된 배경이나 기간 등을 종합적으로 고려하여 객관적으로 판단되어야 할 것이다.

한편 외교관계협약은 외교관계의 단절, 특히 무력충돌의 경우에도 공관의 재산 및 문서와 함께 공관지역을 존중하고 보호하여야 할 접수국의 의무를 규정하고 있다(제 45조 a). 이에 대해서는 본 강 제 2절(5. '외교관계의 단절과 파견국 이익의 보호')을 참조한다.

6) 접수국에 의한 공관부지의 수용문제

외교관계협약은 공관지역에 대한 절대불가침 원칙에 따라 파견국의 동의가 없는 한 어느 경우에도 접수국에 의한 파견국 공관지역에 대한 수용 등의 조치는 허용되지 않는다고 규정하고 있다(제 22조 3항).

협약 채택과정에서 ILC가 작성하였던 초안에 의하면 접수국의 공공필요에 의한 불가피한 수용결정시 파견국이 접수국의 여사한 결정에 따라야 할 법적의무는 없으나 접수국과의 사전협의 절차에 응하여야 할 도덕적 의무는 부담한다고 보았다. 그러나 이 문언은 채택되지 않았다.

이와 관련 서울 소재 구러시아 공사관에 대한 우리 정부의 수용조치의 적법성을 평가한다면 기능설의 입장에서 볼 때 구러시아 공사관이 공관으로서의 기능을 상실하였다는 점에서(제 22조의 불가침 조항도 적용되지 않음) 우리 정부의 수용은 적법한 조치일 수 있다. 그러나 이 경우에도 추후의 보상에 대비해 보상금을 공탁하는 것이 필요하였다고 본다.[34]

7) 공관의 불가침권 적용범위

불가침이 적용되는 공관지역의 범위와 관련 공관에 부속된 기관의 지위에 대한 평가가 필요하다. 예컨대, 외교공관이 자국의 관광증진을 위해 노력하는 경우 그 활동이 공관 내에서 이루어지는 경우에는 외교공관의 공적인 활동이 될

34) 이후 1997년 한러 수교후 교섭을 통해 우리 정부는 러시아 측에 구러시아 공사관부지(약 6천 2백 평) 수용 보상금으로 230억 원을 제공키로 최종 합의하였다.

것이지만 반대로 별도의 사무실을 통해 활동하는 경우 이는 외교활동으로 보지 않으며 따라서 사무실은 공관지역으로 간주되지 않을 수 있다.

또 다른 예로 대사관 부속으로 대사관 직원 자녀들을 위하여 학교를 설립하는 경우가 있다. 교사들은 대사관 소속 행정 또는 기능직원으로 볼 수 있고 학교도 대사관의 부속건물로 볼 수 있을 것이다. 그러나 학교가 외부의 학생들을 받아들이는 경우 영리성이 확인된다면 해석이 달라질 수 있다. 물론 이에 대한 판단은 전적으로 접수국의 태도에 달려 있다.

다. 서류(문서), 통신, 외교행낭의 불가침

외교공관의 문서 및 서류는 '언제, 어디에서든' 불가침이다(제 24조).[35] 접수국은 공관의 자유로운 통신을 허용하고 보호하여야 한다(제 27조 1항). 공관의 공용통신문도 불가침이다(동 조 2항). 여기서 통신의 자유와 관련하여 쟁점이 되는 것은 외교행랑(diplomatic bag 또는 pouch)의 불가침이다(동 조 3항). 외교행낭에 대해서는 개봉은 물론 X선 등 전자장비를 통한 검사도 원칙적으로 불허된다.[36] 나아가 외교행랑 남용의 명백한 혐의(예컨대, 외교행낭에 의한 사람의 납치 등)가 있는 경우에도 원칙적으로 파견국의 동의 없이는 개봉 또는 억류(detained)되지 않는다.[37]

---

35) 여기서의 문서에는 사진이나 녹음, 필름 등 모든 기록문서 등이 포함된다.

36) 이에 대하여는 국가마다 실행이 다르다. 내용물 판독이 가능한 X선 스캔은 사실상 행낭의 개봉에 해당된다. 그러나 내용물을 확인하는 수준이 아니며 본질적으로 침투성을 가지지 않는 경우, 다시 말해서 사실상 개봉에 해당하는 정도가 아닌 한 허용된다는 주장도 있다. ILC가 1989년 채택한 '외교신서사 및 외교신서사가 동반하지 않는 외교행낭에 대한 규정초안(Draft Articles on the Status of the Diplomatic Courier and the Diplomatic Bag not accompanied by Diplomatic Courier)'은 동의가 없는 한 모든 종류의 전자 및 기계장치에 의한 검사로부터 면제된다(... shall be exempt from examination directly or through electronic or other technical devices)고 규정하고 있다.

37) X선 스캔을 통해 행낭에 허용되지 않는 물품이 들어 있는 것이 확인되는 경우에도 접수국이 행낭의 개봉을 공식적으로 요청할 권한은 없다. 대신 공관에 대하여 소명을 요청하여야 한다. 소명이 불충분한 상태에서도 공관이 행낭의 수령을 주장하는 경우 원칙적으로 접수국은 행낭을 공관에 돌려주어야 한다. 그러나 접수국이 협약규정을 위반하면서까지 행낭을 파견국으로 반송할 것을 주장하는 경우 파견국도 허용되지 않는 물품을 행낭에 포함함으로써 이미 협약을 위반하였다는 점에서 강력히 항의하기가 어려울 것으로 보인다. 이와 관련 아주 예외적인 경우로 예컨대, 행낭에 시체나 폭발물, 심지어는 사람이 들어 있다고 볼 수 있는 강력한 믿음이 있는 경우에는 국가안보나 생명보

외교관계협약에는 영사행낭의 경우와 달리 접수국이 반송을 요구할 수 있다는 규정도 없다. 그럼에도 불구하고 실제 사례로 접수국이 외교행낭을 억류하거나 또는 접수를 거부하고 심지어는 개봉할 권리를 주장하는 경우 이에 대하여 파견국이 할 수 있는 최종적인 선택은 대체로 외교행낭을 본국으로 반송시키는 것이다. 접수국에서의 행낭 발송시에도 같은 문제가 제기된다. 그러나 발송시 의심스러운 물건이 포함되어 있다고 판단되는 경우 항공사는 적재를 거부할 수 있다.

여기서 우리가 간과하여서 안 되는 것은 결국 외교행낭도 기능설의 입장에서 보아야 한다는 점이다. 다시 말해서 외교공관에 대한 절대불가침과 같은 맥락에서 외교행낭에 대하여도 절대불가침이 부여되지만 제 41조에 따라 해석되어야 한다는 점이다. 즉, 공관은 접수국의 법령을 준수하여야 하며(동 조 1항), 공관지역을 공관의 기능과 양립하지 않는 방식으로 사용하여서는 안 된다(동 조 3항)는 규정에 따라 외교행낭의 불가침 문제도 해석되어야 할 것이다.[38)]

한편 문서, 서류 및 행낭에 대한 불가침의 일환으로 외교문서나 외교행낭을 운반하는 외교신서사(diplomatic courier)의 신체도 당연히 불가침이다(제 27조 5항).

라. 공관의 은행 구좌

공관의 은행구좌도 불가침이다. 외교관계협약에는 관련 조항이 없으나 국제

호의 차원에서 개봉을 강력히 요청할 수 있다는 주장이 있다. 그러나 협약 규정에 충실한 해석은 아니다. 관련 사례로 1964년 모로코 태생의 이스라엘 이중스파이는 약물을 주입당한 뒤 온몸이 묶인 채 로마 주재 이집트 대사관의 외교행낭에 실렸다가 이탈리아 당국이 외교행낭을 개봉하여 구조된 예가 있다. 1982년 Falkland 전쟁 때 아르헨티나 정부는 폭발물을 외교행낭에 담아 스페인으로 보냈다. 스페인 남단 알헤시라스에 정박해 있던 영국 해군을 공격하려던 것이었지만 작전 직전에 스페인 경찰이 막아냈다. 1984년 런던 스탠스테드 공항에서는 나이지리아가 영국으로 망명한 알하지 디코 전 운수장관을 납치한 뒤 외교행낭을 통해 본국으로 데리고 오려다 적발되었다. 이 경우는 외교행낭의 표시가 없어 개봉이 용이하였던 사례이다. 그 밖에도 외교행낭의 남용, 특히 사람의 생명이 관련된 남용 사례는 다수 발견된다. 외교특권이라는 원칙과 인간의 생명보호라는 충돌하는 가치의 문제를 슬기롭게 해결하기 위한 노력이 요구된다.

38) 협약 제 41조 1항: “그들의 특권과 면제를 침해하지 아니하는 한, 접수국의 법령을 존중하는 것은 이와 같은 특권과 면제를 향유하는 모든 자의 의무이다. 그들은 또한 접수국의 내정에 개입하여서는 아니 될 의무를 진다.” 동 제 3항: “공관지역은 본 협약, 일반국제법상의 기타 규칙 또는 파견국과 접수국간에 유효한 특별협정에 규정된 공관의 직무와 양립할 수 없는 여하한 방법으로도 사용되어서는 아니 된다.”

관습법상 불가침의 대상이 된다.

공관의 불가침(요약)
▶ 공관은 절대불가침권을 향유하며 접수국은 공관을 보호하기 위해 적절한 모든 조치를 취하여야 할 의무를 부담 – ICJ는 1980년 '이란주재 미국 대사관직원 인질 사건'과 2005년 '콩고영토에서의 무력활동사건'에서 공관의 불가침에 관한 협약규정 제 22조 위반 확인 – 화재나 전염병 등 긴급사태시에도 공관지역은 절대불가침권 향유 ▶ 외교공관의 공문서, 서류 및 공용 통신도 절대불가침권 향유 – 외교행랑 남용의 명백한 혐의(납치 등)가 있는 경우에도 원칙적으로는 파견국의 동의없이 개봉 또는 억류(detained)되지 않으며 반송을 요구할 수도 없음 ▶ 접수국의 외교공관 내 설비, 재산, 수송수단 등에 대한 보호, 즉 접수국의 수색, 징발, 압류 또는 강제집행 불허 ▶ 접수국에 의한 공관 부지의 수용 불허(파견국의 동의 요) ▶ 공관에 대한 외교적 비호권의 불허

마. 외교관 개인에 대한 불가침

1) 신체에 대한 절대적 불가침(체포나 구금의 금지)

외교관의 신체에 대한 불가침은 고대 그리스 시대로 거슬러 올라가는 가장 오래된 법원칙으로 외교특권과 면제의 핵심이며 절대적으로 준수되어야 하는 국제법 원칙이다. 다시 말해서 예외가 허용되지 않는다. 외교관계협약 제 29조도 외교관의 신체가 불가침(inviolability)임을 선언하면서 (a) 외교관은 어떠한 형태의 체포 또는 구금도 당하지 아니하며,[39] (b) 접수국은 상당한 경의로써 외교관을 대우하여야 하고, 또한 그의 신체, 자유 또는 품위(person, freedom, dignity)에 대한 여하한 침해에 대하여도 이를 방지하기 위하여 모든 적절한 조치를 취하여

39) 1998년 '러시아의 한국 외교관 체포사건'에서 러시아 정보당국은 한국 외교관이 러시아 외교부 직원과 비밀문서를 주고받았다는 이유로 러시아 외교관 자택에서 한국 외교관을 체포, 연행하여 2시간 정도 구금하였다. 이에 대하여 한국 외교부는 이를 외교관계협약의 위반으로 강력 항의하였다.

야 한다고(take all necessary steps) 규정하고 있다.[40)]

그러나 외교관의 범죄로부터 공공의 이익을 보호하고 나아가 외교관 자신의 안전과 이익을 보호하기 위해 필요한 경우 일시적으로 신체의 자유에 대한 제한이 가능하며[41)] 이 경우 접수국은 동 사실을 파견국 정부(또는 공관)에 통고하는 것이 요구된다. ICJ는 전술한 '이란주재 미국 대사관직원 인질 사건'에서도 신체의 자유에 대한 일시적인 제한 가능성을 확인한바 있다.[42)] 특히 외교관의 음주운전의 경우에는 일시적으로 운전을 금지할 수 있다고 보는 것이 오늘날 대부분의 국가의 공통된 입장이다.[43)] 나아가 항공기 탑승시 외교관이 검색을 거부하면 항공사는 탑승을 거부할 수 있으며 이는 공공의 안전의 관점에서 타당한 해석이다.

여기서 외교관 개인에 대하여 불가침권이 부여된다는 사실이 외교관은 공공의 안전을 위해 수립된 절차를 무시하여도 된다는 의미가 아니며 이는 앞에서 설명한 외교관의 접수국 법령준수의무에서도 확인된다.

2) 외교관 개인의 사저, 개인서류, 개인재산

'공관지역의 불가침'에서 설명한 바와 같이 공관장의 관저와 함께 외교관 개인의 사저에 대하여도 절대적 불가침권이 부여된다(제 30조 1항).[44)] 외교관의 차량도 외교관 개인의 주거에 대한 불가침권의 일환으로 볼 수 있다.

또한 외교관의 개인서류, 개인재산도 동일한 불가침권을 향유한다(제 30조 2항).[45)] 여기서의 재산은 소유권 여하를 불문하고 외교관 개인의 수중에 있는 것

---

40) 2015년 '리퍼트 주한 미국대사 피습 사건'과 관련 우리 정부의 대사에 대한 경호가 평소와 다름없이 적절했는지에 대해 정부당국자는 "평소에도 적절한 경호는 제공되었다고 보며 다 함께 협조하여 경호되었을 것으로 생각되는데 상황 자체가 손을 쓸 수 없는 불가피한 면이 있었다"고 하면서 "피의자를 제압한 사람들이 경찰청 소속 직원들이란 점을 볼 때 기존에 하던 대로 경호가 이루어졌다고 본다"고 말했다.

41) 드문 예이지만 외교관이 길에서 불특정 다수의 시민들을 상대로 총을 휘두르다 경찰에 의해 무장해제된 사례가 있다.

42) ICJ는 판결문에서 "신체의 불가침 원칙이 반드시 현행범으로 붙잡힌 외교관에 대해 접수국 경찰이 범죄 예방을 위해 잠시 체포(briefly arrest)하는 것도 허용되지 않는다는 의미는 아니다"고 판단하였다. ICJ Reports 1980, p. 3, para. 86.

43) 미국 등 일부 국가의 경우 음주운전 반복시 기피인물로 추방하는 제도를 유지하고 있다.

44) 외교관이 호텔과 같은 곳에 일시적으로 체류하는 경우에도 불가침권을 향유한다.

을 말하며 은행구좌도 포함한다.

3) 접수국의 외교관 신체에 대한 보호의무

앞에서 설명하였듯이 협약 제 22조 2항은 접수국이 공관지역에 대한 어떠한 침입이나 손해가 발생하지 않도록 공관지역을 보호하고 공관의 안녕이나 품위의 손상을 방지하기 위하여 모든 적절한 조치를 취할 특별한 의무가 있다고 규정하고 있다. 이와는 별도로 협약 제 29조는 외교관의 신체가 불가침임을 선언하면서 동시에 접수국이 외교관의 신체, 자유와 품위가 침해되지 않도록 적절한 조치를 취할 의무가 있다는 점도 강조하고 있다.[46] 여기서 적절한 조치가 무엇을 의미하는지에 대한 해석은 국가마다 다르다. 물론 상호주의가 중요한 기준이 될 수 있으나 국가마다 처한 상황이 다르기 때문에 반드시 상호주의가 해결방안이 될 수는 없을 것이다. 예컨대, 파견국이 자국 내 외교관에 대하여 24시간 경비 병력을 제공한다는 이유로 특별한 위해의 합리적인 사유가 없는 경우에도 상대국에 대해 자국 외교관에 대하여 동일한 수준의 경비를 요구하는 것이 과연 적절한가는 생각해 볼 문제이다. 결국 중요한 것은 접수국이 적절하다고 판단하는 조치를 통해 상기 협약에 규정된 의무를 준수하면 된다고 본다.

이와 관련 외교관이 특히 공관이나 관저 이외의 불가침권이 제한되는 장소에서 접수국 내 테러리스트들에 의해 (테러단체의 정치적 목적달성을 위해) 인질이

45) 개인의 사적인 활동 등으로부터 야기되는 소송에서도 개인의 문서와 통신에 대한 불가침권은 허용되므로 소송시에도 제출할 의무는 없다.

46) 2006년 우리 경찰이 중국 외교차량에 대하여 음주측정을 요구하며 이를 거부하는 중국 외교관과 야간에 8시간 이상이나 대치하는 상황이 발생한 바 있다. 당시 경찰은 차량이 대사관 소속이긴 하지만 운전자가 외교관이 아니어서 외교특권과 면제의 대상이 아닐 수도 있다고 보고 신분 확인을 요청하였다고 말했다. 이 사건은 외교관의 접수국 법령 준수 의무와 함께 음주단속이 외교관 신체의 자유를 침해하는지에 대한 문제로 외교특권과 면제의 관점에서 검토가 요구되는 사안이었다. 그러나 분명한 것은 외교관임이 추정되고, 범죄혐의가 있었던 것도 아니었다는 점에서 8시간 이상을 대치하며 음주측정과 외교관 신분의 확인을 요구한 것은 비록 외교관의 주재국 법령 준수의무에도 불구하고 제 29조의 '접수국은 외교관을 상당한 경의로 대우하고 ... 외교관의 신체, 자유 또는 품위에 대한 침해를 방지하기 위한 적절한 조치를 취한다'는 규정의 위반에 해당되는 것은 아닌지 생각해 볼 수 있을 것이다. 상세는 류병운, '음주측정과 외교특권', 조선일보, 2006. 12. 27. 참조.

되는 경우 접수국의 '적절한 조치' 의무 위반 여부가 문제로 제기될 수 있다. 즉, 접수국이 (a) 이러한 사태의 발생을 방지하기 위해 적절한 조치를 취하였는가와 (b) 인질구출을 위해 최선을 다하였는가가 판단기준이 될 것이다. 그러나 이 문제는 파견국이 접수국의 국내정치에까지 관여할 수 있는가, 다시 말해서 인질범들이 요구하는 접수국의 정책의 변경까지 파견국이 요구할 수 있느냐의 문제를 포함하는 매우 복잡한 사안이다.[47] 물론 인질의 생명이 중요하지만 그렇다고 하여 접수국이 파견국의 모든 요구를 들어 인질문제를 반드시 해결해야 한다고 보기는 어려울 것이다.[48]

바. 외교관에 대한 접수국의 재판관할권 면제

외교관에 대한 재판관할권의 면제는 별도의 외교관계협약에 의해 규율되므로 앞에서 설명한 일반적인 주권면제와는 구분된다. 더욱이 외교관계협약은 상호주의가 가장 잘 적용되는 분야로 외교관에 대한 면제도 상호주의에 의해 규율되어야할 경우가 많이 있으며 이 점에서 일반적인 주권면제보다 통일적으로 잘 준수되고 있다.

1) 재판관할권으로부터의 면제

외교관은 접수국의 형사·민사·행정 재판관할권으로부터의 면제를 향유한다. 특히 외교관에 대한 형사재판관할권으로부터의 면제는 외교관의 신체에 대한

---

47) 1971년 터키 테러리스트들에 의한 이스탄불 주재 이스라엘 총영사에 대한 납치 및 살해, 1984년 영국주재 인도외교관의 납치 및 살해 등 여러 사례가 있다. 외교관에 대한 여사한 범죄는 정치적 대가를 요구하는 경우가 대부분으로 외교관의 생명을 구하기 위해서는 접수국이 치러야 할 정치적 부담이 너무 크다는 점에서 현실적으로 협상에 한계가 있다.

48) 참고로 오늘날 국제사회는 이러한 문제에 대응하여 1973년 유엔 총회에서 채택되어 1977년 발효된 '외교관 등 국제적 보호인물에 대한 범죄 및 처벌에 관한 협약(Convention on the Prevention and Punishment of Crimes against Internationally Protected Persons, including Diplomatic Agents, 국제적보호인물에 대한 협약)'이 있다. 우리나라는 이 협약에 1983년 가입하였으며, 이 협약은 2015년 리퍼트 주한 미국대사 피습사건을 계기로 중요성이 다시 인식되기 시작하였다. 참고로 우리나라를 비롯한 많은 국가의 형법은 외교관에 대한 범죄행위에 대하여 가중처벌하고 있다.

불가침권과 함께 외교면제의 핵심이며 어느 경우에도 예외 없이 부여되는 완전한 면제(complete immunity)라는 점에서 의미가 크다. 그러나 외교관에 대한 접수국의 재판관할권 면제가 행위 자체에 대한 책임의 면제를 의미하는 것은 아니다. 외교관에 대한 재판관할권 면제는 소송절차로부터의 면제를 의미할 뿐 형법 등 실체법의 적용, 즉 범죄 자체에 대한 면책을 의미하는 것이 아니기 때문이다. 단순히 그 지위를 가지고 있는 동안 향유하는 권리(인적면제)에 불과하다. 이는 외교관도 접수국 법령준수의무가 있다는 점에서 당연한 해석이다. 이러한 이유로 외교관도 직무종료 후에는 공적 업무가 아닌 부분에 대하여는 책임이 면제되지 않는다. 즉, 외교관의 공적 행위에 대한 접수국의 재판관할권은 영구히 면제되나 사적 행위에 대해서는 추후 법적 책임을 추궁당할 수도 있다.[49] 나아가 외교관의 본국인 파견국의 재판관할권으로부터도 당연히 면제되지 않는다(제 31조 4항).

이와 같이 외교관은 접수국의 모든 재판관할권으로부터 면제되나, 예외적으로 접수국 내에 소재한 외교관 개인의 부동산, 상업적 활동,[50] 유언, 상속 또는 개인의 영리활동 등과 관련하여 제기되는 민사 및 행정 재판관할권으로부터는 면제가 부인된다(제 31조 1항 a, b). 특히 외교관이 영리목적의 상업적 또는 직업적 활동을 하는 경우에는, 이를 금지하고 있는 제 42조[51]를 위반하여 행한 상업적 또는 직업적 활동은 물론, 접수국의 동의를 받고 행한 상업적 또는 직업적 활동 등 어느 경우에도, 접수국의 민사 및 행정 재판관할권으로부터 면제가 부인된다(제 31조 1항 c). 그 이유는 외교관과 거래한 상대방을 보호하는 데 목적이

---

49) 이는 앞의 '주권면제'에서 설명한 인적면제와 같은 개념이다. 즉, 공무와 무관한 범죄를 저지른 외교관이 외교관 신분 종료 후 다시 접수국을 방문하는 경우에는 접수국의 법에 따라 처벌받을 수도 있다.

50) 외교관이 여가를 이용해 저술활동을 하고 그 저술한 내용이 누군가의 명예를 훼손하는 경우 외교관은 동 행위가 상업적 활동과 관련되었다는 점에서 명예훼손으로 제기된 소송(여기서는 민사소송을 의미하며 형사소송은 어느 경우에도 면제)에서 면제를 주장할 수 없다.

51) 협약 제 42조: "외교관은 접수국에서 개인적 영리를 위한 어떠한 직업적 또는 상업적 활동도 하여서는 안 된다." 이와 관련 제 42조가 외교관의 개인적 이익(personal profit)을 위한 활동을 금지하고는 있지만 금전적 이익이 수반되는 모든 행위를 금지하는 것은 아니다. 따라서 그 판단은 개인적 이익을 위한 활동의 계속성 여부가 될 것이며 단순한 일회성 행위는 특히 그 정도나 규모가 크지 않은 한 문제되지 않을 것이다.

있기 때문이다.

여기서 우리는 외교관 배우자의 영리활동에 대하여 생각해 볼 수 있다. 배우자에 대하여는 제 42조가 적용되지 않는다. 따라서 영리활동은 허용되지만 외교관의 영리활동의 경우와 마찬가지로 민사 및 행정 재판관할권으로부터는 면제되지 않으며(제 31조 1항 c) 동시에 조세가 부과된다(제 34조 d).[52)]

외교관은 증언의 의무로부터도 면제된다(제 31조 2항).

2) 강제집행으로부터의 면제

외교관에 대하여는 여하한 강제집행도 허용되지 않는다. 그러나 외교관은 제 31조 1항 a, b, c 호에 해당되는 경우, 즉 개인의 부동산, 상속 또는 상업적 활동 등과 관련하여서는 접수국의 민사 및 행정 재판관할권으로부터 면제되지 않으므로 판결에 따라서는 강제집행이 가능할 수 있다. 물론 이 경우에도 외교관의 신체나 주거의 불가침을 침해하여서는 안 될 것이다(제 31조 3항).

3) 면제의 포기

외교관이 향유하는 재판관할권으로부터의 면제는 외교관 개인에게 어떠한 개인적인 이익을 부여하기 위한 것이 아니다. 기능설에 비추어 외교특권과 면제는 외교업무의 수행에 필요한 범위 내에서 외교관의 활동의 자유를 최대한 보장하기 위한 제도에서 출발하였다. 이를 나누어 설명하면 다음과 같다.

첫째, 면제는 개인에게 부여된 권리가 아니며 파견국에게 부여된 권리이다. 따라서 파견국은 상황에 따라서는 필요시 외교관에게 부여된 면제를 포기할 수 있다(제 32조 1항).

둘째, 파견국이 이를 포기하는 경우 포기는 명시적이어야 한다(제 32조 2항). 따라서 면제를 향유하는 외교관 개인이 민·형사 소송에 비공식적인 협력의 차원에서 자발적으로 피고로 참여하는 경우에도 명시적 포기가 없는 한 포기로 볼 수 없다. 명시적 포기의 예로 1997년 '미국 주재 조지아 외교관의 교통사고로 인

52) 협약 제 34조 (d)는 접수국에 원천을 둔 개인소득에 대한 부과금과 조세, 접수국에서 상업상의 사업으로 행한 투자에 대한 자본세는 면제되지 않는다고 규정하고 있다.

한 사망 사건'에 대하여 조지아 정부가 해당 외교관에 대한 면제를 포기한 사례가 있다.[53)]

셋째, 면제를 향유하는 외교관이 소송을 제기한 경우에는 본소와 직접 관련된 반소에 관하여 재판관할권의 면제를 원용할 수 없다(제 32조 3항).

넷째, 민사 또는 행정 재판관할권으로부터의 면제의 포기가 판결의 집행에 대한 면제의 포기까지 포함하지는 않는다. 판결의 집행을 위하여는 별도의 포기가 필요하다(제 32조 4항). 그렇다면 형사재판관할권에 대한 면제의 포기는 형의 집행에 대한 면제의 포기를 포함하는가. 이에 대해서도 형사판결의 집행을 위해서는 별도의 포기가 필요하다는 주장이 유력하다.

외교관 개인에 대한 특권과 면제(요약)

- ▶ 외교관 신체에 대한 불가침은 절대적이다. 외교관에 대하여는 어떠한 형태의 체포 또는 구금도 허용되지 않는다. 다만 일시적인 체포나 구금은 사정에 따라 예외적으로 허용될 수 있다.
- ▶ 외교관 개인의 주거, 문서와 서류도 불가침이다.
- ▶ 접수국은 상당한 경의로써 외교관을 대우하여야 한다. 또한 외교관의 신체, 자유 또는 품위에 대한 여하한 침해에 대하여도 이를 방지하기 위하여 모든 적절한 조치를 취하여야 한다.
- ▶ 외교관은 접수국의 법령을 존중하여야 한다. 따라서 외교관에 대한 면제는 접수국의 재판관할권으로부터의 면제를 의미할 뿐 접수국 법령 자체의 적용이 배제되는 것은 아니며 외교관 신분이 종료한 후에는 소추가 가능하다. 이는 앞에서 설명한 국가원수 등에 대한 인적면제가 절대적 면제이지만 퇴임 후에는 재직 중 사적 행위에 대해서는 소추될 수 있는 것과 같은 논리이다(피노체트 사건 등 참조).
- ▶ 외교관의 형사재판관할권으로부터의 면제는 절대적이다. 그러나 중대한 범죄의 경우에는 접수국이 면제의 포기를 요청하거나 파견국이 스스로 면제를 포기하는 경우가 늘어나고 있다. 외교관은 당연히 파견국(본국)의 재판관할권으로부터 면

53) 이 사건에서 만일 조지아 정부가 면제를 포기하지 않았다면 *persona non grata*에 따라 동인을 추방하는 것만이 유일한 구제책(remedy)이었을 것이다. 이 사건에서 미 법원은 형사관할권의 포기와 민사관할권의 포기는 별개로 형사관할권의 포기가 민사관할권의 포기를 당연히 포함하는 것은 아니라는 점을 확인하였다.

> 제되지 않는다.
> ▶ 외교관은 접수국의 민사 · 행정 재판관할권으로부터도 면제된다. 다만 일정한 사적 활동과 관련한 사항(개인 부동산, 상속, 공적 업무 이외의 직업적, 상업적 활동 등)에 대하여는 원칙적으로 면제가 허용되지 않는다.
> ▶ 외교관은 판결의 집행, 증언의 의무로부터도 면제된다.

사. 면세특권, 사회보장부담금 면제[54)]

외교공관에 대하여는 국가 또는 지방자치단체 등으로부터 부과되는 모든 조세와 부과금(사회보장부담금 등)이 면제되나, 전기, 상수도 등 용역의 대가는 면제되지 않는다(제 23조).[55)] 외교관의 경우도 국가 또는 지방자치 단체의 모든 인적 또는 물적 부과금과 조세로부터 면제되나 상품이나 용역에 대한 간접세, 외교관 개인의 부동산에 대한 조세와 상속세 등으로부터는 면제되지 않는다(제 34조).

공관의 공용물품이나 외교관 및 가족의 개인적 용품에 대한 관세나 조세 등도 면제된다(제 36조 1항). 또한 외교관 개인의 수하물은 통관과정에서 검열로부터도 면제된다. 그러나 공용이나 외교관 개인의 목적을 위한 경우를 제외한 그 밖의 물품 또는 접수국의 법률로서 수출입이 금지되어 있거나 접수국의 검역규정에 의하여 통제된 물품을 포함하고 있다고 추정할 만한 중대한 사유가 있는 경우에는 그러하지 아니하다(동 조 2항). 접수국은 외교관이나 대리인의 입회하에 검사를 수행할 수 있다.

아. 특권과 면제의 인정범위

1) 특권과 면제가 부여되는 인적 범위

외교관계협약 제 1조(e)에 규정된 외교관(공관장과 모든 외교직원)과 가족에

54) 학자에 따라서는 조세 등 공과금으로부터의 면제도 재판관할권의 면제와 같은 성격으로 이해하는 경우가 있다. 그러나 여기서의 면제는 exemption으로 특권에 해당하는 것이며 관할권으로부터의 면제(immunity from jurisdiction)와는 분명히 구분되어야 한다.
55) 공관에 혜택이 되는 거리청소, 가로등의 유지, 소방 등에 필요한 부과금(beneficial portion)은 당연히 지불하여야 한다.

대하여는 특권과 면제가 폭넓게 인정된다(제 37조).[56] 여기서 가족의 범위에 성인 자녀는 포함되지 않는 경우가 많으며 배우자의 경우에도 사실혼, 동성혼, 일부다처 등 일률적인 적용에 한계가 있다.

공관의 행정, 기능 직원의 경우에는 제한된 범위 내에서의 특권과 면제가 부여된다. 대체로 직무수행과 관련한 범위 내에서 외교관과 동일한 특권과 면제가 부여된다.

외교관이 접수국 국민이거나 영주자인 경우 원칙적으로 직무수행 중에 행한 공적 행위에 대하여만 특권과 면제가 제한적으로 부여된다.

2) 특권과 면제의 향유시기와 장소

특권과 면제의 향유는 임무의 개시가 아니라 외교관이 부임을 위해 접수국의 영역에 들어간 때 또는 이미 접수국 내에 있는 경우에는 임명이 외교부에 통보된 때부터 시작된다(제 39조 1항). 외교관으로서의 임무가 종료한 경우에는 접수국을 떠날 때 또는 접수국을 떠나기 위해 필요한 상당한 기간을 경과한 때에 특권과 면제가 종료된다(동 조 2항). 외교관이 사망하였을 경우 외교관의 가족은 접수국을 떠나는 데 필요한 상당한 기간 동안만 특권과 면제가 부여된다(제 39조 3항).

특권과 면제가 부여되는 장소적 범위는 접수국의 관할지역 전체로 공해상의 접수국 선박이나 항공기도 포함된다. 또한 외교관의 부임이나 귀임을 위한 제 3국 경유시 제 3국이 통과를 허용하였을 경우에는 통과나 귀국을 보장하는 데 필요한 특권과 면제를 부여하여야 한다.

한편 외교관계협약은 제 39조에서 공관직원의 특권과 면제가 언제 시작되고 종료하는가에 대하여 규정하고 있을 뿐 공관 자체의 특권과 면제 향유시점에 대하여는 규정하고 있지 않다. 그러나 공관이 공관으로서의 기능을 수행하기 시작하는 시점부터 공관으로서의 기능을 종료하는 시점까지를 향유기간으로 볼 수

---

56) 여기서 특권과 면제를 향유하는 외교관이라함은 접수국의 외교관 명부(diplomatic list)에 등재된 상주 외교관을 의미한다. 따라서 단순히 외교관 여권을 소지한 것만으로는 특권과 면제의 향유 주체가 될 수 없다. 예로서 칠레의 전 대통령인 피노체트는 영국에서 체포 당시 외교관 여권을 소지하였지만 형사재판관할권으로부터의 면제가 부여되지 않았다.

있을 것이다. 이와 관련 접수국과 파견국간 합의에 의해 신축중인 공관에 대하여도 공관으로서의 지위를 인정하는 경우가 있다.

자. 특권과 면제의 남용에 대한 대응

특권과 면제가 남용되는 대표적인 예로는 외교행낭을 이용한 밀수, 임차료 연체, 고용계약상의 분쟁,[57] 주차위반 등 다양한 경우가 있다. 따라서 접수국으로서는 사전에 이러한 상황발생에 대한 대비가 필요하다. 대안으로는 필요시 면제의 포기를 요구하거나 또는 교통사고의 경우에 대비한 의무적 보험가입 등을 통해 피해자에 대한 보상이 충분히 돌아갈 수 있도록 배려하는 제도적 장치를 들 수 있다.[58]

결국 여기서 중요한 것은 국가들이 외교특권과 면제가 공관의 임무를 원활하게 수행할 수 있도록 보장하기 위한 제도의 일환이라는 기능설에 대한 분명한 인식을 확립하는 것이라고 본다.

4. 파견국(외교공관)과 접수국의 의무

가. 파견국의 의무

협약 제 41조와 제 42조는 외교관의 접수국 내 의무에 대하여 다음과 같이 규정하고 있다.

첫째, (접수국 법령 존중의무) 가장 중요한 의무로 특권과 면제를 향유하는 외교관은 접수국의 법령을 존중하여야 한다. 특히 외교관의 불법적인 방식(스파이 활동 등)에 의한 정보수집 활동은 허용되지 않으며 기피인물로 추방의 대상이 될 수 있다. 또한 외교관이 접수국의 재판관할권으로부터 면제되는 것이 접수국의 법령을 위반하여도 된다는 초법적인 지위를 의미하지는 않으므로 면제의 향유는

---

57) 협약 제 33조 3항은 외교관이 접수국 국민을 고용하는 경우 접수국의 사회보장규정에 따라 사용자로서의 의무를 준수하여야 한다고 규정하고 있다.

58) 외교관계협약 논의시 '민사청구에 관한 결의'를 채택한 바 있다. 동 결의는 피해자 구제의 관점에서 민사관할권으로부터의 면제 포기를 위해 노력할 것 등을 포함하고 있다.

외교관이 접수국의 법령을 위반하여 면제를 남용하여서는 안 된다는 또 다른 성격의 의무를 수반한다고 보아야 한다.

둘째, (국내문제 관여금지) 외교관은 접수국의 국내문제에 관여하여서는 안 된다. 물론 이 의무가 외교관으로 하여금 본국정부의 접수국에 대한 정책 등을 홍보하거나 설명하는 것을 금지하는 것으로 해석되지는 않는다. 그러나 여기서 외교관이 홍보하거나 설명하는 본국정부의 정책이 접수국의 국내문제에 개입하는 내용이 되어서는 안 될 것이다.

셋째, (공관 직무와 양립하지 않는 방식으로의 공관지역의 사용금지) 공관은 어떠한 경우에도 공관지역을 국제법상 공관의 직무와 양립할 수 없는 방법으로 사용하지 않을 의무가 있다(제 41조 3항). 이는 기능설에 비추어 볼 때 당연한 귀결이다. 예컨대, 상업적 활동이나 비호제공 등은 허용되지 않는다.

넷째, (외교관의 영리활동 등 금지) 외교관은 원칙적으로 개인적 영리를 위한 어떠한 직업적 또는 상업적 활동도 하여서는 안 된다(제 42조).

나. 접수국의 의무

한편 외교사절의 의무에 상응하여 접수국도 공관지역의 불가침(제 22조)과 외교관 신체의 불가침(제 29조)을 보장하기 위하여 요구되는 적절한 조치를 취하여야 한다(이에 대해서는 앞에서 설명한 '외교공관을 보호할 접수국의 의무'와 '접수국의 외교관 신체에 대한 보호의무'를 참조).

또한 파견국이 공관시설을 획득하는 데 필요한 지원 등 외교공관의 임무수행을 위해 필요한 범위 내에서 충분한 편의(full facilities)를 제공하여야 한다(제 21조).

그 밖에 접수국은 무력충돌의 경우에도 공관원 및 가족들의 퇴거를 위한 편의를 제공하여야 한다(제 44조).

한편 협약은 특권과 면제 적용에 있어 당사국들간 무차별을 원칙으로 하고 있다(제 47조). 따라서 접수국은 모든 국가의 공관과 공관직원을 평등하게 대우하여야 하지만 상호주의의 적용(당사국간 별도의 합의 또는 관행 등)을 통한 예외가 허용될 수 있다. 예컨대, 대사관에 대한 경비제공 등이 이에 해당될 수 있을 것이다.

5. 외교관계의 단절과 파견국 이익의 보호

불가피한 사정으로 국제관계에서 외교관계의 단절 현상이 발생할 수도 있다. 또한 공관이 잠정적 또는 영구적으로 폐쇄되는 경우가 발생할 수 있다. 예컨대, 무력충돌시 상황의 악화는 외교관계의 단절을 가져올 수도 있다. 이러한 상황 발생에 대비하여 외교관계협약 제 45조는 다음과 같이 규정하고 있다.

(a) 접수국은 무력충돌시에도 공관의 재산 및 문서와 더불어 공관지역을 존중하고 보호하여야 한다.
(b) 파견국은 공관의 재산 및 문서와 공관지역의 보호를 접수국이 수락할 수 있는 제 3국에 위탁할 수 있다.
(c) 파견국은 자국 및 자국민의 이익보호를 접수국이 수락할 수 있는 제 3국에 위탁할 수 있다.

여기서 파견국이 이익보호를 위탁한 접수국내 제 3국(protecting power)의 대사관을 이익대표부(interest section)라고 한다. 이에 대한 사례로 걸프전 이후 미국과 이라크가 외교관계를 단절하였을 당시 이라크 주재 폴란드대사관이 미국을 위한 이익대표부로 기능하였다. 이와 유사한 사례는 미국과 이란 및 쿠바와의 관계에서도 발견된다.

6. 외교면제와 주권면제의 차이

주권면제와 외교면제는 외국(국가기관 또는 국가기관의 자격으로 활동하는 개인 등)에 대하여 현지법(local law)의 적용이 배제되는 것이 아니라 외국이 명시적으로 주권면제 또는 외교면제를 포기(waiver)하지 않는 한 소송절차가 진행될 수 없다는 것을 의미한다. 따라서 이 점에서는 양자간 차이가 없다.

그러나 양자는 그 유사성에도 불구하고 근거, 발전과정, 내용 등에서 별개의 제도로 존재해 왔다는 점에서 차이가 있다. 양자의 차이점을 살펴보면 다음과 같다.

첫째, 주권면제는 기본적으로 국가를 상대로 한 민사 재판관할권으로부터의 면제를 대상으로 하나, 외교면제는 외교관(개인)에 대한 민사, 형사 및 행정 재판관할권으로부터의 모든 면제를 대상으로 한다.[59)]

둘째, 주권면제는 국가간 주권평등에 근거한 제도이나, 외교면제는 국가를 대표하는 외교관이 외교관으로서의 기능을 효과적으로 수행할 수 있도록 외교관 개인을 보호하는 것을 우선적인 목적으로 하는 특별한 제도이다.

셋째, 주권면제는 국가기능을 수행하는 국가기관 또는 모든 관리들을 대상으로 (국가 상호간) 일반적인 면제를 부여하는 것을 목적으로 하는 제도임에 반해 외교면제는 접수국의 동의에 의해 접수국에 파견된 외교관에 대하여 접수국에 의해서만 부여되는 면제라는 점에서 차이가 있다. 따라서 주권면제가 원칙적으로 공적 행위를 대상으로 하는 것과는 달리(공적 행위에 대하여만 절대적 면제 허용), 외교면제는 인적면제로서 외교관의 모든 행위(사적인 행위 포함)에 대하여도 절대적 면제가 부여된다.[60)] 이러한 절대적 면제는 국제관습법에서 출발하여 1961년 외교관계협약을 통한 성문화 과정을 거쳐 국제법원칙으로 확립되어 왔다. 반면 주권면제는 지난 50여 년간 많은 발전과 변화를 가져왔지만 아직도 계속 진화하고 있는 개념이다. 특히 그 진화의 핵심은 절대적 주권면제에서 제한적 주권면제로의 변화로 더 이상 절대적 주권면제는 허용되지 않는다.

넷째, 외교관은 국가를 대표하는 기능을 수행한다는 점에서 법정지국 법원에서 외교면제와 주권면제를 동시에 향유한다. 즉, 외교관의 경우에는 어느 경

---

59) 외교관계협약은 외교관 개인에 대한 재판관할권 면제를 규정하고 있을 뿐 공관지역에 대한 재판관할권의 면제에 대하여는 명확히 규정하고 있지 않다. 단지 공관지역에 대한 접수국의 수색, 징발, 차압 또는 강제집행으로부터의 면제에 대하여만 규정하고 있을 뿐이다. 그러나 부동산에 대하여는 현지법이 우선 적용되고 이에 관한 분쟁은 현지법원의 관할권에 속하는 것으로 보고 있다. 즉, 공관지역을 둘러싼 소유권확인이나 임대차 분쟁에 대하여는 접수국 법원이 관할권을 행사할 수 있다고 보는 경향이다. 상세는 정인섭, pp. 503-504, 김대순, p. 518 참조. 이와 관련 유엔주권면제협약 제 13조도 이 점을 확인하고 있다.

60) 현직의 국가원수나 외교장관도 외교관과 마찬가지로 완전한 인적면제를 향유한다는 데 대해서는 제 12강 '주권면제'에서 이미 설명한바 있다.

우에도 절대적 면제인 외교면제(인적면제)를 향유한다는 점에서 주권면제와 외교면제를 구분할 실익이 거의 없다.[61] 반면 (국가의 명의로 행해지는) 상업적 거래의 경우에는 국가(국가기관 또는 국가권한을 행사하는 공무원 등 포함)에 대하여 제한적 주권면제가 적용되어 주권면제가 부인될 수 있다.[62] 이러한 이유로 자국 내에서 외국과 거래하는 사인은 외교면제(완전한 인적면제)가 허용되는 대사를 거래 상대방으로 하지 않고 제한적 주권면제가 허용될 수 있도록 대사가 아닌 파견국을 상대방으로 할 수 있을 것이다.

참고로 오늘날에는 외교면제에도 제한적 주권면제의 법리가 일부 적용되어 대사관의 고용계약(현지인 직원 채용 등)과 관련된 사항 등에 대하여는 면제가 제한되는 경향이 나타나고 있다. 그러나 이 경우에도 외교관이 소송절차에 불참하는 경우 이에 대한 구제책이 마련되어 있지 않다는 점에서 한계가 있다.

---

61) 상세는 최태현, '제한적 국가면제론하에서의 국가면제와 외교적 면제간의 관계' 참조, 한양대학교 법학논총 36권 2호, 2016.

62) 예컨대, 대사가 대사관 건물의 리모델링을 위해 현지 업자와 계약을 체결하였다. 대사와 리모델링 업자간에 분쟁이 발생하였다. 대사가 공적 업무 수행의 일부로 파견국을 대신하여(on behalf of his State) 계약서에 서명하였다고 가정한다. 따라서 계약의 주체는 대사가 아니라 파견국 정부이다. 이 경우 리모델링 업자는 파견국을 상대로 소송을 제기할 수 있는가. 제한적 주권면제에 의할 경우 파견국은 접수국의 법정에서 피고가 될 수 있을 것이다. 반면 만일 대사가 외교관 개인으로(personally) 계약을 체결하였다면 대사는 외교면제를 통해 어느 경우에도 피소되지 않을 것이라는 점에서 차이가 있다. A. Aust, p. 127 참조.

제3절 영사관계

1. 영사관계의 수립

영사관계는 접수국 내에서 파견국의 국민과 기업 등의 보호, 특히 경제적 이익 보호 등의 목적으로 수립되며 영사기관의 설치도 외교공관과 마찬가지로 상호동의(mutual consent)에 의한다(제 2조 1항). 외교관계의 수립은 영사관계의 수립도 포함하며 외교관계의 수립 이전에도 영사관계의 수립은 가능하다.

영사제도는 외교보다 역사가 오래된 제도로 근대 영사제도는 16세기로 거슬러 올라간다. 과거 영사관계는 영사조약 또는 우호통상항해조약 등 양자조약 등을 통해 규율되어 왔으나 1961년 외교관계협약의 채택에 이어 1963년 영사관계협약이 채택됨에 따라 동 협약에 의해 영사관계를 규율하고 있다. 그러나 협약이 규율하지 못하는 사안에 대하여는 여전히 국제관습법의 역할이 중요하다.

이하 인용하는 조문은 영사관계협약의 관련 조항을 의미한다.

2. 영사기관장의 파견과 직급

영사관계협약은 파견되는 영사의 직급을 총영사(consul general), 영사 (consul), 부영사(vice consul)와 영사대리(consular agents)로 구분하고 있다(제 9조). 파견국 외교장관은 영사기관장에 대한 영사위임장(consular commission)의 발급을 통해 접수국에 임명을 통고하고 접수국은 영사인가장(exequatur)을 부여함으로써 영사기관장의 임무가 개시된다(제 11조). 접수국은 영사인가장의 부여를 거부할 수 있으며 이 경우 사유를 밝힐 필요가 없다(제 12조).

파견국은 영사관원과 영사직원을 자유로이 임명할 수 있다(제 19조). 여기서 영사관원(consular officer)이라 함은 영사기관장(head of consular post)을 포함하여 영사직무의 수행을 위임받은 자, 즉 일반적 개념의 영사를 말한다. 반면 영사직원(members of the consular staff)이라 함은 영사기관장을 제외한 모든 영사관원, 사무직원 및 업무직원을 말한다(제 1조).

접수국은 영사관원에 대하여도 외교공관원의 경우와 마찬가지로 기피인물(*persona non grata*)로, 그 밖의 영사직원에 대하여는 수락할 수 없는(not acceptable) 인물로 파견국에 통고할 수 있다(제 23조 1항).

3. 영사의 기능 및 직무

가. 영사기관의 설치

영사기관의 설치, 소재지 및 영사관할구역의 지정은 접수국의 동의를 받아야 하며 영사는 자신의 관할구역 범위 밖에서 활동하여서는 안 된다(제 4조).

나. 기능

영사관계협약은 영사의 기능으로 (a) 접수국 내에서 파견국과 그 국민의 이익 보호, (b) 양국간 통상, 우호협력, 문화 및 과학협력 관계의 증진, (c) 자국민에 대한 지원 등 비정치적 분야에서의 다양한 활동 등을 규정하고 있다(제 5조).[63] 다만 외교공관이 없는 경우에는 접수국의 동의를 얻어 외교활동을 수행할 수 있다.

다. 영사의 자국민 보호 임무

1) 영사접견권(자국민과의 통신 및 접촉)

영사의 중요한 임무 중 하나는 자국민 보호와 지원이며 이 중 특히 현안으로 자주 발생하는 문제가 자국민 보호를 위한 '영사접견권'이다.

영사관계협약 제 36조(파견국 국민과의 통신 및 접촉) 1항은 영사관원과 자국

---

63) 자국민에 대한 지원활동에는 자국민에 대한 여권발급, 공증, 상속, 자국 선박과 항공기 및 승무원에 대한 지원 등이 포함된다. 그 밖에 외국인에 대한 입국사증발급도 영사의 주요 업무의 하나이다.

민간의 자유로운 상호 통신과 접촉의 권리를 보장하고 있다. 특히 1 항 b호는 '접수국은 외국인을 체포, 구금한 경우 그가 자국 영사를 접견할 권리가 있음을 지체없이 통보하여야 하며(inform the person concerned 'without delay' of his rights), 동시에 체포, 구금된 자가 그 사실을 자국 영사기관에 알려주기를 요청하는 경우에는(if so requests) 접수국 당국은 이를 지체없이 통보하여야 한다'고 규정하고 있다.[64] 따라서 체포 또는 구금된 외국인이 명시적으로 요청하지 않는 경우(정치적 망명을 희망하는 경우 또는 개인적 체면 등을 생각해 볼 수 있을 것임) 접수국 당국이 파견국 영사에게 이러한 사실을 통보할 의무는 없다.

그러나 반대로 영사는 어느 경우에도 접수국에 구금된 자국민을 방문할 권리(right to visit)를 가진다. 물론 이 경우에도 구금된 자국민이 이를 명시적으로 반대하는 경우에는 그러한 조치를 삼가야 한다.

2) '지체 없이 통보하여야 한다'의 해석

ICJ는 위에서 설명한 '지체 없이(without delay) 통보하여야 한다'의 의미를 접수국 관헌이 체포된 자가 외국인이라는 사실을 알게 되었거나 또는 아마 그가 외국인이라고 생각할 근거가 있다고 판단하는 경우 체포된 자에게 영사접견권이 있음을 바로 통지하여야 한다는 의미로 해석하고 있다. 이에 대해서는 2004년 멕시코와 미국간 'Avena 사건'에 대한 ICJ의 판결이 참고가 될 수 있다. 이 사건에서 ICJ는 영사통보 및 영사접견권 고지의무와 관련하여 영사관계협약 제 36조에 규정된 '지체없이'의 정확한 의미가 협약에 규정되어 있지는 않으나 협약의 대상과 목적에 비추어 보아 멕시코의 주장처럼 체포 직후 또는 심문 개시전으로 해석되어야 하는 것은 아니며, 체포당국이 피체포자가 외국인임을 알았거나 또는 알 수 있었던 경우에 즉시 고지의무가 발생한다고 보았다.[65]

---

64) 협약 제 36조 1항 (b): "파견국의 영사관할구역 내에서 파견국의 국민이 체포되는 경우, 또는 재판에 회부되기 전에 구금 또는 유치되는 경우, 또는 기타의 방법으로 구속되는 경우에, 그 국민이 파견국의 영사기관에 통보하여 줄 것을 요청하면, 접수국의 권한있는 당국은 지체 없이(without delay) 통보하여야 한다. 체포, 구금, 유치 또는 구속되어있는 자가 영사기관에 보내는 어떠한 통신도 동 당국에 의하여 지체없이 전달되어야 한다. 동 당국은 관계자에게 본 세항에 따른 그의 권리를 지체없이 통보하여야 한다."

65) ICJ Reports 2004, p. 12. para. 63.

3) '영사접견권'의 법적 성격

접수국의 영사접견권 고지의무 및 영사의 자국민 접견권과 관련된 중요한 사례로 2001년 미국과 독일간 'LaGrand 형제 사건'에 대한 ICJ의 판결이 있다.

이 판결이 주목받는 이유는 ICJ가 영사관계협약 제 36조 1항에 규정된 영사 접견권의 법적 성격을 '국가의 권리일 뿐만 아니라 개인의 권리'이기도 하다고 분명하게 밝혔다는 사실이다. 이 사건에서 독일은 미국이 구금된 자국민 피의자에게 영사접견권을 알려주지 않음으로써 (조약으로서의) 영사관계협약상의 독일(협약의 당사국)의 권리를 침해하였고 동시에 당사자 개인의 권리도 침해하였다(... infringe upon the rights of Germany ... but also entailed a violation of the individual rights of ...)고 주장하였다. 반면 미국은 영사관계협약 제 36조에 따라 파견국 국민이 영사의 보호를 받게 되는 경우 개인이 혜택을 받더라도 이는 국가의 권리이지 개인의 인권 또는 기본적 권리를 구성하는 것은 아니라고 주장하였다. 또한 미국은 영사관계협약 준비작업문서에서도 제 36조에서의 'his right'가 '국가의 권리에서 파생한 개인의 권리'일 뿐 '개인의 불변의 권리(immutable right)'라는 점에 대한 컨센서스는 없었다고 주장하였다.[66] 이에 대해 ICJ는 영사관계협약상의 권리를 원용하고자 하는 사람은 소속국 정부 자신이 아니라 그 나라 국민으로서 개별 국민도 협약상의 권리를 향유한다는 점을 확인하면서 제 36조 1항 (b)호에 의해 국가의 권리에 추가하여 '개인의 권리(his rights)'가 함께 창출되었다고 보았다.[67] 이에 앞서 미주인권재판소(Inter-American Court of Human Rights)도 동 조항이 국가의 권리이외에 개인의 권리도 창출한다고 판단한 바 있다. 미주인권재판소는 영사접견권 관련 권고적 의견에서 제 36조 1항 (b)의 'his rights'를 동 (c)호와 함께 해석할 경우 구금된 개인이 명시적으로 반대하는 경우에는 영사접견권이 행사될 수 없다는 점에서, 즉 구금된 개인의 선택에 의해 제한된다는 점에서 개인의 권리로 보았다.[68]

---

66) ICJ Reports 2001, p. 466, paras. 75-76.

67) 관련 부분 원문은 다음과 같다: "... creates individual rights for the detained person in addition to the rights accorded the sending State ...", ICJ Reports 2001, p. 466, para. 89.

68) 관련 부분 원문은 다음과 같다: "It can be inferred from the above text that exercise of this right is limited only by the individual's choice, who may 'expressly' oppose

결론적으로 ICJ는 이 사건 판결을 통해 영사관계협약 제 36조 1항 (b)에 표현된 '그의 권리(his rights)'가 개인의 국제법상의 권리라는 점을 다시 확인하였으며, 이는 개인의 인권보호와 적법절차(due process)의 관점에서 볼 때 매우 의미가 크다.

4. 영사의 특권과 면제

영사관계 협약은 영사기관의 능률적인 업무수행을 위해 영사기관에 대하여 일정한 특권과 면제를 부여하고 있다. 다만, 외교기관의 경우 국가대표성이 강조되나 영사기관의 경우는 국가대표성 보다는 공적임무의 수행이라는 측면이 강조된다는 점에서 영사기관에 대한 특권과 면제의 범위는 외교기관에 비해 제한적이다.

가. 영사관(공관)의 불가침

영사관은 불가침이며(제 31조 1항) 영사기관장 또는 파견국 외교공관장의 동의 없이는 접수국 관헌의 영사관 진입이 허용되지 않는다. 단, 화재 또는 신속한 보호조치를 필요로 하는 재난 등의 경우에는 영사기관장의 동의가 있는 것으로 추정된다는 점에서 절대적 불가침이 허용되는 외교공관의 경우와 다르다(제 31조 2항). 한편 영사관원(영사기관장도 포함)의 사저에 대하여는 불가침권이 인정되지 않는다는 점도 외교관의 경우와 다르다.

나. 영사관원의 신체에 대한 불가침

접수국은 상당한 경의로서 영사관원을 대우하여야 하며 또한 영사관원의 신체의 자유 또는 위엄에 대한 침해를 방지하기 위한 모든 적절한 조치를 취하

---

any intervention by the consular officer on his behalf. This confirms the fact that the rights accorded under Article 36 of the Vienna Convention on Consular Relations are rights of individuals", Advisory Opinion of the Inter-American Court of Human Rights, OC-16/99, para. 83.

여야 한다(제 40조). 이 조항에서 영사관원의 신체에 대한 불가침이 나온다.

신체에 대한 불가침의 가장 핵심적인 내용은 체포, 구금되지 않는다는 점이다. 그러나 '중대한 범죄(grave crime)'의 경우에는[69] 권한 있는 사법당국의 결정에 따라 체포 또는 구금될 수 있으며(제 41조 1항) 나아가 영사관원은 자신에 대하여 형사소송절차가 개시되는 경우에는 출석할 의무가 있다(동 제 3항). 이는 영사관원에 대하여는 형사재판관할권이 행사될 수 있음을 전제로 하는 것이다. 다시 말해서 영사의 직무수행과 무관한 범죄의 경우에는 면제가 허용되지 않는다. 예컨대, 1987년 '멕시코 영사 사건(Jack Gerritsen v. Miguel de la Madrid Hurtado)'에서 미 항소법원은 미국 내에서 멕시코 정부에 대한 비판을 진압하기 위해 납치와 폭행을 포함하는 범죄를 자행한 멕시코 영사에 대해 그러한 불법행위는 영사관계에 관한 비엔나협약에서 면제가 부여되는 영사업무(consular function)로 볼 수 없다고 판단하였다.

다. 수용

접수국은 공용목적을 위해 필요한 경우 영사기능 수행에 방해가 되지 않도록 필요한 조치를 취하고 또한 신속, 적정, 효과적인 보상(prompt, adequate and effective compensation)을 전제로 영사관의 공관, 재산, 비품 등을 수용할 수 있다(제 31조 4항). 이 점은 파견국의 동의가 없는 한 어느 경우에도 수용 등 조치가 허용되지 않는 외교공관의 경우와 다르다.

라. 영사문서와 서류의 불가침

영사문서와 서류는 언제 어디서든 불가침이다(제 33조). 또한 영사기관의 공용서한(official correspondence)도 불가침이다(제 35조 2항). 그러나 영사의 개인적 서류에 대한 불가침권은 부인된다.

영사행낭은 개방되거나 억류되지 않는다. 단, 영사행낭 속에 공용서류, 문서 및 공용품 이외의 것이 포함되어 있다고 믿을만한 중대한 이유(serious reason)가 있을 경우 접수국 관헌의 입회하에 파견국 대표에게 개방하도록 요청할 수 있으

69) 예컨대, 마약이나 총기의 불법거래가 이 경우에 해당될 수 있을 것이다.

며 파견국이 이를 거부하는 경우 행낭은 발송지로 반송되어야 한다(제 35조 3항). 같은 상황에서 외교행낭에 대하여는 반송에 관한 규정이 없는 것과 구별된다.

마. 재판관할권으로부터의 면제

영사관원(영사)에 대한 접수국의 재판관할권으로부터의 면제를 요약하면 다음과 같다.

첫째, 영사는 직무수행중 행한 행위에 대하여 접수국의 사법(민사 및 형사) 또는 행정 재판관할권으로부터 면제된다. 그러나 영사가 파견국을 대리하여 체결하지 않은 계약으로부터 유래하는 민사소송이나 접수국내 차량사고 등 (직무수행과 무관한 사건)으로 인해 제 3자에 의해 제기된 민사소송에 대하여는 면제가 허용되지 않는다(제 43조).

둘째, 영사의 사적 사용인과의 고용계약 등을 둘러싼 민사소송에 대해서는 대체로 면제가 허용되지 않는 경향이다.[70)]

셋째, 영사는 사법 및 행정소송절차 수행과정에서 증인출석 요청을 받을 수 있다(제 44조).

넷째, 영사의 특권과 면제는 파견국의 권리로 파견국만이 포기할 수 있다는 점에서 외교면제의 포기와 같다.

끝으로 영사의 공적 행위에 대한 관할권으로부터의 면제는 영구히 유지된다(제 53조 4항).

---

70) '샌프란시스코 주재 한국총영사관 부총영사의 가사도우미 임금체불 사건'과 관련 가사도우미가 제기한 임금체불 소송에서 미 항소법원은 (a) 가사도우미에 대한 영사의 감독 등 업무는 공무와 무관하며, (b) 가사도우미는 상업적 활동으로 주권면제의 대상이 아니고, (c) 정부만 할 수 있는 공적 행위가 아니므로 주권면제나 영사면제의 대상이 아니라고 판시한 바 있다.

5. 외교사절과 영사의 차이

가. 기능면에서의 차이

외교사절은 정치적으로 파견국을 대표하나 영사는 정치적 대표성이 없다. 영사는 접수국 내에서 파견국과 그 국민의 상업적, 경제적 이익보호가 주 기능이다. 이러한 영사의 목적과 성격에 비추어 파견국 국민이 아닌 접수국 국민을 명예영사(honorary consular officers)로 임명하는 제도가 많은 나라에서 시행 중이다(제 58~68조).

명예영사의 임무는 영사와 사실상 동일하며 영사관계협약의 대부분이 그대로 적용된다. 다만 중요한 차이점은 접수국 국민이라는 점에서 사무실 및 개인에 대한 불가침권이 적용되지 않는다.

나. 파견절차상의 차이

외교사절의 장에게는 아그레망의 절차가 있으나 영사기관의 장에게는 그러한 절차가 없다. 대신 영사인가장 부여 제도가 있다. 접수국은 아그레망과 마찬가지로 영사인가장의 발급을 거부할 수 있으며 그 이유를 밝힐 것이 요구되지 않는다.

다. 특권과 면제의 차이

앞에서 설명한 바와 같이 외교사절의 경우 영사에 비해 보다 더욱 강력한 불가침권과 면제를 향유한다. 이를 표로 비교하여 설명한다.

<table>
<tr><th>외교특권과 면제</th><th>영사특권과 면제</th></tr>
<tr><td colspan="2">가. 화재 등 긴급 사태시 공관지역 진입</td></tr>
<tr><td>– 공관지역의 절대불가침
– 진입을 위해서는 공관장 동의 요</td><td>– 영사관(공관)의 불가침 제한
– 진입에 대한 영사기관장의 동의추정</td></tr>
</table>

나. 공용목적의 수용	
– 공관장 동의 요	– 신속, 적정, 효과적인 보상 조건으로 수용 가능
다. 공관원 사저에 대한 불가침	
– 불가침권 허용	– 영사(영사기관장 포함)의 개인주거는 불가침권 제한
라. 행낭에 대한 개봉	
– 명백한 남용의 혐의가 있는 경우에도 개봉을 위해서는 공관장 동의 요 – 접수국의 반송 요구 조항 없음	– 공용 이외의 물품이 포함되었다고 믿을 만한 중대한 사유가 있으면 개방 요청 – 거부시 반송
마. 신체불가침	
– 현행범 등의 경우 예외적으로 일시 구금 가능	– 중대한 범죄시에는 체포, 구금 가능
바. 문서	
– 불가침권 부여	– 개인적 서류는 불가침권 부인
사. 형사재판관할권	
– 절대 면제	– 공적 행위(영사직무 수행과 관련한 행위)만 면제 허용 – 소송절차 개시시 출두 – 증인출석 요구 가능
아. 민사, 행정 재판관할권	
– 공무, 사무 관련 모든 재판관할권으로부터 면제, 단, 공무 이외의 직업적, 상업적 활동 등의 경우 민사, 행정 재판 관할권으로부터의 면제 부인	– 직무수행에 한정하여 면제 허용

한 · 리비아 외교갈등 (리비아 주재 한국 외교관 추방사건)과 국제법[71)]

1. 문제의 소재

2010년 6월 18일 리비아 주재 한국 외교관(정보 담당) 한 사람이 '신분과 양립할 수 없는 활동(activities incompatible with their status)'을 했다는 이유로 추방되었다. 이 표현은 외교관이 접수국에서 저지른 간첩행위 등 불법행위를 지칭할 때 외교계에서 사용되는 완곡어법이다. 따라서 본 건에서 추방사유는 피추방자가 리비아에서 간첩행위 등 불법행위를 했다는 것이 된다.

리비아 측 주장에 따르면 피추방자는 카다피 국가원수와 그 아들의 동향, 특히 권력승계 등 극도로 민감한 사항에 대한 정보수집 활동을 했을 뿐만 아니라 군 조직과 무기체계에 대하여 정탐을 했고, 수집된 정보를 미국과 이스라엘에 넘겼으며 동시에 리비아에서 취업 중인 근로자와 간호사 등 1,000여 명의 북한인들에 대한 동향도 파악하였다는 것이다.

리비아는 이 같은 '간첩활동'이 피추방자에 의해 자행되었을 뿐 아니라 그의 전임자에 의해서도 자행되었다고 주장한다. 리비아는 외교관의 추방이 있기 3일 전인 6월 15일 불법 선교를 이유로 현지 선교사 구 모씨를 구속했다. 그리고 7월 17일에는 구씨의 활동을 도왔다는 혐의로 농장주 전 모씨도 구속했다. 그때까지 용인되던 선교활동이 외교관 추방을 전후해서 갑자기 문제된 것을 보면 이것이 한국에 대한 압력수단의 일환이었음에 틀림없는 것 같다. 양인에 대한 영사접견(consular access)은 8월 11일에야 비로소 이루어졌다.

리비아는 6월 23일에는 서울주재 리비아 경제협력대표부 직원 3명 모두를 일방적으로 철수시켰고 사건의 무마를 위해 7월 20일에서 30일까지 리비아를 방문했던 우리 실무 대표단에게 한국 교과서에 리비아 및 카다피 국가 원수를 헐뜯는 기술이 있다며 그 시정을 요구했다. 그리고 우리 외교관이 접촉한 리비아 측 관계자의 명단을 제출하라는 요구도 했다. (생략)

이상이 한·리비아 외교갈등의 개요인데 이 같은 외교갈등에 대한 국제법적 평가는 어떻게 될 것인가. 이하 외교갈등시 외교관의 추방 이외에 배상 등 추가적 요구를 할 수 있는가의 문제와 영사접견 문제에 대해 살펴본다.

2. 외교갈등의 처리방법

오늘날 외교문제에 적용되는 국제조약으로는 1961년의 '외교관계에 관한 비엔나 협약'이 있다. 한·리비아 모두가 당사국인 이 협약에는 외교관의 임무 중 하나가 접수국의 '제반 사정'을 확인해 이를 파견국에 보고하는 것이라는 규정도 들어 있고(제 3조 1항 d), 접수국은 '언제든지 그리고 이유를 설명함이 없이' 주재 외교관을 추방할 수 있다는 규정도 들어 있다(제 9조 1항).

이것을 본 건에 적용하면 간첩행위를 했다는 이유로 추방된 한국 외교관은 실은 협약상 인정된 외교관의 임무를 수행한 데 불과한 것이 되며, 그렇다고 그를 추방한 리비아의 조치에 법적 하자가 있는 것도 아니다. 왜냐하면 접수국은 '언제든지 그리고 이유를 설명함이 없이' 주재 외교관을 추방할 수 있게 되어 있기 때문이다. 문제는 외교관의 추방으로 일을 종결시키지 않고 이에 덧붙여 배상까지 청구할 수 있는가. 본 건에서 리비아가 그렇게 하고 있는데, 이 같은 리비아의 선택이 적법하다고 볼 수 있을 것인가.

이에 대해서는 이란주재 미국 대사관직원 인질 사건에 대한 1980년 5월 24일의 국제사법재판소(ICJ) 판결이 명확한 해답을 해 주고 있다. 이란 혁명후 왕위에서 쫓겨난 팔레비 국왕에게 미국이 신병치료라는 명분으로 입국을 허가하자 이에 격분한 이란 과격파 청년들이 1979년 11월 4일 미 대사관을 습격, 이를 점거하고 외교직원 및 영사직원을 인질로 잡은 것이 이 사건이었다. ICJ는 판결에서 비엔나 협약을 '자기 완비적 제도(self-contained regime)'라고 했다. 이것은 외교관계에서 일어나는 문제는 비엔나 협약의 테두리 내에서 해결해야 하며 다른 제도를 원용해서는 안된다는 의미이다. 비엔나 협약은 외교관에 대해 광범위한 특권과 면제를 인정하는 한편, 다른 한편으로 그에 대한 남용이 있을 때를 대비해 해결방안도 마련해 두고 있다. 남용이 개인차원의 것일 때에는 당해 외교관을 언제든지 그리고 이유를 설명함이 없이 '달갑지 않은 인물 또는 기피인물(*persona non grata:* PNG)'로 선언해 추방하고, 공관 차원의 집단적인 남용으로서 그 정도가 심각한 수준의 것일 때에는 파견국과의 외교관계의 단절을 통해 공관원 전원을 추방하는 방법이 그것이다. 1976년 10월 스칸디나비아 국가에 주재하는 북한 대사관이 마약·술·담배 등 금지품목을 밀수해 판매하다가 적발된 일이 있었다. 사건이 일어난 최초의 국가는 덴마크였는데 시가 20만 파운드를 웃도는 hashish(인도산 대마로 만든 강력한 환각제) 385파운드를 압류한 덴마크 정부는 6일 간의 말미를 주어 북한대사 및 전체 직원 6명의 퇴거를 요구했다. 북한대사가 사실을 부인하고 나섰으나 곧 전원이 본국에 소환되었다.

한편 리비아는 자국 외교공관을 'Libyan People's Bureau(리비아 인민사무소)'라 호칭하고 자체의 혁명위원회로 하여금 운영케 하는 특수한 제도를 가지고 있다. 1984년 4월 17일 런던 주재 리비아 인민사무소 건물 건너편에 약 70명의 리비아 반정부 인사들이 모여 카다피 규탄대회를 벌이고 있었다. 그때 건물 안에서 총격이 일어나 시위대에 사상자가 일어나고 순찰 중이던 영국 여경이 사망했다. 이 경우 영국은 정당방위를 원용해 공관에 진입할 수 있었음에도 불구하고 그렇게 하지 않았다. 영국 공권력이 공관에 들어간 것은 외교관계의 단절로 공관원 전원이 철수한 3일 후의 일이었다. 영국 당국은 리비아의 이익보호국 사우디아라비아 대사관 직원의 입회하에 공관에 들어가 수색했는데 많은 무기가 발견되었다. 영국이 정당방위를 원용치 않았던 것은 외교관계협약이 자기 완비적 제도이기 때문이었다.

이와 같은 외교관계에 관한 국제법의 규칙을 한 · 리비아 외교갈등에 적용하면 리비아는 외교관의 추방으로 종결해 버려야 할 문제에 대해 배상이란 추가적 조치를 획책함으로써 외교관계에 관한 비엔나협약의 중대한 위반을 한 것이 된다.

3. 영사면접 불이행에 대한 책임

한 · 리비아 모두가 당사국인 1963년의 '영사관계에 관한 비엔나 협약'에는 다음과 같은 규정이 있다. (a) 외국인을 구금했을 때 구금 당국은 그 사실을 피구금자 국적국의 영사기관에 지체 없이 통보해야 한다. 다만, 피구금자의 의사에 반하지 않을 것을 조건으로 한다. 이것은 피구금자가 영사보호를 원치 않을 수 있기 때문이다. 예컨대, 피구금자가 정치적 망명을 획책하고 있는 경우가 그것이다. (b) 피구금자가 자국 영사기관에 보내고자 하는 통신이 있을 때에는 지체 없이 이를 보내주어야 한다. (c) 피구금자에게 그가 이러한 처우를 받을 수 있다는 '그의 권리(his rights)'에 대해서도 지체 없이 알려주어야 한다(제 36조 1항 b). 영사기관이 그 관할구역 내에 있는 자국민과 통신 및 접촉을 할 권리를 가졌음에 대해서는 이론이 없다.

이와 관련한 사례로 2001년 6월 27일의 ICJ 판결이 있다. 독일 국적의 라그랑 형제(LaGrand)가 미국 아리조나주에서 은행강도 및 살인죄를 저질러 사형선고를 받았으나 시종일관 영사지원의 기회가 부여되지 않았다. 이에 국적국인 독일이 미국을 상대로 ICJ에 소송을 제기하였고 재판소는 영사관계에 관한 비엔나협약 제 36조 1항 b에서 사용되고 있는 문언을 근거로 그것이 구금된 자 '개인의 권리'이기도 하다는 판결을 내렸다. 또한 동 제 36조 1항 b의 후단에는 외국인을 구금하고 있는 당국은 여기서 규정되고 있는 '그의 권리'에 대해 지체 없이 당해 외국인에게 통보해야 한다고 되어 있다.

그렇다면 '지체 없이(without delay)'라는 말은 어떤 뜻을 가진 것일까? 이에 대해서는 '아베나 등 멕시코 국민에 관한 사건(Case concerning Avena and Other Mexican Nationals)'에 대한 2004년 3월 31일자 ICJ 판결이 답을 주고 있다. 이것은 미국 여러 주에서 사형선고를 받은 54명의 멕시코인들이 법 절차가 진행되는 동안 시종일관 영사지원을 받지 못했다는 것과 관련된 미국·멕시코간 소송사건이었다. 이 사건에 대한 판결에서 재판소는 '지체 없이'라는 말이 반드시 '체포 즉시(immediately upon arrest)' 또는 '심문 전에(before interrogation)'를 의미하는 것은 아니지만 구금된 자가 외국인임이 밝혀지는 즉시, 또는 그가 외국인이라고 생각할 근거가 발견되는 즉시라고 생각해야 한다고 했다.

이와 같은 국제법의 기준을 적용할 때 본 건에서 있었던 한국인 구금에 대한 리비아의 행태는 변명의 여지 없이 영사관계에 관한 비엔나협약에 대한 중대한 위반으로 보아야 할 것이다.

71) 김찬규, 대한변협신문, 2010년 9월 2일.

제4절 특권과 면제를 향유하는 그 밖의 기관

1. 특별사절

특정한 외교문제의 해결을 위한 목적(ad hoc diplomacy)으로 파견되는 일시적 사절(temporary mission)을 특별사절(special 또는 ad hoc mission)이라고 한다. 이 용어는 1969년 채택된 '특별사절에 관한 협약(Convention on Special Mission, 특별사절협약)'에서 처음 사용되었다. 여기서 협약 제 1조가 규정한 특별사절의 정의에 의하면 특별사절이란 '특별한 문제를 다루거나 특별한 임무를 수행하기 위한 목적으로 파견국이 접수국의 동의하에 파견하는 임시사절(temporary mission)'이다.

특별사절협약이 채택되게 된 배경은 다음과 같다. 상주외교사절이 국가간 외교관계에서는 핵심이 되지만 특별사절은 상주외교사절의 기능을 보완하기 위한 목적으로 오랜 역사와 함께 발전되어 왔다는 점에서 중요성을 가지고 있다. 특별사절은 대체로 양·다자조약의 교섭, 조약의 개정 또는 이행과 관련한 사항들을 협의하기 위해 파견된다. 특별사절이 국가원수나 외교장관의 차원에서 구성되는 경우에는 국제관습법에 따라 특권과 면제가 부여되지만(특별사절협약 제 21조는 국가원수나 외교장관이 특별사절단장이 되는 경우 접수국과 제 3국에서 특권과 면제를 향유한다고 규정), 그렇지 않은 대표단, 예컨대 오늘날 국가간 수시로 교환되는 통상사절단의 경우에는 어느 정도의 특권과 면제가 부여되어야 하는지에 대한 일치된 해석이 없었다. 이와 같이 특별사절에 대한 국제법 규범이 불명확한 점을 고려하여 유엔 국제법위원회(ILC)는 1969년 특별사절협약을 채택하였다.

특별사절협약은 1961년 외교관계협약이 상주외교사절에게 부여하는 특권과 면제를 특별사절에게도 사실상 거의 동일하게 부여하고 있다. 그러나 현실적으로 특별사절의 경우 상주외교사절과는 달리 일시적 체류를 위해 호텔 등 임시숙소를 이용한다는 점과 가족동반이 없다는 점에서 특별사절에게 상주외교사절과 동등한 수준의 특권과 면제를 부여하는 것이 과연 정당화될 수 있는가의 문제가 제기된다. 이러한 이유로 협약은 1985년 뒤늦게 발효하였으며 발효에도 불구하고 아직까지 서구국가들의 참여가 거의 없다는 점에서 동 협약의 실효성은 의문시된다.[72)]

한편 오늘날 이 협약의 비당사국들은 국내법으로 특별사절에 관한 법률을 제정하거나 그렇지 않으면 국제관습법에 근거하여 특권과 면제를 부여하고 있다. 여기서 분명한 것은 특별사절은 상대국의 동의(consent)가 전제된다는 점에서 동의를 받고 자국에 들어온 특별사절에 대하여 접수국이 특히 공무와 관련된 사항에 대하여 민·형사 재판관할권으로부터의 면제를 부여하는 데 있어서는 국가간 차이가 없다. 그러나 이에 추가하여 어떠한 특권과 면제를 부여하는가의 문제는 결국 접수국의 국내법 등에 따르게 된다는 점에서 국가간 실행에 차이가 있다.

이와 관련 특별사절협약이 부여하는 특권·면제와 외교관계협약이 상주외교사절에 대하여 부여하는 특권·면제의 중요한 차이점을 살펴보면 다음과 같다.

- 특별사절단의 구성원이 공무와 무관하게 개인적인 목적으로 자동차를 사용하다 발생한 교통사고로 인해 제기되는 손해배상청구소송에 대하여는 면제가 부여되지 않는다(특별사절협약 제 31조 2항 d).
- 외교공관지역에는 절대적 불가침권이 보장되나, 특별사절에 대하여는 공공안전을 위태롭게 할 수 있는 화재나 재난 등의 경우 특별사절단장 또는 적절한 경우 상주대사의 명시적 동의를 얻을 수 없는 경우에는 동의가 있는 것으로 추정된다(동 협약 제 25조).

72) 이 협약은 발효에도 불구하고 많은 주요국가(예컨대, 안보리 상임이사국 등)들의 참여가 없어 실효성이 의문시되며 결과적으로 국제관습법화되지 않았다. 따라서 당사국에 대하여만 적용될 수 있으며 그 밖의 국가들에 대하여는 기존의 국제관습법에 따라 외교관에 상응하는 특권과 면제가 부여되게 된다. 이 협약은 2022년 1월 현재 당사국이 39개국에 불과하며 우리나라도 아직 당사국이 아니다.

2. 군대, 군함에 대한 특권과 면제

군함 및 군대구성원은 타국에 주둔 또는 소재하게 되는 경우 국가기관으로서 접수국의 관할권 행사로부터 면제된다.

가. 군함 및 정부선박

군함은 공해상에서 어느 국가의 관할권으로부터도 면제된다. 또한 군함이 외국의 허가를 받아 입항한 경우에도 완전한 면제를 향유한다. 단, 군함의 승무원이 상륙하여 공무와 관련된 범죄를 범한 경우에는 면제를 향유하나 사적인 행위(personal business)로 인한 경우에는 체포, 기소될 수 있다.

정부선박의 경우에도 비상업적 목적인 경우 주권면제를 향유한다. 그러나 현실적으로 상업적 목적 여부를 판단하는 것이 용이하지 않다는 점에서 어려움이 있다.

참고로 군함이나 비상업용 정부선박은 외국 영해에서 연안국의 법령 위반 시에도 나포되지 않으며 다만 시정 또는 퇴거만을 요구받는다.

나. 군함의 비호권

타국의 영해 내에서의 군함의 비호권과 관련하여 군함은 일반적으로 비호권이 없으나 정치적 망명자에 한하여 위험이 중대하고 긴박한 상황하에서는 비호를 제공할 수 있다고 보는 견해도 있다. 그러나 군함의 비호권 문제는 외교공관의 비호권 문제와 같은 맥락에서 이해된다. 다시 말해서 원칙적으로 허용되지 않는다. 그럼에도 불구하고 외교공관의 비호 부여시에는 전술한 안도권의 문제가 제기되지만 군함의 경우에는 안도권의 요구없이 그대로 떠나갈 수 있다는 점에서 완벽한 비호를 제공할 수 있게 되므로 이 점에서 실질적인 차이가 있다.

한미주둔군지위협정(SOFA)과 주한미군

1. 주둔 근거

▶ 주한미군은 1953년 10월 1일 체결되고 1954년 11월 18일 발효된「한 · 미 상호방위조약」제 4조에 근거하여 우리나라에 주둔

▶ 군대가 외국에 파견되는 경우, 접수국과 파견국간에 상호합의에 의해 주둔군지위협정(Status of Forces Agreement: SOFA) 이 체결되어 국가기관으로서의 군대의 임무수행에 필요한 지위를 부여

2. 주한미군 범죄에 대한 관할권

▶ SOFA 제 22조는 주한미군 범죄에 대해 한국과 미군 사법당국 중 사법권을 행사하는 당국을 정하고, 수사, 기소, 재판, 형 집행 등 사법권 행사시 양 당국간 협조절차에 대해 상세히 기술

▶ 어느 한 당국의 전속적 재판권에 해당하는 범죄와 양 당국의 재판권이 경합되는 범죄로 구분

– 전속적 재판권이란 어느 한 쪽의 법에 의해서만 처벌될 수 있는 범죄에 행사되는 것으로서, 과거 간통죄의 경우와 같이 우리 형법상으로는 범죄에 해당되나 미국 형법상 범죄에 해당되지 않는 범죄는 우리 사법당국이 전적으로 관할권을 행사

– 경합적 재판권의 대상이 되는 범죄는 한·미 양국의 법에 의해 모두 범죄에 해당되는 것을 의미하는데, 미군의 공무 중에 발생한 형사사건과 미군 상호간 범죄를 제외하고는 우리 사법당국이 관할권을 행사, 단, 미군에 의한 공무수행중 범죄가 공무와 직접 연관이 없는 경우에는 우리 사법당국이 재판권을 행사, 그러나 우리 당국이 재판권을 갖는 범죄에 대해서 미군당국이 재판권을 행사하겠다고 요청해 오면 경미한 범죄의 경우 우리 사법당국은 이를 검토하여 재판권을 미측에 양보

3. 국제기구의 특권과 면제

국제기구의 특권과 면제에 대하여는 제 20강(국제기구법)을 참조한다.

☞ **기출문제 예시**

문 1) A국과 B국은 '외교관계에 관한 비엔나협약'의 당사국이다. 다음 물음에 답하시오.

1) A국 소재 B국 공관에 화재가 발생하였다. A국 소방당국이 출동하여 진화를 하려고 하였으나, 외교기밀 누설을 우려한 B국 공관측은 A국 소방당국의 진입을 허용하지 않고 자체 진화시설로만 대처하려고 하였다. 화재가 인구 밀집지역인 공관인접 주택가로 번져 대규모 인명피해가 발생할 위기 상황에서 A국 소방당국이 선택할 수 있는 방안을 국제법적으로 평가하시오.

2) 위 화재로 B국 공관시설이 전소되어 더 이상 공관으로 사용되지 않았다. 상당한 시간이 경과한 후 B국 공관시설의 잔재에서 원인을 알 수 없는 화재가 다시 발생하였다. 이 경우에 A국 소방 당국이 선택할 수 있는 방안을 국제법적으로 평가하시오.

문 2) '갑'은 A국 외교관으로서 B국에 파견되어 있다. 현지 경찰은 오랫동안 '갑'과 A국 공관이 잇따른 폭발사건, 마약밀매, 납치 등에 깊이 연루된 증거를 확보한 바 있다. 그러던 중 B국 경찰은 '갑'이 A국 공관으로부터 100km 떨어진 건물에서 마약거래대금을 수령하는 현장을 덮쳤다.

1) B국 경찰이 취할 수 있는 조치의 범위는?

2) B국 경찰이 A국 공관에 총포와 화약류가 숨겨져 있다는 사실을 알고 A국 공관을 수색하고자 한다면 B국이 원용할 수 있는 법적 논거는?

문 3) A국 주재 B국 영사 '갑'은 2015년 3월 A국 법원이 발부한 구속영장에 따라 체포된 후 조사를 받고 공문서위조죄로 기소되었다. '갑'은 입국사증 발급 신청서류를 허위로 작성하여 개인 가사도우미 '을'에게 제공하고 '을'이 이를 A국에 제출하여 입국사증을 발급받도록 한 혐의를 받고 있다. 공문서 위조는 A국에서는 징역 10년 이하에 해당하는 범죄이고 B국에서는 징역 3년 이하에 해당하는 범죄이다. A국의 '갑'에 대한 구속 및 기소에 대응하여 B국은 B국 주재 A국 대사관 앞에 외교공관 보호를 위하여 설치한 경호용 방어벽을 철거하였다. 아직까지도 A국 관련 테러가 B국에서 계속되고 있다. (단, A국과 B국은 1961년 '외교관계에 관한 비엔나협약'의 당사국이다)

1) '갑'에게 국제법상 특권과 면제가 인정되는가.

2) B국의 조치는 국제법상 허용되는가.

관련 문제와 답안작성 요령

문) 2019년 1월 10일 남미의 A국은 이웃 국가인 B국의 수도에 소재하는 자국 대사관에 B국에서 군사 쿠데타를 도모하다 실패하고 망명을 요청한 '성공해' 장군에 대하여 비호를 제공하였다. B국은 이에 이의를 제기하여 분쟁이 발생하였는데 결국 두 국가는 이 문제를 중재재판소에 의뢰하기로 합의하였다. 이를 국제법적으로 분석하여 가장 합당한 해결책을 제시하시오.

답안작성

1. 문제의 제기(쟁점)

▶ 본 사안은 A국이 B국 소재 자국대사관에서 B국의 쿠데타 지도자 '성공해'에 대하여 비호를 제공한 행위와 관련하여 외교관계에 관한 비엔나협약상 외교공관에 비호권이 허용되는지, 비호를 제공한 A국의 조치가 국제법 위반으로 확인되는 경우 '성공해'의 신병을 B국에 인도하여야 하는지 등이 쟁점이 될 수 있을 것임.

▶ 이 문제는 동시에 인도적 관행의 문제로 법과 정치가 혼재된 사안으로 볼 수 있음. 따라서 해결책도 국제법을 중심으로 하되 사안의 특수성을 고려하는 것이 필요함.

2. A국의 행위에 대한 국제법적 검토

가. 국제법상 외교공관의 비호권

▶ 국가가 영토주권에 근거하여 외국인에게 부여하는 영토적 비호(territorial asylum)와는 달리 영토국 내에서 행해지는 외교공관의 비호제공은 일반국제

법상 허용되지 않음.
- 과거에는 본국의 인권침해 또는 처벌 등을 피하기 위해 외국공관으로 도피하여 비호를 구하는 경우가 많았으며 실제로 1954년 '외교적 비호에 관한 미주협약'은 공관의 외교적 비호권을 인정한 바 있음.
- 외교관계에 관한 비엔나협약은 이에 대해 침묵하고 있으나 이것이 허용된다는 뜻이 아니며 국제관습법상으로도 외교공관의 비호권이 인정된다고 보기 어려움.
- 오늘날 '치외법권설'은 더 이상 성립되지 않으며 외교공관 지역은 국제법상 파견국의 영토가 아니며 접수국의 법이 적용되는 지역임. 왜냐하면 협약은 기능설에 따라 국제법상 공관의 직무와 양립할 수 없는 방법으로 공관이 사용되어서는 안 된다고 규정하고 있으며 협약이 외교특권과 면제를 부여하는 이유도 외교공관 직무의 효율적 수행을 위해 필요하다고 보기 때문임.
- 이 점은 1950년 콜롬비아와 페루간 비호권 사건에서의 ICJ 판결에서도 확인됨. ICJ는 공관의 비호행위는 접수국의 배타적 권한에 속하는 사항에 대한 간섭이며 영토국의 관할권으로부터 범죄행위자를 배제하는 행위로 보았음.

▶ 따라서 비호를 허용하는 조약이나 국제관습법이 없을 경우에는 비호가 허용되지 않는다고 보는 것이 타당함.

▶ 외교공관이 비호권을 행사할 수 있는 것처럼 보이는 이유는 외교공관의 불가침권으로 인해서임. 즉, 공관의 불가침권은 사실상 절대적인 것으로 접수국 관헌은 공관장의 허가 없이 도피자를 체포하기 위해 공관 내에 진입할 수 없기 때문에 나타나는 반사적 현상임.

나. (허용되지 않는다고 할 경우) 인도의무 또는 안도권(safe conduct, safe passage) 요구 가능성

▶ 외교적 비호권이 인정되지 않는다고 할 경우 공관은 원칙적으로 공관 내에 들어와 비호를 구하는 자를 접수국에 인도하여야 하는지의 문제가 제기됨.

▶ 통상 정치적 망명인이 외국공관으로 도피하는 경우 공관은 일시적으로 동인을 보호하는 인도적 관행이 성립되어 있음. 그러나 이 또한 공관의 불가침으로 인한 과도기적 현상일 뿐 공관이 권리로써 동인을 보호하는 것이 허용되는 것은 아님. 따라서 A국이 '성공해'의 공관 내 보호를 무기한 허용할 수는 없을 것임. 또한 동인을 다른 나라로 안전하게 보내기 위한 안도권을 B국에 요구할 수도 없음.
- 1950년 비호권 사건에서 ICJ도 안도권 요구 권리 부인

▶ 그러나 비호문제는 'urgent and compelling reasons of humanity'의 경우 특히

인도적 문제와 관련하여 쟁점이 됨.

▶ A국 공관의 경우 인도적 관점에서 '성공해' 장군을 B국 관헌에 넘기기 어려운 사정에 처하게 됨. 이와 관련 국제관행상 공관에 비호를 요청한 접수국 정치지도자 또는 반군 지도자들에 대해 공관이 일시적인 피난처를 제공해주는 인도적 관행이 있음. 반면 B국 관헌도 공관장의 허락 없이 공관 내에 진입하여 체포할 수 없음. 따라서 양측을 만족시키는 해결방안의 모색 없이는 사건의 장기화가 예상됨.

3. 분쟁해결과 중재

▶ 결국 분쟁이 발생하였다는 점에서 양국은 분쟁을 평화적으로 해결할 국제법상의 의무가 있음.

▶ 가장 바람직한 평화적 해결방안은 외교교섭임. 그러나 외교교섭이 실패할 경우 다른 대안으로 중재재판은 많이 선호되는 방안의 하나이며 중재재판을 통해 합리적인 해결책을 모색하여야 할 것임.

– 중재는 당사국이 선택한 재판관, 절차, 준칙에 따라 행해지며 구속력이 있다는 점에서 양국은 결과에 승복하게 될 것임.

– 중재재판은 국제법에 따라 재판하지만 당사국의 합의에 따라 양국을 어느 정도 균형있게 만족시키기 위한 판단도 병행하게 될 것임.

4. 중재재판에서 예상되는 합리적 해결방안

▶ A국의 국제법위반을 확인함.

▶ A국은 이러한 국제법위반 상황을 종료하기 위하여 필요한 조치를 강구하여야 함.

– 종료 방법은 국제법의 테두리 내에서 선택하되 필요시 인도적 고려, 정치적 편의와 실용가능성 등을 종합적으로 고려하여 가장 합리적이라고 할 수 있는 방안을 선택하여야 할 것임.

– 이점은 1951년 Haya de la Torre 사건에 대한 ICJ의 판결(인도만이 유일한 방법은 아님)에서도 시사점을 찾을 수 있을 것임.

▶ 이 경우 그간의 유사 사례 등에 비추어 가장 합리적이라고 할 수 있는 방안은 '성공해'를 본인의 의사에 따라 본인이 희망하는 곳으로 보내주는 것이며 B국은 이를 용인하고 협력하는 것임.

– 황장엽 사건에서의 중국의 태도

▶ 필요시 A국은 B국에 대해 국제법 위반에 따른 책임 해제를 위해 유감 표명 등의

방식을 취할 수도 있을 것임.

5. 결어

▶ 양국은 이 사안을 합리적으로 종료시키기 위해 협력하여야 함.

▶ 위에서 제시한 해결방안은 궁극적으로는 국제법에 따라 A국의 국제법 위반을 확인함으로써 B국의 입장을 존중하는 한편 인도적 관행도 존중함으로써 A국의 입장도 균형있게 고려할 수 있을 것으로 봄. 이러한 해결 방안은 지금까지의 국제사회의 관행 및 국제재판에 의해 대체로 지지받고 있다고 보며 여사한 해결책이 관행처럼 계속 유지될 수 있는 것은 사안이 추구하는 가치가 인권과도 관련된 문제이기 때문임.

▶ 결국 여사한 해결 방안은 외교공관의 불가침을 존중하면서도 영토국의 영토적 관할권을 조화시키는 양국간 이익의 균형, 법과 정치, 이상과 현실의 조화의 문제라고 봄.

6. 기타 관련사항

▶ 동 사건과 관련된 여러 상황에 대하여 해석여하에 따라서는 A국의 국내문제불간섭의무 위반, 이에 대한 국가책임 등의 문제가 대두될 수도 있을 것으로 봄.

▶ 또한 본 문제와는 직접적 관련성이 떨어지나 '성공해' 장군이 직접 A국으로 망명한 경우에는 영토국인 A국이 관할권을 가지며 이 경우 정치범 불인도의 원칙 등 다른 차원의 문제가 제기될 수도 있을 것임.

7. 우리나라에 대한 함의

▶ 탈북 난민 등과 관련한 문제점 등

제 16 강 국가영역의 취득과 상실

제1절 개관

국제법상 국가의 영역은 국가의 성립요건과 관련하여 특히 중요성을 갖는다. 국가의 성립요건은 옐리네크가 주장한 국민, 영토, 정부에 1933년 몬테비데오 협약에 규정된 '다른 나라와 관계를 맺을 수 있는 능력'을 포함한다. 이들 국가의 성립요건 중 하나인 영토가 바로 국가영역의 출발점이며 국가의 주권행사의 토대가 된다.

국가영역은 영토를 중심으로 영수(내수와 영해)와 영공을 포함하는 개념이며[1)] 국제법 주체로서의 국가는 자국영역에 대하여 배타적인 관할권을 행사할 수 있다.[2)] 우리는 이를 영토주권이라고 한다. 오늘날 국제법의 기본원칙인 주권평등이나 국내문제불간섭원칙 등은 모두 영토주권에서 나온다.[3)]

---

1) ICJ는 2005년 베넹과 니제간 '국경분쟁 사건(Frontier Dispute)'에서 국가간 경계는 '지표면만이 아니라 지하 및 인접한 상공의 공간에 대하여도 국가의 주권이 미치는 영역을 구분하는 선'이라고 보았다. ICJ Reports 2005, p. 90, para. 124.

2) 국가는 자국의 대륙붕 또는 배타적 경제수역에 대하여는 주권을 가지지 못한다. 대신 대륙붕에 대하여는 주권적 권리를, 배타적 경제수역에 대하여는 주권적 권리와 관할권을 가진다. 이에 대해서는 제 17강(국제해양법)에서 설명한다.

3) 영토주권이란 일 국가가 자신의 영토에 대하여 배타적으로 국가의 권한을 행사할 수 있

이러한 이유로 국제법의 중심인 국가, 국가의 중심인 영토는 국제법상 매우 중요하며 국가간 분쟁의 원인되고 있다. 따라서 국가의 영토가 어떠한 권원(title)을 통해 취득되고 생성되는지를 검토하는 것이 필요하다.

1. 영토 취득방식

영토취득(acquisition of territory)이란 영토주권을 취득하는 것을 말한다. 영토주권을 행사할 수 있는 대상 영토의 취득을 위한 법적 근거가 되는 사실을 권원이라고 한다. 권원의 개념은 권리가 존재함을 확인하는 증거이며 동시에 그 권리의 실제 원천(evidence which may establish the existence of a right, and the actual source of that right)을 모두 포함한다.[4)]

영토취득의 권원은 다양한 방식에 의해 성립되며 원시적 취득방식(original title)과 파생적 취득방식(derivative title)으로 나누어 볼 수 있다. 원시적 취득방식으로는 선점과 첨부가 있으며, 파생적 취득방식으로는 할양, 합병, 정복과 시효가 있다. 여기서 원시적 취득이라 함은 어느 국가에도 귀속되지 않은 영토를 처음 취득하는 것을 말한다. 반면 파생적 취득은 승계취득이라고도 하며 타국 영토의 일부 또는 전부를 자국영토로 하는 것을 말한다.

가. 선점, 시효

1) 선점

가) 선점의 개념

선점(occupation)은 국가가 영토취득의 의사를 가지고 무주지(*terra nullius* 또는 land without sovereignty)를 실효적으로 지배함으로써 완성된다. 이와 같이 국

는 권리를 말하지만 동시에 다른 나라의 권리(예컨대, 자국 내 소재하는 외국인에 대한 보호 등)를 존중하여야 할 의무도 갖는다.

4) 1986년 부르키나 파소와 말리간 '국경분쟁 사건(Frontier Dispute)', ICJ Reports 1986, p. 554, para. 18.

제법상 선점의 주체는 국가(sovereign state)이며 대상은 무주지이고 핵심요건은 실효적 지배이다. 따라서 선점과 관련한 쟁점은 무엇이 무주지이고 무엇이 실효적 지배인가에 대한 검토이다.

나) 무주지

과거 식민지 영토를 획득하기 위한 경쟁과정에서 유럽국가들에게 유럽이외의 지역은 사실상 무주지였다. 이들 유럽국가들은 무주지에 대하여 실제 선점이 있어야만 영토를 취득할 수 있다는 주장을 제기하였으며 이후 국제법 원칙으로 발전되었다. 그렇다면 무주지는 어떻게 정의될 수 있는가. 이와 관련 ICJ는 1975년 '서부 사하라 사건(Western Sahara)'에 대한 권고적 의견에서 당시 문명국이 아니면 해당 지역을 무주지로 간주하고 식민지로 획득하던 유럽 국가들의 관행을 부인하였다. 이 사건에서 ICJ는 할양이나 승계가 아니면서 영토를 평화적으로 획득하는 방식은 선점이며, 선점을 위해서는 해당 영토가 무주지어야 하지만 당시 사회적, 정치적 조직을 갖춘 부족이나 국민들이 거주하는 지역(territories inhabited by tribes or peoples having a social and political organization)을 무주지로 간주하지 않는 관행이 이미 확립되어 있었다고 보았다.[5)]

결론적으로 무주지는 사람이 거주하지 않는 영토가 아니라 어떠한 국가의 영토주권도 미치지 않는 영토 또는 이전에 주권을 행사했던 어떤 국가가 명시적 또는 묵시적으로 주권을 포기한 영토를 의미한다. 따라서 정치적 조직을 갖춘 현지부족이 지배하는 영토의 취득은 무주지에 대한 선점이 아니라 후술하는 할양이나 병합 등의 방식에 의한 취득으로 보아야 할 것이다.

다) 무주지에 대한 실효적 지배

선점 개념은 국가관행의 축적에 의한 결과로 초기에는 단순한 무주지의 발견이나 무주지에 대한 상징적인 주권의 표시(예컨대, 국기의 게양 또는 공식선언 등)에 대하여도 법적인 의미가 부여되었다. 그러나 이후 보다 엄격한 기준을 요구하게 되었다. 이때 등장한 것이 '실효적 지배(effective control)'의 개념으로 1928

---

5) ICJ Reports 1975, p. 12, paras. 79-80.

년 네덜란드와 미국간 '팔마스 섬 사건'에서 막스 후버(Max Huber) 중재관에 의해 보다 구체적이고 정교한 개념으로 정돈되었다.[6] 이 사건에서 후버 중재관은 스페인의 발견보다는 네덜란드에 의한 국가 주권의 표시에 더 의미를 부여하였다. 즉, 동 중재관은 스페인과는 달리 네덜란드가 1700년 이래 '오랜 기간 동안 국가의 권한을 공개적이며 계속적이고 평화롭게 행사함으로서' 동 섬에 대한 권원을 취득하였다고 판단하였으며 이것이 바로 실효적 지배에 따른 권원의 취득(이러한 이유로 팔마스 섬 사건은 스페인의 발견에 의한 '선점'보다는 네덜란드의 실효적 지배를 통한 '시효취득'의 사례로 자주 설명됨)이다.[7] 다시 말해서 발견 자체는 불완전한 권원(inchoate title)으로 이후의 지속적이고 평화로운 주권행사(continuous and peaceful display of sovereignty)를 통해 권원이 완성된다고 볼 수 있다.

라) 선점의 요건

팔마스 섬 사건을 계기로 발전되어온 실효적 지배의 요건을 포함하여 국제법상 확립된 선점의 요건은 다음과 같다.

첫째, 무주지를 대상으로 하며,

둘째, 국가가 주권자(as a sovereign)로서 영유의 의사(*animus occupandi*)를 가지고,[8]

---

6) '실효적 지배'는 이어서 설명하는 'effectivités(국가주권의 행사)' 개념에 의해 사실상 대체되고 있다고 볼 수 있다. 따라서 필요한 경우 양자를 포함하는 개념으로 '실효적 지배 또는 국가주권의 행사'를 하나의 용어로 사용하여도 좋다.

7) 이 사건은 미국과 네덜란드간 필리핀 인근 팔마스 섬에 대한 영유권 분쟁이다. 미국은 1898년 파리조약을 통하여 이 섬(필리핀의 경내에 위치)을 필리핀과 함께 스페인으로부터 할양받았으며 이에 앞서 스페인은 이미 이 섬을 16세기의 발견을 통하여 영유권을 획득하였다고 주장(선점)하였다. 반면 네덜란드는 스페인의 발견은 입증되지 않았으며 대신 네덜란드는 1677년 동인도회사가 원주민과 조약체결을 통해 섬에 대한 주권을 행사하여 왔고 이후 1700년 이래 지속적으로 200여 년에 걸쳐 이 섬에 대하여 공개적이고 평화적으로 주권을 행사(실효적 지배)하여 왔다고 주장하였다. 미국은 1906년에야 비로소 네덜란드가 이미 오래전부터 섬의 영유권을 주장하여 왔음을 알았다.

8) 따라서 개인의 행위는 그것이 국가로부터 위임받은 국가권한의 행사가 아닌 한 실질적인 의미를 부여받지 못한다. 이 요건은 국가의 행위여야 한다는 뜻으로 국가책임에서 설명한 국가의 행위, 즉 국가에 귀속될 수 있는 행위를 말한다. 이와 관련 과거 네덜란드의 동인도회사는 동 회사가 국가로부터 상당한 권한을 위임받아 활동하였다는 점에서 이 회사의 행위는 국가의 행위로 볼 수 있다.

셋째, 국가권한을 계속적이고 평화적으로 행사함으로써 실효적 지배를 확립하여야 한다. 여기서 평화적이라 함은 다른 국가의 도전을 받거나 경합되는 주장이 없이 배타적으로 지배하는 상태를 의미한다. 따라서 실효적 지배는 단순한 서류상의 주장(mere paper claim)이 아닌 보다 구체성있는 권한의 실질적인 행사를 의미한다.[9] 그러나 실제 운용과정에서 볼 때 실효적 지배는 상대적 개념으로 영토의 성격에 따라 달라질 수 있다.

그밖에 선점에 의한 영토 취득시 추가요건으로 이해관계국에 대한 통고가 요구되는가의 문제가 있다. 그러나 이를 반드시 요구되는 요건으로 보아야 하는지에 대하여는 입장이 일치하지 않는다. 이 문제는 1905년 일본이 독도를 무주지에 대한 선점으로 편입할 당시 이해관계국에 통보하지 않은 것과 관련하여 일본의 조치의 적법성을 판단하는 기준의 하나로 주장되기도 한다.[10]

선점과 관련한 국제 판례

▶ 무인도나 접근이 어려운 지역에 대한 선점의 경우 실효적인 지배를 확립하는 문제는 용이하지 않을 것이다. 이 경우에도 실효적인 지배를 계속 요구하여야 하는가. 선점의 대표적인 예로 인용되는 국제판례로 1931년 프랑스와 멕시코간 '클리퍼톤 섬 사건(Clipperton Island)'에 대한 중재재판이 있다.[11] 이 사건에서 중재재판관은 무인도인 이 섬에 대해서는 단순한 주권의 천명만으로도 실효적 지배를 대체할 수 있다는 입장을 취하였다. 즉, 무인 지역에 대해서는 최초의 주권표시를 한(merely through the occupying State's appearance there) 국가가 절

9) 실질적인 의미의 점유, 즉 인간의 정주나 영토의 이용 등 물리적 지배도 중요하지만 더욱 중요한 것은 공권력의 행사 등 국가권한의 과시를 통해 국가의 영유의사를 표출하는 것이다. 예컨대, 법률의 시행, 세금징수, 재판관할권 행사 등이 대표적인 국가기능의 행사로 볼 수 있다.

10) 일본은 무주지인 독도를 선점해 1905년 2월 22일 시마네현 관보에 고시하였으므로 국제법적으로 독도가 일본영토라고 주장하고 있다. 그러나 한국은 일본이 시마네현 고시 제40호로 독도를 일본 영토로 편입하기 전 이미 1900년 대한제국 칙령 제 41호로 독도가 조선의 영토임을 고시했다. 따라서 당시 독도는 무인도였지만 일본이 주장하는 국제법상의 무주지가 아니었으므로 국제법적으로 일본의 무주지 선점론은 성립되지 않는다. 한편 일본은 1905년 편입 당시 동 사실을 대한제국은 물론 다른 이해관계국에게도 알리지 않았다. 반면 1876년 오가사와라 제도 편입 당시에는 동 사실을 도쿄에 주재하는 미, 불, 독 등 국가들의 공관에 통보한 바 있다.

> 대적이며 논란의 여지가 없는 지배권을 가진다고 보았다. 다시 말해서 멕시코의 주장(발견의 역사적 사실) 보다 프랑스의 공개적인 주권선언에 더 비중을 두고 판단하였다.

2) 시효(acquisitive prescription)

시효는 선점과는 달리 본래 타국에 속하는 영토를 상당기간 평화적이고 공개적인 방식으로 중단 없이 점유하여 권한을 행사함으로써 영유권이 확립되는 국제법상의 제도이다.

따라서 시효가 성립하기 위해서는 (a) 타국에 속하는 영토에 대하여, (b) 영역국의 묵인(acquiescence), 즉 영역국에 의한 이의 제기가 없이, (c) 시효를 주장하는 국가가 상당기간 동안 지속적이고 중단 없이 주권자로서 점유하여야 한다. 여기서 상당기간에 대한 해석은 일치하지 않으나 영토의 성격, 반대되는 주장의 존재여부 등 제반 사정을 고려하여 구체적인 경우에 개별적으로 판단되어야 할 것이다.

또한 시효는 무주지가 아닌 타국의 영토를 대상으로 한다는 점에서 선점과 구별되며 타국의 영토를 대상으로 하므로 선점에 비해 보다 엄격한 실효적 지배가 요구된다. 대체로 선점에서 요구되는 기간보다는 길다고 보아야 할 것이다. 이 요건은 1999년 보츠와나와 나미비아간 '카시킬리/세두두 섬 사건(Kasikili/Sedudu Island)'에서의 ICJ의 태도에 의해서도 확인된다.[12] 그러나 실제로 이들 양자를 구분하는 것은 쉽지 않은 작업이다. 특히 시효와 선점은 구별하기가 어려우며 선점으로 분류되는 사건들이 시효인 경우 또는 그 반대의 경우도 많이 있다. 따라서 국제재판소는 분쟁발생시 당해 지역이 선점의 대상인 무주지인지 또는 시효의 대상인 다른 국가의

---

11) 이 사건은 1858년 프랑스 해군장교가 멕시코 남서쪽에 위치한 클리퍼튼 섬을 발견하고 프랑스가 공개적으로 주권을 선언한 사건이다. RIAA Vol. 2, p. 1105.

12) 이 사건에서 분쟁 당사국인 양측은 시효의 성립요건으로 점유는 (a) 주권의 성격으로 행사되어야 하며, (b) 평화적이고 중단되어서는 안 되며, (c) 공개적이어야 하고, (d) 상당기간 계속되어야 한다는 점에 합의하였다. 이에 대해 ICJ는 명시적으로 이 조건을 수락하지는 않았지만 사실상 유효한 시효취득의 요건으로 받아들인 것으로 평가된다. Dixon, 'Textbook on International Law', 2007.

영토인지에 대한 판단보다는 어느 국가가 상대적으로 더욱 의미있는 실효적 지배를 확립하였는가의 관점에서 판단하는 경향이 있다. 이러한 이유로 선점과 시효는 같은 맥락에서 이해될 수 있을 것이다.

또한 시효를 차단하기 위해서는 항의(protest)를 하거나 또는 묵인(acquiescence)이 아니라는 것을 입증하는 다른 행위 또는 성명이 필요하다. 앞에서 설명한 팔마스 섬 사건에서 후버 중재관은 스페인(1898년 이후에는 미국)이 네덜란드의 팔마스 섬에서의 행위에 대하여 항의하지 않은 사실을 지적한 바 있다. 그렇다면 어느 정도의 항의가 필요한가. 이에 대해서도 구체적인 경우에 개별적으로 판단되어야 할 것이다. 시효를 중단시키기 위하여 항의가 원용된 사례로는 멕시코와 미국간 1911년 '샤미잘 사건(Chamizal)'에 대한 중재판결이 있다. 이 사건에서 멕시코의 지속적인 항의는 미국의 시효 주장을 차단할 수 있었다.[13]

한편 시효취득의 예로는 착오로 인한 조약의 무효사유에서 설명한 '프레아 비헤아 사원 사건'을 들 수 있다. 이 사건에서 ICJ는 태국이 착오로 작성된 지도에 이의를 제기하지 않고 그대로 사용한 것을 문제삼고 대응이 요구되는 상황에서 대응하지 않은 태국의 행위는 캄보디아의 주권에 대한 묵시적인 승인(묵인)에 해당(amount to tacit recognition)된다고 보았다.[14]

결론적으로 시효제도는 타국의 영토를 대상으로 한 불법적인 행위를 합법화하는 것이 아니라 법적 불확실성을 제거하여 법적 안정성을 추구하는 데 목적이 있다.

3) 실효적 지배와 관련한 국제판례

팔마스 섬 사건 이후 확립된 '실효적 지배'에 근거하여 국제재판소는 지금까

---

13) 이 사건의 개요는 다음과 같다. 미국과 멕시코간 국경을 이루는 리오그란데 강의 범람으로 지형이 바뀌어 멕시코 측에 위치하였던 샤미잘 지역이 미국 측으로 옮겨가게 되었고 미국인들이 이를 개척하게 되면서 미국 정부도 동 지역에 대하여 국가권한을 행사하였다. 그러나 이에 대한 멕시코의 지속적인 항의는 미국의 시효주장을 차단할 수 있었다. RIAA Vol. 11, 1911, pp. 309-347, 즉 미국의 시효주장이 인정받기 위해서는 미국의 샤미잘 지역에 대한 점유가 방해받지 않고, 중단되지 않고, 도전받지 않았어야 한다는 점이 지적되었다.

14) ICJ Reports 1962, p. 6, paras. 30-31.

지 않은 영유권 분쟁 사건들을 다루어 왔다. 아래 판결들은 국제재판소가 영유권 분쟁을 다루면서 어느 국가가 분쟁대상 영토에 대하여 상대적으로 더 우월한 증거를 제시하였는가, 즉 더 우월한 실효적 지배(설득력있는 주권행사의 증거)를 확립하였는가를 기준으로 판단한 사건이다. 이를 상대적 권원(relative title)이라고 한다. 다시 말해서 상대적 권원에 기초하여 보다 우세한 실효적 지배에 대하여 영유권을 인정한 사례이다.

- 1933년 덴마크와 노르웨이간 '동부 그린랜드 사건(Eastern Greenland)'에서 PCIJ는 인구가 희박하고 사실상 접근이 어려운 극지의 경우 작은 주권행사에 대하여도 실효적 지배의 의미를 부여할 수 있다고 보았다. 즉, PCIJ는 노르웨이보다 덴마크가 보다 큰 권한을 행사하였다는 점을 지적하였다. 다시 말해서 지역의 특성을 감안하여 구체적인 행위 자체보다는 덴마크가 양자관계 또는 제 3국과의 관계 등에서 취한 견해나 태도에 더 큰 비중을 두었다. 동시에 1931년 노르웨이가 그린랜드의 일부 지역에 대해 영유권을 주장한 시점까지 덴마크 이외에 그린랜드에 대하여 주권을 주장한 국가가 없었다는 점도 고려하였다.[15)]
- ICJ는 영유권 분쟁관련 첫 사건인 1953년 프랑스와 영국간 '망키에와 에크레호 사건(The Minquier & Ecrehos)'에서도 결정적으로 중요한 것은 중세의 사건으로부터 도출되는 간접적인 추정이 아닌 섬의 점유와 직접적으로 관련되는 증거라고 보고 이를 중시하여 판단한 바 있다.[16)] 즉, ICJ는 영국이 섬에 대하여 국가기능을 행사하였다는 점과 반대로 프랑스는 그

15) 이 사건은 1931년 노르웨이가 동부 그린랜드를 점령하면서 무주지였던 동 지역이 자국의 주권하에 있다고 선언하였고 이에 대해 덴마크가 주권선언을 한 노르웨이의 법령이 무효임을 확인하여줄 것을 PCIJ에 요청한 사건이다. PCIJ, Ser. A/B, No. 53, 1933.

16) 이 사건의 개요는 다음과 같다. 망키에와 에크레호 섬들은 영국 해협에 위치한 Channel 군도에 속하는 섬으로, 영국은 1066년 노르만족이 영국을 정복한 이후 영국왕이 노르만디공의 자격으로 동 지역을 지배하였다고 주장하였고, 프랑스는 1204년 노르만 세력이 프랑스에서 물러난 이후 프랑스령으로 확정되었다고 주장하였다. 이 사건의 쟁점은 권원의 성립 여부가 아니라 실효적 지배이다. 관련 부분 원문은 다음과 같다: "what is of decisive importance ... is not indirect presumption deduced from events in the Middle Ages, but the evidence which relates directly to the possession of the Ecrehos and Minquiers groups." ICJ Reports 1953, p. 47, p. 57.

러한 사실을 입증할 수 있는 증거를 제시하지 못하였다는 점을 판단기준으로 삼았다.[17]

이들 반복된 판결을 통해 실효적 지배의 개념은 이후 더욱 공고한 원칙으로 발전되었다.

Effectivités 개념의 발전

1. 개념의 출현

지금까지의 영유권 분쟁 사건에서 ICJ는 '실효적 지배'를 강조하면서도 구체적인 사건에서 사용된 용어는 일관되어 있지 않다. 이 사건들에서 사용된 용어는 구체적으로 effectivités, actual exercise of territorial sovereignty, display of state authority, effective occupation, effective administration 등이 있다. 그러나 오늘날 최근 판례에서는 점차 effectivités(sovereign activities)[18]로 통일하여 사용되는 경향이다.

ICJ가 effectivités 용어를 판결에 원용한 초기의 사건은 1986년 부르키나 파소와 말리간 '국경분쟁 사건'으로 이후 ICJ를 비롯한 중재재판 등에서 원용되기 시작하였다.[19]

간단히 말해서 effectivités는 실효적 점유 또는 지배 개념의 모호성과 영토의 상황(원거리 소재의 거주가 불가능한 섬의 경우 등)마다 상이하게 적용되는 기준을 고려하여 개발된 개념으로 영토와 관련된 '필요한 국가공권력의 효과적인 과시(the effective display of State authority)'로 이해될 수 있다. 이를 부연하면 effectivités는 영토에 대한 국가주권의 실효성, 즉 '일정 영토에 대한 국가권한 행사의 증거가 되는 국가행위(state acts manifesting a display of authority on a given territory)', 요약하면 영토에 대한 '국가권한의 행사'로 이해될 수 있다.

그러나 effectivités는 법적 권원이 불확실하거나 부재한 경우 이를 완성시키거나 보완하는 효과를 가질 뿐이므로 이와 상충되는 권원에 우선할 수 없다. 다시 말해서 명백한 조약상 권원(treaty-based title)이나 후술하는 바와 같이 국제법상 확립된 현상유지(*uti possidetis*)원칙 등은 effectivités에 우선한다.[20] 결론적으로 적법한 영토권원이 성립되어 있는지 유무에 따라, effectivités는 단순히 적법한 영토권원을 확인하

17) ICJ는 영국이 이 섬에서 행한 사체검시, 재산세를 부과한 기록, 인구조사 등 국가기능의 수행을 근거로 영국령으로 인정하였다.

는 보조적 역할에서부터 적극적으로 권원을 해석하고, 그 내용을 확정하며, 때로는 영토권원을 창설하는 역할을 한다고 볼 수 있다.

2. ICJ와 effectivités

그렇다면 구체적으로 effectivités의 증거는 어떻게 확인할 수 있는가. 2002년 인도네시아와 말레이시아간 '리기탄과 시파단(Ligitan and Sipadan) 도서 영유권 사건'을 중심으로 ICJ의 판단과정을 살펴본다.

▶ ICJ는 양측 모두 조약상 권원에 의한 영유권 주장은 성립되지 않는다고 보았다.

▶ 따라서 다음 단계로 어느 국가가 effectivités에 의한 영유권 주장을 정당화할 수 있는가를 판단하였다. 여기서 ICJ가 effectivités로 원용한 기준은 현실적이고 지속적인 국가 권한의 행사를 증명할 수 있는 활동, 즉 주권자로서 행동할 의사와 의지(the intention and will to act as sovereign)였다.

▶ 이에 근거하여 인도네시아는 네덜란드 해군과 인도네시아 해군이 동 섬의 주변에 계속하여 존재하였던 사실과 동 섬 주변에서 자국어부들이 전통적으로 어로활동을 하였던 사실을 effectivités의 증거로 제출하였다. 이에 대해 ICJ는 네덜란드와 인도네시아 해군의 당시 활동으로 동 섬과 주변수역이 네덜란드와 인도네시아의 주권하에 놓여 있었다는 결론을 내릴 수 없고 또한 어부들의 어로활동은 사적인 행위에 불과하므로 정부의 공식적인 권한하에서 또는 공식적인 법령 등에 근거하지 않는 한 effectivités의 증거가 될 수 없다고 보았다.

▶ 반면 말레이시아는 이 섬에 대한 효과적인 관리(administration)의 증거로서 무엇보다도 북 보르네오 당국이 동 섬에서의 거북알 채취(동 지역에서 매우 중요한 경제활동의 하나)를 규제하기 위해 취한 행정조치(Turtle Preservation Ordinance of 1917)와 그 조치가 1950년대까지 지속되었다는 점을 우선 effectivités의 증거로 제시하였다. ICJ는 이를 영토에 대한 행정적 권한의 주장으로 보았으며 또한 북 보르네오 식민당국이 양 섬에 설치한 등대가 독립 이후에도 정부 당국에 의해 계속 관리되어 왔다는 사실에 대하여도 effectivités로서의 증거가치를 인정하였다.

▶ 이를 바탕으로 ICJ는 말레이시아의 입법, 행정 및 준사법적 조치 등 일련의 행위를 국가 기능을 행사하려는 주권적 활동으로 보고 effectivités의 증거로 판단하였다.

▶ 또한 ICJ는 이러한 말레이시아의 조치에 대하여 선행국인 네덜란드나 인도네시아 모두 항의나 불만을 표시한 적이 없다는 사실도 지적하였다. 이와 같은 인도네시아의 태도는 말레이시아의 공적활동을 묵인한 것으로 해석되었다.

▶ 결론적으로 ICJ는 구체적으로 어떠한 주권행위가 effectivités에 해당될 수 있을지는 각 사안별로 결정할 문제이며, 해당 영토의 성격, 해당 주권 행위에 대한 상대국의 반대의 횟수와 정도, 기타 국제적 반응 등을 함께 고려하여 판단하여야 할 성질의 문제로 보았다.

3. 상기 사건에서 확인된 effectivités에 대한 평가

▶ effectivités는 반드시 강력하거나 지속적(intensive or persistent)이어야 하는 것은 아니다. 인도네시아의 주장은 인도네시아가 권원을 획득하려는 의사를 가지고 있다는 것을 증명하는 데 필요한 공적 권한행사의 범위나 정도(scope and extent), 즉 강도(intensity)가 아니라 질(quality)에서 실패하였다. 여기서 질이란 공적이며 주권적인 성격이 얼마나 잘 표시되었는가를 말한다. 특히 개인의 행위는 법 규정에 따라 행해지거나 국가 권한하에서 행해지지 않는 한 effectivités로 보지 않는다.

▶ 따라서 쟁점은 얼마나 많은 권한이 행사되는가가 아니라 공적 권한이 진정으로 행사되고 다른 국가에 의해 그렇게 행사되고 있는 것으로 보이는가의 문제이다. 일견(*prima facie*) 권원을 가지고 있는 것으로 보이는 국가라도 객관적으로 명백한 권원이 없는 한 주권자로서 행동하는 다른 국가의 effectivités에 대응하지 못하는 경우에는 영토주권이 다른 국가로 넘어가게 되는 현상이 발생할 수도 있다.

---

18) 1958년 de Vissher 교수가 개발한 effectivités는 새롭게 주목받았지만 이후 의미 있는 영유권 분쟁사건들이 국제재판소에 부탁되지 않아서 상당기간 사용되지 않았다.

19) effectivités 개념은 그 밖에 1992년 엘살바도르와 온두라스간 '영유권 분쟁 사건', 1994년 리비아와 차드간 '영토분쟁 사건', 2001년 카타르와 바레인간 '해양경계 및 영토문제 사건', 2002년 인도네시아와 말레이시아간 '리기탄과 시파단 도서 영유권 사건', 2003년 싱가폴과 말레이시아간 '페드라 브랑카 도서 영유권 사건(Pedra Branca/Pulau Batu Puteh)', 2012년 니카라과와 콜롬비아간 '영토 및 해양분쟁 사건' 등에서 꾸준히 원용되어 오고 있다.

20) 2005년 베닝과 니제간 '국경분쟁사건'에서 ICJ는 법적 권원(legal title)이 존재하지 않으므로 effectivités가 고려되어야 한다고 하면서 effectivités를 영유권 분쟁과 관련된 원칙의 하나로 보았다. ICJ Reports 2005, p. 90, paras. 75-76, 141. 반면 2015년 니카라과와 코스타리카간 '코스타리카에서의 '도로건설사건(Construction of a Road in Costa Rica along the Juan River)'에서는 ICJ가 분쟁 대상 영토에서 니카라과의 다양한 활동이 저항받지 않고 행하여졌음을 부인하지 않으면서도(effectivités를 인정하면서도) 1858년 조약의 효력이 인정되기 때문에(effectivités보다는 조약이 더 우선하기 때문에) 니카라과의 활동을 오히려 effectivités가 아닌 조약위반(코스타리카의 영토주권 침해)으로 판단하였다. ICJ Reports 2015, p. 665, paras. 89, 93.

나. 할양, 정복과 병합, 첨부

1) 할양

할양(cessicn)은 일 국가가 조약 등을 통한 합의에 의해 자국영토의 일부 또는 전부를 타국가로 이전하는 것을 의미한다. 할양은 매매, 교환, 증여 등에 의해 성립되며 타국으로의 영토주권의 이전을 말하므로 할양시점, 즉 할양의 의사나 동의를 표시하는 순간부터 양도국의 할양지역에 대한 관계는 당연히 종료한다. 여기서 중요한 것은 할양은 명시적이어야 한다는 점이다. 애매한 표현이나 정황으로는 충분하지 않다.

할양의 예로서 미국이 프랑스와 스페인으로부터 루이지애나와 플로리다를 각각 매입한 예는 매매에 의한 방식이다. 할양에 조건이 첨부되는 경우도 있다. 1956년 소련과 일본은 북방도서 4개 중 2개를 일본에 할양하되 평화조약 체결을 할양시점으로 하였다. 그러나 아직까지 여러 정치적 이유로 평화조약은 체결되지 않았으며 할양도 이루어지지 않았다.

할양은 원칙적으로 자발적인 의사, 즉 분명한 합의에 의해 이루어지는 것을 전제로 하나 보불전쟁에 의한 프랑스 일부지역의 할양처럼 전쟁 후 강화조약에 의한 할양 등이 있으며 이는 실제로는 위장된 형태의 할양이다. 그러나 오늘날 무력사용금지원칙에 따라 무력행사를 통한 영토의 할양은 허용되지 않는다.

참고로 2014년 크리미아(Crimea)에서 개최된 국민투표(우크라이나에서 러시아로의 크리미아 영토의 이전)는 할양의 주체인 우크라이나 정부가 무시된 가운데 행해졌다는 점에서 정당성이 문제로 지적된다.[21]

한편 할양의 경우에는 할양지역 주민의 국적 등 국가승계의 문제가 발생할 수 있다.

2) 정복과 병합

정복(conquest)은 무력을 통해 외국영토를 점령하고 이를 자국영토로 만드는

---

21) 크리미아 반도는 2014년 우크라이나로부터 독립을 선언하였으며 유일하게 러시아의 승인을 받았다. 이후 러시아의 영향력하에서 국민투표가 행해졌고 동 선거결과에 따라 러시아 영토로 편입되었다. 유엔은 국민투표가 불법이며 무효라는 결의를 승인하였다.

것으로 과거 가장 일반적인 영토취득 방식이었다.[22] 전쟁이 불법화되지 않은 당시에는 전쟁 종료 후의 영토병합(annexation)을 강화조약에 따른 영토할양으로 정당화하였기 때문에 실제로 정복에 의한 권원의 확인은 아주 드물었다.

그러나 1969년 조약법 협약 제 52조(무력의 위협 또는 사용에 의한 국가에 대한 강박)는 무력의 위협 또는 사용에 의해 타국의 의사에 반하여 체결된 조약을 무효라고 규정하고 있으며 이 점에서 오늘날 강박에 의한 병합조약은 무효이다. 이와 관련 유엔헌장 제 2조 4항도 다른 나라의 영토보전이나 정치적 독립 또는 유엔의 목적과 양립하지 않는 방식의 무력의 위협 또는 사용을 금지하고 있으며 이러한 원칙은 1970년 국가간 우호관계 및 협력에 관한 국제법 원칙 선언에서도 확인되고 있다. 이 선언에 의하면 무력의 위협 또는 사용에 의한 결과로 일어나는 영토취득은 합법적인 것으로 승인될 수 없다. 즉, 정복을 통한 위장된 할양에 의한 영역의 변경은 더 이상 허용되지 않는다. 이러한 점에서 1990년 이라크에 의한 쿠웨이트 점령은 국제법상 무효이다. 참고로 정복 등 침략행위는 강행규범의 위반이며 이는 다시 다른 모든 국가에 대한 의무(대세적 의무)의 위반이 된다는 점에 대해서는 이미 설명한 바 있다.[23]

한편 '이스라엘의 팔레스타인 분리장벽 건설 사건'과 관련 ICJ가 유엔 총회에 권고한 내용은 병합에 대한 적극적인 해석의 예로 볼 수 있다. ICJ는 이스라엘의 조치가 자국의 안보를 고려한 조치라고 주장하였지만 분리장벽이 영구화되는 경우 이는 사실상 팔레스타인 영토의 병합에 해당한다고 보았다.

3) 첨부[24]

첨부(accretion)란 주로 자연현상에 의해 새로운 영토가 형성되어 그 영토가 기존의 영토에 부착되는 영토의 변경을 의미한다. 자연현상에 의한 첨부는 국가

22) 정복의 요건으로는 (a) 정복지를 자국영역으로 한다는 병합의사와 함께 (b) 이를 실효적 및 영속적으로 유지할 수 있는 능력(저항의 소멸 등)과 (c) 다른 국가들의 승인이 있다.

23) 유엔 안보리는 1990년 결의 제 662호를 통해 동 조치가 국제법적으로 무효(null and void)이므로 모든 국가들이 이를 승인하지 말 것과 승인으로 해석될 수 있는 행위를 하지 않을 것을 요구한 바 있다.

24) 'A thing that is added follows the fortune of principal thing(종물은 주물의 운명에 따른다)'는 법원칙에 의해 설명될 수 있다.

영역의 증가를 의미한다. 반면 침식(erosion)에 의해 국가영역이 축소될 수도 있다. 국제관습법상 첨부나 침식에 의한 국가영역의 변동은 당해 국가의 특별한 조치를 필요로 하지 않는다.

특히 일국의 영해 내에서 새로운 섬이 발견되거나 화산 등 자연작용에 의하여 섬이 형성되는 경우 동 섬은 당연히 당해 국가의 새로운 영토가 될 것이며 이로 인해 영해기선도 변경될 수도 있을 것이다.

2. 영유권 분쟁과 관련된 국제법 원칙

지금까지 검토한 바와 같이 영토취득 방식 중 선점이나 시효와 관련하여 국제재판소가 원용하는 가장 주된 판단기준은 실효적 지배(effective control)와 이를 발전시킨 effectivités로 명확한 법적 권원이 확립되지 않는 경우 우선적으로 고려되는 기준이다.

그러나 영유권 분쟁시 국제재판소는 이와는 별개로 다른 많은 고려 요소들을 원용해 오고 있다. 이러한 고려 요소들 중 특히 중요한 것으로 *uti possidetis*, 역사적 권원(historic title)과 역사적 응고(historical consolidation of title), 승인(recognition), 묵인(acquiescence), 금반언(estoppel), 시제법(inter-temporal law)과 결정적 기일(critical date) 등을 들 수 있다. 또한 지도의 증거력이나 지리적 인접성 등도 고려요소가 될 수 있을 것이다.

이하 이들 요소 중 영유권 분쟁시 많이 등장하는 개념들에 대하여 간략하게 검토한다.

가. 역사적 권원과 역사적 응고

권원 개념은 19세기 말 이래 영토주권의 존재를 정당화하기 위한 국가들의 실행을 통해 발전되었다. 특히 영토주권을 주장하는 국가들은 아주 오래전부터(from time immemorial) 자신들이 해당 영토에 대해 주권자로서 행동하여 왔고 다른 국가들도 그렇게 인식하고 있었다는 점을 강조하고 있다. 이러한 주장이 '역사적 권원'의 주장이다. 참고로 2016년 필리핀과 중국간 '남중국해 사건(South China Sea Arbitration)'에서도 PCA(상설중재재판소)는 해양에서의 관할권 근거로 역사적 권원의 개념을 인정하였다.[25]

여기서 역사적 권원의 핵심은 오랜 기간의 과정(lengthy process)이다. 보다 구체적으로는 시효, 승인, 묵인 또는 권원으로 인정될 수 있을 정도의 오랜 기간 동안의 점유 등을 통한 역사적 응고의 과정 속에서 발전되는 개념으로 볼 수 있다. 그러나 역사적 응고이론은 권원취득의 불법성에 대한 판단보다는 현재의 지배상태에 초점을 맞추고 있다는 점에서 비판이 제기되며 또한 개념 자체의 모호성도 지적된다는 점에 주목하여야 할 것이다. 이러한 이유로 역사적 응고를 통한 역사적 권원에 대한 국제재판소의 태도도 일치하지 않는다.[26]

참고로 역사적 응고는 역사적 권원을 판단하는 증거에 불과하며 그 자체가 영토취득의 권원은 아니다.

나. 시제법

오랜 역사적 배경을 갖는 영유권 분쟁이나 조약의 해석과 관련하여 특정 시점의 행위에 대하여 어떠한 국제법을 적용하느냐의 문제가 제기될 수 있다. 이에 대해서는 시제법의 원칙이 적용된다. 시제법(inter-temporal law)이란 어떠한 법적 사실이 발생하였던 시점에 존재하였던 당시의 법을 의미한다. 따라서 시제법의 원칙에 의하면 법적인 사실은 그 당시의 법에 의하여 평가되어야 하며 그에 관한 분쟁이 발생하거나 해결되는 시점에 유효한 법에 의하여 평가되어서는 안 된다. 다시 말해서 '분쟁의 대상이 된 사실을 규율하던 당시의 국제법과 분쟁

25) 이와 같이 권원은 일국가가 육지 영토나 해양에 대하여 주장하는 권리의 원천과 증거를 동시에 설명하기 위해 사용된다(본 강의 주 4 참조).

26) 1998년 에리트리아와 예멘간 '영토주권과 분쟁의 범위 사건(Territorial Sovereignty and Scope of the Dispute)'에 대한 중재재판에서 중재재판부는 계속성(continuity)과 시간의 경과(the lapse of a period of time)를 중요한 요소(of the essence)로 보고 역사적 응고에 의한 영토취득을 인정하였다. RIAA Vol. 22, 1998, para. 106. 반면 2002년 카메룬과 나이지리아간 '육상 및 해양경계 사건'에서 ICJ는 역사적 응고 이론은 매우 논란이 많으며(highly controversial) 지금까지의 국제법상 확립된 영토취득 방식을 대체할 수 없다고 보았다. ICJ Reports 2002, p. 303, para. 65.

이 발생한 지금의 국제법 사이에 차이가 있다면 현재의 법을 소급하여 적용하여서는 안 된다'는 원칙이다. 이에 따라 2002년 카메룬과 나이지리아간 '육상 및 해양경계 사건'에서 ICJ는 시제법을 적용하여 과거 체결된 조약의 효력과 이로 인한 결과를 그대로 인정하여야 한다고 보았다.

그러나 시제법 이론을 적용한다고 해도 문제가 된 사실 이후의 국제법의 발전이 국제법의 해석과 적용에 전혀 영향을 미치지 않을 수는 없을 것이다. 이러한 이유로 국제재판소는 조약의 성립 후 발생한 국제법의 변화와 조약에 나타난 표현상의 의미의 변화를 평가한다. 물론 이와 같은 요구는 법적 안정성을 저해할 수 있다는 점에서 전면적인 적용에는 한계가 있으나, 그렇다고 하여 법의 변화를 전혀 무시하고 시제법에만 의존하는 것이 과연 정의에 부합하는가의 문제가 제기될 수 있기 때문이다.

따라서 앞의 팔마스 섬 사건에서 실효적 지배를 설명하기 위해 후버 중재관이 도입한 개념인 '권리의 창설(creation of rights)과 권리의 존속(existence of rights)'의 구분은 법적 안정성을 유지하는 범위 내에서 허용된다고 본다. 즉, 이 사건에서 후버 중재관은 법적 사실인 권리의 창설은 소급효 금지라는 법의 원칙을 존중하여 행위 당시의 법인 시제법을 기준으로 판단하여야 하지만(in the light of the law contemporary with it) 이후의 법의 발전에 의해 요구되는 조건을 충족시켜야(follow the conditions required by the evolution of law) 계속 유효하게 존속될 수 있다고 보았다. 다시 말해서 동인은 시제법 개념의 적용을 통해 문제가 되는 시점인 16세기에는 과연 스페인에 의한 단순한 발견만으로도 영유권을 확립하는데 충분하였는지 여부를 먼저 결정하여야 한다고 판단하면서도 동시에 그러한 권리가 이후의 법질서 속에서도 계속 유지되었는지를 검토하여야 한다고 보았다. 여기서 '계속 유지된다는 것'이 바로 '실효적 지배'의 요건의 충족을 말한다. 또 다른 사례로 ICJ는 1978년 그리스와 터키간 '에게해 대륙붕 사건'에서 대륙붕에서의 연안국의 개발 및 탐사에 관한 권리는 현재의 국제법에 따라, 즉 그간의 국제법의 발전도 고려하여 해석되어야 한다고 판단하였다.[27]

---

27) 관련 부분 원문은 다음과 같다: "... the Court has to take account of the evolution which has occurred in the rules of international law concerning a coastal State's rights of exploration and exploitation over the continental shelf", ICJ Reports 1978,

한편 시제법의 문제는 특히 과거 무력사용이 수반된 정복을 통한 영토의 취득과 관련하여서도 의미가 있다. 정복에 의한 영토취득에 대하여도 위에서 설명한 '권리의 창설과 존속'이 적용될 수 있을 것이다. 과거 정복 등의 방식에 의한 영토취득은 오늘날의 국제법에는 위반되지만 당시의 국제법에 의해서는 유효하게 창설된 것으로 보되 다만 이후의 국제법의 발전방향에 맞추어 영토에 대한 권리가 계속 유지되어 왔는가(실효적 지배)에 대하여도 판단하여야 할 것이다. 사실 과거 수세기에 걸쳐 이루어진 정복이 오늘날 무효라는 주장은 양날의 칼이 될 수 있다는 점에서 국제사회는 이러한 주장을 받아들이지 않고 있다. 이와 관련 '국가간 우호관계 및 협력에 관한 국제법 원칙 선언'은 무력의 위협 또는 사용을 통한 타국 영토의 취득은 합법적인 것으로 승인되어서는 안 된다고 규정하면서도 유엔헌장 이전에 채택된 유효한 국제협정에 근거한 영토취득(예컨대, 정복 등을 의미함)에 영향을 미치는 것으로 해석되지 않는다고 규정하고 있다.

시제법 문제는 독도 영유권 등과 관련하여서도 시사하는 바가 크다.

다. 결정적 기일

대부분의 영유권 분쟁은 수십 년 또는 수 세기에 걸쳐 형성된 복잡한 사실관계에 기반을 두고 평가되는 것이 현실이기 때문에 시간적 요소가 다른 어떤 국제분쟁에서 보다도 중요한 의미를 갖는다. 여기서 결정적 기일(critical date)의 개념이 등장하게 된다.

결정적 기일이란 분쟁이 발생한 시기 또는 영유권 분쟁 당사자들의 권리(영토주권)가 이미 결정적으로 확립되어(crystallized) 당사자들의 이후의 행위가 자신들의 법적 지위에 영향을 미치지 못하는 시점을 의미한다. 즉, 국제재판에서 '이후의 당사자의 행위가 소송에 영향을 줄 수 없는 시점(the date after which the actions of the parties can no longer affect the issue)'을 말한다.[28]

사실 결정적 기일의 개념도 팔마스 섬 사건에서 후버 중재관에 의해 제시되었고[29] 이후 많은 국제재판에서 원용되었다.[30] 2002년 인도네시아와 말레이

---

p. 3, para. 80.

28) D.H.N. Johnson, 'Acquisitive Prescription in International Law', British Yearbook of International Law, Vol. 27, 1950, p. 342.

시아간 '리기탄과 시파단 도서 영유권 사건'에서도 ICJ는 결정적 기일을 '분쟁이 결정화된 날(the dispute between the parties crystallized)'로 보았다. 그러면서도 결정적 기일 이후의 행위라도 동 행위가 기존의 통상적인 행위의 계속으로 자국의 법적 지위를 개선할 목적으로 이루어진 것이 아닌 한 예외적으로 결정적 기일 이후의 증거채택이 허용될 수도 있다고 보았다.31)

결론적으로 결정적 기일의 개념이 아직 명확하게 법 이론으로 정착되었는지에 대해서는 학설이 나누어지지만 이 개념을 통해 적어도 분쟁의 범위를 제한하고 단순화하는 효과가 있다는 점은 부인할 수 없다. 한마디로 이 이론은 영유권 관련 분쟁에서 자신의 주장을 강화하고 입지를 향상시키기 위하여 다른 나라의 주장을 알게 된 이후 취해진 조치는 무시되어야 한다는 의미로 기회주의적인 주장을 배제하는데 목적이 있다. 다시 말해서 신의성실의 원칙의 실현이다.

참고로 결정적 기일의 개념은 아래 설명하는 '*uti possidetis*(국경선 현상유지 원칙)'과도 관련이 있다. 즉, 신생국의 경우 선행국의 경계를 그대로 가지게 되므로 결과적으로 독립시점이 결정적 기일이 될 수도 있을 것이다.

한편 독도문제의 경우 어느 시점이 결정적 기일이 될 수 있는가에 대해서는 학자마다 관점에 따라 다양한 주장이 제기될 수 있다. 그러나 독도문제의 복잡성과 전개과정을 고려할 때 어느 한 특정 시점을 결정적 기일로 지정하기가 쉽

---

29) 후버 중재관은 1898년 스페인이 미국에 동 섬을 할양할 당시 적법한 권원을 가지고 있었다면 할양조약 체결시점에 미국으로 주권이 이양된 것으로 볼 수 있다고 보고 1898년을 결정적 기일로 판단하였다.

30) 전술한 1933년 '동부 그린랜드 사건'에서는 노르웨이가 무주지 선점을 주장한 1931년을 결정적 기일로 보았으며 2008년 말레이시아와 싱가포르간 '페드라 브랑카 도서 영유권 사건'에서는 말레이시아가 발간한 지도에 싱가포르가 공식 항의한 1980년을 결정적 기일로 보았다.

31) 결정적 기일 이후의 증거 채택을 부인한 사례로는 Clipperton Island 사건, Eastern Greenland 사건, Pedra Branca 사건 등이 있고, 예외적으로 결정적 기일 채택 이후의 증거 채택을 인정한 사례로는 팔마스 사건, Minquiers and Ecrehos 사건, Ligitan and Sipadan 사건 등이 있다. 후자의 사례에서는 공통적으로 결정적 기일 채택 이후에 일어난 일이라도 그것이 그 이전 행위의 통상적인 계속이며 그것을 원용하는 당사자들의 법적 입장을 개선하기 위한 목적에서 착수한 것이 아닐 경우 예외적으로 이를 고려한다는 입장을 보였다. 제성호, '결정적 기일과 독도의 영유권 공고화 행위', Dan in Seoul, 2014.

지 않을 것으로 보인다.[32)]

라. *uti possidetis* 원칙(국경선 현상유지 원칙)

uti possidetis 원칙은, '신생독립국가는 그 국가가 이전에(식민지배 당시에) 가졌던 행정구역과 동일한 경계를 가진다'는 원칙으로 로마법상의 '현재 점유하고 있는 자가 계속 점유할 수 있다'는 *uti possidetis*(may you continue to possess such as you do possess) 법언에서 유래한다.

당초 *uti possidetis* 원칙은 19세기 초반 중남미 국가들이 스페인으로부터 독립할 당시 식민통치시대의 행정구역경계를 독립 이후에도 그대로 국경선으로 채택하기 위해 원용되었다. 이후 1960년 '식민지 국가 및 인민에 대한 독립부여 선언'은 일국의 영토적 온전성을 부분적 또는 전체적으로 와해시키려는 어떠한 시도(국경선 변경 등)도 유엔의 목적 및 원칙과 양립되지 않는다고 선언하였고 이 선언은 다시 *uti possidetis* 원칙에 의해 보완되고 발전되었다. 이에 따라 아프리카단결기구(OAU)도 1964년 카이로 선언을 통해 독립 당시의 국경선을 존중하기로 결의함으로써 *uti possidetis* 원칙은 국제법 원칙의 하나로 자리잡게 되었다.

ICJ도 1986년 부르키나 파소와 말리간 '국경분쟁 사건'에서 이 원칙은 신생독립국의 경우에 적용되는 일반원칙이라는 점을 확인하면서[33)] 민족자결원칙과 일응 모순되는 것 같지만 실제로는 민족자결권의 행사를 통해 탄생한 국가들의 국경선의 안정을 보장한다는 측면을 강조한바 있다.[34)]

---

32) 모든 사건에 대하여 반드시 결정적 기일을 정해야하는 것은 아니다. 독도가 국제재판소에서 다루어지고 국제재판소가 결정적 기일을 판단하는 경우 다음의 가능성을 생각해 볼 수 있을 것이다. (a) 일본이 독도를 시마네현 고시로 일본 영토로 편입한 시점, (b) 샌프란시스코 평화조약이 체결된 일자, (c) 이승만 대통령의 평화선 선포일 또는 일본이 이에 항의서한을 전달한 일자, (d) 일본이 독도문제를 국제사법재판소에 공동으로 부탁할 것을 제의한 일자 등이다. 그러나 독도문제의 경우 사건의 복잡성과 시간의 경과 등을 고려할 때 어느 한 특정 시점을 결정적 기일로 지정하기는 쉽지 않을 것으로 보인다.

33) 이 사건에서 ICJ는 *uti possidetis* 원칙은 특정 국제법 체계와 관련된 특별한 규칙(special rule)이 아니라 식민지 독립이라는 현상과 논리적으로 연계된 일반원칙(general principle)이며 동시에 식민지배세력에 의해 사용된 행정적 경계를 국제적 경계로 발전시킨(administrative boundaries being transformed into international frontiers) 개념이라고 보았다. 다시 말해서 탈식민지화 과정과 논리적으로 연계된 개념으로 보았다. ICJ Reports 1986, p. 554, paras. 20, 23.

이와 같이 이 원칙은 그 자체가 국경선 획정을 위한 하나의 기준이 되므로 이에 따라 국경선이 확정되는 경우에는 더 이상 법적 권원을 확인하기 위한 기준으로서의 effectivités를 필요로 하지 않는다.[35] 따라서 이 원칙을 적용하는 경우 실효적 지배(또는 effectivités)가 확립되지 않은 지역에 대하여도 영토주권을 인정하는 결과가 된다는 점에서 문제점이 지적될 수도 있다. 그러나 주장되는 경계선 내에만 위치하면 실효적 지배가 없던 지역에 대하여도 권리가 행사된 것으로 보아 무주지의 존재 가능성이 배제됨으로써 이후 발생할 수 있는 국경분쟁을 미연에 예방할 수 있다는 장점도 있다.[36] 이러한 이유로 *uti possidetis* 원칙은 법적 안전성의 측면에서 긍정적인 평가를 받는다.

---

34) 이 사건에서 ICJ는 일견 이 원칙이 자결권과 모순되는 것처럼 보이지만 실제로 아프리카에서 영토의 현상유지는 독립을 위해 투쟁한 사람들이 달성한 것을 보전하는 현명한 과정이라고 보았다. ICJ Reports 1986, paras. 25-26. 또한 구유고와 관련한 Badinter Commission도 '어떠한 상황에서도 자결권이 독립 당시의 기존의 국경선을 변경하지 않는다(whatever the circumstances, the right of self-determination must not involve changes to existing frontiers at the time of independence)'고 판단하였다. 그러나 식민지배세력들이 과거 민족, 인종이나 종교 등의 차이를 무시한 상태에서 자신들의 목적에 부합하는 방식으로 만들어 놓은 국경선을 다시 uti possidetis 원칙에 의거 그대로 수용하도록 요구하는 것이 과연 타당한가의 지적도 있다.

35) 2005년 베닝과 니제간 '국경분쟁사건'에서도 ICJ는 이 원칙을 확인하였다. 즉, *uti possidetis* 원칙에 의해 법적 권원이 확립되는 경우에는 법적 권원이 불명확한 경우에 원용되는 effectivités를 검토할 필요가 없다고 보았다. 그러나 어느 경우에나 동 원칙이 반드시 적용되는 것은 아니다. 2012년 니카라과와 콜롬비아간 '영토 및 해양분쟁 사건(Territorial and Maritime Dispute)' 및 2007년 니카라과와 온두라스간 '영토 및 해양분쟁 사건(Territorial and Maritime Dispute in the Caribbean Sea)'에서 ICJ는 연안의 섬들의 귀속과 관련 *uti possidetis* 원칙을 적용하지 않고 effectivités를 적용하여 섬의 귀속을 결정한 바 있다. 예컨대, 니카라과와 온두라스간 사건에서 ICJ는 양국이 모두 *uti possidetis* 원칙에 근거하여 도서들에 대한 권원을 확립하지 않았다고 보고 탈식민지 이후 양국이 행한 effectivités를 기준으로 판단하였다. 그 결과 ICJ는 온두라스가 민사 및 형사법을 적용하고, 이민을 규제하며 또한 공공사업에서 국가권한을 행사한 것을 근거로 동 도서들이 온두라스에 속한다고 판단하였다. ICJ Reports 2007, p. 659, paras. 167, 170, 227.

36) ICJ는 1992년 엘살바도르와 온두라스간 '육지, 섬 및 해양경계 사건(Land, Island and Maritime Frontier Dispute)' 에서 무주지 발생 가능성의 부인이 동 원칙의 중요한 측면이라고 판단하였다. ICJ Reports 1992, p. 351, para. 42.

마. 지리적 근접성과 지도, 고문헌의 역할

1) 지리적 근접성

지리적 근접성이 영유권 분쟁시 판단근거가 될 수 있는가에 대하여는 확립된 원칙이 없다. 따라서 구체적인 경우에 개별적으로 판단되어야 할 것으로 본다. 다만 중요한 것은 지리적 근접성이 실효적 지배에 우선할 수 없다는 점이다. 이 점도 팔마스 섬 사건에서의 후버 중재관의 판단에서 유래한다. 즉, 동인은 미국의 contiguity(근접성) 주장에 대해 일회적이며 불완전하더라도 국가주권의 표시가 단순한 지리적 근접성보다는 월등한 효력을 가진다고 보았다.

이후 ICJ도 1953년 망키에와 에크레호 섬 사건에서 문제의 섬들이 프랑스 연안에 위치함에도 불구하고 실효적 지배를 근거로 영국령으로 판단한바 있다. 또한 최근의 예인 2007년 니카라과와 온두라스간 '영토 및 해양분쟁 사건'에서도 ICJ는 섬과 본토간의 지리적 근접성은 법적 권원의 결정적 요소는 아니라고(not necessarily determinative of legal title) 보았다.[37] 그러나 전술한 1998년 에리트리아와 예멘간 중재재판에서는 섬이 12해리 영해 내에 위치하는 경우 보다 우월한 권원(superior title)에 의해 부인되지 않는 한 (지리적 근접성에 의해) 연안국에 속한다는 강력한 추정이 가능하다고 보았다.

지리적 근접성 이론은 독도를 울릉도의 속도로 보는 우리 정부의 입장과 관련하여 중요한 시사점을 가진다.

2) 지도와 고문헌의 증거력

지도는 그 자체로는 영유권 분쟁시 권원확인을 위한 증거로서의 효력을 가지지 못한다. 특히 고지도의 경우 국경조약에 첨부되거나 중요한 공문서에 첨부된 경우 또는 지도에 대하여 상대국의 묵인이 확인되는 경우에는 지도의 증거력이 인정될 수도 있다. 반면 어느 경우에도 사찬지도 또는 일반지도는 증거력이 인정되지 않는다.

앞에서 인용된 '프레아 비헤아' 사건에서 ICJ는 지도에 표시된 경계에 대하여 의미를 부여하였다. 다만 이 경우는 태국이 수십 년에 걸쳐 지도에 나타난

---

37) ICJ Reports 2007, p. 659, para. 161.

경계를 묵인하고 이에 항의하지 않은 결과에 따른 예외적인 것으로 이 사건만으로 국제법상 지도의 증명력을 판단하여서는 안 될 것이다.

한편 고문헌의 경우 대체로 내용이 부정확하거나 확인이 어려운 경우가 많으며 이러한 이유로 국제재판에서 증거가치가 높지 않다는 점에서 한계가 있다.

지도나 고문헌의 증거력 문제는 독도의 영유권 관련 역사적 논쟁보다는 국제법상의 실효적 지배 논쟁이 더욱 중요할 수 있음을 시사한다는 점에 주목하여야 할 것이다.

바. 선형이론

선형이론(sector theory)은 일국의 영토의 양단으로부터 남극 또는 북극으로 그어진 자오선에 의해 형성된 부채꼴(sector)내에 들어오는 영토에 대하여는 (타국이 이미 영유권을 확립하지 않은 한) 근접성(continuity) 이론에 따라 당연히 근접지역에 위치한 국가의 영역에 속하게 된다는 주장이다. 그러나 국제법상 확립된 원칙으로 인정되고 있지 않다.

이 이론은 오로지 극 지역에 대한 영유권 주장과 관련하여서만 사용되는 개념이다.[38)]

3. 평가

오늘날 무주지가 사실상 전무하고 현실적으로도 앞에서 설명한 다양한 권

38) 극 지역에 대한 선형이론의 적용은 다음과 같다. 선형이론은 북극권 국가가 북극을 분할하는 방법으로 이용한 영유권이론으로, 북극점을 중심으로 국가 영토나 해안선의 동쪽과 서쪽 끝을 연결한 부채꼴 안에 들어가는 모든 영토와 섬 및 해양수역에 대해 영유권을 주장하는 것이다. 이는 실효적 점유를 입증하기 어려운 육지와 섬에 대해 영유권을 확대할 수 있는 근거로서 제시되었다. 한편 남극의 영유권 주장국들(영국, 프랑스, 노르웨이, 아르헨티나, 칠레, 호주, 뉴질랜드 등 7개국)도 선형이론에 따라 남극 대륙을 부채꼴모양으로 분할하여 영유권을 주장하고 있다. 미국과 러시아는 남극에서의 영유권 주장을 유보하고 있다. 현재 남극에서는 남극조약에 의해 영유권 주장은 동결되어 있다. 참고로 이 이론은 법적 근거없이 자의적으로 설정된 것이라는 이유로 국제법상 정당성이 문제시되고 있다. 산하온 환경연구소 자료 외.

원들에 의한 새로운 영토취득이 거의 예상되지 않는 상황에서 중요한 것은 결국 기존의 영토에 대하여 국가간 영유권 분쟁이 발생하였을 경우 이를 평화적으로 해결하는 문제가 될 것이다.

이와 관련 국제재판소는 영유권 분쟁에 대한 주요 판단요소로 실효적 지배 또는 effectivités의 관점에서 어느 국가가 당해 영토에 대해 국가권한을 보다 지속적이고 실효적으로 행사하였는가, 다시 말해서 불확실한 권원의 경우 권원 자체에 대한 평가보다는 당사국 중 어느 나라가 상대적으로 더욱 강력하게 영토에 대하여 실효적 지배 또는 effectivités를 행사하여 왔는가의 관점에서 비교하여 판단해오고 있다. 이러한 판단은 이미 오래된 '팔마스 섬', '동부 그린랜드' 및 '망키에와 에크레호 섬' 사건들로부터 비교적 최근의 사례인 1986년 부르키나파소와 말리간 '국경분쟁 사건'과 이후 '리기탄과 시파단 도서영유권 사건' 등을 통해 구체화되고 발전되어 왔다.

결론적으로 오늘날 권원이 불확실한 경우 국제재판소의 영유권 판단은 '국가권한의 행사와 실제 점유(recent display of sovereignty and actual occupation)'를 중심으로 하여 상대적 권원, 즉 '상대적으로 우월한 실효적 지배 또는 effectivités를 확인하는 과정'이라고 볼 수 있다.[39]

39) 1933년 '동부 그린랜드 사건'에서 PCIJ는 두 개의 경쟁적인 주권의 주장이 존재하는 경우 재판소는 어느 주장이 더 강력한가(which of the two is stronger)를 판단하여야 한다고 보았다. PCIJ, Ser. A/B, No. 53, 1933. 이 판단은 오늘날도 계속 유효하다.

제2절 특수영역

1. 국제하천

국제하천의 문제는 국제항행을 위한 이용과 경제적 이용(용수의 사용 등)문제 등 두 가지 관점에서 국제법적 함의를 가진다. 이중 특히 쟁점이 되는 것은 국제하천의 비항행적(경제적)이용(non-navigational use)의 문제이다.

일국 내에 존재하는 하천은 하천이 소재하는 국가의 내수로서 배타적 관할권에 속하게 된다. 그러나 하천이 두 개 이상의 국가에 걸쳐 있는 경우 상류국과 하류국간 수자원의 이용과 관련하여 관할권에 충돌이 발생할 수 있다.

이와 관련 국제하천의 이용에 관한 국제법 원칙의 발달 과정은 다음과 같다.

먼저 1895년 미국과 멕시코간 국경을 구성하고 있는 강의 이용과 관련한 분쟁에서 미국의 법무장관 Harmon은 상류국으로서 미국은 다른 국제법에 의하여 금지되지 않는 한 자국영토 내의 하천에 대한 절대적 주권을 가진다고 주장하였다.[40] 이를 하몬주의(Harmon Doctrine)라고 한다. 또한 1957년 프랑스와 스페인간 Lake Lanoux 중재사건에서도 중재재판소는 상류국이 하류국보다 주도적 권리(right of initiative)를 가진다고 보았다.[41]

그러나 이후 하천 유역국간 공유하천 또는 국제하천의 개념이 발전하게 되면서 형평한 이용의 중요성에 대한 공감대가 마련되었다. 이중 대표적인 예가 1997년 유엔 총회가 채택한 '국제수로의 비항행적 사용을 위한 법에 관한 협약(Convention on the Law of the Non-Navigational Uses of International Watercourses)'이다.[42] 이러한 형평한 이용의 개념은 1997년 헝가리와 슬로바키아간 '가브치코보

---

40) 이 사건은 1895년 미국과 멕시코간 국경에 위치한 리오그란데강의 상류에 미국이 댐을 건설하려고 하고 멕시코가 이에 항의하여 발생한 사건이다.

41) 이 사건에서 하류국인 스페인은 프랑스가 호수의 물을 수력발전에 이용하는 경우 이는 수로를 변경하는 것에 해당된다고 보고 반대하였다.

42) 그 밖에 이와 관련되는 협약으로 1966년 세계국제법협회(International Law Association:

-나기마로스 사건'에서도 확인되었다.[43] 결론적으로 국제하천은 국제하천 관련국들의 이익을 고려하여 최적의 지속적인 이용이 가능하도록 '형평하고 합리적인(in an equitable and reasonable) 방식'으로 이용되어야 할 것이다.

한편 국제하천은 국가간 경계로서의 의미도 가진다. 국가간 경계가 하천인 경우 조약이 달리 규정하지 않는 한 항행이 불가능한 하천의 경우는 양안(the two banks)의 중간선(median line)을 국경으로 하고 반면 항행이 가능한 하천의 경우에는 중심수로의 중간을 경계선으로 하는 Thalweg 원칙을 적용하고 있다. 이 점은 ICJ에 의해서도 확인되고 있다. 최근의 예로 2005년 베닝과 니제간 '국경분쟁 사건'에서 ICJ는 이 원칙을 적용한바 있다.[44] 그러나 ICJ는 1999년 보츠와나와 나미비아간 '카시킬리/세두두 섬 사건'에서 이 원칙을 확인하면서도 반드시 일관되게 적용되는 원칙으로 볼 수는 없다는 점도 지적하였다.[45]

2. 국제운하

국제법상 국제운하란 바다와 연결되며 국제항행에 이용되는 인공의 수로를 말한다. 운하는 항행시간 단축 등을 통해 교역에도 이바지한다는 점에서 중요성을 가진다. 국제적으로 중요한 운하로는 특히 킬(Kiel), 수에즈(Suez) 및 파나마(Panama) 운하를 들 수 있다.[46] 국제운하에서의 항행원칙은 모든 선박에 대한

ILA)가 채택한 '국제하천수의 이용에 관한 헬싱키 규칙(Helsinki Rules on the Use of the Waters for Purposes other than Navigation)'이 있다.

43) 이 사건에서 ICJ는 구 체코슬로바키아의 조치(다뉴브강의 수로를 변경하여 새로운 댐을 건설하는 방안)가 다뉴브강에서 헝가리가 가지는 천연자원에 대한 '형평하고 합리적인 몫(equitable and reasonable share)'을 박탈한다고 판단하였다. ICJ Reports 1997, p. 7, para. 85.

44) ICJ Report 2005, p. 90, para. 144.

45) ICJ Reports 1999, p. 1045, para. 24.

46) 먼저 킬 운하는 1919년 베르사이유 조약 제 380조에 따라 독일과 평화관계에 있는 모든 국가의 상선과 전함에게 자유로이 개방된다고 규정하였다. 수에즈 운하는 1888년 콘스탄티노플 협약에 따라 모든 상선과 전함에 대하여 개방되었으며 이후 1956년 이집트 정부가 운하를 국유화하면서도 콘스탄티노플 협약의 이행을 재확인하였다. 파나마 운하는 1901년 미국과 파나마간 Hay-Paunceforte 조약에 의해 모든 국가의 선박에 대

자유통항이며 국제협약에 의해 보장된다. 단, 운하 이용국은 운하가 소재하는 국가의 주권을 존중하여야 한다.

참고로 국제법적 관점에서 볼 때 국제운하는 자연수로인 해협(strait) 또는 일국의 배타적 관할하에 놓여 있는 국내운하와 구분된다. 국제운하는 비록 일국가의 영토의 불가분의 일부로 배타적 관할하에 놓여 있지만 국제법적 규제를 안고 있다는 점에서 차이가 있다.

국제운하의 통항권 문제는 조약의 제 3자적 효력과 관련하여 '조약법'에서도 설명한 바 있다.

하여 개방되었고 이후 1977년 파나마 운하조약(Panama Canal Treaty)을 체결하여 파나마 운하지대에 대한 주권을 1999년 12월 31일부로 파나마로 이전하고 이어 새로운 조약의 체결을 통해 파나마 운하의 중립과 개방을 선언하였다.

제 17 강
국제해양법

제1절 개관

1. 국제해양법의 발전

국제해양법(law of the sea)은 국제법 분야 중 가장 오래된 제도의 하나로 바다의 이용과 관련한 국가의 권리와 의무를 규율하는 국제공법이다. 국제해양법은 17세기 근대 국민국가의 탄생과 함께 국제법의 영역으로 발전하게 되었으며 이 무렵 발생한 네덜란드와 영국간 해상경쟁이 출발점이 되었다. 네덜란드의 그로티우스는 자유해론(*Mare Liberum*)을 통해 '공해의 자유(Freedom of the Sea)'의 원칙을 주장하였고 영국의 셀든(John Selden)은 자국연안에 대한 폐쇄해론(*Mare Clausum*)을 주장하였다.[1] 그러나 이후 해양을 지배하게 된 영국은 다시 자유해론을 주장하게 되었다.

---

1) 셀든의 주장에 대해 빈커르슈크는 1702년 '해양주권론(*De dominio maris*)'에서 영해의 폭으로 착탄거리설(canon-shot rule)을 주장함으로써 공해의 자유와 연안국의 관할권 행사를 구분하고 폐쇄해(*Mare Clausum*)의 범위를 제한하려고 하였다. 한편 셀든도 연안국이 주변의 넓은 해역에 폐쇄해를 설정하더라도 외국 선박에 대한 통상과 항행의 자유가 보장되어야 한다는 점은 인정하였다.

한편 19세기까지는 국가실행을 통해 대체로 영해와 공해에서의 국가들의 권리와 의무를 규율하는 관습법 규칙이 발전하였다. 이후 1930년 국제연맹을 중심으로 해양에 관한 관습법 규칙들을 법전화하기 위한 시도가 있었으나 성공하지 못하였다. 그러던 중 1945년 트루만 대통령의 '대륙붕의 해저 및 하층토의 천연자원과 관련한 미국의 정책에 관한 대통령 선언'[2]과 '공해 일정 수역에서의 연안어업과 관련한 미국의 정책에 관한 대통령 선언'[3]을 계기로 연안국들의 해양관할권 확대 움직임이 활발해지기 시작하였다.[4]

이러한 배경하에 1958년 제네바에서 개최된 제 1차 유엔해양법회의에서 (a) 영해 및 접속수역에 관한 협약, (b) 공해에 관한 협약, (c) 대륙붕에 관한 협약 및 (d) 어업 및 공해 생물자원 보존에 관한 협약 등 4개의 해양관련 국제협약들이 채택될 수 있었다. 그러나 1958년 협약은 영해의 폭과 영해인접 공해에서의 연안국의 권리에 관하여 합의를 이루지 못하였으며, 1960년 제 2차 유엔해양법회의가 소집되었으나 또 다시 영해의 폭을 확정하는 데는 실패하였다.[5]

이러한 과정에서 1967년 Pardo 유엔주재 몰타대사는 국가관할권 이원의 '심해저'를 '인류공동유산(common heritage of mankinds)'으로 주장하며 해양에 대한 새로운 공개념을 제시하였다. 이를 계기로 1970년 유엔 총회는 1973년부터 제 3차 유엔해양법회의의 개최를 결의하였다.[6] 그러나 회의과정에서 심해저의

---

2) 정식명칭은 'Presidential Proclamation No. 2667 concerning the Policy of the United States with respect to Natural Resources of the Subsoil and Seabed of the Continental Shelf'이다.

3) 정식명칭은 'Presidential Proclamation No. 2668 concerning the Policy of the United States with respect to Coastal Fishery in Certain Areas of the High Seas'이다.

4) 우리 정부도 1952년 1월 18일자 '인접해양의 주권에 관한 대통령 선언'을 통해 평화선을 선포하였다. 평화선은 우리 수산업 보호 및 독도 수호를 목적으로 이루어진 선언이며 당시 일본, 미국 등 많은 국가들이 국제법 위반이라고 주장하였다. 그러나 1945년 미국의 해양관할권확대 선언 및 이어진 중남미 국가들, 특히 페루와 칠레의 200해리 배타적 수역 또는 영해 주장 등 새로운 변화의 흐름은 우리의 평화선 선언을 뒷받침하는 근거가 될 수 있었다. 평화선은 1965년 한일어업협정의 체결로 사실상 실효되었다.

5) 이 회의에서 6해리 영해와 6해리 접속수역(안)이 논의되었으나 채택되지 않았다.

6) 1970년 유엔 총회는 '국가관할권 이원의 해저, 해상 및 하층토를 지배하는 원칙에 관한 선언(Declaration of Principles governing the Seabed and the Ocean Floor, and the Subsoil thereof, beyond the Limits of National Jurisdiction)을 채택(결의 제 2750호)하였고 이를 계기로 제 3차 유엔해양법회의가 시작되었다.

인류공동유산 개념에 반대하는 미국 등 선진국들과 개도국들간 대립이 심화되었고 결국 미국 등 일부 선진국들이 반대하는 가운데 1982년 '해양법에 관한 국제연합협약(United Nations Convention on the Law of the Sea: UNCLOS, 유엔해양법협약)'이 채택되었다.

유엔해양법협약은 1993년 60번째로 가이아나가 비준함으로써 협약규정에 따라 1년 후인 1994년 발효가 예정되었다.[7] 물론 그때까지도 미국을 비롯한 주요 선진국들의 협약참여는 거의 전무한 상태였다. 결국 심해저 제도에 대한 불만을 해소하고 이들 국가들을 유엔해양법협약의 체제 내로 끌어들이기 위한 노력의 일환으로 1994년 '심해저 이행협정'이 유엔의 노력으로 채택되었다.[8] 동 이행협정의 채택으로 심해저 관련 해양선진국들의 기득권을 어느 정도 보호할 수 있게 되어 비준에 반대하던 많은 선진국들도 협약을 비준할 수 있게 되었다. 그러나 원래의 인류공동유산 개념은 그만큼 퇴색되었다. 그럼에도 불구하고 유엔해양법협약은 연안국의 해양관할권 확대와 이에 따른 경계획정문제, 해양이용의 증대로 제기되는 항행, 자원 개발 및 이로 인한 해양환경오염 등 오늘날 제기되는 다양한 해양 관련 문제점들을 해결하기 위한 유용한 도구로서 대체로 성공적인 제도로 평가되고 있다.

이하 원용되는 조항들은 특별한 설명이 없는 한 유엔해양법협약의 관련 조항을 말한다.

유엔해양법협약의 비당사국(미국)에 대한 적용[9]

미국이 유엔해양법협약의 당사국이 아니라는 사실이 유엔해양법협약의 중요성을 과소평가하는 이유가 될 수는 없다. 유엔해양법협약은 이미 국제관습법화되었다고 볼 수 있다.

7) 우리나라는 1996년 유엔에 비준서를 기탁함으로써 협약당사국이 되었다.

8) 이 협정의 공식명칭은 '1982년 12월 10일자 해양법에 관한 국제연합협약 제 11부 이행 관련 협정(Agreement relating to the Implementation of Part XI of the United Nations Convention on the Law of the Sea of 10 December 1982)'이다. 이를 약칭하여 '유엔해양법협약 제 11부 이행협정' 또는 '1994년 이행협정'이라고도 한다.

여기서 유엔해양법협약의 국제관습법적인 성격에 대해 검토하면 다음과 같다. 국제관습법이 성립되기 위해서는 무엇보다도 대다수 국가들의 입법적 또는 행정적 조치를 통한 지속적인 법적 실행(continuous legal practice)과 이에 대한 관련국들의 묵시적 합의(tacit agreement) 또는 묵인(acquiescence)에 의해 전 지구적 차원의 특정 조약의 내용이 보편적으로 수용되어야 할 것이다. 보편적이라고 하여 동 조약에 반드시 모든 국가들이 참여하여야 하는 것은 아니지만 현재 유엔해양법협약의 당사국수가 168개국에 이르며[10] 해양에 이해관계를 가지는 중요한 국가들의 대부분이 참여하고 있다는 사실은 동 협약이 보편적으로 적용되고 있음을 보여주고 있다.

더욱이 미국이 국제사회에서 보편적으로 적용되고 있는 유엔해양법협약의 자신에 대한 적용을 부인한 적도 없다는 점에서 협약은 국제관습법의 지위를 가지고 미국에 대해 적용될 수 있다고 본다. 미국도 협약에 따라 1983년에는 200해리 배타적 경제수역을 선언하고 1988년에는 12해리 영해를 선언하였다. 참고로 2019년 이란은 호르무즈 해협에서 미국의 정찰목적 드론을 격추한바 있다. 이 사건에서 미국은 동 해협에서 유엔해양법협약이 새로 도입한 제도인 국제해협에서의 통과통항이 적용된다고 주장하였으며 이에 대해 이란은 미국이 협약의 당사국이 아니므로 통과통항의 권리를 향유할 수는 없으며 다만 전통적 제도인 무해통항만이 허용될 수 있다고 주장한바 있다.

그러나 미국이 유엔해양법협약을 비준하지 않는 중요한 근거가 되고 있는 심해저 개발 문제에 대해서는 다른 검토가 필요하다. 비록 심해저가 유엔 총회 결의에 따른 인류공동유산이라고 보는 경우에도 유엔 총회 결의의 구속력이 부인되고 또한 국제관습법의 성립에 지속적으로 반대한 미국에 대해 협약의 심해저 부분을 적용시키는 데는 무리가 있다고 본다.

2. 유엔해양법협약의 특징

유엔해양법협약(이하 '협약')은 그간의 해양법질서의 틀을 근본적으로 변화시켰다는 점에서 주목된다. 그 주요 내용은 다음과 같다.[11]

---

9) 김민경, '북극해에 대한 국제법적 규율', 고려대학교 박사학위 논문, 2018.
10) 2021. 12. 현재 168개국이 당사국임(팔레스타인과 유럽연합 포함).
11) 김민경, 앞의 논문.

첫째, (관습법규의 성문화) 협약은 기존의 관습법규를 성문화하였으며 동시에 1958년 4개 제네바 협약의 상당부분을 반복, 수정 또는 대체하였다. 그러나 협약의 국제관습법적 효력은 협약조문에 따라 개별적으로 판단되어야 할 것이며 협약전체가 관습법적 효력을 가지는 것으로 볼 수는 없다. 예컨대, 심해저는 새로이 도입된 개념으로 국제관습법적 효력을 가지지 않는다.

둘째, (해양법의 대장전) 협약은 해양의 이용과 해양환경의 보호 및 보전 등과 관련된 사항 전반을 규율하는 매우 복잡하고 광범위한 내용으로 해양법의 대장전에 해당된다.

셋째, (새로운 해양질서의 수립에 기여) 협약은 해양을 둘러싼 국가간 갈등의 가능성은 줄이고 협력의 가능성을 높여줌으로써 해양에서의 정당하고 공평한 법적 질서를 확립하는 데 기여하였다. 특히 오늘날 인류의 해양활용의 폭이 넓어지게 됨에 따라 협약의 규율대상이 확대되고 있다는 점에서 협약은 더욱 중요성을 가지게 되었다.

넷째, (심해저 제도의 도입) 협약은 심해저 및 그 자원을 인류공동유산으로서 유엔 체제하에서 관리하도록 하였다.

다섯째, (연안국 관할권의 확대와 기존 제도의 보완·발전) 영해 폭의 확대 및 배타적 경제수역 개념의 도입으로 연안국의 해양관할권 확대를 가져왔다. 이로서 종전의 넓은 공해와 좁은 연안국 관할권이라는 국제해양질서(공해자유의 확대)에서 연안국의 넓은 관할권과 좁은 공해라는 새로운 국제해양질서(공해자유의 축소)의 패러다임이 형성되었다. 이로 인한 문제점의 보완을 위해 예컨대, 국제해협에서의 통과통항 제도를 마련하였다.

여섯째, (새로운 분쟁해결제도의 도입) 협약의 해석 및 적용과 관련한 분쟁에 대하여 일차적으로는 당사국이 선택한 절차에 따라 해결할 것을 규정하면서도 가능한 한 강제적 분쟁 해결절차의 도입을 시도하였다는 점에서 의의가 있다.

일곱째, (국제협력) 협약은 해양오염방지 등을 위한 국제공동체의 연대 강화를 시도하였다.

제2절 연안국 해양관할권의 구조

'육지가 바다를 지배한다(The land dominates the sea)'는 법언에서 알 수 있듯이 연안국(coastal state)의 해양관할권은 육지인접 해양에서부터 시작되며 그 구조는 내수, 영해, 접속수역, 배타적 경제수역과 대륙붕으로 이루어진다. 연안국의 해양관할권을 구분하는 기준이 되는 선을 기선(baseline)이라고 하며 기선의 육지 측 수역을 내수, 기선 밖 수역으로는 영해, 접속수역 및 배타적 경제수역과 대륙붕으로 확대된다. 따라서 기선이라고 하는 경우 일반적으로 연안국 관할권의 출발점인 영해의 폭을 결정하는 기선이라는 점에서 영해기선이라고 한다.

참고로 연안국의 해양관할권을 그림으로 설명하면 다음과 같다.

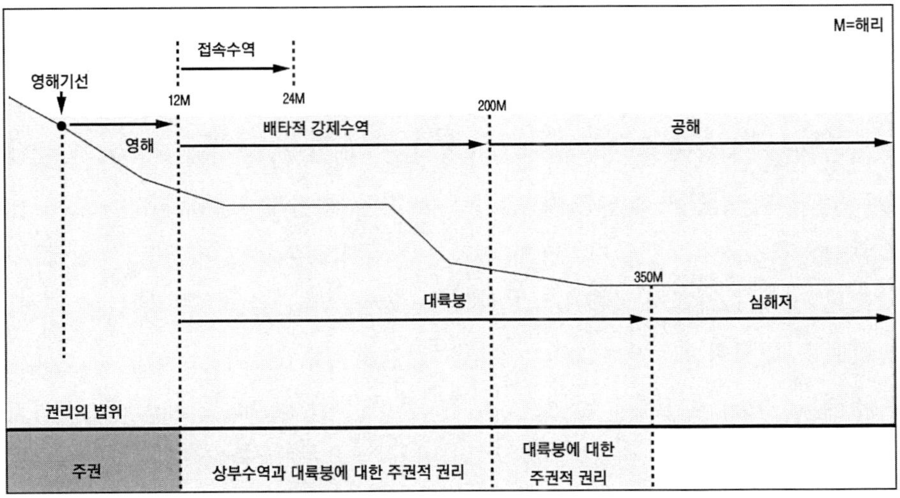

출처: http://iilss.net/international-law-of-the-sea-lecture-in-pdf/

그렇다면 연안국은 어떻게 정의할 수 있는가. 먼저 연안국은 육지영토에 대하여 유효한 권원을 가져야 한다. 여기서 중요한 것은 연안국은 국가라는 사실이다.[12] 한편 해양관할권을 창출할 수 있는 육지영토란 고형지형(terra firma)으로서의 본토, 섬, 암석 등을 말한다.

1. 영해제도

가. 영해와 영해기선의 설정

영해는 연안국의 기선외곽에 설정된 폭 12해리까지의 바다를 의미한다. 영해의 폭은 네덜란드 국제법학자인 빈커르슈크가 주장한 착탄거리설에 따라 3해리가 오랫동안 인정되어 왔다.[13] 영해는 국가안보, 어업이익, 해상범죄 제압 등의 목적으로 출발되었으며 이러한 이유로 과거 착탄거리설이 오랫동안 지지받을 수 있었다.

이후 영해의 폭을 확대하기 위한 다양한 노력이 경주되어 왔으나 연안어업에 의존하는 연안국(저개발국가)의 영해확대 주장과 원양 어업국(해양강국)의 좁은 영해 주장으로 합의를 보지 못하였다. 더욱이 저개발국가를 포함하는 제 3세계 국가들은 좁은 영해로 인한 안보불안을 해소하기 위해서도 영해의 확장을 희망하였고 반면 해양강국들은 영해의 확대가 자칫 항해의 자유를 침해할 수 있다고 보았다. 그러한 갈등과정을 거쳐 1982년 채택된 유엔해양법협약은 비로소 12해리 영해를 결정할 수 있었다. 항해의 자유를 주장하는 해양강국들은 협약 성안과정에서 영해 12해리를 수용하는 대신 후술하는 바와 같이 국제해협에 대한 통과통항권을 확보함으로써 이익의 균형을 실현할 수 있었다.

영해의 폭을 측정하기 위한 기선은 통상기선(normal baseline)과 직선기선(straight baseline)으로 구분된다. 통상기선이라 함은 연안국이 공인한 대축적 해도상의 저조선(low tide-water line)을 의미한다(제 5조).[14] 저조선이란 썰물 때 바

12) 2014년 터키와 북사이프러스터키 공화국(TRNC)간에 체결된 'TRNC의 대륙붕경계에 관한 협정'은 국제법상 유효한 조약이 아니라는 주장이 있다. 왜냐하면 TRNC는 국가로 인정받지 못하였기 때문에 유엔해양법협약상 연안국이 될 수 없다고 보기 때문이다. 물론 이에 대해서는 승인에 관한 학설 중 '선언적 효과설'을 취할 경우 해석이 달라질 수 있을 것이다.

13) 나폴레옹 전쟁을 통해 3해리 관행이 확대되기 시작하였고 19세기에 들어와서는 스캔디나비아 국가들의 4해리 주장 등 예외가 있었지만 대부분의 국가들에 의해 3해리가 수용되었다.

다와 육지의 경계를 의미한다. 반면 직선기선은 해안선의 굴곡이 심하거나 해안을 따라 아주 가까이 일련의 섬들이 산재되어 있는 지역에서 연안 부근의 적절한 지점을 직선으로 연결하는 방식을 의미한다. 전술한 바와 같이 직선기선 제도는 1951년 영국과 노르웨이간 '어업 사건'에서 ICJ가 노르웨이 해안의 특성을 고려하여 처음으로 인정하였다.[15] 이를 반영하여 협약도 제 7조에서 직선기선의 설정을 위한 요건을 다음과 같이 규정하고 있다.

(a) 직선기선은 해안선의 일반적 방향으로부터 현저히 일탈하지 않는 방법으로 설정되어야 한다.
(b) 직선기선은 직선기선 내에 있는 해역이 내수가 되므로 내수제도에 의해 규율될 수 있을 정도로 육지와 충분히 밀접하게 관련되어야 한다.
(c) 또한 그 지역에 특유한 경제적 이익이 있다는 사실과 그 중요성이 오랜 관행에 의해 명백히 증명되는 경우에는 그러한 경제적 이익을 고려하여 직선기선이 설정될 수도 있다.[16]
(d) 직선기선은 타국의 영해를 공해로부터 차단하는 방식으로 사용되어서는 안 된다.

그러나 직선기선은 예외적인 제도이며(exception to the normal rules) 직선기

---

14) 통상기선이 원용된 예로는 1999년 '에리트리아와 예멘간 사건'에 대한 중재판정을 들 수 있다. Eritrea/Yemen- Sovereignty and Maritime Delimitation in the Red Sea, 1999, PCA.

15) ICJ는 영국과 노르웨이간 '어업 사건'에서 노르웨이의 직선기선을 수용하는 근거로 (a) 노르웨이 해안의 독특한 지리적 특성, (b) 분쟁 발생 이전에도 이미 지속적이며 충분히 긴 기간 동안의 관행에 의해(by a constant and sufficiently long practice) 공고화되었다는 점, (c) 양국 정부의 태도도 직선기선을 국제법 위반이라고 간주하지는 않았다는 점 등을 지적하였다. 즉, 역사적 응고를 통해 다른 모든 국가들에 대항할 수 있게 되었다고 보았다. ICJ Reports 1951, p. 116, pp. 138-139. 아울러 제 5강(국제법의 법원)에서 설명한 바와 같이 직선기선의 길이가 10해리를 넘어서는 안 된다는 영국의 주장에 대해서도 10해리 기준이 국가관행으로 인정된 것이 아니라고 보았다.

16) 또한 ICJ는 위의 영국과 노르웨이간 '어업 사건'에서 특유한 경제적 이익의 관계(certain economic interests peculiar to a region)가 오랜 기간의 관행에 의해 입증되었다고(clearly evidenced by a long usage) 보았다. 이 점은 이후 직선기선 설정 근거의 하나로 유엔해양법협약 제 7조 5항에 그대로 반영되었다. ICJ Reports 1951, p. 116, p. 133.

선 적용시 연안국의 관할수역을 확대하는 효과가 있으므로 엄격한 요건에 따라 제한된 범위 내에서만 사용되어야(applied restrictively) 할 것이다. 이 점은 ICJ의 2001년 카타르와 바레인간 '해양경계 및 영토문제 사건'에서도 다시 확인되었다.[17] 그럼에도 불구하고 협약에 직선기선의 최대거리가 명시되어 있지 않다는 점에서 남용의 우려가 제기된다.[18] 그러나 협약 제 7조가 분명한 가이드라인을 제공하고 있다는 점에서 조약법 협약에 규정된 조약해석 원칙에 따라 동 조항을 성실히 해석한다면 극복될 수 있다고 본다.

한편 섬도 일국의 영토라는 점에서 당연히 영해를 가진다(섬의 지위에 대해서는 배타적 경제수역과 관련하여 후술한다). 반면 간조노출지(간출지, low-tide elevation)는 간조시에는 물위에 노출되나 만조시에는 물에 잠기는 자연적으로 형성된 육지지역을 말하는데 이러한 간조노출지는 섬이 아니며 육지영토도 아니므로 자체의 영해를 가질 수 없다. 그러나 간조노출지의 전부 또는 일부가 본토나 섬으로부터 영해의 폭을 넘지 않는 거리에 위치하는 경우 그 간조노출지의 저조선을 영해기선으로 사용할 수 있다(제13조 1항).

참고로 우리나라의 경우 해안선이 완만한 동해안은 저조선, 해안선의 굴곡이 심한 서해안에서는 직선기선이 사용되고 있다.

나. 영해에서의 연안국의 권리

1) 주권행사

연안국은 영해 및 영해의 상공, 해저 및 하층토에 대해 주권을 가진다. 영해는 육지영토와 같이 국가의 주권이 미치는 수역으로 연안국은 어업, 자원개발, 환경보호 등 바다의 이용과 관련한 법령의 제정 및 집행 등을 포함하는 다양한 권한을 행사할 수 있다. 그러나 영토와는 달리 실제로는 연안국의 관할권 행사가 많은 부분에서 제한된다.

영해에 대한 연안국의 권리는 육지영토에 대한 주권에 부속되는 개념으로

17) ICJ Report 2001, p. 40, para. 212.

18) 북한이 동해와 황해에 설정한 직선기선은 국제법상 기준에 맞지 않기 때문에 이를 폐기하고 통일 후 국제법에 부합하는 새로운 기선을 설정하여야 할 것이다.

별도의 선언이 필요한 것은 아니지만 연안국은 통상 영해의 폭을 선언함으로써 영해에 대한 권리를 확인한다.

2) 주권행사의 제한

연안국의 법령은 영해에 적용되지만 영해 내에서의 외국 선박에 대하여는 다음과 같이 제한적으로 적용된다.

가) 민 · 형사관할권의 제한

영해를 통과 중인 외국선박 내에서 발생한 범죄에 대해서는 다음의 경우가 아닌 한 연안국이 외국선박 내에서 체포나 수사 등 형사관할권을 행사할 수 없다.(제 27조 1항)

(a) 범죄의 결과가 연안국에 미치는 경우
(b) 범죄가 연안국의 평화나 영해의 공공질서를 교란시키는 경우
(c) 해당 선박의 선장이나 기국의 외교관 또는 영사가 요청하는 경우
(d) 마약류불법거래 진압 등의 목적을 위해 필요한 경우

그러나 내수를 떠나 영해를 통항중인 외국선박에 대하여는 체포나 수사 등 연안국이 형사관할권을 행사할 수 있다(동 조 2항).

연안국은 외국선박이 내수에 들어오지 아니하고 단순히 영해를 통과하는 경우, 그 선박이 영해에 들어오기 전에 발생한 범죄를 이유로 사람을 체포하거나 수사하기 위하여 어떠한 조치도 취할 수 없다(동 조 5항). 또한 연안국은 영해를 통과 중인 외국선박 내에 있는 사람에 대한 민사관할권을 행사하기 위하여 선박을 정지시키거나 항로를 변경시킬 수 없다(제 28조 1항). 그러나 이 경우에도 형사관할권과 마찬가지로 일단 내수를 떠나 영해를 통항 중이거나 영해에 정박 중인 외국선박에 대하여는 민사관할권을 행사할 수 있으며(동 조 3항), 영해 내에서 선박 스스로 책임을 초래한 행위에 대하여도 민사관할권의 행사를 위해 법집행을 할 수 있다(동 조 2항).[19]

나) 외국선박에 대한 무해통항권의 허용

(1) 무해통항의 의미

협약은 모든 국가의 선박이 타국의 영해에서 무해통항권(right of innocent passage)을 가진다고 규정하고 있다(제 17조).[20] 무해통항권은 연안국이 직선기선의 적용으로 기존에 내수가 아니었던 수역이 새로이 내수에 포함된 경우 내수에 대하여도 예외적으로 허용된다(제 8조 2항).

그렇다면 무엇이 무해통항인가.

첫째, '무해'란 연안국의 평화, 공공질서 또는 안전을 해치지 아니하는 것을 말한다(제 19조).

둘째, '통항'이란 영해를 가로질러 계속적이고 신속하게 항행하는 것(passage shall be continuous and expeditious)을 말한다(제 18조). 따라서 영해 내에서의 정선이나 투묘는 물론 배회의 경우도 특별한 사정에 의해 정당화되지 않는 한 통항에 해당되지 않는다. 왜냐하면 여기서의 통항은 통과(passage)를 말하기 때문이다. 그러나 통상적인 항행에 부수되는 경우와 불가항력 또는 조난으로 인하여 필요한 경우 등에는 예외가 허용되어 정박할 수 있다.

셋째, 항공기의 상공비행은 허용되지 않으며, 잠수함은 수면 위로 부상하여 국기를 게양하고 항해하여야 한다(제 20조).

(2) 무해통항에 해당되지 않는 행위

협약은 외국선박의 통항이 연안국의 평화, 공공질서 또는 안전을 해치는 경우, 즉 무해통항에 해당되지 않는 경우에 대하여 상세히 규정하고 있다(제 19조 2항). 예컨대, 유엔헌장에 반하는 무력의 위협 또는 사용, 해양오염, 어업 등이 이에 해당된다.[21]

---

19) 외국선박이 영해를 항행 중에 또는 그 수역을 항행하기 위하여 선박 스스로 자진하여 인수하거나 부담한 채무나 책임이 이에 해당된다.

20) 특히 상선에 대하여는 완전한 무해통항이 인정된다. 어선의 경우에도 영해에서의 연안국의 어업에 관한 법령을 준수하는 조건으로 무해통항이 허용된다. 무해통항은 전시에는 당연히 적용되지 않는다.

21) 협약 제 19조는 무해가 아닌 경우로 무력의 위협 또는 사용, 무기연습, 국방상 유해한 정보수집, 해양오염, 통신방해, 어로활동 및 조사, 측량활동 등 12가지를 규정하고 있다.

외국의 핵추진 선박과 핵물질을 운반하는 선박 등의 경우 무해통항을 위해서는 국제협정에서 정한 일정한 요건을 준수하여야 한다(제 23조).

(3) 무해통항과 연안국의 권리와 의무

이를 나누어 설명하면 다음과 같다.

첫째, (법령의 제정과 집행) 연안국은 외국선박에 대하여 무해통항을 인정하여야 하는 것과 비례하여 케이블이나 파이프라인의 보호, 해양생물자원(어류)의 보존, 환경보호 및 항행의 안전, 해양과학조사 또는 관세, 이민, 위생 등 분야에서의 자국의 정당한 이익(legitimate interest)을 보호하기 위하여 무해통항중인 외국선박에 대하여 적용할 법령을 제정할 수 있다(제 21조). 그러나 법령의 적용시에도 무해통항권 자체를 침해하거나 부인하는 효과를 가져 오는 요건의 부과 등은 허용되지 않는다(제 24조 1항 a).

둘째, (차별금지) 연안국은 법령 적용시 무해통항 선박에 대하여 국적에 따른 형식적 또는 실질적인 차별대우를 할 수 없다(제 24조 1항 b).

셋째, (위험사실의 공지) 연안국은 자신이 알고 있는 항행에 대한 위험요인이 있을 경우 이를 적절히 공고하여야 한다(제 24조 2항).

넷째, (항로대와 통항분리방식의 이용) 연안국은 항행의 안전을 위해 필요한 경우 항로대(sea lanes)의 지정 및 통항분리방식(traffic separation schemes)을 이용하도록 요구할 수 있다. 특히 유조선, 핵추진선박 등의 경우 동 항로대만을 통항하도록 요구할 수 있다(제 22조).

다섯째, (무해통항의 정지) 연안국은 무기를 사용하는 군사훈련 등 자국의 안보에 긴요한 경우 영해의 지정된 수역에서 외국선박의 무해통항을 일시적으로 정지시킬 수 있다. 이는 외국선박간에 차별없이 실시하여야 한다(제 25조 3항).

한편 외국선박이 무해통항에 관한 규칙을 위반하는 경우에는 연안국의 법령에 따라 추방 또는 나포될 수 있으며 도주시 추적권이 행사될 수 있다.

(4) 군함의 무해통항권

협약은 영해에서의 군함의 무해통항권에 대하여 침묵하고 있다. 다만 주권면제를 향유하는 군함과 정부선박이 연안국 법령을 준수하지 않는 경우 연안국이 나포할 수는 없고 즉시 퇴거할 것을 요구할 수 있다는 조항이 유일하다(제 30조, 32조).

외국선박에 대하여 무해통항이 허용되는 것과는 달리 군함의 경우 해양강국과 연안국간의 입장차이로 아직까지 통일된 해석은 없으며 국가간 입법과 실행도 다르다. 또한 이에 관한 국제관습법도 아직은 불투명하다. 다만 1949년 '코르푸 해협 사건'에서 ICJ는 군함이 국제해협을 통과할 수 있는 권리를 확인한 바 있으나 이 경우는 국제해협에 대한 통과권의 문제였을 뿐 영해에 대한 군함의 무해통항문제를 다룬 것은 아니었다.[22] 그러나 당시에는 해협과 영해에서의 통항에 적용되는 국제법적 레짐에 대한 명확한 구분이 없었다는 점에서 군함의 영해에서의 무해통항문제와 관련하여 생각해 볼 여지가 있다.

무해통항에 관한 각 국가별 실행을 보면 군함의 무해통항을 허용하는 국가와 이를 부인하는 국가, 부인하는 경우에도 사전허가를 요구하는 국가와 사전통고만을 요구하는 국가로 나누어진다.[23] 우리나라의 경우는 1995년 '영해 및 접속수역법'에 따라 외국군함이나 비상업용 정부선박의 경우 외교경로를 통해 3일

---

22) 참고로 이 사건은 국제해협에서의 군함의 무해통항과 관련한 사건이다. 영국은 해협의 통과와 관련 군함도 코르푸 해협에서 무해통항권을 가진다고 주장하였고 알바니아는 사전허가를 주장하였다. 이에 대한 알바니아의 태도를 확인하기 위해 1946년 영국 군함이 동 해협을 항해하였고 이 과정에서 영국 군함이 기뢰와 충돌하여 심하게 손상을 입고 승무원들이 희생되었다. 영국은 기뢰 충돌사고후 동 수역에서 소해작업을 통해 기뢰를 제거하였다. 이에 대해 ICJ는 공해를 연결하는 국제항로로 이용되는 국제해협에서는 평시 항행 자체가 무해인 한 군함도 무해통항권을 가지며 영국군함의 항해는 그러한 무해통항에 해당된다고 보았다. 또한 알바니아가 기뢰를 설치하였거나 또는 제 3국에 의한 기뢰 설치를 허용하였다는 영국의 주장에 대하여 ICJ는 알바니아가 이러한 사실을 사전에 고지하지 않은데 대해 국제법상 책임이 있음을 인정하였다. 참고로 유엔안보리는 이 사안이 법률적 분쟁이므로 유엔헌장 제 36조 3항에 따라 ICJ에 회부할 것을 권고한바 있으며 이에 따라 영국이 알바니아를 ICJ에 제소한 사건이다. 이 사건에 대한 관할권 성립 등 관련 상세는 제 29강(국제분쟁의 평화적 해결)을 참조한다.

23) 1989년 소련과 미국은 '무해통항에 관한 국제법 규범의 통일적 해석을 위한 공동성명(Joint Statement of the Uniform Interpretation of Norms of International Law governing Innocent Passage)'을 발표하였다. 이에 따라 소련은 군함에 대한 무해통항권의 차별적 제한을 배제하기 위해 관련 법규정을 수정한 바 있다. 이는 소련 붕괴후 승계국인 러시아에 의해 1991년 재확인되었다. 반면 중국의 1992년 '영해 및 접속수역에 관한 법'은 외국군함이 12해리 영해 진입을 위해서는 중국 정부의 허가를 받을 것을 요구하고 있다.

전에 사전통고할 것을 요구하고 있다.

그러나 오늘날 군함의 무해통항 문제는 무기체계의 발전, 대량살상무기의 적재 등 연안국에게 위협적일 수 있다는 점에서 새로운 고찰이 필요하다. 더욱이 협약 제 23조가 '외국의 핵추진 선박과 핵물질 또는 본래 위험하거나 유독한 그 밖의 물질을 운반하는 선박'에 대하여 국제협정에 의한 규제를 요구하고 있다는 점에서 이와 유사한 위험요소를 가지고 있는 군함에 대한 무해통항 허용문제는 전통적인 국가대표기관으로서의 군함의 지위와 함께 연안국의 안보이익을 고려하여 신중하게 검토되어야 할 것이다.

이와 관련 협약이 무해통항을 정의하지 않고 무해통항이 아닌 경우를 제 19조에 규정하면서 선박을 구분하고 있지 않으므로 동 조의 적용 대상에는 군함도 포함될 수 있다는 주장이 있다. 즉, 군함의 통항이 제 19조에 해당되지 않는 단순한 통항인 경우에는 무해통항으로 보아 허용되어야 한다는 입장이다.

한편 군함의 기국은 군함이 영해통항에 관한 연안국의 법령 또는 관련 국제법 규칙을 위반하여 연안국에게 입힌 어떠한 손실이나 손해에 대하여도 국제책임을 진다(제 31조).

다. 대향국간 또는 인접국간 영해의 경계획정

협약 제 15조는 두 국가간의 해안이 서로 마주보고 있거나(opposite states) 인접하고 있는 경우(adjacent states), 양국간 달리 합의하지 않는 한, 또는 역사적 권원(historic title)이나 특별한 사정(other special circumstances)이 존재하지 않는 한, 인접국간에는 등거리선(equidistance line), 대향국간에는 중간선(median line)에 의해 경계를 구분하도록 규정하고 있다.

그러나 여기서 중요한 것은 특별한 사정의 존재이다. 특별한 사정은 대체로 연안에 위치한 섬의 존재 등 함께 고려하여야 할 사정을 말한다. 이러한 사정을 고려하는 이유는 단순한 중간선 또는 등거리선이 가져올 이익의 불균형을 방지함으로서 형평한 해결을 도모하기 위한 노력의 일환이다.[24] 이 같은 방식은 대

24) 영해에서의 경계획정관련 2001년 카타르와 바레인간 '해양경계 및 영토문제 사건'에서 ICJ는 일차적으로 잠정적 등거리선을 긋고 이어서 등거리선이 특별한 사정의 존재에

향국 및 인접국간 배타적 경제수역에서의 경계획정시 ICJ와 국제해양법재판소가 채택하고 있는 3단계 접근방식과도 기본적인 궤를 같이한다.

우리나라 영해법 주요 내용

- ▶ 우리나라는 1977년 영해법을 제정하였고, 이후 유엔해양법협약을 반영하여 1997년 '영해 및 접속수역법'으로 개정하였으며 2018년 이를 다시 일부 개정하여 현재 시행 중이다.
- ▶ 주요 내용으로는 제 1조(영해의 범위), 제 2조(기선), 제 3조(내수), 제 3조의2(접속수역의 범위), 제 4조(인접국 또는 대향국과의 경계선)에서 유엔해양법협약의 관련조항을 그대로 원용하고 있다. 그러나 제 5조(외국선박의 통항)에서는 일반 선박에 대한 무해통항을 규정하면서도 별도로 외국의 군함 또는 비상업용 정부 선박에 대하여는 사전통고제도를 규정하고 있다.

라. 영해제도와 관련하여 검토되어야 할 사안

1) 내수

내수(internal waters)라 함은 기선의 육지 측 수역을 의미한다(제 8조 1항). 이러한 내수에는 만, 항구, 항만, 하천, 운하 등이 포함되는데 내수는 영해와는 달리 연안국의 주권이 절대적으로 미치는 육지영토와 같은 수역이다.

내수에서의 연안국의 관할권 행사에 대하여 검토한다.

먼저 내수에서는 연안국의 국내법이 배타적으로 적용되므로 연안국은 내수에 진입한 외국선박과 승무원에 대하여 민·형사관할권을 행사할 수 있다. 그러나 연안국은 자국의 이해와 무관한 선박 내부사항에 대해서는 관할권 행사를 자제하며, 또한 선박 내에서 발생한 승무원 범죄에 대하여도 당해 범죄가 연안국의

의해 조정되어야 할 사정이 있는지를 검토한다고 판단함으로써 등거리선과 특별한 사정을 영해경계획정 기준으로 제시하였다. ICJ Reports 2001, p. 40, para. 176. 또한 2018년 코스타리카와 니카라과간 '해양경계에 관한 사건(Maritime Delimitation in the Caribbean Sea and the Pacific Ocean)'에서도 이 같은 방식을 재확인하였다. ICJ Reports 2018, p. 139, para. 98.

안전이나 공공질서에 영향을 미치지 않는 한 관할권 행사를 자제한다. 이는 '국제예양상 그리고 연안국의 편의상(a matter of grace and convenience)' 연안국이 기국을 위해 관할권 행사를 자제하는 관행이 형성되어 있기 때문이다.[25] 그럼에도 불구하고 선박 내에서 발생한 범죄(특히 살인 등 중대범죄의 경우)에 승무원 이외의 사람이 관여되는 경우에는 연안국이 관할권을 행사하는 경향이다. 나아가 선장이나 기국 영사의 요청이 있을 경우에도 연안국은 관할권을 행사할 수 있다. 결론적으로 내수라 하여도 선박의 기국의 관할권이 완전히 배제되는 것은 아니다.

또한 연안국은 허가 없이 내수에 진입한 외국 상선에 대하여도 당연히 법집행을 할 수 있다. 그러나 선박이 조난이나 불가항력 등의 이유로 비자발적으로 타국의 내수에 들어가게 된 경우에는 원칙적으로 연안국의 관할권 행사는 허용되지 않는다. 반면 군함이 허가 없이 내수에 진입한 경우에는 군함이 향유하는 주권면제로 인해 법집행은 허용되지 않으며 다만 즉각적으로 내수를 떠날 것을 요구할 수 있을 뿐이다.

그 밖에 연안국은 기항국으로서 자국의 내수, 영해, 배타적 경제수역 밖에서 행한 선박의 해양오염행위에 대하여도 동 선박이 자국 항만에 자발적으로 기항한 경우에는 해양오염 관련 법령 등을 집행할 수 있다(제 218조 1항).

한편 내수에서는 연안국의 주권이 미치므로 영해와는 달리 외국선박의 무해통항이 허용되지 않는다. 그러나 전술한 바와 같이 연안국이 새로이 직선기선을 설정하여 종전에 내수가 아니었던 수역(종전의 영해)이 내수에 포함되게 된 경우에는 무해통항권이 계속 인정된다.

2) 만(bay)

만은 3면이 육지로 둘러싸인 수역으로 특히 해안에서 오목하게 들어간 정도가 입구의 폭에 비하여 두드러진 경우로서 해안의 단순한 굴곡 이상의 만입(indentation)을 의미한다(제 10조 2항).

---

25) 이 점 영해에서의 연안국의 관할권 행사와 구분된다. 즉, 유사한 상황에서 영해의 경우 협약은 연안국의 관할권 행사를 허용하고 있지 않지만 내수에서는 연안국이 관할권 행사를 자제하도록 하였다는 점에서 차이가 있다.

만의 자연적 입구의 폭이 24해리 이하인 경우 연안국은 입구를 연결하는 기선을 설정하여 그 안에 포함된 수역을 내수로 할 수 있다(제 10조 4항). 단, 만 입면적이 만의 입구를 연결한 선을 지름으로 하는 반원의 넓이보다 커야 한다. 그렇지 않을 경우 단순한 해안의 굴곡에 불과하기 때문이다.

여기서 만과 관련하여 중요한 개념으로 역사적 만(historic bay)을 들 수 있다. 역사적 만이라 함은 비록 협약이 규정한 만으로서의 요건을 갖추지는 못하였지만 (a) 연안국이 상당 기간에 걸쳐(for a considerable period of time), (b) 동 수역을 내수로서 실효적으로 관할하여 왔고(as internal waters effectively exercised its authority therein), (c) 동 기간 동안 다른 나라들이 이를 묵인하여 온(received the acquiescence of other States) 경우에 주장될 수 있다. 따라서 역사적 만은 만을 연결하는 선의 길이와 상관없이 내수를 구성하게 되지만 '역사적 만'이 무엇인지에 대하여는 아무런 규정이 없어서 '역사적 만'에 관한 불확실성은 그대로 남아 있다. 참고로 러시아가 역사적 만으로 주장하는 피터대제만과 중국이 역사적 만으로 주장하는 발해만, 캐나다가 주장하는 허드슨만(Hudson Bay), 리비아의 시드라만(Gulf of Sidra) 등에 대한 국제법적 정당성에 대해서는 검토가 필요하다.

한편 오늘날 일부 국가가 자국의 안보 등 필수적인 이익(vital interest)을 수호하기 위해 주장하는 '필수적 만(vital bay)'의 개념이 있다. 개도국들에 의해 주장된 이론으로 리비아가 주장하는 시드라만도 한 예이다. 리비아는 이 수역이 역사적 만이며 동시에 필수적 만이라고 주장하고 있다. 그러나 필수적 만의 개념은 유엔해양법협약이나 국제관습법에 의해 지지받지 못하며, 동시에 역사적 만이라는 주장도 정당성을 인정받지 못한다. 왜냐하면 위에서 설명한 기준에 비추어 볼 때 적어도 1973년 이래의 기간은 역사적 만의 요건인 상당기간의 기준을 충족시키지 못하며, 또한 리비아의 여사한 주장이 다른 국가들에 의해 인정받지 못하였기 때문이다.[26]

---

26) 미국은 이 수역을 공해로 취급하여 1981년과 1986년 두 차례에 걸쳐 해군훈련을 시행하였고 이로 인해 리비아와 군사적 충돌이 발생한 바 있다. 특히 1981년 8월 리비아 전투기 SU-22가 리비아 해안에서 떨어진 Gulf of Sidra 상공에서 작전 수행중인 미 해군 전투기 F-14를 공격하였고 이에 미군측이 응사하여 리비아 전투기가 추락하였다. 이에 대하여 리비아는 동 수역이 리비아의 역사적 만이며 '필수적 만'으로 리비아의 내수에

그밖에 ICJ가 니카라과, 온두라스와 엘살바도르 3국에 의해 둘러싸인 폰세카만(Fonseca)에 대해 3국이 공동으로 주권을 행사(condominium)할 수 있는 역사적 만의 지위를 인정(단, 각국이 배타적으로 주권을 행사할 수 있는 자국 연안의 3해리 벨트 수역은 제외)한 예도 있다. 대신 3해리 벨트 수역을 포함하여 이 수역에서는 무해통항이 허용되도록 하였다.[27]

역사적 수역에 대한 검토[28]

역사적 수역(historic waters)에 대한 논의는 지금까지 역사적 만(historic bay)에 대한 검토에서 시작되었다. 바꾸어 말해서 역사적 만에 대한 역사적 권원이 존재한다면 다른 형태의 해양관할권이 행사되는 수역에 대해서도 역사적 권원이 존재할 수 있을 것이라는 전제에서 이러한 검토가 시작될 수 있었고 실제로 많은 국가들이 자신의 내수, 해협 또는 군도에 대한 역사적 수역을 주장하기에 이르렀다.

이와 관련 1962년에 유엔 국제법위원회(ILC)가 작성한 '역사적 만을 포함하는 역사적 수역의 법체제(Juridical Regime of Historic Waters including Historic Bays)' 보고서는 역사적 수역을 일반국제법 원칙의 적용에 대한 예외로 평가하기보다는 현실적인 관점에서 역사적 수역 자체의 필요성 및 존재가치에 따라 개별적으로 평가함으로써, 무엇이 역사적 수역에 대한 권원을 정당화시켜 줄 수 있는가를 살펴보는 것이 중요하다고 보았다. 이 보고서는 역사적 수역의 개념이 역사적 만에서 출발하였지만 역사적 만의 개념보다는 광범위하게 사용될 수 있음을 인정하면서 역사적 수역에서 역사적 만 이외의 개념을 배제하지 않고 있다.

이 보고서는 역사적 수역에 대한 권원의 존재 여부를 판단함에 있어서 다음의 세 가지 요소가 고려되어야 한다고 보았다.

첫째, 역사적 수역으로 주장하는 수역에 대해 행사된 국가의 권한이다. 즉, 주권자의 이름으로 공권력이 행사되어야 한다. 이는 궁극적으로는 역사적 수역을 주장하는 국가가 해당 수역에 대하여 효과적으로 주권을 행사하였는가에 대한 평가이다.

해당된다고 주장하면서 미국의 작전수행은 리비아의 주권침해로 국제법 위반이라고 주장한 바 있다.

27) 1992년 엘살바도르와 온두라스간 '육지, 섬 및 해양경계 사건'에서 ICJ는 폰세카 만이 역사적 만이며 동 수역은 역사적 수역이라고 보았다. ICJ Reports 1992, p. 351, paras. 383, 404, 412 참조.

둘째, 그러한 권한행사의 계속성이 요구된다. 이는 앞에서 요구된 주권의 행사가 끊임없이 상당기간 동안 지속되어야 함을 의미한다. 이와 관련 유엔 국제법위원회는 무엇보다도 시간의 경과를 중요한 고려 요소로 판단하고 상당기간 동안 반복된 행위의 개념에 비중을 두고 있다.

셋째, 타국의 태도이다. 이는 특히 중요한 요소로 타국의 승인 및 묵인(acquiescence) 행위를 뜻한다. 타국의 승인 및 묵인 행위로는 직접적인 선언이나 정부의 공식적인 문헌이 가장 확실하며 오랜 기간에 걸쳐 집적이 되었을 때 의미가 크다. 국제사법재판소는 1951년 영국과 노르웨이간 '어업 사건'에서 노르웨이의 주장에 대한 명백한 반대증거가 없는 한 노르웨이가 일관되게 중단 없이 적용해 온 원칙에 대한 타국의 일반적인 용인은 분명한 사실(unchallenged fact)이라고 하였다.

따라서 역사적 수역은 '아직은 자신의 권원이 인정되는 수역으로 확정되지 않은 수역'에 대하여 상당한 기간에 걸쳐 상기한 요건을 충족시키게 됨으로써 동 수역에 대한 권원을 인정받게 되는 과정을 말한다고 할 수 있다.

한편 유엔해양법협약은 역사적 수역에 대해 특별히 규정하고 있지 않다. 그러나 유엔해양법협약의 역사적 수역에 대한 권원과 관련하여 시사점을 찾을 수 있는 조항으로 먼저 협약 제 10조 6항이 있다. 이 조항은 만에 대해 규정하면서 이른바 역사적 만에 대해서는 적용하지 않는다고 규정함으로써 역사적 만의 존재를 부인하지 않고 있으며 나아가 역사적 수역이 존재할 수 있는 가능성을 배제하지 않고 있다. 또한 영해의 경계획정에 관한 제 15조에서 대향국간 또는 인접국간 경계획정시 중간선 원칙을 규정하면서 역사적 권원이나 그 밖의 특별한 사정이 있는 경우에는 중간선 원칙을 적용하지 않을 수 있다고 함으로써 역사적 권원의 존재를 인정하고 있다. 나아가 제 298조 1항은 협약상의 강제분쟁해결절차에서 '역사적 만 또는 권원에 관련된 분쟁'을 제외한다고 함으로써 역사적 만과 역사적 수역에 대한 권원의 존재를 인정하고 있음을 알 수 있다.

이러한 조항들을 통해 볼 때 유엔해양법협약은 국제관습법적으로 주장되어 온 역사적 만에 대해서는 대체로 이를 인정하는 입장이고 역사적 수역 및 이에 대한 권원의 개념도 사실상 부인하고 있지 않다는 점을 확인할 수 있다. 다만 명시적 조항의 결여로 이를 적극적으로 주장하는 데는 한계가 있다고 할 수 있으나 1962년 유엔 국제법위원회가 판단한 역사적 수역에 대한 평가와 지금까지의 국가간 실행을 통해 역사적 수역은 현행 유엔해양법협약 체계하에서도 국제법적으로 수락되고 있다고 볼 수 있다.

3) 군도국가와 군도수역

군도국가(archipelagic State)라 함은 전체적으로 하나 또는 둘 이상의 군도로 구성된 국가를 의미한다. 군도라 함은 섬의 무리와 상호 연결된 수역 및 그 밖의 자연지형이 서로 밀접하게 관련되어 있어서 고유한 지리적, 경제적 또는 정치적 단일체를 이루고 있거나 또는 역사적으로 그러한 단일체로 인정되어 온 섬의 집단을 말한다(제 46조).

군도국가 및 군도수역(archipelagic waters)의 문제는 군도국가의 입장에서는 자국의 안보, 어업 등 국익과 관련된 문제이다. 그러나 이 제도를 인정하는 경우 다른 국가들, 특히 해양강국들의 통항권이나 어업권 등 경제적 이익이 제한될 수 있다. 이러한 점을 고려하여 양자간 이익의 균형을 마련하기 위한 제도로 협약은 군도국가에 대하여 별도의 규정을 마련하였다. 이 제도는 필리핀이나 인도네시아 등 군도국가의 특수한 사정을 수용하여 이루어진 특별한 제도이다.[29]

군도국가의 법적 지위와 특성은 다음과 같다.

(a) 군도국가는 군도의 가장 바깥 쪽 섬과 만조시 나타나는 암초(drying reefs)의 가장 바깥 점을 연결한 직선군도기선(straight archipelagic baselines)을 기선으로 사용할 수 있다. 다만 기선안의 육지면적과 수역의 면적간 비율이 1:1에서 1:9 사이어야 한다(제 47조 1항). 이러한 군도기선은 영해를 포함하여 앞으로 설명하는 접속수역, 배타적 경제수역 및 대륙붕의 폭을 결정하는 기준, 즉 영해기선에 해당된다(제 48조).

(b) 군도기선에 의하여 둘러싸인 수역을 군도수역(archipelagic waters)이라고 한다(제 49조 1항). 군도국가의 주권은 군도수역의 상공, 해저, 하층토 및 이에 포함된 자원에도 미친다(동 조 2항). 그러나 군도수역이 반드시 내수가 되는 것은 아니므로 군도국가는 군도수역 내의 개별 섬에 대하

---

28) 김민경, 앞의 논문.

29) 1955년 필리핀은 유엔에 발송한 서한에서 필리핀 제도에 속하는 도서 군에 있는 혹은 그 도서를 연결하는 모든 수역을 내수로 간주한다고 하였고 이어 1957년 인도네시아도 유사한 주장을 하였다. 이들 국가들의 노력으로 군도이론이 발전되었고 1982년 유엔해양법협약에서 구현되었다.

여 별도로 내수의 경계(폐쇄선, closing line)를 설정할 수 있다(제 50조).

(c) 군도수역의 특수한 지위(항행의 자유와 충돌할 가능성)로 인해 모든 국가의 선박은 군도수역에서 영해에서와 같은 무해통항권을 향유한다(제 52조). 또한 군도국가는 자국의 군도수역과 이에 인접한 영해와 그 상공을 통과하는 외국선박과 항공기의 계속적이고 신속한 통항을 위하여 군도항로를 지정할 수 있다(제 53조). 여기서 군도항로의 이용은 국제해협에서의 통과통항에 관한 규정을 준용하도록 하였다. 이는 군도항로대 통항이 국제해협에서의 통과통항과 유사한 제도라는 의미로 볼 수 있을 것이다.

4) 접속수역

접속수역(Contiguous Zone)이라 함은 전통적으로 영해와 가장 관련이 깊은 제도다. 왜냐하면 접속수역은 영해에 접속되어 있는 수역(a zone contiguous to its territorial sea)으로서 연안국이 영토나 영해에서의 관세, 재정, 출입국관리 또는 위생에 관한 법령의 위반을 방지하거나 위반자를 처벌하기 위해 설치하는 수역을 의미하기 때문이다(제 33조 1항).

접속수역은 영해기선으로부터 외곽으로 24해리까지 설정될 수 있다. 이는 접속수역 자체의 폭은 12해리까지(영해 12해리 제외)라는 것을 의미한다(동 조 2항). 접속수역은 당연히 인정되는 권리가 아니라 연안국의 선포가 필요하다. 접속수역은 영해만으로는 외국선박의 출입과 관련 연안국이 가장 중요시하는 관세, 재정, 출입국관리 또는 위생 관련 연안국의 이익을 수호하기 어렵다는 현실적 필요성에 의해 동 분야에 한하여 연안국의 관할권 확대가 허용된 것이다.[30] 협약도 접속수역은 '관세, 재정, 출입국관리 또는 위생'에 관한 법령의 위반을 방지하거나 처벌을 위한 제도라는 점을 명시하고 있으며 이처럼 대상이 되는 법익의 종류를 구체적으로 열거하고 있다는 점에서 그 밖의 다른 목적을 위해 설정

30) 접속수역 제도는 18세기 초 밀수방지를 통해 관세를 확보하여 부족한 국가재정을 보충하기 위한 목적으로 3해리 영해 외곽에 일정수역을 설정하고 선박에의 승선 및 검색 등을 규율하였던 영국의 Hovering Act 등에서 그 시원을 찾을 수 있다.

되는 것은 허용되지 않는다고 보는 것이 협약의 해석원칙에 부합한다. 더욱이 이러한 제한은 접속수역제도의 남용방지를 위해서도 필요하다. 이에 비추어 볼 때 북한의 군사경계수역은 접속수역으로도 정당화될 수 없을 것이다.

한편 접속수역에서는 상기 관련 법령의 위반을 방지하기 위하여 필요한 범위 내에서 선박에 대하여 통제(control)를 할 수 있을 뿐 나포나 처벌은 허용되지 않는다(제 33조 1항 a). 그러나 선박이 연안국 영토나 영해에서 관련 분야의 법령을 위반하고 접속수역으로 이동한 경우 접속수역에서의 나포 및 처벌은 가능하다(동 항 b). 이와 관련 협약 제 303조는 연안국의 접속수역 내에서 발견된 해저유물을 반출하는 경우에도 연안국의 영토나 영해에서의 법령위반으로 추정된다고 규정함으로써 관련 행위에 대하여는 접속수역에서 나포나 처벌이 가능하도록 하였다.

참고로 접속수역은 영해와 접속한 특별한 성격의 수역이지만 접속수역이 영해는 아니다. 또한 접속수역과 200해리 배타적 경제수역이 중복되는 경우에는 배타적 경제수역에 관한 규정이 동시에 적용된다.[31] 따라서 접속수역에서는 상기 법령위반의 경우를 제외하고는 연안국의 '배타적 경제수역에 관한 법규정'의 위반여부만이 문제될 수 있을 뿐이다.

한편 우리나라는 1995년 '영해 및 접속수역법'을 개정하여 영해기선으로부터 24해리까지의 접속수역을 설정하였다.

접속수역(요약)
▶ 접속수역은 관세, 재정, 출입국, 위생에 관한 연안국의 법령 위반을 방지하기 위해 설치된 특별한 수역이다. 그러나 영해는 아니므로 법집행은 제한될 수밖에 없다. 예컨대, 접속수역에서 밀입국을 시도하는 선박이 있을 경우 이를 사전에 방

31) 1958년 '영해 및 접속수역에 관한 협약' 제 24조 3항은 인접국 또는 대향국간 접속수역의 경계어 관하여 영해에서의 경계획정과 동일한 기준을 제시하고 있으나 1982년 유엔해양법협약은 이에 대하여 아무런 기준을 제시하고 있지 않다. 그 이유는 접속수역이 배타적 경제수역과 중복되므로 배타적 경제수역의 경계획정에 포함하여 함께 검토될 수 있다고 보았기 때문이다.

> 지하기 위해 통제(control)는 가능하지만 이에 대해 처벌할 수는 없다. 다만 선박이 영해에 들어왔을 경우에는 처벌이 가능하다.
>
> ▶ 한편 영해에 들어왔던 선박이나 선원이 영해나 영토에서 상기 관련 법령을 위반한 경우 당연히 연안국은 속지주의에 의해 처벌할 수 있다. 그러나 선박이 영해 밖으로 도주한 경우 원래는 추적권의 행사가 아닌 한 나포 및 처벌이 허용되지 않으나 도주 선박이 접속수역 내에 있을 경우에는 예외적으로 협약은 추적권과 상관없이 특별히 나포 등 처벌이 가능하도록 규정하고 있다. 다만 선박이 접속수역을 벗어나 배타적 경제수역 또는 공해로 도주한 경우에는 당연히 추적권의 행사를 통해서만 나포 및 처벌이 가능할 것이다.

2. 국제해협

가. 통과통항 제도의 출현

해협은 육지 사이에 끼어 있는 좁고 긴 바다로, 양쪽이 넓은 바다로 통하며 통항의 요지이다.[32] 협약은 국제해협을 국제항행에 이용되는 해협으로 정의하면서 이 해협에 대하여는 통과통항이라는 새로운 제도를 규정하고 있다(제 38조 1항). 여기서 통과통항이 적용되는 국제해협은 공해 또는 배타적 경제수역의 일부와 공해 또는 배타적 경제수역의 다른 부분 사이의 국제항행에 이용되는 해협을 말한다(제 37조). 따라서 해협의 양쪽 연안이 어느 국가에 속하는가, 예를 들면 동일한 국가에 속하는가 또는 다른 여러 국가들에 속하는가는 국제해협 여부를 판단하는데 있어서 문제가 되지 않는다.

---

32) 유엔해양법협약 채택 이전 국제해협의 지위에 대하여는 1949년 코르푸 해협사건에서의 ICJ의 판결(앞의 주 22 참조)이 많은 시사점을 주고 있다. 동 사건에서 ICJ는 해협을 결정하는 기준은 공해의 두 부분을 연결하는 지리적 사정(geographical situation)과 국제적 항행에 이용된다는 사실이라고 하면서 코르푸 해협이 필수항로(necessary route)가 아니라 대체항로(alternative passage)라는 사실은 결정적인 고려요인이 아니며 동 항로가 국제항행에 유용한 항로였다는 점을 지적하였다. 이러한 입장에서 ICJ는 연안국(알바니아)이 이 지역의 특수한 사정을 고려하여 영국 군함의 동 해협 통과에 대하여 규제를 할 수는 있지만 항행 자체를 금지하거나 사전 허가를 요구하는 것은 허용되지 않는다고 판단하였다. ICJ Reports 1949, p. 4, pp. 28-29.

이 제도는 유엔해양법협약이 채택되면서 3해리 영해가 12해리로 확대됨에 따라 과거 공해로서 자유통항이 허용되던 수역이 영해에 흡수되게 되는 경우(해협의 폭이 24해리 미만인 경우) 이로 인해 야기될 수 있는 항행의 제한을 해소하기 위해 마련된 특별한 제도이다. 즉, 국제해협에서는 오로지 통항과 관련하여서만 통과통항이라는 특별한 지위를 부여하고 있을 뿐 그 밖의 해양법상의 지위(영해로서의 법적 지위 등)에는 아무런 영향을 미치지 않는다는 의미이다.33)

통과통항의 특징을 설명하면 다음과 같다.

(a) 모든 선박과 항공기(all ships and aircraft)는 국제해협을 오로지 계속적이고 신속하게(continuously and expeditiously) 통과할 목적으로 항행과 상공비행의 자유를 행사할 수 있다(제 38조 2항).

(b) 모든 선박과 항공기에는 군함 및 전투기도 포함된다. 잠수함의 경우도 무해통항과는 달리 수면 위로 부상할 필요가 없다.

(c) 해협연안국은 통과통항을 방해하거나 정지시킬 수 없으며 항행이나 비행에 관하여 자국이 알고 있는 위험을 적절히 공표하여야 한다(제 44조). 나아가 연안국은 항행의 안전을 위해 필요한 경우 항로대를 지정하고 통항분리방식을 설정할 수 있다(제 41조). 또한 관련 법령을 제정할 수 있다(제 42조).

(d) 통과통항 이용국도 특히 무력의 위협이나 행사의 자제, 해상충돌 및 선박에 의한 오염 방지와 관련한 국제규칙의 준수 및 연안국이 제정한 법령 준수의무가 있다(제 39조, 제 42조). 이에 대해서는 아래 '다항(통과통항으로 해석되지 않는 행위)'을 참조한다.

나. 통과통항 대신 무해통항이 적용되는 경우

그러나 다음의 경우에는 국제해협이지만 통과통항 대신 무해통항이 적용된다.

---

33) 제 34조(국제항행에 이용되는 해협을 형성하는 수역의 법적 지위)는 국제해협에서의 이러한 통항제도가 국제해협을 형성하는 수역의 법적 지위 또는 그 수역과 그 수역의 상공·해저 및 하층토에 대한 해협연안국의 주권이나 관할권의 행사에 영향을 미치지 아니한다고 규정하고 있다.

(a) 해협이 해협연안국의 섬과 본토에 의하여 형성된 영해로 구성되어 있으며 항행상 또는 수로의 특성상 유사한 편의가 있는 공해 통과항로나 배타적 경제수역 통과항로가 그 섬의 외측에 있으면 이 항로를 통해 자유통항이 가능하므로 해협 내에서는 통과통항이 아닌 무해통항만이 적용된다(제 38조 1항 단서 및 제 45조 1항 a). 특히 후술(아래 '라'항 참조)하는 제주해협이 이에 해당된다.

(b) 공해 또는 배타적 경제수역의 일부와 외국의 영해 사이에 있는 해협에 대하여도 무해통항이 적용된다(제 45조 1항 b).

(c) 이러한 무해통항은 정지될 수 없다. 이는 무해통항임에도 불구하고 영해에서의 무해통항시 연안국이 군사훈련 등 자국안보에 필요한 경우 일시 정지시킬 수 있는 것과 다르다(제 45조 2항).

한편 국제항행에 이용되는 해협 안에 유사한 편의가 있는 공해 통과항로나 배타적 경제수역 통과항로가 있는 경우, 다시 말해서 해협의 폭이 24해리를 초과하여 해협 중간에 공해나 배타적 경제수역이 있는 경우, 이러한 공해 또는 배타적 경제수역에서는 통과통항 대신 당연히 자유통항이 허용된다(제 36조).

다. 통과통항으로 해석되지 않는 행위

유엔해양법협약은 무해통항과는 달리 무엇이 통과통항에 해당하지 않는 행위인지에 대하여 구체적인 언급이 없다. 그러나 다음의 경우들, 즉 (a) 통과통항 중인 선박과 항공기가 준수하여야 할 의무(해상안전 및 해양오염 방지와 관련한 의무 등)의 불이행(제 39조의 위반), (b) 사전허가 없는 조사 및 측량활동(제 40조의 위반), (c) (제 42조에 따라) 해협연안국이 제정한 국제해협 통항과 관련한 법령의 불이행 및 (d) 연안국의 평화, 공공질서 또는 안전을 해치는 것으로 간주될 수 있는 행위 등이 이에 해당될 수 있을 것이다.[34]

---

34) 협약 제 19조 2항에 규정된 무해통항으로 해석되지 않는 행위 중 일부가 이에 적용될 수 있다고 본다. 예컨대, 항행 중 군사활동이나 무력의 위협 또는 사용 등은 당연히 금지되며 통과통항에 해당되지 않는다.

라. 우리나라 해협의 지위

제주해협의 지리적 특성은 한쪽 입구인 남해 배타적 경제수역과 반대쪽 입구인 서해의 배타적 경제수역을 연결하는 수로로서 영해로 구성되어 있으며 중간에 공해대가 없다. 따라서 통과통항이 적용되는 국제해협으로서의 조건을 갖추고 있다. 그러나 다른 한편 제주도 밖으로 협약 제 38조 1항 단서에 규정된 유사한 편의가 있는 대체항로가 있다는 점에서 제주해협에서는 통과통항이 적용되지 않고 제 45조 1항 a에 따라 무해통항이 적용된다고도 볼 수 있다.[35]

대한해협의 경우도 협약상 국제해협에 해당될 수 있다. 그러나 한일 양국 모두 3해리의 영해만을 설정하고 있어서 중간에 공해대가 있다. 따라서 중간의 공해대를 통해 자유항행이 가능하다. 다만 한일 양국이 앞으로 12해리 영해를 선포하게 되는 경우에는 양측 연안간 거리가 24해리에 못 미쳐 통과통항이 허용되는 국제해협에 해당되게 될 것이다.[36]

마. 통과통항과 무해통항의 차이

(국제해협에서의) 통과통항은 (영해에서의) 무해통항에 비해 연안국의 법집행 권한이 보다 제한된다. 특히 무해통항의 경우 군용기는 상공비행이 허용되지 않으며 군함의 경우는 허용 여부가 국가마다 상이한 것과는 달리 통과통항이 허용되는 국제해협에서는 군함이나 항공기(군용 항공기 포함)도 합법적으로 국제해협을 통과할 수 있다는 점에서 중요한 차이가 있다. 그 밖에도 통과통항은 무해통항과는 달리 잠수함의 잠수항행이 허용된다는 점과 연안국은 어느 경우에도 항행을 중지 시킬 수 없다는 점에서 무해통항과 구분되며 이에 대해서는 앞에서

---

35) 제주해협에서 통과통항이 허용되지 않고 무해통항만이 인정된다고 하는 경우에도 일반 상선의 경우에는 항행목적상 이용에 별다른 차이가 없다. 그러나 군함이나 정부 선박 또는 항공기 등의 경우에는 물론 상당한 차이가 있다. 이러한 이유로 제주해협의 지위를 결정하는 문제는 의미가 크다.

36) 여기서 말하는 대한해협은 국제해협으로서 일본 대마도와 우리 본토 사이의 서수로(Western Channel)를 말한다. 한일 양국이 12해리 영해를 선포하는 경우에도 유엔해양법협약상 국제해협에 대해서는 통과통항제도가 적용되어 결과적으로 자유통항과 큰 차이가 없다. 이러한 점에서 볼 때 대한해협에서 영해 3해리를 유지할 필요성은 사실상 크지 않을 것이다.

설명한 바 있다. 그러나 일반상선의 경우에는 실제 운용면에서 무해통항의 경우 연안국이 자국안보를 이유로 일시 정지시킬 수 있다는 점을 제외하고는 통과통항과 별다른 차이가 없다.

3. 배타적 경제수역과 대륙붕

배타적 경제수역(Exclusive Economic Zone: EEZ)과 대륙붕(Continental Shelf)은 밀접히 관련되어 있다. 특히 대륙붕의 지질학적 개념과 무관하게 배타적 경제수역의 해저 및 하층토는 당연히 대륙붕으로 인정된다는 점과 배타적 경제수역의 경계획정시 대체로 대륙붕 경계획정도 함께 단일경계선으로 획정하고 있는 현실에 비추어 양자를 함께 검토한다.

가. 배타적 경제수역

1) 성립배경

1945년 트루만 대통령의 대륙붕 및 연안어업에 관한 2개의 정책선언을 계기로 연안국의 관할권 확대 움직임은 3해리 영해를 초과하는 배타적 어업수역의 선포로 이어졌다. 이와 관련 특히 중남미 국가들 중 페루와 칠레는 200해리의 배타적 수역 또는 영해를 자신들의 세습수역(patrimonial seas)으로 정당화하기도 하였다.

한편 1974년 영국과 아이슬란드간 '어업관할권 사건'에서 ICJ는 1960년 이후 영해포함 최대 12해리까지의 배타적 어업수역(exclusive fisheries zone)의 개념이 국제관습법 규범으로 발전해 왔다고 보았다.[37] 이에 근거하여 ICJ는 연안국이 아이슬란드의 경우처럼 '주변 수역에서의 어업에 경제적으로 의존하는 경우 12해리 이내의 영해 인접수역에서는 어업에 관하여 우선권을 가진다'고 보았다.[38]

---

37) ICJ Reports 1974, p. 3, para. 52.

38) 관련 부분 원문은 다음과 같다: "... preferential rights of fishing in adjacent waters in

이러한 배경하에 1982년 유엔해양법협약은 그 동안 국제관습법적으로 주장되어 온 배타적 어업수역의 개념을 발전시켜 영해 12해리와 함께 200해리 배타적 경제수역의 개념을 공식 출범시켰다.[39]

2) 배타적 경제수역의 국제법상 지위

가) 개념

배타적 경제수역은 영해 밖에 인접한 수역으로 기선으로부터 200해리 이내에서 연안국이 선포한 수역을 의미한다(제 57조). 따라서 연안국이 선포할 수 있는 배타적 경제수역의 최대 범위는 200해리에서 영해 12해리를 제외한 188해리가 된다. 이 경우 영해 인접 12해리 접속수역을 선포한 국가는 접속수역의 범위가 배타적 경제수역과 중복되게 된다.

유엔해양법협약은 배타적 경제수역에서의 '연안국의 권리와 관할권 및 의무'와 '다른 국가의 권리와 의무'는 협약이 규정한 특별한 법제도(*sui generis* legal regime)에 의한다고 규정하고 있다(제 55조). 이는 배타적 경제수역 제도가 그만큼 협약에 의해 부여된 특별한 제도라는 의미이다. 간단히 말해서 배타적 경제수역은 (a) 동 수역 내에서 어업자원의 이용 등과 관련한 주권적 권리가 허용된다는 점에서 영해와 유사하고, (b) 상부 수역에서는 공해의 자유가 인정된다는 점에서 공해의 성격을 가지며, (c) 해저와 하층토에서는 대륙붕 제도가 적용된다는 점에서 유엔해양법협약이 만들어낸 특별한 법제도로 이해될 수 있다.[40]

---

favour of the coastal State in a situation of special dependence on its coastal fisheries...", 위의 주 참조.

39) '배타적 경제수역'이라는 용어는 1940년대 말-1950년대 초에 남미에서 '세습수역'이라는 개념이 도입된 것에 착안한 케냐 대표가 1972년 '아시아·아프리카 법률위원회(AALCC) 회의에 제출한 문서에서 처음 등장하였다. 케냐는 동 문서에서 현재의 공해중심 체제는 원양어업 능력을 갖춘 선진국에 유리한 구조라는 논리를 제시하였고 이러한 주장은 개도국들의 폭넓은 지지를 받았다.

40) 배타적 경제수역의 지위에 대하여는 영해의 확장된 수역으로 연안국이 주권을 가진다고 보는 입장과 연안국에게 자원에 대한 권리, 해양보호와 과학조사 등에 대한 관할권을 부여하기 위하여 공해의 지위에 일정 부분 수정을 가한 제도라고 보는 입장이 있다. 그러나 배타적 경제수역 제도는 이 두 요소를 모두 포함하는 새로이 탄생한 특별한 제도로 보아야 할 것이다.

나) 연안국의 권리와 의무

(1) 주권적 권리

연안국은 (a) 해저의 상부수역, 해저 및 하층토의 생물이나 무생물 등 천연자원의 탐사, 개발, 보존 및 관리와, (b) 에너지 생산 등 수역의 경제적 개발과 탐사를 위한 활동에 대한 주권적 권리(sovereign rights)를 가진다(제 56조 1항 a).[41] 이와 같이 배타적 경제수역에서는 연안국에게 자원이용에 관한 광범위한 권리가 인정된다.

(2) 관할권

연안국은 인공섬, 시설 및 구조물의 설치 및 이용, 해양과학조사 및 해양환경 보호와 보전에 관한 관할권(jurisdiction)을 가진다(제 56조 1항 b).[42] 특히 이를 위해 연안국은 다음의 조치를 취할 수 있다.

(a) 연안국은 인공섬, 시설 및 구조물의 건설, 운용 및 사용을 허가하고 규제하는 배타적권리를 가진다(제 60조 1항).

(b) 연안국은 인공섬 등의 안전을 보장하기 위하여 500미터 범위 내의 안전수역(safety zone)을 설정할 수 있다(동 조 4, 5항).

(c) 연안국은 이러한 인공섬, 시설 및 구조물에 대하여 관세, 재정, 위생, 안전 및 출입국관리 법령에 관한 관할권을 포함한 배타적 관할권을 가진다(동 조 2항).

(d) 연안국은 자국의 배타적 경제수역에서 다른 국가 또는 국제기구에 의한 순수 목적의 해양과학조사를 허용할 수 있다. 그러나 동 조사가 천연자원의 탐사와 개발에 직접적인 영향을 미치는 경우 등에는 이에 대한 동의를 거부할 수 있다(제 246조 5항).

(e) 또한 연안국은 해양환경의 보호와 보전, 주로 선박과 석유시추시설

41) 배타적 경제수역의 해저와 하층토는 대륙붕에 속한다는 점에서 대륙붕에 관한 규정의 적용을 받는다. 따라서 배타적 경제수역에서의 무생물 등 천연자원의 탐사, 개발, 보존 및 관리문제는 대륙붕제도에서 설명한다.

42) 여기서의 관할권은 주권적 권리보다 정도가 약하다.

등으로부터의 오염에 대한 관할권을 가진다.

다) 타국의 권리와 의무

위에서 설명한 연안국에 의한 권리의 행사와 의무의 이행은 다른 국가의 권리와 의무를 적절히 고려하여(with due regard) 행사되어야 한다(제 56조 2항). 여기서 다른 국가의 권리란 공해의 자유와 같은 성격의 (a) 항행의 자유(freedom of navigation), (b) 상공비행의 자유(freedom of overflight),[43] (c) 해저전선 및 관선부설의 자유 등 허양이용의 자유를 말한다(제 58조 1항). 이는 배타적 경제수역에서는 배타적 경제수역에 관하여 특별히 규정된 경우를 제외하고는 공해의 법질서가 적용된다는 것을 의미한다(동 조 2항).

이와 동시에 다른 국가들도 권리행사시 연안국의 권리와 의무를 적절히 고려하여야 하며 연안국의 관련법령을 준수하여야 한다(동 조 3항).

그 밖에 연안국과 타국 어느 편에도 속하지 않는 권리나 관할권이 쟁점이 되는 마찰이 발생하는 경우 그러한 마찰은 당사국들의 이익과 국제사회 전체의 이익의 중요성을 고려하면서 형평(equity)에 따라 모든 관련 사정에 비추어 해결하여야 한다(제 59조). 이에 해당하는 경우로는 배타적 경제수역에서의 타국의 군사활동이나 수로조사활동 등을 들 수 있다.

라) 생물자원의 이용 및 보존

(1) 연안국의 보존 및 관리 조치

연안국은 배타적 경제수역 내에서 생물자원(어족자원)의 이용에 대한 주권적 권리를 가지지만 동시에 생물자원을 보존하기 위한 국제법상의 의무도 가진다. 따라서 연안국은 먼저 배타적 경제수역에서의 생물자원의 전체허용어획량(Total Allowable Catch: TAC)을 결정하고(제 61조 1항), 이어서 자원의 최적이용을 위한 자국의 어획능력(capacity to harvest)을 결정한 후 허용어획량을 채우지 못하는 잉여량에 대하여는 다른 국가의 입어를 허용한다(제 62조 2항). 이에 따라 배타적 경제

43) 상공비행의 자유에 대하여는 연안국의 법령이 아닌 ICAO 협약(국제민간항공협약)의 관련 규정의 적용을 받는다.

수역에서 어로행위를 하는 다른 국가의 국민은 연안국의 법령에 따라 수립된 보존조치와 그 밖의 조건을 준수하여야 한다(제 62조 4항). 참고로 허용어획량은 최대지속생산(Maximum Sustainable Yield: MSY)이 가능할 수 있도록 계획되어야 한다.

(2) 특정 어족에 대한 관리

연안국에 의한 특정 어족(배타적 경제수역과 공해 사이에서 왕래하며 서식하는 경계왕래성 어족, 고도회유성 어종 및 소하성 어족과 강하성 어종 등)의 보존 및 관리에 대하여는 본 강의 5.('공해' 마. '공해 및 인접 배타적 경제수역에서의 생물자원의 보존 및 관리')를 참조한다.

(3) 연안국의 관련 법령의 집행

연안국은 배타적 경제수역에서의 생물자원을 탐사, 개발, 보존 및 관리하기 위한 주권적 권리의 행사를 위해 필요한 법령을 제정할 수 있으며,[44] 또한 이들 법령을 집행하기 위해 승선, 검색, 나포 및 사법절차를 포함한 조치를 취할 수 있다(제 73조 1항). 이 경우 특별한 사정하에서 합리적이고 비례성이 지켜지는 범위 내에서 선박에 대한 무기사용이 허용될 수 있다.[45]

배타적 경제수역에서 연안국 법령을 위반하여 나포된 선박과 승무원은 적절한 보석금이나 보증금 예치 후에는 즉시 석방되어야 한다(동 조 2항). 특히 어업관련 법령의 위반에 대하여는 관련국간 달리 합의하지 않는 한 금고 또는 다른 형태의 체형을 부과할 수 없다(동 조 3항).[46] 선박의 기국은 나포와 관련된 연안국의 조치 등에 대하여 신속하게 통보받아야 한다(동 조 4항). 연안국의 법집행

---

44) 여기서 법령이란 예컨대, 어로수역, 입어료, 어선규모, 선원에 대한 규율, 할당 어획량 등 배타적 경제수역에서의 생물자원 보존 및 관리 등에 필요한 제반 사항에 대한 규율을 의미한다.

45) 이와 관련된 사례로는(아래 5. '공해'의 추적권'에서 설명하는) 1935년 'I'm alone호 사건', 1962년 'The Red Crusader 사건', 1997년 'M/V Saiga호 사건' 등을 들 수 있다. 참고로 이와는 별도로 유엔공해어업협정 제 22조 1항 (f)는 불법어로 단속을 위한 조사관의 안전을 확보하기 위하여 필요한 범위 내에서 예외적으로 무력사용이 허용될 수 있지만 사용되는 무력의 정도는 상황별로 요구되는 합리적인 범위를 초과하여서는 안 된다고 규정하고 있다.

46) 선박과 장비의 몰수(confiscation)는 허용된다고 본다.

과 관련하여 분쟁이 발생하는 경우 억류국이 수락한 재판소나 국제해양법재판소 등에 회부된다(제 292조).[47]

연안국의 법집행과 관련된 사례
▶ 국제해양법재판소는 1999년 세인트 빈센트-그레나딘과 기니간 'M/V Saiga호 사건'에서 기니 정부가 자국의 배타적 경제수역 내에서 어선들에게 유류를 공급하던 세인트 빈센트-그레나딘 소속의 Saiga호에 관세를 부과한 것과 관련 연안국은 배타적 경제수역 내 인공섬, 시설 및 구조물이 아닌 다른 수역에 대하여 관세법을 적용할 수 없다고 판단하였다.[48] ▶ 반면 이와 유사한 성격의 2014년 파나마와 기니 비소간 'M/V Virginia G호 사건'에서는 연안국(기니 비소)이 배타적 경제수역에서 어업활동을 하는 외국(모리타니아)의 어선에 유류를 공급한 제 3국(파나마) 선박의 행위를 어업 관련 활동(fishing related activities)으로 보고 자국의 '생물자원 보존 및 관리를 위한 법령'을 적용할 수 있다고 판단하였다.[49]

마) 배타적 경제수역에서의 (선박충돌에 관한) 형사관할권

배타적 경제수역의 상부수역은 공해로서의 지위를 가지고 있으므로 배타적 경제수역에서의 선박충돌 사건 발생시에도 공해에서의 선박충돌에 관한 조항이

47) 나포된 선박과 승무원은 적절한 보석금이나 보증금 예치 후에는 즉시 석방되어야 하나 억류국이 석방하지 않는 경우에는 유엔해양법협약상의 분쟁해결절차가 적용된다. 이에 대해서는 제 18강(유엔해양법협약상 분쟁해결제도)을 참조한다.

48) 이 사건에서 국제해양법재판소는 협약 제 60조 2항이 "연안국은 인공섬, 시설 및 구조물에 대하여 관세, 재정, 위생, 안전 및 출입국 관리 법령에 관한 관할권을 포함한 배타적 관할권을 가진다"고 규정하고 있으므로 이들 시설 등과 관련된 사항에 대하여는 관세법의 적용이 가능하지만 그 외의 수역 내에서는 관세법을 적용하는 것이 허용되지 않는다고 보았다. ITLOS Case No. 2, Judgment, ITLOS Reports 1999, p. 10, para. 127.

49) 이 사건에서 국제해양법재판소는 판결의 근거로 제 56조에 따라 연안국은 생물자원의 보존 등과 관련한 조치를 취할 수 있으며 동시에 어선에 연료를 공급하는 선박도 어로 관련 행위를 하는 선박으로 볼 수 있으므로 제 62조 4항(배타적 경제수역에서 어로행위를 하는 다른 국가의 국민은 연안국의 관련 법령을 준수하여야함)의 적용을 받는다고 보았다. 재판소는 이러한 해석이 유엔해양법협약 채택이후 국가들의 관행으로 지지받아왔다고 보았다. ITLOS Case No. 19, Judgment, ITLOS Reports 2014, p. 4, paras. 216-217.

적용된다. 이에 대해서는 '공해에서의 선박충돌에 관한 형사관할권(본 강 5. '공해' 참조)'에서 설명한다.

그러나 선박충돌 이외의 사건에 대한 관할권 문제에 대하여는 기국과 기타 관련국간의 관할권이 경합될 수 있다. 예컨대, 배타적 경제수역에서 발생한 선박충돌사고로 인한 해양오염에 대한 관할권 행사문제는 어떻게 되는가. 이와 관련 우리 법원은 유엔해양법협약 제 211조(선박에 의한 오염), 제 220조(연안국에 의한 법집행), 제 230조(벌금형 부과) 및 한국의 해양환경관리법 제 127조(벌칙) 등을 적용하여 배타적 경제수역 연안국이 관할권을 가진다고 판단한 사례가 있다.[50)]

바) 배타적 경제수역에서의 타국의 군사활동

협약은 배타적 경제수역에서의 타국의 군사활동에 대하여 규정하고 있지 않다. 이로 인해 해석상 차이가 나타나는데 특히 전통 해양강국들은 배타적 경제수역의 상부수역이 공해인 점, 협약이 별도의 명시적 규정을 결여하고 있는 점 등을 이유로 군사활동이 허용된다는 입장이다. 반면 연안국들은 대체로 이에 반대하는 입장이다.

그러나 어느 경우에도 무기의 사용을 수반하는 군사훈련의 경우 연안국의 평화와 안전에 대한 위협요인이 될 수 있다는 점에서 신중하게 평가되어야 할 것이다.

---

50) 이와 관련된 사례로 '선박충돌 사건(주영호 사건)'이 있다. 2017년 홍콩 선적의 원목운반선과 우리나라 오징어채낚기 어선(주영호)이 충돌했다. 사고결과 주영호가 파괴되면서 선원 7명 가운데 2명이 숨지고 4명이 실종됐다. 또한 주영호에 적재되어 있던 유류가 주변 해상을 오염시켰다. 우리 검찰은 선원의 사망(형법 제 268조, 업무상과실치사)에 대해서는 동 협약 제 97조 1항에 따라 재판관할권이 없다고 보아 기소하지 않았다. 동 제 97조 1항에 의하면 '공해'에서 발생한 '선박충돌 등 항행사고'와 관련된 형사재판관할권은 선박의 기국, 관련자의 국적국에 있으며 배타적 경제수역의 상부수역은 공해에 해당한다. 그러나 법원은 선박 충돌로 인한 기름유출 등 해양오염에 관해서는 유엔해양법협약 제 211조 5항 등에 근거하여 제정된 한국의 해양환경관리법 제 127조 등에 따라 재판관할권이 우리나라에 있다고 보아 피고인들에게 각각 벌금 3000만원을 선고했다. 피고인 측 변호인은 해양오염도 유엔해양법협약 제 97조 1항의 적용대상이라고 주장하였으나 받아들여지지 않았다. 대법원 2019. 6. 13. 선고 2018도11014 판결. 이 사건의 법적 쟁점은 배타적 경제수역에서 외국의 선박이 국내 선박을 충돌하여 발생한 선박 충돌사고와 이로 인해 발생한 해양오염에 대한 재판관할권이 어느 국가에 있는지에 관한 문제였다.

특히 이 문제는 미군용 정찰기 등이 여러 차례 중국의 배타적 경제수역 상공에서 군사목적의 정찰활동을 수행한 것과 관련하여 미중간 갈등을 계기로 이슈화 되어 왔다.

배타적 경제수역(EEZ)에서의 군사활동에 관한 미국과 중국의 입장

▶ 미국의 입장

– 미국은 유엔해양법협약 및 국제관습법상 '모든 국가는 타국 영해 이원의 수역에서 군사활동을 수행할 수 있는 국제법상의 권리가 있으며 다른 많은 국가들의 실행도 이를 지지하고 있다'고 주장함.

– 미국은 국제관습법을 법전화한 유엔해양법협약이 EEZ에서의 군사활동에 대해 명백한 입장을 취하고 있다고 하면서 보다 구체적으로는 협약 제 58조에 따라 모든 국가들은 타국의 EEZ에서 폭넓은 공해의 자유를 향유하며 따라서 군사활동은 적법한 공해의 자유 또는 해양이용의 자유로 간주되고 있다고 주장함.

– 특히 미국은 협약 제 58조 1항에서의 '그 밖의 국제적으로 적법한 이용(other internationally lawful uses)'이라는 표현은 '군사적 목적으로 공해를 이용할 자유(the freedom to use the high seas for military purposes)'를 EEZ에서도 그대로 인정할 의도로 포함되었다고 주장함.

▶ 중국의 입장

– 중국은 평화적 목적, 연안국 법령준수 등 협약 관련 조항에 대한 재해석을 통해 자국 EEZ에서의 타국의 군사활동을 규제할 권한이 자신에게 부여되어 있다고 주장함. 그 근거로 EEZ에서의 타국의 군사활동은 (a) 연안국의 권리와 의무에 대한 적절한 고려를 하여야 하고, (b) 협약과 관련하여 채택된 연안국의 법령을 준수하여야 하며, (c) 권리를 남용하는 방식으로 수행되어서도 안 되며, (d) 평화적 목적이어야 한다고 강조함.

– 이러한 이유로 중국은 자국의 배타적 경제수역 상공에서 정찰활동을 수행한 미군용기의 행위는 중국 안보에 대한 위협이고, 동시에 중국의 주권에 대한 도발이며, 중국의 EEZ에서 중국이 가지는 주권적 권리와 관할권에 대한 적절한 고려(due regard)를 결여하였고, 동시에 권리의 남용으로 협약 제 301조상의 평화적 목적 의무에도 반한다고 주장함.

나. 대륙붕 제도

대륙붕 제도는 20세기 후반 대륙붕이 가지는 석유 및 가스 등 천연자원의 경제적 중요성 등으로 인해 특히 국제사회의 관심을 받게 되었다. 이후 유엔해양법협약의 채택으로 대륙붕 제도는 배타적 경제수역 제도와 함께 새롭게 조명받고 있다.

1) 대륙붕의 정의

대륙붕의 지질학적 개념은 연안 수심 약 200m까지의 완만한 경사의 해저를 말하며 이것이 본래의 의미의 대륙붕(continental shelf)이다. 대륙붕 이원의 급경사 지역을 대륙사면(continental slope), 이어 다시 완만해지는 지역을 대륙융기(continental rise), 이 대륙융기의 끝을 대륙변계(continental margin)라고 한다.

대륙변계는 대륙붕, 대륙사면 및 대륙융기를 포함하는 개념으로 대륙변계의 바깥 끝은 육지영토의 자연연장에 따른 대륙붕의 한계이다. 대륙변계의 이원은 심해저(Area)이다.

오늘날 국제법상 대륙붕은 더 이상 지질학적 개념으로 사용되지 않으며 후술하는 협약의 정의에 따른다.

2) 국제법상 대륙붕 개념의 발전

가) 1945년 트루만 대통령의 대륙붕 선언

1945년 트루만 대통령의 대륙붕선언 이전에는 공해자유의 원칙에 따라 모든 국가는 자유로이 공해의 해저 및 해상에서 자원을 이용할 권리를 가질 수 있었으며 따라서 어느 국가도 배타적 권리를 주장할 수 없었다. 그러나 트루만 대통령의 대륙붕선언은 이후 대륙붕에 대한 연안국의 권리주장을 허용하는 계기가 되었다. 동 선언에서 미국은 '미국 연안에 인접한 대륙붕의 해저와 하층토의 천연자원이 공해아래 위치함에도 불구하고 미국에 귀속되며 ...'라고 주장함으로서 대륙붕에서의 천연자원에 대한 미국의 관할권을 주장하였다.

이를 계기로 대륙붕 제도에 대한 국제사회의 관심이 확산되었고 많은 국가들이 미국의 예에 따라 자국의 대륙붕을 선언하였다. 이후 대륙붕에 대한 연안

국의 권리는 국제관습법적 권리로 발전되었다.[51)]

나) 1958년 제네바대륙붕협약

1958년 제네바대륙붕협약 제 1조는 대륙붕을 연안국의 영해 바깥에 위치한 수심 200m까지의 해저와 하층토로 정의하면서 개발이 가능한 경우 수심 200m를 초과할 수 있다고 정의하였다. 그러나 이는 지질학적 개념을 중심으로 한 것으로 당시의 기술 수준으로 보아 이러한 정의는 타당해 보인다.

'개발가능성'이란 불투명한 표현을 사용하였다는 점이 문제될 수 있으나 시대적 및 상황적 변화에 따른 기술 발전을 고려하였다는 점에서 의미가 있다.

다) 1969년 북해 대륙붕 사건에 관한 ICJ의 판결

독일과 덴마크 및 네덜란드간 북해 대륙붕 사건에서 ICJ는 대륙붕을 정의하면서 지리적 인접성보다는 육지영토의 자연적 연장을 더욱 중요한 개념으로 확인하였다. 이 판결에서 ICJ는 대륙붕이 '육지영토의 자연연장(natural prolongation of land territory)'이므로 대륙붕에 대한 연안국의 권리는 당연히 그리고 처음부터 (*ipso facto* and *ab initio*) 인정되는 고유의 권리(inherent right)로 특별한 권리주장(별도의 선언)이 필요 없다고 보았다.

이는 연안국의 선언을 필요로 하는 배타적 경제수역과 다른 점이다. 이 사건은 대륙붕 개념에 획기적인 전환점을 가져왔다는 점에서 의미가 크다.

3) 유엔해양법협약상 대륙붕 개념

가) 새로운 정의

협약 제 76조 1항은 대륙붕을 영해 밖으로 육지 영토의 자연연장에 따라 대륙변계의 바깥 끝까지 또는 대륙변계의 바깥 끝이 200해리에 미치지 못하는 경우에는 영해기선으로부터 200해리까지의 해저지역의 해저(sea-bed)와 하층토

---

51) 칠레와 페루는 지질학적으로 대륙붕을 가지지 못한다. 이 점을 극복하기 위해 이들 두 나라는 대륙붕 대신 연안으로부터 200해리까지의 해저, 하층토 및 나아가 상부수역 및 심지어 상공에 대한 주권을 주장하였다. 이는 사실상 오늘날의 유엔해양법협약이 규정한 배타적 경제수역의 범위도 초월하는 것으로 당시 국제사회의 지지를 받지 못하였다.

(subsoil)로 규정하고 있다. 이를 부연하면 다음과 같다.

첫째, 대륙붕은 배타적 경제수역 개념의 도입으로 배타적 경제수역이 미치는 200해리까지는 지질학적 및 지형학적 고려 없이 대륙붕으로 인정된다.

둘째, 대륙붕은 1969년 북해 대륙붕 사건에서 확인된 개념인 육지영토의 자연연장에 따라 배타적 경제수역 200해리를 초과하여 대륙변계의 바깥 끝까지 연장될 수 있다.[52] 그러나 동 조 제 5항에 의해 영해기선으로부터 350해리를 초과하거나 2500미터 등심선으로부터 100해리를 초과할 수 없으며 이 경우 유리한 쪽을 선택할 수 있다. 단, 해저고지(submarine elevation)에 대하여는 이러한 제한이 없다(제 76조 5항).

셋째, 200해리 초과 대륙붕에 관하여는 연안국이 그 정보를 대륙붕한계위원회(Commission on the Limits of the Continental Shelf: CLCS)에 제공하여 권고를 받는다. 동 권고에 기초하여 확정된 대륙붕의 한계는 최종적이며 구속력을 가진다(동 조 8항).

나) 대륙붕의 법적 지위

협약 제 77조 1항은 "연안국은 대륙붕을 탐사하고 천연자원(정착성 어종도 포함)을 개발할 수 있는 주권적 권리를 가진다"고 규정하고 있다. 이는 협약 제 56조에 규정된 배타적 경제수역에서의 연안국의 '생물 또는 무생물 자원 등의 탐사, 개발, 보존 등에 대한 주권적 권리'와 유사한 개념으로 배타적 성격이다.[53]

---

52) 협약 제 76조 4항은 대륙변계에 대하여 규정하고 있다. "4. (a) 이 협약의 목적상 연안국은 대륙변계가 영해기선으로부터 200해리 밖까지 확장되는 곳에서는 아래 선중 어느 하나로 대륙변계의 바깥끝을 정한다. (i) 퇴적암의 두께가 그 가장 바깥 고정점으로부터 대륙사면의 끝까지를 연결한 가장 가까운 거리의 최소한 1퍼센트인 가장 바깥 고정점을 제 7항에 따라 연결한 선, (ii) 대륙사면의 끝으로부터 60해리를 넘지 아니하는 고정점을 제 7항에 따라 연결한 선, (b) 반대의 증거가 없는 경우, 대륙사면의 끝은 그 기저에서 경사도의 최대 변경점으로 결정된다. 동 조항의 실제 운영은 기술적인 문제로 국제법학자의 영역은 아니다.

53) 협약 제 77조 1항에 따라 연안국이 대륙붕에서 개발할 수 있는 천연자원은 동 조 제 5항에 규정된 바와 같이 해저와 하층토의 광물, 그 밖의 무생물 자원 및 정착성 어종에 속하는 생물체를 말한다. 따라서 대륙붕에서의 자원에 대한 주권적 권리는 생물자원에 관한 한 정착성 어종에만 미친다는 점에서 배타적 경제수역상의 주권적 권리가 모든 생물자원에 미치는 것과 구분된다. 그러나 200해리 이내의 배타적 경제수역에서는 배

그러나 대륙붕에서의 주권적 권리는 배타적 경제수역에서의 주권적 권리보다 배타적 성격이 강하다.

그 이유는 다음과 같다.

첫째, 대륙붕에 대한 연안국의 권리는 연안국의 권리주장이나 실효적 점유가 없어도 당연히 인정되는 고유의 권리라는 점에서 연안국의 구체적인 권리선언이 전제가 되는 배타적 경제수역과 다르다.

둘째, 배타적 경제수역에서 연안국은 자신의 허용어획량을 다 채우지 못하는 경우 다른 나라의 입어를 허용해야 하는 의무가 있으나 대륙붕은 제 3국에 대한 여사한 의무가 없다. 다만 200해리 이원의 대륙붕에서 개발하는 무생물자원의 경우 그 수익의 일부를 국제해저기구에 공여하여야 한다(제 82조).

따라서 이를 종합하면 대륙붕에서의 연안국의 권리는 (a) 천연자원의 이용 및 처분 등에 관한 주권적 권리로, (b) 타국은 연안국의 동의없이 이용이 불가하다는 의미에서 배타적 권리이며, (c) 별도의 선언이나 조치가 없이도 권리가 인정된다는 점에서 고유의 권리로 요약될 수 있다(제 77조).

대륙붕에 대한 연안국의 권리는 그 상부수역이나 수역상공의 법적 지위에 영향을 미치지 않는다(제 78조 1항). 이는 다시 말해서 대륙붕이 200해리 이내의 배타적 경제수역과 중복되는 경우 상부수역은 배타적 경제수역이 되며 대륙붕이 200해리 이상으로 확대되는 경우에는 200해리 이원의 상부수역은 당연히 공해수역이 된다는 의미이다. 따라서 연안국은 어느 경우에도 항행, 상공비행의 자유 등 다른 국가의 권리나 자유를 침해하거나 부당하게 방해해서는 안 된다(동조 2항). 또한 도든 국가는 타국의 대륙붕에서 해저전선 및 관선부설의 자유를 가진다(제 79조).

한편 연안국은 대륙붕에서의 천연자원 개발 등을 위해 배타적 경제수역에서와 마찬가지로 인공섬, 시설 및 구조물을 설치할 수 있으며 동 시설물 주위에 500미터의 안전수역(safety zone)을 설치할 수 있다(제 80조). 연안국은 자국의 대륙붕에서 타국의 시추를 허가하고 규제할 배타적 권리를 가진다(제81조).

타적 경제수역이 대륙붕을 포함한다는 점에서 이러한 구분은 사실상 의미가 없다.

다. 경계획정

1) 배타적 경제수역 경계획정

가) 경계획정 원칙

협약은 배타적 경제수역에서의 경계획정에 대하여 서로 마주보고 있거나(대향국간) 또는 인접한 연안을 가진 국가(인접국간)간 경계획정은 (a) 형평한 해결(equitable solution)에 이르기 위하여, (b) ICJ 규정 제 38조에 언급된 국제법을 기초로 하는 합의에 의하도록 규정하고 있다(제 74조 1항).

배타적 경제수역 경계획정관련 특이한 것은 협약이 영해에서의 경계획정 방식인 중간선 또는 등거리선 방식을 원칙으로 제시하지 않고 국제법에 따른 형평한 해결을 요구하고 있다는 점이다.

이와 관련 협약은 형평한 해결의 실현을 위해 양 당사국에 대하여 다음의 사항을 요구하고 있다.

첫째, 양 당사국은 국제법을 기초로 하여 형평한 해결에 이르기 위하여 노력한다.

둘째, 합의가 쉽게 이루어지지 않는 경우 합의에 이르기까지 잠정약정(provisional arrangement)을 체결하기 위하여 노력하고[54] 과도기적 기간 동안에는 최종합의에 이르는 것을 위태롭게 하거나 방해하는 행위를 하여서는 안 된다.[55]

---

54) 여기서 잠정약정은 '협력협정'이라고도 하며 이 협정을 통해 경계획정전이라도 실질적인 천연자원의 개발이나 어업 등을 위해 협력할 수 있다. 대체로 어업협정이나 대륙붕 공동개발협정 등이 잠정약정의 예에 해당된다.

55) 이와 관련 국제해양법재판소는 2017년 '가나와 코트디브아르간 '해양경계 사건(Delimitation of the Maritime Boundary in the Atlantic Ocean)'에서 최종 경계획정이 이루어지기 전에는 분쟁수역에서 해양환경에 대한 중대한 손해를 방지하여야 할 의무가 있다고 보았다. Judgment, ITLOS Reports 2017, p. 4, para. 562. 또한 이에 앞서 2007년 가이아나와 수리남간 '해양경계획정 사건(Delimitation)'에서도 중재재판부는 "최종경계획정에 이르기까지의 과도기적인 기간 동안 최종합의에 이르는 것을 위태롭게 하거나 방해하여서는 안 된다(... not to jeopardize or hamper the reaching of the final agreement)"는 유엔해양법협약 제 74조 3항과 제 83조 3항의 원칙을 확인하였다. PCA, Guyana v. Suriname, Award of September 17, 2007. 한편 한국은 중국 및 일본과 아직까지 최종적인 해양경계에 대한 합의에 이르지 못한 상황이다. 따라서 한국과 일본, 중국 모두 최종 경계획정 이전에는 분쟁수역에서의 권리 및 의무에 관한 재판소의 여사한 판단을 유념하여야 할 것이다.

셋째, 합리적인 기간 동안에도 합의를 이루지 못하는 경우에는 협약의 분쟁 해결절차에 호소하여야 한다.

여기서 대향국간 경계획정이 요구되는 경우는 양국 영해기선으로부터의 거리가 400해리 미만인 경우를 의미하며(400해리가 넘는 경우에는 중첩수역이 발생하지 않음), ICJ 규정 제 38조에 언급된 국제법이라 함은 조약이나 국제관습법 등 전술한 국제법의 법원을 의미한다.

한편 배타적 경제수역의 경계획정에 관한 규칙은 그대로 후술하는 대륙붕 경계획정에 적용된다. 또한 ICJ는 형평한 해결을 규정한 협약 제 74조(배타적 경제수역 경계획정 원칙)와 제 83조(대륙붕 경계획정 원칙)는 국제관습법을 반영하고 있다고 보았다.[56)]

나) 경계획정 방식

협약은 배타적 경제수역 경계획정 방식으로 중간선 또는 등거리선 원칙을 제시하지 않고 형평한 해결을 요구하고 있다. 그러나 형평한 해결이 무엇인지 구체적인 내용이 결여된 상태에서 형평한 해결에 대한 해석은 결국 ICJ를 비롯한 국제해양법재판소 등 국제재판소의 판례와 국가간 실행에 의거하여 판단되어야 할 것이다.

이와 관련 국제재판소의 판례와 이를 뒷받침하는 국가간 실행은 2009년 루마니아와 우크라이나간 '흑해에서의 해양경계 획정 사건(Maritime Delimitation in the Black Sea, 흑해 해양경계 사건)', 일명 '뱀섬 사건(Serpents' Island)'을 계기로 보다 분명해졌다.[57)] ICJ는 이 사건에서 다음의 3단계 접근방식을 적용하였으며 이는 다음과 같은 순서로 행해졌다.

---

56) 2001년 카타르와 바레인간 '해양경계 및 영토문제 사건'에서 카타르는 유엔해양법협약의 당사국이었지만 바레인은 아직 비준을 하지 않은 상태였다. 그러나 양 분쟁당사국은 유엔해양법협약의 대부분의 규정들이 국제관습법을 반영하고 있다고 보고 유엔해양법협약의 경계획정관련 조항들을 동 사건에 적용하는데 합의하였다. 나아가 2012년 니카라과와 콜롬비아간 '육지 및 해양분쟁 사건'에서도 ICJ는 이 점을 다시 확인하였다. ICJ Reports 2001, p. 40, para. 167과 ICJ Reports 2012, p. 624, para. 139 참조.

57) 이 사건은 우크라이나 연안으로부터 20해리 떨어진 '뱀섬'이 경계획정에 미치는 효과를 판단한 사건이다. ICJ Reports 2009, p. 61, paras. 116-122.

첫째, 1단계(first stage)로 인접한 해양을 가진 양국은 잠정적 등거리선(provisional equidistance line)의 설정을 통해 잠정적 경계선(provisional delimitation line)을 결정하였다.[58] 이를 위해 관련 해안의 지리적 사정 등을 감안하여 기하학적으로 객관적인(geometrically objective) 방법을 사용하였다.

둘째, 2단계(second stage)로 형평한 결과를 달성하기 위해 잠정적 경계선의 이동을 정당화할 수 있는 관련 사정(relevant circumstances)의 존재 여부를 검토하였다.[59] 여기서 관련 사정이란 해안선의 길이, 섬의 존재나 해안선의 굴곡 등 전반적인 지리적 특성을 말한다. 관련 사정의 존재 여부를 검토하는 이 단계가 가장 중요하다. 흑해 해양경계 사건에서 ICJ는 특히 작은 섬의 존재로 인해 경계획정에 있어서 불균형을 가져올 수 있다면 동 섬의 존재를 고려하지 않을 수 있다고 판단하였다. 즉, 연안에서 20해리 떨어진 뱀섬을 우크라이나의 연안을 구성하는 섬으로 보지 않았다.[60] 관련 사정으로서 중요성을 가지는 섬의 존재, 지위 및 효과에 대하여는 곧 이어 설명하는 '섬'을 참조한다.

셋째, 3단계(third stage)로 잠정적 경계선이 현저하게 불균형한 결과(inequitable result)를 초래하지 않았는가(예컨대, 해안선과 해역의 비율 등의 균형)를 최종적으로 확인하였다. 여기서 균형(proportion)은 형평을 달성하기 위한 요소로서 앞의 단계를 거쳐 도달한 경계의 형평성(equitableness)을 심사하는 것이다. 즉, 양측에 부여된 수역의 부등가(disparity)가 아니라 잠정적으로 합의된 결과가 가져올 현저한 불균형(marked disproportion)을 제거하는 것을 말한다.[61]

---

58) 위의 주, p. 61, para. 118.

59) 위의 주, p. 61, para. 120.

60) 경계획정시 형평한 결과에 도달하기 위한 판단과정에서 섬의 존재는 매우 중요한 역할을 한다. '뱀섬' 사건에서 ICJ는 우크라이나 연안에서 20해리 위치에 있는 뱀섬에 대하여 아무런 효과를 부여하지 않고 섬의 존재를 무시한 상태에서 경계를 획정하였다. 반면 1977-1978년 영국과 프랑스간 '대륙붕경계획정 사건(Delimitation of the Continental Shelf)'에 대한 중재재판에서는 Scilly Isles와 Ushant 섬에 대하여 절반의 효과를 부여하였다. 이와 같이 섬에 대하여 경계획정시 부여되는 효과는 아무런 효과를 부여하지 않는 경우(zero-effect), 절반의 효과만을 부여하는 경우(half-effect)와 완전한 효과를 부여하는 경우(full-effect)로 나누어진다. 구체적으로 어떠한 효과를 부여하느냐의 문제는 국제재판소가 형평을 달성하기 위한 관련 사정의 관점에서 평가하게 될 것이다.

61) ICJ Reports 2009, p. 61, para. 122.

3단계 접근방식은 흑해 해양경계 사건 이후 2012년 국제해양법재판소가 판결한 방글라데시와 미얀마간 '벵갈만에서의 해양경계획정 사건(Delimitation of the Maritime Boundary)'[62]과 동 년 ICJ가 판결한 니카라과와 콜롬비아간 '영토 및 해양분쟁 사건',[63] 2014년 방글라데시와 인도간 '벵갈만에서의 해양경계획정 사건(상설중재재판소 판결)'과 비교적 최근의 예인 2017년 가나와 코트디브와르간 '해양경계 사건(국제해양법재판소 판결)' 등을 통해 오늘날 국제재판소에 의해 확립된 배타적 경제수역 경계획정을 위한 보편적인 기준(standard method)으로 원용되어 오고 있다.

다) 흑해 해양경계획정 사건이 한·일 및 한·중간 배타적 경제수역 경계획정에 주는 함의

흑해 해양경계획정 사건이 한일간 배타적 경제수역 경계획정에 대하여 가지는 함의는 매우 중요하다. 흑해 해양경계 사건에서처럼 독도의 존재를 무시하고(독도가 배타적 경제수역을 창출하는 섬인지의 여부에 대한 판단은 유보한 채) 울릉도와 오키도의 중간선을 사용할 경우 독도가 우리 측 배타적 경제수역에 포함될 수 있다는 고무적인 측면이 있다 그러나 지금까지 양국이 독도를 기점으로 제시하여 왔다는 점과 일본의 반대가능성으로 실현가능성은 의문시된다.

또한 앞에서 설명한 이어도 수역의 문제도 동 수역이 한중간 가상의 중간선을 기준으로 할 경우에는 우리 측 수역에 들어오지만 위에서 제시한 3단계 접근방식에 의할 경우 과연 그렇게 최종 판단될지는(잠정적 중간선의 이동이 요구되는 상황의 발생 가능성) 확신할 수 없다는 점에서 어려움이 있다.

---

62) 이 사건에서 국제해양법재판소는 연안의 오목함(concavity)을 관련 사정으로 판단하였으나 St. Martin섬(방글라데시 소유이나 미얀마의 서쪽에 위치)은 관련 사정으로 볼 수 없다고 하면서 배타적 경제수역 및 대륙붕 경계획정시 기점 사용을 허용하지 않고 아무런 효과를 부여하지 않았다. 반면 영해의 경계획정에 대하여는 동 섬에 대하여 완전한 효과를 부여하였다. ITLOS Case No. 16, Judgment, ITLOS Reports 2012, p. 4, paras. 152, 297, 319.

63) 이 사건에서 ICJ는 잠정적 중간선의 조정을 정당화할 정도의 중요한 불균형이 존재한다(... undoubtedly a substantial disparity and the Court considers that it requires an adjustment or shifting of the provisional line)고 보았다. ICJ Reports 2012, p. 624, para. 211.

2) 대륙붕 경계획정

대륙붕 경계획정도 배타적 경제수역에서의 경계획정과 많은 상관성을 가지고 있다. 협약은 대향국간 또는 인접국간 대륙붕에서의 경계획정도 배타적 경제수역에서의 경계획정과 마찬가지로 형평한 해결에 이르기 위하여 ICJ 규정 제38조에 언급된 국제법을 기초로 하는 합의에 의하도록 규정하고 있다(제 83조 1항).[64] 이는 1958년 제네바대륙붕협약이 당사국간 합의로서 결정할 것을 요구하고 합의가 없는 경우 특별한 사정에 의해 별도의 경계선이 정당화되지 않는 한 중간선 또는 등거리선에 따를 것을 규정(등거리-특별사정 규칙, equidistance/special circumstances rule)하고 있는 것과 다르다.

1958년 제네바대륙붕협약에서의 경계획정원칙은 1969년 북해 대륙붕사건을 계기로 획기적인 변화를 맞이하였다. 동 사건에서 ICJ는 대륙붕 경계획정시 형평한 해결을 원칙으로 제시하였다. ICJ는 형식적인 등거리선 원칙의 적용은 형평성을 결한다고 보았다. 즉, 당사국들의 형평과 육지영토의 자연연장을 포함한 모든 관련사정을 고려(형평원칙-관련사정 규칙, equitable principle/relevant circumstances rule)하여 한다고 보았다.[65]

이러한 ICJ의 태도는 유엔해양법협약에 반영되어 발전되어 왔다. 유엔해양법협약이 형평한 해결의 원칙을 제시한 후 ICJ는 1985년 리비아와 몰타간 대륙붕 사건에서 형평원칙을 적용하기 위해 관련 사정을 고려한 단계적 접근(사실상 3단계 접근방식)을 시도하였고, 1993년 덴마크와 노르웨이간 'Jan Mayen 해양경계획정 사건(Maritime Delimitation in the Area between Greenland and Jan Mayen)'에서도 단계적 접근이 시도되었다.[66]

---

64) 배타적 경제수역에서의 경계획정과 마찬가지로 대륙붕 경계획정에 관한 제 83조도 합의에 이르기까지 잠정약정(provisional arrangement)을 체결하기 위하여 노력하고, 과도기적 기간 동안에는 최종합의에 이르는 것을 위태롭게 하거나 방해하는 행위를 하여서는 안 되며, 합리적인 기간 동안에 합의를 이루지 못하는 경우에는 협약의 분쟁해결절차에 호소하여야 한다고 규정하고 있다.

65) 관련 상세는 Abe, Aké L., 'The Concept of Equidistance/Relevant Circumstances in the Development of the Law of Maritime Delimitation', 2009, World Maritime University Dissertations와 Nugzar Dundua, 'Delimitation of Maritime Boundaries between Adjacent States', United Nations, Division for Ocean Affairs and the Law of the Sea 참조.

이후 배타적 경제수역 경계획정에서 설명한 2009년의 '흑해 해양경계획정 사건', 2012년 방글라데시와 미얀마간 및 니카라과와 콜롬비아간 사건, 2014년 방글라데시와 인도간 및 2017년 가나와 코트디브와르간 해양경계 사건 등을 통해 3단계 접근방식은 대륙붕 경계획정을 위한 원칙으로도 자리 잡게 되었다.

그런데 여기서 3단계 접근방식이 적용된 이들 사건들이 중요한 이유는 ICJ가 양국 기선간의 거리가 400해리 미만의 수역에서의 대륙붕은 배타적 경제수역의 범위까지 당연히 확대될 수 있으므로(배타적 경제수역과 동일하므로) 지질학적 또는 지형학적 요소를 고려할 필요가 없다고 보았다는 데 있다. 다시 말해서 대향국간에서 양국 기선간 거리가 400해리 미만인 경우 대륙붕에 대한 경계획정도 거리개념을 기준으로 하여 배타적 경제수역의 경계획정과 함께 양자를 단일경계로 획정하는 경향이 대두되고 있다는 점이다.[67] 사실 오늘날 경계획정의 대상이 되는 국가간 분쟁은 대체로 양국 기선간 거리가 400해리 미만인 경우가 많으며 따라서 배타적 경제수역과 대륙붕의 경계를 단일화하는 경향이 점증하고 있다.

이러한 이유로 양자의 경계획정을 구분해서 설명할 실익이 크지는 않다. 그러나 분명 양자는 별개의 제도로서 무엇보다도 배타적 경제수역이 어업자원의 이용과 관련된다면 대륙붕은 석유자원 등의 개발 등과 관련되어 있다는 점에서 별개의 경계선을 선택할 수도 있다.[68]

한편 배타적 경제수역 200해리 이원의 대륙붕에 관한 경계는 전술한 바와 같이 제 76조 8항에 따라 공평한 지리적 배분의 원칙에 입각하여(on the basis of

66) 이 사건에서 ICJ는 중간선을 잠정 경계선으로 정하고, 그린란드와 얀 마엔의 해안선 길이가 현저한 불균형을 보이고 있다는 점을 고려하여 잠정 경계선을 얀 마엔 방향으로 이동하여 경계를 획정하였다. 참고로 이 사건은 사실상 무인도나 다름없는 노르웨이 소속 얀 마엔 섬과 상주인구가 많고 해안선이 긴 덴마크의 그린랜드간 해양경계획정 사건으로 ICJ는 잠정 중간선을 얀 마엔 섬 방향으로 이동하여 형평한 해결(양 섬간 해안선의 길이는 9: 1로 현저한 불균형)을 실현하였다.

67) 1985년 리비아와 몰타간 '대륙붕 사건'에서 ICJ는 배타적 경제수역 없는 대륙붕은 존재하지만 반대로 대륙붕 없는 배타적 경제수역은 존재할 수 없다고 보았다. ICJ Reports 1985, p. 13, para. 34. 이를 부연하면 육지영토의 자연연장에 따른 대륙붕의 외측한계가 200해리 이내인 경우에는 대륙붕이 배타적 경제수역에 포함되지만 200해리 이원으로 대륙붕이 확장되는 경우에는 배타적 경제수역 없는 대륙붕이 발생할 수 있기 때문이다.

68) 1999년 영국과 덴마크 Faroe섬간 해양경계획정시 양측은 대륙붕과 배타적 경제수역의 경계를 다르게 설정하였다.

equitable geographical representation) 대륙붕한계위원회의 권고를 기초로 합의를 통해 확정한다.

3) 국제재판소의 경계획정방식에 대한 평가

국제재판소는 유엔해양법협약이 채택되면서부터 협약 규정에 충실하게 형평한 해결을 강조해 오고 있다. 국제재판소는 이를 위해 어느 한 방식만을 일방적으로 적용하고 다른 방식은 배제하는 것이 아니라 형평한 해결을 위해 다양한 방식을 고려하고 있다. 추상적인 방식보다는 수학적인 방식을 통해 문제 해결을 도모해 오고 있다.

국제재판소가 원용하고 있는 경계획정방식, 특히 3단계 접근방식의 중요한 고려요인은 다음과 같다.

첫째, 유엔해양법협약이 경계획정 기준으로 제시한 형평의 원칙은 해양경계획정을 위한 구체적인 방법이 아니며 단지 문제 해결을 위해 지향해야 할 하나의 목표에 불과하다는 점이다. 이러한 목표의 실현을 위한 방법론 중 하나로 개발된 것이 3단계 접근방식이다.

둘째, 3단계 접근방식의 첫 출발점으로 중간선 또는 등거리선 원칙의 단순한 적용이 형평한 해결을 위한 방법론이 될 수는 없지만 유용한 도구라는 점이다. 특히 동 원칙은 유엔해양법협약에 경계획정원칙으로 규정되어 있지는 않지만 협약이 규정한 형평한 해결을 위해 국제재판소가 고안한 3단계 접근방식의 출발점이 사실상 등거리선 또는 중간선 원칙의 적용이라는 점에서 중요성을 가진다. ICJ도 이 원칙이 비록 국제관습법으로 인정되지는 않았지만 유용한 수단임을 인정하였다.

셋째, 3단계 접근방식의 두 번째 단계에서 논의된 관련사정에 대한 검토이다. 즉, 형평한 해결과 관련사정은 밀접히 관련되어 있다는 점이다.

넷째, 양국간 영해기선으로부터의 400해리 이내 중첩수역에서는 거리개념이 우선적으로 적용되므로 가능한 한 배타적 경제수역과 대륙붕의 경계획정이 단일경계로 이루어지는 경우가 많이 발생하고 있다는 점이다.

결론적으로 국제재판소는 유엔해양법협약 채택이후 1985년 리비아와 몰타간 대륙붕 사건을 거치면서 2009년 흑해 해양경계사건을 정점으로 하여 최근 2017년 가나와 코트디브와르 사건에 이르기까지 지속적으로 3단계 접근방식을 발전시켜 왔다. 그럼에도 불구하고 3단계 접근방식이 아직 국제관습법적 지위를 확보하고 있다고 평가되지는 않는다. 그러나 이 접근방식이 국제재판에서 매우 중요한 위치를 차지하고 있음은 분명하다. ICJ 규정 제 59조는 "재판소의 결정은 당사국간 및 그 특정 사건에 관하여만 구속력이 있다"고 규정하고 있지만 제 38조는 '재판소의 판결'은 법원의 중요한 보조수단이 된다고 규정하고 있기 때문이다. 이는 앞선 판결이 여전히 후속 판결에 영향을 미치고 있다는 것을 의미한다. 이 점에서 국제재판소는 유엔해양법협약이 제시한 형평한 해결이라는 목표를 3단계 접근 방식을 통해 완성시켜 나가는 역할을 착실히 수행해 오고 있다고 평가된다.

형평한 해결에 대한 ICJ의 입장(예시)

▶ 1982년 튀니지와 리비아간 '대륙붕 경계사건(Continental Shelf)'에서 형평의 원칙(equitable principle)이란 결과의 형평을 의미한다고 보았다. 이 사건은 유엔해양법협약 채택 이후 첫 사건으로 협약에 규정된 '형평한 해결'에 대한 시사점을 주고 있다.[69]

▶ 1984년 캐나다와 미국간 '메인만 해양경계 사건(Delimitation of the Maritime Boundary in the Gulf of Maine Area)'에서 ICJ는 경계획정은 그 지역의 지리적 형상과 관련사정을 고려하고 형평한 결과를 확보할 수 있도록 실용적 방법(practical method)의 뒷받침을 받는 형평한 기준(equitable criterion)을 사용하여야 한다고 보았다.[70] 즉, 해안선의 길이와 비율 등 비례성 요소를 중요한 관련 사정으로 보았고 이러한 비례성의 정도에 따라 섬의 왜곡효과를 피하면서 경계획정을 하였다.

69) ICJ Reports 1982, p. 18, paras. 49-50.
70) ICJ Reports 1984, p. 246, para. 86.

회색지대

▶ 전술한 방글라데시와 미얀마간 '벵갈만에서의 경계획정 사건'에서 확인된 '회색지대(grey area)'의 존재에 대하여도 주목하여야 할 것이다. 동 사건에서 국제해양법재판소는 방글라데시의 200해리 배타적 경제수역 이원의 대륙붕과 미얀마의 200해리 이내의 배타적 경제수역이 교차되는 수역에 대하여 경계획정 대신 미얀마는 자신의 배타적 경제수역의 상부수역에 대하여만 관할권을 가지고 방글라데시는 자신의 대륙붕에 대해서만 관할권을 가진다고 판결한 바 있다.71)

▶ 한편 양자간 조약을 통해 여사한 상황에 대하여 합의를 이룬 사례로는 1997년 호주와 인도네시아간 해양경계조약(Australia-Indonesia Maritime Delimitation Treaty)이 있다. 이 경우는 Timor 해에서 인도네시아의 배타적 경제수역과 호주의 대륙붕이 중복되는 상황을 대상으로 하고 있다.72)

경계미확정 수역에서의 당사국의 의무

▶ 협약 제 74조 3항 및 제 83조 3항에 따라 최종합의에 이르는 것을 위태롭게 하거나 방해하지 않아야 함.

▶ 1976년 에게해 대륙붕 사건에서 ICJ는 터키와 그리스간 관할권 중첩수역에서의 터키의 탐사활동과 관련 그리스가 탐사중단을 위해 잠정조치를 신청한 데 대해 터키의 탐사가 일시적 성격으로 회복할 수 없는 피해를 야기할 위험은 없다고 보고 이를 받아들이지 않음. 이에 비추어 해당수역을 자신의 배타적 경제수역처럼 이용하는 것이 아닌 단순한 탐사 등의 경우에는 허용된다고 볼 수 있을 것임.

▶ 2007년 가이아나와 수리남간 관할권 중첩수역에서의 탐사활동과 관련한 중재재판에서도 단순한 지진파 검사는 허용될 수 있지만 물리적 충격을 줄 수 있는 시험굴착 등은 허용되지 않는다는 점을 확인함.

71) Sarah Watson, 'The Bangladesh/Myanmar Maritime Dispute: Lessons for Peaceful Resolution', CSIS, 2015.

72) Max Herriman & Martin Tsamenyi, 'The 1997 Australia-Indonesia Maritime Boundary Treaty: A Secure Legal Regime for Offshore Resource Development?', Ocean Development & International Law, Vol. 29, 1998-Issue 4.

대륙붕 관련 사항(요약)

1. 대륙붕 개념의 변화

가. 대륙붕 제도에 대한 국제사회의 관심

▶ 지질학적 개념의 대륙붕

– 연안 수심 200m 정도까지의 완만한 경사의 해저를 의미

▶ 미국 트루만 대통령의 대륙붕 선언

– 1945년 미국 트루만 대통령의 미국연안 대륙붕의 천연자원에 대한 대통령선언을 통해 지질학적 개념에 근거한 대륙붕에 대한 권리주장, 이후 많은 국가들의 유사한 선언을 통해 대륙붕에 관한 국제법적 관심확대, 대륙붕에 관한 법 발전 계기 마련

나. 대륙붕 개념의 법제화

▶ 1958년 제네바대륙붕협약상 대륙붕의 개념

– 지질학적 개념을 도입하여 영해 외곽의 수심 200m까지 또는 그 바깥의 천연자원 개발이 가능한 곳까지의 해저와 하층토로 정의

– '개발 가능한 곳' 개념의 모호성과 한계

▶ 1969년 북해 대륙붕 사건에서의 대륙붕의 개념

– '육지영토의 자연연장' 개념의 도입

– 연안국은 특별히 권리주장을 하지 않더라도 육지에 대한 주권에 의해 대륙붕에 대한 고유의 권리(inherent right) 향유

– 육지영토의 자연연장 개념은 지리적 인접성보다 중요한 개념

▶ 1982년 유엔해양법협약상 대륙붕의 개념

– 배타적 경제수역 개념의 도입에 따른 거리개념과 1969년 판결에 따른 육지영토의 자연연장 개념을 함께 고려하여 도입된 개념

– 연안에서 200해리까지의 배타적 경제수역 범위 내에서 대륙붕은 해저지형과 상관없이 거리 개념이 적용

– 육지영토의 자연연장이 200해리 초과시 대륙붕의 외측 한계는 기선으로부터 350해리 초과 또는 수심 2500m 등심선으로부터 100해리 초과 불허, 단 해저 '고지(marine elevation)'는 예외

– 200해리 초과 대륙붕에 대한 대륙붕한계위원회의 역할

2. 대륙붕 개념의 변화와 경계획정 원칙

▶ 1958년 협약은 일차적으로 당사국간 합의로 결정하되, 합의가 안 되는 경우 특별한 사정에 의해 별도의 경계선이 정당화되지 않는 한 중간선 또는 등거리선 원칙을 적용하도록 규정

▶ 1969년 국제사법재판소 판결로 1958년 협약의 등거리선 원칙에 대한 국제관습법적 효력 부인, 육지영토의 자연연장 개념 도입

▶ 1982년 협약은 형평한 해결에 이르기 위해 ICJ 규정 제 38조에 언급된 국제법을 기초로 합의에 의해 결정할 것을 규정

– 배타적 경제수역 경계획정과 동일한 방식, 즉 3단계 접근법의 적용

– '형평한 해결'의 모호성

▶ 규율하는 대상과 목적이 다르다는 점에서 배타적 경제수역과 대륙붕 경계획정은 별개의 경계로 교섭되기도 하나 오늘날 양국 기선간 거리가 400해리 이내의 경계획정시 대체로 거리기준을 적용, 단일경계로 획정하는 추세

3. 우리나라 관련 사항

▶ 1978년 발효된 유효기간 50년의 '한일 대륙붕 공동개발협정'의 개정문제 등

한일간 대륙붕 공동개발협정의 종료에 대비하여

1974년 한일 대륙붕 공동개발협정(정식명칭: 대한민국과 일본국간의 양국에 인접한 대륙붕 남부구역공동개발에 관한 협정, 이하 '협정'이라 한다)이 체결된 후 40여 년이 지나고 있다. 그러나 아직까지도 공동개발의 가시적인 성과는 나타나지 않고 있다. 이는 일본이 경제성 부족을 이유로 공동개발 참여에 비협조적인 태도를 보이면서 협정을 성실하게 이행하고 있지 않기 때문이다. 이러한 가운데 협정의 유효기간 50년이 종료되는 시점인 2028년이 가까이 다가오고 있다. 아직 시간이 많이 남아 있는 것 같지만 현실은 그렇지 않다. 벌써 협정 종료 후의 상황이 우려된다. 협정 종료 후에는 협정구역 내에서의 대륙붕 자원개발은 그간의 국제해양법의 변화로 우리에게 크게 불리하게 작용될 가능성이 크다. 따라서 앞으로 몇 년이 자원개

발의 골든타임이 되어야 할 것이며 이를 위해 공동개발구역에서의 자원개발 정책을 시급히 추진해야 할 필요가 있다. 나아가 가시적인 성과를 도출해 냄으로써 협정의 마무리와 이후 예상되는 대륙붕 경계획정 교섭 등에 대비할 수 있도록 신중하고 원칙 있는 대응전략의 수립이 요구된다.

이하 협정체결의 배경, 이행경과 및 이에 관한 양국 정부의 입장, 국제해양법의 발전에 따른 협정종료시의 문제점과 대응방안 등에 대해 검토한다.

1968년 유엔극동경제위원회(현 ESCAP의 전신인 ECAFE)는 동아시아 해저에 대한 탐사작업 결과를 담은 에머리 보고서를 발표하였다. 이 보고서는 일본과 대만사이와 서해의 해저에 석유가 풍부하게 매장되어 있을 것이라는 내용을 포함하고 있었으며 이것이 기폭제가 되어 동아시아 연안국들은 이 지역에 대륙붕 광구를 설정하기 시작하였다. 우리 정부도 1970년 1월 '해저광물자원개발법'을 제정하면서 본격적으로 대륙붕 개발을 시작하였으며 약 30만km^2에 해당하는 총 7개의 광구를 설정하였다. 동시에 한일 양국은 1974년 상기 협정을 통해 양국간 대륙붕 주장이 중첩되는 제주도 남쪽해역 약 8만여km^2 (제 7광구와 제 4, 5, 6-2 광구 일부를 포함하지만 통칭 7광구라 함)를 '한일간 공동개발구역(Joint Development Zone: JDZ)'으로 지정하고 이 지역에서의 자원의 공동탐사 및 개발에 합의하였다. 이 협정은 1978년 발효되었으며 50년간 유효하고 이후 일방 당사국의 종료통고가 있으면 3년 후 폐기된다.

우리정부가 1970년 해저광물자원개발법의 제정을 통해 대륙붕 광구를 설정하고 이어 1974년 일본과 공동개발협정을 체결하게 된 배경은 당시 국제법상 대륙붕 개념의 변화와 발전에 연유한다.

먼저 대륙붕에 관한 최초의 다자조약인 1958년 대륙붕에 관한 제네바 협약은 지질학적 개념을 적용하여 연안해에서 수심 200m 정도까지의 완만한 경사의 해저를 대륙붕으로 정의하였다. 나아가 인접국간 또는 대향국간 대륙붕경계획정 원칙으로 중간선 또는 등거리선을 제시하였다. 이에 따라 우리 정부는 당초 서해안에서는 중국과 그리고 동해와 남해에서는 일본과 대향국간의 중간선 원칙에 따라 제 1-6 광구 설정을 준비하고 있었다. 그러나 1969년 국제사법재판소는 독일과 덴마크 및 네덜란드간 '북해 대륙붕(North Sea Continental Shelf)' 사건에서 대륙붕을 육지영토의 자연연장이라고 정의하면서 동시에 연안국은 인접 대륙붕에 대하여 고유의 권리(inherent right)를 가진다고 판단하였다. 당시 일본인 오다 시게루 국제법교수가 독일 측 변호인으로 참가한 동 재판의 결정은 우리에게 매우 유리한 내용이었다.

이 판례를 한반도에 적용하는 경우 우리의 대륙붕은 해저지형상 제주도 아래 마라도로부터 일본 큐슈 섬 남쪽 오키나와 해구까지 연장될 수 있었다. 반면 일본의 경우 오키나와 해구에서 대륙붕이 급격하게 단절된다. 이에 따라 우리 정부는 제주도 남부 수역에서 한일간 중간선의 범위를 넘어 일본 쪽으로 확장되는 제 7광구를 설정하였다. 그러나 우리의 주장은 중간선 원칙을 주장하는 일본의 반대에 직면하였다. 이러한 가운데 당시 탐사기술과 자본이 없었던 우리 정부는 국제사법재판소 판결로 수세에 몰린 일본과 1974년 제 7광구를 중심으로 한 주변 대륙붕 수역을 공동으로 개발하는 내용의 상기 협정을 체결하게 되었다. 해당 지역은 지리적으로는 일본에 더 가깝지만 당시 국제법의 발전방향을 현실적으로 정책에 반영한 외교의 승리라고 할 수 있다.

(중략) 그러나 보다 본질적인 문제는 대륙붕 관련 국제법 환경의 변화에서 찾을 수 있다. 1982년 유엔해양법협약은 배타적 경제수역의 개념을 도입하였다. 이 개념의 출현으로 연안국들은 자국의 영해기선으로부터 200해리까지의 수역을 배타적 경제수역으로 선언할 수 있게 되었다. 연안국은 동 수역 내 해저와 하층토에서의 자원 탐사, 개발, 보존 및 관리를 목적으로 하는 주권적 권리를 가질 수 있게 됨으로써 이 수역 내에서는 대륙붕의 개념이 사실상 중복되어 무의미해지는 것이다. 이러한 대륙붕 개념의 본질적 변화는 지금까지 육지영토의 자연연장에 의해 우리가 주장하던 오키나와 해구까지의 대륙붕에 대한 근본적인 수정을 요구하고 있다. 일본은 국제해양법의 변화가 분명 1974년 협정체결 당시보다 일본에게 유리하게 변하였다고 보고 있다. 우리가 1969년 국제사법재판소 판결을 근거로 육지영토의 자연연장을 주장하고 이에 대해 일본이 반박할 수 없었던 것과 마찬가지로 오늘날 배타적 경제수역 제도의 도입으로 인한 대륙붕 개념의 근본적 변화에 대해 이제는 우리가 일본에 대해 반박하기가 어려운 상황이 되었다. 이러한 이유로 일본은 자신에게 불리했던 1974년 협정의 종료일인 2028년까지 협정의 실제 이행을 주저하고 있는 것으로 보인다.

이에 대한 대응으로 우리 정부는 이미 2009년 유엔해양법협약이 규정한 대륙붕한계위원회(CLCS)에 한일공동개발구역을 포함하여 동중국해에서의 우리 대륙붕의 외측한계에 관한 예비 정보를 제출하고, 2012년에는 이보다 더욱 확장된 대륙붕한계에 관한 정보를 공식문서로 제출하였다. 이는 우리측 기선으로부터 200해리를 초과하고 유엔해양법협약이 허용하는 최대거리인 350해리 이내의 수역으로 오키나와 해구에 이르는 선이다. 우리가 이러한 확장을 주장할 수 있는 근거는 협약이 비록 배타적 경제수역을 통해 거리개념을 도입하면서도 육지영토의 자연연장 개념을 포기하지 않고 200해리를 초과하는 대륙붕의 개념을 인정한데 연유한다.

따라서 앞으로 협정이 종료하게 되면 우리 정부는 제 7광구 수역에서 육지영토의 자연연장 개념을 중심으로 200해리의 배타적 경제수역을 초과하여 일본방향으로 확장된 대륙붕을 주장하게 될 것이고 일본은 이에 대해 200해리 배타적 경제수역의 거리개념을 중심으로 중간선 원칙을 주장하게 될 것이다. 지금까지 여러 차례 한일간 배타적 경제수역 경계획정을 위한 협상이 진행되어 왔으나 경계획정원칙에 대한 입장차이로 타결이 되지 않았다는 점에서 현 공동개발구역을 중심으로 한 대륙붕 경계획정 교섭도 난항을 겪을 것만은 분명하다. 설사 CLCS에서 한국이 제출한 문건에 대해 오키나와 해구까지의 자연연장을 확인하더라도 일본과의 경계획정에 직접적으로 영향을 미치지는 않기 때문이다.

결론적으로 우리가 어떠한 형태로든 현 수준의 권리를 인정받기는 어려울 것으로 보인다. 이에 대응하는 차원에서 우리 정부는 2017년 기존의 배타적 경제수역법에 대륙붕에 관한 내용을 추가한 '배타적 경제수역 및 대륙붕에 관한 법률'을 제정하여 유엔해양법협약상 대륙붕에 관한 기본원칙들을 국내법으로 수용하였다. 동 법 제 2조에서는 200해리 이원으로 확장되는 대륙붕의 경계획정과 관련된 사항을 규정함으로써 앞으로 있을 한일간 대륙붕경계획정 문제에도 대비하고 있다.

배타적 경제수역(EEZ)**과 대륙붕**(CS)**의 차이**(요약)

EEZ	CS
가. 목적	
- 해양자원 개발 및 이용	- 동일
나. 수역범위	
- 200해리	- 200해리를 기준으로 350해리 또는 2500m 등심선에서 100해리까지 확장 가능, 해저고지(submarine elevation)의 경우에는 해저산맥(submarine ridge)

<table>
<tr><td></td><td>과 달리 확장에 제한 없음.
* 200해리 이내 대륙붕의 상부수역은 배타적 경제수역이며, 200해리 이원 대륙붕의 상부수역은 당연히 공해임.</td></tr>
<tr><td colspan="2">다. 관할권 행사의 범위</td></tr>
<tr><td>– 해저, 하층토, 상부수역</td><td>– 해저, 하층토</td></tr>
<tr><td colspan="2">라. 권리의 성격</td></tr>
<tr><td>– 선언이 필요</td><td>– 원천적으로(ipso facto ab initio) 인정되는 고유의 권리(inherent right)
* 제 77조 3항: 대륙붕에 관한 권리는 실효적이거나 관념적인 점유 또는 명시적인 선언에 의존하지 아니한다(not depend on occupation, effective or notional, or on any express proclamation).</td></tr>
<tr><td colspan="2">마. 권리행사</td></tr>
<tr><td>– 주권적 권리</td><td>– 동일</td></tr>
<tr><td colspan="2">바. 권리의 내용</td></tr>
<tr><td>– 생물, 무생물 등 천연자원 전체</td><td>– 천연자원, 생물로는 정착성 어종</td></tr>
<tr><td colspan="2">사. 관할권 행사시 고려사항</td></tr>
<tr><td>– 연안국은 동 수역에서 생물자원을 개발, 이용함에 있어서 지리적 불리국, 내륙국의 권익 고려, 잉여어업자원에 대한 입어허용</td><td>– 200해리 초과 대륙붕에서의 수익에 대한 국제사회에의 기여</td></tr>
<tr><td colspan="2">아. 권리행사의 정도</td></tr>
<tr><td colspan="2">– 대륙붕에서 연안국의 주권적 권리가 배타적 경제수역에서의 연안국의 주권적 권리보다 배타성이 강함.</td></tr>
</table>

자. 인접국간 또는 대향국간 경계획정방식
– 동일한 원칙 적용, 즉 형평한 해결을 위해 ICJ 규정 제 38조 1항에 규정된 국제법에 기초한 합의에 의해 해결, 그러나 상당기간 합의에 이르지 못하면 분쟁해결절차 원용 – 오늘날은 단일경계가 일반적 추세

4. 섬

가. 섬의 중요성

섬(island)은 섬이 소속된 국가의 영토를 구성한다. 섬이 연안에 가까이 위치하는 경우 전술한 바와 같이 직선기선 적용시 연안국 영해의 기점으로 활용될 수 있다.

섬이 중요성을 부여받게 된 배경은 유엔해양법협약에서 배타적 경제수역 제도가 도입되면서부터다. 섬의 지위에 따라 섬은 막대한 경제적 이익을 가져다 주는 배타적 경제수역을 창출할 수도 있고 그렇지 않을 수도 있기 때문이다. 다시 말해서 섬은 섬의 지위부여 여하에 따라 대향국 또는 인접국간 배타적 경제수역 경계획정 교섭시 배타적 경제수역의 기점이 될 수도 있고 그렇지 않을 수도 있다. 기점 사용이 허용되는 경우에는 배타적 경제수역의 범위가 확대되는 효과를 가지게 된다.

이와 같이 오늘날 섬은 배타적 경제수역과 관련하여 더욱 중요성이 부각되고 있으며 이로 인한 국가간 갈등이 노정되기도 한다.

나. 섬의 정의

협약 제 121조 1항은 섬을 ‘바닷물로 둘러싸여 있으며 만조시에도 항상 수면 위에 있는 자연적으로 형성된 육지지역(a naturally formed area of land, surrounded by water, which is above water at high tide)’으로 정의하고 있다. 따라서 일단 제

121조 1항의 섬으로 확인되면 크기에 관계없이 영해를 가지며 접속수역, 배타적 경제수역 및 대륙붕을 창출할 수 있다(동 조 제 2항). 다만 예외적으로 인간이 거주할 수 없거나 독자적인 경제활동을 유지할 수 없는 섬은 암석(rocks)으로 분류되어 영해와 접속수역은 가질 수 있으나 배타적 경제수역이나 대륙붕은 가지지 못한다(동 조 제 3항).[73]

그러나 협약 규정상 섬과 암석의 구분은 불분명하다. 일단 바닷물에 둘러싸여 있으며 만조시에도 수면 위에 있는 자연적으로 형성된 육지지역이라는 점에서는 같다. 크기나 지질학적 구성은 문제가 되지 않는다. 결국 구분을 위한 유일한 기준은 '인간의 거주가능성 또는 독자적인 경제활동의 유지가능성(sustain human habitation or economic life of their own)'에 대한 판단이다. 이러한 이유로 국가마다 인간의 거주가능성 또는 독자적인 경제활동의 유지가능성에 대한 자의적인 해석을 통해 섬과 암석을 구분하는 경향이 있다는 점에서 이를 명확히 하기 위한 노력이 필요하다.

다. 섬 또는 암석의 구분

협약 제 121조 3항이 섬과 암석을 구분하는 기준으로 제시하고 있는 '인간의 거주 가능성과 독자적인 경제활동 유지 가능성'과 관련 2016년 필리핀과 중국간 '남중국해 사건(South China Sea)'에 대한 상설중재재판소(PCA)의 판결은 어느 정도 이에 대한 해답을 제시하고 있다.

첫째, 인간의 거주(human habitation)와 독자적인 경제활동(economic life of their own)의 요건은 선택적인 것으로(or로 표현) 어느 한 요건을 만족시킬 수 있으면 섬이 될 수 있다.[74] 객관적인 관점에서의 거주와 경제활동 가능성(objective capacity)을 의미하며 실제로 거주 또는 경제활동이 행해지고 있어야 함을 의미하지는 않는다.

둘째, 거주가능성에 대한 판단이다. 단순히 소수 인원의 체류는 인간의 거

---

73) 참고로 여기서는 배타적 경제수역 및 대륙붕을 창출할 수 있는 섬을 섬으로 보고 그렇지 않은 경우는 암석으로 구분하여 설명한다. 왜냐하면 암석도 제 121조 1항에 의하면 섬이지만 동 조 제 3항에 의해 암석으로 구분되어지기 때문이다.

74) PCA Award of 12 July 2016, para. 494.

주에 해당되지 않는다. 거주를 위해서는 무한정한 기간 동안 또는 일상적으로 상당기간 동안 다수의 사람들이 생존할 수 있기 위한, 즉 안정적인 인간 공동체(stable community of people)를 위한 생계유지수단(음식, 물, 피난처)이 존재하여야 한다.[75]

셋째, 독자적인 경제활동 가능성에 대한 판단이다. 여기서 독자적인 경제활동이란 외부로부터의 지원에 의존하여서는 안 되며 섬을 중심으로 경제활동이 이루어져야 한다. 즉, 경제활동의 중심이 되는 자원은 외부로부터의 수입이 아닌 섬 자체 또는 섬 주변에서 자체적으로 조달될 수 있어야 한다.[76]

넷째, 섬이든 암석이든 일단 그 판단기준은 결국 자연적으로 형성되었느냐에 달려 있으므로 인위적인 변형을 통해 섬의 지위를 부여받으려는 노력은 정당화될 수 없다. 다시 말해서 자연적으로 형성되지 않은 인공섬이나 인공구조물은 당연히 섬은 물론 암석의 지위도 가지지 못한다. PCA도 섬의 지위는 인위적인 변형(significant human modification)이 이루어지기 전 초기의 자연적 상태(earlier, natural condition)에 근거하고 있다는 점을 지적하였다.[77]

한편 이러한 관점에서 판단할 때 섬과 암석의 구분은 독도를 둘러싼 한일간 배타적 경제수역 경계획정과 관련하여 시사하는 바가 크다. 독도가 과연 배타적 경제수역 등을 창출할 수 있는 섬에 해당하는지에 대하여는 객관적인 판단이 요구된다.

---

75) 관련 부분 원문은 다음과 같다: "... At a minimum, sustained human habitation would require that a feature be able to support, maintain, and provide food, drink, and shelter to some humans to enable them to reside there permanently or habitually over an extended period of time", 위의 주, para. 490.

76) 관련 부분 원문은 다음과 같다: "... for economic activity to constitute the economic life of a feature, the resources around which the economic activity revolves must be local, not imported ... Economic activity that can be carried on only through the continued injection of external resources is not within the meaning of an economic life of their own", 위의 주, para. 500.

77) PCA Award of 12 July 2016, para. 306.

남중국해 사건 판결의 함의

2016년 7월 네덜란드 헤이그 소재 상설중재재판소(PCA)는 2013년 1월 필리핀이 중국을 상대로 제소한 남중국해 사건에 대한 최종판정을 내렸다. 금번 사건은 무엇보다도 동아시아의 주된 해상교통로이며 천연자원이 풍부한 남중국해의 약 90%에 이르는 수역을 자신의 관할수역으로 주장해 오고 있는 중국을 상대로 한 소송이었다는 점에서 세계의 주목을 받아 왔다.

이하 제소의 배경, 중재재판소의 관할권 확인 및 본안판결 근거, 판결에 대한 평가와 판결의 국제법적 함의에 대해 검토한다.

첫째, 필리핀이 사건을 제소하게 된 배경은 다음과 같다. 2009년 베트남과 말레이시아가 유엔해양법협약에 의해 구성된 대륙붕한계위원회(CLCS)에 200해리를 초과하는 대륙붕에 관한 정보를 공동제출한데 대해 중국정부가 항의의 표시로 9단선이 표시된 지도를 첨부한 구상서를 유엔사무총장에게 제출하면서 중국은 9단선 내의 수역에 대해 주권적 권리와 관할권을 가진다고 주장하였다. 이후 중국은 매립, 인공섬 건설 및 석유시추 활동 등 동 수역에서의 관할권 행사를 강화해 나감으로써 필리핀, 베트남 등 주변국과 갈등을 가져 왔다. 더욱이 2012년 중국은 필리핀이 관할하던 남중국해 암초인 스카보러 숄(Scaborough Shoal: 중국명 '황옌다오'라 불리며 필리핀 연안에서 230km, 중국 연안에서 1,200km 거리에 위치)을 강제 점거하고 인근 수역에서 조업 중인 필리핀 어선을 나포함으로써 양국간 분쟁이 격화되었다. 이를 계기로 2013년 필리핀은 유엔해양법협약 제 7부속서에 의한 중재재판소에 중국을 제소하였다.

둘째, 중재재판소의 관할권 확인과정은 다음과 같다. 먼저 필리핀의 일방제소에 대해 중국은 동 사건이 남중국해 내 해양지형에 대한 영유권 문제이고 또한 해양경계에 관한 사안이므로 중재재판소의 관할권이 배제(유엔해양법협약은 일정한 분쟁에 대해서는 상기 강제분쟁해결절차의 배제를 허용)된다고 주장하며 중재재판에 참여할 의사가 없고 나아가 재판의 결과도 이행하지 않겠다는 입장을 밝혀 왔다. 그러나 중재재판소는 사건이 유엔해양법협약의 해석과 적용에 관한 일반적인 분쟁에 해당된다는 필리핀 측 주장을 받아들임으로써 관할권의 성립을 확인하였다. 비록 중국은 재판에의 참여를 거부하였지만 유엔해양법협약의 중재재판에 관한 규정이 궐석재판을 인정하고 있어서 중국의 불참에도 불구하고 재판은 진행되었다.

셋째, 중재재판소의 본안 판결에 대한 검토는 다음과 같다.

먼저, 필리핀은 중국이 유엔해양법협약과는 별개로 존재하는 역사적 권리를 근거로 남중국해 해역에 대한 관할권을 주장하기 위해 내세운 9단선(nine-dash line)의 적법성에 대한 판단을 요구하였다. 이에 대해 중재재판소는 남중국해에서 9단선에 근거한 중국의 역사적 권리, 주권적 권리 또는 관할권 주장은 유엔해양법협약이 명시적으로 허용한 해양권원의 지리적 및 실질적 한계를 초과하는 한 법적 효력이 없다는 필리핀의 주장을 인용하였다.

다음으로 필리핀은 중국이 주장하는 남중국해 내 해양지형들이 유엔해양법협약상 완전한 권원을 가진 섬(fully entitled islands)인지 아니면 자체의 영해만을 가지는 암석(rock) 또는 아무런 권원도 가지지 못하는 간출지(low-tide elevation) 중 어느 것에 해당되는지에 대한 판단을 요구하였다. 이에 대해 중재재판소는 과거 국제재판소들의 소극적인 태도와는 달리 유엔해양법협약 제 121조에 규정된 인간의 거주 가능성과 독자적인 경제활동 유지 가능성 등 완전한 섬이 되기 위한 조건에 대해 비교적 엄격한 기준을 적용하여 상세하게 분석하였다. 이와 같은 엄격한 기준의 적용을 통해 재판소는 남사군도에서 가장 큰 지형으로 현재 대만이 점유하고 있는 Itu Aba(태평도)가 섬으로서의 요건을 충족시키지 못하고 있음에 비추어 동 사건에서 문제가 된 그 보다 작은 개별지형들은 당연히 완전한 권원이 부여되는 섬으로서의 지위를 가지지 못한다고 판단하였다. 특히 쟁점이 되었던 스카보러 숄이 암석으로 결정됨으로써, 이 숄의 12해리 바깥 해역에 대한 중국의 관할권 행사는 근거를 상실하게 되었다.

끝으로 필리핀은 남중국해에서의 중국의 인공섬 건설행위, 필리핀의 배타적 경제수역으로 인정되는 수역에서의 어업활동 등으로 자국의 유엔해양법협약상 권리가 침해되었다고 주장하였으며 중재재판소는 이러한 필리핀의 주장을 받아들였다. 동시에 중재재판소는 남중국해에서의 간척과 인공섬 등의 건설행위가 주변 해양생태계에 심각한 피해를 야기함으로써 해양환경 보호 및 생태계 보존에 관한 유엔해양법협약상 의무도 위반하였다고 판단하였다.

한편 이번 중재판정의 국제법적 함의, 특히 독도에 대한 함의는 다음과 같다.

첫째, 금번 사건에 대한 중재재판소의 판정은 단순한 분쟁당사자인 필리핀과 중국간의 문제를 넘어 향후 유엔해양법협약에 따른 국제해양질서를 새롭게 재조명하였다는데 의의가 있다.

둘째, 금번 판결에서 중재재판소는 중국의 9단선과 역사적 권리 주장이 유엔해양법협약에 규정된 범위 내에서만 국제법적으로 허용될 수 있다는 점을 확인하였으며 동시에 문제가 된 남중국해 내 해양지형들도 완전한 권원이 인정되는 섬이 아니라고 판단함으로써 남중국해에서의 중국의 주장은 설득력을 잃게 되었다. 따라서 남중국해에서 중국과 관할권 분쟁이 있는 베트남 등 주변국들의 관할권 주장 등이 강화될 전망이며 이 경우 중재판정 결과에 불만을 표시하며 불이행을 공언하고 있는 중국정부의 태도 여하에 따라서는 새로운 법적 갈등이 야기될 가능성도 배제할 수 없다. 특히 남중국해에서의 항행의 자유를 주장해 온 미국이 중국의 협약이행을 강력하게 요구하는 경우 2009년 이래 지속되어 온 미국과 중국간 갈등이 재현될 가능성이 높다.

셋째, 금번 판결에서 적용된 섬에 대한 엄격한 기준이 가지는 함의이다. 일본은 지금까지 모든 암석(rocks)을 배타적 경제수역의 기점으로 주장하여 왔으며 대표적인 예로 오키노도리시마(도쿄에서 남쪽으로 1740km 떨어져 있으며 만조시 육지의 높이가 약 70cm에 가로 2m, 세로 5m의 암초였으나 1988년 지름 50m, 높이 3m의 인공섬으로 만들었음)를 들 수 있다. 그러나 금번 판결로 오키노도리시마를 비롯한 모든 암석을 배타적 경제수역의 기점으로 주장해온 지금까지의 태도는 국제법적 정당성을 잃게 되었다.

넷째, 우리나라에 대해 가지는 함의이다. 먼저 중국이 금번 사건을 해양경계획정 또는 영유권에 관한 문제라고 주장하며 중재재판소의 관할권을 부인하였음에도 불구하고 중재재판소는 이 사건을 유엔해양법협약의 해석과 적용에 관한 문제로 보고 관할권을 행사하였음은 주의를 요하는 부분이다. 예컨대 가능성은 낮지만 우리 정부가 독도주변에 접안시설 건설 등 공사를 추진하는 경우 해양환경 보호 등을 이유로 일본이 제소할 가능성을 생각해 볼 수 있을 것이다.

라. 섬과 구분되는 해양 지형-간조노출지

'영해기선'에서 간단히 설명하였듯이 간조노출지는 글자 그대로 간조시에만 노출되고 만조시에는 물에 잠기는 지형을 말한다. 따라서 간조노출지는 섬이 아니며 협약 제 121조 3항의 암석도 아니다.

간조노출지와 섬은 모두 자연적으로 형성된 지형물을 기준으로 하여 법적 지위가 결정되므로 인위적인 간조노출지 형상의 변화가 법적 지위의 변경을 가져오지는 않는다. 이와 관련 상설중재재판소(PCA)도 전술한 남중국해 사건에 대한 판결에서 간조노출지 위에 건설된 인공시설은 간조노출지의 지위를 변경시키지 않는다고 보았다.

참고로 오늘날 일본이 간조노출지 위에 인공적인 노력을 통해 사실상 암초와 같은 구조물을 만들고 이에 대해 배타적 경제수역의 지위를 주장하고 있으나 이는 협약의 문언과 정신에도 어긋난다(앞의 글 참조).

한편 수중암초인 이어도는 항상 수중에 위치하고 있다는 점에서 간조노출지도 아니며 섬이 아님은 더욱 분명하다.

이어도를 둘러싼 한·중간 갈등에 대한 국제법적 이해

2012년 3월 중국 국가해양국장 류츠구이는 신화통신과의 인터뷰를 통해 "국가해양국은 중국 관할해역에 대해 정기적인 권익보호 차원의 순찰과 법 집행을 위한 제도를 마련하였고, 정기 순찰대상 해역에는 이어도(중국명 '쑤옌자오')가 포함된다"고 언급한바 있다. 이어 지난 2013년 11월에는 이어도를 자신의 방공식별구역에 포함시킨다고 발표한바 있다. 중국의 이어도에 대한 여사한 태도는 독도에 대한 일본의 부당한 주장을 연상시키면서 이어도에 대한 우리의 관심을 높여주고 있다. 이와 관련 이어도 문제의 본질, 이어도에 대한 중국의 입장과 이에 대한 우리의 대응을 국제법적 관점에서 검토해 본다.

첫째, 이어도가 한·중간 영유권 다툼의 대상인가에 대한 오해이다. 이어도는 지형학적으로 항시 해수면 아래 4~5미터에 위치하고 있는 수중암초로서 유엔해양법협약 제 121조에 규정된 섬이나 암석이 아니다. 또한 협약 제 6조에 규정된 암초도, 제 13조에 규정된 간조노출지에도 해당되지 않는다. 따라서 이어도는 국제법상 아무런 법적 지위를 부여받지 못하는 해수면 아래의 지형에 불과하므로 한·중간에는 이어도를 위요하여 독도문제와 같은 영유권 문제는 존재하지 않는다.

둘째, 한·중간에 제기되는 이어도 문제는 한·중간 배타적 경제수역 경계획정이 아직 최종적으로 이루어지지 않은 상태에서 우리가 2003년 6월 건설한 종합해양과학기지가 과연 정당화될 수 있는가의 문제로 볼 수 있다. 한국과 중국 사이에 놓여 있는 황해는 폭이 400해리 이내이므로 양국이 유엔해양법협약에 규정된 최대 폭인 200해리 배타적 경제수역을 주장할 경우 중첩되는 수역이 발생하게 되므로 부득이하게 경계획정이 필요한 상황이다. 이와 같이 중첩되는 수역에서의 배타적 경제수역 경계획정에 대하여 유엔해양법협약 제 74조는 국제법에 기초한 합의를 통한 형평한(equitable) 해결을 규정하고 있다. 그러나 형평한 해결에 대한 해석을 둘러싸고 한·중간에 입장 차이가 계속되고 있어 해결이 난망시되고 있으며 이어도 문제는 바로 그 연장선상에 있는 것이다. 우리 측은 경계획정의 기본원칙으로 중간선(median line)을 주장하고 있으나 중국 측은 형평에 도달하기 위해서는 해안선의 길이나 인구 등 다양한 요소들도 함께 고려되어야 한다고 주장하고 있다는 점에서 입장 차이가 있다. 사실 유엔해양법협약은 대향국간 영해의 경계획정 원칙으로 중간선을 규정하고 있을 뿐 배타적 경제수역 경계획정에 대해서는 전술한 바와 같이 국제법에 따른 형평의 원칙만을 제시하며 양국이 교섭을 통해 합의에 도달할 것을 규정하고 있다는 점에서 어려움이 있다. 더욱이 중국 측은 아직 최종협상이 이루어지지 않은 상태에서 건설된 이어도 종합해양과학기지의 지위를 문제삼고 있어서 당분간 한·중간 다툼의 대상이 될 것으로 예상된다. 참고로 중국 정부는 우리 측이 동 해양과학기지를 건설할 때 이 수역이 자국 측 수역이라며 항의한 바 있다.

셋째, 이어도 종합해양과학기지의 국제법적 성격이다. 이어도 종합해양과학기지는 유엔해양법협약 제 60조에 근거한 인공구조물로 동 조 제 8항에 따라 섬의 지위를 가질 수 없으며 다만 동 조 제 4항과 5항에 따라 구조물의 안전을 위해 주변에 안전수역(500미터 반지름의 원)을 설치할 수 있을 뿐이다.

넷째, 2012년 중국 국가해양국장이 관영 신화통신과의 인터뷰에서 중국해양감시선과 항공기의 정기순찰대상해역에 이어도를 포함시킨다고 밝힌 것과 관련 중국 측의 이어도 주변수역 정기순찰의 국제법적 정당성에 대한 평가이다. 이어도가 우리의 배타적 경제수역 내에 위치한다는 우리의 주장이 정당하다고 해도 동 수역에서는 항해의 자유가 인정되므로(배타적 경제수역의 상부수역에서는 공해와 마찬가지로 항해의 자유 인정) 중국 측 순시선의 이어도 주변수역 순찰은 국제법상 허용되는 것이다. 물론 중국 순시선의 순찰이 이어도에 대한 우리의 국제법적 주장에 어떠한 영향도 미칠 수 없음은 자명하다.

다섯째, 2013년 중국이 이어도를 자국의 방공식별구역에 포함시킨 조치의 정당성에 대한 평가이다. 방공식별구역은 한국전쟁발발 직후인 1950년 12월 미국 정부가 대서양과 태평양 상공에 폭 250~300해리 구역의 방공식별구역(Air Defence Identification Zone: ADIZ)을 선포한 데서 유래한다. 동 구역은 국가안보 목적으로 미국 이외의 20여 개 국가(우리나라 포함)가 선포하고 있다. 그러나 방공식별구역은 자유비행이 허용되는 공해의 상공에 대한 제한이라는 점에서 엄밀하게 보아 국제법적 근거가 불투명하며 이를 위반하였다고 하여 제재를 가하거나 요격할 수는 없다. 따라서 중국이 이어도 상공을 자국의 방공식별구역에 포함시킨 행위는 한·중간 이어도를 위요한 갈등과는 무관한 문제로 방공식별구역이 공해 상공에 선포되는 것이 국제법적으로 허용되는가의 근본적인 관점에서 평가되어야 할 것이다. 참고로 동년 12월 우리 정부도 즉각적인 대응조치로 이어도 상공을 육지영토인 마라도와 홍도의 상공과 함께 새로이 방공식별구역(KADIZ)에 포함시켰는바 동 조치 또한 이어도에 대한 우리의 국제법적 입장의 강화와는 무관하다(제 19강 '국제 항공법 및 우주법' 참조).

여섯째, 이어도 주변수역에서 한·미간 해상합동훈련이 허용될 수 있는가의 문제이다. 이어도가 우리 측 수역에 위치한다는 우리의 주장에 의할 경우 우리 측의 동의에 의해 한·미간 합동훈련은 허용될 수 있을 것이다. 그러나 해양경계획정이 부재한 현재 중국 측은 동 수역이 자국의 배타적 경제수역이라고 주장하며 동 훈련에 강력 반대할 가능성이 높다. 그러나 이 경우에도 미국은 배타적 경제수역의 상부수역은 공해로서 군사활동이 허용된다고 주장하고 있어서 입장차이가 예상된다.

일곱째, 한·중 해양경계가 외교교섭으로 이루어지지 않을 경우 이러한 사태를 분쟁으로 보고 사법적 해결을 추구하는 것이 가능할 것인가에 대한 검토이다. 물론 해양경계에 관한 분쟁은 법률적 분쟁으로 국제사법재판소를 비롯하여 유엔해양법협약에 의해 설립된 국제해양법재판소 등의 물적관할 대상이 될 수 있다. 그러나 우리 측이 동의하지 않는 한 국제사법재판소에서의 심리는 불가능할 것이다. 또한 우리 정부는 2006년 4월 18일 유엔해양법협약 제 298조 1항에 따라 해양경계 관련 분쟁 등에 대한 협약상의 강제분쟁해결절차를 배제하는 선언을 한 바 있으며 중국 또한 동년 8월 사실상 동일한 내용의 선언을 한 바 있어서 사법적 해결의 가능성도 사실상 배제된다. 따라서 협상을 통한 해결만이 현실적인 대안이 될 수 있을 것으로 보인다(제 18강 '유엔해양법협약상 분쟁해결제도' 참조).

결론적으로 이어도 문제는 양국간 배타적 경제수역 경계획정과 관련된 문제로서 양국간 입장차이로 가까운 장래에 교섭을 통해 경계획정이 이루어질 가능성은 크지 않다고 본다. 따라서 우리 정부로서는 이어도에 건설된 종합해양과학기지의 이용을 기정사실화시켜 나가면서 국제법적 논리개발을 통해 추후협상에 대비해 나가야 할 것이다.

5. 공해

가. 개관

공해하면 먼저 '공해의 자유'와 '기국주의', 즉 기국(flag state)의 배타적 관할권(flag-state jurisdiction)을 떠올리게 된다. 그만큼 공해는 주인이 없거나 또는 우리 모두가 주인이라는 인식이 깊이 자리잡고 있기 때문이다. 실제로 해양법의 발전은 '공해의 자유'에서부터 출발하였다.

사실 공해는 그 광대함으로 인해 어느 한 국가의 지배하에 놓일 수 없다는 점, 무한한 해양자원, 특히 어족자원의 재생산성 등을 이유로 과거에는 이를 제한할 필요성을 느끼지 못하였다. 그러나 오늘날 배타적 경제수역 제도와 대륙붕의 확장으로 인한 연안국의 관할권 확대와 심해저의 출현 등 공해 자체의 축소와 함께 공해어족자원의 보존 및 관리의 필요성, 해양환경보호 및 공해의 평화적 이용과 이를 위한 군사활동(공해에서의 핵실험 등)에 대한 규제 등 공해의 자유는 점차 제한되는 경향이다.[78] 그럼에도 불구하고 전통적 성격의 공해의 자유는 공해를 지배하는 중요한 법원칙이며 국제해양법의 핵심원리의 하나이다.

나. 공해의 정의

유엔해양법협약은 공해를 특정국가의 배타적 경제수역, 영해, 내수 또는 군도국가의 군도수역에 포함되지 않는 바다로 정의하고 있다(제 86조). 공해를 영해나 배타적 경제수역처럼 기선을 중심으로 한 거리개념으로 정의하는 것은 현실적으로 불가능하며 따라서 연안국의 관할권이 미치는 수역을 제외한 나머지 수역으로 정의한 것은 불가피한 선택의 결과이다.

---

78) 일반적으로 평화적 목적을 말할 경우 우리는 전쟁(war) 또는 무력충돌(armed conflict)이 부재한 상태를 의미한다. 그러나 지금까지 국제관습법상으로 군사활동을 전쟁과 유사한(war-like) 개념으로 보지는 않았으며 나아가 공해상에서는 군사활동과 훈련이 허용되어 왔다는 점에 주목할 필요할 필요가 있다. 따라서 공해상에서의 군사활동을 비평화적 목적(non-peaceful purpose)과 동일시하는 것은 반드시 옳은 접근이 아니다.

다. 공해의 자유

공해는 국제사회 전체의 공공물(*res communis*) 또는 국제공역으로 어느 특정 국가의 주권 또는 배타적 관할권에 속하지 않으며 모든 국가들의 이용을 위하여 개방된다.[79] 따라서 공해는 '특정 국가의 귀속으로부터의 자유'를 본질적 요소로 한다.

이와 같은 공해의 특성이 반영되어 발전된 것이 '공해자유의 원칙(principle of freedom of the high seas)'이며 공해에 대한 '영유금지의 원칙'과 '자유이용의 원칙'을 핵심내용으로 하고 있다. 이 원칙은 1609년 그로티우스의 '자유해론'을 통하여 법이론이 정립된 이래 국제관습법의 형태로 존재하다가 1958년 제네바 공해협약에서 공해자유의 원칙으로 성문화되었다.[80] 1958년 제네바 공해협약 제 2조는 '공해의 자유'를 제목으로 하여 "공해는 모든 국민에게 개방되는 것이기 때문에 여하한 국가도 공해의 어떤 부분을 자국의 주권에 종속시킬 것을 유효하게 주장할 수 없다"고 규정하였다. 이 원칙은 다시 1982년 '유엔해양법협약'에 의해 계승되었으며 동 협약 제 87조 1항은 공해가 연안국이거나 내륙국에 관계없이 모든 국가에 개방된다고 규정함으로써 '공해자유의 원칙'을 확인하고 있다.

한편 유엔해양법협약 제 87조 1항이 규정하고 있는 공해의 자유에는 (a) 항행의 자유,[81] (b) 상공비행의 자유, (c) 해전전선과 관선부설의 자유, (d) 국제법

---

79) 공공물의 개념은 1958년 제네바 공해협약 제 2조, 유엔해양법협약 제 89조 및 외기권에 관한 유엔 총회 결의 제 1962 (XVII)호, 1721 (XVI)호 및 1884 (XVIII)호에서 잘 나타난다. 유엔해양법협약 제 89조는 "어떠한 국가도 유효하게 공해의 어느 부분을 자국의 주권하에 둘 수 없다"고 규정하고 있다. 또한 유엔 총회 결의 제 1962 (XVII)호도 "외기권과 천체가 국가의 주권주장이나 점유 등에 의한 전유(appropriation)의 대상이 될 수 없다"고 규정하고 있다.

80) 손영태, '국제법상 공해에서의 우리나라 해양경찰권에 관한 연구', 한국콘텐츠학회논문지 Vol. 19 No. 2.

81) 모든 선박의 기국은 공해 및 배타적 경제수역에서 항행의 자유와 바다를 합법적으로 이용할 권리를 가진다. 단, 배타적 경제수역에서의 항행의 경우 연안국의 권리와 이익을 적절히 고려하여야 하며 또한 협약에 근거하여 연안국이 제정한 법령을 준수하여야 한다. 이와 관련 'The Arctic Sunrise호' 사건에서처럼 Greenpeace 소속 선박이 배타적 경제수역 내 연안국의 석유시추시설 주위를 배회하는 것을 항행의 자유로 볼 수는 없을 것이다. Dogulas Guylfoyle, 'Greenpeace, Pirates, and the MV Arctic Sunrise', Blog of European Journal of International Law, 2013.

상 허용되는 인공섬과 기타 시설 건설의 자유, (e) 어로의 자유, (f) 과학조사의 자유 등이 있다. 그러나 동 조 제 2항에서는 공해의 자유를 행사함에 있어 타국의 이익 및 심해저 활동과 관련된 타국의 권리를 적절히 고려하도록(with due regard) 규정하고 있다. 이는 다시 말해서 공해의 자유가 공해를 자의적으로 이용하는 것을 허용하는 것이 아니므로 공해는 국가들간 이익의 균형을 이룰 수 있는 방식으로 조화롭게 이용되어야 한다는 의미이다.

라. 공해에서의 관할권 행사와 기국주의

공해자유의 원칙과 관련하여 핵심요소가 되는 공해에서의 관할권 행사문제에 대하여 설명한다.

1) 기국주의

공해자유의 원칙에 따라 모든 국가는 공해에서 자국기를 게양한 선박(자국선박)을 항행시킬 수 있는 권리를 가진다(제 90조). 선박은 등록된 국가의 국기를 게양할 권리를 가지며 그 선박의 등록국가를 기국(flag state)이라고 한다.

그렇다면 공해를 항행 중인 선박에 대한 관할권은 누가 행사하는가. 공해에서는 어느 특정 국가의 주권이나 배타적 관할권의 행사가 허용되지 않는다. 이와 관련 전통적으로 공해상의 선박, 즉 공해를 항행하는 선박은 국제조약에 의해 명시적으로 규정된 예외적인 경우를 제외하고는 기국의 배타적 관할권에 속한다는 원칙이 확립되어 왔다. 이를 '기국주의'라고 하며 유엔해양법협약도 이 점을 분명히 하고 있다(제 92조).

여기서 기국주의의 의미는 다음과 같이 요약될 수 있다. 즉, 기국은 공해에서 자국선박의 활동을 보호하고 자국선박에 대한 타국의 부당한 간섭을 배제하는 동시에 자국선박의 활동을 실효적으로 관리함으로써 공해에서의 법질서를 유지하도록 하는 제도를 말한다.

특히 국가대표성을 가지는 공해상의 군함은 기국 이외의 어떠한 국가의 관할권으로부터도 면제된다. 비상업적 목적 이외의 업무에 종사하는 정부선박도 기국이외의 다른 나라의 관할권으로부터 완전한 면제를 향유한다.

2) 선박에 대한 실효적 관리와 진정한 유대

모든 국가(기국)는 자국기를 게양하고 공해를 항행 중인 선박에 대하여 효과적으로 관할권을 행사하고 통제하여야 한다(제 94조). 이를 위해 협약은 선박과 기국간에 '진정한 유대(genuine link)'를 요구하고 있다(제91조). 그러나 오늘날 많은 선박들이 자국에 등록하지 않고 세금이나 등록비 등 다양한 이유로 조건이 좋은 국가에 선적을 등록하는 편의치적(flag of convenience)을 선택해 오고 있어서 진정한 유대를 요구하고 있는 협약규정과의 충돌문제가 제기된다.

이와 관련 협약은 무엇이 진정한 유대인지에 대해 설명하고 있지 않다. 그러나 협약 제 94조 1항은[82] 모든 국가가 자국기를 게양한 선박에 대하여 실효적인 관할권을 행사할 것을 요구하고 있다는 점에서 편의치적의 선박이라도 법률상의 등록국인 기국(편의치적국)의 실효적인 관할권하에만 있다면 편의치적을 용인하는 것으로 해석될 수 있다. 이러한 사실은 전술한 'M/V Saiga호 사건'에서의 국제해양법재판소 판결에서 찾을 수 있다. 동 사건에서 재판소는 진정한 유대(기국과 선박간의 진정한 관련성)와 실효적 통제(effective control)의 두 요소를 분리하여 해석하면서 '진정한 유대'는 기국의 의무이행을 보다 실효적으로 확보하는 데(to secure more effective implementation of the duties of the flag State) 목적이 있다고 보았다. 따라서 이 판결은 '진정한 유대'를 국적의 관점에서 보다는 기국이 과연 기국으로서의 의무(실효적인 통제)를 충실히 수행할 수 있는가의 관점에서 판단함으로써 편의치적이라도 기국으로서의 의무를 충실히 수행할 수 있다면 기국과 진정한 유대가 있는 것으로 볼 수 있음을 시사하고 있다.[83]

물론 진정한 유대와 실효적 통제 또는 관리의 관계를 설명하는 것은 쉽지 않다. 그러나 중요한 것은 진정한 유대가 있는 경우에는(예컨대, 한국선박이 한국에 등록되어 있는 경우) 사실상 실효적 통제가 일응 쉽게 추정될 수 있을 것이며 이 점에서 진정한 유대는 의미가 있다. 따라서 선박과 기국간에 진정한 유대도 없고(편의치적을 의미) 또한 실효적인 통제도 없다면 기국의 행위는 제 94조 위반에

82) 제 94조 1항: "모든 국가는 자국기를 게양한 선박에 대하여 행정적, 기술적, 사회적 사항에 관하여 유효하게 자국의 관할권을 행사하고 통제한다."

83) 실제로 편의치적 국가가 진정한 관련이 없다는 이유로 기국으로서의 의무이행을 거부할 수는 없을 것이다.

해당된다고 볼 수 있을 것이다.[84] 이와 관련 기국과 선박간에 진정한 유대가 없는 경우에는 기국(편의치적국)의 외교적 보호도 거부되어야 하는가 등 그 밖의 다양한 문제가 제기될 수 있을 것이다.[85]

한편 선박은 한 개의 국적만을 가져야 하며 두 개 이상의 국적을 사용하는 경우에는 무국적선으로 간주된다.

3) 공해상 선박충돌 또는 그 밖의 항행 사고에 대한 형사관할권

공해에서 발생한 선박충돌이나 기타 항행사고로 인해 선장이나 다른 사람에게 형사책임이나 징계책임을 물을 경우 형사 또는 징계절차는 가해선박의 기국 또는 해당 가해자의 국적국만이 행사할 수 있다(제 97조 1항). 그러나 수사 등을 위한 선박의 나포, 억류 등 선박 자체에 대한 명령은 기국에 의해서만 행해질 수 있다(동 조 3항).

공해에서의 관할권 행사와 관련 이러한 원칙이 확립된 배경에는 전술한 1927년 로터스호 사건에서 PCIJ가 피해국에게도 관할권을 인정하였던 판결에 대한 반성이 자리잡고 있다. 이에 따라 유엔해양법협약 체제에서는 선박충돌시 가해 선박의 기국이나 책임 있는 선원 등 관련자의 국적국만이 형사관할권을 가지는 것으로 확립되었다.

한편 앞에서 설명한 바와 같이 배타적 경제수역에서의 선박충돌 사고의 경우에도 공해상에서의 선박충돌과 마찬가지로 가해선박의 기국 또는 가해자의 국적국이 관할권을 가진다. 왜냐하면 배타적 경제수역과 관련된 연안국의 법령을 위반한 것이 아니므로 연안국이 관할권을 행사할 수 없기 때문이다.

---

84) 그러나 여기서 하나의 쟁점이 제기된다. 즉, 기국이 관할권을 행사할 의사나 능력이 없는 경우, 다시 말해서 기국이 관할권을 행사하지 못하거나 하지 않는 경우 관할권의 공백을 보완하기 위한 제도가 필요하다는 주장에 대한 평가다. 여사한 경우 특히 선박기인 해양환경보호와 어족자원의 보존 등과 관련하여 기국 이외의 국가(non-flag state)의 역할이 요구될 수 있다. 이러한 필요성에도 불구하고 기국 이외의 국가의 역할 확대가 국제법상 확립된 기국주의에 미칠 수 있는 영향력을 고려할 때 신중한 접근이 요구되며 따라서 양자를 조화시키는 방향으로의 노력이 필요하다고 본다.

85) 기국이 선박과 진정한 관련성이 없는 경우에는 상대국이 기국의 외교적 보호권 행사를 거부할 수 있다는 주장도 있다.

그렇다면 공해상 선박충돌 등에서 말하는 선박의 기국에는 편의치적의 국가도 해당되는가. 유엔해양법협약은 단순히 기국이라고만 규정하고 있다. 따라서 기국이면 충분하며 기국이 반드시 선박과 진정한 유대가 있는지 또는 선박에 대해 실효적인 통제를 행사하고 있는지 여부는 여기서 문제가 된다고 볼 수 없다.

4) 기국주의의 예외

협약은 원칙적으로 공해상의 선박에 대한 기국의 관할권을 규정하면서도 다음의 예외적인 경우에 대해서는 기국주의가 적용되지 않는다고 규정하고 있다. 다시 말해서 일국의 군함이 타국의 선박에 개입할 수 있는 경우로서 유엔해양법협약은 아래의 경우를 기국주의의 예외로 규정하고 있다. 이러한 예외는 국제사회의 공동이익을 위한 국제협력의 차원에서 인정되는 것으로 앞에서 설명한 국가의 보편적 관할권 행사와도 맥을 같이한다.

가) 해적행위에 대한 진압(제 101조)

오래전부터 해적행위는 '인류의 적'으로 취급(국제범죄에 해당)되어 왔다. 이러한 해적행위는 다음과 같이 정의될 수 있다.

> (a) 민간선박 또는 민간항공기의 승무원이나 승객이, (b) 사적인 목적(private ends)으로, (c) 공해 또는 국가관할권 밖의 장소에서, (d) 타 선박이나 타 항공기 또는 그 선박이나 항공기 내의 사람이나 재산에 대하여 행하는 불법적 폭력행위, 억류 또는 약탈행위를 의미하며 이에 참가하거나 또는 교사, 방조하는 행위를 포함한다.[86)]

---

86) 2015년 네덜란드와 러시아간 'Arctic Sunrise호 사건'에서 러시아가 자국의 배타적 경제수역에 설치한 구조물위에서 시위를 벌인 그린피스 대원과 소속 선박인 Arctic Sunrise호를 해적 등 혐의로 억류한데 대해 상설중재재판소는 시추선이 고정시설물로 해적행위의 대상이 되는 선박에 해당하지 않음으로 러시아가 해적행위를 이유로 선박을 승선, 나포, 억류한 행위는 정당화되지 않는다고 판단하였다.

따라서 다음의 행위는 해당되지 않는다.

- 정치적 목적으로 항공기 또는 선박을 납치, 약탈하는 행위는 사적인 목적이 아니므로 해적에 해당되지 않는다.
- 선상반란행위도 타 선박을 대상으로 한 행위(against another ship)가 아니므로 해적행위에 해당되지 않으며 기국의 관할사항이다.
- 또한 배타적 경제수역의 상부수역은 공해에 해당하므로 해적행위는 배타적 경제수역 내에서도 발생할 수 있다. 그러나 영해에서 발생하는 약탈행위는 국내법상의 범죄에 불과하다.

한편 모든 국가는 해적선이나 해적항공기 또는 해적행위에 의해 탈취되어 해적의 지배하에 있는 선박이나 항공기를 나포하여 그 선박과 항공기내 범인들을 체포하고 재산을 압류할 수 있다(제 105조). 이 점 기국주의의 예외가 된다. 여기서 해적선 또는 해적 항공기의 나포는 군함이나 군용항공기 또는 정부업무에 종사 중인 선박이나 항공기만이 할 수 있다(제 107조).[87]

참고로 해적과 관련하여 그간 많이 회자되어 온 사례는 소말리아 해적이다. 위에서 설명한 바와 같이 해적행위는 공해나 국가관할권에 속하지 않는 곳에서 행해진 행위여야 한다. 그러나 소말리아 해적행위의 경우 공해뿐만 아니라 소말리아 영해에서도 활발히 행해져 왔다. 원칙적으로 영해에서 일어난 해적행위는 국제법상 해적이 아니다. 그러나 이에 대응하여야 할 국제적 필요성으로 인해 유엔은 영해에서의 약탈행위[88]에 대하여 관할권을 가지는 소말리아 과도정부와 협의하여 유엔 안보리결의 제 1816호를 채택하였다. 이 결의는 유엔헌장 제 7장에 근거하여 군사적 조치를 포함한 국가간 공동대응조치(소말리아 정부는 6개월간 협력을 제공하는 국가의 군함 등이 해적퇴치 목적으로 소말리아 영해에 진입하는 것을 승인하여야 함)를 규정하고 있다.

---

87) 2011년 우리 해군은 '삼호 주얼리호'를 납치한 해적을 생포하여 국내로 압송, 재판에 회부하였다. 이 사건에서 우리 법원은 우리 형법상 피해자 국적주의와 유엔해양법협약상 공해에서의 해적행위에 대한 보편적 관할권을 적용하여 재판관할권을 행사하였다.

88) 영해에서의 행위로 국제법상 해적행위에 해당되지 않으므로 약탈행위라고 표현하였다.

나) 무허가 방송에 대한 진압(제 109조)

무허가 방송이란 일반 대중의 수신을 목적으로 국제규정을 위반하여 공해상의 선박이나 시설로부터 음성무선방송이나 텔레비전 방송을 송신하는 행위를 말한다.

무허가 방송과 관련되는 국가들(선박의 기국, 시설의 등록국, 종사자의 국적국, 무허가 방송이 수신되는 국가와 허가된 무선통신이 방해받는 국가)은 무허가 방송에 책임 있는 사람이나 선박을 공해에서 체포 또는 나포하고 방송기기를 압수할 수 있다는 점에서 기국주의의 예외가 될 수 있다.

다) 임검권(제 110조)

모든 국가의 군함은 특히 해적행위, 노예거래, 무허가방송, 무국적선 또는 '외국기를 게양하고 있거나 국기제시를 거절하는 선박이 실질적으로 군함과 같은 국적을 보유하고 있는 것으로 의심되는 선박'에 대하여 임검권(right of visit)을 행사할 수 있다.[89] 그러나 협약 제 95조와 제 96조에 의해 공해상에서 면제를 향유하는 군함이나 비상업용 정부선박은 타국군함의 임검권으로부터 제외된다.

한편 모든 국가의 군함 등은 위의 혐의가 있는 선박이 그 국기를 게양할 권리를 가지는가를 확인할 수 있으며 이를 위해 필요한 서류를 검열 후 그래도 혐의가 남아 있다고 보는 경우에는 계속 검사를 진행할 수 있다(제 110조 2항). 그러나 혐의가 근거 없는 것으로 밝혀지는 경우 선박이 입은 손실이나 피해에 대하여 보상하여야 한다(동 조 3항).

참고로 선박에 대한 혐의가 사실로 판명되는 경우의 조치에 대하여는 개별 사안마다 다르다. 즉, 노예수송선과 마약불법거래의 경우에는 해적행위나 무허가 방송의 경우와는 달리 기국의 동의 없이 모든 국가가 재판관할권을 행사하는 것이 허용되지 않는다는 점에서 차이가 있다.

---

89) 공해상에서의 선박은 기국의 군함에 의한 통제에 따른다. 따라서 자국 선박으로 추정되는 선박이 있을 경우 이에 대해 기국의 군함이 임검권을 행사하는 것은 당연하다.

90) 제 99조(노예수송금지)의 전반부 원문은 다음과 같다: "모든 국가는 자국기 게양이 허가된 선박에 의한 노예수송을 방지하고 처벌하며 자국기가 그러한 목적으로 불법 사용

노예수송과 마약 불법거래

- ▶ 노예수송에 종사하는 것으로 의심되는 선박을 발견한 군함은 이를 나포하여 기소할 권한은 없으며 대신 이러한 사실을 기국에 통보하여야 할 뿐이다. 이는 협약 규정이 노예수송문제에 대해서는 노예수송선의 기국이 실효적 조치를 취할 것을 요구하고 있기 때문이다(제 99조).[90] 따라서 노예수송에 대하여는 기국의 처벌만이 가능하다.
- ▶ 마약불법거래의 경우에도 협약은 단순한 협력의무만을 규정하고 있어서 모든 국가에 의한 보편적 관할권의 행사가 허용되지는 않는다(제 108조). 그러나 1988년 유엔이 채택한 마약불법거래협약의 경우 협약당사국의 선박에 대하여 마약거래의 혐의가 있다고 의심하는 타 당사국은 해당 선박에 대해 필요한 조치를 취하기 위해 선박의 기국에 허가를 요청할 수 있다.[91]

라) 추적권(제 111조)

추적권(right of hot pursuit)은 연안국의 관할권 확대의 일종으로 기국주의에 대한 중요한 예외이다. 추적권은 공해가 타국의 합법적인 관할권 행사로부터 벗어나려는 선박에 대한 도피처(safe haven)가 되는 것을 방지하는 데 목적이 있다.[92] 이를 위해 협약 제 111조는 추적권의 성립요건, 행사 등에 대하여 상세히 규정하고 있다.

첫째, (추적권의 의의) 추적권은 연안국의 권한 있는 당국이 자국의 관할권이 미치는 수역에서 연안국의 법령을 위반한 것으로 믿을 만한 충분한 이유(good reason to believe)가 있는 외국선박(군함이나 정부선박은 제외)을 공해까지 추적하여 나포할 수 있는 권리를 말한다.

둘째, (추적권의 행사) 추적권은 문제의 외국선박이 추적국의 내수, 군도수역, 영해 또는 접속수역에 있을 때 시작된다. 접속수역에서 추적이 시작되는 경우에

되는 것을 방지하기 위하여 실효적인 조치를 취한다.”

91) 협약명은 1988년 ‘UN Convention against Illicit Traffic in Narcotic Drugs and Psychotropic Substances’이다.

92) D. P. O’Connell, ‘The International Law of the Sea’, Oxford University Press, Oxford, 1982-1984, Vol. 2, pp. 1076-1077.

는 접속수역과 관련된 연안국의 법령위반의 경우에 한하여 추적이 정당화된다. 또한 배타적 경제수역 제도의 도입에 따라 외국선박이 배타적 경제수역이나 대륙붕(대륙붕 내에 설치된 인공구조물 주변의 안전수역 포함)에 적용되는 연안국의 법령(우리나라의 경우 2017년 제정된 '배타적 경제수역 및 대륙붕에 관한 법률') 등을 위반한 경우에도 추적권이 시작될 수 있다.

셋째, (추적권의 행사 방식) 추적권은 군함, 군용기, 허용되는 경우 정부선박 또는 항공기 등에 의해 행사된다.

넷째, (추적권의 실행) 추적을 실행하기 위해서는 다음의 요건을 갖추어야 한다.

(a) 외국선박이 추적시작 시점에 연안국의 관할수역 내에 위치하여야 한다. 모선은 공해상에 있고 보조선(자선)이 연안국의 관할 수역에 위치한 경우에는 모선도 추적권 행사의 대상이 될 수 있다.
(b) 외국선박이 보거나 들을 수 있는 거리에서 정지명령을 발하여야 한다.
(c) 추적권은 즉각적이고 계속적으로 행사되어야 한다. 2015년 네덜란드와 러시아간 'Arctic Sunrise호 사건'에서 상설중재재판소는 (아래 설명하는 M/V Saiga호 사건을 원용하며) 러시아의 추적이 중단된 것을 이유로 정당한 추적권의 행사로 보지 않았다.
(d) 추적권은 피추적선이 피추적선의 모국(기국) 또는 제 3국의 영해로 들어갔을 때 종료한다. 이는 다시 말해서 피추적선이 모국 또는 제 3국의 접속수역이나 배타적 경제수역에 들어간 경우에는 추적권이 소멸되지 않는다는 의미이다. 그러나 모국의 접속수역이나 배타적 경제수역에 들어간 경우에 대하여는 실제로 국가실행이 일치하지 않는다.[93]

---

93) 우리나라 선박이 추적권과 관련된 사건으로는 2005년 한일간 '신풍호 사건'이 있다. 이 사건에서 일본 측 입장은 신풍호가 일본의 배타적 경제수역을 침범하여 불법조업을 하였기 때문에 이를 단속하기 위해 추적권을 행사하였다는 것이다. 그런데 GPS를 통해 신풍호의 항로를 분석한 결과 이 배가 일본의 배타적 경제수역을 3해리 가량 침범한 사실은 확인됐지만 불법 조업에 대한 증거는 없었으며 일본 당국도 이를 입증하지 못했다. 신풍호 측 주장에 따르면 기관 고장이 일어나 급히 모항으로 돌아가기 위한 지름길을 택하다 보니 일본의 배타적 경제수역을 통과하게 된 것뿐이지 일본 배타적 경제수역 내에서 불법조업한 일은 결코 없었다는 것이다. 일본의 반증이 없는 한 우리는 신

다섯째, (추적권 행사와 무력사용 허용 여부) 'I'm alone호 사건'에서는 필요하고 합리적인 범위의 무력행사는 허용되는 것으로 판단하였다. 그러나 이 경우에도 선박의 고의적 침몰은 허용되지 않는다고 보았다.[94] 또한 'M/V Saiga호 사건'에서 국제해양법재판소는 추적권 행사를 위해서는 위에서 제시된 제 111조의 조건들이 모두 함께(cumulative)충족되어야 하는데 그렇지 않았다고 보았다. 즉, 정선을 요구하는 신호 없이 추적이 시작되었고, 선박 나포시 사용된 무력도 과다한 것이며, 또한 추적이 계속적이지 않아 위법하다고 판단하였다.[95]

유엔해양법협약(제 111조)과 추적권(요약)

1. 외국선박에 대한 추적은 연안국의 권한있는 당국이 그 선박이 자국의 법령을 위반한 것으로 믿을 만한 충분한 이유가 있을 때 행사할 수 있다. 이러한 추적은 외국선박이나 그 선박의 보조선이 추적국의 내수·군도수역·영해 또는 접속수역에 있을 때 시작되고 또한 추적이 중단되지 아니한 경우에 한하여 영해나 접속수역 밖으로 계속될 수 있다. 영해나 접속수역에 있는 외국선박이 정선명령을 받았을

풍호 측의 항변을 받아들이지 않을 수 없으며 신풍호의 행위를 불가항력 또는 긴급피난 등 국제법상 위법성 조각사유에 해당하는 것으로 보지 않을 수 없다. 이에 대해 일본 측은 자국 국내법상 외국 어선이 허가 없이 배타적 경제수역에 들어오는 것만으로도 위법한 것이라 주장하였다. 하지만 불법조업이 없는 한 위법할 수 없다는 게 국제법적 해석이며 국내법을 이유로 국제법 위반을 주장할 수 없음이 국제법상 확립된 원칙임을 감안할 때 일본 측 주장은 근거 없다고 보아야 한다. 추적을 피해 도주하던 신풍호가 우리나라 배타적 경제수역에 들어와서 해경에 구원을 요청하였고, 현장에 도착한 우리 해경 경비정이 일본 경비정에 예인되는 것을 방지하기 위해 신풍호를 밧줄로 연결하였다. 2분 뒤에 현장에 도착한 일본 경비정 역시 신풍호를 밧줄로 연결하였다. 일본 측은 타국 영해에 도달하기 전에는 추적이 가능하다는 입장이었다. 결국 협상을 통해 해결되었다. 여기서 제기되는 문제는 (a) 타국의 배타적 경제수역을 침범한 것만으로도 추적권 행사가 가능한지, (b) 일본이 우리 배타적 경제수역까지 추적권을 행사할 수 있는지가 쟁점이 될 수 있을 것이다. 김찬규, 국민일보 2005. 6. 5, 저자 설명 추가.

94) 이 사건은 미 해안경비선이 캐나다의 밀수선을 발견하고 정선을 명하였으나 도주한데 대해 미국이 추적권을 행사한 사건이다. U.N. R.I.A.A, VoL III, p. 1609.

95) 관련 부분 원문은 다음과 같다: "... in the circumstances, no visual or auditory signals to stop could have been given to the Saiga. Furthermore, the alleged pursuit was interrupted", ITLOS Reports 1999, p. 10, para. 147. 그 밖에 무력사용과 관련한 사항에 대하여는 paras. 157-159 참조.

때 정선명령을 한 선박은 반드시 영해나 접속수역에 있어야 할 필요는 없다. 외국선박이 제 33조에 정의된 접속수역에 있을 경우 추적은 그 수역을 설정함으로써 보호하려는 권리가 침해되는 경우에 한하여 행할 수 있다.

2. 추적권은 배타적 경제수역이나 대륙붕(대륙붕시설 주변의 안전수역 포함)에서 이 협약에 따라 배타적 경제수역이나 대륙붕에 적용될 수 있는 연안국의 법령을 위반한 경우에 준용한다.
3. 추적권은 추적당하는 선박이 그 국적국 또는 제 3국의 영해에 들어감과 동시에 소멸한다.
4. 추적당하는 선박이나 그 선박의 보조선 또는 추적당하는 선박을 모선으로 사용하면서 한 선단을 형성하여 활동하는 그 밖의 보조선이 영해의 한계 내에 있거나, 경우에 따라서는, 접속수역·배타적 경제수역 한계 내에 또는 대륙붕 상부에 있다는 사실을 추적선박이 이용 가능한 실제적인 방법으로 확인하지 아니하는 한, 추적은 시작된 것으로 인정되지 아니한다. 추적은 시각이나 음향 정선신호가 외국선박이 보거나 들을 수 있는 거리에서 발신된 후 비로소 이를 시작할 수 있다.
5. 추적권은 군함·군용항공기 또는 정부업무에 사용 중인 것으로 명백히 표시되어 식별이 가능하며 그러한 권한이 부여된 그 밖의 선박이나 항공기에 의하여서만 행사될 수 있다.
6. 추적권의 행사가 정당화되지 아니하는 상황에서 선박이 영해 밖에서 정지되거나 나포된 경우, 그 선박은 이로 인하여 받은 모든 손실이나 피해를 보상받는다.

5) 기국주의의 예외에 준하는 사례

유엔공해어업협정(다음 항에서 설명하는 '공해 및 인접 배타적 경제수역에서의 생물자원의 보존 및 관리' 참조)에 따른 지역수산기구 당사국간 임검권의 행사가 있다. 예컨대, 북대서양어업기구(The North Atlantic Fisheries Organization: NAFO)는 기구 회원국 상호간 상대국 어선에 대한 임검권을 허용하고 있다.[96] 또한 협정수역에서 기구 회원국은 비회원국의 어선에도 승선, 임검할 수 있다. 이는 비회원국에 대하여도 공해에서의 어업을 규제한다는 점에서 공해자유의 원칙에 비추어 볼 때 새로운 변화이며 기국주의에 대한 예외에 준하는 것으로 볼 수 있다.

또한 전시에 교전국 군함은 적국 상선을 나포할 수 있으며 일정한 상황하에

96) 그러나 구체적인 법집행 조치는 기국만이 할 수 있다.

서는 적과 거래하는 중립국 상선도 나포할 수 있다.

그 밖에 유엔에 의해 허가된 선박차단(shipping interdiction) 등도 엄밀한 의미에서는 기국주의에 대한 예외가 될 수 있으며, 불가피한 상황에서 원용되는 긴급피난의 경우에도 기국주의에 대한 예외가 성립될 수 있을 것이다.[97]

공해의 자유에 대한 제한(예시)

▶ 연안국의 해양관할권 확대에 의한 공해의 축소
▶ 평화적 목적의 이용
▶ 일정 조건하에서 보편적 관할권 행사(기국주의의 예외) 허용
▶ 어족자원 보호를 위한 규제 강화
 – 1995년 유엔공해어업협정에 따른 지역수산기구를 통한 규제 등
▶ 환경보호를 위한 규제 강화
 – 공해에서의 핵실험은 공해의 자유에 해당하는가. 공해는 평화적 목적을 위해 보존되어야 한다는 점(제 88조)과 공해의 자유는 이 협약과 그 밖의 국제법 규칙이 정하는 조건에 따라 행사되어야 하며 공해의 자유 행사시 타국의 이익 등을 적절히 고려하여야 한다는 점(제 87조 2항)에 비추어 볼 때 허용되지 않는다고 볼 수 있음. 더욱이 핵실험으로 인해 대규모 해양오염이 발생하고 환경피해를 야기하게 되는 경우에는 당연히 국제법 위반에 해당된다고 보아야 할 것임.

마. 공해 및 인접 배타적 경제수역에서의 생물자원의 보존 및 관리

공해어업의 보존 및 관리의 문제는 연안국의 배타적 경제수역과 인접한 공해에서 타국의 무절제한 어업으로 인한 영향을 최소화하는 데 목적이 있다. 왜냐하면 배타적 경제수역의 출현으로 외국어선의 어로는 공해에 집중되었고 특히 공해에서도 어족자원이 풍부한 배타적 경제수역 인근 수역에 집중되었기 때문이다.[98] 이를 위해 유엔해양법협약은 다음과 같이 규정하고 있다(본 강 제 2절 3.

---

97) (제 13강 '국가책임'의 제 2절 '위법성조각사유' 참조) 1967년 Torrey Canyon호 사건에서 영국이 취한 조치가 이에 해당될 수 있다.

98) 세계어획량의 약 90%가 배타적 경제수역에서 생산되므로 공해어업은 당연히 배타적 경제수역 인근에서 이루어지게 되며 이로 인해 공해어업국과 배타적 경제수역 연안국 간의 갈등이 노정된다.

가. '배타적 경제수역' 중 '생물자원의 이용 및 보존' 참조).

첫째, 동일 어족이나 이와 연관된 어종의 어족이 2개국 이상 연안국의 배타적 경제수역에 걸쳐서 출현하는 경우(shared stocks) 이들 연안국들은 직접 또는 적절한 지역기구 등을 통하여 어족의 보존 등과 관련한 조치를 취한다(제 63조 1항).

둘째, 동일 어족이나 이와 연관된 어종의 어족이 배타적 경제수역과 그 바깥의 인접수역(공해를 의미)에 걸쳐 서식하는 경계왕래성 어족(straddling stocks)의 경우에는 연안국과 인접수역에서 어업활동을 하는 공해어업국이 직접 또는 적절한 지역기구 등을 통하여 어족의 보존 등과 관련한 조치를 취한다(제 63조 2항).

셋째, 배타적 경제수역과 공해를 관통하여 광범위한 수역을 이동하는 고도회유성 어종(highly migratory species)을 어획하는 공해어업국은 연안국과 함께 동 어종의 보존과 최적이용 목표를 달성하기 위해 직접 또는 적절한 지역기구를 통해 협력할 의무가 있다(제 64조 1항).

이와 관련 유엔해양법협약은

(a) 제 116조(공해어업권)에서 공해에서의 어업국들이 특히 경계왕래성 어족(제 63조 2항)과 고도회유성 어종(제 64조), 나아가 소하성 어족(제 66조) 및 강하성 어종(제 67조)에 대한 배타적 경제수역 연안국의 권리, 의무 및 이익과 관련된 사항을 지킬 것을 조건으로 자국민에게 공해에서 어업활동에 종사하게 할 권리를 가진다고 규정하고,

(b) 제 117조(자국민을 대상으로 공해생물자원 보존조치를 취할 국가의 의무)에서는 공해수역에서의 생물자원의 보존을 위하여 자국민을 대상으로 필요한 조치를 취하거나 그러한 조치를 취하기 위하여 다른 국가와 협력하여야 한다고 규정하면서,

(c) 제 118조(생물자원의 보존·관리를 위한 국가간 협력)를 통해 공해수역에서의 생물자원의 보존에 필요한 조치를 교섭하고 지역수산기구를 설립하기 위해 협력하여야 할 의무도 규정하고 있다.

(d) 이를 위해 제 119조(공해생물자원의 보존)에서는 공해생물자원의 허용어획량을 결정하고 그 밖의 보존조치를 수립하기 위한 방안을 규정

하고 있다. 이는 공해 어족자원의 보존을 위한 불가피한 조치로 전통적인 공해에서의 어업활동의 자유에 대한 제한이다.

한편 공해어업으로 인한 남획에 대한 배타적 경제수역 연안국들의 불만을 해소하기 위해 공해어업의 규제를 목적으로 1995년에는 "경계내외 분포 자원 및 고도 회유성 어족자원에 관한 유엔해양법협약 관련조항의 이행협정(일명 '유엔공해어업협정')"이 채택되었다.[99] 이 협정은 명칭 그대로 경계왕래성 어족 및 고도회유성 어종에 관한 유엔해양법협약 규정의 이행을 위한 협정으로 배타적 경제수역 인접 공해에서 어업하는 어업선진국들과 이로 인해 영향을 받는 배타적 경제수역 연안국간의 이해조정을 위한 목적으로 채택되었다.

이 협정을 통해 유엔해양법협약상의 일반적이고 추상적인 의무(예컨대, 위에서 설명한 협력의무 등)가 보다 구체화되었다. 협정은 특히 사전주의적 접근법(precautionary approach)에 따라 보존 및 관리조치를 취할 것을 요구하고 있다. 나아가 이 협정에 따라 이들 어족에 대하여 지역수산기구를 통한 보존 및 관리조치가 수립, 시행되고 있으므로[100] 이러한 지역기구에 가입하지 않고서는 해당 공해수역에서의 어업이 사실상 불가능하다. 이와 관련 '기국주의의 예외'에서 설명한 바와 같이 지역기구 회원국 상호간에는 상대국 어선에 대한 임검권을 허용하고 있으며 나아가 비회원국 어선에 대하여도 임검권을 행사할 수 있다.

한편 유엔공해어업협정의 채택에도 불구하고 어족자원의 고갈 가능성 및 국제적 관리의 비효율성 등이 지적되면서 이에 대한 대응으로 '유엔식량농업기구(FAO)'는 2009년 'IUU(illegal · unreported · unregulated, 불법 · 비보고 · 비규제) 어업

---

99) 이 협정은 배타적 경제수역과 공해에 걸쳐 이동하는 '경계왕래성 어족'과 '고도회유성 어종'의 두 종류를 대상으로 하며 사전주의적 접근방식을 통해 이들 어족의 장기적인 보존과 지속가능한 이용을 목적으로 하고 있다. 여기서 경계왕래성 어족은 명태, 대구 등이 대표적 어종이다. 고도회유성 어종으로 유엔해양법협약 제 1부속서는 참치류, 새치류, 고래류 등 17개 어종을 포함하고 있다.

100) 경계왕래성 어족을 규제하기 위한 지역기구 설립조약으로는 1994년 '중부베링해 명태자원 보존관리협약(CBSPC)' 등이 있다. 또한 고도회유성 어종을 규제하기 위한 지역수산기구로는 '대서양 참치 보존위원회(ICCAT)'와 '남방 참다랑어 보존위원회(CCSBT)' 등이 있다.

의 예방·억지·근절을 위한 항만국 조치 협정'을 채택한바 있다.[101]

참고로 공해어업의 규제와 관련한 분쟁도 심심치 않게 일어나고 있다. 대표적인 예로 일본, 호주, 뉴질랜드간 '남방참다랑어(Southern Bluefin Tuna) 사건'이 있다.[102]

바. 군함의 지위

유엔해양법협약이 규정하고 있는 군함관련 사항을 정리하면 다음과 같다.

1) 군함의 정의

군함이란 (a) 어느 한 국가의 군대에 속한 선박으로서, (b) 그 국가의 국적을 구별할 수 있는 외부표지가 있고, (c) 그 국가의 정부에 의하여 정식으로 임명되고 그 성명이 그 국가의 적절한 군적부나 이와 동등한 명부에 등재되어 있는 장교의 지휘 아래 있으며, (d) 정규군 군율에 따르는 승무원이 배치된 선박을 말한다(제 29조).

군함은 반드시 기국의 소유를 의미하지는 않는다.

2) 군함의 연안국 법령위반

군함이 영해통항에 관한 연안국의 법령을 준수하지 아니하고 연안국의 법령준수 요구를 무시하는 경우, 연안국은 그 군함에 대하여 영해에서 즉시 퇴거

---

101) 이 협정의 정식명칭은 'Agreement on Port State Measures to Prevent, Deter and Eliminate Illegal, Unreported and Unregulated Fishing'이다. 이 협정은 공해 생물자원의 보존의무 위반 여부를 가장 잘 확인할 수 있는 항만국의 조치를 통해 IUU 어업 방지에 기여하고 있다.

102) 호주, 뉴질랜드, 일본은 남방참다랑어 남획방지를 위해 1993년 '남방참다랑어 보존협약(CCSBT)'을 체결하여 지역수산기구인 '남방참다랑어 보존위원회'를 설립하고 각국별로 어획량을 할당하였다. 그러나 일본은 그간의 보존노력으로 자원량이 상당부분 회복되었으므로 어획할당량의 상향조정을 주장하면서 자원조사 차원의 '시험조업'을 독자적으로 실시하였다. 이에 대해 호주·뉴질랜드는 일본이 어획량을 편법으로 확대하여 참다랑어를 고갈시키고 있다고 보고 일본의 행위를 즉각 중단시켜 달라는 잠정조치의 결정을 국제해양법재판소에 요청하였다. 이에 대해 1999년 국제해양법재판소는 일본의 '시험조업'은 순수한 '시험' 수준을 넘은 '상업적' 어업에 해당한다고 보았다.

할 것을 요구할 수 있다(제 30조).

3) 군함의 기국의 책임과 주권면제

기국은 (자국의) 군함이 영해통항에 관한 연안국의 법령 또는 이 협약이나 그 밖의 국제법 규칙을 준수하지 아니함으로써 연안국에게 입힌 어떠한 손실이나 손해에 대하여도 국제책임을 진다(제 31조).

군함이 외국의 허가를 받아 다른 나라의 항구에 입항한 경우에는 완전한 (주권)면제를 향유한다. 그러나 여기서의 면제는 연안국의 재판관할권으로부터의 면제를 의미할 뿐 연안국 관련 법령의 준수의무가 배제되는 것은 아니다.

또한 군함은 공해상에서 어느 국가의 관할권으로부터도 면제된다(제 32조).

4) 국제해협에서의 통과통항권

군함은 국제해협에서 타국 영해에서의 무해통항과는 달리 자유로운 항행(통과통항)이 허용된다(제 38조). 반면 타국 영해에서의 군함의 무해통항에 대하여는 국가별 실행이 다르다.

5) 군함과 기국주의의 예외

군함은 공해상에서 기국주의의 예외로서 타국 선박에 대한 임검권(제 110조)과 추적권(제 111조)을 가진다.

각 수역에서의 군사활동(요약)
▶ <영해에서의 군사활동> 타국의 영해 내에서는 외국 군함의 어떠한 군사활동도 금지된다. 연안국은 외국의 군사활동에 대하여 완전한 통제 권한을 갖는다. 다만, 외국 군함은 일정한 조건(연안국의 법령 준수 등)에 따라 타국 영해에서 무해통항권을 가질 수 있다.
▶ <배타적 경제수역에서의 군사활동> 배타적 경제수역은 영해도 아니고 공해도 아닌 특수한(*sui generis*) 수역이다. 유엔해양법협약 제 56조와 제 58조는 연안국

및 제 3국의 권리와 의무에 대해서만 규정하고 있을 뿐 배타적 경제수역에서 군사활동이 허용될 수 있는지 여부에 대하여는 규정하고 있지 않다. 그러나 배타적 경제수역의 상부수역이 공해로서의 지위를 가진다는 점에서 전통적으로 공해상에서 허용되던 군사활동의 허용 여부가 쟁점이 되고 있다. 특히 이에 대한 해석을 둘러싸고 미중간 갈등이 노정되고 있다.

▶ <공해에서의 군사활동> 모든 국가는 다른 국가의 간섭을 받지 않고 공해를 자유롭게 사용할 수 있으며 군사 기동훈련 등과 같은 군사활동은 허용된다. '평화적 목적'의 이용이 국가들의 군사활동의 자유를 제한하는 것은 아니다. 다만 불법한 무력의 위협 또는 행사를 삼가할 의무, 기타 해양이용에 있어서 다른 나라의 정당한 권리를 고려할 의무, 국제법상의 의무 등을 조건으로 공해상에서 군사활동을 수행하여야 할 것이다. 참고로 핵무기의 공해상 실험이나 배치 등은 어느 경우에도 평화적 목적의 이용에 해당된다고 볼 수 없다.

6. 내륙국 및 (반)폐쇄해

협약은 해안이 없는 내륙국(land-locked states)에 대하여 해양출입권과 통과의 자유를 허용하고 있다(제 125조).

또한 2개국 이상에 둘러싸이고 좁은 출구에 의하여 다른 바다나 대양에 연결되거나 또는 전체나 그 대부분이 2개국 이상 연안국의 영해와 배타적 경제수역으로 이루어진 만(gulf), 내만(basin) 또는 바다를 의미하는 폐쇄해 또는 반폐쇄해가 있다(제 122조).[103] 이들 폐쇄해 또는 반폐쇄해 연안국들은 해양생물자원, 해양환경 보호 등 목적을 위해 권리행사와 의무이행에 있어 협력하여야 한다(제 122~123조).

103) 폐쇄해 또는 반 폐쇄해의 개념에는 Baltic Sea, Black Sea, Caribbean Sea, East China Sea, Mediterranean Sea, Red Sea, South China Sea, Gulf of Mexico, Gulf of Oman과 Arabian Gulf가 있다. 동해(East Sea)수역이 반 폐쇄해에 포함되는지에 대해서는 학자간 이견이 있다. 그러나 동해수역은 일본, 남북한과 러시아에 둘러싸여 있고, Tugaru 해협을 통해 태평양으로 연결되며, 대한해협을 통해 동지나해로, 라페루즈 해협을 통해 오호츠크해로 연결된다는 점에서 제 122조의 요건을 충족시키고 있다고 본다.

7. 심해저

가. 정의

심해저(Area)는 '국가관할권 한계 밖의(beyond the limits of national jurisdiction) 해저(sea-bed), 해상(ocean floor) 및 하층토(subsoil)'를 말한다(제 1조 1항). 심해저는 대륙변계(대륙붕의 외측 한계) 이원을 말한다.

나. 심해저와 인류공동유산

인류공동유산 개념은 1967년 제 22차 유엔 총회에서 유엔주재 몰타대표인 Arvid Pardo 대사가 제시하여 발전된 개념이다. Pardo 대사는 심해저를 인류공동의 이익을 위하여 평화적인 목적으로 활용할 것을 주장하였다. 이를 계기로 1970년 유엔 총회는 '심해저 원칙 선언(Declaration of Principles governing the Sea-Bed and the Ocean Floor, and the Subsoil Thereof, beyond the Limits of National Jurisdiction)'을 채택하였다. 이에 대해 공해자유의 원칙을 주장하는 선진국과 심해저를 국제관리하에 두어야 한다고 주장하는 개도국간 이해의 충돌 과정을 거쳐 1982년 유엔해양법협약은 '인류공동유산(common heritage of mankind)'으로서의 심해저의 개념을 확립하였다(제 136조).

여기서 인류 공동유산이란 무주물(res nullius)이나 공공물(res communis)과는 다른 개념이다. 인류 공동유산은 무엇보다도 일국의 독점이 허용되지 않는다는 데 특징이 있다. 따라서 심해저 및 심해저 내 천연자원에 대하여는 어느 국가도 주권 또는 주권적 권리를 행사할 수 없으며 어떠한 국가, 자연인, 법인도 이를 자신의 것으로 독점할 수 없다(제 137조 1항). 심해저 자원[104]에 대한 모든 권리도 인류 전체에게 부여된 것이다(제 137조 2항). 이를 요약하면 인류 전체에 대한 혜택으로 간주될 수 있는 심해저 및 그 자원은 인류공동유산이므로 일방적으로 개별국가 또는 개인이나 기업에 의해 개발되어서는 안 되며 인류전체의 이익을 위해 국제관리 체제하에서만 개발이 허용되어야 한다는 의미이다(이 점 공해가

---

104) 심해저 자원이란 '복합금속단괴를 비롯하여 심해저의 해저나 해저 아래에 있는 자연상태의 모든 고체성, 액체성 또는 기체성 광물자원'을 말한다(협약 제 133조).

'공공물'인 것과 구분됨). 따라서 심해저는 모든 국가에 대하여 차별없이 평화적 목적으로만 이용하도록 개방된다.

후술하는 바와 같이 1979년 달 조약도 달과 그 자원을 인류공동유산으로 규정하고 있다.

인류공동유산105)
▶ 이 원칙은 공동체 재산(community property), 공동체 이익(community benefit), 그리고 후손의 이익(benefit of the posterity)을 의미하는 최근에 탄생한 개념이다. ▶ 이 원칙이 적용되는 지역의 천연자원은 어느 국가에 의해 전유될 수 없다는 비전유의 원칙을 내포하고 있다. ▶ 이 원칙이 적용되는 지역의 천연자원의 경영, 개발, 분배는 반드시 국제제도(international regime)에 의하여 수행되어야 한다. ▶ 이 원칙이 적용되는 지역의 탐사 및 자원개발에서 나오는 이익은 인류공동의 유산이므로 각 국가의 국민은 물론 아직 국가를 형성하지 못한 비자치지역의 인민들에게도 그 혜택이 분배되어야 한다. ▶ 이 개념은 세계문화유산(world cultural heritage), 자원공동유산(common heritage of resources), 공동환경유산(common environmental heritage), 그리고 ICJ 재판관 Bedjaoui가 언급한 바와 같이 인류의 기술유산(technological heritage of mankind)과 함께 발전되고 있는 개념이다.

다. 심해저 제도에 대한 국제사회의 태도

많은 선진국들은 인류공동유산 개념에 입각한 유엔해양법협약 제도하의 심해저 개발체제에 대하여 반대하였다. 이러한 배경하에 앞에서 설명한 바와 같이 1994년 유엔 총회는 심해저 개발과 관련한 선진국과 개도국간의 이해조정을 위한 타협안으로 심해저에 관한 이행협정을 채택하였다. 이 협정은 특히 의사결정방식의 수정, 기술이전의무 조항의 삭제 및 심해저 광물생산량 제한철폐 등 종

105) 김한택, '달 협정의 내용 및 우리나라의 비준가능성', 국제법 동향과 실무, 2009, Vol. 8, 통권 제 23호에서 관련 부분 인용 요약.

전 선진국의 불만을 고려한 내용이었다.[106] 이를 통해 초기 선진국들의 불만해소가 어느 정도 가능해졌다. 이에 앞서 1982년 협약채택 당시 선진국과 개도국 간 대립을 해소하기 위한 노력의 일환으로 일정한 자격을 갖춘 선행투자자에게 심해저 광구를 우선 할당하는 선행투자가보호제도가 채택된바 있다.[107]

한편 심해저 관련 국제협력의 촉진을 위해 국제해저기구(International Sea-Bed Authority: ISA)가 설립되었다. 따라서 심해저 자원을 탐사하고 개발하는 모든 심해저 활동은 인류 전체를 위하여 활동하는 국제해저기구에 의해 관리된다.

제3절 해양환경의 보호와 보전 및 해양과학조사

1. 해양환경의 보호와 보전

1978년 라이베리아 유조선 Amoco Cadiz가 프랑스 해안에서 좌초되어 엄청난 양의 원유가 유출되면서 해양오염을 야기하였다. 이 사고는 그때까지 발생한 모든 원유유출 사고 중 가장 규모가 컸던 사건이다. 이 사건은 당시 논의 중이

106) '심해저 이행협정'은 선진국의 입장을 대폭 반영하여 (1) 심해저기업 운영, 기술이전 및 자본주의적 생산방식의 도입 등 협약상의 개발제도를 대폭 수정하였고, (2) 국제해저기구(ISA)의 일반정책에 대한 의사결정은 컨센서스에 의하되 주요 이해그룹에 거부권을 인정하여 선진국의 불안감을 해소시켜 주었다. 양희철, 'ISA의 심해저 자원개발 논의와 우리나라의 대응방향', 독도연구저널 2014 Winter, Vol. 30, p. 27, 한국해양수산개발원.

107) 우리나라는 1994년 선행투자가(prior investor)로서 태평양 클라리온-클리퍼튼 지역에 심해저 광구를 등록하고, 2001년 국제해저기구와 망간단괴 탐사계약을 체결하였다. 2002년에는 최종 광구 75,000 평방 킬로미터의 확보 등 심해저 자원 탐사에 적극 참여 중이며 이후에도 지속적으로 심해저 탐사광구를 할당받아 탐사계약을 추진해 오고 있다.

던 유엔해양법협약의 해양환경 관련 논의에 많은 영향을 미쳤다.

유엔해양법협약 제 1조는 해양환경오염을 '해양생물자원에 대한 손상, 인간의 건강에 대한 위험, 어업등 해양이용에 대한 장애와 같은 해로운 결과를 가져오거나 가져올 가능성이 있는 물질이나 에너지를 해양에 들여오는 것'으로 정의하고 있다. 이어서 협약 제 12부(해양환경의 보호와 보전)에서 해양환경의 보호와 보전을 위해 높은 수준의 전 지구적 차원의 규칙(directives)을 규정하고 있다. 특히 협약 제 12부의 첫 조항인 제 192조는 당사국들의 해양환경 보호와 보전의무를 선언하며 확인하고 있다. 따라서 협약 제 12부에 포함된 규정들은 본질적으로 근본규범에 해당되는 것으로 이들 규정들은 해양환경의 보호와 보존을 위한 포괄적인 국제법상의 틀이 되고 있다. 사실상 해양환경에 관한 기본법에 해당한다.

특히 협약은 해양환경의 보호와 보전에 많은 조항을 할애하고 있으며 이러한 사실은 협약이 그만큼 해양환경 문제에 중요성을 부여하고 있다는 의미이다. 이중 중요한 조항에 대하여 설명한다. 참고로 이들 조항의 내용은 제 21강에서 다루게 될 국제환경법의 기본원칙과도 궤를 같이한다.

첫째, 제 12부의 첫 조문인 제 192조(일반적 의무)는 각국이 해양환경을 보호하고 보전할 의무를 가진다고 선언하고, 제 193조(천연자원의 개발에 관한 국가의 주권적 권리)에서는 각국이 자국의 환경정책을 이행하고 동시에 해양환경을 보호하고 보전할 의무를 준수하면서 자국의 천연자원을 개발할 주권적 권리를 가진다고 규정하고 있다.

둘째, 협약 제 194조(해양환경오염의 방지, 경감 및 통제를 위한 조치)는 제 1항에서 각국이 모든 오염원으로부터 해양환경오염을 방지, 경감 및 통제하기 위해 이 협약에 부합하는 모든 조치를 취할 것을 규정하고, 제 2항에서는 자국의 관할권이나 통제하의 활동이 다른 국가와 자국의 환경에 대하여 오염으로 인한 손해를 주지 않도록 할 것을 규정하고 있다.

셋째, 협약 제 195조(피해나 위험을 전가시키거나 오염형태를 변형시키지 아니할 의무)는 각국이 직·간접적으로 피해나 위험을 어느 한 지역에서 다른 지역으로 이전시키거나 또는 어떠한 형태의 오염을 다른 형태의 오염으로 변형시키지 않을 의무에 대하여 규정하고 있다.

넷째, 협약 제 197조(전 지구적 및 지역적 차원의 협력)는 각국이 해양환경보호를 위하여 전 지구적 및 지역적 차원에서 협력할 의무를 규정하고 있다.

다섯째, 협약 제 198조(급박한 피해나 현실적인 피해의 통고)는 각국이 해양환경오염으로부터 피해를 입을 급박한 위험에 처하거나 또는 피해를 입은 경우 영향을 받을 수 있는 다른 국가와 국제기구에 대하여 신속히 통보하도록 규정하고 있다.

여섯째, 협약 제 206조(활동의 잠재적 영향평가)는 국가로 하여금 자국의 계획된 활동이 해양환경에 실질적인 오염이나 중대하고 해로운 변화를 가져올 것이라고 믿을 만한 합리적인 이유가 있는 경우 잠재적 영향평가를 실시하여야 한다고 규정하고 있다.

일곱째, 협약 제 235조(책임)는 국가들이 해양환경의 보호와 보전을 위하여 국제적 의무를 이행할 책임과 이를 위한 보상 등을 위해 협력할 의무에 대하여 규정하고 있다.

한편 협약은 오염원의 관점에서 해양오염 문제를 다루고 있다(제 207~222조). 즉, 해양오염을 '육상기인, 국가관할권하의 해저활동, 국제심해저활동, 해양투기, 선박기인 및 대기기인' 오염의 여섯 가지 원인들로 구분하고 이에 대한 각국의 법집행에 대하여 규정하고 있다. 이 중 협약이 가장 상세하게 다루고 있는 부분은 선박에 의한 오염이다. 선박에 의한 오염을 규제하기 위해 협약은 기국, 기항국 및 연안국에 의한 법령집행 및 이를 통한 조사 및 기소 권한 등에 대하여 규정하고 있다.

참고로 선박충돌이나 좌초 등 사유로 외국선박이 타국의 영해나 배타적 경제수역 내에서 또는 더 나아가 공해에서 대규모 해양오염을 야기하는 경우 연안국은 자국연안에 대한 오염의 위험을 제거하기 위하여 필요한 조치를 직접 취할 수 있다. 예컨대, 전술한 1967년 'Torrey Canyon호 사건'이 대표적인 사례이다.[108]

끝으로 이들 환경보호와 보전 관련 조항들은 군함이나 공적 목적의 정부선

108) 이 사건을 계기로 1969년 '유류오염 사고시 공해상 개입에 관한 협약(Convention relating to Intervention on the High Seas in Cases of Oil Pollution Casualties)'과 '유류오염손해에 대한 민사책임에 관한 협약(Convention on Civil Liability for Oil Pollution Damage)'이 채택되었다.

박 등 주권면제의 대상이 되는 선박에 대하여는 적용되지 않는다(제 236조).

2. 해양과학조사

유엔해양법협약은 모든 국가와 권한있는 국제기구가 해양과학조사를 수행할 권리를 가진다고 규정하고 있다(제 238조).

나아가 해양과학조사의 수행을 위한 원칙으로 (a) 평화적 목적, (b) 적절한 과학적 수단과 방법의 이용, (c) 다른 적법한 해양의 이용을 부당하게 방해하지 않아야 할 의무, (d) 해양환경의 보호와 보전을 위한 규칙의 준수 등을 규정하고 있다(제 240조).

또한 협약은 해양과학조사가 해양환경 또는 그 자원(marine environment or its resources)의 어느 한 부분에 대한 어떠한 권리주장의 근거가 될 수 없다고 규정하고 있다(제 241조).

이 제도는 해양과학조사의 자유를 주장하는 해양강국들과 이를 제한하여 해양관할권의 확대를 도모하려는 연안국들간의 이익의 균형을 위해 포함되었으나 해양과학조사가 가지는 사안의 민감성과 해양과학조사에 대한 명확한 정의의 결여 등으로 인한 해석상의 차이로 논란이 계속될 수 있을 것으로 보인다.

제4절 우리나라와 유엔해양법협약

1. 한일어업협정(1965년 협정과 1998년 신협정)

1965년 한일어업협정에서 양국은 자국기선으로부터 12해리까지의 수역(전관수역)에서만 어업에 관한 배타적 관할권을 행사하고 그 이원의 한반도 주변 수역에 대해서는 별도로 공동규제수역을 설정하였다.

그러나 이후 상대적으로 어족자원이 풍부한 일본 측 수역으로 우리 우선의 출어가 늘어나면서 일본은 어업협정의 폐기를 요구하였다. 협정상 우리 측은 일 측 연안의 12해리 전관수역을 제외한 인근수역에서 자유로운 어로행위가 허용되나 일본은 우리 주변수역에 설정된 공동규제수역에 묶여 우리 측 인근수역에서의 어로행위가 제한되었기 때문에 일본 측의 불만이 고조되었다. 이를 이유로 일본은 협정개정을 지속적으로 요구하여 왔으며 급기야는 협정의 일방적 폐기를 선언하게 되었다. 그러나 폐기된 협정을 대체할 새로운 어업협정의 체결문제는 당시 채택된 유엔해양법협약상의 배타적 경제수역 제도 등 변화된 해양질서와 맞물려 새로운 전환점을 맞이하게 되었다.

이러한 배경하에 1998년 새로이 체결된 신한일어업협정은 양국의 배타적 경제수역을 대상수역으로 하여 양국 기선으로부터 약 35해리의 수역을 각자의 전속수역으로 하고, 중간선을 기준으로 하여 남해(동해 남부에서 남해 중심부 수역)에서의 배타적 경제수역의 경계를 획정하였다. 반면 동해에서는 독도주변(양국이 주장하는 배타적 경제수역이 중복되는 수역)을 중간수역으로 하고, 제주 남부수역에 대해서도 유사한 수역을 설정하여 배타적 경제수역 제도를 상호 적용하지 않기로 하였다.[109] 따라서 이들 수역에서 양국 어선은 기국의 관할권에만 복종하도

109) 여기서 중간수역은 편의상 사용하는 명칭으로 협정에서는 좌표를 사용하여 명칭이 부여되어 있지 않다. 이 수역은 양국간 배타적 경제수역 경계획정이 안 되었을 뿐 양국에 속하는 배타적경제수역이므로 제 3국의 선박이 양국의 허가 없이 조업하는 것은 허용되지 않는다.

록 하였다.

한편 독도가 중간수역에 포함된 것을 이유로 일부에서는 독도의 영유권을 훼손하였다는 주장이 제기되고 있다. 그러나 이러한 해석은 정당하다고 볼 수 없다.

첫째, 독도는 영해 12해리를 그대로 가지고 있으며 우리의 영해로서 우리가 주권을 행사하고 있다.

둘째, 어업협정은 최종적인 해양경계획정 이전에 체결되는 잠정약정으로 영유권 문제와는 무관하다. 이 점은 1953년 '망키에와 에크레호 사건'에서도 확인된다.[110)]

셋째, 협정 제 15조는 "이 협정의 어떠한 규정도 어업에 관한 사항 이외의 국제법상 문제에 대한 각 체약국의 입장을 해하는 것으로 간주되어서는 아니된다"고 규정하여 이 협정이 어업에 관한 협정으로 독도의 영유권과는 무관하다는 점을 양국이 분명히 하였다.

넷째, 협정이 헌법상 영토조항을 위반하였다는 이유로 제기된 헌법소원에서도 헌법재판소는 2001년과 2009년 두 차례에 걸쳐서 어업협정은 영토나 독도 영유권 문제와 관련이 없다는 이유로 기각 판결을 내렸다.

따라서 협정 체결로 독도의 영유권이 훼손되었다는 주장은 기우에 불과하다. 오히려 협정 체결로 한일간 동해수역에서의 어업질서를 확립하게 되어 우리 어민들의 이익증진에 기여하였다는 점에서 긍정적인 평가를 할 수 있다.

한일어업협정

1965년 한일기본관계조약의 4개 부속협정 중 하나로 체결된 한일어업협정은 1998년 1월 23일 일본의 일방적 파기선언으로 무효화 되었으며 이후 한일간 교섭을 통해 1998년 9월 25일 체결된 새로운 한일어업협정으로 대체되었다. 새로운 협정의 공식명칭은 "대한민국과 일본국간의 어업에 관한 협정"으로 1965년 협정과 구분하여 신한일어업협정이라 불리운다.

---

110) 이 사건에서 ICJ는 영국과 프랑스가 1839년 8월 2일 체결한 어업 관련 협정, 특히 그 지역에서의 굴 조업에 관한 협정이 영토주권, 즉 영유권 문제와 직접 관련이 없다고 보았다.

1945년 일본이 패망한 후 일본인 선주들이 일본으로 돌아가면서 어선과 어구를 대부분 가져감으로써 한국의 수산업은 크게 위축되었고 어업 생산량도 급감하였다. 한국의 수산업이 어려움을 겪는 동안 상대적으로 우월한 장비를 갖춘 일본의 어선들은 대규모로 선단을 이루어 우리 연안 앞바다까지 몰려와 어로행위를 함으로써 우리 측의 분노를 자아내곤 하였다.

1946년 6월 22일 연합국최고사령관 맥아더 장군은 훈령(SCAPIN 1033)을 통해 독도주변 수역 12해리를 일본어선의 조업구역에서 배제하는 내용의 맥아더라인을 설정하였다. 그러나 1951년 9월 8일 서명된 샌프란시스코 대일평화조약으로 인해 우리 측에 유리하게 설정된 맥아더 라인이 무실화될 것에 대비하여 이승만 대통령은 독도수역을 포함한 기존의 우리 측 수역을 보호하기 위해 1952년 "인접 해양에 대한 대통령 주권 선언"을 발표하였다. 동 선언에 의해 일방적으로 그어진 외곽선이 평화선(Peace Line)이다. 참고로 일본은 평화선의 정당성을 문제삼으며 이를 이승만 개인의 선으로 "이 라인(Rhee Line)"이라고 폄훼하였으나 우리 측은 한일간 평화의 선이라는 의미에서 이를 평화선으로 명명하였다.

평화선 선포로 한일간 갈등은 고조되었다. 한국은 평화선을 침범한 일본 어선을 대거 나포함으로써 연안 어장을 보호하고자 했고, 이에 대해 사실상 속수무책이었던 일본은 어업협정을 통해 평화선을 무력화하고자 했다. 이러한 불편한 상황이 지속되는 가운데 한일 양국은 한일기본관계조약을 교섭하기에 이르렀고 이를 계기로 동 조약의 부속협정의 하나로 어업협정이 체결되었다.

어업협정을 통해 양국은 자국기선으로부터 12해리까지의 배타적 어업수역이라고 할 수 있는 전관수역을 지정하고 한국의 전관수역 이원의 주변수역에 공동규제수역을 설정하였다. 공동규제수역에서는 한일 양국의 어민이 공동으로 조업하며(양국은 연간 15만톤 까지만 어획하기로 합의), 양국은 기국주의 원칙에 따라서 자국어민과 어선에 대한 배타적인 통제 및 관할권을 행사하였다. 그러나 일본의 주변수역에는 공동규제수역을 설치하지 않았다. 그 이유는 당시 낙후된 한국어선이 일본 주변수역까지 다가가서 어로활동을 할 수 있을 것이라고는 보지 않았기 때문이다. 결국 어업협정의 체결로 사실상 평화선은 무력화되었으며 일본 어선들은 평화선 넘어 한국 쪽 수역에서 어로를 보장받게 되었다.

한편 1965년 어업협정 교섭 당시 독도 영유권 문제가 쟁점으로 제기되었으나 우리 측의 강경입장으로 일본은 형식적으로는 독도 영유권을 주장하지만 실질적으로는 현상유지를 존중하는 방침을 선택하였다.

어업협정 이행 초기에는 일본에게 유리하게 체결된 협정이라는 국내적 비판이 있었으나 1970년 말부터 우리의 어업능력이 획기적으로 발전하게 됨에 따라 우리 어선들은 일본 측 기선으로부터 12해리 전관수역을 제외한 일본 연안수역에까지 진출하여 자유로이 어로활동을 할 수 있었다. 예컨대, 동해 최대의 황금어장으로 알려진 대화퇴(大和堆)와 홋카이도 해역에서 일본 어선보다 더 많은 한국 어선이 조업하는 현상이 발생하기도 하였다. 이로 인해 일본 어민들의 불만이 고조되었고 1980년 한일 양국정부는 한일어업협정에 규정된 공동규제수역 밖의 상대국 연안수역에서 조업하는 자국어민을 규제하기 위해 "조업자율규제" 조치를 취하기로 합의하였다. 그러나 이는 근본적인 문제의 해결이 아니었으므로 일본 어민들은 한일어업협정의 개정을 강력히 요구하게 되었다. 하지만 한국으로서는 절대적으로 유리해진 협정을 개정하는데 동의할 실익이 없었다.

1994년 유엔해양법협약의 발효로 200해리 배타적 경제수역(Exclusive Economic Zone)의 개념이 도입됨에 따라 일본 어민단체들을 중심으로 200해리 어업수역을 설정할 것을 요구하는 분위기가 형성되기 시작하였고 일본 의회도 유엔해양법협약의 시행에 따른 새로운 한일어업협정의 체결을 요구하였다.

한일 양국은 1996년 각자의 배타적 경제수역을 선포하였고 1997년부터 일본은 유엔해양법약에 근거해 근해의 작은 섬들을 직선으로 연결, 영해기선을 새롭게 설정하고 시행에 들어갔다. 일본은 1965년 협정에도 불구하고 자신들의 직선기선을 넘어온 한국의 어선들을 무차별적으로 나포하였으며 일본 정부는 우리 측에 직선기선을 인정하지 않으면 어업협정을 파기하겠다며 강경한 입장을 취하였다.

이러한 배경하에 한일 양국간에 배타적 경제수역 경계획정의 필요성이 본격적으로 대두되게 되었고 동시에 한일어업협정을 대체할 새로운 협정을 체결하자는 일본 측의 주장이 강화됨에 따라 양국은 배타적 경제수역 경계획정 교섭과 어업협정 교섭을 병행하여 추진하게 되었다. 그러나 경계획정 문제는 독도 영유권 및 기점선택의 문제 등 복잡한 사안과 결부되어 합의를 도출하기가 어려운 실정이었으며 결국 대안으로 양국은 배타적 경제수역 경계획정에 앞서 새로운 어업협정을 우선 체결하기로 하였다.

어업협정 교섭과정에서도 독도영유권을 둘러싼 한일간 입장차로 협상이 난항을 거듭하던 중 1997년 11월 7일 한국 정부가 독도에 접안시설을 건립함으로써 한일간 갈등은 심화되었고 협상은 진전을 보지 못하던 상태에서 일본은 1998년 1월 23일 1965년 한일어업협정을 일방적으로 파기하기에 이르렀다. 이에 따라 양국은 사태 악화를 방지하기 위해 독도 영유권 문제에 대한 양측 입장을 유보한 가운데 새로운 어업협정의 체결에 우선적으로 임하게 되었으며 그 결과 1998년 11월 28일 신한일어업협정의 타결을 보게 되었다.

참고로 1965년 한일어업협정은 협정 제 10조에 따라 일본 측의 일방 폐기 통보 후 1년이 지나는 시점에서 종료하기로 되어 있었으며, 다행히도 신한일어업협정이 1965년 협정의 공식 종료 전에 체결됨으로써 어업협정 부재에 따른 혼란을 피할 수 있었다.

신한일어업협정은 협정 전문에서도 기술된 것처럼 유엔해양법협약에 기초하여 한일 양국간 새로운 어업질서를 확립하고 협력관계를 더욱 발전시키기 위해 체결되었다. 동 협정은 양국의 배타적 경제수역을 대상수역으로 하며, 양국 기선으로부터 약 35해리의 수역을 각자의 전속수역으로 하고, 중간선을 기준으로 하여 남해에서의 배타적 경제수역의 경계를 획정하였다. 그러나 동해에서는 독도주변을 중간수역으로, 제주 남부수역에서도 유사한 수역(잠정수역이라고도 함)을 설정하여 배타적 경제수역 제도를 상호 적용하지 않기로 하였다. 따라서 이들 수역에서 양국 어선은 기국의 관할권에만 복종하도록 하였다. (후략)

2. 한중어업협정

한중 양국간 배타적 경제수역 경계획정에 임하는 기본입장과 적용원칙에 대한 이견으로[111] 경계획정교섭이 난항을 거듭하는 가운데 양측은 이에 대한 대안으로 우선 현안인 어업협정을 체결(2000년 서명, 2001년 발효)하였다.

협정체결을 통해 양국은 자국 인접수역을 일단 자국 측 배타적 경제수역(전속수역)으로 인정하고 양국의 주장이 중첩될 수 있는 서해 중간에 잠정조치수역을 설정하였다. 잠정조치수역에서는 어선에 대한 기국의 관할권이 인정된다. 잠정조치수역 외곽에는 다시 과도수역을 설정하고 4년간 유지 후 종료하기로 합의하였으며 이에 따라 이들 과도수역은 현재 각국의 배타적 경제수역으로 편입되어 있다. 그 밖에 잠정조치수역과 과도수역의 이북과 이남 수역에 대해서는 현행조업유지수역으로 하여 별도의 합의가 없는 한 자국 법령을 상대국 어선에 적

111) 우리 측은 중간선에 기초한 경계획정을 주장하였으나 중국 측은 해안선의 길이, 영토, 인구 등 제반 상황을 고려한 형평한 해결을 주장하였다.

용하지 않고 사실상 양국 모두 현행 어업활동을 계속 유지할 수 있도록 하였다.

그러나 유감스럽게도 이어도 수역이 과도수역에 포함되지 않아서 결과적으로 우리의 배타적 경제수역에 포함되지 않았다.[112] 우리는 이어도가 양국간 배타적 경제수역 기점으로부터 가상의 중간선의 우리 측 수역에 위치하게 된다고 보고 이어도 주변수역이 우리의 수역임을 주장하고 있으며 이를 최종 경계획정 교섭시 반영하기 위해 노력중이다.

3. 북한의 군사경계수역(Military Boundary Zone)

일부 국가들은 자국 안보를 이유로 자국 영해 및 영해 이원에 군사적 목적의 군사경계수역을 설정하고 있으며 군사경계수역의 명칭이나 범위도 다양하다. 그러나 이러한 군사경계수역은 유엔해양법협약상 정당성을 인정받기 어렵다.

이와 관련 북한은 1977년 7월 200해리 경제수역을 발표하고 이어서 8월 1일 동해에서의 광범위한 수역에 대해 영해기선에서부터 50해리까지의 수역을, 그리고 수역의 범위가 좁은 황해에서는 북한의 경제수역 전체를 군사경계수역으로 선포하였다.[113]

---

112) 따라서 이어도 수역에서도 한중 양국은 자국 법령을 상대국 어선에 적용하지 않고 자유로이 어업활동을 할 수 있다.

113) 북한은 군사경계수역이 북한의 국익과 주권을 수호하기 위하여 설정되었다고 주장하고 있으나 이는 정당성을 결여한다. (a) 외국 군함과 군용기는 북한의 군사경계수역과 상공에의 출입이 금지되며, 민간 선박(어선은 제외)과 항공기의 경우 사전 합의 또는 승인을 전제로 동 수역과 상공에의 출입이 허용되지만 동 선박이나 항공기는 군사적 목적의 활동이나 북한의 경제적 이익을 저해하는 행위에 종사할 수 없다고 규정하고 있다. 예컨대, 사진 촬영이나 해양 관련 자료를 수집하는 행위도 철저히 금지된다. 그러나 일반국제법상 영해에서는 민간선박의 무해통항권이 인정되는바 영해를 확장한 동 수역을 내수로 간주하고 동 수역에서 타국선박이나 항공기의 당연한 국제법상의 권리를 부인하는 것은 어떠한 이유로도 정당화 될 수 없다. 더욱이 민간선박의 활동이 자신들의 경제적 이익을 침해하는지의 여부에 대한 판정도 자신들이 하려고 하는바, 이는 동 수역에 대한 모든 선박의 출입을 사실상 금지하는 것으로 국제법상 허용될 수 없다. (b) 또한 동 수역에서 어선은 규제대상에서 제외되는 것으로 되어있으나 어선의 활동은 북한의 '경제수역 선언(북한의 경제활동에 장애가 되는 외국 선박이나 항공기에 의한 일체의 행위 및 해수 오염이나 대기오염 등 인명과 자원에 유해한 모든

제5절 극지와 유엔해양법협약[114)]

1. 남극

남극을 규율하는 국제법 체계는 1959년 체결된 남극조약을 정점으로 하여 해양, 자원, 환경 등 각 분야별로 체결한 조약들이 포괄적으로 하나의 틀을 형성하는 '남극조약체계(Antarctic Treaty System: ATS)'로 이루어져 있다.

보다 구체적으로 '남극조약체계'는 남극체제(Antarctic Regime)라고도 불리우며 남극조약을 중심으로, (a) 1972년 '남극 물개보존을 위한 협약(Convention for the Conservation of Arctic Seals: CCAS)', (b) 1980년 '남극해양생물자원 보존협약(Convention on the Conservation of Antarctic Marine Living Resources: CCAMLR)', (c) 1988년 '남극광물자원 활동규율에 관한 협약(Convention on the Regulation of Antarctic Mineral Resources Activities: CRAMRA)' 및 (d) 1991년 '환경보호에 관한 남극조약 의정서(Protocol on Environmental Protection to the Antarctic Treaty)'를 포함하고 있다.

이들 남극 관련 조약들은 남극조약 제 9조에 규정된 '남극조약 협의당사국(Antarctic Treaty Consultative Parties: ATCP)'들에 의해 논의되었고 남극조약의 제 원칙을 확인한다는 규정을 포함하고 있어서 남극조약을 근거로 성립되었음을 보여주고 있다. 이와 같이 '남극조약체계'는 독특한 국제법적 체제로서 지난 50여 년간 남극의 평화적 이용 및 관리를 위한 국가간 협력을 증진시키는 데 기여하였다.

행위를 금한다는 포괄적인 금지규정을 두고 있음)'에 의해 규제되기 때문에 실질적으로 민간 어선도 규제대상에서 제외되지 않는다는 점에서 정당성이 의문시된다. 박영수·정명선·방영애, '국제법 및 해운법 참조서(법학부용)', 평양: 김일성종합대학, 1985, p. 4, 김찬규·이규창 저, '북한 국제법연구, 한국학술정보 (주), 2009 등에서 재인용; 김영원, 배타적 경제수역(EEZ)에서의 군사활동에 관한 국제법적 검토: 동아시아에서의 미중 간 갈등과 우리나라에 대한 함의, JPI 정책포럼, 2017 참조.

114) 김민경, 앞의 논문.

남극조약의 주요 특징들을 살펴보면 다음과 같다.

첫째, 남극조약은 남극대륙에서의 영유권 주장을 해결하려는 것이 아니라 동결시키는 데 목적이 있다. 그 결과 남극대륙 및 인접 도서들에 대한 영유권 다툼에도 불구하고 영유권을 주장하던 국가들과 미국 등 남극에 상당한 이해를 가지는 국가들이 반세기동안 조화롭게 남극에서 활동할 수 있었다.

둘째, 남극조약은 전문에서 남극이 평화적 목적으로만 이용되어야 한다고 규정하면서 제 1조에서 특히 군사기지, 방어시설의 설치, 어떠한 형태의 무기실험 및 군사훈련의 시행과 같은 군사적 성격의 조치도 금지된다고 규정하였다.

셋째, 과학조사의 자유와 이를 위한 국제협력을 증진하고 있다. 나아가 '남극조약체계'가 발전함에 따라 남극조약은 남극대륙 및 이원의 주변 남극해에서의 해양환경 보호 및 관리에 더욱 중요성을 부여하게 되었다.

현재 남극조약체계하에서 모든 인류는 남극에서 활동할 수 있고 남극에서는 속인주의 관할권이 적용된다. 참고로 남극을 유엔해양법협약상의 심해저와 같이 '인류공동유산'으로 규정하여 유엔을 통한 국제관리하에 두자는 주장도 있다.

2. 북극

가. 북극해 관련 국제법 규범체계

북극해 지역은 남극지역과는 달리 통일된 국제법적 질서가 확립되어 있지 않다. 그러나 북극해를 둘러싼 국가간의 관계는 북극해 이외의 수역에서의 국가간의 관계와 대체로 동일하다. 또한 북극해가 지구상의 연결된 바다 및 대양의 일부라는 점에서 북극해를 규율하는 별도의 조약이 존재하지 않는 한 유엔해양법협약의 제 원칙이 당연히 적용되어야 할 것이다.[115] 동시에 북극해와 관련된 개별 쟁점들에 대한 구체적인 사항을 규정한 분야별 개별협약과 북극이사회 등을 중심으로 형성되는 결의나 의정서 또는 선언 등의 연성법(soft law)이 북극해에 대한 국제법 규

115) 북극의 경우 아직은 얼음이 덮여 있는 특수한 사정으로 인해 완전한 해양으로서의 성격을 가지지 못한다는 점에서 협약의 보편적 적용에 어려움이 있다는 점을 부인할 수 없다.

범체계의 일부를 구성하며 국가간 구체적인 협력의 틀을 마련해주고 있다.

나. 유엔해양법협약 제 234조

유엔해양법협약 중 북극해와 관련이 있는 조항은 제 234조 단 한 개의 조항뿐이다. 북극 예외(Arctic Exception) 또는 캐나다 조항(Canadian Clause)으로 통칭되는 이 협약 제 234조는 다음과 같이 규정하고 있다.

“연안국은 특별히 가혹한 기후조건과 연중 대부분 그 지역을 덮고 있는 얼음의 존재가 항행에 대한 장애나 특별한 위험이 되고 해양환경오염이 생태학적 균형에 중대한 피해를 초래하거나 돌이킬 수 없는 혼란을 가져올 수 있는 경우, 배타적 경제수역에 있는 결빙해역에서 선박으로부터의 해양오염을 방지, 경감 및 통제하기 위한 차별 없는 법령을 제정하고 집행할 권리를 가진다. 이러한 법령은 항행과 이용 가능한 최선의 과학적 증거에 근거하여 해양환경의 보호와 보전을 적절하게 고려한다.”[116]

이 조항은 모든 결빙해역에 대한 일반규정인 듯 보이지만 실제로 해당 규정이 논의되던 당시에는 북극해에 초점이 맞추어져 있었다. 결빙해역에서 연안국에 대하여 유엔해양법협약에서 규정된 국제기준보다 높은 수준의 특별한 오염방지 및 통제를 위한 법령을 제정하고 집행할 수 있는 권리를 부여하고 있는 이 조항은 미국, 캐나다 및 러시아 3국간 협상의 결과이며 북극해 연안국들에게는 특별한 의미를 가진다.

---

116) 그러나 이 조항은 오늘날 가속화되고 있는 북극해의 해빙으로 새로운 조명을 받게 되었다. 다시 말해서 북극해가 완전히 해빙되는 경우에는 결빙해역이 사라지게 되고 그렇게 되면 제 234조는 사실상 의미가 없게 되기 때문이다. 동 조항 원문은 다음과 같다: “Article 234(Ice-covered areas): Coastal States have the right to adopt and enforce non-discriminatory laws and regulations for the prevention, reduction and control of marine pollution from vessels in ice-covered areas within the limits of the exclusive economic zone, where particularly severe climatic conditions and the presence of ice covering such areas for most of the year create obstructions or exceptional hazards to navigation, and pollution of the marine environment could cause major harm to or irreversible disturbance of the ecological balance. Such laws and regulations shall have due regard to navigation and the protection and preservation of the marine environment based on the best available scientific evidence.”

캐나다와 러시아(협약 채택 당시에는 소련)가 협약채택의 최종단계에서 삽입에 성공한 이 조항은 최종적으로 미국과 캐나다간 절충을 통해 확정되었다. 미국은 연안국이 독자적으로 채택한 법령(오염방지 관련 법령 등)을 결빙해역에 적용할 수 있는 권한을 캐나다 측에 양보하고 대신 동 수역에서는 통과통항이 허용될 수 있도록 캐나다의 묵인을 확보할 수 있었다. 러시아도 자국 연안에서 외국선박에 대하여 일반적으로 승인된 국제적 기준이나 규칙보다 더욱 엄격한 기준을 적용하기 위해 동 조항을 원용하고 있다.

3. 남극과 북극의 차이

남극과 북극은 극지역이라는 점 외에는 오히려 공통점보다 차이점이 더 많다. 그 차이점을 살펴보면 다음과 같다.

첫째, 남극은 북극과는 달리 거대한 영토로 남극대륙의 90% 이상은 사실상 접근이 불가능하다. 남극은 남극해에 둘러싸인 대륙인 반면 북극은 대륙에 둘러싸인 대양에 근거한 지역이라는 점에서 차이가 있다. 따라서 남극에서는 육지 영토에 대한 영유권 주장이 있지만 북극에서는 영유권 문제가 아닌 육지에서 기원하는 해양관할권 문제가 있어서 이러한 차이가 양자간의 국제법 규범체계 형성에 영향을 미치고 있다.

둘째, 전술한 바와 같이 남극은 현재 남극조약에 의해 영유권 주장의 포기를 요구하지는 않으나 영유권 주장을 인정하지도 않고 있다. 따라서 영유권이 동결되어 원칙적으로 남극 주변수역에 대한 특정 국가의 관할권 행사가 제한되고 이로 인해 남극 인접수역에는 북극해에서와 같은 내수, 영해, 접속수역 및 배타적 경제수역 등의 개념이 부재(사실상 공해에 해당)하다. 이러한 이유로 예컨대, 북극해의 경우 연안국 영해에서의 무해통항 문제가 제기될 수 있다면 남극해역에서는 여사한 문제가 제기될 수 없다.

셋째, 북극지역에는 원주민이 존재하는 데 반해 남극에는 원주민이 살고 있지 않다. 남극은 불모의 대륙으로 이제껏 사람이 살았던 기록이 없다. 이는 북극

지역에 4백만 명 이상의 사람들이 흩어져 거주하고 있는 것과는 대조적이다.

넷째, 북극과 남극간 개발가능성의 차이이다. 남극은 환경보호 문제에 초점이 맞추어져 있어서 아직 개발의 문제는 제기되지 않는다. 그러나 남극과는 달리 북극은 유엔해양법협약 등 관련 국제법에 따라 자원개발과 이용이 가능하다는 점에서 개발과 이용을 희망하는 개별국가의 이익과 더욱 밀접히 관련되어 있다.

다섯째, 남극은 환경보호를 위해 남극조약과 마드리드 의정서 등의 경성법(조약을 의미) 제도가 중심이 되고 있으나 북극의 경우 환경 관련 중심축인 북극이사회와 북극이사회(Arctic Council)의 전신인 AEPS(북극환경보호전략)가 채택한 연성법을 중심으로 하고 있다. 참고로 1982년 유엔해양법협약의 채택으로 남극조약 체결 당시에는 존재하지 않았던 배타적 경제수역, 대륙붕, 공해어업관리, 심해저 등 새로운 개념이 등장하였으며, 이로 인해 바다를 규율하는 국제법 원칙에 변화가 생겼다는 점에서 시대 상황적 차이가 있다. 남극조약 체결 당시 유엔해양법협약이 존재하였다면, 예컨대, 배타적 경제수역 제도의 경제적 가치를 고려할 때 남극대륙에 대한 영유권 동결이 실현되기 어려웠을 가능성도 배제할 수 없다.

☞ **기출문제 예시**

문 1) A국의 상선 X가 B국 영해를 항해하던 중 선내에서 C국 국적의 선장 '갑'이 D국 항해사 '을'을 살해하는 사건이 발생하였다. (C국과 B국간에는 범죄인인도조약이 체결되지 않았으며 양국 모두 범죄인인도와 관련된 다자조약의 당사국이 아니다. 그러나 A, B, C, D국 모두 해양법에 관한 유엔협약의 당사국이다)

1) B국이 '갑'을 C국에 인도할 수 있는지를 검토하시오.
2) B국이 '갑'에 대한 형사관할권을 행사할 수 있는지를 검토하시오.

문 2) A국은 자국 영해의 일부수역에 기뢰를 부설하고 자국 영해 내에 들어오는 외국군함에 대하여 사전통고의무를 부과하는 한편 사전통고의무를 준수하지 않는 선박에 대해서는 기뢰부설장소를 알려주지 않고 있다. B

국 군함 '크리스티나'호가 사전통고없이 A국의 영해를 통과하여 공해로 진행하자 A국 군함 '덱스터'호가 '크리스티나'호를 나포하기 위하여 공해상까지 추적하였다. A국과 B국은 1982년 유엔해양법협약의 당사국이다.

1) A국은 타국 군함에 대해 자국 영해 통과시 사전통고의무를 부과할 수 있는가?
2) A국 군함 '덱스터'호는 공해상에서 B국 군함 '크리스티나'호를 나포할 수 있는가?
3) 만약 A국이 부설한 기뢰의 위치를 알려주지 아니하여 B국 군함 '크리스티나'호가 파손되었다면 A국은 이에 대해 국가책임을 부담하는가?

문 3) 국제해양법상 대륙붕 개념의 발전과 이에 따른 인접국 또는 대향국간 경계획정 원칙의 변화에 대하여 설명하시오.

문 4) 1958년 대륙붕에 관한 협약과 1982년 해양법에 관한 국제연합협약이 있다. 양 협약상의 대륙붕의 개념 및 인접· 대향국간 대륙붕 경계획정원칙을 각각 비교 · 설명하시오.

문 5) 배타적 경제수역 제도의 내용을 설명하고 대륙붕 제도와의 관계를 논하시오.

문 6) 국제법상 인류공동유산(common heritage of mankind)의 의의 및 법적 지위를 설명하시오.

문 7) 반도국가 A와 대륙국가 B는 300해리 정도의 거리를 두고 마주 보고 있고, 도서국가 C는 A국으로부터 300해리 정도 떨어져 있다. A국과 B국 사이의 바다 깊이는 평균 100미터이며, A국 연안 쪽이 B국 연안 쪽보다 약간 더 깊다. A국과 C국 사이의 바다 깊이는 평균 500미터이며, C국 연안 쪽에 수심 3,000미터에 달하는 해구가 위치해 있다. A국은 B국 및 C국과 각각 배타적 경제수역(EEZ) 및 대륙붕 경계선을 획정하는 외교협상을 준비 중이다. A국이 양국협상에서 고려해야 할 국제법상 경계획정 원칙과 방법들을 검토한 후, 해양영역 확보와 관련하여 A국이 B국과 C국 각각에 대하여 견지할 입장과 논거를 제시하시오.

관련 문제와 답안작성 요령

문) 유엔해양법협약은 배타적 경제수역 경계획정 원칙을 규정하고 있지만 구체성 있는 법원칙은 제시하지 못하고 당사국간 단지 형평한(equitable) 해결이라는 결과를 달성하는 것을 목적으로 제시하고 있다. A국과 B국은 대향국으로서 양국의 영해기선으로부터 서로의 거리가 400해리 미만이다. A국과 B국 사이에는 A국 소유의 토마토 섬이 위치하고 있는데 동 섬은 A국의 영해기선으로부터 20해리 떨어져 있다. 또한 동 섬은 크기가 0.1평당 킬로미터로 상주주민이 거주할 수 없다. A국과 B국은 지금 배타적 경제수역 경계획정을 위한 교섭을 시작하였다. 양국이 도출해 낼 수 있는 가장 합리적이라고 생각되는 안을 마련하기 위해 양국이 선택하여야 할 접근 방법에 대하여 설명하시오.

답안작성

1. 서언

▶ 배타적 경제수역제도의 출현과 이로 인한 경계획정문제가 국제법상의 주요 이슈의 하나로 부각됨.

▶ 그러나 협약규정 자체의 모호성, 섬의 존재 등 다른 고려요인의 존재로 형평한 해결을 위한 방안의 선택이 필요하며 기존의 국제사법재판소 판례가 시사점이 될 수 있을 것임.

2. **유엔해양법협약상 배타적 경제수역 경계획정원칙**

▶ 협약 제 74조 제 1항은 대향국간 또는 인접국가간 배타적 경제수역 경계획정은 형평한 해결에 이르기 위하여 국제사법재판소규정 제 38조 제 1항에 따라 국제법을 기초로 합의에 의한다고 규정하고 있음.

▶ 여기서 국제법에 기초하여 형평한 해결을 모색한다는 의미는 형평한 해결을 실현하기 위해 국제법의 법원으로서의 조약, 국제관습법, 법의 일반원칙, 판례 및 학설 등을 효과적으로 활용하는 것임.

▶ 이와 관련 협약은 배타적 경제수역의 경우 영해에서의 경계획정 방식과 구분하여 중간선 또는 등거리선을 기본원칙으로 제시하고 있지 않음. 그러나 이들 원칙들은 배타적 경제수역에 대한 형평한 해결을 위한 출발점이 되는 경우가 많음.

3. 형평한 해결을 위한 국제재판소의 태도

가. 3단계 접근방식

▶ 국제재판소를 통해 발전해 온 3단계 접근방식은 형평한 해결을 위한 유용한 방법론의 하나임.

▶ 3단계 접근방식의 전개 과정은 다음과 같음.

- 대상해역에 적합한 방식으로 일단 잠정적 중간선 또는 등거리선을 설정함.
- 형평한 결과를 달성하기 위해 잠정적인 중간선 또는 등거리선의 조정이나 이동을 필요로 하는 관련 사정(relevant circumstances)의 존재를 확인함. 여기서 관련사정이라 함은 해안선의 길이, 해안선의 굴곡, 섬의 존재 등 전반적인 지리적 특성에 대한 검토임.
- 당사국간의 해안선의 길이와 해역간의 비율에 비추어 위의 단계별 검토를 거친 잠정적인 중간선 또는 등거리선이 형평한 결과를 가져오는지를 최종 검토함.

나. 관련 사정으로서의 섬의 지위와 경계획정시 섬의 역할

▶ 섬은 만조시에도 수면위로 나오는 자연적으로 형성된 육지지역임.

▶ 모든 섬은 그 크기와 상관없이 영해를 가지나 인간이 거주할 수 없거나 독자적인 경제활동을 유지할 수 없는 암석(rocks)은 배타적 경제수역을 가질 수 없음.

▶ 물론 인간의 거주 가능성이나 독자적 경제활동을 중심으로 배타적 경제수역을 가지는 섬과 그렇지 않은 암석을 구분하는 것이 명확한 것은 아니나 섬의 객관적 상황에 비추어 인간의 거주활동이나 독자적 경제활동이 가능한지에 따라 구체적인 경우에 개별적으로 판단되어야 할 것임.

▶ 특히 배타적 경제수역 경계획정시 멀리 떨어진 섬의 역할과 관련 매우 작은 도서의 존재로 관할수역의 범위가 크게 영향을 받을 것으로 예상되는 경우 그 섬을 전혀 고려하지 않거나 제한적인 효과만을 인정하는 경향이 있음. 예컨대, 국제사법재판소는 우크라니아와 루마니아간 경계획정사건에서 연안에서 멀리 떨어진 뱀섬(Serpent Islands)이 독자적인 배타적 경제수역을 가질 수 있는지 여부를 따지지 않고 이 섬의 존재를 무시한 상태에서 양국간 경계를 확정하였음.

4. A국과 B국간의 형평한 경계획정 방식

▶ 양국간 경계획정이 형평한 해결에 도달하기 위해서는 상기에 언급된 관련 사정을 고려하여 합의가 이루어져야 할 것임.

▶ 먼저 A국과 B국은 상기 국제재판소의 접근법에 따라 형평한 경계획정을 위해 중간선을 긋고, 중간선의 이동이 필요한 양국간 관련 사정의 존재를 확인함. 특히 토마토 섬은 상주인구나 크기 면에서 암석에 불과하므로 원칙적으로 배타적 경제수역을 가질 수 없으며 더욱이 연안에서 멀리 떨어져 있는 이 섬의 존재가 자칫 양국의 관할수역의 범위에 크게 영향을 미친다고 볼 수 있는 경우에는 토마토 섬의 존재를 무시하고 중간선을 그을 수 있을 것임. 이어 해안선의 길이, 해안선의 굴곡, 섬의 크기 및 위치 등 전반적인 지리적 특성을 검토함. 최종적으로 동 결과가 양국 모두를 만족시킬 수 있는 형평한 결과를 가져왔는지를 검토함.

▶ (필요시) 협약규정에 따라 합의에 이르는 동안 실질적인 잠정약정을 체결할 수 있도록 노력하여야 하며 최종합의에 이르는 것을 위태롭게 하는 행동을 삼가야 함.

5. 결어 및 평가

▶ 간단히 상기 내용 정리

▶ (필요시) 기타 관련사항으로 대륙붕 경계획정과의 관계에 대하여 첨언.

- 규율하는 대상과 목적이 다르다는 점에서 배타적 경제수역과 대륙붕경계획정은 별개의 경계로 교섭되기도 하나 오늘날 양국 기선간 거리가 400해리 이내의 경계획정시 대체로 단일경계로 획정하는 추세임을 첨언함.

▶ 제언으로 독도관련 상기국제재판소의 태도를 감안한 정책수립 필요 등을 적절히 추가

- 독도는 배타적 경제수역을 가지는 섬인가.
- 독도는 배타적 경제수역 경계획정시 어떠한 효과를 부여받을 수 있는가.

제 18 강
유엔해양법협약상 분쟁해결제도

제1절 개관

유엔해양법협약은 ICJ를 통한 분쟁해결방식(제 29강 '국제분쟁의 평화적 해결' 참조)과는 다른 새로운 분쟁해결제도를 도입하였다. ICJ의 경우 유엔회원국 또는 ICJ 규정 당사국이 된다는 사실이 그 국가가 당연히 ICJ의 관할권을 수락한다는 것을 의미하지는 않는다. 즉, ICJ 규정 당사국이라도 자신이 동의하지 않는 한 ICJ의 관할권이 성립되지 않는다.

이에 반해 유엔해양법협약에 따른 분쟁해결제도는 일차적으로는 당사국이 선택하는 분쟁해결절차를 존중하지만 당사국이 선택한 방식에 의해 분쟁이 평화적으로 해결되지 않는 경우에는 협약이 규정한 강제적 분쟁해결절차가 적용된다는 점에서 차이가 있다. 그러나 당사국의 주권이나 주권적 권리에 영향을 미치는 사안 등에 대하여는 협약규정에 의해 또는 당사국의 선언에 의해 강제적 분쟁해결절차의 적용을 배제할 수 있게 된다. 이러한 점에서 유엔해양법협약상의 분쟁해결제도도 완전한 의미에서의 강제적 분쟁해결절차의 도입은 아니다.

1. 국제분쟁의 평화적 해결의무

유엔헌장 제 2조 3항은 "모든 회원국은 그들의 국제분쟁을 국제평화와 안전 그리고 정의를 위태롭게 하지 않는 방식으로 평화적 수단에 의하여 해결한다"고 규정하고 있다. 이와 관련 유엔헌장 제 33조 1항은 "어떠한 분쟁도 그의 계속이 국제평화와 안전의 유지를 위태롭게 할 우려가 있는 것일 경우 그 분쟁의 당사자는 우선 교섭, 심사, 중개, 조정, 중재재판, 사법적 해결, 지역적 기관 또는 지역약정의 이용 또는 당사자가 선택하는 다른 평화적 수단에 의한 해결을 구한다"고 규정하고 있다.

한편 제 33조 1항에 규정된 국제분쟁의 평화적 해결방법 중 우리가 주목하는 방식은 사법적 해결이다. 그러한 의미에서 유엔해양법협약이 협약의 해석 및 적용과 관련하여 제기되는 분쟁(국제해양분쟁)에 대하여 별도의 사법적 해결방안을 마련한 것은 매우 획기적인 성과라고 본다. 그렇다고 하여 유엔해양법협약이 국제사법재판소 등을 통한 해결에 반대하는 것이 아니라 당사자가 선택하는 경우 국제사법재판소를 통한 해결은 협약규정에 의해 당연히 존중되고 있다.

여기서 국제해양분쟁이란 국제분쟁 중 해양에 관한 분쟁으로 예컨대, 국가간 해양경계획정, 어업에 관한 문제, 해양환경오염문제와 선박의 통항과 해양사고 처리 등 기타 해양활동과 관련하여 발생하는 분쟁을 말한다.

2. 분쟁해결원칙

가. 분쟁의 평화적 해결의무 확인

당사국은 이 협약의 해석이나 적용에 관한 당사국간의 모든 분쟁을 유엔헌장 제 2조 3항의 규정에 따라 평화적 수단에 의하여 해결하여야 하고, 이를 위하여 헌장 제 33조 1항에 제시된 수단에 의한 해결을 추구한다(제 279조).

나. 임의적 분쟁해결절차의 우선적 활용

유엔해양법협약은 협약의 해석이나 적용에 관한 분쟁에 대하여 분쟁 당사국이 선택한 평화적 수단에 의한 절차에 따라 해결할 권리를 확인하고 있다(제 280조). 또한 당사국들이 다른 협정(분쟁해결에 관한 일반협정이나 지역협정 등)이나 또는 다른 방식으로 어느 일방의 요청에 의해 구속력있는 결정을 가져오는 절차에 그 분쟁을 부탁하기로 합의한 경우(후술하는 ICJ 규정 제 36조 2항의 선택조항에 의한 관할권 수락 등을 의미)에는 동 절차에 따른다(제 282조).

다. 강제적 분쟁해결절차 도입

분쟁이 위에서 설명한 임의적 해결방식에 의해 해결되지 않고 당사자간 합의로 협약상의 강제절차를 배제하지 않는 경우에는 일방 당사자의 요청으로 강제절차가 적용된다(제 281조, 제 286조).

강제절차의 적용을 위해 협약당사국은 사전에 다음 4개 제도중 하나 또는 그 이상을 선택할 수 있다(제 287조).

(a) 국제해양법재판소
(b) 국제사법재판소
(c) 제 7부속서에 의한 중재재판
(d) 제 8부속서에 의한 특별중재재판[1)]

그러나 만일 당사국이 아무런 선택을 하지 않는 경우에는 강제절차 적용시 제 7부속서에 의한 중재재판을 선택한 것으로 간주한다.

---

1) 특수한 분야의 전문지식과 기술을 가진 중재관에 의해서만 결정이 가능한 경우가 이에 해당된다. 예컨대, 어업에 관한 문제, 해양환경의 보호와 보전, 해양과학조사, 선박기인 오염과 관련한 문제 등이 대상이 된다.

3. 실제 적용 방식

가. 당사국이 선택하는 임의적 방식에 의한 해결 노력

유엔해양법협약의 해석 및 적용과 관련하여 분쟁발생시 분쟁 당사자는 교섭이나 그 밖의 평화적 수단에 의한 분쟁해결을 위해 신속히 의견을 교환한다(제 283조).

그러나 양 당사자간 별도의 합의가 이루어지지 않으면 각 당사자는 해결방식의 하나로 조정을 제안할 수 있다(제 284조).[2)]

나. 협약상 강제절차 적용

임의적 해결 방식에 의한 해결이 어렵다고 판단되는 경우 분쟁은 앞에서 설명한 4개의 제도 중 분쟁당사국이 공통으로 수락한 분쟁해결절차로 회부된다(제 286조).

공통으로 수락한 절차가 없으면 중재재판으로 회부된다(제 287조 5항). 2013년 필리핀이 중국을 상대로 제기한 남중국해 사건(South China Sea)소송의 경우 양국이 공통으로 수락한 재판소가 없어 제 7부속서에 의한 중재재판으로 회부되었다.[3)]

다. 강제절차의 적용 제한 및 배제

1) 강제절차의 자동적 적용배제(automatic exceptions)(제 297조)[4)]

협약상 연안국의 주권적 권리 또는 관할권 행사의 대상으로 규정된 사항에

---

2) 조정은 협약이 유일하게 외교적, 평화적 해결방식으로 규정하고 있는 분쟁해결방식이다. 분쟁당사국들은 조정위원회를 구성(5인으로 구성)하여 사실관계조사와 분쟁당사국들의 진술청취 및 해결책을 제시(법적 구속력 없음)한다. 단, 조정의 제안이 타방 당사국에 의해 수락되지 않거나 조정심리절차에 관한 합의를 보지 못할 경우 조정은 종료한 것으로 간주된다.

3) 남중국해 사건의 경우 헤이그 소재 상설중재판소(PCA)에서 재판이 진행되었다. 그러나 이는 제 7부속서에 의한 중재재판이므로 PCA에 의한 일반적 성격의 중재재판으로 명하는 것은 정확한 설명이 아니다.

4) Stephen Allen, 'Article 297 of the United Nations Convention on the Law of the Sea and the Scope of Mandatory Jurisdiction', Ocean Development & International Law, Vol. 48, 2017-Issue 3-4 참조.

대하여는 연안국이 강제절차를 수락할 의무가 없다. 구체적으로는 (a) 배타적 경제수역이나 대륙붕에서의 해양과학조사에 관한 연안국의 권리나 재량권 행사와 관련된 분쟁(제 297조 2항 a, i) 이나 (b) 배타적 경제수역의 생물자원에 대한 연안국의 주권적 권리와 행사에 관한 분쟁(동 조 3항 a)[5] 등이 이에 해당된다. 따라서 연안국은 이러한 종류의 분쟁에 대해서는 강제절차 수락의무가 없다. 대신 의무적 조정절차가 적용된다.

그러나 연안국이 협약에 규정된 타국의 항행, 상공비행, 해저전선이나 관선 부설 등 배타적 경제수역에서의 해양이용에 관한 권리를 침해하였다고 주장하는 경우나 해양환경의 보호와 보전에 관한 특정한 규칙 등의 위반의 경우에는 강제절차가 적용된다(제 297조 1항).

2) 강제절차의 선택적 적용배제(optional exceptions) 선언(제 298조)

협약은 다음과 같은 분쟁의 경우 어느 때라도 강제절차의 적용배제를 선언할 수 있다고 규정하고 있다. 적용배제가 가능한 사항들은 대체로 국가주권이나 영유권 등과 관련된 사항이다. 즉, (a) 해양경계획정과 관련된 분쟁, (b) 역사적 만 및 권원과 관련된 분쟁, (c) 군사활동, (d) 연안국의 주권적 권리나 관할권의 행사와 관련된 법집행 활동 및 (e) 안보리가 유엔헌장에 따른 권한을 수행하고 있는 분쟁(안보리가 다루고 있는 분쟁)이 이에 해당된다.

그러나 여기서 중요한 것은 해양경계획정과 관련된 분쟁이나 역사적 만 및 권원과 관련된 분쟁에 대하여는 배제선언을 하는 경우에도 조정절차에는 회부되어야 하지만 특히 육지 또는 섬에 대한 주권이나 기타 권리에 관한 미해결 분쟁이 반드시 함께 검토되어야하는 혼합분쟁(mixed dispute)은 의무적 조정절차로부터도 제외된다는 점이다(제 298조 1항 a, i).

한편 다른 당사국들도 선택적 배제선언을 한 당사국에 대하여는 상호주의에 따라 동 선언을 원용할 수 있다.

---

5) 허용어획량 또는 타국에 대한 잉여어획량 할당 등에 대한 분쟁이 이에 해당될 수 있다.

3) 우리나라와 선택적 적용배제 선언

가) 선언의 내용

우리 정부는 2006년 제 298조에 따른 선택적 적용배제선언을 하였다. 동 선언에 따라 우리나라는 해양법과 관련된 분쟁 중 (a) 해양경계획정, (b) 군사활동, (c) 해양과학조사 및 어업에 대한 법집행, (d) 유엔 안보리의 권한수행과 관련된 분쟁 등에 대하여는 유엔해양법협약상의 강제절차에서 배제된다. 이는 독도를 둘러싼 한일간 배타적 경제수역 경계획정 문제 등을 염두에 둔 조치이다.

나) 독도문제에 대한 함의

일본이 유엔해양법협약상 분쟁해결절차를 근거로 독도문제(배타적 경제수역 경계획정 등 포함)를 국제재판소로 회부할 수 있는 가능성에 대하여 검토한다.

우리나라는 제 287조에 규정된 강제절차의 적용을 위해 사전에 협약당사국이 선택하기로 되어 있는 재판소를 선택하지 않았기 때문에 협약의 해석과 적용에 관한 분쟁발생시 중재를 수락한 것으로 보아 중재재판에 회부될 수 있다. 이 경우는 남중국해 사건에서의 경우와 같다. 그러나 우리 정부는 2006년 위에서 설명한 바와 같이 해양경계획정이나 군사활동, 해양과학조사 및 어업에 대한 법집행 등에 대하여는 강제절차의 적용을 배제하였다. 특히 해양경계획정과 관련한 사안으로 육지영토 또는 도서영토에 대한 주권이나 그 밖의 권리에 관한 미해결분쟁이 반드시 함께 검토되어야 하는 혼합분쟁의 경우에는 강제절차의 적용배제는 물론 의무적 조정절차로 부터도 당연히 배제된다.

따라서 일본이 독도의 영유권과 연계된 배타적 경제수역 경계획정문제를 이유로 우리정부를 유엔해양법협약상의 분쟁해결절차에 회부할 가능성은 없다.

그럼에도 불구하고 남중해 사건은 우리에게 시사하는 바가 크다. 먼저 중국은 필리핀의 주장이 주권에 관한 분쟁이며, 동시에 해양경계획정문제에 관한 것으로 중국은 이미 2006년 강제절차의 적용배제 선언을 하였으므로 재판소의 관할권이 성립되지 않는다고 주장하였다. 그러나 재판소는 소의 대상이 유엔해양법협약의 해석과 적용에 관한 문제라고 보고 관할권을 인정하였다는 사실은 주목되어야 할 것이다.[6]

이에 비추어 일본이 제소하는 분쟁의 형태, 즉 분쟁의 쟁점이 무엇이냐에 따라서는 우리의 강제절차 적용배제 선언에도 불구하고 관할권이 성립될 가능성을 배제할 수 없다. 예컨대, 과거 우리정부가 구상한 독도주변에 대한 접안시설 건설을 추진하는 경우 해양환경보호 등을 이유로 일본이 제소할 가능성을 생각해 볼 수 있다. 해양환경오염 등을 이유로 일본이 제소하는 경우 관할권이 성립될 가능성을 배제할 수 없으며 이 경우 쟁점이 독도영유권 문제는 아니라고 하더라도 독도가 국제법정에서 거론되는 것 자체에 대해 우리는 불편을 느끼게 될 것이라는 점에서 신중한 고려가 필요하다.

이와 관련 2015년 모리셔스와 영국간 '챠고스 해양보호구역 사건(Chagos Marine Protected Area)'에 대한 중재판결도 독도문제와 관련하여 시사하는 바가 크다. 이 사건에서 중재재판소는 분쟁의 대상이 영토주권과 관련된 사안이라는 이유로 재판소의 관할권 성립을 부인하면서도 영국의 해양보호구역설치문제는 협약의 해석과 적용에 관한 문제로 관할권이 성립된다고 보았다. 나아가 영국의 일방적인 해양브호구역 선포는 모리셔스의 유엔해양법협약상의 권리를 침해한 것이라고 보았다.[7]

---

6) 앞의 남중국해 사건 관련 글에 설명된 내용을 다시 인용하면 다음과 같다. "중재재판소의 관할권 확인 과정은 다음과 같다. 먼저 필리핀의 일방제소에 대해 중국은 동 사건이 남중국해 내 해양지형에 대한 영유권 문제이고 또한 해양경계에 관한 사안이라서 중재재판소의 관할권이 배제되므로 중국은 중재재판에 참여할 의사가 없고 나아가 재판의 결과도 이행하지 않겠다는 입장을 밝혀 왔다. 그러나 중재재판소는 사건이 유엔해양법협약의 해석과 적용에 관한 일반적인 분쟁에 해당된다는 필리핀 측 주장을 받아들임으로써 관할권의 성립을 확인하였다." 참고로 필리핀은 동 사건을 경계분쟁으로 가져갈 경우 중국의 강제절차배제 선언에 해당되어 재판소의 관할권이 성립되지 않을 가능성을 고려하여 중국이 선언한 9단선이 유엔해양법협약상 적법한가를 쟁점으로 요청하였다.

7) 이 사건은 1968년 모리셔스가 독립할 당시 영국이 군사목적상 챠고스 제도를 분리하여 국방목적의 필요성이 해결되면 반환한다고 약속하고 동 제도 인근에 해양보호구역(Marine Protected Area: MPA)을 설치한데 대하여 모리셔스가 영국을 상대로 연안국이 아닌 영국은 해양보호구역을 설치할 권한이 없다고 주장한 사건이다.

4. 기타 관할권에 관한 협약상 특별 규정

가. 심해저 분쟁

심해저 활동과 관련된 분쟁에 대해서는 국제해양법재판소 해저분쟁재판부가 관할권을 가진다(제 287조 2항).

나. 선박이나 선원의 억류에 관한 분쟁(제 292조)

배타적 경제수역 연안국이 자국수역 내에서의 생물자원의 이용과 관련하여 제정한 법령의 위반 또는 환경오염문제와 관련하여 발생하는 선박이나 선원의 억류에 관한 분쟁은 보다 신속한 해결(석방)을 위해 별도의 절차를 규정하고 있다. 이 경우 억류일로부터 10일 이내에 분쟁해결을 위한 재판소에 관하여 합의가 이루어지지 않을 경우 사건은 억류국이 제 287조에 의해 수락한 재판소 또는 국제해양법재판소에 회부될 수 있다. 이는 사실상 선박이나 선원의 억류에 관한한 국제해양법재판소의 강제관할권이 적용되는 것으로 볼 수 있다.

또한 절차적으로도 재판소는 지체 없이 석방신청을 처리하여야 하고, 재판소가 결정한 보석금이나 그 밖의 금융보증이 예치되는 즉시 억류국 당국은 선박이나 선원들의 석방에 관한 재판소의 결정을 신속히 이행하여야 한다.

다. 잠정조치(제 290조)

재판소에 정당하게 회부된 분쟁과 관련하여 분쟁당사자는 잠정조치(provisional measures)를 요청할 수 있다. 이에 대해 해당 재판소가 관할권을 가지고 있다고 판단하는 경우 재판소는 최종판결이 날 때까지 각 분쟁 당사자의 이익을 보전하기 위하여 또는 해양환경에 대한 중대한 손상(serious harm)을 방지하기 위하여 그 상황에서 적절하다고 판단하는 잠정조치를 명령(prescribe)할 수 있다.[8)]

---

8) 비교적 최근의 예로 전술한 'Arctic Sunrise호 사건'에서 네덜란드 정부는 유엔해양법협약 제 7부속서에 따라 구성된 중재재판기간 동안 잠정조치를 요청한 바 있다. 이에 따라 국제해양법재판소가 러시아의 불참에도 불구하고 억류된 그린피스 선박과 선원에 대해 네덜란드가 360만 유로의 보석금을 기탁한다는 조건으로 석방하라는 잠정조치를 명령했다(제 290조 5항에 따라 중재재판정이 구성되기까지 시간이 소요되므로 상설재판소인 국제

제2절 평가

유엔해양법협상 분쟁해결제도는 다양한 방식의 강제적 분쟁해결절차를 마련하고 있다는 점에서 창의적이고 야심찬 시도로 높이 평가받고 있는 것이 사실이다. 그러나 당사국의 주권 또는 주권적 권리에 중요한 영향을 미치는 사항에 대해서는 협약 자체가 강제절차의 적용을 처음부터 제한하고 있거나 당사국이 선택하여 적용을 배제할 수 있도록 하였다는 점에서 완전한 의미에서의 강제관할권 제도의 도입으로 볼 수는 없다. 더욱이 이들 방식들이 현실적으로 제대로 원용되고 있지 않다는 점도 부인할 수 없다. 그러나 이러한 예외는 국제법이 국가의 동의에 기초한다는 기본명제에 비추어 볼 때 불가피하게 나타나는 현상의 하나이다. 다시 말해서 완벽한 의미에서의 강제관할권을 제도화하는 경우 협약 자체의 성문화가 어려웠을 것이고 설혹 성립되었다 하더라도 많은 국가들의 비준을 확보하는데 어려움이 있었을 것으로 예상된다.

그렇다면 동 제도는 새로운 제도가 아니라 오히려 기존의 ICJ에 의한 분쟁해결노력을 저해하고 재판소의 파편화를 가져오는 것은 아닌가하는 부정적 평가도 가능하다. 그러나 유엔해양법협약의 분쟁해결제도는 선박 및 승무원에 대한 신속한 석방문제, 남중국해 사건에서의 섬의 지위에 대한 획기적인 판단, 방글라데시와 미얀마간 해양경계획정 사건 등에서 200해리 이내의 대륙붕에 대한 거리개념의 적용 및 3단계 접근법의 원용을 통해 ICJ의 입장을 재확인한 점 등에서 성과를 확인할 수 있다. 특히 국제해양법재판소는 200해리 이원의 대륙붕 경계획정에 관하여 대륙붕한계위원회의 권고가 없더라도 경계획정이 가능하다고 판단하는 등 분쟁 당사국들을 위해 적극적으로 관할권을 행사하였다는 점도 성과로 평가할 수 있을 것이다.[9)]

해양법재판소가 우선 잠정조치를 취하게 된 것임). ITLOS, The Arctic Sunrise Case, Provisional Measures, Order of 22 November 2013. 이와 같이 이 사건의 경우 선박의 신속석방 문제 등에 대하여는 국제해양법재판소가 다루고 그 밖의 그린피스 선박에 대한 러시아의 추적권 행사와 나포 등의 법집행에 대하여는 상설중재재판소에서 다루어졌다.

결론적으로 유엔해양법협약상의 분쟁해결제도는 ICJ와 함께 국제법의 발전에 기여하고 있으며 급변하는 국제해양법 분야에서 확실성을 제공하고 갈등 및 분쟁의 해결을 위한 틀을 제공한다는 점에서 그 역할이 더욱 중요시되고 있다. 특히 국제해양법재판소는 해양에 대한 전문적인 사법기관으로서의 기능을 담당함으로써 국제법의 의미 있는 발전에 기여할 것으로 생각된다.

유엔해양법협약상 분쟁해결절차(요약)

▶ 유엔해양법협약은 강제적 분쟁해결절차를 도입하였지만 1차적으로는 협약의 해석이나 적용에 관한 분쟁에 대하여 분쟁 당사국이 선택한 평화적 수단에 의한 절차(임의적 해결방식)에 따라 해결할 권리를 확인하고 있다.

– 절차적으로는 분쟁발생시 분쟁 당사자는 교섭이나 그 밖의 평화적 수단에 의한 분쟁해결을 위해 신속히 의견을 교환하고 양 당사국간 별도의 합의가 이루어지지 않으면 각 당사자는 해결방식의 하나로 조정을 제안할 수 있다.

▶ 임의적 해결방식에 의한 해결이 어렵다고 판단되는 경우 분쟁은 비로소 분쟁당사국이 공통으로 수락한 재판소를 통한 강제적 분쟁해결절차로 회부되게 된다. 그러나 이 경우에도 강제절차의 적용을 협약 자체가 처음부터 제한하고 있거나(자동적 적용배제) 또는 당사국이 선택하여 적용을 배제(선택적 적용배제)할 수 있도록 하였다는 점에서 제한적이다.

– 자동적 적용배제: 배타적 경제수역이나 대륙붕에서의 해양과학조사에 관한 연안국의 권리나 재량권 행사와 관련된 분쟁 또는 배타적 경제수역의 생물자원에 대한 연안국의 주권적 권리와 행사에 관한 분쟁 등

– 선택적 적용배제: 해양경계획정과 관련된 분쟁, 역사적 만 및 권원과 관련된 분쟁, 군사활동, 연안국의 주권적 권리나 관할권의 행사와 관련된 법집행 활동 등

9) 이석용, 'ITLOS의 벵갈만 해양경계획정사건 판결에 나타난 특징 분석', 강원법학 제 39권, 강원대학교 비교법학연구소, 2013.

☞ **기출문제 예시**

문) 1990년 유엔해양법 협약을 비준한 A국과 B국 사이에 2013년 배타적 경제수역 경계획정 관련 분쟁이 발생하였다. 이와 관련하여 다음 질문에 답하시오 (단, 해당 경계획정은 배타적 경제수역 외에 도서 영토에 대한 주권 등 기타 권리에 영향을 미치지 않는다).

1) A국이 동 분쟁 해결을 위해 유엔해양법협약의 구속력있는 강제적 분쟁해결절차에 부탁하기 전에 고려할 사항을 유엔해양법협약에 근거하여 설명하시오.

2) A국이 동 분쟁의 해결을 위하여 유엔해양법협약의 구속력 있는 강제적 분쟁해결절차에 일방적으로 부탁하는 경우, B국이 이를 거부할 수 있는 유엔해양법협약 내의 절차와 거부시 적용되는 절차에 대하여 약술하시오.

제 19 강
국제 항공법 및 우주법

제1절 영공

1. 영공의 법적 지위

가. 영공의 정의

영공이란 일반적으로 영토와 영수(내수와 영해)의 상부 공간으로 구성되며 영역국의 주권이 인정된다. 영공의 지위문제는 지난 세기를 거쳐 오면서 진화되어 왔다. 영공에 대한 개념과 관련하여 과거 항공기술이 발달하기 전에는 영공은 누구에게나 개방되고 자유로운 이용이 가능한 공간이라는 견해와 이와는 반대로 영역국(영토국)은 영역상공에 대하여 절대적이고 배타적인 관할권을 가진다는 견해가 대립되었다.

이와 관련 영공에 대한 국제법적 개념의 변천은 다음과 같다.

첫째, 영공과 관련한 최초의 국가간 합의는 1913년 독일과 프랑스간 교환공문이다. 동 합의를 통해 양국간 군용기를 제외한 민항기의 양국 영토의 상공 비행과 영토 내 착륙이 허가되었다.

둘째, 제 1차 대전 중 중립국들은 자국 상공에 대한 절대적이고 배타적인 관할권을 주장하며 외국 항공기의 자국영공 내 진입을 제한하려고 노력하였다.

셋째, 1919년 파리 협약(Convention relating to the Regulation of Aerial Navigation 또는 The Paris Convention)은 최초로 국제항공문제를 다룬 조약으로서 제 1조에서 "국가는 자국 영토의 상공에 대하여 완전하고 배타적인 주권(complete and exclusive sovereignty over the air space above its territory)을 가진다"고 규정하면서 제 2조에서는 타 당사국에 대하여 자국 영토의 상공에 대한 무해통과(innocent passage)의 자유를 허용하였다.[1)]

넷째, 1944년 '국제민간항공에 관한 시카고 협약(Chicago Convention on International Civil Aviation: 시카고 협약)'[2)]이 채택되면서 영공에 대한 영역국의 배타적 관할권이 재확인되었다. 즉, 동 협약 제 1조는 1919년 파리 협약과 마찬가지로 각국이 자국 영역의 상부 공간에 대하여 완전하고 배타적인 주권을 보유한다고 규정하였다. 따라서 영역국의 허가 없는 타국 영공의 비행은 국제법 위반이다. 시카고 협약은 국가 항공기와 민간 항공기를 구분하여 협약의 적용대상을 민간 항공기에 국한하였다. 그러나 시카고 협약은 제 1조에서 영역의 상부 공간, 즉 영공의 수직적 한계(vertical limit)에 대한 정의를 내리지 않음으로써 이후 제기되는 우주와의 경계에 대한 해석상 논란의 여지를 남겨 놓았다. 다만 분명한 것은 시카고 협약상의 영공은 대기(air)가 있는 공간(atmospheric space)을 의미한다는 점이다.

사실 과거에는 수평적으로 영공과 공공을 구별하는 수준에서 항공기의 운항과 관련하여 제한된 범위 내에서 상공의 법적 지위를 검토하는 데 불과하였다. 그러다보니 영공의 수직적 한계가 불분명하였고 우주공간의 범위도 당연히 불분명할 수밖에 없었다. 이러한 이유로 아직까지도 영공의 수직적 한계에 대하여는 다양한 학설이 제기되고 있다.

나. 타국 영공의 이용

영해에서 선박에 대하여 무해통항권이 부여되는 것과는 달리 영공에서는

---

1) 당시의 국제관습법에 의하면 공해상공의 비행만이 허용되었다.

2) 시카고 협약(국제민간항공협약)에 의해 국제기구인 국제민간항공기구(International Civil Aviation Organization: ICAO)가 발족되었다.

항공기에 대한 무해통항권이 허용되지 않는다. 그러나 1944년 시카고 협약은 일정한 조건을 전제로 원칙적으로 체약국의 민간 항공기(부정기 항공과 정기 항공으로 구분)에 대하여 다른 체약국의 영공비행을 허용하고 있다.[3] 반면 시카고 협약은 국가, 군, 세관소속 항공기 등 공적 목적의 항공기에는 적용되지 않는다. 따라서 이들 국가 항공기는 타국과의 별도 협정이나 허가 없이는 타국의 영공 비행이 허용되지 않는다.[4] 대표적인 예로 군사분야에서 특별협정에 따라 외국 공용 항공기에 대하여 협정 상대국의 영공을 비행할 권리가 부여되는 경우가 있다. 예컨대, 우리 정부는 한미주둔군지위협정 제 10조에 따라 미국 군용 항공기에 대하여 우리 영공을 개방하고 있다.

한편 유엔해양법협약에 따라 모든 항공기(군용기 포함)는 국제해협의 상공에서 통과통항, 군도수역 상공에서의 군도항로대 통항이 허용되고 있다. 또한 접속수역의 상공을 비행 중인 항공기에 대하여는 접속수역에서의 선박과 마찬가지로 연안국은 관세, 재정, 출입국 및 위생관련 법령을 집행할 수 있다. 배타적 경제수역과 대륙붕의 상공은 공공으로 모든 국가의 항공기는 당연히 상공비행의 자유를 가진다.

시카고 협약상 항공기의 국적

- ▶ 항공기는 등록국의 국적을 보유하여야 한다.
- ▶ 항공기는 일개 이상의 국가에 유효히 등록할 수 없다. 단, 일국으로부터 타국으로의 변경은 가능하다.

---

3) 시카고 협약 제 5조(부정기 항공기의 타국 영공 비행권리)는 정기 국제항공업무에 종사하지 아니하는 항공기가 사전허가를 받을 필요 없이 피비행국의 착륙요구권에 따를 것을 조건으로, 체약국의 영역 내에의 비행 또는 그 영역을 무착륙으로 횡단비행하는 권리와 운수 이외의 목적으로 착륙하는 권리를 향유한다고 규정하고 있다. 반면 동 제 6조(정기 항공기에 대한 타국영공 비행 허가)는 정기 국제항공업무는 체약국의 특별한 허가 또는 타의 인가를 받고 그 허가 또는 인가의 조건에 따르는 경우에 한하여 체약국의 영역의 상공을 비행하거나 또는 그 영역에 비입할 수 있다고 규정하고 있다.

4) 시카고 협약 제 3조 c 항(국가 항공기): "어떠한 체약국의 국가 항공기도 특별협정 또는 기타방법에 의한 허가를 받고 또한 그 조건에 따르지 아니하고는 타국 영역의 상공을 비행하거나 또는 그 영역에 착륙하여서는 아니 된다."

> ▶ 항공기의 등록과 변경은 등록국의 국내법에 따라 시행하고 등록국은 등록 항공기와 그 소유에 관한 정보를 ICAO에 제공하여야 한다.
>
> ▶ 항공기의 소유주와 등록국 사이의 진정한 관련성이 요구되지는 않으나 등록국은 등록된 국적항공기를 효과적으로 통제하여야 할 의무가 있다. 따라서 원칙적으로 편의치적은 허용되지 않는다고 보는 것이 타당하지만 오늘날 편의치적이 발생하고 있음을 부인할 수 없다.[5)]

2. 영공침범에 대한 국제법 원칙(항공기에 대한 무력사용)

가. 비무장 민간 항공기의 타국영공 침범

비무장 민간 항공기가 고의 또는 과실로 타국 영공을 침범하는 경우 영역국은 어떻게 대응하여야 하는가. 이에 대해서는 1983년 발생한 소련의 대한항공 007기 격추사건[6)]을 계기로 새로이 추가된 1984년 시카고 협약 개정의정서 제 3조 bis[7)]가 많은 시사점을 주고 있다.

무엇보다도 제 3조 bis의 (a)는 '어떠한 경우에도 민항기에 대한 무기사용은 허용되지 않으며 또한 요격시에도 탑승자의 생명과 항공기의 안전을 위험에 빠트려서는 안 된다(Every State must refrain from resorting to the use of weapons against civil aircraft in flight and that, in case of interception, the lives of persons on board and the safety of aircraft must not be endangered)'고 규정함으로써 민항기에 대한 무기사용을 금지하였다.[8)]

---

5) 관련 부분 원문은 다음과 같다: "Nowadays, ICAO acknowledges that flags of convenience do exist in aviation", 'Flags of Convenience in Civil Aviation', Allan Mendelsohn, Georgetown Law School, 2014.

6) 이 사건은 1983년 뉴욕발 서울행 대한항공 007편이 항로를 이탈하여 소련영공으로 들어가고 소련이 이를 미사일로 격추하여 탑승객 269명 전원을 사망에 이르게 한 사건이다. 이에 대해 소련은 007편이 스파이 활동 중이었으며 소련의 지시를 따르지 않고 도주하였기 때문에 자위권을 행사하였다고 주장하였다.

7) 정식명칭은 'Protocol relating to an Amendment to the Convention on International Civil Aviation Signed at Montreal on 10 May 1984 [Article 3 bis]'이다.

8) 대한항공 격추 사건에 대한 안보리 논의시 미국과 호주 등은 민항기에 대한 무력공격은

이와 함께 제 3조 bis의 (b)는 허가 없이 체약국 상공을 비행하는 외국 민항기에 대하여 착륙을 요구할 수 있으며, 나아가 항공기의 체약국 상공비행이 시카고 협약의 목적과 양립하지 않는다고 결론을 내릴 수 있는 합리적인 근거가 있을 경우 영역국은 위반행위의 종식을 요구하고 동시에 '국제법과 협약에 규정된 적절한 수단에 호소할 수 있다(resorting to any appropriate means consistent with international law and the Convention)'고 규정하고 있다. 여기서 적절한 수단에는 요격(interception)도 포함될 수 있다.

나아가 제 3조 bis의 (a)는 '유엔헌장에 규정된 국가의 권리와 의무를 수정하는 것으로 해석되지 않는다(This provision shall not be interpreted as modifying in any way the rights and obligations of States set forth in the Charter of the United Nations)'는 단서조항을 추가함으로써 여전히 불가피한 경우의 무기사용이 유엔헌장상 자위권에 의해 정당화될 수 있는 가능성을 배제하지 않고 있다.[9] 이 조항으로 인해 국제사회는 항공기가 영토국의 지시에 따르지 않고 착륙을 거부하는 경우에의 대응방안에 대하여 해석의 여지를 남겨두게 되었다.

그렇다면 정말로 예외적인 상황에서는 예상되는 더 큰 재앙을 방지한다는 의미에서 무기사용을 통한 항공기의 격추가 가능한가. 특히 2001년 9·11 테러의 경우에서와 같이 피랍된 항공기가 '대규모 파괴무기(Weapons of Large-scale Destruction)'로 사용되는 경우 무력공격의 개념을 원용하여 자위권을 행사할 수 있는가. 9·11 테러 당시 미국 정부가 테러범들의 분명한 의도를 사전에 알 수 있었다면 비록 항공기 내 승객들의 생명이 희생되는 한이 있더라도 동 단서 조항에 근거하여 이들을 격추시키는 것이 허용될 수 있었다고 볼 수 있는지 등에 대하여도 검토의 여지가 있다.

결론적으로 시카고 협약 제 3조 bis는 '운항 중인 민항기에 대한 무기불사용의 원칙(principle of non-use of weapons against civilian aircraft in flight)'을 확인

어느 경우에도 절대적으로 허용될 수 없다고 주장하였으며 캐나다와 서독 등은 소련의 행동이 상황에 비례하지 않는다(disproportionate)는 입장을 보였다.

9) 참고로 시카고 협약 제 3조 bis의 논의과정에서 중남미 국가들은 마약운송 등 혐의가 있는 항공기에 대하여는 격추가 가능하다는 주장을 하였으나 수용되지 않았다. 그러나 2004년 10월 브라질은 마약을 수송하는 항공기에 대한 격추를 허용하는 법안을 발효시켰다.

하였다는 점에서 의의가 있다.[10] 그러나 비협조적인 민항기에 대하여 항공기와 항공기내 사람들의 안전을 위태롭게 하지 않으면서 착륙을 유도한다는 것은 현실적으로 쉽지 않은 문제라는 점에서 원칙적용의 한계가 있다.

한편 민항기의 불가피한 영공침범의 경우에는 시카고 협약 제 25조(조난 항공기에 대한 구호조치)에 따라 비상착륙이나 무해통과 등을 인정하여야 할 것이다.

나. 군용기 또는 국가 항공기의 타국영공 침범

군용기 또는 국가 항공기의 타국영공 침범에 대해서는 항공기의 성격상 국제법상 규율이 다르다. 그렇지 않을 경우 국가 항공기나 군용기를 별도로 구분할 실익이 없기 때문이다. 앞에서 설명한 바와 같이 국가 항공기는 특별협정 또는 허가 없이 타국의 영공을 비행하거나 또는 그 영역에 착륙하여서는 안 된다(시카고 협약 제 3조 c 항). 이는 허가 없이 고의 또는 과실로 타국영공을 침범한 국가 항공기의 경우 국가면제가 허용되지 않는다는 의미가 된다. 단, 조난이나 불가항력의 경우에는 국가책임규정초안에 따라 위법성이 조각될 수 있다.[11]

여기서 국가 항공기, 특히 군용기의 고의적인 타국영공 침범은 영역국의 안보와 직결된다. 따라서 영역국의 착륙요구에 불응하는 경우 상황에 따라서는 무기사용을 통한 격추가 예외적으로 허용될 수 있다는 해석이 가능하다. 군용기가 과실로 타국의 영공을 침범한 경우에도 영역국의 경고 또는 착륙요구에 불응하는 경우에는 격추 가능성을 부인할 수 없다. 물론 어느 경우에도 자위권에서 검토한 바 있는 필요성과 비례성의 원칙이 존중되어야 할 것이다.

군용기의 불법 영공침범 사건의 대표적인 예로는 1960년 U-2기 사건을 들 수 있다. 동 사건은 소련 영공을 불법적으로 비행하던 미 정찰기를 소련당국이

---

10) 1996년 2월 쿠바의 미국 민항기 2대 격추 사건에 대하여 안보리는 결의 제 1067호를 통해 쿠바가 행한 민항기에 대한 무기사용이 인도에 관한 기본적 고려와 시카고 협약 제 3조 bis(민항기에 대한 무기사용금지)에 구현된 국제관습법 규칙 등과 양립하지 않는다고 보고 쿠바의 행위를 비난하면서 협약상의 의무를 이행할 것을 촉구하였다.

11) 오늘날에는 민항기나 국가 항공기 여부를 불문하고 조난임이 분명하다고 판단되는 경우에는 영공진입 또는 나아가 착륙을 허용하는 입장이다. 여기서 조난임이 분명하다는 의미는 당시의 사정을 고려하고 또한 항공기가 영토국의 지시와 명령에 순응하는 경우를 말한다.

공격하여 강제 착륙시킨 사건이다. 미국은 소련의 영공침범 주장에 대해 아무런 이의를 제기하지 못하였다.

한편 무인항공기 또는 드론을 통한 타국 영공의 침입에 대한 대응도 항공기와 같은 맥락에서 검토되어야 할 것이다. 즉, 허가 없는 영공침입은 당연히 국제법 위반이며 구체적 상황(위협 여부 등)에 따라 격추 등 대응이 가능하다고 본다.

3. 항공기 관련 범죄에 대한 국제법적 대응

가. 관련 국제협약의 태도

항공기에 대한 테러는 무고한 민간인에 대한 살상 등 내포된 위험의 규모 등에 비추어 볼 때 국제사회의 단합된 대응이 요구되며 이를 위해 다양한 성격의 국제협약들이 채택되어 왔다.

이들 관련 국제협약들을 개관하면 다음과 같다.

첫째, 1963년 '도쿄 협약(항공기내에서 행하여진 범죄 및 기타 행위에 관한 협약, Tokyo Convention on Offences and Certain Other Acts committed on Board Aircraft)'은 비행 중(in flight)[12] 항공기 내에서 발생한 비행의 안전 및 기내의 안녕과 질서에 반하는 일반범죄를 대상으로 하고 있다. 이 경우 항공기 등록국의 재판관할권이 우선한다(동 협약 제 3조). 그러나 중대한 범죄가 발생하는 경우, 범죄가 자국의 영역에 영향을 미치거나 자국 국민에 대하여 범죄가 행해지는 경우 또는 자국의 국가안전에 반하는 경우 범죄혐의자 또는 피해자의 국적국 모두 자국법의 규정에 따라 형사재판관할권 행사가 가능하다(동 협약 제 4조). 또한 도쿄 협약을 개정한 2014년 '도쿄 협약 개정 몬트리올 의정서(Protocol to amend the Convention on

12) 1963년 도쿄 협약은 제 1조 3항에서 '비행 중(in flight)'을 '항공기가 이륙목적으로 시동이 된 순간부터 착륙 활주가 끝난 순간까지'로 정의하면서도 항공기 기장의 권한과 관련한 제 5조 2항에서는 '비행 중'을 '승객 탑승 후 항공기문이 닫힐 때부터 승객의 하기를 위해 항공기문이 열릴 때까지'로 규정하고 있어 일관된 정의를 가지지 못하고 있다. 그러나 이후 채택된 나머지 협약들의 경우는 일관되게 '비행 중'을 '승객 탑승 후 항공기문이 닫힐 때부터 승객의 하기를 위해 항공기문이 열릴 때까지'로 규정하고 있다.

Offences and certain other Acts committed on board Aircraft)'는 항공기 내의 범죄에 대한 재판관할권을 일정 조건을 전제로 항공기의 등록국 외에 운항국(State of the Operation)과 착륙국(State of Landing)에게도 허용하였다.

둘째, 1970년 '헤이그 협약(항공기의 불법납치 억제를 위한 협약: Convention for the Suppression of Unlawful Seizure of Aircraft, 일명 Hijacking 협약)'은 비행 중(in flight) 항공기 내에서 발생한 항공기납치 범죄를 대상으로 하고 있다. 항공기 등록국, 착륙국 및 항공기 임차인의 주영업소 관할국가가 재판관할권을 가진다. 또한 정치범 불인도의 원칙이 적용되지 않으며 모두 인도대상 범죄로 규정하고 있다. 따라서 그 영토 내에서 범죄혐의자를 발견한 당사국은 범죄혐의자를 인도하지 않는 경우 처벌을 위하여 관할권(일종의 보편적 관할권)을 행사하여야 한다. 참고로 항공기 불법납치는 앞에서 설명한 일정한 요건(예컨대, 사적 목적, 타 선박에 대한 공격)의 충족을 요하는 해적과 구분된다.

셋째, 1971년 '몬트리올 협약(민간항공의 안전에 대한 불법행위 억제를 위한 협약: Convention for the Suppression of Unlawful Acts against the Safety of Civil Aviation)'은 비행중인 항공기에 대한 범죄에 한하여 규정한 헤이그 협약을 보완하여 특히 운항중인(in service)[13] 항공기의 파괴 또는 훼손 등으로 운항을 불가능하게 하거나 또는 안전을 위태롭게 하는 범죄 등도 포함하여 규율하기 위하여 채택되었다(동 협약 제 1조). 여기서 몬트리올 협약상 재판관할권이나 범죄인인도관련 규정은 헤이그 협약과 대체로 유사하다. 이에 추가하여 1988년 채택된 '몬트리올 보충의정서(Montreal Supplementary Protocol)'는 국제민간항공에 사용되는 공항에서의 불법적 폭력행위의 억제를 목적으로 하고 있다.

넷째, 그밖에 1971년 몬트리올 협약과 1988년 몬트리올 보충의정서를 개정하는 내용의 '2010년 북경 협약(국제민간항공에 관련된 불법행위 억제에 관한 협약: Convention on the Suppression of Unlawful Acts relating to International Civil Aviation)'과 '북경 의정서(항공기불법납치 억제를 위한 헤이그 협약 보충의정서: Protocol Supplementary to the Convention for the Suppression of Unlawful Seizure of Aircraft)'

---

13) '운항 중(in service)'이라 함은 항공기가 비행을 위하여 지상 근무원 혹은 승무원에 의하여 항공기의 비행전 준비가 시작된 때부터 착륙 후 24시간까지를 의미한다(동 협약 제 2조 나호).

가 있다.[14] 동 북경 협약과 의정서는 특히 9·11 테러에 대한 경험을 바탕으로 민간항공기가 인명, 재산 및 환경에 중대한 손해를 야기하기 위한 목적으로 사용되는 것을 방지하기 위하여 채택되었다.

항공기 안전 관련 협약들의 특징(요약)
▶ 도쿄 협약: 비행 중(in flight)인 항공기 내에서 발생한 비행의 안전 및 기내의 안녕과 질서에 반하는 일반범죄를 대상으로 함. ▶ 헤이그 협약: 비행 중(in flight)인 항공기 내에서 발생한 항공기 납치 범죄를 대상으로 함. ▶ 몬트리올 협약: 비행 중인 항공기에 대한 범죄에 한하여 규정한 헤이그 협약을 보완하여 특히 운항 중인(in service) 항공기의 파괴 또는 훼손 등으로 운항을 불가능하게 하거나 또는 안전을 위태롭게 하는 범죄를 대상으로 함. ▶ 북경 협약과 의정서: 민간 항공기를 인명, 재산 및 환경에 중대한 손해를 야기하기 위한 목적으로 사용하는 범죄를 대상으로 함.

나. 재판관할권의 경합

상기 협약들은 관련 당사국들로 하여금 가능한 한 관할권을 확립하기 위하여 필요한 조치를 취할 것을 규정하고 있다. 이 경우 관할권의 충돌이 발생할 수 있다. 예컨대, 타국 관할권 내의 영공을 비행 중 발생한 범죄의 경우 재판관할권은 어느 국가가 행사할 수 있는가의 문제가 제기될 수 있다.

이에 대한 대표적 사례로 1987년 발생한 대한항공 858기 폭파사건이 있다. 이 사건은 비행중인 한국 국적의 항공기 내에서 발생한 사건이라는 점에서 도쿄 협약을 적용하여 항공기 등록국의 재판관할권을 인정하였다.[15]

---

14) 북경 협약 당사국의 경우 북경협약이 몬트리올 협약과 몬트리올보충의정서에 우선한다. 반면 북경 의정서 당사국들에게는 1970년 헤이그 협약과 북경 의정서가 단일 문서로 함께 적용된다.

15) 이 사건은 대한항공이 바그다드를 출발 아부다비 경유 방콕으로 향발중 버마 인근 안다만 상공에서 폭파된 사건이다. 폭파범 김현희는 북한공작원으로 일본 위조여권을 보유하였으며 아부다비에서 내려 바레인으로 잠적하였다. 이 사건 처리를 위해 우리 정부는 바레인 정부로부터 동인을 인도받아 관할권을 행사하였다.

결론적으로 항공기 내 위법행위에 대해서는 기국(등록국)이 우선적으로 관할권을 가지지만 상황에 따라서는 사건 당시 항공기가 비행하던 상공의 영역국에 의한 속지주의가 경합할 수 있으며 때로는 피해자 국적국에 의한 수동적 속인주의와 사태의 성격에 따라서는 보편적 관할권이 경합될 수도 있을 것이다.

4. 방공식별구역과 비행정보구역[16)]

가. 방공식별구역

방공식별구역(Air Defense Identification Zone: ADIZ)은 일반적으로 국가안보 목적상 항공기의 용이한 식별, 위치 확인 및 통제가 요구되는 지상 및 해상의 일정 공역을 의미한다. 방공식별구역은 과학기술의 발달로 인한 항공기의 비행속도와 고도 등 성능증가에 대처하고 미확인 항공기가 국가안보에 가져올 수 있는 심각한 위험성에 대한 우려에서 새로이 설정된 구역이다. 즉, 안보 등 국가이익과 결부되어 국가관할권을 확장하기 위한 필요성에서 설정되고 발전되어 온 개념으로 '안보'가 핵심 개념이다.[17)]

그러나 방공식별구역의 정의와 법적근거에 대하여는 아직 통일된 입장이 없다. 또한 나라마다 설정기준이나 범위 등 운영방식에 대하여도 차이가 있다. 상공비행의 자유가 허용되는 공해 등의 상공에 설정된다는 점에서 국제법적 근거에 대한 학설이나 국가간 실행도 일치하지 않는다. 특히 국제법상 국가가 자국영역 이원 상공에 대하여 관할권을 주장할 수 없다는 점에서 단순히 국가안보를 이유로 정당성을 확보할 수 있을지에 대해서는 검토의 여지가 있다.

우리나라의 경우 남부 이어도 주변수역을 중심으로 한중일의 방공식별구역

---

16) 심인혜, '방공식별구역과 국제법' 참조, 국제법 동향과 실무, Vol. 14, No. 1, 통권 제36호, 2015, 외교부.

17) 참고로 방공식별구역은 냉전체제의 산물중 하나로서 제 2차 세계대전과 한국전쟁 이후 안보적 목적으로 설정되기 시작하였다. 최초로 ADIZ를 설정한 국가는 미국으로 1950년 대서양 및 태평양 지역에 ADIZ를 설정한 바 있다. 냉전종식 후 그 의미가 축소되어 오다가 2001년 9 · 11 테러를 계기로 그 중요성이 다시 부각되었으며, 2013년 11월 중국이 ADIZ를 설정하면서 동북아 안보와 관련하여서 새로이 조명을 받고 있다.

이 중첩되어 갈등의 소지가 있다.

나. 비행정보구역

비행정보구역(Flight Information Region: FIR)은 ICAO에 의하여 분할 · 설정된 구역이다. 이 구역은 비행 중에 있는 민항기에 대하여 안전하고 효율적인 운항에 필요한 정보를 제공하고, 항공기사고 발생시 수색 및 구조업무를 제공할 목적으로 설정되었다.

이 제도는 영역에 대한 주권개념과 관계없이 원활한 항공교통과 항공기의 안전을 확보하기 위한 것으로서, 명칭도 국가명이 아닌 업무담당 센터의 명칭을 사용하고 있다.[18] 영공 외의 국제공역에 위치한 비행정보구역은 민항기가 아닌 군용기에 대하여는 적용되지 않는다.

---

18) 우리나라의 비행정보구역은 초기에는 대구의 중앙항로관제소에서 비행정보업무를 제공했기 때문에 '대구비행정보구역(Daegu FIR)'이라 불렸다. 그러나 이후 항로관제업무가 인천공항으로 옮겨가게 되었고 이에 따라 과거 50년간 사용해 오던 우리나라 비행정보구역의 명칭도 2001년 10월 '인천비행정보구역(Incheon FIR)'으로 변경되었다.

제2절 우주

1. 우주의 정의

우주공간에 대한 우리의 관심은 1957년 소련의 인공위성 Sputnik 1호의 발사를 계기로 고조되기 시작하였다. 이후 위성과 관련한 다양한 분야에서의 활동이 확대되면서 국제우주법의 중요성이 인식되기 시작하였으며 특히 우주공간의 평화적 이용 및 탐사와 개발문제에도 관심이 커지게 되었다. 그럼에도 불구하고 아직까지 영공과 우주의 명확한 수직적 한계는 정의되지 않았다.

사실 Sputnik 위성이 수차례에 걸쳐 타국의 영공을 지나갔지만 어느 국가도 이것이 자국의 영공을 침범하였다고 이의를 제기하지 않았다. 그러나 영공과 우주는 분명 구분되는 개념이다. 이와 관련 1959년 유엔 총회에 의해 설립된 '외기권의 평화적 이용에 관한 위원회(Committee on the Peaceful Uses of Outer Space: COPUOS)'가 이 문제에 대하여 심도 있는 검토를 수행하였지만 합의를 보지 못하였으며 현행 관행을 넘어 경계를 획정하는 것이 필수적이라고 보지도 않았다. 또한 1967년 채택된 우주조약도 이에 대한 정의를 의도적으로 회피하고 있다. 결국 주권이 미치는 영공의 수직적 한계에 대한 국제적 합의는 없다. 그러나 일반적으로 우주공간이란 영공 이원의 공간으로 자체의 동력을 갖지 않는 인공위성이 궤도에 머물 수 있는 지상 70~100km 이원의 공간 또는 항공기가 공기의 반동으로 대기권에서 추진력을 얻어 비행할 수 있는 부분 이원의 지구 위의 공간을 말한다고 보는 입장이 유력하다.[19)]

---

19) 우주의 공간은 항공기와 기구가 미치는 최고 고도인 30km와 단기 체류 위성의 최저고도인 160km 사이라는 주장이 있다. 흥미롭게도 미 공군이 우주인의 자격을 정의하기 위한 목적으로 작성한 자료에서 우주의 수직적 한계를 약 80km로 정의하였다는 점은 바로 이 범위 내에서 영공의 수직적 한계가 결정될 수 있음을 보여주는 것으로 판단된다. Dean N. Reinhardt, 'The Vertical Limit of State Sovereignty', Journal of Air Law and Commerce, Vol. 72, 2007. 참고로 우주 물체가 발사되고 귀환하는 과정에서 항공

결론적으로 정확히 어느 점에서 영공이 끝나고 우주가 시작되는지에 대하여는 명확하지 않으며 실제로 이를 구분할 실익도 크지 않다. 이는 다시 말해서 아직까지는 영공의 수직적 한계를 둘러싸고 국가간 상이한 기준이 적용될 수 있음을 의미한다.

2. 우주의 법적 지위

1959년 유엔 총회는 외기권에서의 활동에 의해 제기되는 법적 문제에 대한 검토를 시작하였고 이어 1961년 결의 제 1721호(외기권의 평화적 이용을 위한 국제협력)를 채택하였다.[20] 이 결의가 우주법 발전의 기초가 되었다. 우주공간에 대한 유엔차원의 공식입장으로는 1963년 유엔 총회가 채택한 '국가의 우주공간의 이용과 탐사활동에 관한 법원칙의 선언'이 있다.[21] 이 선언에는 최초로 우주공간과 천체에 대한 영유금지가 포함되었다. 이 선언은 오늘날 국제관습법화되었다. 이와 같이 유엔 총회가 채택한 많은 결의들은 우주의 법적 지위에 대한 기본원칙을 제시해 주고 있다.

1963년 선언을 계기로 전술한 COPUOS 주관하에 1967년 우주조약 등 아래 4개의 주요 우주 관련 조약들이 채택되었다.[22] 특히 이들 우주 관련 4개 조약 중 가장 중요한 조약이 바로 1967년 우주조약이다.

- 우주조약: 1967년 달과 기타 천체를 포함한 외기권의 탐색과 이용에 있

법상의 공간과 우주법상의 공간을 모두 이용한다는 점에서 양자를 구분하지 않고 하나의 공간으로 취급하자는 주장도 있으나 아직까지 적극적인 검토는 없는 상태다.

20) 결의의 정식 명칭은 'International Co-operation in the Peaceful Uses of Outer Space'이다.

21) 1963년 유엔 총회 결의 제 1962 XVIII호(Declaration of Legal Principles governing the Activities of States in the Exploration and Use of Outer Space).

22) 이들 협약에 이어 '1979년 달과 기타 천체에서의 국가활동에 관한 협정(Agreement concerning the Activities of States on the Moon and Other Celestial Bodies: 'Moon Treaty, 달 조약'이라고도 함)'도 채택되었다. 그밖에 우주 관련 조약으로 '1963년 대기권, 외기권 및 수중에서의 핵실험 금지 조약(Treaty Banning Nuclear Weapon Tests in the Atmosphere, in Outer Space and Under Water: Nuclear Test Ban Treaty)' 등이 있다.

어서의 국가활동을 규율하는 원칙에 관한 조약(Treaty on Principles Governing the Activities of States, including the Moon and Other Celestial Bodies: Outer Space Treaty)

- 구조협약: 1968년 우주비행사의 구조, 귀환 및 외기권에 발사된 물체의 회수에 관한 협약(Convention on the Rescue of Astronauts and the Return of Astronauts and Objects launched into Outer Space: Rescue Agreement)
- 책임협약: 1972년 우주 물체에 의하여 발생한 손해에 대한 국제책임에 관한 협약(Convention on International Liability for Damage caused by Space Objects: Liability Convention)
- 등록협약: 1976년 외기권에 발사된 물체의 등록에 관한 협약(Convention on Registration of Objects launched into Outer Space: Registration Convention)

1967년 우주조약은 우주공간의 법적 지위를 규정하고 우주공간에서의 인간의 활동을 규율하기 위하여 체결된 조약으로 앞에서 설명한 1963년 유엔 총회의 선언을 재확인하면서 다음의 원칙을 제시하고 있다.

첫째, (이용의 자유) 외기권은 모든 인류의 활동영역(the province of all mankind)으로 국가간 평등의 기초위에 국제법에 따라 모든 국가의 이익을 위하여(for the benefit and in the interests of all countries) 자유로이 이용할 수 있다(제 1, 3조). 모든 국가가 자유로이 이용한다는 점에서는 공해와 같은 성격이지만 모든 국가의 이익을 위하여 이용한다는 점에서 공해와 다르다.

둘째, (전유의 금지) 외기권은 어떠한 형태의 주권 또는 이용이나 점유의 주장을 통한 특정국가의 전유의 대상이 아니다(not subject to national appropriation)(제 2조).

셋째, (평화적 이용) 외기권은 핵무기 또는 모든 종류의 대량살상무기 배치금지 등 평화적인 목적으로만(exclusively for peaceful purposes) 이용되어야 한다(제 4조). 평화적 이용은 '남극조약'에서 시사점을 찾을 수 있다.

넷째, (국제협력의 원칙) 당사국들은 협력과 상호지원의 원칙에 따라야 하며 타당사국들의 상응하는 이익을 충분히 고려하여야 한다(제 9조).

1967년 우주조약에 구현된 이들 기본원칙들은 이미 우주활동에 적극적인 국가들의 실행과 이에 반대되는 국가실행이 발견되지 않음으로써(미, 러, 중 등 우주관련 활동이 활발한 국가들이 모두 참여) 법적확신에 의해 국제관습법화되었다.

한편 1979년 '달 조약(Moon Treaty)'도 1967년 우주조약에서 확인된 우주관련 원칙들을 재확인하였다. 동시에 달과 외기권내 천체의 천연자원을 인류공동유산으로 정의하고(제 11조) 그 자원은 어떤 국가나 국제기구, 법인이나 자연인의 소유가 될 수 없다고 규정하고 있다. 이를 위해 '달 조약'은 달 자원의 이용을 관리하기 위한 국제레짐(international regime)의 수립을 규정하고 있다. 이는 우주개발능력을 갖추지 못한 개도국들의 주장을 반영한 결과이며 핵심은 모든 당사국들에게 혜택이 공유될 수 있는 방식으로의 개발과 이용을 의미한다. 따라서 여기서의 인류공동유산 개념은 유엔해양법협약상 국가관할권 이원의 심해저지역과 그 광물자원을 인류공동유산으로 규정한 것과 같은 개념으로 볼 수 있다.[23] 그러나 이 조약도 심해저의 경우와 마찬가지로 우주 선진국으로부터 지지를 받지 못하고 있다.[24] 이러한 점에서 달 조약은 우주조약과는 달리 국제관습법상의 원칙을 반영한 것으로 볼 수 없다. 그러나 이와는 달리 1996년 유엔 총회 결의 제 51/122호로 채택된 '우주 공간의 탐사와 이용에 있어서의 국제협력에 관한 선언'은 국가의 실행과 법적확신을 통해 국제관습법화 되었다고 볼 수 있다. 이 선언은 우주의 탐사와 이용에 있어 모든 국가의 이익과 혜택을 위한 국제협력을 요구하고 있다.[25]

---

23) 인류공동유산 개념은 국제법의 점진적 발전과 관련하여 등장한 개념으로 우리에게는 유엔해양법협약을 통해 더 많이 원용되고 있다. 그러나 우주공간과 관련하여서도 동 개념은 매우 중요한 의의를 가지고 있다. 이 개념은 유엔해양법협약 교섭에 앞서 이미 1963년 유엔 총회 결의 제 1962(XVIII)호에서 언급되었고 1967년 우주조약 제 1조에 포함되었다. 그러나 1963년 결의 제 1항에서 사용된 표현은 '인류의 혜택과 이익을 위하여(... for the benefit and in the interest of all mankind)'이며, 1967년 우주조약 제 1조에서 사용된 문언도 '외기권의 탐색과 이용은 모든 인류의 활동영역(the exploration and use of outer space shall be the common province of all mankind)이었다. 그러나 이후 1979년 달 조약은 제 11조에서 인류공동유산 개념을 분명히 하였다.(The Moon and its natural resources are the common heritage of mankind... The Moon is not subject to national appropriation by any claim of sovereignty, by means of use or occupation, or by any other means).

24) 달 조약이 달과 그 천연자원에 대한 국제레짐을 도입하는 것을 내용으로 하고 있는 데 대해 우주 선진국들은 부정적 입장이며 이러한 이유로 조약에 참여하지 않고 있다.

3. 우주활동과 국제책임

우주 발사물과 우주공간에서의 활동증가는 필연적으로 다른 국가에 대한 손해를 야기시키게 되며 이로 인한 손해발생시 책임의 문제가 제기될 수 있다. 원래 일반국제법 원칙에 의하면 국가는 사인의 행위에 대하여 책임을 부담하지 않는다.

그러나 1967년 우주조약은 외기권관련 활동에 의하여 야기된 일체의 손해에 대하여 협약당사국의 책임을 규정하였다(제 6조). 특히 발사국은 우주발사물체에 의해 타국 또는 타국민에게 발생한 손해에 대한 책임을 부담한다고 규정하고 있다(제 7조). 이에 따라 외기권에서의 비정부실체(개인 등 사업자)에 의한 활동에 대하여도 협약당사국(발사국)이 책임을 지게 된다.[26]

한편 이들 우주조약 제 6조와 제 7조는 1972년 책임협약에 의해 상세히 발전되었다. 이를 다시 나누어 설명하면 다음과 같다.

(a) 책임협약 제 2조는 우주물체가 지구 표면에 또는 비행 중의 항공기에 끼친 손해에 대하여 발사국이 절대적인 무과실 배상책임을 진다고 규정하고 있다(절대 책임 또는 무과실 책임).[27]

(b) 동 제 3조는 지구표면 이외의 장소에서 타국의 우주물체나 우주물체상의 인체 또는 재산에 대하여 손해를 입혔을 경우 발사국의 과실이 있을 경우에만 책임을 진다고 규정하고 있다(과실 책임).

(c) 동 제 11조는 보상청구와 관련 (청구국 또는 청구국이 대표하고 있는 자연인이나 법인이 사전에 이용할 수 있는) 국내구제완료의 이행을 요구하지 않는다.

---

25) 이 선언의 정식명칭은 'Declaration on International Cooperation in the Exploration and Use of Outer Space for the Benefit and in the Interest of All States, Taking into Particular Account the Needs of Developing Countries'이다.

26) 책임협약 제 1조 c는 발사국을 우주물체를 직접 발사하는 국가, 우주물체가 발사된 영토 또는 시설의 소속국으로 정의하고 있다.

27) 1978년 소형 원자로를 탑재한 구소련의 코스모스 위성 954가 캐나다 영토에 추락한데 대해 양국은 책임협약을 적용하여 배상문제를 확정하였다.

(d) 동 제 22조는 우주활동에 관여하는 국제기구도 국가와 마찬가지로 책임을 부담한다고 규정하고 있다.[28] 책임은 일차적으로는 국제기구가 부담하지만 국제기구가 책임을 다하지 못하는 경우에는 협약당사국인 회원국이 부담할 수 있다.

4. 기타 인공위성과 관련한 문제

인공위성와 관련하여서는 지구정지궤도(geostationary orbit), 지구원격탐사(remote sense from outer space)와 위성방송(broadcasting from outer space)의 문제가 또 다른 국제법상의 문제를 제기한다.

가. 지구정지궤도

지구정지궤도란 적도 상공 35786km 상공의 원 궤도를 말한다. 인공위성이 정지한 상태는 아니지만 지구의 자전속도로 지구주위를 공전하므로 지구에서 봤을 때 언제나 같은 위치에 있기 때문에 정지궤도라고 한다.

1976년 8개의 적도권 국가들은 보고타 선언(Bogota Declaration)을 통해 자국령 상공의 지구정지궤도는 자국영역의 일부이며 그 궤도에 인공위성을 두는 경우 사전에 영역국의 명시적 동의를 받아야 한다고 주장하였다. 그러나 이러한 주장은 우주공간에서의 주권행사를 금지하고 있는 외기권 조약의 문언과 정신을 위반하는 것으로 국제사회의 반대에 직면하였고 적도권 국가들도 동 주장을 포기하였다.

나. 지구원격탐사

지구원격탐사는 외기권 활동에서 제기되는 문제의 하나로 당해 국가의 동의없이 인공위성에 탑재한 감지기(sensor)가 피탐사국의 자원과 관련한 활동에

---

28) 단, 국제기구가 상응하는 선언을 하고 회원국의 과반수가 책임협약과 우주조약의 당사국인 경우에 한한다. 유럽우주기구(European Space Agency: ESA)가 이에 해당된다.

관한 자료를 수집할 권리를 포함하는가의 문제다.

1986년 유엔 총회는 '외기권으로부터의 지구의 원격탐사에 관한 원칙(Principles relating to Remote Sensing of the Earth from Space)'을 채택하였다. 동 원칙에 의하면 원격탐사가 모든 국가의 천연자원에 대한 영구주권을 존중하는 방식으로 진행될 것을 규정하고 있다.

다. 위성방송

1982년 채택된 '국제 직접 TV 방송을 위한 국가들의 인공위성 이용을 규율하는 원칙(Principles Governing the Use by States of Artificial Earth Satellites for International Direct Television Broadcasting)'에 관한 유엔 총회 결의에 따라 인공위성을 통해 외국인 수신자에게 TV 방송을 전파하기 위해서는 수신국의 사전 동의를 필요로 한다.

제 20 강
국제기구법

제1절 개관

1. 국제기구의 중요성과 의의

오늘날의 국제사회는 초국가적 성격의 문제해결을 위해 국가간 협력을 필요로 하고 있으며 이와 관련한 대표적인 현상의 하나가 국제기구의 중요성의 부각이다.

그렇다면 국제기구는 국제법적으로 어떻게 정의할 수 있는가. 국제법상 국제기구를 정의하는 것은 쉽지 않다. 그러나 국제기구의 중요성이 부각되고 있는 오늘날 국제법이 국제기구를 어떻게 정의하느냐의 문제는 국제기구마다 다른 성격과 특징을 어떻게 통일된 관점에서 규율할 수 있느냐의 문제로 귀결된다는 점에서 매우 중요하다.

이러한 배경하에 유엔 국제법위원회(ILC)는 '국제기구의 책임에 관한 규정 초안(ILC Draft Articles on the Responsibility of International Organizations: 국제기구 책임규정초안)' 제 2조 (a)에서 국제기구를 '국제법에 의해 규율되는 조약 등에 의해 창설되어 독자적인 법인격을 가지는 기구(an international organization is an organization established by a treaty or other instrument governed by international law and possessing its own international legal personality)'로 정의하였다. 국제기구가 독자적인 법인격을 가진다는 뜻은 '회원국과는 별개의 법적 실체로 국제법상의 권리와 의무를 향유하고 국제관계에서 자신의 명의로 법률행위를 할 수 있는 법인격(legal personality)을 가진다는 것'을 의미한다. 이러한 점에서 국제기구는 국가이외의 가장 중요한 국제법 주체로서 오늘날 국제법 질서 형성의 한 축을 이루고 있다.

여기서 국제기구의 성립, 지위, 운영 등을 규율하는 법을 총체적으로 국제기구법이라고 한다. 국제기구법의 가장 중요한 법원은 물론 국제기구 설립조약이다. 국제기구 설립조약 외에도 국제기구가 당사자로 체결하는 조약, 국제기구 소재지국의 국제기구관련 국내법과 국제기구가 자체목적의 달성을 위해 채택하는 결의나 내부규칙 등이 법원이 된다.

2. 국제기구의 특징

국제기구의 특징은 다음과 같이 요약될 수 있다.

첫째, 국제기구는 공통의 '특별한 목적(special aims)'의 달성을 위해 다자조약에 의해 수립된 공적기구로 주권국가 또는 다른 국제기구를 회원국으로 한다. 따라서 통상적으로 '정부간 기구(inter-governmental organization)'를 의미한다.

둘째, 국제기구는 회원국들과는 별개의 기구 자체의 법인격을 가지며 그 범위 내에서 국제법 주체성이 인정된다.

셋째, 국제기구는 기구 내 특별한 기능을 수행하기 위한 목적으로 자체의 특별한 기관(organ)을 가지며(... has its own special organs to fulfill particular functions within the organization), 상설 사무국(secretariat)을 가진다는 점이 중요한 특징이다.[1)]

1) 국제기구의 주요기관은 총회(general assembly), 이사회(executive body) 및 사무국(secretariat)이다. 또한 국제기구는 회원국간 분쟁의 평화적 해결 등을 목적으로 자체 분쟁해결절차 또는 분쟁해결기구(dispute resolution body)를 가지기도 한다. 총회는 전체 회원국으로 구성되며 기구와 회원국에 대하여 구속력있는 결정, 결의 등을 제정하는 입법부의 기능을 수행하며 이사회는 집행기구로 제한된 수의 국가만이 참여한다.

그러나 여기서 국제기구의 특징 중 가장 중요한 것은 국제기구가 되기 위해서는 회원국과는 별개의 법인격(국제법 주체성)을 가져야 한다는 점이다.

제2절 국제법 주체로서의 국제기구

1. 국제기구의 법인격

국가는 본원적인 국제법 주체로서 일반적으로 포괄적인 국제법상의 권리와 의무를 향유한다. 그러나 국제기구는 조약에 의하여 부여된 특정한 분야에 한정하여 부분적인 권리와 의무를 향유하는 제한된 국제법 주체이다. 국제법 주체의 핵심은 법인격의 보유이다. 국제기구의 법인격은 회원국과는 별개로 그 자신이 고유의 법적 권한과 목적을 가진 국제법 주체로서 향유하는 법인격을 말한다. 국제기구의 법인격이 중요한 이유는 국제법상 법인격이 인정되는 국제기구만이 국제관계에서 권리와 의무의 주체로서 국제법적으로 유효한 법률행위를 할 수 있기 때문이다.

그렇다면 국제기구가 법인격을 보유하고 있는지 어떻게 확인할 수 있는가. 먼저 국제기구를 설립하는 근거가 되는 국제기구 설립조약 등에서 찾을 수 있을 것이다. 대표적인 예로 '유럽연합설립헌장(Treaty establishing a Constitution for Europe: TEU)' 제 1조는 '유럽연합이 국제법인격을 가진다(it has international legal personality)'고 규정하고 있다.[2)]

그 밖에 법인격에 관한 명시적인 조항이 없는 경우에도 국제기구 설립조약

2) 국제형사재판소 설립을 위한 로마규정 제 4조 1항도 국제법인격이 있는 국제형사재판소의 설립을 규정하고 있다.

에 규정된 조약체결권 등 국제기구가 향유하는 국제법상의 권리, 국제기구가 회원국 영토 내에서 가지는 (국내법상의) 지위, 나아가 기구의 목적이나 기능 또는 관행 등에 비추어 묵시적으로 법인격을 추정할 수 있다.

이하 국제기구의 법인격을 국제법인격과 국내법인격으로 나누어 다시 설명한다.

가. 국제법적 측면에서의 법인격(국제법인격)

위에서 설명하였듯이 국제기구 설립조약에 명시적 근거가 있는 경우는 물론 그렇지 않은 경우에도 기구의 설립목적, 기능 및 권한 등을 통해 묵시적으로 국제기구의 국제법인격을 추론할 수 있다. 대표적 국제기구인 유엔의 경우에도 헌장 내에 국제법인격을 직접적으로 설명하는 어떠한 조항도 없지만 유엔의 국제법인격이 부인되지는 않는다.

이를 설명하면 다음과 같다.

첫째, 1949년 '유엔직원이 직무수행 중 입은 손해에 대한 배상 사건'에 관한 권고적 의견에서 ICJ는 유엔의 법인격은 헌장과 기구의 '목적 및 기능(given mandate and functions)'으로부터 도출되며 헌장에서 요구되는 목적달성을 위한 기능의 수행을 위해서는 유엔에 대하여 그러한 법인격의 부여가 필요하다고 판단하였다.[3] 즉, 유엔(국제기구)은 일정한 권한을 향유하고 기능을 수행하도록 의도되었는데 이는 유엔(국제기구)이 일정한 범위의 국제법인격을 가지고 있다는 전제위에서만 설명될 수 있다고 보았다. 이에 따라 ICJ는 '유엔이 국제법의 주체로서 국제법상의 권리와 의무를 향유할 수 있으며, 국제쟁송을 제기할 수 있는 능력도 가진다'고 보았다.

둘째, 국제기구가 국가만이 향유할 수 있는 능력, 예컨대, 조약체결능력을 가진다면 이를 통해서도 국제법인격을 확인할 수 있을 것이다. 예컨대, 유엔헌

3) 이 사건에 대한 권고적 의견에서 ICJ는 "어떠한 법률체계에서의 법의 주체는 성격이나 권리의 범위에 있어서 반드시 동일한 것은 아니고 해당 공동체의 필요에 따라 다르다(the subjects of law in any legal system are not necessarily identical in their nature or in the extent of their rights, and their nature depends upon the needs of the community)"고 보았다. ICJ Reports 1949, p. 174, pp. 178-179.

장 제 43조는 유엔이 회원국과 특별협정을 체결할 수 있도록 권한을 부여하고 있고, 제 57조는 전문기구와의 협력협정에 대하여 규정하고 있다.

1949년 유엔직원이 직무수행 중 입은 손해에 대한 배상 사건(ICJ 권고적 의견)

1. 사건내용

▶ 1948년 제 1차 중동전쟁 당시 유엔이 팔레스타인 분쟁의 중재자로 파견하였던 유엔요원(스웨덴 Bernadotte 백작)이 임무를 수행하던 중에 이스라엘 과격분자에 의해 살해당하자 유엔요원들의 보호문제를 확실히 하기 위해 총회가 ICJ에 권고적 의견을 요청한 사안이다.

2. 쟁점

▶ 유엔요원이 임무수행 중에 국가책임을 수반하는 손해를 당하였을 경우 유엔은 국제기구로서 책임 있는 법률상 또는 사실상의 정부(유엔 비회원국인 이스라엘)에 대해 유엔이 당한 손해와 희생자가 당한 손해에 대한 적절한 보상을 받기 위하여 국제적인 청구를 제기할 수 있는가.

▶ 유엔이 희생자가 당한 손해의 적절한 보상을 받기 위하여 국제적인 청구를 제기할 수 있다면 희생자 국적국의 외교적 보호권과 어떻게 조화시켜야 하는 것인가.

3. ICJ 권고적 의견

▶ 유엔은 개별 회원국들의 요구사항을 넘어서는 국제기구 자체의 목적을 가진 사회적 존재다. 유엔은 목적수행을 위해 요구되는 국제법인격을 가지고 있다. 또한 유엔은 헌장에 명시된 권한 이외에 임무수행에 필요한 묵시적 권한을 가진다.

▶ 유엔은 '객관적 국제인격(objective international personality)'을 가진 실체로서 유엔 비회원국에 대하여도 국제청구를 제기할 권한이 있다.[4] 즉, 유엔은 국제기구로서 그 요원이 임무수행 중 손해를 입은 경우 그로 인하여 유엔이 받은 손해와 그 희생자가 받은 손해에 대하여 책임 있는 국가를 상대로 보상을 위한 국제적 청구를 제기할 권한이 있다.

▶ 유엔은 소속공무원을 대신하는 것이 아니라 자신의 권리를 주장하는 것이다.[5] 유엔은 소속 공무원을 위한 기능적 보호(functional protection)의 권리를 가진다. 따라서 유엔은 유엔직원이 입은 손해에 대한 배상청구를 유엔에 대한 의무위반

만을 이우로 제기할 수 있으므로 국적국의 외교적 보호권과의 충돌은 문제되지 않는다. 다만 충돌의 가능성을 배제할 수는 없으므로 충돌이 발생하는 경우에는 호의 또는 상식에 의해 해결을 추구할 수 있으며 또한 사건별로 협정체결 등을 통한 해결이 바람직하다.

▶ 결론적으로 ICJ의 판단은 (i) 독자적인 법인격, (ii) 직무수행에 필요한 묵시적 권한, (iii) 직원에 대한 기능적 보호권으로 요약될 수 있다.

나. 국내법적 측면에서의 법인격(국내법인격)

국내법상의 법인격은 당해 기구가 회원국의 국내법에서 차지하는 법적 지위로 예컨대, 국제기구가 일 국가의 영토 내에서 계약을 체결하거나 동산 또는 부동산 등을 취득, 처분할 수 있는 능력 등을 말한다. 이를 나누어 설명한다.

첫째, 국제기구 설립조약은 대체로 당해 기구가 회원국의 국내법에서 차지하는 법적 지위(국내법인격)에 대하여 명시적으로 규정하고 있다. 예컨대, 유엔헌장 제 104조는 유엔(국제기구)이 기구의 임무수행과 목적달성을 위하여 필요한 법률상의 능력을 각 회원국의 영역에서 향유한다고 규정하고 있으며, 구체적으로 제 105조에서는 목적달성에 필요한 범위 내에서 필요한 특권과 면제를 회원국 내에서 향유한다고 규정하고 있다.

둘째, 유엔헌장 제 104조와 제 105조의 이행을 위해 1946년 유엔이 채택한 '유엔의 특권과 면제에 관한 협약'도 제 1조 1항에서 유엔은 법인격을 향유하며 계약체결, 동산 및 부동산의 취득, 처분 및 제소능력을 가진다고 규정하고 있다. 이

---

4) ICJ는 국제사회의 대다수 구성원을 대표하는 50여 개국(유엔 창설 당시를 의미)이 국제법에 근거하여 쟁송제기능력을 포함, 자신들만에 의해 인정되는 법인격이 아닌 (비당사국에 의해서도 인정되는) 객관적 법인격을 가진 실체를 창설할 수 있는 능력을 가진다고 보았다. 관련 부분 원문은 다음과 같다: "On this point, the Court's opinion is that fifty States, representing the vast majority of the members of the international community, had the power, in conformity with international law, to bring into being an entity possessing objective international personality, and not merely personality recognized by them alone, together with capacity to bring international claims.", ICJ Reports 1949, p. 174, p. 185.

5) 후술하는 바와 같이 국제기구 직원의 불법행위에 대하여 국제기구가 책임을 지는 것도 같은 맥락에서 이해될 수 있다.

에 따라 유엔 등 국제기구는 국제기구 소재지국과 개별적으로 본부협정(Headquarters Agreement) 등의 체결을 통해 그 국가 내에서 명시적으로 국내법상 법인격을 부여받는 경우가 있다.

그러나 국제기구가 비회원국 내에서도 법인격을 향유하는지의 문제는 불명확하다. 이에 대해서는 국가별로 실행이 다양하지만 대체로 국제기구가 국제법인격을 가지고 있는 것이 확인되는 경우 비회원국의 법원도 일반적으로 국내법인격을 인정하는 경우가 많다. 예컨대, 1988년 'ITC 사건(International Tin Council)'에서 미국법원은 미국이 ITC의 당사국이 아니고 이 기구를 승인한 바 없지만 이 기구가 국제법인격을 가지고 있다고 보고 ITC 이사회에 대하여 미국 내 소송능력(국내법인격)을 인정하였다. 반면 영국에서는 전술한 바와 같이 ITC 사건에 대한 미국의 방식을 받아들이지 않았다. 그러나 이후 1991년 '아랍통화기금 사건(Arab Monetary Fund v. Hashim)'에서는 입장을 바꾸어 비록 영국이 당사국이 아닌 조약에 의해 설립된 국제기구라도 해당 국제기구가 영국이 승인한 국가(당사국)의 국내법에 따라 법인격을 부여받는 경우에는 영국 내 소송능력을 인정한 예가 있다. 이에 대해서는 제 7강('국제법과 국내법의 관계'의 제 3절 '국제법과 국내법의 효력관계' 2. '국내법이 보는 국제법')을 참조한다.

다. 비정부간기구의 법인격

정부간 기구와 구분되는 개념으로 민간단체 또는 민간인들을 구성원으로 하여 설립되는 '비정부간기구'가 있다. 비정부간기구(NGO)의 법적 지위나 권한은 국내법에 의해 결정되며 국제법인격 혹은 국제소송에서 당사자적격을 인정받지 못한다.

그러나 제 8강(국제법의 주체)에서 설명하였듯이 대표적 NGO인 국제적십자위원회(ICRC)는 1990년 유엔 총회 결의로 유엔에서 옵서버 지위가 부여되었다. 나아가 본부 소재지국인 스위스도 1993년 ICRC와의 협정체결을 통해 국제법인격을 인정하고 정부간 기구에 준하는 대우를 인정해 오고 있다. ICRC는 이러한 특수한 지위와 성격으로 인해 유엔을 비롯한 수십여 개의 국가들과 협정을 체결하고 특권과 면제도 부여받고 있다.

2. 국제기구의 권한

국제법인격을 가진 국제기구는 회원국과는 별개의 국제법 주체로서 제한된 범위 내에서 국제법상의 권리와 의무를 향유하며 유효한 법률행위를 할 수 있는 능력을 가진다. 국제기구의 권한은 전문성의 원칙(principle of speciality)에 따라 원칙적으로 헌장에 규정된 범위 내에 국한된다. 이를 '귀속 권한 이론(doctrine of attributed powers)'이라고 한다. 그러나 목적 달성을 위해 필요한 경우에는 '묵시적 권한 이론(doctrine of implied powers)'에 따라 별도의 권한이 부여될 수 있다. 국제기구가 가지는 일반적인 권한은 다음과 같이 설명될 수 있다.

가. 조약체결 능력

유엔헌장의 경우처럼 산하기구(경제사회이사회)가 관련 전문기구와 조약을 체결할 수 있다고 명시적으로 규정하고 있는 경우가 있다.[6] 국제기구 설립조약이 국제기구의 조약체결권에 대하여 명시적으로 규정하고 있지 않은 경우에도 법인격이 인정되는 국제기구에 대하여는 대체로 기구의 설립목적 달성을 위해 필요한 임무수행의 범위 내에서 묵시적으로 조약체결권을 가지는 것으로 해석된다.

나. 특권 및 면제의 향유(국제기구, 국제기구 직원, 회원국대표)

국제기구는 외교 및 영사 특권과 면제와는 달리 국제관습법하에서 특권과 면제를 향유하지 못한다. 대신 조약에 근거하여 향유하게 된다. 유엔헌장도 유엔기구 자체, 기구의 직원 및 유엔회원국 대표들이 임무수행에 필요한 범위 내에서 특권과 면제를 향유한다고 명시적으로 규정하고 있다. 이에 따라 유엔은 전술한 1946년 '유엔의 특권과 면제에 관한 협약(유엔특권면제협약)'과 1947년 '전문기구의 특권과 면제에 관한 협약(전문기구 특권면제협약)'[7]을 체결하고 이어

---

6) 유엔은 헌장 제 43조에 규정된 특별협정, 제 57조에 따른 전문기구와의 제휴협정을 체결할 수 있다. 또한 제 105조에 따라 회원국과의 특권면제협약 체결 등 국제법 주체로서의 조약체결권한 등을 적극적으로 행사하고 있다.

7) 전자는 1946년 뉴욕에서 채택되어 동년 발효되었으며 2022년 8월 현재 162개국이 당사국(우리나라는 1992년 가입)이며, 후자는 1947년 뉴욕에서 채택되어 1948년 발효되었으

유엔본부가 소재한 국가와 별도의 양자조약인 본부협정을 체결하여 법인격을 가지는 국제기구로서의 특권과 면제를 부여받고 있다. 다른 국제기구들도 대체로 유엔과 유사한 기준에서 특권과 면제를 향유하고 있다.

국제기구의 특권과 면제는 국제기구 자체, 국제기구 직원 및 회원국 대표의 특권과 면제로 나누어진다.

첫째, 국제기구 자체의 특권과 면제는 외교공관의 특권과 면제와 유사하다. 예컨대, (a) 유엔의 건물은 불가침이고, (b) 유엔과 유엔의 재산은 수색, 징발, 몰수 등으로부터 면제되며, (c) 유엔의 문서, 서류와 통신은 불가침이다.

둘째, 국제기구 직원의 특권과 면제도 외교관의 경우와 유사하나 국제기구 직원의 경우 직급에 따른 차등이 있으며 외교관에 비해 제한적이다. 예컨대, 유엔사무총장과 사무차장 등 고위급 직원을 제외한 일반직원의 경우에는 공적 행위에 대해서만 재판관할권의 면제가 허용된다.

셋째, 국제기구에 파견된 상주사절단과 국제기구 주관 국제회의에 참가하는 각국 대표의 경우에도 국가대표성에 의해 외교관과 유사한 특권과 면제가 부여된다. 이를 규율하기 위하여 전술한 '유엔특권면제협약'과는 별도로 1975년 채택된 '보편적 성격의 국제기구와의 관계에 있어서의 국가대표에 관한 비엔나협약(Vienna Convention on the Representation of States in their Relations with International Organizations of a Universal Character)'이 채택되었다. 그러나 이 협약은 유엔특권면제협약보다 특권과 면제의 범위를 지나치게 확대하였다는 이유로 아직까지 발효되지 않았다.

넷째, 국제기구를 위해 일시적으로 파견된 전문가의 경우 독자적인 기능수행에 필요한 범위 내에서 특권과 면제가 부여된다. 여기에는 불체포 특권과 직무수행과 관련된 공적 행위에 대한 관할권 면제가 포함된다. 이러한 면제에는 자국의 관할권으로부터의 면제도 포함된다.[8)]

며 현재 130개국이 당사국(우리나라는 1997년 가입)이다.

8) 이와 관련된 사례로는 1999년 '유엔인권위원회 특별보고관의 소송으로부터의 면제에 관한 이견 사건(Difference Relating to Immunity from Legal Process of A special Rapporteur of the Commission on Human Rights)'에 대한 ICJ의 권고적 의견이 있다. 이 사건은 유엔인권위원회의 특별보고관(Special Rapporteur)인 Cumaraswamy가 직무수행 중 언론인터뷰에서 행한 발언으로 자국인 말레이시아에서 명예훼손 혐의로 손해배상이 청구된 소송사건

다섯째, 국제기구 직원의 소득에 대하여도 과세특권이 부여되는데 그 이유는 국제기구 직원의 소득이 회원국으로부터 나오므로 소재지국이 재정적 혜택을 보는 것은 정당하지 않다는 판단에 근거한다.

여섯째, 오늘날에는 본부협정에 자동차관련 사고에 대하여 면제를 부인하는 내용을 포함하는 경우가 많이 있다. 더욱이 국제기구의 상업적 활동(*acta jure gestionis*)에 대하여는 면제가 부인되는 경우가 일반적이다.[9)]

일곱째, 소재지국의 입장에서 국제기구 회원국의 대표가 자국의 안보에 위협이 된다고 판단하는 경우에도 회원국의 대표는 국제기구에 파견된 것이지 소재지국과는 무관하다는 점에서 소재지국이 동인을 추방하거나 입국을 거부하는 데는 한계가 있다.[10)]

끝으로 유엔헌장 제 105조는 특권과 면제의 부여근거로서 '기구의 목적달성에 필요한 범위 내에서'를 명시함으로써 외교관계협약에서와 같이 기능설을 채택하고 있다.[11)] 즉, 국제기구에 부여되는 특권과 면제도 외교특권과 면제의 경우와 마찬가지로 기구와 직원의 독립성을 확보하기 위해 요구되는 기능적 필요성에 근거한다.

다. 배상청구권

국제기구는 자신이 입은 피해에 대해 책임있는 회원국 또는 비회원국에 대하여 배상청구권 등 국제책임을 추궁할 수 있다. 이는 전술한 '유엔직원이 직무수행 중 입

이다. 이와 관련 총회는 특별보고관에 대하여도 유엔특권면제협약상의 면제가 부여될 수 있는가에 대하여 ICJ에 권고적 의견을 요청하였고 이에 대해 ICJ는 동인의 인터뷰가 특별보고관의 임무수행과 관련된 것으로 모든 종류의 소송으로부터 면제된다는 의견을 제시하였다.

9) 예컨대, 'European Bank of Reconstruction and Development'는 소송으로부터의 면제가 부인되며 기구의 재산은 소송에서 판결 이행을 위해 필요한 경우 압류될 수도 있다고 보고 있다.

10) 일부 국가는 이 경우 추방하거나 입국을 거부할 수 있는 권리가 소재지국에 있다고 보고 있다. 또한 본부협정을 통해 사전에 여사한 경우에 대한 대응책을 규정하는 경우도 있다.

11) 제 105조: "1. 기구는 그 목적의 달성에 필요한 특권과 면제를 각 회원국의 영역 안에서 향유한다. 2. 국제연합회원국의 대표 및 기구의 직원은 기구와 관련된 그들의 임무를 독립적으로 수행하기 위하여 필요한 특권과 면제를 마찬가지로 향유한다."

은 손해에 대한 배상 사건'에 관한 ICJ의 권고적 의견에서 확인되고 있다. 즉, 국제기구로서 유엔은 그 직원이 직무수행 중 손해를 입은 경우 그로 인하여 유엔이 받은 손해와 그 희생자가 받은 손해에 대하여 책임 있는 국가를 상대로 보상을 청구하기 위한 국제청구를 제기할 권한이 있다. 유엔은 소속 공무원을 위한 기능적 보호권(right of functional protection)을 가지므로 청구는 결국 소속공무원을 대신하는 것이 아니라 자신의 권리를 주장하는 것으로 보아야 한다.

라. 외교사절의 파견 및 접수

국제기구는 임무수행의 일환으로 외교사절의 파견 및 접수에 해당되는 국제법상의 행위를 할 수 있다. 예컨대, 유럽연합은 별도의 외교사절을 유럽연합 이외의 국가에도 파견하고 있다.

마. 국제재판소에서의 당사자적격

국제기구는 ICJ에서 소송사건의 당사자적격(*locus standi*)이 없다. 그러나 전술한(제 7강 '국제법과 국내법의 관계'의 제 3절 1. '국제법이 보는 국내법' 참조) 1947년 '유엔과 미국간 유엔본부협정 Section 21(a)'는 이 협정의 해석 및 적용과 관련하여 발생하는 분쟁에 대하여는 중재재판으로 해결하도록 규정하고 있다. 이 경우 국제기구, 즉 유엔은 유엔 소재지국인 미국과 함께 중재재판(국제재판을 의미)에서 당사자적격을 가지게 될 것이다. 위 '다'항의 배상청구권도 국제기구가 국가를 상대로 한 소송에서 당사자적격이 인정되는 것으로 이해하면 된다.

3. 국제기구의 분쟁해결

국제기구 회원국간 또는 국제기구와 회원국간 설립헌장의 해석 및 적용에 관한 분쟁은 헌장의 관련 규정에 따라 해결될 수 있다. 예컨대, WTO설립헌장이나 유럽연합설립헌장의 경우 헌장 자체 내에 분쟁해결을 위한 조항들을 가지고 있다. 다시 말해서 이들 설립헌장은 '자기완비적 법질서(self-contained legal order)'

에 해당된다.

그러나 유엔은 유엔과 유엔직원간 분쟁을 제외한 그 밖의 분쟁의 해결을 위하여는 자체 내 구체적인 절차조항(built-in procedures)을 가지고 있지 않다.[12] 결국 헌장의 해석과 적용에 관한 분쟁의 경우 교섭 등을 통한 해결이 선호되나 이 경우 비공식적이라는 점과 구속력 있는 결정이 이루어지지 않는다는 점에서 한계가 있다. 이러한 점을 극복하기 위하여 유엔은 유엔내부 문제와 관련된 다양한 성격의 분쟁에 대하여 ICJ의 권고적 의견을 요청하는 경우가 왕왕 있다.

유엔전문기구의 경우도 교섭을 통해 분쟁의 해결을 시도하기보다는 공식적인 해결이 필요할 경우 기구 자체 내 관련 기관의 해석을 통해 해결한다. 그러나 이들 기관에 의한 해결이 난망시 되는 경우에는 결국 중재에 부탁하거나 ICJ의 권고적 의견을 요청하게 된다.

제3절 국제기구의 책임

1. 국제기구 자체의 책임

영토국가를 전제로 하는 전통 국제법 질서하에서는 국가와 다른 성격을 가지는 국제기구의 책임에 관한 인식이 형성되어 있지 않았다. 그러나 이후 국제법의 발전과 함께 국제법 주체로서의 국제기구의 책임에 대한 인식이 형성되게 되었다.

12) 유엔과 직원간의 분쟁은 유엔 내 행정재판소(UN Administrative Tribunal: UNAT)를 통해 해결된다.

이와 관련 2011년 국제기구책임규정초안은 국제법인격을 가진 국제기구의 책임에 대하여 규정하고 있다. 동 규정초안의 내용은 대체로 2001년 국가책임규정초안의 내용에 일정한 수정을 가하여 상세하게 구성되었다.[13] 즉, 국가책임규정초안을 원용하여 법인격있는 국제기구에 귀속시킬 수 있는 국제의무 위반행위에 대하여는 국제기구가 일차적인 책임을 진다고 규정하고 있다. 국제기구의 책임은 부작위로부터도 야기될 수 있다.

따라서 국제기구의 위법행위에 대하여는 명시적 규정이 없는 한 원칙적으로 독자적인 법인격을 갖는 국제기구가 책임을 부담하며 회원국이 공동으로 부담하지는 않는다. 예컨대, 1960년 콩고파견 유엔 평화유지군이 권한을 초과하여 위법한 행위로 현지 벨기에인에 손해를 야기한 데 대해 유엔이 벨기에에 손해배상을 제공한 사례가 있다. 또 다른 예로 유엔해양법협약 부속서 III의 제 22조는 국제해저기구(Authority)가 자신의 권한과 임무를 수행하는 과정에서 불법행위로부터 발생하는 모든 손해에 대하여 책임을 진다고 규정하고 있다.

2. 국제기구 회원국의 책임

국제기구 회원국이 국제기구에 속하는 활동의 일환으로 한 행위도 국제기구의 행위로 간주되어 국제기구가 책임을 진다. 다시 말해서 국제기구가 자신의 처분하에 놓인 기관의 행위에 대하여 실효적 통제(effective control)를 행사하는 경우에는 동 기관의 행위는 국제법상 국제기구의 행위로 간주된다(국제기구책임규정초안 제 7조). 예컨대, 유엔과 PKO 파견국과의 관계에서 볼 수 있듯이 PKO는 원칙적으로 유엔의 보조기관으로 유엔이 최종적인 통제권을 가지며 PKO의 위법행위에 대해 책임을 진다. 단, 유엔이 실효적인 통제권을 행사하는 경우에만 해당된다. 따라서 유엔대신 PKO 파견국이 실효적인 통제권을 행사하는 경우에는 회원국이 책임을 질 수도 있다.[14]

---

13) 국제기구책임규정초안도 국가책임규정초안과 마찬가지로 국제위법행위의 발생 후 이에 대한 책임을 규정한 2차 규범이다.

14) 유엔도 국제기구책임규정초안에 대한 의견서에서 유엔의 지위통솔하의 작전(United

한편 국제기구의 국제위법행위에 대하여는 예외적으로 회원국의 책임문제가 제기될 수도 있다. 이와 관련 국제기구책임규정초안은 회원국이 국제기구의 위법행위 발생에 관여되어 있는 경우 회원국을 상대로 한 책임추궁이 성립될 수 있음을 확인하고 있다. 예컨대, 회원국의 강요에 의해 국제기구의 위법행위가 발생한 경우 등이 이에 해당된다. 그 밖에 국제기구 설립조약이 명시적으로 국제기구와 회원국간의 공동책임을 인정하고 있는 경우와 국제기구와 회원국이 공동으로 위법행위를 한 경우에도 회원국에 대한 책임추궁이 가능할 것이다.[15]

3. 국제기구의 책임해제 방식 및 위법성 조각사유

국제기구가 자신의 위법행위에 대하여 국제책임을 부담하는 경우 이에 대한 책임해제 방식은 국가의 위법행위에 대한 국가책임해제 방식과 동일하다. 또한 국제기구의 위법행위에 대한 위법성 조각사유도 국가책임의 경우와 동일하다.

Nations operation)은 유엔의 보조기관의 행위로 유엔이 책임을 부담하지만 반대로 유엔의 허가를 받은 작전(United Nations-authorized operation)은 유엔과 독립된 행위로 작전을 수행하는 국가가 책임을 부담한다고 보았다. U.N. Doc. A/CN.4/637/Add.1, 2011, 이러한 원칙을 확인할 수 있는 다른 사례로 '스레브레니차 학살 사건'에 대한 네덜란드 상급심의 판단이 있다. 네덜란드 상급심은 동 지역에 파견된 유엔평화유지군에 대한 네덜란드 정부의 실효적 통제를 근거로 네덜란드의 국가책임을 인정하였다. 참고로 이 사건은 1995년 구유고의 스레브레니차 지역에서 행해진 보스니아계 무슬림 주민 중 남자들만을 집단살해한 사건으로 동 지역의 안전유지에 책임 있는 네덜란드 정부를 상대로 피해자 가족들이 제기한 소송이다. 한편 이와 반대되는 사례로 Behrami v. France 사건이 있다. 이 사건에서 유럽인권재판소는 코소보 주재 KFOR(Kosovo Force)가 나토의 주도하에 있었지만 유엔의 허가하에 이루어졌고 유엔이 '최종 권한과 통제(ultimate authority and control)를 보유하고 있었기 때문에 KFOR의 행동은 유엔에 귀속된다고 보았다. 이에 대한 상세는 김대순 pp. 765-769 참조.

15) 국제기구책임규정초안 주석서 제 58~63조 설명 참조.

제 21 강
국제환경법

제1절 개관

1. 국제환경법의 의의

오늘날 지구환경의 보호(환경의 보전과 자원의 보존을 포함하는 개념)를 위한 국제사회의 노력은 다양한 분야에서의 환경보호를 위한 새로운 제도와 원칙의 수립으로 나타나고 있다. 이러한 새로운 제도와 원칙은 국제환경법의 중심적 부분을 형성하게 된다.

먼저 국제환경법이 중요성을 가지게 된 배경은 다음과 같이 요약될 수 있다. (a) 중국 공업지대에서의 오염으로 한국에서 산성비가 내리는 것과 같이 한 국가에서 발생한 대기오염이 국경을 넘어 다른 국가에 피해를 주는 경우, (b) 우크라이나 체르노빌 핵발전소 사고에서 볼 수 있듯이 환경피해의 규모에 비추어 해결을 위해서는 국가간 협력이 절실히 요구되는 경우, (c) 오존층 파괴의 경우처럼 대부분의 국가들이 지구환경보호에 공통의 책임이 있는 경우, (d) 국제인권법에서 요구하는 '깨끗한 환경에 대한 권리'의 실현을 위한 인권차원의 인식확대 등을 들 수 있다.[1] 또한 오늘날에는 천연자원에 대한 영구주권의 개념이 퇴색하면서 자국영역 내 자원에 대한 주권적 권리의 행사시에도 타국의 이해를 고려하여야 한다는 원칙이 강조되어 오고 있다.

그러나 환경보호와 관련하여 무엇보다도 중요한 것은 개발로 인한 환경파괴 문제이다. 지금까지의 환경관련 분쟁도 대부분의 경우 환경보호의 문제를 개발이라는 상업적 이익과 어떻게 조화시키느냐의 문제였으며,[2] 특히 지속가능한 개발(sustainable development)을 실현하는 문제가 중심이 되어왔다.

이러한 배경하에 국제환경법(International Environmental Law: IEL)은 1960년대 중반에 출현하였으며 국제법 분야 중 가장 새로우면서도 동시에 계속 발전하고 있는 분야이다. 나아가 전 지구적 환경보호의 필요성에 대한 인식의 증대는 환경관련 새로운 규칙의 발견과 적용을 지속적으로 필요로 하고 있으며 따라서 국제환경법은 아직도 연성법(soft law) 중심의 미래의 법에 머물러 있다고 하여도 과언이 아니다.

그렇다면 국제환경법은 어떻게 정의될 수 있는가. 한마디로 국제환경법은 '환경오염으로부터의 자연생태계 보호', 즉 '인간의 유해한 활동으로부터 자연의 현 상태를 보호하고 동시에 자연자원의 지속 가능한 이용과 관리를 실현하기 위해 요구되는 국가의 행동을 규율하기 위한 목적의 국제법 규범'이라고 할 수 있다. 요약하면 국제환경법의 목적은 궁극적으로 환경 자체가 갖는 보편적인 가치(개발과 환경의 조화)의 실현이라고 할 수 있다.

사실 국제환경법의 핵심주제들은 오랜 기간 동안 국제법의 다른 분야 속에 흩어져 나타나 있었다. 예컨대, 해양, 우주, 국가책임, 남극조약 체제 등에서 환경법은 자주 원용되어 왔다. 그러나 이들 분야들은 구체적으로 환경법상의 문제를 해결하는데 초점이 맞추어져 있지 않았기 때문에 결국 환경문제만을 별도로 해결하기 위한 환경법 분야의 독자적인 발전이 이루어지게 되었다. 이러한 이유로 국제환경법은 다른 국제법 분야와 많은 부분에서 중복되고 함께 적용되기도

1) 류병운, p. 594.
2) 영국 북서부 지역에 위치한 핵처리 공장의 건설 및 운영과 관련한 아일랜드와 영국간 'The Mox Plant 사건'에서의 쟁점은 아일랜드의 환경피해에 대한 우려와 영국의 소중한 산업자산의 보호에 대한 관심을 조화시키는 문제였다. Robin Churchill and Joanne Scott, 'The Mox Plant Litigation: the First Half-Life', International & Comparative Law Quarterly, Vol. 53, Issue 3, July 2004, pp. 643-676.

한다. 다시 말해서 국제환경법은 환경문제의 해결을 위해 환경과는 무관한 다양한 국제법 원칙의 도움을 필요로 한다. 그럼에도 불구하고 국제환경법이 국제법의 독자적인 분야임을 부인하지는 않는다. 따라서 국제환경법은 외교관계에 관한 비엔나협약처럼 '자기완비적(self-contained) 조약'이 아니며 특정 이슈 관련 기본원칙들을 포괄적으로 규율하는 단일 협약 형태의 유엔해양법협약이나 시카고 민간항공협약과도 다르다.

이하 국제환경법의 특징, 형성(법전화)과 발전과정, 주요 내용 및 새로이 성립된 주요 법원칙에 대하여 설명한다.

2. 국제환경법의 특징

가. 국제법의 영역으로의 발전

전통 국제법은 환경 자체를 국제적 차원에서 보호하는 문제에 대하여는 관심을 가지지 않았다. 국가주권 절대의 원칙에 따라 일국 내에서 발생하는 환경파괴 요인 자체에 대해서는 문제삼지 않고 다만 타국의 환경에 피해를 야기하는 경우에만 이를 국제법적으로 규제하였다.

그러나 오늘날 환경문제가 초국가적 이슈로 발전함에 따라 환경문제는 더 이상 주권국가의 국내문제로 남기 어려워졌다. 즉, 환경문제는 양자적 접근에서 국제협력을 강화하는 방향으로 발전되었으며 인권과 함께 국제법상의 이슈로 자리 잡게 되었다.

나. 국가간 협력, 사전예방의 중요성

오늘날 환경피해 문제는 국경을 초월하고 있으며 이의 해결을 위해서는 과거와 달리 국가간 협력을 필요로 하고 있다. 특히 피해가 다수에게 확산되고 나아가 미래 세대로까지 이전될 수 있다는 점에서 국제적으로 이를 규제하여야할 필요성이 증대되었다.

먼저 환경피해 문제는 발생 원인과 발생 시점이 불명확하며 인과관계의 입증이나 손해배상액의 산정, 해결비용 등에 있어서 어려움이 있다. 따라서 환경문제에 있어서는 사전예방과 국가간 협력이 특히 중요하다. 예컨대, 기후변화와 오존층 파괴 등 전 지구적 차원의 문제해결을 위해서는 국가간 협력이 절대적으로 필요하다. 중국으로부터의 황사나 체르노빌 원전사고의 경우에서 볼 수 있듯이 인접국가간 협력도 더욱 중요해지고 있다. 다시 말해서 환경피해에 대한 구제로부터 환경위험의 예방과 이를 위한 국가간 협력으로 국제사회의 관심이 확대되고 있다고 할 수 있다.

더욱이 국제환경문제는 인권과 마찬가지로 상대국의 법 위반(환경침해)에 대해 상호주의로(동일한 정도의 환경침해로) 대응할 수 없다는 점에서 전통적인 국가책임의 추궁이 해결책이 될 수 없다. 이러한 이유로 환경문제의 근본적인 해결을 위한 전 지구적 차원의 협력이 더욱 절실히 요구된다.

다. 연성법의 중요성(골격협약과 후속 의정서)

상기한 환경문제의 특징을 고려할 때 국제환경 보호를 위한 구속력 있는 기준에 대하여 국가간 합의를 도출하는 작업은 용이하지 않다. 따라서 이에 대한 대안으로 지침(guideline)이나 권고(recommendation) 등 연성법 형태의 문서로 먼저 기준을 마련하고 이행에 있어서는 참여국들에게 상당한 재량을 부여하는 방식이 선호되어 오고 있다. 이 과정에서 비국가 행위자인 NGO, 전문가 그룹 등 다양한 이해관계자들의 참여가 활발하다.

따라서 환경관련 조약의 경우 비록 명칭은 조약이나 내용면에서는 연성법적 성격을 가진 추상적 성격의 '골격협약(Framework Convention)'을 먼저 체결하고 이후 구체적 이행사항을 담은 의정서가 채택되는 방식이 많이 사용되고 있다. 대표적인 예로 오존층보호에 관한 비엔나 협약 및 이의 이행을 위한 몬트리올 의정서와 기후변화협약 및 후속 도쿄 의정서 등을 들 수 있다.

라. 대세적 의무

오늘날 많은 환경 관련 다자조약들은 지구환경 자체를 보전하기 위한 국가의 의무를 다른 국가에 대한 상대적 의무가 아닌 국제사회 전체에 대한 보편적 성격의 대세적 의무(obligations *erga omnes*)로 보고 있다. 아직 환경보호의무가 비록 *jus cogens*로까지 발전되지는 않았지만 동 의무가 인류문명을 위해 필요하며 따라서 최소한 대세적 의무라는 국가실행의 증거는 여러 곳에서 확인되고 있다.

마. 환경조약의 이행과 책임추궁 방식의 특수성

1) 독특한 환경조약 이행방안 마련

환경문제는 모든 국가간 협력을 필요로 하는 전 지구적 차원의 이슈라는 점, 환경피해 발생시 막대한 피해규모와 심각한 후유증, 국가간 환경문제에 대한 입장 및 대처능력의 차이 등에 비추어 볼 때 사후적 구제를 위한 국가책임제도만으로는 국제환경법의 실효적인 이행을 확보하기가 어렵다. 다시 말해서 기존의 전통적인 절차로는 환경문제의 해결이 어렵다는 공감대가 형성되면서 이에 대한 대응책으로 많은 환경 관련 협약들은 독특한 이행확보절차를 마련하고 있다.

무엇보다도 국제환경협약에서의 이행확보방안은 의무 위반국에 대한 책임추궁이나 배상보다는 국가간 협력을 통해 환경협약상의 의무이행을 제도적(다자적 접근과 해결)으로 독려하고 지원함으로써 협약의 목적을 달성하는데 중점을 두고 있다. 이들 제도의 특징을 1992년 오존층 보호에 관한 몬트리올 의정서를 중심으로 살펴본다.

첫째, 국가보고제도(self-reporting procedure)로 당사국 총회 등에서 당사국이 자국의 협약이행관련 상황을 정기적으로 보고하여 평가를 받는 제도이다.

둘째, 비준수절차(non-compliance procedure: NCP)로 이 조치는 다음의 경우로 나누어진다.

(a) 당사국이 다른 당사국의 비준수를 사무국에 통보하는 경우
(b) 사무국이 당사국의 비준수를 알게 된 경우
(c) 비준수국이 최선을 다하였음에도 불구하고 의무를 이행할 능력이 없다고 판단하여 비준수를 사무국에 자진 신고하는 경우

이 경우 집행위원회의 검토를 거쳐 적절한 원조나 경고 등 위반 당사국에

대하여 필요한 조치를 결정하게 된다.[3] 이 제도는 의도적인 협약위반국과 협약을 이행할 능력이 결여된 국가를 차별하여 전자에 대해서는 제재를, 후자에 대해서는 지원을 통해 협약 이행을 확보하는 방안이다. 이는 협약 목적을 달성하기 위해 필요한 범위 내에서 우대와 제재라는 상반되는 조치를 병합하여 구사하였다는 점에서 그 의미가 크다. 이 제도는 그 밖의 다른 환경관련 협약, 예컨대, 1992년 OSPAR 협약(북동대서양에서의 해양환경보호를 위한 협약) 등에서도 구현되고 있다.[4]

한편 이 제도는 국제인권법에서 인권조약들, 대표적인 예로 '시민적 및 정치적 권리에 관한 국제규약(B 규약)'에서 활용되는 제도(제 22강 '국제인권법'의 제 2절 3. '국제인권조약의 인권보장 메커니즘' 참조)와도 유사하다. 유일한 차이점은 환경조약의 경우 이행확보를 위해 제재 외에 지원도 함께 도구로서 활용하고 있다는 점이다.

2) 무과실 배상책임제도의 발전

가) 국가책임규정초안상의 책임추궁의 한계

대부분의 환경조약들은 책임에 관한 조항을 포함하고 있지 않으며 따라서 국제법상의 일반원칙이 적용되고 있다. 그러나 오늘날 일부 환경 관련 조약들은 조약 내에 환경손해의 정의, 평가방식, 책임 및 보상방식 등에 대한 조항을 포함하고 있다. 그 이유는 사실 환경과 관련한 책임문제가 매우 복잡하고 많은 비용이 걸려 있는 문제라는 점에서 단순히 일반국제법상의 책임문제로 다룰 수 없는 특징과 한계를 가지고 있기 때문이다. 즉, 환경피해에 대한 책임추궁을 위해서는 국가책임규정초안에 규정된 성립요건으로서의 국제위법행위의 존재를 반드시 필요로 하지는 않는다. 또한 배상을 위한 요건으로 상당한 주의의무위반, 즉 과실을 요구하지도 않는다.

그 이유는 다음과 같다.

---

3) 몬트리올 의정서 Annex IV : Non-compliance procedure.

4) Convention for the Protection of the Marine Environment of the North-East Atlantic, 동 협약 제 23조(compliance)는 'measures to assist a Contracting Party to carry out its obligations'을 규정하고 있다.

- 환경피해의 특수성으로 피해자가 가해자의 과실을 입증하는 것이 현실적으로 어렵다.
- 환경피해의 규모에 비추어 전통적인 방식의 국가책임추궁은 비현실적이다.
- 경우에 따라서는 사인에 의해 야기된 환경피해시에도 국가의 개입을 통한 손해에 대한 전보가 필요할 수 있다.

나) 무과실 배상책임의 대두

이러한 이유로 오늘날 환경법 분야에서는 국가행위의 위법성과 고의 또는 과실이 없더라도 책임을 져야 하는 무과실 배상책임의 경향이 확산되고 있다. 무과실 배상책임이란 '국제법상 위반이라고 할 수 없는 행위로 인하여 특정 손해가 발생하고, 원인행위와 손해 사이에 인과관계가 존재하면 일정한 배상책임이 발생하는 조약상의 제도'이다. 무과실 배상책임은 조약에 따라 다양한 제도가 도입되고 있다.[5)]

결론적으로 환경관련 조약들이 환경의 보호 및 보전을 위해 환경위험(environmental risk)에 대한 예방을 목적으로 하는 데 반해 무과실 배상책임은 환경피해에 대한 구제에 주 목적이 있다. 다시 말해서 책임추궁 자체보다는 엄청난 피해규모에 비추어 이를 복구하는 것이 더 중요하다는 국제사회의 인식에 기초한다.

---

5) 무과실 배상책임을 규정한 조약은 민사책임형 조약, 혼합책임형 조약과 국가전속책임형 조약으로 나누어 볼 수 있다. 이를 나누어 설명하면 다음과 같다. 먼저 민사책임형 조약으로는 1969년 '유류오염손해에 대한 민사책임에 관한 국제협약(책임협약: International Convention on Civil Liability for Oil Pollution Damage, 1992년 의정서에 의해 개정)'과 1971년 '유류오염손해보상을 위한 국제기금의 설치에 관한 국제협약(기금협약: International Convention on the Establishment of an International Fund for Compensation for Oil Pollution Damage)'이 있다. 여기서는 유류오염 손해를 야기한 선박의 소유자에게 엄격책임을 부여하고 있다. 다음 혼합책임형 조약의 예로는 1960년 '핵에너지 분야에서 제 3자 책임에 대한 파리협약(Paris Convention on Third Party Liability in the Field of Nuclear Energy, 2004년 의정서에 의해 개정)'과 1963년 '브뤼셀 보충협약(Brussels Convention Supplementary to the Paris Convention)'이 있다. 이들 협약의 경우 원자력 사업자에게 책임을 부과하고 국가는 나머지에 대한 2차 책임을 부담한다. 끝으로 국가전속책임형 조약의 예로 들 수 있는 1971년 '우주물체의하여 발생한 손해에 대한 국제책임에 관한 협약(Convention on International Liability for Damage Caused by Space Objects)'은 사업자가 민간인인 경우에도 국가가 전속적으로 책임을 부담한다고 규정하고 있다. 박덕영, pp. 271-272; 류병운, pp. 308-309 참조.

제2절 국제환경법의 형성과 발전

국제환경법의 형성과정을 설명하면 다음과 같다.

첫째, 1968년 '바이오 영역에서의 자원의 합리적인 이용과 보존을 위한 과학적 기반에 관한 UNESCO 전문가회의'[6]에서 유엔은 최초로 생태적 문제를 다루며 국제적 차원에서 인간과 자연의 관계를 인정하였다. 이것이 환경에 대한 국제사회의 관심의 출발점이다.

둘째, 그러나 보다 근본적인 최초의 노력은 1972년 스톡홀름 개최 '유엔 인간환경회의'로 이 회의에서 '인간환경 선언(Declaration on the Human Environment)'이 채택되었고[7] 이 선언이 국제환경법 발전의 토대가 되었다.

셋째, 1980년대 이후에는 많은 환경 관련 국제협약들이 채택되었다.[8] 이와 함께 환경보전과 개발의 조화를 위한 '지속가능한 개발'의 개념이 1987년 세계환경개발위원회에서 발간한 'Our Common Future(UN Brundtland 보고서)'에서 확정되었다. 이 개념은 이후 국제환경법의 핵심가치로 등장하게 되었다.

넷째, 1992년에는 유엔환경개발회의(United Nations Conference on Environment and Development: UNCED, 리우회의)가 브라질의 리우에서 개최되어 '환경과 개발에 관한 리우선언(Rio Declaration on Environment and Development)'을 채택하였다.[9]

다섯째, 1997년에는 '유엔환경총회(RIO+5)'가 개최되어 지구온난화, 삼림보

6) 정식명칭은 'UNESCO Conference of Experts on the Scientific Basis for Rational Use and Conservation of the Resources of the Biosphere'이다.

7) 이에 따라 '인간 환경을 위한 행동계획(Action Plan) 및 유엔환경계획(UNEP)'이 탄생하였다.

8) 1983년 '국제열대목재협정', 1985년 '오존층 보호를 위한 비엔나협약'과 그 후속조치인 1987년 '몬트리올 의정서', 1989년 '유해폐기물의 국가간 이동 및 그 처리의 통제에 관한 바젤협약' 등 다양한 분야별 협약의 채택이 그 예다.

9) 리우선언은 환경에 대한 인류의 관심을 집약시키는 중대한 모멘텀이 되는 선언으로 국제환경법의 원칙으로 27개의 기본원칙을 승인하였고 이 선언과 함께 인류의 미래를 위해 국가들이 지켜야 할 행동원칙(Agenda 21)이 채택되었다. 동시에 '기후변화협약'과 '생물다양성협약'도 채택하였다.

존, 오존층 파괴, 사막화, 해양오염, 핵폐기물 안전관리 등 문제가 협의되었고, 2002년에는 요하네스버그에서 '지속가능한 개발을 위한 세계정상회의(World Summit on Sustainable Development: WSSD, Rio+10)'가 개최되었다. 한편 2012년에는 리우에서 '제 3차 유엔지속가능발전 정상회의(리우+20)'가 개최되어 녹색경제와 지속가능한 개발을 위한 관리체계 강화방안이 협의되었다.

이러한 과정을 거쳐 체계적인 국제환경규범이 탄생하게 되었다. 국제환경규범은 완성된 법체계가 아니지만 모든 국가에 지구환경보호라는 공통된 책무를 부여하고 있다는 점에서 중요성을 가진다.

한편 환경문제 관련 최근의 추세는 환경과 무역의 연계문제다. 이와 관련 1995년 WTO는 발족 당시 '무역환경위원회(Committee on Trade and Environment: CTE)'의 설치를 통해 Green Round를 출범시켰다. Green Round 성과중의 하나인 몬트리올 의정서는 규제물질이 들어 있거나 환경을 오염하는 기술을 이용해서 만들어진 제품들의 수입을 금지할 수 있도록 규정하고 있다.

제3절 국제환경법의 기본원칙

1992년 리우 유엔환경개발회의에서 채택된 '환경과 개발에 관한 선언(리우선언)'에서는 아래의 환경관련 기본원칙들이 확인되었다. 여기서 리우선언의 목표는 (a) 국가, 사회 및 국민간 새로운 차원의 협력을 통해 '새롭고 공평한 전 지구적 차원의 협력관계를 수립'하는 것이며, (b) 이를 위해 모든 관련국들의 이익을 존중하면서 환경보호와 개발을 조화시켜 '지속 가능한 개발을 실현하기 위한 목적의 협정을 체결'하는 것이다.[10] 결국 핵심은 국가간 협력을 통한 지속가능한

10) 1992년 리우선언의 전문 중 관련 부분 원문은 다음과 같다: "... With the goal of estab-

개발의 실현이다.

이하 이들 원칙들에 대하여 설명한다.

1. 월경피해방지의 원칙

자국의 관할권이나 통제하에서의 활동이 다른 국가의 환경이나 자국의 관할권 밖에 있는 지역의 환경에 영향을 미쳐서는 안 된다. Rio 선언 원칙 2는 자국 내에서의 활동이 다른 나라의 환경에 피해를 야기하여서는 안 된다(do not cause damage to the environment of other states)고 규정함으로써 이 원칙을 확인하였다.[11)]

이 원칙은 1941년 미국과 캐나다간 'Trail Smelter 사건'에 대한 중재판결에서 확인된바 있으며,[12)] '영역사용의 관리책임' 또는 '제한적 영토주권론'으로 이

---

lishing a new and equitable global partnership through the creation of new levels of co-operation among States, key sectors of societies and people, Working towards international agreements which respect the interests of all and protect the integrity of the global environmental and developmental system, ..."

11) 원칙 2: "각 국가는 유엔헌장과 국제법 원칙의 조화를 이루면서 자국의 환경 및 개발정책에 따라 자국의 자원을 개발할 수 있는 주권적 권리를 갖고 있으며 자국의 관리구역 또는 통제범위 내에서의 활동이 다른 국가나 관할구역의 경계 밖의 지역의 환경에 피해를 야기하지 않도록 할 책임을 진다." 유엔해양법협약 제 194조 2항 후단도 해양환경오염방지 등 목적으로 월경피해 방지를 위한 당사국의 의무(각국은 ... 자국의 관할권이나 통제하의 사고나 활동으로부터 발생하는 오염이 이 협약에 따라 자국이 주권적 권리를 행사하는 지역 밖으로 확산되지 아니하도록 보장하는 데 필요한 모든 조치를 취한다)고 규정하고 있다.

12) 이 사건은 1941년 캐나다 회사가 배출하는 유황이 대기오염을 통해 미국 워싱톤 주를 오염시켰다는 이유로 미국이 입은 환경피해에 대하여 보상을 결정한 사건이다. 판결 내용은 다음과 같다. "모든 국가는 타국 영토에 대하여 또는 타국 영토 내의 사람이나 재산에 대하여 손해를 야기하는 방법으로 자국 영토를 사용하거나 사용을 허가할 수 없다. 그밖에 1949년 '코르푸 해협 사건'에서도 ICJ는 "모든 국가는 자국 영토가 고의적으로 다른 국가에 해를 가하는 방식으로 사용되어서는 안 된다"고 판단하였다. ICJ Reports 1949, p. 4, p. 22. 또한 전술한 프랑스와 스페인간 'Lake Lanoux 사건'에서도 중재재판부는 하천 상류국이 하류국에 심각한 손해를 주는 방식으로 유수를 변경하는 것을 금지하였다.

해될 수 있다. ICJ도 여사한 의무가 오늘날 환경 관련 국제법의 일부라고 보았다.[13] 따라서 국가는 자신의 활동뿐만 아니라 그 국가의 관할 아래서 행해지는 활동(개인의 활동 등)에 대하여도 성실한 주의의무(due diligence)를 가지고 관리하여야 할 것이다. 특히 핵물질 오염의 경우 심각한 피해가 뒤따른다는 점에서 월경피해 방지의무는 더욱 중요성을 가질 수 있다.

이러한 맥락에서 볼 때 공해의 자유가 인정된다고 하여 일국이 해양오염을 야기하는 방식으로 공해를 이용하여서는 안 될 것이다. 이는 공해의 자유는 무제한이 아니며 타국의 이익에 대한 적절한 고려를 하여야 한다는 유엔해양법 협약 제 87조에 근거한다.

한편 이 원칙은 중국에서 발생하는 황사로 인한 우리나라의 대기오염문제와도 관련이 있다. 그러나 중국발 미세먼지에 대한 대응과 관련 Trail Smelter 사건을 원용하여 중국에 배상책임을 묻는 데는 한계가 있다. 캐나다의 경우 미국으로의 대기오염의 이동경로 및 피해 등이 법정에서 충분히 입증되었지만 중국발 미세먼지의 경우에는 이 점을 확인하는데 어려움이 있기 때문이다. 더욱이 중국발 대기오염의 경우 대부분이 사인의 활동에서 연유하므로 중국에 대한 국가책임의 성립을 위해서는 중국정부가 자국의 관할권이나 통제하에서의 사인의 활동이 우리나라의 환경에 영향을 미치지 않도록 적절한 조치를 취하지 못하였다는 점(상당한 주의의무 위반)을 증명하여야 하는 어려움이 있기 때문이다.

2. 국제협력의 원칙

Rio 선언 원칙 7은 '모든 국가들이 지구환경의 보존, 보호 및 회복을 위해 동반자 정신으로 협력할 의무(... shall cooperate in a spirit of global partnership to conserve, protect and restore the health and integrity of the Earth's ecosystem ...)'를 규정하고 있다. 여기서 말하는 협력은 정보교환, 긴급사태시 통보, 위험한 사업

---

13) 이 원칙은 전술한 '핵무기의 위협 또는 사용의 합법성에 관한 권고적 의견'에서 ICJ에 의해 재확인되었다. ICJ Reports 1996, p. 226, para. 29.

계획에 대한 사전협의 등을 포함하며, 이 중 특히 긴급사태시 통고의무가 제일 핵심이다.

이와 관련 Rio 선언 원칙 18은 "환경적으로 해로운 재해나 긴급사태시 다른 당사국에 통보하고(... immediately notify other states of any natural disasters or other emergencies) 피해의 감소를 위해 노력하여야 한다"고 규정하고 있다. 이 원칙은 유엔해양법협약(제 198조: 급박한 피해나 현실적 피해의 통고)[14]과 1989년 바젤협약(제 13조: 정보전달) 등 다수의 국제환경조약 등에 규정되어 있다. 또한 원칙 19는 국경을 넘는 피해가 예상되는 사업계획의 경우 잠재적으로 피해가 예상되는 국가에 대한 통고 등 국제협력을 규정하고 있다.

그 밖에 Rio 선언 원칙 13(책임과 보상을 위한 국제법의 발전을 위한 협력), 14(심각한 환경 악화를 야기할 수 있는 물질이나 활동을 타국으로 이전하는 것을 방지하기 위한 협력), 27(이들 제 원칙을 성실하고 동반자적 정신으로 이행하기 위한 협력)에서도 국가간 협력의무를 규정하고 있다.

3. 지속가능한 개발

이 원칙은 환경과 개발의 중요성을 고려한 것으로 자원의 개발은 '지속가능한 개발(sustainable development)'이 가능할 수 있는 방법으로 행하여야 한다는 의미이다. 여기서 '지속가능한 개발'이란 '미래 세대의 수요를 충족시킬 능력을 손상하지 않고서도 현 세대의 수요를 충족시키는 개발(development that meets the needs of the present without compromising the ability of future generations to meet their own needs)'을 의미한다.

이 원칙은 지구환경보호와 경제성장을 불가분의 관계로 보고 선진국의 '환경보호와 자원의 지속가능성에 대한 관심'과 개도국의 '지속적인 경제발전에 대

14) 유엔해양법협약 제 198조(급박한 피해나 현실적 피해의 통고): "어느 국가가 해양환경의 오염에 의하여 피해를 입을 급박한 위험에 처하거나 피해를 입은 것을 알게 된 경우, 그 국가는 그러한 피해에 의하여 영향을 받을 것으로 생각되는 다른 국가와 권한있는 국제기구에 신속히 통고한다."

한 관심'을 함께 포괄하는 개념으로 '세대간 형평(inter-generational equity)', '세대 내 형평(intra-generational equity)' 및 '환경과 개발의 통합(integration of environment and development)'을 골자로 한다.

이 원칙은 Rio 선언 원칙 3과 4에서 확인되고 있다. 나아가 오늘날 국제사회의 폭넓은 지지를 받으며 국제환경법의 가장 중요한 원칙으로 발전하고 있다.

참고로 이를 나누어 설명하면 다음과 같다.

첫째, Rio 선언 원칙 3은 "개발의 권리는 현 세대와 미래 세대의 개발과 환경에 대한 요구를 공평하게 충족할 수 있도록(... so as to equitably meet developmental and environmental needs of present and future generations) 수행되어야 한다"고 규정하고 있다. 이는 위에서 설명한 '세대간 형평' 및 '세대 내 형평'을 모두 포함하고 있다.

- '세대간 형평'은 미래세대의 이익을 위하여 자연환경을 보호하고 동시에 자연자원을 보존하는 것을 말한다.[15)]
- '세대내 형평'은 현 세대에서 개별국가의 경제적 상황과 필요, 그간 지구환경오염에 미친 영향 등을 고려하여 각국에게 형평한 몫이 돌아갈 수 있도록 이용하는 것(형평한 이용)을 말한다.

둘째, Rio 선언 원칙 4는 '지속가능한 개발(sustainable development)을 달성하기 위하여 환경보호는 개발과정의 불가분의 일부를 구성하며 이로부터 분리하여 고려되어서는 안 된다(... constitute an integral part of the development process and cannot be considered in isolation from it)'고 규정하고 있으며, 이는 '환경과 개발의 통합'을 의미한다.

- 이 원칙은 개도국들이 주장하는 '개발'과 선진국들이 주장하는 '환경보호와 지속가능'의 조화이다. 이와 같이 '환경과 개발의 통합'은 산업, 농업 및 통신 등 경제개발 목적의 사업추진시 반드시 환경적인 요소를 고려하는 것을 말한다.

---

15) 미래세대에 대한 고려는 이미 오래전인 1893년 'Pacific Bering Sea Fur Seal' 중재사건에서 처음 등장하였으며, 이후 스톡홀름 선언, 세계자연헌장, 그 밖의 많은 환경관련 협약에서도 확인되었다. 특히 ICJ는 '핵무기의 위협 또는 사용의 합법성에 대한 권고적 의견'에서 환경은 추상적인 것이 아니라 미래의 세대를 포함하는 인간의 삶과 관련되는 것이라고 설명한바 있다.

- 사실 이 원칙의 배경은 기본적으로 개발이 나쁜 것은 아니지만 환경에 대한 결과를 고려(상반되는 주장의 조화)하는 것이 필요하다고 보는 데 사고의 출발점이 있다. 예를 들면 자원을 개발하면서 재생산이 가능하도록 하여야지 자원을 완전히 고갈시키는 방식으로의 개발이 과연 허용될 수 있느냐의 문제제기다. 즉, 지속가능한 이용을 의미한다. 대표적인 예로 어족자원의 이용과 보존, 즉, 유엔해양법협약이 규정하고 있는 어족자원의 보존을 위한 '최대지속생산량(maximum sustainable yield)'의 개념이 이에 해당된다.
- 특히 이 원칙은 ICJ나 WTO 등을 통한 국제분쟁 해결과정에서 중요한 원칙으로 판단기준이 되고 있다.[16)]

셋째, 지속가능한 개발을 위하여는 환경보호와 무역자유화의 조화가 요구된다. 이에 대해서는 본 강 제 5절(환경 관련 주요과제)을 참고한다.

4. 공동의 차별적 책임

지구환경의 피해에 대해서 각국은 그 책임의 정도에 따라 '공동의 차별적 책임(common but differentiated responsibility)'을 부담하고 있으며 이는 Rio 선언 원칙 7의 후단에서 확인되고 있다. 이 원칙은 지구환경보호를 위해 모든 국가가 공동의 책임을 부담하지만 구체적인 책임의 부담은 각국이 오염에 기여한 정도와 능력(different contributions to global environmental degradation)에 따라 차등적이

16) 1997년 헝가리와 슬로바키아간 '가브치코보-나기마로스 사건'에서 ICJ는 경제개발과 환경보호의 절충 필요성이 지속가능한 개발개념에 포함되어 있다고 보았다. ICJ Reports 1997, p. 7, para. 140. 2005년 벨기에와 네덜란드간 'Iron Rhine Railway 중재사건'에서도 "환경보호를 개발과정에 통합하고, 환경과 개발에 관한 법이 대안으로서가 아니라 통합개념으로서 상호 상승작용을 하며(not as alternatives but as mutually reinforcing, integral concepts), 개발이 환경에 악영향을 미칠 가능성이 있는 경우에는 피해를 방지하거나 최소한 완화시킬 의무가 있다고 판단하였다. RIAA Vol. XXVI, 2005, para. 59. 또한 WTO는 1998년 'US-Import Prohibition of Certain Shrimps and Shrimp Products 사건(Shrimp/Turtle Case)'에서도 지속가능한 개발의 개념을 환경과 개발의 통합개념으로 인정하였다.

라는 의미이다. 다시 말해서 (a) 환경보호를 위한 책임은 국제사회 공동의 몫이라는 환경법의 핵심(공동책임)을 확인하면서, (b) 그 책임은 국가가 환경오염에 미친 영향과 환경오염의 방지 및 감소 등을 위한 역할수행능력 등을 종합적으로 고려하여 책임이 부과되어야 한다는 의미이다. 이는 지구환경보호를 위한 선진국과 개도국간의 입장차이를 잘 조화시킨 노력의 결과이다.

이에 따르면 선진국들은 환경문제에 대한 관여 정도나 대응능력에 있어 보다 큰 책임이 부과되는 반면(선진국과 개도국간의 차별적 기준의 적용) 개도국에게는 장래의 경제개발 필요성을 인정하면서 당장의 기술적 및 재정적인 지원이 요구되는 상황을 고려(선진국의 개도국에 대한 지원을 고려)한 것이다.[17)]

이 원칙은 예컨대, 우리에게 익숙한 유엔해양법협약 제 207조(육상오염원에 의한 오염) 제 4항에서도 확인할 수 있다.[18)] 또한 몬트리올 의정서 제 5조(개발도상국의 특수사정)는 개발도상국에 대한 적용의 유예를 규정하고 있으며, 기후변화협약의 후속의정서인 교토 의정서도 개도국에 대하여 온실가스 감축의무를 면제시켜주고 있다.[19)]

---

17) 선진국들은 환경오염 및 자원개발에 더 많은 책임이 있기 때문에 '지속가능한 개발'을 달성하기 위해서는 더 많은 부담을 져야 할 것이다. 이와 같이 '공동의 차별적 책임'은 '지속가능한 개발'과 관련된다.

18) 유엔해양법협약 제 207조(육상오염원에 의한 오염) 제 4항: "각국은 개발도상국의 지역적 특성, 경제적 능력 및 경제개발의 필요성을 고려하여 ... 해양환경오염을 방지, 경감 및 통제하기 위한 세계적, 지역적 규칙, 기준 및 권고관행과 절차를 확립하기 위하여 노력한다."

19) 유엔기후변화협약은 선진국과 개도국이 '공동의 차별적 책임'에 따라 각자의 능력에 맞게 온실가스를 감축할 것을 약속하였다. 차별화된 책임 원칙에 따라 협약 부속서 1(Annex I)에 포함된 42개국에 대해 2000년까지 온실가스 배출 규모를 1990년 수준으로 안정화시킬 것을 권고하였다. 부속서 1에 포함되지 않은 개도국에 대해서는 온실가스 감축과 기후변화 적응을 위한 일반적인 의무를 부과하였다. 반면 협약 부속서 2(Annex II)에 포함된 24개 선진국에 대해서는 개도국의 기후변화 적응과 온실가스 감축을 위해 재정과 기술을 지원하는 의무를 규정하였다. 교토의정서는 다시 이를 구체화하여 규정하고 있다.

5. 오염자부담원칙

오염자부담원칙(polluter-pay principle)은 환경오염에 책임이 있는 자가 환경오염의 방지와 제거를 위한 비용을 적정하게 부담하여야 한다는 원칙이다. 이를 통해 시장가격이 상승하게 되고 결과적으로 제품에 대한 소비심리가 줄어드는 효과를 기대할 수 있게 된다. 보다 구체적으로는 '환경비용의 내부화(the internalization of environmental costs)'를 통해 환경오염의 방지와 제거를 위한 비용, 즉 오염비용과 결과비용이 오염을 야기하는 상품 및 용역의 비용에 반영되어야 하며, 국제무역과 투자에 중대한 왜곡을 야기할 수 있는 보조금이 수반되어서는 안 된다는 원칙이다.[20] 이 원칙은 환경통제를 위한 비용을 정부가 보조금으로 지불하는 데 대한 국제적 규제의 근거로서 중요성을 가진다.

그러나 개도국들의 경우 비용부담에 대한 불만(상품제조 비용 등의 증가)으로 이 원칙에 적극적이지 않았다. 이와 같은 개도국들의 입장이 반영되어 오염자부담을 규정한 Rio 선언 원칙 16은[21] 예외적 상황을 넓게 설정하고 있다는 점에서 한계가 있다.[22] 또한 원칙 16은 오염자부담원칙을 '원칙'으로서보다는 국가가 따라야 할 단순한 '제안(suggestion)'에 불과하다고 보고 이를 '접근방법(approach)'으로 설명하고 있으며 결과적으로 아직 국제법 원칙으로 인정받지는 못하고 있다.[23] 그러나 향후 국제법의 발전방향을 제시하고 있다는 점에서 의의

20) 환경비용의 내부화는 OECD가 개발한 용어로 자원의 활용, 오염, 소비, 폐기 등 제품의 생산 및 사용에서 발생하는 환경비용이 시장가격에 반영되어야 한다는 것을 의미한다.

21) 리우선언 원칙 16은 "각국은 공공이익을 고려하고 국제무역과 투자를 왜곡하지 않는 범위 내에서 원칙적으로 오염비용을 부담하여야 한다는 접근방법(approach)을 고려하여 환경비용의 내재화 등을 위해 노력하여야 한다"고 규정하고 있다. 이 원칙도 선진국과 개도국의 입장을 조화시키기 위한 노력의 일환이라는 점에서 전술한 '공동의 차별적인 책임'과 같은 맥락에서 이해될 수 있을 것이다.

22) 여기서 예외적 상황이란 환경보호조치의 급격한 적용으로 사회, 경제적 혼란이 야기되는 상황의 발생시 (a) 예외를 인정하기에 충분한 잠정적 기간에 대한 예외와 (b) 국내 불안정 지역에 대한 사회, 경제적 개발 계획에 대한 예외 등을 말한다.

23) 2004년 네덜란드와 프랑스간 '라인강 염화물 오염방지협약 중재사건(The Rhine Chlorides Arbitration concerning the Auditing of Accounts)'에서도 오염자부담원칙의 중요성을 부인하지는 않았지만 동 원칙이 일반국제법의 일부(a part of general international law)는 아니라고 보았다. Arbitral Award of 12 March 2004, PCA. 또한 Aoust, p. 307 참조.

가 있다.

한편 이 원칙의 효과적인 이행을 위해서는 누가 오염자(polluter)인가, 즉 누가 오염을 야기하였는가를 결정하여야 한다.[24] 또한 부담하여야 할 비용은 어느 정도인가도 결정하여야 한다. 그러나 이에 대한 판단은 쉽지 않은 문제이다. 특히 대기오염이나 하천오염 등의 경우가 이러한 예에 해당될 수 있을 것이다.

끝으로 오염자부담원칙은 오염통제비용의 배분을 위한 원칙으로 오염이 발생하였을 때 책임을 규명하여 배상을 추구하는 문제와는 구별되어야 할 것이다.

6. 사전주의원칙

사전주의원칙(precautionary principle)은 원인과 손해 사이의 인과관계에 충분한 과학적 증거가 부족하더라도 심각한 환경피해의 우려가 있는 경우 이를 방지하기 위해 필요한 조치를 취하여야 하는 것을 말한다.[25] 이 원칙은 미래의 피해를 방지하기 위한 사전예방의 개념을 보다 발전시킨 것이다. 국가들이 과학적 불확실성을 문제 삼지 않고 적극적으로 잠재적 환경위험에 대처하여야 한다는 의미에서 단순한 예방보다 적극적인 개념이다. 즉, 과거에는 환경손해를 야기하는 행위를 방지하거나 또는 규제하기 위해서는 인과관계가 주된 고려사항이었으나 이러한 엄격한 인과관계의 확인은 회복 불가능한 대규모의 손해가 예상되는 오늘날의 지구환경문제에는 부적절하다는 점에 대한 공감대가 형성되면서 출현한 개념이다.

Rio 선언 원칙 15도 “심각한 또는 회복 불가능한 피해의 우려가 있을 경우 환경악화를 방지하기 위해 요구되는 ‘비용대비-효과적인 조치’를 지연시키는 구실로 과학적 불확실성이 이용되어서는 안 된다(... lack of full scientific certainty shall not be used as a reason for postponing cost-effective measures to prevent ...)”고

24) 운송 중인 유류의 유출로 인한 해양오염시 선박소유자, 유류소유자, 선장 또는 항해당국 중 책임자를 확인하기는 쉽지 않을 것이다.

25) Rio 원칙 15는 사전주의원칙 대신 사전주의적 접근(precautionary approach)으로 표현하고 있다. 그러나 이 원칙은 이제 국제법상 하나의 중요한 원칙으로 볼 수 있다.

규정하고 있다.[26] 그러나 이 원칙은 적용범위가 불투명하다는 점 등의 한계가 지적된다. 예컨대, 잠재적 환경피해발생의 가능성을 말할 때 예측 가능성의 판단기준, 손해의 정도와 국가의 대응방식 등이 이에 해당될 수 있다.

한편 사전주의적 접근의 취지를 일반적으로 언급하고 있는 환경관련 조약으로는 1985년 '오존층 보호를 위한 비엔나협약'과 후속 이행조약인 1987년 '몬트리올 의정서'가 대표적인 예이다. 이 협약과 의정서는 관련 물질(CFCs)이 오존층을 파괴한다는 결정적인 증거가 확인되지 않아도 사전에 동 물질의 사용을 줄일 것을 당사국에게 요구하고 있다. 이 원칙은 1995년 '유엔공해어업협정(제 6조와 부속서 II)'과 2000년 '카르타헤나 의정서(Cartagena Protocol)' 등에도 포함되어 있다.

이와 같이 사전주의원칙이 비록 많은 환경관련조약에 포함되어 있지만 국제재판소는 이 원칙이 이들 협약에 규정된 협약상의 의무일 뿐 아직 국제관습법화되었다고는 보지 않는다. 그러나 이 원칙이 분쟁해결과정에서 고려될 수 있음을 부인하지 않았다는 점에서 국제법의 발전과정과 궤를 같이하고 있음은 분명하다.[27]

7. 환경영향평가

환경영향평가(Environmental Impact Assessment: EIA)란 각종 사업계획을 수립

---

26) 2014년 호주와 일본간 '남극에서의 포경 사건(Whaling in the Antarctic)'에서 ICJ의 임시재판관 Charlesworth는 별도의견에서 사전주의원칙의 목적을 '활동에 의해 야기되는 직간접 효과에 대한 과학적 불확실성에도 불구하고 환경을 위협할 수 있는 활동의 방지'라고 설명하였다. ICJ Reports 2014, Separate Opinion, p. 453, para. 6. 참고로 이 사건은 일본이 국제포경위원회가 허용하는 예외의 하나인 연구목적의 포경을 이유로 연간 다량의 밍크고래를 포함하여 여러 종의 고래에 대한 포경을 실시한 데 대하여 호주가 이를 상업적 포경이라고 주장하며 일본을 ICJ에 제소한 사건이다.

27) ICJ는 '우루과이강 제지공장 사건'에서 사전주의적 접근이 양국간 쟁점이 되는 조약의 해석과 적용에 관련될 수 있다고 보았다. 관련 부분 원문은 다음과 같다: "... the Court considers that while a precautionary approach may be relevant in the interpretation and application of the provisions of the Statute ...", ICJ Reports 2010, p. 14, para. 164.

하고 시행함에 있어서 환경적으로 건전하고 지속가능한 개발이 되도록 사업의 환경영향을 사전 검토·분석하고 평가하는 절차다. 이 원칙은 사전에 환경오염을 방지하기 위한 목적으로 앞에서 설명한 다른 원칙들과 함께 매우 효과적인 환경보호수단으로 평가받고 있다.

Rio 선언 원칙 17은 "환경에 심각한 악영향을 초래할 가능성이 있는 사업으로서 관할하는 국가의 의사결정을 필요로 하는 활동계획에 대해서는(... to have a significant adverse impact on the environment and are subject to a decision of a competent national authority) EIA가 국가적 제도(as a national instrument)로서 실시되어야 한다"고 규정하고 있다. 이와 같이 이 개념은 국내적 절차를 의미할 뿐이다.[28]

이러한 이유로 지금까지 국제법적 측면에서 EIA는 주로 해양환경오염을 다루는 조약 등에서 예외적으로 요구되어왔을 뿐이다.[29] 그러나 오늘날에는 많은 다른 분야의 환경 관련 조약들도 EIA 개념을 수용하여 국경을 넘는 잠재적인 환경위험을 평가하고 위험의 영향을 받는 국가들에게 이를 통지할 의무를 규정하고 있다.[30] 특히 국제법상의 의무로서의 EIA를 규정한 중요한 조약으로는 유엔유럽위원회가 채택한 1991년 '환경영향평가협약(Convention on Environmental Impact Assessment in a Transboundary Context: Espoo Convention)'이 있다.

그렇다면 EIA는 국제법 원칙으로 자리 잡고 있는가. 아직 국가들의 미온적 태도에 비추어 과연 이 원칙을 확립된 원칙으로 볼 수 있을지 의문이 따른다. 그러나 환경법 전문가 중 일부는 EIA를 국제환경법 원칙의 발전과정의 일부(emerging principle)로 보고 있다는 점에서 EIA가 국제환경법의 한 원칙으로 발

28) EIA는 1969년 미 연방법에서 출발한 국내법상의 제도가 발전한 것이다.

29) 1991년 '환경보호에 관한 남극조약의정서(Protocol to the Antarctic Treaty on Environmental Protection)' 부속서 1에는 이에 관한 가장 광범위하고 포괄적인 조항이 있다. 또한 유엔해양법협약 제 206조(활동의 잠재적 영향평가)에서도 '각국은 자국의 관할권이나 통제하에 계획된 활동이 해양환경에 실질적인 오염이나 중대하고 해로운 변화를 가져올 것이라고 믿을만한 합리적인 근거가 있는 경우, 해양환경에 대한 이러한 활동의 잠재적 영향을 실행 가능한 한 평가하고 ...'라고 규정하고 있다.

30) 이 원칙은 '기후변화협약' 등 다양한 환경관련 조약에서 당사국의 의무로 수락되고 있다. 이들 환경협약이 규정하는 EIA는 일반적으로 두 개의 요건, 즉 (a) 계획된 활동(proposed activity 또는 project)의 존재와 (b) 동 활동이 심각한 영향(significant impact)을 가져올 것으로 예상(foreseeable)되어야 한다는 점이다. 참고로 EIA가 포함된 환경관련조약은 국가의 행위와 의무를 규율하는 1차 규범에 해당된다.

전하고 있음을 부인할 수는 없을 것이다. ICJ도 '우루과이강 제지공장 사건'에서 (양국간 조약에 따른 EIA 요건의 존재와 동 요건의 충족 문제를 검토하면서) EIA가 국제법상 요구된다는 점을 확인하였다.[31] 또한 이에 앞서 1995년 뉴질랜드는 프랑스가 남태평양에서 지하핵실험을 한 데 대해 핵실험 전 프랑스가 수락된 국제기준(accepted international standards)에 따라 EIA를 수행하지 않은 것이 국제법 위반이라고 주장한 바 있다.[32]

참고로 이 원칙은 특히 사전주의원칙과도 관련이 있다. 계획된 활동이 환경위험을 수반하는지에 대한 환경영향평가와 충분한 과학적 증거가 부족하더라도 심각한 환경피해의 우려가 있는 경우 이를 방지하기 위한 목적의 사전주의원칙은 같은 맥락에서 이해될 수 있기 때문이다.

제4절 분야별 환경의 국제적 보호

국제환경보호 관련 주요 협약들은 대체로 대기오염, 해양오염 및 자연생태계보전 등에 관한 협약 등으로 나누어 볼 수 있다. 이들 협약들을 간단히 열거하면 다음과 같다.

---

31) 이 사건에서 ICJ는 "계획된 산업활동이 국경을 넘어 심각한 악영향을 미칠 수 있는 위험이 있을 경우 환경영향평가를 실시하는 것이 일반국제법상 요구된다"고 판단(위의 주 30의 내용을 확인)한 바 있다. 관련 부분 원문은 다음과 같다: "... it may now be considered a requirement under general international law to undertake an environmental impact assessment where there is a risk that the proposed industrial activity may have a significant adverse impact in a trans-boundary context, ...", ICJ Reports 2010, p. 14, para. 204.

32) ICJ Reports 1995, Order, p. 288, para. 6.

1. 대기오염의 규제를 위한 국제협약

가. 1985년 오존층 보호를 위한 비엔나협약(Vienna Convention for the Protection of the Ozone Layer)과 1987년 오존층 보호에 관한 몬트리올 의정서(Montreal Protocol on Substances that Deplete the Ozone Layer)

나. 1992년 기후변화에 관한 유엔기본협약(United Nations Framework Convention on Climate Change)과 1997년 기후변화에 관한 유엔기본협약에 대한 교토 의정서(Kyoto Protocol to the UN Framework Convention on Climate Change)

다. 2015년 파리협정(Paris Agreement) 등

2. 해양오염의 규제

가. 1982년 유엔해양법협약

나. 1973년 선박으로부터의 오염방지를 위한 국제협약(International Convention for the Prevention of Pollution from Ships: MARPOL 협약), 이 협약은 1978년 개정되어 MARPOL 73/78 이라고 한다.

다. 1972년 폐기물 및 기타 물질의 투기에 의한 오염방지협약(Convention on the Prevention of Marine Pollution by Dumping of Wastes and Other Matter: London Convention)과 1996년 개정의정서(London Protocol)

3. 자연생태계보전

가. 1992년 생물다양성에 관한 협약(Convention on Biodiversity: CBD)과 2000년 바이오 안전성에 관한 카르타헤나 의정서(The Cartagena Protocol on Biosafety to the Convention on Biological Diversity: Cartagena Protocol)

나. 멸종위기에 처한 야생 동식물종의 국제거래에 관한 협약(Convention on

International Trade in Endangered Species of Wild Fauna and Flora: CITES)

다. 물새 서식처로서 국제적으로 중요한 습지에 관한 협약(Ramsar Convention on Wetlands of International Importance especially as Waterfowl Habitat: Ramsar Convention)

4. 유해물질 이동의 규제

1989년 유해폐기물의 국가간 이동 및 그 처리의 통제에 관한 바젤협약(Basel Convention on the Control of Transboundary Movements of Hazardous Wastes and their Disposal: Basel Convention)

제5절 환경 관련 주요 과제

1. 환경과 무역

환경을 보호하고 보전하는 문제와 자유무역을 증진하는 문제는 상호 작용하는 방향이 다르므로 충돌될 수 있는 여지가 있다. 왜냐하면 환경의 보호 및 보전을 목적으로 하는 국제법 규범은 국가의 강력한 개입을 통해 다양한 환경보호를 위한 기준과 원칙을 적용함으로써 결과적으로 무역의 자유화를 방해하게 되기 때문이다. 반면 무역자유화를 규정하고 있는 GATT/WTO 협정은 국가의 보호주의를 철폐하는 것을 목표로 하므로 환경보호를 방해할 여지가 크다. 이 경우 환경보호를 목적으로 하는 국제법 규범과 자유무역의 달성을 목표로 하는 GATT/WTO 협정간에 충돌이 발생할 수 있다. 실제로 과거 GATT 체제하에서는 자유무역에 집중한 결과 환경보호에 소홀하였던 점을 부인하기 어렵다. 이러한 충돌은 다음의 두 가지 측면에서 검토가 가능할 것이다. 하나는 어떤 국가의 국내법인 환경법이나 환경보호조치가 자유무역원칙에 저촉되는지,[33] 다른 하나는 국제법인 다자간 환경협정이 자유무역원칙에 저촉되는지의 문제이다.[34]

한편 후진국들의 느슨한 환경기준은 선진국들의 이들 국가에 대한 투자증대를 유인함으로써 결과적으로 선진국의 산업공동화 현상과 나아가 지구 전체의 환경오염을 가중시키게 된다는 점이 또 다른 문제점으로 지적될 수 있을 것이다.

2. 환경과 인권

오늘날 인권과 환경의 연계현상은 다양한 경우에서 확인되며 이에 대한 국가의 법, 실행, 사법판결 및 학자들에 의한 연구 등을 통해 활발히 문제가 제기되고 있다. 그러나 아직 의미 있는 성과는 확인되지 않는다. 다만 많은 국가들은 국민들이 건강한 환경에서 삶의 질을 향상시켜야 할 권리를 환경권의 이름으로 헌법에 보장하는 경우가 있으며 여기서 인권과 환경의 관계가 확인될 수 있다.

세계인권선언 제 25조도 특히 모든 사람들이 가족의 건강과 안녕에 적합한 생활수준을 누릴 권리를 가진다고 규정하고 있다. 이 표현은 깨끗한 환경 속에서 쾌적한 삶을 향유할 권리도 포함한다. 이와 관련 'Portillo Cáceres v. Paraguay

---

33) 국가가 환경보호 등을 목적으로 통상을 제한할 수 있는 방법은 GATT 제 20조(일반적 예외)에서 유추가 가능하다. 과거 1947년 GATT 체제에서는 제 20조의 예외를 적용하는데 있어 매우 엄격한 태도를 취하였다. 예컨대, 1990년 Thai Cigarette 사건이나 1991년 멕시코와 미국간 Tuna/Dolphin 사건에서 GATT 패널은 무역과 환경보호를 엄격하게 분리하여 적용하였다. 그러나 1995년 WTO 체제에서는 환경보호를 위한 조치가 자유무역을 의도적으로 제한하고 있는 것은 아닌지, 다시 말해서 그 조치가 정당화될 수 없는 차별대우이거나 또는 위장된 형태의 무역제한을 의도하는 것이 아닌지 등의 관점에서 엄격하게 평가함으로써 GATT 체제에 비해 보다 융통성 있는 법 해석의 가능성을 열어두고 있다. 이는 분명 환경의 중요성을 의식한 국제사회의 진화된 태도라고 볼 수 있다.

34) 환경론자들은 환경보호라는 특정한 목적을 가진 국제환경조약이 특별법적 성격을 가진다는 점에서 양자의 충돌시 환경보호관련 조약의 우선 적용을 주장하고 있다.

사건'에 대한 B 규약 HRC의 결정은 많은 것을 시사한다. 이 사건에서 HRC는 최초로 B 규약 제 6조(생명권) 및 제 17조(가족의 보호)의 준수를 위해 환경오염으로부터 개인을 보호하여야 할 국가의 의무를 검토하였다.[35] 다시 말해서 이 사건은 인권보호의 관점에서 환경보호의 필요성을 검토한 사례로 HRC의 결정은 향후 환경보호가 인권보호를 위한 고려요소로 인정될 수 있는 가능성을 제시하였다는 점에서 의의가 크다. 다만 양자의 관계를 인정하는 경우에도 국가의 의무의 범위를 어디까지로 한정할 것인지에 대하여는 아직도 많은 쟁점이 남아 있다.

그 밖에 유럽인권재판소(ECHR)도 1994년 Lopez Ostra v. Spain 사건에서 국가가 개인의 가정, 사생활 및 가족생활에 중대한 위험을 가져오는 환경오염(예컨대, 쓰레기처리 공장이 야기하는 환경적 불편 등)을 방지하지 못한 것은 유럽인권협약 제 8조(가정과 개인의 삶에 대한 존중)의 위반이라고 판단한 바 있다.[36]

3. 환경과 핵물질

환경에 가장 치명적일 수 있는 사고는 핵물질에 의한 사고다. 핵물질로 인한 환경사고의 방지를 위해서는 일차적으로 핵물질의 규제가 무엇보다도 중요하다.

이를 위한 국제적 규제는 핵안전성의 문제, 핵의 평화적 이용과 군사적 이용의 제한 및 핵폐기물의 관리를 중요한 과제로 하고 있다.

특히 핵안전성과 관련한 국제협약은 다음과 같다.

- 1986년 핵사고 조기통고에 관한 협약(Convention on Early Notification of a Nuclear Accident)
- 1986년 핵사고 또는 방사능 긴급사태시 원조에 관한 협약(Convention on Assistance in the Case of a Nuclear Accident or Radiological Emergency)

---

35) 이 사건은 2019년 인근 산업단지에서 대량 유출되는 농약 및 살충제로 인해 피해를 입은 농민이 국가를 상대로 B 규약 산하 HRC에 개인 자격으로 이의를 제기한 사례이다. CCPR/C/126/D/2751/2016, Communication 2751/2016.

36) 1994 Lopez Ostra v. Spain, App. No. 16798/90, A/303-C, 1994, ECHR 46, Judgment, paras. 56-58.

- 1994년 핵안전에 관한 협약(Convention on Nuclear Safety)
- 1997년 사용후 핵연료 관리의 안전과 방사성 폐기물 관리의 안전에 관한 공동협약(Joint Convention on the Safety of Spent Fuel Management and on the Safety of Radioactive Waste Management) 등이 있다.

4. 환경과 무력분쟁

무력분쟁시에도 합법적인 수단과 비합법적인 수단이 구분된다. 이 중 오늘날 특히 문제가 되는 것 중의 하나가 환경에 영향을 미치는 무기 또는 무기의 사용방식과 관련이 있다. 대표적인 예로 1990년 걸프전쟁 당시 이라크가 쿠웨이트 유정에 방화한 사건이 있다. 이 사건은 이후 무력분쟁과정에서의 환경보호 문제에 대한 국제사회의 관심을 불러일으켰다. 이를 계기로 유엔 총회는 1992년 '전시환경보호에 관한 결의(Protection of the Environment in Times of Armed Conflict)'를 채택하게 되었다. 이 결의에서 유엔 총회는 군사적 필요성에 의해 정당화되지 않는 자의적인 환경파괴는 국제법을 위반하는 것이라는 점을 확인하였다.[37]

같은 맥락에서 1996년 '핵무기의 위협 또는 사용의 합법성에 관한 권고적 의견'을 통해 ICJ는 (a) 광범위하고 장기적이고 혹독한 환경피해로부터 자연 환경을 보호하기 위한 일반적인 의무, (b) 그러한 피해를 야기할 의도가 있거나 예상되는 전쟁수단과 방식의 금지와 (c) 복구에 의한 방식에 의한 자연환경에 대한 공격의 금지를 확인하였다. 이러한 ICJ의 판단은 합법적인 전쟁목적의 추구과정에서도 필요성과 비례성이 요구되며 이를 위한 판단에는 환경요인도 고려하여야 한다는 점을 확인한 것이다.[38]

---

37) 관련 부분 원문은 다음과 같다: "... Stressing that destruction of the environment, not justified by military necessity and carried out wantonly, is clearly contrary to existing international law, ...", 1992년 유엔 총회 결의 47/37.

38) ICJ Reports 1996, Advisory Opinion, p. 226, paras. 31-32.

기후변화에 따른 해수면 상승의 국제법적 함의

- ▶ 영해기선의 변경 가능성 및 이에 따른 배타적 경제수역 외측한계의 조정 필요성
- ▶ 도서국가의 소멸 가능성과 국가의 지위 존속 문제, 이로 인한 기후변화 난민(climate refugees) 발생, 영향 받을 국가의 국민(개인)의 인권 등 문제 제기 가능성
- ▶ 기존 조약의 이행문제와 사정변경의 원칙 원용 가능성
- ▶ 국제평화와 안전의 문제와 안보리의 역할
- ▶ 세계문화유산의 보호문제 등

☞ 기출문제 예시

문 1) 국제환경문제는 그 특성상 환경피해가 발생하기 전 미연에 방지하는 것이 특히 중요하다. 따라서 오늘날의 환경관련 조약들은 특유의 이행확보 절차를 마련하고 있다. 그중의 하나가 몬트리올 의정서에 따른 이행확보 방안으로서의 비준수절차(non-compliance procedure)이다. 이에 대하여 설명하시오.

문 2) A국의 민간제련소에서 배출되는 오염물질로 인해 인접국인 B국의 산림과 농작물에 심각한 피해가 발생한 경우, B국은 A국에 대해서 손해배상을 청구할 수 있는가? B국이 배상을 청구할 수 있는 국제법상의 근거는 무엇인가?

문 3) 한국은 매년 중국으로부터 오는 황사(현상)에 의해 사람, 가축, 농작물 등이 심각한 피해를 입는다고 보도되고 있다. 이른바 국경을 넘는 환경오염 피해에 대해 국제법상 관련 당사국에게 인정되는 권리와 의무를 설명하시오.

문 4) '기후변화에 관한 국제연합기본협약' 전문의 일부를 발췌하여 정리한 것이다. 다음 지문에 언급된 국제환경법상의 기본원칙과 그 내용을 설명하시오.

"이 협약의 당사자는,

지구의 기후변화와 이로 인한 부정적 효과가 인류의 공통 관심사임을

인정하고, 인간활동이 대기중의 온실가스 농도를 현저히 증가시켜 왔으며, 이로 인해 자연적 온실효과가 증대되고 이것이 평균적으로 지구표면 및 대기를 추가적으로 온난화시켜 자연생태계와 인류에게 부정적인 영향을 미칠 수 있음을 우려하며, 기후변화의 세계적 성격에 대응하기 위하여는 모든 국가가 그들의 공통적이면서도 그 정도에 차이가 나는 책임, 각각의 능력 및 사회적·경제적 여건에 따라 가능한 모든 협력을 다하여 효과적이고 적절한 국제적 대응에 참여하는 것이 필요함을 인정하며, 국가는 국제연합헌장과 국제법의 원칙에 따라 자기나라의 관할 혹은 통제지역안의 활동 때문에 다른 국가나 관할권 이원지역의 환경에 피해가 발생하지 않도록 보장할 책임이 있음을 또한 상기하며, 다음과 같이 합의하였다.”

제 22 강
국제인권법

제1절 개관

1. 인권에 대한 국제사회의 인식변화

오늘날 개인은 국가의 간섭과 권한남용으로부터 자신을 보호하기 위한 불가양의(inalienable)의 권리를 가지고 있으며 이러한 권리는 법적으로 주장될 수 있다. 우리는 이를 인권(human rights)이라고 한다. 인권은 자연법적인 가치이며 누구에게나 차별없이 보장되어야 하는 보편적인 가치이다.[1] 인권은 국제사회에서 정의와 평화를 실현하기 위한 토대이다.

국제인권법(international human rights law)은 국제적 차원에서 인권을 보호하고 신장하기 위한 목적의 조약 또는 국제관습법 등 국제법 규범을 총칭하며 인권의 국제화를 통해 국제적으로 인권을 보호하기 위한 제도적 장치를 마련하는 것을 목적으로 하고 있다.

인권에 대한 국제사회의 인식변화과정은 다음과 같다.

---

1) 근대의 자연법학자들은 법으로서도 제한할 수 없는 생명, 자유, 행복추구 등 기본적 인권의 존재를 주장하였다.

첫째, 제 1차 대전 이전의 인권에 대한 인식은 매우 초보적 수준이었으며 따라서 기본적 인권을 체계적으로 규율하지 못하였다. 인권에 관한 중요한 기준을 이루는 역사적 배경이 되는 미국 독립선언문이나 프랑스 인권선언 등도 당시 인권문제를 국내법적 관점에서 인식하고 있었다. 예컨대 미국의 민권(civil rights)도 국내법적인 개념이지 국제법적 개념은 아니었다.

둘째, 제 1차 대전의 결과 체결된 베르사이유 평화조약에 따라 ILO가 설립되어 노동조건의 개선에 크게 기여하였다. 또한 위임통치지역 주민 및 중·동부유럽 내 소수민족의 보호문제에 대하여도 관심을 가지게 되었다. 여기서 소수민족문제를 중심으로 국제적 차원에서 인권문제가 논의되기도 하였으나 개인의 인권보호가 직접적 이슈로 되지는 못하였다.

셋째, 제 2차 세계 대전을 겪으면서 대량학살 등의 참혹한 인권유린을 목격한 국제사회는 보편적 인권의 보호를 국제법상의 중요문제의 하나로 인식하고 국제적으로 규율할 필요성에 공감하기 시작하였다.

넷째, 유엔의 탄생을 계기로 인권에 대한 인식에 분명한 변화가 나타나게 되었으며 이러한 인식의 변화는 1948년 세계인권선언을 통해 구현되었다. 세계인권선언 제 2조는 “모든 사람은 인종, 피부색, 성별, 언어, 종교, 정치적 의견, 민족 또는 사회적 출신, 재산, 출생이나 기타의 지위 등에 따른 어떠한 종류의 차별도 없이 선언에 제시된 모든 권리와 자유를 누릴 권리가 있다”고 규정하고 있다. 이후 인권문제는 개인에 대한 직접적이고 보편적인 인권을 국가에 대해 요구하고 국가가 이를 비차별적이고 평등하게 보장하도록 국제사회가 국제법의 이름으로 개입하는 제도로 발전되었다. 난민, 여성과 아동 등 분야에 대한 다수의 인권관련 국제협약들이 채택된 것도 이러한 배경과 무관하지 않으며 이로서 인권보호가 범세계적 조약을 통해 구현될 수 있었다.

다섯째, 이 같은 인권개념의 발전에도 불구하고 냉전시기에는 국가간 이해의 충돌로 인권보다는 평화, 정의보다는 안정을 중시함으로써 인권문제에 대한 국제사회의 관심은 제한될 수밖에 없었다. 그러나 냉전종식이후 90년대의 국제사회는 인권의 국제적 보호에 관하여 더욱 적극적인 자세를 취하게 되었다. 대표적인 예로 1994년 유엔인권고등판무관의 신설을 들 수 있다. 나아가 한 국가의 심각한 인권침해문제에 대하여 안보리가 적극적으로 개입하는 근거가 될 수 있는 보호책임(R2P) 개념의 출현, 국제형사재판소(ICC)의 설립 등 다양한 분야에서의 인권보호를 위한 제도적 장치도 개발되었다.

한편 유엔헌장 제 2조 7항은 본질적으로(essentially) 국내관할권에 속하는 사항에 대하여는 유엔도 간섭하지 않는다고 규정하고 있다. 그러나 인권의 핵심적인 가치가 본질적인 국내문제에 속하는 것으로 볼 수 없다는 것이 오늘날 진일보한 국제사회의 인식이다. 이제 더 이상 인권문제는 국가의 배타적인 주권하에 있는 순수한 국내문제(a purely domestic matter)가 아니다. 인권존중 의무는 모든 국가가 국제공동체 전체에 대해 준수하여야 할 대세적의무로 볼 수 있다.

이와 같이 인권문제의 국제화는 보편적 인권의 중요성을 재확인하는 계기가 되었다. 즉, 인권문제의 국제화는 국내적으로 개별국가의 정치적 민주화에 기여하였고, 국제적으로는 아직도 웨스트팔리아적 개념의 국제사회를 진정한 국제공동체로 발전시키는 밑거름이 되었다. 이러한 이유로 오늘날 인권은 국가간 주요 외교이슈의 하나이며 동시에 갈등요인이기도 하다.

그럼에도 불구하고 인권의 실질적인 보호와 증진에 대한 주된 책임은 물론 개별국가에 있다는 점이 간과되어서는 안 될 것이다.

2. 인권개념의 보편성과 정치성

국제인권법은 이제 중요한 국제법 분야의 하나로 자리잡고 있다. 그러나 인권문제를 다루는데 있어서 우리가 고려하여야 할 두 가지 요소가 있다. 하나는 문화적 상대성과 관련된 인권의 보편성문제이며 또 다른 하나는 인권이 국가이익과 관련된 국제정치의 지배를 받는다는 점이다.

먼저 인권개념의 보편성이다. 이 문제는 문화적 상대성(cultural relativism)을 어느 정도 인정하느냐에 따라 극단적 보편주의와 극단적 상대주의로 나누어진다. 극단적 보편주의는 사실 서구적 인권개념이 지배하는 국제사회에서 서구적 가치관의 지배를 강조하는 개념이다. 반면 극단적 상대주의는 절대적인 진리는 있을 수 없다고 보고 각 집단에서의 문화의 형성과 발전배경을 상대적으로 바라보는 태도이다. 다시 말해서 서로 다른 자연환경과 사회적 환경 속에서 문화 형성은 다르게 나타날 수 있으며, 문화간에는 우열이 없다는 인식으로 문화의 상대성을 강조하고 있다.

그러나 인권은 개인의 생명, 고문금지, 자유, 행복추구 등 기본적 가치를 전제로 하고 있으며 인권의 고유개념이 국가권력으로부터의 개인의 자유와 권리를 보호하고 신장하는 문제라는 점에서 볼 때 인권의 보편성은 분명 중요하다. 특히 생명권(right to life)이나 고문금지 등 절대적 가치를 가지는 인권의 경우에는 보편성의 확립이 더욱 중요하다. 따라서 인권의 보편성을 존중하는 토대 위에서 문화적 상대성을 수용하는 절충적 사고가 필요하다고 본다.[2)]

그렇다면 인권은 서방국가의 전유물인가. 국제인권개념이 서구사회를 중심으로 발전해 온 것은 사실이지만 이와 함께 유엔창설 이후 제 3세계 국가들의 주장으로 반영된 민족자결이나 천연자원에 대한 주권 등은 새로운 인권개념을 발전시키는데 기여하였다.

끝으로 제 2차 대전 이후 냉전기간 중 미국 등 서방 국가들이 인권을 인류의 보편적 규범으로 삼고 공산주의에 대응하였다는 사실은 인권이 국제정치의 도구가 될 수 있는 중요한 개념이라는 점을 시사한다. 인권의 국제정치적 중요성은 북한의 인권문제에 대한 국제사회의 관심에서도 확인된다.

3. 인권의 향유주체

인권의 보호 및 신장과 관련된 핵심 국제조약은 1966년 채택된 '경제적, 사회적 및 문화적 권리에 관한 국제규약(A 규약)'과 '시민적 및 정치적 권리에 관한 국제규약(B 규약)'이다. 이와 관련 B 규약 제 2조 1항은 규약당사국인 개별국가가 자국영토 내에 있거나 또는 자국의 관할권 내에 있는 모든 사람(외국인 포함)

---

2) 이 문제는 이슬람 문화권에서 아직도 허용되고 있는 일부다처제가 과연 보편적 인권의 개념으로 허용될 수 있는가와 관련하여 생각해 볼 수 있다.

들에 대하여 차별 없이 규약상의 권리를 존중하고 부여하여야 할 의무를 규정하고 있다. 이를 위해 자국의 헌법 등 법률이 규약상의 권리실현에 장애가 되지 않도록 개정 등 필요한 조치를 취할 것을 요구하고 있다. 이와 같이 인권규약은 통상의 조약이 국가간의 권리·의무 관계를 상호적으로 규율하는 것과는 달리 기본적으로 당사국의 자국민에 대한 관계를 규율하는 데 목적이 있다. 따라서 규약당사국인 개별국가의 국민은 해외에 소재하는 경우에도 규약의 보호대상이 되므로 해외에 소재하는 자국 공무원 등에 의한 인권침해에도 규약에 의한 구제가 적용될 수 있다.

결론적으로 인권의 향유주체는 개인이며, 인권문제의 가장 중요한 핵심은 인권이 '국가에 대한 개인의 권리(rights against the State)'라는 점이다. 따라서 인권은 사인간의 관계에는 적용되지 않는다. 그러나 예컨대, 사인의 행위에 대해 경찰(국가)이 개인을 적절히 보호하지 않을 경우, 특히 고의성이 확인되는 경우에는 규약상의 인권문제가 제기될 수 있을 것이다.

제2절 국제인권법의 발전

과거에는 인권보호의 필요성에 대한 인식의 미발달로 인권은 국내문제에 속하였으며 주권국가 내에서 이루어진 인권침해는 국제사회의 관심 밖이었다. 그러나 미국은 인권문제를 국제문제로 규정하고 인권을 명분으로 제 2차 대전에 참전하였다. 종전을 계기로 미국을 중심으로 한 전승국들은 런던협정을 통해 뉘른베르크 국제군사재판소 및 동경 극동군사재판소를 설립하고 전쟁에 책임 있는 개인을 '평화에 반하는 죄(crime against peace)', '인도에 반하는 죄(crime against humanity)' 및 '전쟁범죄(war crime)'로 직접 국제법에 근거하여 처벌하였다. 이는 인권개념의 새로운 전기가 되었다.

제 2차 대전 이후 오늘날까지의 국제인권법의 발전은 다음의 3단계를 거쳐 발전해 오고 있다.

- 인권보호의 이상과 이념을 선언하면서 동시에 보호되어야 할 인권을 정의하는 단계
- 정의된 인권의 개념을 인권 분야별 조약을 통해 구체화하는 단계
- 조약이행기구의 설치를 통해 인권보호의 이상과 이념을 실현시키는 단계

한편 유엔성립 초기 인권개념의 정의단계에서는 전통적인 인권개념, 즉 국가권력으로부터의 자유를 보장하기 위한 목적의 자유권이 중요성을 가졌다. 그러나 이후 식민지 해방과 제 3세계 국가들의 출현으로 국가의 보다 적극적인 개입을 요구하는 경제적, 사회적 권리의 실현을 위한 사회권이 부각되었다. 오늘날에는 이들 양자의 조화로운 실현이 국제인권법의 과제가 되고 있다.

이와 같이 인권의 개념은 앞으로도 계속 발전할 것이다. 결론적으로 국제인권법은 '현재의 법'에서 '앞으로 있어야 할 법'을 통해 자연법적인 인권의 가치를 국제적 차원에서 실현해 가는 과정으로 이해될 수 있을 것이다.

1. 유엔과 인권보장

가. 유엔헌장과 세계인권선언

1) 인권의 국제화

유엔의 가장 위대한 성과의 하나는 보편적이며 국제적으로 보호받는 인권을 규율하기 위한 포괄적인 국제인권법 체계를 탄생시켰다는 점이다. 다시 말해서 유엔은 (a) 시민적, 정치적, 경제적, 사회적 및 문화적 권리를 포함하여 광범위하게 국제적으로 수락된 인권의 개념을 규정하였을 뿐만 아니라, (b) 이들 권리를 증진시키고 보호하며, (c) 동시에 각국 정부가 이에 대한 책임을 다할 수 있도록 지원하기 위한 제도적 장치를 마련하였다는 점에서 의의가 크다.

유엔헌장은 전문과 본문을 통해 기본적 인권의 존중을 반복하여 강조하고 있다.

- 전문에서는 기본적 인권, 인간의 존엄 및 가치 등의 확인,
- 제 1조에서는 인권의 실현을 위한 국제협력,
- 제 55조에서는 그러한 목적의 달성이 국가간 평화와 안정, 복지 등에 긴요하다는 점,
- 제 56조에서는 이를 달성하기 위해 공동 또는 개별적인 조치를 취할 필요성에 대하여 규정하고 있다.[3)]
- 나아가 제 62조는 경제사회이사회가 인권 및 기본적 자유의 존중과 준수를 위해 권고할 수 있다고 규정하고 있으며, 제 68조는 인권의 신장을 위한 위원회의 설치에 대하여 규정하고 있다. 구체적인 조치로 헌장 제 68조에 따라 '제 55조와 제 56조의 이행을 위한 연구 및 조약의 작성'을 위해 경제사회이사회 산하에 '인권위원회(Commission on Human Rights)'를 설치한 바 있다. 그러나 인권위원회는 후술하는 바와 같이 이후 총회 산하 인권이사회로 대체되었다.

이들 규정들은 개별국가에 대하여 동 규정의 이행을 위한 속도와 방식에 대하여 재량을 부여하고 있다. 그러나 국가가 자신의 관할권 내에서 행사가 가능한 인권보호의 수준을 고의적으로 낮추는 경우에는 제 56조 위반으로 볼 수 있을 것이다.[4)] ICJ도 1971년 '나미비아 사건(Namibia)'에 대한 권고적 의견에서 기본적 인권의 부인에 해당될 수 있는 인종이나 피부색 등을 이유로 한 차별 등은 유엔헌장의 목적과 원칙에 대한 중대한 위반(a flagrant violation)이라고 판단하였다.[5)]

---

3) 이와 관련 유엔헌장 제 13조 1항 b도 '총회가 ... 인종, 성, 언어 또는 종교에 의한 차별 없이 모든 인간을 위하여 인권과 기본적 자유를 실현하도록 원조하기 위하여 연구를 발의하고 권고한다'고 규정함으로써 인권의 보호 및 신장을 위한 총회 차원의 지원역할을 규정하고 있다.

4) 헌장 제 56조는 인권보호를 위한 국가의 전반적인 의무를 규정하고 있으므로 단순히 국가가 개인의 인권을 침해하였다는 사실 자체가 동 규정에 대한 위반을 구성하지는 않는다. 국가의 정책이나 정부의 관행이 문제가 되는 경우 비로소 동 조항 위반에 해당될 수 있을 것이다.

5) ICJ Reports 1971, Advisory Opinion, p. 16, para. 131.

2) 세계인권선언의 채택

1948년 유엔 총회가 채택한 세계인권선언은 모든 사람들이 향유하여야 하는 시민적, 정치적, 경제적, 사회적 및 문화적 권리를 명확히 하였다.[6] 이 선언은 유엔헌장과 함께 국제인권법의 근간을 이룬다. 유엔헌장과 세계인권선언을 계기로 인권의 국제화가 실현되었으며 이를 계기로 유엔 회원국은 자국의 인권문제를 더 이상 국내문제로 주장할 수 없게 되었다.

가) 세계인권선언의 한계와 논쟁[7]

세계인권선언의 중요성에도 불구하고 많은 학자들은 동 선언의 문제점으로 다음을 지적하고 있다.

- 세계인권선언은 서구 자본주의와 기독교적 가치관에 기반을 둔 인권개념을 중심으로 하기 때문에 의무보다는 권리를, 집단의 권리보다는 개인의 권리를 더 강조한다.
- 세계인권선언은 여성인권에 대하여 매우 소극적이며 수동적인 자세로 접근하였다. 일례로 참정권과 노동권 등 분야에서 여성의 권리를 구체화하자는 주장은 모두 일반적 표현으로 수렴되었다.
- 세계인권선언을 둘러싼 가장 치열한 논쟁 중 하나는 자유권과 사회권에 관한 것이었다. 서구국가들은 자유권(시민적·정치적 권리)만이 명확한 권리이며, 이를 넘어 새로운 종류의 권리를 선언에 포함시키는 것은 인권개념의 혼란을 가져온다고 주장하였다. 반면 사회권(경제적, 사회적 권리)을 중시한 국가들은 사회권이 19~20세기에 인류가 성취한 사회진보의 결과로 사회권도 보편적 권리임을 강조하였다. 다시 말해서 사회권도 인간이면 누구나 누려야할 근본적 권리이기 때문에 국가가 적극적으로 개입하는 것이 정의의 이념과 합치된다고 보았다.

---

6) 세계인권선언은 국가의 소극적 의무를 규정한 시민적 및 정치적 권리와 국가의 적극적 의무를 규정한 경제적, 사회적 및 문화적 권리의 실현을 규정하고 있다.

7) 이 부분은 인권정책연구소에서 작성한 '세계인권선언의 현재적 의미'의 일부를 발췌, 재정리한 것이다.

나) 세계인권선언의 법적 성격

(제 5강 '국제법의 법원'의 제 2절의 2. '국제기구의 결의'에서 설명하였듯이) 다수의 국제법학자들은 세계인권선언이 비록 선언이기는 하지만 그간 국제사회의 실행에 의한 일반적 관행의 성립과 법적확신을 통해 사실상 국제관습법화되었다고 보고 있다. 이러한 사실은 1968년 '테헤란 인권선언(Proclamation of Human Rights)'이 세계인권선언의 정신을 재확인하고 있다는 점에서도 잘 나타난다. 동 선언 제 2항은 세계인권선언에 따라 '불가양과 불가침의 권리(the inalienable and inviolable rights)로서의 인권'에 대한 이해와 이를 준수하여야 할 의무를 규정하고 있다.

반면 일부 학자들은 세계인권선언의 일부조항들, 예컨대, 집단살해 등 대량살상을 금지하는 생명권(제 3조), 노예제 금지(제 4조), 고문금지(제 5조), 자의적 구금금지(제 9조)와 조직적인 인종차별 금지(제 2조) 등만이 국제관습법에 해당된다고 보고 있다. 그러나 오늘날에는 세계인권선언 자체의 국제관습법적 성격을 인정하는 것이 통설이다.

나. 유엔헌장에 기초한 인권보호체제

오늘날 인권의 보호를 위한 국제사회의 노력은 다음의 두 가지 형태로 나누어 볼 수 있다. 먼저 유엔헌장에 기초하여 유엔기구등을 통한 인권보호와 국제인권규약(A, B 규약) 및 분야별 인권관련 개개의 협약에 근거한 인권보호이다. 그러나 이들은 현실적으로 상호 연결되어 상승효과를 가져오고 있다. 여기서는 유엔체제 내에서의 인권보장을 위한 제도적 장치에 대하여 설명한다.

1) 유엔인권고등판무관(High Commissioner for Human Rights)

1993년 비엔나 세계인권회의를 통해 인권의 보편성, 불가분성과 상호의존성이 확인되었고 이어 개최된 유엔 총회에서 인권고등판무관의 설치가 결의되었다. 인권고등판무관은 시기적으로 냉전종식 후 변화된 국제사회에서 인권보호의 중요성을 반영하여 새로이 탄생한 제도이다.

인권고등판무관은 유엔 내 인권문제를 총괄하는 최고위직으로 인권의 증진과 보호를 위해 유엔체제를 통해 인권활동을 조정하고 이어서 설명하는 유엔 총회 산하 인권이사회(Human Rights Council)의 사무국으로서의 역할을 수행한다. 또한 인권고등판무관은 유엔평화유지활동과 관련된 인권문제를 지원하며 전 세계에서 발생하는 인권상황에 대하여 정기적으로 입장을 표명하고 인권상황에 대한 조사와 함께 관련 보고서를 발간한다.

이를 요약하면 인권고등판무관은 유엔헌장 및 비엔나 세계인권회의에서 채택된 '비엔나선언과 행동계획(Vienna Declaration and Programme of Action)' 및 관련 유엔 총회 결의의 정신을 구현하는 것을 목적으로 하고 있다. 보다 구체적으로는 인권의 보편성과 인권증진 및 보호의 중요성에 대한 국제사회의 정당한 우려(legitimate concern)를 해소하는 것을 주 임무로 하고 있다.

그밖에 난민분야에서의 국제인권 실현을 위한 유엔 내 기관으로 유엔난민고등판무관(UNHCR)이 있다. 이에 대해서는 제 23강(난민에 대한 국제법적 보호)에서 설명한다.

2) 유엔 총회 산하 인권이사회

거의 모든 유엔 내 기관과 전문기구들은 어떠한 형태로든 인권보호문제와 관련된다. 그중에서도 2006년 총회 산하에 설치된 '인권이사회'는 1946년 유엔 경제사회이사회 산하 '인권위원회'를 대체한 기구로 동 인권위원회의 기능을 보완, 강화시키는 데 기여하였다.

인권이사회는 이전의 인권위원회가 국가별로 지역안배에 따라 선출됨으로써 정치성을 배제할 수 없었다는 점을 감안하여 지역그룹의 추천 없이 개별국가의 자격으로 선출(3년 임기의 47개 이사국)되도록 함으로써 가능한 한 정치성을 배제하기 위하여 노력하였다. 물론 인권이사회 이사국 선출에도 지리적 배분이 있기는 하지만 비밀투표를 통해 직접적이고 개별적으로 선출된다는 점에서 과거의 경제사회이사회 산하 인권위원회가 단순히 지리적 형평에 초점을 맞춘 것과 구분된다는 점에서 의의가 있다.[8)]

---

8) 그 밖에 총회 산하 인권이사회는 특히 인권보호 및 존중에 있어 이사국의 높은 기준을 유지할 수 있도록 하기 위한 제도적 장치를 마련하고 있다. 이중 중요한 것으로 인권이

인권이사회는 전 세계 모든 국가의 인권상황을 매 4년마다 정기 점검하는 '보편적 정례검토(Universal Periodic Review: UPR)' 제도를 도입하였다.[9] 그러나 UPR이 국가 상호간의 '동료평가(peer review)'인 점에서 국가들이 상호 인권상황에 대한 비판을 자제함으로써 당초의 의도가 희석되었고 결과적으로 정치화의 가능성도 배제할 수 없다는 점이 문제로 지적된다.

한편 인권이사회의 역할은 북한 인권문제와 관련하여서도 매우 중요하다. 2013년 인권이사회는 북한 인권상황 조사를 위한 조사위원회를 설치하고 2015년에는 유엔북한인권사무소를 서울에 설치하였다. 이어 2017년 북한 인권상황에 관한 총회결의(제 72/188호, 'Situation of human rights in the Democratic People's Republic of Korea')를 채택하였다.[10]

유엔인권이사회[11]

1. 설치 배경

▶ 인권을 안보 및 개발과 함께 국제사회의 3대 주요 과제로 격상시키고자 하는 유엔개혁의 일환으로 기존의 인권위원회(Commission on Human Rights)를 대체하여 2006년 3월 15일 유엔 총회 결의(Res. 60/251)로 설치되었음.
- 인권위원회가 경제사회이사회 산하였던 반면, 인권이사회는 총회 산하 보조기구(subsidiary organ)로 격상됨.

사국이 인권에 대한 중대하고 체계적인 침해에 책임이 있는 경우 이사국으로서의 권리를 정지시킬 수 있도록 하고 있다. 이와 관련 2022. 4월 유엔 비상특별회기에서 러시아의 우크라이나 침공을 이유로 러시아의 이사국 지위를 정지하는 결의(Decides to suspend the rights of membership in the Human Rights Council of the Russian Federation)가 채택된 바 있다. A/Res/ES-113, 2022. 4. 8.

9) 예컨대, 미첼 바첼레트 유엔 인권고등판무관은 2019년 11월 북한에 대하여 UPR 권고사항을 이행하기 위한 행동계획의 수립을 촉구하였다. 지적사항 중에는 북한이 고문방지협약과 난민협약 등 아직 가입하지 않은 국제인권조약에 가입할 것을 촉구하는 내용이 포함되어 있다.

10) 동 결의에서 총회는 북한주민을 인도에 반하는 죄로부터 보호하여야할 북한의 책임을 상기하고 안보리가 북한에서의 사태를 국제형사재판소에 회부하는 문제를 포함하여 북한의 책임을 추궁하기 위한 적절한 조치를 취할 것을 장려한다고 규정하였다.

2. 주요 임무

▶ 국제사회의 인권과 기본적 자유를 증진하고 보호하기 위해, 제반 인권이슈에 대한 논의 및 개선방안 모색, 중대하고 조직적인 인권침해에 대한 즉각적인 대처, 유엔 시스템 내 인권의 주류화와 효율적 조정 역할을 담당함.

▶ 중대한 인권침해에 대한 사전예방 및 즉각적인 대응능력을 강화함.

3. 주요 제도

가. 보편적 정례검토(UPR: Universal Periodic Review)

▶ 모든 유엔회원국들의 인권상황을 보편적 인권기준에 비추어 정기적으로 검토하는 제도임.

▶ 중대한 인권침해 상황을 다루는데 있어서의 선별성, 이중기준, 정치화 논란을 불식하기 위한 목적으로 인권이사회에 의해 혁신적으로 도입되었음.

나. 특별절차

▶ 중대한 인권침해에 효과적으로 대처하기 위해 특정국가 또는 특정한 인권 주제에 집중하여 연구 · 조사하는 임무를 부여하고 그 보고서를 기초로 인권이사회가 논의하는 절차임.

– 과거 인권위원회 당시 창설된 것을 인권이사회가 제도개선 논의를 거쳐 계승, 더욱 개선시킨 것임.

다. 진정절차

▶ 1970년 경제사회이사회가 채택한 결의 제 1503호에 따른 인권위원회의 제도를 인권이사회가 제도구축 결의(2007년)를 통해 계승, 개선하여 진정절차(complaint procedure)로 확립하였음.

– 특정 국가에서 일어나는 지속적인 형태의 중대한 인권침해(a consistent pattern of gross and reliably attested violations of human rights)의 경우 피해자 개인 또는 단체가 해당 국가를 상대로 비공개적으로 인권이사회에 진정을 제기할 수 있음.[12)]

---

11) 외교부, 외교정책, 인권자료, 2019. 1. 31.

12) 이 제도도 개인의 청원권의 또 다른 형태로 개인의 국제법 주체성을 확인할 수 있는 제

3) 유엔 안보리의 인권 관련 기능

과거 냉전기간 동안 인권문제는 안보리의 관심 밖에 있었다. 그 이유는 인권문제가 국가주권과 관련되는 민감한 사안에 해당되었기 때문이다. 이러한 이유로 특히 냉전기간 안보리는 인권문제 제기에 매우 조심스러웠다. 그러나 냉전 종식후 국내적 분쟁들이 국제평화와 안전을 위협하게 되었고 국내분쟁의 근본적 원인의 하나가 바로 인권침해에서 기인한다는 사실을 인식하게 됨에 따라 안보리는 비로소 인권문제에 보다 관심을 가지게 되었다.

이러한 배경하에 안보리는 국내적 소요사태와 이에 수반되는 인권침해문제(예컨대, 1990년 이라크의 쿠르드족 탄압 사태를 비롯하여 유고, 라이베리아 등에서의 국내적 인권침해 사태 등)를 국제평화와 안전에 대한 위협으로 간주하고 헌장 제 7장에 근거한 강제조치를 발동하였다. 그 밖에 안보리의 인권 관련 중요한 역할은 이후 국제형사재판소의 효시가 되는 구유고 국제형사재판소(ICTY)와 르완다 국제형사재판소(ICTR) 등 임시재판소의 설치에 관한 결의의 채택이다. 오늘날 국제사회가 논의해 오고 있는 R2P도 같은 맥락에서 이해되어야 할 것이다.

이와 같이 오늘날 인권은 유엔 안보리가 추구하는 정책의 중심개념으로 등장하였다.

2. 국제인권조약에 기초한 인권보호체제

세계인권선언을 계기로 분야별 많은 인권관련 협약들이 채택되었다. 이 중 특히 중요하다고 생각되는 협약들에 대하여 간략히 설명한다.

가. 국제인권규약(A, B 규약)

1) 개관 및 주요 내용

세계인권선언은 인권의 보호와 신장을 위한 중요한 출발점이 되었으며 이후 유엔의 후원하에 채택된 다양한 인권 관련 조약들과 선언들의 촉매역할을 하

도이다.

였다. 대표적인 예로 전술한 바와 같이 인권 관련 협약의 중심적 역할을 하게 된 두 개의 협약, 즉 B 규약과 A 규약이 1966년 채택되어 1976년 발효되었다.

이들 규약들은 당사국에 대하여 구속력을 부여하고 국가들의 이행 여부를 감시하기 위한 기구를 수립함으로써 세계인권선언의 정신을 보다 구체화하고 발전시키는 계기를 마련하였다. 더욱이 세계의 많은 국가들이 이 협약의 당사국이라는 사실은 규약의 보편성을 확보하는 데 크게 기여하였다. 이들 규약의 중요성은 세계인권선언과 A, B 규약을 합쳐 '국제인권장전(International Bill of Human Rights)'이라고 부르는 데서도 엿볼 수 있다.[13]

한편 당초 두 개의 규약을 분리시켜 별개의 조약으로 만들게 된 배경은 각각의 협약이 규율하고 성취하려는 권리의 성격상 차이에 기인한다.

양 규약의 주요 차이점과 내용은 다음과 같다.

첫째, B 규약은 국가권력에 대한 개인의 기본적 권리(자유권)를 보장하는 데 목적이 있다. 따라서 개인의 권리의 측면이 강조되므로 국가의 (소극적)불간섭을 골자로 한다. 반면 A 규약은 국가가 앞으로 해야 할 의무의 측면이 강조되므로 국가의 적극적 개입을 필요로 한다. 다만 국가간 상이한 능력의 차이를 고려하여 점진적 달성(progressive realization)을 위해 이용할 수 있는 자원의 최대한도(maximum available resources) 내에서 필요한 조치를 취할 것을 약속하고 있다. 이와 같이 양 규약은 국가가 개입하는 방식에 차이가 있다.[14] 이와 관련 A 규약은 명목상의 권리이므로 국가는 자원의 부족을 이유로 빈곤을 방치하여도 규약의무 위반이 아니라는 논리는 설득력이 약하다.[15]

---

13) The International Bill of Human Rights consists of (a) the Universal Declaration of Human Rights, (b) the International Covenant on Economic, Social and Cultural Rights, and (c) the International Covenant on Civil and Political Rights and its two Optional Protocols. Fact Sheet No. 2 (Rev. 1), 'The International Bill of Human Rights.'

14) 양 규약 제 2조는 각각 당사국의 의무를 규정하고 있다. A 규약 제 2조 1항은 "... 권리를 실현하기 위하여... 자원이 허용하는 최대한도까지 조치를 취할 것을 약속한다"고 규정하고, B 규약 제 2조 2항은 "... 권리를 실현하기 위하여... 필요한 조치를 취할 것을 약속한다"고 규정하고 있다.

15) A 규약 위원회는 1990년 일반논평(General Comment)에서 다수의 국민이 필요로 하는 필수적인 의식주와 건강이 박탈당한 경우에는 국가가 최소한의 핵심적 의무(minimum core obligation)를 다하지 않은 것으로 보아 일견(*prima facie*) 규약상의 의무위반에

둘째, A 규약에서 보장하는 권리는 노동권, 노동조건, 노조결성과 가입, 사회보장, 가족보호, 생활조건의 향상, 신체적·정신적 건강, 교육, 문화생활 등을 의미한다. 반면 B 규약상의 권리는 생존권, 고문 등 비인도적 대우를 받지 않을 권리, 강제노동으로부터의 자유, 자유와 안전에 대한 권리, 구금되지 않을 자유, 거주이전의 자유, 사상, 양심, 종교의 자유, 표현의 자유 등 우리 헌법이 기본권으로 보장하는 사항들의 대부분이 포함된다. 따라서 B 규약이 보장하는 권리는 매우 폭넓고 일반적이다. 다만 이중 몇 조항들은 다분히 정치적이거나 선언적이다.[16)]

셋째, B 규약은 국민의 생존을 위협하는 공공의 비상사태(public emergency) 시에는 규약상의 의무를 위반하는 조치를 취할 수 있다고 규정하면서도 생명권이나 고문금지 관련 조항들은 이 경우에도 제한할 수 없는 것으로 규정하고 있다. 반면 A 규약의 경우에는 공공복리(public welfare)의 증진을 위하여 필요한 경우에 한하여 제한이 가능한 것으로 규정하면서도 B 규약과는 달리 어느 경우에도 제한할 수 없는 예외조항을 가지고 있지 않다.

넷째, B 규약에 의해 설치된 HRC는 B 규약은 일단 가입하면 탈퇴할 수 없는 규약이라고 해석하고 있다. 그러나 A 규약에 관하여는 그러한 해석이 없다.

이러한 차이점에도 불구하고 양 규약이 열거하고 있는 권리들간에는 직접적이고도 상호의존적인 관계가 존재한다는 점에서 궁극적으로는 하나의 규약으로 다시 재조정되어야 할 것으로 본다. 예컨대, 이들 양 규약들은 공통점도 가지고 있다. 무엇보다도 공통의 전문과 제 1조가 같은 내용이다. 즉, 양 협약들은 제 1조에서 자결권(self-determination), 제 2조에서는 차별금지, 제 3조에서는 남녀평등 등을 공통으로 규정하고 있다.

끝으로 B 규약에 규정된 권리를 제 1세대(first generation) 인권, A 규약에 규정된 권리를 제 2세대(second generation) 인권이라고 한다.[17)] 또한 A 규약을 사

해당된다고 볼 수 있으며 이를 부인하기 위한 거증책임도 해당국가가 부담한다고 판단하였다. 1990 General Comment No. 3, 제 10항.

16) 선언적 성격의 조항의 예로는 제 16조(모든 사람은 어디에서나 법 앞에 인간으로서 인정받을 권리를 가진다)를 들 수 있다.

17) 한편 제 3세대(third generation) 인권도 등장하였는바, 여기서 제 3세대 인권은 평화, 자결 및 개발 또는 환경 등과 같이 인류의 결속이 요구되는 분야에 대한 인권

회권 규약, B 규약을 자유권 규약이라고도 한다.

2) 국제인권규약 선택의정서

B 규약은 두 개의 선택의정서를 가지고 있으며, A 규약도 1개의 선택의정서를 가지고 있다.

B 규약 제 1선택의정서는 인권침해를 당한 개인의 통보제도를 규정하고 있으며 제 2선택의정서는 사형폐지를 규정하고 있다. A 규약 선택의정서는 B 규약이 인권보장 메커니즘으로 규정한 국가간 통보제도와 개인통보제도를 A 규약에도 적용하는 것을 내용으로 하고 있다(다음 3. '국제인권조약의 인권보장 메커니즘' 참조).

우리나라는 B 규약의 제 2선택의정서(사형폐지)와 A 규약 선택의정서(국가간 통보제도와 개인통보제도)에는 아직 가입하지 않았으며 B 규약의 제 22조(결사의 자유)를 유보한 상태다.

나. 기타 분야별 인권의 보장을 위한 국제협약

지난 60여 년간 국제사회는 집단살해, 난민, 인종차별, 여성차별, 고문방지, 아동보호 등 다양한 분야의 인권보호를 위한 개별협약을 채택하였다. A 규약과 B 규약이 인권에 대해 포괄적인 내용을 담고 있는 것과 달리 특정한 주제 또는 집단(group)에 초점을 맞추어 채택된 국제인권협약으로는, 인종차별철폐협약, 여성차별철폐협약, 고문방지협약, 아동권리협약이 있다. 이들 4개 협약은 A 규약 및 B 규약과 함께 전통적으로 '핵심(core) 인권협약'으로 지칭된다.[18)]

아울러 기존의 주요 인권협약에 추가하여 이주노동자권리협약, 장애인권리협약, 강제실종협약이 채택되어 여성과 아동 이외에도 이주노동자, 강제실종자, 장애인과 같은 사회적 취약계층의 권리보호를 위한 국제법 규범이 새로이 마련될 수 있었다.

또한 수많은 국제기구 특히 유엔전문기구의 설립헌장도 소관 분야와 관련

(solidarity human rights)을 의미한다. 그러나 이 권리는 향유주체나 권리침해시 누구를 대상으로 이의를 제기할 수 있는가의 문제 등 법적인 면에서 미완의 개념이다.

18) Office of the United Nations High Commissioner for Human Rights, 'The Core International Human Rights Treaties', United Nations, 2006.

하여 별도의 인권기준을 설정하여 인권보호에 기여하고 있다. 예컨대, UNESCO, ILO, FAO 등이 이에 해당된다. 그 밖에 인권보호를 위한 지역적 차원의 제도로는 유럽연합 내의 유럽인권재판소 등이 있다.

주요 국제인권협약

▶ 시민적 · 정치적 권리규약(B규약)
- 제1 선택의정서[개인통보]
- 제2 선택의정서[사형제 폐지](우리나라 미가입)

▶ 경제적 · 사회적 · 문화적 권리규약(A규약)
- 선택의정서[국가간 통보제도와 개인통보제도] (우리나라 미가입)

▶ 인종차별철폐협약

▶ 여성차별철폐협약
- 선택의정서

▶ 고문방지협약
- 선택의정서(우리나라 미가입)[19]

▶ 아동권리협약
- 제1 선택의정서[아동의 무력충돌 참여]
- 제2 선택의정서[아동매매 · 성매매 · 음란물]
- 제3 선택의정서[개인통보]

▶ 장애인권리협약
- 선택의정서

▶ 이주노동자권리협약

▶ 강제실종협약

19) 2006년 발효된 유엔고문방지협약 선택의정서는 고문과 부당한 처우 등을 예방하기 위한 목적으로 '고문방지소위원회'와 '국가예방기구'를 설치하여 동 기구가 가입국 구금시설에 대한 정기적 · 비정기적 방문조사를 통해 실태를 진단할 수 있도록 하고 있다. 이러한 비공개조사(confidential inquiry) 제도는 충분한 근거가 있는 신뢰할 만한 정보를 받아서 관련 위원회가 비공개로 인권상황의 현지조사를 자체적으로 실시하는 제도를 말한다. 2022. 6 현재 91개국이 당사국이지만 우리나라는 아직 가입하지 않은 상태다.

국제인권법의 발전(요약)
▶ 19세기에는 노예제 폐지, 20세기에는 소수자, 난민, 노동자, 여성과 아동 등 제한된 분야에 대한 국제연맹의 인권보호가 이루어졌고 이후 모든 사람을 대상으로 한 인권보호가 범세계적 조약을 통해 구현되었다. ▶ 특히 유엔헌장을 토대로 인권의 국제적 보호의 개념이 마련되었고, 1948년 세계인권선언과 1966년 국제인권규약이 채택됨으로써 국제인권규범의 실현이 가능해졌다. ▶ 오늘날 국제인권법의 법원은 범세계적 국제인권조약, 지역적 국제인권조약, 국제법상의 일반 원칙, 국제관습법, 세계인권선언, 그 밖의 주요 결의와 선언 등으로 구성되어 있다.

3. 국제인권조약의 인권보장 메커니즘

가. 조약의 국내적 이행

인권보호를 위해 제정된 다양한 분야별 개별 인권조약들은 당사국이 인권조약에 규정된 권리를 자국영역 내의 개인에게 보장하여야 할 의무를 부과하고 있다. 그러나 국내적 법집행을 위한 구체적인 방법에 대하여는 각국에 일임하고 있다.

이에 앞서 개별 국가들은 인권조약상의 인권 관련 기준이 (문화적 상대성 등으로 인해) 자국의 헌법상 가치나 기준과 차이가 있는 경우 (조약의 대상 및 목적과 양립 가능한 범위 내에서) 유보를 할 수 있다. 이에 대해서는 제 6강(조약법)에서 인권조약에 대한 유보와 관련하여 설명한 바 있다.

나. 인권보장을 위한 제도적 장치

대부분의 인권조약들은 당사국들의 인권조약상의 의무이행을 확보하기 위한 제도적 장치를 마련하고 있다.

이하에서는 인권조약 중 대표적 조약인 B 규약을 중심으로 규약이 규정한 인권보장 메커니즘에 대하여 설명한다. 물론 A 규약을 포함하여 다른 많은 분야별 인권조약들도 대체로 이와 유사한 제도를 가지고 있다는 점에서 B 규약상의 장치는 인권조약상의 의무이행을 확보하기 위한 보편적인 제도로 이해하여도 좋을 것이다.

1) 당사국 보고(report)제도

당사국 보고제도는 인권조약의 당사국들이 자국의 인권조약 이행상황을 인권조약에 의해 설치된 위원회에 정기적으로 보고하는 제도이다.

B 규약은 규약규정에 따라 규약위원회(HRC)를 설치하고 규약당사국이 조약상의 권리실현을 위해 자국이 취한 조치와 관련한 진전사항을 HRC에 보고하도록 규정하고 있다.[20] 제출된 국가보고서는 HRC의 검토를 받는다. 국가보고서의 목적은 당사국에 대하여 인권조약의 충실한 이행을 독려하는 데 있다. 심사과정에서의 HRC와 당사국간 논의과정을 건설적 대화(constructive dialogue)라고 한다.

한편 A 규약은 B 규약과는 달리 조약 자체의 위원회를 가지고 있지 않다. 대신 1985년 경제사회이사회 결의(1985/17)로 '경제적, 사회적, 문화적 권리에 관한 위원회(Committee on Economic, Social and Cultural Rights: CESCR)'가 설치되어 국가들이 제출하는 보고서 검토 등 B 규약에 의해 설치된 HRC와 유사한 기능을 수행하고 있다.[21] 그 밖에 1965년 채택된 인종차별철폐협약을 비롯 이후 채택된 대부분의 인권조약들도 국가보고제도를 의무화하고 있다.

2) 국가간 이의통보(inter-state complaints communication)제도

국가간 이의통보제도란 인권조약의 당사국이 조약상의 의무를 이행하고 있지 않은 경우 다른 당사국이 인권조약 위반 사실을 의무 위반국에 통보하거나 또는 직접 협약에 의해 설치된 위원회에 통보하여 시정을 요구하고 제도이다.

---

20) 정부보고서에 대하여 NGO가 독자적으로 작성한 보고서가 발간되기도 하며 이를 counter-report, parallel report라고 한다.

21) CESCR 위원회는 개인자격으로 선출되는 임기 4년의 18명의 전문가로 구성되는 유엔 내 기관이며, A 규약의 이행상황에 대한 회원국의 보고서를 검토한다.

예컨대, B 규약의 경우 일 당사국이 타 당사국의 인권조약 위반사실을 해당 국가(의무 위반국)에 통보하거나 또는 직접 HRC에 통보하여 시정을 요구할 수 있다. 특히 의무 위반국은 서면통보 접수후 3개월 이내에 당해 문제에 대한 설명서(explanation)를 전달하여야 한다. 그러나 설명서를 통해 만족스러운 해결에 도달하지 못하는 경우 양 당사국 중 어느 일방에 의해 HRC에 통보될 수 있다. B 규약하에서의 국가간 이의통보제도는 사전에 이 제도의 적용을 수락한 국가에 대해서만 적용된다는 점에서 한계가 있다. 이 제도는 의도한 바와는 달리 타국의 인권문제에 개입하는 데 부담을 갖는 국가들의 소극적인 태도로 실효성 있는 제도로 자리 잡지 못하고 있다.

한편 A 규약의 경우에도 전술한 2008년 'A 규약 선택의정서'에 의거 국가간 이의통보제도가 시행되고 있으며, 그밖에 인종차별철폐협약과 고문방지협약의 경우에도 유사한 제도를 가지고 있다.

3) 개인의 이의통보(individual complaints communication)제도

가) 행사요건

개인의 이의통보제도는 조약에 의해 보장되어야 할 인권의 침해를 입은 개인이 당사국의 조약위반 사실을 통보하고 위원회의 심사를 요구하는 제도이다.

특히 B 규약은 개인(법인은 불포함)이 직접 권리구제를 위해 B 규약에 의해 설치된 HRC에 청원할 수 있도록 하였다는 점에서 인권보장의 구체적 실현을 위한 획기적인 제도이다. 규약의정서의 당사국 내에서 자신의 권리가 침해되었다고 주장하는 외국인도 개인통보를 제기할 수 있다. 국가에 귀속시킬 수 없는 사인에 의한 권리침해는 개인통보의 대상이 되지 않는다. 그러나 사인의 행위에 국가가 책임이 있을 경우에는 물론 통보가 허용될 수 있다.

B 규약하에서 개인의 이의통보제도가 허용되기 위해서는 다음의 요건을 충족시켜야 한다.

- 조약의 당사국이 사전에 자국을 상대로 개인이 이의를 제기하는 사건을 HRC가 취급하는 것을 의무로서 수락(1966년 개인통보에 관한 B 규약 제 1 선택의정서의 수락)하여야 한다.

- 이의를 제기하는 개인은 반드시 이의통보 이전에 인권침해국에서 구제를 위한 절차로써 국내적 구제를 완료하여야 한다.[22)]
- 구두가 아닌 서면으로 통보해야 한다. 익명의 통보나 규약규정과 양립할 수 없는 통보는 허용되지 않는다.
- 동일한 사건에 대해 다른 국제적인 조사절차가 진행되고 있지 않아야 한다.

현재 B 규약 이외에 개인의 이의통보제도를 마련하고 있는 인권조약으로는 A 규약(2008년 선택의정서에 근거)과 인종차별, 고문방지, 여성차별철폐, 아동권리 및 장애인 권리에 관한 협약 등이 있다.

나) 제도의 의의

개인의 이의통보에 관한 B 규약 HRC의 결정은 그 자체로는 당사국에 대하여 법적 구속력을 갖지 않지만(이 제도는 사법적인 제도가 아님), 국제사회가 인정하는 정당성과 객관성, 설득력을 갖추어 왔기 때문에 그 결정 내용은 상당한 권위를 가지고 있다. 더욱이 당사국은 선택의정서 가입을 통하여 개인의 이의통보에 대한 HRC의 심리권한을 인정하고 규약상의 권리침해에 대하여 구제조치를 취할 것을 약속하게 되므로 HRC의 결정은 당사국에 대하여 간접적인 구속력을 갖는다고 볼 수 있다.

개인의 이의통보제도는 개인이 직접 국제법에 근거하여 구제를 실현시킬 수 있다는 점에서 비록 제한적이기는 하지만 개인이 국제법의 주체로 인정될 수 있는 새로운 가능성을 열어 놓았다고 볼 수 있다. 이는 분명 국제법의 발전이라

22) 많은 인권조약들은 국내구제완료원칙을 수용하고 있다. 예컨대, B 규약 제 41조는 국내구제완료가 확인된 이후에 통보된 사건만을 다룬다고 규정하고 있으며, 동 규약의 선택의정서 제 2조도 국내구제완료원칙이 개인통보에도 적용된다는 점을 강조하고 있다. 여기서의 국내구제완료는 외교적 보호권 행사의 요건으로서의 국내구제완료와 같은 개념이다. 따라서 인권조약에서의 국내구제완료원칙도 마찬가지로 인권침해국(개인의 '본국'을 의미) 내에서 구제절차가 이용가능하고(available), 실현가능하며(obtainable) 유효한(effective)것이어야 한다. 관련 사례로는 우리나라의 경우 박태훈 사건이 있다. 1995년 국가보안법 위반혐의로 유죄판결이 확정된 박태훈이 B 규약에 의해 설치된 HRC에 이의를 통보한 것과 관련 한국 정부는 동인이 헌법소원을 제기하지 않아 국내구제절차를 완료하지 않았다고 주장한 사례가 있다. CCPR/C/64/D/628/1995.

는 측면에서 의의가 있다.

다) 제도의 한계

B 규약 HRC는 규약상의 권리는 가급적 폭넓게, 권리제한은 가능한 엄격히 해석하는 경향이 있다. 그 이유는 국가 공권력으로부터 개인의 인권보호를 위한 근본가치의 실현이라는 점에서 볼 때 당연한 평가이다.

그러나 HRC는 규약위반의 여부만을 확인할 뿐 위반에 따른 구제는 당사국에 맡기고 있어서 실제 효과면에서 논란이 있을 수 있다. 나아가 HRC의 견해가 당사국에 의해 무시되는 경우에도 이에 대한 제재는 규정되어 있지 않다.

라) 우리나라의 사례

지금까지 B 규약위원회에서 다루어진 중요사건들은 대체로 고문, 인종적 소수자 차별, 동성애, 독가스에 의한 사형과 추방 등을 대상으로 하고 있다.[23)]

반면 우리나라의 경우 과거에는 HRC에서 주로 국가보안법 위반사건에 대한 개인의 이의통보를 판단하면서 우리 법원의 유죄판결이 B 규약상의 표현의 자유를 침해한다고 판정한 사례가 여러 차례 있었다.[24)] 근래에는 양심적 병역거부문제가 규약위반 판정을 받은 사례가 많다.[25)] 그러나 양심적 병역거부문제는 2018년 헌법재판소의 판결로 대체복무 제도를 허용함으로써 해소되었다.

---

23) 김형구, '국제인권 따라잡기 4, 자유권 규약상의 개인통보제도', 국가인권위원회, 인권, 2016. 4월

24) 위의 주에서 설명한 박태훈 사건이 대표적인 예이다. 그밖에 손종규 사건(Communications No. 518/1992, 노동쟁의조정법상의 제 3자 개입금지), 김근태 사건(Communications No. 574/1994, 국가보안법 제 7조 '반국가단체 고무, 찬양'), 이정은 사건(Communications No. 1119/2002, 국가보안법 제 7조 '반국가단체 고무, 찬양') 등이 있다.

25) 우리나라의 경우 여호와의 증인 신도들이 병역법 위반으로 형을 받자 한국의 병역법이 B 규약상 종교와 신념의 자유를 침해하였다는 개인통보를 HRC에 제출하였고 이에 대해 HRC는 한국의 규약 위반을 인정한 사례가 많았다.

4. 인권의 특수성

가. 개인에 대한 국제법상 책임추궁의 실현

국제인권 규범을 침해한 개인에 대해서도 국제법에 의한 직접책임추궁이 가능한가. 후술하는 바와 같이 중대한 인권침해에 책임이 있는 개인이 국제형사재판소의 관할범죄를 범한 경우에는 국제법에 의해 직접 형사책임이 부과될 수 있다. 그러나 아직도 대부분의 국제인권규범 위반자에 대한 형사처벌은 개별국가의 국내법정을 통해서만 가능하며 민사책임의 경우도 같다.

나. 인권조약의 보편적 적용

국제인권 관련 규범들은 국제관습법적 성격을 가짐으로써 인권 관련 성문조약의 한계(당사국에만 적용된다는 점)를 보완하여 국제법 질서의 향상에 기여하고 있다(Customary law serves a critical function in the international legal order by supplementing more restrictive treaty norms)'고 볼 수 있다.

이 점은 전 세계 거의 모든 국가들이 (a) 유엔헌장상의 인권의 증진 및 보호를 지지하고, (b) 세계인권선언을 수락하였으며, (c) 특정분야의 인권보호를 위한 다양한 조약들에 당사국으로 가입하고 있으며, (d) 유엔 등 국제기구에서의 인권관련 결의 채택과정에 적극적으로 참여하여 찬성의사를 표시하고 있다는 점에서 확인된다. 특히 인권조약의 국제관습법적 성격은 많은 인권 관련 조약들이 다루는 내용들이 사실상 강행규범의 성격을 가지고 있다는 점에서도 확인된다. 이와 관련 국제재판소는 그간 채택된 다수의 인권조약, 예컨대 B 규약의 경우를 예로 들면서 많은 국가들이 당사국이며 발효 후 이미 오랜 기간이 경과하였다는 점에서 동 규약을 국제관습법의 증거자료로 보고 있다.

다. 보편적 인권의 가치

보편적 인권의 가치는 '바르셀로나 전력회사 사건'에서 나타난 대세적 의무로서 국제사회 전체에 대한 의무에도 해당된다. 이들 대세적 의무는 당연히 강행규범에서 유래하며 앞으로 인권관련 보다 많은 사항들(예컨대, 국제인도법과 관련한 규칙 등)이 강행규범에 포함되게 될 것으로 보인다.

이와 관련 제 11강('국가의 관할권'의 제 2절 1. 마. 3) '불법행위와 보편적 민사관할권')에서 설명한 바와 같이 '필라티가 사건'에서 미국법원은 공적권한을 가진 자의 자의적인 고문은 보편적으로 승인된 인권에 관한 국제법 규범을 위반하는 것이라고 판단하였다. 이 판결은 국제법이 개별국가의 주권을 초월하여 고문 등 국제범죄로부터 개인을 보호하는 역할을 할 수 있다는 사실을 국내법원이 확인하였다는 점에서 그 의의가 자못 크다.[26]

라. 인권의 제한과 잠정적용정지

B 규약상의 인권은 대체로 예외가 허용되지 않는 절대적 개념이다. 예컨대, 생명권, 노예금지 및 고문금지 등은 어느 경우에도 반드시 준수되어야 하는 개념이다. 그러나 민주국가에서도 개인과 국가의 이익을 조화시키기 위한 노력의 과정에서 불가피하게 인권에 대한 제한이 요구되기도 한다. 물론 이러한 제한은 상황이 요구하는 범위 내에서 필요 최소한으로 적용되어야 할 것이다. 이에 대하여 B 규약을 중심으로 인권의 제한이 발생할 수 있는 상황에 대하여 검토한다.

첫째 (유보) 인권조약의 유보에 대한 논란에도 불구하고 B 규약은 유보를 허용하고 있다.[27] 이 경우 유보국에 대하여는 인권조약 해당 조항의 적용이 배제될 수 있다. 사형제를 유지하고 있는 미국은 B 규약 제 6조의 생명권 조항을 유보하면서 범행 당시 18세 미만자에 대하여도 사형을 집행할 수 있도록 하였다.

둘째, (의무의 잠정적용정지: derogation) 앞에서 설명하였듯이 B 규약 제 4조는 국민의 생명을 위협하는 공공의 긴급사태(public emergency) 발생시에는 규약

---

26) 'Filartiga v. Pena-Irala: A Contribution to the Development of Customary International Law by a Domestic Court', 11 Ga. J. Int'l & Comp. L. 335, 1981.

27) 조약에 명시적으로 유보가 금지되지 않고, 유보가 인권의 핵심가치를 침해하지 않을 경우, 즉, 유보가 조약의 대상 및 목적과 양립할 수 있는 범위 내에서는 유보가 허용된다. 물론 강행규범적 성격을 가지는 인권관련 조항의 경우에는 유보가 허용되지 않는다고 보아야 할 것이다. 한편 제 6강('조약법'의 제 3절 4. '조약의 유보')에서 설명한 바와 같이 HRC는 조약의 대상 및 목적과 유보의 양립가능성에 대하여는 자신이 판단할 권한을 가지며 수락할 수 없는 유보를 첨부한 국가는 유보 없는 가입으로 보아야 한다고 논평하였다. U.N. Doc. CCPR/C/21/Rev.1/Add.6, General Comment No. 24 (1994). 그러나 이러한 판단은 입장을 달리하는 국가들의 반발을 가져왔다.

당사국이 자국민에 대하여 부담하는 규약상의 인권보호의무(규약준수의무)가 면제될 수 있다고 규정하고 있다. 이와 같이 인권조약은 긴급상황에서는 자국 국민이 조약상 향유하는 권리를 국가가 정지 또는 제한할 수 있도록 허용하고 있으며 이를 인권의 잠정적용정지라고 한다. 잠정적용정지를 규정한 제 4조를 나누어 설명하면 다음과 같다.

- 잠정적용정지가 허용되는 공공의 비상사태의 선언은 긴급성에 의해 엄격히 요구되는 한도 내에서만 허용되어야 한다. 즉, 상황이 국가 전체에 영향을 미치고, 급박한 위험이 현존하며, 예외적인 상황이어야 할 것이다.
- 그렇다면 언제 어느 경우에 잠정적용정지가 허용되는가. 동 제 4조에 규정된 긴급사태의 대표적인 예는 무력충돌과 같은 국가의 안보와 관련된 상황을 말한다. 일례로 2001년 영국정부는 9·11테러 이후 국제테러를 동 규약 제 4조에 해당하는 사유로 보고 제 9조(신체의 자유)에 대한 잠정적용정지를 HRC에 통보하였으며 이의 후속조치로 '반테러법(Anti-Terrorism, Crime and Security Act)'을 제정한 바 있다.[28]
- 그러나 동 제 4조는 잠정적용정지가 허용되는 상황에서도 절대적 권리(absolute rights)에 해당되는 개인의 생명존중과 고문, 잔혹한 형벌, 노예, 강제노동의 금지 등은 일탈할 수 없는 권리(non-derogable rights)로 제한이 불허된다고 규정하고 있다. 이 경우에도 인종, 피부색, 성, 언어, 종교 또는 사회적 출신 등을 이유로 한 차별은 금지된다.
- 의무의 잠정적용정지 및 그 사유는 유엔사무총장을 통하여 타 당사국들에게 통보한다.

셋째, (유엔헌장 제 7장과 인권의 잠정적용정지) 안보리가 제 7장에 근거한 강제조치를 취할 경우 긴급상황(emergency situations)에서는 불가피하게 인권을 정지시키는 것이 필요할 수도 있다. 왜냐하면 대부분의 인권은 절대적인 것이 아니며 상충하는 이익과의 균형과 조화를 필요로 하기 때문이다. 물론 이 경우에도

28) 이 법을 근거로 테러리스트들에 대한 구금 등 인권침해가 있었다. 그러나 이후 영국법원에 의해 여사한 행위들은 인권침해로 확인되었다.

강행규범을 위반하는 조치를 취할 수는 없다. 예컨대, 테러혐의자에 대하여도 고문이 허용되어서는 안 될 것이다.

'전시 민간인 보호에 관한 제네바 협약' 제 5조
▶ '전시 민간인 보호에 관한 제네바 협약' 제 5조도 잠정적용정지를 규정하고 있으며 이에 따라 당사국은 자국의 안보에 적대적인 활동을 한 것으로 추정되는 경우 보호대상인 민간인에 대하여 협약상의 권리와 특권을 부여하지 않을 수 있다.

마. 인권조약의 해석

인권조약은 인권이라는 특수한 성격의 권리를 보호하기 위한 특별한 법적 질서를 수립하는 경우가 많다. 따라서 융통성 있고 목적지향적인 해석이 요구된다.

이와 관련 1999년 Selmouni v. France 사건에 대한 유럽인권재판소의 판결은 시사하는 바가 많다. 특히 재판소는 '인권협약은 살아 있는 문서(living instrument)로서 오늘날의 상황을 고려하여 해석되어야 한다'고 하면서 예컨대, 과거에는 고문이 단순히 비인간적이고 모멸적인 행위로 분류되었지만 미래에는 다르게 분류될 수 있을 것이라고 보았다. 왜냐하면 오늘날 인권의 보호에 관한 높은 기준은 필연적으로 과거와는 다른 단호한 대응을 요구하기 때문이다.[29] 결론적으로 인권조약의 해석은 시대상황을 반영하고 또한 조약의 목적 및 대상에 비추어 인권보장 장치가 현실적이고 효과적으로 이행될 수 있는 방식(개인의 인권을 적극적으로 보호할 수 있는 방식)으로 해석되어야 할 것이다.

바. 인권조약의 탈퇴

A 규약과 B 규약과 같은 주요 인권관련 조약들은 종료나 탈퇴에 관한 조항이 없다. 그렇다면 이들 조약들은 탈퇴가 전혀 허용되지 않는 것일까. 조약법 협약 제 56조에 따라 탈퇴조항이 없는 경우에도 당사국이 폐기 또는 탈퇴의 가능성을 인정하였음이 확인되거나 폐기 또는 탈퇴의 권리가 조약의 성질상 묵인되

29) Selmouni v. France, Application No. 25803/94, Judgment, ECHR, 8 July 1999.

는 경우에는 탈퇴가 허용될 수 있을 것이다.[30)]

그러나 고문금지를 규정한 조약 등과 같이 기본적 인권의 보장을 위한 조약의 경우에는 제 56조에 해당되지 않는 것으로, 즉 탈퇴의 가능성을 인정하지 않은 것으로 보아야 할 것이며 따라서 탈퇴가 허용되지 않는다고 보는 것이 타당할 것이다.

사. 인권조약의 자기집행성

인권조약은 모두 자기집행적 조약인가.[31)] 인권조약을 적극적으로 적용하는 것이 인권조약의 제정취지에 부합한다고 할 경우 인권조약이 자기집행성을 가지는 것으로 해석하는 것이 바람직할 것이다.[32)] 참고로 오늘날 국제적 인권의 보호와 관련한 조약에 대하여는 자기집행성을 적극적으로 인정하려는 경향이 증가하고 있으며, 나아가 자기집행성의 문제를 거론하지 않고 곧바로 적용하는 국가도 있다.

---

30) B 규약위원회(HRC)는 B 규약이 탈퇴가 불가능한 조약이라고 해석하였다는 점에 대해서는 앞에서 설명한바 있다.

31) 미 연방 대법원은 2008년 'Medellin v. Texas 사건'에서 인권보호와 관련이 있는 영사관계협약의 자기집행성을 부인한 바 있다. 연방 대법원은 조약이 의회의 법률에 의해 이행되거나 또는 자기집행적 조약이 아닌 한 조약 자체가 그대로 적용되지 않으며 ICJ의 결정도 그 자체로는 국내적으로 구속력 있는 미국법이 아니라고 판단하였다. 이는 ICJ의 판결을 정면 부정한 것으로 국제법에 대한 미국의 경시태도를 보였다는 비난이 있다. 이 사건의 개요는 다음과 같다. 1993년 멕시코 청년이 텍사스에서 미국인 소녀 2명을 강간, 살해한 데 대해 1997년 미 법원이 사형을 선고하였고 이에 대해 동인은 영사관계에 관한 비엔나협약 제 36조의 권리를 통보받지 못하였다는 이유로 항소하였지만 기각되었다. 2003년 멕시코는 미국의 협약위반을 이유로 ICJ에 사건을 회부하였고 ICJ는 이에 대한 재심을 미국에 요구하였지만 연방 대법원은 상기와 같은 판단을 내렸다. 참고로 이 사건 이후 2004년 또 다시 앞에서 인용된 Avena 사건을 거치면서 미국은 영사관계협약과 관련한 ICJ의 강제관할권의 근거가 된 '1963년 영사관계에 관한 비엔나협약 분쟁의 강제적 해결에 관한 선택의정서'에서 탈퇴하였다.

32) 일본에서 보석가게에 들른 한 브라질 여성 저널리스트가 상점으로부터 외국인이라는 이유로 출입이 저지되었다. 이에 브라질 여성은 일본 법원에 인종차별철폐협약의 국내적 적용(일본 민법상의 불법행위)을 주장하였다. 이에 대해 법원은 상점의 행위는 브라질 여성에 대한 인격침해에 해당된다고 보고 협약의 취지에 따라 일본 민법상 불법행위를 적용하여 손해배상의 지불을 명령하였다. 박덕영, p. 220.

국제인권법의 주요 내용(요약)

- ▶ 인권은 더 이상 국내문제가 아님
- ▶ 인권의 보편성과 문화적 상대성의 극복문제
- ▶ B 규약, 즉, 자유권(시민적·정치적 권리)과 A 규약, 즉 사회권(경제적·사회적 문화적 권리)의 관계
- ▶ 국가 비상사태 등으로 인한 인권의 잠정적용정지(derogation)시에도 개인의 생명 존중과 고문, 잔혹한 형벌, 노예, 강제노동의 금지 등은 일탈할 수 없는 권리(non-derogable rights)로 제한이 불허
- ▶ 대다수의 인권관련 조약과 일정한 범주의 인권관련 조항들은 국가실행을 통해 국제관습법으로 수락된 것으로 평가
- ▶ 인권조약의 인권보장 메커니즘
  - 당사국 보고제도, 국가간 이의통보제도 및 개인통보제도

☞ **기출문제 예시**

문 1) 국제인권보호와 국제환경보호 분야에서 채택된 조약에서는 조약상의 의무의 준수 및 이행을 보다 효과적으로 확보하기 위한 여러 가지 특별한 제도적 장치들이 도입되고 있다. 이에 대해서 논하시오.

문 2) B국 국적자인 甲은 2008년 A국의 한 초등학교 영어 원어민 교사로 해당 학교와 1년간 근로계약을 체결하였다. A국 정부는 외국인 원어민 교사에게 계약 시마다 HIV/AIDS 및 마약검사 결과를 제출할 의무를 부과하고 있으나, 동일 업무에 종사하는 자국민이나 재외동포에게는 그러한 의무를 부과하지 않고 있다. 甲은 계약 갱신 시 검사결과 제출을 거부하였고 재계약은 이루어지지 않았다. 甲은 검사결과 제출요구가 차별이라는 이유로 A국 국내법원에 소송을 제기하였다. 그러나 외국인 원어민 교사와 관련한 과거 유사사안에 대한 소송결과가 부정적이었으므로 긍정적 결과를 기대할 수 없어, 甲은 바로 자신이 입은 피해사실을 인권위원회(Human Rights Committee)에 통보하였다. 동 위원회는 이 사건을 시민적·정치적 권리에 관한 국제규약(이하 '자유권규약')과 세계인권선언 위반이라는 견해를 채택하였다. 다음 물음에 답하시오. (A국과 B국

모두 자유권규약 및 자유권규약 선택의정서 당사국이다.)

1) A국은 인권위원회가 채택한 위 견해를 수용할 수 없다고 주장하였다. A국 주장의 근거를 제시하고, 그 타당성을 국제법에 따라 검토하시오.
2) A국은 세계인권선언이 선언적 효과만 있을 뿐이며 법적 구속력이 없으므로 국제법적 효력을 갖지 않는다고 주장하였다. A국의 주장에 대해 그 타당성을 국제법에 따라 검토하시오.

제 23 강
난민에 대한 국제법적 보호

제1절 난민협약

1. 난민협약과 난민의 보호

난민문제는 제 1차 대전을 계기로 국제사회의 관심사로 등장하였다. 이에 따라 국제연맹을 중심으로 난민문제의 제도적 해결을 위한 노력이 시작되었다. 그러나 난민문제가 본격적으로 이슈화된 것은 제 2차 대전 이후이다. 전쟁 종료 후 급증한 난민에 대한 인도적 견지에서의 보호제공 문제는 난민에 대한 유엔차원에서의 관심을 크게 불러일으켰다. 유엔창설 이후 채택된 가장 중요한 국제문서의 하나인 세계인권선언도 제 14조에서 "모든 사람은 박해를 피하여 타국에서 피난처를 구하고 비호를 향유할 권리를 가진다(Everyone has the right to seek and to enjoy in other countries asylum from persecution)"고 규정하였다. 이를 계기로 1949년 국제난민기구(International Refugee Organization: IRO)가 설립되었다. 이어 1951년 난민문제 해결을 위한 유엔의 핵심기관으로 유엔난민고등판무관(UN High Commissioner for Refugee: UNHCR)이 창설되었으며, 동년 '난민의 지위에 관한 협약(Convention relating to the Status of Refugees: 난민협약)'이 채택되었다. 이로서 난민의 국제법적 보호를 위한 유엔차원의 제도적 장치가 마련되었다.

이와 같이 난민협약은 유엔헌장과 세계인권선언의 정신을 구현하여 난민에 대한 국제법상의 기본적 인권과 자유를 부여하기 위한 목적에서 채택되었으며 협약을 통해 국제사회가 난민개념을 공식적으로 정의하고 성문화하였다는 점에서 의의가 있다.

1951년 난민협약은 제 1조에서 난민을 다음과 같이 정의하고 있다.

(a) 인종, 종교, 국적, 정치적 의견 등의 이유로,
(b) 본국으로부터 박해를 받을 충분한 이유가 있는 공포로 인해,
(c) 국적국 밖에 있는 자로서,
(d) 국적국의 보호를 받을 수 없거나 받기를 원하지 않는 자'이다.[1)]

이 정의는 대체로 '유엔난민고등판무관실규정(Statute of the Office of the UNHCR)'에 따른 난민의 정의와 본질적으로 동일하다. 여기서 난민의 지위 결정에 있어 중요한 판단기준이 되는 박해의 의미는 생명, 신체 또는 자유에 대한 위협을 비롯하여 인간의 본질적인 존엄성에 대한 중대한 침해나 차별을 야기하는 행위를 말한다.[2)]

그러므로 '난민협약상의 난민(refugees)'은 경제적 이익이나 사욕 등을 위해 비호를 추구하는 경제적 이주자(economic migrants) 또는 박해와 무관하게 전쟁 또는 자연재해로 도피처를 찾는 실향민(displaced persons)과 실향민으로 아직 국적국 내에 체재하는 국내실향민(internally displaced persons)과는 구분되어야 한다. 그러나 오늘날 난민개념의 확대경향으로 난민과 경제적 이주자 또는 실향민

1) 따라서 자발적으로 국적국의 보호를 다시 받고 있는 경우, 국적을 상실한 후 자발적으로 국적을 회복한 경우, 새로운 국적을 부여받고 새로운 국적국의 보호를 받고 있는 경우 등에는 협약의 적용이 종료된다(난민협약 제 1조 c).

2) 예컨대, 고문으로부터의 자유, 잔인하거나 비인도적이거나 굴욕적인 처우나 형벌로부터의 자유, 노예신분이나 노예상태로부터의 자유, 법 앞에 하나의 인격체로 인정받을 권리, 사상, 양심 및 종교의 자유, 자의적인 체포, 구금으로부터의 자유, 사생활, 집과 가족생활에 대한 자의적인 간섭으로부터의 자유 등을 침해하는 것을 박해로 간주할 수 있다. 장복희, '난민협약과 국내적 이행', 외교, 2022, 제 140호.

(국내실향민은 이에 해당되지 않음)의 구분이 모호해지고 있다. 더욱이 난민임을 주장하는 사람들이 실제로는 경제적 이주자들로서 불법이민자(illegal immigrants)인 경우가 많다는 점은 진정한 의미에서의 난민문제 해결을 어렵게 하고 있다.[3]

한편 난민협약상의 난민이 특히 중요한 이유는 일단 협약상의 요건을 충족하는 경우 협약당사국은 동인을 난민으로 대우하여야 할 의무가 있다.[4] 따라서 난민은 난민으로서의 요건을 충족하는 즉시 협약에 규정된 난민으로서의 법적 권리(legal right)가 부여되며 난민수용국의 재량은 제한된다. 그러나 후술하는 바와 같이 난민으로서의 요건 충족 여부에 대한 판단은 어디까지나 영토국에 있다는 점에서 한계가 있음을 알 수 있다.

2. 난민협약의 보호대상에 포함되지 않는 예외

난민협약(제 1조 F)과 UNHCR 설명서(Handbook)는 난민협약상의 보호대상에서 다음의 경우를 제외하고 있다. 즉, (a) 전쟁범죄, 인도에 반하는 죄와 침략범죄에 책임있는 자, (b) 난민자격을 위해 입국하기 전 중대한 비정치적(serious non-political) 범죄, 예컨대, 살인 등 일반범죄에 책임이 있는 경우, (c) 유엔의 목적과 원칙에 반하는 행위에 대한 책임이 있는 경우가 예외사유에 해당된다. 이와 관련 1996년 유엔 총회 결의는 테러리즘을 유엔의 목적과 원칙에 반하는 행위로 보았으므로 국제테러리즘 범죄에 책임이 있는 경우에도 난민협약상의 보호대상에서 제외될 수 있다.

---

3) 물론 진정한 난민의 경우도 처음에는 불법이민자에 해당하는 경우가 많다. 따라서 난민의 지위 결정시 난민이 적법하게 입국하였느냐의 여부는 쟁점이 되지 않는다.

4) 이 점은 유엔난민고등판무관실(UNHCR)의 '난민지위의 결정을 위한 절차와 기준에 관한 설명서(Handbook on Procedures and Criteria for Determining Refugee Status)'에서도 확인된다. 동 책자 제 28항은 '난민의 정의에 포함된 기준을 충족하는 경우 즉시 1951년 난민협약상의 난민이다(a person is a refugee within the meaning of the 1951 Convention as soon as he fulfills the criteria contained in the definition)'라고 설명하고 있다.

3. 난민협약의 주요 내용

1951년 난민협약은 1951년 이전에 발생한 난민만을 대상으로 하고 있어서 그 이후에 발생한 수많은 난민에 대하여는 적용이 되지 않는다. 이 점을 고려하여 1967년 "난딘의 지위에 관한 의정서(Protocol relating to the Status of Refugees, '1967년 난민의정서')"의 채택을 통해 1951년이라는 협약의 시간적 제한을 철폐하고 모든 난민에게 동 협약이 적용될 수 있도록 하였다. 그 밖에 1951년 협약은 협약의 적용대상 지역을 유럽만으로 국한하거나 또는 그 밖의 다른 지역을 모두 포함하도록 하는 등 지역적 적용범위를 당사국이 선택할 수 있도록 규정하고 있으나(제 1조 B) 1967년 난민의정서는 그러한 지역적 범위를 제한하는 조항도 없애서 모든 지역에서 발생하는 모든 난민을 당연한 대상으로 하게 되었다.

한편 1967년 난민의정서는 1951년 난민협약과는 별개의 문서로 동 의정서의 가입은 1951년 난민협약 당사국의 지위와는 무관하다. 그러나 의정서 가입시 1951년 협약의 대부분의 조항(제 2조~34조)의 적용을 받게 된다는 점에서 1951년 협약당사국의 지위와 차이가 없다. 일반적으로 난민협약(The Refugees Convention)이라고 할 경우에는 1951년 협약과 1967년 의정서를 함께 지칭한다.

가. 난민의 입국과 추방

난민협약과 의정서는 개인이 비호(영토적 비호를 말함)를 요청하는 경우에도 비호를 부여할 권한은 국가에 있다는 점을 확인함으로써 비호를 실제로 받을 권리까지 인정하고 있지는 않다. 다시 말해서 난민의 지위 부여와 이에 따른 비호의 부여 여부를 결정할 권한은 여전히 영토국의 재량사항이다. 세계인권선언이나 난민협약도 개인이 비호를 추구할 권리를 규정하고 있지만 비호 받을 국가로 입국할 수 있는 권리까지 보장하지는 않는다. 또한 1967년 유엔 총회에서 채택된 '영토적 비호에 관한 유엔선언(United Nations Declaration on Territorial Asylum)'도 이 점을 재확인하였다.[5] 따라서 국경에서의 입국거부는 허용될 수 있다.

---

5) 동 선언 제 1조 3항은 다음과 같다: "It shall rest with the State granting asylum to evaluate the grounds for the grant of asylum", 1967년 유엔 총회 결의 제 2312호.

그러나 난민의 지위를 주장하는 자가 불법으로 입국한 경우에는 동인이 지체 없이 당국에 출두하여 상당한 사유를 제시하면 불법입국을 이유로 한 형벌(penalties)을 부과할 수 없다(제 31조). 반면 일단 합법적으로 체약국 영토 내에 있는 난민이라도 국가안보나 공공질서를 이유로 적법절차에 따라 추방이 가능하다(협약 제 32조). 그러나 다음에서 설명하는 강제송환금지원칙의 제한을 받을 수 있다.

나. 강제송환금지원칙

난민의 지위와 관련하여 핵심이 되는 요소는 '박해'이다. 앞에서 설명하였듯이 박해의 의미는 생명, 신체 또는 자유에 대한 위협을 비롯하여 인간의 본질적인 존엄성에 대한 중대한 침해나 차별을 야기하는 행위를 말한다. 이러한 이유로 협약은 무엇보다도 난민에 대하여 생명과 자유가 위협받는, 즉 박해받을 수 있는 어떠한 국가로도 추방하거나 강제송환하지 않아야 한다는 '강제송환금지원칙(principle of non-refoulement)'을 핵심조항으로 규정하고 있다(제 33조). 따라서 인종, 종교, 국적, 소속집단, 정치적 견해 등을 이유로 박해받을 공포가 있는 경우라면 제 3국으로의 송환도 금지된다.

강제송환금지원칙의 특징은 다음과 같다.

첫째, 이 원칙은 국제인권법상 확립된 중요한 원칙으로 '일견 난민임을 주장하는(provided there is a *prima facie* claim)' 사람들은 아직 난민으로 판정되지 않은 경우에도 송환되어서는 안 된다는 의미이다. 따라서 난민임을 주장하는 사람들이 불법적으로 체류하는 경우와 국경에서 입국이 거부되는 경우에도 이 원칙은 적용되어야한다고 보는 것이 협약의 목적과도 부합된다. 이 원칙은 개인의 권리로 주장될 수 있다.[6] 이 원칙을 위반하는 난민협약 당사국은 국제법(난민협약) 위반이며 당사국이 아닌 경우에도 국제관습법 위반에 해당될 수 있을 것이다. 물론 강제송환금지원칙이 난민으로서의 비호가 허용된다는 의미의 '적극적 권리의 설정'은 아니다.

---

6) 영토국(영역국)은 난민임을 주장하는 자에 대하여 난민의 지위를 부여할 것인지를 재량으로 결정할 수 있으므로 개인은 난민의 지위를 요구할 수 있을 뿐 이를 권리로서 실현할 수는 없다. 그러나 강제송환금지원칙은 비록 난민의 지위를 부여받지 못한 경우에도 박해받을 우려가 있는 곳으로 송환되지 않을 개인의 권리로 볼 수 있다.

둘째, 여기서 강제송환시 박해를 받을 것이라는 주장은 실질적(real)이고 충분한 근거(well-founded)를 가져야 한다. 박해를 받을 것이라는 공포의 합리적 근거는 무엇보다도 유사한 여건에 처한 사람들이 인종, 종교, 국적, 정치적 의견 등의 이유로 본국에서 박해와 처벌을 받았다는 사실이 중요한 기준이 될 것이다. 참고로 국가 이외의 사인이나 단체 등에 의한 박해에 대한 공포도 이 범주에 포함되는가의 문제에 대하여 UNHCR 설명서(Handbook)는 가능성을 부인하지 않았다.

셋째, 이 원칙은 박해의 위험이 있는 국가로 그의 의지에 반하여 강제로 송환할 수 없다는 의미이므로 박해의 위험이 없는 국가(제 3국 등)로 보내는 것은 금지되지 않는다.

넷째, 그러나 체류하는 국가의 안보에 위험(danger)이 된다고 인정하기에 충분하고 상당한 근거가 있는 자 또는 특히 중대한 범죄로 유죄판결을 받은 자 등에 대하여는 예외로 한다(협약 제 33조 2항).

다. 난민과 외교공관에 의한 비호

난민임을 주장하는 개인이 자국에 주재하는 외교공관에 진입하여 난민의 지위를 요구할 수 있는가. 난민의 지위는 국적국으로부터의 박해를 피해 국적국이 아닌 국가에 의해 부여되는 영토적 비호에 해당된다. 따라서 자국 내에서는 난민의 지위를 구할 수 없으므로 외교공관에 진입하여 난민의 지위를 주장할 수는 없다(외교공관은 치외법권 지역, 즉, 타국이 아님).

참고로 외교공관은 난민임을 주장하는 개인에 대하여 난민의 지위는 물론 외교적 비호도 제공할 수 없으며 외교공관이 비호권을 가지지 못한다는 점에 대해서는 제 15강(외교·영사 관계법)에서 이미 설명한바 있다.

제2절 난민협약의 과제

난민협약은 그 중요성에도 불구하고 다음의 이유로 한계가 있음을 부인할 수 없다. 이 점은 앞으로 국제사회가 극복하여야 할 과제이다.

첫째, 난민인정을 위한 절차가 각국의 국내법에 맡겨지게 됨으로써 실효성이 제한될 수 있다. 또한 이러한 규정상 및 제도상 제한은 난민수용 과정에서 대두되는 테러, 종교적 갈등, 사회통합의 어려움 등을 우려하는 비호국의 조심스러운 태도와 맞물려 더욱 위축될 수 있다. 특히 난민제도에 대한 고의적 악용 가능성은 이 같은 우려를 증폭시킬 수 있으므로 이를 방지하기 위한 조치가 필요하다. 따라서 난민의 보호라는 이상과 각국이 처한 현실의 차이를 극복하기 위한 노력이 요구된다.

둘째, 난민의 기준이 되는 박해를 객관적으로 판단하기가 쉽지 않으며 자신이 난민임을 스스로 입증하여야 하는 문제가 있다. 이러한 이유로 난민의 지위 부여가 매우 제한적이고 엄격하다는 점이 지적될 수 있다.

셋째, 난민으로서의 지위를 부여받기 위해서는 우선 협약당사국으로 입국하여야 하나 협약은 입국할 권리를 보장하고 있지 않다는 점에서 한계가 있다.

넷째, 경제적 난민, 환경난민 및 내전 등으로 인한 국내적 실향민 등 당시 난민협약이 생각하지 않은 새로운 유형의 난민에 대한 국제사회의 대응책 마련이 요구된다. 이와 관련 UNHCR이 유엔의 위임에 의거 난민협약상의 '협약난민(convention refugee)'과 유사한 상황에 처한 전쟁난민, 무국적자(stateless persons)와 실향민 또는 국내실향민 등 광의의 난민(대량으로 발생하였다는 점에 특징이 있음)을 '위임난민(mandate refugee)'으로 분류하여 보호하고 있다는 점은 시사하는 바가 크다.[7]

---

7) 한국 이외의 다른 나라에 체류하는 탈북자의 경우 협약난민은 아니지만 적어도 UNHCR의 위임난민 대상에는 포함되므로 이에 상응하는 보호가 체류국에 의해 제공되어야 할 것이다. 더욱이 이들 중 북한 체제에 대한 비판 등을 이유로 박해로 인한 공포가 확인되는 사람에 대하여는 적극적으로 난민의 지위가 부여되어야 할 것이며 강제송환금지원칙

다섯째, 무엇보다도 중요한 것은 국가간 협력을 통해 일국의 정치적, 경제적, 사회적 및 문화적 수준의 향상을 지원함으로써 난민이 발생할 수 있는 상황이 조성되지 않도록 노력하는 것이다. 동시에 유엔 차원에서 추진되어 오고 있는 R2P의 효과적인 운영도 난민발생 요인을 해소하는 데 도움이 될 것이다.

난민문제에 대한 국제법적 검토

얼마 전까지 언론의 주목을 받았던 제주도 입국 예멘인에 대한 난민 지위 부여문제는 중동 난민의 대규모 유입 문제가 더 이상 유럽 국가들에 국한된 문제가 아니라는 점을 우리에게 일깨워 주었다. (생략)

난민문제에 대한 검토의 첫 출발은 국제사회가 난민문제를 어떻게 다루고 있는가에 대한 이해이다. 즉, 국제사회의 일원인 우리는 국제사회의 규범인 국제법에 따라 난민문제를 다루는 것이 요구된다. 이를 위해서는 무엇보다도 난민문제의 해결을 위한 국제사회의 노력이 어떻게 전개되어 왔는가를 살펴보는 것이 필요하다.

제 2차 대전과 이로 인한 유엔의 탄생은 난민문제를 포함한 인권에 대한 국제적 보호의 필요성을 확립시켜주는 계기가 되었다. 1948년 세계인권선언은 인권의 국제적 보호를 위한 토대가 되었으며 이후 다양한 분야에서 인권보호를 위한 국제협약들이 제정되었다. 특히 제 2차 대전 이후 국제사회가 직면한 가장 큰 이슈의 하나는 난민문제의 해결이었다. 이를 위해 유엔은 1949년 국제난민기구(International Refugee Organization)와 유엔난민고등판무관(UNHCR)의 설치에 합의하였으며 이어 1951년 '난민의 지위에 관한 협약(Convention Relating to the Status of Refugees: 난민협약)'을 채택하였다. 난민협약은 주로 제 2차 대전의 와중에서 발생한 난민의 보호를 목적으로 하였다. 그러나 이후 계속되는 내전과 냉전을 배경으로 동구권에서 서구로 피난온 사람 등 다양한 원인에 의한 난민의 발생을 목격한 유엔은 이에 대응하기 위하여 1967년 '난민의 지위에 관한 의정서(Protocol Relating to the Status of Refugees: 난민의정서)'를 추가로 채택하였다. 동 의정서는 시간적, 지역적 제한을 해제하고 모든 난민을 보호대상으로 확대하였다는 점에 의의가 있다.

한편 난민의 지위는 어떻게 결정되는가. 난민협약과 난민의정서는 각각 제 1조에서 보호대상이 되는 난민을 '인종, 종교, 국적, 특정 사회 집단에의 소속, 정치적 의견 등으로 인해 박해가 우려되어 국적국 밖에 있으면서 국적국의 보호를 받을 수 없

이 당연히 적용되어야 할 것이다.

거나 받기를 원하지 않는자, 또는 상주국 밖에 있는 무국적자로서 상주국으로 귀환할 수 없거나 귀환을 원하지 않는자' 로 정의하고 있다. 이 요건을 충족시키는 경우 우리는 이들을 '협약난민'이라고 부른다. 그러나 '협약난민'을 구체적으로 정의하고 판단하기는 쉽지 않다. 이를 상세 설명하면 다음과 같다.

첫째, 박해의 주체가 누구인지, 국가인지 또는 테러리스트 등 한 국가 내에 소재한 단체인지 등이 불명확하다. 이번 예멘 난민의 경우처럼 전쟁이나 내전으로 인한 고통과 이로 인해 불가피하게 국적국을 떠나야 하는 사람이나 자연재해나 환경오염을 이유로 한 환경난민 등은 상기 '협약난민'에 포함되지는 않지만 그렇다고 국제사회가 외면하기도 힘든 상황이다. 예컨대, 현재 미국 정착을 희망하며 미국 국경에서 대기 중인 중미 캐러밴 행렬이 대표적인 예가 될 수 있다. 캐러밴의 대부분을 차지하는 과테말라, 엘살바도르, 온두라스 국민 중 약 10%는 조직범죄나 경제적 빈곤 등에 시달리고 있으며 이 나라들이 위치한 중미는 전 세계에서 살인 범죄율이 가장 높은 지역 중 하나다. 이들 캐러번 행렬은 '협약난민'은 아니지만 국제사회의 개입과 보호가 절대적으로 필요하다. 우리와 가까운 예로 북한 탈북자의 경우 우리는 이들을 '협약난민'으로 보고 있으나 중국정부는 단순한 경제적 이유에서 탈북한 사람들로 보고 이들에 대한 난민지위 부여에 매우 인색한 태도를 취하고 있다.

둘째, 난민협약 및 난민의정서의 내재적 한계이다. 세계인권선언 제 14조 1항은 "모든 사람들은 박해를 피하여 다른 나라에서 비호를 요청하고 향유할 권리를 가진다"고 규정하고 있다. 여기서 비호(asylum)란 박해를 피해 온 사람을 다른 국가가 보호하는 것을 말한다. 그러나 동 규정은 개인에게 비호를 요구할 권리를 인정하고는 있지만 비호를 실제로 받을 권리까지 인정하고 있지는 않다. 난민의 비호를 규정한 최초의 조약인 난민협약과 난민의정서도 비호를 부여할 권한은 국가에 있다는 점을 확인하고 있고 1967년 유엔 총회에서 채택된 '영역 내 비호선언(United Nations Declaration on Territorial Asylum)'도 이 점을 재확인하였다. 따라서 비호의 부여 여부를 결정할 권한은 여전히 국가의 재량사항이며 나아가 난민 인정을 위한 절차도 각국의 국내법에 맡겨지게 됨으로써 실효성이 제한되었다. 또한 이러한 규정상 및 제도상 제한은 난민문제의 운용과정에서 대두되는 테러, 종교적 갈등, 사회통합의 어려움 등을 우려한 비호국의 조심스러운 태도로 더욱 위축되게 되었다. 이 점은 앞으로 국제사회가 극복하여야 할 과제이다.

셋째, 국내 피난민(Internally Displaced Persons: IDPs)의 경우이다. 국적국 밖으로

나오지 못하고 그대로 국내에 머무르고 있지만 사실상 난민과 유사한 상태에 놓여 있는 사람들의 경우이다. 국제법은 국내 피난민에 대한 보호를 규정하고 있지 않으므로 향후 이에 대한 장치를 마련하는 것이 요구된다. 참고로 1998년 UNHCR은 '국내 피난민에 관한 지침(Guiding Principles on Internal Displacement)'을 마련하여 각국 정부와 국제기구가 이에 따라 활동할 것을 요청하고 있다.

결국 예멘인들이 난민에 해당하는지의 여부에 대하여 우리 정부는 난민협약 및 난민의정서와 우리 난민법에 근거하여 합리적인 판단을 내렸다고 본다. 이와 관련 우리 대법원은 2008년 '박해'를 '생명, 신체 또는 자유에 대한 위협을 비롯하여 인간의 본질적인 존엄성에 대한 중대한 침해나 차별을 야기하는 행위'라고 판시한 바 있다. 따라서 금번 난민 심사시 우리 정부는 동 판례가 제시한 기준에 따라 제주도 입국 예멘인들의 입국경로, 입국 후 난민신청 시점까지의 기간, 난민신청 경위, 국적국의 상황, 주관적으로 느끼는 공포의 정도, 신청인이 거주하던 지역의 정치, 사회, 문화적 환경, 그 지역의 통상인들이 같은 상황에서 느끼는 공포의 정도 등을 종합적으로 고려하여 전체적인 진술의 신빙성에 근거하여 합리적인 판단을 내렸다고 보아야 할 것이다. 참고로 지금까지 우리나라에 접수된 난민신청사유는 종교적 이유와 정치적 박해가 가장 크다.

그러나 여기서 우리가 간과하여서는 안 되는 문제는 난민협약의 핵심가치 중 하나인 '강제송환금지원칙(principle of non-refoulement)'의 준수이다. 동 원칙에 따르면 난민은 인종, 종교, 국적, 특정 사회집단에의 소속, 정치적 의견 등을 이유로 그의 생명이나 자유가 위협받을 우려가 있는 곳으로 추방되거나 송환되어서는 안 된다. 다시 말해서 박해를 피해온 지역의 땅을 다시 밟게 하지 않는다는 뜻으로 불법입국자에게도 적용되는 숭고한 인도주의의 기본 원칙의 하나이다. 이러한 이유로 우리 정부는 난민의 지위가 부여될 수 없는 예멘인 난민 신청자에 대해 제한적이기는 하나 인도적 체류허가를 부여한 것으로 보인다. 사실 전술한 1967년 '영역 내 비호선언'은 국경에서의 입국거부가 강제송환금지원칙에 반한다고 보고 있다. 그러나 대량 발생 난민에 대한 입국거부는 강제송환금지원칙의 예외로 보고 있다. 따라서 우리정부가 난민의 지위 심사시 엄격한 기준을 적용한 것은 국제법에 근거한 것으로 정당성이 인정된다. (생략)

끝으로 난민문제를 검토하면서 생각하여야 할 문제가 있다. 국가간 협력을 통해 일국의 정치적, 경제적, 사회적 및 문화적 수준의 향상을 지원함으로써 난민이 발생할 수 있는 상황이 조성되지 않도록 노력하는 것이 무엇보다도 중요하다. 그러나 일단 그러한 상황이 발생한 경우에 대한 국제사회의 대처이다. 이러한 상황을 방치할 경우 필연적으로 국적국의 보호를 받지 못하는 난민이 발생하게 될 것임은 자명하다. 이에 대응하여 유엔은 창설 60주년을 기념하여 개최된 유엔 총회에서 "집단살해, 전쟁범죄, 인종청소 및 인도에 반하는 범죄로부터 주민을 보호할 1차적인 책임은 개별국가에 있으나 개별국가가 주민의 보호에 실패하고 평화적 해결수단이 적절하지 못할 경우 국제공동체는 안보리를 통해 집단적인 조치를 취할 준비가 되어있다"고 선언하였으며 이에 근거하여 국제법상 '보호책임(Responsibility to Protect: R2P)'의 개념을 인정하였다. '보호책임'의 효과성을 평가하기에는 아직 이르나 이에 대한 평가를 떠나 이러한 개념이 형성되게 되었다는 그 자체가 국제사회의 성숙을 의미하며 이를 통해 난민문제의 발생 가능성이 감소될 수 있기를 기대한다.

Hirsi v. Italy case

- ▶ 2009년 소말리아와 에리트리아 출신 이주민 200여명 리비아를 출발, 이탈리아로 이주시도, 이탈리아 도착 전 공해상에서 이탈리아 군함에 의해 리비아로 다시 송환
- ▶ 이송 도중 이들 중 소말리아인 11명과 에리트리아인 13명은 난민임을 주장하며 자신을 박해받을 수 있는 리비아로 강제송환하는 것은 유럽인권협약 위반이라고 주장
- ▶ 2012년 유럽인권재판소는 이탈리아가 이들 24명을 박해의 위험에 노출시켰으며 난민은 입국신청자 개개인의 상황과 자격을 심사하는 것이므로 집단적 추방(collective expulsion)은 유럽인권협약 위반이라고 판단
- ▶ (문제점) 국가관할권 수역 이외의 지역인 공해상에서 강제송환금지원칙이 적용되는가.

☞ 기출문제 예시

문) '1951년 난민의 지위에 관한 협약'과 '1967년 난민의 지위에 관한 의정서' 상 난민의 요건을 설명하고 북한이탈주민의 법적 지위에 대해 논하시오.

제 24 강
외국인의 지위

제1절 외국인의 법적 지위

1. 영역국과 외국인

외국인은 자신이 체류하고 있는 국가의 국민이 아닌 경우로 외국국적을 보유한 자와 무국적자를 포함하는 개념이다. 자국적을 가진 이중국적자는 일단 자국민으로 취급된다.

외국인은 체류 중 영역국(영토국 또는 체류국)의 관할권에 복종하며 외국인의 지위는 국내법, 우호통상항해조약(Treaties of Friendship, Commerce and Navigation: FCN Treaty) 등 양자조약과 인권보호와 관련한 다자조약 및 나아가 국제관습법의 적용을 받는다. 이와 관련 유엔 총회 결의 제 40/144호로 채택된 1985년 '외국거주 개인의 인권에 관한 선언(Declaration on the Human Rights of Individuals who are not Nationals of the Country in which They Live)'과 '시민적 및 정치적 권리에 관한 국제규약(B 규약)'의 일반논평 제 15호는 외국인도 내국민과 차별 없이 대우되어야 할 것임을 확인하였다는 점에서 의미가 있다.[1)]

---

1) Human Rights Committee, General Comment 15, 'The Position of Aliens under the

우리 헌법도 '외국인은 국제법과 조약이 정하는 바에 의하여 그 지위가 보장된다'고 규정하고 있다.

2. 외국인의 권리

국가는 자국 국경을 통한 외국인의 이동을 통제할 수 있다. 그러나 이러한 통제에는 국제법상의 제한이 따른다. 외국인의 입국시 국적을 이유로 한 차별이 반드시 국제법 위반은 아니지만 국적을 이유로 사실상 인종차별을 행하는 경우 이는 국제법 위반에 해당된다. 과거 미국이 특정 인종의 국가로부터 경제적 목적의 이민을 수용하면서 일본인의 이민을 배제한 경우가 이에 해당된다.[2)]

또한 국가는 자국 내 외국인을 자의적으로 추방하여서도 안 된다. 이와 관련 ILC가 채택한 '외국인 추방에 관한 협약초안(Draft Articles on the Expulsion of the Aliens)' 제 3조는 외국인에 대한 추방이 인권과 양립하는 방식으로 수행되어야 할 것임을 지적하고 있다. ICJ도 앞에서 인용된 2010년 기니와 콩고간 'Diallo 사건'에서 콩고 정부가 동인을 추방한 조치가 외국인 보호를 규정한 콩고 국내법은 물론 B 규약 제 13조(추방금지) 의무의 위반이라고 판단하였다. B 규약 제 13조는 합법적으로 체류하는 외국인은 법률에 따른 결정에 의해서만 추방될 수 있으며 국가안보상 불가피하게 요구되는 경우가 아닌 한 자신의 추방에 반대하는 이유를 제시할 수 있다고 규정하고 있다.

한편 전술한 1951년 난민협약과 1967년 난민의정서도 외국인의 권리와 관련한 중요한 조약이다.

Covenant', Twenty-seventh session, 1986.

2) 일본 정부는 미국이 이민을 규제할 수 있는 권리를 문제 삼지 않고 인종을 이유로 한 차별적 적용을 문제삼았다.

3. 외국인에 대한 대우 원칙

영역국은 어떠한 기준에 의해 자국에 체류하는 외국인을 대우하는가. 이 경우 적용되어야 할 국제법상의 기준은 무엇인가. 전통적으로 외국인에 대한 대우 기준으로는 내국민대우기준(national treatment standard)으로 알려진 국내표준주의와 국제사회가 요구하는 최소한의 기준을 충족하여야 한다는 국제표준주의(international minimum standard)가 중요한 기준이 되어왔다.

이들 기준은 외교적 보호권의 행사를 위한 전제조건과 관련된다는 점에서 중요성을 가진다. 즉, 외국에 소재하는 자국민이 그러한 대우를 받지 못하였음을 이유로 외교적 보호권 행사가 가능해질 수 있기 때문이다.

가. 국내표준주의

국내표준주의는 외국인을 내국민과 동일하게 대우하는 것을 말한다. 따라서 일국이 자국민에게 일정한 권리나 특권을 부여하는 경우에는 자국 내 외국인에게도 동등한 권리와 특권을 부여하여야 한다는 국제법상의 원칙이다. 여기서의 핵심은 결국 부당한 차별을 받지 않는 것을 말한다.

그러나 내국민 대우를 엄격하게 적용한다면 일국이 자국민에게서 재산이나 권리를 박탈하는 경우 외국인에게서도 마찬가지로 권리나 재산을 박탈할 수 있다는 논리적 귀결에 이른다. 또한 예컨대, 일국의 법이 기혼 여성의 여행시 배우자의 허락을 요구하는 경우 외국인 기혼 여성에게도 같은 사항을 요구할 수 있다는 어처구니없는 결론에 도달하게 된다는 점 등이 한계로 지적될 수 있다.

나. 국제표준주의

이에 대한 반론으로 국제최소기준을 객관적인 기준으로 적용하여야 한다는 국제표준주의가 20세기 들어 대두되었다. 국제표준주의는 내외국인간 평등이 아닌 국제법이 요구하는 최소한의 기준을 충족시켜야 하는 것을 의미한다. 여기에는 물론 외국인의 권리보호를 위해 적법절차(basic due process)를 통한 구제를 허용하는 것도 포함된다. 나아가 영역국은 외국인의 신체와 재산을 침해하는 입법, 행정 및 사법상의 조치를 취하지 않을 것과 외국인의 신체, 재산 등에 대한 제 3자의 침해에 대하여도 상당한 주의(due diligence)를 갖고 보호할 적극적인 의무를 부담한다.[3] 따라서 영역국이 이를 위반하는 경우 외국인의 본국은 가해국(영역국)에 대해 책임을 추궁(외교적 보호권의 행사를 의미함)할 수 있게 된다.

한편 영역국(외국인 소재지국)이 B 규약을 비롯한 인권협약의 당사국인 경우 영역국은 조약 규정에 따라 자국 내 모든 외국인에 대하여도 국적 등에 의한 차별없이 기본적 권리를 보장하여야할 의무를 부담하게 될 것이다. 또한 인권규약상의 권리는 보편적 인권에 관한 문제로 인권규약 당사국 여부와 무관하게 국제관습법상으로도 당연히 부여되는 권리라고 볼 때 영역국은 규약당사국 여부와 무관하게 외국인에 대하여 보편적 가치로서의 인권을 보장하여야 할 것이다.

한편 외국인의 모국과 영역국이 양자조약인 우호통상항해조약의 당사국인 경우에도 조약규정에 따른 별도의 혜택을 상호간 부여할 수 있다.

양국간 우호통상항해조약에 따른 대우

- ▶ 외국인은 상기 기준과는 별도로 양자조약으로 체결되는 우호통상항해조약(FCN Treaty)[4] 등에 의해 별도의 대우를 부여받을 수도 있다. 우호통상항해조약의 경우 상대국 국민의 권리보호를 위한 기준으로 내국민대우(National Treatment)와 최혜국대우(Most-Favored-Nation Treatment: MFN 대우)의 두 종류를 포함하는 경우가 많이 있다.
- ▶ 전자는 앞에서 설명한 국내표준주의로 체약국이 자국에서 활동하는 상대국 국민에게 자국민과 동일한 대우를 부여하는 것을 말하며 후자는 체약국이 자국의 영역 내에서 현재 및 장래 제 3국 국민에게 부여하는 것보다 불리하지 않은 대우를 상대국 국민에게도 부여하는 것을 말한다. 그러나 여기서 말하는 MFN 대우는 개별국가간 양자조약상의 의무이지 일반국제법상의 의무는 아니다.
- ▶ 동 개념들은 특히 경제·통상 분야에서 많이 사용되며 최혜국대우는 내국민대우와 함께 WTO 협정상 비차별 원칙의 핵심을 이루고 있다.

3) 영역국의 상당한 주의의무에도 국내표준주의와 국제표준주의가 대립된다.
4) 정식명칭은 일반적으로 'Friendship, Commerce and Navigation Treaty'이며, 무역, 해운, 외국인의 경제적 권리 보호 등에 대하여 규정하고 있다. 외국인에 대한 대우의 일반

다. 평가

국내표준주의는 개도국들이 주장해 왔으며 반면 국제표준주의는 개도국들에 진출한 서방 선진국들에 의해 주장되어 왔다.[5)]

그러나 국가마다 상이한 법체계와 기준에 비추어 국내표준주의를 일반국제법상의 원칙으로 적용하기에는 어려움이 있다. 반면 국제표준주의는 보편적으로 적용 가능한 최소한의 국제기준을 만들어 가는 것을 기대할 수 있다는 점에서 보다 의미가 있다고 평가된다.[6)] 특히 국제표준주의는 영역국의 자의성(arbitrariness)을 제거하는 방향에서 검토가 행해져 왔다는 점에서 의미가 있다. 참고로 ICJ는 이러한 자의성을 '적법절차의 악의적 무시(a willful disregard of due process of law)'로 설명하고 있다.[7)] 따라서 국제표준주의를 적용하는 경우 외국인의 본국이 자국민을 위한 외교적 보호권을 행사하는 데 있어 보다 객관적인 기준(위반여부의 확인이 용이할 것임)을 제공할 수 있을 것으로 보인다.

한편 오늘날 인권의 국제적 보호를 목적으로 하는 국제인권법의 발달은 양자를 포함하는 방향으로 발전하고 있다. 왜냐하면 인권의 보편성에 비추어 외국인도 당연히 내국민과 동일한 대우(국내표준주의)를 받아야 할 것이며, 동시에 인류 보편적 가치에 기초한 국제법이 허용하는 최소한의 대우(국제표준주의)를 받아야할 것이기 때문이다. 다시 말해서 국제인권법은 내국민과 외국인에 대하여 차별없이 적용되는 보편적인 인권과 자유의 개념을 인정하고 있으며, 이에 비추어 볼 때 오늘날 국내표준주의와 국제표준주의의 구분은 사실상 의미가 없다고 본다.[8)]

원칙으로서 국내표준주의와 국제표준주의가 외국인에 대한 적법절차의 준수와 주로 관련이 있는 것과 달리 FCN조약은 외국인 투자와 관련한 사항을 규율하기 위한 목적에서 체결되어 왔으며 이후 양자간 투자보장협정으로 발전되었다.

5) 참고로 이 문제는 개도국에 투자한 선진국 재산에 대한 수용(expropriation)을 중심으로 논의가 본격적으로 전개되어 온 바 있다.

6) 우리 헌법 제 6조 2항은 '외국인은 국제법과 조약이 정하는 바에 의하여 그 지위가 보장된다'고 규정하고 있으며 이는 국제표준주의의 적용을 의미한다고 보는 것이 타당하다.

7) 'ELSI 사건', ICJ Reports 1989, p. 15, para. 128.

8) 이 점은 이미 1956년 Garcia-Amador가 ILC에 제출한 국가책임에 관한 보고서에서도 제시된바 있다. 동인은 양자가 별개가 아니며 기본적 인권의 승인이라는 측면에서 같은 관점에서 다루어져야 할 것이라고 보았다. 관련 부분 원문은 다음과 같다: "That distinction disappeared from contemporary international law when that law gave recognition to human rights and fundamental freedoms without drawing any

참고로 외국인의 지위와 대우 문제는 특히 영역국이 외국인을 추방할 권리를 보유하고 있는가, 다시 말해서 이유를 설명할 필요없이 추방할 수 있는가의 문제와도 관련이 있다. 그러나 앞에서 설명하였듯이 국제인권조약의 핵심인 B규약 제 13조는 영역국의 그러한 권한을 (a) 법률에 따른 경우와 (b) 국가안보상 불가피한 경우 등으로 엄격히 제한하고 있으며 이러한 입장은 오늘날 국제사회에서 보편적으로 수락되고 있다.

제2절 외국인 재산의 보호

1. 수용과 국유화

외국인에 대한 추방문제와 함께 외국인 재산의 보호는[9] 외국인 보호의 핵심 내용이며 따라서 이로 인한 외국인과 영역국간의 갈등은 외교적 보호권의 행사 등과 관련이 있다.

국제법상 영역국은 자국 내 외국인의 재산을 수용(expropriation) 또는 국유화(nationalization)할 수 있는 권한을 가진다. 이는 주권에서 유래하는 주권적 행위(sovereign act)로서 당연한 권한이다. 이를 부연하면 수용은 영역국의 일방적 간섭(unilateral interference)에 의한 재산의 강제적 박탈(compulsory deprivation)로

distinction between nationals and aliens", Garcia-Amador, State Responsibility, Second Report, Document A/CN.4/106, p. 113.

9) '재산'에 대한 분명한 개념 정의는 부재하다. 그러나 1961년 외국인이 입은 손해에 관한 하버드 국가책임 초안은 재산을 'all movable and immovable property, whether tangible or intangible, including industrial, literary and artistic property as well as rights and interests in property'의 관점에서 논의하였다.

주권을 가진 영역국은 공익의 목적 등 필요시 내국민의 재산과 마찬가지로 외국인의 재산도 수용할 수 있다. 여기서 외국인 재산의 수용이 문제가 되는 이유는 선진국 기업이 개도국에 투자하는 경우 투자 상대국(투자 수용국)인 개도국이 해당 기업을 수용 또는 국유화함으로써 분쟁이 발생한 사례가 많고 이는 외국기업들의 투자 위축 요인이 되었기 때문이다.

한편 수용은 다양한 방식에 의해 이루어진다. 공개적으로 이루어지는 수용도 있으나 대체로 징벌적 조세의 부과나 중대한 재산가치의 손실 등을 통한 은밀한 방식으로도 시행될 수 있다. 이러한 행위는 결과적으로 수용과 같은 효과를 가져 온다는 점에서 간접수용(indirect expropriation)에 해당된다.10) 이 같은 간접수용행위도 부적절한 동기에 의해 행해지지 않는 한 국제법상 허용될 수 있다. 여기서 부적절한 동기를 확인하는 손쉬운 방식은 문제가 되는 행위가 특정 외국인 또는 외국인 집단에 대한 차별적 행위인가 여부를 판단하는 것이다. 따라서 특정 투자자를 겨냥한 정부의 조치가 투자에 대한 왜곡을 가져오는 경우에는 위장된 형태의 간접수용으로 보아야 할 것이다. 수용과 유사한 개념으로 국유화와 몰수(confiscation)도 있다. 국유화는 영역국의 사회경제적 체제의 변화로 인한 국가경제정책의 이행을 위하여 행해지는 전반적인 사유재산의 수용(general expropriation)을 의미하며 몰수는 특정 재산을 보상없이 가져가는 것을 의미한다. 그러나 국유화와 몰수도 국제법상 수용과 마찬가지로 보상의 차원에서 문제가 된다는 점에서 수용의 일환으로 함께 검토된다.

---

10) 2000년 'Metalclad Corporation v. the United Mexican State 사건'에서 ICSID는 멕시코 정부의 재건축 및 용도변경불허 행위는 NAFTA 협정이 규정한 'fair and equitable treatment and full protection and security' 중 'fair and equitable 대우'를 부여하지 않은 것으로 이는 사실상 간접수용행위에 해당하는 것으로 보았다. ICSID Case No. ARB(AF)/97/1, para.

2. 수용의 원칙과 보상

가. 일반 원칙

영역국이 주권의 행사로 필요시 수용을 할 수 있다 하더라도 그러한 수용행위가 국가공권력의 작용으로 무제한 허용될 수는 없다. 통상 수용에 관한 국제관습법적 기준으로는 정당한 법절차에 따를 것을 조건으로 하여 '공익의 원칙(public utility), 비차별의 원칙(non-discrimination)과 보상의 원칙(compensation)'이 있다.

첫째, 공익의 원칙은 수용이 법에 따라 행해졌는지, 자의적인 조치는 아닌지, 그렇다면 공공목적에 부합하는 조치인지를 확인하는 것이다. 공익의 원칙이 반드시 합법적 수용의 요건인가에 대해서는 학자에 따라 다른 해석이 가능하다. 그러나 어느 경우에도 수용의 유일한 목적이 국가의 계약상 의무(contractual obligations)를 회피하기 위한 것이라면 허용될 수 없다고 본다. 관련 사례로는 'Amoco International Finance Corporation v. Iran 사건'을 들 수 있다.[11] 한편 2000년 ICSID가 판결한 'Santa Elena v. Costa Rica 사건'에서는 재판소가 공적 목적을 위한 외국인 소유재산의 수용을 허용하면서 공적 목적에는 환경도 포함된다고 보았다.[12]

둘째, 비차별의 원칙은 자국민과의 차별은 물론 다른 외국인과의 차별을 모두 포함한다.

셋째, 보상의 원칙은 수용으로 인해 발생하는 손실을 보전하는 것을 말한다.

여기서 공익의 원칙과 비차별의 원칙은 해석이 대체로 분명하여 큰 문제가

---

11) 동 사건 판결의 관련 부분 원문은 다음과 같다: "An expropriation, the only purpose of which would have been to avoid contractual obligations of the State or of an entity controlled by it, could not, nevertheless, be considered as lawful under international law", 참고로 이 사건에 대한 판단과정에서 합법적인 수용에 대한 보상과 불법적인 수용에 대한 보상을 구분하여 전자에 대하여는 완전한 가치의 지불(payment of full value)을, 후자에 대하여는 완전한 원상회복 또는 상응하는 금전보상(full restitution in kind or its monetary equivalent)을 실현하여야 한다는 점이 제시되었다. Partial Award (Award No. 310-56-3)-14 July 1987, para. 145.

12) 동 사건에서 ICSID는 환경목적의 수용시 그러한 수용이 전체로서의 사회에 유익하고 칭찬할 만한 일이라 하더라도 보상의무는 그대로 남아 있다고 보았다. ICSID Case No. ARB/96/1, Award, para. 72.

야기되지는 않는다. 그러나 보상의 원칙과 관련하여서는 보상의 방식과 기준을 둘러싸고 그간 투자국과 영역국인 투자 수용국간 갈등의 소지가 되어 왔다는 점에서 검토의 여지가 있다.

나. 보상 원칙

보상의 원칙으로는 전통적으로 '신속, 적절 및 유효한 보상(prompt, adequate and effective compensation)'이 제시되어 왔다. 여사한 보상원칙은 사실상 완전한 보상(full compensation)을 의미하며 1938년 미국 Cordell Hull 국무장관의 이름을 따서 'Hull 공식(Hull Formula)'이라고도 한다.[13] 'Hull 공식'에 따른 완전한 보상은 선진국들이 주장하는 원칙으로 '시장가액에 따른 완전한 보상과 이용가능한 통화로의 즉각적인 지불'을 의미한다. 이후 이 공식은 합법적인 수용의 조건으로 국제표준주의를 의미하는 것으로 인식되어 왔으며 자본수출국인 선진국의 견해를 반영하였다는 점에서 지지를 받아왔다. 그러나 이 원칙은 유엔 성립과 함께 제 3세계 국가들의 반대로 사실상 더 이상 원용되지 않고 있다. 즉, 과거 투자 수용국인 개도국은 자국의 지불능력이나 외국기업이 그때까지 얻은 이익 등을 종합적으로 고려하여 국내법에 따른 적절한 보상을 주장하여 왔으며 이로 인해 보상의 기준을 둘러싼 선진국과 개도국간 갈등이 노정되어 왔다.

이러한 배경하에 선진국과 개도국간 투자 보상과 관련한 원칙의 확립을 위한 유엔 총회 차원의 노력도 계속되었다. 제 5강('국제법의 법원'의 제 2절 2. '국제기구의 결의')에서 설명한 바와 같이 1962년 유엔 총회 결의 제 1803호로 채택된 '천연자원에 관한 영구주권 결의' 제 4항은 '수용국의 국내법과 국제법에 따른 적절한 보상(appropriate compensation, in accordance with the rules in force in the State... and in accordance with international law)'과 '합의를 전제로 분쟁발생시 국제재판 등을 통한 해결(through arbitration or international adjudication)'을 규정하였다.[14] 따라서 대부분의 서방국가들은 이 결의를 지지하였고 ICJ도 1977년

---

13) The so-called Hull Formula: (a) the investor should be granted, as soon as the investment is made (prompt), (b) an amount equal to the total value of its expropriated investment (adequate), (c) in a freely transferable and exchangeable currency (effective).

Texaco 석유회사와 리비아간 사건에서 동 결의의 구속력을 인정한바 있다. 물론 결의 제 1803호가 규정한 '국제법에 따른 적절한 보상'이 위에서 설명한 Hull 공식과 반드시 일치하는 것은 아니나 기본적으로 전통적 개념의 Hull 공식을 염두에 두었다는 점은 분명하다. 이후에도 유사한 결의들이 유엔 총회에서 채택되었으나 보상에 대한 판단을 국유화국(투자 수용국)이 할 수 있도록 규정함으로써 서방국가들의 지지를 받지 못하였다.

결론적으로 보상에 관한 Hull 공식은 국제관습법으로서의 지위를 인정받지 못하였으며 나아가 더 이상 보편적으로 적용될 수 있는 원칙으로도 간주되지 않는다. 그러나 Hull 공식은 오히려 아래 설명하는 '국가간 투자보장협정(Bilateral Investment Treaty: BIT)'에서 효과적으로 반영되어 적용되고 있다.

3. 양국간 투자보장협정(BIT)과 외국인 재산의 보호

국가간 투자를 촉진하고 동시에 투자기업의 재산을 보호하기 위한 목적으로 선진국과 개도국간 BIT가 체결되고 있다. 이들 BIT는 특히 수용이나 국유화 시 외국인 재산의 보호를 위해 필요한 일정한 국제법적 기준을 포함하고 있다.

BIT는 외국인 투자에 대한 대우조건으로 '공정하고 형평한 대우(fair and equitable treatment)'를 기본원칙으로 규정하고 있다. 또한 BIT는 내국민대우와 최혜국대우를 동시에 규정함으로써 외국인 투자자들을 보호하고 있다. 그밖에 국제최소기준대우('국제표준주의'를 의미)도 객관적인 기준으로 포함하고 있다.[15)]

---

14) 1962년 천연자원에 관한 영구주권 선언 제 4항(유엔 총회 결의 제 1803호): (a) 수용 또는 국유화는 공공의 필요, 안보 또는 국익에 근거하여 수행되어야 한다(... shall be based on grounds or reasons of public utility, security or the national interest...), (b) 국가에 발효 중인 규정과 국제법에 따라 적절한 보상을 지급한다(... shall be paid appropriate compensation, in accordance with the rules in force in the State taking such measures ... in accordance with international law), (c) 분쟁발생시 국내구제완료가 요구된다(... the national jurisdiction of the State taking such measures shall be exhausted).

15) 대부분의 투자보장협정은 외국인투자자에 대한 대우로서 내국민대우, 최혜국대우와 같은 상대적 대우의 보장을 규정하는 것 외에 투자자의 재산권 보장을 위해 요구되는 최소한

이러한 원칙에 근거하여 예컨대, NAFTA 협정 제 1110조는 수용의 요건으로 (a) 공익, (b) 비차별, (c) 적법절차에 따른 보상을 조건으로 규정하고 있다. 이와 관련 오늘날 거의 모든 BIT는 수용에 대한 보상기준으로 사실상 Hull 공식을 채택하고 있으며 보상액 결정을 위한 구체적인 방식도 명시하고 있다. 그러나 운용과정에서 보상의 판단기준이 되는 수용된 재산의 '실제시장가격(true market value of expropriated property)'을 결정하는 것은 쉽지 않다.[16] 이러한 이유로 많은 BIT가 투자자와 투자수용국간 협정의 해석 및 적용과 관련한 분쟁을 해결하기 위해 독특한 '분쟁해결절차(Investor-State Dispute Settlement: ISDS)'를 포함하고 있다.

여기서 BIT의 중요성을 생각해 본다. BIT는 국가간 협정으로 이 협정을 통해 자국기업의 해외투자를 보호하고 투자 수용국인 개도국은 투자유치를 확대할 수 있다는 장점이 있다.

BIT의 장점은 BIT가 없는 경우를 생각해 보면 쉽게 확인할 수 있다. 무엇보다도 BIT가 없는 경우 기업은 궁극적으로는 외교적 보호권에 의존하여야 할 것이다. 그러나 BIT가 체결되어 있으면 분쟁발생시 투자자는 자신이 BIT의 직접당사자가 아니지만(모국이 BIT의 당사국임) 협정규정에 근거하여 투자수용국을 직접 중재재판 등 분쟁해결절차에 회부할 수 있다는 장점이 있다. BIT의 또 다른 중요한 장점은 협정을 통해 수용 등에 대한 엄격한 기준과 조건, 보상기준과 방식 등에 대하여 규정함으로써 상업적 요인 이외의 투자위험요소(투자유치국의 자의적 조치)를 줄일 수 있다는 장점이 있다.

의 절대적, 객관적 대우기준도 포함하고 있다. 그중 국제최소기준대우는 외국인 투자 및 투자자에게 부여해야 할 대우와 관련하여 국제적으로 인정되는 최소한의 기준을 제시하는 조항이다. 이에 따라 국가들은 '공정하고 형평한 대우(fair and equitable treatment)' 및 '충분한 보호 및 안전(full protection and security)'을 포함한 '국제관습법에 따른 대우'를 상대국 투자에 부여하고 있다. 한국의 투자협정 해설서, 법무부, 2018.

16) 이란-미국 청구재판소는 'Starrett Housing Corporation 사건'에서 '적절한 시장가치'란 완전한 정보를 가진 양 당사자가 자신의 이익을 극대화하기 위해 노력하고 동시에 어떠한 억압이나 위협이 없는 상태에서 결정될 수 있는 가격이라고 보았다. Starrett Housing Corporation v. Iran, Iran-US CTR 21 (1989-I).

외국인 관련 국제법 사안(요약)

▶ <외교적 보호권> 국제법상 국가책임 문제는 외국인에 대하여 행해진 영역국의 위법한 법익침해(간접침해)에 대한 국적국의 외교적 보호권 행사를 통해 발전되어 왔다.

▶ <영사접견권> 영사관계에 관한 비엔나협약에 의하면 외국인을 체포 구금한 국가는 그가 자국 영사를 접견할 권리가 있음을 지체 없이 고지하여야 한다.

▶ <외국인의 보호> 영역국은 합법적으로 입국한 외국인에 대해 국제법이 요구하는 기준에 따라 대우할 것이 요구된다. 외국인에 대한 대우에는 국내표준주의와 국제표준주의가 있다.

▶ <외국인 재산의 보호> 외국인 재산의 보호를 위해 엄격한 수용의 기준으로 공익의 원칙, 비차별의 원칙과 보상의 원칙이 있다. 오늘날에는 특히 양국간 투자보장협정 등에 의해 보호가 제공된다.

▶ <국제인도법>1949년 제네바 협약은 민간인 보호에 관한 공통원칙으로 충돌 당사국 영역 내 외국인에 대한 보호를 규정하고 있다.

▶ <외국인에 대한 난민의 지위 부여>특히 1951년 난민협약과 1967년 난민의정서상의 강제송환금지원칙이 적용된다.

▶ <국제인권규약상의 보호>B 규약은 규약당사국으로 하여금 자국 내 외국인에 대하여도 인권규약상의 권리를 부여할 것을 규정하고 있다.

☞ 기출문제 예시

문 1) A국 정부는 자국에 투자한 B국의 X회사가 환경피해를 야기하고 있다는 이유로 X회사의 관련 정유시설을 국유화하는 조치를 취하였다. 국유화 조치로 인한 보상금액은 국유화 시점을 기준으로 국제시장가격의 50%만 인정한다는 국내법도 제정하였다. 그러나 동일한 환경피해를 야기한 D국 기업 Y회사는 국유화 대상에서 제외하였다. 그러자 X회사는 자신에 대한 국유화 조치가 국제법 위반이라고 주장하였다. X회사를 국유화한 A국의 조치의 국제법적 합법성을 논하시오.

문 2) 국가에 의한 외국인 재산의 수용이 적법하기 위한 요건을 약술하시오.

제 25 강
범죄인인도 제도

제1절 개관

범죄인인도(extradition)란 외국에서 죄를 범한 자(피의자, 피고인 또는 유죄판결을 받은 자를 모두 포함)가 자국영역에 소재하는 경우 그에 대한 기소와 처벌을 원하는 외국의 인도청구에 응하여 해당자를 외국(청구국)으로 인도하는 제도를 말한다. 범죄인인도 제도는 범죄의 예방 및 진압을 통해 사법정의를 실현하기 위한 형사사법공조제도의 한 부분이다.[1)]

범죄인인도 제도가 요구되는 이유는 제 11강(국가의 관할권)에서 설명한 바와 같이 국가가 집행관할권을 행사하는 데 있어서 부딪치는 영토적 한계를 극복

1) 국제형사사법공조(International Judicial Assistance in Criminal Matters)란 통상 형사사건의 수사, 기소, 재판 또는 형의 집행과 관련하여 어느 한 국가의 요청에 대한 다른 국가의 협력행위를 의미하며, 그 범위에 따라 다양한 의미로 사용된다. 협의의 형사사법공조는 통상적인 의미로 형사사건의 수사, 기소, 재판 또는 형의 집행과 관련하여 한 국가가 다른 국가의 요청에 의해 행하는 증인·감정인의 심문, 물건의 인도, 압수·수색·검증, 문서의 송달, 정보의 제공 등을 의미한다. 광의의 형사사법공조는 협의의 형사사법공조에 '범죄인인도'를 포함하며, 최광의의 형사사법공조는 한 국가에서 행해진 범죄에 대해 다른 나라에서의 소추를 허용하는 '형사절차의 이관'과 외국의 형사판결을 국내에서 집행하는 '외국형사판결의 집행'까지 포함하는 의미로 이해한다. 박천혁, 국제형사사법공조제도 연구, 2011 국외훈련검사 연구논문집, 제 26집.

하는데 있다. 다시 말해서 범죄인이 자국민이라고 하여도 타국에 소재하는 경우에는 해당국가의 동의없이 그 나라 영토에 들어가 범인을 체포할 수 없으므로 범죄인인도 제도를 통해 범죄인을 인도받음으로써 집행관할권의 한계를 극복할 수 있게 된다.

그렇다면 범죄인인도 의무가 성립되는 근거는 무엇인가.

첫째, 범죄인인도 의무를 창설하는 국제관습법은 없다. 따라서 범죄인인도는 국가간 양·다자조약의 체결을 통해 이루어진다. 과거 범죄인인도는 국가의 주권사항에 관한 재량의 문제였으나 이후 범죄인인도를 규율하기 위한 조약이 체결되기 시작하였다. 범죄인인도조약은 대부분 양자조약이나 유럽 등 일부지역에서는 지역적 협력을 위한 다자조약(유럽범죄인인도협약)도 있다.

둘째, 제 11강('국가의 관할권'의 제 2절 마. 2) '조약에 의한 보편주의의 적용')에서 설명한 바와 같이 국가간 범죄인인도조약이 없더라도 국제사회의 공통의 이익을 수호하기 위한 방안의 하나로 예컨대, 테러범에 대한 비호를 방지하기 위한 목적으로 테러방지협약(항공기 불법납치 억제 협약 등 포함) 등의 제정을 통해 테러관련 혐의자를 반드시 기소하거나 아니면 그에 대해 관할권을 가지는 국가에 인도할 것을 협약당사국의 의무로 규정하는 경우가 있다. 그 밖에 반인도적 범죄의 예방과 처벌을 규정하기 위한 목적의 협약들의 경우에도 유사한 규정이 포함되는 경우가 많이 있다. 이들 협약들은 당사국간에 범죄인인도조약이 성립되어 있지 않은 경우에는 협약규정을 범죄인인도의 근거로 원용할 수 있도록 하고, 범죄인인도조약이 체결되어 있는 경우에는 동 범죄를 범죄인인도조약상의 인도대상 범죄에 포함되는 것으로 규정하고 있는 경우가 많이 있다.[2] 더욱이 이들 범죄혐의자들에 대하여는 협약규정에 의해 정치범으로서의 성격도 인정되지 않으므로 반드시 기소 또는 인도하여야 한다(다음 항의 '정치범 불인도의 원칙' 참조).

셋째, 범죄인도 조약이 체결되어 있지 않은 경우에도 국내법의 제정을 통해 범죄인을 인도하는 경우가 있다. 우리 국내법인 범죄인인도법도 상호주의의 보

---

2) 예컨대, 고문방지협약 제 8조에 의하면 고문범죄는 당사국 사이의 현행 범죄인인도조약상 인도대상 범죄에 포함되는 것으로 보며 또한 당사국간 범죄인인도조약이 체결되어 있지 않은 경우에는 이 협약을 범죄인인도의 법적 근거로 인정할 수 있다고 규정하고 있다(제 11강 '국가의 관할권'의 주 25 참조).

증을 전제로 국제예양상 인도할 수 있다고 규정하고 있다.

끝으로 범죄인 소재지국과의 교섭을 통해 범죄인을 추방하고 다른 나라들이 동인의 입국을 거부하여 결과적으로 동인의 귀국을 확보하는 방법도 있으나 이는 진정한 의미의 범죄인인도는 아니다.

한편 우리나라는 1988년 범죄인인도법 제정에 이어 2021년 12월 말 기준 78개국과 범죄인인도조약을 체결(이 중 33개 양자조약, 나머지는 범죄인인도에 관한 유럽협약의 역외당사국) 시행 중이다.

제2절 범죄인인도 제도의 운영3)

1. 범죄인인도 청구

가. 청구의 주체

청구국은 범죄발생지국, 범죄인 국적국, 피해자 국적국, 법익 침해국이다. 이들 국가들은 모두 범죄와 관련되어 있다는 점에서 범죄인인도를 요청할 수 있다. 그러나 이들 국가중에서도 범죄발생지국(영해, 영공, 공해상 선박이나 항공기도 포함)의 인도요청이 무엇보다도 중요하다.

반면 피청구국은 범죄인이 현재 소재하는 국가이다.

---

3) 오늘날 국제사회는 국제사법정의의 실현을 위한 방안의 하나로 범죄인인도 제도의 중요성을 인정하고 있다. 이에 따라 유엔차원에서 범죄인인도조약의 체결을 지원하기 위한 목적으로 '범죄인인도에 관한 유엔모델조약(UN Model Treaty on Extradition)'을 채택하였다. 각국이 체결하는 범죄인인도조약도 대체로 이 모델의 내용을 중심으로 하고 있으며 이를 통해 범죄인인도 제도의 통일화가 실현될 수 있게 되었다.

나. 인도청구의 경합

동일한 범죄인에 의한 동일한 범죄에 대하여 인도청구가 경합하는 경우에는 범죄발생지국의 인도청구에 우선권이 부여된다. 그 이유는 범죄발생지국에서 형사사법정의의 실현이 가장 잘 이루어질 수 있기 때문이다. 반면 범죄발생지국을 제외한 다른 국가들간 경합의 경우에는 먼저 청구한 국가에 인도한다.

그러나 동일 범죄인의 상이한 범죄에 대해서는 범죄의 성격상 중한 범죄에 대하여 청구한 국가에 인도한다. 대부분의 국가의 경우 인도청구 경합시 인도범죄의 성격, 발생일시, 장소, 인도청구일자, 범죄인의 국적 및 주소지 등을 종합적으로 고려하여 인도할 국가를 결정한다.

한편 인도과정에서 제 3국 경유시 항공기나 선박에 머물러 있을 경우에는 문제가 없으나 만일 범죄인이 어떠한 이유로든 항공기나 선박을 떠나 있게 되는 경우 범죄인이 제 3국 영토 내에서 자신의 인도문제에 대하여 이의를 제기하는 경우에는 청구국이 제 3국에 대하여 새로이 범죄인인도를 요청하여야 할 경우도 예상할 수 있다.

다. 인도대상 범죄

인도대상 범죄에 해당되기 위해서는 중요한 범죄(serious crime)와 쌍방가벌성(double criminality/dual criminality) 요건의 충족이 필요하다. 다시 말해서 인도대상 범죄는 통상적으로 중요한 범죄로 청구국과 인도국 양국의 법률로 모두 처벌이 가능한 범죄에 국한한다. 그러나 쌍방가벌성 요건은 일반국제법상의 요건이 아니며 국내법 또는 조약에 의해 요구되는 요건에 불과하다.

범죄인인도조약에 따라서는 인도대상 범죄를 모두 나열하거나 또는 일정한 최소 기준만을 규정하는 경우가 있는데 대부분의 조약들은 후자를 택하고 있다. 우리 범죄인인도법의 경우 인도대상이 되는 중요한 범죄는 통상 장기 1년 이상의 징역 또는 금고에 해당하는 범죄를 말하며 다른 나라들도 이러한 예를 따르는 경우가 많다.[4]

---

4) 2003년 영미간 범죄인인도조약도 쌍방가벌성을 조건으로 1년 이상의 자유형에 해당하는 범죄로 인도대상 범죄를 제한하고 있다. 그러나 조세와 재정범 등의 경우 각국의 상이한

한편 양국의 법률에 따라 인도범죄에 관한 공소시효 또는 형의 시효가 완성된 경우와 재판이 계속중이거나 재판이 확정된 경우에는 인도의 대상이 되지 않는다.

2. 인도시 고려사항

가. 특정성

범죄인의 인권보호와 피청구국 법익의 부당한 침해를 방지하기 위하여 청구의 원인이 된 (특정한)범죄에 대해서만 처벌이 가능하다. 이를 특정성의 원칙(principle of speciality)이라고 한다. 이는 청구국이 범죄인인도조약에 의해서는 인도청구가 불가능한 다른 범죄를 소추할 목적으로 행해질 수 있는 위장된 인도청구를 방지하기 위한 장치이다.

그러나 피청구국이 동의하는 경우에는 물론 다른 범죄에 대해서도 처벌이 가능하다.

나. 정치범 불인도

국가 상호간의 이익을 고려하여 정치범은 인도대상에서 제외된다. 이를 정치범 불인도 원칙(principle of non-extradition of political offenders)이라고 한다. 근세초기에는 정치범과 종교범만을 인도하는 관행이 있었다. 그러나 벨기에가 프랑스 혁명이후 타국의 정치적 상황에 휘말리지 않기 위해 정치범 불인도를 범죄인인도법에 규정하면서 서서히 정치범 불인도 관행이 형성되었다. 이후 1833년 벨기에와 프랑스간 범죄인인도조약에서 정치범 불인도 원칙이 구현되었고 프랑스가 체결한 많은 범죄인인도조약을 통해 확산되었다. 더욱이 19세기 말에는 정치범에 대하여 불인도를 넘어 영토적 비호를 부여하는 관행까지 성립하였다. 이 원칙은 오늘날 모든 범죄인인도조약에 거의 예외없이 규정되어 있다는 점에서

제도로 인해 엄격한 쌍방가벌성의 요건을 적용하기가 어려운 특성이 있다는 점을 감안하여 쌍방가벌성 요건을 완화하여 적용하기도 한다. 임한택, p. 427.

사실상 국제법상 확립된 원칙이다.5)

그러나 정치범을 정의하는 것은 쉽지 않다. 정치범 해당 여부는 청구국과 피청구국간 법적 가치관이나 기준 등에서 차이가 있어 일치된 입장을 가지기가 어려울 수 있다. 결국 정치범 해당 여부는 피청구국이 모든 상황을 종합적으로 고려하여 판단하게 될 것이다.

사실 정치범죄라 함은 범죄행위 자체는 보통의 범죄행위라 하더라도 동 행위의 상황과 동기가 주로 정치적 성격을 띠는 경우를 말한다. 그렇다면 일반범죄(ordinary crimes)를 포함하는 상대적 정치범죄(relative political offence)의 경우 이를 순수한 정치범죄(purely political offence)로 볼 수 있는가. 상대적 정치범죄라 함은 전적으로 정치적 질서의 침해행위인 순수한 정치범죄행위에 도의적 또는 사회적으로 비난받을 일반 범죄적 요소가 내포되어 있거나 관련되어 있을 때의 범죄를 말한다. 즉, 정치적 목적을 달성하기 위하여 개인의 법익 등을 크게 침해하는 경우를 말한다. 그 예로, 정치적 질서를 파괴하기 위하여 살인 또는 방화를 하는 행위 또는 정부와 관련된 개인에 대한 폭력행위를 하거나 정치활동을 촉진하기 위하여 공금횡령을 하는 것 등을 들 수 있다.6) 이와 같이 일반범죄의 성격이 정치적 성격보다 압도적이고 우월한 경우에는 정치범으로 보기 어려울 것이다.7)

---

5) 이와 관련 시사점을 가질 수 있는 사례로 1976년 일본 최고재판소의 '윤수길 사건' 판결이 있다. 이 사건은 일본에서 정치범 불인도 원칙이 국제관습법상의 국가의 의무로서 확립되어 있는지가 쟁점이 된 사건이다. 이 사건에서 윤수길은 본인을 정치범 및 정치난민이라고 주장하였고 도쿄지방법원은 1969년 판결에서 다수국의 인도조약과 국내법, 국가실행 등을 근거로 해서 정치범 불인도 원칙이 국제관습법상의 규칙임을 인정하였다. 그러나 1972년 도쿄고등법원의 판단 및 1976년 일본최고재판소의 판결은 이 원칙이 국제관습법으로서 확립되어 있음을 부정하였다. 정치범 불인도 원칙은 윤수길 사건의 판례에서와 같이 긍정설과 부정설이 대립하고 있지만, 학설적으로는 긍정설을 취한 도쿄지방법원의 입장이 다수설이라고 말할 수 있다. 오미영, '정치적 망명자의 비호에 관한 소고: 윤수길 사건에 있어서의 일본법원의 입장을 중심으로', 평화학 연구, Vol. 15, No. 5, 2014, pp. 223-244.

6) 외교부, 국제법 동향과 실무, 제 32호, 2014.

7) 다음의 관련 사례를 참조한다. (1) 미국 국적의 베트남인 우엔 후 창은 베트남 정부로부터 테러리스트로 지목되어 인도 요구를 받았지만, 우리 법원은 2006년 7월 인도 거부 결정을 내렸다. 이는 국내 법원이 외국인 정치범의 인도 여부를 심사한 첫 사례였다. 이 사건 판결에서 법원은 베트남 내 폭발물 투척기도와 태국 주재 베트남 대사관 폭발물

이와 관련 미국은 영국에 의해 정치적 목적의 테러범으로 기소된 아일랜드 공화군 소속원에 대한 범죄인인도를 정치범이라는 이유로 거절한 바 있다. 그러나 이후 이러한 문제점을 해결하기 위해 미영 양국은 광범위한 범위의 폭력적 행위를 포함하는 상대적 정치범죄의 경우 정치범 불인도 대상에서 배제하는 내용의 조약을 체결하였다.

나아가 청구국이 일반범죄를 이유로 인도를 청구하고 실제로는 정치적인 이유로 처벌하려는 의도가 있다고 의심되는 경우에도 인도를 거절할 수 있을 것이다.

한편 다음의 경우는 일반적으로 정치범죄에 해당되지 않는다.

- 가해조항(attentat clause) 또는 벨기에 조항(Belgian clause)에 따라 국가원수나 그 가족에 대한 살해행위는 정치범으로 인정되지 않는다.
- 집단살해죄, 전쟁범죄 등의 경우는 정치범죄로 인정되지 않는다. 마찬가지로 인도에 반하는 범죄나 침략범죄, 테러, 고문 등과 관련된 범죄의 경우도 정치범죄로 인정되지 않는다. 예컨대, 집단살해방지협약 제 7조는 집단살해 범죄가 범죄인인도의 목적상 정치범으로 간주되지 않는다고 규정하고 있다. 이에 앞서 1946년 유엔 총회도 "전쟁범죄인은 전쟁범죄가 자행된 국가로 인도되어야 한다"는 결의안을 채택한 바 있다.
- 테러범죄 관련 협약들도 모두 정치범에 대한 예외를 인정하고 있지 않다.[8] 예컨대, 1999년 테러자금억제협약(Financing Convention) 제 6조는

투척행위 등 13개항에 이르는 피청구인에 대한 범죄사실 대부분에 대하여 실제로 폭발물이 사용되지 않은 채 예비·음모 단계에서 적발되어 시설이나 사람에 대한 어떠한 피해도 발생하지 않았으므로 오늘날 정치범 불인도 원칙에 대한 완화 내지 예외로 되는 범죄(상대적 정치범죄)에 해당되는지 여부에 대하여 강한 의심이 든다고 밝혔다. (2) 2013년 우리 법원은 일본 야스쿠니 신사 방화 혐의자인 중국인 리우치앙을 일본에 인도하지 말라고 결정했다. 리우치앙의 방화행위가 범죄인인도거절 사유인 '정치적 범죄'에 해당한다고 판단한 것이다. 재판부는 결정문에서 '정치적 범죄'를 저지른 범죄인이 다른 국가로 피난해 오는 경우 정치범 불인도 원칙에 의해 보호를 받을 수 있으며 이는 국제법상 확립된 원칙이다. 리우치앙의 방화 범행은 상대적 정치범죄이지만 일반범죄로서의 성격보다 정치적 성격이 주된 상태에 있는 범죄로서 범죄인인도조약의 인도거절 사유인 '정치적 범죄'에 해당한다고 밝혔다.

8) 1999년 테러자금억제협약(International Convention for the Suppression of the Financing of Terrorism: Financing Convention), 1997년 폭탄테러협약(International Convention for the Suppression of Terrorist Bombings: Bombing Convention)과 2005년 핵테러협약

협약상의 범죄행위가 어느 경우에도 정치적, 이념적, 인종적, 종교적 고려 등에 의해 정당화될 수 없다고 규정하고 있다.[9)]

• 또한 (상대적 정치범죄에 해당되는 경우로) 다수의 생명, 신체를 침해, 위협하거나 이에 대한 위험을 야기하는 범죄(anarchist offence)도 정치범 불인도 대상의 범죄에 해당되지 않는다. 이와 같은 맥락에서 항공기 테러범의 경우 비록 정치적 동인을 찾을 수 있다고 하더라도 일반범죄의 성격이 크다는 점에서 정치범의 성격이 부인되는 경우가 많다.[10)] 전술한 항공기 안전관련 1970년 헤이그 협약이나 1971년 몬트리올 협약들도 협약이 규율하는 대상 범죄들에 대하여는 정치범 불인도 원칙이 적용되지 않는다고 보았다. 즉, 반드시 소추 또는 인도 되어야 한다.

다. 인도적 고려

범죄인이 청구국에 인도되어 사형, 고문 기타 비인도적 대우를 받을 우려가 있는 경우 인도를 거절할 수 있다. 예컨대, 고문방지협약 제 3조 1항은 고문을 받을 위험이 있다고 믿을만한 상당한 근거가 있는 다른 나라로 개인을 추방, 송환 또는 인도하여서는 안 된다고 규정하고 있다.

사형제 폐지국인 유럽 국가들은 사형제 존치국에 대한 인도를 거부하여 왔으며 그 대표적인 예가 1989년 'Soering 사건'이다.[11)] 이 사건에서 유럽인권재판

(International Convention for the Suppression of Acts of Nuclear Terrorism: Nuclear Terrorism Convention) 등이 있다.

9) 1999년 테러자금억제협약 제 6조는 각 당사국으로 하여금 이 협약의 범주에 있는 범죄행위는 정치, 이념, 종교 등 어느 고려에 의해서도 정당화 될 수 없다는 점을 확립하기 위해 필요한 국내입법 등 조치를 취할 것을 규정하고 있다.

10) 이와 관련한 주요사건으로 1989년 '장진해 사건'이 있다. 이 사건은 중국 천안문 사태에 관련이 있는 장진해가 민항기를 납치하여 일본에 도착 후 정치범 불인도를 주장한데 대해 일본 법원은 항공기 납치범죄의 우월성(중대성)을 근거로 상대적 정치범죄로 판단하여 동인에 대한 정치범 불인도 원칙을 적용하지 않았다.

11) 이 사건은 살인혐의로 미국에서 피소된 독일인 유학생이 영국으로 도주하여 미국이 영국에 대해 범죄인인도를 요청한 사건이다. 동인은 미국에서의 사형집행이 유럽인권협약의 위반이라고 주장하며 인도거부를 요청하였고 영국은 사형집행을 하지 않을 것을 조건으로 인도하였다. 범죄발생지국인 미국도 유럽인권재판소의 판단을 존중하여 사형판결을 하지 않을 것을 조건으로 인도 받은 후 동인에 대하여 종신형을 선고하였다.

소(European Court of Human Rights: ECtHR)는 사형판결을 받을 가능성이 있는 범죄인을 사형제 존치국에 인도하는 것은 유럽인권협약 위반이라고 보았다. 또한 1996년 'Chahal v. United Kingdom 사건'에서도 유럽인권재판소는 고문이 예상되는 곳으로의 송환을 금지한 유럽인권협약의 관련 규정을 원용하였다. 우리나라는 2011년 유럽과의 범죄인인도조약 체결시 유럽에서 인도된 범죄인에 대해서는 사형을 집행하지 않는다는 조건을 수락하였다.

이와는 다소 성격이 다르지만 인종, 종교, 국적, 성별, 정치적 신념 또는 특정 사회단체에 속한 것 등을 이유로 처벌되거나 그 밖의 불리한 처분을 받을 우려가 있다고 인정되는 경우에도 인도대상에서 제외될 수 있다. 우리나라는 이 경우를 절대적 인도거절사유로 규정하고 있다.

라. 자국민 불인도

속인주의를 채택한 프랑스나 독일 등 대륙법계 국가들은 자국민 불인도 원칙(principle of non-extradition of nationals)을 지지하고 있다. 그러나 속지주의의 영미법계는 자국민이라도 인도하여야 한다는 입장이다.[12] 속인주의 국가에서는 자국민을 원칙적으로 인도하지 않기 때문에 자국민이 해외에서 행한 중대한 범죄에 대하여도 자국에서 당연히 기소하는 것을 원칙으로 하고 있다. 반면 속지주의 국가에서는 자국민이라도 인도하는 것을 원칙으로 하기 때문에 자국민이 해외에서 행한 중대한 범죄 중 일부(예컨대, 영국의 경우 반역죄 등)에 대해서만 자국 내에서 기소하는 경향이 있다.

이와 같이 자국민 불인도 문제와 관련하여 국제법상 확립된 원칙은 없다. 그럼에도 불구하고 자국민 불인도는 다수국가의 관행과 조약에 의해 실행되고 있으며 우리나라의 경우도 범죄인인도법 제 9조에서 자국민에 대하여는 임의적

Soering v. The United Kingdom, 1/1989/161/217.

12) 영미간 범죄인인도조약은 인도대상 범죄인의 국적을 이유로 인도를 거부할 수 없다고 규정하고 있다. 이와 같이 영미법계 국가(속지주의 국가)에서는 자국민이라도 범죄발생지국의 요청이 있을 경우 인도하는 것을 원칙으로 하고 있다. 한국에서 BBK 사건으로 조사를 받던 중 2003년 미국으로 도주한 미국 국적의 김경준에 대해 미국은 자국민임에도 불구하고 동인을 2007년 한국으로 인도하였다.

인도거절사유로 규정하고 있다. 결국 어느 국가가 자국민을 인도한다면 이는 인도국의 자발적인 조치이지 국제법상의 의무(원칙)에서 비롯된 것은 아니다.

그러나 자국민 불인도는 자칫 사법정의의 실현을 방해할 수도 있다. 따라서 인도하지 않는 경우에는 불처벌을 방지하기 위해 피청구국(범죄인 소재지국)에 대하여 기소하여야 할 의무를 부과함으로써 사법정의가 실현되도록 노력하여야 할 것이다. 국제사회의 관행도 이러한 방향으로 발전하고 있다. 그러나 해외에서 범죄를 범한 자국민을 인도하지 않고 자국 형법에 따라 처벌이 가능하다고 해도 사법절차 수행상의 어려움(증거수집이나 증인심문 등)으로 처벌의 실효성을 기할 수 없다는 단점이 있다. 이러한 이유로 범죄는 범죄발생지국이 처벌하는 속지주의 국가의 태도가 사법정의 실현에 보다 기여할 수 있다고 본다.

한편 보편적 관할권의 대상이 되는 범죄(국제범죄의 경우 등)에 책임있는 범죄인의 경우 범죄인 소재지국은 자국민이라도 처벌하여야 하며 그렇지 않을 경우 처벌을 희망하는 청구국에 인도하여야 할 것이다. 더욱이 후술하는 바와 같이 국제형사재판소에 의한 범죄인인도요청의 경우에는 자국민 불인도 원칙이 적용되지 않는다.

그렇다면 인도대상 범죄인이 자국민인지 또는 외국인인지의 여부를 어떻게 결정하는가. 이에 대한 기준으로는 범죄 행위시와 인도 청구시로 나누어 볼 수 있으나 당연히 범죄 행위시의 국적을 기준으로 하는 것이 타당하다고 본다.

3. 인터넷 범죄와 범죄인인도

인터넷은 오늘날 새로운 유형의 범죄를 만들어 내고 있다. 그러나 인터넷상의 범죄는 범죄가 어디에서 발생하여 유래하고 범죄인은 어디에 소재하는가가 불분명하다. 이 경우 범죄인인도조약을 적용하는 문제는 쉽지 않은 과제이다. 이에 대해서는 앞으로 국제사회가 지속적으로 검토해 나가야 할 것이다.

제3절 우리나라 범죄인인도법 주요 내용

1. 범죄인인도의 기본방향

- 우리 범죄인인도법과 우리나라가 다른 나라와 체결한 범죄인인도조약이 상충하는 경우 조약이 우선한다.
- 범죄인인도조약이 없어도 상호주의에 의한 보증으로 인도가 가능하다.

2. 범죄인인도의 기본원칙

- 중요성(장기 1년 이상의 징역 또는 금고에 해당하는 중대한 범죄만 인도)의 원칙과 쌍방가벌성의 원칙이 적용된다.
- 정치범 불인도 원칙이 적용된다. 그러나 (a) 벨기에 조항, (b) 다자간 조약(테러방지 관련 협약 등)에 의하여 인도의무를 부담하는 범죄, (c) 다수인의 생명, 신체를 침해, 위협하거나 이에 대한 위험을 야기하는 범죄(상대적 정치범죄)는 예외이다.
- 특정성의 원칙이 적용된다. 따라서 인도가 허용된 범죄외의 범죄로 처벌받지 아니하며 제 3국에 인도되지 아니한다는 청구국의 보증이 없는 한 인도를 거부할 수 있다.
- 절대적 인도거절사유의 대표적인 예로는 범죄인이 인도대상 범죄를 범하였다고 의심할 만한 상당한 사유가 없는 경우와 범죄인이 인종, 종교, 국적, 성별, 정치적 신념 또는 특정 사회단체에 속한 것 등을 이유로 처벌되거나 그 밖의 불리한 처분을 받을 염려가 있다고 인정되는 경우가 해당된다.[13)]
- 상대적(임의적) 인도거절사유의 대표적인 예로는 자국민에 대한 인도(범

죄인이 대한민국 국민인 경우)와 인도범죄의 성격과 범죄인이 처한 환경 등에 비추어 범죄인을 인도하는 것이 비인도적이라고 인정되는 경우가 해당된다.[14)]

제4절 범죄인 납치와 관할권 성립문제

범죄인인도 제도는 국제사법정의의 실현을 통해 국가상호간 이익의 균형을 추구하는 제도이다. 범죄인인도 제도가 없다면 범죄인이 범행 후 다른 나라로 도주하는 경우 동인에 대한 처벌은 쉽지 않을 것이다. 이러한 이유로 과거 범죄인인도 제도가 자리잡기 전 많은 국가들, 특히 힘 있는 국가들은 다른 나라로 도주한 범죄인을 강제로 납치하여 자국법정에 세우는 경우가 있었다.

---

13) 범죄인인도법 제 7조(절대적 인도거절 사유): "다음 각 호의 어느 하나에 해당하는 경우에는 범죄인을 인도하여서는 아니 된다. 1. 대한민국 또는 청구국의 법률에 따라 인도범죄에 관한 공소시효 또는 형의 시효가 완성된 경우, 2. 인도범죄에 관하여 대한민국 법원에서 재판이 계속중이거나 재판이 확정된 경우, 3. 범죄인이 인도범죄를 범하였다고 의심할 만한 상당한 이유가 없는 경우(다만, 인도범죄에 관하여 청구국에서 유죄의 재판이 있는 경우는 제외한다), 4. 범죄인이 인종, 종교, 국적, 성별, 정치적 신념 또는 특정 사회단체에 속한 것 등을 이유로 처벌되거나 그 밖의 불리한 처분을 받을 염려가 있다고 인정되는 경우."

14) 범죄인인도법 제 9조(임의적 인도거절 사유): "다음 각 호의 어느 하나에 해당하는 경우에는 범죄인을 인도하지 아니할 수 있다. 1. 범죄인이 대한민국 국민인 경우, 2. 인도범죄의 전부 또는 일부가 대한민국 영역에서 범한 것인 경우, 3. 범죄인의 인도범죄 외의 범죄에 관하여 대한민국 법원에 재판이 계속 중인 경우 또는 범죄인이 형을 선고받고 그 집행이 끝나지 아니하거나 면제되지 아니한 경우, 4. 범죄인이 인도범죄에 관하여 제 3국(청구국이 아닌 외국을 말한다)에서 재판을 받고 처벌되었거나 처벌받지 아니하기로 확정된 경우, 5. 인도범죄의 성격과 범죄인이 처한 환경 등에 비추어 범죄인을 인도하는 것이 비인도적이라고 인정되는 경우."

이와 같이 범죄인인도조약에 근거하지 않고 납치를 통해 범죄 혐의자를 자국법정에 세우는 경우 적법절차 위반에도 불구하고 과연 관할권이 성립될 수 있는지의 문제가 제기될 수 있다.[15] 과거 이스라엘이 나치 전범 아이히만을 아르헨티나에서 납치하여 이스라엘 법정에 세운 경우가 있으며 그밖에도 여사한 사례는 다수 발견된다. 특히 미국과 관련된 사례로 1992년 'U.S. v. Alvarez-Machain 사건'과 1989년 파나마의 노리에가 납치사건이 있다. 전자의 경우 미 대법원은 납치라는 절차의 불법성을 문제 삼지 않고 관할권을 행사하였다.[16] 더욱이 미 대법원의 다수의견은 미-멕시코 범죄인인도조약에 납치가 금지된다고 규정되어 있지 않으며 범죄인인도조약만이 범죄인을 인도받아 미 법정에 세울 수 있는 유일한 방법은 아니라고 판단하였다. 후자의 경우에도 미국은 마약밀매 등 범죄혐의가 있는 파나마의 실력자 노리에가를 강제 납치하여 미 법정에 세웠으며 미연방지방법원은 절차적 정당성에 대해서는 검토하지 않았다.

그러나 범죄혐의자를 강제로 납치하여 데려오고 동인에 대해 국내법원이 관할권을 행사하는 것은 어느 경우에도 정당성을 인정하기 어렵다. 무엇보다도 납치의 대상이 된 개인이 소재지국(대체로 자국)에서 향유하는 인권에 대한 침해 문제가 있다. 정식으로 범죄인인도 요청이 있었다면 혐의자는 영토국의 법원에서 인도에 반대하는 입장을 개진할 권리가 부여되었을 것이다. 또한 납치는 명백한 주권침해이며 국제법 위반이다. 따라서 법익이 침해된 국가는 국제법상 이에 대한 책임을 추궁할 수 있을 것이다.

그럼에도 불구하고 오늘날 범죄인 소재지국이 국제정치적 역학관계로 범죄인을 인도하지 않는 경우 청구국은 이에 대해 강제납치로 대응하는 사례가 발생하고 있다는 점은 정의의 실현과 국제법 원칙의 준수라는 상충되는 이익의 조화

15) 납치가 타국의 영토에서 행해진 것이 아닌 경우(제 11강 '국가의 관할권'의 주 11에서 설명한 공해상에서 납치된 Yunis 사건 참조)와 타국의 영토에서의 납치에도 불구하고 중요한 국제범죄에 해당하는 경우(전술한 아이히만 사건 참조)에는 관할권의 성립을 인정하여야 한다는 주장도 있음은 주목을 요한다.

16) 이 사건은 미국의 마약단속공무원을 납치, 고문 살해한 멕시코인 Alvarez를 미 정보 당국의 사주를 받은 또 다른 멕시코인이 납치하여 미 법정에 세운 사건이다. 동 판결에서 반대의견은 Alvarez의 납치가 멕시코의 영토보전(territorial integrity)을 침해하는 국제법 위반행위라고 보았다. 결국 Alvarez는 증거불충분으로 무죄선고를 받았다.

문제로 앞으로 국제사회가 극복해 나가야 할 과제이다. 결론적으로 국제법에 근거한 범죄인인도만이 이러한 모든 문제를 극복할 수 있다고 본다. 이와 관련 1991년 'Ebrahim 사건'에서 남아공 대법원이 절차적 정당성을 이유로 납치된 피고인에 대하여 재판할 수 없다고 판단한 사실은 매우 의미하는 바가 크다.[17)]

☞ **기출문제 예시**

문) X국과 Y국은 1년 이상의 자유형에 해당하는 범죄인을 인도대상으로 하는 범죄인인도 조약의 당사국이다. 또한 X국과 Y국은 모두 '시민적 및 정치적 권리에 관한 국제규약'의 당사국이다. Y국은 동 규약의 사형폐지에 관한 제2선택의정서도 비준하였다. Y국 국적을 보유한 채 20년 이상 X국에 거주하는 A는 장기간 인권을 탄압해 온 X국의 국가원수에 대한 암살을 시도하였다가 실패하고 Y국으로 도피하였다. X국에서 살인미수범은 사형, 무기 또는 5년 이상의 징역형으로 처벌될 수 있다. 반면 사형폐지국인 Y국의 살인미수범에 대한 형벌은 5년 이상의 자유형에서부터 가석방 없는 종신형까지이다. X국은 Y국에 대해 A의 범죄인인도를 청구하였다. Y국이 A의 범죄인인도를 거절할 수 있는 국제법적 근거들을 논하시오.

17) 인종차별에 반대하던 남아프리카 공화국의 Ebrahim이 스와질랜드에서 납치된 사건에서 남아프리카 공화국 법원은 다음을 이유로 관할권이 성립하지 않는다고 판단하였다. 즉, 납치는 국제법 위반이며 납치를 금지하는 국제법은 남아공 국내법의 일부로서 이의 위반은 사건을 심리할 법원의 권능을 박탈하고 있다(deprived the trial court competence to hear the matter)고 판단하였다. State v. Ebrahim, 1991 (2) S.A. 553.

제 26 강
국제형사법

제1절 개관

1. 국제범죄와 국제형사법

국제형사법은 국제인도법 위반 등 반인륜적 범죄를 국제범죄로 규정하고 이들 범죄에 책임 있는 사람들에 대하여 국제법에 근거하여 직접 형사책임을 추궁하는 것을 목적으로 하는 국제공법의 새로운 분야이다.

그렇다면 국제범죄란 무엇을 의미하는가. 국제사회가 국제범죄라고 생각하며 이러한 범죄를 범한 개인을 처벌하여야 한다고 보고 있는 범죄의 유형은 다양하다. 아직까지 국제범죄의 개념에 대한 일치된 입장은 없으나 국제사회가 인류의 보편적 가치를 침해하는 범죄로 보고 공동체의 이름으로 단죄하여야 한다고 생각하는 범죄를 국제범죄라고 할 수 있을 것이다.

전통적으로 17~19세기에 걸쳐 해적은 국제범죄로 간주되어 왔다. 이어 19세기 후반에는 전쟁범죄가 국제범죄로 간주되었다. 그러나 제 2차 대전을 계기로 인도에 반하는 죄와 평화에 반하는 죄가 추가되면서 국제범죄의 새로운 범주가 마련되었고 1948년에는 유엔이 집단살해방지협약을 채택하면서 집단살해는 인도에 반하는 죄의 새로운 범주로 인식되게 되었다. 나아가 1974년 유엔 총회가 침략의 정의를 채택하면서 평화에 반하는 죄의 새로운 범주로 침략범죄의 개념이 출현하게 되었다. 더욱이 오늘날에는 국제테러리즘을 국제범죄에 포함시키는 문제도 제기되고 있다.

그러나 인류역사의 획기적인 전환점이 된 1998년 '국제형사재판소 규정(Rome Statute of the International Criminal Court: 로마규정 또는 ICC 규정)'은 집단살해죄, 인도에 반하는 죄, 전쟁범죄 및 침략범죄의 4개 범죄만을 국제형사재판소(ICC)의 관할대상 범죄로 규정함으로써 폭 넓게 국제범죄를 단죄하려던 우리의 기대에는 미치지 못하였다.

이와 같이 국제범죄의 개념은 계속 진화, 발전해 오고 있으며 국제형사법도 점진적인 진화의 과정을 거쳐 발전되어 왔다.

2. 국제형사재판소의 성립

가. 발전 배경

지금까지 개인은 국제법의 본원적 주체인 국가의 구성요소로서 국제법 질서 하에서는 국가에 가려져 있었다. 국제범죄에 책임 있는 개인에 대한 기소와 처벌도 국내법원의 관할사항이었다. 그 이유는 개인은 자신이 소재한 국가의 배타적 관할권에 복종하기 때문이다. 따라서 국제범죄에 책임 있는 개인을 기소하고 처벌하는 문제는 개인이 소재한 국가의 권한 있는 기관(법원 등)의 결정에 따르게 된다. 그러나 국가가 국제범죄에 책임 있는 개인을 기소, 처벌할 수 있는 근거가 자국법에 없거나 또는 기소, 처벌할 의지가 없는 경우에는 기소와 처벌은 불가능해진다. 더욱이 국제범죄에 책임 있는 개인이 국가원수인 경우 재직 중 완전한 인적 면제를 향유한다는 점에서 어느 경우에도 관할권 행사는 불가능해질 수 있다.

이러한 배경하에 국제사회는 국제범죄에 책임 있는 개인을 국제법적으로 처벌하기 위한 새로운 시도를 하게 되었다. 1919년 베르사이유 강화조약은 제 1차 세계대전에 책임이 있는 독일의 빌헤름 2세에 대하여 전쟁책임을 묻기 위한 임시형사재판소의 설립을 규정하였다. 그러나 빌헤름 2세가 네덜란드로 도피함에 따라 처벌은 실현되지 못하였다.[1] 이어서 1937년 국제연맹은 국제형사재판소 설립을 위한 협약을 채택하였으나 국제사회의 지지를 받지 못해 발효되지 못하였다. 이러한 가운데 제 2차 세계대전이 일어나고 또다시 전쟁참화를 목격한 국제사회는 이에 대한 반성으로 책임자를 단죄하는 문제를 다시 한 번 진지하게 검토하게 되었다.

이에 따라 2차 대전 중인 1943년 영, 미, 소련 정부는 '독일의 만행에 대한 선언(Declaration on German Atrocities)'을 발표하였고, 이어 후속조치로 1945년 8월 8일 런던에서 런던협정(London Agreement)이 서명되었다. 동 협정의 일부로 '국제 군사재판소 헌장(The Charter of the International Military Tribunal/Nuremberg Charter: 뉘른베르크 헌장)'이 채택되었다. 뉘른베르크 헌장 제 6조는 '평화에 반하는 죄, 인도에 반하는 죄와 전쟁범죄'를 처벌대상 범죄로 규정하였다. 뉘른베르크 헌장을 통해 나타난 국제법 원칙들은 1946년 12월 11일자 유엔 총회결의 제 95(I)호에서 다시 확인되었다. 이 원칙은 침략범죄, 인도에 반하는 죄와 전쟁범죄를 범한 개인에 대하여 형사책임을 추궁하여야 한다는 국제관습법상의 원칙을 확인한 것이다. 이어서 1947년 유엔 총회는 결의 제 177(II)호에 따라 뉘른베르크 헌장에서 인정된 국제법 원칙(뉘른베르크 원칙)을 ILC가 규범화할 것을 지시하였으며 ILC는 동 결의에 근거하여 '인류평화와 안전에 반하는 범죄규정 초안(Draft Code of Offenses Against the Peace and Security of Mankind)'과 '국제형사재판소규정 초안(Draft Statute for an International Criminal Court)'의 작성을 시작하였다. 그러나 냉전으로 지연되며 별다른 성과를 거두지 못하였다. 이러한 가운데 1974년 유엔 총회는 침략의 정의에 관한 결의 제 3314호를 채택하였으나 침략범죄의 정의는 채택되지 않았다. 이후에도 국제형사재판소 설립논의는 사실상 별다른 진전이 없었다.

그러던 중 냉전해체 과정에서 발생한 유고내전과 종족간 갈등으로 야기된 르완다 내전은 인간의 잔학성을 다시 한 번 확인하는 계기가 되었다. 이들 사태

---

1) 여기서의 쟁점은 자국법상으로는 위법하지 않은 행위를 국제법 위반으로 처벌할 수 있는가의 문제와 국제의무를 위반한 책임을 국가가 아닌 개인에게 물을 수 있는가의 문제 제기였다.

들은 결국 유엔의 개입을 가져왔다. 유엔은 반인륜적 범죄에 책임 있는 사람들을 처벌하기 위해 안보리 결의에 따라 1993년 ICTY(구유고 국제형사재판소)와 1994년 ICTR(르완다 국제형사재판소) 등 임시재판소를 설립하였다. 이들 임시재판소는 궁극적으로 상설 국제형사재판소의 설립을 촉진하는 계기가 되었다.[2] 특히 ICTY는 전시인도법, 전쟁법, 집단살해 문제 등을 포괄적으로 다룸으로써 국제형사재판소 설립에 많은 시사점을 주었다.

이러한 배경하에 1994년 12월 유엔 총회는 그간 ILC에서 작성한 '국제형사재판소 설립을 위한 규정 초안'을 검토하기 위하여 임시위원회(ad hoc committee)를 구성하였고 이어서 '국제형사재판소 설립을 위한 준비위원회(PrepCom)'의 작업을 거쳐 1998년 로마에서 국제형사재판소규정(로마규정)을 채택할 수 있었다. 로마규정은 2002년 발효되었다.[3]

그렇다면 오랜 기간 동안 지연되어 오던 국제형사재판소의 성립이 당시 가능하였던 배경은 무엇인가. 무엇보다도 냉전종식으로 국제사회의 협력분위기가 고양될 수 있었다는 점과 국제인권법과 국제인도법의 발달을 통해 인권보호의 중요성에 대한 우리들의 인식이 확대되었다는 점에서 찾을 수 있을 것이다.[4]

나. 교섭 과정에서의 국가별 이해관계 대립

로마규정 교섭과정에서 ICC의 관할대상 범죄 및 관할권 행사조건 등을 둘

---

2) 유엔은 1993년 안보리 결의 제 808호를 통해 '구유고 국제형사재판소(International Criminal Tribunal for the Former Yugoslavia)'를, 1994년 안보리 결의 제 955호를 통해 '르완다 국제형사재판소(International Criminal Tribunal for Rwanda)'를 설치하였다. 동 재판소들 외에도 임시재판소로는 2000년에 설치된 '동티모르 특별재판소(Special Panels for Serious Crimes in East Timor)', 2002년 '시에라레온 특별재판소(Special Court for Sierra Leone)', 2003년 '캄보디아의 국내특별재판부(Extraordinary Chambers in the Court of Cambodia)'와 '레바논 특별재판소(Special Tribunal for Lebanon)'가 있다.

3) 참고로 로마규정(Rome Statute)은 국제형사재판소의 설립근거가 되는 조약을 의미하며 동 조약에 의해 설립된 재판소가 국제형사재판소(ICC)이다. 따라서 본 강에서 규정을 중심으로 설명할 경우에는 로마규정을 사용하고 재판소 자체를 설명할 때는 ICC가 사용된다. 그러나 이러한 설명이 반드시 완벽한 것은 아니며 어느 용어를 사용하여도 크게 차이는 없다.

4) 코피 아난 유엔사무총장은 국제형사재판소의 설립을 'a giant step forward in the march towards universal human rights and the rule of law'라고 설명한 바 있다.

러싸고 국가별 이해관계에 따라 여러 그룹이 형성되었다. 유사입장 그룹(like-minded group)은 강력하고 독립적인 재판소를 지지하는 입장으로 우리나라를 비롯하여 독일, 캐나다 등 대다수의 국가들이 이 그룹에 속하였다. 안보리 상임이사국 그룹은 안보리의 강력한 권한을 지지하고, 핵무기 금지에 반대하며, 또한 ICC의 자동 관할권(automatic jurisdiction)에도 반대하였다. 기타 국가들은 안보리의 강한 권한에 반대하며 핵무기를 금지무기로 포함시켜야 한다고 주장하였다.

다. 로마규정의 의의

국제사회는 로마규정의 채택을 통해 ICC를 설립함으로써 국제인도법 위반 등 특히 중요한 국제범죄에 책임 있는 개인을 국제법에 근거하여 직접 처벌하는 제도를 확립하였다. 따라서 ICC의 관할범죄에 해당되면 어떠한 개인이라도 공적 지위와 무관하게 처벌받을 수 있다.

이와 같이 로마규정은 오랜 기간 동안 국제사회의 숙제의 하나인 '무처벌(impunity)'의 현실을 종식시키는 데 기여하였다. 특히 집단살해죄, 인도에 반하는 죄, 전쟁범죄 및 침략범죄 등 인간의 인간에 대한 가장 심각한 인권유린에 해당하는 국제범죄를 범한 개인을 처벌함으로써 국제적 차원에서의 인권의 보호, 범죄예방 나아가 피해자구제 등을 실현하기 위한 국제사회의 의지를 과시하였다. 그러나 앞에서도 지적하였지만 유감스럽게도 ICC의 관할대상 범죄는 매우 제한적이라는 점에서 국제범죄에 대한 효과적인 대응책이 될 수 있는지에 대해서는 아쉬운 점이 많이 남아 있다.

한편 로마규정도 국제형사법으로서 일반 국내형사법체계와 마찬가지로 형법에 해당하는 실체법(substantive criminal law)과 형사소송법에 해당하는 절차법(procedural criminal law)으로 구성되어 있다. 여기서 실체법은 무엇이 국제범죄를 구성하고 어떠한 조건하에서 범죄에 책임 있는 개인을 처벌할 수 있는가를 규율하는 규범이고 절차법은 개인을 기소하고 재판하여 처벌하는 일련의 과정을 규율하는 규범이다.

로마규정은 오늘날 유일하게 성문화된 국제형사 관련 조약이라는 점에서 국제형사법에 대한 검토의 중심에 있다. 이하 로마규정에 의해 설립된 국제형사재판소의 관할대상 범죄 및 관할권 행사 원칙 등에 대하여 설명한다. 여기서 원용되는 조문은 별도의 설명이 없는 한 로마규정의 관련 조항을 의미한다.

제2절 국제형사재판소(ICC)의 관할대상 범죄

로마규정 제 5조는 '국제공동체 전체의 관심사인 가장 중대한 국제범죄' 중에서도 특히 집단살해죄, 인도에 반하는 죄, 전쟁범죄 및 침략범죄를 ICC의 관할대상 범죄로 규정하고 있다.[5] 그 밖에 ICC 관할대상 범죄에 속하지는 않지만 중요성을 가지는 범죄의 유형으로는 특히 고문과 테러리즘이 있으며 또한 해적이나 노예매매도 국제범죄에 속한다. 그러나 앞에서 설명한 바와 같이 이들 범죄는 그 중요성에도 불구하고 아직 국제사회가 ICC의 관할대상 범죄에 포함시키는 데 합의를 보지 못하였고 결과적으로 ICC의 관할대상 범죄에 포함되지 않았다. 다만 이들 범죄가 인도에 반하는 죄나 전쟁범죄의 일환으로 행하여진 경우에는 ICC의 관할대상 범죄가 될 수 있다. 대신 이들 국제범죄에 대하여는 제 11강('국가의 관할권'의 제 2절 마. '보편주의' 참조)에서 설명한 보편적 관할권의 행사를 통해 국제사회의 대응이 가능하다.

이하 로마규정에 따른 ICC의 관할대상 범죄를 설명하면 다음과 같다.

5) 국제범죄 중 핵심이 되는 집단살해죄, 전쟁범죄, 인도에 반하는 죄를 '잔학범죄(atrocity crimes)'라고 한다. 'Framework of Analysis for Atrocity Crimes, A Tool for Prevention', UN 2014.

1. 집단살해죄(genocide)

1946년 유엔 총회 결의 제 96(II)호는 집단살해죄가 유엔의 정신과 목적에 반하며 또한 문명세계의 죄악이라고 단정하면서 국제법상의 범죄라고 선언하였다. 이를 계기로 1948년 '집단살해방지협약'이 채택되었으며 동 협약 제 6조는 범죄혐의자에 대하여 범죄발생지국 법원이나 (이후 설립될) 국제적 성격의 형사재판소가 관할권을 확립할 것을 규정하고 있다.

이러한 배경하에 ICC도 집단살해죄를 관할대상 범죄로 포함시키게 되었다. 로마규정 제 6조는(집단살해방지협약 제 2조와 동일하게) 집단살해죄를 '국민적, 민족적, 인종적 또는 종교적 집단(national, ethnical, racial or religious group)의 전부 또는 일부를 그 자체로서 파괴할 의도를 가지고 범하여진 행위'로 규정하고 있다.[6] 이에 비추어 볼 때 집단살해죄는 특정 개인을 목표로 하는 범죄가 아니라 주로 출생에 의하여 비자발적으로 소속하게 되는 집단의 구성원들을 물리적으로 파괴하려는 의도를 가지고 행해지는 행위이다. 이 점은 먼저 1995년 'Jelisić 사건'에서 ICTY에 의해 확인되었다. ICTY는 집단살해죄를 일반범죄 또는 인도에 반하는 범죄와 구별하기 위한 기준으로 의도(mens rea)를 중요시하였다.[7] 이어서 1998년 ICTR이 판결한 (르완다 타바 시장) 'Jean-Paul Akayesu 사건'에서도 이 점이 확인되었다. 이 사건에서 ICTR은 집단살해죄의 희생자는 개인의 정체성 때문이 아니라 국민적, 민족적, 인종적 또는 종교적 집단의 소속이라는 이유 때문이라고 보았다.[8]

---

6) 로마규정 제 6조는 집단살해죄에 해당하는 행위로 (a) 집단 구성원의 살해, (b) 집단 구성원에 대한 중대한 신체적 또는 정신적 위해의 야기, (c) 전부 또는 부분적인 육체적 파괴를 초래할 목적으로 계산된 생활조건의 집단에 대한 고의적 부과, (d) 집단 내의 출생을 방지하기 위하여 의도된 조치의 부과, (e) 집단의 아동을 타 집단으로 강제이주하는 것 등을 규정하고 있다.

7) IT-95-10, para. 66.

8) '집단살해로부터의 보호집단'은 정치적, 경제적 그룹처럼 개인의 자발적 의사를 통하여(through individual voluntary commitment, such as political and economic group) 소속이 결정될 수 있는 유동적인 집단(mobile groups)이 아니라 선천적으로 소속이 결정되는(determined by birth) 안정적 집단(stable groups)으로 보았다. ICTR Case No. ICTR-96-4-T, 1998.

따라서 집단살해죄가 성립하기 위해서는 국민적, 민족적, 인종적 또는 종교적 집단의 구성원의 전부 또는 일부를 파괴하려는 의도를 가지고 행해지는 살해 또는 중대한 정신적·육체적 위해 등 금지된 행위가 존재하여야 한다. 여기서 집단의 구성원의 전부 또는 일부를 파괴하려는 의도를 '특정한 의도(specific intent)'라고 하고, 이러한 범죄를 행하려는 가해자의 의도를 '일반적 의도(general intent)'라고 하며 이 두 요건을 충족시키는 경우 집단살해죄가 성립된다(mental element와 physical element라고도 함).

그렇다면 집단살해죄에서 말하는 전부(in whole)와 일부(in part)는 어떻게 정의될 수 있을까. 2007년 보스니아와 세르비아간 '집단살해방지협약의 적용에 관한 사건'에서 ICJ는 특히 집단살해방지협약 제 2조의 목적상 '집단의 부분(part of group)'을 결정하기 위해서는 다음의 3가지 요건이 필요하다고 보았다. 즉, (a) 지리적으로 제한된 일정 지역 내에서(within a geographically limited area), (b) 특정 집단의 최소한 상당 부분을 파괴하려는(... destroy at least a substantial part of ...) 의도가 있어야 하며, (c) 대상이 되는 개인의 수는 절대수만이 아니라 전체 집단의 전반적 규모(... not only in absolute terms but also in relation to the overall size of the entire group)도 함께 평가되어야 한다고 보았다.[9] 이에 앞서 1995년 '스레브레니차 학살 사건'에서 ICTY는 '특정 지역의 군 복무연령의 남성만을 학살한 것'도 집단살해에 해당된다고 판단하였다. 보다 구체적으로는 보호받는 집단의 구성원 중 일부만을 살해한 행위는 집단의 존재 자체를 파괴하려는 의도가 없다는 점에서 집단살해에 해당되지 않을 수도 있지만 일정 지역 내 집단의 일부 구성원을 살해하는 행위가 그 집단의 일부를 완전히 파괴할 의도로 행해진다면 집단살해죄에 해당될 수 있을 것이라고 보았다.[10]

---

9) ICJ Reports 2007, p. 43, paras. 198-200.

10) 이와 관련 ICTY는 1998년 'Krific 사건'에서도 유사한 입장을 보였다. 즉, ICTY는 보호받는 구성원의 일정 수를 살해하는 경우 집단의 존재를 타켓으로 하려는 의도가 나타나지 않기 때문에(not show an intent by the perpetrators to target the very existence of the group) 집단살해 범죄에 해당되지 않을 수 있지만 반대로 소규모 지역 내의 일부 집단을 파괴하려는 의도를 가지고 동 지역 내의 전 구성원을 모두 살해하는 것은(the killing of all members of the part of a group located within a small geographical area) 집단살해에 해당될 수 있다고 보았다. The Prosecutor v. Krific, IT-98-33, para. 590.

한편 집단살해죄는 전시는 물론 평시에도 발생할 수 있으며 집단살해방지 협약 제 1조도 이 점을 확인하고 있다. 로마규정도 집단살해죄의 성립과 관련 전시와 평시를 구분하지 않는다.

결론적으로 집단살해죄의 핵심은 출생에 의하여 비자발적으로 소속되게 되는 (국민적, 민족적, 인종적 또는 종교적) 집단의 구성원들 전부 또는 일부를 파괴하려는 특정한 의도와 이러한 범죄(살해, 중대한 정신적 또는 신체적 위해 등)를 행하려는 일반적 의도를 가진 행위로 요약할 수 있다. 이에 비추어 볼 때 특정 집단에 대한 문화적 말살을 목적으로 하는 행위는 집단살해 범죄에 해당되지 않는다.

참고로 집단살해죄는 강행규범 위반에 해당되며 국제관습법상의 범죄로서 조약상의 근거가 없어도 모든 국가의 보편적 관할권 행사의 대상이 된다는 점에 대해서는 이미 설명한바 있다.

2. 인도에 반하는 죄(crimes against humanity)

가. 발전 과정

'인도에 반하는 죄'의 개념은 1907년 '헤이그 육전법규협약(Convention respecting the Laws and Customs of War on Land)' 서문의 '인도주의 법에 반하는 범죄'에서 유래한다. 제 1차 대전 이후 인도주의에 반하는 범죄는 재판소의 처벌대상으로 보다는 도덕적 규율의 대상으로 간주하는 경향이 강하였으며 따라서 당시까지는 이에 대한 국제사회의 관행과 법적확신이 미 확립되었다.

인도에 반하는 범죄의 개념은 앞에서 설명한 바와 같이 뉘른베르크 헌장 제 6조(c)에서 구현되었으며 이러한 뉘른베르크 원칙은 1946년 유엔 총회 결의 제 95(I)호에서 다시 확인되었다. 당시 인도에 반하는 죄는 전쟁 관련성을 상정하고 있었다. 그러나 이후 인도에 반하는 죄는 전쟁 관련성을 더 이상 요구하지 않고 민간인을 대상으로 하는 범죄 자체에 초점을 맞추어 왔다.[11] 이 같은 태도는 로마규정에서도 그대로 반영되었다.

---

11) 1950년 유엔 국제법위원회(ILC)도 당시 이미 인도에 반하는 죄의 개념에서 전쟁 관련성을 제외하였다.

나. 로마규정과 인도에 반하는 죄

로마규정 제 7조는 '인도에 반하는 죄'를 '민간인 주민(civilian population)에 대한 광범위하거나 체계적인 공격의 일부(part of a widespread or systematic attack)로서, 그 공격에 대한 인식을 가지고(with the knowledge of the attack) 행하여진 살해, 절멸, 노예화, 고문 그 밖에 신체 또는 정신적, 육체적 건강에 대하여 중대한 고통이나 심각한 피해를 고의적으로 야기시키는 각종 비인도적인 행위 등'으로 규정하고 있다.[12] 따라서 이러한 요건을 충족시키지 못하는 경우에는 아무리 반인륜적, 반인권적 행위라 하여도 인도에 반하는 죄에 해당되지는 않는다.

이를 다시 나누어 설명하면 다음과 같다.

첫째, '민간인 주민'이라 함은 단순한 개인이 아니라 집단을 의미한다.

둘째, '광범위하거나 체계적인 공격의 일부'란 국가나 조직의 정책에 따라 계획적으로 이루어지는 행위를 말한다.[13] 여기서 인도에 반하는 죄의 성립을 위한 핵심요건은 '국가나 조직의 정책'에 있다는 것을 알 수 있다. 따라서 고립되거나 산발적인 살인이나, 강간 등은 반인도적 행위이지만 국가나 조직의 정책에 따라 광범위하거나 체계적인 공격의 일부로 행해지지 않는 한 인도에 반하는 죄에 해당되지 않는다. 반면 상기 요건 충족시에는 단 1명을 살해하거나 강간한 행위도 국제법상 인도에 반하는 범죄로 볼 수 있다. 그러나 반드시 국가나 조직의 정책이나 계획의 결과임을 입증할 필요는 없으며 그러한 정책이나 계획의 존재가 입증될 수 있으면 충분하다.

셋째, '공격에 대한 인식을 가지고'란 자신의 행위가 광범위하거나 체계적인 공격의 일부라는 사실을 인식하고 있어야 한다는 의미이다.

넷째, 인도에 반하는 죄와 무력충돌과는 관련이 없으며 따라서 평시, 내전(비국제

12) 로마규정 제 7조는 인도에 반하는 죄에 해당하는 행위로 살해, 절멸, 노예화, 주민의 추방 또는 강제이주, 국제법의 근본원칙을 위반한 구금 또는 그 밖의 신체적 자유의 심각한 박탈, 고문, 강간, 성적 노예화, 강제매춘, 강제임신, 강제불임 또는 이에 상당하는 기타 중대한 성폭력 등을 규정하고 있다.

13) 앞의 주 8에서 설명한 'Akayesu 사건'에서 ICTY는 'widespread'는 '엄청난 정도의(massive), 잦은(frequent), 대규모(large scale)의 행위로서 상당한 심각성을 가지고 다수의 희생자를 겨냥하여 행해진 경우를 의미하며, 'systematic'은 공통의 정책에 기초하여 철저히 준비되고(thoroughly organized) 일정한 패턴에 따르는 것을 의미한다고 보았다.

적 무력충돌), 국제전 등 어느 경우에도 여사한 범죄에 책임있는 자는 처벌될 수 있다.

인도에 반하는 죄와 집단살해죄의 주요 차이점
▶ 인도에 반하는 죄가 성립하기 위해서는 행위가 고립되거나 산발적인 공격이 아니라 국가나 조직의 정책에 따라 광범위하거나 체계적인 공격의 일부로 행해져야 한다. 반면 집단살해죄는 그러한 요건이 요구되지 않는 대신 집단의 전부 또는 일부를 파괴하려는 특정한 의도가 요구된다. 즉, 인도에 반하는 죄는 집단을 파괴할 의도를 요구하지 않으나 집단살해죄는 그러한 의도를 요구하고 있다.

3. 전쟁범죄(war crimes)

로마규정 제 8조 1항이 규정하고 있는 전쟁범죄란 국제적 또는 비국제적 무력충돌과정에서 국제인도법을 심각하게 위반하는 행위, '특히' 계획이나 정책의 일부로서 또는 그러한 범죄의 대규모 실행의 일부로서 범하여진 무력분쟁 관련 범죄를 말한다. 여기서 제 8조 1항이 사용한 '특히'는 제 2항에 열거된 전쟁범죄가 반드시 계획이나 정책의 일부로서 행해지거나 광범위한 범죄수행의 일부로서 행하여지지 않은 경우에도 국제형사재판소의 관할권이 성립될 수 있다는 의미이다.

로마규정 작성과정에서 전쟁범죄가 '오직(only)' 계획이나 정책의 일부로서 또는 그러한 범죄의 광범위한 수행의 일부로서 저질러진 경우에만 재판소가 관할권을 행사하도록 하자는 안과 '특히(in particular)' 계획이나 정책의 일부로서 또는 그러한 범죄의 광범위한 수행의 일부로서 자행된 경우에 재판소가 관할권을 행사하도록 하자는 안이 대립되었다. 물론 두 개의 표현이 모두 제한적으로 볼 수 있지만 대부분의 국가들은 전자의 경우 전쟁범죄의 범위를 지나치게 제한할 수 있다는 이유로 받아들이지 않고 후자를 선택하였다.14)

한편 전쟁범죄의 규율대상이 되는 국제인도법이란 후술하는 바와 같이 전쟁수행의 수단과 방법을 규율하는 헤이그법과 전투 수행능력을 상실한 사람(부

14) 김영석, '국제형사재판소법 강의', 법문사, 2015, p. 68.

상병자 등)과 민간인 보호를 규정한 제네바법을 말한다.[15] 이와 관련 로마규정 제 8조 2항은 전쟁범죄를 다음과 같이 구체적으로 규정하고 있다.

(a) 1949년 제네바 협약의 중대한 위반행위[16]
(b) 국제적 무력충돌에 적용되는 법과 관습에 대한 기타 중대한 위반행위[17]
(c) 비국제적 무력충돌의 경우 1949년 제네바 협약 공통 제 3조의 중대한 위반행위[18]
(d) 비국제적 무력충돌에 적용되는 법과 관습에 대한 기타 중대한 위반행위[19] 등

여기서 중요한 것은 비록 비국제적 무력충돌의 경우일지라도 (c)호의 '1949년 제네바 협약 공통 제 3조'와 (d)호의 '비국제적 무력충돌에 적용되는 법과 관습에 대한 기타 중대한 위반행위'가 있으면 전쟁범죄의 책임을 물을 수 있다는 점이다. 원래 전쟁범죄라 함은 국가간의 전쟁을 대상으로 하여 전쟁수행 중 발생한 국제인도법 위반행위를 처벌하는 것이 목적이지만 이들 (c)호와 (d)호의 규정을 위반하는 경우에는 비록 비국제적 무력충돌이지만 전쟁범죄의 책임을 추궁할 수 있게 되었다.[20] 그러나 단순한 폭동이나 국지적이고 산발적인 폭력행위 또는 이와 유

15) 2002년 'Kunarac 사건'에서 ICTR은 전쟁범죄의 성립요건으로 (a) 전쟁범죄자의 행위는 무력충돌과 밀접히 연계되어 있어야 하고, (b) 특히 범죄자는 전투원이어야 하며, (c) 희생자는 비전투원으로 상대국의 구성원이어야 하고, (d) 행위는 군사활동의 궁극적 목표 달성에 도움이 되어야 하며, (e) 행위자의 공적의무의 범위 내에서 행해져야 한다고 보았다. 이는 전쟁범죄가 국제인도법의 위반이라는 점을 확인한 것이다. The Prosecutor v. Kunarac, et. al, IT-96-23& IT-96-23/1, 2002

16) 4개 제네바 협약은 각 협약의 적용대상이 되는 중대한 위반행위를 규정하면서 이를 위반할 경우 처벌하도록 규정하고 있다.

17) 이는 제네바 협약상의 중대한 위반은 아니나 국제인도법과 관습에 대한 중대한 위반행위를 말한다. 주로 제네바 협약의 제 1추가의정서(민족해방단체의 투쟁을 국제적 무력충돌로 격상)와 헤이그 규칙에서 유래한다.

18) '일 체약국의 영토에서 발생하는 국제적 성격을 띠지 않는(비국제적) 무력충돌'에 대하여 규정한 제네바 협약 공통 제 3조를 위반하는 행위를 말한다.

19) 주로 제네바 협약 제 2추가의정서(비국제적 무력충돌의 희생자 보호를 규정)에서 금지한 행위에 대한 위반을 말한다.

20) ICTY도 제 13강 '국가책임'의 주 8에서 인용된 'Tadic 사건'에서 비국제적 무력충돌의

사한 성격의 국내적 소요나 긴장상태는 전쟁범죄의 적용대상이 되는 비국제적 무력충돌에 해당되지 않는다. 이에 대한 상세는 제 28강(국제인도법)을 참조한다.

한편 전쟁범죄는 로마회의 당시 가장 어려운 쟁점중의 하나로서 특히 핵무기의 사용금지문제가 그 중심에 있다. 그러나 로마규정 제 8조 2항 (b)호는 핵무기를 불법화하지 못함으로써 핵무기의 사용을 전쟁범죄로 규정하지 못하였다.[21] 따라서 이를 전쟁범죄에 포함시키기 위해서는 앞으로 로마규정의 개정이 필요하지만 개정 절차상의 한계로 핵무기 사용을 국제형사재판소의 관할 범죄로 하는 것은 사실상 불가능한 상황이다.

북한의 천안함 폭침 및 연평도 포격사건의 전쟁범죄 해당 여부[22]

- ▶ ICC 소추관은 2010년 같은 해에 발생한 천안함 폭침사건과 연평도 포격사건에 대한 북한의 행위가 전쟁범죄에 해당하는지 여부에 대한 예비조사에 착수하였고, 2014년 예비조사 결과를 발표함.
- ▶ 예비조사 결과 천안함의 경우 군함과 수병은 군사공격의 대상이 된다는 점과 연평도 포격의 경우 민간인에 대한 피해가 있었지만 민간인이 공격의 대상이었는지 불명확하고 군사목표물도 공격당하였다는 사실은 민간인만이 유일한 목표물이라고 믿기는 어려우므로 재판소 관할대상 범죄(전쟁범죄)에 해당하지 않는다고 판단함.
- ▶ 그러면서도 이러한 ICC의 판단이 어느 경우에도 북한의 행위를 용인하는 것으로 해석되어서는 안 된다는 점을 명기함.

경우에 국제인도법이 적용되고 따라서 전쟁범죄가 성립될 수 있다고 보았다.

21) 예컨대, 로마회의 당시 인도는 핵무기의 사용금지문제를 전쟁범죄에 포함시킬 것을 강력하게 제의하였으나 받아들여지지 않았다. 한편 2017년 로마규정 당사국 회의에서는 제 8조를 개정하여 강력하고 고통이 수반되는 무기(미생물, 생물, 독성 무기, 시력을 영구적으로 제거할 수 있는 레이저 무기 등)의 사용을 전쟁범죄의 범주에 포함시켰다.

22) ICC 발표 원문(Situation in the Republic of Korea, Article 5 Report, ICC, 2014, Executive Summary): 제 13항: In general, it is not a war crime to attack military objectives including naval ships or to kill enemy military personnel including sailors on a naval ship. If this incident was a result of a military attack, it was not a violation of any of the provisions in Article 8 of the Rome Statute., 제 18항: Although the attack resulted in injury to civilians and damage to civilian objects, it is not clear that they were the objects of the attack. The fact that military objectives, including the

인도에 반하는 죄와 전쟁범죄의 주요 차이점
▶ 많은 비인도적 행위들이 인도에 반하는 죄와 전쟁범죄에 모두 해당될 수 있다. 그러나 양자의 차이는 인도에 반하는 죄는 무력충돌(armed conflict)과 상관없이 발생할 수 있다는 점이다. ▶ 반면 전쟁범죄의 핵심은 무력충돌과정에서의 국제인도법 위반여부이다. 따라서 전쟁범죄가 성립하기 위해서는 범죄와 무력충돌간의 연계성이 존재하여야 하며 또한 범죄혐의자도 무력충돌상황의 존재를 인식하여야 한다.

4. 침략범죄(crime of aggression)

가. 전쟁불법화 과정

침략의 개념이 국제법상 법적개념으로 발전한 것은 국제연맹에서였다. 국제연맹규약 제 10조는 외부의 침략에 대응하여 다른 나라의 영토보전과 정치적 독립을 존중하고 유지할 것을 규정함으로써 국제평화와 안전을 위한 핵심가치로서 침략을 불법화하기 위한 노력을 시작하였다. 이어서 체결된 부전조약은 국가정책수단으로서의 전쟁을 부인함으로써 침략전쟁을 불법화하였다.

이러한 바탕위에서 전술한 바와 같이 나치지도자들은 부전조약을 위반하여 전쟁을 계획, 준비, 개시 또는 수행하였다는 이유로 1945년 뉘른베르크 헌장에 따라 평화에 반하는 죄, 즉 침략범죄로 처벌되었다.

이후 1974년 유엔 총회는 결의 제 3314호로 침략에 대한 정의를 채택하였다. 여기서 검토하는 침략범죄도 결국은 침략의 정의에 토대를 두고 있다. 참고로 침략의 정의는 (a) 유엔헌장상 무력사용 금지원칙의 적용과 이에 대한 예외로서의 자위권, (b) 제 7장에 따른 안보리의 강제조치 결정과 (c) 평화를 위한 단결 결의 등의 운영과 관련하여 해석의 기준을 제공하는 등 중요한 역할을 수

---

military base on the southwestern part of Yeonpyeong Island, were attacked eliminates any reasonable basis to believe that civilians or civilian objects were the sole object of the attack.

행해 오고 있다.

나. 침략범죄의 정의

로마규정 채택회의시 국가간 입장 차이로 침략범죄의 정의에 대한 결정은 2010년까지 미루어졌었다. 이후 2010년 우간다에서 개최된 로마규정 당사국회의에서 합의된 침략범죄의 정의가 로마규정 제 8조 bis로 신설되어 포함되었다. 신설된 침략범죄는 개인의 침략범죄(제 8조 bis 1항)와 국가의 침략행위(제 8조 bis 2항)로 구분된다.

로마규정 제 8조 bis 1항은 '개인의 침략범죄'를 국가의 정치적 활동 또는 군사 활동을 실효적으로 지배하거나 지시하는 지위에 있는 사람이 '국가의 침략행위(act of aggression)'를 계획(planning), 준비(preparation), 개시(initiation) 및 수행(execution)하는 것으로서 침략행위의 성격상 중대성(gravity)과 규모(scale)가 유엔헌장의 명백한 위반(manifest violation)을 구성하는 경우로 규정하였다.[23]

그렇다면 무엇이 개인의 침략범죄를 구성하는 '국가의 침략행위'인가. 로마규정 제 8조 bis 2항은 유엔헌장 제 2조 4항을 원용하여 '일국가가 다른 국가의 주권, 영토보전 및 정치적 독립에 반하여 무력을 행사하거나 또는 유엔헌장에 위배되는 방식으로 무력을 사용하는 것'으로 정의하고 있다. 구체적인 침략행위의 예는 유엔 총회 결의 제 3314호가 제시하는 침략의 정의를 기준으로 하고 있다. 이에 의하면 '한 국가에 의한 타국의 영토에 대한 폭격(bombardment) 또는 한 국가의 타국 영토에 대한 어떠한 무기의 사용'도 침략행위가 될 수 있다. 예컨대, 타국에 대한 무력침입, 타국 연안이나 항구에 대한 무력봉쇄 등을 들 수 있을 것이다.[24] 이는 상당히 폭넓게 침략행위를 규정한 것으로써 여사한 행위에 책임있는 개인을 처벌할 수 있는 가능성이 넓게 확보되어 있다고 할 수 있다.

23) 이러한 이유로 침략범죄를 지도자 범죄라고도 한다.

24) 신설된 제 8조 bis 2항은 한 나라의 군대에 의한 타국의 영역에 대한 침공 또는 공격, 일시적일지라도 이러한 침공 또는 공격의 결과로 인한 군사점령 또는 무력행사에 의한 타국의 영역의 전부 또는 일부의 병합, 한 나라의 군대에 의한 타국의 영역에 대한 폭격 또는 한 나라의 타국의 영역에 대한 무기의 사용, 한 나라의 군대에 의한 타국의 항구 또는 연안 봉쇄 또는 한 나라의 군대에 의한 타국의 육군, 해군, 공군 또는 함대 또는 항공편대에 대한 공격 등을 침략으로 규정하고 있다.

그러나 단순한 경제적 봉쇄나 정치적 압력은 침략행위에 해당되지 않는다. 이와 관련 타국 영토에 대한 산발적이거나 대규모가 아닌 무력사용을 통해 유엔헌장 제 2조 4항을 위반한 것은 국제법상 불법행위(internationally wrongful act)에 불과하며 따라서 국가책임을 부담할 수는 있지만 국제범죄(침략범죄)는 아니므로 ICC에 의한 책임자 처벌은 성립하지 않는다고 볼 수 있을 것이다.

한편 유엔헌장 제 39조는 안보리에 대하여 침략행위의 존재를 결정할 수 있는 권한을 부여하고 있다. 그렇다면 안보리는 국제형사재판소가 침략범죄에 대하여 관할권을 행사할 수 있는지 여부를 판단하는 데 있어서 일종의 판단기준을 제공해주는 것은 아닌지, 양자의 관계에 대한 검토가 필요하다(이에 대해서는 다음 항의 '침략범죄에 대한 관할권 행사' 참조).

참고로 침략행위에 대하여 책임있는 개인이 침략범죄에 대하여 형사책임을 부담하는 것과는 별도로 침략행위 자체에 대해서는 국가책임이 성립될 수 있을 것이다.

제3절 국제형사재판소(ICC)의 구성

1. 재판관

ICC는 18명의 재판관으로 구성된다. 재판관은 각국에서 최고 사법직에 임명되기 위해 필요한 자격을 갖추어야 하며, 특히 형법 및 형사소송법 또는 국제인도법이나 인권법 등 국제법 관련분야에서의 능력과 전문적 지식의 자격을 갖춘 자중에서 선임된다.

재판관은 세계 주요 법체계, 공평한 지역 대표성, 성별의 공정을 선정기준으로 하고 있다. 재판관의 임기는 9년으로 재선될 수 없다. 재판관은 각 당사국의 영역에서 재판소의 목적달성에 필요한 범위 내에서 외교특권과 면제의 예에 따라 특권과 면제를 향유한다(제 48조).

2. 재판소의 구성

ICC는 재판소장을 중심으로 하는 소장단(Presidency), 상소부(Appeals Division), 제 1심 재판부(Trial Division) 및 전심 재판부(Pre-Trial Division), 소추부(Office of the Prosecutor) 및 사무국(Registry)으로 구성된다.

3. 재판소의 적용법규

로마규정 제 21조에 따라 ICC가 적용하는 법규는 다음과 같다.

- 로마규정, 범죄구성요건과 절차 및 증거규칙
- 무력충돌에 관한 확립된 국제법 원칙을 포함하여 적용 가능한 조약과 국제법상의 원칙 및 규칙(국제관습법을 의미)
- 범죄에 대하여 관할권을 행사하는 국가의 국내법, 법의 일반원칙 등

이를 구체적으로 설명하면 국제형사법의 실체적 및 절차적 규범들에는 국제인도법 관련 조약인 1899년과 1907년 헤이그법, 1949년 4개 제네바 협약 및 1977년 추가의정서, 1948년 집단살해방지협약과 1984년 고문방지협약, 1945년 뉘른베르크 및 동경 군사재판소, 구유고 국제형사재판소와 르완다 국제형사재판소의 규정들과 1998년 국제형사재판소규정 등이 포함된다.

한편 이들 적용법규에 대한 해석과 적용은 국제적으로 승인된 인권과 부합하여야 한다.

제4절 재판소의 관할권 성립

ICC의 관할대상 범죄에 대하여는 앞에서 설명하였다. 여기서는 ICC가 어떠한 조건으로 관할권을 행사할 수 있는가의 문제에 대하여 설명한다. 이 문제는 ICC의 실효성과 직결되는 매우 중요한 문제이다.

1. 시간적 관할권

ICC는 규정 발효일(2002년 7월 1일) 이후 행하여진 범죄에 대하여만 관할권을 가진다(제11조 1항). 발효일 이후 당사국이 된 국가에 대해서는 로마규정이 당해국에 발효된 이후에 행하여진 범죄에 대해서만 관할권을 가진다(동 조 2항). 우리나라의 경우 규정당사국이 된 2003년 2월 1일 이후에 발생한 범죄에 대해서만 관할권이 성립된다.

2. 인적 관할권

가. 개인의 형사책임

로마규정 제 25조는 ICC의 관할범죄를 범한 자는 개인적으로 책임을 진다고 규정함으로써(personal responsibility) 재판소의 목적이 관할범죄를 범한 개인을 처벌하기 위한 것임을 분명히 하고 있다. 그러나 동 조 제 4항은 개인의 형사책임이 국제법상 국가책임과는 무관함을 명시하고 있다. 앞에서 다룬 '침략범죄'에서 간단히 설명한 바와 같이 개인의 형사책임이 성립하는 경우에도 국가책임은 그와 별도로 성립될 수 있다는 의미이다. 이는 양자가 별개의 제도임을 의미하는 것이다.

한편 처벌대상이 되는 개인은 침략범죄의 경우에는 침략행위를 결정할 수 있는 위치에 있는 국가지도자이지만 반면 그 밖의 경우, 예컨대, 전쟁범죄의 경우에는 전투 등 적대행위에 직접 참가하는 전투원도 대상이 될 수 있다.

나. 공적지위의 무관련성

로마규정 저 27조는 국가원수 또는 정부수반, 정부 또는 의회의 구성원, 선출된 대표자 또는 정부공무원으로서의 공적 지위(official position)가 이들을 이 규정에 따른 형사책임으로부터 면제시켜 주지 않으며(제 1항) 국내법상 또는 국제법상 면제가 부여되는 경우에도 그러한 면제가 재판소의 관할권 행사를 방해하지 않는다고 규정하고 있다(제 2항).[25] 여기서의 면제는 제 12강(주권면제)에서 설명한 물적면제(*ratione materiae*)와 인적면제(*ratione personae*)를 모두 포함하는 개념이다.

다. 지휘관 및 상급자의 책임

일정한 요건을 충족하는 경우 군 지휘관 또는 사실상 군 지휘관으로서 행동하는 자는 자신의 실효적인 지휘와 통제하에 있는 군대가 행한 ICC 관할범죄에 대하여 그 군대를 적절하게 통제하지 못한 결과로서의 형사책임을 진다. 또한 군대의 상급자는 자신의 실효적인 권위와 통제하에 있는 하급자가 행한 ICC 관할범죄에 대하여 하급자를 적절하게 통제하지 못한 결과로서의 형사책임을 진다(제 28조).

한편 하급자도 ICC 관할범죄에 책임이 있는 경우에는 당연히 처벌대상이 된다. 즉, 정부의 명령이나 상급자의 명령에 따라 ICC 관할범죄를 범한 경우 처

---

25) 우리나라 국가원수에 대한 인도요청시의 대응에 대하여는 로마규정 제 27조(공적지위 무관련성)와 우리 헌법 제 84조(대통령은 내란 또는 외환의 죄를 범한 경우를 제외하고는 재직 중 형사상의 소추를 받지 아니한다)의 충돌이 예상될 수 있으나 헌법 제 84조를 로마규정 제 27조에 합치되게 해석하여 대통령이 집단살해 등 ICC 관할대상 범죄를 범하였을 경우에는 재직 중이라도 형사상 면책특권을 향유할 수 없다고 해석하는 것이 타당하다고 본다. 왜냐하면 집단살해 등 범죄를 저지른 행위가 대통령의 공적 행위에 결코 포함될 수는 없을 것이기 때문이다. 그렇게 해석하는 것이 로마규정 당사국으로서의 올바른 태도이며 국제형사법의 발전 방향에도 부합된다. 김영석, pp. 134-137. 또한 이렇게 해석하는 것이 국내법을 이유로 국제의무위반을 정당화할 수 없다는 국제법 원칙에도 부합된다고 본다.

벌 대상이 될 수 있다.[26] 다만 예외적으로 동인이 (a) 상급자의 명령에 따라야 할 법적 의무가 있고, (b) 명령이 불법임을 알지 못하였으며, (c) 또한 명령 자체도 명백하게 불법적이지는 않았을 경우에는 형사책임이 면제될 수도 있다(제 33조 1항). 그러나 집단살해죄나 인도에 반하는 죄를 범하도록 하는 명령은 어느 경우에도 명백하게 불법이다(동 조 2항). 따라서 그러한 명령을 수행한 경우에는 처벌될 수도 있다.

3. 관할권 행사

가. 관할권 행사의 전제조건

로마규정 제 12조 1항은 로마규정의 당사국이 자동적으로 ICC의 관할대상 범죄에 대한 재판소의 관할권을 수락한 것으로 보고 있다. 이를 자동적 관할권(automatic jurisdiction)이라고 한다. 이는 ICJ의 경우 규정당사국이라 하더라도 개별사건에 대한 재판소의 관할권이 성립하기 위해서는 분쟁당사국간의 합의 등 별도의 조치가 필요한 것과 구분된다.

그러나 ICC의 경우에도 재판소가 관할권을 행사할 수 있기 위해서는 원칙적으로 로마규정 제 12조 2항에 따라 관할권 행사의 전제조건이 충족되어야 한다. 즉, 범죄발생지국 또는 범죄혐의자의 국적국 중 어느 한국가가 로마규정의 당사국이어야 한다.[27] 범죄발생지국이라 함은 범죄가 발생한 국가 또는 범죄가 발생한 선박이나 항공기의 등록국 등을 의미한다. 범죄발생지국이라는 표현은

---

26) 상사의 명령과 법률의 규정이 ICC 관할범죄를 범한 개인의 형사책임 조각사유가 되지 못한다는 것은 뉘른베르크 헌장 제 8조와 ICTY규정 제 7조 4항에서도 확인된바 있다. 김영석, p. 150.

27) 참고로 성안과정에서 전제조건없이 재판소가 모든 관할범죄에 대해 재판관할권을 행사할 수 있도록 하자는 독일안과 범죄발생지국, 범죄혐의자 구금국, 범죄혐의자 국적국 및 피해자 국적국 등 4개국이 모두 로마규정의 당사국인 경우에만 재판소가 관할권을 행사할 수 있도록 하자는 미국안이 대립되었다. 그러나 미국의 주장처럼 피의자 국적국의 동의를 요구하는 경우 사실상 ICC의 실효성은 감소될 수밖에 없다는 점에서 지지를 받지 못하였다. 결국 우리나라의 중재로 범죄발생지국과 범죄혐의자의 국적국 중 어느 한 국가가 규정당사국이면 관할권을 행사할 수 있도록 타협되었다.

로마규정의 당사국 내에서 범죄가 발생하면 충분한 것이지 범인이 범죄발생지국의 국적을 가져야 하는 것을 의미하지는 않는다. 따라서 로마규정 비당사국의 국민이 규정당사국의 영토 내에서 관할대상 범죄를 범하는 경우에는 관할권 행사의 대상이 될 수 있다. 마찬가지로 범죄가 비당사국 영토 내에서 발생하는 경우에도 범죄혐의자가 규정당사국 국민인 경우에는 재판소의 관할권이 성립된다. 또한 관할대상 범죄가 로마규정 비당사국의 영토에서 시작되었더라도 당사국의 영토 내에서 완수되는 경우에는 ICC의 관할권이 성립된다고 볼 수 있다.

나. 관할권 행사 방식

1) 제소주체에 따른 관할권의 성립(제 13조)

가) 당사국에 의한 회부

당사국은 범죄가 행하여진 것으로 보이는 사태(situation)를 소추관에게 직접 회부할 수 있다(self-referral).

나) 소추관에 의한 독자적인 수사 개시

소추관은 독자적인 판단으로 수사를 개시할 수 있으나 소추관의 독자적인(*proprio motu*) 수사는 소추권의 남용 방지를 위해 사전에 전심 재판부가 합리적 근거(a reasonable basis)가 있다고 판단하여 허가하는 경우에 한한다.

다) 유엔 안전보장이사회에 의한 회부

유엔 안전보장이사회는 유엔헌장 제 7장에 의거 사태를 소추관에게 회부할 수 있다.

2) 관할권 행사의 전제조건의 적용

전술한 관할권 행사의 전제조건은 위 '1) 가)'항의 경우처럼 당사국이 사태를 회부하거나 '나)'항의 경우처럼 소추관이 독자적으로 수사를 개시하는 경우에만 적용된다.

2004년 콩고내전당시 소년병을 전투에 투입한 혐의로 콩고 반군지도자 루방가를 콩고 정부가 ICC에 직접 회부한 경우가 있으며, 앞에서 설명한 바와 같이 2010년 ICC 소추관은 천안암 폭침사건과 연평도 포격사건에 대하여 직권에 의한 조사에 착수한 바 있다. 이 사건에서 소추관의 조사는 범죄발생지국으로서의 한국이 규정당사국이어서 가능하였다.

그러나 '다)'항의 경우처럼 안보리가 회부하는 사태의 경우에는 전제조건이 적용되지 않는다. 안보리의 회부는 구속력있는 안보리의 결정에 따른 조치이기 때문이다. 예컨대, 2005년 유엔 안보리는 수단 다푸르 사태와 관련 인도에 반하는 죄를 근거로 바쉬르 수단대통령을 ICC에 회부하기로 결정하였다. 수단은 규정당사국이 아니지만 안보리 결의에 근거하여 회부가 가능하였다.

한편 범죄혐의자의 국적국이나 범죄발생지국이 모두 규정당사국이 아닌 경우에도 ICC가 이들 국가의 동의를 별도로 얻는 경우 관할권이 성립될 수 있다.

3) 침략범죄에 대한 관할권 행사(2010년 6월 개정안 합의)

안보리가 ICC에 침략범죄를 회부하는 경우에는 (a) 침략행위에 책임 있는 국가가 로마규정 당사국인지, (b) 당해국이 침략범죄에 대한 재판소의 관할권을 수락했는지, (c) 안보리가 침략행위의 존재를 확인하는 결정을 내렸는지의 여부가 전혀 문제되지 않는다(제 15조 ter). 안보리가 침략행위에 대한 결정을 내리는 경우에도 동 결정은 ICC의 자체적 판단에 영향을 미치지 않는다(동 조 4항).[28]

반면 당사국이 침략범죄와 관련한 사태를 회부하거나 소추관이 독자적으로 수사를 개시하는 것이 필요하다고 판단하는 경우에는 먼저 소추관이 유엔사무총장에게 사태에 대하여 통고한다. 그러나 6개월이 지나도록 안보리가 침략행위에 대하여 아무런 결정을 하지 않을 경우에는 소추관이 전심 재판부의 허가를 얻어 독자적으로 수사를 개시할 수 있다(제 15조 bis).[29]

---

28) 제 15조 ter(Exercise of jurisdiction over the crime of aggression) 4항: "A determination of an act of aggression by an organ outside the Court shall be without prejudice to the Court's own findings under this Statute."

29) 제 15조 bis 6항과 8항의 원문은 다음과 같다: "6. Where the Prosecutor concludes that there is a reasonable basis to proceed with an investigation in respect of a crime of aggression, he or she shall first ascertain whether the Security Council has made a determination of an act of aggression committed by the State concerned ...

한편 당사국이 사태를 회부하거나 소추관이 독자적으로 수사를 개시하는 경우에는 안보리에 의한 사태의 회부와 달라서 당사국이 사전에 침략범죄의 관할권을 수락하지 않는다는 내용의 배제선언(opt-out)을 하였다면 ICC가 관할권을 행사할 수 없다. 또한 비당사국의 국민에 의해 침략범죄가 행해지거나 또는 비당사국의 영토에 대해 행해진 침략범죄에 대하여도 안보리에 의한 제소가 아닌 한 재판소의 관할권 행사가 제한되는 것은 다른 범죄의 경우와 같다.

침략범죄(crime of aggression)(요약)

▶ 무엇이 crime of aggression인가?
- 지도적 위치에 있는 사람에 의한 침략행위의 계획, 준비, 개시, 실행 등

▶ 무엇이 act of aggression인가?
- 유엔헌장 제 2조 4항의 명백한 위반으로 다른 나라에 대한 무력의 사용(use of force)
- 유엔 총회결의 제 3314호(침략의 정의) 위반

▶ 무엇이 crime of aggression의 판단기준인가?
- 성격, 중요도, 규모 등을 종합적으로 판단 제 2조 4항 위반 여부를 결정

▶ 누가 crime of aggression으로 처벌받는가?
- 정치, 군사적으로 직접 지시하거나 통제할 수 있는 위치에 있는 지도자

▶ 안보리가 crime of aggression을 회부하는 경우 당연히 침략행위가 발생한 것으로 간주되는가?
- 안보리가 침략행위의 존재를 확인하는 결정을 내렸는가의 여부가 문제되지 않으며, 안보리가 침략행위에 대한 결정을 내리는 경우에도 동 결정은 ICC의 자체적 판단에 영향을 미치지 않음.

▶ 당사국이 crime of aggression을 회부하거나 검찰관이 독자적으로 소추하려는 경우 수사 개시는 언제 어떻게 개시되는가?
- 소추관은 유엔사무총장에게 통보하고 6개월이 지나도록 안보리가 아무런 결정

8. Where no such determination is made within six months after the date of notification, the Prosecutor may proceed with the investigation in respect of a crime of aggression, provided that the Pre-Trial Division has authorized the commencement of the investigation ..."

을 하지 않을 경우 전심 재판부의 허가를 얻어 독자적으로 수사개시 가능

▶ 당사국에 대해서만 crime of aggression 규정이 적용되는가?
- 안보리 회부시 비당사국 국민도 소추 가능
- 당사국 또는 소추관 회부시에는 당사국 국민만 기소 가능, 단, 적용배제(opt-out)를 선언한 당사국 국민에 대하여는 적용되지 않음.

다. 보충성의 원칙

ICC는 당해 국가의 국내관할권에 대신하여 보충적으로 관할권을 행사하여야 하며 이를 보충성의 원칙이라고 한다. 보충성의 원칙(principle of complementarity)은 특정 사건이 ICC의 재판대상이 될 수 있느냐의 재판적격성(admissibility)에 관한 대표적인 원칙이다. 로마규정 전문 제 10항(... 국제형사재판소는 국가의 형사관할권을 보충하는 것임을 강조하며)과 제 1조(... 국제적 관심사인 가장 중대한 범죄를 범한 자에 대하여 관할권을 행사하는 권한을 가지며, 국가의 형사관할권을 보충한다)는 국제형사재판소가 보충성의 원칙의 적용을 받는다는 점을 명시하고 있다. 이어 동 제 17조(재판적격성의 문제)에서도 "사건에 대하여 관할권을 가지는 개별국가에 의하여 사건이 수사되고 있거나 기소된 경우 ICC는 관할권을 행사할 수 없다"고 규정함으로써 개별국가의 재판관할권이 ICC의 관할권보다 우위에 있으며 ICC는 개별국가의 관할권을 보충하고 있음을 다시 확인하고 있다.

따라서 ICC는 다음의 경우 보충성의 원칙이 적용되어 관할권을 행사할 수 없다.

첫째, 사건에 대하여 관할권을 가지는 개별국가에 의하여 사건이 수사되고 있거나 기소가 진행 중인 경우,

둘째, 사건에 대하여 관할권을 가지는 개별국가가 수사결과 불기소하기로 결정한 경우,

셋째, 피고가 이미 공정한 재판을 받은 경우,

넷째, 사건이 ICC의 관여를 정당화할 정도의 충분한 중요성(gravity)이 없는 경우 등

그러나 개별국가가 진정으로 수사 또는 기소할 의사가 없거나(unwilling), 능

력이 없는(unable) 경우에 사건이 ICC의 관할권 행사를 정당화할 수 있을 정도로 충분한 중요성을 가진다고 판단되는 경우에는 ICC가 관할권을 행사할 수 있다.

- 여기서 'unable'의 의미는 당해 국가의 사법체계가 완전히 또는 부분적으로 붕괴되어 피고인을 억류할 수 없거나 형사절차를 수행할 수 없을 경우를 의미한다.
- 'unwilling'은 당해 국가가 관련 혐의자를 보호하기 위한 목적으로 소송을 개시하는 제스처만 보이거나, 재판을 진행할 의사가 없다는 것이 분명히 나타날 정도로 소송절차를 부당하게 지연시키는 경우와 소송절차가 독립적이지 않거나 또는 공정하게 수행되지 않는 경우 등이 이에 해당될 수 있다. 부당한 사면의 제공도 'unwillingness'의 명백한 증거가 될 수 있을 것이다.

참고로 ICTY와 ICTR은 동 재판소 규정에 따라 재판소가 직접 우월한 재판관할권을 가졌다는 점에서 ICC와 차이가 있다. 즉, 유엔 안보리 결의에 의해 임시로(ad hoc) 성립된 이들 재판소는 해당 국가들이 정상적으로 국내에서 재판을 진행할 수 없다고 보았기 때문에 처음부터 동 재판소에 대하여 전속적인 관할권을 부여하였다. 따라서 보충성의 원칙이 적용될 여지가 없었다.

라. 수사의 개시

로마규정 제 53조는 소추관이 자신에게 이용 가능한 정보를 평가한 후 절차를 진행할 합리적인 근거가 없다고 판단하지 않는 한 수사를 개시하여야 한다고 규정하고 있다(동 조 1항).

이와 같이 로마규정은 소추관에게 수사를 위한 합리적인 근거가 있는지 그리고 기소를 위한 충분한 근거가 있는지를 결정할 상당한 재량을 부여하고 있다. 그러나 소추관이 특히 범죄의 충분한 중요성(sufficient gravity), 정의의 이익(interest of justice)과 피해자의 이익(interest of victims)의 관점에서 보아 절차를 진행할 합리적인 근거가 없다고 결정하는 경우에도 동 사실을 전심재판부에 통지하도록 규정함으로써 소추관의 재량에 대하여 통제하고 있다(제 2항). 이는 어느 경우에도 소추관의 재량이 자의적일 수 없다는 의미이다.

4. 형법상 일반원칙의 적용

가. 일사부재리원칙

ICC에서 유죄 또는 무죄 판결을 받은 경우 다시 ICC에 의해 재판받지 않으며 또한 다른 재판소에 의해서도 재판받지 않는다(제 20조 1, 2항). 이를 일사부재리원칙(*Ne bis iu idem*)이라고 한다. 이는 형사법의 기본원칙이 ICC에도 적용되는 것이다. 동시에 다른 국가의 재판소에서 이미 재판을 받은 경우에도 원칙적으로 ICC는 관할권을 행사할 수 없다. 그러나 앞의 '보충성의 원칙'에서 설명하였듯이 다른 국가에서의 재판절차가 (a) 당해인을 형사책임으로부터 보호할 목적이었거나, (b) 당해인을 처벌하려는 의도와 부합되지 않는 방식으로 수행된 경우에는 동일한 행위에 대하여 ICC에 의해 다시 재판받을 수 있다(동 조 3항).

한편 제 25강(범죄인인도 제도)에서 설명한 범죄인인도조약은 일사부재리원칙을 인도거절사유로 규정하고 있다. 이에 반해 로마규정은 이를 인도거절사유로 규정하지 않고 인도를 요청받은 자(피청구국 내에 소재)가 국내법원에 이의를 제기하는 경우 이 문제에 관해 피청구국이 ICC와 협의하도록 규정하고 있다(제 89조 2항).

나. 죄형법정주의

문제된 행위가 그 행위 발생시점에 ICC의 관할범죄를 구성하지 않는 경우에는 이 규정에 따른 형사책임을 지지 아니한다(제 22조 1항). 또한 ICC에 의해 유죄판결을 받은 자는 이 규정(로마규정에 명시된 형벌)에 의해서만 처벌될 수 있다(제 23조). 여기서 전자는 범죄법정주의, 후자는 형벌법정주의를 의미한다.

다. 인적 소급효의 금지

로마규정 발효이전의 행위에 대해서는 누구도 그에 따른 형사책임을 지지 않는다(제 24조 1항). 이 조항은 규정 발효 이전의 행위를 이유로 특정인에 대한 형사책임을 추궁하지 못하도록 하는 데 목적이 있으며 '형벌불소급의 원칙'을 의미한다.

이 조항은 앞에서 설명한 재판소의 시간적 관할권(제 11조)과 구분된다. 즉, 시간적 관할권은 ICC가 규정 발효일(2002년 7월 1일) 이후 행하여진 범죄에 대하여만 관할권을 가진다는 의미에서 물적 소급효의 금지를 말한다.

이를 요약하면 제 24조 1항은 사람을 중심으로 하여 누구도 로마규정 발효 이전의 행위에 대해서는 처벌받지 않는다는 의미인 반면 제 11조는 범죄를 중심으로 하여 규정 발효 이전의 행위에 대해서는 ICC의 관할권이 성립되지 않는다는 뜻이다.

라. 공소시효의 부적용

로마규정은 재판소 관할범죄에 대해서는 공소시효가 적용되지 않음을 규정하고 있다(제 29조). 이와 관련 1968년 '전쟁범죄 및 인도에 반하는 죄에 대한 공소시효 부적용에 관한 협약(Convention on the Non-Applicability of Statutory Limitations to War Crimes and Crimes Against Humanity)'은 전쟁범죄와 인도에 반하는 범죄에 대하여는 공소시효에 의한 제한이 적용되지 않는다고 규정하였다.

5. 사법공조

가. 당사국의 협력의무

ICC는 그 자체 경찰관이나 수사관을 가지고 있지 않으며 따라서 관할범죄와 관련이 있는 개인을 체포하고 신병을 확보하는 일 등은 그 개인이 체류하고 있는 국가 등 관련 국가에서 대부분 담당하여야 한다. 또한 로마규정은 당사국들에게 전통적인 국가간의 범죄인인도나 사법공조보다도 더 강화된 협력을 ICC에 제공할 것을 요구하고 있다(제 87조).

이에 따라 ICC는 범죄혐의자가 발견될 수 있는 영역의 국가에 대하여 그 자의 체포 및 인도를 위하여 협력할 것을 요청할 수 있다(제 89조 1항). 이 경우 요청을 받은 당사국은 로마규정과 국내법상의 절차에 따라 체포 및 인도 청구를 이행하여야 한다.

나. 비당사국에 대한 협력요청

재판소는 비 규정당사국에 대하여도 그 국가와의 특별약정, 협정 또는 기타 적절한 근거에 기초하여 상기한 협력을 제공하도록 권유(invite) 할 수 있다(제 87조 5항 가호). 비당사국이 ICC와 협력을 위한 특별협정 등을 체결한 경우에는 ICC의 협력요청(request)에 구속된다(동 항 나호).30)

다. 사법공조의 기본원칙

로마규정 당사국은 ICC에 국제협력을 제공하기 위하여 자국의 국내절차를 준비하여야할 의무가 있다. 국제협력과 관련한 원칙은 다음과 같다.

첫째, 전통적인 국가간 범죄인인도나 사법공조시 고려되는 공조거절사유, 즉, 자국민 불인도, 정치범 불인도 및 쌍방가벌성의 원칙들이 대부분 적용되지 않는다. 그 이유는 국제공동체 전체가 이해를 가지는 중요성을 갖는 중대한 범죄를 대상으로 하기 때문이다.

둘째, 관련국이 국제협력을 제공하기 어려운 경우에도 단순히 거절하기보다는 ICC와 협의(consultation)할 것이 요구된다(제 97조).

셋째, 전통적 의미의 특정성의 원칙이 완화된다. 특정성의 원칙은 인도된 범죄혐의자는 인도청구의 대상이 된 범죄행위에 한하여 소추되며 처벌된다는 원칙이다. 그러나 ICC의 경우는 '죄명(name of offences)'을 기준으로 하는 것이 아니라 '범죄의 기초를 이루는 행위 또는 행위의 과정(the conduct or course of conduct which forms the basis of the crimes)'을 기준으로 함으로써 특정성의 원칙을 보다 폭넓고 융통성있게 해석할 수 있도록 하였다(제 101조).

라. 청구의 경합

범죄인인도의 경우 일반적으로 청구의 경합시 피청구국의 재량권을 인정하고 있으나 로마규정은 인도 검토시 일정한 조건하에 ICC의 청구에 우선권을 주

---

30) 비당사국에 대한 ICC의 협력요청과 관련 유엔 안보리가 결의를 통해 사태를 ICC에 회부하는 경우에는 비당사국일지라도 유엔회원국의 의무로써 ICC의 요청에 응하여야 하므로 별도의 특별협정 등을 체결하지 않아도 협력의무가 발생하는 것은 당연하다.

도록 요구하고 있다(제 90조).

ICC의 인도청구와 다른 국가의 범죄인인도청구가 동일인에 대해 같이 이루어져서 피청구국이 범죄인을 어디에 인도해야 할지 결정해야 하는 청구의 경합 문제가 발생할 경우 (a) 피청구국은 ICC가 소의 허용가능성을 인정하였는지, (b) 다른 인도청구국이 로마규정 당사국인지 (c) 또는 양쪽의 인도청구 범죄가 동일 범죄인지 여부에 따라 달리 결정할 수 있다.

이에 비추어 볼 때 로마규정이 청구의 경합시 비록 일정한 조건하에 ICC의 청구에 우선권을 주도록 규정하고 있음에도 불구하고 ICC의 인도청구가 다른 인도청구에 대하여 항상 우선하는 것은 아님을 알 수 있다.

참고로 ICC 규정은 surrender와 extradition을 구분하여 ICC에의 범죄인인도는 surrender로, 국가간 범죄인인도는 extradition으로 달리 표현하고 있다.

청구의 경합 상세

1. 의의

▶ 청구의 경합은 ICC의 인도청구와 다른 국가의 범죄인인도 청구가 동일인에 대해 같이 이루어져서 피청구국이 범죄인을 어디에 인도해야 할지 결정해야 하는 것을 의미한다.

– 범죄인인도에 관한 유엔 표준협약 제 16조는 청구의 경합과 관련하여 피청구국의 재량권을 인정하고 있으나 로마규정은 인도 검토시 일정한 조건하에 ICC의 청구에 우선권을 주도록 요구하고 있다.

2. 동일인에 대한 동일한 행위를 근거로 한 인도청구 경합

▶ 범죄인인도 청구국이 로마규정 당사국인 경우(제 90조 2항)

– ICC와 경합을 이루게 된 범죄인인도 청구국이 규정당사국인 경우 ICC가 당해 사건에 재판적격성이 있다는 결정을 내리면 피청구국은 ICC의 청구에 우선권을 주어야 한다. 이러한 피청구국의 의무는 범죄인인도 청구국이 규정당사국인 경우 ICC의 재판적격성 인정 결정을 존중한다는 의미이다.

▶ 범죄인인도 청구국이 비당사국이고 피청구국이 범죄인인도 청구국에 대하여 범

죄인인도를 하여야할 국제적 의무가 없는 경우(제 90조 4-5항)

- ICC가 재판적격성이 있다고 판단하는 경우 ICC의 인도청구에 우선권을 부여한다(4항).
- ICC가 재판적격성이 있다고 결정하지 않는 경우 피청구국은 재량으로 인도청구에 대한 처리를 진행할 수 있다(5항).

▶ 범죄인인도 청구국이 비당사국이고 피청구국이 범죄인인도 청구국에 대하여 범죄인인도를 하여야 할 국제적 의무가 있는 경우(제 90조 6항)

- 피청구국이 결정하며 범죄가 범죄인인도 청구국의 영역 내에서 발생하였는지 여부 등을 종합 고려하여 결정한다.

3. 동일인에 대한 다른 행위를 근거로 한 인도 청구(제 90조 7항)

▶ 재판소로부터 인도청구를 받은 당사국이 다른 국가로부터 재판소가 인도를 구하는 범죄와 다른 행위를 근거로 범죄인인도를 요청받는 경우, 피청구국이 청구국에 범죄인인도를 하여야 할 국제적 의무를 부담하지 않는 경우에는 ICC에 우선권이 부여되며, 인도의무가 있는 경우에는 피청구국이 제반 요소를 고려하여 재량으로 결정한다.

마. 면제의 포기 및 인도 동의에 관한 협력(제 98조)[31)]

1) 면제의 포기 및 인도 동의

로마규정 제 98조는 ICC가 피청구국에게 인도를 요청하는 경우에도 피청구국이 제 3국의 사람이나 재산에 대한 국가면제나 외교면제와 관련한 국제법상의 의무를 위반하면서까지 인도 또는 사법공조에 응하라고 요구하여서는 안 된다고 규정하고 있다. 따라서 인도를 실현시키기 위해서는 ICC가 사전에 제 3국의 면제포기를 위한 동의를 득하여야 한다. 이에 해당하는 경우로는 외교면제와 SOFA 협정에 따른 면제가 있다. 외교면제의 경우, 예컨대, A국(피청구국)에서 외교면제를 누리는 B국의 외교관을 A국이 ICC에 인도하려면 ICC가 B국의 면제포기를 위한 협력을 얻은 후에 A국이 인도절차를 진행시키도록 하여야 한다(동 조 1항). SOFA 협정에 의한 면제의 경우에도, 예컨대, ICC가 A국 군인을 B국으로

31) 상세는 김영석, pp. 221-222 참조.

부터 인도받고자 하는데 A국과 B국의 SOFA 협정상 A국의 동의가 필요한 경우 ICC는 먼저 A국의 동의를 위한 협력을 얻어야 한다(동 조 2항).

2) 미국의 태도

ICC의 관할권 행사로부터 자국민을 보호하기 위한 미국의 태도는 주목할 필요가 있다. 사실 미국은 협약채택 과정에서 로마규정 제 12조가 ICC에 자동적 관할권을 부여하고 피의자 국적국의 동의 없이도 관할권을 행사할 수 있는 경우가 발생하는 것에 대하여 강력하게 반대하였다. 그러한 이유로 미국은 당초부터 범죄발생지국이 당사국인 경우 미국의 동의 여부와 무관하게 ICC가 미군을 기소할 수 있는 가능성을 우려하여 피의자 국적국의 동의를 요구하여 왔다. 동시에 미국은 로마규정 제 16조(수사 또는 기소의 연기)에 따라 유엔의 허가를 받은 공적 행위 관련자에 대하여는 안보리 결의가 있는 경우 수사나 기소를 연기할 수 있다는 내용의 결의안을 주도하였고 이에 따라 관련 결의안들(2002년 결의 제 1442호와 2003년 결의 제 1487호)이 채택되었다. 그러나 2004년에는 유엔회원국의 충분한 지지를 받지 못해 결의안이 갱신되지 않았다.

이러한 배경하여 2002년 부쉬 행정부는 2000년 클린턴 행정부의 서명을 무효화(조약법 협약 제 18조에 따라 서명당사국으로서 조약의 대상 및 목적을 해하지 않을 의무로부터 벗어나기 위한 목적)하는 한편 '미군보호법(American Service-Members Protection Act: ASPA)'[32]의 제정 및 개별국가들과의 미군보호를 위한 협정체결 등 대응책을 강구하여 왔다. 즉, 미국은 미국인을 ICC의 관할권으로부터 면제시키기 위해 세계 각국과 위에서 설명한 제 98조를 원용한 양자협정(소위 '제 98조 협정, Article 98 Agreement'이라고 하며, ICC에 미군을 인도하기 위해서는 파견국인 미국의 동의를 요한다는 내용의 합의)의 체결을 위해 노력해 오고 있다. 예컨대, 미국인(원칙적으로 미군을 의미)이 로마규정 당사국의 영토 내에서 관할대상 범죄를 저질렀을 경우 미국은 비당사국일지라도 범죄발생지국이 당사국이므로 당해 미국인에 대한 ICC의 관할권이 성립되지만 '제 98조 협정'을 통해 이러한 상황에서 벗어나려는

32) 이 법은 미국 대통령이 ICC에 의해 억류 또는 구금된 미국과 동맹국 군인 등의 석방을 위해 모든 필요한 조치를 다할 것을 규정하고 있다. 이러한 이유로 이 법을 '헤이그 침략법(Hague Invasion Act)'이라고 부르기도 한다.

의도이다.[33)]

제5절 국내이행법률

우리나라는 로마규정 당사국으로서의 의무이행을 위한 국내법 정비를 위해 2017년 '국제형사재판소 관할범죄의 처벌 등에 관한 법률'을 제정, 공포하였다.

동 법은 보편주의에 입각하여 다음의 사항을 규정하고 있다.

- ICC 관할대상 범죄를 저지른 내국인은 물론 외국에서 이 죄를 범한 외국인도 처벌이 가능하며(보편적 관할권을 의미),
- 공소시효와 형의 시효를 배제하며,
- ICC에의 범죄인인도시 우리 국내법인 범죄인인도법을 근거로 원용하고 로마규정과 상충하는 경우에는 로마규정이 우선 적용되며,
- ICC의 인도요청시 국내 범죄인인도법상 정치범 불인도 원칙이나 자국민에 대한 임의적 불인도 조항 또는 쌍방 범죄성 미충족을 이유로 인도를 거부할 수 없으며,
- 또한 전술한 바와 같이 인도 청구된 자가 일사부재리를 주장하는 경우에도 재판소와 협의하여 재판적격성이 있다고 판단되는 경우에는 인도

---

33) '제 98조 협정'이라고 하는 이유는 제 98조 2항에 따라 양국간 협정이 체결되어 있을 경우 ICC가 미국인 범죄혐의자를 인도받기 위해서는 피청구국(ICC로부터 인도요청을 받은 국가)이 사전에 양자협정 상대국인 미국의 동의를 받아야 하기 때문이다. 그러나 미국이 체결하는 '제 98조 협정'이 SOFA협정의 대상인 미군이외의 모든 미국인을 ICC로부터 보호하기 위한 것이라면 이는 로마규정의 성립취지에도 반하는 것이라고 생각된다. 한편 미국은 한미 범죄인인도조약 체결관련 비준서에 아래 양해사항을 첨부하였다. 즉, 미국으로부터 범죄인인도조약에 따라 인도받은 사람을 미국이 동의하지 않는 한 우리나라가 ICC에 재인도할 수 없다는 내용이다.

할 수 있다.

국제형사재판소와 침략범죄

1998년 7월 로마에서 채택된 국제형사재판소규정(Rome Statute of the International Criminal Court, 로마규정)에 따라 2002년 국제형사재판소(ICC)가 헤이그에 설립되었다. ICC는 20세기에 걸쳐 인류가 목격한 대량학살, 인종청소 등 비인도적 만행에 대한 반성과 재발방지를 위해 책임있는 개인을 처벌한다는 예방적 성격의 중요한 목적을 가지고 있다.

코피 아난 전 유엔사무총장도 ICC 설립에 대해 "우리는 보편적 인권과 법의 지배를 향한 기념비적인 진전을 이루었으며 ICC는 이전 세대가 겪었던 끔찍한 범죄들로부터 우리가 보호받을 수 있다는 희망의 선물이다"고 평가한 바 있다.

ICC는 특히 인간의 존엄성을 심각하게 유린하는 집단살해죄, 인도에 반하는 죄, 전쟁범죄 및 침략범죄만을 관할범죄로 제한하고 있다. 로마규정 채택 당시 집단살해죄와 인도에 반하는 죄 및 전쟁범죄에 대해서는 합의가 이루어졌으나 침략범죄의 정의를 둘러싼 이견으로 침략범죄를 ICC 관할범죄에 포함시킨다는 원칙에만 합의를 보고 침략범죄에 대한 관할권 행사 문제는 보류한 상태에서 ICC가 출범되었다. 이후 특별실무그룹에 의한 장기간의 협의를 거쳐 2010년 6월 우간다 수도 캄팔라에서 침략범죄와 침략범죄의 전제가 되는 침략행위에 대한 새로운 정의와 관할권 행사의 조건에 대해 합의함으로써 침략범죄에 책임있는 지도자급 인사를 처벌할 수 있는 길이 열리게 되었다. 당초 침략범죄에 대해서만 합의가 이루어지지 않았던 중요한 이유 중 하나도 침략범죄가 동 침략에 책임 있는 국가 지도자에 대한 처벌이라는 민감한 사안을 다루고 있어서 침략범죄와 관할권 행사요건을 어떻게 결정하느냐의 문제에 대해 참가국간 입장이 첨예하게 대립되었기 때문이다.

이하 침략범죄와 관련하여 침략범죄의 정의와 ICC의 관할권 행사 등 우리가 궁금해 할 수 있는 사항에 대하여 설명하면 다음과 같다.

첫째, 왜 침략범죄의 처벌이 중요한가? 과거 뉘른베르크 전범재판소의 미국인 소추관이었던 Robert H. Jackson은 침략범죄가 "supreme international crime"이라고 정의한바 있다. 뉘른베르크 재판소는 세 가지 범주의 범죄를 상정하였으며 그중 평화에 반하는 죄(crime against peace)가 바로 침략범죄의 선례가 되고 있다. 평화에 반하는 죄란 부전조약을 위반하여 전쟁을 계획, 준비, 개시 또는 수행한 행위를 말한다. 사실 2차례의 세계대전을 경험한 인류는 더 이상의 전쟁은 없어야 된다는 절박감을 배경으로 유엔헌장을 통해 자위권의 행사를 제외한 모든 무력사용을 불법화하였다. 무력사용을 불법화함으로써 전쟁을 방지하려는 인류의 공동의지는 침략을 범죄로 규정하게 되었고 침략에 책임 있는 개인을 처벌하기 위해 침략범죄를 ICC의 관할범죄에 포함시키게 되었다.

둘째, 왜 1998년 로마규정 채택 당시 침략범죄는 포함되지 않았는가? 1998년 교섭 당시에는 침략범죄의 정의와 ICC의 관할권 행사조건에 대해 합의가 이루어지지 않았다. 따라서 회의 참가국들은 침략범죄를 ICC 관할대상 범죄에 포함은 시키되 ICC의 관할권 행사에 대한 구체적인 사항은 추후 협의하기로 하였다. 이후 전술한 바와 같이 10여 년에 걸친 논의를 거쳐 2009년 침략범죄의 정의와 관할권 행사의 요건을 정하는 조항의 초안을 채택하였으며 2010년 우간다의 캄팔라 개최 로마규정 재검토회의에서 수정을 거쳐 최종 합의에 이르게 되었다.

셋째, 무엇이 침략범죄인가? 2010년 수정된 로마규정은 침략범죄를 '국가의 책임 있는 위치에 있는 개인(대체로 정치적, 군사적 행동을 직접 지시하고 규제할 수 있는 위치에 있는 사람)이 침략행위(act of aggression)를 계획(planning), 준비(preparation), 개시(initiation) 및 수행(execution)하는 것'으로 정의하였다.

넷째, 무엇이 전술한 침략범죄를 구성하는 침략행위인가? 침략행위는 유엔헌장 제2조 4항에 규정된 바와 같이 일국이 타국의 주권, 영토 보전 및 정치적 독립에 반하거나 또는 유엔헌장과 일치하지 않는 방식으로 무력을 사용하는 것을 최소한의 요건으로 하여 구체적으로는 1974년 유엔 총회의 결의 제 3314호(침략의 정의)가 그 기준이 되고 있다. 캄팔라에서 수정된 조항에 따르면 '한 국가에 의한 타국의 영토에 대한 폭격(bombardment) 또는 한 국가의 타국 영토에 대한 어떠한 무기의 사용'도 침략행위가 될 수 있다. 이는 상당히 폭넓게 침략행위를 규정한 것으로써 이러한 행위에 책임있는 개인을 처벌할 수 있는 가능성이 넓게 확보되어 있다고 할 수 있다. 그러나 단순한 경제적 봉쇄나 정치적 압력은 침략행위에 해당되지 않는다. 그렇다면 침략행위의 존재를 결정하기 위한 기준은 무엇인가? 캄팔라 회의 당시 이에 대해 회원국간 양해가 이루어졌다. 이에 의하면 '명백히 유엔헌장의 위반을 구성하는 침략행위'의 존재 여부는 행위의 성격(character), 중대성(gravity) 및 규모(scale)의 세 가지 요건을 함께 고려하여 종합적으로 판단되어야 할 것이다.

다섯째, 침략행위가 있다고 판단하는 경우 어떠한 절차에 따라 침략범죄의 수사가 개시될 수 있는가? 안전보장이사회나 로마규정 당사국이 사태(situation)를 ICC에 회부할 수 있으며, ICC의 소추관도 전심 재판부(Pre-trial Chamber)의 승인을 얻은 경우 침략범죄에 대한 수사를 개시할 수 있다. 우선 안보리가 사태를 ICC에 회부하는 경우 다른 관할범죄의 경우와 마찬가지로 ICC의 소추관은 당연히 동 침략범죄에 대한 수사를 진행할 수 있다. 다음으로 로마규정 당사국이 사태를 ICC에 회부하거나 소추관이 직권으로 수사의 개시를 희망하는 경우에는 소추관은 먼저 안보리가 침략행위에 대하여 결정하였는지 확인하여야만 비로소 수사를 개시할 수 있다. 그러나 만일 안보리의 침략행위에 대한 결정이 6개월 내에 이루어지지 않을 경우 소추관은 ICC의 전심 재판부의 허가를 받아 수사를 개시할 수 있다. 이 조항은 안보리 상임이사국의 거부권 행사로 침략행위에 대한 결정이 이루어지지 않을 경우 ICC의 독자적인 관할권 행사를 인정하는 것으로 우리 정부는 캄팔라 회의 당시 이를 지지하였다.

여섯째, 로마규정 당사국이 아닌 경우에도 모든 국가는 침략범죄 규정의 적용을 받는가. 안보리가 사태를 ICC에 회부하는 경우라면 당사국 여부에 상관없이 침략범죄에 책임있는 모든 국가의 개인은 기소될 수 있다. 그러나 당사국이 사태를 회부하거나 소추관이 직권으로 소추하는 경우에는 비당사국의 개인은 기소되지 않는다. 나아가 규정당사국일지라도 캄팔라 회의에서 수정된 침략범죄 규정을 수락하지 않는다면(opt-out) 기소되지 않을 수 있다. (생략)

과거 뉘른베르크 재판과정에서 개인은 국제법 주체가 아니므로 국제법에 의한 처벌을 받을 수 없으며 더욱이 사후 입법에 의한 처벌은 부당하다고 주장하였던 당시와 비교하면 이제 김정은을 비롯한 잠재적 침략자들에게 ICC의 침략범죄에 대한 관할권 행사는 가장 효과적인 억지력이 될 것으로 보인다.

기출문제 예시

문 1) 국제형사재판소에 관한 다음의 질문에 답하시오.

1) 국제형사재판소의 관할권 행사에 있어 '보충성의 원칙'에 대하여 설명하시오.
2) 국제형사재판소의 제소절차(trigger mechanism)와 관할권 행사의 전제조건(precondition)에 관하여 설명하시오.
3) 국제형사재판소의 침략범죄에 대하여 설명하시오.

문 2) A국이 문화부장관 X를 단장으로 하는 문화재반환 협상단을 B국에 파견하여 협상을 진행하고 있는 중에 B국 경찰이 협상단장 X뿐 아니라 협상 취재차 B국에 체류 중인 A국 민영방송국 국장 Y에 대한 체포영장을 발부받아 집행하였다. B국 형법은 국제형사재판소(ICC)에 관한 로마규정상 관할범죄를 소추대상으로 하고 그 국적과 범죄지에 관계없이 처벌하도록 규정하고 있다. 2005년 A국 내 내란 당시 X와 Y는 A국 다수민족으로 구성된 민병대의 일원이었다. X는 A국 수천 명의 소수민족 여성들을 강제로 납치하여 불임수술을 받게 했고 그 여성들의 어린 자녀들을 다수민족 거주지로 집단이주 시키는 조치를 주도하였다. Y는 당시 유명한 대중가수로서 노래를 통해 위의 활동을 격려하고 대중의 협력을 선동하였다. 이와 관련하여 다음 질문에 답하시오. (단, A국과 B국은 국제형사재판소에 관한 로마규정의 당사국이다)

1) A국 내 내란 당시 X와 Y의 행위가 국제형사재판소규정상 관할범죄에 해당하는지 논하시오.
2) B국의 X와 Y에 대한 체포영장 발부 및 집행이 국제법 위반인지 논하시오.
3) B국은 체포영장이 발부되던 날 국제형사재판소로부터 X와 Y에 대한 신병 인도청구를 받았다. B국이 X와 Y를 국제형사재판소에 인도하여야 하는지 논하시오.

문 3) 유엔 총회 제 3위원회는 북한의 인권탄압을 이유로 안전보장이사회가 북한지도부를 국제형사재판소(ICC)에 회부할 것을 권고하는 결의안을 통과시켰다. 이에 따라 안전보장이사회가 북한 지도부를 ICC에 회부하기로 결정하는 경우 비당사국인 북한 지도부는 ICC의 수사를 받게 될 것이다. 한편 지난 2010년 ICC 소추관은 과거 북한의 천안함 폭침사건과 연평도 포격사건과 관련하여 북한의 행위를 ICC에서 다룰지 여부에 대한 예비조사를 착수한다고 발표한바 있다. 상기 두 경우는 어떻게 다른지 설명하시오.

문 4) 국제형사재판소 규정상 범죄인인도에 대하여 설명하시오.

문 5) 인접하고 있는 A국과 B국은 역사적으로 적대적인 관계이다. A국의 대통령은 최근 자국민 보호를 이유로 1개 연대 병력을 B국에 파병하는 명령을 내렸고, 이 부대는 작전수행과정에서 약 3,000명의 B국 민간인을 살해하였다. A국이 민간인의 살해에 대하여 그 책임자를 형사처벌하는 절차를 개시하지 아니하자, 유엔 안전보장이사회는 유엔헌장 제 7장에 따라 A국의 대통령을 살해의 책임자로 보고 국제형사재판소(International Criminal Court, ICC)에 회부하는 결의를 채택하였다. 한편, B국은 A국의 무력사용 및 민간인 살해행위에 대하여 A국의 국가책임을 추궁하고자 하였으나, A국은 이에 대한 일체의 협의를 거부하고 있다. 이에 유엔안전보장이사회는 A국과 B국 사이의 분쟁을 국제사법재판소(International Court of Justice, ICJ)에 회부하여 해결할 것을 권고하는 결의를 채택하였다. 위 사안에서 ICC 및 ICJ가 관할권을 행사할 수 있는지 여부에 관하여 논하시오. (단, 유엔 회원국인 A국과 B국은 ICC 규정의 비당사국이다)

문 6) 다음 제시문을 읽고 국제형사재판소(ICC) 설립을 위한 로마규정에 근거하여 물음에 답하시오.

2003년 8월 A국 정부군과 반란단체 간의 무력충돌로 인해 내전이 발생하였다. A국은 반란단체를 진압하기 위해 군사 작전을 수행하였다. A국 정부군 소속의 甲대위는 상부의 지시 하에 작전을 수행하던 중 항복한 반란단체의 조직원과 그 가족 구성원의 처리문제에 대해 상부에 문의하였다. 乙대령은 반란단체의 조직과 가족들이 중대한 반역행위를 했기에 그들을 몰살하라고 지시하였다. 이에 甲대위는 해당 조직원과 그 가족들을 적법한 절차를 거치지 않고 즉시 살해하였다. 甲대위와 乙대령은 전쟁범죄 혐의로 2020년 1월 국제형사재판소(ICC)에 기소되었다. (A국은 ICC 규정의 당사국이다.)

1) 甲대위가 상부의 지시에 따라 행한 살해행위가 형사책임 면제에 해당하는지 논하시오.
2) 만약 甲대위가 상부의 지시없이 반란단체의 가족들을 집단살해한 경우, 乙대령에게 형사책임을 추궁할 수 있는지 논하시오.

제 27 강
국제테러리즘

제1절 테러리즘의 정의

테러리즘에 대한 국제사회의 관심은 이미 국제연맹 당시부터 시작되었다. 국제연맹은 1937년 '테러리즘의 예방과 처벌에 관한 협약(Convention on the Prevention and Punishment of Terrorism)'을 채택하였으나 제 2차 대전으로 인해 발효되지 못하였다. 이후 유엔 총회 차원에서 제 6위원회(법률위원회)를 중심으로 '국제테러리즘에 관한 포괄적 협약 초안(Draft Comprehensive Convention on International Terrorism)'을 작성하기 위한 노력이 지속되어 왔다. 그러나 국제사회는 아직까지 테러리즘에 대한 포괄적인 정의에 합의하지 못하였다. 그 이유는 제 9장('승인'의 제 2절 3. '민족해방운동의 승인' 참조)에서 설명한 바와 같이 '민족해방운동(NLM)에 참여하고 있는 단체가 자유의 투사(freedom fighters)인가 또는 테러리스트인가'의 근본적인 문제에서 출발하기 때문이다. 이러한 어려움으로 인해 많은 학자들은 테러리즘의 정의에 대한 합의는 쉽지 않다고 보고 있다.[1] 결

---

1) 미국무부의 테러리즘에 대한 기준도 부처별 업무성격에 따라 다르나 일반적인 기준은 다음과 같다. 즉, 정치적, 종교적 및 이념적 목적의 달성을 위해 정부나 사회를 강요하기 위한 수단으로 두려움을 조성하거나 이를 위해 부당하게 폭력을 사용하거나 위협을 가하는 것을 의미한다. 여기서 중요한 요소는 violence, fear, intimidation이다.

론적으로 테러리즘에 대한 정의는 아직도 진화하고 있는 미래의 법의 영역으로 보아야 할 것이다.

그러나 오늘날 테러리즘의 만연과 국제사회의 압력으로 테러리즘의 정의에 대한 합의를 위한 노력이 보다 적극적으로 전개되게 되었다. 테러리즘의 정의에 한발 가까이 다가간 예로는 앞에서 설명된 1999년 '테러자금억제협약'이 있다. 이 협약의 목적은 테러리즘에 대한 재정지원을 억제하는 것으로 필연적으로 테러리즘의 정의가 요구되었다. 이에 따라 협약은 제 2조에서 기존의 테러 관련 협약들에서 정의된 범죄를 나열하면서 최소한의 기준을 제시하였다. 동 제 2조 1항 (b)는 테러리즘을 "행위의 목적이 그 본질이나 경위에 있어 사람을 위협하거나 정부, 국제기구로 하여금 어떤 행위를 하도록 또는 하지 않도록 강제하기 위한 것으로서, 민간인 또는 무력충돌시 적대행위에 적극적으로 가담하지 아니한 그 밖의 자에 대하여 사망이나 중상해를 야기하려는 의도를 가진 행위"라고 규정하고 있다.

이어서 2005년 레바논 Rafiq Hariri 수상 외 22명이 희생된 테러사건 처리를 위해 유엔 안보리 결의로 성립된 '레바논 특별재판소(Special Tribunal for Lebanon)'도 위의 테러자금억제협약에서의 정의와 유사한 내용으로 테러리즘을 정의하였다.2)

물론 상기한 레바논 특별재판소의 정의나 테러자금억제협약상의 기준은 자체 목적의 달성을 위한 기준일 뿐 국제사회가 합의한 일반적인 기준은 아니다. 그러나 이를 종합하면 상기 테러리즘에 대한 정의로부터 다음과 같은 공통된 요소들을 도출할 수 있다.

첫째, 평시 그러한 행위는 어느 국내형사법체계에서도 일반적으로 형사범죄화되어 있다.

둘째, 그러한 행위는 일반인에게 공포감을 조성하려는 특별한 의도를 가지고 행해지며 이를 통해 국가나 국제기구에 대해 어떠한 행위를 강요하는 것이어야 한다.

셋째, 그러한 행위는 정치적으로 또는 이념적으로 동기부여(motivated)되어

2) 살인, 납치 등의 실행 또는 위협을 통해 '다중의 공포심을 확산(spread fear)시켜 직간접적으로 국가 또는 국제기구로 하여금 어떠한 특정한 행위를 하거나 또는 하지 못하도록 강제하려는(coerce) 의도(intent)를 가진 행위가 초국가적(transnational) 요소를 가질 것'으로 정의하였다.

있어야 하며 개인의 목적을 추구하는 것이 아니어야 한다.

넷째, 그러한 행위는 기본적으로 초국가적(transnational)이어야 한다. 그렇지 않으면 단순한 국내법상의 범죄에 해당될 뿐이다.

후술하는 테러 관련 협약들도 이 요소를 기준으로 대상 범죄를 구분하고 있다. 이러한 이유로 우리가 테러리즘이라고 할 경우에는 당연히 국제테러리즘을 의미한다.

상기 기준에 비추어 본다면 단순히 개인적인 이익(금전적 이익, 사적인 요구 등)을 위해 항공기를 납치하는 경우에는 정치적 목적이나 동기가 없고 또한 국가나 국제기구에 대하여 어떠한 행위를 강요하는 것이 아니라는 점에서 국제법상의 테러리즘에 해당되지 않는다.[3)]

제2절 테러리즘에 대한 대응

테러리즘에 대한 통일된 정의가 결여되어 있어서 테러리즘은 아직 국제범죄에 해당되지 않고 국제형사재판소의 관할대상 범죄에도 포함되지 않는다.

그러나 여기서 테러리즘과 관련하여 중요한 것은 테러리즘은 동기 여하를 불문하고 정당화될 수 없다는 점이다. 1994년 유엔 총회 결의 제 49/60호로 채택된 '국제테러리즘 제거를 위한 조치에 관한 선언(Declaration on Measures to eliminate International Terrorism)'과 1996년 '보충선언'도 국제테러리즘은 '여하한 성격의 고려에도 불구하고(whatever the considerations of a political, philosophical, ideological, racial, ethnic, religious or any other nature)' 정당화될 수 없다고 선언하였다. 또한 2004년 테러행위에 의해 야기된 국제평화와 안전에 대한 위협을 다룬 유엔 안보리 결의 제 1566호(Threats to International Peace and Security caused

3) Margaret Wilson, 'Terrorist Behaviour in Hostage-taking Situations', University of Liverpool

by Terrorist Acts」에서도 이러한 인식이 확인되고 있다.4)

이와 같이 테러리즘이 정당화될 수 없고 국제평화와 안전에 대한 위협이 된다면 국제사회는 이에 대해 어떠한 방식으로 대처하여야 하는가. 대체로 유엔 또는 유엔전문기구들에 의해 채택된 국제협약들을 통해 테러범들을 직접 처벌하거나 또는 처벌이 가능한 곳으로 인도하는 방법과 유엔헌장 제 7장에 근거한 안보리의 강제조치 발동 등을 통해 대응하는 방식이 있다.

이하 테러리즘에 대한 국제사회의 대응노력에 대하여 설명한다.

1. 보편적 성격의 국제협약을 통한 대응

지금까지 다양한 분야에서 테리리즘에 대한 예방 및 대처와 궁극적인 재발방지를 목적으로 하는 보편적 성격의 많은 국제협약들이 채택되어 왔다. 테러리즘 관련 협약들은 대체로 테러의 유형이나 목적(항공기 납치, 인질, 선박안전, 핵물질 테러, 테러행위자에 대한 자금 차단 등)에 따라 제한적 성격의 협약으로 성립되어 있다.5)

이들 국제 테러리즘 관련 협약들의 특징은 다음과 같다.

첫째, 모든 테러행위는 어디서 누구에 의하여 발생하였든 정당화될 수 없는 범죄다. 어떠한 성격의 정치적 목적으로도 일반 대중이나 집단 또는 개인에게 공포감을 주기 위한 범죄적 행위는 정당화되지 않는다.

둘째, 범죄인의 신병을 확보하고 있는 당사국은 테러범을 국내법상의 중요범죄로 기소·처벌하거나 처벌할 수 있는 국가로 인도하여야 한다.

셋째, 협약의 당사국은 협약이 규정하고 있는 테러범죄에 대하여 협약 자체를 범죄인인도의 근거로 하여 범죄인인도 대상 범죄에 포함하여야 한다. 정치적

---

4) 안보리 결의 제 1566호에서 안보리는 '테러리즘을 평화와 안전에 대한 가장 심각한 위협의 하나(as one of the most serious threats to peace and security)'라고 비난하였다.

5) 예컨대, 전술한 항공기 관련 협약들(1963년 도쿄 협약, 1970년 헤이그 협약, 1971년 몬트리올 협약 등), 1973년 '외교관을 포함 국제적으로 보호받는 사람들에 대한 보호 및 처벌에 관한 협약'과 1979년 '불법 핵물질 취득, 사용, 이전 및 사용위협 등에 관한 협약' 등의 경우가 이에 해당된다.

동기에 의해 발생한 범죄라는 이유로 인도를 거부할 수는 없다. 다시 말해서 정치범에 해당되지 않는다. 정치범으로 보는 경우에도 상대적 정치범죄에 해당되어 정치범으로서의 지위를 가지지 못한다. 예컨대, 1997년 '폭탄테러의 억제를 위한 국제협약(International Convention for the Suppression of Terrorist Bombings)' 제 11조도 이 점을 확인하고 있다.[6)]

결론적으로 이들 협약은 당사국들로 하여금 테러범죄를 일반 형사범과 구분하여 국내법상의 중대한 범죄로 기소 및 처벌하거나 아니면 관할권이 있는 국가에 (동 협약을 범죄인인도의 근거로 하여) 인도하도록 함으로써 테러범들에 대한 피난처가 더 이상 존재하지 않도록 하였다는 점에서 일종의 준보편적 관할권의 확립으로 볼 수 있다.

한편 테러행위가 일국 내에서 행해졌으며 범죄혐의자와 피해자가 모두 범죄 발생지국에 소속되고, 다른 나라들이 관할권을 행사할 근거가 없는 테러행위는 국제테러리즘에 포함되지 않으므로 이들 범죄는 협약의 적용대상에서 제외된다. 예컨대, 과거 북아일랜드의 IRA 테러활동은 영국 내에 국한되었고 따라서 영국 국내법상의 범죄에 불과하였다.

참고로 이들 협약은 행위 자체를 기준으로 하여 테러행위의 범죄성에 초점을 맞추고 이에 국한하여 대응하기 위한 목적에서 채택되었기 때문에 NLM에 대한 별도조항을 포함하고 있지 않다.

2. 안보리를 통한 대응

안보리는 테러리즘을 국제평화와 안전에 대한 위협으로 보고 있다. 안보리는 1988년 '로커비 사건'에서 리비아가 안보리 결의를 이행하지 않고 사건관련자의 인도를 거부하자 1992년 리비아가 테러리즘을 포기하지 않은 것으로 보고

---

6) 동 협약은 테러리즘이 정치, 철학, 이념, 종교, 인종 등 어떠한 고려에 의해서도 정당화될 수 없으며 또한 정치범죄로 간주되지 않기 때문에 인도거절 사유에 해당하지 않는다고 규정하고 있다.

이러한 사태를 국제평화와 안전에 대한 위협을 구성하는 것으로 결정한 바 있다.[7] 또한 1996년 수단을 대상으로 한 안보리 결의 제 1070호를 통해 테러리즘의 진압이 국제평화와 안전의 유지에 긴요하다고 보았다.

안보리의 이러한 태도는 2001년 9·11 테러 이후 채택된 안보리 결의 제 1368호 및 제 1373호에서도 분명하게 확인되었다. 특히 안보리 결의 제 1373호는 전 지구적 차원에서의 불특정 위협에 대처하기 위하여 안보리가 헌장 7장에 근거하여 취한 조치로서 지금까지 국제법 주체인 국가를 대상으로 한 안보리 결의와는 성격이 다르다. 무엇보다도 동 결의는 테러리즘의 국제적 성격과 독특한 특징을 염두에 두고 채택되었다. 즉, 국가의 침략의도가 사전에 탐지될 수 있는 것과는 달리 테러리즘은 은밀한 성격으로 인해 사전에 효과적인 대응이 쉽지 않다는 특성을 고려한 결의(예컨대, 테러 방지를 위한 근본적인 대응으로 자금이전의 차단 등을 포함)이다. 안보리는 이어서 결의 제 1377호를 통해 국제테러리즘이 국제평화와 안전에 대한 가장 심각한 위협의 하나(one of the most serious threats)라고 보고 테러리즘에 대한 전 지구적 차원의 대응노력을 선언한 바 있다.

3. 테러리즘과 자위권

이에 대해서는 제 4 강('무력사용에 대한 규제'의 제 2절 '테러리즘과 자위권 행사')을 참조한다.

4. NLM의 무력사용과 테러리즘

이에 대해서는 제 9강('승인'의 제 2절 3. '민족해방운동')을 참조한다.

---

7) 안보리 결의 제 748호의 관련 부분 원문은 다음과 같다: "... the failure by the Libyan Government to demonstrate by concrete actions its renunciation of terrorism and in particular its continued failure to respond fully and effectively to the requests in resolution 731 (1992) constitute a threat to international peace and security ..."

제 28 강
국제인도법

제1절 개관

1. 국제인도법의 의의

국제인도법(International Humanitarian Law: IHL)은 국제적 또는 비국제적 무력충돌을 모두 포함하는 무력충돌 과정에서 전쟁목적 달성에 필요한 경우라도 인간의 존엄과 가치를 수호하기 위해 당사국이 준수하여야 할 인도주의에 관한 국제법 규칙을 의미한다. 여기서 인도주의에 관한 국제법 규칙이란 무력분쟁 과정에서 한편으로는 교전 상대방에 대한 해악을 최소화하는 방식으로 공격의 수단과 방법을 제한하고 다른 한편으로는 적대행위에 가담하지 않거나 더는 가담할 수 없는 사람(부상자, 병자, 포로, 민간인, 의료요원, 적십자 구호요원, 난민 등)들과 재산을 보호하기 위해 제정된 성문 조약 또는 국제관습법을 의미한다.

이와 같이 국제인도법은 무력충돌이 발생한 경우 가장 먼저 고려하여야 할 중요한 가치로 '군사적 필요성(military necessity)과 인도적 고려(humanitarian consideration)'의 조화를 강조하고 있다.

2. 국제인도법의 발전

국제인도법은 오랜 역사적 발전과정을 거치며 오늘에 이르렀다. 19세기 이전에는 지휘관간에 전쟁포로 등 인도적 문제에 대하여 직접 합의가 이루어졌다. 19세기 후반에는 국가들이 전투수행방식을 규정한 매뉴얼을 작성하였으며 대표적인 예가 Lieber Code이다.[1] 이와 동시에 당시 관습규범으로 존재하던 전쟁관련법규를 성문화하기 위한 노력이 시작되었다. 이에 따라 1864년과 1906년 제네바 협약(Geneva Convention)이 채택되었으며,[2] 1899년과 1907년 헤이그에서는 전쟁수행방식을 규제하기 위한 목적의 헤이그 협약(Hague Convention)이 채택되었다. 이들 양 협약이 국제인도법의 출발점이다.

한편 제 1차 세계대전 이전에는 전시 무력충돌상황을 규율하는 법을 전쟁법이라고 하여 평시관계를 규율하는 평시법(일반국제법)과 구분하여 적용하였다. 전쟁법(law of war)은 다시 교전 당사국간에 적용되는 교전법규(*jus in bello*)와 전쟁당사국과 제 3국간에 적용되는 중립법규(law of neutrality)로 나누어져 사용되었다. 유엔창설 이후에는 전쟁이 불법화됨에 따라 전쟁이 아닌 다양한 형태의 국제적 및 비국제적 무력충돌 상황(예컨대, 민족해방전쟁, 내란 등)을 염두에 둔 포괄적 개념의 무력충돌법(law of armed conflict)이 전쟁법을 대신하여 사용되게 되었다.

그러나 이후 무력충돌에 따른 민간인 등의 보호에 초점이 맞추어지면서 무력충돌법은 헤이그법과 제네바법(본 강 제 2절 '국제인도법의 법원' 참조)을 통칭하는 용어로서의 국제인도법에 의해 대체되었다. 오늘날 '국제인도법'은 유엔, ICJ와 국제적십자기구에 의해 보편적으로 사용되는 용어로 자리잡고 있다. 이와 같이 '국제인도법'이라는 용어가 정착하게 된 배경은 결국 군사적 필요성보다는 인도적 고려를 중요시하는 오늘날의 국제법의 발전방향과 무관하지 않다.

---

1) 1863년 Columbia 대학의 Lieber 교수가 작성한 '전쟁터에서의 미 육군에 대한 지침(Instruction for the Government of Armies of the United States in the Field)'이다.

2) 1864년 제네바에서 채택된 '육전에서의 부상자 및 병자의 상태개선을 위한 협약(Convention for the Amelioration of the Condition of the Wounded in Armies in the Field)'과 이를 대체하여 1906년 제네바에서 채택된 동일명의 협약을 의미한다. 동 협약은 다시 1929년 협약으로 대체되었고 이어 1949년 채택된 4개 제네바 협약 중 제1협약으로 발전하였다.

'국제인도법' 용어의 출현

▶ 1948년 세계인권선언 선포 제 20주년을 기념하여 1968년 테헤란에서 개최된 정부간 회의 결의사항(무력충돌시 인권의 존중)의 후속조치로 1971년 정부 전문가회의(제네바) 및 1972년 적십자 전문가회의(비엔나)가 개최되었음. 이어서 1974~1977년 중 '무력충돌에 적용되는 국제인도법의 발전 및 재확인'에 관한 제네바 외교회의(제네바 4개 협약의 미비점을 실제상황에 맞게 보완하고 발전시키는 것을 목적)가 개최되었으며 동 회의를 통해 국제인도법이란 표현이 사용되기 시작하였음.

▶ 1996년 '핵무기의 위협 또는 사용의 합법성에 대한 ICJ의 권고적 의견'에서 ICJ는 무력충돌시 적용되는 헤이그법과 제네바법은 양자가 서로 밀접히 관련되어 있어서 일반적으로 국제인도법이라는 하나의 체계를 형성하고 있다고 설명하였음. 이를 통해 '국제인도법' 용어가 더욱 보편화되었음.

제2절 국제인도법의 법원

국제인도법의 핵심적 법원은 전투행위의 규제에 관한 규칙인 헤이그법과 전쟁 희생자의 보호에 관한 규칙인 제네바법이다.

1. 헤이그법

헤이그법(Law of Hague)은 주로 1899년과 1907년 헤이그 평화회의에서 채택된 전쟁에 관한 각종 조약으로 대체로 전쟁의 수단과 방법에 관한 규제를 규정하고 있다.3) 헤이그에서 채택된 협약들이 헤이그법을 구성하지만, 반드시 '헤이그'라는 명칭이 붙은 것만 헤이그법에 해당하는 것은 아니다. 따라서 구체적인 형태로 제정된 특정무기의 사용을 금지하는 조약도 이에 해당된다. 여기서 중요한 점은 사용을 금지하는 것이지 생산을 금지하는 것이 아니라는 점이다.

헤이그법은 '적을 해치는 수단을 선택하는 교전자의 권리는 무제한한 것이 아니다'는 대원칙에서 출발하고 있으며, 그 배경으로 Martens 조항(dictates of the public conscience)이 있다.4) 이를 위해 헤이그법은 전투행위시 인도적 관점에서 해악을 최소화할 수 있도록 무력분쟁 관련 사용무기, 공격대상, 공격방법 등에 대하여 규정하고 있다. 따라서 무엇보다도 중요한 기준으로 불필요한 고통을 야기할 수 있는 무기의 사용은 금지된다.5) 또한 공격장소, 전투원, 군사목표물에 대한 규제가 따르며 공격방법도 무제한한 것이 아니다. 예컨대, 국제환경법에서 설명한 바와 같이 자연환경에 중대한 영향을 미치는 무기 등의 사용도 당연히 규제되어야 할 것이다.

그러나 핵무기의 경우는 사정이 다르다. 유엔 총회는 핵무기가 국제법 규범 및 국제인도법과 모순된다고 보고 핵무기의 영구사용금지를 결의한 바 있다. 그

---

3) 1899년 제 1차 헤이그 평화회의에서는 육전법규에 관한 조약, 독가스금지선언, 덤덤탄의 사용금지 선언 등이 채택되었고, 1907년 제 2차 헤이그 평화회의에서는 적대행위개시에 관한 조약, 육전법규에 관한 조약개정, 해전에 관한 6개 조약 및 중립에 관한 2개의 조약이 채택되었다. 최근의 예로는 2008년 채택된 확산탄 금지협약(Convention on Cluster Munitions)을 들 수 있다.

4) 1899년 제 1차 헤이그 평화회의시 러시아 대표인 마르텐스에 의해 헤이그 육전규칙에 포함된 전투행위에 관한 기본규칙으로 "조약규정이 존재하지 않는 경우에도 교전 당사국은 확립된 관행이나 인도상의 제 원칙 또는 공공양심(public conscience)의 명령에 기초하여 비인도적 행위를 삼가하여야 한다"는 내용이다.

5) 1868년 상 페테르부르크 선언에서 폭발성 발사체(400g 이하의 폭발탄 및 소이탄 등)의 사용 금지에서 출발하여 1925년 질식성, 독성 또는 기타의 가스 및 세균학적 방법을 전쟁에 사용함을 금지하는 제네바의정서, 1972년 세균(생물학적)무기 및 독소무기의 개발, 생산 및 비축 금지와 폐기에 관한 협약(BWC 협약), 1992년 화학무기의 개발, 생산, 비축, 사용금지 및 폐기에 관한 협약(CWC 협약), 1976년 환경변경 기술의 군사적 및 적대적 사용을 금지한 협약(ENMOD 협약), 1997년 대인지뢰의 사용, 비축, 생산, 이전 금지 및 폐기에 관한 협약(Ottawa 협약) 등이 이에 해당된다. 특히 BWC 협약과 CWC 협약이 규정하고 있는 생·화학무기와 핵무기를 우리는 ABC 무기(atomic, biological, or chemical weapons)로 통칭하여 대량살상무기(Weapons of Mass Destruction: WMD)의 대표적인 예로 사용하고 있다.

럼에도 불구하고 ICJ는 전술한 '핵무기의 위협 또는 사용의 합법성에 관한 권고적 의견'에서 핵무기의 위협 또는 사용이 무력분쟁에 적용되는 국제인도법상의 원칙과 일반적으로 배치되지만 한 국가의 생존이 달려 있는 극단적 상황에서 핵무기의 위협 또는 사용에 대한 합법성 여부는 판단할 수 없다고 판시하였다. 그렇다고 하여 대량살상무기 중 가장 파괴력이 크고 많은 희생을 요구하는 핵무기의 사용이 명시적으로 금지되지 않았다는 이유로 허용될 수 있다는 해석은 성립되지 않는다.

결론적으로 헤이그법의 기본원칙은 (a) 민간인과 전투원, 민간물자와 군사목표물을 구분(distinction)하고, (b) 군사적 필요성(military necessity)과 인도적 고려(humanitarian consideration)에 대한 비례성(proportionality)[6]을 적용하는 것으로 해석할 수 있다. 따라서 아무리 군사적으로 승리하기 위해 필요한 경우라도 교전당사자들에게 승리를 위해 필요한 모든 수단을 사용하는 것이 허용되는 것은 아니다.[7]

2. 제네바법

가. 1949년 4개 제네바 협약

제네바법(Law of Geneva)은 적십자운동을 계기로 채택된 각종 조약으로 대체로 비전투원이나 민간인 보호에 대하여 규정하고 있다. 제네바법의 핵심은 적대행위 참가자와 그 밖의 사람들을 구분하여 전투행위를 수행할 수 없는 부상병자, 포로와 민간인 등 무력충돌의 희생자와 이들의 재산을 보호하기 위한 구체적인 규칙들을 포함한다.

---

6) 군사적 필요성을 초과하여 민간인에 대한 부수적 피해를 야기할 수 있는 공격을 금지하는 것을 말한다.

7) 과거에는 전쟁 중 교전당사국이 전쟁법(오늘날의 '국제인도법'을 의미)을 준수함으로써 자국의 중대이익이 위험에 직면하는 예외적인 경우에는 전쟁의 필요성이 전쟁법에 우선하여(the necessities of war take precedence over the rules of war) 전쟁법의 구속에서 해방된다는 내용의 '전수이론' 이 주장되기도 하였다. 그러나 이 주장은 뉘른베르크 헌장을 거쳐 1949년 제네바 협약 및 1977년 제 1추가의정서에 의해 부인되었다.

최초의 제네바법은 앞에서 설명한 1864년 '육전에 있어서의 군대 부상자의 상태 개선에 관한 협약'으로 이후 전쟁의 형태와 무기의 발달로 인해 점증하는 인도적 지원의 필요성에 따라 단계별로 발전하였다.

오늘날 제네바법은 1949년 채택된 4개 제네바 협약과 1977년 채택된 2개 추가의정서로 구성되어 있으며[8] 전 세계 거의 모든 국가가 당사국이다. 이를 설명하면 다음과 같다.

- 제 1협약은 육전에서의 부상병자에 대한 보호를,
- 제 2협약은 해전에서의 부상병자에 대한 보호를,
- 제 3협약은 포로의 대우에 대하여 규정하고 있으며,
- 특히 제네바 제 4협약(전시 민간인 보호)은 전투원이 아닌 민간인 보호를 위해 일반적으로 적용되는 공통원칙을 제시하고 있다. 이 협약은 보호대상을 충돌당사국 영역내 외국인, 점령지역 내 민간인, 충돌당사국의 일반주민으로 나누어 규정하고 있다.

한편 이들 4개 제네바 협약은 국제법으로서 국가간의 무력분쟁을 대상으로 하고 있으나 (제 26강 '국제형사법'의 제 2절 3. 전쟁범죄'에서 간단히 설명한 바와 같이) 예외적으로 4개 개별협약 모두 공통으로 제 3조에서 내전 등 '일 국가 내에서 발생하는 비국제적 무력충돌(armed conflict not of an international character occurring in the territory of one Contracting Party)'을 규율하기 위한 매우 기본적인 사항들도 함께 규정하고 있다.[9] 이를 부연하면 4개 제네바 협약의 공통 제 3조는 한 국가 내에서 발생하는 국제적 성격을 지니지 않는 (비국제적) 무력충돌 상황에서도 무기를 버린 전투원과 질병, 부상, 억류 등으로 전투력을 상실한 자 등 적대행위에 능동적으로 참여하지 않는 자에 대하여 차별없이 인도적

8) 2005년 채택된 제 3추가의정서로 적십자 표장의 추가적인 채택에 관한 의정서가 있으나 이는 성격상 국제인도법을 설명할 때는 포함되지 않는다.

9) 제네바 4개 협약의 공통 제 3조(국제적 성질을 가지지 아니하는 무력충돌)는 "일 체약국의 영토 내에서 발생하는 국제적 성격을 띠지 아니한 무력충돌의 경우에도 당해 충돌의 각 당사국은 무기를 버린 전투원 및 질병, 부상, 억류, 기타의 사유로 전투력을 상실한 자를 포함하여 적대행위에 능동적으로 참가하지 아니하는 자에 대하여 인종, 피부색, 종교 또는 신앙, 성별, 문벌이나 빈부 또는 기타의 유사한 기준에 근거한 불리한 차별 없이 인도적으로 대우하여야 한다"고 규정하고 있다.

으로 대우할 것을 규정하고 있다. 나아가 부상자 및 병자는 수용하여 간호할 것을 요구하고 있다. 그러나 공통 제 3조가 말하는 비국제적 무력충돌 상황이 무엇을 의미하는지가 불분명하여 해석상 교전단체로 승인받지 못한 반군에게도 적용되었다. 물론 단순한 소규모의 반란이나 폭동 등은 이에 해당되지 않는다.

나. 1977년 추가의정서

1950~1960년대에 들어오면서 민족해방운동 등 일 국내에서 비국제적 무력충돌 상황이 증가하게 되고 더욱이 이러한 무력충돌상황은 매우 잔혹한 양상을 띠게 되었다. 이 과정에서 유엔창설 이후 꾸준히 전개되어 온 인권보호 및 신장을 위한 국제사회의 노력은 비국제적 성격의 무력충돌에 대하여도 인도적 관점에서 제네바 협약의 적용을 보다 확대하여야 할 필요성을 제기하였다.

이러한 배경하에 국제사회는 비국제적 무력충돌상황에 대하여 지금까지 적용하여 온 제네바 협약 공통 제 3조를 보완하기 위한 노력을 시작하였고 그 결과 1977년 2개의 제네바 협약 추가의정서를 채택하기에 이르렀다.

먼저 1977년 제 1추가의정서(제네바 협약에 대한 추가 및 국제적 무력충돌의 희생자 보호에 관한 의정서)는 (유엔헌장 및 '유엔헌장에 따른 국가간 우호관계 및 협력에 관한 국제법 원칙 선언'에 의하여 보장된) 자결권을 행사하기 위하여 식민통치, 외세의 점령 또는 인종차별에 대항하여 투쟁하는 무력충돌(국가와 NLM간의 무력충돌을 의미함)을 국제적 무력충돌로 격상시켜서 제네바 협약을 전면적으로 적용시켰다(제 1추가의정서 제 1조 4항). 또한 전투방법 및 수단과 관련하여 신무기가 불필요한 고통을 주거나 적군의 전투원과 민간인을 구분 없이 공격하는 무기인 경우에는 새로운 무기가 국제인도법에 의해 금지되어야 하는지 여부를 결정하여야 한다고 규정하였다(제 1추가의정서 제 36조).

다음으로 제 2추가의정서(제네바 협약에 대한 추가 및 비국제적 무력충돌의 희생자 보호에 관한 의정서)는 적용대상에 대한 요건으로 (a) 제 1추가의정서의 적용을 받지 못하는 무력충돌로서 (b) 체약당사국의 영토 내에서 당사국의 군대와 반란군대 또는 다른 조직된 무장집단과의 무력충돌에 적용된다고 규정하여 대상이 되는 무력충돌의 범위를 명확히 하고 있다. 여기서의 반란군대 또는 다른 조직된 무장집단이란 책임 있는 지휘하에서 '지속적이고 조화된(sustained and concerted)' 군사작전을 수행하고 그 영토의 일부분을 통제하고 있는 집단을 의미한다(제 2추가의정서 제 1조 1항). 따라서 상기 무력충돌에 해당하지 않는 폭동, 고립되고 산발적인 폭력행위 및 기타 유사한 성격의 내부혼란이나 긴장상황은 제 2추가의정서의 비국제적 무력충돌에 포함되지 않으므로 제네바 협약의 보호가 제공되지 않는다(동 조 2항). 동시에 제 2추가의정서는 비전투원이나 부상자, 포로, 특히 어린이 등에 대한 보호의 확대 등도 규정하고 있다(동 제 4조).

결론적으로 민족해방전쟁을 포함한 국제적 무력충돌 상황에서는 제네바 4개 협약과 제 1추가의정서가 적용되고 내전 등 비국제적 무력충돌의 상황에서는 제네바 4개 협약의 공통 제 3조와 제 2추가의정서가 적용된다.

3. 테러리즘과 국제인도법

오늘날 국가와 테러집단간의 무력투쟁에 대하여도 제네바 협약상 비국제적 무력충돌로 보고 국제인도법을 적용할 수 있는가의 문제가 새로이 제기되고 있다. 이와 관련 9·11 테러 이후 미국 정부는 생포된 테러리스트(알 카에다 소속)들이 불법전투원(illegal combatant)으로 제네바 협약상 포로의 대우에 관한 규정이 적용되지 않는다고 주장하였다. 즉, 테러행위는 국제범죄로서 테러범들은 국제인도법의 적용을 받는 포로가 아니라고 주장하였다. 그러나 미 연방대법원은 2006년 'Hamdan 사건에서 테러리스트들에 대하여도 제네바 협약 공통 제 3조가 적용된다고 판단하였다.[10)]

---

10) 2001년 11월 13일 미국의 부시대통령은 군사명령(military order)을 내려 미국민이 아닌 적 전투원은 군사위원회(military commission)에서 재판을 받도록 승인하였다. 관타나모 수용소에 구금되어 있던 Hamdan도 이 군사위원회에서 재판을 받게 되었다. 동인은 아프가니스탄에서 오사마 빈 라덴의 운전수였다. 그의 재판이 군사위원회에서 진행중일 때 동인의 변호인은 2004년 미국의 연방지방법원에 제소하여 미국의 대통령이 의회의 승인을 받지 않고 군사명령으로 군사위원회를 설치하여 관타나모 수용소에 구금된 사람들을 재판하는 것이 위법이며, 1949년 제네바협약이 보장하고 있는 권리를 박탈하는 것이라고 주장하였다. 이에 대해 2006년 7월 미 연방대법원은 Hamdan v.

이는 앞으로 국제사회가 테리리스트들과의 투쟁도 비국제적 무력충돌로 보아야 할 가능성을 시사하고 있다는 점에서 함의가 크다. 국민의 안전이 우선시되는 테러대응에 있어서도 인권은 무시할 수 없는 가치이며, 따라서 테러에 대한 대응과 (테러리스트들에 대한) 인권의 보장은 균형 있게 고려되어야 할 것임을 시사하는 것이다. 다시 말해서 테러에 대한 무력대응에 있어서도 강행규범의 위반은 국제법상 허용되지 않는다.

4. 국제관습법의 적용

일국이 국제인도법의 당사국이 아닌 경우에도 국제인도법 규정들이 국제관습법을 반영하는 한에서는 적용을 받는다. 예컨대, 헤이그법과 제네바법 및 제1, 2 추가의정서의 많은 부분들은 국제관습법을 구성한다. 국제인도법이 국제관습법이 될 수 있는 이유는 앞에서 설명한 마르텐스 조항이 정당화시켜 준다.

5. 국제인도법의 기본원칙

상기에 비추어 국제인도법의 기본원칙을 정리하면 다음과 같다.

첫째, 교전자들에게 적을 공격하기 위한 무제한의 수단이 허용되지는 않는다. 적을 패배시키기 위한 활동은 허용되지만 군사적 필요성과 인도적 고려의 조화가 요구된다.

둘째, 공격은 반드시 군사목표물(military objective)에 한정되어야 한다.

셋째, 전투원과 비전투원의 구분은 존중되어야 한다.

넷째, 비전투원은 포로, 상병자, 민간인의 구분없이 인도주의로 대우되

Rumsfeld 판결을 통해 Hamdan을 재판하는 군사위원회는 재판을 계속할 권한이 없다고 판결하였다. 연방대법원은 또한 1949년 제네바협약의 공통 제 3조를 포함하여 무력충돌에 관한 국제법(국제인도법)이 미국의 법원에서 적용된다고 판결하였다. 김영석, '미국의 대테러전쟁과 2006년 군사위원회법에 관한 법적 분석', 한국연구재단, 2007.

어야 한다.

다섯째, 국제인도법은 상호주의가 적용되지 않는다. 왜냐하면 국제인도법은 교전 당사자 모두에게 적용되므로 비록 일국이 국제인도법을 위반하는 경우에도 상대방은 준수하여야 한다.

여섯째, 국제인도법의 적용을 위해 전쟁선언(declaration of war)이나 전쟁상태(state of war)가 반드시 필요하지는 않으며 단순히 무력충돌 상황이 존재하면 충분하다. 참고르 전쟁이 불법화된 오늘날 무력충돌은 전쟁을 대신하는 용어로 폭넓게 사용되고 있다.

일곱째, 헤이그법과 제네바법은 상호 배타적인 것이 아니다. 양자간 교차하는 영역이 있으며 오늘날 양자가 합쳐지는 경향도 생겨나고 있다. 예컨대, 제네바 협약 제 1추가의정서는 헤이그법의 중요한 규칙의 하나인 비례성의 원칙을 강조함으로써 교전법규의 개선에도 기여하고 있다.[11)]

끝으로 오늘날 국제적 무력충돌과 비국제적 무력충돌의 차이가 좁혀지는 경향이다. 예컨대, ICTY, ICTR 과 ICC 등 국제재판소는 모두 제네바 협약 공통 제 3조가 적용되는 사건(비국제적 무력충돌시의 국제인도법 위반)에 대하여도 관할권을 가진다고 판단하였다.

제3절 국제인도법과 국제인권법

국제인도법은 국제적 또는 비국제적 무력충돌 과정에서 직접 발생하는 인도주의적 문제의 해결을 위한 국제법 규칙인데 반해 국제인권법은 개인의 인권

---

11) 제네바 협약 제 1추가의정서 제 35조는 무력충돌시 전투수단이나 방법을 선택할 당사국의 권리가 무제한한 것은 아니라는 헤이그법의 원칙을 규정하고 있다.

과 기본적 자유의 보호와 증진에 관한 국제법 규칙이다. 그러나 국제인도법과 국제인권법은 인간의 생명, 존엄성, 건강 등 궁극적 목적이 동일하고, 이념적으로도 동일한 원칙에 입각하고 있어서 비록 양자가 별도로 발전하였으나 서로 보완적 역할을 수행하며 통합화 경향이 강해지고 있다.[12] 실제로 오늘날 양자의 차이점에도 불구하고 양자가 추구하는 목표가 개인에 대한 보호라는 점에서 국제인권법과 국제인도법을 개인의 인권보호에 관한 국제법의 테두리 내에서 함께 취급하는 경향이 나타나고 있다는 점도 주목할 만한 사항이다.

이와 관련 1970년 유엔 총회 결의 제 2675호는 기본적 인권은 무력충돌시에도 계속 적용되어야 한다는 점을 확인하였으며, 나아가 1975년 고문방지협약도 고문금지는 전시에도 당연히 적용되어야 한다고 규정하고 있다.[13] 결과적으로 오늘날 무력충돌 상황에서는 국제인도법 이외에 국제인권법이 함께 적용되어 보호역할을 하는 경우가 적지 않으며 앞으로 이러한 상호보완 관계는 더욱 강화되고 넓어질 것으로 보인다.

한편 국제인도법과 국제인권법의 특징을 중심으로 양자를 비교하면 다음과 같다.

첫째, 국제인도법은 (국제적 또는 비국제적) 무력충돌 상황에서만 적용된다. 이러한 이유로 국제인도법을 전시인도법이라고도 부른다. 반면 국제인권법은 평시와 무력충돌상황 어느 경우에도 적용된다.[14] 그러나 국제인권법은 무력충돌상황에서와 같이 특히 국가의 생존을 위협하는 공공의 비상사태시에는 예외적으로 적용이 잠정 정지(derogation)될 수 있다.[15]

둘째, 국제인도법은 전시 교전 당사국 내의 민간인과 전투원의 보호를

12) 예컨대, 국제인도법인 제네바 협약의 공통 제 3조나 동 제 1추가 의정서의 제 75조(기본권 보장) 등은 국제인권법 규범과 유사한 내용을 규정하고 있다.

13) 고문방지협약 제 2조 2항: “전쟁상태, 전쟁의 위협, 국내의 정치 불안정 또는 그 밖의 사회적 긴급사항 등 어떠한 예외적인 상황도 고문을 정당화하기 위해 원용될 수 없다.”

14) ICJ는 ‘핵무기의 위협 또는 사용의 합법성에 관한 권고적 의견’에서 B 규약은 평시의 인권보호를 목적으로 하며 전시에 있어서의 불법적인 생명의 박탈은 국제인도법에 의해 규율된다는 주장을 받아들이지 않고 B 규약은 전시에도 적용된다고 보았다. ICJ Reports 1996, p. 226, paras. 24-25.

15) B 규약 제 4조가 이에 해당된다. 제 4조는 공공의 비상사태시 국가가 의무를 위반하는 조치, 즉, 개인의 기본권을 제한하는 조치를 취할 수 있다고 규정하고 있다.

목적으로 하나 국제인권법은 기본적으로 일 국가 내의 모든 개인에 대해 적용된다. 특히 국제인권법은 모든 사람의 기본적 인권을 보호대상으로 하므로 재산은 적용 대상에서 제외되나 국제인도법은 무력충돌상황에서 적대행위에 참여하지 않는 사람(부상병, 포로, 민간인 등)과 민간인 재산의 보호에 모두 적용된다.

셋째, 국제인도법은 당초 무력충돌시 무력의 사용에 있어 국가의 행동을 제한하는 방향에서 발전되어 왔다. 반면 국제인권법은 국가로부터 개인의 권리를 보장하는 방향에서 발전되어 왔다. 다시 말해서 국제인권법은 적극적으로 일반인 개인의 권리를 보호하는 것을 중심으로 하고 있는 데 반해 국제인도법은 소극적으로 교전자 개인이 준수하여야 할 의무사항을 중심으로 하고 있다. 따라서 무력분쟁 참여 개인에게 준수의무가 부과되므로 중대한 의무위반자에 대하여는 보편적 관할권의 적용이 가능하며[16] 국제형사재판소 등에 의한 처벌도 가능하다. 물론 국제인권법을 위반한 개인(집단살해나 인도에 반하는 죄 등 심각한 인권침해에 책임있는 개인)에 대하여도 국제형사재판소에 의한 처벌이 가능하지만 공적 지위가 없는 개인이 국제형사재판소에서 처벌받을 가능성은 크지 않다. 국제인도법을 위반한 개인(대체로 교전자 개인으로 공적지위와 무관)이 국제형사재판소에 의해 전쟁범죄로 기소, 처벌될 수 있는 근거는 제 26강('국제형사법'의 제 4절 2. 가. '개인의 형사책임' 참조)에서 설명한 바 있다.

국제인도법과 핵무기
1. **핵확산금지조약**(NPT: Treaty on the Non-Proliferation of Nuclear Weapons)[17] 가. 연혁 및 기능 ▶ 1945년 히로시마와 나가사키에 대한 원자폭탄 투하 이후, 인류는 핵무기 확산이

16) 참고로 4개 제네바 협약은 각각(예컨대, 제 1협약의 경우 제 49조) 협약상 중대한 의무를 위반한 자와 이를 위반하도록 명령한 자를 처벌하기 위하여 필요한 입법조치를 취할 것과 또한 자국 법원에서 기소하거나 또는 처벌을 위해 관련국에 인도할 것을 규정하고 있다.

국제평화와 안전에 가장 심각한 위협요인이라는 인식을 갖게 되었다. NPT 조약에 관한 구상은 1950년대 말에 처음으로 대두되어, 폴란드, 아일랜드, 스웨덴 등이 제시한 안을 기초로 유엔에서 논의가 시작되었다.

▶ 프랑스(1960년 2월)와 중국(1964년 10월)이 각각 핵 실험을 하게 됨에 따라 핵무기 확산에 대한 우려가 현실화되었다. 이후 1968년 3월 미 · 소 양국은 제네바 군축회의에서 NPT 공동 초안을 제출하였고 1968년 6월 유엔 총회에서 동 초안이 채택되어 1970년 3월 5일에 발효되었다.

– NPT 당사국은 191개국(상주 옵서버 국가인 교황청과 팔레스타인 포함)이며, 이중 북한은 탈퇴서를 제출한 상태이다. 한편 비회원국은 인도, 파키스탄, 이스라엘 등 3개국이다.

▶ NPT는 국제 핵 비확산 체제의 근간이 되고 있는 바, 그 이행 확보를 위해 핵 비보유 당사국으로 하여금 1957년 핵의 국제적 관리를 위해 미국 주도로 출범한 국제원자력기구(International Atomic Energy Agency: IAEA)와 안전조치 협정(Safeguards Agreement)을 체결하도록 규정하고 있다.

▶ NPT는 핵 보유국과 핵 비보유국의 권리와 의무를 서로 다르게 규정함으로써 차별성 시비가 계속되고 있다.

나. NPT의 현주소

▶ NPT는 1970년 발효 이후 가장 성공적인 군축 및 핵 비확산 조약 가운데 하나였으며, 핵 비확산 체제의 초석으로써 국제평화와 안전의 유지에 크게 기여하여 왔다. 특히 냉전 종식 후 NPT의 보편성이 크게 확대되었다.

– 남아프리카 공화국은 자발적으로 핵무기 개발을 포기하고 1991년 핵 비보유국으로서 NPT에 가입하였고, 구소련으로부터 독립한 카자흐스탄, 벨라루스, 우크라이나는 자국영토 내 핵무기를 러시아 연방에 이전하고 1994년까지 모두 핵 비보유국으로 이 조약에 가입하였다. 안보리 5개 상임이사국 중 NPT 비회원국이었던 프랑스와 중국은 1992년 NPT에 가입하였다. 또한 브라질과 아르헨티나는 수년간의 상호 경쟁관계를 극복한 후 핵개발 프로그램을 포기하고 핵 비보유국으로 이 조약에 가입하였으며, 쿠바와 동티모르는 각각 2002년과 2003년 NPT를 비준하였다.

▶ 이와 같이 NPT의 보편성이 확대되어 가는 과정에서 NPT에 기초한 국제 핵 비확산 체제를 위협하는 여러 심각한 도전들이 대두되었다.

– NPT 비가입국이었던 인도는 1974년 '평화적 핵폭발' 명목하에 핵실험을 실시하

여 핵무기를 보유하게 되었고, 파키스탄도 1998년 핵실험을 통해 핵무기를 보유하게 되었다. 또한 이스라엘은 핵무기를 이미 보유하고 있는 것으로 알려져 있으나, 이를 부정도 긍정도 하지 않는 모호한 자세(NCND)를 취하고 있다.

– 특히 원자력의 평화적 이용을 위장한 핵무기 개발 프로그램의 문제는 그간 국제사회의 큰 관심사가 되어 왔는바, 북한과 이란이 그 대표적인 사례이다. 이들 국가들의 핵무기 개발 추진은 NPT 체제를 위태롭게 만들고, 국제평화와 안전에 대한 심각한 위협요인이 되고 있다.

▶ NPT는 발효일로부터 25년이 경과한 후에 효력을 무기한으로 지속할 것인가 또는 추후 일정 기간 동안 연장할 것인가를 결정하기 위한 회의를 소집하도록 규정하고 있다(제 10조 2항). 이 조항에 따라서 NPT가 발효된 지 25년이 지난 후인 1995년 뉴욕에서 NPT 검토 및 연장회의(NPT Review and Extension Conference)가 개최되었고, 동 회의 결과 NPT를 무기한 연장(indefinite extension)하기로 합의하였다.

다. NPT 주요 내용

▶ 국제 핵 비확산 체제의 근간이 되고 있는 NPT 조약은 3개의 지주(pillars)로 구성되어 있다.

– 제 1지주(non-proliferation, 비확산): 핵 보유국의 핵무기 관련 기술 및 물질의 이전 금지, 핵 비보유국의 핵무기 제조 및 개발 금지, 즉, 수평적 비확산(horizontal non-proliferation) 추구

– 제 2지주(disarmament, 군축): 핵 군비경쟁의 조속한 중지, 핵군축과 관련한 효과적인 조치 및 엄격하고 효과적인 국제적 통제하의 일반적이고 완전한 군축조약에 관한 협상을 성실하게 추구할 의무

– 제 3지주(peaceful use of nuclear energy, 원자력의 평화적 이용): 핵 비보유국의 평화적 목적의 원자력 활동 지원, 이를 위해 핵 비보유국으로 하여금 IAEA와 안전조치 협정을 체결토록 규정, IAEA가 NPT 이행의 실질적인 확보를 위한 검증기구의 역할을 담당, IAEA 안전조치(safeguards)는 평화적 목적의 원자력 활동 및 군사적 전용방지를 위한 검증조치

▶ 핵무기 보유국은 67년 1월 1일 이전에 핵무기나 핵폭발 장치를 제조하고 폭발시킨 국가(미국, 영국, 프랑스, 러시아, 중국)로 정의

2. 핵무기의 사용에 대한 국제법적 규제(답안작성 요령)

가. 문제의 제기

▶ 국제사회는 오랜 기간에 걸쳐 핵무기 사용을 규제하기 위한 노력을 전개하여 왔으며 이에 비추어 볼 때 핵무기 사용이 허용되어서는 안 된다는 공감대는 충분히 형성되어 있음을 알 수 있다. 이와 관련한 국제사회의 노력을 평가한다.

▶ 특히 국가의 존립을 위한 자위권의 행사로 핵무기의 사용이 허용될 수 있는가에 대하여도 검토한다.

나. 조약상의 규제

▶ 국제인도법의 일부인 헤이그육전규칙은 적을 해치는 모든 수단이 정당화될 수는 없다고 보았다. 동 규칙은 불필요한 고통을 야기하는 무기 등의 사용을 금지하고 있으며, 제네바 협약 제 1추가의정서도 전투수단을 선택할 당사국의 권리는 무제한적이 아니라고 규정하고 있다.

▶ 1966년 시민적 및 정치적 권리에 관한 국제규약(B 규약)에 따라 설립된 규약위원회(Human Right Committee: HRC)는 동 규약 제 6조(생명권)를 실현하기 위해서는 핵무기의 사용이 금지되어야 한다고 보았다. 규약위원회는 생명권에 관한 일반논평 14에서 핵무기의 생산, 실험, 보유, 배치 및 사용은 금지되어야 하며 또한 인도에 반하는 범죄에 해당된다고 정의하고 있다.

▶ 그러나 1968년 NPT 조약은 핵무기의 양도, 수령, 제조 등을 금지하고 있을 뿐 사용 자체를 금지한다는 표현은 없다.

▶ 한편 2017년 유엔 총회에서 채택된 '핵무기금지조약(Treaty on the Prohibition of Nuclear Weapons)'은 핵무기의 위협 또는 사용의 불법성을 인정하고 있으나 핵보유국들을 포함한 많은 국가들의 지지를 받지 못하고 있다.

다. 국제관습법상의 규제

▶ 핵무기 사용금지는 국제관습법상 확립된 원칙인가.

- 지난 70여 년간 핵무기가 사용되지 않았다는 사실은 핵무기 사용금지 관행에 대한 법적확신을 구성하는가. ICJ는 이를 부인하며 핵무기를 사용하지 않은 관행은 군사적, 정치적 및 인도적 고려에 기인한다고 보았다.
- 1961년 유엔 총회 결의 제 1653호(핵무기와 수소폭탄의 사용금지에 관한 선언)는 핵무기와 수소폭탄의 사용금지 선언을 통해 핵무기의 사용이 유엔헌장에

대한 직접적인 위반이며 국제인도법에 대한 위반이라고 선언하였다.[18] 이후 여사한 결의가 다수 채택되었으나 표결과정에서 나타난 국가들의 태도는 핵무기 사용금지에 관하여 법으로 수락된 일반관행의 증거로서의 국제관습이 형성되어 있지 않음을 보여주었다. 특히 동 결의에 명시적으로 반대한 대부분의 서구권 국가들(특히 핵보유국들)은 자신의 지속적인 반대를 이유로 어느 경우에도 결의의 법적 효력을 부인할 수 있었다. 이러한 태도는 아직도 계속되고 있다.

▶ 그러나 국제인도법상의 *jus in bello* 원칙에 의하면 민간인과 전투원을 무차별적으로 공격하는 무기, 전투원에 대하여 불필요한 고통을 야기하는 공격과 무기사용은 금지된다. 또한 마르텐스 조항에 의거 명시적으로 금지되지 않은 무기나 공격방식 등도 '공공양심의 요구(dictates of the public conscience)'의 제한을 받아야 할 것이다.

라. 국제재판소의 태도

▶ 1994년 유엔 총회는 "어떠한 상황에서 핵무기의 위협 또는 사용이 국제법상 허용되는가"에 대한 권고적 의견을 ICJ에 요청하였다.

– ICJ는 이에 대한 권고적 의견에서 마르텐스 조항을 언급하며 핵무기의 위협 또는 사용을 명시적으로 허용하는 국제관습법이나 조약은 없으며, 또한 핵무기의 위협 또는 사용을 포괄적으로 그리고 전면적으로 금지하는 국제관습법이나 조약도 없다고 보았다.

– 그러나 핵무기의 위협 또는 사용은 무력충돌시 적용되는 국제인도법의 원칙과 규칙들에 위배된다고 보았다. 즉, 핵무기가 국제인도법의 원칙과 규칙 생성 후에 출현하였고, 1949년 제네바 협약 및 1977년 추가의정서 채택과정에서 핵무기 문제가 논의에서 제외되었을 뿐이며, 더욱이 핵무기의 가공할 파괴력 등 특수성에 비추어 국제인도법의 원칙과 규칙이 핵무기에 대해서는 적용되지 않는다고 볼 수 없다고 판단하였다.

– 그럼에도 불구하고 국가존립 위기시의 극단적인 상황에서 자위의 목적으로 사용하는 것이 허용되는지에 대해서는 결론을 내릴 수 없다고 보았다.[19]

마. 국제형사재판소와 핵무기

▶ ICC 설립을 위한 로마규정의 성안과정에서 핵무기 사용이 전쟁범죄에 해당하느냐의 여부에 대해 논의가 있었으나 핵보유국들의 주도로 결국 핵무기 사용의 불법성을 명시하지 못하였다.

바. 평가

▶ 핵무기의 가공할 파괴력 등에 비추어 규율의 불가피성에 대한 인식이 제고되었다.

▶ 그러나 핵무기는 정치적 성격이 강한 무기로 핵무기에 대한 국제법적 규율에는 한계가 있으며, 특히 핵무기 사용과 자위권의 관계에 대해서는 ICJ의 판단과 같이 국제사회는 아직 유보적인 입장이다.

▶ 그럼에도 불구하고 전술한 헤이그법의 정신, 마르텐스 원칙, 유엔 총회의 결의와 ICJ의 권고적 의견 등에 비추어 핵무기의 사용이 국제인도법에 위배된다는 점은 분명하다.

▶ 핵무기의 개발 및 사용 문제는 향후 NPT 조약 제 6조의 해석 및 이행문제와 관련하여 국제사회의 진지한 논의가 필요하다.

- 제 6조는 '효과적인 국제적 통제하의 일반적 및 완전한 군축에 관한 조약의 체결을 위한 성실한 교섭의무'를 규정하고 있다 그러나 여기서의 교섭의무가 '당사국간 단지 교섭을 하여야할 의무'를 규정한 것인지 교섭을 통해 '군축조약을 체결하여야 할 의무'까지도 규정한 것인지에 대하여는 해석이 일치하지 않는다.
- 이와 관련 ICJ는 '핵무기의 위협 또는 사용의 합법성에 관한 권고적 의견'에서 제 6조의 의무가 핵군축이라는 분명한 결과(precise result)를 달성하는 것이라고 보았다.[20)]

▶ 결론적으로 핵무기의 위협 또는 사용에 대한 국제재판소와 핵무기보유국들의 태도에 비추어 명확한 결론은 유보되어 있는 상태다. 1961년 유엔 총회가 핵무기 사용이 불법임을 선언하는 결의안을 채택하였으나 표결과정에서 나타난 국가들의 태도는 핵무기 사용금지에 관한 국제관습법이 존재하지 않음을 보여주었다. 이러한 태도는 아직도 계속되고 있다. 그러나 분명한 것은 국제인도법에 반하여 핵무기를 사용하는 것은 어느 경우에도 금지된다는 점에 비추어 제 51조에 의한 자위권 행사를 위한 유일한 수단으로 핵무기사용이 정당화될 수 있는가의 문제는 앞으로도 계속 쟁점이 될 것으로 보인다.

---

17) 외교부, 외교정책 자료를 부분적으로 보완하였다.

18) 유엔 총회결의 제 1653호(Declaration on the Prohibition of the Use of Nuclear and Thermo-Nuclear Weapons)는 핵무기의 사용이 유엔헌장의 정신, 문언 및 목적에 반하며 그 자체로서 유엔헌장에 대한 직접적인 위반이라고 결의하였다. 더 나아가 이 선언은 처음으로 핵무기의 사용이 인류와 문명에 대한 범죄(crime against mankind and civilization)임을 선언하였다.

김정남 피살과 북한의 화학무기

북한 지도자 김정은의 이복형 김정남이 맹독성 신경작용제 'VX'에 의해 피살된 사실이 밝혀지면서 북한의 화학무기 보유실태 및 사용가능성에 대한 국제사회의 우려가 높아지고 있다. (생략)

그간 북한의 거듭된 부인에도 불구하고 금번 사건은 북한이 국제법을 위반하여 화학무기를 지속적으로 보유해 오고 있음을 국제사회에 확인시켜 주는 계기가 되었으며 이는 화학무기의 생산, 비축 및 사용을 금지하기 위한 국제사회의 노력에 대한 정면 도전이라는 점에서 김정남의 피살은 사건 이상의 중요한 국제법상 함의를 가진다.

이하 화학무기 보유 및 사용을 금지하기 위한 국제사회의 노력을 국제법적 관점에서 검토해 본다.

첫째, 국제사회는 특별히 잔혹하거나 또는 파괴적인 무기를 포함하는 '대량살상무기(Weapons of Mass-Destruction: WMD)'의 사용을 제한 또는 금지시키기 위한 노력을 계속해 왔으며 이에 따라 오래전부터 이미 '불필요한 고통(unnecessary suffering)'을 주는 무기의 사용을 금지 또는 제한하는 국제관습법규가 형성되었고 이후 여러 차례 다자협약의 제정을 통해 내용이 구체화 되었다.

둘째, 국제사법재판소는 국제정치적인 이유로 핵무기의 사용을 제한 또는 금지하는 국제조약이나 국제관습법규가 존재하지 않는다고 함으로써 핵무기(A)의 사용이 국제법 위반이라고 분명하게 판단하지는 않았다. 이에 반해 국제사회는 1972년 생물무기금지협약(Convention on Biological Weapons: BWC)과 1993년 화학무기금지협약(Convention on Chemical Weapons: CWC)을 통해 생물무기(B)와 화학무기(C)에 대한 규제를 명문화하였다. 지금까지 특정무기의 제한을 목적으로 채택된 조약들이 사용만을 금지 또는 제한하고 있는 것과는 달리 BWC와 CWC는 사용 외에 개발, 생산 및 비축도 금지하고 있다. 이는 치명적이고 가공할 살상력을 가진 B와 C를 철저히 규제하고자 하는 국제사회의 강력한 의지의 실현이라고 할 수 있다.

셋째, 본고의 검토대상인 CWC의 주요 특징은 다음과 같다.

▶ 핵무기 보유국과 비보유국간 차별적 지위를 인정하는 NPT, CTBT 등과 달리 모든 협약당사국들은 차별 없이 10년 내에 자국이 보유한 화학무기를 폐기하고, 생산시설을 평화적 목적시설로 전환시켜야 하는 의무를 진다. CWC는 세계 역사상 최초의 평등한 군축협약이다.

▶ 화학무기의 전면금지 및 화학산업에 대한 체계적이고 효율적인 감시를 위해 화학무기금지협약기구(OPCW)의 설치를 통해 협약이 규제하는 활동에 대한 신고 및 동 신고의 정확성을 확인하는 검증장치(사찰)를 수행하고 있다.
▶ 제재조항을 통해 협약 비당사국의 협약당사국에 대한 교역을 규제하고 있다.
▶ 강제사찰 제도의 도입을 통해 당사국의 협약준수 여부에 관하여 의혹이 제기되는 경우 일방 당사국이 요청하면 신고 또는 미신고 시설 구별 없이 사찰 통고후 12시간 내에 현장을 점검할 수 있다. CWC는 현존하는 군축협약상 가장 발전된 형태의 강력한 검증체제를 갖춘 것으로 평가된다.

넷째, 북한에 대한 함의이다. 유감스럽게도 북한은 CWC 비당사국으로 협약 밖에서 C 무기를 지속적으로 개발, 생산, 비축하고 있음에도 불구하고 국제사회가 아무런 조치를 취할 수 없다는 사실은 예측 불가능한 북한 정권의 속성에 비추어 국제사회에 큰 위협이 되고 있다. 특히 협약당사국으로 C 무기를 완전히 폐기하고 더 이상 개발, 생산 및 비축하지 않는 우리로서는 비대칭 군사력의 측면에서 북한에 대한 압박을 강화하기 위한 국제사회의 노력을 주도하여야 할 것이다. 이를 위해 우리는 국제인도법의 발전과정에 비추어 CWC가 이미 국제관습법의 지위를 가지고 있다는 점을 지적하면서 북한의 협약의무 이행을 촉구하여야 할 것이다. 동시에 조약에 의해 명시적으로 금지되지 않았더라도 적을 해치는 방법과 수단의 선택은 '공공양심의 요구(dictates of the public conscience)'에 따라야 한다는 '마르텐스 조항(Martens Clause)'과 이를 확인한 국제사법재판소의 판결을 근거로 북한의 C 무기 개발, 생산, 비축 및 사용은 금지되어야 할 것이라는 점도 강조하여야 할 것이다.

'약소국의 핵무기' 또는 '가난한 자의 핵무기'로 불리는 C 무기는 개발비용이 저렴하면서도 핵무기에 버금가는 군사적 위협을 야기할 수 있다. C 무기는 북한이 보유한 핵무기 못지않게 즉각적인 위협이 된다. 그러나 지금까지 국제사회는 북한의 A 무기 개발을 포기시키기 위한 노력에 집중해 옴으로써 그 과정에서 북한의 C 무기 개발 등에 대한 노력과 관심은 다소 소홀해지지 않았는지 생각해 보아야 할 것이다. 북한은 현재 다양한 형태의 C 무기를 대량 보유하고 있으며 이들 C 무기가 개발 중인 미사일에 장착되어 실전에 사용될 가능성도 배제할 수 없다는 점에서 북한의 C 무기 개발은 더 이상 방치할 수 없는 상황에 도달하였다고 할 수 있다.

이번 김정남 피살 사건을 계기로 북한의 C 무기 보유를 금지시키기 위한 국제사회의 압력이 더욱 강화되어야 할 것이며 그 출발점은 북한의 CWC 가입을 통한 협약의 보편성 확보가 되어야 할 것이다.

☞ 기출문제 예시

문 1) 비국제적 무력분쟁을 규율하기 위한 국제인도법규범에 대하여 설명하시오.

문 2) 북한의 핵문제(핵무기 개발)를 국제법적 관점에서 평가하시오.

---

19) 권고적 의견의 관련 부분 원문은 다음과 같다: "... it cannot reach a definitive conclusion as to the legality or illegality of the use of nuclear weapons by a State in an extreme circumstance of self-defence, in which its very survival would be at stake", ICJ Reports 1996, p. 226, para. 97.

20) ICJ Reports 1996, p. 226, para. 99.

제 29 강
국제분쟁의 평화적 해결

제1절 개관

1. 국제법상 분쟁의 평화적 해결 의무

국제평화와 안전의 유지는 국제법의 중심과제이다. 국제평화와 안전의 유지를 위해서는 국가간 분쟁의 평화적 해결이 요구된다.[1] 따라서 국제분쟁의 평화적 해결의무는 국제법상 모든 국가가 준수하여야 하는 핵심적인 의무의 하나이다.

오랜 기간 동안 분쟁의 평화적 해결을 위해 노력해 온 국제사회는 분쟁해결을 목적으로 하는 많은 다자조약을 체결하였다. 이 중 대표적인 예로 1899년 및 1907년 헤이그에서 채택된 '국제분쟁의 평화적 해결을 위한 헤이그 협약(Hague Convention for the Pacific Settlement of International Disputes)', 국제연맹의 후원하에 체결된 1928년 '분쟁의 평화적 해결을 위한 일반의정서(General Act for the Pacific Settlement of Disputes)'와 분쟁해결을 위한 지역차원의 조약으로 1948년 '평화적

1) 국제분쟁의 해결방식에는 평화적 해결방식과 강제적 해결방식이 있으나 오늘날 유엔헌장이 무력사용을 금지하고 분쟁을 평화적으로 해결할 것을 규정하고 있다는 점에서 무력복구(reprisal) 등 강제적 해결방식은 국제법상 금지된다. 이와 관련한 유엔헌장 규정으로는 제 2조 3항(분쟁의 평화적 해결의무)과 4항(무력의 위협 또는 사용의 금지)이 있다.

해결에 관한 미주조약(American Treaty on Pacific Settlement: Bogotá Pact)'과 1957년 '분쟁의 평화적 해결에 관한 유럽협약(European Convention for the Peaceful Settlement of Disputes)' 등이 있다. 이들 협약들은 분쟁의 평화적 해결을 위한 사항과 절차를 상세히 규정하고 있다. 그 밖에도 많은 국제조약들이 조약 내에 분쟁해결을 위한 조항을 포함하고 있다.

분쟁의 평화적 해결의무가 국제법상 국가의 의무로 중요성을 가지게 된 것은 유엔성립 이후이다. 유엔헌장 제 2조 3항은 이러한 국가의 의무를 명시적으로 규정하고 있으며 유엔헌장 제 6장(분쟁의 평화적 해결)에 위치한 제 33조를 통해 제 2조 3항을 구체화하기 위하여 분쟁당사국들이 선택할 수 있는 분쟁해결방식을 규정하고 있다. 여기서 분쟁의 평화적 해결에 관한 조항들이 헌장 제 7장(평화에 대한 위협, 파괴 및 침략행위에 관한 조치)에 앞서 제 6장에 위치하고 있는 것은 분쟁을 평화적으로 해결하여 제 7장의 상황으로 발전하지 않도록 하기 위한 국제사회의 의지를 보여주는 것이다.

이 같은 배경하에 헌장 제 33조 1항은 어떠한 분쟁의 계속이 국제평화와 안전의 유지를 위태롭게 할 우려가 있는 경우 분쟁의 당사국들은 분쟁해결 방식으로 교섭(negotiation), 심사(enquiry), 중개(mediation), 조정(conciliation), 중재재판(arbitration), 사법적 해결(judicial settlement), 지역적 기구 또는 지역적 협정의 이용 등을 임의로 선택할 수 있다고 규정하고 있다. 여기에 주선이 명시되어 있지 않지만 이는 당연히 포함되어야 할 평화적 해결방식의 하나다. 이중 중재재판과 사법재판은 사법적 해결방식(judicial means)이며 그 밖의 경우는 비사법적 해결방식(non-judicial means)이다. 사법적 해결방식은 일반적으로 법률적 분쟁을 대상으로 하며 분쟁해결을 위한 제 3자의 판단에 구속력을 부여한다는 점에서 다른 비사법적 해결방식과 구분된다.

따라서 분쟁의 평화적 해결방식으로 우리가 주목하여야 할 것은 사법적 해결 방식이다. 이 방식은 구속력 있는 결정을 통해 분쟁을 해결할 수 있다는 점에서 완전한 국제공동체로 발전하기 위한 과정에서 특히 중요성을 가진다. 그러나 사법적 해결방식의 중심에 있는 국제사법재판소(ICJ)는 분쟁 당사국들간 합의를 전제로 관할권이 성립되는 임의관할(voluntary jurisdiction) 형식이다. 다시 말해서 당사국간 관할권에 관한 사전합의 등 관할권 행사의 근거가 없는 경우 관할권은 성립되지 않는다. 이는 국내법상의 모든 분쟁에 대해 국내법원의 강제관할권(compulsory jurisdiction)이 행사될 수 있는 것과 근본적으로 차이가 있다. 더욱이 ICJ가 국제재판의 정점에 있는 것도 아니다. ICJ는 상급심도 아니다. 이와는 별개의 독립된 국제재판소로 예컨대, 유럽인권재판소(European Court of Human Rights: ECHR), 국제형사재판소(ICC), 국제해양법재판소(ITLOS)와 유럽사법재판소(European Court of Justice: ECJ) 등이 병렬적으로 존재하고 있다. 그러나 이러한 한계에도 불구하고 ICJ는 매우 영향력이 크다.

2. 국제분쟁의 개념

국가간에는 다양한 종류의 분쟁이 발생할 수 있다. 법, 사실 또는 정책 등 다양한 관점에서의 차이로 인한 분쟁이 예상된다. 국제분쟁은 어떻게 정의할 수 있는가. 분쟁의 정의와 관련 가장 보편적으로 원용되는 기준은 다음과 같다. 1924년 '마브로마티스 팔레스타인 양허계약 사건'에서 PCIJ는 국제분쟁을 '법률이나 사실에 관한 국가간 의사의 불일치, 즉 법률적 견해나 이해관계가 충돌되는 상태(a disagreement on a point of law or fact, a conflict of legal views or interests)'로 정의하였다.[2] 이 정의는 ICJ의 1962년 남서아프리카 사건(South West Africa)의 선결적 항변 판결에 의해서도 확인되었다.[3] 이 사건에서 ICJ는 마브로마티스 사건의 정의를 보다 구체화하여 다음과 같이 설명하였다. 즉, 분쟁은 객관적으로 판단되어야 하므로 분쟁의 존재에 대한 단순한 부인으로 분쟁이 성립되지 않거나 일방 당사자의 주장만으로 성립되는 것은 아니며,[4] 또한 양 당사자

2) PCIJ, Series A, No. 2, 1924, p. 11.

3) ICJ Reports 1962, '남서 아프리카 사건(South West Africa)', Preliminary Objections, p. 319, p. 328.

4) ICJ는 1950년 불가리아, 헝가리 및 루마니아간 '평화조약의 해석(Interpretation of Peace Treaties)'에 관한 권고적 의견에서도 같은 입장을 표명하였다. ICJ Reports 1950, Advisory Opinion(First Phase), p. 65, p. 74.

간 이익이 충돌한다는 것만으로는 충분하지 않고 일방 당사자의 주장에 대한 상대방의 적극적 반대가 있어야 한다고 보았다.[5] 예컨대, 조약상 의무의 이행 또는 불이행 여부에 대하여 양측이 분명한 반대의견을 가져야 분쟁이 성립될 수 있을 것이다. 이후에도 ICJ는 이들 기준을 적용하여 분쟁의 존재를 확인해 오고 있다.[6]

분쟁은 법률적 분쟁과 정치적 분쟁으로 나누어 볼 수 있다. 법률적 분쟁이란 분쟁 당사자들이 국제법에 근거하여 권리를 주장하고 사법적 해결이 가능한 분쟁을 말한다. 그렇다면 국제재판소의 관할대상이 되는 법률적 분쟁은 어떻게 정의되고 확인할 수 있는가. 이와 관련 무엇이 법률적 분쟁인가를 판단하는 데 있어 하나의 유용한 기준이 있다. 즉, 법률적 분쟁 여부는 (본 강 제 3절 '사법적 해결방식' 2. '국제사법재판소' 다. '관할권'에서 설명하는) ICJ 규정 제 36조 2항(선택조항의 수락)을 통해서 설명될 수 있다. 이 조항은 개별국가들이 사전에 ICJ의 강제관할권을 수락할 수 있는 대상을 나열하고 있는바, ICJ의 관할권의 대상이 된다는 것은 법률상의 분쟁이라는 의미이므로 무엇이 법률적 분쟁인가에 대한 해석의 기준을 제공할 수 있다. 다시 말해서 ICJ는 제 36조 2항에 적시된 사항과 관련된 분쟁을 법률적 분쟁으로 보고 관할권을 행사해 오고 있다.[7]

한편 법률적 분쟁이라고 하여 반드시 법적 쟁점에 대한 다툼만을 대상으로

---

5) 앞의 주 3 참조. ICJ는 또한 2016년 Marshall Islands와 영국간 '핵 군비경쟁의 종식 및 핵군축에 관한 협상의무 사건(Obligations concerning Negotiations relating to Cessation of the Nuclear Arms Race and to Nuclear Disarmament)'에서도 다른 사건에서 확인된 분쟁의 개념을 원용하여 '분쟁이 존재하기 위해서는 양측이 특정 의무의 이행 또는 불이행 문제에 대하여 명백히 반대되는 견해를 가져야 한다'고 보았다. ICJ Reports 2016, p. 833, para. 37. 한편 제 7강(국제법과 국내법의 관계)에서 설명한 1988년 '유엔본부협정 사건'에서 ICJ는 권고적 의견을 통해 유엔사무총장이 미국의 PLO 사무실 폐쇄결정에 대해 지속적으로 문제를 제기한 점을 들어 유엔과 미국간 상반된 태도는 분쟁이 존재함을 보여준다고 판단하였다. ICJ Reports 1988, p. 12, para. 43.

6) ICJ는 카메룬과 나이지리아간 1998년 '육상 및 해양경계 사건(선결적 항변)'에서 상기 요건들을 적용하여 분쟁의 존재를 확인하였다. ICJ Reports 1998(Preliminary Objection, Judgment), p. 275, paras. 87-89.

7) 많은 국제재판소들은 관할권의 대상을 일정 범위의 (법률적) 분쟁으로 제한하면서 그 기준으로 동 제 36조 2항을 고려할 것을 요구하고 있다. 예컨대, 유럽인권재판소는 재판소의 관할권을 유럽인권협약의 해석과 적용에 관한 분쟁으로 한정하면서도 국제사법재판소규정 제 36조 2항을 고려하고 있다.

하지는 않는다. 분쟁에 따라서는 사실이나 정책 등에 대한 다툼이 포함되는 경우도 있다. 이에 대해 ICJ는 법률문제의 철저한 검토를 위해 필요한 경우에는 사실에 관한 문제(factual issues)에 대하여도 판단을 거부하여서는 안 되며 또한 법과 사실이 혼재된 사안(mixed question)은 법률문제의 범주에 해당된다(a mixed question of law and fact is none the less a legal question)고 보고 있다.[8] 위에서 분쟁의 개념을 설명하며 인용한 사건들도 실제로는 법과 사실, 나아가 정책적인 사항이 함께 혼재되어 있어서 순수한 법률적 분쟁으로 볼 수는 없다. 그러나 ICJ가 관할권을 행사하였다는 점에서 법률적 분쟁으로 볼 수 있을 것이다. 이와 관련 ICJ 규정 제 36조 6항은 재판소가 관할권을 가지는지의 여부에 관하여 분쟁이 있는 경우에는 재판소가 결정한다고 규정하고 있다.[9]

결국 ICJ의 물적 관할권(subject-matter jurisdiction)의 대상이 되는 법률적 분쟁의 여부는 1924년 '마브로마티스 사건'에서 확인된 '법률이나 사실에 관한 국가간 의사의 불일치, 즉 법률적 견해나 이해관계가 충돌되는 상태'가 존재하고 이에 대해 분쟁 당사자들간 '주장과 반대'가 대립되는 상황에서 ICJ가 당사자의 주장과 사법적 해결의 적정성 여부 등을 고려하여 구체적인 경우에 개별적으로 판단하여야 할 것으로 본다.

혼합분쟁과 사법적 해결

▶ 법률적 분쟁과는 달리 국제법에 입각한 권리 주장이 아닌 정치적 분쟁(political disputes)의 경우에는 사법적 해결이 적절하지 않다. 그러나 국제재판소의 입장은 정치적 분쟁과 법률적 분쟁이 혼재된 사건에 대하여도 대체로 관할권을 적극적으로 행사하는 경향이다.

– ICJ는 전술한 1986년 '니카라과 사건'에서 동 사건이 ICJ가 판단할 법률적 성격의 분쟁이 아니라는 미국의 주장을 반박하며 분쟁이 법률적 분쟁인지 여부는 ICJ 규정 제 36조 6항에 따라 자신이 판단한다고 하였다.[10]

8) 1975년 '서부 사하라 사건', ICJ Report 1975, Advisory Opinion, p. 12, para. 17.

9) 이 조항은 ICJ가 자신이 가지는 관할권의 범위에 대하여 자신이 판단할 수 있는 또 하나의 관할권을 가진다는 의미에서 compétence de la compétence(관할권의 관할권)이라고 한다.

- 1980년 '이란주재 미국 대사관직원 인질 사건'에서도 ICJ는 법률적 분쟁이 정치적 측면을 포함하고 있다고 해서 법률적 문제에 대해 재판소가 관할권의 행사를 삼가야 할 근거가 없다고 보았다. 나아가 법률적 분쟁인지에 대한 판단은 재판소가 결정할 사안이라는 점을 재확인하였다.

▶ 결론적으로 ICJ는 어떠한 분쟁이 정치적, 감성적 요소를 많이 포함하였다고 하여 그것이 법률적 분쟁의 성격에 결정적인 영향을 미치는 것은 아니라고 판단하고 있는 것으로 볼 수 있다.

제2절 국제분쟁의 평화적 해결

1. 비사법적 해결 방식

비사법적 분쟁해결방식으로는 교섭, 중개, 주선, 심사와 조정이 있다. 이들 분쟁해결방식은 정치적 분쟁이나 법률적 분쟁 어느 경우에도 적용될 수 있다. 통상 법률적 분쟁의 경우 사법적 해결의 전 단계에서 이용되는 경우가 많이 있다.

가. 직접교섭 또는 외교교섭

분쟁당사국이 제 3자의 개입 없이 직접 문제를 해결하려는 방식으로 직접

10) 관련 부분 원문은 다음과 같다: "... The question whether a given dispute between two States is or is not a 'legal dispute' for the purposes of this provision may itself be a matter in dispute between those two States; and if so, that dispute is to be settled by the decision of the Court in accordance with paragraph 6 of Article 36 ..." ICJ Reports 1986, p. 14, para. 33.

교섭(negotiation) 또는 외교교섭이 있다. 당사국간 직접교섭을 통한 분쟁의 해결이야말로 가장 중요한 분쟁해결방식이다.[11] 이와 관련 많은 조약들이 외교교섭을 일차적인 분쟁해결방식으로 규정하고 있다. 예컨대, 일정한 조약의 경우 분쟁해결을 위해 중재재판 또는 ICJ에의 회부를 규정하면서도 그 전제로서 당사국간 직접교섭 또는 제 3자에 의한 조정 등의 비사법적 절차를 거칠 것을 요구하는 경우가 많이 있다.[12] 이 경우 어느 정도까지 교섭을 수행하여야 하는가의 문제가 제기된다. 물론 여기서 말하는 교섭의무가 분쟁을 해결하여야 할 의무까지 포함하지는 않을 것이다. 결국 교섭이 의미 있게 수행되었는가가 중요한 판단기준이 될 것이다.

한편 직접교섭이 중요한 이유는 교섭을 통해 확인된 사항들이 서면, 특히 조약의 형식으로 문서화됨으로써 합의사항을 명확히 하고 구속력을 부여하는 효과가 있기 때문이다. 그러나 분쟁 초기 분쟁당사국들간 직접교섭은 쉽지 않다. 결과적으로 직접교섭은 후술하는 심사, 중개와 주선 등 제 3자의 개입을 통해 실현되는 것이 일반적이다.

나. 중개와 주선

중개(mediation)는 중립적인 제 3자가 개입하여(as a go-between) 분쟁 당사국간 이견을 조정하고 해결방안을 제시하는 등 적극적으로 분쟁해결을 도모하는 방식이다. 중개인의 의견제시는 권고적 성격이다. 그러나 당사국이 중개의 결과에 구속력을 부여하기로 약속하는 경우도 있다. 1986년 프랑스와 뉴질랜드간 'Rainbow Warrior 사건' 당시 유엔사무총장에게 중개를 요청하면서 그의 결정을

---

11) 1978년 '조약 승계에 관한 비엔나협약'을 비롯한 승계관련 협약의 경우 협약의 해석 및 적용과 관련하여 분쟁이 발생하는 경우 일방당사국의 요청이 있으면 협의(consultation)와 교섭(negotiation)을 통해 분쟁의 해결을 위해 노력할 것을 규정하고 있다. 또한 유엔해양법협약 제 283조도 협약의 해석 및 적용에 관하여 분쟁이 발생하는 경우 교섭할 의무를 규정하고 있다.

12) 1965년 한일청구권협정은 제 3조 1항에서 "본 협정의 해석 및 실시에 관한 양 체약국간의 분쟁은 우선 외교상의 경로를 통하여 해결한다"고 규정하고, 이어서 제 2항에서 "제 1항의 규정에 의하여 해결할 수 없었던 분쟁은 ... 중재위원회에 결정을 위하여 회부한다"고 규정하고 있다. 이는 중재재판에 회부하기 전에 우선적으로 양 당사자간 직접교섭을 통한 해결노력이 전제되어야 함을 의미한다.

준수한다고 약속한 경우가 이에 해당된다.

성공적인 중개의 예로는 1970년 키신저의 왕복외교(shuttle diplomacy)에 의한 'Camp David 협상 중개(카터 대통령의 중개라고도 함)'와 1981년 이란 인질 사건 해결을 위한 알제리의 중개를 들 수 있다. 또한 1979년 아르헨티나와 칠레간 '비글해협 분쟁'은 교황의 중개에 의해 이루어졌다.[13] 중개는 다분히 정치적 과정으로 법률분쟁에는 적합하지 않다.

한편 중개와 매우 유사하고 같이 교차 사용할 수 있는 개념으로 주선(good offices)이 있다. 일반적으로 주선은 제 3자가 분쟁 내용에 관여하지 않고 장소 설정이나 통신 편의 등 사무적인 원조만을 제공하는 일종의 알선행위를 의미한다. 그러나 양자의 구분은 명확하지 않다. 주선도 마찬가지로 법률적 분쟁의 해결에는 적합하지 않다. 경우에 따라서는 주선과 중개가 함께 사용되기도 한다.

다. 심사

심사(enquiry)는 제 3자가 공정한 사실조사(fact-finding)를 통해 분쟁의 원인이 된 사실을 명확히 함으로써 분쟁해결을 촉진하는 제도이다. 심사는 1899년 '국제분쟁의 평화적 해결협약(Convention for the Pacific Settlement of International Disputes)'에 의해 러시아의 제안으로 처음 시작된 제도이다. 동 협약에 의해 국제심사위원회(International Commission of Inquiry)가 구성되며 심사위원회가 채택하는 보고서는 단순한 사실의 확인으로 법적 구속력을 가지지 않는다.

1904년 러시아와 영국간 'Dogger Bank 사건'에서 국제심사위원회가 구성되어 분쟁을 해결한 예가 있다.[14] 또 다른 사례로는 1961년 발생한 영국과 덴마크간 'Red Crusader 사건'을 들 수 있다.[15]

참고로 1991년 유엔 총회는 '국제평화와 안전의 유지에 있어 유엔에 의한

13) 이 사건은 당초 중재합의를 통해 중재재판으로 해결되었으나 아르헨티나가 중재판정을 받아들이지 않음으로써 결국 교황의 중개를 통해 해결되게 되었다.

14) 1904년 러일전쟁 기간 중 러시아 함대가 북해 도거뱅크에서 영국어선을 일본선박으로 오인하여 발포함으로써 사상자가 발생한 사건이다.

15) 이 사건은 덴마크의 Faroe 섬 부근에서 영국 트롤어선이 불법어로혐의로 공해상에서 덴마크 함정에 의해 나포된 사건이다. 영국은 전통적으로 동 해역에서 어로활동을 하여 왔으며 여기서의 쟁점은 전통적인 어업권 문제였다.

사실조사에 관한 선언'을 채택한바 있다.[16] 그만큼 사실을 정확하게 파악하는 것이 분쟁해결에 긴요하다는 의미이다. 그 밖에 국제심사위원회의 구성을 규정하고 있는 조약들도 많이 있다.[17]

라. 조정

조정(conciliation)은 제 3자가 사실심사는 물론 해결조건까지 제시하여 분쟁 해결을 도모하는 방식으로 심사와 중개의 기능을 모두 포함하고 있다. 다시 말해서 조정은 사실관계를 명백히 함에 그치지 않고 독립된 국제조정위원회(International Commission of Conciliation)가 분쟁의 해결방안을 결정하여 그 수락을 당사국에 권고하는 방식이다. 그러나 여기서 제시되는 해결책, 즉 조정보고서는 제안에 불과하며 구속력 있는 결정이 아니다.

조정제도는 국제사회에서 그 필요성이 널리 인정되어 2개국간 조약뿐만 아니라 1965년 국제투자분쟁해결협약, 유엔해양법협약 등에서도 활용되고 있다. 분쟁당사국들이 조정위원회의 결론을 수락하여 분쟁이 해결된 성공적인 예로는 1956년 스위스와 이탈리아간 조정위원회의 설치를 통한 '세금분쟁(스위스 국민에 대한 이탈리아의 세금)'의 해결과 1981년 아이슬란드와 노르웨이간 '얀 마옌(Jan Mayen) 섬 대륙붕경계획정' 등을 들 수 있다.

조정의 성격에 대하여는 1969년 조약법 협약 부속서에 잘 설명되어 있다. 동 부속서는 조약법 협약에 관한 분쟁발생시 일정한 조건하에 조정위원회에 분쟁의 해결을 부탁하고 조정위원회는 원만한 해결을 위해 제안할 수 있다고 규정하고 있다.[18]

한편 조정으로 해결되지 않는 경우의 다음 단계로는 대체로 사법적 해결인 경우가 많다. 실제로 많은 조약이 분쟁해결절차로서 조정 다음에 사법적 해결을

---

16) Declaration on Fact-finding by the United Nations in the Field of the Maintenance of International Peace and Security, UNGA A/Res/46/59, 1991.

17) 대표적인 예로 1949년 4개 제네바 협약에 대한 제1 추가의정서(국제적 무력충돌의 희생자보호에 관한 의정서) 제 90조는 국제심사위원회의 구성에 대하여 규정하고 있다.

18) 그러나 동 부속서 제 6항은 조정위원회의 보고서가 분쟁당사국을 구속하지 않으며 다만 분쟁의 우호적인 해결을 촉진하기 위하여 분쟁당사국이 고려하도록 하는 목적의 권고적 성격을 가진다고 규정하고 있다.

규정하고 있다.

참고로 우리나라와 관련되는 사안으로 1965년 한일기본관계조약에 첨부된 '분쟁의 해결에 관한 교환공문'은 양국간 분쟁은 우선 외교교섭을 통하여 해결하고 이에 의하여 해결할 수 없을 경우 양국 정부가 합의하는 절차에 따라 조정에 의하여 해결을 도모한다고 규정하고 있다.[19]

마. 주요 분쟁해결 방식간 차이점

주선과 중개는 앞에서 설명한 바와 같이 기본적인 개념상의 차이는 없다. 다만 중개가 해결방안을 제시하는 등 보다 적극적으로 분쟁 해결을 도모하는 방식이라는 점에서 주선과 차이가 있으나 실제 운용면에서는 양자가 혼재되어 있는 경우가 많다. 그러한 이유로 유엔헌장 제 33조도 주선을 별도로 포함하고 있지 않다. 간단히 설명하면 제 3자의 개입이 강한 경우를 중개, 약한 경우를 주선이라고 한다.

심사와 조정은 20세기 이후 시작된 제도로 주선과 중개가 제 3국이 개입하는 것임에 반해 심사와 조정은 심사위원회나 조정위원회 같은 중립적인 국제기관이 개입하는 것이다.

이들 분쟁해결방식은 원칙적으로 주선, 중개, 심사, 조정의 순으로 제 3자 개입정도가 강해진다는 점에서 차이가 있다.

---

19) 이러한 이유로 일부 학자들은 독도문제의 경우도 국제사법재판소가 아닌 조정에 의해 해결되어야 한다고 주장한다. 즉, 분쟁해결에 관한 교환공문이 외교교섭을 1차적인 해결방안으로 제시하면서 외교교섭이 실패하는 경우에도 다음 단계로 조정을 통해 해결할 것을 규정하고 있다는 점에서 이러한 절차를 소진하지 않고 바로 국제사법재판소에 부탁하는 것은 동 합의의 위반이라는 주장이다. 물론 우리 정부는 독도가 국제법적, 역사적 및 지리적으로 우리 고유영토이므로 외교교섭이나 어떠한 종류의 사법적 해결의 대상이 아니라는 입장이다.

2. 국제기구에 의한 해결

가. 유엔을 통한 해결

1) 총회

총회는 일반적 안녕과 국가간의 우호관계를 해칠 염려가 있는 모든 사태의 평화적 조정을 위한 조치의 권고를 통해 분쟁의 평화적 해결을 도모한다(헌장 제 14조).

일반적으로 총회는 총회 자체의 정치적 성격에 비추어 자신이 이해를 가지는 정치, 경제적 분쟁의 해결에 더욱 적합하다. 특히 총회는 지금까지 1974년 중국의 대표권, 1992년에서 2000년간 발생한 유고연방의 해체나 2002년 동 티모르의 독립 등에서 볼 수 있듯이 국가의 성립이나 회원국의 자격 등과 관련한 문제에 있어 중요한 역할을 수행해 오고 있다. 물론 이들 문제들은 정치적 성격의 문제이지만 법적 함의와 중요성도 가지고 있음을 부인할 수 없다.

총회의 국제평화와 안전의 유지를 위한 분쟁해결과 관련한 역할에 대하여는 제 3강('유엔'의 제 2절 '유엔의 조직과 기능')과 제 4강('무력사용에 대한 규제'의 제 4절 '국제평화와 안전을 위한 유엔 총회의 역할')을 참조한다.

2) 안보리(분쟁의 평화적 해결에 관한 제 6장)

분쟁의 평화적 해결에 관한 안보리의 역할은 다음과 같다.

첫째, 분쟁당사국은 제 33조에 규정된 수단에 의해 분쟁을 평화적으로 해결하기 위해 노력한다(제 33조 1항). 안보리는 필요하다고 인정하는 경우 당사국에 대하여 분쟁의 평화적 해결방식에 따라 분쟁을 해결할 것을 요청한다(제 33조 2항).

둘째, 안보리는 어떠한 분쟁 또는 사태의 계속이 국제평화와 안전의 유지를 위태롭게 할 우려가 있는지 여부를 결정하기 위하여 조사할 수 있다(제 34조).

셋째, 유엔회원국은 어떠한 분쟁 또는 사태에 대하여도 안보리 또는 총회의 주의를 환기할 수 있으며(제 35조 1항), 비회원국도 자국이 당사국인 분쟁에 대하여는 일정 조건하에 안보리 또는 총회의 주의를 환기할 수 있다(동 조 2항).

넷째, 안보리는 분쟁 또는 사태의 어떠한 단계에 있어서도 적절한 조정절차 또는 조정방법을 권고할 수 있다(제 36조 1항). 이 경우 안보리는 당사국이 이미 채택한 분쟁해결절차를 고려하여야 하며(동 조 2항), 또한 권고를 함에 있어서 일반적으로 법률적 분쟁은 ICJ 규정에 따라 당사국에 의하여 동 재판소에 회부되어야 한다는 점도 고려하여야 한다(동 조 3항).[20]

다섯째, 당사국들이 평화적 수단에 의해 분쟁을 해결하지 못하는 경우에는 안보리에 회부하여야 한다(제 37조 1항). 안보리는 분쟁의 계속이 국제평화와 안전의 유지를 위태롭게 할 우려가 실제로 있다고 인정하는 경우 위에서 설명한 제 36조의 조치를 취할 것인지 또는 적절하다고 인정되는 해결조건을 권고할 것인지를 결정한다(동 조 2항).

여섯째, 안보리는 어떠한 분쟁에 관하여도 분쟁의 모든 당사국이 요청하는 경우 그 분쟁의 평화적 해결을 위하여 당사국에게 권고할 수 있다(제 38조).

일곱째, 안보리는 총회 또는 사무총장이 국제평화와 안전을 위태롭게 할 사태에 대하여 주의를 환기시키는 경우 분쟁해결에 관여할 수 있다(제 11조 3항, 제 99조).

이를 요약하면 안보리는 (a) 분쟁 당사국에 대한 분쟁해결노력 촉구, (b) 분쟁의 평화적 해결에 필요한 사태에 대한 조사, (c) 조정 등 해결방안 권고, 특히 법률적 분쟁에 대한 ICJ 회부 권고, (d) 당사국이 요청하는 경우 적절하다고 인정되는 해결방안의 권고 등 분쟁 해결을 위한 노력의 중심적 역할을 수행하는 것으로 평가될 수 있다.

3) 유엔사무총장

유엔사무총장은 총회, 안전보장이사회, 경제사회이사회가 자신에게 위임한 임무를 수행한다. 이 임무에는 국제평화와 안전을 위한 분쟁해결 노력도 포함된다(유엔헌장 제 98조). 특히 사무총장의 역할은 분쟁의 평화적 해결수단으로서의 주선과 중개에 적합한 경우가 많이 있다. 전술한 Rainbow Warrior 사건 당시

20) 안보리는 유엔헌장 제 36조 3항에 근거하여 1947년 코르푸 해협 사건이 법률적 분쟁이므로 이를 ICJ에 부탁할 것을 권고하는 결의를 채택하였다(다음 설명하는 '국제사법재판소'의 '확대관할권' 참조).

유엔사무총장의 중개가 대표적인 사례의 하나이다.

또한 사무총장은 국제평화와 안전의 유지를 위협한다고 자신이 인정하는 어떠한 사항에 대하여도 안보리의 주의를 환기할 수 있다는 점에서 분쟁해결에 기여할 수 있다(동 제 99조).

나. 지역적 협정 또는 기구에 의한 분쟁해결[21)]

유엔은 지역적 분쟁의 경우 지역적 차원에서 해결하는 방식이 효과적일 수 있다는 전제에서 헌장 제 8장을 통해 지역분쟁의 해결을 위한 지역적 차원의 노력에 대하여 규정하고 있다.

먼저 국제평화와 안전의 유지에 관한 사항으로서 지역적 조치에 적합한 사항을 처리하기 위하여 지역적 협정의 체결 또는 지역적 기구의 설립을 허용하고 있다(유엔헌장 제 52조 1항).[22)] 따라서 동 협정이나 기구의 당사국인 유엔회원국은 지역적 분쟁을 안보리에 회부하기 전에 지역적 협정 또는 지역적 기구를 통해 평화적으로 해결하기 위해 노력하여야 한다(동 조 2항). 안보리도 이러한 지역적 협정 또는 기구를 통한 지역분쟁의 평화적 해결을 장려하고 있다(동 조 3항). 그러나 이 같은 조치가 앞에서 설명한 헌장 제 6장에 규정된 분쟁의 평화적 해결을 위한 안보리의 역할(제 34조)이나 회원국의 안보리 또는 총회에 대한 주의환기 의무(제 35조)에 영향을 미치지 않음은 당연하다(제 52조 4항).

한편 안보리는 자신이 취하는 강제조치를 위하여 적절한 경우 이들 지역적

---

21) 우리 정부의 조약 번역 관행은 agreement는 협정, organization은 기구, arrangement는 약정, agency는 기관으로 번역하고 있다. 그러나 제 8장의 arrangement와 agency는 영어 표현과는 달리 협정과 기구에 더 적합하다는 점에서 정부의 해석관행에도 불구하고 여기서의 arrangement는 협정, agency는 기구로 번역한다.

22) 여기서 지역적 협정이란 일정지역의 국가들이 상호간의 분쟁을 평화적으로 해결할 것을 약속하는 다자조약을 의미하며 아직 지역기구의 설립에까지는 이르지 못한 경우를 말한다. 예컨대, 전술한 1957년 '분쟁의 평화적 해결을 위한 유럽협약' 또는 '평화적 해결에 관한 미주협약' 등을 들 수 있다. 반면 지역적 기구는 이미 지역적 협정을 통해 설립되어 국제법인격을 부여받은 국제기구(분쟁의 평화적 해결 등을 포함하는 넓은 범위의 기능수행 목적으로 설립)를 의미하며 대표적인 예로 미주기구(Organization of American States: OAS)와 북대서양조약기구(NATO) 등을 들 수 있다. 이 부분에 대한 상세는 김대순, p. 1447 참조.

협정 또는 지역적 기구를 이용할 수 있다. 그러나 반대로 지역적 협정 또는 기구가 군사행동을 취하는 경우 동 조치가 회원국에 대한 강제조치인 경우에는 안보리의 동의가 필요하다(제 53조 1항). 반면 지역적 기구의 군사행동이 집단적 자위권에 해당하는 경우에는 당연히 안보리의 허가가 필요하지 않다.

제3절 사법적 해결

사법적 해결은 분쟁당사국간의 관계를 비우호적인 관계로 만들게 되므로 가능한 한 사법적 해결 보다는 앞에서 설명한 다양한 해결방식을 사용하는 것이 바람직하다. 그럼에도 불구하고 당사국이 합의하여 구속력 있는 해결책을 강구하는 사법적 해결은 분쟁의 평화적 해결을 위하여 매우 유용한 방식임을 부인할 수 없다.

사법적 해결방식을 검토하기 위해 먼저 사법적 해결의 출발점에 있는 중재재판제도에 대하여 설명하고 이어서 국제사법재판소에 대하여 상세 설명한다.

1. 중재재판

가. 제도의 발전

1794년 영미간 Jay 조약이 국제분쟁에 관한 사법적 해결의 효시이다. Jay 조약은 미국과 영국간 독립전쟁의 후속처리를 위하여 양국간에 체결된 조약으로 협상을 통하여 해결되지 않은 분쟁은 양국간 동수로 구성된 위원회에 회부하기로 합의한데서 연유한다.[23]

23) 중재재판은 1871년 미 · 영간 '알라바마호 중재사건(Alabama Claims Arbitration)'과

분쟁의 평화적 해결을 위한 최초의 다자조약은 1899년 헤이그에서 채택된 국제분쟁의 평화적 해결을 위한 협약으로 이 협약에 의해 1901년 헤이그에 상설중재재판소(Permanent Court of Arbitration: PCA)가 성립되었다.

이후 중재재판은 유용한 분쟁해결수단으로 많은 국가들간의 분쟁해결에 기여하였다. 무엇보다도 중재재판은 분쟁발생 후 특별협정을 통해 회부될 수도 있으나(임의적 중재/ad hoc arbitration) 이와는 달리 사전에 조약을 통해 분쟁해결방식으로 중재재판을 규정(의무적 중재/compulsory arbitration)할 수도 있다. 예컨대, 1965년 영국과 스위스간 '조정, 사법적 해결 및 중재에 관한 조약(UK-Swiss Treaty for Conciliation, Judicial Settlement and Arbitration)'은 의무적 중재에 해당된다.[24)]

나. 제도의 의의

중재재판은 당사국들간의 합의에 의해 선정된 중재관과 당사국들이 합의한 중재절차에 따라 내려지는 구속력 있는 판정을 통해 분쟁을 사법적으로 해결하는 제도이다. 중재재판의 국제법적 의미와 성격은 다음과 같이 요약될 수 있다.

첫째, 중재재판은 원칙적으로 법률적 분쟁의 해결을 위한 절차이다. 그러나 중재재판의 대상은 분쟁 당사국간 합의가 있을 경우 정치적 분쟁을 포함하여 어떠한 분쟁도 대상이 될 수 있다는 점에서 중재재판을 준사법적 절차로 해석하는 학자들도 있다.

둘째, 중재재판은 분쟁의 당사국들이 판정의 결과를 수락하고 존중할 것을 약속하는 제도이다. 다시 말해서 구속력 있는 판정을 통해 분쟁을 평화적으로 해결하는 제도이다.

셋째, 중재재판은 분쟁당사국이 재판관과 재판의 준칙을 결정한다는 점에서 이러한 제도가 사전에 마련되어 있는 사법재판과 다르다.[25)] 중재재판부의 구성,

---

1895년 영미간 '베네주엘라 관련 분쟁'을 평화적으로 해결하는 데 크게 기여하였다.

24) 동 조약 제 1조: (a) 당사국은 합리적인 기간 내에 외교적 교섭으로 해결되지 않는 모든 분쟁을 조정절차에 회부한다. (b) 조정에 의해 분쟁이 해결되지 않는 경우 사법적 해결 또는 중재절차에 회부한다. (c) 당사국은 필요시 조정절차를 거치지 않고 법률적 분쟁의 경우 사법적 해결 또는 중재에 회부할 수 있다. UNTS 1967, No. 8765, Treaty.

25) 중재재판관은 arbitrator, 판결은 award라 하며, 국제사법재판소의 재판관은 judge, 판

중재재판관 선임, 특히 양측 합의로 선임되는 중재재판장의 역할 등은 분쟁 당사국간 합의내용에 따라 달라질 수 있다.

넷째, 중재재판은 구속력 있는 판정을 통해 분쟁을 해결하는 방식이라는 점에서 조정, 심사 등 비사법적 방식과 다르다.

다. 장점과 한계

먼저 중재재판제도의 장점으로는 분쟁 당사국들이 자신이 선택한 재판관, 절차, 준칙에 따라 재판을 받을 수 있다는 점에서 타협에 의한 판정이 가능하며 이러한 임의성으로 인해 구속력이 확보될 수 있다는 점을 들 수 있다.

반면 단점으로는 사전에 분쟁해결수단으로 중재재판이 약속되어 있어도 분쟁의 일방당사국이 자국 측 중재재판관의 임명을 거부함으로써 절차진행을 지연시킬 수 있다는 문제점이 있다.[26] 그 밖에도 비용, 설립에 소요되는 시간 등 ICJ에 비해 많은 단점이 있다.

이와 관련 1998년 'M/V Saiga호 사건'에서 당사국인 세인트빈센트 그레나딘과 기니가 중재에 합의하여 절차를 개시한 후 국제해양법재판소에 다시 사건을 부탁하였다는 사실은 중재보다는 판결에 대한 예측 가능성이 높은 상설재판소에 대한 선호를 의미하는 것으로 볼 수 있다.

라. 상설중재재판소

앞에서 설명한 상설중재재판소(PCA)는 재판부 구성방식과 재판절차에 관한 표준규칙이 이미 제시되어 있다는 점에서 분쟁 당사국의 별도 합의에 따라 임의로 구성되는 중재재판과 구분된다.

그러나 상설이라는 표현을 사용한다고 하여 고유한 의미의 상설은 아니며 단지 중재재판관 후보명부를 상시 비치한다는 의미에서 상설중재재판소라고 한

결은 judgment라고 한다.

26) 이러한 문제점의 예로 앞에서 검토한 1950년 '불가리아, 헝가리 및 루마니아간 평화조약'에 관한 권고적 의견을 들 수 있다. 이 사건에서 확인된 바와 같이 분쟁의 일방이 자국 몫의 중재재판관을 임명하지 않는 경우 절차 진행이 지연되어 사실상 중재재판이 실현되지 않을 수도 있다.

다.[27] 동시에 중재재판을 위한 상설시설이 언제든 이용 가능하도록 준비되어 있다는 의미이기도 하다.

최근까지 상설중재재판소가 다룬 사건으로 '에리트리아-예멘 중재사건(제16강 '국가영역의 취득과 상실'의 주 26 참조)' 등이 있다. 한편 오늘날 상설중재재판소는 사기업이 포함된 국제상사분쟁(international commercial arbitration)에 대한 관여를 증대시켜나가는 경향이 있다.

마. 혼합중재재판소

국가간 중재와 사인간 중재의 혼합 형태로는 전술한 1965년 국제투자분쟁해결협약'에 의해 설립된 '국제투자분쟁해결센터(International Centre for Settlement of Investment Disputes, ICSID)'가 제공하는 중재를 들 수 있다.[28] 외국인 투자자와 투자유치국 정부간에 발생하는 국제투자분쟁(Investor-State Dispute: ISD)의 경우 기존의 국제법 체제하에서의 분쟁해결방법으로는 투자자를 보호하는데 한계가 있었다. 또한 분쟁발생시 투자유치국 국내법원에 제소하는 경우 공정한 재판의 보장이 없고, 판결집행의 한계 때문에 역시 적절한 분쟁해결방법이 되기 어려웠다. 이러한 문제점을 극복하기 위해 IBRD의 주도 아래 채택된 이 협약은 외국인 투자자와 투자유치국 정부간에 발생하는 국제투자분쟁을 투자유치국의 국내법원에서 국내법에 따라 해결하는 것이 아니라 국제기관에서 국제법에 따라 조정 또는 중재재판을 통해 공정하게 처리하는 것을 목적으로 하고 있다. 즉, 투자유치국인 국가와 투자기업이 대등한 당사자로서 국제분쟁을 해결한다는 점이 특징이다. 이러한 혼합중재재판소(mixed arbitral tribunals)의 특징은 청구인인 국민이 직접 당사자가 되므로 청구인의 국적국이 관여하지 않는다는 점, 다시 말해서 청구인의 국적국에 의한 외교적 보호권이 성립하지 않는다는 점이다.

한편 1979년 이란주재 미국 대사관직원 인질 사건 후 구성된 이란-미국 청구재

---

27) 각 당사국은 4명 이내의 자국 재판관을 임기 6년의 PCA 재판관으로 지명하여 중재재판관 명부를 작성하고 분쟁 발생시 이 명부에서 재판관을 지명하여 중재재판부를 구성하게 된다.

28) ICSID도 PCA와 마찬가지로 상설재판소가 아니다. 다만 중재를 위한 시설과 절차를 마련하고 있을 뿐이다.

판소(Iran-US Claims Tribunal)나 유엔보상위원회(UN Compensation Commission: UNCC)[29)]도 중요한 상설 혼합중재재판소의 또 다른 예가 될 수 있다.

2. 국제사법재판소

가. 연혁 및 성격

1921년 국제연맹에 의해 창설된 상설국제사법재판소(PCIJ)가 유엔에 의해 승계되면서 국제사법재판소(ICJ)로 발전되었다. ICJ는 PCIJ와 별개의 제도이지만 PCIJ를 답습하였으며 ICJ 규정도 PCIJ 규정에 기초하고 있다.

ICJ의 특징은 다음과 같다.

첫째, (유엔의 주요 기관) PCIJ가 법적으로 국제연맹의 내부기관이 아니었던 것과는 달리 ICJ는 유엔의 '주요 사법기관(principal judicial organ)'이며 ICJ 규정은 유엔헌장의 불가분의 일부(integral part)이다. 따라서 모든 회원국은 자동적으로 ICJ 규정 당사국이 된다. 유엔회원국이 아닌 국가의 경우에도 일정 조건하에 ICJ 규정 당사국이 될 수 있다. 그러나 이 조항은 유엔 회원국이 아닌 국가가 사실상 거의 존재하지 않는 오늘날 더 이상 의미가 없다.

둘째, (독립된 사법기관) 안보리 결의에 의해 설립된 ICTY나 ICTR이 안보리의 보조기관(subsidiary bodies of the Security Council)으로 안보리의 정치적 고려가 작용하는 것과 달리 ICJ는 정치성이 배제된 독립된 사법기관이다.

셋째, (국가만이 당사자적격 보유) ICJ는 국가만이 당사자가 될 수 있으며,[30)] 국제기구나 개인은 국제법 주체성의 인정과는 별개로 어느 경우에도 ICJ에서 사

---

29) 이 위원회는 1990년 이라크의 쿠웨이트 점령 이후 이로 인한 손해에 대한 보상을 실현하기 위한 목적으로 1991년 유엔 안보리 결의 제 687호에 의거 설립된 유엔 안보리의 보조기관이다.

30) 모든 유엔회원국은 ICJ 규정 당사국이며 비회원국도 안보리의 권고에 의해 총회가 결정하는 조건에 따라 규정당사국이 될 수 있다(유엔헌장 제 93조). 그러나 규정 당사국이 된다는 것이 개별 사건에 대한 ICJ의 관할권이 당연히 성립된다는 의미는 아니다. 이 점 당사국에 대하여는 관할권이 자동적으로 성립하는 국제형사재판소의 자동관할권과 구분된다.

건의 당사자가 될 수 없다. 그러나 국제기구(정부간 기구를 의미) 자신이 당사자인 협약의 해석이 문제되는 사건의 경우 ICJ는 당해 기구의 의견제시를 허락할 수 있다. 한편 유엔헌장에 의해 허가받은 기관, 즉 일정한 국제기구는 ICJ에 권고적 의견(advisory opinion)을 요청할 수 있다.

넷째, (법률적 분쟁이 대상) ICJ는 자신에게 회부된 사건(법률적 분쟁)을 국제법에 따라 당사국이 요청한 법적 쟁점에 대해서만 판결하는 것을 주 업무로 한다.[31] 유엔헌장 제 36조 3항도 법률적 분쟁은 원칙적으로 ICJ 규정의 관련 조항에 따라 동 재판소에 부탁되어야 한다고 규정함으로써 법률적 분쟁과 비법률적 분쟁(또는 정치적 분쟁)을 구분하고 있다.

다섯째, (판결의 예측 가능성 제공) 임시로 구성되는 중재재판과는 달리 오랜 기간의 축적된 경험과 장기간 봉사하는 재판관의 특성상 특정사건을 부탁하는 당사국들에 대하여 예측가능성을 제공한다.

나. 재판소의 구성

1) 재판관의 선출

재판소는 국적에 관계없이 선출되는 15인의 독립된 재판관단으로 구성된다. 재판관은 덕망이 높고 각국에서 최고법관으로 임명될 자격을 가진 자 또는 국제법에 정통하다고 인정되는 법률가 중에서 선출된다. 재판관 선출시 재판관은 세계 주요 문명형태 및 주요 법체계를 대표할 수 있도록 배려되어야 하며 유엔 총회와 안보리에서 별개로 표결을 통해 절대다수표를 얻은 후보자가 재판관으로 선출된다. 단, 안보리의 선거에서는 거부권이 적용되지 않는다.[32]

---

31) ICJ는 '핵무기의 위협 또는 사용의 합법성에 관한 권고적 의견'에서 자신의 역할이 기존의 법을 설명하는 것이지 새로운 법을 제정하는 것이 아니라고 하였다.

32) 안보리 상임이사국들은 교차지원을 통해 다른 상임이사국 출신 후보의 당선 가능성을 높일 수 있다. 그러나 2017년 영국후보가 인도후보에게 패배하여 자리를 빼앗긴 사건이 ICJ 성립 이래 처음 발생하였다. ICJ는 사법기관이긴 하나 국제정치 현실을 반영하지 않을 수 없는 특성상 관행적으로 미국, 영국, 프랑스, 중국, 러시아 등 5개 안보리 상임이사국 출신 재판관은 빠지지 않고 재판관에 포함되어 왔다. 상임이사국 가운데 ICJ 재판관을 두지 못한 경우는 1971년 중국의 유엔 회원국 지위가 중화민국(대만)에서 중화인민공화국으로 넘어간 것을 전후해 1967~1985년간 중국 출신 재판관이 없었

2) 임시재판관

재판관은 자국을 대표하지 않으며 본국과는 독립적으로 활동하므로 자국이 당사자인 재판사건에도 관여할 수 있다. 따라서 ICJ 소송사건에서는 소송당사국 어느 일방의 국적을 가진 재판관(국적재판관: national judge)도 심리에 참여할 수 있다.[33] 이 경우 자국 국적의 재판관이 없는 소송 당사국의 경우 임시재판관(judge ad hoc)을 임명할 수 있다. 양 당사국이 모두 임시재판관을 임명하게 될 경우 재판부는 최대 17명의 재판관으로 성립될 수 있다.

이 제도는 소송 당사국간 이익의 균형을 맞추기 위해 채택된 제도로서 임시재판관의 경우도 ICJ 재판관에게 요구되는 덕목과 자질을 갖출 것이 요구된다.

임시재판관은 반드시 소송당사국의 국적을 가질 필요는 없다. 또한 임시재판관에 대하여도 특정 국가의 대표가 아니므로 독립적이고 불편부당하여야 한다는 원칙이 적용되어야 할 것이다.

다. 관할권

ICJ는 당사국간의 법률적 분쟁(쟁송사건)에 대하여 결정할 수 있는 관할권(contentious jurisdiction, '쟁송관할권'이라고도 함)을 가진다. 관할권이 성립하기 위해서는 대상이 되는 분쟁이 (a) 국가간 분쟁으로, (b) 법률적 분쟁(legal dispute)이어야 하며, (c) 별도의 관할권 성립근거를 가져야 한다.[34]

1) 국가간 븐쟁

국가간 분쟁만이 국제재판소의 관할대상이 된다. 여기서 국가란 ICJ 규정당사국을 말한다. 유엔회원국은 당연히 ICJ 규정당사국이 된다.

한편 개인이 관련된 분쟁일지라도 국가가 개인을 위해 국제법정에 사안을 제소하는 경우 국가만이 유일한 청구주체가 되는 국제분쟁이 된다. 이는 앞의

던 것을 제외하고는 영국 사례가 처음이다.

33) 그러나 이는 "누구도 자신의 사건의 재판관이 될 수 없다(No one can be a judge in his own case)"는 원칙에 반하는 것은 아닌가 생각해 볼 여지가 있다.

34) 참고로 ICJ의 관할권에는 후술하는 부수적 관할권과 권고적 관할권도 포함되지만 원칙적으로 ICJ 관할권을 말할 때는 법률적 분쟁에 대한 쟁송관할권을 의미한다고 보면 된다.

마브로마티스 사건에서 나타난 외교적 보호권 행사에 관한 설명, 즉 '국가가 자국민을 대신하여 사건을 책임지게 되는 경우 국제재판소의 입장에서는 국가만이 유일한 청구주체(the State is sole claimant)'라는 점에서도 확인된다.

2) 법률적 분쟁(국제법상의 분쟁)

다음으로 국가간에 존재하는 분쟁은 법률적 분쟁(legal dispute)이어야 한다. 앞에서 설명하였듯이 법률적 분쟁이라 함은 당사자들이 국제법에 근거하여 권리를 주장하고 국제법에 의한 해결이 가능한 분쟁을 말한다. 따라서 분쟁이 각국의 국내법과 관련된 사항(예컨대, 임대차 문제)인 경우 국제법적 측면이 없다면 국제법상의 분쟁에 해당되지 않는다.[35]

3) 관할권의 성립 근거

ICJ 관할권 성립의 핵심은 당사국의 동의이다. 이러한 동의는 사건 발생 후 별도로 사건부탁을 합의하는 방식도 있고 또는 분쟁 발생에 대비하여 사전에 ICJ의 관할권을 수락하는 방식도 있다. ICJ 규정 제 36조 1항도 "재판소의 관할권은 당사국이 재판소에 부탁하는 모든 사건과 유엔헌장 또는 그 밖의 현재 유효한 제 조약 또는 협약(treaties and conventions in force)이 특별히 규정하고 있는 사항에 대하여 행사된다"고 규정하고 있다.

ICJ에 국내법원에서와 같은 강제관할권이 부여되지 못하는 이유는 국가들의 사법적 해결에 대한 조심스러운 태도가 원인이 되기도 하지만 무엇보다도 개별 국가들이 자신의 주권을 양보하지 않기 때문에 생겨나는 현상이다.[36]

ICJ의 관할권 성립근거는 다음과 같다.

---

35) PCIJ는 1929년 '세르비아 공채사건'에서 동 사건이 세르비아 국내법과 관련된 분쟁이지만 소송이 재판소규정에 따른 '특별협정(special agreement)'에 의해 제기되었다는 점에서 국제법과 관련된 분쟁으로 해석하여 관할권을 행사하였다. Dixon, p. 94.

36) 우리 정부가 체결하는 조약 중 '분쟁을 국제재판에 부탁하는 내용'을 포함하고 있는 경우 동 조약은 헌법 제 60조 1항의 '주권의 제약에 관한 조약'으로 분류되어 국회의 동의를 받아야 한다.

가) 특별협정의 체결

분쟁발생 후 이를 재판소에 부탁하기 위하여 특별협정(special agreement 또는 *compromis*)을 체결하는 경우가 이에 해당된다. 특별협정에는 분쟁의 주제와 당사국을 명시한다.

나) 조약의 규정

조약의 규정에 따른 관할권의 성립은 다음의 세가지 형태로 나타날 수 있다.

첫째, 조약의 해석과 적용으로부터 야기될 수 있는 문제들에 대하여 ICJ의 관할권을 인정하는 조항(관할권 조항: compromissory clauses)을 미리 조약 내에 포함시켜 놓은 경우가 이에 해당된다. 이 경우 조약규정에 따라 일 당사국은 조약의 해석 및 적용과 관련한 분쟁을 ICJ에 일방적으로 제소할 수 있게 된다. 많은 양·다자조약들의 경우 당해 조약의 해석 및 적용과 관련하여 발생하는 분쟁에 대하여 ICJ를 통한 해결을 규정하고 있다.[37)]

둘째, 이와는 다른 방식으로 다자조약상의 분쟁해결을 위해 '분쟁해결을 위한 선택의정서'를 별도의 조약으로 채택하는 경우도 있다. 예컨대, 1961년 외교관계협약과 1963년 영사관계협약은 분쟁해결을 위한 선택의정서를 별도로 채택하였다. 따라서 동 의정서의 당사국들간에는 외교 또는 영사관계 협약들의 해석 및 적용과 관련한 분쟁에 대하여 ICJ의 강제관할권을 수락한 것과 동일한 효과를 가지게 된다. 즉, 동 의정서 수락시 사실상 ICJ의 강제관할권이 성립된다.

---

37) 양자조약의 예로 이란은 1955년 체결된 '미국과 이란간 우호조약(Iran-United States Treaty of Amity, Economic Relations and Consular Rights)' 제 21조(분쟁해결)를 원용하여 미국의 이란석유시설 공격 사건에 대한 ICJ의 관할권을 성립시켰다. 니카라과도 미국과의 1956년 우호통상항해조약(FCN Treaty)의 관련 조항을 원용하여 ICJ의 관할권을 성립시킨 사례가 있다. 한편 다자조약의 예로 '로커비 사건'에서 리비아는 1971년 몬트리올 협약에 근거한 관할권을 주장한바 있다. 민간항공안전에 관한 몬트리올 협약 제 14조는 일차적으로 협상에 의한 해결과 다음 단계로 중재를 통한 해결을 규정하고 있다. 그러나 6개월 이내에 중재구성에 합의하지 못하는 경우에는 어느 일방도 ICJ에 분쟁을 부탁할 수 있도록 하고 있다. 다른 예로 1948년 '집단살해방지협약' 제 9조는 다음과 같이 규정하고 있다. 즉, "본 협약의 해석, 적용 또는 이행에 관한 체약국간의 분쟁은 집단살해 또는 제 3조에 열거된 기타 행위의 어떤 것이라도 이에 대한 국가책임에 관한 분쟁을 포함하여 분쟁 당사국의 요구에 의하여 ICJ에 부탁한다."

셋째, 국가들간에 일정 분쟁이 발생하는 경우 ICJ에 부탁할 것을 내용으로 하는 분쟁해결 목적의 일반적 성격의 조약을 체결하는 방식도 있다. 특히 지역 차원에서 다자조약으로 분쟁해결조약 또는 재판조약을 체결하는 경우가 이에 해당된다. 1928년 국제연맹총회에서 채택된 '국제분쟁의 평화적 해결을 위한 일반의정서'와[38] 1957년 유럽의회에서 채택된 '분쟁의 평화적 해결을 위한 유럽협약' 등을 들 수 있다.

다) 선택조항의 수락

(1) 선택조항의 의의

(앞에서 무엇이 법률상의 분쟁인가를 판단하는 기준의 하나로 제시하였던) ICJ 규정 제 36조 2항에 대하여 설명한다. 이 조항은 "ICJ 규정의 당사국들은 아래 사항에 관한 모든 법적 분쟁에 있어서 재판소의 관할을 인정한다는 의무를 동일하게 수락한 다른 국가들과의 관계에서 재판소의 관할권을 당연히(*ipso facto*) 그리고 특별한 합의(special agreement) 없이도 강제적(compulsory)이라고 인정한다는 것을 언제든지 선언할 수 있다"고 규정하고 있다.

(a) 조약의 해석
(b) 국제법상의 문제
(c) 확인되는 경우 국제의무의 위반에 해당하는 사실의 존재
(d) 국제의무의 위반에 대하여 이루어지는 배상의 성질 또는 범위 등

이는 수락 여부가 ICJ 규정 당사국들의 자유로운 선택에 맡겨져 있기 때문에 선택조항 또는 임의조항(optional clause)이라고 한다. 이 제도는 ICJ의 강제관할권을 인정하자는 입장과 반대하는 입장간의 절충으로 규정당사국들은 동일한 의무를 수락하는 다른 당사국들에 대한 관계에 있어서만 선택조항이 적용(ICJ의 강제관할권의 성립)된다. 이 제도는 동일한 의무를 수락하는 것을 전제로 한다는

---

38) 동 의정서 제 17조는 분쟁 당사국이 의정서 규정 제 39조에 따라 첨부한 유보를 조건으로 분쟁을 PCIJ에 회부하도록 규정하고 있다.

점에서 '상호적 선언(reciprocal declaration)'이라고도 한다.

한편 ICJ 규정 제 36조 5항은 PCIJ 규정에 따라 선택조항을 수락한 국가는 ICJ에서도 계속하여 선택조항을 수락한 것으로 본다고 규정하고 있다. 동시에 제 37조에 따라 현재 유효한 조약이나 협약이 PCIJ의 관할권을 수락하고 있는 경우에도 이를 근거로 ICJ의 관할권을 수락한 것으로 보고 있다. ICJ는 PCIJ의 제도를 그대로 이어받았기 때문에 당연한 조치로 보아야 할 것이다.

(2) 선택조항의 유보

(가) 유보의 첨부

선택조항 수락선언시 다양한 형태의 유보가 첨부되는 경우가 많다. 유보가 첨부될 수 있는 유형을 나누어 보면 다음과 같다.

- 대상이 되는 분쟁을 수락선언일 이후에 발생한 사건 또는 특정 시점이후 발생한 분쟁에 국한하는 경우(exclusion by reference to time)
- 특정 사실이나 상황에 대한 분쟁을 제외하는 경우[39]
- 국가안보나 영토문제 등 국가의 중대한 이익에 관련된 분쟁을 제외하는 경우[40]
- 자국의 국내문제에 관한 사항을 제외하는 경우
- 다른 분정해결 수단이 있을 경우 이를 제외하는 경우[41]

(나) 자동유보

선택조항 수락시 첨부하는 유보중 특히 문제가 되는 것은 자국의 국내문제에 관한 사항에 대한 유보이다. 이는 분쟁 당사국이 스스로 무엇이 국내문제인

39) 예컨대, 캐나다는 선택조항 수락시 자국이 취한 어업보존조치 및 동 조치의 이행과 관련된 분쟁을 배제하고 있다.

40) 2002년 호주는 선택조항 수락시 동티모르와의 해양경계에 관한 분쟁을 제외시켰다.

41) 분쟁의 평화적 해결은 당사국간 외교교섭을 통한 해결방안이 가장 효과적이다. 따라서 사법적 해결에 앞서 '다른 분쟁해결수단이 준비되어 있는 경우에는 재판소의 관할권을 배제하는 유보'도 가능하다. 이는 다른 분쟁해결수단이 있음에도 ICJ의 관할권을 선호하는 forum-shopping(자신에게 유리한 재판관할권의 선택)의 가능성을 방지한다는 의미도 있다.

지를 판단함으로써 ICJ의 관할권을 의도적으로 부인하려는 목적을 가지는 경우가 많기 때문이다. 이러한 유보를 자동유보(automatic/self-judging reservation)라고 하며 이에 대한 국제법적 정당성이 문제가 된다.

그 이유는 ICJ 규정 제 36조 6항에 따라 관할권의 존부에 관한 분쟁은 재판소가 결정하도록 되어 있는데 유보 첨부국이 스스로 국내문제임을 결정하고 재판소의 판단에 앞서 관할권을 부인하는 것이 과연 합당하냐는 데 있다. 학자에 따라서는 재판소의 관할권을 부인하려는 자동유보를 포함하는 선택조항의 수락은 그 자체가 무효라고 주장한다. 그러나 다른 한편 동의하지 않으면 관할권이 성립될 수 없는 국제재판의 특성에 비추어 볼 때 어떠한 형태로든 동의하지 않겠다면 관할권이 성립될 수 없을 것이라는 점에서 자동유보의 유효성을 인정하는 견해도 있다.

미국의 선택조항 수락과 유보

▶ 1946년 미국은 선택조항 수락 관련 다음의 유보를 한바 있다. 즉, 다음에 해당하는 경우에는 유보로 인해 강제관할권의 적용이 배제된다. 그러나 미국의 유보는 사실상 선택조항 수락에도 불구하고 강제관할권의 성립을 어렵게 한다는 점에서 문제점이 지적된다.
- 당사국들이 다른 재판소에의 부탁을 통해 분쟁을 해결하기로 합의한 분쟁,
- 미국이 결정하는 바에 따라 본질적으로(essentially) 미국의 국내관할권에 속하는 사항(위에서 설명한 자동유보),[42]
- 다자조약과 관련하여 발생하는 분쟁의 경우 판결에 의해 영향을 받는 모든 조약당사국들이 분쟁의 당사국으로 재판소에 참가하지 않는 경우,[43]
- 동 유보선언의 유효기간은 5년이며 이후에는 6개월의 사전종료의사 통고로 철회함.

▶ 미국은 '니카라과 사건'에서 이 유보를 원용하여 니카라과가 제소한 사건에 대하여 관할권의 성립을 부인하였으나 ICJ는 받아들이지 않았으며, 이에 대한 불만으로 이 사건 처리과정에서 선택조항의 철회를 유엔사무총장에게 통고하였다.[44]

---

42) 제안자인 미 상원의원 Tom Cornally 의원의 이름을 따라 'Cornally Reservation 또는 Cornally Amendment' 라고도 한다.

43) 제안자인 미 상원의원 Vandenberg의 이름을 따라 'Vandenberg Amendment'라고도 한다. 참고로 '니카라과 사건'에서 미국은 선택조항 수락시 다자조약(여기서는 유엔헌장)

(다) 유보의 상대성

분쟁의 피소국은 자신이 첨부한 유보뿐만 아니라 상대방의 유보도 원용할 수 있다. 선택조항의 수락에는 상호주의가 적용되므로 예컨대, 제소국이 일정유보를 조건으로 선택조항을 수락하였다면 상호주의에 따라 피소국도 제소국의 유보를 원용할 수 있다. 따라서 유보가 유보 첨부국에게만 항상 유리하게 작용한다고 볼 수는 없다.

이러한 사실은 1957년 ICJ가 심리한 프랑스와 노르웨이간 '노르웨이 공채사건(Certain Norwegian Loans)'에서도 확인된바 있다. 동 사건에서 노르웨이는 프랑스가 첨부한 유보(국내관할권에 속하는 사항에 대한 선택조항의 적용 배제)를 원용하여 동 사건이 노르웨이의 국내문제라고 주장하며 관할권 불성립을 주장한바 있다. 이 사건에서 ICJ는 유보의 상호주의적 효과를 인정하여 노르웨이가 프랑스의 유보를 원용하는 것을 허용하였다.[45]

이 관련되는 분쟁에 대해서는 일정한 조건(모든 조약당사국들이 분쟁의 당사국으로 재판에 참가하는 조건)하에서만 ICJ의 관할권을 인정하는 내용의 유보를 하였다고 주장하였다. 그러나 니카라과는 앞에서 설명한 바와 같이 무력사용금지에 관한 자신의 주장은 유엔헌장과 유사한 내용을 가진 국제관습법에도 근거하므로 유엔헌장과는 무관하다고 주장하였으며 ICJ는 이를 받아들여 관할권의 성립을 인정하였다.

44) 이 사건에서 미국이 주장하는 관할권 불성립의 근거는 다음과 같았다. (a) 미국은 니카라과의 제소 3일전 중남미지역의 분쟁을 제외하고자 하였으나 ICJ는 위의 선택조항 수락시의 유보에 따라 통고 후 6개월이 경과한 후에 효력이 발생한다고 보았다. 여기서 ICJ는 일방적 선언(약속)도 신의성실의 원칙에 따라 지켜져야 한다고 판단하였다. (b) 미국은 니카라과가 선택조항을 수락하지 않았다고 주장하였으나 ICJ는 니카라과가 ICJ의 전신인 PCIJ에서 수락한 것을 유효하다고 보았다. (c) 미국은 미국이 유엔헌장 의무를 위반하였다는 니카라과의 주장에 대응하여 유엔헌장이 다자조약임을 이유로 모든 유엔회원국이 소송의 당사자가 되어야 한다고 주장하였다. 그러나 ICJ는 미국의 유보는 판결에 의해 권리와 의무가 영향을 받는 국가에게만 적용된다고 판단하였다. (d) 추가로 미국은 니카라과와의 우호통상항해조약을 근거로 "외교적 노력으로 해결되지 않는 경우에는 당사국들이 별도의 평화적 해결방안에 합의하지 않는 경우에만 ICJ에 회부한다"는 조건을 위반하였다고 주장하였으나 수락되지 않았다. 미국은 자신의 선택조항의 유보에 따른 관할권 불성립 주장이 받아들여지지 않자 더 이상 본안심리에 참여하지 않았으며 1985년 선택조항의 수락을 철회하였다.

45) ICJ Reports 1957, p. 9, p. 27.

(라) 우리나라의 경우

우리나라는 선택조항을 아직 수락하지 않았다. 반면 일본은 1958년 수락하면서 수락이후 발생한 문제에 대해서만 관할권을 인정한 바 있다. 이후 일본은 2007년 동 수락선언을 대체하는 새로운 선언을 하였고 이어 2015년에 다시 2007년 수락선언을 대신하는 새로운 선언을 하면서 첨부된 유보의 내용을 확대하였다.

우리의 관심사항인 독도문제와 관련 일본의 선택조항 수락은 우리나라가 동일한 의무를 수락하는 선언을 하지 않는 한 어느 경우에도 관할권 성립의 근거가 되지 않는다.

라) 확대관할권

응소의무가 없는 국가가 관할권 불성립의 항변을 포기하고 소송에 참여하면 관할권이 성립된다. 이를 확대관할권(*forum prorogatum*)이라고 한다. 확대관할권의 성립으로 해석될 수 있는 피소국의 행위에 대하여 특별한 기준은 없다. 이와 관련 ICJ는 이미 1949년 '코르푸 해협 사건'에서 영국의 일방적 제소에 대해 피소국(알바니아)이 표한 입장을 '재판소의 관할권에 대한 자발적이고 논쟁의 여지가 없는 수락(constitute a voluntary and indisputable acceptance of the court jurisdiction)'이라고 보고 관할권의 성립을 확인하였다.[46] 이후 이러한 ICJ의 태도는 여러 경우에 확인되었으며 이들 판결을 통해 확대관할권이 성립되기 위해서는 피소국의 소송에 대한 수락의사가 '자발적이고 논쟁의 여지가 없는 방식으로(in a voluntary and indisputable manner)' '분명하게 표시(unequivocal indication)'되어야 한다는 해석기준이 마련되었다.[47]

46) 코르푸 해협(Corfu Channel) 사건의 본안판결에 앞서 행해진 선결적 항변, ICJ Reports 1948, p. 15, p. 27. 이 사건에서 알바니아는 분쟁을 ICJ에 부탁하라는 안보리의 권고를 완전히 수락하며 이 사건에 대한 사법정의가 실현되어야 한다는 입장을 보였다. 이를 근거로 영국은 알바니아를 ICJ에 제소하였다. 그럼에도 불구하고 알바니아는 ICJ의 관할권 성립을 부인하는 선결적 항변을 제기하였고 이에 대해 ICJ는 알바니아의 기존의 입장표명을 관할권에 대한 '자발적인 수락(a voluntary acceptance of its jurisdiction)'으로 보고 알바니아의 선결적 항변을 기각하였다. 이후 알바니아와 영국은 정식으로 동 사건을 ICJ에 회부하는 내용의 특별협정(special agreement)을 체결하였다.

47) 2006년 콩고와 르완다간 '콩고영토에서의 무력활동 사건(Armed Activities on the Territory of the Congo)'에서 ICJ는 르완다가 동 사건에서 관할권의 성립을 명백하게 그리고 반복적

한편 확대관할권의 성립문제는 성립 그 자체보다는 제도의 이용과 관련하여 많은 문제점을 가진다. 먼저 분쟁 당사국간 관할권 성립의 근거가 없음에도 불구하고 일방이 확대관할권을 기대하며 일방적으로 소를 제기하는 경우 지금까지는 일단 사건목록에 포함시키고 추후 피소국의 거부 의사가 분명해지는 경우 이를 목록에서 제외하였다. 결과적으로 일방의 제소신청서는 기록으로 계속 유지되어 공개될 수 있었다. 그러나 1978년 ICJ 규칙(Rules of the ICJ) 제 38조 5항의 개정으로 관할권 성립의 근거 없이 일방적으로 소송을 신청하는 경우 상대국의 수락의사를 먼저 확인하도록 되어 있어서 재판소의 관할권에 대한 피소국의 동의없이는(unless and until the State against which such application is made consents to the Court's jur:sdiction for the purposes of the Case) 제소사실만으로 사건목록에 등재되지 않게 되었다. 따라서 분명한 의사가 확인되지 않은 채 행해지는 단순한 일련의 행동만으로 확대관할권이 성립될 가능성은 사실상 배제되었다.[48] 이는 독도문제에 대한 일본의 일방제소 가능성을 배제하는 효과를 가진다.

참고로 ICJ 규정상 확대관할권에 대한 명문의 조항은 없다. 그러나 동 제도는 PCIJ 이래 재판소의 실행으로 발전되어 온 제도다.

라. 재판절차

1) 재판시 적용준칙

ICJ 규정 제 38조 1항은 "재판소는 재판소에 회부된 분쟁을 국제법에 따라 재판하는 것을 임무로 하며 다음을 적용한다"고 규정하고 있다. 이들 적용준칙

으로 부인하여 왔음에 비추어 르완다의 태도는 '자발적이고 논쟁의 여지가 없는 방식으로' ICJ의 관할권을 수락한다는 희망(desire)의 '분명한 표시'로 간주될 수 없다고 보았다. New Application: 2002, Jurisdiction and Admissibility, Judgment, ICJ Reports 2006, p. 6, paras. 21-22. 이러한 ICJ의 태도는 1996년 보스니아와 유고연방간 '집단살해방지협약의 적용에 관한 사건'에서의 선결적 항변에서도 확인된다. ICJ Reports 1996, p. 595, para. 40.

48) 2008년 지부티와 프랑스간 '형사문제에서의 상호협력에 관한 사건(Certain Questions of Mutual Assistance in Criminal Matters)'에서 프랑스는 ICJ 규칙 제 38조 5항에 근거하여 분명하게 ICJ의 관할권을 수락한다(it consents to the jurisdiction of the Court to entertain the Application pursuant to Article 38, para. 5)는 입장을 밝혔고 이에 따라 ICJ의 관할권이 성립된바 있다.

은 앞에서 설명한 국제법의 법원을 말한다.

(a) 조약, 국제관습법, 법의 일반원칙, 판결 및 학설

(b) 당사자가 합의하는 경우 형평과 선(*ex aequo et bono*)

이와 같이 ICJ의 역할은 동 제 38조 1항(국제법의 법원)에 해당되는 기존의 법규칙을 적용하는 것일 뿐 새로운 법규를 도입하거나 제정하는 것은 아니다. 또한 동 조항은 실제 운영과정에서 법원간의 적용순서(sequence)를 의미할 뿐 우선순위를 규정하는 것도 아니다.

ICJ는 국내법을 해석하거나 적용할 의무가 없으며 국내재판소의 판결을 원용하지도 않는다. 이는 국제법과 국내법의 관계에서 설명하였듯이 국제법의 체계 속에서 국내법은 사실에 불과하기 때문이다. 그러나 국제관습법의 존재를 확인하는 국가실행의 증거로서 국내법을 확인하거나 외교적 보호권 행사를 위한 국적의 결정 등에 있어 국내법을 검토하는 경향이 있다.

한편 ICJ는 전술한 바와 같이 자신에게 부탁된 관할권의 범위 내에서만 판단하도록 되어 있다. 예컨대, 유엔해양법협약과 관련된 선박의 나포에 관한 판결시 나포가 국제법적으로 정당한 조치인지 여부를 판단하면 충분하며 설혹 나포 과정에서 인권침해가 있었다 하더라도 요청받지 않은 인권침해 여부를 판단할 수는 없다.

2) 제소절차

재판소에의 제소는 분쟁당사국이 제소하기로 합의하였다는 내용의 '특별협정'을 통고하거나 또는 일방당사국의 '일방적 제소'에 의한다. 다만 '일방적 제소'의 경우 관할권 성립의 근거를 제시하여야 한다.

ICJ는 신청 접수 후 모든 이해관계국에 통보하고 UN 사무총장은 모든 유엔회원국에 동 사실을 통보한다.[49]

49) 참고로 분쟁당사국간 특별협정에 의한 제소시 사건 당사국은 A국/B국으로 표시되며, 반면 일방 당사국에 의한 제소시에는 A국 v. B국으로 표시한다.

3) 소송절차

소송절차는 서면소송절차(written) 및 구두소송절차(oral)의 두 부분으로 구성된다. 서면소송절차는 청구이유를 설명하는 제소국의 준비서면(memorials), 피소국의 답변서(counter-memorials)와 필요한 경우 제소국의 항변서(replies)와 피소국의 재항변서(rejoinder)로 구성된다.

구두소송절차는 증인, 감정인 및 변호인 등에 대한 심문으로 구성된다.

마. 보조적 관할권(본안이외의 사항에 관한 관할권)

분쟁당사국이 부탁한 사건에 대한 본안판결 외에 ICJ는 일정한 문제에 대하여도 관할권을 행사할 수 있다. 구체적으로 ICJ는 다음의 경우 관할권을 행사할 수 있으며, 이러한 종류의 관할권을 쟁송사건(본안사건)에 대한 본래의 의미의 관할권과 구별하여 보조적 관할권(ancillary jurisdiction) 또는 부수적 관할권(incidental jurisdiction)이라고 부르기도 한다.

- ICJ가 규정 제 36조 6항에 따라 자신이 관할권을 가지는지의 여부('선결적 항변' 등)에 관하여 결정하는 경우,
- ICJ가 규정 제 41조에 따라 잠정조치를 취하는 경우,
- ICJ가 규정 제 60조에 따라 판결의 의미와 범위에 관한 분쟁에 대하여 판단하는 경우,
- ICJ가 규정 제 61조에 따라 당사국이 사전 알지 못했던 결정적 성질을 가진 사실이 발견되어 이를 확인후 재심선언을 하는 경우,
- ICJ가 규정 제 62조에 따라 사건의 결정에 의하여 영향을 받을 수 있는 법률적 성질의 이해관계가 있는 국가의 소송참가 신청에 대하여 결정하는 경우가 이에 해당된다.

1) 선결적 항변

재판소는 자신의 관할권에 대하여 판단할 권한을 가진다. 전술한 바와 같이 ICJ 규정 제 36조 6항은 재판소가 관할권을 가지는지의 여부에 관하여 분쟁이 있는 경우에는 재판소가 결정한다고 규정하고 있다.

여기서 재판소가 관할권을 가지는가에 대하여 스스로 판단하여야 하는 문제는 특히 (a) 일방의 제소에 대해 피소국이 재판소의 관할권 존부에 대하여 이의를 제기하거나, 또는 (b) 사건의 부탁가능성, 즉 재판적격성(admissibility)에 대하여 이의를 제기하는 경우 발생하게 된다. 이와 같이 피소국이 재판소의 관할권의 존부 또는 사건의 부탁 가능성에 대하여 이의를 제기하는 것을 선결적 항변(preliminary objection)이라고 한다. 선결적 항변이 제기되는 경우 재판소는 우선적으로 이에 대해 판단하여야 한다.

선결적 항변의 예는 다음과 같다.

첫째, (관할권 성립의 부인) 예컨대, 제소국이 제소의 기초로 제시한 조약의 효력, 조약 내 재판조항에 대한 해석, 선택조항 수락선언의 효력 또는 유보에 대한 해석, 분쟁의 발생시점 등에 대한 이의제기 등을 통해 제소국이 제시하는 관할권이 근거가 없거나 실효되었다고 주장하는 방식이다.

둘째, (관할권의 성립은 인정하나 재판적격성에 대한 이의 제기) 이에 해당하는 경우로는 다음과 같은 주장을 들 수 있다.

- 다른 국제법 원칙에 의거 재판진행에 반대하는 경우로 외교적 보호권의 행사요건인 국내구제를 완료하지 않았다는 주장,[50)]
- ICJ에 회부 전 조약규정에 따라 절차적으로 다른 평화적 해결수단을 이용하여야 하는데 그렇지 않았다는 주장, 예컨대, 외교교섭이 선행되지 않았다는 주장,[51)]
- 분쟁의 성격에 대한 다툼, 즉 법률상의 분쟁이 아닌 정치적 분쟁이라는 주장, 즉 사법적 해결이 적절하지 않다는 주장,
- 분쟁이 추상적이거나 실질적인 목적이 결여되었다는 주장,
- 소의 이익, 즉 법익(legal interest)이 결여되어 있다는 주장, 이 경우는 주로 자국민의 이익이 관여되는 사건에서 발생하는데 피소국은 해당

---

50) Calvo 조항에 따라 피해자 개인이 외교적 보호권을 행사하지 않기로 약속한 경우에도 외교적 보호권은 국가의 권리라는 점에서 Calvo 조항은 선결적 항변사유에 해당되지 않는다.

51) 그러나 2001년 Mox Plant 사건에서 국제해양법재판소는 당사자간 합의에 도달할 가능성이 사실상 소진되었다고 판단되는 경우에는 교섭을 계속할 의무는 없다고 보았다. ITLOS Case No. 10, Order of 3 December 2001, para. 60.

인이 제소국의 국민이 아니라고 주장하는 경우로 외교적 보호권에서의 국적계속의 원칙과 관련이 있다.

셋째, (Monetary Gold 원칙) 선결적 항변이 주장될 수 있는 또 다른 예로 Monetary Gold 원칙을 들 수 있다. 이 원칙은 1954년 이탈리아와 프랑스, 영국 및 미국간 '1943년 로마에서 이전된 금괴반환사건(Monetary Gold removed from Rome)'에서 ICJ가 확인한 것으로 제 3국의 법익이 판결의 핵심주제(very subject matter)와 관련되는 경우 제 3국의 동의없이는 판단할 수 없다는 것이다.[52] 다시 말해서 제 3국의 법익이나 법적 책임 또는 더 큰 관심사항이 관련되어 이에 대한 결정이 재판을 진행하기 위한 전제조건(a prerequisite)인 경우 ICJ는 동 원칙을 적용하여 관할권행사를 거부하게 된다. 따라서 단순히 판결에 의해 제 3국의 법익이 영향을 받는다는 것만으로는 이 원칙이 적용되지 않는다. 이 원칙은 1992년 나우르와 호주간 '나우르에서의 인산염 토지 사건(Certain Phosphate Lands in Nauru)'과 1995년 포르투갈과 호주간 '동 티모르 사건(East Timor)'에서 ICJ에 의해 원용되었다.[53]

끝으로 선결적 항변은 본안절차에 들어가기 전 결정이 요구되는 것으로 선결적 항변이 받아들여지게 되면 본안에 관한 심리는 당연히 진행할 수 없게 된다. 그러나 선결적 항변이 본안과 연계되어 있는 경우에는 본안과 함께 다루어질 수도 있다.

한편 ICJ는 국가들이 근거가 부족하거나 잘못된 주장으로 선결적 항변 등을

---

52) 1943년 이탈리아 중앙은행으로부터 독일이 가져간 금괴에 대한 반환소송(이탈리아 v. 프랑스, 영국, 미국)사건으로 이 사건에서 ICJ는 소송의 당사국이 아닌 알바니아(원래의 금괴의 소유자로 주장)의 법적이익이 ICJ 판단의 본안(very subject matter)이라고 보고 알바니아의 동의없는 관할권 행사를 거부하였다.

53) 동티모르는 1975년 포르투갈로부터 독립을 선언한 후 인도네시아의 점령하에 있었다. 인도네시아는 1989년 호주와 동티모르 인근 수역에서 자원개발을 목적으로 Zone of Cooperation을 설정하기 위한 조약을 체결하였다. 이에 대해 포르투갈은 호주가 동티모르 시정국인 자국의 권리와 의무를 존중하지 않았고 동시에 동티모르 인민의 자결권도 침해하였다고 주장하며 호주를 ICJ에 제소하였다. ICJ는 인도네시아가 동티모르를 대신하여 호주와 조약을 체결할 권리가 있는지가 이 사건의 핵심주제이므로 인도네시아의 동의 없이는 판결할 수 없다고 판단하였다. ICJ Reports 1995, p. 90, paras. 26-29.

통해 사법적 해결 의무에서 도피하는 것을 방지하기 위해 세심한 노력을 기울여 오고 있다. 예컨대, ICJ는 제 15강(외교 · 영사 관계법)에서 인용된 'Avena 사건'에서 미국이 주장한 선결적 항변을 모두 받아들이지 않았다. 또 다른 예로 1986년 '니카라과 사건'에서 미국은 소송당사자가 아닌 온두라스, 코스타리카와 엘살바도르의 법익이 관련된다는 이유로 소가 성립되지 않는다고 주장하였으나 ICJ는 단순히 법익이 영향을 받는 것만으로는 충분하지 않고 본안이 되는 주제에 해당하는 경우에만 Monetary Gold 원칙이 적용될 수 있다고 보고 미국의 주장을 받아들이지 않았다.

2) 제 3국의 소송참가

가) 관련 규정과 개념

소송참가(intervention)라 함은 진행중인 소송에 법률적 성질의 이해관계가 있는 제 3국이 직접 참여하여 자신의 입장을 개진하는 것을 의미한다.

ICJ 규정 제 62조는 "진행 중인 사건의 결정에 의해 영향을 받을 수 있는(may be affected by the decision in the Case) 법률적 성질의 이해관계(interest of legal nature)가 있다고 판단하는 국가는 재판소에 당해 소송에의 참가를 요청할 수 있으며 재판소는 허가여부를 결정한다"고 규정하고 있다.

또한 ICJ 규정 제 63조는 사건 당사국 이외의 제 3국이 당사국으로 있는 다자조약의 해석이 문제되는 경우 제 3국은 모든 소송 절차에 참가할 권리를 가진다고 규정하고 있다.[54)]

여기서 제 62조에 의한 소송참가는 재판소의 허가를 요하는 사안으로 재판소의 재량에 의해 결정되는 반면 제 63조에 의한 참가는 권리로서 부여된다는

---

54) 예컨대, ICJ는 1951년 'Haya de la Torre 사건'에서 제 63조에 근거한 쿠바의 소송참가를 허용하였다. ICJ Reports 1951, p. 71, pp. 76-77. 또한 2013년 호주와 일본간 '남극해에서의 포경 사건(소송참가)'에서도 제 63조에 근거한 뉴질랜드의 소송참가를 허용하였다. 참고로 피소국으로서 일본은 뉴질랜드가 제소국인 호주와 동일한 법률적 이해관계를 가지므로 제 62조에 의한 소송참가를 하여야 한다고 주장하였으나 ICJ는 뉴질랜드의 소송참가가 제 63조에 근거한 것이며 또한 뉴질랜드가 소송참가로 당사자가 되는 것이 아니라고 보고 이를 수락한 바 있다. Declaration of Intervention of New Zealand, Order of 6 February 2013, ICJ Reports 2013, p. 3, paras. 18-19.

점에서 차이가 있다. 따라서 쟁점이 될 수 있는 소송참가는 제 62조에 의한 경우이다.

나) 소송참가 절차

ICJ 규정 제 62조에 의한 소송참가를 위한 요건으로 1978년 개정된 'ICJ 규칙' 제 81조 2항은 다음과 같이 규정하고 있다. 즉, 참가를 신청하는 국가는 (a) 동 사건의 결정으로 영향을 받을 것으로 생각되는 구체적인(specific) 법률적 성질의 이익(legal interest), (b) 참가의 정확한 대상(precise object), (c) 신청국과 기존의 소송당사국간 존재한다고 주장되는 관할권의 근거(basis of jurisdiction)를 적시하여 재판소에 제출하여야 한다.

여기서 소송참가는 다시 비당사국으로서 참가하는 방식과 당사국으로 참가하는 방식을 생각해 볼 수 있다.

(1) 비당사국으로의 참여

비당사국으로의 참여는 사건의 결정에 의해 영향을 받을 수 있는 법적 성질의 이익의 존재를 제시하면 충분하므로 위의 세 번째 요건인 관할권의 근거를 제시할 필요가 없다. 비당사국으로의 참여라는 점에서 판결에 구속되지도 않는다.

지금까지 ICJ는 두 번 비당사국으로서의 소송참가를 허용한 적이 있다.

- 1990년 엘살바도르와 온두라스간 '육지, 섬 및 해양경계 사건(Land, Island and Maritime Frontier Dispute)'에서 니카라과는 판결에 의하여 영향을 받을 수 있는 법적 이익이 있다고 주장하였고 이에 대하여 ICJ는 비당사국 참가를 처음으로 허용하였다.[55] 비당사국 참가라는 점에서 판결의 결과에 구속되지 않으므로 사건의 결정에 의해 영향을 받을 수 있는 법적 성질의 이익의 존재를 제시하면 충분하다고 보았다.
- 또한 ICJ는 1999년 카메룬과 나이지리아간 '육상 및 해양경계 사건(소송참가)'에서도 적도기니의 소송참가를 허용하였다.[56]

55) ICJ Reports 1990, Application to Intervene, Judgment of 13 September of 1990, p. 92.

56) ICJ Reports 1999, Application to Intervene, Order of 21 October 1999, p. 1029.

• 그러나 2001년 인도네시아와 말레이시아간 '리기탄과 시파단 도서 영유권 사건'에서는 필리핀의 소송참가 신청에 대해 법적 이익을 입증하지 못하였다고 보고 참가를 거부한 바 있다.[57)]

(2) 당사국으로의 참여

제 3국이 당사국으로서 소송에 참가하는 경우에는 관할권의 근거를 제시하는 것이 요구된다. 제 3국은 당사국으로 참가한다는 점에서 원당사국과 동일한 권리를 향유하며 판결에 구속된다.

제 3국에 대하여 당사국으로서의 소송참가를 허용한 예는 아직까지 없다.

3) 잠정조치

가) 개념

ICJ 규정 제 41조 1항은 "재판소가 사정상 필요하다고 인정하는 경우(if it considers that circumstances so require) 각 소송당사자의 권리를 보전하기 위해(preserve the respective rights of either party) 취해져야 할 잠정조치(provisional measure/interim measures of protection)를 제시(indicate)할 수 있다"고 규정하고 있다.[58)] 부연하면 잠정조치는 분쟁의 대상인 소송당사자의 권리에 '실제적이고 급박한 위험(a real and imminent risk)'이 존재하여 자칫 회복 불가능한 손해가 예상되는 경우 재판소가 사건본안에 대한 최종판결시까지 기다리지 않고 이를 보호하기 위해 취하는 조치를 말한다. 이러한 상황에서는 재판소가 일견(*prima facie*) 관할권이 있다고 판단하면 조치를 지시할 수 있다.

이를 종합하여 잠정조치를 설명하면 잠정조치는 다음의 세 가지 요건이 충족되는 경우에 가능하다. 즉, (a) 회복할 수 없는 손해(irreparable harm),[59)] (b) 긴

57) ICJ Reports 2001, Intervention, Judgment of 23 October 2001, p. 575.

58) 다른 표현으로 '임시조치' 또는 '가보전조치'라고 한다.

59) '회복할 수 없는 손해'란 예컨대, 2001년 독일과 미국간 'LaGrand 형제 사건'에서 볼 수 있듯이 사전 조치를 취하지 않을 경우 재판소가 최종 결정을 하더라도 이미 권리의 실현을 현실적으로 불가능하게 할 정도로 당사자의 권리가 영향을 받을 가능성이 있는 경우(사형집행 등)를 의미한다. LaGrand, Provisional Measures, Order of 3 March 1999, ICJ Reports 1999, p. 9, paras. 22-23, 그 밖에 1974년 호주와 프랑스간 '핵실험

급성(urgency)[60]과 (c) 관할권의 존재 가능성(*prima facie* jurisdiction)[61]이다. 따라서 이 요건에 해당되지 않는 경우에는 잠정조치가 불허될 수 있다. 여기서 잠정조치의 보호대상은 당연히 분쟁의 대상이 되는 주제와 관련되어야 할 것이다. 또한 잠정조치는 다른 모든 사건에 우선하는바, 이는 잠정조치가 긴급성, 상황이 요구하는 필요성에 의해 정당화되는 조치라는 점에서 당연한 규정이다.

한편 잠정조치는 피해를 주장하는 제소국이 신청하는 것이 일반적인 현상이나 당사국의 요청 없이도 ICJ는 잠정조치가 필요한 상황인지를 직권으로(*proprio motu*) 결정할 수도 있다.

나) 잠정조치의 구속력

잠정조치와 관련하여 또 하나의 중요한 쟁점은 잠정조치가 구속력을 가지는가의 문제이다. 잠정조치의 구속력에 대한 학자들의 입장은 일치하지 않는다. 그러나 이에 대한 검토는 관련 조항의 해석 및 ICJ 판례를 통해 확인할 수 있다.

사건'과 관련한 잠정조치 사건(1973년)에서도 프랑스의 핵실험이 회복할 수 없는(irreparable) 피해를 가져올 수 있다는 이유로 호주의 잠정조치 신청을 승인한바 있다. Provisional Measures, Order of 22 June 1973, ICJ Reports 1973, p. 99. 반면 ICJ는 1976년 그리스와 터키간 '에게해 대륙붕 사건'에서 본안판결 후 적절한 방식에 의해서 권리가 구제될 수 있을 것으로 보고(즉, irreparable 하다고 보지 않고) 잠정조치를 부여하지 않았다. Provisional Measures, Order of 11 September 1976, ICJ Reports 1976, p. 3, para. 33.

60) ICJ는 1973년 파키스탄과 인도간 'Trial of Pakistani Prisoners of War 사건'에서 파키스탄 정부가 자신이 요청한 잠정조치에 대한 검토를 연기한 데 대해 긴급성이 없다고 보고 더 이상 잠정조치 요청은 없다고 판단하였다. 이와 같이 잠정조치의 요청이 권리의 보호를 위한 긴급성을 증명하지 못하는 경우에는 불허될 수 있다. Provisional Measures, Order of 13 July 1973, ICJ Reports 1973, p. 328, para. 14.

61) 유엔해양법협약 제 290조가 잠정조치의 성립을 위해 관할권을 요구하고 있는 것과 달리 ICJ 규정 제 41조는 관할권에 대하여 명시적으로 규정하고 있지 않다는 점에서 관할권 문제는 잠정조치의 요건 중 가장 다툼의 여지가 있다. 예컨대, 잠정조치를 요청하는 국가에 대하여 관할권에 대한 완전한 거증책임을 요구하는 것은 자칫 잠정조치의 의미를 희석시킬 수 있다. 이와 관련 1996년 카메룬과 나이지리아간 '육상 및 해양경계 사건'에 대한 잠정조치와 관련하여 ICJ는 잠정조치 요청에 대하여 결정하기 전에 재판소가 본안에 대한 관할권을 가지는지를 검토할 필요는 없지만 그럼에도 불구하고 잠정조치 신청국이 원용한 규정이 관할권의 근거를 제공하는 것으로 보이지 않는 경우에는 잠정조치를 제시하지 않을 수 있다고 판단하였다. Order of 15 March 1996, ICJ Reports 1996, p. 13, para. 30.

잠정조치에 관한 ICJ 규정 제 41조는 제 1항에서 잠정조치를 제시(indicate)할 수 있다고 규정하고, 동 제 2항에서는 제시된(suggested) 잠정조치를 즉시 당사국 및 안보리에 통지한다고 규정함으로써 일응 잠정조치의 구속력을 부인하는 듯한 모호한 표현을 사용하고 있다.[62)]

그러나 ICJ는 예컨대, 1993년 보스니아와 유고연방간 '집단살해방지협약의 적용에 관한 사건'에서 피소국이 집단살해를 방지하기 위해 잠정조치 '명령(order)'에 따라 모든 가능한 조치를 취할 것을 요구하였다. 나아가 ICJ는 2001년 'LaGrand 형제 사건' 에서도 ICJ 규정 제 41조의 잠정조치가 구속력이 있음을 분명히 하였다. 동 사건에서 ICJ는 조약은 조약의 문맥에 따른 문언 및 조약의 목적과 대상을 함께 검토하여야 한다고 하면서 이렇게 해석할 경우 제 41조하에서 제시된(indicated) 잠정조치명령은 구속력(binding effect)이 있다고 보았다.[63)] 이와 같은 판단에 근거하여 ICJ는 미국이 LaGrand(아직 형이 집행되지 않은 형제 1인)에 대한 사형집행을 중지하라는 잠정조치를 '명령(order)'하였다. 그러나 해당 주정부가 사형 집행을 강행함으로써 결과적으로 미국 정부는 잠정조치를 이행하지 않았으며 ICJ는 미국의 불이행을 국제법상의 의무위반이라고 판단하였다. 이어서 ICJ는 2007년 보스니아와 세르비아간 '집단살해방지협약 적용에 관한 사건'에 대한 본안판결에서도 LaGrand 사건을 원용하여 잠정조치가 구속력 있음을 다시 확인하였다.[64)]

이와 관련 ICJ가 잠정조치의 이행을 강제할 수단을 가지고 있지 못하다는 점에서 잠정조치의 구속력에도 불구하고 실효성에 의문을 가질 수 있지만 이는 이론과 실제의 문제로 모든 본안판결이 다 효과적으로 집행된다고는 볼 수 없는 것과 마찬가지다. 그러나 ICJ가 잠정조치의 구속력을 인정하였고 이를 재판소

62) 외교부 번역 조약문은 제 41조의 표현 중 'indicate'와 'suggest'를 '제시하다'로 동일하게 번역하고 있다.

63) ICJ는 제 41조의 잠정조치가 구속력이 없다는 주장은 제 41조의 목적과 대상에 반한다(The contention that provisional measures indicated under Article 41 might not be binding would be contrary to the object and purpose of the Article)고 판단하였다. ICJ Reports 2001, p. 466. para. 102.

64) 2007년 본안판결에서 잠정조치에 대한 구속력이 확인되었다. 관련 부분 원문은 다음과 같다: "The Court observes that its orders on provisional measures under Article 41 have binding effect", ICJ Reports 2007, p. 43, para. 452.

규정에 따라 안보리에 통보하는 경우 안보리 차원에서 구속력있는 조치를 보강하기 위한 어떠한 조치를 취할 수 있지 않을까 생각해 볼 수 있다.[65)]

4) 반소

반소(counter-claim)란 동일한 재판에서 피소국이 제소국을 상대로 다시 소송을 제기하는 것을 말한다. 반소가 성립되기 위한 요건은 ICJ 규칙 제 80조 1항에 설명된 바와 같이 (a) ICJ의 관할권에 속하는 사항이어야 하고, (b) 제소국이 제기한 본안과 직접 관련된 사항이어야 한다.

ICJ는 반소를 쟁송사건에서의 피소국에 의한 독자적인 법률행위(an autonomous legal act)로 보았다. 다시 말해서 반소는 본소에 대한 단순한 방어가 아니라 피소국 자신의 새로운 주장이라는 점이다. 여기서 반소의 이중적 성격이 나타난다. 즉, 반소가 별도의 청구를 구성하고 있다는 점에서는 본소와 독립된 새로운 청구이지만 동시에 본소와 연계되어 있다는 점에서는 본소에 대한 대응(it reacts to it)으로 볼 수 있을 것이다.

반소는 본소와 직접 관련된 사안에 대한 판단을 요구하고 있다는 점에서 일반적으로 본안과 함께 심리된다.

바. 판결

1) 판결의 성립과 효력

재판소의 판결은 출석한 재판관 과반수로 결정한다. 가부동수인 경우에는 재판소장 또는 재판소장을 대리하는 재판관이 결정투표권(casting vote)을 행사한다.

판결이 전부 王는 부분적으로 전원일치의 의견을 나타내지 아니하는 경우에는 다수의견과 다른 의견을 가진 재판관은 반대의견(dissenting opinion) 또는 개별의견(separate opinion)을 제시할 수 있다. 특히 개별의견은 재판관이 다수결

65) ICJ 규정 제 41조 2항에 따라 잠정조치를 안보리에 통보하는 경우 동 잠정조치 명령이 '안보리가 유엔헌장 제 94조 2항에 따라 이행을 위해 필요한 조치를 결정할 수 있는 판결(judgment)'에 해당될 수 있는지(후술하는 '판결의 이행과 강제' 참조)에 대하여는 해석이 불명확하다.

의 판결에 찬성을 하였지만 재판소의 판결이유 또는 판결에 이르는 과정에 대하여 다른 의견을 가지는 경우 제시된다. 판결의 내용은 대체로 제소국이 요청한 내용이 중심이 되며, 예컨대, 위법행위의 확인이나 이에 대한 책임해제(손해배상 등)가 중심이 된다.

판결은 종국적이고 상소의 대상이 되지 않으며(final and without appeal)(제 60조)[66] 또한 당사국간에 한하여 재판소에 회부된 특정사건에 대해서만 구속력을 가지므로 선례구속의 원칙(doctrine of *stare decisis*)도 부인된다(제 59조).[67]

한편 판결의 의미와 범위에 관하여 분쟁이 발생하는 경우 재판소는 어느 한 당사국의 요청에 의하여 이를 해석하여야 한다(제 60조). 여기서 당사국이 요청할 수 있는 해석의 범위는 판결의 주문에 관한 것이며 판결이유는 해당되지 않는다.

2) 판결의 이행과 강제(enforcement)

유엔헌장 제 94조 1항은 '유엔회원국은 ICJ의 결정(decision)에 따라야 한다'고 규정하고 있으며 동 조 2항에서는 '일방당사국의 판결 불이행(non-compliance)시 타방 당사국은 안전보장이사회에 회부하고 안보리는 필요시 이행을 위한 권고 또는 조치를 결정할 수 있다'고 규정하고 있다. 여기서 유엔헌장 제 94조 1항의 결정은 판결을 포함하여 재판소가 내리는 모든 결정을 의미하며 동 조 2항의 판결(judgment)은 문언 그대로 구체적인 쟁송사건에서의 본안판결(본안에 대한 최종판결)을 의미한다.[68]

---

66) 이를 *res judicata*(final judgment and is no longer subject to appeal), 우리말로 '기판력'이라고 한다. 기판력이 요구되는 이유는 법률관계의 안정을 위해 쟁송이 종료되어야 하며 이미 종료된 판결을 다시 다투지 않는 것이 승소한 당사자의 이익에 부합하기 때문이다.

67) 재판소규정 제 59조: "The decision of the court has no binding force except between the parties and in respect of that particular Case." 그러나 실제 운용과정에서 ICJ는 예측 가능성 및 법적 안정성을 이유로 선례를 자주 인용하는 경향을 보이고 있다.

68) 유엔헌장 제 94조 1항의 결정은 ICJ 규정 제 59조(재판소 결정의 구속력)에서 말하는 결정과 관련되며 제 94조 2항의 판결은 ICJ 규정 제 60조(판결의 종국성, *res judicata*)에서 말하는 판결과 관련된다. 참고로 유엔헌장 제 94조 원문은 다음과 같다: " 1. 국제연합의 각 회원국은 자국이 당사자가 되는 어떤 사건에 있어서도 국제사법재판소의 결정에 따를 것을 약속한다. 2. 사건의 당사자가 재판소가 내린 판결에 따라 자국이 부담하는 의무를 이행하지 아니하는 경우에는 타방의 당사자는 안전보장이사회에 제소할

이처럼 유엔헌장 제 94조 2항은 일방당사국의 판결 불이행(non-compliance) 시 판결이행을 위한 안보리의 권고 또는 조치에 대하여 규정하고 있지만 안보리의 판결이행과 관련한 역할은 매우 제한적이다. 실제로 판결이행을 위한 안보리의 역할이 실현된 사례는 아직까지 없으며 판결의 이행을 확보하기 위한 제도적 장치도 결여되어 있다. 특히 판결이 안보리 상임이사국을 대상으로 하는 경우 판결이행을 위한 결의안이 통과될 가능성은 사실상 전무할 것이다. 이에 해당하는 사례가 실제로 발생한 바 있다. 전술한 1986년 '니카라과 사건'에서 미국은 ICJ 판결이 자동적으로 미국에서 국내법적으로 구속력을 가진다고 보지 않았으며 이러한 미국의 불이행에 대하여 니카라과는 동 건을 안보리에 제소하였다. 그러나 판결의 이행을 요구하는 안보리의 결의안에 대해 미국은 두 차례 거부권을 행사한 바 있다. 반면 1994년 안보리는 결의 제 915호로 리비아와 챠드간 '영토분쟁 사건'에 대하여 ICJ 판결의 이행을 위해 분쟁지역으로부터 리비아의 철수를 모니터링하기 위한 옵서버그룹을 설치한 예가 있다.

결론적으로 패소국이 ICJ의 판결을 이행할 의지가 없고 안보리가 판결의 이행을 강제할 수단이 없는 현실적 제약에도 불구하고 ICJ의 판결이 구속력이 있고, 최종적이며 상소가 허용되지 않는다(binding, final and without appeal)는 근본원칙이 부인되어서는 안 될 것이다. 또한 유엔회원국은 자국이 분쟁의 당사자인 경우 회원국의 의무(헌장 제 94조)로서 ICJ의 판결을 이행하기 위해 노력하여야 할 것이다. 결국 국제재판의 이행은 당사자의 선의에 의존한다고 보아도 과언이 아니다.

한편 예외적인 상황이기는 하지만 판결 이후에도 분쟁이 다시 발생한 경우도 있다. 그 이유는 판결 자체의 모호성이나 당사국의 태도에 기인한다.[69]

수 있다. 안전보장이사회는 필요하다고 인정하는 경우 판결을 집행하기 위하여 권고하거나 취하여야 할 조치를 결정할 수 있다."

69) '조약의 착오'에서 인용된 '프레아 비헤아 사원 사건'에서 볼 수 있듯이 1962년 판결후 45년이 지난 2008년 캄보디아와 태국간 영유권 분쟁이 재발하였다. 동년 캄보디아는 ICJ에 잠정조치를 요청하였고 이에 대한 ICJ의 잠정조치 명령(양국군의 철수 요청)이 내려졌다. 2011년 다시 캄보디아는 판결주문의 해석을 요청(Request for Interpretation of the Judgment)하였고 이에 대해 2013년 ICJ는 판결을 통해 쟁점이 되는 '사원 인근의 범위'에 대하여 판단하였다.

3) 재심

예외적으로 판결 당시 재판소 또는 당사자 어느 편도 알지 못하였던 결정적 요소(decisive factor)가 될 성질을 가진 새로운 사실이 발견된 경우 재심(revision of a judgment) 청구가 가능하다. 단, 그러한 사실을 알지 못한 것이 과실에 의한 것이 아니었어야 한다(제 61조). 여기서 '결정적 요소가 될 성질'이란 이러한 사실을 알았더라면 판결의 결과가 달라졌을 정도의 중요성을 가지는 사실을 의미한다고 보아야 할 것이다.

이와 관련 유고연방이 1996년 판결의 수정을 요구한 데 대해 ICJ가 이를 수용하지 않은 사례가 있다.[70] 또한 2017년 말레이시아가 2008년 말레이시아와 싱가폴간 '페드라 브랑카(Pedra Branca/Pulau Batu Puteh) 도서 영유권 사건'에 대하여 분쟁대상인 동 섬에 대한 영유권을 증명할 새로운 자료를 발견하였다고 주장하며 재심을 청구하였다가 포기한 사례가 있다.[71]

사. 권고적 의견

1) 권고적 의견(advisory opinion)에 대한 ICJ의 태도

국제기구는 국제법 주체임에도 불구하고 국가와는 달리 ICJ에서 사건의 당사자가 될 수 없다. 다만 ICJ 규정 제 65조에 따라 법률문제에 대해서 권고적 의견을 요청할 수 있다.[72] 여기서 ICJ가 권고적 의견을 줄 수 있는 법률문제의 의미는 앞에서 설명한 법률적 분쟁과 같은 맥락에서 이해될 수 있을 것이다.

한편 유엔헌장 제 96조는 ICJ에 권고적 의견을 요청할 수 있는 국제기구에

---

70) ICJ는 2003년 보스니아와 유고연방간 '집단살해방지협약의 적용 사건'에 대한 1996년 판결의 재심사건에서 유고연방의 주장을 재심의 사유가 되는 '당시에는 몰랐던 새로운 사실의 발견(discovery of some fact which, when the Judgment was given, was unknown)'으로 볼 수 없다고 판단하였다. ICJ Reports 2003, p. 7, paras. 65-70.

71) 2017년 말레이시아는 싱가폴과의 '페드라 브랑카 도서 영유권 사건'에 대한 ICJ의 2008년 판결에 대해 ICJ 규정 제 61조에 따라 동 도서들에 대한 영유권을 증명할 새로운 자료를 발견하였다고 주장하며 재심을 청구하였다. 그러나 이후 말레이시아는 동 재심 사건에 대한 절차중단을 싱가폴과 합의하였다고 ICJ에 통보하였으며 이에 따라 사건은 사건목록에서 제외되었다.

72) 국가는 개별적으로 권고적 의견을 요청할 수는 없으나 국제기구, 특히 유엔 총회 등을 통해 간접적으로 권고적 의견을 요청할 수 있는 방법이 열려 있다.

대해 다음과 같이 규정하고 있다. 즉, (a) 총회와 안보리는 어떠한 법률문제에 대해서도 의견요청이 가능하며(헌장 제 96조 1항), (b) 유엔의 다른 기관 및 전문 기구는 자신의 활동과 관련된 법률문제에 한해 요청이 가능할 뿐이다(동 조 2항).

이와 관련 ICJ는 WHO의 '무력분쟁 과정에서의 핵무기 사용의 합법성(Legality of the Use by a State of Nuclear Weapons in Armed Conflict)'에 대한 권고적 의견 요청에 대해 WHO의 요청이 'WHO 헌장상 활동범위 내에서(within the scope of the WHO's activities) 발생하는 상황과 관련이 없다'는 이유로 권고적 의견의 부여를 거부한 바 있다. 이 사건 판단 과정에서 ICJ는 WHO가 '건강과 환경에 미치는 영향에 비추어 핵무기의 사용이 합법적인 것인가'에 대하여 문의한 것은 WHO의 직무범위 내에서 발생한 사안이 아니라고 보았다.[73] 그러나 ICJ는 이와 유사한 사안에 대한 총회의 요청에 대해서는 미국 등 관련국의 반대에도 불구하고 유엔의 기관으로서 ICJ는 '거부하여야 할 압도적인 이유(compelling reasons)가 없는 한' 요청을 존중하여야 한다고 보고 권고적 의견을 부여하였다.[74] 여기서 '거부하여야 할 압도적 이유'란 정치적 성격이 강한 분쟁, 즉 법률적 해석이 오히려 분쟁해결에 지장을 가져올 수 있는 경우를 생각해 볼 수 있을 것이다. 그러나 정치적 성격의 분쟁이라 하더라도 법과 정치가 혼재된 경우가 많을 것이며 이 경우 적어도 법적 부분에 대하여는 권고적 의견이 부여될 수 있다고 본다. ICJ도 대체로 이러한 입장이다.

더욱이 ICJ는 전술한 2004년 '이스라엘의 팔레스타인 분리장벽 건설 사건'에

73) 1993년 5월 WHO는 인간의 건강과 환경에 대한 핵무기의 심각한 위협의 관점에서 무력충돌시 핵무기 사용은 WHO 설립헌장을 비롯한 국제법에 대한 위반을 구성하는지에 대하여 문의하였으나 ICJ는 권고적 의견의 부여를 거부하였다. 그 이유는 WHO가 국제보건 증진을 목적으로 설립된 기구이므로 국제평화와 안전과 관련되는 핵무기 사용의 합법성에 대한 권고적 의견을 요청하는 것은 WHO 설립헌장의 범위를 벗어나는 것으로 보았다. 이와 관련 ICJ는 국제기구가 ICJ의 권고적 의견을 요청하기 위해서는 다음의 요건을 충족하여야 한다고 보았다. (a) 전문기구는 총회에 의해 권고적 의견을 요청할 권한이 부여되어 있어야 한다. (b) 요청하는 의견은 법률사항에 관한 질문이어야 한다. (c) 요청기관의 직무범위 내에서 발생하는 문제여야 한다.

74) 유엔 총회도 WHO와 마찬가지로 1994년 12월 총회 결의로 '핵무기의 위협 또는 사용이 국제법상 허용되는가'에 대한 권고적 의견을 요청하였고 이에 대해 ICJ는 권고적 의견을 부여하였다.

대한 권고적 의견에서 총회가 요청한 내용이 실질적 쟁점이 될 수 있는 현안에 관한 것이었음에도 불구하고 권고적 의견을 제시하는 것을 거부하지 않았다. 이 사건에 대한 권고적 의견에서 ICJ는 장벽건설이 국제법 위반이며 이스라엘은 이 장벽을 해체할 의무가 있으므로 국제사회는 장벽건설에서 유래하는 불법적 상황을 인정하지 않을 의무가 있다고 판단하였다. 이는 사실상 쟁송사건에 대한 판결에 해당하는 구체성을 가진 판단이라는 점에서 중요한 함의가 있다. 또한 2008년 총회가 요청한 '코소보 자치정부 임시기구에 의한 일방적 독립선언의 합법성'에 대한 권고적 의견 요청에 대하여도 ICJ는 의견을 부여하였다.[75] 이처럼 ICJ는 가능한 한 아주 예외적인 경우를 제외하고는, 특별히 거부할 압도적인 이유가 없는 한 의견을 제시해 오고 있다.[76]

참고로 권고적 의견 요청시 ICJ는 판단에 도움이 될 수 있는 정보를 제공할 수 있다고 생각되는 국가나 국제기구에 대하여 견해를 요청할 수도 있다.

2) 권고적 의견과 구속력

ICJ의 권고적 의견은 구속력이 없으나 경우에 따라서는 구속력을 가지게 되는 경우가 있다. 보다 구체적으로는 분쟁의 일방이 국제기구이고, 국제기구 설립헌장이 분쟁발생시에는 ICJ에 권고적 의견을 요청하고 동시에 동 권고적 의견에 구속력을 부여하기로 합의하는 경우가 이에 해당된다. 예로서 1946년 '유엔의 특권과 면제에 관한 협약' 제 30조는 유엔과 회원국간 분쟁에 대하여 ICJ의 권고적 의견을 요청할 수 있다고 하면서 이렇게 주어진 권고적 의견은 확정적(decisive)이라고 규정하고 있다. 유엔 총회가 동 제 30조에 근거하여 ICJ의 권고

75) '코소보의 일방적 독립선언의 국제법상 허용가능성'에 대한 ICJ의 권고적 의견에서 ICJ는 (a) 안보리가 다루고 있는 사태에 대해서도 총회는 ICJ에 권고적 의견 요청이 가능하며, (b) 권고적 의견을 요청할 수 있는 법률문제가 정치적 성격을 포함하고 있더라도 법률문제로서의 성격이 부인되지는 않으며, (c) 권고적 의견이 해당기구의 임무수행에 필요한가 여부는 일차적으로 기구 자신이 결정할 문제라고 보았다.

76) 총회와 안보리가 요청하는 권고적 의견의 경우 특히 정치적 고려가 요구되거나 정치적 함의가 큰 경우가 많지만 이 경우에도 ICJ는 적절하다고 판단되는 요청에 대하여 권고적 의견을 거부한 예는 거의 없다. 예컨대, ICJ는 '서부 사하라 사건' 및 '이스라엘의 팔레스타인 분리장벽 건설 사건' 또는 위에서 인용한 '코소보 사건' 등 논란의 여지가 많은 사건에 대하여도 의견을 제시하였다.

적 의견을 요청한 사례로는 제 20강('국제기구법'의 제 2절 2. '국제기구의 권한' 참조)에서 설명한 1999년 경제사회이사회 산하 인권위원회 특별보고관인 Cumaraswamy 사건을 들 수 있다.

끝으로 ICJ의 판례가 선례구속의 원칙이 없음에도 불구하고 국제법 원리의 확인과 발전에 기여하듯이 권고적 의견의 축적은 국제법의 발전에 기여하고 있다고 본다.

아. ICJ와 안보리의 관계

1) 안보리와 ICJ의 일반적 관계

무엇보다도 안보리는 법률적 분쟁이 아닌 정치적 분쟁의 해결을 위하여 구속력있는 결정을 포함하여 광범위한 권한을 행사한다. 그러나 어디까지나 안보리의 역할은 국제평화와 안전을 유지하는 것이지 분쟁의 옳고 그름을 유권적으로 판단하는 것이 아니다. 이러한 점을 고려하여 유엔헌장 제 36조 3항도 안보리가 법률적 분쟁은 원칙적으로 당사국에 의해 ICJ에 회부되어야 한다는 점을 유념하여야 한다고 규정하고 있다.[77] 물론 제 36조 3항은 권고적 성격으로 안보리가 당사국에 대하여 분쟁을 ICJ에 부탁하도록 강제할 권한은 없다.

한편 지금까지 ICJ에 부탁된 사건 중에는 분쟁의 당사국이 안보리가 현재 동 사안을 다루고 있다거나 또는 안보리가 이미 동 사건에 대하여 판단을 하였다는 이유로 ICJ가 관할권을 행사하지 않을 것을 주장하는 경우가 많이 있었다. 그러나 안보리가 사안을 고려중이라는 이유로 ICJ의 관여가 부인되지는 않는다고 보는 것이 일반원칙에 부합되는 해석이다. 예컨대, 1980년 '이란주재 미국 대사관직원 인질 사건'에서 ICJ는 안보리가 사안을 고려하고 있다는 사실만으로

77) 앞에서 설명한 바와 같이 '코르푸 해협 사건'에서 영국은 안보리가 유엔헌장 제 36조 3항에 따라 법률상의 분쟁은 ICJ에 회부되어야 한다고 권고한 것을 관할권의 근거로 볼 수 있다고 주장하였다. 그 근거로 영국은 헌장 제 25조에 따라 안보리 결의는 알바니아도 구속한다고 보았다. 그러나 동 사건에서 재판관 7인은 공동의 개별의견을 통해 영국의 시도는 새로운 강제관할권 제도를 도입하는 것으로 해석될 수 있다고 보고 이러한 영국의 주장을 배척하였다. 한편 ICJ는 알바니아가 이미 ICJ의 관할권을 수락하였으므로 영국의 주장에 대하여 판단할 필요가 없다고 하였으며 이에 대해서는 앞의 주 46을 참조한다.

유엔의 주요 사법기관인 ICJ의 관할권 행사가 부인되지는 않는다는 점을 확인하였다.[78] 이러한 입장은 다른 사건들에서도 확인된다.[79]

그 근거는 다음과 같다.

첫째, 분쟁이나 사태와 관련 유엔헌장은 총회와 안보리의 기능상의 차이점을 분명하게 구분하고 있다. 즉, 총회는 안보리가 어떠한 분쟁이나 사태와 관련하여 헌장에 부여된 임무를 수행하고 있는 동안에는 안보리가 요구하지 않는 한 분쟁이나 사태와 관련하여 어떠한 권고도 하여서는 안 된다(헌장 제 12조 1항). 그러나 안보리와 ICJ의 관계에 대하여는 헌장 내에 이 같은 내용의 규정이 없다.

둘째, 안보리는 정치적 성격의 기능을 수행하는 반면 ICJ는 순수한 법률적 기능만 수행한다. 따라서 양자는 동일한 사안에 대하여 별개이지만 보완적인 기능을 수행한다.

결론적으로 대부분의 분쟁이 정치적 측면과 법률적 측면을 가지고 있다는 점에서 ICJ의 상기 판단은 분쟁해결을 위한 안보리의 중요한 책임을 평가하면서도 동시에 법률적 분쟁에 관하여는 안보리와 무관하게 자신이 역할을 수행할 수 있음을 확인하는 것으로 볼 수 있다.

그러나 이러한 입장이 반드시 ICJ의 일관된 태도는 아니며 구체적인 경우에 개별적으로 판단되어야 할 것이다.[80]

---

78) ICJ Reports 1980, p. 3, para. 40.

79) 2000년 콩고와 우간다간 '콩고영토에서의 무력활동 사건'에서의 잠정조치 제시요청에 대하여 ICJ는 안보리의 결의가 있다고 하여도 그것이 ICJ가 재판소의 규정(Statute) 및 규칙(Rules of the Court)에 따라 활동하는 것을 방해하지 않는다고 보고 안보리 결의와 유사한 내용의 잠정조치를 명령하였다. Provisional Measures, Order of 1 July 2000, ICJ Reports 2000, p. 111, paras. 36-44.

80) ICJ는 '로커비 사건'에서 리비아가 영국을 상대로 제기한 잠정조치 요청에 대해 유엔헌장 제 25조(안보리 결의의 구속력)와 제 103조(헌장상의 의무가 다른 조약상의 의무에 우선)에 비추어 몬트리올 협약에 근거한 리비아의 권리주장은 잠정조치에 의한 보호에 적절하지 않다고 보았다. 동시에 잠정조치를 허용하는 경우 안보리가 헌장 제 7장하에서 취한 조치(안보리 결의 제 748호)에 따라 영국이 향유하는 권리가 오히려 손상받을 가능성이 있다고 보았다. 결과적으로 ICJ는 안보리의 판단을 존중하였다. Provisional Measures, Order of 14 April, ICJ Reports 1992, p. 3, paras. 40-45. 이에 대해서는 제 5강('국제법의 법원'의 제 1절 6. 다. 1) '조약규정에 의한 상위법 개념의 도입') 참조.

2) 사법심사(judicial review)

헌장 제 7장하에서 안보리가 취한 구속력있는 조치에 대하여 ICJ가 이를 심사하고 헌장 위반이라고 사법적으로 판단할 수 있는가의 문제는 매우 민감한 사안이다. 전반적으로 이에 대한 판단은 부정적이며 그 근거는 다음과 같다.

첫째, 유엔헌장이나 ICJ 규정 모두 ICJ에 그러한 권한을 부여한 것으로는 해석 되지 않으며 다수의 학설도 이러한 판단을 지지하고 있다. 조약법 협약 제 32조에 규정된 조약해석의 보충적 수단으로서의 유엔헌장 교섭기록을 보면 당시 ICJ에 그러한 권한을 부여하자는 제안이 거부되었다.

둘째, ICJ도 그러한 권한이 자신에게 있다고는 보지 않는다.

셋째, 그러한 권한이 ICJ에 부여되면 이는 안보리 기능의 효과성을 심각하게 훼손할 가능성이 있다. 그 이유는 ICJ가 언제라도 안보리의 결의를 무효화할 수 있는 가능성을 배제할 수 없기 때문에 안보리의 결의에 대한 국제사회의 신뢰가 무너지기 때문이다.

사실 아직까지 ICJ가 안보리의 강제조치에 대하여 사법적 판단을 할 기회가 주어지지는 않았다. 실제로 1992년 '로커비 사건'에서 ICJ가 헌장 제 7장에 따라 안보리가 취한 조치, 특히 구속력 있는 강제조치의 합법성을 평가할 수 있느냐의 문제가 제기되었으나 2003년 합의에 의해 사건이 종결되어 결과적으로 ICJ가 판단할 기회를 가지지 못하였다.

3) 평가

유엔헌장 제 36조 3항은 안보리가 국제평화와 안전에 관한 사안에 대하여 분쟁해결을 위한 방안을 권고함에 있어서 일반적으로 법률적 분쟁은 ICJ에 회부되어야 한다는 점을 고려하여야 한다고 규정하고 있다. 이를 평면적으로 해석하면 안보리와 ICJ는 각각의 임무와 역할을 가진 독립된 영역에서 상호 수평적 협력관계를 유지하고 있다고 볼 수 있다.

이와 관련 1986년 '니카라과 사건'에서의 ICJ의 태도는 양자의 관계에 대하여 시사하는 바가 크다. 동 사건에서 니카라과는 ICJ가 국제평화와 안전에 대한 위협의 존재여부를 결정해 줄 것을 요청하였고, 반면 미국은 무력의 사용 등과 관련한 사안은 본질적으로 안보리의 권능에 속하는 사항이라고 반박하였다. 그러나 ICJ는 안보리의 관할사항이라고 하여 법률적 문제에 대한 ICJ의 관여가 제한될 수는 없으며, 안보리와 ICJ는 상호 보완적일 수도 있다고 보았다. ICJ는 이 사건의 쟁점인 자위권의 문제가 제 7장에 관련된 사안이지만 동시에 제 6장에 의한 분쟁의 평화적 해결에도 관련된다고 보았다.

결론적으로 안보리의 권한은 헌장에서 유래하며 무제한한 것이 아니다. 그러한 점에서 어떠한 형태로든 ICJ의 판단은 필요할 수 있다. 더욱이 안보리의 구속력있는 결정이 강행규범 위반에 해당하는지의 여부가 문제되는 경우에도 ICJ가 심사할 수 없다는 것은 다시 한번 생각해 보아야 할 앞으로의 과제이다. 왜냐하면 안보리라고 법 위에 존재하는 것이 아니며 또한 ICJ에 의한 사법심사가 반드시 안보리의 국제평화와 안전의 유지 기능에 부정적 영향을 미친다고 볼 수만은 없기 때문이다.[81] 그럼에도 불구하고 정치적 판단이 두드러진 안보리의 제 7장에 근거한 결의에 대하여 ICJ가 적극적으로 사법심사를 한다는 것도 다시 생각해 보아야할 문제다.

이와 관련 ICJ는 총회 또는 안보리가 수시로 요청하는 법률문제에 대한 권고적 의견을 통해 안보리의 결정에 대한 자신의 기본적인 입장과 견해를 밝힐 수도 있을 것이며 이러한 견해가 비록 구속력은 없지만 안보리의 추후의 활동에 영향을 미칠 수 있을 것이라는 점에서 비록 적극적인 개입은 아니지만 간접적인 방식을 통해 양자의 보완적 관계를 확인할 수 있을 것이다.[82]

81) ICJ는 안보리 결의에 대한 직접적 통제권을 가지고 있지 않다. 유엔에서는 권력분립이나 민주주의적 구조가 존재하지 않으므로 국내법에서와 같은 제도화된 법적 통제의 가능성은 고려되지 않는다. 그러나 유엔은 정의와 국제법 원칙의 지배를 받는 법공동체이므로 강행규범에 속한다고 할 수 있는 '법의 지배'의 원칙은 유엔의 기관에 대해서도 적용된다. 따라서 ICJ는 일반국제법 및 헌장의 목적과 정신에서 파생하는 부수적인 통제권을 갖는다. 나인균, "국제연합(UN)에서의 '법의 지배(rule of law)' 원리-로커비 사건(Lockerbie)과 관련하여", 국제법학회 논총 제 50권 제 1호, 2005. 4.

82) 안보리 상임이사국들이 ICJ에 재판관을 진출시키고 있다는 점에서 사실상 ICJ의 사법심사가 가능하다고 하더라도 정치적 고려에 의한 사법자제 현상이 나타날 가능성이 더 크다고 본다.

자. ICJ에 대한 평가

ICJ는 설립 이래 지금까지 국제법의 발전에 크게 기여하여 왔다. 실제로 ICJ에 부탁되는 사건의 수가 지속적으로 증가하고 있다는 사실은 국제분쟁의 평화적 해결을 위한 ICJ의 역할에 대하여 긍정적인 평가를 가능하게 한다. 그럼에도 불구하고 ICJ 제도 자체의 내재적 한계를 극복하는 문제는 앞으로 우리가 우선순위를 가지고 해결하여야할 과제이다.

ICJ의 문제점과 과제에 대하여 생각해 본다.

첫째, 강제관할권의 부재, 선택조항 수락에 대한 소극적인 태도와 선택조항 수락시 첨부되는 유보의 문제점, 판결이행의 강제성 결여 등은 ICJ가 극복하여야 할 가장 중요한 과제이다.

둘째, 국제법의 불명확성, 특히 국제관습법의 불명확성은 법의 해석 및 적용에 어려움을 준다.

셋째, ICJ는 법적 분쟁만을 다룰 수 있다. 법적 분쟁이 아닌 정치적 분쟁은 재판의 대상에서 제외되므로 국제법의 핵심인 국제평화와 안전과 관련된 분쟁의 많은 부분이 ICJ의 관할권 밖에 존재하게 된다.

넷째, ICJ는 국가만이 사건의 당사자가 될 수 있다는 점에서 오늘날의 국제법 주체의 확대현상을 반영하지 못하고 있다.

다섯째, 국제재판소의 분열(fragmentation of international judicial bodies)로 인한 ICJ의 효용성 감소 가능성에 대한 우려 등도 문제점으로 생각해 볼 수 있다.

그밖에 ICJ를 통한 분쟁해결에 대한 국제사회의 부정적 내지는 불편한 시각도 궁극적으로는 불식되어야 할 것이다. 동시에 재판소에 대한 신뢰를 회복하기 위한 방안의 하나로 아직까지 재판관을 진출시키지 못한 국가에 대한 배려도 검토의 여지가 있다고 본다.

결론적으로 ICJ가 자동적으로 관할권을 행사할 수 있는 범위가 확대될 수 있도록 모멘텀을 형성해 나가는 것이 중요하다. 사실 그간 패소에 대한 부담감이나 제소 자체가 비우호적 행위로 간주될 수 있다는 우려 등으로 ICJ의 이용에 많은 국가들이 지금까지 조심스러운 태도를 보여 왔던 것도 사실이다. 이러한 현상은 특히 아시아 지역에서 확인되었다. 아시아 지역 국가들이 국제법은 서구

국가들의 전유물로 서구국가들에게 유리할 것이라는 막연한 의구심을 가지고 있었던 것도 사실이다. 따라서 국제재판소를 통한 분쟁해결방식도 매우 제한된 범위 내에서만 활용되었다. 그러나 오늘날 아시아 지역 국가들이 국제재판소, 특히 ICJ에 부탁하는 사건들이 증가하고 있으며 이러한 현상은 국제사회가 국제법을 중심으로 하는 진정한 의미의 법공동체로 발전하고 있음을 보여주고 있다고 판단된다.

제4절 분쟁해결과 인권조약 체계

인권조약하에서의 분쟁해결기구는 국가간 상충되는 주장을 다루는 절차와 개인의 청구를 다루는 절차로 구성된다. 전술한 B 규약산하 HRC와 유럽인권재판소가 인권문제에 대한 분쟁을 다루는 대표적인 예가 될 것이다.

유럽인권재판소의 결정은 구속력이 있으며 각료들로 구성되는 위원회(Committee of Ministers)에 의해 집행된다. 위원회는 협약위반을 확인하고 필요한 시정조치를 명한다. 극단적인 제재의 사례로 1969년 그리스가 유럽이사회(Council of Europe)로부터 추방되었다가 1974년 민주정부 회복 후 복귀한 사례가 있다.

한편 B 규약 산하 HRC의 견해는 구속력이 없다. 그러나 규약에 대한 권위있는 해석을 구성한다는 점에서 의미가 있다. 따라서 HRC의 견해는 동 해석과 규약의 문언(letter)간에 명백한 모순이 발견되지 않는 한 분쟁 당사국간 충돌되는 견해를 해석하는 기준이 된다. 동시에 B 규약 제 2조(인권규약 이행을 위한 당사국의 기본적 의무) 등도 개인의 인권보호를 위한 해석기준이 될 수 있을 것이다.

독도문제에 대한 관할권 성립 가능성 검토

(전략)

첫째, 일본이 한국과의 특별협정 체결을 통해 ICJ에 공동제소할 것을 요청하는 경우 우리가 합의하지 않는 한 관할권은 성립될 수 없다.

둘째, 한일 양국이 당사국인 양·다자 조약 중 분쟁을 ICJ에 부탁하기로 합의한 분쟁회부조항이 있을 경우 동 조약의 해석 및 적용과 관련하여 발생하는 분쟁이 독도와 관련된다면 이를 근거로 제소가 가능하겠지만 해당되는 조약은 없다.

셋째, 한일 양국이 역내 국가들과의 지역적 협력 차원에서 ICJ에 의한 분쟁의 사법적 해결을 위하여 체결한 다자조약은 없다.

넷째, 우리 정부는 ICJ 규정 제 36조 2항에 따른 선택조항을 수락하지 않았기 때문에 이를 수락한 일본이 일방 제소하는 경우에도 ICJ의 관할권은 성립되지 않는다. 참고로 일본은 선택조항 수락시 동일한 의무를 수락한 국가에 대한 상호주의를 전제로 하였기 때문에 우리가 설혹 선택조항을 수락하는 경우에도 일본과 동일한 의무를 수락하지 않는 한 독도문제가 ICJ의 강제관할권의 대상이 될 수는 없다. 더욱이 우리가 향후 선택조항을 수락하는 경우에도 독도문제를 포함하여 영유권 문제를 배제하는 유보를 첨부할 수 있을 것이다.

다섯째, 1965년 한일 기본관계조약과 분쟁해결을 위한 교환각서는 양국간 분쟁을 외교교섭과 조정에 의해 해결할 것을 규정하고 있어서 독도문제는 조정의 대상은 될 수 있으나 ICJ를 통한 사법적 해결의 당연한 대상이 되지는 않는다.

이와 같이 우리가 동의하지 않는 한 일본이 독도문제를 일방적으로 ICJ에 제소할 수 있는 방법은 전무하다.

그럼에도 불구하고 일본이 우리를 일방제소할 가능성을 완전히 배제할 수는 없다. 이러한 가능성은 다음의 두 경우로 나타날 수 있을 것이다. 하나는 일본이 우리의 자발적 소송참여를 유도하며 일방적으로 제소하는 경우이다. 확대관할권이 적용되는 경우이다. 그러나 이 경우에도 신청서를 접수한 ICJ 사무처장은 개정된 ICJ 규칙에 따라 우리 측의 분명한 소송참가 여부를 확인하게 될 것이므로 우리 정부가 명시적으로 동의하지 않는 한 사건리스트에 포함되지 않을 것이라는 점에서 일본이 단독으로 일방 제소할 명분과 실익은 없다. 다른 하나는 일본이 잘못된 관할권의 법적근거(legal grounds)를 적시하여 소송을 제기하는 경우이다. 이 경우 일단 심리가 이루어지게 될 가능성을 배제할 수 없다. 이러한 상황이 발생하면 우리는 선결적 항변을 통해 관할권의 존부를 다투어야 할 것이라는 점에서 비록 가능성은 매우 낮지만 주의를 요한다.

한편 일본이 독도문제를 계속 이슈화하는 가운데 독도를 둘러싼 분쟁이 발생하고 특히 분쟁이 유엔헌장 제 2조 4항(무력의 위협 또는 사용의 금지)의 위반을 구성하는 경우를 생각해 볼 수 있다. 이 경우 유엔 안보리가 헌장 제 36조 3항에 따라 독도문제를 법률적 분쟁으로 보고 ICJ에 회부하도록 권고하는 결의를 채택할 수 있을 것이다. 이에 대해서도 1949년 영국과 알바니아간 코르프 해협 사건에서 확인할 수 있듯이 우리가 '자발적으로 오해의 여지가 없는 방식으로' 동의하지 않는 한 어느 경우에도 관할권은 성립될 수 없을 것이다.

☞ 기출문제 예시

문 1) 독일인 A와 B는 미국에서 은행 강도를 하던 중 수명의 사람을 살해하였다. 미국에서 A와 B는 모두 사형선고를 받았다. A와 B의 체포 당시 미국은 1963년 '영사관계에 관한 비엔나협약(Convention on Consular Relations)' 제 36조에 규정된 A와 B의 권리를 그들에게 고지하지 않았다. 따라서 A와 B는 모국 독일로부터 영사의 법률적 지원을 받을 수 없었다. A가 사형된 직후 독일은 B의 사형선고를 중단하는 잠정조치(provisional measures)를 내려줄 것을 국제사법재판소(ICJ)에 청구하였다. 이와 관련하여 ICJ의 잠정조치의 의의와 법적 성질을 설명하시오.

문 2) A국과 B국은 인접한 국가로서 모두 유엔회원국이다. A국은 1938년 아무 조건과 기한 없이 상설국제사법재판소(PCIJ) 규정 제 36조를 수락한 바 있으나 이후 국제사법재판소(ICJ)규정 제 36조 2항을 별도로 수락하지는 않았다. 한편 B국은 1970년에 6개월간의 사전예고를 전제로 언제든지 이를 종료시킬 수 있다는 유보만을 첨부하여 ICJ 규정 제 36조 2항을 수락하였다. 2010년 A국의 외교관 '갑'이 B국에서 손해를 입어 양국간 손해배상과 관련한 분쟁이 발생하였다. 양국은 분쟁의 평화적 해결을 위한 모든 노력을 기울였으나 원만한 합의에 이르지 못하였다. 2011년 7월 1일 A국은 B국을 상대로 동 분쟁을 ICJ에 일방적으로 제소하였다. 그런데 B국은 이미 2011년 6월 1일 자국의 ICJ 규정 제 36조 2항의 수락선언을 철회한다고 ICJ에 통지하였으며 동시에 이러한 통지는 당일 즉시 발효한다고 선언하였다. B국은 A국의 제소가 자국의 수락철회 통지이후에 이루어졌고 갑의 손해배상과 관련한 사건을 자국법원에서 재판하지 않았기 때문에 ICJ가 이번 사건을 재판할 수 없다고 주장하고 있다. ICJ가 동 사건을 재판할 수 있는지 여부를 논하시오.

문 3) 국제사법재판소(ICJ)의 잠정조치(또는 가보전조치, provisional measures)의 요건과 구속력에 대하여 약술하시오.

문 4) 다음 제시문을 읽고 물음에 답하시오.

(가) A국과 B국은 국경을 접하고 있다. A국의 가르타 지역은 B국과 근접한 국경지역에 있다. 가르타 지역의 주민 대다수는 B국의 다수를 차지하는 주민과 종교 및 역사적 전통을 공유하고 있기에 B국에 편입되기를 강력히 요구하고 있다. 이러한 가르타 지역 주민들이 A국 중앙정부에 대항하여 무장투쟁을 전개하자 B국은 이들의 활동을 지지하였다. A국은 가르타 지역을 제대로 통제할 수 없게 되자, 그 배후에는 B국이 있으며, B국의 적극적인 지원하에 A국 중앙정부에 무장투쟁을 전개하고 있는 가르타 지역 분리주의자들이 A국에 우호적인 주민을 조직적으로 학대 및 추방하고 있다고 주장하였다.

(나) A국과 B국간에는 1970년에 '양국간 모든 형태의 차별철폐를 위한 협정'(이하 '1970년 협정')을 체결하였다. 이 협정에는 모든 형태의 차별을 금지하는 내용을 규정하고 있다.

(다) A국은 1970년 협정을 근거로 A국에 우호적인 가르타 주민에 대한 학대 및 추방을 지원하는 B국의 행위를 금지하는 잠정조치 명령을 내려줄 것을 국제사법재판소(ICJ)에 신청하였다.

(라) A국은 B국을 상대로 1970년 협정의 위반을 이유로 ICJ에 소송을 제기하였다. 이에 B국은 ICJ에 재판관할권이 없다고 항변하였다. B국의 이러한 항변에 따르면, A국이 주장하는 바는 무력사용금지 의무 위반, 국내문제 불간섭의무 위반, 국제인도법 위반 여부일 뿐이며, 인종차별 문제에 관한 것은 아니라는 것이다. 아울러, B국은 A국이 제소하기 전에 양국 사이에 어떠한 교섭도 없었으므로, A국이 근거로 삼는 1970년 협정 제 16조를 원용할 수 없기에 ICJ의 재판관할권이 없다고 항변하였다.

(마) 1970년 협정 제 16조는 다음과 같이 규정하고 있다.

"이 협정의 해석 및 적용과 관련해서 발생하는 모든 분쟁은 우선 양국 간 교섭에 의하여 해결한다. 단 6개월 이내에 해결이 되지 않는 경우에는 ICJ에 해당 분쟁을 회부한다."

1) A국의 신청에 대해 ICJ가 잠정조치 명령을 내릴 것인지 여부를 결정할 때 고려할 사항을 제시하시오.

2) ICJ의 재판관할권이 없다는 B국의 항변에 대해 ICJ가 고려할 사항을 제시하시오.

주요 ICJ 사건의 함의

지금까지 설명한 주요 ICJ 사건의 함의는 다음과 같다. 다만 '1949년 유엔직원이 직무수행 중 입은 손해에 대한 배상 사건', '1962년 유엔의 일정 경비에 관한 사건', '1969년 북해대륙붕 사건'과 '1980년 이란주재 미국대사관 인질 사건'에 대하여는 본문에서의 설명을 참조한다.

1. 코르푸 해협 사건(1949년 영국 v. 알바니아)

▷ 코르푸 해협은 공해와 공해를 연결하는 국제항행에 이용되는 국제해협으로 군함을 포함한 선박의 무해통항권이 관습법적으로 인정되어 왔으며 따라서 사전허가를 요구하는 것은 정당화될 수 없다.

▷ 알바니아는 자국 영해 내에 기뢰가 설치되어있다는 사실을 통보하고, 특히 그 기뢰로 인해 긴박한 위험에 처하게 될 영국군함에 이를 알릴 의무가 있다.

▷ 영국이 알바니아의 관할 수역 내에서 기뢰제거 작업을 한 것은 주권침해로 국가책임의 성립요건을 충족하는 직접적 의무위반(direct wrong)에 해당한다.

▷ ICJ가 영국의 주권침해를 선언한 그 자체가 국가책임 해제방식 중 만족에 해당된다.

▷ 독립국가간의 관계에 있어서 영토주권에 대한 존중은 국제관계의 핵심적 기초이다. 간섭은 성격상 강대국에 유보되어 있으며 그러한 이유로 국제정의의 관리를 쉽게 왜곡하는 경향이 있다.

▷ 국가는 자국영토가 고의적으로 다른 국가에 해를 가하는 방식으로 사용되지 않도록 하여야 할 의무가 있다.

▷ 재판소는 영국군함이 입은 손해, 사망 또는 부상당한 수병에 대한 연금과 치료비 등을 고려하여 배상액을 결정하였다.

2. 니카라과 사건(1986년 니카라과 v. 미국)

▷ 무력사용금지원칙은 유엔헌장에 따른 조약상의 원칙이면서 동시에 국제관습법상의 원칙으로도 수락되고 있다.

▷ 제 51조의 무력공격을 '가장 중대한 형태의 무력사용(the most grave forms of the use of force)'으로 정의함으로써 제 2조 4항에 규정된 무력사용과 구별하였다.

▷ 국경을 넘는 정규군의 무력활동뿐만 아니라 실제 무력공격에 해당하는 정도의

중대성(gravity)을 가지는 무력활동을 할 수 있도록 무장집단, 용병 또는 비정규군을 직접 보내거나 또는 대신 자국을 위하여 보내게 하는 경우도 무력공격으로 볼 수 있다.

▷ 헌장 제 51조가 규정하지 않은 사항에 대하여는 여전히 국제관습법에 의해 규율되어야 한다.

▷ 집단적 자위권은 자국이 무력공격의 희생이 되었다고 주장하는 국가가 이를 선언(declare)하고 원조를 요청(request)하는 경우에 성립된다.

▷ 자위권의 행사를 위한 필요성과 비례성이라는 두 가지 요건의 충족은 국제관습법상 확립된 원칙으로 헌장 제 51조의 자위권에도 적용된다.

▷ 미국이 니카라과 정부에 대항하여 투쟁하는 반군을 지원하고 이를 위해 무장단체나 비정규군을 조직하거나 이를 고무한 행위는 국내문제불간섭의무의 위반일 뿐만 아니라 무력사용금지원칙의 위반에도 해당된다.

▷ 안보리의 관할사항이라고 하여 법률적 문제에 대한 ICJ의 관여가 제한될 수는 없으며, 안보리와 ICJ는 상호 보완적일 수 있다.

3. 핵무기의 위협 또는 사용의 합법성에 관한 권고적 의견(1996년)

▷ 핵무기의 위협 또는 사용을 명시적으로 허용하는 국제관습법이나 조약은 없으며, 또한 핵무기의 위협 또는 사용을 포괄적으로 그리고 전면적으로 금지하는 국제관습법이나 조약도 없다.

▷ 핵무기의 위협 또는 사용이 무력분쟁에 적용되는 국제인도법상의 원칙과 일반적으로 배치되지만 한 국가의 생존이 달려 있는 극단적 상황에서 핵무기의 위협 또는 사용에 대한 합법성여부는 판단할 수 없다.

\- Weeramantry 재판관은 반대의견에서 핵무기의 위협 또는 사용은 국제법(국제인도법)의 근본원칙을 위반하는 것으로 어느 경우에도 불법이라고 주장

▷ 무력충돌시 적용되는 헤이그법과 제네바법은 양자가 서로 밀접히 관련되어 있어서 일반적으로 국제인도법이라는 하나의 체계를 형성하고 있다.

▷ 국제사회의 입장이 대립되고 있다는 점에서 핵무기 사용의 위법성에 대한 법적확신이 성립되었다고는 볼 수 없다.

▷ 유엔 총회 결의의 구속력은 부인되지만 향후 국제관습법 성립을 위한 법적확신의 증거자료가 될 수 있는 가능성을 부인하지 않았다.

▷ 국가는 자국의 관할권이나 통제하에서의 활동이 다른 국가의 환경이나 자국의 관할권 밖에 있는 지역의 환경에 영향을 미치게 하여서는 안 된다. 즉, 국가는

자신의 활동뿐만 아니라 그 국가의 관할 아래서 행해지는 활동(개인의 활동 등)에 대하여도 성실한 주의의무(due diligence)를 가지고 관리하여야 한다.

▷ 환경은 추상적인 것이 아니라 미래의 세대를 포함하는 인간의 삶과 관련되는 것이다. 합법적인 전쟁목적의 추구과정에서도 필요성과 비례성이 요구되며 이를 위한 판단에는 환경요인도 고려하여야 한다.

▷ ICJ의 역할은 기존의 법을 설명하는 것이지 새로운 법을 제정하는 것이 아니다.

▷ 국제기구가 ICJ의 권고적 의견을 요청할 수 있는 사안은 자신의 직무범위 내에서 발생하는 문제여야 한다.

▷ B 규약은 평시의 인권보호를 목적으로 하며 전시에 있어서의 불법적인 생명의 박탈은 국제인도법에 의해 규율된다.

4. LaGrand 사건(2001년 독일 v. 미국)

▷ 국내법을 이유로 국제법인 영사관계에 관한 비엔나협약의 위반을 정당화할 수 없다.

▷ 국제의무 이행 방식은 각국의 선택에 달려 있다.

▷ ICJ 규정 제 41조의 잠정조치는 구속력이 있다. 미 연방정부는 지방정부가 ICJ의 잠정조치를 이행하도록 하여야 할 국제법상 의무를 진다. 즉, 지방정부의 행위에 대하여도 국가책임이 성립된다.

▷ '회복할 수 없는 손해'란 사전 조치를 취하지 않을 경우 재판소가 최종 결정을 하더라도 이미 권리의 실현을 현실적으로 불가능하게 할 정도로 당사자의 권리가 영향을 받을 가능성이 있는 경우(사형집행 등)를 의미한다.

▷ 미국이 독일에 대하여 행한 사죄만으로는 부족하나 미국이 의무이행을 위해 채택한 특정한 조치의 적용을 약속한 것은 재발방지에 관한 일반적인 보증으로 볼 수 있다.

▷ 영사관계협약상의 권리를 원용하고자 하는 사람은 소속국 정부 자신이 아니라 그 나라 국민으로서 개별 국민도 협약상의 권리를 향유한다. 영사관계협약 제 36조 1항에 의해 국가의 권리에 추가하여 '개인의 권리(his rights)'가 함께 창출되었다.

5. 이스라엘의 팔레스타인 분리장벽 건설 사건(2004년 권고적 의견)

▷ 유엔헌장상 무력사용금지의 원칙은 조약상의 의무를 넘어 국제관습법화되었다.

▷ 이스라엘이 주장하는 자위권은 위협이 영토 내에서 비롯된 것으로 영토 밖, 즉 다른 국가에서 비롯된 것이 아니므로 정당성이 결여된다. 또한 이스라엘의 장벽 건설은 이스라엘의 본질적인 이익을 수호하기 위한 유일한 수단으로 볼 수 없으므로 긴급피난의 사유에 해당되지 않는다.

▷ 국제사회에서 보편적으로 적용되는 조약의 존재는 법적확신을 확인하기 위한 증거로 활용된다.

▷ 이스라엘의 행위는 팔레스타인의 자결권과 기본적 인권에 대한 위반(대세적 의무의 위반)으로 이스라엘은 장벽건설을 중단하고 국제사회는 장벽건설에서 유래하는 불법적 상황을 인정하지 않아야 한다. 즉, 이러한 위법한 상황을 합법적인 것으로 승인하거나 유지하는 것을 지원하지 않을 의무가 있다.

▷ 헌장 제 12조에서 "안보리가 어떠한 분쟁이나 사태(any dispute or situation)와 관련하여 이 헌장에 부여된 임무를 수행하고 있는 동안(is exercising the function) 총회는 안보리의 요청이 없는 한 어떠한 권고도 하지 말아야 한다"에서 '수행하고 있는 동안'은 'is exercising the functions at this moment'로 해석되어야 한다.

▷ 이스라엘이 팔레스타인 점령지에 대해 실효적인 관할권을 행사하고 있음에 비추어 국제인권규약은 팔레스타인 점령지 주민에게도 적용된다.

▷ 이스라엘이 분리장벽 건설을 위해 가져간 영토, 과수원, 올리브 나무와 기타 부동산 재산을 반환할 의무가 있으며, 만일 원상회복이 불가능한 경우에는 금전배상의무가 있다.

6. 콩고영토에서의 무력활동 사건(2005년 콩고 v. 우간다)

▷ 타국 영토에서 동의의 범위를 벗어나는 군사활동은 헌장 제 2조 4항의 중대한 위반(grave violations)에 해당된다.

▷ 우간다의 콩고영토에 대한 대규모 침공 및 장기간 점령행위는 유엔헌장 제 2조 4항의 위반에 해당되며 정당한 자위권의 행사로 볼 수 없다.

▷ 군사활동에 대한 동의는 구체적이며 엄격하게 해석되어야 한다. 헌장의 범위를 넘어 스스로 인식한 안보이익(perceived security interests)을 보호하기 위한 무력사용은 자위권으로 정당화되지 않으므로 안보리에의 회부 등 다른 방법을 찾아야 한다.

▷ 자위권을 원용하기 위해서는 제 51조 요건의 충족여부가 객관적 기준에 의해 입증되어야 한다.

▷ 콩고의 우간다 대사관에 대한 공격은 외교관계협약 제 22조 2항(공관지역에 대

한 불가침)의 의무를 위반하는 것이다.
▷ 안보리의 결의가 있다고 하여도 그것이 ICJ가 재판소의 규정(Statute) 및 규칙(Rules of the Court)에 따라 활동하는 것을 방해하지 않는다.

7. 가브치코보-나기마로스 사건(1997년 헝가리 v. 슬로바키아)

▷ 조약의 중대한 위반만이 조약의 종료사유로 원용될 수 있다. 단순히 일반국제법상의 원칙이나 규칙의 위반에 대하여는 대응조치를 포함한 일정한 조치를 취하는 것이 허용될 수 있을 뿐이다. 또한 조약의 종료사유의 원용은 실제 조약의무 위반이 발생한 이후에만 가능하다.
▷ 조약대상물의 소멸에 따른 후발적 이행불능 사유에 재정적 어려움(financial difficulties)은 포함되지 않는다.
▷ 중요한 정치적 변화, 경제적 활력의 감소, 국제환경법의 새로운 규범의 발전 등은 조약상 의무의 범위를 급격히 변화시킬 정도의 근본적인 사정변경의 조건을 충족시키지 못한다.
▷ 긴급피난은 조약종료사유가 아니라 위법성 조각사유이므로 사유가 해소되면 조약은 계속 이행되어야 한다. 위법성 조각사유로서의 긴급피난은 매우 엄격히 해석되어야 한다.
▷ 국제법상 타국의 위법행위에 대하여 금전배상을 요구할 권리가 있다.
▷ 국제법상 대응조치는 비례성의 요건을 충족하여야 한다.
▷ 영역이용에 관한 조약상의 권리와 의무는 승계에 의해 영향 받지 않고 계속 유효하다.
▷ 경제개발과 환경보호의 절충 필요성이 지속가능한 개발개념에 포함되어 있다.

주제별 Key Word

지금까지 설명한 강의의 주제별 키워드는 다음과 같다.

제 1 강(국제법의 의의), 제 2 강(국제법의 발전과 중요성)

국제법의 법적 성격(실효성과 강제력이 보장되지 않는 국제법도 법인가), 국제법의 전개과정, 국제법의 중요성

제 3 강(유엔)

총회와 안보리의 기능, 안보리 결의의 효력(구속력), 안보리 개혁

제 4 강(무력사용에 대한 규제)

정전론(*jus ad bellum*), 무차별전쟁론과 교전규칙(*jus in bello*), 유엔헌장 제 2조 4항(무력사용의 일반적 금지), 제 51조(자위권, Webster 공식, 필요성과 비례성의 원칙), 예방적 자위권, 헌장 제 7장과 집단안보(안보리의 중심적 역할, 안보리의 강제조치), 국제평화와 안전을 위한 총회의 역할과 안보리에 의한 제한, 평화를 위한 단결결의, 유엔평화유지군, 인도적 개입, 보호책임(R2P)

제 5 강(국제법의 법원)

국제사법재판소규정 제 38조 1항, 조약, 국제관습법(일반적 관행과 법적확신, 북해대륙붕 사건과 니카라과 사건), 법의 일반원칙, 판결과 학설, 형평과 선, 일방행위의 구속력, 국제기구의 결의와 구속력, 연성법, 강행규범, 대세적 의무, 유엔헌장 제 103조

제 6 강(조약법)

조약법 협약, 비구속적 합의, 유보(ICJ의 집단살해방지협약의 유보에 대한 권고적 의견, 유보의 성립과 효과, 허용 불가능한 유보, 인권조약에 대한 유보, 해석선언과 위장된 유보), 해석(조약의 문맥 및 대상과 목적에 따른 문언의 통상적 의미 확

인, 해석의 보충적 수단으로서의 교섭기록이나 체결시의 사정), 무효사유(국내법상 조약체결권한의 명백한 위반, 대표권의 결여, 기만, 부패, 착오, 강박, 강행규범 위반 등), 종료사유(중대한 의무 위반, 후발적 이행불능, 사정변경 등)

제 7 강(국제법과 국내법의 관계)

일원론(국내법 우위의 일원론과 국제법 우위의 일원론), 이원론, 국제법 체계 내에서의 국내법의 역할, 국내법이 보는 국제법(개별국가들의 실행, 미국과 영국의 예), 우리나라에서의 조약과 국제관습법의 효력(국회의 동의와 조약의 효력), 수용과 변형, 자기집행적조약과 비자기집행적조약

제 8 강(국제법의 주체)

국가, 국제기구, 개인, 국가의 성립요건(국민, 영토, 실효적 정부, 대외관계를 수립할 수 있는 능력, 즉 대외적 독립), 관련 조약 또는 선언(1933년 몬테비데오협약, 1949년 국가의 권리와 의무에 관한 선언초안, 1970년 국가간 우호관계 및 협력에 관한 국제법 원칙 선언), 국가의 권리와 의무(주권, 통치권, 독립권, 평등권, 자위권, 국내문제불간섭의무), 개인의 국제법 주체성(개인의 형사책임, 국제인권법과 개인의 청원권, 영사관계협약 제 36조 1항의 his rights 등)

제 9 강(승인)

창설적 효과설과 선언적 효과설, 법률상 승인과 사실상 승인, 승인의 방식(명시적, 묵시적 승인), 국제기구 가입과 집단적 승인, 승인의 효과(국제법적, 국내법적 효과), 민족자결원칙의 위반과 승인문제, 정부승인, 교전단체의 승인, NLM의 승인

제 10 강(국가승계)

1978년 조약승계협약, 국가승계의 유형과 유형별 조약승계(조약경계이동의 원칙 등), 국가승계에 의해 영향받지 않는 조약(국경 및 영토 관련 조약 등), 국제기구 회원국 자격의 승계, 인권 및 인도법 관련 조약의 승계, 통일이후 우리나라의 조약승계 문제, 국가재산, 문서, 채무의 승계 및 국적

제 11 강(국가의 관할권)

관할권 행사근거(속지주의-주관적 · 객관적 속지주의, 속인주의, 피해자 국적주의 또는 수동적 속인주의, 보호주의, 보편주의, 효과이론)

제 12 강(주권면제 · 국가면제)

주권면제협약, 절대적 주권면제와 제한적 주권면제, 주권적 행위와 상업적 행위의 구분(행위의 성격), 국가 대표의 공적 행위에 대한 물적면제와 국가원수 등에 대한 인적면제, 국제법상 강행규범 위반행위와 주권면제(Ferinii 사건), 국가행위이론과의 관계, 외교면제와의 차이

제 13 강(국가책임), 제 14 강(외교적 보호권)

국가책임규정초안, 객관책임주의와 성립요건(국가의 행위와 국제의무위반), 국가의 행위(국가기관 및 공무원의 행위, 권한초과 행위, 사인의 행위, 반란단체의 행위, 국가행위로의 추인, 타국의 위법행위에의 관여 등), 국제의무위반(행위 발생시 국가가 당해 의무에 구속되어야 하며 국가의 행위가 당해 국제의무를 위반, 작위 또는 부작위에 의해 발생), 위법성 조각사유(동의, 자위, 대응조치, 불가항력, 조난, 긴급피난), 국가책임의 해제(원상회복, 금전배상, 만족), 책임추궁(피해국에 의한 개별적 책임의 추궁과 피해국 이외의 국가에 의한 책임추궁), 대응조치, 외교적 보호권(국적계속의 원칙과 국내구제완료의 원칙)

제 15 강(외교 · 영사 관계법)

1980년 '이란주재 미국 대사관직원 인질 사건'에 대한 ICJ 판결(자기완비적 체제로서의 외교관계협약), 기피인물(*persona non grata*), 특권과 면제(공관지역의 불가침, 신체의 불가침, 외교행낭의 불가침), 외교공관을 보호할 접수국의 의무(테러 등 외부 공격으로부터의 보호), 외교공관의 비호권 허용 여부(1950년 콜롬비아와 페루간 비호권 사건), 재판관할권으로부터의 면제, 일정한 사적 활동과 관련한 사항에 대한 면제불허(개인 부동산, 상속, 공적 업무 이외의 직업적, 상업적 활동 등), 영사(자국민 보호, 영사접견권, his rights), 외교사절과 영사의 차이

제 16 강(국가영역의 취득과 상실)

원시적 취득방식(선점과 첨부)과 파생적 취득방식(할양, 합병, 정복과 시효), 무주지, 실효적 지배(팔마스 섬 사건), effectivités 개념의 발전, 영유권 분쟁과 관련된 국제법 원칙(*uti possidetis*, 역사적 권원, 시제법과 결정적 기일 등)

제 17 강(국제해양법), 제 18 강(유엔해양법협약상 분쟁해결제도)

영해(영해기선, 영해에서의 연안국의 권리, 무해통항권, 군함의 무해통항), 내수와 영해에서의 연안국의 관할권 행사의 차이, 접속수역, 국제해협과 통과통항, 배타적 경제수역(주권적 권리 및 관할권, 연안국의 법집행, 상부수역에 대한 공해제도의 적용, 배타적 경제수역에서의 타국의 군사활동), 대륙붕(대륙붕 개념의 변화, 북해대륙붕 사건), 배타적 경제수역과 대륙붕에서의 경계획정원칙(형평한 해결과 경계획정을 위한 3단계 접근방식, 흑해 해양경계획정 사건), 섬의 지위(남중국해 사건, 독도), 공해의 자유, 기국주의와 예외(해적, 무허가방송, 임검권, 추적권), 심해저와 인류공동유산, 한일간 배타적 경제수역 경계획정(신한일 어업협정), 분쟁해결제도(강제절차의 적용제한과 배제, 우리의 강제절차 적용배제 선언 등)

제 19 강(국제 항공법 및 우주법)

영공침범에 대한 국제법 원칙(1984년 시카고 협약 개정의정서 제 3조 bis), 항공기 관련 범죄에 대한 국제법적 대응(1963년 도쿄 협약, 1970년 헤이그 협약, 1971년 몬트리올 협약 등), 우주의 법적 지위(1967년 우주조약에 규정된 이용의 자유, 전유의 금지, 평화적 이용, 국제협력 원칙 등), 달 조약, 우주물체에 의해 발생한 손해에 대한 책임(우주책임협약에 따른 절대책임과 과실책임)

제 20 강(국제기구법)

국제기구의 법인격(설립헌장 자체 규정 또는 기구의 목적, 기능, 권한 등을 기준으로 묵시적 추정, 유엔직원이 직무수행중 입은 손해에 대한 배상 사건), 국제기구의 권한(헌장 규정에 따른 권한행사, 묵시적 권한이론에 따른 권한행사, 조약체결권 등), 국제기구의 책임

제 21 강(국제환경법)

특징(국가간 협력 및 사전예방의 중요성, 연성법의 중요성 등), 독특한 환경조약 이행방안(국가보고제도와 비준수절차, 제재와 지원), 무과실 배상책임제도, 국제환경법의 발전(Rio 선언 등), 국제환경법의 기본원칙(월경피해방지, 국제협력, 지속가능한 개발, 공동의 차별적인 책임, 오염자부담, 사전주의, 환경영향평가)

제 22 강(국제인권법)

인권에 대한 국제사회의 인식변화, 인권개념의 보편화, 세계인권선언, 유엔체제에 의한 인권보호(유엔인권고등판무관, 유엔 총회 산하 인권이사회, 유엔 안보리의 인권 관련 기능 등), 국제인권조약에 기초한 인권보호체계(인권관련 국제조약, A, B 규약 등), 국제인권조약의 인권보장 메커니즘(당사국 보고, 국가간 이의 통보, 개인의 이의 통보), 인권의 특수성(인권의 제한과 잠정적용정지 등)

제 23 강(난민에 대한 국제법적 보호)

난민의 개념(박해), 난민협약과 의정서, 강제송환금지원칙

제 24 강(외국인의 지위)

외국인 대우에 관한 원칙(국내표준주의와 국제표준주의), 외국인 재산의 보호(수용의 원칙으로 공익, 비차별, 보상의 원칙), 투자보장협정과 외국인 재산의 보호

제 25 강(범죄인인도 제도)

인도대상 범죄(중요한 범죄와 쌍방 가벌성), 인도의 기본원칙(특정성, 자국민 불

인도, 인도적 고려, 정치범 불인도), 범죄인 납치와 관할권 성립문제

제 26 강(국제형사법)

국제범죄, 국제형사재판소 성립배경(뉘른베르크 헌장), 국제형사재판소 관할대상 범죄(집단살해, 인도에 반하는 죄, 전쟁범죄, 침략범죄), 개인의 형사책임(공적지위 무관련성, 지휘관 및 상급자의 책임), 관할권 행사의 전제조건(범죄발생지국 또는 범죄혐의자의 국적국 중 하나가 당사국이어야 함), 관할권 행사방식(당사국에 의한 회부, 소추관의 *proprio motu*에 의한 회부, 안보리에 의한 회부), 보충성의 원칙, 면제의 포기(제 98조 협정 등)

제 27 강(국제테러리즘)

보편적 성격의 국제협약을 통한 대응, 안보리를 통한 대응, 테러리즘과 자위권, NLM의 무력사용과 테러리즘

제 28 강(국제인도법)

국제인도법의 법원(헤이그법, 제네바법), 4개 제네바 협약과 2개의 추가의정서, 제네바 협약 공통 제 3조, 국제인권법과의 차이, 핵무기 사용에 대한 규제

제 29 강(국제분쟁의 평화적 해결)

분쟁의 개념, 비사법적 분쟁해결방식(직접교섭, 중개, 주선, 심사, 조정), 사법적 해결방식(중재재판 또는 국제사법재판소 등), 국제사법재판소－법률적 분쟁과 정치적 분쟁, 관할권 성립근거(특별협정, 조약의 규정, 선택조항의 수락, 확대관할권), 선택조항과 유보(자동유보, 유보의 상대성 등), 선결적 항변(관할권 존부 확인과 재판적격성 문제), 소송참가, 잠정조치의 구속력, 판결의 성립과 효력(기판력과 선례구속의 원칙 부인 등), 권고적 의견, 안보리와의 관계(사법심사 등)

주요 참고문헌

김대순, 국제법론(제 19판), 삼영사, 2017

김석현, 국제법상 국가책임, 삼영사, 2007

김영석, 국제형사재판소법 강의(개정판), 법문사, 2014

김정건, 국제법, 박영사, 2004

김현수, 국제해양법, 연경문화사, 2007

문철순, 국제법, 대원정사, 1987

박기갑, 20세기 국제법의 현안과 과제, 삼우사, 2011

박덕영, 국제사회와 법(横田洋三 編 옮김), 연세대학교, 2013

성재호, 국제기구와 국제법, 서울: 한울, 2003

유현석, 국제정세의 이해(제 4개정판), 한울, 2013

이한기, 국제법 강의, 박영사, 2010

임한택, 국제법 이론과 실무, 박영사, 2021

정인섭, 신국제법 강의(제 11판), 박영사, 2021

정인섭(정서용, 이재민), 국제법 판례 100선, 박영사, 2012

최원엽 · 정대진, 국제법의 이해, 책마루, 2013

A. Aust, Handbook of International Law, 2nd ed. Cambridge University Press, 2010

A. Orakhelashvili, Akerhurst's Modern Introduction to International Law, 8th ed. Routledge, 2019

Charles Chatterjee, International law and Diplomacy, Routledge, 2010

J. Klabbers, An Introduction to International Institutional Law, 2nd ed, Cambridge University Press, 2009

M. Dixon, Textbook on International Law, 7th ed. Oxford University Press, 2013

M. Shaw, International Law, 8th ed. Cambridge University Press, 2017

Robert A. Senser, Justice at Work, Library of Congress, 2009

The International Court of Justice, ICJ, the Hague, 2004

사건 및 판례 색인

1. 주요 사건 및 판례

2. 영유권, 해양경계 사건 및 판례

사항 색인

(ㄴ)

(ㅅ)

(ㅇ)

(ㅊ)

저자 소개

김영원

저자는 검정고시 최연소 합격 후 고려대학교 법과대학교에 최연소로 입학하였다. 졸업 후 동 대학원에서 국제법 전공으로 박사학위를 받았다. 오스트리아 비엔나 소재 외교학교(Diplomatische Akademie)를 수료하였으며, 미국 워싱턴 소재 American University(Adjunct Professor)와 Georgetown University(Associate)에서 연구와 강의를 하였다. 이후 한국외국어대학교(법학전문대학원과 국제대학원), 국립외교원 명예교수와 서울대학교 행정대학원 초빙교수를 거쳐 현재는 한국외국어대학교 Language & Diplomacy 학부에서 초빙교수로 국제법을 강의하고 있다.

저자는 또한 제 12회 외무고등고시 합격후 외교부와 해외공관에서 외교관으로 근무하였다. 주요 경력으로는 청와대(NSC)와 주미대사관 근무, 주 프랑크푸르트 총영사, 독도영유권 담당대사, 한일청구권협정 전담대사(일본군 위안부 피해자 문제), 국제표기명칭대사(동해표기 문제)와 주 네덜란드 대사 겸 헤이그 국제기구대표부 대사 등을 역임하였다.

저자는 Georgetown 대학교의 지원으로 The Dokdo Issue: A Korean Perspective 책을 대학 연구소 명의로 출간하였다.

국제법

초판발행 2022년 8월 31일
중판발행 2023년 2월 24일

지은이 김영원
펴낸이 안종만·안상준

편 집 윤혜경
기획/마케팅 손준호
표지디자인 BEN STORY
제 작 고철민·조영환

펴낸곳 (주) 박영사
서울특별시 금천구 가산디지털2로 53, 210호(가산동, 한라시그마밸리)
등록 1959. 3. 11. 제300-1959-1호(倫)
전 화 02)733-6771
f a x 02)736-4818
e-mail pys@pybook.co.kr
homepage www.pybook.co.kr
ISBN 979-11-303-4215-3 93360

정 가 59,000원